Kommunikation & Recht

D1677430

Accountability im europäischen Datenschutzrecht

von

Timon Mertens

Fachmedien Recht und Wirtschaft I dfv Mediengruppe I Frankfurt am Main

Zugleich Dissertation an der Carl von Ossietzky Universität Oldenburg, 2023.

Bibliografische Information der Deutschen Nationalbibliothek

Die Deutsche Nationalbibliothek verzeichnet diese Publikation in der Deutschen Nationalbibliografie; detaillierte bibliografische Daten sind im Internet über http://dnb.de abrufbar.

ISBN 978-3-8005-1862-3

dfv Mediengruppe

Druck: WIRmachenDRUCK GmbH, Backnang

Printed in Germany

Meinen Eltern

Vorwort

Die vorliegende Arbeit wurde im Sommersemester 2023 am Department für Wirtschafts- und Rechtswissenschaften der Carl von Ossietzky Universität Oldenburg als Dissertation angenommen. Rechtsprechung und Literatur wurden, soweit wegen des sehr dynamischen Rechtsgebiets und der Breite des untersuchten Themas möglich, bis 30. Juni 2023 berücksichtigt.

Dafür, dass ich das Projekt „Dissertation" in dieser Form realisieren konnte, gilt mein Dank zunächst Univ.-Prof. Prof. h. c. Dr. Jürgen Taeger, sowohl für die Unterstützung bei der initialen Wahl des Themas als auch für die gewährten Freiheiten bei der Bearbeitung des Stoffs und die gründliche Durchsicht im Rahmen der Begutachtung, welche erheblich zur Qualität des fertigen Manuskriptes beigetragen hat. Für die zügige Erstellung des Zweitgutachtens danke ich herzlich Prof. Dr. Jens M. Schmittmann.

Daneben schulde ich vielen lieben Menschen aus meinem privaten Umfeld Dank für ihren Beitrag zu dieser Arbeit. Ohne sie wäre ich in den verschiedenen Phasen, die ich während des Schreibens durchlaufen habe, vermutlich verzweifelt. Den Herren Dominik Meyer, LL. M. und RA Nicol Lüers möchte ich für die vielen Stunden engagierter und erhellender Widerrede in Praxis- und Grundsatzfragen danken, sowie für die unersätzliche Unterstützung bezüglich der Tücken von Formatierungsvorlagen. Dr. Jan-Peter Möhle verdanke ich spannende Einblicke in juristisch-publizistische Hintergründe. Und schließlich möchte ich mich für die seelische Unterstützung in zahlreichen Momenten der Entnervung bei meinem Gute Laune-Duo Adile und Carina bedanken.

Am tiefsten stehe ich jedoch bei meinen Eltern, Bodo und Petra Mertens, in der Schuld. Mit ihrem unerschütterlichen Rückhalt, der Ruhe und dem Frieden eines Zuhauses und natürlich unserem Sonnenschein Schoki haben sie mich stets aufgefangen und unterstützt, wann immer mir die Decke auf den Kopf fiel oder der Stress durch die Doppelbelastung zu groß wurde. Ihnen beiden ist diese Arbeit gewidmet.

Elbe, im Juni 2023   Timon Mertens

Inhaltsverzeichnis

Vorwort VII

Abkürzungsverzeichnis XV

A. **Einleitung – Verantwortung für Datenverarbeitungen als**
   Grundrechtseingriff 1
   I. Historischer Ursprung und konstitutive Merkmale von
      Accountability 6
   II. Terminologie und Aufbau der Untersuchung 15

B. **Informationspflichtigkeit als konstitutives Merkmal von**
   Accountability 21
   I. Einordnung von Accountability als Regulierungsinstrument . . . 21
      1. Imperative Regulierung 24
      2. Regulierte Selbstregulierung 25
      3. Autonome und echte Selbstregulierung 26
      4. Einordnung der DSGVO-Accountability hinsichtlich ihres
         Regelungscharakters 27
         a. Imperative Elemente von Art. 5 Abs. 2 und Art. 24
            DSGVO 28
         b. Selbstregulatorische Elemente von Art. 5 Abs. 2 und
            Art. 24 DSGVO 29
            (1) Genehmigte Verhaltensregeln (CoC) 30
            (2) Zertifizierungen 35
            (3) Verbindliche interne Datenschutzvorschriften
                (BCR) 38
      5. Normative Accountability als imperatives Regulierungs-
         instrument 40
   II. Informationspflichtigkeit als Kernelement normativer
       Accountability 44
       1. Entwicklung von Responsibility zu Accountability 45
          a. Frühe Erscheinungen im amerikanischen und
             englischen Recht 47
          b. Verwaltungsrechtliche Anfänge der Public
             Accountability 49
       2. Einführung von Accountability im Datenschutzrecht 53
          a. Prägung durch die OECD Richtlinien zum grenzüber-
             schreitenden Datenverkehr 54
          b. Aufnahme in das europäische Datenschutzrecht 57
             (1) Konvention 108 des Europarates 57
             (2) Datenschutzrichtlinie 95/46/EG (DSRL) 58

(3) Vorarbeiten zur DSGVO durch das CIPL und die
Art. 29-Gruppe 60
c. Umsetzungen von Datenschutz-Accountability im
anglo-amerikanischen Rechtsraum, speziell den USA,
Kanada und Australien 68
d. Durchsetzungsmechanismen der verschiedenen Rege-
lungstypen 73
3. Wertung der Erkenntnisse aus RL 95/46/EG – Bedürfnis
nach dem Instrument der Accountability 77
4. Accountability in der DSGVO 78
a. Normenhierarchie und Konkurrenzen 79
b. Accountability als Pflicht oder als Obliegenheit 87
(1) Historische Auslegung 89
(2) Grammatikalische Auslegung 96
(3) Systematische, system- und rechtsvergleichende
Auslegung 98
(4) Teleologische Auslegung 104
c. Anwendung der Accountability in Verbindung mit
materiellen Normen (lex specialis) 109
d. Aufsichtsbehördliche Informationserhebung mittels
Art. 31 DSGVO 112
e. Praktische Umsetzung von Accountability in Unternehmen 118
f. Systematische Einordnung der DSGVO-Accountability . . 125
5. Zusammenfassung 132
III. Topos der Accountability 133
1. Inhaltsdimensionen von Accountability 135
a. Zuständigkeit zum forenabhängigen Dialog 136
(1) Responsibility, Answerability und Responsiveness . . 136
(2) Zuständigkeit und Adressatenorientierung in der
DSGVO 145
b. Beurteilungsmaßstab des Informationsgehalts 150
(1) Transparenz und Informativeness 151
(2) Inhaltliche Anforderungen an Transparenz und
Informationen nach der DSGVO 159
c. Sanktionierbarkeit als konstitutives Merkmal 165
(1) Liability und die Wechselwirkung von Sanktionen . . 165
(2) Vertikale, horizontale und diagonale
Accountability in der DSGVO 170
d. Vor- und Fürsorgepflicht im Konzept der Accountability 175
(1) Public Accountability in Form von Stewardship
und Agency 176

(2) Fürsorge- und Sorgfaltspflichten für Daten und
        Datenverarbeitungen in der DSGVO 179
  e. Berechtigung und Rechtmäßigkeit des Accountability-
      Pflichtigen 190
      (1) Liability bei fehlender Legitimacy 191
      (2) Beurteilung der Rechtmäßigkeit aufgrund der
            DSGVO 196
  f. Kontrolle und Rechtmäßigkeit 206
      (1) Kontrolle von Akteuren durch das Forum 207
      (2) Kontrolle im Datenschutzrecht und der DSGVO . . . 211
  g. Berücksichtigung von Wirtschaftlichkeit im Rahmen
      der Accountability 219
      (1) Effizienz, Effektivität, Process- und Outcome-
            Accountability 219
      (2) Wirksamkeit und Wirtschaftlichkeit in der DSGVO 224
  h. Zeitliche Dimension von Accountability 235
      (1) Vorwirkung und nachgelagerte Implikationen der
            Dimensionen 237
      (2) Ex ante factum Handlungsbedarf und ex post
            factum Sanktion 241
  2. Konzeptionelle Negativabgrenzung 245
IV. Zwischenergebnis zur Schematisierung der DSGVO-
     Accountability 249

C. Adressaten der Accountability-Pflichten 257
I.   Accountability-Verpflichtete zwischen wirtschaftlicher
     Einheitsbetrachtung und gesellschaftsrechtlichem
     Trennungsgebot 260
     1. Akteure im Datenschutzrecht 262
        a. Verantwortlicher für eine Datenverarbeitung 262
            (1) Entstehung des Verantwortlichenbegriffs 263
            (2) Verantwortlicher nach der DSGVO 265
        b. Gemeinsame Verantwortlichkeit 270
        c. Auftragsverarbeiter 276
        d. Unternehmen und Unternehmensgruppen 282
     2. Übertragbarkeit des kartellrechtlichen Rahmens auf das
        Datenschutzrecht 286
        a. Vereinbarungen zwischen Unternehmen und
            abgestimmte Verhaltensweisen 287
        b. Spürbarkeit einer Beeinträchtigung 291
        c. Kartellrechtlicher Unternehmensbegriff 293
     3. Zurechnung wegen Zugehörigkeit i. S. d. Kartellrechts 296
        a. Argumente gegen eine Zurechnung 298

Inhaltsverzeichnis

      b. Argumente für eine Zurechnung 300
    4. Stellungnahme. 304
  II. Zurechnung als Rechtsfolge datenschutzrechtlicher
     Verantwortung bei Berechnung eines Bußgeldes 307
    1. Betroffenenrisiken als Zurechnungsgrund 310
    2. Wesensgehalt des datenschutzrechtlichen Risikos 314
      a. Schutzgüter im Datenschutzrecht 315
      b. Gesellschaftsrechtlich-politische und wirtschaftliche
        Risiken. 320
    3. Kriterien der Bemessung des Betroffenenrisikos 325
      a. Eintrittswahrscheinlichkeit 327
      b. Art und Umfang der Verarbeitung. 331
      c. Umstände der Verarbeitung. 335
        (1) Gefährdungslage bei der Verarbeitung durch
           Unternehmen 336
        (2) Branche, Unternehmensgröße und -stellung am
           Markt 342
        (3) Subjektive Bemessungskriterien bezüglich
           betroffener Personen 346
    4. Zurechnungsobjekte und Zurechnungsgegenstände im
     Datenschutzrecht 350
      a. Singuläre Verarbeitungssituationen. 352
      b. Zurechnung von Auftragsverarbeitungen 355
      c. Zurechnung in Fällen gemeinsamer Verantwortung 358
      d. Gruppendimensionale Zurechnung 363
        (1) Übertragung der Akzo-Vermutung in das Daten-
           schutzrecht. 365
        (2) Organisationspflichten, Entscheidungs-
           verantwortung und wirtschaftlicher Nutzen 377
        (3) Zurechnung aufgrund unterlassener Aufsichts-
           pflichten. 388
        (4) Grenzen der Zurechnung – Exzess und Chinese
           Walls 393
        (5) Stellungnahme. 398
  III. Zwischenergebnis 402

**D. Sanktion eines Forums als konstitutives Merkmal von
Accountability.** 407
  I.   Wahrgenommene Risiken als Handlungsmotivation. 409
  II. Sanktionierung durch eine Aufsichtsbehörde 414
    1. Untersuchungs- und Abhilfebefugnisse gem. Art. 58
     DSGVO. 415
      a. Rangverhältnisse der Behördenbefugnisse 417

      b. Entschließungsermessen statt Bußgeldzwang 420
    2. Ausgewählte Instrumente zur Förderung und Durchsetzung
      der DSGVO 422
      a. Einflussnahme gem. Art. 58 Abs. 2 DSGVO 423
      b. Bußgeldberechnung und -verhängung gem. Art. 58
         Abs. 2 lit. i DSGVO 428
      c. Information von Betroffenen und Öffentlichkeit durch
         die Aufsichtsbehörden gem. Art. 58 Abs. 3 lit. b DSGVO 435
  III. Inanspruchnahme durch Betroffene 443
    1. Schadenersatz gem. Art. 82 DSGVO 445
      a. Voraussetzungen einer Schadensersatzpflicht 447
         (1) Eintritt eines Schadens 448
         (2) Verstoß gegen datenschutzrechtliche Pflichten 454
         (3) Adäquate Kausalität der Handlung für den einge-
             tretenen Schaden 456
         (4) Verschulden und Vertretenmüssen 459
      b. Mögliche Anspruchsgegner 463
         (1) Verantwortliche und Auftragsverarbeiter 464
         (2) Schadenersatz von leitenden und sonstigen Ange-
             stellten 470
         (3) Schadensersatzpflicht des Datenschutzbeauftragten 475
    2. Kollektivrechtliche Durchsetzungsmöglichkeiten 481
  IV. Inanspruchnahme durch Marktteilnehmer und Verbände 489
  V. Beziehung von Foren zueinander 496
  VI. Zwischenergebnis 504

**E. Wertung normativer Accountability als entwicklungsoffener
Durchsetzungsmechanismus materieller Anforderungen** 509

Quellenverzeichnisse 515

Literaturverzeichnis 515

**Stellungnahmen der Art. 29 Gruppe bzw. des European Data
Protection Board (EDPB)** 540

Webquellen 540

Abkürzungsverzeichnis

Abb.	Abbildung
ABLJ	American Business Law Journal
AJLH	The Americal Journal of Legal History
AJPA	Australian Journal of Public Administration (Zeitschrift)
AlaLR	Alabama Law Review
AOS	Accounting, Organization and Society (Zeitschrift)
A&S	Administration & Society (Zeitschrift)
AöR	Archiv des öffentlichen Rechts
APEC	Asia-Pacific Economic Cooperation
APSR	American Political Science Review (Zeitschrift)
ARPA	American Review of Public Administration
BB	Betriebs-Berater (Zeitschrift)
BCR	Binding Corporate Rules
BeckRS	Beck-Rechtsprechung
Bost. Coll. LR	Boston College Law Review
CB	Compliance Berater (Zeitschrift)
CBPRs	Corporate Binding Privacy Rules
CCZ	Corporate Compliance Zeitschrift
CLP	Current Legal Problems (Zeitschrift)
Col. LR	Columbia Law Review
CR	Computer und Recht (Zeitschrift)
DB	Der Betrieb (Zeitschrift)
DiP	Development in Practice (Zeitschrift)
DMS	Datenschutz-Managementsystem
DPC	Data Protection Commissioner
DSK	Datenschutzkonferenz
DS	Der Sachverständige (Zeitschrift)
DSRI	Deutsche Stiftung für Recht und Informatik
DSRL	Datenschutzrichtlinie, gemeint ist Richtlinie 95/46/EG
DuD	Datenschutz und Datensicherheit (Zeitschrift)
DV	Die Verwaltung (Zeitschrift)
EDPB	European Data Protection Board
EDPL	European Data Protection Law Review
Einl.	Einleitung
EJE	European Journal of Education (Zeitschrift)
ELJ	European Law Journal
ELL	English Language and Linguistics (Zeitschrift)
EP	EU-Parlament

Abkürzungsverzeichnis

EuR	Europarecht (Zeitschrift)
Eur. BusOrg LR	European Business Organisation Law Review
EuZW	Europäische Zeitschrift für Wirtschaftsrecht
FAT/ML	Fairness, Accountability and Transparency in Machine Learning (Organisation)
FIPP	Fair Information Practise Principles
FTC	Federal Trade Commision
FTCA	Federal Trade Commissions Act 1914
FS	Festschrift
GaO	Government and Opposition (Zeitschrift)
gem.	Gemäß
GRUR	Gewerblicher Rechtsschutz und Urheberrecht (Zeitschrift)
GRUR-Prax	Gewerblicher Rechtsschutz und Urheberrecht in der Praxis
HJLT	Harvard Journal of Law and Technology
HLR	Harvard Law Review
ICL Journal	Institutional Court Law Review
IDC	International Data Corporation
IJBM	International Journal of Business and Management
IJLM	International Journal of Law and Management
Innovation	Innovation: The European Journal of Social Science Research (Zeitschrift)
IRAS	International Review of Administrative Science
J.	Journal
JA	Juristische Arbeitsblätter
J. Brit. Stud.	Journal of British Studies
JCC	The Journal of Corporate Citizenship (Zeitschrift)
JeduChange	Journal for Educational Change
JEPP	Journal of European Public Policy
JLA	Journal of Legal Analysis
JlaS	Journal of Law and Society
JPART	Journal of Public Administration Research and Theory
JZ	JuristenZeitung
KK	Karlsruher Kommentar
K&R	Kommunikation & Recht (Zeitschrift)
lit.	litera
MMR	Multimedia und Recht (Zeitschrift)

m.w.N.	mit weiteren Nachweisen
NJW	Neue Juristische Wochenschrift (Zeitschrift)
No.	Number
Northw.J. TaIP	Northwestern Journal for Technology and Intellectual Property
NStZ	Neue Zeitschrift für Strafrecht
NVwZ	Neue Zeitschrift für Verwaltungsrecht
NZA	Neue Zeitschrift für Arbeitsrecht
NZG	Neue Zeitschrift für Gesellschaftsrecht
NZKart	Neue Zeitschrift für Kartellrecht
NZWiSt	Neue Zeitschrift für Wirtschafts-, Steuer-, und Unternehmensstrafrecht
OBHDP	Organizational Behavior and Human Decision Making Processes (Zeitschrift)
Ott. LR	Ottawa Law Review
PA	Public Administration (Zeitschrift)
Pac.AR	Pacific Accounting Review
PAR	Public Administration Review (Zeitschrift)
PIMS	Personal Information Management System
PinG	Privacy in Germany (Zeitschrift)
PLBI	Privacy Laws and Business International (Zeitschrift)
PMR	Public Management Review
POR	Public Organization Review
PPA	Public Policy and Administration (Zeitschrift)
PSQ	Political Science Quarterly
RDV	Recht der Datenverarbeitung
r+s	Informationsschrift für Versicherungsrecht und Schadenersatz (Zeitschrift)
SC	Stewardship Code
SCC	EU-Standardvertragsklauseln
S.C.L.R.	Supreme Court Law Review
SOX	Sarbanes-Oxley-Act 2002
StCompIntDev	Studies of Comparative International Development (Zeitschrift)
TAQ	The Australian Quarterly (Zeitschrift)
UCLA LR	University of California in Los Angeles Law Review
Upenn LR	University of Pennsylvania Law Review

Abkürzungsverzeichnis

Vol.	Volume
WEP	West European Politics
WM	Wertpapiermitteilungen – Zeitschrift für Wirtschafts- und Bankrecht
WP	Working Paper
WRP	Wettbewerb in Recht und Praxis
Yale L. J.	Yale Law Journal
ZaöRV	Zeitschrift für ausländisches öffentliches Recht und Völkerrecht
ZD	Zeitschrift für Datenschutz
ZfDR	Zeitschrift für Digitalisierung und Recht
ZHR	Zeitschrift für das gesamte Handelsrecht und Wirtschaftsrecht
ZIP	Zeitschrift für Wirtschaftsrecht
ZJS	Zeitschrift für das juristische Studium
z. n.	zitiert nach
ZRP	Zeitschrift für Rechtspolitik
ZUM	Zeitschrift für Urheber- und Medienrecht

A. Einleitung – Verantwortung für Daten-verarbeitungen als Grundrechtseingriff

„Der Besitz großer Macht impliziert stets eine große Verantwortung"[1]

Die rasante informationstechnologische Entwicklung seit dem Ende des 20. Und dem Beginn des 21. Jahrhunderts verschiebt das etablierte Kräfteverhältnis zwischen staatlichen und privatwirtschaftlichen Akteuren und stellt damit die etablierten Funktionsmechanismen der Aufsicht und Kontrolle vor beachtliche Herausforderungen. Der Grund für diese Verschiebung sind sowohl die Fähigkeiten, die nicht-staatlichen Akteuren durch die Verarbeitungen von Informationen zukommen als auch die schlichte Menge von Daten, die einzelnen Akteuren zur Verfügung stehen. Die Informationen, die sich aus den Daten gewinnen lassen, ermöglichen es den privaten Akteuren, Rückschlüsse über natürliche Personen zu ziehen bzw. zunächst anonym gewonnene Erkenntnisse auf diese anzuwenden,[2] etwa indem durch Big Data Analysen neue Zusammenhänge erkannt oder bestehende neu interpretiert werden. Dadurch erlangen die datenverarbeitenden Akteure Macht und Machtpositionen gegenüber den betroffenen natürlichen Personen. Obwohl Macht sowohl in vielerlei Gestalt auftreten, sich also in phänotypischer Form realisieren, als auch in verschiedener Weise verstanden, im Sinne einer subjektiven Bewusstseinswahrnehmung als solche empfunden werden kann, bildet sie abstrakt gesprochen die Fähigkeit, „das Denken und Verhalten von anderen […] zu steuern oder zu beeinflussen".[3] Dem Instrument der Macht wohnt damit definitionsgemäß die Möglichkeit inne, auf Verhaltens- und Entscheidungsprozesse der Machtunterworfenen einzuwirken. Aufgrund dieser Eigenschaft ist ihr die Konnotation asymmetrischer Verhältnisse und die Tendenz inhärent, die „Freiheit der Machtunterworfenen" und damit das Schutzgut der Grundrechte,[4] zu beeinträchtigen, denn zugespitzt kann „[d]er Freiheit einer Partei […] ein Machtdefizit bzw. die Ohnmacht einer anderen Partei" entsprechen.[5] Macht stellte in

---

1 So vorgetragen 1817 von einem britischen Parlamentsabgeordneten des House of Commons (*Lamb*) bezüglich der Frage, welche Rolle den Medien wegen einer als aufwieglerisch wahrgenommenen Berichterstattung zukäme, nachzulesen in: *Hansard*, Parliamentary Debates, Vol. XXXVI, 1817, S. 1227: „the possession of great power necessarily implies great responsibility.", Übersetzung d. d. Verfasser.

2 Gerade diese Fähigkeit zur Informationsgenese bestimmt den (wirtschaftlichen) Wert personenbezogener Daten, siehe dazu *Albers*, in: Friedewald/Lamla/Roßnagel, Informationelle Selbstbestimmung im digitalen Wandel, 2017, 11 (23 f.); *Linardatos*, in: Specht-Riemenschneider/Werry/Werry, Datenrecht, 2020, § 5.3, Rn. 78 ff.

3 *Roßnagel*, MMR 2020, 222 f.; differenzierend zu diesem auf Max Weber zurückgehenden Verständnis *Roth*, in: Roth, Macht, 2016, 201 (206 ff.).

4 So *Roßnagel*, MMR 2020, 222.

5 *Buddeberg*, in: Heidbrink/Langbehn/Loh, Handbuch Verantwortung, 2017, 417 (419).

dieser Form traditionell eine Eigenschaft des Staates dar, die entsprechend der „inneren Logik des Rechtsstaates"[6] auf das Maß zu begrenzen sei, welches aufgrund von rationaler Einsicht, ideologischer oder moralischer Überzeugung, ständiger Übung oder selbst einer maßvollen Ausübung von Zwang als legitim angesehen wird.[7] Es ist gerade dieser Zusammenhang zwischen der Fähigkeit zur Beeinflussung auf der einen und den begrenzten Möglichkeiten auf der anderen Seite, sich der Beeinflussung zu entziehen, welche die Forderung nach einer sozialverträglichen Ausübung von Macht entstehen lässt.

Der Staat ist zu diesem Zweck verfassungsrechtlich verpflichtet, Eingriffe in die deshalb auch als Abwehr- und Freiheits(grund)rechte bezeichneten Wertungsentscheidungen der Verfassung zu rechtfertigen.[8] Der wesentliche Faktor bei der Beurteilung von Macht sind jedoch nicht die Akteure, sondern die Verfügungsgewalt über die Mittel, aus denen die jeweilige Beeinflussungsmöglichkeit entsteht. Mit wachsender Technisierung nahezu aller Lebensbereiche besteht eine solche zunehmend bei privaten Unternehmen, durch die von ihnen vertriebenen Produkte und Dienstleistungen als entsprechend relevante Machtfaktoren. Um die grundrechtlich verbürgte Freiheit natürlicher Personen dennoch wirksam zu schützen, bedarf folglich auch die Macht dieser kommerziell agierenden Akteure der Begrenzung. Erschwert wird diese Begrenzung jedoch durch die Tatsache, dass die durch sie betroffenen Akteure ihrerseits regelmäßig Träger von Grundrechten wie der Handlungs- oder Berufsfreiheit sind, was der Gesetzgeber im Wege einer wertenden Abwägung in einen Ausgleich zu bringen hat.[9] Sofern die Voraussetzungen indes vorliegen, kann „die mittelbare Grundrechtsbindung Privater einer Grundrechtsbindung des Staates [...] nahe oder auch gleichkommen".[10] Damit sind beim Vorliegen der Voraussetzungen an die Datenverarbeitungen von privatwirtschaftlichen Unternehmen ähnlich hohe Anforderungen an die Rechtmäßigkeit einer Datenverarbeitung zu stellen,

---

6 *Sokol*, in: Schmidt/Weichert, Datenschutz, 2012, 137 (139).

7 Vgl. zu diesen Anerkennungskriterien *di Fabio*, Herrschaft und Gesellschaft, 2016, 29 f.; *Führ*, in: Hentschel/Hornung/Jandt, FS Roßnagel, 2020, 21 (23).

8 *Jarass*, in: Jarass/Pieroth, GG, 2020, Vorb. vor Art. 1, Rn. 3 und 6.

9 *Bentham*, Principles of Legislation, Ch. X, 259, formuliert daher zutreffend: "It is with government, as with medicine. They have both but a choice of evils. Every law is an evil, for every law is an infraction of liberty [...]".

10 BVerfG, Urt. v. 22.2.2011 – 1 BvR 699/06, BVerfGE 128, 226 (248) = NJW 2011, 1201 (1204); *Taeger*, in: Taeger/Gabel, DSGVO BDSG TTDSG, 2022, Art. 6, Rn. 5 f., vgl. zur sog. horizontalen Drittwirkung der Grundrechte *Weichert*, in: Däubler et al., DSGVO BDSG, 2020, Einl. Rn. 14; *Streinz*, in: Streinz, GRCh, 2018, Art. 8, Rn. 6; *Augsberg*, in: v. d.Groeben/ Schwarze/Hatje, Europäisches Unionsrecht, GRCh., 2015, Art. 8, Rn. 9 f.; *Gallwas*, in: Conrad/Grützmacher, FS Schneider, 2014, 347 (350), Rn. 9 ff.; krit. *Veil*, NVwZ 2018, 686 (689), *ders.*, CR-Blog v. 22.5.2019: Teil III: Die totale Drittwirkung, bzw. ablehnend *Giesen*, NVwZ 2019, 1711 (1713).

wie bei staatlichen Stellen. Die mit der Handlungsfreiheit des Akteurs innerhalb des gesetzlichen Rahmens verbundene normative Erwartungshaltung zur Rücksichtnahme wird als Verantwortung oder Verantwortlichkeit bezeichnet; „[s]ie ist die Kehrseite der dem Individuum versprochenen Achtung seiner Selbstbestimmung".[11] Das „Prinzip der Verantwortung"[12] wird vor diesem Hintergrund insbesondere in einer Weise verwendet, die eine Haftungs- und Ausgleichskomponente transportiert,[13] sofern eine Partei aufgrund der ausgeübten Handlungs- und Entfaltungsfreiheit einer anderen Partei zu Schaden kommt, wodurch letztere der an sie gerichteten Anforderung an eine schonende Ausübung ihrer Macht nicht entsprochen hat.[14] Wie zu zeigen sein wird, ist insbesondere die Sanktionskomponente prägend für das Verständnis von Verantwortung im amerikanischen Rechtsraum, und wohl auch für das Verständnis der EU-Institutionen im Rahmen der Reformierung des europäischen Datenschutzrechts, die zur Verabschiedung der Datenschutz-Grundverordnung (DSGVO)[15] geführt haben.[16]

Die verantwortungsbegründende Situation einer Machtasymmetrie ist in besonderem Maße in der modernen Welt der Datenökonomie präsent,[17] da die Verarbeitung personenbezogener Daten es Akteuren ermöglicht, wesentlich zielgenauere Effekte für natürliche Personen zu bewirken. Der daraus entstehenden Fähigkeit, das Denken, Handeln und Verhalten eben dieser Personen zu beeinflussen, etwa indem entsprechende Algorithmen Filterblasen erzeugen oder die Auswertung politischer Ansichten ermöglichen (*Cambridge*

---

11 *Klement*, in: Heidbrink/Langbehn/Loh, Handbuch Verantwortung, 2017, 559 (562).

12 Mit dieser Bezeichnung i. R. d. Beweislastumkehr zugunsten des Geschädigten *Repgen*, in: Baumgärtel/Laumen/Prütting, Handbuch der Beweislast, 2019, Bd. 2, § 280 BGB, Rn. 100.

13 *Bennett*, PLBI 2010, 21 (22); *Greenleaf*, UNSW Law Research, 2019, 8; *Schedler*, in: Schedler/Diamond/Plattner, The Self-Restraining State, 1999, 13 (15 und 17; „[…] inconsequential accountability is no accountability at all."); *Bovens*, ELJ 2007, 447 (451).

14 Vgl. *Klement*, in: Heidbrink/Langbehn/Loh, Handbuch Verantwortung, 2017, 559 (564 f.), mit einer Reihe von Beispielen; ähnlich unter Rückgriff auf Canaris Vertrauenshaftungstheorie, *Buck*, Wissen und juristische Person, 2000, 107; ähnlich zur Funktion der Gefährdungshaftung als „Korrelat der Handlungsfreiheit" auch *Taeger*, Außervertragliche Haftung, 1995, 71.

15 Verordnung (EU) 2016/679 des Europäischen Parlaments und des Rates vom 27.4.2016 zum Schutz natürlicher Personen bei der Verarbeitung personenbezogener Daten, zum freien Datenverkehr und zur Aufhebung der Richtlinie 95/46/EG.

16 Vgl. etwa die Begründung von *Albrecht/Jotzo*, Das neue Datenschutzrecht, 2017, 55, Rn. 18; *Buddeberg*, in: Heidbrink/Langbehn/Loh, Handbuch Verantwortung, 2017, 417 (421), scheint von einem fast linearen Zusammenhang zwischen Handlungsmacht und (umfangreicher) Verantwortungszurechnung auszugehen, der auch gegenseitige Rückschlüsse zulassen solle.

17 HBfDI, Tätigkeitsbericht 2020, S. 13 ff., mit einer Reihe von Beispielen; *Poll*, Datenschutz in und durch Unternehmensgruppen, 2018, 304 f., insb. Fn. 1041; auch schon früh *Mulgan*, AJPA 2000, 87.

Analytica), oder Handlungsfähigkeiten im Wege von Tracking und Preisdiskriminierung einzuschränken, muss auf Regulierungsebene mit dem Ziel eines sozialverträglichen Ausgleichs begegnet werden. Zusätzlich bedarf es einer Stärkung auf Durchsetzungs- und Vollzugsebene. Indem Unternehmen in der Verarbeitung personenbezogener Daten eine Einkommensquelle ausmachen,[18] ist es für sie von zunehmender Wichtigkeit, diese Quelle durch sowohl technisch als auch rechtlich professionalisiertes Personal zu verteidigen. Und während diese Professionalisierung selbst dedizierte Aufsichtsbehörden vor Herausforderungen stellt,[19] wird es für Betroffene ungleich schwieriger, die technische und rechtliche Entwicklung und damit die sozialen und wirtschaftlichen Wirklichkeiten und Zusammenhänge zu verstehen und gegebenenfalls ihre Datenschutzrechte effektiv wahrzunehmen.[20] Die ausdrückliche Aufnahme des Verantwortungsprinzips in die Art. 5 Abs. 2 und Art. 24 Abs. 1 S. 1 DSGVO durch den europäischen Verordnungsgeber kam daher nicht überraschend. Allerdings sind bislang weder das Verhältnis dieser beiden Normen zueinander, zu den übrigen materiellen Normen der DSGVO oder ihr genuin eigenständiger, normativer Gehalt zufriedenstellend durch Literatur und Rechtsprechung aufgearbeitet worden.

Verantwortung und legitime Machtausübung stehen, wie gezeigt wurde und im Verlauf der vorliegenden Arbeit weiter konkretisiert werden wird, in einem engen Verhältnis zueinander. Da Macht traditionell etwas ist, das staatlichen Institutionen innewohnt, ist in den letzten Jahrzehnten im Bereich der Politik- und Gesellschaftswissenschaften intensiv zur Verantwortung bei der Ausübung von Macht unter dem Begriff der Accountability geforscht worden, woraus sich ein reicher Fundus an Erkenntnissen zu deren Funktionsweise und Inhalten entwickelt hat. Abstrahiert können diese auch für das Rechtsgebiet des Datenschutzes fruchtbar gemacht werden. Dabei liegt der Fokus der Betrachtung auf der Datenverarbeitung durch nicht-öffentliche Stellen, wobei die entwickelten Erkenntnisse sich gleichsam mit der einheitlichen Geltung der DSGVO auch auf öffentliche Stellen übertragen lassen,

---

18 Nicht umsonst werden Daten als das „Öl des 21. Jahrhunderts" bezeichnet, etwa von *Albrecht*, ZD 2013, 49, oder als „Rohstoffe" von *Angela Merkel* in ihrer Rede beim Kongress des Verbands der Deutschen Zeitschriftenverleger (VDZ) am 2.11.2015; ähnlich *Härting/Schneider*, CR 2015, 819 (826); abl. jedoch zu diesem Vergleich aufgrund der Reproduzierbarkeit von Daten *Kühling/Sackmann*, ZD 2020, 24 (25).

19 Siehe bspw. HamBfDI, Tätigkeitsbericht 2019, S. 10; krit. dazu *Waldmann*, PinG 2022, 1 (2), der in der Prozessorientierung der DSGVO Vorteile gerade für Unternehmen sieht, die sich dergestalt professionalisieren können.

20 Diese Entwicklung sah auch das BVerfG bereits 1983 voraus, vgl. BVerfG, Urt. v. 15.12.1983 – 1 BvR 209/83, 1 BvR 269/83, 1 BvR 362/83, 1 BvR 420/83, 1 BvR 440/83, 1 BvR 484/8, BVerfGE 65, 1, Rn. 155.

sofern für diese keine spezialgesetzlichen Besonderheiten gelten.[21] Hierzu gilt es im Folgenden zunächst, die von konkreten Einzelfällen losgelöste Struktur von Verantwortung bzw. Accountability auf Basis ihrer historischen Ursprünge herauszuarbeiten. Verantwortung lässt sich aus dem Deutschen ins Englische sowohl mit Accountability sowie mit dem häufig aber unzutreffend synonym verwendeten Begriff der Responsibility übersetzen, ohne jedoch umfassend die damit verbundenen Konnotationen zu transportieren, die durchaus voneinander abweichen. Entsprechend sind nach einer kurzen Einordnung von gesetzlich normierter Verantwortung als Regulierungsinstrument die im englischen Originalschrifttum diskutierten Dimensionen, die Accountability annehmen kann, daraufhin zu untersuchen, ob und in welcher Form sie auch im Datenschutzrecht einen Niederschlag gefunden haben. Dabei wird gezeigt werden, dass es zwar womöglich anspruchsvoll sein kann, die exakte Bedeutung von Accountability in einem konkreten Kontext zu definieren,[22] damit allerdings trotz eines potenziell hohen Pflichtenumfangs kein Verstoß gegen rechtsstaatliche Prinzipien verbunden sein muss, der die verschiedenen Normadressaten über Gebühr belasten würde.[23] Vielmehr ergibt sich dies daraus, dass die Faktoren, aus denen die jeweilige Machtposition erwächst, zwischen unterschiedlichen Akteuren divergieren, wodurch folgerichtig Akteure mit komplexen Geschäftsmodellen oder einer marktbeherrschenden Stellung höheren Anforderungen unterworfen werden, als kleine und mittlere Unternehmen. Ein besonderes Augenmerk ist dabei auch auf Situationen zu richten, wie sie heutzutage im digitalen Bereich vorherrschend sind und in denen mehrere Akteure kollaborativ Daten verarbeiten, weil in diesen Fällen ein gesteigertes Risiko für natürliche Personen entstehen kann, den Umfang und die Effekte einer sie betreffenden Datenverarbeitung nicht mehr nachvollziehen zu können.[24]

Accountability soll dieser möglichen Ohnmacht von natürlichen Personen entgegenwirken,[25] so dass eine wesentliche Funktion auch denjenigen Par-

---

21 Art. 2 Abs. 1 DSGVO differenziert entsprechend nicht zwischen den datenverarbeitenden Stellen, sondern stellt ausschließlich auf das Kriterium der Datenverarbeitung ab, vgl. dazu *Kühling/Klar/Sackmann*, Datenschutzrecht, 2021, 116, Rn. 223; *Ernst*, in: Paal/Pauly, DSGVO BDSG, 2021, Art. 2, Rn. 2; en passant auch *Schmidt*, in: Taeger/Gabel, DSGVO BDSG TTDSG, 2022, Art. 2, Rn. 6.

22 Ähnlich *Art. 29-Gruppe*, WP 173, Rn. 21 f.

23 Für eine restriktive Auslegung der Accountability-Normen wegen ansonsten möglichen Konflikten mit rechtsstaatlichen Grundsätzen wie dem Verhältnismäßigkeitsprinzip oder dem Bestimmtheitsgebot plädiert *Veil*, ZD 2018, 9 (16).

24 *Ramsauer*, in: Mehde/Ramsauer/Seckelmann, FS Bull, 2011, 1029 (1031), weist darauf hin, dass dieses Risiko zu Resignation und damit zu einer unterbleibenden Rechtsausübung führen kann; ähnlich *Pohle*, PinG 2017, 85 (87).

25 *Weichert*, in: Däubler et al., DSGVO BDSG, 2020, Art. 5, Rn. 71, sieht die Accountability i. S. v. Art. 5 Abs. 2 DSGVO ebenfalls als Korrektiv faktischer Disparitäten; illust-

teien zukommt, die Akteure zur datenschutzrechtlich begründeten Verantwortung ziehen bzw. Accountability einfordern können.[26] Fraglich ist, ob das Instrument der Accountability diesen Anforderungen gewachsen ist und einen echten Beitrag zu einem in Gesamtschau höheren Schutzniveau für Betroffene leisten kann.

I. Historischer Ursprung und konstitutive Merkmale von Accountability

Es wird gesagt, Accountability sei wie Kunst; einfacher zu erkennen als zu definieren.[27] Terminologisch wird der englische Begriff auf eine Amtshandlung Wilhelm I. (Wilhelm der Eroberer von England (*1027/28, † 1087)) zurückgeführt, der nach der normannischen Einnahme Englands 1085 veranlasste, dass alle ihm unterstehenden Grundeigentümer und Lehensnehmer eine Zählung (engl. „a count") ihrer Güter und Lehen durchführen und ihm den jeweiligen Bestand melden sollten, auf dass sie in den sog. *Domsday Books* festgehalten würden.[28] Die Grundeigentümer wurden zur Auskunftserteilung verpflichtet, da nur sie über die notwendigen Kenntnisse verfügten, also im Wortsinn „able to account" waren, und sie waren für die im Rahmen der Zählung gemachten Angaben und ihre Richtigkeit gegenüber ihrem Souverän haftbar, denn sie konnten bei Verstößen bestraft werden.[29] Um diesen ursprünglichen Vorgang herum bilden sich im englischen Sprachgebrauch die verschiedenen Dimensionen aus, die der vorliegenden Arbeit ihren roten Faden geben. Zunächst besteht die Pflicht, etwas zu tun und darüber gegenüber jemandem zu berichten („to render an account"). Diese konkrete Handlungspflicht zur Übermittlung des „counts" oblag in dem historischen Beispiel dem Belehnten, er war „responsible".[30] *Responsibility* entspricht damit in ihrem Ausgangspunkt am ehesten der deutschen „Zuständigkeit"

---

rativ bezüglich Einwilligungen in Zwangslagen *Tene/Polonetsky*, Northw.J. TaIP 2013, 239 (254 f.), Rn. 38 ff.

26 *Härting*, BB 2012, 459, sieht im Vertrauen auf eine funktionierende Überwachung einen integralen Bestandteil der Informationsgesellschaft; ähnlich auch *Alhadeff/v. Alsenoy/Dumortier*, in: Guagnin, et al., Managing Privacy through Accountability, 2012, 52, die Aufsichtsbehörden deswegen als Vertreter der Betroffenen ansehen.

27 *Hale*, Global Governance 2008, 73 (75).

28 Vgl. *Bovens*, ELJ 2007, 447 (448 f.).

29 Auf eine Darstellung, welche weiteren Funktionen mit der Zählung und dem Domsday Book möglicherweise verfolgt wurden, kann an dieser Stelle verzichtet werden, vgl. dazu ausführlich *Dalton*, J. Brit. Stud. 2021, 29 (31 ff.).

30 *Dubnick*, in: O'Brien, Private Equity, Corporate Governance and the Dynamics of Capital Market Regulation, 2007, 226 (337).

im Gegensatz zur „Verantwortlichkeit" für etwas.[31] Zuständig zu sein, setzt in erster Linie die Fähigkeit zu handeln und zur Beeinflussung bzw. Aufbereitung des konkreten Sachverhalts voraus.[32] Berechtigt, diese Handlungen einzufordern („*to hold someone to account*"), waren die vom Souverän eingesetzten Verwalter. Seinem Wesen als fiskalischem Dokument entsprechend listen die *Domsday Books* in erster Linie auf, wieviel ein bestimmter Grundbesitzer in der Vergangenheit an Abgaben gezahlt hat und wieviel an Zahlungen (angelsächsisch „*Geld*" genannt) aus seinem Lehen zukünftig zu entrichten wären bzw. wieviel der Souverän erwarten durfte.[33] Damit wohnte Accountability ebenfalls von Anfang an eine Funktion zur Durchsetzung von (monetären) Erwartungshaltungen inne.

Dieser historische Ursprung einer Zahlungsverpflichtung erklärt die besonders im englischen Sprachraum verbreitete Verquickung einer (haftungs-) rechtlichen Verantwortung (*liability*) mit buchhalterischen Pflichten. „*Accounting*" oder „*Accountancy*" bezeichnet auch heute gebräuchlich die verschiedenen Erscheinungsformen des Rechnungswesens.[34] Daneben ist Accountability jedoch auch in der Form wertend bzw. einordnend konnotiert, diezusätzlich zur rein finanziellen Aussagekraft eine rechtfertigende Erklärung umfasst.[35] Accountability wird damit terminologisch als ein anglo-normannisches Begriffskonzept bezeichnet,[36] das sich in seinen Ursprüngen insbesondere aufgrund der relativ eindimensional ausgestalteten und auf finanzielle Narrative beschränkten Wirkung vom heute gebräuchlichen Verständnis, beziehungsweise dem, was aufgrund seiner Vielgestaltigkeit verstanden werden kann, unterschied. Auch wäre es wohl verkürzend, die im Folgenden geschilderte Wirkungsweise der Accountability auf anglo-

---

31 Siehe Kapitel B.III.1.a. unten ausführlich zum Verständnis von „*Responsibility*".
32 Vgl. *Office of the Auditor General of Manitoba*, Mechanisms and practices for ensuring the accountability of legislative auditors, S. 2; zur Dichtomie zwischen Accountability und Responsibility *Uhr*, TAQ 1993, 1 (3 f.).
33 Vgl. *Maitland*, PSQ 1889, 628 (629); *Dalton*, J. Brit. Stud. 2021, 29 (34); *Bovens*, WEP 2010, 946 (950 f.); *Zumofen/Vincent*, Lien Paper 2015, S. 5.
34 So ist das amerikanische Government Accountability Office (GAO) am ehesten mit dem Bundesrechnungshof vergleichbar und kontrolliert in dieser Funktion die Ausgaben der jeweils amtierenden Regierung im Auftrag von und in Berichtslinie zum Kongress, vgl. *Posner/Shahan*, in: Bovens/Goodin/Schillemans, Handbook of Public Accountability, 2016, 488 (490 f.); CIPL White Paper v. 3.7.2019, Organizational Accountability – Existence in US Regulatory Compliance and its Relevance for a US Federal Privacy Law, S. 3 und 6; vgl. auch *Sinclair*, AOS 1995, 219 (221), wonach Accountability aufgrund dieser Verbindung mit Buchhaltungspflichten eine besondere Objektivität und Wissenschaftlichkeit (("*objective and scientific connotations*") unterstellt wird.
35 Vgl. *Schedler*, in: Schedler/Diamond/Plattner, The Self-Restraining State, 1999, 13 (15); *Uhr*, TAQ 1993, 1 (3).
36 *Bovens*, ELJ 2007, 447 (448).

normannische Wurzeln zu reduzieren.[37] Accountability als abstrahierbares Konstrukt einer narrativen Verpflichtung hat sich von diesen Ursprüngen aus erheblich weiterentwickelt. Das *Oxford English Dictionary* definiert Accountability als *„the quality of being accountable; liability to give account of, and answers for discharge of duties or conduct; responsibility; amendableness".*[38] Bezeichnend für die Deutungsoffenheit des englischen Originalbegriffs bzw. die multiplen Dimensionen des dahinterstehenden Konzepts[39] ist in dieser Definition neben der Aufzählung inhaltlich zu trennender Aspekte mit unterschiedlicher Rechtsqualität vor allem der Verweis auf *„amendableness"*, zu Deutsch „Anpassbarkeit".[40]

Ähnlich wie im deutschen Sprachraum die Begriffe der Verantwortung oder der Rechenschaftslegung weder auf ein bestimmtes Rechtsgebiet, noch auf das Rechnungswesen oder die Politikwissenschaft allein Anwendung finden, ist Accountability im englischen Sprachraum ein Konzept, das seine konkrete Bedeutung erst im Sachzusammenhang entfaltet.[41] Entsprechend wird es nicht immer im gleichen Verständnis verwendet,[42] so dass es zu einem

---

37 Konzeptionell lassen sich bereits in der altgriechischen Demokratie Elemente einer politischen Accountability der Volksvertreter in Form der sog. „straight-line-relationship" erkennen, so *Sinclair*, AOS 1995, 219 (225), im römisch-rechtlichen *ius coercitionis* (vgl. *Plescia*, AJLH 2001, 51 (52)), oder in der christlichen Praxis des Beichtens (zum wesensgleichen Konzept der Verantwortung, die ebenfalls Ursprünge im kirchlichen Bereich hat, *Heidbrink*, in: Heidbrink/Langbehn/Loh, Handbuch Verantwortung, 2017, 3 (8), die konstitutiven Wesenselemente der Accountability erkennen. Es könnte auf dieser Basis argumentiert werden, dass diese Wirkweise allen Situationen immanent ist, in denen Menschen sich einzuhaltende bzw. durchzusetzende Regelwerke geben, so *Vincent/Zumofen*, Lien Paper 2015, S. 5, die Accountability bereits 2000 v.Chr. bei Hammurabi erkennen wollen. Vgl. auch *Baue/Murninghan*, JCC 2011, 27 (32), zum vermeintlich frühesten Beispiel einer Unternehmens-Accountability 1602 in Holland.
38 Oxford English Dictionary, Second Edition (1989), Suchwort "Accountability".
39 Vgl. *Koppell*, PAR 2005, 94 (95); *Alhadeff/v. Alsenoy/Dumortier*, in: Guagnin, et al., Managing Privacy through Accountability, 2012, 49 (50).
40 Mit einer ähnlichen Wortwahl auch *Bennett*, in: Guagnin, et al., Managing Privacy through Accountability, 2012, 33 (43 f.), "adaptability"; krit. zu der durch die Anpassbarkeit möglichen Aufladung des Begriffs in den letzten Jahrzehnten: *Mulgan*, PA 2000, 555.
41 *Charlesworth/Pearson*, Innovation 2013, 7 (14); CIPL White Paper v. 3.7.2019, Organizational Accountability – Existence in US Regulatory Compliance and its Relevance for a US Federal Privacy Law, S. 6 ("transferable concept"); *Alhadeff/v. Alsenoy/Dumortier*, in: Guagnin, et al., Managing Privacy through Accountability, 2012, 49 (51); zum rechtlichen Verantwortungsbegriff vgl. *Klement*, in: Heidbrink/Langbehn/Loh, Handbuch Verantwortung, 2017, 559 (565 f.).
42 *Schedler*, in: Schedler/Diamond/Plattner, The Self-Restraining State, 1999, 13 (14), der darauf hinweist, dass Accountability ein Begriff ist, der häufig auf Basis eines eigenen, impliziten Verständnisses verwendet wird, ohne dass klar ist, dass auch der Gesprächspartner das gleiche Verständnis hat; so auch *Bovens*, ELJ 2007, 447 (450) und *Alhadeff/v. Alsenoy/Dumortier*, in: Guagnin, et al., Managing Privacy through Ac-

Ober- oder eher Überbegriff im Sinne des *Freud'schen* Über-Ichs geworden ist, das die Gesamtheit der idealtypischen Eigenschaften des Akteurs vereint und zur Handlungserwartung erhebt.[43] Es ist daher für die vorliegende Arbeit geboten, zunächst den Untersuchungsgegenstand abzugrenzen.

Die englischsprachige Politik- und Verwaltungswissenschaftsliteratur befasst sich schon seit Mitte des 20. Jahrhunderts mit der methodischen Aufarbeitung von Accountability und hat hierfür systematische Ansätze entwickelt, die sich aus diesen Disziplinen übertragen lassen, aber dennoch bislang im deutschen und insbesondere im datenschutzrechtlichen Schrifttum unbeachtet geblieben sind. Accountability wird jedoch auch im englischen Schrifttum trotz der weiterhin andauernden Befassung als „magisches Konzept",[44] „chamäleonartig"[45] oder „notorisch schwer zu definieren"[46] bezeichnet. Aufbauend auf den in der englischsprachigen Literatur entwickelten systematischen Ansätzen sollen daher vorab am Beispiel des anglonormannischen Ursprungs die beiden konstitutiven Elemente von Accountability illustriert werden: ihre Entstehung und ihr Effekt.[47]

Mit seiner herrschaftlichen Anordnung zur Gütererfassung nutzte Wilhelm der Eroberer seine politische und militärische Position gegenüber den Belehnten, wodurch er nicht nur Kenntnisse über die erwartbaren finanziellen Ressourcen erlangte, sondern gleichzeitig deutlich machte, wem diese letztinstanzlich zustünden.[48] Accountability basierte in diesem Zusammenhang

---

countability, 2012, S. 49 (50); anders scheint das nur die *Art. 29-Gruppe* in ihrem WP 173, S. 8, gesehen zu haben, laut der „[…] im Wesentlichen Einvernehmen über seine Bedeutung herrscht […]".

43 *Bovens*, ELJ 2007, 447 (449; "Accountability has become an icon for good governance"); *Brandsma/Schillemans*, JPART 2013, 953 (954); "[…] accountability seems to be an ever-expanding concept […]"); das erkennt auch die *Art. 29-Gruppe* an, wenn sie in WP 173, Rn. 21 schreibt, dass „Verantwortung und Rechenschaftspflicht […] zwei Seiten einer Medaille und wesentliche Bestandteile der Good Governance"seien; *Alhadeff/v. Alsenoy/Dumortier*, in: Guagnin, et al., Managing Privacy through Accountability, 2012, 49 (51): „[…] rhetorical tool to express promises of ‚bringing wrongdoers to justice'."; vgl. auch *Gersen/Stephenson*, JLA 2014, 185 (191 und 194 ff.), mit einer interessanten Untersuchung zur Übererfüllung (Over-Accountability) von Akteuren.

44 *Willems/v.Dooren*, PMR 2012, 1011 (1012).

45 *Sinclair*, AOS 1995, 219; *v. Alsenoy*, Regulating Data Protection, 267; *Mulgan*, PA 2000, 555; krit. zu dieser Eigenschaft *Veil*, ZD 2018, 9 (16).

46 *Office of the Auditor General of Manitoba*, Mechanisms and practices for ensuring the accountability of legislative auditors, S. 2; *Mulgan*, AJPA 2000, 87.

47 Vgl. *Brandsma/Schillemans*, JPART 2013, 953 (955); *Schedler*, in: Schedler/Diamond/Plattner, The Self-Restraining State, 1999, 13 (14); *Koenig-Archibugi*, GaO 2004, 234 (237 f.); *Bovens/Schillemans*, in: Bovens/Goodin/Schillemans, Handbook of Public Accountability, 2016, 673 (679), bezeichnen dies als "default accountability".

48 *Dalton*, J. Brit. Stud. 2021, 29 (31 ff.); ähnlich funktionierte Accountability im römischen Recht durch die sog. „*coercitio*", vgl. dazu *Plescia*, AJLH 2001, 51 (52).

noch in hohem Maße auf der Kraft des faktisch Stärkeren. Die Anordnung als solche war zwar in der damaligen, rudimentären Form ein Gesetz, so dass neben dem politischen auch ein (haftungs-)rechtlicher Handlungs- und Rechtfertigungsdruck gegeben war. Diese Amtshandlung markiert jedoch systematisch den Beginn der jeweiligen Accountability-Beziehung: eine Handlungspflicht im klassischen Sinne imperativen Regierens.[49] Handlungspflichten wie diese können indes sowohl intrinsischen als auch extrinsischen Ursprungs sein,[50] wobei ersteres in Abwesenheit gefestigter moralischer Überzeugungen historisch wohl eher eine Ausnahme darstellt. In beiden Alternativen dient die Vornahme der Handlung durch denjenigen, der einer an ihn gerichteten Erwartungshaltung unterliegt, jedoch dazu, bestimmte Folgen im Fall der Unterlassung abzuwenden. Diese Folgen markieren den Effekt bzw. das Ende der konkreten Accountability-Beziehung: eine Sanktion. Zwischen diesen beiden Polen wurden in der englischsprachigen Literatur verschiedene Stufen entwickelt, wobei sich soweit ersichtlich für die wenigsten ein Konsens findet, der eine konzeptionelle[51] oder begriffliche[52] Trennschärfe ermöglichen würde. Verhältnismäßig gesichert ist indes mindestens eine Zwischenstufe, wonach derjenige, der einer Handlungspflicht unterliegt, und derjenige, der sanktionsbefähigt ist, im Rahmen eines Dialoges oder einer Diskussion einen Ausgleich suchen.[53]

Auch diese Diskussionsphase ist bereits im anglo-normannischen Ursprung erkennbar. Nachdem die Zählung an Wilhelm I. eingemeldet war, wurde diese zur Grundlage für zukünftige Abgaben und bei deren Ausbleiben zur Diskussionsgrundlage zwischen seinem lokalen Finanzverwalter, dem *Exchequer*, und dem Belehnten.[54] Zwar stand es Wilhelm I. als autoritärem

---

49 Vgl. zur Definition imperativer Regierungsformen in Abgrenzung zu nicht-imperativen *Schulz/Held*, Regulierte Selbstregulierung als Form modernen Regierens, 2002, S. A-3.

50 Vgl. *Schulz/Held*, Regulierte Selbstregulierung als Form modernen Regierens, 2002, S. A-3.

51 *Charlesworth/Pearson*, Innovation 2013, 7 (14 f.); vgl. auch die Beispiele (allerdings ohne den Versuch einer Definition) bei *Schedler*, in: Schedler/Diamond/Plattner, The Self-Restraining State, 1999, 13 (14); auch die sieben "essentiellen Elemente" des *CIPL* sind nicht mehrheitsfähig, vgl. *CIPL* White Paper v. 3.7.2019, Organizational Accountability – Existence in US Regulatory Compliance and ist Relevance for a US Federal Privacy Law, S. 2; *Sinclair*, AOS 1995, 219 (225 f.), mit fünf Arten von Accountability.

52 So z. B. die Definition von Professional Accountability bei *Bovens*, ELJ 2007, 447 (456 f.), wonach hierbei die Kontrolle durch ein Forum von Experten erfolgt und dagegen für eine Laienkontrolle *Romzek/Dubnick*, PAR 1987, 227 (229).

53 Zu dieser Funktion *Brandsma/Schillemans*, JPART 2013, 953 (955); *Mulgan*, AJPA 2000, 87 (88): „[…] accountability is a voice rather than an exit […]"; *Raab*, in: Guagnin, et al., Managing Privacy through Accountability, 2012, 15 (18 f.); *Bayertz*, in: Bayertz, Verantwortung – Prinzip oder Problem?, 1995, 3 (16).

54 *Maitland*, PSQ 1889, 628 (629); *Dalton*, J. Brit. Stud. 2021, 29 (33 f.), m. w. N.; *Vesting*, in: Berg/Fisch/Schmitt-Glaeser/Schoch/Schulze-Fielitz, DV 2001, Beiheft 4, 21 (27 f.),

Herrscher bzw. seinen Ministerialen auch ohne Diskussion frei, Sanktionen gegen den Lehensnehmer zu verhängen.[55] Im modernen Verständnis von Accountability, ist die Möglichkeit zur Rechtfertigung und Verteidigung des eigenen Handelns jedoch im Allgemeinen anerkannt. Accountability enthielt entsprechend bereits in der historischen Form Aspekte der Erwartungssteuerung, der Rechtfertigungspflicht und die Androhung einer Sanktion, falls diese nicht erreicht wurden.

Damit lassen sich bereits von der vorneuzeitlichen Ursprungsform der Accountability ihre konstitutiven Wesenselemente ableiten;[56] Information und Sanktion, neben einer unterschiedlich ausprägbaren Diskussionsphase. Die Diskussionsphase stellt kein echtes Merkmal im Sinne dieser Betrachtungsweise dar, da eine Accountability-Beziehung, also eine Situation in der sich eine Partei gegenüber einer anderen rechtfertigen muss und diese dann Sanktionen verhängen kann, theoretisch auch ohne eine Diskussion zwischen den Parteien auskommt.[57] Praktisch und vor dem Hintergrund rechtsstaatlicher Prinzipien wird sie dennoch fast immer vorliegen, da die bereitgestellten Informationen des Accountability-Pflichtigen regelmäßig nicht auf Anhieb dem Informations- oder Erkenntnisbedürfnis des Berechtigten genügen und auch nicht notwendigerweise die einzig mögliche Sichtweise darstellen.[58] In welchem Maße die Diskussion stattfindet, hängt darüber hinaus von weiteren Faktoren ab, insbesondere davon, welche Sanktionen im Falle eines bestimmten Verhaltens drohen. Droht dem Akteur ein Ausschluss aus einer für ihn werthaltigen Gemeinschaft oder ein Bußgeld in Höhe von bis zu 4 % des Vorjahresumsatzes, sehen darin einige Autoren richtigerweise eine stärkere Motivation, als in einer nicht-räsonierten Veröffentlichung eines Umwelt-

---

zum Gegenseitigkeitsverhältnis des Königs, Grundherren und Werbern; *Vincent/Zumofen*, Lien Paper 2015, S. 5.

55 So auch für den deutschen Rechtsraum *Grimm*, in: Berg/Fisch/Schmitt-Glaeser/Schoch/ Schulze-Fielitz, DV 2001, Beiheft 4, 9 (10).

56 Vgl. *Schedler*, in: Schedler/Diamond/Plattner, The Self-Restraining State, 1999, 13 (14 f. und 19); *Koenig-Archibugi*, GaO 2004, 234 (237 f.); *Raab*, in: Guagnin, et al., Managing Privacy through Accountability, 2012, 15 (18); diese Elemente werden auch in der deutschen Literatur zur Verantwortung identifiziert, vgl. dazu *Buddeberg*, in: Heidbrink/Langbehn/Loh, Handbuch Verantwortung, 2017, 417 (420); abweichend *Dubnick*, in: Bovens/Goodin/Schillemans, Handbook of Public Accountability, 2016, 23 (27, Fn. 8), der den Denkfehler macht, seine Einschätzung auf die Figur des Accountants im 15 Jhd. zu stützen, statt auf die historische Herkunft.

57 *Schedler*, in: Schedler/Diamond/Plattner, The Self-Restraining State, 1999, 13 (18); *Mulgan*, AJPA 2000, 87 (88), der zu Recht darauf hinweist, dass eine Diskussionsphase in Ausprägung und Handlungsoptionen erheblich von Marktmechanismen wie zum Beispiel der Möglichkeit eines Dienstleisterwechsels beeinflusst wird; teilweise a.A. wohl *Bovens*, ELJ 2007, 447 (451); *ders.*, WEP 2010, 946 (952); *Willems/v.Dooren*, PMR 2012, 1011 (1017), die auch die Diskussion als konstitutiv sehen.

58 *Raab*, in: Guagnin, et al., Managing Privacy through Accountability, 2012, 15 (22).

oder Sozialberichts.[59] Neben dem Informationsbedürfnis des Berechtigten spielt entsprechend auch die Diskussionsbereitschaft des Verpflichteten eine Rolle bei der Beurteilung, ob ein Accountability-Mechanismus wirksam ist und entsprechend das verfolgte Ziel erreicht.

Damit kann ein- und derselbe Akteur aus unterschiedlichen Quellen (Handlungs- bzw. Rechtfertigungs-)Pflichten unterworfen sein. Diese könnenaus der Natur des Akteurs selbst folgen, beispielsweise seiner Organisationsform als Konzern oder einer international verteilten Arbeitsweise, aber auch aus Eigenschaften des Forums, also der Partei, die zur Einforderung von Accountability berechtigt ist,[60] und den jeweils bestehenden Machtfaktoren zwischen diesen beiden Parteien ermittelt werden können.[61] In der englischsprachigen Literatur wird dieses Phänomen unter anderem als „*multiple accountabilities disorder*" schon seit Ende der 1980er Jahre diskutiert.[62] Es bezeichnet Situationen, in denen ein Akteur gleichzeitig mehreren Rechenschaftspflichten gegenüber verschiedenen Foren mit regelmäßig unterschiedlichen Sanktionsmöglichkeiten unterliegt.[63] Dabei hängt von der Rechtsnatur des Akteurs auch seine Bindung an jeweils in Frage kommende Foren ab. Das englischsprachige Schrifttum hat im Hinblick auf die multiplen Accountability-Szenarien der öffentlichen Hand, sowohl Behörden insgesamt, ihrer einzelnen Vertreter und insbesondere hinsichtlich Politikern, bereits beachtliche strukturelle Arbeit geleistet.[64] Danach wurden ursprünglich vier Typen oder Quellen von Accountability identifiziert: bürokratische,

---

59 Vgl. *Schulz/Held*, Regulierte Selbstregulierung als Form modernen Regierens, 2002, S. A-10, nach denen (wenig überraschend) ein drohendes Bußgeld die Bereitschaft zur Selbstregulierung steigert; *Buck-Heeb/Dieckmann*, Selbstregulierung im Privatrecht, 2010, 42 („faktischer Befolgungszwang"); so auch *Kaye*, PPA 2006, 105 (109 f.) („Periodic revalidation creates an ongoing duty of accountability […]"); vgl. jedoch auch *Martin/Friedewald*, DuD 2019, 493 (494 f.) mit dem Versuch einer formelhaften Berechnung, wann Unternehmen zu Rechtsverstößen neigen und dass ein höheres Bußgeld dies nicht automatisch ändere (495); *Bovens*, WEP 2010, 946 (952); *Lindberg*, IRAS 2013, 202 (210).

60 Der hierin verwendete Begriff des Forums wird von verschiedenen Autoren ohne Nennung praktikabler Alternativen aufgrund terminologischer und semantischer Gründe kritisiert (vgl. *O'Kelly/Dubnick*, Accountability and its Metaphors, 2015, 9 ff.; *Willems/v. Dooren*, PMR 2012, 1011 (1017 f.), und soll daher im Folgenden aufgrund seiner Prägnanz beibehalten werden.

61 *Bovens*, ELJ 2007, 447 (461); *Sinclair*, AOS 1995, 219 (220 und 225 f.).

62 So bezeichnet *Bovens*, ELJ 2007, 447 (457), es als das „Problem der vielen Augen" in Abgrenzung zum „Problem der vielen Hände", womit er die Situation beschreibt, wenn mehr als ein Akteur als Accountability-pflichtig in Frage kommt und die Verantwortung dadurch nicht eindeutig zugeschrieben werden kann; *Sinclair*, AOS 1995, 219 (225 f.); *Koppell*, PAR 2005, 94 (95); *Brandsma/Schillemans*, JPART 2013, 953 (955).

63 Vgl. *Klijn/Koppenjan*, in: Bovens/Goodin/Schillemans, Handbook of Public Accountability, 2016, 242 (248).

64 Prägend hierzu *Romzek/Dubnick*, PAR 1987, 227 ff.; *Schedler*, in: Schedler/Diamond/

gesetzliche, professionelle und politische Accountability,[65] wobei sich von letzterer im Laufe der Zeit der Aspekt der gesellschaftlichen Accountability als eigener Typus abgekapselt hat.[66] Neben der politischen bzw. demokratischen Accountability werden für die politik- und verwaltungswissenschaftlich untersuchten Akteure darüber hinaus administrative, soziale und rechtliche Ausprägungen diskutiert.[67] Politische Accountability wird als eine Delegationskette beschrieben, in der die Wähler das letztinstanzliche Forum und „einfache" Beamte den letztinstanzlichen Akteur darstellen, während alle Glieder dazwischen sowohl Forum als auch Akteur für ihre jeweiligen Handlungsweisen seien.[68] Für die vorliegende Arbeit sind nach dieser Typologie die Formen der gesetzlichen Accountability und der gesellschaftlichen Accountability relevant, da die DSGVO als imperative Verpflichtung und das Recht des Einzelnen auf informationelle Selbstbestimmung als gesellschaftliches Narrativ die Anknüpfungspunkte abbilden.[69] Die übrigen Formen der Accountability können jedoch dort von Relevanz sein, wo eine abstrakte Verallgemeinerungsfähigkeit ihrer Merkmale gegeben ist.

Accountability wird mit einer Vielzahl von Begriffen, Konzepten und Theorien in Verbindung gebracht und teilweise synonym verwendet, ohne dass es sich dabei um Synonyme handelt. Ein gängiges Beispiel ist die sog. (*Corporate*) *Social Responsibility*,[70] worin drei inhaltliche Dimensionen von Accountability vermischt und durch die Verwender transportiert werden; (sozial/gesellschaftlich induzierte) *Responsiveness*, *Responsibility*, und inzident auch die prägende Haftungskomponente von Accountability, die *Liability*. Die Differenzierung der verschiedenen Dimensionen und damit verbundener Handlungspflichten ist jedoch entscheidend, da Accountability-Defizite nur dann trennscharf festgestellt und sanktioniert werden können, wenn sich

---

Plattner, The Self-Restraining State, 1999, 13 (14 ff.); *Brandsma/Schillemans*, JPART 2013, 953 (956), m. w. N.

65 Vgl. *Romzek/Dubnick*, PAR 1987, 227 (229).

66 *Sinclair*, AOS 1995, 219 (220 ff.), bereits mit Abweichungen; *Bovens*, ELJ 2007, 447 (461), schließlich mit der eigenständigen Definition.

67 Grundlegend mit dieser Aufteilung *Romzek/Dubnick*, PAR 1987, 227 (228 ff.); darauf aufbauend etwa *Sinclair*, AOS 1995, 219 (221 f.).

68 Vgl. *Bovens*, ELJ 2007, 447 (455); *Willems/v.Dooren*, PMR 2012, 1011 (1023 und zweifelnd 1027); *Considine*, Governance 2002, 21 (25); *Mulgan*, PA 2000, 555 (568); *Sinclair*, AOS 1995, 219 (221 und 225); *Bovens/Schillemans/Goodin*, in: Bovens/Goodin/Schillemans, Handbook of Public Accountability, 2016, 1 (13); *Bayertz*, in: Bayertz, Verantwortung – Prinzip oder Problem?, 1995, 3 (35).

69 Vgl. *Dubnick*, in: Bovens/Goodin/Schillemans, Handbook of Public Accountability, 2016, 21 (29), zur Bedeutung von Accountability als Narrativ.

70 Z.B. *CIPL*, The Concept of „Organizational Accountability", S.1; vgl. *Bovens*, ELJ 2007, 447 (449), der auf die ungenaue sprachliche Verwendung von Responsibility im Sinne einer operativen Zuständigkeit und der Accountability im Sinne einer organisatorischen Verantwortlichkeit hinweist; vgl. hierzu ausführlich B.III.1.a.

ein Delta zwischen der zu erfüllenden normativen Erwartungshaltung und den Handlungen des Akteurs identifizieren lässt.[71] Eine abstrakte Referenz auf „soziale Verantwortung" oder ähnlich vage Termini genügt indes nicht. Bezogen auf das Datenschutzrecht bestünde insbesondere das Risiko einer fehlerbehafteten Verhängung von Bußgeldern nach Art. 83 DSGVO, von deren Wirksamkeit und Bestand jedoch auch die Akzeptanz der DSGVO insgesamt abhängt, so dass Aufsichtsbehörden ein gesteigertes Interesse daran haben müssen, bei der Anwendung der Rechenschaftspflicht aus den Art. 5 Abs. 2 und 24 Abs. 1 S. 1 DS-GVO juristisch präzise nach den jeweiligen Quellen zu differenzieren.

Anhand des Vorgesagten bezüglich des Ursprungs und der abstrakten Funktionsweise lässt sich feststellen, dass Accountability in ihren jeweiligen Ausprägungen als ein Geflecht sozialer, wirtschaftlicher, rechtlicher oder anderweitiger Bindungen zwischen einem Akteur, dem Rechenschaftspflichtigen, und einem Forum, gegenüber dem Rechenschaft abgelegt werden muss und das gegebenenfalls sanktionieren kann, zu verstehen ist.[72] Diesem abstrahierten Verständnis entsprechend ist die vorliegende Arbeit aufgebaut. Auch wird vorzugsweise der Anglizismus Accountability statt der deutschen Übersetzung als „Rechenschaftspflicht" genutzt, da eine Rechenschaftspflicht nicht zwingend auf eine Sanktionsmöglichkeit angewiesen ist, sie der im System der Accountability angelegten Diskussionsphase mit unterschiedlichen Foren nicht angemessen Rechnung trägt und damit auch das gesetzgeberische Movens nicht ausreichend reflektiert. Wie zu zeigen sein wird, wäre Accountability daher treffender mit Rechenschafts- und Rechtfertigungspflicht übersetzt worden, was mit der Sanktionsmöglichkeit gem. Art. 82 Abs. 1 DSGVO für Sanktionen durch Betroffene und Art. 83 DSGVO für Aufsichtsbehörden dem Vorbild der Accountability nähergekommen wäre.[73]

---

71 *Brandsma/Schillemans*, JPART 2013, 953, haben zu diesem Zweck ein Modell entwickelt, das sie Accountability Cube nennen, und worin einzelne materielle Pflichten und Verstöße gegen solche lokalisiert und dann sanktioniert werden können, ohne dass es zu einer Verwässerung durch Überschneidungen mit anderen Normen kommen sollte.

72 *Bovens*, ELJ 2007, 447 (450); *Schedler*, in: Schedler/Diamond/Plattner, The Self-Restraining State, 1999, 13 (15); *Alhadeff/v. Alsenoy/Dumortier*, in: Guagnin, et al., Managing Privacy through Accountability, 2012, 49 (51); *Sinclair*, AOS 1995, 219 (220).

73 Zutreffend weist etwa *Riesenhuber*, in: Riesenhuber, Europäische Methodenlehre, 2021, § 10, Rn. 14, darauf hin, „[…] dass die unionsrechtliche Rechtssprache nicht annähernd so ausgefeilt ist wie die nationale".

II. Terminologie und Aufbau der Untersuchung

Die vorliegende Arbeit soll einen Beitrag zur dogmatischen Konzeption einer europäisch geprägten Accountability der DSGVO liefern. Strukturgebend wird dennoch zunächst auf die oben geschilderten allgemeingültigen konstitutiven Wesensmerkmale von Accountability aufgebaut, die in der englischen Ursprungsliteratur im Kontext von Politik- und Gesellschaftswissenschaften entwickelt wurden, denen in einem zweiten Schritt dann der jeweilige Normgehalt der Artikel der DSGVO im Wirkzusammenhang zugeordnet wird, um gegebenenfalls ein spezifisches datenschutzrechtliches Delta identifizieren zu können.[74] Sie folgt damit dem in der Accountability-Literatur anerkannten Dreiklang „Accountable for what?", „Who is accountable?" und „to whom?".[75] Bei der Untersuchung des „Who" bzw. „Whom" wird sich aus Platz- und Konsistenzgründen auf Situationen beschränkt, in denen die Verarbeitung von personenbezogenen Daten durch eine privatwirtschaftliche juristische Person bzw. eine gem. §§ 15 ff. AktG verbundene Unternehmensgruppe erfolgt und auf Akteure aus dem öffentlich-rechtlichen Bereich oder gar die Verarbeitung durch natürliche Personen, die der DSGVO unterliegen,[76] verzichtet. Wie bereits aus dem Titel ersichtlich ist, wird in der vorliegenden Arbeit mit Anglizismen und Lehn- bzw. Originalbegriffen gearbeitet. Dafür sprechen dreierlei Gründe. Erstens besteht hinsichtlich des Untersuchungsgegenstands der „*Accountability*" Einigkeit, dass es sich um einen nicht ohne Abstriche übersetzbaren Begriff handelt.[77] Diese Einschätzung ist darin begründet, dass Accountability sowohl begrifflich als auch konzeptionell einen inhärent ambivalenten Charakter aufweist. Entsprechend bietet die Verwendung der englischen Originalbegriffe – zweitens – weniger Raum für subjektive Konnotationen und damit gegebenenfalls Verkürzungen und Verzerrungen, wie sie eine Übersetzung notwendigerweise in sich trägt. Drittens ermöglicht die Verwendung der englischen Originalbegriffe schließlich den Rückgriff auf die reiche Accountability-Literatur, die sich im Laufe der letzten knapp fünfzig Jahre

---

74 Der Aufbau folgt entsprechend einem für die Untersuchung und Bewertung von Accountability-Mechanismen etablierten Vorgehen, vgl. *Dubnick/Frederickson*, JPART 2010, 143 (145); *Bovens*, WEP 2010, 946 (960 ff.), auch wenn deren Trennung in Eigenschaft (*virtue*) und Mechanismus (*means*) nicht vollständig überzeugen kann.

75 Vgl. *Scott*, JLaS 2000, 38 (41); *Dicke*, ARPA 2002, 455 (456); *Koenig-Archibugi*, GaO 2004, 234 (237 f.); *Schedler*, in: Schedler/Diamond/Plattner, The Self-Restraining State, 1999, 13 (21 f.); *Lührmann/Marquardt/Mechkova*, APSR 2020, 811 (812); *Bovens*, WEP 2010, 946 (953); die gleichen Fragen stellt *Werner*, in: Seibert-Fohr, Entgrenzte Verantwortung, 2020, 31 (33 ff.), zum deutschen Begriff der „Verantwortung".

76 Vgl. zu diesen relativ wenig beachteten Verarbeitungssituationen *Golland*, ZD 2020, 397.

77 *Art. 29-Gruppe*, WP 173, S. 8, Rn. 22.

entwickelt hat.[78] Im Vorgriff auf die folgende Untersuchung, in der nachgewiesen wird, dass die deutsche Legaldefinition von Accountability in der DSGVO – Rechenschaftspflicht – als verkürzt und inhaltlich beschränkt kritikwürdig ist, sei darauf hingewiesen, dass mit dem Begriff und dem normativen Konzept der Verantwortung ein allgemeinsprachlich, wenn auch nicht notwendigerweise im juristischen Duktus,[79] deutlich passenderer Terminus verfügbar gewesen wäre. Dieser weist inhaltliche und in seiner Entstehungsgeschichte erkennbare Parallelen zum englischen Accountability-Begriff auf.[80] Allerdings ist der „Verantwortliche" im Datenschutzrecht als *terminus technicus* bereits besetzt. Seine Verwendung im Rahmen der vorliegenden Arbeit würde entsprechend zu eher zirkulären, unsinnigen Formulierungen und Verständnisproblemen der Lesenden führen.[81] Nichtsdestotrotz sind die Erwägungen zum deutschsprachigen Konzept der Verantwortung auch im Rahmen der Accountability fruchtbar zu machen, denn das Recht allgemein kann als „Antwort auf Verantwortung" in der Form einer normativ verstetigten Verhaltenserwartung verstanden werden.[82]

Das Zentrum sowohl der englischen Originalliteratur als auch der deutschen Literatur zur Verantwortung ist der sog. Akteur. Aufgrund des dargestellten historischen und fachlichen Hintergrunds von Accountability in der Politik- bzw. Staatswissenschaft leitet sich dieser Terminus wohl von der Unterscheidung in staatliche und nicht-staatliche Akteure ab und ist sowohl im Völkerrecht[83] als auch im erkenntnistheoretischen[84] Schrifttum gebräuchlich. Dem normativen Datenschutzrecht ist dieser Begriff zwar grundsätzlich fremd. In der Literatur findet er jedoch regelmäßig dort Verwendung, wo die Position und die daraus erwachsenden Handlungspflichten einer oder mehrerer Par-

---

78 Statt vieler *Bovens/Goodin/Schillemans*, Handbook on Public Accountability, 2016, mit einer umfassenden Sammlung von Beiträgen; weniger gelungen *Guagnin*, et al., Managing Privacy through Accountability, 2012, die eine eher zufällige Ansammlung von Beiträgen enthalten.

79 Vgl. zum Verantwortungsbegriff im Recht *Klement*, in: Heidbrink/Langbehn/Loh, Handbuch Verantwortung, 2017, 559 (562); *Krawietz*, in: Bayertz, Verantwortung – Prinzip oder Problem?, 1995, 184.

80 Umfassend aufgearbeitet von *Bayertz*, in: Bayertz, Verantwortung – Prinzip oder Problem?, 1995, 3 (36 f.).

81 Man denke nur an die Definition in Art. 5 Abs. 2 DSGVO, die lauten würde „Der Verantwortliche ist für die Einhaltung des Absatzes 1 verantwortlich […] (Verantwortlichkeit)"; ähnlich *Frenzel*, in: Paal/Pauly, DSGVO BDSG, 2021, Art. 5, Rn. 51; vgl. zum eigentlich zutreffenderen Begriff der Responsibility B.III.1.a.

82 *Klement*, in: Heidbrink/Langbehn/Loh, Handbuch Verantwortung, 2017, 559 (562); *Krawietz*, in: Bayertz, Verantwortung – Prinzip oder Problem?, 1995, 184 (187 ff.).

83 Bspw. Art. 14 VO (EG) 1905/2006; statt aller *Herdegen*, Völkerrecht, 2021, § 7, Rn. 2 und 15.

84 Vgl. *Werner*, in: Seibert-Fohr, Entgrenzte Verantwortung, 2020, 31 (33 ff.), zur retrospektiven Wirkung von Verantwortung.

teien ergebnisoffen untersucht oder dargestellt werden.[85] Da die vorliegende Arbeit eine solche Inhaltsbestimmung des Konzepts der Accountability erst leisten soll, erscheint es insofern opportun, auch im Folgenden den Begriff des Akteurs zu verwenden, wenn und soweit keine direkte Attribution zu einem (gemeinsam) Verantwortlichen oder einem Auftragsverarbeiter möglich, geboten oder sinnvoll ist. Bevor jedoch eine Zurechnung zu einem oder mehreren Akteuren erfolgen kann, ist zu ermitteln, welche Handlungspflichten aus der Accountability allgemein sowie dem Datenschutzrecht speziell erwachsen. Die vorliegende Arbeit untersucht den Begriff des Akteurs entsprechend in Abschnitt C auf die vorab in den Abschnitten A und B ermittelten, spezifischen Accountability-Pflichten. Das Zwischenergebnis dieser Abschnitte soll jeweils eine Matrixdarstellung sein, anhand derer sich die Normen der DSGVO mit den im Originalschrifttum diskutierten Dimensionen von Accountability übereinbringen lassen. Da sich die in Accountability enthaltenen Dimensionen ganz oder teilweise auf alle drei datenschutzrechtlich möglichen Organisationserscheinungsformen – Verantwortlicher, gemeinsam Verantwortliche und Auftragsverarbeiter – beziehen können, soll der Terminus des Akteurs beibehalten werden.[86] Er bezeichnet im Rahmen der vorliegenden Arbeit in entsprechend sinnstiftend deutungsoffener Weise die in einer bestimmten Situation handelnde Person oder Institution.

Das Gegenstück des Akteurs im Rahmen der Accountability-Beziehung ist das Forum. Auch hierbei handelt es sich um einen aus der Originalliteratur und wohl auch der Politik- bzw. Staatswissenschaft entlehnten Terminus.[87] Dieser Sammelbegriff transportiert einige, für Accountability charakteristische Eigenschaften. Die Anlehnung an das antike Forum Romanum, wo Magistrate sich und ihre Position gegenüber dem Senat rechtfertigen mussten,[88] insinuiert bereits die konstitutiven Elemente: Information des Akteurs, Diskussion der Parteien und ggf. Sanktion durch das Forum. Möglicherweise ist es diese Herleitung von einer per se Mehrzahl von Senatoren,

---

85 So beispielsweise *Monreal*, CR 2019, 797 (803); EDPB, Stellungnahme 07/2020 zum Konzept von Verantwortlichen und Auftragsverarbeitern, S. 25, Rn. 73; *Spittka*, in: Taeger, Den Wandel begleiten, 2020, 41 (43); *Janicki*, in: Specht-Riemenschneider et al., FS Taeger, 2020, 197 (208); *Roßnagel*, in: Simitis et al., Datenschutzrecht, 2019, Art. 5, Rn. 187; *Schwartmann/Hermann*, in: Schwartmann et al., DSGVO BDSG, 2020, Art. 4, Rn. 127; *Schneider*, ZD 2022, 321 (324).

86 So auch *EDPB*, Stellungnahme 07/2020 zum Konzept von Verantwortlichen und Auftragsverarbeitern, S. 25, Rn. 73, womit diese wohl auf die Nennung von natürlichen Personen, Behörden, Einrichtungen oder anderen Stellen in Art. 4 Nr. 8 DSGVO referenzieren.

87 Statt aller und prägend für diese Bezeichnung *Bovens*, ELJ 2007, 447 (449).

88 *Bayertz*, in: Bayertz, Verantwortung – Prinzip oder Problem?, 1995, 3 (37), erkennt den Ursprung in der aristotelischen Polis und der Überlegung, dass Staatsdiener dann gerecht regieren, wenn andere die Möglichkeit haben, sie zur Rechenschaft zu ziehen.

die dem eigentlichen Singular „Forum" eine immanente Pluralität verleiht und in der die Eigenschaft von Accountability zum Ausdruck kommt, aus einer 1-zu-n Beziehung zu bestehen – der Akteur kann zu mehr als einem Forum gleichzeitig über einen oder mehrere Sachverhalte in einer Rechenschafts- und Rechtfertigungsbeziehung (Accountability) stehen. Ähnlich differenziert hinsichtlich des Begriffs der Verantwortung *Kant* das Gewissen als ein *forum internum* (als Verkörperung des Göttlichen im Menschen), als moralische Rechtfertigungsinstanz, der sich eine Person in Abgrenzung zu anderen – einem *forum externum* – menschlichen Richtern als rechtliche Rechtfertigungsinstanz, nicht entziehen kann.[89] Die vorliegende Arbeit befasst sich entsprechend ausschließlich mit dem Forum, das zum Accountability-Pflichtigen extern ist. Diese begriffliche Dichotomie geht soweit ersichtlich auf *Mark Bovens* zurück[90] und stellt eine (inzwischen weit verbreitete) Ausprägung der älteren *Principal-Agent*-Bezeichnung dar.[91]

Dies wird auch im Datenschutzrecht deutlich, wo ein Verantwortlicher beispielsweise hinsichtlich einer Verarbeitung ohne Rechtsgrundlage sowohl gegenüber Betroffenen rechenschafts-, rechtfertigungs- und möglicherweise[92] auch schadenersatzpflichtig wird, als auch gegenüber der zuständigen Aufsichtsbehörde zur Informationserteilung verpflichtet ist (Art. 31 DSGVO). Gleiches gilt für einen Auftragsverarbeiter, der sowohl dem Verantwortlichen die im Rahmen des Auftragsverarbeitungsverhältnisses erfolgte weisungsgemäße Verarbeitung nachweisen, ihm also Informationen einer ausreichenden Güte liefern muss, als auch von der gem. Art. 58 DSGVO zuständigen Aufsichtsbehörde unmittelbar adressiert werden kann, vgl. die Art. 30–32 DSGVO. Allerdings kann auch der Verantwortliche durch die Aufsichtsbehörde für das Verhalten seines Auftragsverarbeiters in An-

---

89 Vgl. *Bayertz*, in: Bayertz, Verantwortung – Prinzip oder Problem?, 1995, 3 (18 und 44), mit Nachweisen zu Kant; erwähnt auch in EuGH, Urt. v. 10.7.2018 – C-25/17 (Zeugen Jehovas,), EU:C:2018:551, Rn. 47.

90 *Bovens*, ELJ 2007, 447 (449), der ihn wohl aus einer Formulierung von Richard Mulgan entlehnt, dass Accountability bedeute, ein Akteur müsse „responsive to their particular *publics*" (Herv. d. d. Verf.) sein; krit. zum Begriff *Lindberg*, IRAS 2013, 202 (203): „While it admittedly launches a new *formulation* of the definition of accountability [...], the change of words offers nothing new to the classic definition [...]. It is reinventing the wheel and giving it a new name." (Herv. im Original).

91 Vgl. dazu *Gailmard*, in: Bovens/Goodin/Schillemans, Handbook on Public Accountability, 2016, 90 ff.; diese hat teilweise auch Eingang in die deutsche Literatur gefunden, vgl. *Wagner*, ZHR 2017, 203 (217 und 249 ff.).

92 Auf den Streit, ob jede Verletzung einer Norm der DSGVO zu einer Schadenersatzpflicht führt, soll an dieser Stelle nur verwiesen werden; vgl. dagegen etwa GA *Campos Sánchez-Bordona* in den Schlussanträgen v. 6.10.2022 zur Rs. C-300/21, Rn. 117; *Moos/Schefzig*, in: Taeger/Gabel, DSGVO BDSG TTDSG, Art. 82, Rn. 22 f. und 41; *Paal*, MMR 2020, 14 (16 f.); bei einer Verarbeitung von Daten ohne Rechtsgrundlage dürfte indes regelmäßig eine Schadenersatzpflicht gegeben sein.

spruch genommen werden.[93] Bereits hieraus ergibt sich, dass die Figur des Accountability-pflichtigen Verantwortlichen nicht notwendigerweise einem streng gesellschaftsrechtlichen, sondern möglicherweise einem funktionalen Verständnis folgt. Diese insbesondere auf Konzernstrukturen gerichtete Frage soll in Abschnitt C untersucht werden, mit einem speziellem Augenmerk darauf, welche Auswirkungen das Risiko einer Datenverarbeitung und die Person des Datenverarbeiters selbst auf die zur Erüllung der Accountability-Pflichten umzusetzenden Maßnahmen haben, oder anders formuliert, ob ein internationaler Konzern bei einer vergleichbaren Verarbeitung von vergleichbaren Daten gegebenenfalls unterschiedliche Maßnahmen umsetzen muss, als ein regional agierender Mittelständler.[94] Hierzu sollen insbesondere die vom EuGH in ständiger Rechtsprechung zu den Art. 101 f. AEUV ausgeformten kartellrechtlichen Wertmaßstäbe auf ihre Übertragbarkeit auf die DSGVO untersucht werden.[95]

Um die Accountability-Beziehung der DSGVO entsprechend umfassend zu beleuchten, ist in Kapitel D nach den Erscheinungsformen des Forums zu fragen. Die im Rahmen von Accountability durchaus nicht unerwünschte terminologische Ambivalenz,[96] welche verschiedenen Parteien ermöglicht, Accountability-Pflichten einzufordern, sowie die notwendigerweise vorhandene Subjektivität von Übersetzungen[97] begründet auch in der vorliegenden Arbeit die Verwendung der Begriffe von Akteur und Forum. Hinsichtlich in Frage kommender Foren ist daher in iterativer Weise anhand der jeweils zur Verfügung stehenden Sanktionen vorzugehen und schließlich eine Antwort abzuleiten, ob in Accountability ein wirksames Instrument zur Durchsetzung der materiellen Normen der DSGVO und des Rechts auf informationelle Selbstbestimmung in einer zunehmend digitalen Welt gesehen werden kann. Dies bestimmt sich auch danach, wem dieses Instrument gegebenenfalls zur Verfügung steht und ob bzw. wenn ja, welcher intrinsische Wert den Accountability-Normen der Art. 5 Abs. 2 und Art. 24 Abs. 1 S. 1 DSGVO zukommt, um der real existierenden Informations- und Optionsasymmetrie bei der Verarbeitung personenbezogener Daten zu begegnen. Hinsichtlich der Gruppe der Betroffenen soll entsprechend der auch im englischsprachigen

---

93 *Kramer/Meints*, in: Auernhammer, DSGVO BDSG, 2020, Art. 24, Rn. 12; *Moos/Schefzig*, in: Taeger/Gabel, DSGVO BDSG TTDSG, 2022, Art. 82, Rn. 66.

94 Vgl. kritisch zu diesem vermeintlichen One-Size-Fits-All Ansatz *Buchholtz/Stentzel*, in: Gierschmann et al., DSGVO BDSG, 2018, Art. 5, Rn. 47; *Härting/Schneider*, CR 2015, 819; so auch *Veil*, ZD 2018, 9 (10), und *Roßnagel*, in: Simitis et al., Datenschutzrecht, 2019, Art. 5, Rn. 30; *Buddeberg*, in: Heidbrink/Langbehn/Loh, Handbuch Verantwortung, 2017, 417 (421), bejaht dies allgemein für den Bereich der Verantwortung.

95 Ausführlich C.II.4.d. unten.

96 Die für den Begriff der Verantwortung ebenfalls als positiv angesehen wird, vgl. *Bayertz*, in: Bayertz, Verantwortung – Prinzip oder Problem?, 1995, 3 (34 f. und 46).

97 So auch *Sinclair*, AOS 1995, 219 (221).

Originalschrifttum relativ unbeachteten Frage nachgegangen werden, welche Eignung an ein Forum zu stellen ist, um eine effektive Inanspruchnahme und Rezeption der Rechenschaft bzw. Rechtfertigung zu gewährleisten.[98]

Kapitel E fasst die erarbeiteten Ergebnisse zusammen und untersucht abschließend, ob die in der DSGVO enthaltene Accountability *de lege lata* geeignet ist, ihren Zielen einer verbesserten Wirkung der Datenschutzgrundsätze[99] gerecht zu werden bzw. welche Faktoren erforderlich wären, um Accountability *de lege ferenda* auch im Datenschutzrecht zu dem Instrument werden zu lassen, wie es in der Herkunftsjurisdiktion der USA konzipiert war.

---

98 *Uhr*, TAQ 1993, 1 (14), identifiziert das Thema, verbleibt in der Behandlung allerdings auch auf einer sehr abstrakten Ebene.
99 *Art. 29-Gruppe*, WP 173, 11, Rn. 36.

B. Informationspflichtigkeit als konstitutives Merkmal von Accountability

Im folgenden Teil wird untersucht, welche Pflichten einem Unternehmen in der Informationsphase durch Accountability auferlegt werden. Hierzu wird zunächst abstrakt untersucht, welche Attribute die Informationspflicht im Rahmen einer Accountability – d. h. unabhängig von ihrem Ursprung als rechtliche, moralische, finanzielle oder anderweitige – annehmen kann.

I. Einordnung von Accountability als Regulierungsinstrument

Aufgrund der rechtspolitisch mit der DSGVO verfolgten gesteigerten Eigenverantwortung datenverarbeitender Unternehmen,[100] wird Accountability gelegentlich als Selbstregulierungsinstrument verstanden.[101] Auch unter Bezugnahme auf das Instrument der sog. *Cross-Border-Privacy-Rules* (CBPR) des *APEC Privacy Framework*[102] wird Accountability bisweilen als (regulierte) Selbstregulierung kategorisiert und als Lösung hinsichtlich grenzüberschreitender Datentransfers betrachtet, bei denen ein rein nationales Datenschutzrecht Anwendungsprobleme hat.[103] Dabei muss sich der Akteur,[104] der Daten in ein anderes als ihr Herkunftsland übermitteln möchte, zunächst von einer synonym als *Privacy* bzw. *Accountability Agent*[105] bezeichneten Stelle, die sich ihrerseits vorher hat registrieren und autorisieren

---

100 Vgl. zur Betonung der Eigenverantwortung *Albrecht/Jotzo*, Das neue Datenschutzrecht, 2017, 55, Rn. 18; *Heberlein*, in: Ehmann/Selmayr, DSGVO, 2018, Art. 5, Rn. 29.

101 So etwa von *Frenzel*, in: Paal/Pauly, DSGVO BDSG, 2021, Art. 5, Rn. 52.

102 http://cbprs.org/; an diesem nehmen gegenwärtig neun Länder teil: USA, Mexiko, Japan, Kanada, Singapur, Südkorea, Australien, Taiwan und die Philippinen; vgl. zu CBPR und ihrer Entwicklung *Voskamp/Kipker/Yamamoto*, DuD 2013, 452 (453 f.).

103 Vgl. *Krohm*, PinG 2016, 205 (206); *Alhadeff/v. Alsenoy/Dumortier*, in: Guagnin, et al., Managing Privacy through Accountability, 2012, 49 (69).

104 Der Privacy Framework differenziert zwischen Firmen in der Rolle eines Verantwortlichen, bei dem die CBPR den Transfermechanismus bilden, und solchen in der Rolle eines Processors, bei dem die PRP (Privacy Recognition for Processors) die Adäquanz verifizieren; vgl. allgemein http://cbprs.org/business/; zu den Voraussetzungen für Auftragsverarbeiter http://cbprs.org/wp-content/uploads/2020/08/PRP-Purpose-and-Background-3.pdf; zu den Voraussetzungen für Verantwortliche http://cbprs.org/wp-content/uploads/2019/11/5.-Cross-Border-Privacy-Rules-Program-Requirements-updated-17-09-2019.pdf.

105 Der Begriff „Accountability Agent" wird auch im allgemeinen Accountability-Schrifttum gelegentlich anstelle von „Forum" verwendet, bspw. *Moore*, in: Bovens/Goodin/ Schillemans, Handbook of Public Accountability, 2016, 632 (633 ff.).

lassen,[106] anhand eines Kriterienkatalogs, den die Teilnehmerstaaten erarbeitet bzw. als adäquat anerkannt haben, zertifizieren lassen.[107] Der *Privacy* bzw. *Accountability Agent* nimmt damit die Position der Regulierungsinstanz ein, so dass in der Anwendung kein staatlicher Akteur mehr unmittelbar involviert ist.[108] Im Folgenden obliegt die Verwendung und Kontrolle der Einhaltung der CBPR durch die übermittelnde Stelle dem *Accountability Agent*.[109] *„The obligations flow with the information"* ist auch das gewählte Prinzip des kanadischen Datenschutzgesetzes (PIPEDA).[110] Diese Regelwerke setzen damit verstärkt auf einen *Organization-to-Organization*-Ansatz im Unterschied zum *State-to-State*-Ansatz,[111] den die EU Richtlinie 95/46/EG (DSRL) gewählt hat und der von der DSGVO mit engen Ausnahmen im Rahmen der selbstregulativen Instrumente fortgesetzt wird. Dieser Effekt soll insbesondere durch die jeweils enthaltenen Verpflichtungen zur Accountability der übermittelnden Stelle erreicht werden, die i. S. e. „ent-

---

106 Siehe zum Anerkennungsverfahren http://cbprs.org/accountability-agents/new-agent-process/.
107 Vgl. ausführlich zum Zertifizierungsprozedere *Voskamp/Kipker/Yamamoto*, DuD 2013, 452 (454); *Alhadeff/v. Alsenoy/Dumortier*, in: Guagnin, et al., Managing Privacy through Accountability, 2012, 49 (58).
108 Vgl. *Schulz/Held*, Regulierte Selbstregulierung als Form modernen Regierens, 2002, S. A-11 für die zwei Ebenen des Regulierens; *Schulz*, in: Berg/Fisch/Schmitt-Glaeser/ Schoch/ Schulze-Fielitz, DV 2001, Beiheft 4, 101 (104), wonach dies ein Merkmal der „hoheitlich regulierte gesellschaftliche Selbstregulierung" sei; ähnlich *Buck-Heeb/ Dieckmann*, Selbstregulierung im Privatrecht, 2010, 45, die es allerdings heteronome Selbstregulierung nennen, da es dem/den Staat/en freistünde, die Materie auch selbst unilateral zu regulieren.
109 APEC Cross-Border Privacy Rules System Program Requirements, Präambel, 3, "The Accountability Agent […] will be responsible for monitoring the Participants' compliance with the CBPR System […]"; *Voskamp/Kipker/Yamamoto*, DuD 2013, 452 (455); *Alhadeff/v. Alsenoy/Dumortier*, in: Guagnin, et al., Managing Privacy through Accountability, 2012, 49 (57 f.).
110 *Alhadeff/v. Alsenoy/Dumortier*, in: Guagnin, et al., Managing Privacy through Accountability, 2012, 49 (55); *Office of the Privacy Commissioner of Canada*, Processing Personal Data Across Borders Guidelines, 5 und 8.
111 Vgl. *Alhadeff/v. Alsenoy/Dumortier*, in: Guagnin, et al., Managing Privacy through Accountability, 2012, 49 (56); *Voskamp/Kipker/Yamamoto*, DuD 2013, 452 (454), („[…] soll die inländichen Datenschutznormen nicht verdrängen […] sondern […] unabhängig neben diese treten."); vgl. auch Report of Findings #2020-001 vom 4. August, 2020, worin das *Office of the Privacy Commissioner of Canada* die Verpflichtungen einer Kreditauskunftei beim Drittlands-Outsourcing untersucht.

grenzten Verantwortung"[112] auch für Verarbeitungen durch den Empfänger der Daten weitergelten soll.[113]

Zur Einordnung der Accountability innerhalb der DSGVO ist es daher zunächst angezeigt zu untersuchen, wodurch (regulierte) Selbstregulierung in Abgrenzung zur klassichen, imperativen Regulierung durch Gesetze gekennzeichnet ist. Hierbei kann wegen des seinerseits keineswegs eindeutigen oder unumstrittenen Begriffs der Selbstregulierung[114] nur ein überblicksartiger Ansatz gewählt werden, um die entsprechend des Schwerpunktes der vorliegenden Arbeit übergreifenden bzw. für das Datenschutzrecht und die DSGVO relevanten Aspekte zu bestimmen.

Mangels einer universellen Definition oder auch nur eines einheitlichen Sprachgebrauchs ist auch die Einordnung des rechtlichen Instrumentes der Accountability abhängig vom jeweiligen Rahmen. Wie bereits identifiziert, gibt es für die Entstehung bzw. das Bestehen einer Accountability verschiedene Quellen, unter anderem kommen gesetzlich, vertraglich oder regulatorisch (im Sinne von nicht-gesetzlich) entstandene Rechtfertigungspflichten in Betracht.[115] Eine Regulierung dagegen kann grundsätzlich in einer von drei Formen erfolgen.[116] Ein Sachverhalt kann per Gesetz in Gänze selbst und abschließend durch den Staat geregelt werden, einschließlich seiner Durchsetzung. Dies kennzeichnet die sog. heteronome oder imperative Regulierung. Daneben kann der Staat jedoch auch nur einen Rahmen vorgeben, die konkrete Gestaltung aber anderen übertragen und nur dessen Umsetzung und Adäquanz kontrollieren bzw. einschreiten, sofern es bei einem der re-

---

112 Vgl. *Seibert-Fohr*, in: Seibert-Fohr, Entgrenzte Verantwortung, 2020, 1 (5), m. w. N. womit keine grenzenlose Verantwortung, sondern eine grenzüberschreitende Wirksamkeit gemeint ist.

113 Part 3, Abschnitt IX APEC Privacy Framework ("When transferring information, personal information controllers should be accountable for ensuring that the recipient will protect the information consistently with these Principles […]"); resp. Schedule 1, Ziffer 4.1.3. des PIPEDA („An organization is responsible for personal information in its possession or custody, including information that has been transferred to a third party for processing."); vgl. auch *Raab*, in: Guagnin, et al., Managing Privacy through Accountability, 2012, 15 (18 f.), zum mit der "Custody" artverwandten Konzept der "Stewardship"; vgl. dazu B.III.1.d. unten.

114 Vgl. *Hoffmann-Riem*, Selbstregelung, Selbstregulierung und Regulierte Selbstregulierung im digitalen Kontext, 27 (28), der darauf hinweist, dass eine trennscharfe Definition aufgrund der Volatilität und der faktisch-praktischen Vermischungen nicht erschöpfend oder dauerhaft sein kann; *Buck-Heeb/Dieckmann*, Selbstregulierung im Privatrecht, 2010, 45 f.

115 *Sinclair*, AOS 1995, 219 (220), und oben A. I.

116 Vgl. zu diesen drei Kategorien *Schulz/Held*, Regulierte Selbstregulierung als Form modernen Regierens, 2002, A-2 ff., insb. A-10 zum Hinweis auf die „pyramide [sic!] of enforcement strategies"; *Hoffmann-Riem*, Selbstregelung, Selbstregulierung und Regulierte Selbstregulierung im digitalen Kontext, 27 (30).

gulierten bzw. angestrebten Aspekte zu schutzzielgefährdenden Defiziten kommt.[117] Schließlich kann er den Regelungssubjekten vollständig freistellen, sich selbst ein Regelwerk zu geben (oder es zu unterlassen), zu implementieren und es durchzusetzen. Entscheidend für die Einordnung ist das Zusammenspiel zwischen den verschiedenen Regelungsgebern und Normsetzungsebenen.[118]

1. Imperative Regulierung

Die imperative Regulierung ist wohl der Normalfall in modernen Verfassungsstaaten, bei dem der staatliche Gesetzgeber dem Regelungsadressaten einseitig eine (im Idealfall normenklare) Pflicht auferlegt, deren Einhaltung kontrolliert und ggf. festgestellte Verstöße sanktioniert.[119] Das entscheidende Merkmal an der imperativen Form der Regulierung ist, dass die Regel unabhängig vom Willen der Regelungsadressaten gilt.[120] Diese Art staatlichen Handelns (auch als ‚command-and-control' bezeichnet)[121] wird aus verschiedenen Gründen als ungenügend bzw. sub-optimal kritisiert. Zu diesen Gründen zählt unter anderem die sektorspezifische unzureichende Flexibilität in der Anwendung der Normen (auch wegen fehlender Expertise auf Seiten des Staates) und eine daraus folgende Tendenz zur Über- bzw. Unterregulierung[122] sowie das unter Autopoiesis diskutierte Phänomen einer selbstreferentiellen, polykontextualen und damit – vereinfachend – gesagt betriebsblinden Gesetzgebung.[123]

---

117 Siehe weiterführend *Grimm*, in: Berg/Fisch/Schmitt-Glaeser/Schoch/Schulze-Fielitz, DV 2001, Beiheft 4, 9 (13 ff.), der diese Entwicklung beispielhaft für Deutschland nachzeichnet.

118 *Buck-Heeb/Dieckmann*, Selbstregulierung im Privatrecht, 2010, 46.

119 *Black*, CLP 2001, 103 (106); zur historischen Entwicklung dieser Regulierungsform *Grimm*, in: Berg/Fisch/Schmitt-Glaeser/Schoch/Schulze-Fielitz, DV 2001, Beiheft 4, 9 (10 f.).

120 *Buck-Heeb/Dieckmann*, Selbstregulierung im Privatrecht, 2010, 35; *Grimm*, in: Berg/ Fisch/ Schmitt-Glaeser/Schoch/Schulze-Fielitz, DV 2001, Beiheft 4, 9 (10).

121 Vgl. *Schulz/Held*, Regulierte Selbstregulierung als Form modernen Regierens, 2002, A-3; *Charlesworth/Pearson*, Innovation 2013, 7 (f. und 14); *Black*, CLP 2001, 103 (105); *Hale*, Global Governance 2008, 73 (74).

122 Siehe mit weiteren Beispielen *Black*, CLP 2001, 106 f.; *Schulz/Held*, Regulierte Selbstregulierung als Form modernen Regierens, 2002, A-2 und im Detail A-8; erschöpfend zu Vorteilen (§ 16) und Nachteilen (§ 17) von Selbstregulierung *Buck-Heeb/Dieckmann*, Regulierte Selbstregulierung im Privatrecht, 2010.

123 *Black*, CLP 2001, 103 (109); *di Fabio*, Herrschaft und Gesellschaft, 15 ff.; vgl. auch *Grimm*, in: Berg/Fisch/Schmitt-Glaeser/Schoch/Schulze-Fielitz, DV 2001, Beiheft 4, 9 (12), zur Entstehung dieser funktionalen Differenzierung; *Schulz/Held*, Regulierte Selbstregulierung als Form modernen Regierens, 2002, S. A-8 f., mit Verweis auf „reflexives Recht".

Beispiele imperativer Regulierung sind mannigfaltig zu finden und umfassen zum Beispiel das Fusionskontrollrecht, AGB-Kontrollrecht, das Arbeits- und Sozialrecht oder auch das Datenschutzrecht der DSGVO und davor der DSRl. Diese Regelungsbereiche kann der Staat aufgrund seiner Gewährleistungsverantwortung oder einer (vermeintlichen oder echten) Interessendisparität an sich ziehen, obwohl es sich dabei auch um grundsätzlich private Angelegenheiten handelt.[124]

2. Regulierte Selbstregulierung

Für Erscheinungsformen einer nicht imperativen und nicht autonomen Selbstregulierung gibt es eine Vielzahl von Begriffen, Namen und Abstufungen,[125] welche für die vorliegende Untersuchung jedoch nur begrenzt von Bedeutung sind und auf deren Darstellung daher verzichtet wird. Vielmehr soll der im deutschen Schrifttum gängige Terminus der regulierten Selbstregulierung verwendet werden. Der Begriff der regulierten Selbstregulierung geht auf *Wolfgang Hoffmann-Riem* zurück bzw. wurde maßgeblich durch ihn geprägt,[126] um Situationen zu beschreiben, in denen der Staat zur Erreichung eines (vermeintlich) erstrebenswerten (Schutz- oder Gewährleistungs-)Ziels durch Gesetze das Zustandekommen und den Inhalt von gesellschaftlichen Selbstregulierungen einwirkt.[127] Entsprechend lässt sich regulierte Selbstregulierung im Wesentlichen in zwei Erscheinungsalternativen unterteilen. Einerseits gibt es reine Selbstregulierungsinstanzen nach dem historischen Vorbild der Zünfte, Gilden oder Innungen, die sich aufgrund eines Bedarfs der Regeladressaten herausbilden und aus unterschiedlichen Gründen nicht staatlich reguliert wurden (obwohl es möglich gewesen wäre).[128] Andererseits gibt es Regulierungsinstanzen, die vom Staat zur Erfüllung dieses Zwecks eingesetzt wurden, wie zum Beispiel der TÜV

---

124 Vgl. *Buck-Heeb/Dieckmann*, Selbstregulierung im Privatrecht, 2010, 40.
125 Vgl. *Black*, CLP 2001, 106; *Schulz/Held*, Regulierte Selbstregulierung als Form modernen Regierens, 2002, S.A-4 f.m.w.N.; vgl. zu begrifflichen Abstufungen *Hoffmann-Riem*, Selbstregelung, Selbstregulierung und regulierte Selbstregulierung im digitalen Kontext, in: Fehling/Schliesky, Neue Macht- und Verantwortungsstrukturen in der digitalen Welt, 2016, 27 (29).
126 Vgl. *Schulz/Held*, Regulierte Selbstregulierung als Form modernen Regierens, 2002, S.A-1 f.m.w.N.; *Voßkuhle*, in: Berg/Fisch/Schmitt-Glaeser/Schoch/Schulze-Fielitz, DV 2001, Beiheft 4, 195 (198), dort Fn.6; *Buck-Heeb/Dieckmann*, Selbstregulierung im Privatrecht, 2010, 15, dort Fn.57; krit. zum Begriff *Black*, CLP 2001, 103 (115) („normatively loaded").
127 *Hoffmann-Riem*, Selbstregelung, Selbstregulierung und regulierte Selbstregulierung im digitalen Kontext, in: Fehling/Schliesky, Neue Macht- und Verantwortungsstrukturen in der digitalen Welt, 2016, 27 (29).
128 Vgl. dazu auch *Grimm*, in: Berg/Fisch/Schmitt-Glaeser/Schoch/Schulze-Fielitz, DV 2001, Beiheft 4, 9 (11).

oder die sog. benannten Stellen gem. § 15 Abs. 5 Medizinproduktegesetz. Für beide gilt jedoch, dass sie zur Anerkennung ihres Status eines Durchsetzungsmechanismus oder – in der Terminologie der Accountability – einer Sanktionsmöglichkeit bedürfen.[129] Verbände, Zünfte oder Innungen können Mitglieder ausschließen und so ihre Berufsausübung beeinflussen, der TÜV oder die benannten Stellen können ihr Gütesiegel bzw. die Zertifizierung verweigern und somit Zwang auf die Regelungsunterworfenen ausüben.[130] Selbstregulierung kann deshalb auch kartellrechtliche Relevanz bekommen, weil durch sie der Marktzutritt beeinflusst werden kann.[131] In diesem Konstrukt der Regulierungsinstanzen auf der einen und dem Staat auf der anderen Seite kann es weitere und zum Teil übergeordnete Stellen mit unterschiedlich ausgeprägten Handlungskompetenzen geben.[132]

3. Autonome und echte Selbstregulierung

Anders verhält es sich jedoch bei tatsächlicher Selbstregulierung ohne staatliche Beteiligung, die synonym sowohl als autonome oder als echte Selbstregulierung bezeichnet wird.[133] Hierbei trifft die jeweilige Regulierungsinstanz eigene Entscheidungen hinsichtlich Schutzziel(en), Regelwerk und Durchsetzungsmechanismen, ohne dass der Staat darauf Einfluss nehmen könnte (Privatautonomie).[134]

Echte Selbstregulierung kann singulär oder kollektiv verstanden werden. Im singulären Sinne unterliegt der Regulierungsadressat keiner externen Einflussnahme, sondern kann alle Modalitäten in vollständiger Privatautonomie selbst bestimmen, sich diesen unterwerfen oder sich dagegen entscheiden.[135] Das bedeutet, dass im Zweifel eine Regelungsmaterie hierbei schlicht ungeregelt bleiben würde, weil die Rechtsetzungskompetenz des Gesetzgebers oder anderer externer Stellen wie einer Anwaltskammer oder einer Branche-

---

129 *Buck-Heeb/Dieckmann*, Selbstregulierung im Privatrecht, 2010, 215 f.

130 *Hoffmann-Riem*, Selbstregelung, Selbstregulierung und regulierte Selbstregulierung im digitalen Kontext, in: Fehling/Schliesky, Neue Macht- und Verantwortungsstrukturen in der digitalen Welt, 2016, 27 (28 f.).

131 *Schulz/Held*, Regulierte Selbstregulierung als Form modernen Regierens, 2002, S. A-6, Fn. 25.

132 Vgl. *Kaye*, PPA 2006, 105 (114 f.), zu sog. „meso-regulators" mit Beispielen aus dem englischen Medizinsektor; auch *Black*, CLP 2001, 103 (104 und 145), die sie allerdings „Mezzo-Level" nennt.

133 *Buck-Heeb/Dieckmann*, Selbstregulierung im Privatrecht, 2010, 45.

134 Vgl. zu diesem Kriterium der Selbstregulierung *Buck-Heeb/Dieckmann*, Selbstregulierung im Privatrecht, 2010, 16 und 33.

135 *Buck-Heeb/Dieckmann*, Selbstregulierung im Privatrecht, 2010, 257, jedoch auch 262, wo sie zu Recht darauf hinweisen, dass in diesem Fall ein mit Rechtsmitteln erzeugter Zwang durch den Staat herbeigeführt werden kann.

ninnung nicht eröffnet ist. Ein Beispiel für diese Form der Regulierung sind AGB, bei deren Nicht-Vorliegen die gesetzliche Regelung ohne abweichende Vereinbarung angewendet würde.[136] Kollektive echte Selbstregulierung dagegen wirkt auf den Regulierungsadressaten durch eine Regulierungsinstanz. Beispiele für die kollektive echte Selbstregulierung sind etwa Verhaltenskodizes, Standes- oder Verbandsregeln. Dieser Art der Regulierung werden bisweilen protektionistische, einer Accountability im Sinne einer *„public accountability"* entgegenstehende Tendenzen unterstellt, da sie per Definition diejenigen aus ihren Entscheidungsprozessen ausschließen, die nicht zum Regulierungsgremium gehörten oder sich den Regeln nicht unterwerfen wollten.[137] Die Wirkungsweise dieser Form ist für die vorliegende Arbeit mit der einer imperativen und einer regulierten Selbstregulierung vergleichbar, da auch hierbei der Regulierungsadressat (Akteur) gegenüber einer sanktionsbefähigten Instanz (Forum) rechenschaftspflichtig ist.

Nicht Accountability-relevant ist damit mangels sanktionsbefähigtem Forum grundsätzlich nur die singuläre Form echter Selbstregulierung.

4. Einordnung der DSGVO-Accountability hinsichtlich ihres Regelungscharakters

Accountability ist, wie (regulierte) Selbstregulierung auch, ein Schlüsselbegriff im Sinne eines Wortspeichers, unter den sich verschiedene Denkansätze und Deutungsmöglichkeiten subsumieren lassen.[138] Ob eine Norm und das in ihr manifestierte Schutzziel durch imperative, autonome oder gesteuert heteronome Regulierung wirkt, hängt von ihrer konkreten Ausgestaltung ab und davon, ob sie durch sich selbst oder durch andere Normen konkretisierungsfähig ist. In der DSGVO ist die Accountability in den Art. 5 Abs. 2 und Art. 24 Abs. 1 niedergelegt. Ersterer bezieht sich grundsätzlich nur auf die materiellen, wenn auch sehr deutungsoffenen Normen des Art. 5 Abs. 1, worin die gesamte DSGVO überformende Prinzipien formuliert sind.[139] Letzterer bezieht sich dagegen auf sämtliche „Verarbeitung[en] gemäß dieser Verordnung" und enthält insbesondere in Abs. 3 einen unter dem

---

136 *Buck-Heeb/Dieckmann*, Selbstregulierung im Privatrecht, 2010, 50 ff.; für das amerikanische Recht ebenso *Solove/Hartzog*, Col. LR 2014, 585 (595).
137 Vgl. *Kaye*, PPA 2006, 105 (111); vgl. zur public accountability *Brandsma/Schillemans*, JPART 2013, 953 (957).
138 Zu dieser Definition *Voßkuhle*, in: Berg/Fisch/Schmitt-Glaeser/Schoch/Schulze-Fielitz, DV 2001, Beiheft 4, 195 (198).
139 So auch *Buchholtz/Stentzel*, in: Gierschmann et al., DSGVO BDSG, 2018, Art. 5, Rn. 8; *Voigt*, in: Taeger/Gabel, DSGVO BDSG TTDSG, 2022, Art. 5, Rn. 5; näher zum konkreten Inhalt der Prinzipien siehe unten B.II.4.

Gesichtspunkt der Selbstregulierung relevanten Verweis auf die Art. 40 (Genehmigte Verhaltensregeln) und Art. 42 (Zertifizierungen) DSGVO.[140]

a. Imperative Elemente von Art. 5 Abs. 2 und Art. 24 DSGVO

Wie im Weiteren noch genauer zu untersuchen sein wird, ist die Ansicht vorherrschend, dass beide Accountability-Normen *prima facie* durch die Folgenormen hinsichtlich der Schutzziele der Rechtmäßigkeit, der Betroffenenrechte und Informationspflichten, der Sicherheit der Verarbeitung sowie der allgemeinen Datenverarbeiterpflichten konkretisiert werden, ohne deckungsgleich zu sein.[141] In den jeweils konkretisierenden Folgenormen sind durch den Verordnungsgeber, oder im Falle von Öffnungsklauseln die Handlungsmöglichkeiten der nationalen Gesetzgeber, materiellrechtlich festgelegt und durch eine prozessuale Pflicht zur Schaffung entsprechender intern wirkender Maßnahmen (Art. 24 Abs. 1 S. 1 DSGVO) mit einer Gewährleistungspflicht versehen.[142] Die Regelungsadressaten können hinsichtlich dieser Pflichten also weder auf das Schutzziel und dessen Gestaltung, noch dessen materielle Regulierung oder die Umsetzungspflichten Einfluss nehmen. Entsprechend sind die beiden unmittelbaren Accountability-Normen, selbst beim Vorliegen von Öffnungsklauseln als Gestaltungsmöglichkeiten für die Mitgliedstaaten in den materiellrechtlich ausgestalteten Artikeln, als rein imperative Steuerungselemente aus Sicht der Rechtsunterworfenen zu werten.[143]

Die Einhaltung der konkretisierenden Normen wird grundsätzlich durch das Forum der gem. Art. 57 Abs. 1 lit. a und Art. 58 DSGVO zuständigen Aufsichtsbehörde(n) kontrolliert und ggf. sanktioniert.[144] Daneben kommen jedoch weitere Foren mit unterschiedlichen Sanktionsmöglichkeiten in Betracht. Bezüglich einer Geldbuße wegen eines Verstoßes gegen die Accountability allerdings, kommt – wie im Folgenden noch näher auszuführen ist – nur die Rechtsgrundlage des Art. 5 einschließlich dessen Abs. 2 DSGVO in Betracht, da Art. 24 DSGVO nicht in der Aufzählung der Bußgeldtatbestän-

---

140 Ein entsprechender Hinweis findet sich darüber hinaus auch in den Art. 25 Abs. 3, Art. 28 Abs. 5, und Art. 32 Abs. 3 DSGVO.

141 *Breyer*, DuD 2018, 311 (315); *Jaspers/Schwartmann/Hermann*, in: Schwartmann et al., DSGVO BDSG, 2020, Art. 5, Rn. 13; *Buchholtz/Stentzel*, in: Gierschmann et al., DSGVO BDSG, 2018, Art. 5, Rn. 8; *Herbst*, in: Kühling/Buchner, DSGVO BDSG, 2020, Art. 5, Rn. 1; *Frenzel*, in: Paal/Pauly, DSGVO BDSG, 2021, Art. 5, Rn. 11.

142 Vgl. *Wolff*, in: Schantz/Wolff, Das neue Datenschutzrecht, 2017, 257, Rn. 816 ff.

143 Diese Einordnung gilt für die meisten unter dem Begriff der Corporate Compliance diskutierten Rechtsbefolgungspflichten, vgl. dazu *Kölbel*, in: Rotsch, Criminal Compliance, 2015, § 37, Rn. 2.

144 *Kreul*, in: Gierschmann et al., DSGVO BDSG, 2018, Art. 57, Rn. 9 und Art. 58, Rn. 12–17; *Härting*, BB 2012, 459, 460; *Heckmann/Gierschmann/Selk*, CR 2018, 728 (729), Rn. 13.

de in Art. 83 DSGVO genannt ist. Wie diese Nicht-Aufnahme zu werten ist, wird in Abschnitt B.II.4 näher untersucht werden.

b. Selbstregulatorische Elemente von Art. 5 Abs. 2 und Art. 24 DSGVO

Um einer Sanktion, beispielsweise in Form eines Bußgeldes oder einer Anordnung zu entgehen, müssen datenverarbeitende Unternehmen die Befolgung der materiellen Normen sicherstellen und nachweisen (können). Dieser Nachweis wird regelmäßig durch das Verzeichnisses von Verarbeitungstätigkeiten gem. Art. 30 DSGVO als dem wesentlichen Dokumentationsinstrument erbracht werden,[145] das gegebenenfalls um weitere Elemente angereichert werden kann.[146] Darüber hinaus besteht gem. Art. 24 Abs. 3 DSGVO jedoch die Möglichkeit, die eigene Befolgung (ugs. „*compliance*") der jeweils anwendbaren Normen auch mittels genehmigter Verhaltensregeln i. S. v. Art. 40 DSGVO oder eines genehmigten Zertifizierungsverfahrens i. S. v. Art. 42 DSGVO zu belegen.[147] Diesen grundsätzlich der Selbstregulierung zuordenbaren Elementen der Steuerung[148] wird vom Gesetz jedoch bestenfalls die Wirkung einer widerleglichen Vermutung bzw. der Stellenwert als ein Aspekt unter mehreren bei der Bewertung der Rechtskonformität zugestanden.[149] In jedem Fall können Zertifizierungen oder Verhaltensregeln kein Absenken des Schutzniveaus bewirken, da durch sie kein Abweichen von den materiellen Normen der DSGVO zulässig ist, sondern nur eine inhaltliche und/oder prozessuale Konkretisierung.[150] Entsprechend

---

145 ErwG 74, 78 und 82 DSGVO zur Bedeutung des Verzeichnisses; so auch *Lang*, in: Taeger/Gabel, DSGVO BDSG TTDSG, 2022, Art. 24, Rn. 62, und *Voigt*, in: Taeger/Gabel, DSGVO BDSG TTDSG, 2022, Art. 5, Rn. 47: „Nukleus für [...] Dokumentation"; *Kremer*, in: Schwartmann et al., DSGVO BDSG, 2020, Art. 24, Rn. 28; *Plath*, in: Plath, DSGVO BDSG TTDSG, 2023, Art. 24, Rn. 19.

146 *Voigt*, in: Taeger/Gabel, DSGVO BDSG TTDSG, 2022, Art. 5, Rn. 47.

147 Vgl. zur Nachweiseignung von Zertifizierungen *Martini*, in: Paal/Pauly, DSGVO BDSG, 2021, Art. 24, Rn. 44 ff.; *Weichert*, in: Däubler et al., DSGVO BDSG, 2020, Art. 40, Rn. 8; bezogen auf Zertifizierungen *Gühr/Karper/Maseberg*, DuD 2020, 649 (650).

148 *Heilmann/Schulz*, in: Gierschmann et al., DSGVO BDSG, 2018, Art. 40, Rn. 1 f.; vgl. auch *Poll*, Datenschutz in und durch Unternehmensgruppen, 2018, 210 zum Begriff der Steuerung als Teilaspekt gesetzlicher Regulierung; *Hoffmann-Riem*, Selbstregelung, Selbstregulierung und regulierte Selbstregulierung im digitalen Kontext, in: Fehling/Schliesky, Neue Macht- und Verantwortungsstrukturen in der digitalen Welt, 2016, 27.

149 *Krohm*, PinG 2016, 205 (208); *Spindler*, ZD 2016, 407 (411); *Batman*, in: Taeger, Rechtsfragen digitaler Transformationen, 2018, 87 (97).

150 ErwG 28 (wo durch die Formulierung „bei der Anwendung dieser VO" indiziert wird, dass die materiellen Regeln der VO selbst zu entnehmen sind und sich die Elemente der Selbstregulierung ausschließlich auf die Anwendung beziehen); vgl. auch *Mantz/ Marosi*, in: Specht/Mantz, Handbuch Europäisches und deutsches Datenschutzrecht,

formuliert ErwG 98 als Zweck die Erreichung einer wirksamen Anwendung der Verordnung.[151] Verhaltensregeln oder Zertifizierungsmechanismen, die hinter dem materiellen Schutzniveau der DSGVO zurückbleiben, ist keine Genehmigung durch die zuständige Behörde zu erteilen. Dennoch werden ihnen im Falle einer Genehmigung einschließlich der verbesserten Durchsetzbarkeit und einer an sektor- oder branchenspezifische Anforderungen angepassten filigraneren Regelung vorteilhafte Anreize bescheinigt.[152] Regelmäßig wird auch die Wirkung dieser Mechanismen als Marketinginstrument betont,[153] ohne dass diese als ein für Verbraucher relevantes Entscheidungskriterium, soweit ersichtlich, je empirisch belegt wurde.

(1) Genehmigte Verhaltensregeln (CoC)

Bei genehmigen Verhaltensregeln (engl. *Codes of Conduct*) gem. Art. 40 DSGVO handelt es sich um von der zuständigen Aufsichtsbehörde mit Bindungswirkung für die eigene Praxis durch feststellenden Verwaltungsakt für DSGVO-konform erklärte Vorgaben eines Verbandes oder einer Vereinigung, die Ihre Mitglieder verpflichten, sich bei der Verarbeitung personenbezogener Daten in einer bestimmten Weise zu verhalten.[154] Der Gegenstand des bestätigenden Verwaltungsaktes sind gem. Art. 40 DSGVO die zur Genehmigung vorgelegten Verarbeitungstätigkeiten bzw. das prozessual festgelegte Verhalten bei deren Durchführung durch Verbands- oder Vereinigungsmitglieder,[155] die bzw. das anhand der Kriterien von Art. 40 Abs. 2 DSGVO vergleichend zu den bestehenden Normen der DSGVO beurteilt werden muss. Es ist indes nicht erforderlich, und regelmäßig wohl auch nicht der Fall, dass alle Verarbeitungstätigkeiten der Verbands- oder

---

Teil A, §3, VIII 1, Rn. 186; *Martini*, in: Paal/Pauly, DSGVO BDSG, 2021, Art. 24, Rn. 45a („[…] Zu berücksichtigen […] nur, soweit sie […] den Inhalt der Verarbeitungspflichten […] spiegeln […]"); *Kranig/Peintinger*, ZD 2014, 3 (4); *Weichert*, in: Däubler et al., DSGVO BDSG, 2020, Art. 40, Rn. 9.

151 *Paal/Kumkar*, in: Paal/Pauly, DSGVO BDSG, 2021, Art. 40, Rn. 3 und 15.

152 So auch *Krohm*, PinG 2016, 205 (208 ff.); *Weichert*, in: Däubler et al., DSGVO BDSG, 2020, Art. 40, Rn. 5 und Rn. 8; *Bergt*, in: Kühling/Buchner, DSGVO BDSG, 2020, Art. 40, Rn. 1; *Paal/Kumkar*, in: Paal/Pauly, DSGVO BDSG, 2021, Art. 40, Rn. 7.

153 *Bergt*, in: Kühling/Buchner, DSGVO BDSG, 2020, Art. 40, Rn. 1; *Maier/Bile*, DuD 2019, 478 (479).

154 *Weichert*, in: Däubler et al., DSGVO BDSG, 2020, Art. 40, Rn. 2 ff.; *Kranig/Peintinger*, ZD 2014, 3 (7); *Spindler*, ZD 2016, 407; *Bergt*, in: Kühling/Buchner, DSGVO BDSG, 2020, Art. 40, Rn. 1.

155 Vgl. *Paal/Kumkar*, in: Paal/Pauly, DSGVO BDSG, 2021, Art. 40, Rn. 5 und 9a, die zu Recht darauf hinweisen, dass eine Bindungswirkung innerhalb des Verbandes nicht durch die Genehmigung der Verhaltensregeln, sondern erst durch interne Maßnahmen wie Satzungsänderungen oder vertragliche Anerkennung erfolgt; so auch *Heilmann/Schulz*, in: Gierschmann et al., DSGVO BDSG, 2018, Art. 40, Rn. 30.

Vereinigungsmitglieder umfasst sind,[156] noch können die genehmigten Verhaltensregeln als Nachweis gem. Art. 5 Abs. 2 und 24 DSGVO für nicht erfasste Verarbeitungen dienen. Europäisch-datenschutzrechtliche CoC sind entsprechend nicht mit den Codes of Conduct zu verwechseln, wie sie bei amerikanischen Unternehmen gebräuchlich sind und bei denen es sich um unilateral und ohne behördliche Abnahme erstellte Selbstverpflichtungen ohne Bindungswirkung nach europäischem Recht handelt, selbst wenn ihnen eine solche nach ihrem nationalen Recht zukommen mag.

Das Instrument der genehmigten Verhaltensregeln war bereits in der DSRL in Art. 27 angelegt. Danach sollten die Kommission und die Mitgliedstaaten die Schaffung entsprechender Verhaltensregeln fördern, indem sie dafür angemessene Rahmenbedingungen schafften. Die nationalen Umsetzungen dieser Richtliniennorm erfolgten jedoch sehr unterschiedlich und mit relativ wenig praktischem Erfolg. § 38a BDSG a. F. setzte Art. 27 DSRL in deutsches Recht um, kam jedoch bis zum Außerkrafttreten am 24.5.2018 lediglich zweimal zur Anwendung.[157] Die Förderungspflicht enthält zwar weiterhin auch die DSGVO, sie erweitert diese jedoch um zusätzliche Adressaten, so dass neben der Kommission und den Mitgliedstaaten nun auch Aufsichtsbehörden einer Förderpflicht unterliegen. Grundsätzlich bedeutet diese Förderpflicht, dass die Adressaten aktiv darauf hinwirken müssen bzw. selbst Rahmenbedingungen schaffen, die zur Verbreitung und effektiven Anwendung genehmigter Verhaltensregeln beitragen,[158] wobei der konkrete Inhalt dieser Pflicht hinsichtlich des erforderlichen Handelns und Sanktionsmechanismen beim Nicht-Handeln mit Ausnahme einer unmittelbaren unzulässigen Behinderung[159] unbestimmt bleiben. Als zusätzliche Neuerung zur DSRL enthält die DSGVO neben einer erweiterten Förderpflicht in Art. 41 DSGVO eine Verpflichtung, dass Verfahren zur Ermöglichung der Überwachung einschließlich[160] eines Ausschlusses von den Verhaltensregeln (Abs. 4

---

156 *Weichert*, in: Däubler et al., DSGVO BDSG, 2020, Art. 40, Rn. 16; *Vomhof*, in: Auernhammer, DSGVO BDSG, 2020, Art. 40, Rn. 7; implizit auch *Wittmann/Ingenrieth*, in: Plath, DSGVO BDSG TTDSG, 2023, Art. 40, Rn. 8.

157 Vgl. zur Versicherungswirtschaft *Krohm*, PinG 2016, 205.

158 *Weichert*, in: Däubler et al., DSGVO BDSG, 2020, Art. 40, Rn. 11 f.; *Heilmann/Schulz*, in: Gierschmann et al., DSGVO BDSG, 2018, Art. 40, Rn. 13 f.; *Paal/Kumkar*, in: Paal/Pauly, DSGVO BDSG, 2021, Art. 40, Rn. 5; *Kinast*, in: Taeger/Gabel, DSGVO BDSG TTDSG, 2022, Art. 40, Rn. 10; *Spindler*, ZD 2016, 407.

159 Vgl. zu diesem Behinderungsverbot *Weichert*, in: Däubler et al., DSGVO BDSG, 2020, Art. 40, Rn. 11 f.; *Heilmann/Schulz*, in: Gierschmann et al., DSGVO BDSG, 2018, Art. 40, Rn. 13; *Roßnagel*, in: Simitis et al., Datenschutzrecht, 2019, Art. 40, Rn. 27.

160 Vgl. *Heilmann/Schulz*, in: Gierschmann et al., DSGVO BDSG, 2018, Art. 41, Rn. 22, die darauf hinweisen, dass ein abgestuftes Sanktionsregime mit möglichen Vorstufen zum Ausschluss geboten ist, sodass Art. 41 Abs. 4 S. 1 DSGVO teleologisch auf die Ratio eines wirksamen Sanktionsmechanismus zu reduzieren ist.

S. 1) zwingend vorzusehen sind. Hieraus wird gefolgert, dass genehmigte Verhaltensregeln ausschließlich für nicht-öffentlichrechtlich organisierte Akteure verfügbar sind, da ein Ausschluss von bzw. Zugang zu Leistungen eines öffentlichen Verantwortlichen ggf. zu Lasten einzelner Betroffener ginge, deren Daten dann im Vergleich zu anderen Betroffenen nicht mehr oder nicht in gleicher Weise verarbeitet werden dürften.[161]

Die Kontrolle der Einhaltung von gem. dem Genehmigungsverfahren zugelassenen Verhaltensregeln obliegt daraufhin der in den Statuten der genehmigten Verhaltensregeln bezeichneten und gem. Art. 41 DSGVO akkreditierten Stelle,[162] während die zuständige Aufsichtsbehörde im Wesentlichen nur noch diese Kontrolle überwachen muss, was als vorteilhafte Entlastung gesehen wird, ohne dass es die zuständigen Aufsichtsbehörden freilich in ihren hoheitlichen Prüf- und auch Sanktionsrechten gegenüber einzelnen Unternehmen beschränkt.[163] Das Vorliegen und die Einhaltung von genehmigten Verhaltensregeln nimmt der Prüfung durch eine Aufsicht bezüglich der Befolgung der materiellen Normen der DSGVO indes keine Entscheidung voraus.[164]

Von gesteigertem Interesse ist für die vorliegende Untersuchung die Möglichkeit einer Deklaration der Allgemeingültigkeit durch die Kommission gem. Art. 40 Abs. 9 DSGVO im Wege eines Durchführungsrechtsaktes gem. Art 291 AEUV. Diese Möglichkeit entsteht in Situationen, in denen eine oder mehrere der durch die Verhaltensregeln regulierten Verarbeitungstätigkeiten über das Territorium eines Mitgliedsstaates hinausgehen, da gem. Art. 40 Abs. 7 DSGVO nur in solchen Fällen eine Übermittlungspflicht der nach Art. 55, 57 Abs. 1 lit. m DSGVO zuständigen Aufsichtsbehörde im Verfahren gem. Art. 63 DSGVO an den Ausschuss besteht. Rein auf nationaler Ebene genehmigten Verhaltensregeln ist damit die Anerkennung einer Allgemeingültigkeit durch die Kommission per se verstellt, sondern es bedarf stets eines grenzüberschreitenden Elements. Rein national gültige Verhaltensregeln können entsprechend selbst bei ihrer Einhaltung von Verantwort-

---

161 *Spindler*, ZD 2016, 407 (408); so auch *Heilmann/Schulz*, in: Gierschmann et al., DSGVO BDSG, 2018, Art. 41, Rn. 9; *Paal/Kumkar*, in: Paal/Pauly, DSGVO BDSG, 2021, Art. 41, Rn. 9.

162 Eine solche Stelle kann sowohl innerhalb der Verbandsorganisation als auch extern angesiedelt sein, solange die Voraussetzungen von Art. 41 DSGVO insbesondere hinsichtlich der Unabhängigkeit gewahrt bleiben; vgl. *Weichert*, in: Däubler et al., DSGVO BDSG, 2020, Art. 41, Rn. 7; *Paal/Kumkar*, in: Paal/Pauly, DSGVO BDSG, 2021, Art. 41, Rn. 5, 7 und 10.

163 *Bergt*, in: Kühling/Buchner, DSGVO BDSG, 2020, Art. 40, Rn. 44; *Paal/Kumkar*, in: Paal/Pauly, DSGVO BDSG, 2021, Art. 41, Rn. 17.

164 Art. 41 Abs. 4 DSGVO; so auch *Weichert*, in: Däubler et al., DSGVO BDSG, 2020, Art. 41, Rn. 5; *Paal/Kumkar*, in: Paal/Pauly, DSGVO BDSG, 2021, Art. 40, Rn. 3 und 6.

lichen oder Auftragsverarbeitern in Drittländern nicht als geeignete Garantie gem. Art. 46 Abs. 2 lit. e DSGVO herangezogen werden.[165] Bemerkenswert sind allgemeingültige Verhaltensregeln hinsichtlich ihrer Wirkung, die in der Form ihrer Bezeichnung eine Reichweite insinuiert bzw. dergestalt interpretiert werden könnte, dass auch Angehörige der Branche oder des Sektors gebunden würden, obwohl sie nicht Teil des beantragenden Verbands oder der Vereinigung sind.[166] Der Grund für diese Annahme ist offenkundig: einer als „allgemeingültig" erklärten Verhaltensregel in einer bestimmten Branche oder einem Sektor kann neben der Strahlwirkung auf Wettbewerber eine vertrauensstiftende Wirkung gegenüber betroffenen Personen unterstellt werden.[167] Auch die Form der Allgemeingültigkeitserklärung als Durchführungsrechtsakt spricht für eine allgemeine Gültigkeit in der Union.[168] Jedoch erhielte das selbstregulatorischeInstrument der Verhaltensregeln damit einen starken und mit dem Grundgedanken der freiwilligen Eigenverpflichtung wohl auch unvereinbar imperativen Charakter.[169] Es erscheint daher vorzugswürdig, bis zu einer Klärung durch den EuGH nicht von einer solchen Wirkung auszugehen. Zum einen lässt sich eine solche Bindungswirkung weder aus dem verfügenden Teil, noch aus den ErwG der DSGVO entnehmen.[170] Zum anderen fehlt es gegenüber den Verantwortlichen oder Auftragsverarbeitern, die nicht Teil des Verbands oder der Vereinigung sind, an einer effektiven Sanktionsmöglichkeit.[171] Aufsichtsbehörden bleibt mangels einer Bindung qua legem gegenüber solchen Stellen lediglich das reguläre Instrumentarium der DSGVO. Wettbewerber können keine Ansprüche aus unlauterem Wettbewerb geltend machen, weil CoC keine Marktverhaltensregeln i. S. v. § 3a UWG darstellen.[172] Auch die Betroffenen stellen ebenfalls

---

165 *Spindler*, ZD 2016, 407 (411); *Paal/Kumkar*, in: Paal/Pauly, DSGVO BDSG, 2021, Art. 40, Rn. 17; wohl auch *Lepperhoff*, in: Gola/Heckmann, DSGVO BDSG, 2022, Art. 40, Rn. 19.

166 Siehe auch die Streitstanddarstellung *Bergt*, in: Kühling/Buchner, DSGVO BDSG, 2020, Art. 40, Rn. 51, Fn. 89 und *Jungkind*, in: BeckOK Datenschutzrecht, 2022, Art. 40, Rn. 32.

167 Vgl. *Krohm*, PinG 2016, 205 (207), der eine solche Wirkung bereits bei den rein national geltenden genehmigten Verhaltensregeln im Versicherungsbereich sieht; *Gühr/Karper/Maseberg*, DuD 2020, 649 (650), die dort zu Zertifizierungen gemachten Aussagen lassen sich auch auf genehmigte Verhaltensregeln übertragen; *Tene/Polonetsky*, Northw. J. TaIP 2013, 239 (264 f.), Rn. 67.

168 Vgl. zur Wirkung von Durchführungsrechtsakten *Spindler*, ZD 2016, 407 (411); *Bergt*, in: Kühling/Buchner, DSGVO BDSG, 2020, Art. 40, Rn. 49 und 51 f.

169 *Kinast*, in: Taeger/Gabel, DSGVO BDSG TTDSG, 2022, Art. 40, Rn. 50.

170 So auch *Kinast*, in: Taeger/Gabel, DSGVO BDSG TTDSG, 2022, Art. 40, Rn. 50, mit dem Hinweis, dass nicht von „Bindung", sondern nur von „Gültigkeit" gesprochen wird.

171 Darauf weist auch *Spindler*, ZD 2016, 407 (412), hin.

172 *Weichert*, in: Däubler et al., DSGVO BDSG, 2020, Art. 41, Rn. 22; a. A. *Roßnagel*, in: Simitis et al., Datenschutzrecht, 2019, Art. 41, Rn. 35; differenzierend *Bergt/Pesch*, in:

kein veritables Forum in diesen Fällen dar, weil sie auf die Allgemeingültigkeit für die gesamte Branche vertraut haben und somit eine Sanktion in
Form einer Abwanderung durch (End)Kunden alle Mitglieder der Branche
oder des Verbandes treffen würde. Mithin stellen genehmigte Verhaltensregeln gem. Art. 40 DSGVO nur Accountability-Verpflichtungen für diejenigen dar, die im beantragenden Verband oder der Vereinigung organisiert
sind.[173]

Umstritten ist, wer berechtigt ist, einen Antrag auf die Genehmigung von
Verhaltensregeln zu stellen.[174] Unstreitig ist zwar gemäß dem Wortlaut, dass
Verbände und Vereinigungen berechtigt sind, die einen nicht marginalen
Teil eines Sektors oder einer Branche im Sinne einer ausreichend homogenen Gruppe vertreten.[175] Allerdings war bereits unter der Geltung des § 38a
BDSG a. F. anerkannt, dass Konzerne hinsichtlich genehmigter Verhaltensregeln nicht antragsberechtigt sind.[176] Mangels klarstellender Ausführungen in den ErwG und eines ambivalenten Wortlauts im verfügenden Teil
ist damit unter dem neuen Regime der DSGVO unklar, welche Anforderungen an die Vertretung und die Vertretenen zu stellen sind, ob etwa konzernverbundene Unternehmen im Sinne von §§ 15 ff. AktG bei Vorliegen einer
ausreichenden Repräsentanz antragsberechtigt sind,[177] oder wie das Genehmigungsverfahren gestaltet sein soll und mit welchen Rechtsfolgen dessen
einzelne Schritte verbunden sind.[178] Im Schrifttum ist soweit ersichtlich
auch die Frage nach der datenschutzrechtlichen (ggf. gemeinsamen) Verantwortlichkeit i. R. v. genehmigten Verhaltensregeln bislang unbeachtet geblie-

---

Kühling/Buchner, DSGVO BDSG, 2020, Art. 41, Rn. 24, die auf mögliche Irreführung
hinweisen, der seinerseits gem. § 8 Abs. 2 UWG abmahnfähig ist.

173 So im Ergebnis auch *Bergt*, in: Kühling/Buchner, DSGVO BDSG, 2020, Art. 40,
Rn. 51 f.

174 Vgl. überblicksartig zum Streitstand *Paal/Kumkar*, in: Paal/Pauly, DSGVO BDSG,
2021, Art. 40, Rn. 9 ff.; *Bergt*, in: Kühling/Buchner, DSGVO BDSG, 2020, Art. 40,
Rn. 11 ff.; *Wolff*, in: Schantz/Wolff, Das neue Datenschutzrecht, 2017, Rn. 1283.

175 *Raschauer*, in: Sydow/Marsch, DSGVO BDSG, 2022, Art. 40, Rn. 22; *Kinast*, in: Tae-
ger/Gabel, DSGVO BDSG TTDSG, 2022, Art. 40, Rn. 16; *Bergt*, CR 2016, 679 (674);
wohl auch *Lepperhoff*, in: Gola/Heckmann, DSGVO BDSG, 2022, Art. 40, Rn. 8.

176 Vgl. statt vieler m. w. N. *Herfurt/Engel*, ZD 2017, 367; vgl. zur Situation in den USA
Kranig/Peintinger, ZD 2014, 3 (5).

177 Dafür *Wittmann/Ingenrieth*, in: Plath, DSGVO BDSG TTDSG, 2023, Art. 40, Rn. 10;
Heilmann/Schulz, in: Gierschmann et al., DSGVO BDSG, 2018, Art. 40, Rn. 16;
Wolff, in: Schantz/Wolff, Das neue Datenschutzrecht, 2017, Rn. 1283; *Bergt*, in: Küh-
ling/Buchner, DSGVO BDSG, 2020, Art. 40, Rn. 13; *Paal/Kumkar*, in: Paal/Pauly,
DSGVO BDSG, 2021, Art. 40, Rn. 11a; *Weichert*, in: Däubler et al., DSGVO BDSG,
2020, Art. 40, Rn. 14; dagegen *Kinast*, in: Taeger/Gabel, DSGVO BDSG TTDSG,
2022, Art. 40, Rn. 19–23; *Lepperhoff*, in: Gola/Heckmann, DSGVO BDSG, 2022,
Art. 40, Rn. 9; *Herfurt/Engel*, ZD 2017, 367.

178 *Bergt*, in: Kühling/Buchner, DSGVO BDSG, 2020, Art. 40, Rn. 23 und 27 ff.; *Spindler*,
ZD 2016, 407 (411).

ben, die insbesondere dann denkbar erscheint, sollten Konzerne antragsberechtigt sein und sich etwa gem. Art. 40 Abs. 2 lit. c oder lit. b DSGVO über die Umstände einer Datenverarbeitung beispielsweise durch abgestimmte Inhalte einer Einwilligungserklärung, die mehrere Parteien zur Datenverarbeitung berechtigen soll, oder die Verwendung bestimmter Mittel verständigen. Dies erscheint aus Accountability-Sicht zumindest naheliegend, da die Umstände der Datenverarbeitung – die Machtfaktoren, denen sich Betroffene ausgesetzt sehen – durch den Konzernverbund einseitig und mit dem Ziel festgelegt werden, selbst in den Genuss von gesetzlich gewährten Vorteilen zu kommen, etwa bei der Übermittlung von Daten in Drittländer.[179]

(2) Zertifizierungen

Neben der Genehmigung interner Verhaltensregeln sieht die DSGVO als zweites Instrument der regulierten Selbstregulierung Zertifizierungen vor, anhand derer der Nachweis geführt werden kann, dass die Anforderungen der DSGVO eingehalten werden (Art. 42 Abs. 1 S. 2) und dass empfängerseitig bei einem Transfer von Daten in ein Drittland ein angemessenes Datenschutzniveau besteht (Art. 42 Abs. 2).[180] Auch für Zertifizierungen besteht im Rahmen des Pflichtenkatalogs für Aufsichtsbehörden eine aktive Förderpflicht (Art. 57. Abs. 1 lit. n DSGVO). Auch Zertifizierungen entlasten Verantwortliche oder Auftragsverarbeiter nicht von ihrer Pflicht zur Beachtung und Einhaltung der materiellen Normen der DSGVO (Art. 42 Abs. 4), noch beschränken sie die Kontroll- und Sanktionsbefugnisse der zuständigen Aufsichtsbehörde.[181] Der Gegenstand von Zertifizierungen sind, wie bei genehmigten Verhaltensregeln auch, einzelne oder Reihen von Verarbeitungstätigkeiten.[182] Bevor eine solches Zertifikat erteilt werden kann, muss zunächst durch eine Aufsichtsbehörde oder gem. § 39 BDSG die Deutsche Akkreditierungsstelle (DAkkS) das Konformitätsbewertungsprogramm der beantragenden Stelle anhand der entsprechenden ISO-Normen

---

179 Ausführlich zur möglichen Zurechnungsfähigkeit von Konzernhandeln C.II.4. unten.
180 Diese Wirkung haben freilich alle Transfermechanismen des Kap. V DSGVO, vgl. Art. 44 S. 2 DSGVO; so auch *Botta*, CR 2020, 505 (506), Rn. 1 und (509), Rn. 26 f.
181 *Spindler*, ZD 2016, 407 (409); *Kinast*, in: Taeger/Gabel, DSGVO BDSG TTDSG, 2022, Art. 42, Rn. 41 f.; *Paal/Kumkar*, in: Paal/Pauly, DSGVO BDSG, 2021, Art. 43, Rn. 5.
182 *Paal/Kumkar*, in: Paal/Pauly, DSGVO BDSG, 2021, Art. 42, Rn. 7; *Weichert*, in: Däubler et al., DSGVO BDSG, 2020, Art. 42, Rn. 23; *Gühr/Karper/Maseberg*, DuD 2020, 649 (651); *Batman*, in: Taeger, Rechtsfragen digitaler Transformationen, 2018, 87 (89); uneinig sind die letzten beiden Quellen, ob daneben auch Datenschutz-Managementsysteme zertifizierungsfähig sind (*Gühr/Karper/Maseberg* (651) dagegen, *Batman* (90) dafür); *Wittmann/Ingenrieth*, in: Plath, DSGVO BDSG TTDSG, 2023, Art. 40, Rn. 8.

freigegeben,[183] zwecks Harmonisierung ggf. auch mit dem Europäischen Datenschutzausschuss abgestimmt werden,[184] und es muss alle relevanten Anforderungen der DSGVO berücksichtigen, um wirksam als Nachweis gem. Art. 5 Abs. 2 und 24 DSGVO dienen zu können.[185] Nach erfolgreicher Akkreditierung durch die private Zertifizierungsstelle und Befugniserteilung durch die Aufsichtsbehörde können Zertifikate mit Tatbestandswirkung für die Art. 5 Abs. 2, 24 Abs. 1 und Abs. 3 DSGVO und weitere ausgestellt werden, denen allerdings keine Bindungswirkung für die Verwaltung zukommt.[186]

Zertifikate können – anders als genehmigte Verhaltensregeln – grundsätzlich branchen- und technikneutral sei,[187] bieten sich aufgrund ihrer Charakteristika jedoch gerade für eine Festlegung technischer Standards an.[188] Sofern es sich bei der akkreditierten Stelle nicht um eine Aufsichtsbehörde handelt, sind zusätzliche Anforderungen insbesondere an Struktur, Ressourcen und Prozesse der Zertifizierungsstelle einzuhalten.[189] Damit können, anders als bei genehmigten Verhaltensregeln, bei Zertifizierungsmechanismen nach Art. 42 f. DSGVO auch Aufsichtsbehörden selbst als Kontrollinstanz des erlassenen (Selbst-)Regulierungswerkes auftreten (Art. 42 Abs. 5 2. Alt.), sofern sie über ein entsprechend akkreditiertes Konformitätsbewertungsprogramm verfügen. In diesen Fällen wendet die Aufsichtsbehörde, genau wie eine privatwirtschaftliche Zertifizierungsstelle, die gemäß Art. 58 Absatz 3 von der für den Zertifizierungsmechanismus zuständigen Aufsichtsbehörde oder in grenzüberschreitenden Fällen gemäß Art. 63 vom Europäischen

---

183 ISO/IEC 17065 für die zu akkreditierende Stelle und ISO/IEC 17067 für das Konformitätsprogramm selbst; vgl. *Gühr/Karper/Maseberg*, DuD 2020, 649 (651); *Maier/Bile*, DuD 2019, 478 (480).

184 ausführlich zum Verfahren *Gühr/Karper/Maseberg*, DuD 2020, 649 ff. und *Maier/Bile*, DuD 2019, 478 (479 und 481); *Kinast*, in: Taeger/Gabel, DSGVO BDSG TTDSG, 2022, Art. 42, Rn. 49, 51 ff.; *Paal/Kumkar*, in: Paal/Pauly, DSGVO BDSG, 2021, Art. 43, Rn. 7 ff. und 14 ff.

185 Vgl. *Maier/Bile*, DuD 2019, 478 (479).

186 *Weichert*, in: Däubler et al., DSGVO BDSG, 2020, Art. 42, Rn. 58; *Paal/Kumkar*, in: Paal/Pauly, DSGVO BDSG, 2021, Art. 42, Rn. 12.

187 *Gühr/Karper/Maseberg*, DuD 2020, 649 (652); so sind auch die Leitlinien des EDPB zu den Zertifizierungskriterien gehalten, vgl. Guidelines 01/2018 on certification and identifying certification criteria in accordance with Articles 42 and 43 of the Regulation, V.3, v. 4.6.2018, vgl. *Maier/Bile*, DuD 2019, 478 (450 f.).

188 *Wittmann/Ingenrieth*, in: Plath, DSGVO BDSG TTDSG, 2023, Art. 40, Rn. 8; vgl. z. B. die Anforderungen der DSK an die Personalkompetenz von beteiligten Entscheidern, *DSK*, Anforderungen zur Akkreditierung gem. Art. 43 Abs. 3 DSGVO i. V. m. DIN EN ISO/IEC 17065, Version 1,4, v. 8.10.2020, S. 9, vgl. zu den Unterschieden zum EDPB *Maier/Bile*, DuD 2019, 478 (451) („lascher").

189 Vgl. *Maier/Bile*, DuD 2019, 478 (480) m. w. N. auf die konkretisierenden Leitlinien des EDPB und der DSK.

Datenschutzausschuss genehmigten Kriterien an (Art. 42 Abs. 5). Dass in diesem Fall die zuständige Aufsichtsbehörde nicht nur Schöpfer des Regelwerks, sondern auch eine der Genehmigsstellen hinsichtlich der Angemessenheit des Konformitätsprogramms und Sanktionsinstanzbei Verstößen in Personalunion ist, erzeugt ein im Schrifttum bislang relativ unbeachtetes Spannungsverhältnis.[190] Sofern nämlich die Kriterien der Zertifizierung eingehalten wurden, hätte eine Aufsichtsbehörde aufgrund der Selbstbindung der Verwaltung, die durch den aufgestellten Kriterienkatalog eintritt, effektiv keine Möglichkeit zur Sanktion.[191] Dieses Spannungsverhältnis erhält zusätzlich eine Wettbewerbskomponente, da Verstöße gegen die Pflichten als Zertifizierungsstelle gem. Art. 83 Abs. 4 lit. b DSGVO bußgeldbewehrt ist, das Risiko, danach belangt zu werden, jedoch nur private Zertifizierungsstellen trifft.

Für die vorliegende Arbeit ist diesbezüglich indes keine vertiefte Untersuchung dieses Szenarios erforderlich. Festgestellt werden kann, dass eine Zertifizierung für Verantwortliche oder Auftragsverarbeiter in jedem Fall eine weitere Quelle darstellt, aus der sich Accountability-Pflichten ergeben können. Ob diese von einem anderen externen Forum als der zuständigen Aufsichtsbehörde gem. Art. 55 DSGVO eingefordert werden können oder als Anforderungskatalog mit einer eigenen Sanktionsmöglichkeit (in Form einer Entziehung der Zertifizierung) durch eine separate Stelle, wird nur im Rahmen der Bestimmung des Forums und der Einordnung der Pflichten als regulierte Selbstregulierung relevant. Für diese ist grundsätzlich kennzeichnend, dass eine Kontrolle durch eine nicht-staatliche Regulierungsinstanz und mithin ein weiteres Forum erfolgt,[192] wie es bei genehmigten Verhaltensregeln und privatrechtlich organisierten Zertifizierungsstellen auch gegeben ist. Die Verleihung eines Zertifikats durch die Aufsichtsbehörden stellt jedoch keine echte (regulierte) Selbstregulierung dar.

---

190 *Kinast*, in: Taeger/Gabel, DSGVO BDSG TTDSG, 2022, Art. 41, Rn. 14, sieht dieses Problem zu Recht ablehnend hinsichtlich der Konstellation, in der die beantragende Stelle gemäß Art. 40 ebenfalls die akkreditierte Stelle gem. Art. 41 DSGVO werden soll, jedoch nicht im Falle von durch Aufsichtsbehörden erteilte Zertifizierungen; *Paal/Kumkar*, in: Paal/Pauly, DSGVO BDSG, 2021, Art. 42, Rn. 13, wollen das Risiko von Interessenskonflikten durch eine vor Beginn der ersten Zertifizierungen einzurichtende organisatorische Trennung innerhalb der Behörde lösen; kritisch hierzu *Maier/Bile*, DuD 2019, 478 (482) („[…] ein äußerst fragwürdiges Modell [durch das] Interessenkonflikte mehr oder minder vorprogrammiert [seien]").

191 Für eine Bindungswirkung im Wege der §§ 48 ff. VwVfG *Weichert*, in: Däubler et al., DSGVO BDSG, 2020, Art. 42, Rn. 56 f.; wahrscheinlich auch mit Blick auf dieses Spannungsverhältnis gegen eine solche Bindungswirkung daher *Paal/Kumkar*, in: Paal/Pauly, DSGVO BDSG, 2021, Art. 42, Rn. 12 f. m. w. N.

192 Vgl. *Schulz/Held*, Regulierte Selbstregulierung als Form modernen Regierens, 2002, S. A-11; *Schulz*, in: Berg/Fisch/Schmitt-Glaeser/Schoch/Schulze-Fielitz, DV 2001, Beiheft 4, S. 101 (104).

(3) Verbindliche interne Datenschutzvorschriften (BCR)

Verbindliche Unternehmensregeln sind gem. Art. 4 Nr. 20 DSGVO „Maßnahmen zum Schutz personenbezogener Daten, zu deren Einhaltung sich ein [in der EU] niedergelassener Verantwortlicher oder Auftragsverarbeiter verpflichtet *im Hinblick auf Datenübermittlungen* oder eine *Kategorie von Datenübermittlungen* [innerhalb einer Unternehmensgruppe oder Gruppe von Unternehmen]".[193] Aus dieser Definition ist, im Vergleich zu den CoC gem. Art 40 DSGVO und Zertifizierungen gem. Art. 42 DSGVO, deutlich die Fokussierung des Instruments auf die Übermittlung in Drittstaaten erkennbar, während CoC und Zertifizierungen diesen Aspekt zwar enthalten können, aber nicht müssen.[194] Durch die Festlegung von Kriterien in Art. 47 Abs. 2 DSGVO, die BCR mindestens kumulativ erfüllen müssen, und durch die Einstufung, dass BCR, die gem. dieses Katalogs genehmigt wurden, ein taugliches Mittel zur Absicherung von Drittlandstransfers gemäß Art 46 Abs. 2 lit d DSGVO sind, erfährt das Instrument eine signifikante Aufwertung.[195] Der Grund ist neben einem in den Mitgliedstaaten nun einheitlicheren Verständnis der Voraussetzungen für die Genehmigung, dass BCR im Wege des Kohärenzverfahrens gem. Art. 63 DSGVO zu erlassen und anhand des neu geschaffenen Kriterienkatalogs zu prüfen sind. Mithin ist das Genehmigungsverfahren von BCR geprägt von imperativer Regulierung (in Form des Kriterienkatalogs im Art 47 Abs. 2) und von hoheitlicher Steuerung (in Form der Abstimmung mit und sodann der Anwendung durch die Aufsichtsbehörden).

Insofern ist es schlüssig, dass BCR in der Literatur, soweit ersichtlich, als kein Instrument der Selbstregulierung wahrgenommen werden.[196] Diese Einstufung ist mithin systemtheoretisch begründet, trotz einer erheblichen Bindung innerhalb der Unternehmensgruppe oder Gruppe von Unternehmen,[197] die genehmigten Verhaltensregeln gem. Art. 40 DSGVO nicht unähnlich ist.

---

193 Herv. d. d. Verfasser.

194 Vgl. zum Verhältnis von Art. 40 zu 42 *Wittmann/Ingenrieth*, in: Plath, DSGVO BDSG TTDSG, 2023, Art. 40, Rn. 8.

195 *Pauly*, in: Paal/Pauly, DSGVO BDSG, 2021, Art. 47, Rn. 9 f.; *Däubler*, in: Däubler et al., DSGVO BDSG, 2020, Art. 47, Rn. 2 f. und 12.

196 Vgl. etwa *Heilmann/Schulz*, in: Gierschmann et al., DSGVO BDSG, 2018, Art. 40, Rn. 7 („eins der beiden Instrumente" über Art. 40 und Bezugnehmend auf Art. 40 und Art. 42 DSGVO); auch *Wolff*, in: Schantz/Wolff, Das neue Datenschutzrecht, 2017, S. 387 ff., dessen Kapitel F Abschnitt V wie selbstverständlich nur die Art. 40 und Art. 42 behandelt; soweit ersichtlich ist die einzige Ausnahme *Poll*, Datenschutz in und durch Unternehmensgruppen, 2018, 228.

197 *Däubler*, in: Däubler et al., DSGVO BDSG, 2020, Art. 47, Rn. 9 („[…] Wohlverhaltenserklärungen […], wie sie sich häufig unter dem Stichwort „Code of Conduct" [finden, sind nicht ausreichend]"); *Bussche, v. d./Raguse*, in: Plath, DSGVO BDSG TTDSG, 2023, Art. 47, Rn. 7 und 9.

Auch hier entsteht mithin die gleichfalls unbeachtete Frage der datenschutzrechtlichen (ggf. gemeinsamen) Verantwortlichkeit. Das Instrument der BCR
war bereits vor der DSGVO in Art. 26 DSRL angelegt, dort jedoch inhaltlich
weitgehend unbestimmt, was zu einer relativ uneinheitlichen Praxis bzgl.
der Bewertung der Zulässigkeits- und Angemessenheitsvoraussetzungen auf
Ebene der Mitgliedstaaten führte.[198] Art. 47 DSGVO normiert aufbauend auf
den von der Art. 29-Datenschutzgruppe entwickelten Kriterien dagegen erstmals einen einheitlichen Anforderungskatalog, aufgrund dessen die nationalen Behörden Anträge auf Genehmigung von BCR beurteilen können bzw.
müssen.[199] Anders als noch unter dem BDSG a. F., wo BCR nur Konzernen oder ähnlich verfestigten Unternehmensstrukturen zugänglich waren,[200]
scheint der Wortlaut der Regelung in Art. 47 DSGVO den Anwendungsbereich nach dem Willen des Gesetzgebers mit der Bezugnahme auf „Gruppen von Unternehmen", die nicht der Definition der „Unternehmensgruppe"
i. S. v. Art. 4 Nr. 18 DSGVO entspricht, zu erweitern. Denkbar wären danach,
dass auch nicht verbundene juristische Personen und lose Verbindungen, wie
zum Beispiel die Reise(büro)industrie, der Gebrauchtwagenmarkt, oder die
Filmproduktionsbranche, sich grundsätzlich für die Anwendung von BCR
qualifizieren können, sofern diese einer gemeinsamen Wirtschaftstätigkeit
nachgehen, und obwohl dem (insb. haftungs-)rechtliche und praktische Erwägungen entgegenstehen dürften.[201]

Anlass für Unternehmen, das auch nach der Konkretisierung der Voraussetzungen in Art. 47 Abs. 2 DSGVO aufwändige Zulassungsverfahren zu
durchlaufen, ist eine Kosten-Nutzen-Analyse bezüglich der entstehenden
Aufwände bei grenzüberschreitenden Datentransfers und der Verwendung
anderer geeigneter Garantien.[202] BCR werden daher stets im Kontext des
Drittlandtransfers gesehen, selten jedoch wird ihr innerstaatlicher bzw. – europäischer Mehrwert für den Datentransfer unterstrichen. Hierbei kommt
ihnen auch eine gesteigerte Attraktivität zu, da sie es ermöglichen, den spezifischen Bedürfnissen der betroffenen Unternehmen im Dialog mit der zuständigen Aufsichtsbehörde Rechnung zu tragen.[203] Die Behörde bleibt den-

---

198 *Pauly*, in: Paal/Pauly, DSGVO BDSG, 2021, Art. 47, Rn. 3 und 9 f.
199 Vgl. zu den Anforderungen der Art.-29-Datenschutzgruppe *Schlender*, in: Giersch-
    mann et al., DSGVO BDSG, 2018, Art. 47, Rn. 18; *Bussche, v. d./Raguse*, in: Plath,
    DSGVO BDSG TTDSG, 2023, Art. 47, Rn. 11 f. m. w. N. insb. Fn. 22; *Pauly*, in: Paal/
    Pauly, DSGVO BDSG, 2021, Art. 47, Rn. 8 und 10; *Gabel*, in: Taeger/Gabel, DSGVO
    BDSG TTDSG, 2022, Art. 47, Rn. 1 und Rn. 4.
200 Vgl. *Wolff*, in: Schantz/Wolff, Das neue Datenschutzrecht, 2017, S. 246, Rn. 780; *Ga-
    bel*, in: Taeger/Gabel, DSGVO BDSG TTDSG, 2022, Art. 47, Rn. 2.
201 *Gabel*, in: Taeger/Gabel, DSGVO BDSG TTDSG, 2022, Art. 47, Rn. 2.
202 Vgl. *Krohm*, PinG 2016, 205 (206); *Kranig/Peintinger*, ZD 2014, 3 (8).
203 *Däubler*, in: Däubler et al., DSGVO BDSG, 2020, Art. 47, Rn. 1; *Poll*, Datenschutz in
    und durch Unternehmensgruppen, 2018, 214.

noch die Sanktionsinstanz, so dass BCR ebenso wie behördliche Zertifikate nicht als Selbstregulierung einzustufen sind.

5. Normative Accountability als imperatives Regulierungsinstrument

Die DSGVO-Instrumente der genehmigten Verhaltensregeln, Zertifizierungsmechanismen und der verbindlichen Unternehmensregeln (BCR) lassen sich, anders als die CBPRs des APEC Privacy Framework, nicht pauschal der regulierten Selbstregulierung zuordnen. Alle haben zwar gemein, dass die Initiative von den zukünftig durch sie Verpflichteten selbst kommt, sie unterscheiden sich jedoch hinsichtlich ihrer möglichen Regelungsreichweite und ihrer Aufsichtsstrukturen. Die APEC CBPRs sind als Minimalstandards konzipiert, zu denen interessierte Unternehmen strengere Maßnahmen treffen und von den *Accountability Agents* überwachen lassen können, wobei dann Gegenstand der behördlichen Aufsicht die sachgerechte Tätigkeit des Accountability Agents wird und – ceteris paribus – nicht länger die des Unternehmens.[204] Hierbei handelt es sich entsprechend um eine regulierte Selbstregulierung; die interessierten Firmen schaffen sich selbst das Regelwerk, dem sie sich zukünftig unterwerfen, ohne dass es hierzu einen Zwang (oder auch nur eine gesetzlich oder betrieblich bedingte Notwendigkeit) gäbe. Die Kontrolle übernimmt nicht die staatliche Aufsicht, sondern eine speziell akkreditierte Regulierungsinstanz. Treffen Akteure dagegen keine strengeren Maßnahmen oder wenden sie die CBPRs nicht an, entstehen ihnen daraus keine gesetzlichen Nachteile.

Hinsichtlich ihrer imperativen Ausgestaltung und des Regelungscharakters als Verordnung kann dies nicht bzw. nicht ohne Einschränkungen für die normativen Vorgaben der DSGVO angenommen werden. Zum einen ist umstritten, ob durch die erarbeiteten Regelwerke eine Erhöhung des Schutzstandards der DSGVO zulässig und damit überhaupt möglich ist.[205] Zum anderen erfolgt die Aufsicht über die Einhaltung des Regelwerks nur in den Fällen genehmigter Verhaltensregeln gem. Art. 40 f. DSGVO durch eine nicht-staatliche bzw. aufsichtsrechtliche Stelle, und bei Zertifizierungen i. S. v. Art. 42 f. DSGVO nur dann, wenn es sich nicht um durch eine Aufsichtsbehörde erteilte Zertifikate handelt, so dass es sich bei beiden Instrumenten bestenfalls um eine Selbstregelung handelt.[206]

---

204 *Voskamp/Kipker/Yamamoto*, DuD 2013, 452 (455).
205 Befürwortend *Bergt*, CR 2016, 670 (672), zu genehmigten Verhaltensregeln.
206 Vgl. zum Unterschied zwischen Selbstregelung und Selbstregulierung *Hoffmann-Riem*, in: Fehling/Schliesky, Neue Macht- und Verantwortungsstrukturen in der digitalen Welt, 2016, 27 (29).

I. Einordnung von Accountability als Regulierungsinstrument

Selbst anhand der vorangegangenen nur oberflächlichen Betrachtung kann für die vorliegende Untersuchung festgehalten werden, dass die in der DSGVO enthaltenen Instrumente der regulierten Selbstregulierung sowie die Aufsichtszertifizierungen und BCR zu keiner veränderten Accountability-Beziehung zwischen den datenverarbeitenden Akteuren auf der einen und Betroffenen sowie weiteren Foren auf der anderen Seite führen. In denen der regulierten Selbstregulierung zuordenbaren Fällen wird lediglich ein weiteres Forum zusätzlich zu einer weiteren Accountability-Quelle geschaffen, ohne dass sich an der Wirkungsweise von Information, Diskussion und Sanktion etwas ändert oder dass durch ihre Einhaltung die Pflichten an anderer Stelle geringer würden. Es verschiebt sich lediglich der *„lender of last resort"*[207] in der Form, dass eine Zwischen- bzw. Zusatzinstanz der aufsichtlichen Kontrolle entsteht. Auch geht von den CoC und Zertifizierungen trotz der Einbindung der hoheitlich auftretenden Aufsichtsbehörden in die Erstellung des jeweiligen Regelwerkes nur eine Indizwirkung für die Beurteilung eines Sachverhalts aus. Letztinstanzlich bindend sind jedoch die materiellen Normen der DSGVO in ihrem Wortlaut und Auslegungsgehalt, sodass diese die Auffangverantwortung des Staates bei der Verarbeitung personenbezogener Daten sicherstellen,[208] unabhängig von den Einschätzungen des Zwischen- oder Zusatzforums. In den Fällen von BCR und Aufsichtszertifikaten fehlt es bereits an einem zusätzlichen externen Forum, so dass durch diese Instrumente lediglich eine weitere und eigens bußgeldbewehrte Accountability-Quelle für den Akteur geschaffen wird. Es handelt sich bei diesen Varianten mithin nicht um eine regulierte Selbstregulierung.

---

207 Mit dieser Terminologie *di Fabio*, Herrschaft und Gesellschaft, 30; so auch inhaltlich zur Qualifikation als Selbstregulierung *Black*, CLP 2001, 103 (124); *Kölbel*, in: Rotsch, Criminal Compliance, 2015, § 37, Rn. 2; *Buck-Heeb/Dieckmann*, Selbstregulierung im Privatrecht, 2010, 216.

208 Vgl. zu dieser Residualverantwortung *Poll*, Datenschutz in und durch Unternehmensgruppen, 2018, 214 f.; vgl. *Hoffmann-Riem*, in: Fehling/Schliesky, Neue Macht- und Verantwortungsstrukturen in der digitalen Welt, 2016, 27 (33).

B. Informationspflichtigkeit als konstitutives Merkmal von Accountability

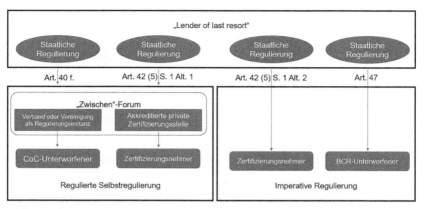

Abb. 1: Schematische Darstellung der Wirkungsweise der Instrumente regulierter Selbstregulierung in der DSGVO

Diese Einordnung soll keinesfalls über die Vorteile dieser Instrumente für Unternehmen, wie eine Selbstbindung der Verwaltung,[209] ein im Rahmen eines Bußgeldverfahrens gem. Art. 83 Abs. 2 lit. j DSGVO stets ein zu berücksichtigendes Indiz der Einhaltung der DSGVO,[210] eine gesteigerte Klarheit hinsichtlich der Anwendung der auslegungsbedürftigen Normen der DSGVO,[211] oder auch ein „Mehr" an Datenschutz für Betroffene schmälern. Jedoch stellen mit Ausnahme der genehmigten Verhaltensregeln und nicht-behördlich erteilter Zertifikate und selbst in diesen Fällen nur in den dargestellten Grenzen weder die materiellen Normen der DSGVO noch die der Accountability (Art. 5 Abs. 2 und Art. 24 Abs. 1 S. 1 DSGVO) eine der regulierten Selbstregulierung zugängliche Form der Steuerung unternehmerischen Verhaltens dar. Vielmehr handelt es sich bei ihnen als entsprechend ausfüllungsbedürftige Durchsetzungsmechanismen der materiellen Normen um Schlüsselbegriffe, auf welche die Regelungssubjekte jedoch keine Einflussmöglichkeiten haben und die durch den Verordnungsgeber imperativ vorgegeben wurden. Damit beansprucht die DSGVO weiterhin die alleinige

209 Vgl. zu CoC *Kinast*, in: Taeger/Gabel, DSGVO BDSG TTDSG, 2022, Art. 40, Rn. 53; *Weichert*, in: Däubler et al., DSGVO BDSG, 2020, Art. 42, Rn. 56 f.; *Paal/Kumkar*, in: Paal/Pauly, DSGVO BDSG, 2021, Art. 42, Rn. 12 f., und zu Zertifizierungen *Wittmann/Ingenrieth*, in: Plath, DSGVO BDSG TTDSG, 2023, Art. 42, Rn. 16.

210 *Heilmann/Schulz*, in: Gierschmann et al., DSGVO BDSG, 2018, Art. 40, Rn. 32; *Moos/Schefzig*, in: Taeger/Gabel, DSGVO BDSG TTDSG, 2022, Art. 83, Rn. 64; *Becker*, in: Plath, DSGVO BDSG TTDSG, 2023, Art. 83, Rn. 22.

211 Vgl. *Krohm*, PinG 2016, 205 (206); *Kranig/Peintinger*, ZD 2014, 3 (8); *Spindler*, ZD 2016, 407 (410 f.); *Heilmann/Schulz*, in: Gierschmann et al., DSGVO BDSG, 2018, Art. 40, Rn. 2, 5 und 20 ff.

Regelungshoheit und überträgt bestenfalls vereinzelte Aspekte der Zielerreichung auf die Regelungsadressaten. Es kann folglich auch unter der DSGVO keine Änderung der Strukturmuster im Vergleich mit verstärkt auf Selbstregulierung setzenden Regimen wie den USA oder der APEC-Region festgestellt werden.[212] Accountability ist nur ein Bestandteil des jeweiligen Instrumentariums und keine weitere materielle Quelle oder ein Selbstzweck.[213]

Ein möglicher Grund, warum Accountability in gedanklicher Nähe zur Selbstregulierung positioniert wird, könnte in den Dimensionen der *Responsibility* und der Transparenz liegen.[214] Nach ersterer ist der Verantwortliche aufgrund der faktisch gegebenen Einflussnahmemöglichkeiten und einer intrinsichen Motivation zuständig für ein bestimmtes Ergebnis, womit sowohl ein drittschützender Erfolg als auch einschränkende Rücksichtnahmepflichten verbunden sein können.[215] Letztere dagegen bietet Akteuren erhebliche, einzelfallbezogene Ausgestaltungsmöglichkeiten, sodass aus dieser Ermessensentscheidung der Fehlschluss einer Selbstregulierung gezogen werden kann. Tatsächlich handelt es sich jedoch nur bei solchem Transparenz- und Informationshandeln um Selbstregulierung, das über das gesetzlich – imperativ – vorgeschriebene Maß hinausgeht. Die Wahl der Mittel zur Zielerreichung steht den Akteuren dabei zwar frei und ist von Effizienz- und Effektivitätsgedanken geprägt, die mit der Zuständigkeit in einem noch näher zu untersuchenden Wechselwirkungsverhältnis stehen. An der imperativen Regulierung der Informationspflichten durch die materiellen Normen ändert dieser Ermessensspielraum hinsichtlich der Mittel jedoch nichts.[216]

---

212 Die Strukturmuster vergleichend *Kranig/Peintinger*, ZD 2014, 3 (6); zu APEC *Black*, CLP 2001, 103 (114), Fn. 31.

213 So jedoch *CIPL*, The Concept of "Organizational Accountability", S. 1, über ein "Privacy Compliance Program" nach dem Vorbild des SOX; vgl. im Ergebnis wie hier zur Einordnung von gesetzlich veranlassten Compliance Programmen *Kölbel*, in: Rotsch, Criminal Compliance, 2015, § 37, Rn. 2.

214 Vgl. *Patil/Vieider/Tetlock*, in: Bovens/Goodin/Schillemans, Handbook of Public Accountability, 2016, S. 81 f.

215 Hierzu sogleich unter B.II.1.

216 A.A. wohl *Frenzel*, in: Paal/Pauly, DSGVO BDSG, 2021, Art. 5, Rn. 52 („Art. 5 Abs. 2 [folgt] nicht einem schlichten command-and-control-Ansatz […]"); ausführlich zur hier vertretenen Sichtweise, wonach trotz aller Berücksichtigung des Verhältnismäßigkeitsgrundsatzes letztlich die vollumfängliche Einhaltung der materiellen Normen als Beurteilungsmaßstab steht, vgl. B.III.1.g.

II. Informationspflichtigkeit als Kernelement normativer Accountability

Der Ausgangspunkt jeder Accountability ist, wie anhand der anglo-normannischen Herkunft illustriert, die Information bzw. die Verpflichtung eine solche zu erteilen (*to render an account*). Die Berechtigung eine solche einzufordern (*to hold someone to account*) kann sich dabei aus verschiedenen, formellen wie informellen, externen wie internen Quellen ergeben. Zunächst kann eine solche Berechtigung qua legem ent- und bestehen oder auch eine freiwillige Einräumung einer Berechtigung etwa im Rahmen selbstregulativer Instrumente als vertrauensbildende Maßnahme.[217] Daneben gibt es jedoch insbesondere die Berechtigung durch Betroffensein.[218] Diese Berechtigung gründet auf der Ratio, dass derjenige, in dessen Grundrechte in Form einer Datenverarbeitung eingegriffen wird, dennoch weiterhin Grundrechtsschutz genießt und um diesen in Anspruch nehmen zu können, informationsberechtigt ist. Damit entspricht diese Zurechnung in gewissem Maße dem Verdikt des BverfG im Volkszählungsurteil, dass von der Verarbeitung Betroffene Personen Kontrolle über die sie betreffenden Daten haben sollten oder, wo dies nicht möglich sei, weil ein Grundrechtsausgleich die Verarbeitung der Daten erlaube, berechtigt seien, Informationen darüber zu erhalten, wie und zu welchen Zwecken die Verarbeitung erfolge.[219] Diese Pflicht zur Informationen kann sich indes nicht auf eine reine Übermittlung von Informationen in Form von Zahlen und Daten beschränken, sondern enthält stets auch eine erklärende Komponente; Wissen und (Er-)Kenntnis beim Betroffenen sind die hierfür prägenden Narrative (Transparenz und *Informativeness*). Diese Narrative schlagen sich in verschiedenen Konzepten und Begriffen nieder, bei denen es sich ihrerseits häufig um Schlüsselbegriffe handelt.[220] Diese zu berücksichtigen und das eigene Verhalten entsprechend zu justieren, ist die Pflicht des Akteurs.[221] Der europäische Verordnungsgeber hat im Prozess der Erarbeitung und in der schließlich in Kraft getretenen Version der DSGVO bewusst an und mit einem verstärkten Fokus auf der Eigenverantwortung der für eine Datenverarbeitung Verantwortlichen gearbeitet.[222]

---

217 Krit. zum Institut der Einwilligung *Tene/Polonetsky*, Northw. J. TaIP 2013, 239 (261), Rn. 56.

218 *Willems/v.Dooren*, PMR 2012, 1011 (1030 f.); *Koenig-Archibugi*, GaO 2004, 234 (236).

219 BVerfG, Urt. v. 15.12.1983 – 1 BvR 209/83 u. a. – BverfGE 65, 1, Rn. 94; *Marsch*, Das europäische Datenschutzgrundrecht, 2018, 154.

220 *Bovens*, WEP 2010, 946 (950).

221 Vgl. bereits Art. 6 Abs. 2 Rl 95/46/EG.

222 *Heberlein*, in: Ehmann/Selmayr, DSGVO, 2018, Art. 5, Rn. 29; *Voigt*, in: Taeger/Gabel, DSGVO BDSG TTDSG, 2022, Art. 5, Rn. 40; *Jaspers/Schwartmann/Hermann*, in: Schwartmann et al., DSGVO BDSG, 2020, Art. 5, Rn. 73.

Erkenntnistheoretischer Ausgangspunkt für die zunehmend wissenschafts- und sprachgebrauchsübergreifende Verwendung von Accountability ist die sog. „*Friedrich-Finer-Debatte*", in der zwischen zwei Politikwissenschaftlern ab 1935 die vermeintliche Dichotomie von Accountability und *Responsibility* im Rahmen der öffentlichen Verwaltung diskutiert wurde und die auch heute noch das Schrifttum prägt.[223] *Carl Friedrich* definierte zum Auftakt „[...] *a responsible person is one who is answerable for his acts to some other person* [...]".[224] Im Sinne der vorliegenden Untersuchung soll daher zunächst die normative Entwicklung hin zu dem heutigen, begrifflich aufgeladenen Konzept der Accountability nachgezeichnet werden. Danach wird der Topos dahingehend betrachtet, welche Konnotationen und Dimensionen mit ihm verbunden werden, wobei eine Auswahl auf solche getroffen wird, die eine Entsprechung in der DSGVO haben bzw. die als Abgrenzung relevant sein können. Den Ausgangspunkt bilden die prägenden Konzepte der sog. „*Friedrich-Finer-Debatte*": *Responsibility*, *Answerability* und *Responsiveness*.

1. Entwicklung von Responsibility zu Accountability

Accountability war bis in die zweite Hälfte des 20. Jahrhunderts im englischsprachigen Raum ein selten verwendeter und in seiner Bedeutung relativ eindimensionaler Begriff.[225] Er bezog sich im Wesentlichen, seinen historischen Ursprüngen entsprechend, auf finanzielle Aspekte der öffentlichen Hand, insbesondere die Ausgabenkontrolle und die Einhaltung vergaberechtlicher Verfahren sowie deren externe Kontrolle. Der Begriff der *Responsibility* bildete zu dieser Zeit das Gegenstück und beschrieb ursprünglich sowohl die Zuständigkeit für eine Tätigkeit, deren externe Kontrolle und ggf. Sanktionierbarkeit, aber auch die intrinsische Motivation des Akteurs, das „sich-zuständig-fühlen".[226] Auch heute wirkt diese Konnotation im englischen Idiom und entsprechenden Lehnphrasen wie „*Corporate Social*

---

223 Vgl. allgemein dazu *Jackson*, JMH 2009, 66 (69 ff.); *Mansbridge*, in: Bovens/Goodin/Schillemans, Handbook of Public Accountability, 2016, 55 (56 f.).

224 *Friedrich*, Problems of the American Public Service, 1935, S. 30, z. n. *Jackson*, JMH 2009, 66 (69).

225 Vgl. *Mulgan*, PA 2000, 555 ff.; siehe zur statistisch signifikant gestiegenen Verwendung ab den 60er Jahren *Dubnick*, in: Bovens/Goodin/Schillemans, Handbook of Public Accountability, 2016, 23 (24 und 28); eine verblüffend ähnliche „Karriere" hat im deutschen Sprachraum das Konzept der Verantwortung erlebt, ausgehend von einer auf juristische/gerichtliche Sachverhalte beschränkten Anwendung (18. Jhd), vgl. dazu *Bayertz*, in: Bayertz, Verantwortung – Prinzip oder Problem?, 1995, 3 (36 ff.).

226 *Finer*, PAR 1940, 335 (338), z. n. *Mulgan*, PA 2000, 555 (557); vgl. *Schillemans*, POR 2008, 175 (177), zum modernen Verständnis, wonach sich genau dieses Element in der Accountability finden soll; *Stone*, Governance 1995, 505 (508), führt dies nach hier

Responsibility" fort, bei deren Verwendung das Bewusstsein für die (empfundenen oder zumindest akzeptierten) eigenen ethischen, moralischen oder sozialen (Rücksichtnahme-)Verpflichtungen zum Ausdruck gebracht werden sollen und die insbesondere in Form von regulierter Selbstregulierung vorkommen, in denen Akteure von ihrer Machtposition keinen Gebrauch machen und sich trotz weitergehender Fähigkeiten selbst beschränken.[227] *Responsibility* war damit im Ursprung begrifflich und konzeptionell weiter und schloss Accountability ein;[228] es war jedoch auch zu diesem Zeitpunkt unstreitig, dass keine vollständige Deckungsgleichheit bestand und eine synonyme Verwendung damit unzutreffend wäre.[229] Dieses Begriffsverständnis von *Responsibility* wird aus der sog. *Westminster*-Demokratie hergeleitet. Diese im England des 13. Jahrhunderts entstandene und seitdem weiterentwickelte, aber dennoch fortbestehende Form des parlamentarischen Systems verortet die letztinstanzliche Zuständigkeit (*Responsibility*) für alles ihm oder ihr unterstellte Handeln bei den Ministern.[230] Accountability bezog sich im *Westminster*-System traditionell auf die Frage, ob ein Ministerium seine Budgetvorgaben erfüllte[231] und – ab dem Ende des 19. Jahrhunderts – ob hierbei die jeweiligen Vergabeverfahren zur Bekämpfung von Korruption und Vorteilsgewährung eingehalten wurden.[232] Diese Bedeutung lebt in der sog. *Public Accountability* auch heute fort[233] und erklärt die herausgehobene Bedeutung der Entsprechungen des deutschen Bundesrechnungshofes, etwa dem „*Auditor General's Office*" in Kanada oder dem „*Government Accounting Office*"[234] (GAO) in den USA, bei Debatten um Regierungskontrolle.[235]

---

vertretener Ansicht tendenziell zirkulär auf Bezeichnung für „etwas berücksichtigen" („*taking into account*") zurück.

227 *Black*, Regulation&Governance 2008, 137 (142 ff.); vgl. *Buddeberg*, in: Heidbrink/ Langbehn/Loh, Handbuch Verantwortung, 2017, 417 (423 und 425), nach der die Akzeptanz einer Rechtfertigungspflicht die Anerkennung des Gegenübers als aktivlegitimiert bedeutet.

228 *Mulgan*, PA 2000, 555 (557).

229 Vgl. ausführlich unten B.III.1.a.

230 *Kluvers/Tippett*, IJBM 2010, 46 (49); *Stone*, Governance 1995, 505 (506 ff.); *Siriwardhane/Taylor*, Pac.AR 2017, 551 (553 f.); *Bayertz*, in: Bayertz, Verantwortung – Prinzip oder Problem?, 1995, 3 (38 f.); *Baxter*, Ott. LR 2015, 231 (236).

231 *Siriwardhane/Taylor*, Pac. AR, 2017, 551 (554); dieses Ziel verfolgt auch der kanadische „Accountability Act" vom 12.12.2006, vgl. dazu *Baxter*, Ott. LR 2015, 231 (243).

232 Vgl. den britischen Public Bodies Corrupt Practices Act v. 1889 und die Prevention of Corruption Acts v. 1906 und 1916.

233 Vgl. *Lindberg*, IRAS 2013, 202 (213).

234 Bezeichnend ist, dass das GAO im allgemeinen Sprachgebrauch nicht entsprechend seines offiziellen Titels (vgl. dazu den Gründungserlass Budget and Accounting Act von 1921, Pub. L. 67-13, 42 Stat. 20, sec. 301 ff.) als „Accounting Office", sondern als „Accountability Office" referenziert wird, dazu sogleich ausführlich unter B.II.1.b.

235 *Baxter*, Ott. LR 2015, 231 (238).

II. Informationspflichtigkeit als Kernelement normativer Accountability

In diesem System besteht ein – an modernen Maßstäben gemessen – vergleichsweise hoher Bedarf an strenger Kontrolle durch Vorgesetzte und insbesondere die Minister. Diese Kontrolle ist und war durch klare Weisungen und wenig Ermessensspielraum einerseits und fest definierte Berichtslinien und Zuständigkeiten andererseits geprägt. Dieses System exportierte England politisch in seine Kolonien,[236] sprachlich jedoch auch darüber hinaus, was zur Adaption und schließlich zur begrifflichen Transformation führte. Heute überwölbt das Konzept von Accountability diejenigen Handlungspflichten, die im Sprachgebrauch als Responsibility bezeichnet werden,[237] und umfasst daneben weitere Aspekte.

a. Frühe Erscheinungen im amerikanischen und englischen Recht

Da Accountability, wie gezeigt wurde, ein relativ altes Phänomen menschlichen und gesellschaftlichen Verhaltens beschreibt, ist eine konkrete Festmachung in einer dedizierten gesetzlichen Norm schwierig. Diese Problematik speist sich hinsichtlich der Mutterländer des Begriffs der Accountability darüber hinaus aus zwei weiteren Quellen. Einerseits hat sich sowohl das Konzept als auch die Verwendung im Verlauf der Geschichte transformiert. Eine ergebnislose Suche nach Accountability aus heutiger Sicht könnte damit Fälle und Gesetze übersehen, die sich ihrerzeit stattdessen Begriffen wie *Liability* oder *Responsibility* bedient haben, bei denen es sich ebenfalls um alte, lange gebrauchte Termini handelt. Andererseits ist das angelsächsische wie das amerikanische Recht in weiten Teilen, und dabei in besonderem Maße in den historisch zurückliegenden, unstrukturiert oder gar unkodifiziert. Die sog. *„Statutes at Large"*, die amerikanische Sammlung der Kongressgesetze, angenommener Resolutionen, Präsidialerlasse und eingebrachter und angenommener Verfassungsänderungen,[238] wurden erstmals 1845 von einer privaten Anwaltskanzlei (*Little, Brown, and Company*) veröffentlicht und damit 56 Jahre nach dem ersten Zusammentreten des US Kongresses nach der Unabhängigkeitserklärung (1776) im Jahr 1789. Sie stellen aufgrund ihrer thematischen und nicht chronologischen Aufbereitung eine sehr unübersichtliche Materie und daher unzuverlässige Rechtserkenntnisquelle dar, die erst seit 1950 in der Zuständigkeit der Staatskanzlei lagen, konkret dem angegliederten *Office of the Federal Register* (OFR), und von der ab 1985 selbstständigen Behörde der *National Archives and Records Administration* (NARA), der das OFR angegliedert ist, herausgegeben werden.

---

236 Es findet sich noch in zahlreichen Ländern des Commonwealth wie Kanada (vgl. *Baxter*, Ott. LR 2015, 231 (236)), Australien, Neuseeland, Indien oder Jamaika – und erklärt teilweise die auffällig hohe Autorenzahl aus diesen Ländern zu Aspekten der Accountability.

237 *Mulgan*, PA 2000, 555 (557).

238 1 U.S. Code § 112.

B. Informationspflichtigkeit als konstitutives Merkmal von Accountability

Soweit unter diesen Bedingungen eine Spurensuche nach Accountability in der offiziellen Datenbank des NARA[239] möglich ist, datiert die älteste dokumentierte Erwähnung von Accountability aus den Beratungen zu einem sog. „*Memorial*", einer Eingabe entsprechend berechtigter Personen an den US Kongress mit der Aufforderung zur Stellungnahme bzw. Abhilfe, auf den 9. März 1818.[240] Die Eingabe, deren Gegenstand die Aufforderung zur Anerkennung und (vor allem zoll- und handelsrechtliche) Gleichstellung zweier nicht in den USA gebauter bzw. registrierter Schiffe mit amerikanischen (und seit der sog. *Convention of London*,[241] die in den USA am 1. März 1816 umgesetzt wurde,[242] auch britischen Schiffen) war,[243] veranlasste den Kongress zu debattieren, „*whether the government is accountable by way of indemnification, to one class of persons, whose grievance consists wholly in this, that certain duties, imposed on other persons, have been reduced.*"[244] Der Gegenstand der Debatte war mithin die Möglichkeit eines Staatshaftungsanspruchs. Die Eingabe wurde mit der Begründung abgelehnt, dass ein Anspruch nicht darauf gestützt werden könne, dass eine bisher bestehende Abgabe aufgehoben und damit das Geschäftsmodell einiger Händler weniger profitabel würde. Aber dieses früheste dokumentierte Beispiel zeigt die noch heute in den USA vorherrschende Konnotation von Accountability i. S. von Haftung bzw. Haftbarmachung und mithin die Betonung der Sanktionskomponente.[245]

Die erste Erwähnung von Accountability in Gesetzesform findet sich, soweit ersichtlich, im britischen *Companies Clauses Consolitation Act* (CCCA

---

239 https://www.govinfo.gov/app/collection/STATUTE.

240 Die Eingabe selbst datiert auf den 2. Februar 1818 und erwähnt Accountability nicht, vgl. U. S. Senat, Senats Dokument 15.132, Memorial of Thomas Tenant and George Stiles, S. 1 ff.

241 Unterzeichnet am 3.7.1815 als "A Convention to Regulate the Commerce between the Territories of The United States and of His Britannick Majesty", abrufbar unter https://avalon.law.yale.edu/19th_century/conv1816.asp.

242 Offizieller Titel "An act concerning the convention to regulate the commerce between the territories of the United States and his Britannic majesty".

243 Der "Act to prevent the issuing of sea-letters, except to certain vessels" vom 26. März 1810, mit dem u. a. Ankergebühren, Tonnagekosten, etc. festgelegt wurden, ist ein bemerkenswertes Beispiel gezielten amerikanischen Protektionismus im Bereich des Schiffbaus. Mit einer aus heutiger, marktliberaler und globalisierter Sicht erstaunlich ehrlichen Begründung *U. S. Senat*, Senats Dokument 15-132, Memorial of Thomas Tenant and George Stiles, S. 8 f. und 17 ff.

244 U. S. Senat, Senats Dokument 15-132, Memorial of Thomas Tenant and George Stiles, S. 14.

245 Interessant ist insofern auch die Meinung des Senats bezüglich des ihm gegenüber berechtigten Forums: „The government is, indeed, accountable for these, as for all its acts. But its accountability is to the nation and the people […] who judge its acts, revise its policy, and approve or condemn its measures.", U. S. Senat, Senats Dokument 15-132, Memorial of Thomas Tenant and George Stiles, S. 16.

1845) vom 8. Mai 1845, der neben allgemeinen Pflichten der Unternehmens- und Geschäftsführung in seinem (unnummerierten) Abschnitt 14, sec. 109–114 die *„Accountability of officers"* regelte. Gem. sec. 109 CCCA 1845 sollte die Unternehmensführung (*directors*) von mit Geld betrauten Personen entsprechend ausreichende Sicherheiten (*sufficient security*) einziehen, um die gewissenhafte Erfüllung seiner Pflichten zu gewährleisten und ggf. eine Kompensation aus diesen Mitteln zu bewirken. Auch hierbei ging es dem Gesetzgeber beim Einsatz eines Accountability-Erfordernisses mithin primär um eine Haftungskomponente. Allerdings wird aus sec. 110 CCCA 1845 die Informationspflicht sehr deutlich, wenn angeordnet wird, dass *„[e]very officer employed by the company shall from time to time, when required by the directors, make out and deliver to them, [...], a true and perfect account, in writing under his hand [...]."* Die materielle Pflicht, der ein Akteur gem. CCCA 1845 folglich unterlag, war die Organisation seines Verantwortungsbereichs in einer Weise, die ihm diese Berichterstattung jederzeit ermöglichte. Im Falle des CCCA 1845 waren beide Parteien, Akteur und Forum, Bestandteil einer gemeinsamen Einheit. Eine solche Kontrolle kann von der Rechtsordnung als angemessen akzeptiert werden, solange durch eine Nicht-Befolgung keine Gefahrenquellen für öffentliche Güter und Werte entstehen.

Sofern und soweit dies jedoch der Fall ist, ist es die Pflicht der öffentlichen Hand, im Wege der Verwaltung für eine Aufsicht und Kontrolle zu sorgen. Aufgrund dieser relativ extensiven Gewährleistungspflicht des Staates[246] soll sich die folgende Darstellung auf einige ausgewählte Beispiele beschränken, wobei das maßgebliche Kriterium die Abstrahierbarkeit zum Zweck einer Anwendung auf die Normen der DSGVO darstellt.

b. Verwaltungsrechtliche Anfänge der Public Accountability

Ein starker institutionalisierter Ausdruck, der aufgrund der historischen Wurzeln von Accountability nicht überrascht, war die Errichtung des *„Government Accounting Office"* (GAO) durch den *„Budget and Accounting Act"* (BAA) 1921,[247] oder – wie es heute üblicherweise genannt wird – *„Government Accountability Office".*[248] Das gem. Titel III, sec. 301 BAA

---

246 *Hoffmann-Riem*, Selbstregelung, Selbstregulierung und regulierte Selbstregulierung im digitalen Kontext, in: Fehling/Schliesky, Neue Macht- und Verantwortungsstrukturen in der digitalen Welt, 2016, 27 (29); *Buck-Heeb/Dieckmann*, Selbstregulierung im Privatrecht, 2010, 28.

247 Pub. L. 67-13, 42 Stat. 20 (1921).

248 Etwa auf der offiziellen Webseite: https://www.gao.gov oder Title IX, sub-title C, sec. 939 f. des Dodd-Frank-Act von 2010.

neu geschaffene Amt[249] wurde gem. sec. 312 a BAA verpflichtet, alle Fragen der Auszahlung, Anwendung oder des Erhalts öffentlicher Mittel[250] zu untersuchen und zu überprüfen, sowie dem Präsidenten auf Anfrage und dem Kongress zum Beginn jeder regulären Sitzung einen schriftlichen Bericht darüber zu liefern. Nominell handelt es sich beim GAO zwar um eine unabhängige Institution; mangels einer echten Sanktionsbefugnis ist allerdings fraglich, ob es sich um eine „echte" Accountability-Beziehung handelt oder ob das GAO nicht lediglich dem tatsächlich sanktionsberechtigten Forum zuarbeitet.[251]

Ein möglicher konzeptioneller und institutionalisierter Ursprung von Accountability für den privatwirtschaftlichen Bereich kann in der amerikanischen Bundesgesetzgebung mit der Errichtung der *Federal Trade Commission* (FTC) durch den *Federal Trade Commissions Act* (FTCA) von 1914 gesehen werden.[252] Der FTCA wurde als eine Reaktion auf die zunehmende Bildung von Monopolen, und der damit einhergehenden Machtzentrierung durch Unternehmensfusionen, im Amerika nach dem Bürgerkrieg und die wachsende Erkenntnis darüber erlassen, dass mit dieser Entwicklung auch schädliche Effekte verbunden waren.[253] Die gem. sec. 1 FTCA gegründete Aufsichtsbehörde war gem. sec. 5 Uabs. 2 FTCA zunächst nur dazu berufen, unlautere (*unfair*) Methoden in der Warenwirtschaft (ausgenommen waren Banken) zu überwachen und gegebenenfalls zu unterbinden. Dieser Auftrag wurde mehrfach erweitert, um die FTC als zentrale Aufsichtsbehörde auf Bundesebene zu etablieren.[254] Die erste Erweiterung erfolgte 1938 durch das sog. *Wheeler-Lea-Amendment*,[255] nachdem der US Supreme Court 1931 – mit dem Wortlaut des Gesetzes – entschied, dass Konsumenten nicht das unmittelbare Schutzobjekt des FTCA seien, sondern der Wettbewerb als

---

249 Neuschaffung bedeutet in diesem Zusammenhang allerdings nicht, dass die Aufgabe vorher nicht besetzt war, sondern vielmehr folgte das GAO auf den sog. „*Comptroller of the Treasury*", wie auch die Übernahme sämtlicher Mitarbeiter zeigt, vgl. sec. 301.

250 Gem. Titel II des BAA 1921 ist die Regierung verpflichtet, sich ein Budget zu schaffen, dessen Verwendung entsprechend auch vom GAO überprüft wird.

251 Zur Erforderlichkeit einer Sanktionsbefugnis ausführlich B.III.1.c.

252 15 U. S. Code §§ 41–58, Pub. L. No. 63-203, 38 Stat. 717 (1914).

253 *MacIntyre/Volhard*, Bost. Coll. LR 1970, 724 (726 ff.); *Hoofnagle*, Federal Trade Commission, 2016, 4 ff. und 10 f.

254 *Wagner*, J. Law, Medicine & Ethics, 2020, 103 (105), nach der die FTC eine "*first responder role*" innehat, die vom Kongress unabhängig macht und sie von allen anderen Bundesbehörden unterscheidet; ähnlich *Solove/Hartzog*, Col. LR 2014, 585 (588): „the FTC reigns over more territory than any other agency that deals with privacy" (und 598 ff. zur Erweiterung der Kompetenzen); *Hoofnagle*, Federal Trade Commission, 2016, 27 ff.

255 Pub. L. No. 75-447, 52 Stat. 111 (1938).

solcher.[256] Diesem Urteil gingen mehrere weitere voraus, in denen der Supreme Court die Durchsetzungs- und Interpretationsbefugnisse der FTC mal beschränkte und dann wieder erweiterte,[257] worin sich die gesetzgeberisch vermiedene Entscheidung zu einer klaren Aufgabenzuweisung verdeutlicht. Dabei verfügt die FTC über ein breites Instrumentarium an präventiver und repressiver Sanktions- und Abhilfemöglichkeiten, einschließlich einer gewohnheitsrechtlich etablierten Beratungs- und Richtlinienkompetenz, was ihr eine Sonderstellung zwischen den Institutionen der Legislative, Judikative und Exekutive zuweist.[258] In dieser Position und ihrer Funktion ist die FTC allerdings bis heute Gegenstand intensiver Debatten, die eng mit den gerade regierenden Parteien zusammenhängen und hier nicht im Einzelnen nachgezeichnet werden müssen, da sie für Accountability im europäischen Datenschutzrecht wenig Mehrwert bieten. Von Interesse ist allerdings eine gerichtliche Feststellung aus dem Jahr 1919, deren Gegenstand eine Klage wegen des als zu unbestimmt wahrgenommenen Wortlauts der *„unfair methods of competition"* war.[259] Das Appelationsgericht des 7. Circuits wies die Klage mit dem Argument ab, dass der gesetzgeberische Wille bei der Schaffung der FTC klar erkennbar gewesen sei und dass *„[t]he commissioners, representing the government as parens patriae, are to exercise their common sense, as informed by their knowledge of the general idea of unfair trade at common law."*[260] Diese Argumentation wirft einen Schatten auf die besonders im englischen Schrifttum diskutierte Frage voraus, welchem Grad der Anweisung und Kontrolle Angestellte der öffentlichen Hand (sog. *Administrators* oder *Officers*) unterliegen sollten; die sog. *Friedrich-Finer*-Debatte, die den Grundstein legte für die Umkehr der Dimensionen von *Responsibility* und *Accountability*.[261]

---

256 *Wagner*, J. Law, Medicine & Ethics, 2020, 103 (104); dieses Urteil ist insofern bemerkenswert, da es laut *Hoofnagle*, Federal Trade Commission, 2016, 6 f., ebenfalls der Supreme Court in Standard Oil v. United States, 1911, war, der mittels der „rule of reason"-Auslegung des Sherman Acts den Anstoß zur Gründung der FTC gab.

257 Vgl. mit einer Übersicht der Urteile *Hoofnagle*, Federal Trade Commission, 2016, 27 ff.

258 *Wagner*, J. Law, Medicine & Ethics 2020, 103 (105); *Hoofnagle*, Federal Trade Commission, 2016, 24 ff.

259 Heute werden die "unfair or deceptive pracitces" als „a material representation, omission or practice that is likely to mislead the consumer acting reasonably in the circumstances, to the consumer's detriment" definiert, vgl. *Solove/Hartzog*, Col. LR 2014, 585 (599) m. w. N.

260 Sears, Roebuck & Co. v. FTC, 258 F. 307, 311 (7th Cir. 1919), z. n. *Hoofnagle*, Federal Trade Commission, 2016, 21.

261 Ausführlich dazu C.III.1.a.(1); diese Entwicklung verkennt *Bayertz*, in: Bayertz, Verantwortung – Prinzip oder Problem?, 1995, 3 (32), indem er Accountability 1995 noch als den überholten Begriff für Verantwortung ansah.

B. Informationspflichtigkeit als konstitutives Merkmal von Accountability

Seit dem Erlass des FTCA von 1914 und der damit geschaffenen Aufsichtskultur hat die Verwendung des Begriffs der Accountability in der amerikanischen Gesetzgebung stetig, ab den 1960er Jahren sogar sprunghaft zugenommen.[262] Mit der steigenden Korporisierung der amerikanischen Wirtschaft stieg, vergleichbar mit der Organhaftungsdebatte in Deutschland,[263] der Wunsch zur Haftbarmachung von Unternehmen und deren Leitungspersonen für Umstände, deren Auslöser ihre geschäftlichen Handlungen waren. Dabei spielt die FTC zwar weiterhin eine zentrale Rolle.[264] Aber auch die private Rechtsdurchsetzung sollte befördert werden, weshalb es in den USA ab Ende der 1990er Jahre teilweise auch gesetzlich gefordert wurde, die eigenen Datenverarbeitungen durch sog. *„Privacy Policies"* offenzulegen. Ein Beispiel ist die gem. sec. 503 des *Gramm-Leach-Bliley-Act* von 1999[265] verpflichtend von Finanzinstitutionen zum Zeitpunkt des Vertragsschlusses und nicht seltener als einmal jährlich zu erteilende Information, wie – d.h. unter welchen Umständen, die in *„policies und practices"* zu fixieren seien – Daten aktueller und ehemaliger Kunden Dritten offengelegt (*disclosed*) werden und wie diese geschützt sind.[266] Damit schuf der amerikanische Gesetzgeber die Grundlage für horizontal zum informationspflichtigen Akteur angesiedelte Foren.[267]

Anders als beispielsweise im *Sarbanes-Oxley-Act* (SOX) von 2002[268] findet sich Accountability im *Gramm-Leach-Bliley-Act* jedoch nicht explizit bezeichnet. Der SOX ist als Reaktion auf die Unternehmenszusammenbrüche Enron, WorldCom und das Versagen der Wirtschaftsprüfungsgesellschaft Arthur Anderson erlassen worden und bezweckt, ohne hier eine erschöpfende Betrachtung zu unternehmen, die Verbesserung der Zuverlässigkeit von

---

262 *Dubnick*, in:Bovens/Goodin/Schillemans, Handbook of Public Accountability, 2016, 23 (24) mit einer übersichtlichen Grafik über den Zeitraum 1800–2005.

263 Ausführlich *Danninger*, Organhaftung und Beweislast, 2020, 21 ff.; *Nietsch*, ZHR 2020, 60 (62 ff.).

264 Sie wird deshalb auch als „Federal *Technology* Commission" bezeichnet, ein Begriff, den Brian Fung in der Washington Post prägte und der im Schrifttum mehrfach aufgegriffen wurde, etwa *Hoofnagle*, Federal Trade Commission, 2016, 25, Fn. 64, der allerdings darauf hinweist, dass das nicht ganz zutreffend ist, vielmehr habe die FTC schon immer Technikregulierung betrieben, nur sei Technik eben immer umfassender und wichtiger geworden; *Wagner*, J. Law, Medicine & Ethics 2020, 103 (104).

265 Offizieller Titel: "An Act to enhance competition in the financial services industry by providing a prudential framework for the affiliation of banks, securities firms, and other financial service providers, and for other purposes.".

266 Vgl. insgesamt Titel V und insb. sec. 503 des 15 U.S. Code § 6803, Pub. L. No. 106-102, 113 Stat. 1338, 900 (1999).

267 Vgl. zu der Positionierung B.III.1.c. unten.

268 Offizieller Titel: „An Act To protect investors by improving the accuracy and reliability of corporate disclosures made pursuant to the securities laws, and for other purposes."

Unternehmensbilanzen durch verschiedene interne und externe Aufsichtsinstrumente und eine Berichterstattung darüber.[269] Aus Accountability-Gesichtspunkten betrifft der SOX mithin die Phase der Informationserteilung. Die Notwendigkeit für eine solche gesetzliche Regelung entstand entsprechend aus einem Verstoß gegen die eigene Accountability der vorgenannten Akteure, die entgegen ihrer Pflichten aus den Dimensionen der *Responsiveness*, Transparenz, *Agency* und Kontrolle gehandelt haben, dies jedoch durch die Anleger in Ermangelung entsprechender Informationen nur unzureichend sanktioniert werden konnte. Relevanter als eine Untersuchung der einzelnen Instrumente des SOX ist für die Zwecke der vorliegenden Arbeit daher eben dieser zugrunde liegende Impetus der gesetzlichen Regulierung und die damit angestrebte Verhaltenssteuerung. Diese lässt sich abstrahieren und auf das Datenschutzrecht und die darin enthaltene Accountability übertragen.

2. Einführung von Accountability im Datenschutzrecht

Auf internationaler Ebene hat sich das Datenschutzrecht ab den 1970er Jahren dem allgemeinen Trend in der Gesetzgebung mit seiner Verwendung des Begriffs der Accountability angeschlossen und ihn bereits im ersten internationalen Abkommen zu dem Themenkomplex aufgenommen; in den OECD Richtlinien zum grenzüberschreitenden Datentransfer von 1980, die ein Vorbild für viele, zeitlich nachgelagerte nationale Datenschutzgesetze wurden.[270] Bevor der Begriff daher Eingang in das europäische Datenschutzrecht fand, wurde er bereits in einer Reihe außereuropäischer Regelungen zum Datenschutz aufgenommen, die im Folgenden zwecks inhaltlicher Abgrenzung ebenfalls in gebührender Kürze dargestellt werden sollen.

---

269 *Immenga*, in: Grundmann et al., FS Schwark, 2009, 199 (205 ff.); *Schnitzler*, in: Freidank/Altes, Rechnungslegung und Corporate Governance, 2009, 225 (229 und 235 ff.).
270 Die "*Fair Information Practise Principles*" (FIPPs), oder auch verkürzt FIPs, die ihrerseits für die OECD Richtlinie als Vorbild dienten (so *Solove/Hartzog*, Col. LR 2014, 585 (592), obwohl es wohl eher eine wechselseitige Beeinflussung gab, worauf auch *Schiedermair*, Privatheit als internationales Grundrecht, 2012, 142 f., hinweist), enthielten in ihrer ursprünglichen Version von 1977 noch keinen expliziten Verweis auf Accountability, obwohl das U.S. Department of Health, Education, and Welfare bereits festhielt: "We [...] recommend that institutions should be held legally responsible for unfair information practice and should be liable for actual and punitive damages". Explizit wurde das Accountability-Prinzip mit der 2013er Version aufgenommen, *Tene/Polonetsky*, Northw. J. TaIP 2013, 239 (242).

B. Informationspflichtigkeit als konstitutives Merkmal von Accountability

a. Prägung durch die OECD Richtlinien zum grenzüberschreitenden Datenverkehr

Begrifflich trat Accountability im Datenschutzrecht zum ersten Mal durch die OECD Richtlinien zum grenzüberschreitenden Datentransfer (im Folgenden „Guidelines") von 1980 auf,[271] die gleichzeitig die erste internationale Regulierung datenschutzrechtlicher Aspekte darstellten.[272] Gem. deren Ziffer 14 sei der Verantwortliche (*Controller*) „*accountable*" für die Einhaltung von Maßnahmen, die den Prinzipien 1–13 zur Umsetzung verhelfen. Die Verwendung des Begriffs der Accountability erfolgte wohl bereits damals im Bewusstsein der damit verbundenen dimensionalen Ausprägungen, wie sich jedoch erst dem Begleitmemorandum entnehmen lässt, das den OECD Richtlinien 2013 hinzugefügt wurde. Darin führt die OECD aus, dass Transparenz gegenüber Betroffenen, die Durchsetzung von Datenschutz durch die Errichtung von Aufsichtsbehörden und die Definition organisatorischer[273] Zuständigkeiten (*Responsibility*) zur gesteigerten Umsetzung des Accountability-Prinzips geführt haben.[274] Auch die korrekte Verwendung von *Responsibility* im weiteren Memorandum lässt darauf schließen, dass die OECD hier eine begriffliche und konzeptionelle Differenzierung vorgenommen hat.[275] In ihrer Ursprungsversion, d. h. ohne das Begleitmemorandum, war diese Schlussfolgerung aufgrund der Kürze der Ziffer 14 freilich weniger deutlich. Auch die wenigen nationalen Datenschutzgesetze, die vor 1980 erlassen wurden, enthielten die „Selbstverständlichkeit"[276] nicht, dass die Rechtsbefolgung eine aktiv zu erfüllende Pflicht des Verantwortlichen darstellt. In den nachfolgenden Gesetzen haben die OECD Guidelines indes eine prägende Rolle inne gehabt. So fällt beispielsweise die Formulierung der EU Kommission im Entwurf von 2011 zu einer neuen Regulierung auf, die im Vergleich zur finalen Fassung der DSGVO bemerkenswerte Ähnlichkeit in Wortwahl und beabsichtigter Wirkungsweise des Accountabi-

---

271 Offizieller Titel "Recommendation of the Council concerning Guidelines Governing the Protection of Privacy and Transborder Flows of Personal Data of 23 September 1980 [C(80)58/FINAL]", zuletzt revisioniert am 11. Juli 2013.

272 *Tinnefeld*, in: Tinnefeld/Buchner/Petri/Hof, Datenschutzrecht, 2020, 86, Rn. 228; *Schiedermair*, Privatheit als internationales Grundrecht, 2012, 143.

273 Gemeint sind vermutlich Zuständigkeiten in und durch nicht-öffentliche Stellen.

274 Vgl. Begleitmemorandum zu den Guidelines governing the Protection of Privacy and Transborder Flows of Personal Data, S. 23 f.

275 Vgl. bspw. Begleitmemorandum zu den Guidelines governing the Protection of Privacy and Transborder Flows of Personal Data, S. 23 mit einer Handlungspflicht in Kollaborationssituationen ("Safeguards may also be necessary in relationships with other data controllers, particularly where the responsibility for giving effect to the Guidelines is shared.").

276 Mit dieser Formulierung *Gierschmann*, ZD 2016, 51 (52); *Jaspers/Schwartmann/Hermann*, in: Schwartmann et al., DSGVO BDSG, 2020, Art. 5, Rn. 76.

lity-Prinzips zeigte.[277] So werden auch in den OECD Guidelines zunächst eine Reihe von Pflichten aufgezählt, um deren Einhaltung in einem zweiten Schritt ausdrücklich zur Verpflichtung des Verantwortlichen zu erklären.

In den OECD Guidelines wurde Accountability auch bereits 1980 und damit zum ersten Mal als eigenständiges Prinzip bei der Verarbeitung personenbezogener Daten anerkannt.[278] In der ein Jahr später verabschiedeten Konvention 108 des Europarats[279] konnte sich dieser Ansatz dagegen noch nicht durchsetzen. Zwar enthält auch die Konvention 108 in ihrem Art. 5 – Qualität der Daten – ebenfalls Prinzipien zur Datenverarbeitung, die sich auch in den OECD Richtlinien finden,[280] jedoch keine als eigene Pflicht genannte Accountability-Norm oder einen vergleichbar normierten Mechanismus.

Die OECD Richtlinien waren – trotz ihres reinen Empfehlungscharakters im Gegensatz zur völkerrechtlich bindenden Konvention 108 – für eine Reihe nationaler und internationaler Gesetze prägend.[281] Anforderungen wie die Zweckbindung, Datensicherheit zum Schutz vor unbeabsichtigtem Verlust, Zerstörung oder Offenlegung, oder das Recht auf Auskunft gehören bis heute weltweit zum Grundgerüst von Datenschutzgesetzen.[282] Im Begleitmemorandum, das als echte Anstrengung um einen inhaltlichen Konsens bei der Auslegung und Anwendung der Normen verstanden werden kann,[283] wird das Accountability-Prinzip weiter erläutert. Danach ist der primäre Adressat und Verpflichtete der Verantwortliche, denn die Datenverarbeitung erfolgt zu seinem (wirtschaftlichen) Vorteil. Er soll sich von dieser Verantwortung auch nicht dadurch entlasten können, dass die Datenverarbeitung durch eine andere Stelle in seinem Auftrag durch- bzw. ausgeführt wird.[284] Hier zeigt sich eine Ähnlichkeit mit der Formulierung einer „Gesamtverantwortung"

---

277 Art. 5 lit. f DSGVO-E (KOMM).
278 Vgl. Teil 2, Ziffer 14; ausführlich *Alhadeff/v. Alsenoy/Dumortier*, in: Guagnin, et al., Managing Privacy through Accountability, 2012, 49 (53).
279 Offizieller Titel „ Übereinkommen des Europarates zum Schutz des Menschen bei der automatischen Verarbeitung personenbezogener Daten", SEV Nr. 108, 28. 1. 1981, in der Fassung vom 8. 6. 2004 (BGBl. 2004 II S. 1093).
280 Teil 2, Ziffern 7–13 (Collection Limitation, Data Quality, Purpose Specification, Use Limitation, Security Safeguards, Openness, Individual Participation).
281 *Alhadeff/v. Alsenoy/Dumortier*, in: Guagnin, et al., Managing Privacy through Accountability, 2012, 49 (54); *Schiedermair*, Privatheit als internationales Grundrecht, 2012, 145 (Fn. 427 m. w. N.) und 151; *Bennett/Raab*, Governance of Privacy, 2006, 90 f.
282 Bspw. sec. 45 UK Data Protection Act 2018; para. 21 Singapore Personal Data Protection Act 2012; Art. 8 Abs. 2 S. 2 GRCh; Art. 18 II Lei Geral de Proteção de Dados Pessoais (Brasilien); Condition 8, Sec. 23 South Africa Protection of Personal Information Act 2013.
283 So *Schiedermair*, Privatheit als internationales Grundrecht, 2012, 146.
284 Vgl. so auch für die DSGVO *Kramer/Meints*, in: Auernhammer, DSGVO BDSG, 2020, Art. 24, Rn. 13.

einiger deutscher Übersetzungen von Beratungsargumenten zum Kommissionsentwurfs zur DSGVO.[285] Allerdings liegt die alleinige Verantwortung nicht in allen Fällen beim Verantwortlichen, sondern vielmehr ist nach den OECD Guidelines ein direkter Durchgriff auf die Stellen möglich, durch welche die konkrete Datenverarbeitung erfolgt, wenn es zu Datenschutzverletzungen oder Datensicherheitsvorfällen bei eben diesen Stellen gekommen ist.[286] Kritikwürdig ist insofern, dass der Wortlaut der Guidelines, der ausschließlich den Verantwortlichen adressiert, diese Auslegung des Memorandums nicht berücksichtigt. Hätten die Guidelines Gesetzescharakter, wäre in dieser Beschränkung des verfügenden Teils die Wortlautgrenze wohl grundsätzlich erreicht.

Diesen Umstand hat der Verordnungsgeber bedauerlicherweise übernommen, indem sowohl Art. 5 Abs. 2 als auch Art. 24 Abs. 1 S. 1 DSGVO nicht direkt sowohl den Verantwortlichen als auch den Auftragsverarbeiter adressieren, sondern sich auf ersteren beschränken. Die insbesondere hinsichtlich ihres Abs. 2 viel kritisierte Norm des Art. 24 DSGVO[287] wirkt, ohne dass sich hierauf ein Hinweis aus den Erwägungsgründen, der Entstehungsgeschichte der DSGVO oder soweit ersichtlich der Literatur ergibt, wie eine zaghafte Nachahmung von Teil 3 der 2013 revisionierten OECD Guidelines. Darin wird der Verantwortliche ausdrücklich verpflichtet, ein umfassendes und an den dort genannten Kriterien ausgerichtetes Datenschutz-Managementsystem aufzubauen, etwas was in der Literatur überwiegend Art. 24 DSGVO zugeschrieben wird.[288] Nach Teil 3, Ziffer 15 lit. a) der OECD Guidelines muss das Datenschutz-Managementsystem insbesondere auf die Art, den Umfang, die Menge und die Sensitivität der verarbeiteten Daten zugeschnitten sein (ii.), angemessene Sicherheitsmaßnahmen vorsehen (iii.), in das interne Kontrollsystem des Unternehmens integriert werden (iv. und vi.) sowie Vorgaben enthalten, wie mit Betroffenenanfragen und Datenschutz-

---

285 Vgl. Stellungnahme v. 26.2.2013 des Ausschusses für Industrie, Forschung und Energie, vgl. Plenarsitzungsdokument, A7-0402/2013, v. 21.11.2013, S. 321; auch in ErwG 74 S. 1 DSGVO hat sich diese Formulierung erhalten.

286 Vgl. Begleitmemorandum zu den *Guidelines governing the Protection of Privacy and Transborder Flows of Personal Data*, S. 26; zum Begriff des Durchgriffs *Schüler*, Wissenszurechnung im Konzern, 2000, 88 ff.

287 Etwa durch *Hartung*, in: Kühling/Buchner, DSGVO BDSG, 2020, Art. 24, Rn. 21, als „etwas rätselhaft"; konstruktiver dagegen *Lang*, in: Taeger/Gabel, DSGVO BDSG TTDSG, 2022, Art. 24, Rn. 79 ff.

288 *Kramer/Meints*, in: Auernhammer, DSGVO BDSG, 2020, Art. 24, Rn. 22; *Hamann*, BB 2017, 1090 (1092); *Schantz/Wolff, Das neue Datenschutzrecht, 2017,* Rn. 830; *Martini*, in: Paal/Pauly, DSGVO BDSG, 2021, Art. 24, Rn. 40; *Wedde*, in: Däubler et al., DSGVO BDSG, 2020, Art. 24, Rn. 1; dagegen bereits bei Art. 5 *Jaspers/Schwartmann/Hermann*, in: Schwartmann et al., DSGVO BDSG, 2020, Art. 5, Rn. 81; Weichert, in: Däubler et al., DSGVO BDSG, 2020, Art. 5, Rn. 73; *Reimer*, in: Sydow/Marsch, DSGVO BDSG, 2022, Art. 5, Rn. 56.

vorfällen umzugehen ist (v.). Dieses Datenschutz-Managementsystem muss der Verantwortliche auch nachweisen können, Teil 3, Ziffer 15 lit. b). Dieser Zweiklang zwischen Sicherstellungspflicht auf der einen und Nachweispflicht auf der anderen Seite, findet sich eindeutig auch in Art. 24 DSGVO mit seinem sog. risikobasierten Ansatz.[289]

b. Aufnahme in das europäische Datenschutzrecht

In das europäische Datenschutzrecht der DSGVO fand die Accountability schrittweise Einzug. Dies entspricht durchaus dem Gebrauch des Begriffs der Accountability, der in seiner Verwendung ebenfalls einen wellenartigen Verlauf zeigt.[290] Zunächst erfolgte die konzeptionelle Aufnahme durch die Datenschutzrichtlinie (DSRL) und deren nationale Umsetzungen, bevor der Begriff durch die fortschreitende Europäisierung und Internationalisierung, die eine gesteigerte Verwendung und Verbreitung der englischen Sprache und Anglizismen beförderte, im Zuge der Modernisierung des Datenschutzrechts ab 2009 auch terminologisch Eingang in das Datenschutzrecht fand.

(1) Konvention 108 des Europarates

Neben den OECD Guidelines entstand Anfang der 1980er Jahre ein zweites, für das europäische Datenschutzrecht und auch Art. 6 DSRL prägendes Regelwerk: die Konvention 108 des Europarates.[291] Die Konvention 108 wurde 1981 mit dem Ziel verabschiedet, ein erstes grobes Rahmenwerk für den Schutz von Personen („Jedermann") im Hoheitsgebiet der Unterzeichnerstaaten zu schaffen.[292] Sie war damit ein zeitlich und inhaltlich enger Nachfolger der OECD Guidelines zum grenzüberschreitenden Datentransfer. In der Rechtsform einer Konvention (*„non self-executing treaty"*) als Instrument des Völkerrechts entfaltete die Konvention 108 jedoch nicht unmittelbar Wirkung für (natürliche oder juristische) Privatpersonen, sondern verpflichtet die Unterzeichnerstaaten als Vertragsparteien zur Umsetzung der in ihr bezeichneten Vorgaben in nationales Recht,[293] wie beispielsweise die Schaffung eines nationalen Rechtsrahmens zum Schutz personenbezogener

---

289 Ausführlich zur Risikobetrachtung *Veil*, in: Gierschmann et al., DSGVO BDSG, 2018, Art. 24, Rn. 40 ff.; *Ritter/Reibach/Lee*, ZD 2019, 531.

290 *Dubnick*, in: Bovens/Goodin/Schillemans, Handbook of Public Accountability, 2016, 23 (24).

291 Offizieller Titel: Übereinkommen zum Schutz des Menschen bei der automatisierten Verarbeitung personenbezogener Daten v. 28.1.1981; BGBl. II, 538 v. 13.3.1985.

292 *Bennett/Raab*, Governance of Privacy, 2006, 84; *Schiedermair*, Privatheit als internationales Grundrecht, 2012, 317, sieht die Konvention damit und im Unterschied zu den OECD Richtlinien im Menschenrecht, nicht in der Wirtschaftspolitik.

293 *Tinnefeld*, in: Tinnefeld/Buchner/Petri/Hof, Datenschutzrecht, 2020, 91, Rn. 243; *Schiedermair*, Privatheit als internationales Grundrecht, 2012, 320; *Drackert*, Risi-

B. Informationspflichtigkeit als konstitutives Merkmal von Accountability

Daten und der Einhaltung bestimmter „Grundsätze", Art. 4 Abs. 1 Konvention 108. Diese Grundsätze, festgelegt in Art. 5 der Konvention 108, wurden von der EU-Kommission in noch geringfügig erweiterter Form bereits in den ersten Entwurf der DSRL 1990 übernommen[294] und dann in den Folgeentwürfen sukzessive konkretisiert.[295] Mit dieser Übernahme in zunächst supranationales und in dessen Umsetzung dann in mitgliedstaatliches Recht verlor die Konvention 108 in Europa erheblich an Bedeutung, da sie hinter den materiellen Regelungen zurückblieb.[296] Daran änderte auch die um das Zusatzprotokoll CETS 213 vom 10. Oktober 2018 erweiterte „Konvention 108+" nur wenig, da es sich seinerseits an der rund vier Monate zuvor wirksam gewordenen DSGVO orientiert und mithin keine neuen Impulse innerhalb der EU zu setzen vermag.[297] Der indirekte Einfluss außerhalb der EU sollte jedoch nicht unterschätzt werden.

Für das Verständnis von Accountability vermag die Konvention 108(+) entsprechend keinen eigenständigen Mehrwert zu liefern.

(2) Datenschutzrichtlinie 95/46/EG (DSRL)

Nicht erst die DSGVO orientierte sich an den OECD Guidelines. Als mit dem Vorschlag der Kommission am 18. Juli 1990[298] die ersten Anstrengungen für die Richtlinie 95/46/EG[299] (DSRL) auf europäischer Ebene begannen, bestand das Accountability-Prinzip entsprechend auf internationalem Level schon fast eine Dekade. Im Gegensatz zur Konvention 108 stellten sowohl bereits die ersten Entwürfe als auch die verabschiedete Version der DSRL durch einen Abs. 2 in den Artikeln zu den Grundsätzen des Datenschutzes klar, dass die Einhaltung der Grundsätze des jeweils voranstehenden Abs. 1 dem Verantwortlichen obliege.[300] Die DSRL enthielt mithin in ihrem Art. 6 Abs. 2 nur das Element der Sicherstellungspflicht für Verantwortliche, je-

---

ken der Verarbeitung personenbezogener Daten, 2014, 21; *Towfigh/Ulrich*, in: Sydow/Marsch, DSGVO BDSG, 2022, Art. 96, Rn. 5.
294 Vgl. Art. 16 OJ Nr. L 277, 5.11.1990, S. 3.
295 Vgl. Art. 6 OJ Nr. L 281, 27.11.1992, S. 42.
296 Die Bezeichnung als „Mutter der Datenschutzrichtlinie" und „Vater des modernen Datenschutzes" erscheint entsprechend überbewertet, vgl. *Ernert*, heise online, 23.1.2021; wie hier *Schiedermair*, Privatheit als internationales Grundrecht, 2012, 318 „Die Konvention [...] hält der [...] technischen Entwicklung [...] nicht mehr stand.".
297 Vgl. bspw. Art. 10 Abs. 1 Konvention 108+, der Art. 24 DSGVO nachempfunden ist; leicht unzutreffend insofern *Quiel/Piltz*, K&R 2020, 731 (734), die eine Ableitung von Art. 5 Abs. 2 DSGVO sehen wollen.
298 Vgl. COM/92/422 FIN, v. 15.10.1992.
299 Amtlicher Titel "Richtlinie 95/46/EG des Europäischen Parlaments und des Rates vom 24. Oktober 1995 zum Schutz natürlicher Personen bei der Verarbeitung personenbezogener Daten und zum freien Datenverkehr".
300 Vgl. Art. 16 OJ Nr. L 277, 5.11.1990, S. 3 und Art. 6 OJ Nr. L 281, 27.11.1992, S. 42.

doch keine den Einzelnormen vorangestellte, allgemeine Nachweispflicht. Art. 16 des Kommissionsvorschlags zur DSRL wurde im Gesetzgebungsverfahren zu Art. 6 und mit den übrigen Prinzipien einer Datenverarbeitung vor die materiellrechtlichen Normen gezogen, sein Abs. 2 veränderte sich jedoch kaum. Während die Kommission seinerzeit noch vom „*Controller of the file*" sprach, reduzierten Rat und Parlament die Norm um die sachliche Einschränkung auf die „*Controller*" und orientierten sich damit enger an der Formulierung der OECD; es erfolgte jedoch in keinem Fall die explizite Bezeichnung der entsprechenden Pflicht als Accountability. Die Norm des Art. 6 DSRL unterteilte sich dem Vorbild in den OECD Guidelines entsprechend in zwei Abschnitte, wonach Art. 6 Abs. 1 DSRL allgemeine Prinzipien schildert, deren Einhaltung gem. Abs. 2 sichergestellt werden müssen.[301] Die Umsetzung in nationales Recht, wozu die Mitgliedstaaten gem. Art. 249 Abs. 3 EGV i. V. m. Art. 32 Abs. 1 DSRL bis zum 23.11.1998 verpflichtet waren, erfolgte – zusätzlich zu einigen Verzögerungen[302] – jedoch recht unterschiedlich.[303] So setzte Großbritannien im Data Protection Act von 1998 beispielsweise im Annex 1, Teil I die Datenschutzprinzipien des Art. 6 Abs. 1 DSRL mehr oder weniger wortgleich um, ergänzte sie jeweils um Auslegungshilfen (Teil II) und erklärte ihre Umsetzung gem. Section 4 Abs. 4 zur wesentlichen Pflicht des „*Controllers*". Erwähnenswert ist in diesem Zusammenhang, dass Großbritannien dem umfassenden Verständnis der OECD Guidelines folgte, wonach sich die Pflicht des Verantwortlichen auf alle Datenverarbeitungen erstreckte, und zwar ausdrücklich auch auf solche, die in seinem Auftrag durch eine andere Partei ausgeführt wurden.[304] In das deutsche Recht wurde Art. 6 nur in indirekter Weise übernommen,[305] worin einer der Gründe gesehen werden kann, weshalb Accountability im deutschen Schrifttum als neues Element wahrgenommen und auch erheblich kritisiert wurde.[306] Ein weiterer Kritikgrund kann im Fehlen einer Nachweispflicht in Art. 6 und den Abs. 1 und 2 gesehen werden. Kern der Kritik ist dabei zum Teil die Unkenntnis über die Bedeutung und Inhalte von Accountability, die verkennt, dass Accountability zwar über eine immanente

---

301 Da Teil 3 erst in der aktuell in Kraft befindlichen 2013er Revision in die OECD Guidelines aufgenommen wurde, findet sich keine Entsprechung hierzu in der DSRL von 1995.

302 Deutschland setzte die DSRL bspw. mit zwei Jahren Verspätung mit der Reform des BDSG 18.5.2001 um.

303 So auch *Klar/Kühling*, AöR 2016, 166 (175).

304 Vgl. die Definition in Teil 1, 1.a) und die Erklärungen in Rn. 62: „[…] accountability for complying […] should be placed on the data controller who should not be relieved of this obligation merely because the processing of data is carried out on his behalf by another party."

305 *Veil*, in: Gierschmann et al., DSGVO BDSG, 2018, Art. 5, Rn. 11.

306 Vgl. statt vieler *Veil*, ZD 2018, 9 ff.; konstruktiver dagegen *Roßnagel*, ZD 2018, 339 (341).

B. Informationspflichtigkeit als konstitutives Merkmal von Accountability

Ambivalenz verfügt, aber dennoch durch die konstitutiven Merkmale von Information und Sanktion konzeptualisiert werden kann (sogar muss[307]) und mithin nicht zu einer Überdehnung des Grundrechtsschutzes führt.[308]

(3) Vorarbeiten zur DSGVO durch das CIPL und die Art. 29-Gruppe

Die Entwicklung der modernen Accountability im Datenschutzrecht setzte ein, als auf europäischer Ebene die ersten Bemühungen unternommen wurden, das Datenschutzrecht zu reformieren. Hierzu initiierten ab 2009 die irische Datenschutzaufsicht (Data Protection Commissioner) und das *Center for Information Policy Leadership* (CIPL), ein der britisch-amerikanischen Großkanzlei Hunton Andrews Kurth LLP (seinerzeit noch Hunton & Williams LLP) nahestehender „Think Tank", unter Einbeziehung einzelner Vertreter europäischer Aufsichtsbehörden[309] einschließlich des Europäischen Datenschutzbeauftragten, eine Reihe sog. Projekte. Deren Ziel war es auszuloten, ob und wie Accountability anhand messbarer und zertifizierbarer Kriterien eine Methode darstellen könne, um den wachsenden und technologisch bedingt schnell wechselnden Anforderungen des Privatsphärenschutzes gerecht zu werden, und ein Papier zu erstellen, das man der Art. 29-Gruppe zur Verfügung stellen könne.[310] Diese Projekte wurden nach den Veranstaltungsorten benannt, an denen das CIPL seine jährlichen Konferenzen ausrichtete: Galway (2009), Paris (2010) und Madrid (2011).

Das Ziel des *Galway-Projects*, 2009–2010, bestand darin, die Kernelemente von Accountability im Datenschutzrecht zu identifizieren, sowie weitere Schritte zu deren Präzisierung zu planen. Als Kernelemente (*essential elements*) wurden fünf Bedingungen aufgestellt, deren kumulatives Vorliegen die Accountability einer Organisation nachweisen sollte.[311] Die *CIPL* Pro-

---

307 Im Accountability-Schrifttum ist es ganz h. M., dass angewandte Accountability ihren Bedeutungsgehalt erst im Sach- bzw. Normzusammenhang entfaltet, vgl. *Charlesworth/Pearson*, Innovation 2013, 7 (14); *CIPL,* White Paper v. 3.7.2019, Organizational Accountability – Existence in US Regulatory Compliance and its Relevance for a US Federal Privacy Law, S. 6 ("transferable concept"); *Alhadeff/v. Alsenoy/Dumortier*, in: Guagnin, et al., Managing Privacy through Accountability, 2012, 49 (51); *Sinclair*, AOS 1995, 219 (221).

308 So jedoch *Veil*, in: Gierschmann et al., DSGVO BDSG, 2018, Art. 5, Rn. 47 ff.

309 Teilgenommen haben in Galway UK, Irland, Spanien und Italien, ab Paris zursätzlich die Niederlande, Ungarn und Deutschland und in Madrid noch ein belgischer Vertreter. Außereuropäische Behördenvertreter nahmen etwa aus Kanada, Japan, Israel, Neuseeland und Mexiko teil; vgl. *CPIL*, Galway, Paris und Madrid Papers, jeweils im Appendix.

310 *CIPL*, Initial Project Summary v. 29.4.2009, S. 2; umfassend m. w. N. *Alhadeff/v. Alsenoy/Dumortier*, in: Guagnin, et al., Managing Privacy through Accountability, 2012, 49 (59 f.).

311 *CPIL*, Galway Paper, 6 f.

jekte verwenden durchgehend den Begriff der „Organisation" und bedienen sich mithin einer datenschutzfremden Diktion,[312] wodurch die entscheidende Frage offengelassen wird, ob Accountability als eine konzern- oder gruppenweit zu verstehende Pflicht anzusehen ist oder ob auch hier das fehlende Konzernprivileg[313] zum Tragen kommen sollte.[314] Accountability wurde als Fähigkeit einer Organisation definiert, die eigene Bereitschaft oder Fertigkeit (*capacity*) zu demonstrieren, bestimmte und messbare Ziele zu erreichen, sowie als die Pflicht (*ability and responsibility*), wirksame Maßnahmen zur Zielerreichung umzusetzen.[315] Als erste Bedingung wurde das Bekenntnis der Gesellschaft durch die höchste Management-Ebene zu den eigenen Verpflichtungen und der Erlass interner Vorgaben („*tone from the top*"[316]) zur Befolgung der externen – etwa gesetzlichen – Kriterien durch nachgelagerte Ebenen identifiziert. Darauf aufbauend ist die zweite Bedingung, dass diese internen Vorgaben durch „*tools*", Schulungen und Vergleichbares wirksam und nachhaltig implementiert werden. Diese Umsetzung solle im Rahmen der dritten Bedingung durch andauernde Überprüfung sowohl durch interne wie externe Stellen verifiziert werden.[317] Soweit entsprachen die durch das Galway-Projekt identifizierten Bedingungen der üblichen Verfahrensweise innerbetrieblicher Compliance-Maßnahmen und enthielten mithin wenig Neues.[318] Insofern wirken die beiden weiteren Bedingungen – Transparenz und Betroffenenbeteiligung sowie Kompensationsmechanismen – relativ zusammenhanglos zu den erstgenannten Anforderungen. Aus Sicht der DSGVO *de lege lata* ergibt sich darüber hinaus eine dahingehende Redundanz, dass Transparenz (Art. 12–14 DSGVO) und Be-

---

312 Selbst in der Definition in *CIPL*, Paris Paper, 2, Fn. 1, wird nicht auf die im europäischen und selbst im amerikanischen (vgl. etwa Colorado Privacy Act, Ziffer 6-1-1303 (7)) Datenschutzrecht verwendeten Begrifflichkeiten eingegangen; bemerkenswert ist, dass auch die *Art. 29-Gruppe*, WP 168, S. 22, Rn. 75 f., von „Organisationen" spricht, wenn es um die Umsetzung der Grundsätze des Datenschutzes geht.

313 Vgl. umfassend zum Konzernprivileg *Poll*, Datenschutz in und durch Unternehmensgruppen, 2018, 48 ff.; *Schreiber*, in: Plath, DSGVO BDSG TTDSG, 2023, Art. 4, Rn. 28.

314 Die Erwägungen zu reduzierten Anforderungen für kleine und mittlere Unternehmen, vgl. CIPL, Galway Paper, 9, legen zwar eine funktionale Betrachtungsweise nahe, sind aber für sich genommen nicht aussagekräftig genug.

315 Vgl. zum Folgenden *CPIL*, Galway Paper, 2 und 4.

316 Diese Herangehensweise wird auch unter der DSGVO als initialer Schritt erachtet, siehe *Schmidt*, in: Specht-Riemenschneider/Werry/Werry, Datenrecht, 2020, § 2.1, Rn. 19 f.; *Raschauer*, in: Sydow/Marsch, DSGVO BDSG, 2022, Art. 24, Rn. 16; *Kamp*, in: Bussche v.d./Voigt, Konzerndatenschutz, 2019, Kap. 5, E, Rn. 107 f.; für das kanadische Recht *Power*, The Law of Privacy, 2021, 411, §A.3.

317 *CPIL*, Galway Paper, 6 f., vgl. auch *Alhadeff/v. Alsenoy/Dumortier*, in: Guagnin, et al., Managing Privacy through Accountability, 2012, 49 (60 f.).

318 Vgl. zum Aufbau von entsprechenden Compliance-Programmen *Schulz*, BB 2017, 1475 (1480); *Renz/Frankenberger*, ZD 2015, 158 (159).

troffenenbeteiligung (Art. 35 Abs. 9 DSGVO) im Zuge der extern definierten und konsekutiv intern umzusetzenden Kriterien bereits enthalten wären und mithin dieser Bedingung wenig bis keine eigenständige Bedeutung zukäme. Allein der zweiten Hälfte der fünften Bedingung – externe Durchsetzung bzw. die Möglichkeit hierzu – kommt insofern eine Bedeutung zu, da diese eine konstitutive Eigenschaft jeder Accountability-Beziehung darstellt.[319] Das *Galway-Project* kann ausgehend von der relativen Abstraktionshöhe und den noch recht unspezifischen Anforderungen eine gewisse Leitbildwirkung zugerechnet werden, jedoch kein konkreter Einfluss.[320]

Das *Paris-Project*, 2010–2011, abgehalten an zwei Terminen im März und Juni 2010, wurde demgegenüber schon konkreter. So wurde nicht nur die Definition von Accountability ausführlicher,[321] sondern aus den fünf essentiellen Merkmalen wurden neun Maßnahmen (sog. „*fundamentals*") abgeleitet, die eine Organisation zur Erreichung von Accountability kumulativ erfüllen müsse und deren Erfüllung anhand der enumerierten Kriterien durch die Organisation zu messen sei. Unklar blieb zu diesem Zeitpunkt, ob die Bezeichnung als „*fundamentals*" in einer Weise zu verstehen sei, dass diese lediglich einen Minimalstandard bilden sollten. Klargestellt wurde allerdings, dass die Maßnahmen in einer auf die konkrete Organisation und Verarbeitungssituation angepassten Weise verwirklicht werden sollen und nicht als „*One-Size-fits-All*"-Ansatz zu sehen seien.[322] Während des laufenden *Paris-Projects* veröffentlichte die Art. 29-Gruppe ihre Stellungnahme 3/2010 (WP 173) bezüglich ihres Verständnisses vonAccountability, auf die sogleich einzugehen sein wird. Das CIPL nahm diese seinerseits zur Kenntnis, bezog sie jedoch ersichtlich nicht weiter in die eigenen Erwägungen ein, sondern setzte die im *Galway-Paper* begonnene Orientierung an etablierten Prinzipien der betrieblichen Prozesslenkung (insb. dem PDCA-Zyklus) fort.[323]

Danach soll die praktische Umsetzung von Accountability durch die „*fundamentals*" mit der Schaffung interner Vorgaben (*policies*) und Verfahren (*procedures*) beginnen, die externe Faktoren wie Gesetze oder Industrie- bzw. Branchenstandards einschließen oder von ihnen abgeleitet sind.[324] Diese internen Vorgaben und Verfahren sollen auch durchsetzbar sein, wobei das

---

319 Siehe oben A. I.
320 Vgl. bspw. *CIPL*, Galway Paper, 4, mit einer Reihe unbelegter aber wohl erwünschter Effekte von Accountability.
321 Auf eine vollständige Wiedergabe wird aufgrund der Länge verzichtet, nachlesbar ist sie in *CIPL*, Paris Paper, 2.
322 *CIPL*, Paris Paper, 4; kritisch ebenfalls zum „one-size-fits-all"-Ansatz *Härting/Schneider*, CR 2015, 819.
323 Zu diesen internen Verbesserungsmechanismen vgl. *Schmidt*, in: Specht-Riemenschneider/Werry/Werry, Datenrecht, 2020, § 2.1, Rn. 20 ff., für die DSGVO.
324 Vgl. zu diesem und den nachfolgenden „*fundamentals*" *CIPL*, Paris Paper, 6 f.

CIPL offenlässt, durch wen oder wie diese Durchsetzung erfolgen soll. Laut dem zweiten „*fundamental*" soll jedenfalls eine interne Überwachungsfunktion eingerichtet werden, die sowohl durch formalisierte Berichtslinien als auch durch eine Einbeziehung des Senior Managements erfolgen soll. Diese Überwachungsfunktion überschneidet sich teilweise mit dem dritten „*fundamental*", wonach die Datenschutzorganisation ausreichende Personalressourcen, sowohl hinsichtlich ihrer Anzahl als auch ihres Ausbildungsgrades, erhalten soll. Diese Organisation habe durch Schulung bzw. Erarbeitung entsprechender Materialien sowie Beratung der restlichen Organisation sicherzustellen, dass die Vorgaben und Verfahren bekannt sind und eingehalten werden („*fundamental*" Nr. 4). Ein auf dauerhafter Basis betriebenes Risiko-Management soll im normalen Geschäftsprozess Datenschutzrisiken identifizieren und mitigieren helfen („*fundamental*" Nr. 5), während dieses Risiko-Management und das gesamte Accountability-Programm seinerseits einer periodischen Kontrolle unterzogen werden soll („*fundamental*" Nr. 6). Warum das „*fundamental*" Nr. 6, die periodische Kontrolle, indes vor dem sog. „*Event management and complaint handling*" (Nr. 7) und dem „*internal enforcement*" angesiedelt wird, erschließt sich nicht. Die periodische Kontrolle soll beim Feststellen von Unzulänglichkeiten auch das Ergreifen von Maßnahmen zur Behebung einschließen,[325] so dass diese sich notwendigerweise auch auf die Vorfallsbehandlung (*Event management*) und die interne Durchsetzung bezieht, bzw. letzteres genau darin zu sehen ist. Schließlich soll eine Organisation zur Erfüllung ihrer Accountability-Pflichten Beschwerde- und Abhilfemechanismen für Betroffene bereithalten. In dieser Anforderung wird insbesondere der Einfluss anglo-amerikanischer Teilnehmer an den CIPL-Projekten deutlich.[326] Das CIPL betont in diesem Zusammenhang, dass Abhilfemaßnahmen kulturellen und sektorspezifischen Besonderheiten unterliegen können, so dass Entscheidungen darüber ebenfalls lokal zu treffen seien.[327] Während diese Sichtweise vor dem Hintergrund der internationalen Teilnehmerschaft der CIPL-Projekte wohl aus Opportunitätsgründen verständlich ist, verdient sie datenschutzrechtlich gesehen Kritik, denn Risiken und gegebenenfalls Verletzungen des Schutzes von Rechten und Freiheiten natürlicher Personen unterscheiden nicht nach

---

325 *CIPL*, Paris Paper, 6 7, „*fundamental*" Nr. 6, letzter Satz.
326 Vgl. etwa das sog. „Accountability and Remedy Project (ARP)" des UN Hochkommissariats für Menschenrechte, Jahresbericht v. 10.5.2016 für die 32. Sitzung des Menschenrechtsrats mit dem Titel „Improving accountability and access to remedy for victims of business-related human rights abuse"; ähnlich auch *Julie Brill* auf dem Datenschutzkongress 2022 im Rahmen ihrer Keynote zum Themenfeld des internationalen Datentransfers: „Accountability includes redress for people's suffering".
327 *CIPL*, Paris Paper, 7 f., „*fundamental*" Nr. 9.

lokalen Gegebenheiten.[328] Eine Organisation, die als übergeordnet „*accountable*" angesehen werden möchte, kann ein und denselben Sachverhalt daher nicht hinsichtlich der Herkunft der betroffenen Personen differenzieren und beispielsweise eine Datenschutzverletzung in Deutschland anders beurteilen als eine in Ägypten. Dies würde auch dem Grundsatz von Treu und Glauben zuwider laufen, sofern die Organisation aus der Betroffenenperspektive einheitlich nach außen auftritt wie Meta, Amazon oder Microsoft es tun, ohne dass es dabei auf die jeweils agierende juristische Person ankommt. Darüber hinaus enthält das *Paris-Paper* einen Vorschlag, wie Accountability zu messen sei,[329] ohne jedoch objektiv messbare und nicht lediglich qualitativ schätzbare Kriterien zu identifizieren.[330] Die Bestimmung derartiger Kriterien ist erst Gegenstand jüngerer Forschung[331] und soweit ersichtlich noch nicht hinsichtlich datenschutzrechtlicher Aspekte vorgenommen worden, was darin begründet sein mag, dass es bisher an einer ausreichenden Bestimmung des Inhalts datenschutzrechtlicher Accountability fehlt.

Die abschließende Stufe der vom CIPL veranstalteten Accountability-Projekte war das *Madrid-Project*, das im Februar und Juni 2011 in Madrid mit dem größten Teilnehmerkreis aller drei Projekte tagte[332] und den Titel „*Implementing Accountability in the Marketplace*" trug. Das durch ein „*drafting committee*" erstellte finale Papier bleibt hinter diesem Anspruch jedoch zurück. Es erschöpft sich im Wesentlichen in einer Zusammenfassung der vorherigen Erkenntnisse und führt noch einmal genauer aus, was sich die Verfasser unter der sog. „*Recognised Accountability*" vorstellten. Darunter wurde die Unterscheidung zwischen der „normalen" rechtsstaatlich fundierten Pflicht von Organisationen, sich an externe Faktoren und in erster Linie Gesetze zu halten, und eine in proaktive Demonstration dieser Einhaltung gegenüber einer entsprechend berechtigten Stelle verstanden. Nach erfolgreicher Demonstration sollte eine Anerkennung („*Recognition*") mit dem Effekt erfolgen, gewisse Erleichterungen zu erhalten, etwa eine

---

328 Vgl. Art. 12 UAbs. 2 Allgemeine Erklärung der Menschenrechte die zwar ihrerseits kein bindendes Völkerrecht ist, aber der Ausgangspunkt für Art. 17 UAbs. 2 des UN-Zivilpaktes war, der wiederum für ratifizierende Staaten bindend ist und damit in 172 Staaten entsprechende Geltung entfaltet.

329 *CIPL*, Paris Paper, 8.

330 Noch 2007 schrieb *Dubnick*, in: O'Brien, Private Equity, Corporate Governance and the Dynamics of Capital Market Regulation, 2007, 226 (245), „[…] there is no known metric for accountable [Anm. d. Verf.: gemeint ist "corporate"] governance".

331 Vgl. zu Ansätzen der Messbarkeit von politischer Accountability *Lührmann/Marquardt/Mechkova*, APSR 2020, 811 (813 f. zur Konzeption und 816 ff. zu den Ergebnissen); *Mechkova/Lührmann/Lindberg*, StCompIntDev, 2019, 40 (51 ff.).

332 Es gab darüber hinaus ein weiteres Meeting im März in Washington D.C., siehe *CIPL*, Madrid-Paper, 1, das im Namen jedoch nicht berücksichtigt wurde.

Berücksichtigung in einem Bußgeldverfahren.[333] Hierin kann sowohl eine Nähe zu bereits etablierten Verfahren wie der Anerkennung als Zugelassener Wirtschaftsbeteiligter ausgemacht werden, die sog. AEO-Zertifizierung („*Authorised-Economic-Operator*"), durch die zertifizierte Organisationen zollrechtliche und weitere Vereinfachungen erhalten,[334] als auch eine Ähnlichkeit mit den Anerkennungs- und Zertifizierungsmechanismen, welche in die DSGVO aufgenommen wurden.[335]

Auf Basis des Vorgenannten kann zusammenfassend kein direkter Einfluss – weder in zustimmender noch in ablehnender Hinsicht – der CIPL-Projekte auf die Accountability in den Art. 5 lit. f und Art. 22 des Kommissionsentwurfs zur DSGVO (2012/0011 (COD)) ausgemacht werden. Es ist angesichts der Beteiligung diverser Behördenvertreter, einschließlich der EU Kommission und des späteren Europäischen Datenschutzbeauftragten Giovanni Buttarelli,[336] allerdings durchaus wahrscheinlich, dass die enthaltenen Ansätze bekannt waren und berücksichtigt wurden, obwohl sie formell keinen Eingang bzw. Erwähnung gefunden haben. Ein Grund dafür mag das von vornherein idealisierende und überhöhte Ziel gewesen sein, einen globalen Standard zu schaffen und damit fundamental unterschiedliche Sicht- und Verständnisweisen zu verbinden.[337] Retrospektiv scheint es, als hätte das CIPL Accountability (mindestens im Galway-Stadium) als eine Möglichkeit gesehen und gestalten wollen, die unabhängiger und freier von einzelnen nationalen Gesetzen ist.[338]

In der DSGVO scheint Art. 5 Abs. 1 als eine Art Auffangtatbestand zu wirken, der dann noch greifen soll, wenn alle anderen materiellen Normen eingehalten werden, eine Datenverarbeitung aber dennoch zu einer unbilligen Härte für Betroffene führen würde.[339] Eine solche Situation wäre mit der Galway-Accountability nicht greifbar, da bezüglich dieser basalen Datenverarbeitungsprinzipien kein Konsens innerhalb der internationalen Gemeinschaft besteht, etwa bzgl. der Prinzipien der Datenminimierung oder der Zweckbindung (Art. 5 Abs. 1 lits. c und b DSGVO). Bemerkenswert ist

---

333 *CIPL*, Madrid-Paper, 6 f.

334 Vgl. *Göcke*, in: Krenzler/Hermann/Niestedt, EU-Außenwirtschafts- und Zollrecht, Rn. 26 ff.

335 Zu diesen kolportierten sog. Selbstregulierungsinstrumenten bereits oben B. I.

336 Vgl. *CIPL*, Paris- und Madrid-Paper, jeweils Appendix.

337 Vgl. *Alhadeff/v. Alsenoy/Dumortier*, in: Guagnin, et al., Managing Privacy through Accountability, 2012, 49 (61 f.) zu den ähnlich erfolglosen Ansätzen der Madrid und Jerusalem Resolutionen.

338 Vgl. *CIPL*, Galway-Paper, 2 („[…] accountability requires that privacy enforcement agencies rely upon the oversight […] in jurisdictions other than their own").

339 So auch *Buchner*, in: Tinnefeld/Buchner/Petri/Hof, Datenschutzrecht, 2020, 243, Rn. 58; ähnlich bezogen auf Art. 5 Abs. 1 lit. a DSGVO *Frenzel*, in: Paal/Pauly, DSGVO BDSG, 2021, Art. 5, Rn. 16 f.; ausführlicher unter B. II. 4. unten.

insofern auch die im *Paris-Paper* vermittelte, aber nicht in der DSGVO aufgenommene Ansicht, dass Organisationen aus den Accountability-Pflichten selbst nicht nur gegenüber Aufsichtsbehörden, sondern auch gegenüber Betroffenen (d. h. über das Maß der Art. 12 ff. DSGVO hinausgehend) und selbst Geschäftspartnern informationspflichtig[340] sein müssten.[341] Insgesamt ist entsprechend zwar festzustellen, dass die CIPL-Projekte noch keine wesentlichen neuen Erkenntnisse bezüglich der Inhalte von Accountability im Datenschutzrecht mit sich brachten. Sie können jedoch hinsichtlich der praktischen Erreichung von Accountability durch Verantwortliche und Auftragsverarbeiter hilfreiche Handlungshinweise bieten.

Parallel zu den Accountability Projekten des CIPL lancierte die Art. 29-Gruppe 2010 das bereits erwähnte Arbeitspapier zum Konzept der Accountability.[342] Darin betont die Art. 29-Gruppe zunächst den Bedarf an „echte[n] und wirkungsvolle[n] Datenschutzmaßnahmen" angesichts steigender Datenverarbeitungen und damit einhergehender Risiken.[343] Diesen Risiken könne durch die Aufnahme von „auf Rechenschaft beruhende[n] Mechanismen"[344] in die damals noch im Entwurfsstadium befindliche DSGVO und die folgende Implementierung bei den Normadressaten begegnet werden. Neben einem Vorschlag, wie die Accountability-Norm in der DSGVO hätte aussehen können,[345] betont die Art. 29-Gruppe wiederholt und nachdrücklich den risikobasierten Ansatz und dass sich Accountability-Pflichten dynamisch an die Verarbeitungssituation und die Parteien, welche die Verarbeitung durchführen, anpassen müssen.[346] Sie adaptiert damit die im englischen Schrifttum vorherrschende Ansicht, dass Accountability ein stark kontext- und situationsabhängiges Konzept ist.[347]

Bemerkenswert ist die konzeptionelle Zweiteilung von Accountability durch die Art. 29-Gruppe, wonach auf einer ersten Ebene und unter dem Vorbe-

---

340 Das *CIPL* spricht recht undifferenziert immer von „*accountable*", vgl. B.III.1. unten welche Aspekte damit konkret verbunden sein können und auf die vorzugsweise hätte eingegangen werden sollen.
341 *CIPL*, Paris Paper, 5 f.; unzutreffend insofern *Alhadeff/v. Alsenoy/Dumortier*, in: Guagnin, et al., Managing Privacy through Accountability, 2012, 49 (62).
342 *Art. 29-Gruppe*, Stellungnahme 3/2010 zum Grundsatz der Rechenschaftspflicht, WP 173, v. 13.7.2010.
343 Vgl. *Art. 29-Gruppe*, WP 173, S. 5; so auch schon *Art. 29-Gruppe*, WP 168, S. 23.
344 *Art. 29-Gruppe*, WP 173, S. 3.
345 Ebenda, S. 10; ferner referenziert die *Art. 29-Gruppe* auf S. 13, Fn. 7 auf die Madrid Konvention.
346 Ebenda, S. 15, Rn. 47.
347 Statt aller *Bovens*, WEP 2010, 945: "[Accountability] can mean many different things to many different people"; *Charlesworth/Pearson*, Innovation 2013, 7 (14); ähnlich auch zur DSGVO *Martini*, in: Paal/Pauly, DSGVO BDSG, 2021, Art. 24, Rn. 34; *Veil*, in: Gierschmann et al., DSGVO BDSG, 2018, Art. 24, Rn. 93.

halt des risikobasierten Ansatzes gesetzlich vorgeschriebene Normen und Kriterien einzuhalten sein sollen. Die zweite Ebene dagegen soll freiwillige Selbstverpflichtungen des datenverarbeitenden Unternehmens abbilden.[348] Diese Selbstverpflichtungen, etwa durch verbindliche unternehmensinterne Datenschutzregelungen, sollten dann auch geeignet sein, internationale Datentransfers zu legitimieren.[349] Während diese Möglichkeit auch in die finale Version der DSGVO übernommen wurde,[350] haben andere Ansätze, die in dem aufgrund vieler offengelassener Fragen wohl eher als Diskussionspapier zu verstehenden WP 173 enthalten sind, keine Akzeptanz gefunden. Dies betrifft insbesondere und bereits mit Blick auf Teil C der vorliegenden Arbeit die vorgeschlagene explizite Anpassung der Pflichten an „diejenigen […], die an den unterschiedlichen Verarbeitungsschritten beteiligt sind."[351] Wäre es nach der Art. 29-Gruppe gegangen, hätte somit bereits der Wortlaut klargestellt, dass auch Auftragsverarbeiter als an der Verarbeitung beteiligte Parteien Accountability-Pflichten unterliegen. Um diesen nachzukommen, schlug die Art. 29-Gruppe sodann einen beispielhaften, nicht abschließenden („unter anderem") Katalog an Maßnahmen vor, die teilweise deutliche Überschneidungen mit den Maßnahmen des CIPL haben, etwa hinsichtlich Audits oder des Umgangs mit Datenschutzvorfällen.[352] Eine namentliche Bezugnahme auf das CIPL-Projekt erfolgt jedoch an keiner Stelle. Allerdings bezieht sich die Art. 29-Gruppe ausdrücklich auf die sog. Madrider Internationalen Standards oder auch Madrid Resolution,[353] die in ihrer Section 11 in zweierlei Hinsicht bemerkenswert ist. Zunächst besteht sie, wie die DSGVO Accountability seit dem Kommissionsentwurf, aus den beiden Aspekten der Sicherstellungspflicht einerseits (lit. a) und der Nachweispflicht (lit. b) andererseits. Darüber hinaus sind gem. lit. b) die in Umsetzung von lit. a) und der übrigen materiellen Normen ergriffenen und zu dokumentierenden Maßnahmen sowohl der Behörde als auch Betroffenen gegenüber

---

348 *Art. 29-Gruppe*, WP 173, S. 6, Rn. 15; ähnlich zur allg. Accountability *Scott*, JLAS 2000, 38 (43).

349 *Art. 29-Gruppe*, WP 173, S. 17, Rn. 55.

350 Vgl. Art. 46 Abs. 2 lits. b, e, und f DSGVO sowie B. I. 4 oben zu deren Implikationen hinsichtlich Accountability.

351 *Art. 29-Gruppe*, WP 173, S. 13, Fn. 7.

352 Vgl. zu Audits *Art. 29-Gruppe*, WP 173, S. 13, Fn. 7, lit. d) und *CIPL*, Madrid Paper, S. 12, 6. Essential und zu Datenschutzvorfällen *Art. 29-Gruppe*, WP 173, S. 13, Fn. 7, lit. h) (auf S. 14) und *CIPL*, Madrid Paper, S. 12, 7. Essential.

353 *Art. 29-Gruppe*, WP 173, S. 7, Rn. 17, bezugnehmend auf die "International Standards on the Protection of Personal Data and Privacy – The Madrid Resolution" der 31. International Conference of Data Protection and Privacy Commissioners, 4.–6.11.2009 – wobei tatsächlich nur Vertreter aus 8 Ländern teilgenommen haben, darunter Deutschland, Frankreich, Spanien und Kanada.

nachzuweisen.[354] Eine vergleichbare Verpflichtung fand sich im *Paris Paper* des CIPL-Projekts. Damit weist die sog. Madrid Resolution deutlichere Parallelen zu den CIPL-Projekten auf, als sich in dem Arbeitspapieren der Art. 29-Gruppe, insbesondere WP 168 und 173, durchsetzen konnten.

Zusammenfassend kann entsprechend hinsichtlich der parallel zur Phase der Entwurfserstellung der DSGVO stattfindenden Initiativen zu Accountability kein eindeutiger Einfluss auf die Kommission oder die EU-Institutionen attestiert werden. Zwar lässt sich eine Teilnahme durch Aufsichtsbehörden und die Kommission an gewissen Vorarbeiten nachweisen, die Ähnlichkeiten im Kommissionsentwurf sowie den Entwürfen des EU-Parlaments und seiner Ausschüsse[355] und des Rates können jedoch auch auf eigene Erwägungen zurückzuführen sein. Auch der im Verlauf des Gesetzgebungsverfahrens gestrichene Katalog beispielhafter Accountability-Maßnahmen, der noch in Art. 22 Abs. 2 KOM-E in Anlehnung an das WP 173 der Art. 29-Gruppe oder die „Essentials" des CIPL enthalten war, spricht dafür, dass es zwar entsprechende Erwägungen gegeben hat, jedoch keine davon i. R.d. Verhandlungen einschließlich des Trilogs mehrheitsfähig war.

c. Umsetzungen von Datenschutz-Accountability im anglo-amerikanischen Rechtsraum, speziell den USA, Kanada und Australien

Während die DSGVO in Europa entsprechend einen Minimalkonsens implementiert, hat sich Accountability auch außerhalb der Europäischen Union im (Datenschutz-)Recht niedergeschlagen. Die nachfolgende Darstellung erhebt dabei keinen Anspruch auf Vollständigkeit oder eine erschöpfende Untersuchung. Stattdessen soll ein Überblick gegeben werden, der einerseits darstellt, welche Rolle Accountability im jeweiligen Rechtsrahmen bietet, und andererseits die Grundlage für das nachfolgende Kapitel hinsichtlich der jeweiligen Durchsetzungsmechanismen vorbereiten. Dabei ist voranzustellen, dass die Konvention 108 lediglich von acht Ländern außerhalb des Europarates und von keinem der Länder unterzeichnet wurde, in denen Accountability intensiv diskutiert wird.[356] Ein praxistaugliches Instrument zur Herstellung eines gleichwertigen Datenschutzniveaus beim Empfänger im Sinne von *„follow-the-data"*-Ansatzes, wie ihn das kanadische Recht verfolgt, ist die Konvention 108 damit nicht.[357] Auch die OECD Richtlinien

---

354 Prinzip 11 lit. b. der Madrid Resolution; *Alhadeff/v. Alsenoy/Dumortier*, in: Guagnin, et al., Managing Privacy through Accountability, 2012, 49 (62).
355 Vgl. hierzu B.II.4.b.(1) zur historischen Auslegung.
356 Insbesondere nicht die USA, Kanada und Australien. Die aktuelle Liste ist abrufbar unter: https://www.coe.int/en/web/conventions/full-list/-/conventions/treaty/223?module=signatures-by-treaty&treatynum=108.
357 So jedoch *Quiel/Piltz*, K&R 2020, 731 (732 und 735).

entfalten keinen verbindlichen Charakter für ihre Mitgliedstaaten,[358] so dass sich Fragen nach der Gestaltung von Accountability im Datenschutzrecht nach dem nationalen Recht bzw. anderen internationalen Übereinkommen (insbesondere dem APEC Privacy Framework von 2015[359]) beurteilen.

Die USA, das Herkunftsland der modernen Accountability-Entwicklung, sind bei Datenschützern ein beliebter Diskussionsgegenstand. Bei der medial gelegentlich kolportierten Meinung, es gäbe in den USA keinen Datenschutz bzw. kein Datenschutzrecht, handelt es sich indes um eine Fehleinschätzung.[360] Zutreffend dagegen ist, dass es bislang kein Bundesgesetz zum Datenschutz gibt, das die Materie umfassend regelt.[361] Diese Lücke füllt stattdessen ein unübersichtliches Geflecht aus einzelstaatlichen, eher ganzheitlich orientierten und/oder sektoralen einzelstaatlichen Gesetzen[362] und Bundesgesetzen.[363] Eine mögliche Erklärung dafür ist, dass sektorale Gesetze eine bessere Adaptivität für Branchenspezifika aufweisen und so zu einer größeren Rechtssicherheit führen.[364] Im direkten Vergleich mit hochgradig abstrakten Normen wie denen der DSGVO ist diese Feststellung wohl auch

---

358 Vgl. Art. 5 (b) der Konvention über die OECD v. 14.12.1960; gleiches gilt für die UN Leitlinien v. 14.12.1990 (Guidelines for the Regulation of Computerized Personal Data Files), vgl. Art. 10 UN-Charta.

359 Das APEC Privacy Framework orientiert sich allerdings inhaltlich seinerseits an den OECD Richtlinien, vgl. Präambel, Ziffer 5, sodass letzteren eine mittelbare Wirkung in dieser Region zukommt.

360 Angesichts der kasuistischen Ergebnisse bei der Anwendung der sogleich zu erörternden „reasonable expectations"-Doktrin, ist diese Einschätzung jedoch aus europäischer und insbesondere deutscher Sicht sehr gut nachvollziehbar; vgl. etwa den Supreme Court-Fall *California v. Ciraolo* (1986) U.S. 207, 211 f., wonach das Überfliegen und Ausspähen eines ansonsten blickdicht eingezäunten Grundstücks keine Verletzung der Privatsphäre darstellen solle, denn es wäre aus der Luft einsehbar gewesen (sog. „*plain view*"-Doktrin), vgl. herausragend *Wittmann*, ZaöRV 2013, 373 (391), dazu und mit weiteren Beispielen.

361 *Kranig/Peintinger*, ZD 2014, 3 (5); *Klar/Kühling*, AöR 2016, 165 (177 f.); *Solove/Hartzog*, Col. LR 2014, 585 (587): „[…] a hodgepodge of various constitutional protections, federal and state statutes, torts, regulatory rules, and treaties."

362 Bspw. den California Consumer Privacy Act, der entsprechend seines Titels verbraucherschutzrechtlichen Charakter hat. Stand August 2021 haben in den USA 9 Bundesstaaten Datenschutzgesetze erlassen; vgl. die Übersicht über die einzelstaatlichen Gesetze auf https://www.dataguidance.com/comparisons/usa-state-law-tracker.

363 Bspw. der Privacy Act von 1974 richtet sich nur an US-Bundesbehörden; Gramm-Leach-Bliley-Act (1999), HIPAA (1996), COPPA (1998); vgl. auch *Klar/Kühling*, AöR 2016, 166 (177 f.); *Spies*, ZD 2011, 12 (14).

364 So *Determann*, NVwZ 2016, 561 (563); *Hoofnagle*, Federal Trade Commission, 2016, 75, weist allerdings zu Recht darauf hin, dass dies dazu führen kann, dass manche Unternehmen stark und andere gar nicht reguliert sind, abhängig von ihrem Geschäftsmodell und unabhängig davon ob sie vergleichbare Daten verarbeiten; ähnlich *Solove/Hartzog*, Col. LR 2014, 585 (587).

nicht unzutreffend. Eine andere Erklärung ist, dass die US-Verfassung den Bundesstaaten insbesondere im Bereich der Wirtschaft erhebliche Regelungskompetenzen einräumt,[365] es mithin keine bewusste Entscheidung gegen ein übergeordnetes und für ein sektorales und partikulares Datenschutzrecht gibt, sondern dass die Datenschutzgesetzgebung vielmehr durch die Interessen der jeweiligen Gesellschafts- und Wirtschaftsstruktur geprägt ist.[366] Ohne ein entsprechendes Interesse bleiben so allerdings manche Bereiche gesetzlich unreguliert, die aus europäischer Sicht überraschen, etwa bundesstaatsübergreifende Tätigkeiten von Google, Facebook, Macy's oder Amazon.com.[367]

Kennzeichnend ist für das amerikanische Verständnis von Datenschutz bzw. *„Privacy"* allgemein, dass es weniger eine Ausformung von Persönlichkeitsrechten als vielmehr des Eigentumsrechts ist, das sich aus dem vierten Verfassungszusatz herleitet bzw. dessen Schutzbereich unterfällt,[368] der aufgrund der föderalen Verfassungsstruktur der USA jedoch nicht die gleiche Reichweite besitzt wie in Deutschland.[369] Maßstab des so gewährten Schutzes ist die im Rahmen der höchstrichterlichen Kasuistik entwickelte Rechtsfigur der vernünftigen Erwartungen von Privatheit (*„reasonable expectation of privacy"*),[370] deren Beschränkung nur mit richterlicher Anordnung (*„warrant"*) zulässig ist und gegen deren Verletzung im Rahmen des Deliktsrechts (*„torts"*) gerichtlich Regress gesucht werden kann.[371] Hieraus erklärt sich die Aufnahme von Kompensationsregelungen für Fälle des Datenhandels und die Möglichkeit, diesem zu widersprechen.[372] Entsprechend dieser Grundhaltung ist auch das Verständnis von bzw. das Bedürfnis für Accountability ausgeprägter, da ein Eingriff in Eigentumsrechte den Mechanismus von Informationserteilung darüber und die Sanktionsmöglichkeit im Falle eines Verstoßes unmittelbar auslöst. Entsprechend ist auch die Rechtsdurchsetzung in den USA weniger von aufsichtsbehördlichen Maß-

---

365 *Spies*, ZD 2011, 12 (13) m. w. N.
366 Vgl. *Wittmann*, ZaöRV 2013, 373 (424 f.), mit der weiteren Erklärung, dass die Missbrauchsskandale illegal erhobener Videoaufnahmen das durch Straßenkriminalität und Terrorismus erzeugte Schutzbedürfnis auf Bundesebene einfach noch nicht überwiegen konnten und Vorhaben deswegen versandeten.
367 Mit diesen Beispielen *Solove/Hartzog*, Col. LR 2014, 585 (587 f.).
368 *Whitman*, Yale LJ 2004, 1151 (1212 ff.).
369 Zu den unterschiedlichen Wirkungsweisen des Verfassungsrechts *Spies*, ZD 2011, 12 (13).
370 Ausführlich dazu *Wittmann*, AöR 2013, 373 (387 ff.).
371 Vgl. *Klar/Kühling*, AöR 2016, 166 (179), Fn. 55, zu den vier in diesem Zusammenhang möglichen Delikten; *Spies*, ZD 2011, 12 (13); *Solove/Hartzog*, Col. LR 2014, 585 (587), F. 8.
372 Vgl. bspw. den kalifornischen CCPA (California Consumer Privacy Act), Cal. Civ. Code § 1798.135(a)(1), Colorados CPA (Colorado Privacy Act), § 6-1-1306(1)(a) oder Illinois "Right-to-know-Act".

nahmen geprägt, sondern von der intensiven Klagekultur.[373] Hierbei kommt dem amerikanischen Prozessrecht mit Instrumenten wie der – im Rahmen von Art. 23 des Haager Übereinkommens über die Beweisaufnahme in Zivil- und Handelssachen vom 18.3.1970 von einer Reihe europäischer Länder nicht als zulässig anerkannten[374] – *Discovery* eine erhebliche Bedeutung zu, da diese Klägern eine vorprozessuale Ausforschung von Umständen im Einflussbereich der Gegenseite und somit eine erfolgsversprechende Substantiierung des geltend gemachten Anspruchs ermöglicht.[375] Obwohl Accountability ein in der amerikanischen Gesetzgebung zunehmend häufig verwendeter Begriff ist,[376] ist er soweit ersichtlich bislang nicht dezidiert im Datenschutzrecht bzw. Privacy Law in Erscheinung getreten.

Stattdessen findet sich die erste Nennung von Accountability in einem datenschutzrechtlichen Kontext auf Nationalstaatsebene in Kanada. Kanada erhielt wohl auch deswegen als erstes Land außerhalb Europas einen Angemessenheitsbeschluss,[377] weil es mit dem *Privacy Act* von 1985 für den Bereich der öffentlich-rechtlichen Datenverarbeitung[378] und dem *Personal Information Protection and Electronic Documents Act* (PIPEDA) von 2000[379] ein mit der RL 95/46/EC vergleichbares Regelwerk zum Schutz der Privatsphäre errichtete. Kanadas Datenschutzgesetze stellen sich indes ähnlich wie die EU und Deutschland im Rahmen einer stufenförmigen und föderalen Regulierung dar. So handelt es sich beim *Privacy Act* als auch bei PIPEDA um Gesetze auf Bundesebene, neben denen jedoch rund 30 weitere

---

373 Vgl. *Determann*, NVwZ 2016, 561 (563 ff.), der dies auch in Europa für vorzugswürdig hält.

374 *Schröder*, in: Kühling/Buchner, DSGVO BDSG, 2020, Art. 49, Rn. 28.

375 *Wieczorek*, Specht/Mantz, Handbuch Europäisches und deutsches Datenschutzrecht, Teil A, §7, III 6, Rn. 98; *Münch*, in: MüKo ZPO, 2020, § 1049, beschreibt die Discovery als „stark induktive Suche" nach dem „Motto: wer genug sucht, der findet schon später etwas…".

376 *Dubnick*, in: Bovens/Goodin/Schillemans, Handbook of Public Accountability, 2016, 23 (24 und 28).

377 Entscheidung der Kommission vom 20. Dezember 2001 gemäß der Richtlinie 95/46/EG des Europäischen Parlaments und des Rates über die Angemessenheit des Datenschutzes, den das kanadische Personal Information Protection and Electronic Documents Act bietet (Bekannt gegeben unter Aktenzeichen K(2001) 4539), OJ L 2, 4.1.2002, p. 13–16.

378 Offizieller langer Titel: "An Act to extend the present laws of Canada that protect the privacy of individuals and that provide individuals with a right of access to personal information about themselves".

379 Offizieller langer Titel: „An Act to support and promote electronic commerce by protecting personal information that is collected, used or disclosed in certain circumstances, by providing for the use of electronic means to communicate or record information or transactions and by amending the Canada Evidence Act, the Statutory Instruments Act and the Statute Revision Act".

regionale und Bundesgesetze Datenschutzaspekte bestehen.[380] PIPEDA wurde damit sogar noch vor der Anpassung des BDSG 1990 an die RL 95/46/EG erlassen, die erst am 18.5.2001 erfolgte. PIPEDA findet auf Unternehmen im Rahmen ihrer wirtschaftlichen Tätigkeit Anwendung, wenn und soweit es sich dabei nicht um sog. *domestic processings* handelt, die ausschließlich innerhalb einer der Provinzen stattfindet, die eigene Datenschutzgesetze zur privatwirtschaftlichen Datenverarbeitung erlassen haben.[381] Damit ist das auf Nationalstaatsebene geltende PIPEDA für die Mehrheit von Datenverarbeitungen durch kanadische Unternehmen anwendbar. Der Begriff der Wirtschaftstätigkeit (engl. „*commercial activity*") ist zwar grundsätzlich in Teil 1, Ziffer 2 (1) PIPEDA definiert, hat aber zu einer ähnlichen Rechtsprechungskaskade geführt wie die Voraussetzung einer Datenverarbeitung „im Rahmen einer Niederlassung" gem. Art. 2 DSRL,[382] beginnend mit Google Spain und ist für die vorliegende Arbeit von nachrangigem Interesse. Keine abschließende Definition findet sich hinsichtlich des Adressaten der Pflichten, sondern es werden nur die Beispiele („*includes*") der Association, Partnership, Person und Trade Union aufgeführt. Diese Definition findet sich auch in dem am 17. November 2020 in erster Lesung verabschiedeten neuen Consumer Privacy Protection Act (CPPA),[383] der PIPEDA nachfolgen soll. Während der PIPEDA Accountability noch an erster Stelle seines Anhang 1 als eines von insgesamt zehn Prinzipien nannte und sie gem. Ziffer 5 (1) zur Pflicht einer jeden Organisation machte, inkorporiert sie der CPPA in Teil 1, Ziffer 7 (1) ff. Danach ist einer Organisation jedes Datum unter ihrer Kontrolle zuzurechnen (7 (1) CPPA), unabhängig davon, ob die Organisation die Verarbeitung selbst oder durch einen Dienstleister vornimmt (7 (2) und 11 (1)). Unter Kontrolle einer Organisation sollen Daten sein, wenn sie die Entscheidung zur Erhebung trifft und die Zwecke hierfür bestimmt. Damit weist der CPPA teilweise erhebliche Kongruenzen mit der Definition eines Verantwortlichen auf.[384] Gleichzeitig sind die Prinzipien des Anhang 1, Ziffer 4.1 PIPEDA ebenso wie die Ziffern 7 ff. CPPA nicht präskriptiv, son-

---

380 Umfassend dazu *Power*, The Law of Privacy, 3 ff.

381 Provinzen mit entsprechenden Gesetzen sind Alberta, British Columbia und Quebec, Provinzen ohne sind Yukon, Northwest, Nunavut, Saskatchewan, Manitoba, Ontario, Newfoundland und Labrador, Nova Scotia, New Brunswick und Prince Edward Island.

382 Vgl. hierzu beginnend EuGH, Urt. v. 13.5.2014 – C-131/12 (Google Spain und Google), ECLI:EU:C:2014:317; die Rechtsprechung im kanadischen Recht sind bei *Privacy Commissioner*, Commercial Activity, Stand 2017, nachlesbar.

383 Offizieller langer Titel: An Act to enact the Consumer Privacy Protection Act and the Personal Information and Data Protection Tribunal Act and to make consequential and related amendments to other Acts; abrufbar unter https://parl.ca/DocumentViewer/en/43-2/bill/C-11/first-reading.

384 Vgl. zur europarechtlichen Auslegung des Begriffs *Monreal*, CR 2019, 798 (801 f.), Rn. 23 ff.

dern stellen es unter Anwendung eines risikobasierten Ansatzes (Ziffer 9 (2) CPPA) in die Verantwortung der Organisation, ein angemessenes Datenschutzmanagementsystem zu implementieren. Dieses Programm umfasst, in der aus PIPEDA bekannten Weise gem. der nicht abschließenden Aufzählung der Ziffer 9 (1), – bezüglich der starke Ähnlichkeiten zu den Entwurfsversionen des Art. 24 DSGVO bestehen[385] – „*policies and procedures*" zur Sicherheit der Daten, der Bearbeitung von Auskunftsersuchen, der Schulung von Mitarbeitern und der Transparenz über die ergriffenen Maßnahmen und anwendbaren Pflichten.

Eine aus Sicht der vorliegenden Arbeit bemerkenswerte und im Folgenden noch näher begründete Änderung ergibt sich hinsichtlich der Verantwortlichkeit und Zuständigkeit bezüglich der Gesetzesbefolgung. Nach Anhang 1, Ziffer 4.1. PIPEDA ist eine Person zu bestellen, die verantwortlich („*accountable*") sei für die Einhaltung des Gesetzes innerhalb der Organisation. Nach Ziffer 8 (1) S. 1 CPPA besteht weiterhin die Pflicht zur Bestellung einer Aufsichtsperson, allerdings ist diese danach nur noch zuständig („*responsible*") für die Einhaltung. Wie um diesen Wechsel des Haftungsobjekts zu unterstreichen normiert der CPPA in Ziffer 8 (2), dass mit der Bestellung keine Entlastung der Organisation hinsichtlich der materiellen Normen verbunden ist. Dies ist entsprechend der Definition von Accountability aus dem April 2012 durch den *Privacy Commissioner* nur konsequent. Danach ist unter Accountability „die Akzeptanz der Zuständigkeit für den Schutz personenbezogener Daten"[386] zu verstehen.

d. Durchsetzungsmechanismen der verschiedenen Regelungstypen

Wie soeben dargestellt, ist Accountability ein Bestandteil der meisten großen Regelwerke zum Datenschutz, einschließlich in der EU seit der Einführung der DSGVO. Hinsichtlich der Durchsetzung bestehen jedoch erhebliche Unterschiede.

Die Regulierung in Kanada, die wie beschrieben wurde ebenfalls durch ihr föderales und zweisprachiges Rechtssystem geprägt ist, ist der europäischen Accountability wohl noch am nächsten. Mit Verabschiedung des *Privacy Act* wurde bereits 1985 ein Regelwerk geschaffen, das die Nutzung von Daten durch die öffentliche Hand regulierte. Diesem folgte 2000 PIPEDA für den nicht-öffentlichen Bereich. Die Einhaltung beider Gesetze unterliegt jeweils

---

385 Siehe dazu Art. 22 DSGVO-E (KOM).
386 *Office of the Privacy Commissioner*, Getting Accountability Right with a Privacy Management Program, Übersetzung d. d. Verf., Original: "Accountability in relation to privacy is the acceptance of responsibility for personal information protection."; ähnlich für die korrespondierenden Management-Pflichten *Schild*, in: BeckOK Datenschutzrecht, 2022, Art. 4, Rn. 89.

der Kontrolle des *Privacy Commissioner of Canada* (im Folgenden nur Privacy Commissioner) und kann von Betroffenen auch zivilrechtlich durchgesetzt werden.[387] Dem Privacy Commissioner stehen unter dem PIPEDA verschiedene Kontroll- und Durchsetzungsrechte zur Verfügung. So ist die staatliche Aufsichtsstelle nach Ziffer 18 PIPEDA proaktiv und anlasslos auditberechtigt, kann nach Ziffer 14 PIPEDA eine Klage vor Gericht anstreben und nach Ziffer 17 PIPEDA sog. *„compliance agreements"* schließen, die in ihrer Wirkung einer Unterlassungsverfügung ähneln. Materiellrechtlicher Gegenstand dieser Zwangsmittel können das vorstehend geschilderte Accountability Prinzip des Anhang 1 PIPEDA und die dort enthaltenen Anforderungen beispielsweise an ein Privacy Management Programm sein.

In den USA ist auf Bundesebene die federführende Aufsichtsbehörde für Fragen des Daten- und Verbraucherschutzes die *Federal Trade Commission* (FTC), obwohl es auch nachrangige Behörden gibt, von denen das Thema bearbeitet wird. Daneben bestehen einzelstaatliche, teilweise institutionell selbstständige,[388] teilweise anderen Funktionen angegliederte[389] Aufsichtsbehörden, eine Reihe teilweise sehr aktiver NGOs und auf einzelstaatlicher Ebene auch die Möglichkeit für Privatpersonen, wegen Datenschutzverletzungen zivilrechtlich zu klagen.[390] Diese stellen alle innerhalb der Accountability-Beziehung ein informationsberechtigtes Forum gegenüber den datenverarbeitenden Akteuren dar. Dabei kann die (tatsächliche bzw. ausgeübte) Durchschlagskraft der FTC durchaus unterschiedlich bewertet werden.

Seit Mitte der 1990er Jahre haben sich i. d. R. zwei Kommissare – neben anderen Feldern – auf Datenschutz- bzw. Privacy-Aspekte spezialisiert und insofern versucht, sich als *„top privacy cop"* zu inszenieren.[391] Jedoch arbeitet die FTC zur Durchsetzung von Datenschutzvorgaben mit sog. *Consent Orders*, einem speziellen Instrument des amerikanischen Prozessrechts, wonach im Nachgang einer als unzulässig bewerteten Datenverarbeitung (des sog. *„first bite of the apple"*) die Aufsichtsbehörde eine gesteigerte Kontrolle für einen in der *Consent Order* definierten Zeitraum ausübt. Die Dauer dieser Kontrolle sowie ihre Inhalte sind jedoch nicht gesetzlich vorgeschrieben, sondern werden pro Vorfall zwischen der FTC und dem Unternehmen verhandelt. Nur im Falle eines gleichartigen Verstoßes kann die FTC dies

---

387 Zur Aufsicht durch den Privacy Commissioner für den öffentlichen Bereich vgl. Ziffer 53 ff. des Privacy Act v. 1985 und für den privatwirtschaftlichen Ziffern 2 und 12 PIPEDA; zur privatrechtlichen Durchsetzung *Hunt/Shirazian*, Oxf. U. Comp. L Forum 3, 2016, Abschnitt B.
388 Bspw. die California Privacy Protection Agency (CPPA).
389 Bspw. das Bureau of Consumer Protection, das dem Nevada Attorney General zugeordnet ist.
390 *Richardson*, Oslo LR 2015, 23 (27 f.).
391 *Hoofnagle*, Federal Trade Commission, 2016, 67.

(erheblich) sanktionieren. Dies entspricht oberflächlich betrachtet der Abgabe einer Unterlassungserklärung gem. § 8 UWG, deren Reichweite (und Wirksamkeit) sich auch primär nach dem zwischen den Parteien vereinbarten Wortlaut bestimmt. In der Praxis hat dies häufig zur Folge, dass es regelmäßig nicht bei einem „*bite of the apple*" bleibt.[392] Von der weiterhin bestehenden Möglichkeit der FTC gem. sec. 5 FTCA, Verstöße wegen „*unfair or deceptive practices*" klageweise durchzusetzen, macht sie jedoch nur sehr selten Gebrauch.[393] Stattdessen arbeitet auch die FTC mit dem allgemein in Amerika bevorzugten Mittel der regulierten Selbstregulierung.[394] Danach haben die Unternehmen ihre Verhaltensregeln mittels vertraglicher Verpflichtungen gegenüber weiteren („*downstream*") Empfängern durchzusetzen.[395] Sofern eine Datenverarbeitung durch das Unternehmen entsprechend gegen diese selbst erzeugten Verhaltensregeln verstößt, würde dies neben einer FTC *Consent Order* für Betroffene die Möglichkeit einer Klage wegen einer Irreführung, der sog. „*Misrepresentation*", eröffnen.[396] Die Herleitung des „*Right to Privacy*" aus dem Eigentumsrecht im Schutzbereich des vierten Verfassungszusatzes wird auch durch die zivilrechtliche Klageart der „*Intrusion upon seclusion*" und „*Disclosure*" gestützt, die beide tatbestandlich eine „Aneignung des Persönlichkeitswertes" durch den Verletzer erfordern.[397] Diese Erwägung scheint den „klassischen" *Privacy Torts*[398] grundsätzlich innezuwohnen. Durch die (abschreckende) Kompensations-

---

392 Ausführlich *Jerome*, Can FTC consent orders effectively police privacy?, 27.11.2018, abrufbar unter https://iapp.org/news/a/can-ftc-consent-orders-police-privacy/; zuversichtlicher sind da *Solove/Hartzog*, Col. LR 2014, 583 (585 f.), die in den "Settlement Agreements" eine wichtige Orientierung für Praktiker sehen.

393 *Richardson*, Oslo LR 2015, 23 (27); wenig nachvollziebar insofern *Solove/Hartzog*, Col. LR 2014, 585 (600 ff.), die konstatieren, dass durchschnittlich zehn Fällen pro Jahr abgeschlossen würden, das Team innerhalb der FCT klein ist, und dennoch der Meinung sind, dass die FTC eine „formidable enforcement power" sei.

394 *Solove/Hartzog*, Col. LR 2014, 585 (598 f.); *FTC*, Protecting Consumer Privacy in the Age of Rapid Change, 2012; befürwortend auch *Tene/Polonetsky*, Northw. J. TaIP 2013, 239 (259), Rn. 49 f.

395 *Tene/Polonetsky*, Northw. J. TaIP 2013, 239 (259), Rn. 49.

396 Vgl. *Solove/Hartzog*, Col. LR 2014, 585 (588).

397 *Hunt/Shirazian*, Oxf. U. Comp. L Forum 3, 2016, B.2.

398 Die „klassischen" Privacy Torts des Common Law wurden von *William L. Prosser*, Cal. LR 1960, 383 (389), z. n. *Klar/Kühling*, AöR 2016, 166 (179), Fn. 55 herausgearbeitet und umfassen neben der „Intrusion upon seclusion" und „Public disclosure" noch die „False light publicity" und „Approbation of one's name" und rund 17 Jahre später gesetzlich fixiert, § 652 A-E Restatement (Second) of Torts; grundlegend dazu *Whitman*, Yale LJ 2004, 1151 1202 f.; in Kanada besteht im *Tort Law* neben diesen vier Kategorien in bislang fünf Provinzen das spezifische Datenschutzdelikt „*violation of privacy*", vgl. ausführlich *Power*, The Law of Privacy, 297 ff., §A.1.

pflicht kommt den *Torts* im Common Law dabei eine wichtige rechtspolitische Ordnungsfunktion zu.[399]

Im APEC Framework obliegt die Aufsicht aufgrund der Gewährleistungsfunktion des Staates zwar ebenfalls einer hoheitlichen Behörde des Staates, der dem APEC Framework beigetreten ist und es in seinem Territorium zur Anwendung bringen möchte. Er sieht jedoch zu seiner Durchsetzung als primären Durchsetzungsmechanismus eine selbstregulatorische Aufsicht durch die sog. *Accountability-Agents* vor.[400] Hierin kann gegenüber den voranstehend dargestellten Ansätzen *prima facie* ein erheblicher Vorteil gesehen werden, da durch diese Verteilung die Anzahl an beaufsichtigenden Parteien – oder Foren – deutlich erhöht wird und die *Accountability-Agents* auch über ein vertieftes Branchen- und Spezialwissen verfügen, das ihnen eine bessere Beurteilung der in Rede stehenden Vorgänge ermöglicht. Eine Steigerung des Schutzes betroffener Personen wäre damit naheliegend.[401] Allerdings birgt diese Art der Selbstregulierung und der Aufsichtsdelegation das Risiko eines Kontrollverlustes (sog. *Agency Drift*) auf Seiten des Staates. So werden *Accountability-Agents* in erster Linie von den entsprechend zertifizierten Unternehmen bezahlt. Während dieses Dilemma etwa hinsichtlich Wirtschaftsprüfungsunternehmen bei börsennotierten Kapitalgesellschaften dergestalt gelöst wurde, dass ein Unternehmen diese alle zehn Jahre, Unternehmen der öffentlichen Hand sogar alle fünf Jahre wechseln muss, ist dies im APEC Framework hinsichtlich der *Accountability-Agents* nicht vorgesehen. Damit erscheint eine Befangenheit und Nähe (*bias*) der *Accountability-Agents* zu den beaufsichtigten Unternehmen nicht unwahrscheinlich. Auch die Gerichte in Australien scheinen bislang wenig zur Entwicklung oder Durchsetzung von Datenschutzstandards beizutragen.[402]

Dieser Überblick über die Wirkungsmechanismen in den sprachlichen Herkunftsregionen von Accountability zeigt, dass es sich um einen Durchsetzungsmechanismus handelt, der seinerseits naturgemäß ausfüllungsbedürftig ist und lediglich materielle Anforderungen befördert. Auch in den USA, Kanada und Australien berechtigt eine gesetzlich vorgesehene Accountability Betroffene nicht, vom Akteur die Herstellung bestimmter Zustände im Sinne einer Leistungsklage einzufordern, sondern sie stellt vielmehr einen

---

399 *Morgan*, Journal of Professional Negligence 2015, 276 (278); ähnlich zum Schadenersatz gem. Art. 82 DSGVO LG München I, Urt. v. 9.12.2021 – 31 O 16606/20 = ZD 2022, 242 (243), Rn. 38; vgl. zum Streitstand bzgl. der Abschreckungswirkung *Wybitul/Leibold*, ZD 2022, 207 (211), Fn. 52 m. w. N.

400 Vgl. oben B. I.

401 Hiervon scheint auch das CIPL auszugehen, vgl. *CIPL*, Galway Paper, 5 und 9, ohne jedoch empirische Beweise oder auch nur plausibilisierende Erklärungen vorzubringen.

402 *Richardson*, Oslo LR 2015, 23 (34).

Kompensationsmechanismus in Fällen dar, in denen eine Verletzung der entsprechend materiellen Pflichten vorlag. Damit kann insbesondere die Fokussierung auf die Dimension der Haftung („*Liability*") im allgemeinen Sprachgebrauch erklärt werden, während der Begriff überwiegend dann verwendet zu werden scheint, wenn eine persönliche, moralische, verantwortungsbewusste Verpflichtung oder die Missbilligung eines Verstoßes dagegen zum Ausdruck gebracht werden sollen. Es bestehen hierbei auch Parallelen zu deutschen Entsprechungen der Verantwortungszuschreibung bzw. Verantwortlichmachung, die tendenziell immer dort verwendet werden, wo Schäden oder negative Effekte sanktionierend einem Akteur zugerechnet werden sollen.[403]

Gegenüber den vorgenannten außereuropäischen Regelwerken folgt das europäische Datenschutzrecht von seinen Anfängen im Hessischen Datenschutzgesetz von 1970 bis einschließlich zur DSGVO einem aufsichtsrechtlichen Ansatz, bei dem die Überwachung und Durchsetzung durch spezialisierte staatliche Behörden erfolgt.

3. Wertung der Erkenntnisse aus RL 95/46/EG – Bedürfnis nach dem Instrument der Accountability

2009 wurden die Regelungen der DSRL sowie deren Umsetzung in den europäischen Mitgliedstaaten als entsprechend reformierungsbedürftig wahrgenommen und vor diesem Hintergrund Anstrengungen zur Modernisierung des Datenschutzrechts begonnen. Auch die Art. 29-Gruppe war der Ansicht, „dass die Vorgaben zum Datenschutz mit dem gegenwärtigen Rechtsrahmen nicht vollständig in wirksame Mechanismen, […], umgesetzt werden konnten".[404] Die DSRL war in großen Teilen von den technischen Entwicklungen und der Zunahme grenzüberschreitender Datenverarbeitungen überholt worden. Insofern erschien es opportun, das Mittel der Accountability genauer zu betrachten und womöglich einzuführen. Jedoch kann Accountability, wie bereits gezeigt und noch genauer zu zeigen sein wird, nicht als ein feststehendes oder auch nur homogenes Konzept verstanden werden. Vielmehr musste der europäische Gesetzgeber eine Entscheidung treffen zwischen etwa der extrem liberalen Position des CIPL, wonach Accountability ein Lösen von nationalen Normen und die Einführung selbstregulatorischer Durchsetzungs- und Kontrollmechanismen bedeutete, oder einem Festhalten an tradierten Formen aufsichtsbehördlicher Kontrolle und dem Verbot

---

403 *Bayertz*, in: Bayertz, Verantwortung – Prinzip oder Problem?, 1995, 3 (5 f.); *Heidbrink*, in: Heidbrink/Langbehn/Loh, Handbuch Verantwortung, 2017, 3 (11 ff.).

404 *Art. 29-Gruppe*, WP 173, S. 3, Rn. 2; zu den entsprechenden Durchsetzungsdefiziten *Nguyen*, ZD 2015, 265.

mit Erlaubnisvorbehalt. Die Art. 29-Gruppe schlug zwar die Aufnahme vor, verstand darunter allerdings nur einen Teil dessen, was das CIPL in seinen neun *„fundamentals"* identifizierte. In einer sprachlich missglückten Weise konstatierte die Art. 29-Gruppe, die Aufnahme des Grundsatzes der Accountability würde „den Bedarf an wirkungsvollen Schritten unterstreichen, die zu einer wirkungsvollen internen Durchführung der wesentlichen Verpflichtungen und Grundsätze führen [...]".[405] Das Ergebnis sollte erkennbar eine Verwirklichung des vorgesehenen und bestehenden Schutzniveaus sein, und hierzu sollten Verantwortliche stärker zur Implementierung entsprechender Verfahren verpflichtet werden.[406] Auftragsverarbeiter wurden in diesem Zusammenhang zwar nicht angesprochen, sie sind jedoch nicht per se auszunehmen, da sie Daten im Auftrag der entsprechend Accountability-Pflichten verarbeiten. Es liegt dem Konzept der Accountability gerade zugrunde, dass sie losgelöst vom eigenen Handeln oder Wollen durch die anderen Mitglieder einer Gemeinschaft bzw. Gesellschaft zugeschrieben (engl. *„attribute sth. to"*) bzw. zugerechnet (engl. *„account sth. to"*) wird.[407]

4. Accountability in der DSGVO

Wie gezeigt wurde, ist die Accountability der DSGVO stark an den OECD Guidelines angelehnt. Wie die Guidelines in ihrer 2013er Version, so enthält auch die DSGVO zwei Normen, in denen sich die Pflichten des Verantwortlichen manifestieren; einerseits Art. 5 und dort insbesondere Art. 5 Abs. 2 und andererseits Art. 24 Abs. 1 S. 1 DSGVO. Trotz ihres sehr ähnlichen Wortlauts und Inhalts werden diese beiden Normen in der Literatur selten gemeinsam als Accountability-Normen der DSGVO angesehen.[408] In der Regel beschränkt sich die Bezeichnung als „Rechenschaftsnorm" auf Art. 5 Abs. 2 DSGVO, wohl weil sich dort die Legaldefinition von Accountability findet, die im Gesetzgebungsprozess keinen Eingang in die Bezeichnung von Art. 24 DSGVO gefunden hat.[409] Im Folgenden soll daher

---

405 *Art. 29-Gruppe*, WP 168, 24, Rn. 79.

406 Vgl. zur intendierten Eigenverantwortung *Frenzel*, in: Paal/Pauly, DSGVO BDSG, 2021, Art. 5, Rn. 52; *Albrecht/Jotzo*, Das neue Datenschutzrecht, 2017, 55, Rn. 18; *Heberlein*, in: Ehmann/Selmayr, DSGVO, 2018, Art. 5, Rn. 29.

407 So auch zur Verantwortung *Bayertz*, in: Bayertz, Verantwortung – Prinzip oder Problem?, 1995, 3 (41).

408 Ausnahmen bilden insofern die – allerdings relativ undifferenzierte – Kommentierung von *Heberlein*, in: Ehmann/Selmayr, DSGVO, 2018, Art. 5, Rn. 29 f.; *Veil*, in: Forgó/Helfrich/Schneider, Betrieblicher Datenschutz, 2019, Teil II, Kap. 1, B., Rn. 11, und die Betrachtung des EuGH, Urt. v. 27.10.2022 – C-129/21 (Proximus), ECLI:EU:C:2022:833, Rn. 72 ff.

409 So sah bspw. ein Änderungsvorschlag des EU-LIBE Ausschusses diese Bezeichnung in der Überschrift vor, vgl. Nr. 117, P7_TA(2014)0212, S. 156.

zunächst das Verhältnis der beiden Normen zueinander untersucht werden, um zu überprüfen, ob die Haltung der Literatur begründet ist. Danach ist der Frage nachzugehen, welche Wirkung die Normen der Accountability in Art. 5 Abs. 2 und 24 Abs. 1 und Abs. 2 DSGVO in Hinsicht auf die Beweislast haben, denn danach bestimmt sich, ob bzw. für welches berechtigte Forum es sich um „echte" Accountability-Normen i. S. ihres originären anglo-normannischen Ursprungs handelt. Eine solche Funktion kann nur angenommen werden, wenn eine – im Zweifel unter Sanktionsandrohung einklagbare – Informationspflicht des Akteurs besteht. Damit ist grundsätzlich dahingehend zu differenzieren, wer aus den Accountability-Normen berechtigt wird. Im Wege der Auslegung ist insbesondere der Frage nachzugehen, ob auch Privatpersonen sich darauf berufen können, da das Datenschutzrecht schließlich primär ihrem Grundrechtsschutz dienen soll.[410]

Danach sind die Mechanismen zu untersuchen, wie Accountability durch die zuständigen Aufsichtsbehörden praktisch durchgesetzt wird bzw. werden kann und welche Schritte zur Vorbereitung auf entsprechende verwaltungsverfahrensrechtliche Aufsichtsmaßnahmen von Akteuren zu treffen sind. Hierbei wird im Wesentlichen auf den Erkenntnissen des systematischen Normenverhältnisses der Art. 5 Abs. 2 und 24 DSGVO aufgebaut. Besondere Betrachtung verdient in diesem Verhältnis jedoch der Grundsatz der Selbstbelastungsfreiheit (*nemo tenetur*) zusätzlich zu den Erkenntnissen hinsichtlich der Beweislastverteilung.

a. Normenhierarchie und Konkurrenzen

Eine der im Schrifttum weithin offengelassenen Fragen betrifft das Verhältnis der Accountability-Normen in den Art. 5 Abs. 2 und 24 Abs. 1 S. 1 DSGVO zueinander. Dieses Verhältnis ist jedoch von eminenter Bedeutung, ergibt sich daraus schließlich ihre Relevanz für die materiellen Normen, deren Nachweis- und Rechtfertigungsanforderungen sie begründen. Bevor untersucht wird, ob sich den Normen der Art. 5 Abs. 2 und 24 Abs. 1 S. 1 DSGVO eine allgemeine, unspezifische Nachweispflicht i. S. e. grundsätzlichen Beweislastumkehr entnehmen lässt, ist auf das Verhältnis der beiden Normen im Vergleich einzugehen. Es besteht Einigkeit im Schrifttum, dass Art. 5 als „vor die Klammer" gezogen positioniert ist[411] und den Rest

---

410 Auf Personen des öffentlichen Rechts als Anspruchsgegner wird i. R. d. vorliegenden Arbeit nicht eingegangen, da diese teilweise aus dem Anwendungsbereich der DSGVO ausgenommen sind (Art. 2, Abs. 2 lit. d) und im Übrigen durch das Verwaltungs- und Verwaltungsverfahrensrecht Besonderheiten unterliegen.

411 *Jaspers/Schwartmann/Hermann*, in: Schwartmann et al., DSGVO BDSG, 2020, Art. 5, Rn. 13, UAbs. 2; ebenso bezüglich Art. 24 Abs. 1 S. 1 *Veil*, ZD 2018, 8 (11).

der Verordnung überwölbt.[412] Gleiches wird indes vereinzelt auch Art. 24 DSGVO attestiert.[413] Im Folgenden soll ein Modell entwickelt werden, das die Unterschiede hinsichtlich Bußgeldbewehrung und Anwendungsbereich zwischen den Normen der Art. 5 Abs. 2 und 24 DSGVO erklären kann. Mangels sinnstiftender Erläuterungen des Verordnungsgebers im Gesetzgebungsprozess und in den Erwägungsgründen sowie nachfolgenden Äußerungen kann es möglicherweise weitere Erklärungen geben.[414]

Accountability als eine Beziehung zwischen zwei Parteien, in der die eine zur Informationserteilung über einen bestimmten Sachverhalt verpflichtet und die andere zur Sanktionierung berechtigt ist,[415] enthält per se eine gewisse Deutungsoffenheit. Diese bedarf aufgrund des Bestimmtheitsgebotes im gesetzlichen Kontext entsprechend einer operationalisierenden Konkretisierung. Gleiches gilt für die Grundsätze der Datenverarbeitung gem. Art. 5 Abs. 1 DSGVO. Bei den insgesamt sechs Grundprinzipien handelt es sich um eine sekundärrechtliche Ausformung der Ermächtigungsnorm in Art. 16 Abs. 2 AEUV, die als Regelungskompetenz ausgestaltet ist,[416] i. V. m. Art. 8 Abs. 2 GRCh und Art. 8 EMRK.[417] Die Grundsätze[418] stellen mithin keine Programmsätze im Sinne von allgemein gehaltenen Zielen oder Begriffen ohne erkennbare (Handlungs-)Vorgaben dar, sondern enthalten einen echten,

---

412 *Pötters*, in: Gola/Heckmann, DSGVO BDSG, 2022, Art. 5, Rn. 4; *Veil*, ZD 2018, 8 (11); *Voigt*, in: Taeger/Gabel, DSGVO BDSG TTDSG, 2022, Art. 5, Rn. 5; *Buchholtz/ Stenzel*, in: Gierschmann et al., DSGVO BDSG, 2018, Art. 5, Rn. 8; *Frenzel*, in: Paal/ Pauly, DSGVO BDSG, 2021, Art. 5, Rn. 1.

413 *Veil*, in: Gierschmann et al., DSGVO BDSG, 2018, Art. 24, Rn. 1.

414 Treffend formuliert *Hoeren*, MMR 2018, 637 (638), wenn er darauf hinweist, dass dem Verordnungsgeber gelegentlich ein Maß an Struktur hinsichtlich der DSGVO unterstellt wird, die dieser schlicht nicht hatte; ähnlich *Veil*, ZD 2018, 9 (10) („Die Bedeutung [von Accountability] wurde jedenfalls von den Mitgliedstaaten nicht erkannt.").

415 *Willems/v.Dooren*, PMR 2012, 1011 (1017 und 1019); *Lindberg*, IRAS 2013, 202 (209); *Dubnick*, in: Bovens/Goodin/Schillemans, Handbook of Public Accountability, 2016, 21 (32); *Koenig-Archibugi*, GaO 2004, 234 (236).

416 *Selmayr/Ehmann*, in: Ehmann/Selmayr, DSGVO, 2018, Einf. Rn. 36; krit. bzgl. der Wahrung der Voraussetzungen von Art. 5 IV EUV *Taeger/Schmidt*, in: Taeger/Gabel, DSGVO, Einf. Rn. 43 f.; Art. 16 Abs. 2 AEUV als taugliche Grundlage bestreitend *Giesen*, NVwZ 2019, 1711 (1712).

417 *Weichert*: in: Däubler et al., DSGVO BDSG, 2020, Art. 5, Rn. 3; *Herbst*, in: Kühling/ Buchner, DSGVO BDSG, 2020, Art. 5, Rn. 1; ausführlich zur Entwicklung dieser Dichotomie *Michl*, DuD 2017, 349 (350 f.); zutreffend kritisch allerdings *Giesen*, NVwZ 2019, 1711 (1712), der auf den grundsätzlich auf öffentliche Stellen beschränkten Wortlaut des Art. 16 Abs. 2 AEUV hinweist.

418 *Reimer*, in: Sydow/Marsch, DSGVO BDSG, 2022, Art. 5, Rn. 2, schlägt stattdessen den Begriff der Grundpflichten vor, was durchaus sinnvoll ist, wie im Folgenden gezeigt werden wird.

d. h. verpflichtenden Prinzipiencharakter und teilweise auch Optimierungs-
gebote für Datenverarbeiter.[419]
Das dominante Prinzip der DSGVO bzw. des kontinentaleuropäischen Datenschutzrechts allgemein ist die Rechtmäßigkeit.[420] Diese Dominanz entsteht aus seiner Herleitung als Grundrechtseingriff durch eine bzw. jede
Datenverarbeitung,[421] denn deren Zulässigkeit bedarf damit stets einer
Prüfung im Einzelfall und ist anhand vorab festgelegter Zwecke zu beurteilen.[422] Diese Zwecke und die Bindung daran bilden ein in der Rangordnung
nur marginal nachrangiges Prinzip zur Rechtmäßigkeit. Die Zweckbindung
überformt seinerseits alle weiteren Prinzipien, lässt sich ihrerseits jedoch
stets auf die Rechtmäßigkeit des Grundrechtseingriffs der Datenverarbeitung zurückführen.

Damit entsteht ein normatives Stufenmodell. Art. 5 Abs. 1 DSGVO enthält
alle Prinzipien, welche die DSGVO inhaltlich leiten sollen.[423] Sie bilden
entsprechend die zentrale Rechtsfindungs- und Auslegungsquelle.[424] Weitere Prinzipien, etwa der Grundsatz der Direkterhebung, der in § 4 Abs. 2
BDSG a. F. enthalten war, sind grundsätzlich nicht länger maßgeblich,[425]
da sie offensichtlich auf europäischer Ebene nicht konsensfähig waren. Das
übergeordnete Prinzip der Rechtmäßigkeit einer jeden Datenverarbeitung

---

419 *Weichert*, in: Däubler et al., DSGVO BDSG, 2020, Art. 5, Rn. 6; *Kramer*, in: Auernhammer, DSGVO BDSG, 2020, Art. 5, Rn. 8; *Jaspers/Schwartmann/Hermann*, in:
Schwartmann et al., DSGVO BDSG, 2020, Art. 5, Rn. 10; widersprüchlich in dieser
Hinsicht *Wolff*, in: BeckOK Datenschutzrecht, 2022, Art. 5 Einl. bejaht das Vorliegen
von Optimierungsgeboten, während Rn. 4.1. dies verneint.
420 *Frenzel*, in: Paal/Pauly, DSGVO BDSG, 2021, Art. 5, Rn. 16; *Kramer*, in: Auernhammer, DSGVO BDSG, 2020, Art. 5, Rn. 13 („Meta-Grundsatz"), allerdings unentschlossen, ob diese Auslegung zutreffend ist.
421 *Weichert*, in: Däubler et al., DSGVO BDSG, 2020, Art. 5, Rn. 16; *Bock*, PinG 2022, 49
(52); *Roßnagel*, ZD 2018 (339 (340), der den Grundsatz der Rechtmäßigkeit in Art. 5
Abs. 1 lit. a DSGVO deswegen als „eigentlich überflüssig" einstuft; krit. zur Ansicht
einer Datenverarbeitung als Grundrechtseingriff *Veil*, ZD 2018, 9; *Bull*, NVwZ 2011,
257 (258 f.).
422 Vgl. zu den Anforderungen an die Zweckbestimmung *Breyer*, DuD 2018, 311 (313).
423 *Kramer*, in: Auernhammer, DSGVO BDSG, 2020, Art. 5, Rn. 1; *Heberlein*, in: Eh-
mann/Selmayr, DSGVO, 2018, Art. 5, Rn. 1.
424 *Voigt*, in: Taeger/Gabel, DSGVO BDSG TTDSG, 2022, Art. 5, Rn. 5; *Plath*, in: Plath,
DSGVO BDSG TTDSG, 2023, Art. 5, Rn. 2.
425 A. A. *Weichert*, in: Däubler et al., DSGVO BDSG, 2020, Art. 5, Rn. 8 („nicht abschließend"); so auch *Roßnagel*, ZD 2018, 339 (341 f.); *Buchner*, DuD 2016, 155 (156),
Fn. 13, möchte ihn jedoch in die Transparenz- und Verhältnismäßigkeit hineinlesen;
wie hier *Ziegenhorn/v. Heckel*, NVwZ 2016, 1585 (1589); *Wolff*, in: Schantz/Wolff,
Das neue Datenschutzrecht, 2017, S. 127, Rn. 381, der zu Recht zwischen den Prinzipien differenziert.

(Art. 5 Abs. 1 lit. a 1. Var. DSGVO) entfaltet dabei für sämtliche Folgenormen eine Strahlwirkung.[426]

Die Grundsätze des Art. 5 Abs. 1 DSGVO stellen damit eine Art gemeinsames Fundament dar, auf dem sich die Gesamtheit der Pflichten eines von der DSGVO verpflichteten Akteurs aufbaut.[427] Materiellrechtliche Pflichtenquelle sind dabei allerdings die einzelnen Folgenormen, wie es auch aus ErwG 39 deutlich wird (der allerdings zur Accountability schweigt). Die Forderung eines Nachweises dieser weiteren Ausformungen kann *expressis verbis* nicht auf Art. 5 Abs. 2 DSGVO gestützt werden, der sich lediglich auf die Prinzipien in Abs. 1 selbst bezieht. Der Nachweisprozess materieller Normen, d. h. der Art. 6–49 DSGVO (exkl. Die Art. 23 und 24 DSGVO), bestimmt sich im öffentlich-rechtlichen Verwaltungsverfahren folglich stets nach Art. 24 Abs. 1 S. 1 DSGVO sowie Art. 31 i. V. m. Art. 58 Abs. 1 DSGVO.[428] Sofern eine Behörde oder in begrenztem Umfang auch Betroffene entsprechend einen Nachweis über einen bestimmten Sachverhalt fordern, etwa des Vorliegens einer Einwilligung gem. Art. 7 Abs. 1 DSGVO oder die Begründung einer trotz Widerspruchs (Art. 21 Abs. 1 DSGVO) bestehenden Rechtsgrundlage, geht diese als *lex specialis* der Anwendung der Prinzipien gem. Art. 5 Abs. 2 DSGVO vor. Erst und nur soweit die Spezialnormen ein im konkreten Einzelfall dennoch unbilliges Ergebnis erzeugen würden, ist ein Rückgriff auf die Prinzipien zulässig.[429] In diesem Fall wäre ein etwaiges Bußgeld ausschließlich auf einen Tatbestand des Art. 5 DSGVO zu stützen, da die Nachweispflichten der Art. 24 Abs. 1 DSGVO sowie speziellerer Nachweispflichten wie Art. 7 Abs. 1 DSGVO i. V. m. den materiellen Normen im erforderlichen Maße erfüllt wurden. Art. 5 erhält insbesondere durch das Gebot der Fairness (dt. „Treu und Glauben")[430] innerhalb der DSGVO mithin eine Auffangfunktion,[431] die in ihrer Wirkung als

---

426 So auch *Frenzel*, in: Paal/Pauly, DSGVO BDSG, 2021, Art. 5, Rn. 16.

427 *Plath*, in: Plath, DSGVO BDSG TTDSG, 2023, Art. 5, Rn. 2; *Pötters*, in: Gola/Heckmann, DSGVO BDSG, 2022, Art. 5, Rn. 4 („Strukturprinzipien[, welche die gesamte DSGVO] durchweben"); *Voigt*, in: Taeger/Gabel, DSGVO BDSG TTDSG, 2022, Art. 5, Rn. 5; *Buchholtz/Stenzel*, in: Gierschmann et al., DSGVO BDSG, 2018, Art. 5, Rn. 8; *Frenzel*, in: Paal/Pauly, DSGVO BDSG, 2021, Art. 5, Rn. 1 („Ausgangs- und Fluchtpunkt"); *Kramer*, in: Auernhammer, DSGVO BDSG, 2020, Art. 5, Rn. 1.

428 Vgl. hierzu sogleich B.II.4.d.

429 *Buchner*, in: Tinnefeld/Buchner/Petri/Hof, Datenschutzrecht, 2020, 243, Rn. 58; ähnlich *Plath*, in: Plath, DSGVO BDSG TTDSG, 2023, Art. 24, Rn. 2.

430 Vgl. *Danninger*, Organhaftung und Beweislast, 2020, 18, zu den Wirkungen von Treu und Glauben durch § 138 ZPO im Zivilprozess.

431 *Jaspers/Schwartmann/Hermann*, in: Schwartmann et al., DSGVO BDSG, 2020, Art. 5, Rn. 8; zweifelnd wegen unklarer Dogmatik des Grundsatzes *Frenzel*, in: Paal/Pauly, DSGVO BDSG, 2021, Art. 5, Rn. 9 und wohl ablehnend Rn. 20; mit einer philosophischen Begründung zu dem statt Rechenschaft vorzugswürdigen Begriff der Verantwortung *Bayertz*, in: Bayertz, Verantwortung – Prinzip oder Problem?, 1995,

Normanwendung in Fällen einer planwidrigen Regelungslücke der Bildung einer Analogie ähnelt.[432] Dieser Bedarf kann insbesondere dort entstehen, wo aufgrund des risikobasierten Ansatzes in Art. 24 Abs. 1 S. 1 DSGVO die technischen und organisatorischen Maßnahmen in einem ersten Schritt reduziert wurden.[433] Art. 5 Abs. 1 DSGVO erhält entsprechend die Funktion eines Korrektivs in Form einer Rückausnahme von den Erleichterungen des risikobasierten Ansatzes. Die gesondert stehende Nennung von Accountability als Durchsetzungsnorm in Art. 5 Abs. 2 DSGVO könnte insofern auf einen prägenden deutschen Ursprung im Rahmen des Gesetzgebungsprozesses hindeuten, da mit der Einführung von Accountability die Eigenverantwortung datenverarbeitender Unternehmen verstärkt werden sollte,[434] sich der moderne Verantwortungsbegriff jedoch gerade dadurch auszeichnet, dass „bestimmte positiv ausgezeichnete (erwünschte) Zustände umschrieben werden, ohne daß im Einzelnen festgelegt werden muss, wie der jeweilige Verantwortliche diese Zustände herbeiführt oder aufrechterhält".[435] Durch diese erkenntnistheoretische Basis wird auch das hier entwickelte Stufenmodell inklusive der Streichung von Accountability in der Überschrift von Art. 24 DSGVO (vormals Art. 22 DSGVO-E (EP))[436] gestützt; dadurch dass Art. 24 Abs. 1 S. 1 DSGVO einerseits auf technische und organisatorische Maßnahmen abstellt und andererseits lediglich zur Anwendung der materiellen Normen dient, werden konkrete Maßnahmen benannt, die einer weitergehenden Zurechnung (engl.: *„to account"*) etwaiger Schäden i. R. v. Art. 82 DSGVO entgegenstehen. Art. 5 Abs. 2 DSGVO dagegen nennt nur die Ziele und ist damit wegen der fehlenden Konkretisierung des Weges durch technische und organisatorische Maßnahmen tatbestandlich weiter gefasst, um seiner Auffang- und Ausgleichfunktion in jedem Fall gerecht werden zu können.

Hierin kann auch eine Erklärung dafür gesehen werden, weshalb Art. 24 Abs. 1 S. 1 DSGVO selbst nicht im Bußgeldkatalog der Art. 83 Abs. 4 und Abs. 5 DSGVO aufgenommen wurde; er soll einen Durchsetzungsmechanismus darstellen, der eine verbesserte Wirkung der materiellen Normen

---

3 (34): „Verantwortung ist überall dort gefragt, wo festgelegte Regeln nicht mehr greifen".

432 Vgl. zu deren Voraussetzungen *Baldus*, in: Riesenhuber, Europäische Methodenlehre, 2021, § 3, Rn. 5.

433 Zu weit zu dieser Möglichkeit *Veil*, ZD 2018, 9 (13), der unter gegebenen Umständen manche Handlungspflichten ganz entfallen lassen möchte.

434 Vgl. *Frenzel*, in: Paal/Pauly, DSGVO BDSG, 2021, Art. 5, Rn. 52; *Albrecht/Jotzo*, Das neue Datenschutzrecht, 2017, 55, Rn. 18; *Heberlein*, in: Ehmann/Selmayr, DSGVO, 2018, Art. 5, Rn. 29.

435 *Bayertz*, in: Bayertz, Verantwortung – Prinzip oder Problem?, 1995, 3 (33).

436 Vgl. Änderungsvorschlag Nr. 117, P7_TA(2014)0212, S. 156.

herbeiführt,[437] selbst jedoch über keinen oder nur einen sehr begrenzten eigenen Normgehalt verfügen muss.[438] Demgegenüber entwickelt Art. 5 Abs. 1 DSGVO einen eigenen Normgehalt stets dort, wo die materiellen Normen der DSGVO zu einem grundrechtlich unzulässigen oder rechtspolitisch unerwünschten Ergebnis führen würden. Nur so lässt sich erklären, weshalb Art. 5 Abs. 2 DSGVO, der unstreitig auch als Vorgabe „dieser Verordnung" und damit als vom Anwendungsbereich des Art. 24 Abs. 1 S. 1 DSGVO erfasst angesehen werden muss, nicht redundant ist. Erst in Fällen, in denen die durch Art. 24 Abs. 1 S. 1 DSGVO zur Anwendung gebrachten materiellrechtlichen Vorgaben kein adäquates Ergebnis erzielen, entfalten die Grundsätze des Art. 5 Abs. 1 DSGVO einen eigenständigen Inhalt,[439] für dessen Verwirklichung eine spezielle Durchsetzungsnorm adäquat erscheint.[440] Art. 5 Abs. 2 DSGVO dient in diesen Fällen als Durchsetzungs- und Sanktionsmechanismus, der es bei Art. 24 DSGVO nicht bedurfte,[441] da die materiellen Normen, deren Durchsetzung letzterer befördern sollte, ihrerseits ausreichend bußgeldbewehrt sind. Kritik verdient insofern die Begründungs- und Bußgeldpraxis der Aufsichtsbehörden, bei Verstößen neben der konkreten Ausformung auch das jeweilige Prinzip heranzuziehen oder gar bei einem Verstoß gegen fast sämtliche materiellen Vorgaben der DSGVO einfach auf Art. 5 DSGVO auszuweichen;[442] dieses Verhalten ist aus Sicht eines dogmatisch verankerten Verwaltungshandelns höchst fragwürdig,

---

437 Zu dieser beabsichtigten Wirkung schon *Art. 29-Gruppe*, WP 173, S. 5, Rn. 11.

438 So auch *Kramer/Meints*, in: Auernhammer, DSGVO BDSG, 2020, Art. 24, Rn. 5; *Art. 29-Gruppe*, WP 173, S. 11, Rn. 36; *Piltz*, in: Gola/Heckmann, DSGVO BDSG, 2022, Art. 24, Rn. 67.

439 Eine vergleichbare Wirkung wird dem Konzept der Verantwortung bescheinigt, vgl. *Bayertz*, in: Bayertz, Verantwortung – Prinzip oder Problem?, 1995, 3 (34 und 46); *Wolff*, in: Schantz/Wolff, Das neue Datenschutzrecht, 2017, S. 258, Rn. 822, möchte diese Wirkung bei Art. 24 DSGVO erkannt haben, was allerdings deshalb abzulehnen ist, weil Art. 5 DSGVO die Grundsätze enthält und entsprechend auch die basalste Norm der DSGVO ist.

440 Es ist indes auch denkbar, dass der Umstand, den Art. 5 Abs. 2 in einer von Art. 5 Abs. 1 gesonderten Weise darzustellen, auf einer unreflektierten Übernahme des Verordnungsgebers aus legislativen Vorbildern wie Art. 6 der DSRL oder den OECD Guidelines beruhte. In diesem Fall ließe sich eine gewisse Redundanz von Art. 5 Abs. 2 im Verhältnis zu Art. 24 DSGVO nicht bestreiten.

441 *Piltz*, in: Gola/Heckmann, DSGVO BDSG, 2022, Art. 24, Rn. 67; wohl auch *Kramer/Meints*, in: Auernhammer, DSGVO BDSG, 2020, Art. 24, Rn. 9.

442 Hervorzuheben ist dabei die Verlegenheitsentscheidung des LfDI BaWü, Az. 0523.1-2/3 v. 10.3.2021 gegen den Fußballverein VfB Stuttgart, die ausschließlich auf Art. 5 Abs. 2 DSGVO gestützt wurde; ähnlich negativ fällt VG Wiesbaden, Beschl. v. 27.1.2022 – 6 K 2132/19.WI.A, ZD 2022, 526 = BeckRS 58431, Rn. 25 auf, wo das fehlende bzw. unvollständige Verzeichnis gem. Art. 30 Abs. 1 DSGVO „zu einer „formellen" Rechtswidrigkeit im Lichte von Art. 5 DSGVO" führe, ohne dass auch nur zwischen den Absätzen oder litteras des Art. 5 differenziert würde; zutreffend ableh-

denn so können Anforderungen an Akteure einfach „hervorgezaubert"[443] werden, was rechtsstaatlich besorgniserregend ist, wenn dies durch eine (fast) vollständig unabhängige Behörde auf Basis weitgehend unbestimmter Prinzipien und Billigkeitserwägungen zur Verhängung von Bußgeldern erfolgt – wohl wissend, dass der Adressat dieser Entscheidung sie aufgrund einer möglichen Verböserung einschließlich etwaiger Öffentlichwirksamkeit kaum gerichtlich anfechten würde. Entsprechend differenziert auch der EuGH zwischen den materiellen Ausformungen, da diese auf der Rechtsfolgenseite zu unterschiedlichen Ergebnissen führen.[444] Der parallele Rückgriff zu materiellen Normen und insbesondere die alleinige Berufung auf einen Verstoß gegen die Prinzipien des Art. 5 Abs. 1 DSGVO verstellt die notwendige Differenzierung auf Rechtsfolgenseite. Die Anwendungspraxis der Aufsichtsbehörden kann auf ein verbreitetes Un- bzw. Missverständnis der rechtstechnischen Funktion von Prinzipien zurückgeführt werden[445]; Prinzipien sind abzugrenzen von materiellen Normen bzw. Regelungen, in denen sie in Tatbestand und Rechtsfolge ausgeformt sind. Sie dienen als richtungsgebende Grundwertungen oder als „Tiefenstrukturen des Rechts", enthalten selbst jedoch in erster Linie einen Gebotscharakter hinsichtlich des „idealen Sollens", das bestmöglich umzusetzen ist.[446] Sofern vertreten wird, dass Art. 5 Abs. 2 DSGVO nicht bußgeldbewehrt wäre,[447] verkennt diese aufgrund einer verkürzenden Lesart des Art. 83 Abs. 5 DSGVO, der sich auf „die Grundsätze für die Verarbeitung" bezieht, dass es sich bei Art. 5 Abs. 2 DSGVO ebenfalls um einen solchen handelt.[448] Die Teilung in zwei Absätze ergibt sich vielmehr aus den legislativen Vorbildern in Form der OECD Guidelines und der Datenschutzrichtlinie sowie der Regelungssystematik, die auch zwischen Art. 24 Abs. 1 S. 1 DSGVO und den materi-

---

nend daher EuGH, Urt. v. 4.5.2023 – C-60/22 (UZ ./. Bundesrepublik Deutschland), ECLI:EU:C:2023:373, Rn. 59 ff.

443 Zutreffend formuliert *Albers*, in: Friedewald/Lamla/Roßnagel, Informationelle Selbstbestimmung im digitalen Wandel, 2017, 11 (21), dass derartige Lösungen zwar im Einzelfall passen mögen, jedoch nicht zu einer ausreichend stabilen Rechtsanwendung taugen.

444 EuGH, Urt. v. 4.5.2023 – C-60/22 (UZ ./. Bundesrepublik Deutschland), ECLI:EU:C:2023:373, Rn. 59 ff.

445 Folgerichtig ist die englische Bezeichnung des Art. 5 entsprechend „Principles" und insofern als terminus technicus der deutschen Übersetzung mit „Grundsätze" vorzugswürdig.

446 Umfassend zur rechtstechnischen Funktion von Prinzipien *Waldkirch*, Zufall und Zurechnung im Haftungsrecht, 2017, 117 ff. m. w. N. der Methodenlehre von *Canaris* und *Larenz*; ähnlich entwickelt *Klement*, in: Heidbrink/Langbehn/Loh, Handbuch Verantwortung, 2017, 559 (568 und 570), den Begriff der Verantwortung.

447 *Breyer*, DuD 2018, 311 (315); wie hier *Kramer*, in: Auernhammer, DSGVO BDSG, 2019, Art. 5, Rn. 5 und 7.

448 *Thode*, CR 2016, 714 (716); *Albrecht*, CR 2016, 88 (91).

ellen Normen gewählt wurde. Auch die häufig vertretene Meinung, Art. 24 Abs. 1 S. 1 DSGVO würde Art. 5 Abs. 2 konkretisieren,[449] ist dahingehend unzutreffend, dass eine Konkretisierung der Prinzipien des Art. 5 Abs. 1 in den materiellen Normen der DSGVO – Art. 6–49[450] DSGVO erfolgt, die zueinander in Idealkonkurrenz stehen (Art. 83 Abs. 3 DSGVO), nicht jedoch der einen Accountability-Norm durch eine andere.[451] Zugestanden werden muss der Konkretisierungstheorie, dass Art. 24 Abs. 1 S. 1 DSGVO für den Rechtsanwender eventuell sinnstiftender ist, da er die Art und Weise, in der ein Nachweis zur Umsetzung geführt werden kann, mit „technischen und organisatorischen Maßnahmen" benennt[452] und in Abs. 3 Bezug nimmt auf die Möglichkeit eines Nachweises durch Zertifizierungen (Art. 42 DSGVO) und genehmigte Verhaltensregeln (Art. 40 DSGVO). Da sich planvolles unternehmerisches Handeln, wie es die Einhaltung von Art. 5 Abs. 1 und die materiellen Normen der DSGVO erfordern,[453] indes immer unter das Begriffspaar der technischen und insbesondere organisatorischen Maßnahmen subsumieren lässt, kommt Art. 24 Abs. 1 S. 1 DSGVO inhaltlich nur *prima facie* eine erweiterte Bedeutung gegenüber Art. 5 Abs. 2 DSGVO zu.[454] Die Auslassung einer Nennung in Art. 5 Abs. 2 DSGVO unterstreicht vielmehr den Charakter einer Auffangnorm, da sich ein Akteur in Fällen unbilliger

---

449 *Pötters*, in: Gola/Heckmann, DSGVO BDSG, 2022, Art. 5 Abs. 32; *Kramer/Meints*, in: Auernhammer, DSGVO BDSG, 2020, Art. 24, Rn. 1; *Lang*, in: Taeger/Gabel, DSGVO BDSG TTDSG, 2022, Art. 24, Rn. 13; *Hartung*, in: Kühling/Buchner, DSGVO BDSG, 2020, Art. 24, Rn. 20; *Heberlein*, in: Ehmann/Selmayr, DSGVO, 2018, Art. 5, Rn. 29; *Raschauer*, in: Sydow/Marsch, DSGVO BDSG, 2022, Art. 24, Rn. 9 f.

450 Ausgenommen sind die Artt. 23 und 24 DSGVO; *Jaspers/Schwartmann/Hermann*, in: Schwartmann et al., DSGVO BDSG, 2020, Art. 5, Rn. 87, sehen Art. 5 nur in den Betroffenenrechten konkretisiert; *Plath*, in: Plath, DSGVO BDSG TTDSG, 2023, Art. 24, Rn. 2, sieht „die eigentlichen Pflichten" wie hier ebenfalls in den materiellen Normen.

451 Gleiches gilt für die Meinung, dass Art. 24 DSGVO in Folgenormen wie Art. 25 (richtig: konkretisiert Art. 5 Abs. 1 lits. b–f), 32 (richtig: konkretisiert Art. 5 Abs. 1 lit. f) oder 35 (richtig: konkretisiert Art. 5 Abs. 1 lits. a und c) konkretisiert würde; mit der Konkretisierungstheorie jedoch *Kremer*, in: Schwartmann et al., DSGVO BDSG, 2020, Art. 24, Rn. 7; *Hartung*, in: Kühling/Buchner, DSGVO BDSG, 2020, Art. 24, Rn. 11; *Lang*, in: Taeger/Gabel, DSGVO BDSG TTDSG, 2022, Art. 24, Rn. 2 und 14 f.; *Raschauer*, in: Sydow/Marsch, DSGVO BDSG, 2022, Art. 24, Rn. 9; *Plath*, in: Plath, DSGVO BDSG TTDSG, 2023, Art. 24, Rn. 6; *Heberlein*, in: Ehmann/Selmayr, DSGVO, 2018, Art. 5, Rn. 6 (worin er überdies nicht zwischen Art. 5 Abs. 1 und Abs. 2 differenziert) und Rn. 29.

452 So auch *Veil*, in: Gierschmann et al., DSGVO BDSG, 2018, Art. 24, Rn. 41, der allerdings darin auch eine Abkehr von einer Ergebnis- hin zu einer Prozessverantwortlichkeit sehen will. Hierzu ausführlich B.III.1.g unten.

453 *Jaspers/Schwartmann/Hermann*, in: Schwartmann et al., DSGVO BDSG, 2020, Art. 5, Rn. 85; *Hartung*, in: Kühling/Buchner, DSGVO BDSG, 2020, Art. 24, Rn. 11; *Schmidt*, in: Specht-Riemenschneider/Werry/Werry, Datenrecht, 2020, § 2.1, Rn. 20 f.

454 *Hartung*, in: Kühling/Buchner, DSGVO BDSG, 2020, Art. 24, Rn. 24; ähnlich auch *Martini*, in: Paal/Pauly, DSGVO BDSG, 2021, Art. 24, Rn. 20a.

Härte für die Betroffenen nicht dadurch exkulpieren können soll, technische und organisatorische Maßnahmen ergriffen zu haben, die auch grundsätzlich geeignet sein können, die Rechte und Freiheiten zu wahren. Dies entspricht dem allgemeinen Verantwortungsprinzip, das vor allem dort Anwendung erlangt, wo es keine etablierten Verfahrensregeln gibt und stattdessen eine pragmatische, leitbildorientierte Beurteilung komplexer Prozesse und Entwicklungen vorzugswürdig ist.[455] Keine Aussage trifft die DSGVO hinsichtlich der Frage, ob eine ggf. analoge Anwendung des risikobasierten Ansatzes gem. Art. 24 Abs. 1 DSGVO, der nicht in vergleichbarer Form in Art. 5 Abs. 2 DSGVO aufgenommen wurde, zu einer entsprechenden Anwendung im Rahmen des Art. 5 Abs. 1 DSGVO führen würde oder könnte.[456]

b. Accountability als Pflicht oder als Obliegenheit

Bevor im Detail untersucht wird, was sowohl im allgemeinen Sprachgebrauch als auch in der DSGVO unter dem Begriff der Accountability verstanden werden kann bzw. muss, soll die Stellung des Konzepts in der DSGVO und ihre Rechtswirkung auf ihre Adressaten untersucht werden. Dabei soll es jedoch nicht um die Frage nach *Liability* an sich oder den Sanktionen gehen, die ein bestimmtes Forum verhängen kann,[457] sondern darum, wie sich ein Unterlassen des verpflichteten Akteurs auswirkt. Hierzu kommt einerseits ein genuiner Rechtsverstoß gegen eine positiv normierte Handlungspflicht in Betracht und andererseits eine Obliegenheitsverletzung i. S. v. § 26 Abs. 2 VwVfG, in deren Zusammenhang keine Zwangsmittel eingesetzt werden können, eine fehlende Mitwirkung jedoch in Nachteilen im Falle eines *non liquet* resultieren kann.[458] Der Frage wird im Wege der Auslegung nachgegangen, wobei grundsätzlich die Kriterien zur Auslegung europarechtlicher Normen angewendet werden,[459] um die gebotene autono-

---

455 *Heidbrink*, in: Heidbrink/Langbehn/Loh, Handbuch Verantwortung, 2017, 3 (7).

456 Ohne dogmatische Begründung oder auch nur ausreichende Differenzierung zwischen den Normen für eine solche Anwendung *Heberlein*, in: Ehmann/Selmayr, DSGVO, 2018, Art. 5, Rn. 30 f.; unbelegt gegen eine Anwendung *Schröder*, ZD 2019, 503 (506).

457 Vgl. zu *Liability* Kapitel B.III.1.c und den Sanktionen in Abhängigkeit vom Forum Kapitel D.

458 Vgl. *Hermann*, in: Bader/Ronellenfitsch, VwVfG, 2018, § 26, Rn. 37; *Schneider*, in: Schoch/Schneider, VwVfG, 2021, § 26, Rn. 27; zur Definition von Obliegenheiten *Schüler*, Wissenszurechnung im Konzern, 2000, 45; *Seidel*, Wertende Wissenszurechnung, 2021, 70; wobei die Verhandlungsmaxime in der zivilprozessualen Praxis ähnliche Folgen zeitigen kann, vgl. *Danninger*, Organhaftung und Beweislast, 2020, 10; *Laumen*, in: Baumgärtel/Laumen/Prütting, Handbuch der Beweislast, 2019, Bd. 1, S. 150, Rn. 7; *Buck*, Wissen und juristische Person, 2000, 39.

459 Vgl. *Riesenhuber*, in: Riesenhuber, Europäische Methodenlehre, 2021, § 10, Rn. 14 ff., zum Effekt der Mehrsprachigkeit im Europarecht; *Streinz*, Europarecht, 2012, § 8,

me Interpretation sicherzustellen.[460] Geboten ist eine autonome Auslegung auf europäischer Ebene nicht nur, weil es sich bei Accountability um einen anerkanntermaßen schwer zu übersetzenden Begriff handelt,[461] sondern weil ggf. auf nationaler Ebene bestehende, oberflächlich vergleichbar erscheinende Rechtsinstitute jeweils eine spezifische Prägung besitzen. Beispielsweise ist die im deutschen Organhaftungsrecht anerkannte „Rechenschaftspflicht" des Organmitglieds nicht nur bislang wenig strukturiert aufgearbeitet und wird damit ähnlich auf Annahmenbasis verwendet wie Accountability im englischen Sprachraum,[462] sondern sie impliziert darüber hinaus eine bestimmte Art Beziehung zwischen Akteur und Forum, die sich mit der *Stewardship* vergleichen ließe, die es im Datenschutzrecht jedoch gerade nicht gibt.[463]

Das Ergebnis dieser autonomen Auslegung ist von erheblicher praktischer Bedeutung, da sich danach beurteilt, ob die Accountability-Normen eine echte Beweislastumkehr bewirken oder nicht.[464] Unstreitig ist aufgrund des imperativ formulierten Wortlauts und damit losgelöst von der Frage der Beweislast, dass die Gewährleistung der Bezugsobjekte der Accountability-Normen eine unmittelbare Handlungspflicht in der Person des datenverarbeitenden Akteurs zur Einhaltung der materiellen Vorgaben begründet (sog. Sicherstellungspflicht).[465] Fraglich ist insofern bezüglich der Beweislastverteilung nur die Facette der Nachweis(fähigkeits)pflichten. Für diese gilt zunächst, sofern gesetzlich nichts Abweichendes geregelt ist, die allgemeine Grundregel der Beweislast, wonach jede Partei die Tatsachen zu beweisen hat, die ihre Position stützen; der Anspruchsteller muss entsprechend rechtsbegründende, der Anspruchsgegner rechtsvernichtende, -hemmende oder -hindernde Tatumstände beweisen.[466] Nicht zu beweisen sind insofern

---

Rn. 614 f.; *Wegener*, in: Callies/Ruffert, EUV/AEUV, 2022, Art. 19 EUV, Rn. 28; *Albrecht/Jotzo*, Das neue Datenschutzrecht, 2017, 48, Rn. 26 m. w. N.

460 Vgl. *Ziegenhorn/v. Heckel*, NVwZ 2016, 1585 (1586).

461 *Art. 29-Gruppe*, WP 173, S. 8, Rn. 22.

462 Vgl. zur gesellschaftsrechtlichen Rechenschaftspflicht von Organmitgliedern *Danninger*, Organhaftung und Beweislast, 2020, S. 43 ff.

463 Statt vieler *Bennett*, in: Guagnin, et al., Managing Privacy through Accountability, 2012, 33 (40 ff.); *Olsen*, in: Bovens/Goodin/Schillemans, Handbook of Public Accountability, 2016, 106 (109 ff.); zur Abwesenheit im Datenschutzrecht und Definition von Stewardship B.III.1.d.

464 Dafür *Däubler*, in: Däubler et al., DSGVO BDSG, 2020, Art. 82, Rn. 31; *Jaspers/Schwartmann/Hermann*, in: Schwartmann et al., DSGVO BDSG, 2020, Art. 5, Rn. 87; dagegen *Gola/Piltz*, in: Gola/Heckmann, DSGVO BDSG, 2022, Art. 82, Rn. 26; *Hoeren*, MMR 2018, 638 f.

465 So auch für die Grundsätze EuGH, Urt. v. 4.5.2023 – C-60/22 (UZ ./. Bundesrepublik Deutschland), ECLI:EU:C:2023:373, Rn. 54.

466 *Danninger*, Organhaftung und Beweislast, 2020, S. 11; *Saenger*, in: Saenger, ZPO, 2021, § 286, Rn. 58; *Prütting*, in: MüKo ZPO, 2020, § 286, Rn. 114; *Foerste*, in: Mu-

Rechtsfolgenfeststellungen wie das Vorliegen von etwaigen Pflichtverlet-zungen (*iura novit curia*), sondern nur Tatsachen.[467] Allerdings erwächst dem Grundgedanken, dass derjenige, der in einen Besitzstand eingreift, die Beweislast für die avisierte Rechtsänderung trägt,[468] eine gewisse Ambi-valenz im Datenschutzrecht. Diese Ambivalenz liegt in dem Umstand be-gründet, dass es sich bei personenbezogenen Daten nicht um ein proprie-täres oder körperliches Gut handelt; zwar besteht der „Besitz" i. S. v. 854 BGB analog[469] an den Daten bei der Daten erhebenden (ggf. erst Daten (er)schaffenden) bzw. verarbeitenden Stelle, allerdings verlieren Betroffe-ne hierdurch nicht ihre grundrechtlich geschützten Positionen, wie dies beispielsweise bei der Übertragung von Eigentum an beweglichen Sachen durch Einigung und Übergabe gem. § 929 BGB der Fall ist. Gleichzeitig vermag jedoch eine Datenerhebung und Verarbeitung eine Rechtsänderung hinsichtlich (insbesondere grund)rechtlich geschützter Güter einzuleiten, die vor der fraglichen Handlung durch den Akteur nicht möglich war. Auch für den Fall der Datenverarbeitung gilt jedoch, dass eine Beweislastumkehr stets einer besonderen normativen Grundlage bedarf, die entsprechend klar und begründet die grundsätzliche Verteilung im Falle eines *non liquets* zu Lasten einer Partei verlagert.[470]

Die folgenden Ausführungen gehen der Frage nach, ob die DSGVO durch ihre Accountability-Normen in Art. 5 Abs. 2 und 24 Abs. 1 und Abs. 2 eine solche Verlagerung enthält. Hierbei soll aus verständnisleitenden Gründen hinsichtlich des Fremdwortes der Accountability von der üblichen Reihen-folge der Auslegungsmethoden abgewichen werden und die historische vor der Wortlautauslegung erfolgen.[471]

(1) Historische Auslegung

Der Erkenntnisgewinn durch die historische Auslegung von Vorgängernor-men hinsichtlich des fraglichen Regelungscharakters der Accountability ist

---

sielak/Voit, ZPO, 2022, § 286, Rn. 35.

467 *Laumen*, in: Baumgärtel/Laumen/Prütting, Handbuch der Beweislast, 2019, Bd. 1, S. 150, Rn. 3; *Prütting*, in: MüKo ZPO, 2020, § 286, Rn. 99.

468 *Danninger*, Organhaftung und Beweislast, 2020, 11, m. w. N.

469 Es bedarf der analogen Anwendung da Besitz nur an Sachen i. S. v. § 90 BGB ent- bzw. bestehen kann und Daten sowie die daraus erlangen Informationen und Erkenntnisse nicht als solche qualifiziert werden können; so auch *Kühling/Sackmann*, ZD 2020, 24 (25 f.), die statt dingliche Besitzrechte von einem „Datenausschließlichkeitsrecht" sprechen; *Schulz*, PinG 2018, 72 f.

470 Vgl. statt vieler *Prütting*, in: MüKo ZPO, 2020, § 286, Rn. 131, und *Laumen*, in: Baumgärtel/Laumen/Prütting, Handbuch der Beweislast, 2019, Bd. 1, S. 150, Rn. 2 m. w. N.

471 Vgl. zur gängigen Reihenfolge zur Auslegung im Europarecht nur *Riesenhuber*, in: Riesenhuber, Europäische Methodenlehre, 2021, § 10, Rn. 12.

gering. Zwar enthielt die Vorgängernorm in Art. 6 Abs. 2 DSRL ebenfalls eine Handlungspflicht zur Sicherstellung für Verantwortliche, jedoch keine Nachweispflichten.[472] Hinsichtlich Art. 24 DSGVO findet sich in der DSRL keinerlei Entsprechung,[473] und auch die Ziffer 15 b) der OECD Guidelines (2013) hat keinen erkennbaren Niederschlag in der DSGVO gefunden, woraus sich ein allgemeines Anfragerecht und eine korrespondierende Nachweispflicht gegenüber Behörden ergeben hätte. Die Auslegung des Formulierungsfortschritts im Gesetzgebungsverfahren bringt nur wenig mehr an Erkenntnissen.

Im Kommissionsentwurf (im Folgenden DSGVO-E (KOMM))[474] fanden sich noch sowohl in Art. 5 lit. f als auch in Art. 22 relativ deutliche, jedoch ebenfalls bereits nicht deckungsgleiche Handlungspflichten des Verantwortlichen hinsichtlich der Sicherstellungs- und der Nachweispflicht. Art. 5 lit. f DSGVO-E (KOMM) stellte nicht nur heraus, dass dem Verantwortlichen eine Gesamtverantwortung für die Datenverarbeitung obliegen sollte,[475] was wohl auch unterstellte Personen umfasst hätte,[476] und dass er dafür hafte („*liable*"), sondern betonte auch eine unbedingte, inhaltlich jedoch nicht näher ausgestaltete Handlungspflicht bei der Verarbeitung personenbezogener Daten („*Personal data must be [...]*"). Im Vergleich zu Art. 5 lit. f enthielt Art. 22 DSGVO-E (KOMM) als Vorgängernorm von Art. 24 DSGVO hin-

---

472 *Reimer*, in: Sydow/Marsch, DSGVO BDSG, 2022, Art. 5, Rn. 56; *Petri*, in: Simitis et al., Datenschutzrecht, 2019, Art. 24, Rn. 6.

473 *Lang*, in: Taeger/Gabel, DSGVO BDSG TTDSG, 2022, Art. 24, Rn. 4; *Veil*, in: Gierschmann et al., DSGVO BDSG, 2018, Art. 24, Rn. 28.

474 *Jaspers/Schwartmann/Hermann*, in: Schwartmann et al., DSGVO BDSG, 2020, Art. 5, Rn. 3.

475 Die Verwendung des Begriffs „Gesamtverantwortung" ist dabei der deutschen Übersetzung des Entwurfs und wohl auch dem herrschenden Begriffsverständnis in der deutschsprachigen Datenschutz-Community geschuldet. Sie findet sich jedenfalls nicht in der englischen oder französischen Sprachfassung des Kommissionsentwurfs. Jedoch ist die inkonsistente Übersetzung insgesamt kritikfähig; so findet sich „Gesamtverantwortung" in der deutschen Sprachfassung der Stellungnahme v. 26.2.2013 des Ausschusses für Industrie, Forschung und Energie, vgl. Plenarsitzungsdokument, A7-0402/2013, v. 21.11.2013, S. 321, nicht jedoch in der Übersetzung der Stellungnahme des Ausschusses für Binnenmarkt und Verbraucherschutz obwohl dieser in deren englischen Originalwortlaut von „*Overall* responsibility of the Controller" (Hervorhebung durch den Verfasser) spricht; *Heberlein*, in: Ehmann/Selmayr, DSGVO, 2018, Art. 5, Rn. 29, geht – „der Sache nach" – von einer entsprechenden Lesart aus; aufgrund zunehmend marginaler Verarbeitungsbeiträge lässt sich dies auch dem sozialwissenschaftlichen Verantwortungsbegriff entnehmen, vgl. *Bayertz*, in: Bayertz, Verantwortung – Problem oder Prinzip?, 3 (30 f.).

476 Ein Gedanke, der sich in Art. 29 DSGVO erhalten hat; vgl. *Plath*, in: Plath, DSGVO BDSG TTDSG, 2023, Art. 29, Rn. 3; *Kramer*, in: Gierschmann et al., DSGVO BDSG, 2018, Art. 29, Rn. 15; *Kremer*, in: Schwartmann et al., DSGVO BDSG, 2020, Art. 29, Rn. 7.

gegen bereits eine mittelbare Nachweispflicht zu einer vergleichbaren korrespondierenden, zeitlich vorgelagerten Handlungspflicht, wonach der Verantwortliche Strategien (*policies*) und Maßnahmen (*measures*) zu treffen habe, die bewirken, dass die Verarbeitung in Übereinstimmung mit der Verordnung erfolgen und ihn in die Lage versetzten, dies nachweisen zu können. Gegenüber der deutlichen Pflicht zur Sicherstellung ist der zu erzielende Erfolg hinsichtlich der Nachweiskomponente gem. Art. 22 DSGVO-E (KOMM) nur die Herstellung einer Nachweisfähigkeit („*be able to*"). Art. 22 Abs. 3 DSGVO-E (KOMM) ergänzt eine weitere Sicherstellungspflicht hinsichtlich einer Wirksamkeitsüberprüfung der gem. Abs. 1 getroffenen Maßnahmen, ohne jedoch eine Aussage bezüglich deren Nachweises zu treffen.

Der Kommissionsentwurf enthielt mithin ein uneinheitliches Regime der Accountability-Pflichten. Einerseits votierte Art. 5 lit. f DSGVO-E (KOMM) für eine uneingeschränkt auf alle Datenverarbeitung im Anwendungsbereich bezogene,[477] dualistische Pflicht zur Sicherstellung der Einhaltung einerseits und der Nachweiserbringung andererseits. Gleichzeitig sah er in Art. 22 DSGVO-E (KOMM) lediglich die Pflicht zur Herstellung einer Nachweisfähigkeit vor, wenn auch diese weiterhin uneingeschränkt für alle Datenverarbeitungen und unabhängig von einem bestimmten Forum gelten sollte.

Die klare Handlungspflicht wurde mit dem Entwurf des Europaparlaments (im Folgenden DSGVO-E (EP)) weiter aufgeweicht. Zunächst wurde die artikeleinleitende, in englischsprachigen Gesetzen jedoch unübliche Verwendung von „*must*" in das üblichere, aber wohl inhaltlich gleichbedeutende „*shall*" geändert. Bedeutender ist neben der Einfügung einer Legaldefinition als „*accountability*" in Art. 5 lit. f DSGVO-E (EP) jedoch die Abschwächung der konkreten Nachweispflicht durch die analoge Gestaltung zu Art. 22 DSGVO-E (KOMM) und dessen Formulierung der Pflicht, wonach Verantwortliche „[…] *to ensure and be able to* […]" zu erbringen hätten.[478] Sie fand sich nicht im entsprechenden Art. 5 lit. f DSGVO-E (KOMM). Durch die Einfügung von „*to be able*" vor „*demonstrate*" wurde die konkrete positivrechtliche Handlungspflicht zur Nachweiserbringung reduziert auf eine bloße Fähigkeit, diesen erbringen zu können,[479] und damit wurde aus der Beweisführungspflicht i. S. d. abstrakten Beweislastverteilung ein Beweis-

---

477 *Breyer*, DuD 2018, 311 (316), möchte in der Bezeichnung von „processing operations" den Wunsch der Kommission nach einem hohen Detailgrad erkennen.

478 Vgl. DSGVO-E (EP), Änderung. 99.

479 Ein möglicher Ursprung dieser Formulierung könnte das Galway Project des CIPL gewesen sein (vgl. oben B.II.2.b.(3), S. 36 f.) *CIPL*, Paris Paper, 2; Der korrespondierende Art. 53 DSGVO-E, der die Kompetenzen der Aufsicht regelte, blieb das ganze Gesetzgebungsverfahren hindurch weitgehend unverändert. Es fand lediglich eine Verlagerung des Betretungsrechts von Art. 53 Abs. 2 DSGVO-E (KOMM) in Art. 53 Abs. 1 DSGVO-E (Rat) statt, vgl. Draft COUNCIL No. 15395/14 3 v. 1.12.2014, S. 194.

führungsrecht i. S. d. sekundären Behauptungslast.[480] Und auch wenn die Normen des Art. 5 lit. f und Art. 22 DSGVO-E (KOMM) soweit ersichtlich nicht Gegenstand intensiver Diskussionen oder Erwägungen waren,[481] so existierten bis zur finalen Version, die im Trilog zustande kam, verschiedene Ansichten darüber, wie die Accountability ausgestaltet werden sollte.

So stellte beispielsweise der Ausschuss für Industrie, Forschung und Energie des Parlaments in seiner Stellungnahme einen Änderungsantrag (neben 416 weiteren) zu Art. 5 lit. f DSGVO-E (KOMM) zur Diskussion, wonach die Nachweise nur gegenüber der zuständigen Aufsicht zu erbringen seien.[482] Es wäre damit eine klare Einschränkung auf ein berechtigtes Forum entstanden, die es in der finalen Fassung nicht gibt,[483] woraus gegebenenfalls eine gesetzgeberische Entscheidung geschlussfolgert werden könnte, neben der Aufsichtsbehörde weitere Parteien nachweisberechtigt sein zu lassen. Auch in Änderungsantrag 198 wählte der Ausschuss in einem großflächigen Neuentwurf des Artikels 22 DSGVO-E (KOMM) einen klaren Imperativ bezüglich der Nachweiserbringung.[484] In der dort übermittelten Begründung wird allerdings nicht näher auf den Regelungscharakter eingegangen.[485] Gegenteilig ging der Ausschuss für Binnenmarkt und Verbraucherschutz in seiner Stellungnahme v. 28.1.2013 vor. Hierin wurden weder Art. 5 lit. f noch Art. 22 DSGVO-E (KOMM) inhaltlich verändert. Jedoch wurde die Überschrift des Art. 22 DSGVO-E (KOMM) von „Pflichten des für die Verarbeitung Verantwortlichen"[486] in „Allgemeiner Grundsatz der Rechenschaftspflicht des für die Verarbeitung Verantwortlichen" geändert.[487] Während der deutsche Wortlaut hier mehrere Deutungen zulässt, ob hierdurch eine Handlungspflicht begründet werden sollte, ist die englische Formulierung als

---

480 Vgl. hinsichtlich der dennoch bestehenden Relevanz hierzu die teleologische Auslegung sogleich; zu den Unterschieden der abstrakten Beweislast von der sekundären Behauptungslast *Laumen*, in: Baumgärtel/Laumen/Prütting, Handbuch der Beweislast, 2019, Bd. 1, S. 499 ff., Rn. 3 ff.

481 So *Veil*, ZD 2018, 9 (10), der seine Teilnahme als Vertreter des BMI als Beleg für diese Einschätzung anführt, vgl. Fn. 6.

482 Vgl. Änderungsantrag 94 der Stellungnahme v. 4.3.2013, A7-0402/2013, v. 21.11.2013, S. 241 (321).

483 *Reimer*, in: Sydow/Marsch, DSGVO BDSG, 2022, Art. 5, Rn. 58; dies entspricht auch der Vorstellung der *Art. 29-Gruppe*, vgl. WP 173, S. 6, Rn. 12.

484 Vgl. Änderungsantrag 198 der Stellungnahme v. 4.3.2013, A7-0402/2013, v. 21.11.2013, S. 241 (367).

485 Es wurde lediglich darauf verwiesen, dass die zu ergreifenden Maßnahmen an die Organisation angepasst werden können sollen, vgl. Änderungsantrag 198 der Stellungnahme v. 4.3.2013, A7-0402/2013, v. 21.11.2013, S. 241 (367); ähnlich *CIPL*, Paris Paper, S. 4 f.; auch *Art. 29-Gruppe*, WP 173, S. 15, Rn. 47 mit versch. Beispielen.

486 Engl. jedoch weiterhin nur „*Responsibility of the Controller*".

487 Vgl. Änderungsantrag 136 der Stellungnahme v. 28.1.2013, A7-0402/2013, v. 21.11.2013, S. 467 (551).

„Overall [...] responsibility of the Controller" aufschlussreicher. Danach ist Art. 22 DSGVO als zuständigkeitsbegründende Handlungspflicht einzuordnen.[488] Zur Begründung wurde angeführt, dass der von der Kommission nur implizit eingeführte Grundsatz der Accountability zum Erreichen eines höheren Schutzniveaus für Betroffene ausdrücklich erwähnt werden müsse.[489] Die Stichhaltigkeit dieser Begründung erscheint fraglich, da eine griffige Legaldefinition oder Überschrift zwar der Akzeptanz und Auslegung einer Norm dienlich sein kann, eine inhaltlich unklare Norm jedoch nicht zu heilen vermag.[490] Hierzu trug auch die Streichung der beispielhaften Aufzählung von Maßnahmen in Art. 22 DSGVO-E (EP) bei,[491] die noch in Art. 22 Abs. 2 DSGVO-E (KOMM) enthalten waren. Es erscheint allerdings plausibel, dass in dem vorgebrachten Wunsch nach einer expliziten Nennung der Ursprung der Legaldefinition in Art. 5 Abs. 2 DSGVO liegt,[492] da im konsolidierten Entwurf des EU-Parlaments Art. 22 den Titel *„Responsibility and accountability of the controller"* trug und sich in Art. 5 lit. f DSGVO-E (EP) die Legaldefinition *„accountability"* fand. Unklar bleibt indes, ob das Parlament mit der Streichung des Begriffs „Overall" aus dem Entwurf in Art. 22 DSGVO-E (EP) eine Ablehnung des europa- bzw. kartellrechtlichen Einheitsverständnisses zum Ausdruck bringen wollte[493] und durch wen die Streichung eingebracht wurde. Hierzu lässt sich den Ausschussberichten keine Information entnehmen. Ein ähnliches Bild ergibt sich hinsichtlich der Gesetzesmaterialien des Rates, der einer übergeordneten Zuständigkeit und Verantwortlichkeit ebenfalls aufgeschlossen gegenüberstand.[494]

Die entscheidende Prägung erhielt Art. 24 DSGVO jedoch erst im Rahmen des Trilogs.[495] Während die im Kommissionsentwurf enthaltenen Abs. 2

---

488 Vgl. B.III.1.a. zur Bedeutung des Begriffs *„responsibility"*.
489 Änderungsantrag 136 der Stellungnahme v. 28.1.2013, A7-0402/2013, v. 21.11.2013, S. 467 (551).
490 Vorschläge inhaltlicher Natur machte der Ausschuss für Binnenmarkt und Verbraucherschutz allerdings keine.
491 Vgl. Legislative Resolution des EP v. 12.3.2014, P7_TA(2014)0212, S. 157.
492 Art. 5 lit. f DSGVO-E (EP).
493 Vgl. hierzu ausführlich Teil C.I. unten.
494 Vgl. Ratsdokument v. 31.3.2016, 5419/16, ADD REV 1, S. 20 („[...] responsibility and liability for any processing of personal data carried out by a controller or, on the controller's behalf, by a processor. In line with the principle of accountability, the controller is obliged to implement appropriate technical and organisational measures and be able to demonstrate the compliance of its processing operations [...]"), vgl. auch Anmerkung des Rates im Begleitmemorandum zum Entwurf des Rates der Europäischen Union abrufbar unter: https://eur-lex.europa.eu/legal-content/EN/TXT/?qi d=1423126173724&uri=CELEX:52012PC0011.
495 Art. 24 Abs. 1 S. 2 wurde ebenfalls erst im Trilog geschaffen, vgl. *Petri*, in: Simitis et al., Datenschutzrecht, 2019, Art. 24, Rn. 8; *Heberlein*, in: Ehmann/Selmayr, DSGVO, 2018, Art. 5, Rn. 4.

B. Informationspflichtigkeit als konstitutives Merkmal von Accountability

(beispielhafte Aufzählung von Maßnahmen zur Umsetzung) und Abs. 4 (Ermächtigung der Kommission zu delegierten Rechtsakten) durch das EU-Parlament gestrichen wurden, brachte es stattdessen drei bemerkenswerte Vorschläge ein. Durch Änderungsantrag 117 wurde zunächst in Art. 22 Abs. 1 und 1a DSGVO-E (EP) der risikobasierte Ansatz eingeführt. Darüber hinaus jedoch sollten Verantwortliche analog zu Berichtspflichten kapitalmarktorientierter Unternehmen[496] verpflichtet werden, ihre risikoorientiert getroffenen Maßnahmen öffentlich zu berichten, Art. 22 Abs. 3 DSGVO-E (EP). Schließlich unternahm das EP noch den Versuch, in Art. 22 Abs. 3a ein Konzernprivileg zu etablieren. Durchsetzen konnte sich nur der risikobasierte Ansatz, womit insbesondere die für eine Beurteilung der Accountability wichtige allgemeine, d. h. eine nicht nur den zuständigen Aufsichtsbehörden zustehende Informationserteilungspflicht nicht konsensfähig war.

Es ist jedoch fraglich, welche Schlussfolgerungen daraus gezogen werden können bzw. müssen. Einerseits könnte daraus gefolgert werden, dass der Europäische Gesetzgeber den Normen und ihrem Inhalt nicht die Beachtung beimessen wollte, die ihnen teilweise in der Literatur beigemessen wird und die sie gem. des Wortlauts auch haben könnten.[497] Teilweise könnte dem entgegengehalten werden, dass es sich bei Accountability um ein als allgemein erstrebenswert anerkanntes Konzept handelt[498] und die EU-Legislative in Gänze deshalb keinen weiteren Diskussionsbedarf gesehen habe. Andererseits streitet der relativ unreflektierte Gebrauch des Begriffs als ein Synonym und Oberbegriff für jede Art von *„good governance"*[499] dafür, dass die EU-Legislative auf Basis von Annahmen und möglicherweise schlichter Unkenntnis zu Bedeutung und Reichweite des Konzeptes von einer Diskussion abgesehen hat.[500] Ebenfalls auffällig ist die dürftige Würdigung

---

496 *Hartung*, in: Kühling/Buchner, DSGVO BDSG, 2020, Art. 24, Rn. 7; *Veil*, in: Gierschmann et al., DSGVO BDSG, 2018, Art. 24, Rn. 39.

497 *Hoeren*, MMR 2018, 637 (638); *Veil*, ZD 2018, 9 (10).

498 *Koppell*, PAR 2005, 94: "Accountability is good – there is little disagreement on this point. Seldom is an organization branded "too accountable".''; *Sinclair*, AOS 1995, 219: "Nobody argues with the need for accountability […]''.

499 So *Art. 29-Gruppe*, WP 173, S. 8, Rn. 21; vgl. *Baxter*, Ott. LR 2015, 231 (255), der diese Verbindung darin identifiziert, dass eine *„good governance"* eine sei, die durch ein unabhängiges Forum kontrolliert werde, Politiker entsprechend zur Erhöhung ihrer Glaubwürdigkeit und der Umsetzung einer *„good governance"* zur Einrichtung solcher Foren neigen.

500 So jedenfalls *Veil*, ZD 2018, 9 (10) („Die Bedeutung [von Accountability] wurde jedenfalls von den Mitgliedstaaten nicht erkannt."). Beispiele dafür sind auch die Stellungnahme 1/2020, Version 2.0, des EDPB bzgl. zusätzlicher Maßnahmen bei Drittlandstransfers, S. 8 f.; oder den Vorschlag des EU Parlaments an die Kommission vom 10.3.2021 zu einer Richtlinie mit dem Titel „Corporate due diligence and corporate accountability", worin es im Wesentlichen um Lieferkettenkontrolle gehen soll, aber einerseits mit enorm unbestimmten Rechtsbegriffen wie *„good governance"* gearbei-

II. Informationspflichtigkeit als Kernelement normativer Accountability

der Accountability-Normen in den Erwägungsgründen. Hinsichtlich Art. 5 DSGVO ist beachtlich, dass eine Rechenschafts- und Rechtfertigungspflicht nicht erwägend genannt ist, sie jedoch in bußgeldbewehrter Form (Art. 83 Abs. 5 lit. a DSGVO) Eingang gefunden hat.[501] Demgegenüber spricht der Erwägungsgrund zu Art. 24 DSGVO – ErwG 74 – neben der haftungsbegründenden Zuständigkeit (*Responsibility*) auch von einer haftungsausfüllenden *Liability*, wobei letzteres interessanterweise keinen Niederschlag im Bußgeldkatalog des Art. 83 fand. Die Norm, die Verantwortlichen und Auftragsverarbeitern eine Exkulpation ermöglicht (Art. 77 Abs. 3 DSGVO-E (KOMM, EP und Rat)), hat ebenfalls kaum Änderungen erfahren und das obwohl sowohl Polen als auch Deutschland einen Bedarf zur weiteren Ausführung kenntlich gemacht hatten.[502]

Nach alledem kann mittels der historischen Auslegung weder eine beabsichtigte Beweislasterleichterung für Betroffene, noch eine Beweislastumkehr zu Lasten von datenverarbeitenden Unternehmen identifiziert werden. Die EU-Institutionen schienen in dieser Sache rückblickend schlicht zu indifferent, als dass sie die durchaus vorgebrachten Argumente dafür aufzunehmen bereit waren. Inhaltlich erhielten die Art. 5 Abs. 2 und Art. 24 Abs. 1 S. 1 DSGVO ihre finale Form im Rahmen des Trilogs,[503] wo sowohl Vorschläge der Kommission,[504] als auch Vorschläge des Parlaments[505] gestrichen wurden, während die finalen Formen von Art. 5 Abs. 2 und 24 DSGVO durch die Änderungen des Rats geprägt waren.[506]

---

tet wird (vgl. Art. 1 Abs. 2) und andererseits Accountability schlicht auf die Haftungskomponente reduziert wird (vgl. Art. 1 Abs. 3).

501 Unzutreffend (und widersprüchlich zu Rn. 75) insofern *Weichert*, in: Däubler et al., DSGVO BDSG, 2020, Art. 5, Rn. 71 („nicht selbst sanktionsbewehrt [sic!]").

502 Vgl. Draft Council No. 15395/14 v. 31.12.2014, S. 232, Fn. 746 und 747.

503 So auch zu Art. 5 *Buchholtz/Stentzel*, in: Gierschmann et al., DSGVO BDSG, 2018, Art. 5, Rn. 44.

504 Gestrichen wurden in Art. 5 die Verweise auf Liability sowie die Bezugnahme auf sämtliche Verarbeitungsvorgänge und in Art. 22 die Befugnis zum Erlass delegierter Rechtsakte (Abs. 4) als auch der Beispielkatalog von Maßnahmen (Abs. 2), die zum Nachweis der Accountability geeignet sein sollten.

505 Gestrichen wurden in Art. 5 der Grundsatz der Effectiveness und in Art. 22 die überschriftliche Bezeichnung als „Responsibility and Accountability", sowie zwei Kriterien des risikobasierten Ansatzes (Stand der Technik und die Art der Organisation des Verantwortlichen) und eine zeitliche Komponente zur Sicherstellung bei Zweckbestimmung als dann bei der konkreten Nutzung.

506 Sowohl Art. 5 Abs. 2 DSGVO wurde in dieser Form vom Rat vorgeschlagen, vgl. Draft COUNCIL No. 15395/14 v. 31.12.2014, S. 83) als auch Art. 24 DSGVO (vgl. Draft COUNCIL No. 15395/14 v. 31.12.2014, S. 123 f.); Art. 24 Abs. 2 DSGVO bzw. Art. 22 Abs. 2a stieß laut Protokollnotiz in Polen, Ungarn und Österreich auf Widerstand, der jedoch unbeachtet blieb.

Im Ergebnis haben sie dadurch jedoch auch an Aussagekraft und Praktikabilität eingebüßt. Verantwortliche unterliegen gem. der finalen Fassung der Art. 5 Abs. 2 und Art. 24 Abs. 1 S. 1 DSGVO der Pflicht, Maßnahmen zu ergreifen, um die jeweils referenzierten Normen umzusetzen und sich selbst zu befähigen, diese Umsetzung nachzuweisen. Die historische Auslegung kommt damit nur zu dem Ergebnis, dass die EU-Institutionen eine Sicherstellungspflicht durch Verantwortliche implementieren wollten, deren Ergebnis eine Nachweisfähigkeit sein sollte. Wem gegenüber diese bestehen und unter welchen Umständen sie zu erbringen sei, wurde trotz entsprechender Änderungs- bzw. Einfügungsvorschläge offen gelassen. Aus dieser Offenlassung kann indes nicht darauf geschlossen werden, dass eine Nachweispflicht gegenüber einem bestimmten Forum nicht bestehen sollte. Vielmehr ist die Offenlassung dergestalt zu interpretieren, dass gerade keine Einschränkung erfolgen sollte. Eine Beweislastumkehr ist entsprechend mit Blick auf die Entstehungsgeschichte der Normen eine mögliche Auslegung unter mehreren und im Zweifel anhand nationalen Prozessrechts in der Umsetzung von EU-Recht zu beurteilen.

(2) Grammatikalische Auslegung

Die Accountability-Normen der DSGVO – Art. 5 Abs. 2 und Art. 24 Abs. 1 DSGVO – sind der grammatikalischen Auslegung aufgrund ihrer Formulierung und ihrer soeben dargestellten harmonisierten Entstehung in miteinander vergleichbarem Maße zugänglich. Hinsichtlich Art. 24 DSGVO ist bereits mit der Überschrift zu beginnen. Während diese in der deutschen Sprachfassung als „Verantwortung des für die Verarbeitung Verantwortlichen"[507] inhaltlich redundant erscheint,[508] wird ihre Bedeutung im Vergleich mit der englischen Sprachfassung deutlich. Dort wird sie als *„Responsibility of the controller"* bezeichnet. *„Responsibility for"* bzw. *„responsibility of"* bezeichnet im englischen Sprachgebrauch eine Handlungspflicht.[509] Folgerichtig wird der Verantwortliche gem. Art. 24 Abs. 1 DSGVO verpflichtet, „Maßnahmen um[zusetzen], um sicherzustellen und den Nachweis dafür erbringen zu können, dass die Verarbeitung gemäß dieser Verordnung erfolgt." Gleiches ergibt sich für Art. 5 Abs. 2 DSGVO, sodass die in der deutschen Sprachfassung enthaltene Formulierung einer „Verantwortung" kritikwürdig

---

507 Die französische Sprachfassung ist insofern nicht erhellender (*„Responsabilité du responsable du traitement"*).

508 So auch *Kramer*, in: Auernhammer, DSGVO BDSG, 2020, Art. 5, Rn. 58; vgl. beispielhaft *Voigt*, in: Bussche v. d./Voigt, Konzerndatenschutz, 2019, Kap. 3, B, Rn. 2: „Zum einen legt sie [Anm. die Rechenschaftspflicht] fest, dass die Verantwortlichkeit [...] bei dem Verantwortlichen liegt.".

509 Vgl. ausführlich B.III.1.a.

erscheint.[510] Besser und der englischen Sprachfassung angemessener wäre es gewesen, von einer Zuständigkeit (*responsibility*) zu sprechen. Aus dieser Formulierung ergeben sich entsprechend zwei konsekutive Effekte. Zunächst wird die Pflicht zu handeln konstituiert („setzt […] Maßnahmen um […]"). Diese Pflicht wird als Sicherstellungspflicht bezeichnet.[511] Die Maßnahmen, die hiernach zu treffen sind, müssen wirksam, d. h. mindestens grundsätzlich zur Zweckerreichung geeignet, und dabei dem Risiko der Datenverarbeitung angemessen sein (sog. risikobasierte Ansatz). Letztere Einschränkung findet sich nicht in Art. 5 Abs. 2 DSGVO. Danach ist der Verantwortliche zuständig (*responsible*),[512] dass Art. 5 Abs. 1 DSGVO bei der Verarbeitung personenbezogener Daten stets („Personenbezogene Daten müssen […]") eingehalten wird. Entsprechend sind hierbei Maßnahmen durch den Regelungsadressaten in jedem Fall zu treffen,[513] unabhängig davon, ob solche in der Norm bezeichnet sind. Eine abweichende Einschätzung ergibt sich folglich nicht; bei der Sicherstellungspflicht gem. Art. 5 Abs. 2 und Art. 24 Abs. 1 S. 1 DSGVO handelt es sich um originäre Handlungspflichten und keine Obliegenheiten. In beiden Fällen stellt sich die Accountability in den Dienst einer materiellen Norm.[514] Der zu erzeugende Effekt ist jeweils die Einhaltung anderer, inhaltlicher Pflichten der DSGVO.[515] Daraus kann jedoch nicht geschlussfolgert werden, dass bei Einhaltung der materiellen Normen auch automatisch eine Einhaltung von Art. Art. 5 Abs. 2 oder Art. 24 Abs. 1 DSGVO folge.[516] Vielmehr enthält der Wortlaut die Verpflichtung zur Vornahme von Maßnahmen, die den Erfolg bei bestimmungsgemäßem Zustand herbeiführen und dauerhaft aufrechter-

---

510 Verantwortung ist im deutschen Schrifttum Gegenstand intensiver Diskussionen, auf die hier nur verwiesen werden kann, die aber insofern die hier vertretene Kritikwürdigkeit stützen; vgl. etwa *Micha*, in: Seibert-Fohr, Entgrenzte Verantwortung, 2020, 31 (32 und 34 ff.); früh bereits *Bayertz*, Verantwortung – Prinzip oder Problem?, 1995, 3.

511 *Heberlein*, in: Ehmann/Selmayr, DSGVO, 2018, Art. 5, Rn. 29; zu diesem Element i. R. v. Art. 24 DSGVO *Veil*, in: Gierschmann et al., DSGVO BDSG, 2018, Art. 24, Rn. 40 f.

512 Auch hierbei spricht die deutsche Sprachfassung irreführend von „verantwortlich".

513 Nur *Kramer*, in: Auernhammer, DSGVO BDSG, 2020, Art. 5, Rn. 61.

514 So scheint auch der EuGH die Accountability-Normen anzuwenden, vgl. etwa Urt. v. 27.10.2022, – C-129/21 (Proximus), ECLI:EU:C:2022:833, Rn. 83.

515 Vgl. *Art. 29-Gruppe*, WP 173, S. 9, Rn. 27; *Veil*, in: Gierschmann et al., DSGVO BDSG, 2018, Art. 24, Rn. 3; *Kramer/Meints*, in: Auernhammer, DSGVO BDSG, 2020, Art. 24, Rn. 5.

516 So jedoch *Kramer/Meints*, in: Auernhammer, DSGVO BDSG, 2020, Art. 24, Rn. 5; unentschlossen („soll") *Hartung*, in: Kühling/Buchner, DSGVO BDSG, 2020, Art. 24, Rn. 9; wie hier *Wolff*, in: Schantz/Wolff, Das neue Datenschutzrecht, 2017, Rn. 822 ff.; illustrativ zur zufälligen Gesetzeskonformität *Veil*, in: Gierschmann et al., DSGVO BDSG, 2018, Art. 24, Rn. 42.

halten. Es handelt sich entsprechend auch um eine Prozess- und nicht um eine reine Ergebnisverantwortlichkeit.[517]

Hinsichtlich des zweiten Aspekts der Accountability-Normen ist eine entsprechende Einordnung fraglich. Sowohl Art. 5 Abs. 2 als auch Art. 24 Abs. 1 DSGVO enthalten die Pflicht, die zur Einhaltung des bezeichneten Geltungsbereichs – hinsichtlich Art. 5 ist es Abs. 1 und hinsichtlich Art. 24 ist es die gesamte Verordnung – getroffenen Maßnahmen und deren Wirksamkeit nachweisen zu können. Diese Pflicht sieht mithin nicht die Führung eines Nachweises vor, sondern nur die Fähigkeit dazu. Die Führung des Nachweises selbst ist sowohl in verwaltungsverfahrensrechtlicher Sicht eine Obliegenheit, wie in zivilrechtlicher eine den Prozessparteien freistehende Entscheidung. Dies korrespondiert mit einer wörtlichen Interpretation von Account-*ability* (dt.: Fähigkeit). Hiervon sind die Anfrage von Informationen („*to call someone to account*") und das konkrete Bereitstellen von Informationen („*to render an account*") grundsätzlich zu trennen.

In grammatikalischer bzw. wörtlicher Auslegung ist mithin festzustellen, dass die Art. 5 Abs. 2 und 24 DSGVO keine Pflicht zum Nachweis selbst enthalten, sondern zur Herstellung einer Nachweisfähigkeit verpflichten. Der Wortlaut verhält sich entsprechend, und entgegen der herrschenden, aber undifferenzierten Meinung im Schrifttum[518] nicht zur Frage einer konkreten Nachweiserbringung i. S. d. Accountability-Merkmals der Information durch den Akteur an das Forum. Vielmehr ergibt sich diese Pflicht, wie sogleich dargestellt werden soll, hinsichtlich zivilrechtlicher Ansprüche aus einer teleologischen Auslegung der Beweislast bezüglich Art. 82 Abs. 3 DSGVO als auch in verwaltungsverfahrensrechtlichen Verfahren aus der Mitwirkungspflicht des im Schrifttum relativ unbeachteten Art. 31 DSGVO i. V. m. den Ermittlungs- und Untersuchungsbefugnissen der zuständigen Aufsicht gem. Art. 58 Abs. 1 und 2 DSGVO.

(3) Systematische, system- und rechtsvergleichende Auslegung

Die systematische Auslegung soll die Position und Wirkung von Accountability im Normgefüge der DSGVO ermitteln. In dieser Hinsicht ist zunächst festzustellen, dass sowohl Art. 5 als auch Art. 24 DSGVO in ihren jeweiligen Kapiteln die Eingangsnormen bilden. Daraus kann für beide eine Funktion

---

[517] *Kramer/Meints*, in: Auernhammer, DSGVO BDSG, 2020, Art. 24, Rn. 17; zu der vergleichbaren Entwicklung, die auch das Konzept der Verantwortung erlebt hat, *Bayertz*, Verantwortung – Prinzip oder Problem?, 1995, 3 (31 ff.).
[518] Statt vieler *Heberlein*, in: Ehmann/Selmayr, DSGVO, 2018, Art. 5, Rn. 32; *Jaspers/ Schwartmann/Hermann*, in: Schwartmann et al., DSGVO BDSG, 2020, Art. 5, Rn. 87.

als Generalnorm geschlussfolgert werden,[519] wie sie in der europarechtlichen Gesetzessystematik üblich ist. Hiernach ist der jeweils erste Artikel eines Kapitels von grundlegender Bedeutung und wird durch die Folgenormen präzisiert.[520] In besonderem Maße kann diese Feststellung jedoch für Art. 24 Abs. 1 S. 1 DSGVO gelten, denn diese bildet die Eingangsnorm des mit „Allgemeine Pflichten" überschriebenen und materiellrechtlich gehaltvollsten Kapitels.

Unbenommen dieser Tradition der europäischen Methodenlehre weisen die Accountability-Normen der DSGVO – Art. 5 Abs. 2 und Art. 24 Abs. 1 S. 1 – in dieser Hinsicht das Problem auf, dass eine Präzisierung in Folgenormen gerade nicht erfolgt.[521] Art. 5 Abs. 1 DSGVO enthält die Grundsätze, die in Folgenormen der DSGVO ausgeformt werden und mit denen jede Verarbeitung personenbezogener Daten im Einklang stehen muss.[522] Die Verpflichtungen der Art. 5 Abs. 2 und Art. 24 Abs. 1 S. 1 DSGVO hingegen sind inhaltlich im Wesentlichen kongruent und ohne eine Entsprechung in den materiellen Normen. Soweit Art. 24 Abs. 1 S. 1 DSGVO technische und organisatorische Maßnahmen als Mittel zur Erbringung der Nachweispflicht benennt und diese unter den Vorbehalt eines risikobasierten Ansatzes stellt, ist daraus keine wesentliche Präzisierung von Art. 5 Abs. 2 DSGVO hinsichtlich der Frage zu sehen, ob die enthaltene Nachweispflicht eine echte Pflicht oder nur eine Obliegenheit ist. Vielmehr stellt diese Vorgabe die Facette der Sicherstellungspflicht innerhalb des Normzusammenhangs des Art. 24 Abs. 1 DSGVO dar,[523] hinsichtlich der kein Zweifel an einer unmittelbaren Handlungspflicht besteht und die folglich von der Nachweisfähigkeitspflicht zu trennen ist. Verpflichteter ist in beiden Fällen ausweislich des Wortlauts der Verantwortliche i. S. v. Art. 4 Nr. 7 DSGVO, der sowohl gegenüber Betroffenen wie auch gegenüber Aufsichtsbehörden als primärer Anspruchsgegner auftritt.

Das Handlungsspektrum der Aufsichtsbehörden ist unter der DSGVO gestärkt und vor allem europaweit harmonisiert worden.[524] Ihnen stehen

---

519 So *Martini*, in: Paal/Pauly, DSGVO BDSG, 2021, Art. 24, Rn. 1; *Hartung*, in: Kühling/Buchner, DSGVO BDSG, 2020, Art. 24, Rn. 9; *Wedde*, in: Däubler et al., DSGVO BDSG, 2020, Art. 24, Rn. 1.

520 Vgl. zur Auslegung von EU-Primärrecht, in der Sache allerdings übertragbarer auf Sekundärrecht *Pechstein/Drechsler*, in: Riesenhuber, Europäische Methodenlehre, 2021, § 7, Rn. 23.

521 Vgl. B.II.4.a. oben.

522 EuGH, Urt. v. 16.1.2019 – C-496/17 (Deutsche Post), ECLI:EU:C:2019:26, Rn. 57.

523 Vgl. dazu *Heberlein*, in: Ehmann/Selmayr, DSGVO, 2018, Art. 5, Rn. 29; *Veil*, in: Gierschmann et al., DSGVO BDSG, 2018, Art. 24, Rn. 40 f.

524 *Körffer*, in: Paal/Pauly, DSGVO BDSG, 2021, Art. 58, Rn. 1; auf die Harmonisierungseffekte hinweisend *Ziebarth*, in: Sydow/Marsch, DSGVO BDSG, 2022, Art. 58, Rn. 4; *Nguyen*, in: Gola/Heckmann, DSGVO BDSG, 2022, Art. 58, Rn. 1; auch

B. Informationspflichtigkeit als konstitutives Merkmal von Accountability

gem. Art. 58 DSGVO Untersuchungsbefugnisse (Abs. 1), Abhilfebefugnisse (Abs. 2) sowie Genehmigungsbefugnisse (Abs. 3) zu. Accountability, in der hier definierten Form als die Pflicht zur Informationserteilung des Akteurs sowie Sanktionsbefugnis des Forums, findet Anknüpfungspunkte entsprechend in Abs. 1 (konkret lit. a (formelle Informationsanfrage), lit. b (Durchführung einer Datenschutzprüfung) sowie lits. e und f (Zugang zu allen Datenverarbeitungsanlagen und Räumlichkeiten)) und Abs. 2 (der eine Reihe verschiedener Sanktionsmöglichkeiten enthält). Bei der Wahl der im Einzelfall angewendeten Maßnahmen ist die zuständige Aufsichtsbehörde grundsätzlich frei.[525] Eine genaue Auseinandersetzung mit den Befugnissen der gem. Art. 55 DSGVO zuständigen Aufsicht ist an dieser Stelle nicht geboten, da festgestellt werden kann, dass eine im Wesentlichen unbeschränkte Informationserteilung durch den Akteur, einschließlich der Möglichkeit auf Zugang und selbstständige Prüfung der Datenverarbeitungsumstände, verlangt werden kann. Diese steht nur unter (nationalen) verfahrensrechtlichen[526] und rechtsstaatlichen Beschränkungen.[527] In öffentlich-rechtlicher Hinsicht besteht beim Vorliegen einer entsprechenden Anfrage der Aufsichtsbehörde mithin eine Accountability-Beziehung einschließlich umfassender Nachweispflichten.[528] Fraglich ist dies dagegen hinsichtlich des Forums der Betroffenen.

Betroffenen Personen stehen die in Kap. III DSGVO enthaltenen Rechte zu, insbesondere auf Informationen (Art. 12–14), Auskunft (Art. 15), Berichtigung (Art. 16), Löschung (Art. 17) und Widerspruch (Art. 21) bzw. in Fällen einer Einwilligung auf Widerruf gem. Art. 7 Abs. 3 S. 1 DSGVO.[529] Darüber hinaus sind Verantwortliche auf Verlangen der Betroffenen (Art. 19 S. 2 DSGVO) verpflichtet, die Betroffenen zu informieren, wenn eine Berichtigung, Löschung oder Einschränkung erfolgreich geltend gemacht wurde und diese Tatsache weiteren Empfängern mitzuteilen war, Art. 19 S. 1 DSGVO. Es kann entsprechend konstatiert werden, dass Betroffene einen Anspruch auf Informationserteilung durch den Akteur[530] haben. Auch besteht etwa bei einer (vermeintlich oder tatsächlich) unvollständigen Auskunft oder einer

---

EuGH, Urt. v. 6.10.2020 – C-511/18, 512/18 und 520/18 (La Quadrature du Net u. a.), EU:C:2020:791, Rn. 207.

525 *Polenz*, in: Simitis et al., Datenschutzrecht, 2019, Art. 58, Rn. 6 und 8.

526 *Veil*, in: Gierschmann et al., DSGVO BDSG, 2018, Art. 24, Rn. 194.

527 Vgl. ausführlich sogleich B.II.4.d.; *Petri*, in: Simitis et al., Datenschutzrecht, 2019, Art. 24, Rn. 26.

528 So auch *Hoeren*, MMR 2018, 638 (639).

529 Vgl. *Dix*, in: Simitis et al., Datenschutzrecht, 2019, Vorb. Art. 12, Rn. 6, mit einer vollständigen Aufzählung.

530 Da Betroffenenrechte grundsätzlich gegen jede datenverarbeitende Stelle bestehen, einschließlich Auftragsverarbeiter bspw. i. R. e. Negativauskunft gem. Art. 15 Abs. 1 DSGVO, wäre es verkürzt, hier nur von Verantwortlichen zu sprechen.

Weiterverarbeitung trotz Widerspruchs gem. Art. 21 Abs. 1 S. 2 DSGVO eine gewisse Pflicht des Akteurs zur Diskussion oder zumindest zum Dialog mit den Betroffenen. Kommt der Akteur dieser Pflicht jedoch nicht nach, ist das eigene Sanktionsspektrum der Betroffenen begrenzt. Es steht ihnen gem. Art. 77 DSGVO frei, bei einer Aufsichtsbehörde Beschwerde einzureichen, gem. Art. 78 f. DSGVO ein Gericht anzurufen oder sich gem. Art. 80 DSGVO durch eine qualifizierte Partei vertreten zu lassen. Eine tatsächliche eigene Sanktionsmöglichkeit besteht abseits einer kommerziellen Abwendung oder eines Widerrufs einer Einwilligung nicht, sondern es bedarf stets der Mithilfe eines vertikal zum Akteur angesiedelten Forums.[531] Mit Ausnahme der Beschwerde bei einer Aufsichtsbehörde trifft den Betroffenen indes hinsichtlich eines etwaigen Rechtsverstoßes die Beweislast. Eine über die Verpflichtungen des Kap. III DSGVO hinausgehende Informationsbereitstellung besteht für den Verantwortlichen oder Auftragsverarbeiter nicht.[532]

Dies ergibt auch ein systematischer Vergleich mit deutschen Normen, bei denen eine Beweislastumkehr anerkannt ist. Diese verwenden häufig negative Formulierungen wie „Dies gilt nicht, wenn" (§ 280 I 2 BGB), „wird vermutet, dass" (§ 1006 BGB), „im Zweifel" (§ 125 2 BGB),[533] oder „Tatsachen, die die Annahme begründen" (§ 84a Arzneimittelgesetz (AMG)),[534] um im Falle einer *non liquet*-Situation dennoch entscheidungsfähig zu sein.[535] Noch deutlicher werden etwa verschiedene Normen des Schuldrechts.[536] Eine solche Formulierung findet sich weder in den Art. 5 Abs. 2 und 24 Abs. 1 DSGVO, noch dem zu Art. 24 DSGVO gehörenden ErwG 74. Darin wird zwar klargestellt, dass eine Haftung des Verantwortlichen für Verarbeitungen durch ihn oder in seinem Namen geregelt werden sollte, jedoch wird auch darin nur eine Nachweisfähigkeit („nachweisen können") konstatiert. Auch eine ausdrückliche Umkehr der Beweisführungslast, wie sie bspw. in § 93 Abs. 2 S. 2 AktG enthalten ist, findet sich in den Accountability-Normen der DSGVO nicht.

---

531 Hierzu ausführlich B.III.1.c.(2).
532 So auch OLG Stuttgart, Urt. v. 31.3.2021 – 9 U 34/21, ZD 2021, 375 (376); in der Praxis noch weitgehend unbekannt ist das über Art. 32 DSGVO hinausgehende Auskunftsrecht von Betroffenen gem. Klausel 8.3. der EU-Standardvertragsklauseln (SCC) auf den Erhalt einer Kopie der zwischen Exporter und Importer vereinbarten technischen und organisatorischen Maßnahmen.
533 Vgl. zu diesen Beispielen *Danninger*, Organhaftung und Beweislast, 2020, S. 12; vgl. mit weiteren Beispielen *Laumen*, in: Baumgärtel/Laumen/Prütting, Handbuch der Beweislast, 2019, Bd. 1, S. 159, Rn. 23 und S. 590, Rn. 2 ff.
534 *Bacher*, in: BeckOK ZPO, 2022, § 286, Rn. 4.1.
535 *Laumen*, in: Baumgärtel/Laumen/Prütting, Handbuch der Beweislast, 2019, Bd. 1, S. 150, Rn. 2.
536 Beispielsweise § 345 oder § 363 BGB.

Eine punktuelle Abweichung hiervon kann jedoch aus Art. 82 DSGVO entnommen werden. Nach dieser Norm kann ein Betroffener Schadenersatz wegen eines Verstoßes gegen die DSGVO verlangen, Art. 82 Abs. 1 DSGVO. Der Nachweis des Schadens sowie dessen adäquat kausale Rückführbarkeit auf das Verhalten des Anspruchsgegners liegt in ihrer Eigenschaft als anspruchsbegründende Tatsache nach der grundsätzlichen Beweislastverteilung beim Betroffenen.[537] Allerdings wird dieses Verhältnis in Art. 82 Abs. 3 DSGVO vom Verordnungsgeber aufgegriffen. Danach hat ein Verantwortlicher oder Auftragsverarbeiter die Möglichkeit zur Exkulpation, sofern „er nachweist, dass er in keinerlei Hinsicht für den Umstand, durch den der Schaden eingetreten ist, verantwortlich ist." Die Nennung von „keinerlei" rückt Art. 82 Abs. 3 DSGVO bereits in die terminologische Nähe von Formulierungen wie in § 280 Abs. 1 S. 2 BGB oder § 125 S. 2 BGB. Entscheidend ist jedoch die strukturelle Verteilung, wonach der Verantwortliche bzw. Auftragsverarbeiter den Beweis führen muss, dass sein Handeln nicht für den vorgetragenen, schadensbegründenden Umstand ursächlich war.[538] Die Frage, ob in dieser Formulierung eine Verschuldenshaftung mit Vermutungswirkung liegt oder es sich um eine Gefährdungshaftung mit Exkulpationsmöglichkeit handelt, ist umstritten.[539] Die besseren Gründe sprechen wohl für letztere Auffassung. Zwar kann es durchaus Schäden geben, für die einen Akteur kein Verschulden trifft,[540] jedoch wurde in ebenfalls gefahrgeneigten Rechtsgebieten genau für solche Fälle die verschuldensunabhängige Gefährdungshaftung geschaffen, in denen er einen Schaden dennoch zu vertreten haben kann.[541] Schließlich wäre die Folge einer ganz oder teilweisen Erschütterung der Verschuldensvermutung, eine Beweisbelastung des und potenziell ein Verbleiben des Schadens beim Betroffenen. Dieses Ergebnis

---

537 Zum Datenschutzrecht vgl. mit einem guten Überblick über den Streitstand *Paal*, MMR 2020, 14 (17); zum allg. Zivilprozessrecht *Saenger*, in: Saenger, ZPO, 2021, § 286, Rn. 58; *Prütting*, in: MüKo ZPO, 2020, § 286, Rn. 114; *Foerste*, in: Musielak/ Voit, ZPO, 2022, § 286, Rn. 35.

538 *Eßer*, in: Auernhammer, DSGVO BDSG, 2020, Art. 82, Rn. 15.

539 Vgl. *Bergt*, in: Kühling/Buchner, DSGVO BDSG, 2020, Art. 82, Rn. 51, zum Streitstand mit Nachweisen.

540 Klassischerweise kann in dieser Hinsicht auf regelmäßig auftretende Hacking-Fälle verwiesen werden, wie sie British Airways getroffen haben (vgl. ICO v. 16.10.2020) oder OLG Stuttgart, Urt. v. 31.3.2021 – 9 U 34/21, ZD 2021, 375, zugrunde liegen.

541 Ausführlich *Taeger*, Außervertragliche Haftung, 1995, 71 ff.; *Ulber*, JA 2014, 573 f.; *Förster*, in: BeckOK BGB, 2022, § 823, Rn. 76; mit einer philosophisch-theoretischen Begründung *Bayertz*, in: Bayertz, Verantwortung – Prinzip oder Problem?, 1995, 3 (29 und 31 ff.); auch *Tinnefeld*, in: Tinnefeld/Buchner/Petri/Hof, Datenschutzrecht, 2020, 70, Rn. 194, nach der mit Max Weber gerade unbeabsichtigte Nebenfolgen ein wesentliches Element der Verantwortungsethik seien; *Härting/Schneider*, CR 2015, 819 (827), bezeichnen die verschuldensunabhängige Haftung als „indirekte Form der Ökonomisierung".

II. Informationspflichtigkeit als Kernelement normativer Accountability

erscheint im Datenschutzkontext auch deswegen als unbillig, weil Betroffene – insbesondere bei Fällen einer Auftragsverarbeitung – kaum Einfluss auf die Umstände nehmen können, die internen Datenverarbeitungssituationen beim Akteur nicht kennen (können)[542] und die Datenverarbeitung regelmäßig zum überwiegenden Nutzen des Akteurs stattfindet.[543] Dieser Nutzen lässt sich nicht zuletzt dadurch – monetär – steigern, wenn die Verarbeitung in einer Weise stattfindet, die womöglich nicht alle gem. Art. 25 oder Art. 32 DSGVO erforderlichen Maßnahmen erfüllt. Sich von diesem Vorwurf zu entlasten, kann daher nur beim Akteur liegen, der die Gefährdungssituation in der konkreten Form durch eigenes Handeln ermöglicht bzw. aufrecht erhalten hat.[544] Ist er seinen Pflichten gem. der DSGVO jedoch nachgekommen und kann dieses nachweisen, so haftet er nicht für etwaig doch eingetretene Schäden.[545]

Sofern argumentiert wird, bei „nachweisen" handele es sich um einen bestimmten, verwaltungsrechtlich geprägten Begriff, der weiter sei als „beweisen" und nur i. S. e. „Zeigens" zu verstehen sei,[546] verfängt dies nicht. So sprechen die englische und die französische Sprachfassung von „*prove*" resp. „*prouve*" und verwenden insofern eindeutig den zivilrechtlichen Beweisbegriff ihres jeweiligen Rechtsraumes. Ein erweiterter Vergleich der Beweislastverteilung in Frankreich stützt dieses Ergebnis ebenfalls. So unterscheidet das französische Haftungsrecht grundsätzlich zwischen Verhaltenspflichten (*obligation de moyens*) und Ergebnispflichten (*obligation de résultat*) und knüpft daran unterschiedliche Beweislasten insbesondere hinsichtlich der *faute*,[547] allerdings stellt die Accountability der DSGVO sowohl eine Mischform dieser beiden Pflichtenkreise dar, als auch eine gesetzliche Pflicht, bei der die *faute* im Falle eines Verstoßes (*violation de*

542 *Bergt*, in: Kühling/Buchner, DSGVO BDSG, 2020, Art. 82, Rn. 46 ff.; *Eßer*, in: Auernhammer, DSGVO BDSG, 2020, Art. 82, Rn. 14; *Schwartmann/Keppeler/Jacquemain*, in: Schwartmann et al., DSGVO BDSG, 2020, Art. 82, Rn. 28 und 30; dies scheint auch der EuGH anzudeuten, vgl. Urt. v. 2.3.2023 – C-268/21 (Norra Stockholm), ECLI:EU:C:2023:145, Rn. 52 f.

543 So auch *Taeger*, Außervertragliche Haftung, 1995, 71: „Verbraucher und Allgemeinheit sollen zumindest nicht allein mit einem Schadensrisiko belastet werden."; *Zech*, JZ 2013, 21 (23); *Waldkirch*, Zufall und Zurechnung im Haftungsrecht, 2017, 134 ff.

544 *Wagner*, in: MüKo BGB, 2022, § 823, Rn. 456: „Die Sicherungspflicht ist nicht daran geknüpft, dass eine Gefahrenlage geschaffen wurde, sondern es besteht die allgemeine Pflicht, von vornherein keine Gefahren zu verursachen."; zutreffend wird § 130 OWiG entsprechend auch als abstraktes Gefährdungsdelikt angesehen, wonach gerade in der unzureichenden Strukturierung der Organisation der Unwertgehalt zu sehen ist, vgl. dazu statt aller *Beck*, in: BeckOK OWiG, 2022, § 130, Rn. 17.

545 So auch LAG Baden-Württemberg, Urt. v. 25.2.2021 – 17 Sa 37/20, ZD 2021, 436 (440 f.), Rz. 89.

546 *Hoeren*, MMR 2018, 637 (638).

547 Vgl. hierzu allgemein *Danninger*, Organhaftung und Beweislast, 2020, S. 168 f. m. w. N.

la loi ou des statuts) grundsätzlich vermutet wird.[548] So gestaltet sich auch die Exkulpationsmöglichkeit in Art. 82 Abs. 3 DSGVO[549] und die Verursachungszurechnung gem. Art. 82 Abs. 2 DSGVO. Zugestanden werden muss der Meinung, dass sich aus den Normen der Art. 5 Abs. 2 und 24 Abs. 1 S. 1 DSGVO keine Beweislastumkehr ergibt,[550] da sich diese erst aus den jeweiligen nationalen Prozessnormen herleiten lässt und nicht originär aus den datenschutzrechtlichen Accountability-Normen.

Dieses Ergebnis lässt sich auch teleologisch untermauern.

(4) Teleologische Auslegung

Die teleologische Auslegung untersucht eine Norm oder ein Gesetz auf den vom Gesetzgeber (in diesem Fall dem europäischen Verordnungsgeber) spezifisch beabsichtigten Zweck, den basalen Willen und die Verwirklichung des objektiven Regelungsziels.[551] Ihr kommt nach der Rechtsprechung des EuGH im Europarecht eine besondere Bedeutung zur „Erhellung" des gesetzgeberischen Willens zu,[552] indem nicht nur der Wortlaut einer Norm, sondern auch deren Kontext und ihre Ziele berücksichtigt werden.[553] In diesem Zusammenhang ist im Europarecht das Wirksamkeitsgebot des „*effet utile*" zu beachten,[554] wonach Normen so auszulegen sind, dass ihnen die höchstmögliche praktische Wirksamkeit zukommt.[555] Die DSGVO verfolgt das Ziel, den Grundrechtsschutz von Betroffenen zu stärken, hierzu auch datenverarbeitende Unternehmen stärker in die Pflicht zu nehmen und insgesamt zu einer Verbesserung der Beweisfähigkeit zu führen.[556] Mit diesem

---

548 *Danninger*, Organhaftung und Beweislast, 2020, S. 169, Fn. 149 m. N. aus der höchstrichterlichen Rechtsprechung.
549 *Veil*, in: Gierschmann et al., DSGVO BDSG, 2018, Art. 24, Rn. 203.
550 *Hoeren*, MMR 2018, 637 (638).
551 *Riesenhuber*, in: Riesenhuber, Europäische Methodenlehre, 2021, § 10, Rn. 41 ff.
552 So *Thüsing/Rombey*, ZD 2021, 548 (551), Fn. 32 mit Verweis auf EuGH, Urt. v. 1.7.2015 – C-461/13 (BUND), ECLI:EU:C:2015:433, Rn. 28 –, worin sich eine entsprechende Einlassung jedoch nicht findet.
553 EuGH, Urt. v. 4.5.2023 – C-60/22 (UZ ./. Bundesrepublik Deutschland), ECLI:EU:C:2023:373, Rn. 49; Urt. v. 1.8.2022 – C-184/20 (OT/ Vyriausioji tarnybinės etikos komisija), ECLI:EU:C:2022:601, Rn. 121.
554 Diesem Kriterium räumt der EuGH eine erhebliche Bedeutung hinsichtlich des sachlichen Anknüpfungspunktes der Tätigkeit i. R.e. Niederlassung ein; vgl. kritisch dazu *Spittka/Bunnenberg*, K&R 2021, 560 (563); *Riesenhuber*, in: Riesenhuber, Europäische Methodenlehre, 2021, § 10, Rn. 45.
555 EuGH, Urt. v. 19.11.2009 – C-402/07 und C- 432/07 (Sturgeon), Rn. 47; EuGH, Urt. v. 24.2.2000 – C-434/97, Rn. 21 – Kommission/Frankreich; EuGH, Urt. v. 22.9.1998 – C-187/87 (Saarland u.a), Rn. 19; *Pechstein/Drechsler*, in: Riesenhuber, Europäische Methodenlehre, 2021, § 7, Rn. 30.
556 *Albrecht/Jotzo*, Das neue Datenschutzrecht, 2017, 38, Rn. 8; *Dix*, in: Simitis et al., Datenschutzrecht, 2019, Art. 12, Rn. 1.

Ziel wäre jedoch eine Beweislastverteilung, bei der Betroffene Tatsachen aus dem Bereich der inneren Abläufe von Unternehmen und ggf. (multinationalen) Konzernen im Wege des objektiven Beweisvortrags darlegen müssen, dem Grunde nach unvereinbar.[557] Entsprechend ist fraglich, ob die Normen der Art. 5 Abs. 2 und 24 Abs. 1 S. 1 DSGVO nicht dahingehend teleologisch ausgelegt werden müssen, dass sie zu einer Veränderung der Beweislast führen, entweder in Form einer Umkehr der objektiven Beweislast oder aber zumindest der sekundären Behauptungslast.

Die objektive Beweislast bestimmt sich in erster Linie nach dem Wortlaut einer Norm. Von einer klaren Beweislastumkehr kann nur in Fällen einer eindeutigen Handlungs- und Beibringungspflicht (etwa § 42 Abs. 2 S. 1 Verwertungsgesellschaftengesetz (VVG)) gesprochen werden. Diese Pflicht ist dadurch gekennzeichnet, dass das Gesetz ein bestimmtes Verhalten fordert,[558] das im Falle eines *non liquet* zur Stattgabe des Anspruchs des Anspruchsstellers führt.[559] Dieses Verhältnis findet sich, wie dargestellt wurde, in der DSGVO gerade nicht. Zwar sprechen sowohl Art. 5 Abs. 2 und Art. 24 Abs. 1 S. 1 DSGVO positiv von einer Sicherstellungspflicht, hinsichtlich des Nachweises jedoch nur von einer Fähigkeit. Danach kommt es aufgrund von Art. 5 Abs. 2 und Art. 24 Abs. 1 S. 1 DSGVO hinsichtlich geltend gemachter Ansprüche gem. Art. 82 Abs. 1 DSGVO wegen Verletzungen materieller Normen grundsätzlich nicht zu einer Devianz bezüglich der Beweislastverteilung im Rahmen geltend gemachter Ansprüche wegen Normverletzungen.[560]

Hiervon kann jedoch unter Umständen abgewichen werden. Die Rechtsfigur der sekundären Behauptungs- oder Darlegungslast bewirkt eine Veränderung dieser Normallastverteilung. Sie soll in Situationen, in denen ein Informationsgefälle zwischen der eigentlich beweisbelasteten Partei und der Gegenseite besteht, für einen Ausgleich sorgen und bewirkt, dass letztere eine gesteigerte Substantiierungslast hinsichtlich der behaupteten Tatsachen

---

557 So jedoch OLG Stuttgart, Urt. v. 31.3.2021 – 9 U 34/21, ZD 2021, 375 (376), Rn. 57 ff., wo das Gericht einen Nachweis vom Betroffenen verlangt, dass die durch das Unternehmen getroffenen Sicherheitsmaßnahmen kausal unzureichend waren, ohne jedoch zu berücksichtigen, dass Betroffene gar keinen Anspruch auf Kenntnis der getroffenen Maßnahmen haben, ein Beweis mithin praktisch unmöglich ist; zutreffend krit. zu diesem Urt. daher *Hense*, ZD 2022, 413 (414); anders wohl auch EuGH, Urt. v. 2.3.2023 – C-268/21 (Norra Stockholm), ECLI:EU:C:2023:145, Rn. 52 f. bzgl. der Waffengleichheit im Zivilprozess.

558 *Laumen*, in: Baumgärtel/Laumen/Prütting, Handbuch der Beweislast, 2019, Bd. 1, S. 152, Rn. 7.

559 *Saenger*, in: Saenger, ZPO, 2021, § 286, Rn. 53; *Danninger*, Organhaftung und Beweislast, 2020, S. 10.

560 Vgl. *Bacher*, in: BeckOK ZPO, 2022, § 284, Rn. 71, zur grundsätzlichen Maßgeblichkeit des Rechtsgebiets der materiellen Norm.

trifft.[561] „Kommt die betreffende Partei dieser sekundären Behauptungslast nicht nach, wird das pauschale Vorbringen der beweisbelasteten Partei gem. § 138 Abs. 3 ZPO als wahr fingiert."[562] Diese Abweichung stellt eine Rechtsfortbildung sowohl als Ausfluss des Prinzips der prozessualen Waffengleichheit,[563] als auch von Treu und Glauben dar.[564] Letzteres ist allerdings nicht allein im deutschen Zivilprozessrecht zu verorten, sondern hat auch auf europäischer Ebene und mit Art. 5 Abs. 1 lit. a DSGVO ebenfalls einen Niederschlag gefunden. Die Angemessenheit einer Belastung von datenverarbeitenden Akteuren mit der sekundären Behauptungs- und Darlegungslast ist grundsätzlich einzelfallabhängig und wird erst durch eine Zusammenschau ihrer materiellen Voraussetzungen sowie den Accountability-Normen der DSGVO deutlich. Die Voraussetzungen für eine von der Normalverteilung abweichenden sekundären Behauptungs- und Darlegungslast bestehen erstens darin, dass der objektiv beweisbelasteten Partei keine realistischen Wege offenstehen, an die erforderlichen Tatsacheninformationen zu gelangen, zweitens, dass die Tatsachen der Gegenseite bereits bekannt sind, bekannt sein müssten oder unschwer erhoben werden können sowie drittens, dass der nicht objektiv beweisbelasteten Partei die Beibringung zugemutet werden kann.[565]

Das erste Kriterium kann indes nicht für sämtliche Sachverhalte mit Datenschutzbezug angenommen werden. Fälle etwa, in denen eine betroffene Person behauptet, die Informationspflichten gem. Art. 12–14 DSGVO seien nicht beachtet worden, obwohl diese auf einer Webseite abrufbar und der Link vom Akteur kommuniziert war, erfordern zunächst eine substantiierte Darlegung durch den Anspruchsteller, aufgrund welcher speziellen Umstände diese ihr nicht zur Kenntnis gelangt sein sollten. Sofern dieser Vortrag jedoch einen Negativbeweis erfordert – weil die Webseite oder technische Mittel der Informationserteilung wie ein Cookie-Consent-Banner aufgrund einer technischen Störung beispielsweise offline war –, kann die sekundäre Darlegungs- und Behauptungslast als probates Mittel gelten.[566] Die konkrete Beweisführungslast (auch als sekundäre Behauptungslast bezeichnet) be-

---

561 *Laumen*, in: Baumgärtel/Laumen/Prütting, Handbuch der Beweislast, 2019, Bd. 1, 499, Rn. 2; *Danninger*, Organhaftung und Beweislast, 2020, 18.

562 *Laumen*, ebenda; *Risse*, NZG 2020, 856 (860 f.), bezüglich der BGH-Rspr. im VW-Dieselskandal.

563 So *Foerste*, in: Musielak/Voit, ZPO, 2022, § 286, Rn. 37.

564 *Danninger*, Organhaftung und Beweislast, 2020, 18; *Laumen*, in: Baumgärtel/Laumen/Prütting, Handbuch der Beweislast, 2019, Bd. 1, 505, Rn. 27.

565 *Danninger*, Organhaftung und Beweislast, 2020, 18; *Laumen*, in: Baumgärtel/Laumen/Prütting, Handbuch der Beweislast, 2019, Bd. 1, 499, Rn. 2 und 506, Rn. 30 ff. *Prütting*, in: MüKo ZPO, 2020, § 286, Rn. 106.

566 *Laumen*, in: Baumgärtel/Laumen/Prütting, Handbuch der Beweislast, 2019, Bd. 1, 487, Rn. 11 und 489, Rn. 17 ff.

stimmt sich entsprechend nach dem Prozessfortgang und kann in dessen Verlauf mehrfach wechseln.[567] In diesem Fall wäre es, in Erfüllung der zweiten und dritten Voraussetzung der sekundären Behauptungs- und Darlegungslast, der Beklagten (=dem datenschutzrechtlich Verantwortlichen) ohne große Aufwände möglich und zumutbar, die technischen Funktionsdaten (Logfiles) der Webseite beizubringen. Gleiches gilt aufgrund der Accountability-Normen in Art. 5 Abs. 2 und 24 Abs. 1 S. 1 DSGVO grundsätzlich für alle Umsetzungen der materiellen Normen der DSGVO. Danach muss der Verantwortliche nachweisen können, dass sein Verhalten zu einem gegebenen Zeitpunkt rechtmäßig war.[568] Die DSGVO enthält entsprechend eine positiv-rechtlich normierte Pflicht, bestimmte Informationen zu haben.[569] Diese grundsätzlich nur als Sicherstellungspflicht gestaltete Nachweisfähigkeit führt mithin in Situationen des Zivilprozesses dazu, dass die Voraussetzungen der sekundären Behauptungs- und Darlegungslast regelmäßig zu Gunsten des Betroffenen vorliegen. Ein Grund, warum diese vorhandenen Informationen gem. § 138 ZPO entsprechend nicht nutzbar gemacht werden sollen, ist nicht ersichtlich.[570] Insbesondere die Informations- und Mittelasymmetrie (d. h. eine prozessuale Waffen*un*gleichheit), die regelmäßig zwischen datenverarbeitenden Unternehmen und Verbrauchern besteht,[571] und der europarechtlich gebotene *effet utile* streiten für diese Auslegung.

Daraus folgt, dass die gesetzlich normierte, verpflichtend herzustellende Nachweisfähigkeit gegenüber der Aufsichtsbehörde[572] auch im Zivilprozess grundsätzlich zu einer Beweisbelastung des Akteurs hinsichtlich der Rechtmäßigkeit des eigenen Handelns führt.[573]. Bei einem angemessen substantiierten Vorbringen der Klägerseite ist im Datenschutzrecht daher von einer gesteigerten Substantiierungspflicht des Beklagten auszugehen, um den Klägervortrag zu erschüttern. Darüber hinaus bleibt die Beweis(führungs)last jedoch dynamisch und anhand der objektiven Kriterien des Einzelfalls zu

---

567 *Prütting*, in: MüKo ZPO, 2020, § 286, Rn. 106; *Laumen*, in: Baumgärtel/Laumen/Prütting, Handbuch der Beweislast, 2019, Bd. 1, 168 f., Rn. 42, m. w. N.

568 Dies stellt auch der EuGH in fast lapidarer Schlichtheit fest, vgl. Urt. v. 4.5.2023 – C-60/22 (UZ ./. Bundesrepublik Deutschland), ECLI:EU:C:2023:373, Rn. 54.

569 Vgl. *Laumen*, in: Baumgärtel/Laumen/Prütting, Handbuch der Beweislast, 2019, Bd. 1, 150, Rn. 7 („Eine Pflicht [besteht], wenn das Gesetz die Einhaltung eines bestimmten Verhaltens fordert.").

570 A. A. wohl *Breyer*, DuD 2018, 311 (317).

571 *Tene/Polonetsky*, Northw. J. TaIP 2013, 239 (255), Rn. 39 ff.

572 Hierzu sogleich unter B.II.4.d.; *Jaspers/Schwartmann/Hermann*, in: Schwartman et al., DSGVO BDSG, 2020, Art. 5, Rn. 87, im Ergebnis wie hier; *Veil*, in: Gierschmann et al., DSGVO BDSG, 2018, Art. 24, Rn. 203, der allerdings keine Beweislastumkehr annimmt, sondern nur eine Mitwirkungspflicht i. S. d. VwVfG.

573 EuGH, Urt. v. 4.5.2023 – C-60/22 (UZ ./. Bundesrepublik Deutschland), ECLI:EU:C:2023:373, Rn. 53 bzgl. der Grundsätze in Art. 5 Abs. 1 DSGVO: „mithin obliegt [dem Verantwortlichen] hierfür die Beweislast".

bestimmen. Hinsichtlich aufsichtsrechtlicher Verfahren ist dabei die Grenze der Accountability-Pflicht der Informationserteilung im Grundsatz der Selbstbelastungsfreiheit zu sehen.[574] Betroffene sind im Zivilprozess auch bezüglich DSGVO-Ansprüchen nur sofern und soweit durch eine Beweiserleichterung[575] zu schützen, wie sich die anspruchsbegründenden Tatsachen in einer ihnen nicht zugänglichen, regelmäßig internen Sphäre des Akteurs befinden und die weiteren Voraussetzungen der sekundären Darlegungslast vorliegen. Zu diesen Umständen ist der Akteur jedoch durch vollständige Auf- und Erklärung zur Mitwirkung verpflichtet.[576]

Unklar, und soweit ersichtlich im Schrifttum bislang nicht diskutiert, ist die Rolle von Art. 34 DSGVO im Rahmen der erarbeiteten Beweislastfragen. Grundsätzlich erhält der Betroffene im Falle einer Meldung nach Art. 34 DSGVO Informationen aus der inneren Sphäre des Verantwortlichen. Auch erhärtet die Tatsache, dass der Verantwortliche sich selbst aufgrund einer Risikoeinschätzung für meldepflichtig erachtet und keine der Ausnahmen nach Art. 34 Abs. 3 DSGVO für anwendbar hielt, die Vermutung, dass ein Schaden zumindest nicht unplausibel ist. Insofern könnte vom Betroffenen durchaus eine gesteigerte bzw. normale Darlegungslast hinsichtlich etwaiger Schäden und Kausalität gefordert werden. Eine solche Ausnahme sieht Art. 82 Abs. 3 DSGVO indes nicht vor. Danach wäre pauschal der Akteur beweisbelastet.[577] Dem Akteur wäre es allerdings kaum möglich nachzuweisen, dass bspw. eine Kreditkartennummer hypothetisch oder tatsächlich kausal missbraucht werden konnte, weil seine Systeme innerhalb der letzten 72 Stunden gehackt wurden und nicht etwa, weil der Betroffene seit Monaten Viren oder Trojaner auf seinem Rechner hatte oder weil die Daten bei einer anderen Stelle ebenfalls (und möglicherweise bislang unbemerkt) gehackt wurden.

---

574 Vgl. etwa *Taeger*, RDV 2020, 3 (8), zu diesem Grundsatz hinsichtlich Informationen die durch eine Meldung gem. Art. 33 DSGVO erlangt wurden; *Wenzel/Wybitul*, ZD 2019, 290 (292), zum Meinungsstreit, ob §§ 42 Abs. 4, 43 Abs. 4 auch für Unternehmen gelten; *Breyer*, DuD 2018, 311 (317).

575 Der Begriff der Beweiserleichterung umfasst eine Reihe von Ausprägungen, auf die hier jedoch nicht näher eingegangen werden muss, vgl. dazu *Saenger*, in: Saenger, ZPO, 2021, § 284, Rn. 34; a.A. *Wybitul/Leibold*, ZD 2022, 207 (209) und LG München I, Urt. v. 9.12.2021 – 31 O 16606/20 = GRUR-RS 2021, 41707, Rn. 28.

576 *Laumen*, in: Baumgärtel/Laumen/Prütting, Handbuch der Beweislast, 2019, Bd. 1, S. 500, Rn. 5, zur bereits vom Reichsgericht dergestalt beurteilten Auslegung von § 138 Abs. 1 ZPO; *Katzenmeier*, in: Dauner-Lieb/Langen, BGB Schuldrecht, 2021, § 823, Rn. 164 ff., insb. Rn. 175.

577 Vgl. systematische Auslegung oben.

Es ist entsprechend festzustellen, dass die objektive Beweislast der Rechtmäßigkeit einer Datenverarbeitung im Grundsatz beim Akteur liegt,[578] im Rahmen der Geltendmachung von Indiviualansprüchen jedoch im Einzelfall anhand einer (soweit ersichtlich in Literatur und Rechtsprechung noch nicht entwickelten) typisierenden, verallgemeinerungsfähigen und nachvollziehbaren Methodologie zu bestimmen ist.[579] Es ist zu betonen, dass dieses Ergebnis nicht nur zur rechtswissenschaftlichen Einordnung der Accountability-Pflichten der DSGVO beiträgt, sondern dass seine Auswirkungen sich unmittelbar in der Praxis zeigen. Durch das Unterlassen i.R.d. sekundären Behauptungslast riskieren Unternehmen im Falle eines *non liquet*, schadenersatzpflichtig gemäß Art. 82 DSGVO zu werden. Diese Beweislastverteilung ist aufgrund moderner technischer und sozialer Realitäten bei der Verantwortungszurechnung auch häufig angemessen.[580] Dennoch verbietet sich eine pauschale Aussage zur Beweislastumkehr ohne die Konkretisierung auf einen Verstoß gegen die materiell-rechtlichen Vorgaben und einen kausalen Schaden für den Betroffenen.

c. Anwendung der Accountability in Verbindung mit materiellen Normen (*lex specialis*)

Die Normen des Art. 5 Abs. 1 DSGVO werden entsprechend – wie soeben dargestellt – in Folgenormen konkretisiert, und diese Konkretisierungen bilden entsprechend *lex specialis* anzuwendendes Recht zu den Grundsätzen.[581] Jedoch enthält die DSGVO neben der erörterten allgemeinen Nachweisfähigkeitspflicht in Art. 5 Abs. 2 und 24 Abs. 1 S. 1 DSGVO vereinzelt spezielle Nachweispflichten in materiellen Normen. Im Schrifttum wird relativ unreflektiert angenommen, dass auch darin Konkretisierungen zu sehen seien.[582] Begründungen und Auseinandersetzungen mit den Folgen (*lex specialis derogat legi generali*) einer solchen behaupteten Konkretisierung lassen sich hingegen selten finden. Im Folgenden soll daher der Frage nachgegangen werden, welche Bedeutung diesen Nachweispflichten auf Einzelnormenbasis zukommt, insbesondere wo auch schon aus der allgemeinen Accountability eine Darlegungs- und Beweislastverschiebung zugunsten der

---

578 EuGH, Urt. v. 4.5.2023 – C-60/22 (UZ ./. Bundesrepublik Deutschland), ECLI:EU:C:2023:373, Rn. 53.

579 Vgl. zu diesen Voraussetzungen der Beweislastumkehr durch Richterrecht *Foerste*, in: Musielak/Voit, ZPO, 2022, § 286, Rn. 37; allgemein *Prütting*, in: MüKo ZPO, 2020, § 286, Rn. 131; *Saenger*, in: Saenger, ZPO, 2021, § 286, Rn. 66 f.

580 So auch mit einer philosophisch-theoretischen Begründung *Bayertz*, in: Bayertz, Verantwortung – Prinzip oder Problem?, 1995, 3 (57).

581 Statt aller *Frenzel*, in: Paal/Pauly, DSGVO BDSG, 2021, Art. 5, Rn. 11.

582 So etwa *Hartung*, in: Kühling/Buchner, DSGVO BDSG, 2020, Art. 24, Rn. 20; *Veil*, in: Gierschmann et al., DSGVO BDSG, 2018, Art. 24, Rn. 49; *Kremer*, in: Schwartmann et al., DSGVO BDSG, 2020, Art. 24, Rn. 7.

Betroffenen und Aufsichtsbehörden erwächst, die im Einzelfall durch das Gericht noch weiter justiert werden kann.

So identifiziert insbesondere *Veil* spezielle Nachweispflichten in den Art. 7 Abs. 1, 11 Abs. 2, 21 Abs. 1, Art. 25 Abs. 1, Art. 30, Art. 32, Art. 33 Abs. 5, Art. 35, Art. 49 Abs. 1 Uabs. 2 sowie den Schadenersatznormen in Art. 82 Abs. 3 DSGVO.[583] Dieser Liste ist nur insoweit zuzustimmen, dass in den Art. 7 Abs. 1 und Art. 11 Abs. 2 DSGVO und in den ErwG mit Ausnahme von Art. 35 DSGVO, wo dies nicht der Fall ist,[584] das Wort „nachweisen" bzw. eine Abwandlung davon auftaucht. Ob eine Stichwortsuche geeignet ist, Aussagen zu einem komplexen Thema wie dem *lex specialis* Vorrang zu treffen, kann grundsätzlich bezweifelt werden.

Zutreffend ist, dass in Art. 7 Abs. 1 und Art. 11 Abs. 2 DSGVO auf Nachweispflichten Bezug genommen wird. Allerdings enthält Art. 7 Abs. 1 DSGVO lediglich eine Klarstellung hinsichtlich der Partei, die in das informationelle Selbstbestimmungsrecht eingreift, was genauso für die übrigen Rechtsgrundlagen des Art. 6 Abs. 1 DSGVO gilt. Auch deren Vorliegen bzw. Anwendbarkeit muss der Verantwortliche im Falle einer Überprüfung durch die Aufsicht oder einer zivilprozessualen Inanspruchnahme durch Betroffene nachweisen, da er daraus seine Berechtigung ableitet, Daten verarbeiten zu dürfen. Auf Unterlassung einer Datenverarbeitung in Anspruch genommen, handelt es beim Vorliegen einer Rechtsgrundlage mithin um eine rechtshindernde bzw. rechtsvernichtende Einwendung, die der Anspruchsgegner stets zu beweisen hat.[585] Entsprechend der oben geschilderten allgemeinen Darlegungs- und Beweislastverteilung gem. Art. 24 Abs. 1 DSGVO, ggf. modifiziert durch die sekundäre Darlegungslast, kann Art. 7 Abs. 1 DSGVO mithin keine zusätzliche Bedeutung hinsichtlich der Beweislastverteilung entnommen werden.[586] Sie hat vielmehr deklaratorische Wirkung dahingehend, dass sie die Pflicht des Verantwortlichen betont, sein Datenschutz- und Einwilligungsmanagement in einer strukturierten Weise zu gestalten, die ihm ermöglicht, durch erteilte und widerrufene Einwilligungen getroffene

---

583 Vgl. *Veil*, in: Gierschmann et al., DSGVO BDSG, 2018, Art. 24, Rn. 49 ff., worin er insofern den Nachweis gem. Art. 15 Abs. 5 S. 3 DSGVO nicht berücksichtigt; dem schließt sich ohne genauere Auseinandersetzung auch *Berning*, ZD 2018, 348 (350), an.

584 ErwG 42 zu Art. 7, ErwG 57 zu Art. 11 Abs. 2, ErwG 78 zu Art. 25 und 32, ErwG 82 zu Art. 30 sowie ErwG 85 zu Art. 33.

585 *Danninger*, Organhaftung und Beweislast, 2020, S. 11; *Saenger*, in: Saenger, ZPO, 2021, § 286, Rn. 58; *Foerste*, in: Musielak/Voit, ZPO, 2022, § 286, Rn. 35; *Prütting*, in: MüKo ZPO, 2020, § 286, Rn. 114.

586 A.A. (gestützt auf Art. 5 Abs. 2 DSGVO, für den jedoch das gleiche gilt) *Plath*, in: Plath, DSGVO BDSG TTDSG, 2023, Art. 7, Rn. 8; *Schwartmann/Klein*, in: Schwartmann et al., DSGVO BDSG, 2020, Art. 7, Rn. 19.

Entscheidungen von Betroffenen zu respektieren.[587] Gleiches gilt für Art. 11 Abs. 2 S. 1 DSGVO. Gelingt der hierin bezeichnete Nachweis, muss der Verantwortliche im konkreten Einzelfall entweder durch Negativbeweis oder ggf. Versicherung an Eides statt[588] den Betroffenenrechten gem. Art. 15–20 DSGVO mangels personenbezogener Daten nicht nachkommen.[589] Dies ändert sich, wenn und soweit der Betroffene weitere Daten beibringt, wodurch die bisher nicht personenbeziehbaren Daten beim Verantwortlichen lokalisiert werden können.[590] Soweit ein Betroffener die Meinung des Verantwortlichen anzweifelt bzw. zivilprozessual bestreitet, trägt er hierfür auch die konkrete Beweis(führungs)last, muss zu einer tatsächlichen Überprüfung jedoch den Rechtsweg beschreiten.

Veils Auslegung, sowie die verschiedener weiterer Autoren hinsichtlich der Art. 25, 32 und 35 DSGVO beruht auf der begrifflichen Referenzierung technischer und organisatorischer Maßnahmen als einem datenschutzrechtlichen terminus technicus, die gem. Art. 24 Abs. 1 S. 1 DSGVO zur Sicherstellung der Nachweisfähigkeit zu treffen sind.[591] Freilich sind auch hinsichtlich der Einhaltung der Betroffenenrechte, der Erteilung der Informationspflichten,[592] sogar der Einhaltung der Datenschutzgrundsätze innerbetrieblich/-behördlich „geeignete technische und organisatorische Maßnahmen" zu ergreifen, allein schon weil diese i. S. v. Art. 24 Abs. 1 S. 1 DSGVO Bestandteil „dieser Verordnung" sind. Es überzeugt insofern sachlich nicht, weshalb in den Art. 25, 32 und 35 DSGVO *lex specialis*-Ausformungen bezüglich Art. 24 DSGVO zu sehen sein sollten, wodurch ihnen damit eine Verdrängungswirkung zukäme.[593] Ferner überzeugt es auch nicht, weshalb die Dokumentationspflichten in den Art. 30, 33 Abs. 5 und 49 Abs. 1 und Abs. 6 DSGVO zu einer solchen Verdrängungswirkung führen sollten.[594] Schon allein aus Vorbeugungsgründen für eine aufsichtsrechtliche

---

587 So auch EuGH, Urt. v. 27.10.2022 – C-129/21 (Proximus), ECLI:EU:C:2022:833, Rn. 81 ff.

588 Vgl. hierzu BAG, Urt. v. 27.4.2021 – 2 AZR 242/20.

589 Ausführlich *Menke*, K&R 2020, 650; *Eßer*, in: Auernhammer, DSGVO BDSG, 2020, Art. 11, Rn. 16 ff.; *Plath*, in: Plath, DSGVO BDSG TTDSG, 2023, Art. 11, Rn. 10 und 12.

590 *Wedde*, in: Däubler et al., DSGVO BDSG, 2020, Art. 11, Rn. 21 f.; *Veil*, in: Gierschmann et al., DSGVO BDSG, 2018, Art. 11, Rn. 5; *Plath*, in: Plath, DSGVO BDSG TTDSG, 2023, Art. 11, Rn. 14.

591 Ein ähnliches Verständnis scheint in der Literatur verbreitet zu sein, vgl. *Plath*, in: Plath, DSGVO BDSG TTDSG, 2023, Art. 24, Rn. 6.

592 Zu Betroffenenrechten und Informationspflichten in Verbindung mit den Accountability-Normen EuGH, Urt. v. 27.10.2022 – C-129/21 (Proximus), ECLI:EU:C:2022:833, Rn. 81 ff.

593 Vgl. zu dieser Wirkung *Riesenhuber*, in: Riesenhuber, Europäische Methodenlehre, 2021, § 10, Rn. 31.

594 So jedoch *Veil*, in: Gierschmann et al., DSGVO BDSG, 2018, Art. 24, Rn. 63.

oder zivilprozessuale Inanspruchnahme ist es jedem datenverarbeitenden Unternehmen zu raten, sich im Rahmen eines strukturierten Vorgehens mit den eigenen Datenverarbeitungen zu befassen. Dies kann, gerade bei KMU, zu stark reduzierten Pflichten führen. Es kann jedoch nicht die Befassung an sich obsolet werden lassen.[595]

Damit ergibt sich für die Nachweisfähigkeitspflicht insgesamt kein abweichendes Bild zur Sicherstellungspflicht. Wie oben dargestellt, leiten die materiell-rechtlichen Normen ihren Inhalt aus den Grundsätzen des Art. 5 Abs. 1 DSGVO ab.[596] Es findet sich insofern insbesondere keine Konkretisierung von Art. 24 DSGVO etwa in Art. 25 oder 32 DSGVO aufgrund der banalen Referenzierung technischer und organisatorischer Maßnahmen.

In Fällen einer zivilprozessualen Inanspruchnahme bestimmt sich die Beweislast grundsätzlich im Einklang mit der objektiven Formulierung der Norm. Aufgrund der grundsätzlich zu gewährleistenden Nachweisfähigkeit gem. Art. 5 Abs. 2 und 24 Abs. 1 DSGVO liegen jedoch regelmäßig die Voraussetzungen der sekundären Beweisführungs- und Darlegungslast vor, sodass bei Beweisnot der außenstehenden Partei im konkreten Einzelfall durch das Gericht darauf zurückgegriffen werden kann. Aus Praktikabilitätsgründen ist es auch ausgeschlossen, jedes materiell-rechtliche Tatbestandsmerkmal mit einer eigenständigen Beweislastnorm zu versehen.[597] Sofern sich eine solche in einer Norm findet (Art. 7 Abs. 1 DSGVO), erfüllt sie nach hier vertretener Ansicht daher lediglich deklaratorischen Charakter, soweit sie nicht die Beweisbelastung der datenverarbeitenden Stelle bereits zum Normalfall erhebt.

Fälle aufsichtsbehördlicher Untersuchung unterliegen mit dem Amtsermittlungsgrundsatz und dem Prinzip der Selbstbelastungsfreiheit (*nemo tenetur se ipsum accusare*) jedoch grundsätzlich zu unterscheidenden Verfahrensvoraussetzungen.

d. Aufsichtsbehördliche Informationserhebung mittels Art. 31 DSGVO

Vergleichbar wenig Beachtung wie das Verhältnis zwischen Art. 5 Abs. 2 und Art. 24 Abs. 1 S. 1 DSGVO findet in der Literatur die Norm des Art. 31 DSGVO.[598] Dies mag daran liegen, dass es sich bei Art. 31 DSGVO, als

---

595 A. A. *Veil*, ZD 2018, 9 (13); wie hier *Schröder*, ZD 2029, 503; *Raschauer*, in: Sydow/Marsch, DSGVO BDSG, 2022, Art. 24, Rn. 33.

596 Ähnlich *Jaspers/Schwartmann/Hermann*, in: Schwartmann et al., DSGVO BDSG, 2020, Art. 5, Rn. 87.

597 *Prütting*, in: MüKo, ZPO, 2020, § 286, Rn. 113.

598 Etwa *Plath*, in: Plath, DSGVO BDSG TTDSG, 2023, Art. 31, schreibt auch in der Neuauflage 2023 schlanke 12 Randnummern (Vorauflage sogar nur 11), *Kramer*, in: Gierschmann et al., DSGVO BDSG, 2018, Art. 31, kommt auf 13, und Negativspitzenreiter

dem Anklang an das Verwaltungsverfahrensrecht auf europäischer Ebene, um „regulatorisches Neuland" handelt.[599] Hierin normiert der Verordnungsgeber in bemerkenswert knapper Form eine allgemeine Kooperationspflicht für Verantwortliche und Auftragsverarbeiter,[600] deren eigenständiger Gehalt jedoch umstritten ist.[601] Auch in dieser Hinsicht bestehen Parallelen zu den im Schrifttum üblicherweise als Accountability-Normen anerkannten Art. 5 Abs. 2 und 24 DSGVO.[602] Nach hier vertretener Ansicht kommt Art. 31 DSGVO jedoch eine erhebliche Bedeutung zu, denn die Normen der Art. 5 Abs. 2 und 24 DSGVO enthalten selbst gerade keine Nachweispflicht, sondern nur die Pflicht zur Nachweisfähigkeit.[603] Für die Pflicht der konkreten Nachweisführung selbst bedarf es entsprechend einer normativen Erweiterung: Art. 31 DSGVO. Die Pflicht gegenüber einer anfragenden Aufsichtsbehörde etwas nachzuweisen, ent- und besteht mithin erst durch die Scharniernorm des Art. 31 DSGVO i. V. m. der Ausübung von behördlichen Untersuchungsbefugnissen gem. Art. 58 Abs. 1 DSGVO.[604] Das ergibt sich deutlich aus der Struktur: Art. 31 DSGVO ist in Abschnitt 1 des Kapitel IV – „Allgemeine Pflichten"[605] – angesiedelt und ist entsprechend als solche Handlungspflicht der bezeichneten Akteure zu sehen, nicht als Kompetenz der Aufsichtsbehörden.[606] Diese ergeben sich entsprechend korrespondie-

---

sind *Sommer*, in: Däubler et al., DSGVO BDSG, 2020, Art. 31, und *Klug*, in: Gola/Heckmann, DSGVO BDSG, 2022, Art. 31, mit jeweils lediglich 5 Randnummern.

599 So *Martini*, in: Paal/Pauly, DSGVO BDSG, 2021, Art. 31, Rn. 46.

600 Vgl. *Schultze-Melling*, in: Taeger/Gabel, DSGVO BDSG TTDSG, 2022, Art. 31, Rn. 4; *Kieck*, in: Auernhammer, DSGVO BDSG, 2020, Art. 31, Rn. 1; *Kramer*, in: Gierschmann et al., DSGVO BDSG, 2018, Art. 31, Rn. 1.

601 Vgl. *Kramer*, in: Gierschmann et al., DSGVO BDSG, 2018, Art. 31, Rn. 4; *Martini*, in: Paal/Pauly, DSGVO BDSG, 2021, Art. 31, Rn. 3a; *Plath*, in: Plath, DSGVO BDSG TTDSG, 2023, Art. 31, Rn. 10 ("[…] Anwendungsbereich des Art. 31 dürfte sehr gering sein."); *Raum*, in: Ehmann/Selmayr, DSGVO, 2018, Art. 31, Rn. 1 („rein deklaratorisch").

602 So schreiben bezüglich Art. 24 Abs. 1 DSGVO *Kramer/Meints*, in: Auernhammer, DSGVO BDSG, 2020, Art. 24, Rn. 5, er habe „inhaltlich […] kaum nennenswerte Vorgaben […]".

603 Dies sah Art. 5 lit. f des Kommissionsentwurfs noch anders vor, wonach neben der echten Pflicht zur Sicherstellung auch die Pflicht zur Nachweisführung genannt wurde, was i. R. d. oben geschilderten Harmonisierung des Normwortlauts der Art. 5 lit. f und Art. 22 durch das Parlament jedoch geändert wurde.

604 Ähnlich *Körffer*, in: Paal/Pauly, DSGVO BDSG, 2021, Art. 58, Rn. 9: „Mit der Geltendmachung des Auskunftsanspruchs [nach Art. 58 Abs. 1 lit. a DSGVO] wird beim Verantwortlichen oder Auftragsverarbeiter eine Handlungspflicht ausgelöst.".

605 Engl. *„General Obligations"*, frz. *„Obligations générales"*.

606 So im Ergebnis auch *Martini*, in: Paal/Pauly, DSGVO BDSG, 2021, Art. 31, Rn. 24b, allerdings mit einer für eine europäische Norm zu stark am deutschen Verwaltungsverfahrensrecht orientierten und teilweise in sich widersprüchlichen Herleitung.

rend aus Kapitel VI und konkret aus Art. 58 Abs. 1 DSGVO.[607] Diese Wechselwirkung ist mithin eine Normierung der Accountability-Beziehung: der Akteur wird „auf Anfrage" zur Informationserteilung aufgefordert („*being called to account*"), während die Aufsichtsbehörde als Forum „bei der Erfüllung ihrer Aufgaben" Informationen einfordert („*to call s. o. to account*").

Fraglich ist indes dennoch, ob Art. 31 DSGVO eng oder weit auszulegen ist und ob Verantwortliche und Auftragsverarbeiter der Aufsicht bei der Erfüllung ihrer Aufgaben gem. Art. 58 DSGVO alle ihnen zur Verfügung stehenden Informationen aufzubereiten und bereitzustellen haben[608] oder nur direkt von Behörden angefragte Inhalte.[609]

Für erstere Möglichkeit spricht der Zweck der Norm und die Tatsache, dass eine Aufsicht in vielen Fällen gar nicht die notwendige Befassungstiefe und Fachkompetenz haben wird, um die richtigen Fragen zu stellen und somit die beurteilungserheblichen Tatsachen gezielt zu erheben bzw. zu beweisen. Damit wäre ein wirksamer Schutz von Betroffenen und die Durchsetzung der DSGVO grundlegend in Frage gestellt, da ein *non liquet* im Verwaltungsverfahren zu Lasten der Aufsichtsbehörde ausginge.[610] Insbesondere im technischen Bereich, in welchem Systeme und Funktionen sich häufig gegenseitig bedingen, historisch gewachsen sind und sich schnell ändern, für sich allein genommen jedoch keine nennenswerten Gefahren für Betroffene darstellen, sondern erst in Gesamtschau und Wirkungszusammenhang, griffe eine enge Auslegung der Kooperationspflicht zu kurz. Auch ist eine solche Mitwirkungs- bzw. Beibringungspflicht in verschiedenen weiteren Rechtsgebieten anerkannt und etabliert.[611]

Gegen diese Ansicht spricht in erster Linie das Prinzip der Selbstbelastungsfreiheit (*nemo tenetur se ipsum accusare)* und darüber hinaus, dass auch im Datenschutzrecht grundsätzlich der Amtserhebungsgrundsatz gilt. Nach dem Prinzip der Selbstbelastungsfreiheit kann der Adressat eines Strafverfahrens gem. StPO, oder gem. § 46 Abs. 1 OWiG auch „nur" in Bußgeldverfahren, Aussagen verweigern, die ihn selbst belasten, also beispielsweise

---

607 Was sich auch deutlich darin zeigt, dass die Kommentierungen von Art. 31 DSGVO inhaltlich viel eher Aspekte des Art. 58 Abs. 1 DSGVO untersuchen, vgl. etwa *Kramer*, in: Gierschmann et al., DSGVO BDSG, 2018, Art. 31, Rn. 5–8; *Ziebarth*, in: Sydow/Marsch, DSGVO BDSG, 2022, Art. 31, Rn. 8.

608 So wohl *Hartung*, in: Kühling/Buchner, DSGVO BDSG, 2020, Art. 31, Rn. 5 („[…] selbst wenn die […] Zusammenarbeit […] schaden könnte.").

609 So wohl *Schultze-Melling*, in: Taeger/Gabel, DSGVO BDSG TTDSG, 2022, Art. 31, Rn. 4 („[…] eine über die verwaltungsverfahrensrechtlichen Grundsätze hinausgehende Zusammenarbeit […] nicht erforderlich"); *Martini*, in: Paal/Pauly, DSGVO BDSG, 2021, Art. 31, Rn. 30a (keine „fishing expeditions" zulässig).

610 *Martini*, in: Paal/Pauly, DSGVO BDSG, 2021, Art. 31, Rn. 37.

611 *Martini*, in: Paal/Pauly, DSGVO BDSG, 2021, Art. 31, Rn. 20.

eine Zuwiderhandlung gegen die Normen der DSGVO belegen.[612] Diese hat grundsätzlich die Aufsichtsbehörde selbst zu ermitteln.[613] Jedoch ist die Selbstbelastungsfreiheit ihrerseits nicht schrankenlos garantiert.[614] Einerseits wird argumentiert, dass Verwaltungs- und Strafverfahren getrennt zu beurteilen seien.[615] Da jedoch bei Beginn eines Untersuchungsverfahrens durch die Aufsichtsbehörde selten abzusehen sein wird, ob die gewonnenen Informationen schließlich auch im Wege des Bußgeld- oder Strafverfahrens verwendet werden, verfängt dieses Argument nur teilweise. Vielmehr ist auch in diesen Fällen ein Grundrechtsausgleich zwischen den Interessen der Beteiligten herzustellen. So ist verfassungsrechtlich anerkannt, dass es der Selbstbelastungsfreiheit nicht entgegensteht, Auskünfte zur Erfüllung eines berechtigten Informationsbedürfnisses bereitstellen zu müssen.[616] „Die Grenze zwischen Amtsermittlung und Beibringungspflicht der Beteiligten ist nur im Einzelfall bestimmbar und jeweils dort zu ziehen, wo es um Tatsachen geht, die ausschließlich einer der Beteiligten kennen kann und die das Gericht mit den ihm gegebenen Aufklärungsmitteln nur schwer herausfinden kann."[617] Erschwerend tritt im Verwaltungsverfahren entsprechend das auch im Wege der zivilrechtlichen Durchsetzung maßgebliche Vorhandensein der Informationen bzw. die Pflicht zum Vorhandensein gem. der Accountability-Normen Art. 5 Abs. 2 und 24 DSGVO hinzu. Hinsichtlich dieser Informationen geht das Gesetz von einer Rechtmäßigkeit der Datenverarbeitung sowie einem Vorhandensein aller Informationen aus. Nur so erklärt sich, dass § 42 Abs. 4 und § 43 Abs. 4 BDSG eine Ausnahme von diesem Verwertungsverbot nur für Fälle der Meldung von Datenschutzverstößen gem. Art. 33 und Art. 34 DSGVO vorsehen, nicht jedoch für die Beibringungspflichten in Art. 30 Abs. 4 oder Art. 31 DSGVO. In den Fällen der Meldung hat evident bereits ein Datenschutzverstoß stattgefunden, während er im allgemeinen Untersuchungsverfahren höchstens vermutet wird. Entsprechend sind die

---

612 Statt vieler *Plath*, in: Plath, DSGVO BDSG TTDSG, 2023, Art. 31, Rn. 11; *Kramer*, in: Gierschmann et al., DSGVO BDSG, 2018, Art. 31, Rn. 10.

613 *Martini*, in: Paal/Pauly, DSGVO BDSG, 2021, Art. 31, Rn. 20.

614 EuGH, Urt. v. 2.2.2021 – C-481/19 (DB ./. Consob), ECLI:EU:C:2021:84, Rn. 46 ff.; *Nguyen*, in: Gola/Heckmann, DSGVO BDSG, 2022, Art. 58, Rn. 6, vertritt, dass dieses Recht juristischen Personen generell nicht zustehe.

615 *Martini*, in: Paal/Pauly, DSGVO BDSG, 2021, Art. 31, Rn. 33a.

616 Std. Rspr. des BVerfG, etwa Beschluss v. 13.1.1981 – 1 BvR 116/77 (BVerfGE 56, 37 (46 ff.)); BVerfG – 2 BvR 480/04, Beschluss v. 9.5.2004; *Martini*, in: Paal/Pauly, DSGVO BDSG, 2021, Art. 31, Rn. 32 a m. w. N.; *Jarass*, in: Jarass/Pieroth, GG, 2020, Art. 2, Rn. 69; a. A. wohl *Kramer*, in: Gierschmann et al., DSGVO BDSG, 2018, Art. 31, Rn. 10.

617 Vgl. *Albrecht*, in: BeckOK MarkenG, 2022, § 73, Rn. 12, zur Beweislastverteilung bei zivilrechtlichen Markenrechtsverfahren und der Amtsermittlungspflicht des Gerichts, deren Telos jedoch auch für das Verwaltungsfahren fruchtbar gemacht werden kann.

gemeldeten Informationen nur dann statthafte Grundlage eines Straf- oder Bußgeldverfahrens, sofern das meldende Unternehmen eingewilligt hat.[618] Fraglich ist, ob es der Bußgeldbewehrung des Art. 31 DSGVO bedurfte. Zwar kann nun bei einer vollständigen Weigerung des Akteurs, der Aufsichtsbehörde die entsprechenden Informationen bereitzustellen oder ein bewusstes Nicht-Bereitstellen trotz Vorliegens entscheidender Informationen ein entsprechender materiell-rechtlicher Pflichtverstoß festgestellt werden. Dieser hätte sich jedoch mittelbar auch aus Art. 58 Abs. 1 lit. a i. V. m. Art. 83 Abs. 5 lit. e 2. Alt. DSGVO herleiten lassen.[619] Zwar spricht die deutsche Sprachfassung des Art. 83 Abs. 5 lit. e DSGVO von „Zugang", sodass eine begriffliche Beschränkung auf Amtshandlungen gem. Art. 58 Abs. 1 lit. e DSGVO naheliegt. Darin ist jedoch ein verkürzendes und zudem sehr deutsches Begriffsverständnis zu sehen, das auf der Diktion des § 9 BDSG a. F. bzw. der Definition von Zugangskontrolle in dessen Anlage beruht und nicht geeignet ist, eine europäische Verordnung auszulegen. Vielmehr kann einerseits auf den Wortlaut der anderen Sprachfassungen, etwa der englischen (*provide access*), französischen (*l'accèss prévu*), schwedische (*tillgång*), italienische (*accesso*), rumänische (*access* bzw. *accessul* (Art. 58) bzw. *accesului* (Art. 83)) oder der griechische (πρόσβασης) abgestellt werden, der jeweils dem des Art. 15 DSGVO bezüglich betroffener Personen gleicht, hinsichtlich derer jedoch unstreitig sein dürfte, dass ihnen kein räumliches *Zugangs*- i. S. e. Betretungsrechts bzw. ein echtes *Zugriffs*recht zusteht.[620] Stattdessen obliegt die Aufbereitung der Informationen stets dem Verantwortlichen. Ferner referenziert Art. 83 Abs. 5 lit. e DSGVO auf den gesamten Art. 58 Abs. 1 DSGVO und nicht auf einzelne litteras, so dass in dieser Referenz ein wohl verlässlicheres Zeichen des Willens des Verordnungsgebers zu sehen ist, als in einer missverständlichen Wortwahl. Letztlich ist Art. 31 DSGVO von Inhalt und Reichweite her wohl ohnehin zu unbestimmt, um

---

618 *Taeger*, RDV 2020, 3 (8 ff.); *Schultze-Melling*, in: Taeger/Gabel, DSGVO BDSG TTDSG, 2022, Art. 33, Rn. 47 f.; *Schreibauer*, in: Auernhammer, DSGVO BDSG, 2020, Art. 33, Rn. 24 m. w. N.; offengelassen bei *Wybitul/Wenzel*, ZD 2019, 290 (292).

619 A. A. *Hartung*, in: Kühling/Buchner, DSGVO BDSG, 2020, Art. 31, Rn. 19, der in der Bußgeldbewehrung eine Auffangfunktion sehen will, da Art. 83 DSGVO tatbestandlich gebunden sei; so auch *Martini*, in: Paal/Pauly, DSGVO BDSG, 2021, Art. 31, Rn. 42b.

620 Gegen diese Auslegung spricht die dänische Sprachfassung (Art. 83 Abs. 5 lit. e/Art. 58 Abs. 1 lit. f „adgang" und Art. 15 „insigtsret"); unklar ist die niederländische, die zwar in Art. 15 von „inzage" spricht, den Abschnitt 2 des Kapitels III allerdings mit „toegang" überschreibt und letzteren Begriff auch in Art. 83 Abs. 5 lit. e/Art. 58 Abs. 1 lit. f verwendet.

ein Bußgeld darauf zu stützen.[621] Er kann jedoch im Rahmen der Bußgeldbemessung berücksichtigt werden, Art. 83 Abs. 1 lit. f DSGVO.

Nach dem Vorgesagten zeichnet sich für Art. 31 DSGVO nach der hier vertretenen Auffassung ein differenziertes Bild. Die Stellung im Gefüge der DSGVO (Ansiedlung im Kap. IV), die Funktionssystematik (Verfügbarkeit(spflicht) aufgrund der Accountability-Normen beim Adressaten) sowie der Wortlaut präsentieren Art. 31 DSGVO als Scharniernorm, die spiegelbildlich zu den Kompetenzen der Aufsichtsbehörde in Art. 58 Abs. 1–3 DSGVO die Pflichten des angesprochenen Akteurs normiert.[622] Daraus folgt, dass eine Aufsichtsbehörde ihre Handlungen stehts auf eine Kompetenz des Art. 58 Abs. 1–3 DSGVO stützen und entsprechend konkretisieren muss. Nur so erfährt der Art. 31 DSGVO die notwendige materielle Eingrenzung, die das verfassungsrechtliche Bestimmtheitsgebot fordert.[623] Eine informelle Anfrage gem. Art. 31 DSGVO der regelmäßig die Verwaltungsaktqualität fehlt[624] und die nicht auf eine der Kompetenzen des Art. 58 Abs. 1–3 DSGVO gestützt ist, kann daher grundsätzlich nicht zur Begründung eines Bußgeldes herangezogen werden. Die Praxis zeigt, dass sich die Aufsichtsbehörden mit einem stets vorangestellten Textbaustein hinsichtlich ihrer Kompetenz durchaus absichern.[625]

Aus dieser Herleitung ergibt sich eine weitere Folge. Da Art. 31 DSGVO auch Auftragsverarbeiter adressiert, die gem. Art. 58 DSGVO ebenfalls Adressat eines aufsichtsbehördlichen Untersuchungsverfahrens sein können, kommt den Accountability-Normen der Art. 5 Abs. 2 und 24 DSGVO eine mittelbare Wirkung auch für Auftragsverarbeiter zu. Diese können sich entsprechend nicht auf ihre Position i. S. v. Art. 4 Nr. 8 DSGVO zurückziehen, sondern müssen sich mit den praktischen Aspekten der Accountability hinsichtlich ihrer speziellen Anforderungen auseinandersetzen, um in den Fällen einer aufsichtsbehördlichen Ansprache antwortfähig zu sein.

---

621 *Kieck*, in: Auernhammer, DSGVO BDSG, 2020, Art. 31, Rn. 17; *Martini*, in: Paal/Pauly, DSGVO BDSG, 2021, Art. 31, Rn. 34a.

622 *Ziebarth*, in: Sydow/Marsch, DSGVO BDSG, 2022, Art. 31, Rn. 2, der zutreffend darauf hinweist, dass die Vorentwürfe diese Funktion deutlicher zum Ausdruck brachten; so auch *Körffer*, in: Paal/Pauly, DSGVO BDSG, 2021, Art. 58, Rn. 9.

623 *Martini*, in: Paal/Pauly, DSGVO BDSG, 2021, Art. 31, Rn. 42a f.

624 *Klug*, in: Gola/Heckmann, DSGVO BDSG, 2022, Art. 31, Rn. 5.

625 Dem Verfasser sind bislang sieben Anschreiben verschiedener Aufsichtsbehörden bekannt, die alle einen solchen oder zumindest ähnlichen Text enthalten: „Um die Angelegenheit datenschutzrechtlich untersuchen zu können, fordere ich Sie unter Bezugnahme auf Art. 58 Abs. 1 lit. a DS-GVO auf, alle Informationen mitzuteilen, die mir die Beurteilung des Sachverhalts ermöglichen und gegebenenfalls zum Beweis des eigenen Vorbringens geeignete Beweismittel vorzulegen oder anzugeben. [...]", vgl. beispielhaft LfDI NRW, Az. L9.1.1 – 7548/20.

e. Praktische Umsetzung von Accountability in Unternehmen

Seit Inkrafttreten der DSGVO wächst der praktischen Umsetzung der Accountability-Normen eine erhebliche Bedeutung bei gleichzeitig großer Unsicherheit zu. Die Unsicherheit besteht einerseits aufgrund inhaltlich und begrifflich wenig trennscharfer Normen wie Art. 5 Abs. 1 lit. a DSGVO, der fordert, dass jede Verarbeitung personenbezogener Daten dem Grundsatz von Treu und Glauben (engl. „*fairly*") genügen muss. Deutungsoffene Begriffe wie diese sind zudem praktisch schwer umsetzbar, daran ändert auch die Nennung von technischen und organisatorischen Maßnahmen in Art. 24 Abs. 1 DSGVO nichts.

Wie jedoch bereits gezeigt wurde, wächst nach hier vertretener Auffassung Art. 5 DSGVO nur dort eine eigenständige Bedeutung zu, wo die materiellen Normen keinem risikoadäquaten Ergebnis zugeführt werden können, und auch Art. 24 Abs. 1 DSGVO inkludiert eine solche Orientierung am Risiko der jeweiligen Datenverarbeitungen des Akteurs.[626] Bevor jedoch anhand des Risikos bestimmte Maßnahmen als „geeignet und angemessen" beurteilt werden können, erfordert die Accountability zunächst ein Bewusstsein und eine strukturierte Kenntnis der „eigenen" Datenverarbeitungen.[627] Nur wenn eine solche vorliegt, kann eine Risikobetrachtung getroffen werden. Allerdings ist hierzu, wie auch zu weiteren Umsetzungsschritten, wenig Erkenntnisgewinn aus der DSGVO selbst zu ziehen. Besonderes Gewicht erlangen insofern die OECD Guidelines in ihrer 2013er Version, die europäischen Vorarbeiten[628] sowie die seitdem entwickelten Handreichungen, etwa der Accountability-Framework der britischen ICO.

Die Accountability-Normen der DSGVO bestehen, wie gezeigt wurde, aus einer konkreten Handlungspflicht hinsichtlich der Sicherstellung der Normeneinhaltung (Sicherstellungspflicht) und einer Pflicht, hierüber auf Anfrage einen Nachweis erbringen zu können (Nachweisfähigkeit). Aus diesem Dualismus entstehen im Idealfall zwei konsekutive Ergebnisse.

Die Sicherstellungspflicht erfordert erstens den Aufbau von und den dauerhaften Einsatz von Struktur beim Akteur, um in den regulären Geschäftsabläufen – unter dann ggf. mindernd zu berücksichtigenden Risikogesichtspunkten – keine der Normen außer Acht zu lassen. Die Sicherstellungspflicht beginnt mit einer dokumentierten Prüfung der eigenen Geschäftstätigkeit(en)

---

626 An dieser Stelle wird bewusst auf die Referenzierung auf Verantwortliche, gemeinsam Verantwortliche und Auftragsverarbeiter verzichtet, da sich diese Qualifikation abhängig von der konkreten Datenverarbeitung ändern kann (vgl. *EDPB*, Stellungnahme 07/2020 zum Konzept des Verantwortlichen und des Auftragsverarbeiters, S. 26 f., Rn. 82) und gerade deswegen ein strukturiertes Vorgehen erforderlich ist.

627 *Schmidt*, in: Specht-Riemenschneider/Werry/Werry, Datenrecht, 2020, § 2.1, Rn. 21.

628 Vgl. hierzu B.II.1.b. oben.

und den damit jeweils verbundenen Datenverarbeitungen. Kleine und regelmäßig auch mittlere Unternehmen sollten zumindest für diesen Schritt der Erfassung die Unterstützung professionalisierter Dienstleister mit einerseits Projekt(koordinations)erfahrung und andererseits Datenschutzkenntnissen in Anspruch nehmen. Große Unternehmen und Konzerne verfügen über diese Ressourcen in der Regel inhouse. Das Ergebnis dieses Prozesses kann eine tabellarische Aufstellung nach Geschäftsfeldern, den dort erfolgenden Datenverarbeitungen und den jeweils betroffenen Datenarten sein. Bei dem in der Literatur gern als Beispiel für die überbordende Bürokratie der DSGVO bemühten „Bäcker um die Ecke", der eine Kundenkartei für einen Lieferdienst betreibt,[629] würden sich aufgrund des risikobasierten Ansatzes die erforderlichen Maßnahmen weitgehend auf diesen Schritt beschränken.[630] Er könnte auf Basis dieser Liste Informationspflichten erteilen, Auskunftsansprüche, Lösch- und Berichtigungsgesuche beantworten und, sollte die Liste abhandenkommen, der Aufsicht gem. Art. 33 Abs. 1 DSGVO Bescheid geben. Einer strukturierten Aufzeichnung gem. Art. 30 Abs. 1 DSGVO bedürfte es wegen Art. 30 Abs. 5 DSGVO in diesen Fällen nicht. Die Liste ist gem. Art. 24 Abs. 1 S. 2 DSGVO stets aktuell zu halten.

Für mittlere und große Unternehmen bildet die angefertigte Übersicht dagegen den Ausgangspunkt der weiteren Anstrengungen. Für diese ist regelmäßig (und sachlich wohl unzutreffend)[631] die Bezeichnung als Datenschutz-Managementsystem (DMS) anzutreffen,[632] das angesichts der Menge und Vielartigkeit der Verarbeitungsprozesse dem Zweck einer proaktiven

---

629 *Veil*, ZD 2018, 9 (16); *Giesen*, NVwZ 2019, 1711 (1716); *Golland*, NJW 2021, 2238 (2243); *Härting/Schneider*, CR 2015, 819; *Voigt*, in: Bussche v. d./Voigt, Konzerndatenschutz, 2019, Kap. 2, C, Rn. 14; *Buchner/Petri*, in: Kühling/Buchner, DSGVO BDSG, 2020, Art. 6, Rn. 14, Fn. 38 m. w. N.

630 *Golland*, ZD 2020, 397 (402) „Der […] „risk based approach" […] schlägt sich vor allem in der Ausgestaltung der Datenschutzorganisation und Datensicherheit nieder."; zutreffend weisen daher *Buchner/Petri*, in: Kühling/Buchner, DSGVO BDSG, 2020, Art. 6, Rn. 14, darauf hin, dass das Datenschutzrecht dieser Art Datenverarbeitung durch deutungsoffene Regelungen wie die Interessenabwägung (Art. 6 Abs. 1 lit. f DSGVO bzw. § 28 I 1 Nr. 2 BDSG a. F.) schon immer Rechnung getragen hat; ähnlich auch *Art. 29-Gruppe*, WP 173, S. 14, Rn. 47.

631 Vgl. *Schild*, in: Forgó/Helfrich/Schneider, Betrieblicher Datenschutz, 2019, Teil II, Kap. 5, Rn. 7, der zutreffend darauf hinweist, dass es sich eigentlich um ein aus mehreren Komponenten bestehendes sog. „Governance-System" handele.

632 *Kramer/Meints*, in: Auernhammer, DSGVO BDSG, 2020, Art. 24, Rn. 22; *Hamann*, BB 2017, 1090 (1092); *Schantz/Wolff*, Das neue Datenschutzrecht, 2017, Rn. 830; *Martini*, in: Paal/Pauly, DSGVO BDSG, 2021, Art. 24, Rn. 40; *Wedde*, in: Däubler et al., DSGVO BDSG, 2020, Art. 24, Rn. 1; *Jaspers/Schwartmann/Hermann*, in: Schwartmann et al., DSGVO BDSG, 2020, Art. 5, Rn. 81; Weichert, in: Däubler et al., DSGVO BDSG, 2020, Art. 5, Rn. 73; *Reimer*, in: Sydow/Marsch, DSGVO BDSG, 2022, Art. 5, Rn. 56.

Schaffung von Reaktionsmöglichkeiten dient.[633] Der formale Akt der Einrichtung eines solchen Systems hängt von der Gesellschaftsform ab. Bei Aktiengesellschaften kann es etwa ein Vorstandsbeschluss, bei einer GmbH ein Gesellschafterbeschluss sein, für die beide jeweils die organspezifischen Sorgfaltspflichten, etwa die Pflicht zur Einholung von Rechtsrat, eingehalten werden müssen. Die konkreten Inhalte des Systems sind anerkanntermaßen an das Unternehmen bzw. die Unternehmensgruppe (i. S. v. Art. 4 Nr. 19 DSGVO) anzupassen.[634] In Anlehnung an die in der Praxis erprobteren Compliance-Management-Systeme sind gewisse Kernelemente jedoch stets aufzunehmen, deren Ausprägung sich in Abhängigkeit vom Risikoprofil des Unternehmens ändern kann, die jedoch in jedem Fall konsekutiv aufeinander aufbauen.[635] Der Zweck eines solchen Systems ist es nicht bzw. kann es nicht sein, eine absolute Sicherheit für Betroffene oder das einsetzende Unternehmen zu schaffen. Vielmehr geht es um einen adäquaten (i. S. d. Dimension „*responsibly*")[636] Umgang mit Personen und den sie betreffenden Daten.[637] Darin wird regelmäßig eine Ausprägung der Eigenverantwortlichkeit des Verantwortlichen gesehen,[638] obwohl für Auftragsverarbeiter und gemeinsam Verantwortliche die gleichen Anforderungen einschlägig sind.

Der formale Akt der Einrichtung des DMS ist durch die höchste Unternehmensebene („*tone from the top*") vorzunehmen.[639] Hiermit soll – sowohl gegenüber etwaigen Prüfungsinstitutionen (Auditoren, Aufsichtsbehörden, Zertifizierungsstellen) als auch gegenüber den eigenen Mitarbeitern – insbesondere ein Bekenntnis signalisiert werden, dass das Management die Anforderungen des Datenschutzes ernst nimmt und sie auch durch Unternehmensangehörige ernstgenommen sehen möchte.[640] Das DMS muss darüber hinaus Regelungen zu operativen Rollen und Zuständigkeiten („*responsibi-*

---

633 *Veil*, in: Gierschmann et al., DSGVO BDSG, 2018, Art. 24, Rn. 74.
634 Siehe etwa *Art. 29-Gruppe*, WP 173, S. 14, Rn. 45 f.; oder Teil 3, Ziffer 15 lit. a, ii OECD Guidelines.
635 Vgl. statt vieler zu den Kriterien eines Compliance-Management-Systems *Schulz*, BB 2017, 1475 (1478 ff.).
636 Siehe hierzu B.III.1.a.
637 Vgl. *ICO*, Accountability Framework, S. 5.
638 Etwa von *Voigt*, in: Bussche v. d./Voigt, Konzerndatenschutz, 2019, Kap. 2, C, Rn. 14.
639 *Schmidt*, in: Specht-Riemenschneider/Werry/Werry, Datenrecht, 2020, § 2.1, Rn. 19 f.; *Power*, The Law of Privacy, 2021, 411, §A.3; *Raschauer*, in: Sydow/Marsch, DSGVO BDSG, 2022, Art. 24, Rn. 16; ähnlich zu Compliance-Programmen *Schulz*, BB 2019, 579 (582).
640 *Dubnick/Frederickson*, JPART 2010, 143 (150): „[…] the place in which orders are given, may make all the difference in the world as to the response we get. Hand them down from President to the work manager and the effect is weakened."; ähnlich *Jackson*, JMH 2009, 66 (67); vgl. auch ErwG 78 S. 4 DSGVO hinsichtlich der Wirkung, die Privacy by Design auf Hersteller haben soll; so auch *Buchholtz/Stentzel*, in: Gierschmann et al., DSGVO BDSG, 2018, Art. 5, Rn. 47.

lities") innerhalb der Unternehmensgruppe oder Gruppe von Unternehmen enthalten.[641] Diese Regelungen können entweder bereits auf dieser Ebene ausdifferenziert werden, etwa in Form eines Organigramms, definierter Reporting-Zyklen und -Linien, oder aber sie können auf entsprechende Personen (etwa den (Konzern-)Datenschutzbeauftragten)[642] bzw. Funktionen (sog. „*Oversight* oder *Operational Groups*")[643] delegiert werden. Besonders gut ausgeprägte Accountability-Organisationen implementieren auf der Ebene der *Oversight Groups* Genehmigungs- und Freigabeprozesse für Unternehmensbelange mit Datenschutzbezug (etwa die Einführung neuer IT-Systeme oder -Funktionen). Im Falle der Delegation muss allerdings auf höchster Ebene ein zeitlicher und inhaltlicher Rahmen gesetzt werden, der bei der konkreten Ausformung nicht unterschritten werden darf. Einer Haftung kann sich weder das Leitungsorgan, noch das Unternehmen durch eine solche Delegation entziehen.[644] Sofern die Unternehmensgruppe sich entsprechend des Wunsches der Art. 29-Gruppe in ihrem DMS zu einem Vorgehen gegenüber Betroffenen, Lieferanten und Geschäftspartnern verpflichten möchte, das über die bloßen Anforderungen des Gesetzes hinausgehen sollte (etwa eine besonders schnelle Bearbeitung von Betroffenenanfragen oder bestimmte Anforderungen an Hard- und Software),[645] so sind diese entsprechend transparent zu veröffentlichen bzw. zu kommunizieren. Grundsätzlich besteht jedoch keine Verpflichtung, das eigene DMS gegenüber der Öffentlichkeit darzulegen.

Intern jedoch sind die Anforderungen des DMS stets zu publizieren. Auch hierbei kann grundsätzlich das eigentliche Regelwerk oder aber eine speziell aufbereitete Version („*policy*") opportun sein. Da ein DMS notwendigerweise organisationsweit gilt und entsprechend eine hohe und für einzelne Mitarbeiter oder Unternehmensteile möglicherweise unverständliche oder auch irrelevante Bestandteile enthalten kann, ist grundsätzlich eine zielgruppenorientierte Ansprache vorzugswürdig. Dies gilt auch für regelmäßig aufzufrischende Schulungen.[646] Die Vorgaben des DMS bzw. der „*policies*" sind in der gesamten Unternehmensgruppe zu schulen und im Rahmen von Au-

---

641 Vgl. *Jung/Hansch*, ZD 2019, 143, zur Anwendung von RACI bzw. RASCI-Matrizen.
642 Auf die Diskussion, ob und welche Aufgaben einem Datenschutzbeauftragten übertragen werden dürfen, ohne seine Unabhängigkeit zu korrumpieren, soll an dieser Stelle nur verwiesen werden: *Scheja*, in: Taeger/Gabel, DSGVO BDSG TTDSG, 2022, Art. 38, Rn. 75 ff.; *Drewes*, in: Simitis et al., Datenschutzrecht, 2019, Art. 38, Rn. 53 ff.; *Bergt*, in: Kühling/Buchner, DSGVO BDSG, 2020, Art. 38, Rn. 39 ff.
643 Vgl. *ICO*, Accountability Framework, S. 12 f.
644 Vgl. hierzu ausführlich Abschnitt D unten.
645 *Art. 29-Gruppe*, WP 173, S. 6, Rn. 15.
646 *Bevitt/Carey*, in: Carey, Data Protection, 2018, 88 (94).

dits strukturiert auf ihre Einhaltung hin zu überprüfen.[647] Dabei darf sich die Prüfung nicht auf eine bloße Dokumentenprüfung beschränken,[648] sondern es bedarf stets eines Abgleichs des dokumentierten und an den Anforderungen der DSGVO ausgerichteten Soll-Zustands und der praktisch durchgeführten Verarbeitung der personenbezogenen Daten im Ist-Zustand. Gegebenenfalls sind bereits am Soll-Zustand Justierungen vorzunehmen. „Policies" sind so zu formulieren, dass die entsprechende Zielgruppe aus ihnen entweder direkte Handlungsweisen und eigene Pflichten ableiten oder aber Ansprechpartner zur weiteren Klärung entnehmen kann.[649] Auf dieser Ebene sind die Vorgaben der DSGVO hinsichtlich Informationspflichten (Art. 12–14 DSGVO), datenschutzfreundlicher Voreinstellungen (Art. 25 DSGVO), Datentransfers (zu weiteren Akteuren (Art. 26, 28 DSGVO) und außerhalb der EU (Kap. V DSGVO) und Dokumentation (Art. 30 DSGVO) zu verankern. Nur wenn diese Aspekte allen Gremien und Mitarbeitern ausreichend geläufig sind, werden die entsprechenden Tatsachen mit Datenschutzberührung im Tagesgeschäft erkannt und adressiert werden. Dabei ist es nicht erforderlich, dass einzelne Mitarbeiter oder Gremien Spezialisten auf dem Gebiet des Datenschutzes werden und Sachverhalte selbstständig beurteilen oder gar lösen können. Vielmehr sind sie dahingehend zu sensibilisieren, die entscheidungserheblichen Umstände zu erkennen und die hierfür in den „Policies" vorgesehenen Beratungswege einzuschlagen.

Zu den datenschutzrelevanten Umständen gehören zweifellos auch Betroffenenanfragen gem. Kap. III DSGVO. Auf Basis der Liste der Geschäftsprozesse, die den Ausgangspunkt eines jeden DMS bildet, ist ein Prozess, d. h. ein (etwa in Form einer Arbeitsanweisung oder Richtlinie)[650] dokumentiertes und reproduzierbares Vorgehen und Verhalten, für die Beantwortung von Auskunftsersuchen zu etablieren. Der Akteur muss alle Wege, über die eine entsprechende Anfrage eingehen kann, identifizieren und für eine (inhaltlich und zeitlich) adäquate Bearbeitung und ggf. Weiterleitung (intern oder an Auftraggeber, sofern es sich um eine Auftragsverarbeitung handelt) Sorge tragen.

Aus dem Vorgesagten zur Komponente der Sicherstellungspflicht der Accountability ergibt sich für Unternehmen insbesondere ein entsprechender

---

647 *EDPB*, Stellungnahme 1/2020 version 2.0 v. 18.06.2021, S. 4 f.: „The principle of accountability requires continuous vigilance [...]."; *Plath*, in: Plath, DSGVO BDSG TTDSG, 2023, Art. 24, Rn. 20 ff.; *ICO*, Accountability Framework, S. 19 ff.; *Schmidt*, in: Specht-Riemenschneider/Werry/Werry, Datenrecht, 2020, § 2.1, Rn. 21.

648 So auch *Bennett*, in: Guagnin, et al., Managing Privacy through Accountability, 2012, 33 (41).

649 *ICO*, Accountability Framework, S. 14; *Martini*, in: Paal/Pauly, DSGVO BDSG 2021, Art. 24, Rn. 40.

650 Vgl. auch *Eßer*, in: Auernhammer, DSGVO BDSG, 2020, Art. 12, Rn. 15, bzgl. der Anforderungen an die Nachweisführung.

Personalbedarf. Um den erforderlichen Grad an DSGVO-compliance[651] flächendeckend einheitlich zu gewährleisten, ist nach hier vertretener Ansicht eine Zentralisierung von Kompetenzen bei der Konzernmutter bzw. der Dachgesellschaft sowohl im Bereich der Beratungsleistungen als auch hinsichtlich datenschutzspezifischer Audits vorzugswürdig. Die Alternative, lokale Datenschutz- und Auditspezialisten, führt zwangsläufig zu ineffizienten (und damit teuren) Redundanzen hinsichtlich unternehmerischer Standardprozesse wie HR, IT oder Steuern.[652] Darüber hinaus kann es in einer Unternehmensgruppe zusätzlich zu gesellschaftsrechtlich bedingten hierarchischen Friktionen kommen, worauf noch näher einzugehen ist.[653]

Neben dieser Sicherstellungspflicht besteht die Pflicht zur Nachweisfähigkeit.[654] Dies erschöpft sich grundsätzlich nicht in der Dokumentation von Verarbeitungstätigkeiten gem. Art. 30 DSGVO.[655] So wird eine Aufsichtsbehörde bei einer Anfrage gem. Art. 58 Abs. 1 lit. a i. V. m. Art. 31 DSGVO stets nach der angewendeten Rechtsgrundlage für eine Verarbeitung personenbezogener Daten fragen. Bei der Rechtsgrundlage handelt es sich indes nicht um eine gem. Art. 30 Abs. 1 DSGVO zu dokumentierende Tatsache. Neben solchen offensichtlichen Defiziten des Verordnungsgebers werden bestimmte Lebenssachverhalte durch Art. 30 Abs. 1 DSGVO schlicht nicht erfasst.[656] Beispielsweise wird sich eine Nachfrage durch die gem. Art. 55 DSGVO zuständige Aufsicht aufgrund einer Beschwerde eines Betroffenen wegen (angeblicher oder tatsächlicher) Nicht-Beantwortung seiner Auskunftsanfrage nicht anhand eines Verzeichnisses gem. Art. 30 DSGVO erfolgreich verteidigen lassen. Die Nachweisfähigkeit erfordert mithin einen ganzheitlichen Ansatz. Sie bedeutet, dass sowohl die Schritte, die zur Schaffung von Struktur unternommen wurden, als auch deren praktische Anwendung und natürlich das Ergebnis dokumentiert werden müssen. Die Dokumentation gem. Art. 30 DSGVO entspricht einer Art Standbildaufnahme des entspre-

---

651 Vgl. *Schild*, in: Forgó/Helfrich/Schneider, Betrieblicher Datenschutz, 2019, Teil II, Kap. 5, Rn. 8 zu diesem Begriff; *Schmidt*, in: Specht-Riemenschneider/Werry/Werry, Datenrecht, 2020, § 2.1, Rn. 20.

652 *Spittka*, in: Taeger, Den Wandel begleiten, 2020, 41.

653 Abschnitt C unten.

654 *Schmidt/Brink*, in: BeckOK Datenschutzrecht, 2022, Art. 24, Rn. 13; *Heberlein*, in: Ehmann/Selmayr, DSGVO, 2018, Art. 5, Rn. 29; *Thode*, CR 2016, 714 (716); *Plath*, in: Plath, DSGVO BDSG TTDSG, 2023, Art. 24, Rn. 19.

655 Vgl. *ICO*, Accountability Framework, S. 50 zu weiteren Angaben i. R. e. „good practice".

656 Zu weit geht die Anforderung der *ICO* (*ICO*, Accountability Framework, S. 49, letzter Bullet), dass ein Verantwortlicher spiegelbildlich zum Auftragsverarbeiter gem. Art. 30 Abs. 2 DSGVO ein gesamtheitliches Verzeichnis über alle eingesetzten Auftragsverarbeiter und von diesen durchgeführten Tätigkeiten führen muss. Vielmehr sind eingesetzte Auftragsverarbeiter i. R. d. jeweiligen Verarbeitungstätigkeit zu erfassen.

chenden Unternehmens anhand seiner (initial in einer tabellarischen Darstellung erfassten) Geschäftsprozesse. Hieraus können noch keine Schlüsse über die Anwendung der DSGVO gezogen werden, oder anders formuliert: ein Unternehmen, das allein eine Dokumentation gem. Art. 30 DSGVO vorweisen kann, ist nicht automatisch „*accountable*", umgekehrt jedoch handelt ein Unternehmen, das über keine Dokumentation verfügt, mindestens bezüglich dieses Aspekts „unaccountable". Hieran kann auch illustriert werden, dass es sich bei der Accountability der DSGVO um eine Prozess- und nicht lediglich um eine Ergebnispflicht handelt.[657] Diese Unterscheidung ist auch im allgemeinen Accountability-Schrifttum anerkannt,[658] und bezeichnet den Konflikt zwischen einer Verantwortung (i. S. e. Haftung) für ein bestimmtes Ergebnis, mit der Gefahr für Ergebnisse außerhalb des eigenen Einflussbereichs verantwortlich gemacht zu werden, und der Einhaltung eines bestimmten Prozesses, mit dem Risiko, dass eben jene Einhaltung zu einer bürokratischen Routinearbeit wird, ungeachtet etwaiger schlechter Ergebnisse.[659]

Die DSGVO ergreift insofern eine vermittelnde Position. Zwar kann sich ein Akteur gem. Art. 82 Abs. 3 DSGVO exkulpieren, wenn ein Schaden nachweislich außerhalb seines Einflussbereichs entstanden ist. Jedoch erlaubt eine solche Exkulpation nicht den Umkehrschluss, dass ein Akteur sich verantwortlich i. S. v. *responsibly*[660] und seinen Pflichten aus der Accountability verhalten hat, sofern die Exkulpation lediglich auf zufälligen Umständen anstatt eines intendierten Ergebnisses beruht.[661] Entsprechend haben Akteure in strukturierter Weise, etwa anhand des oben beschriebenen Vorgehens, die materiellen Normen der DSGVO sicherzustellen, wobei es nicht um die vollständige Eliminierung des Risikos von Rechtsverstößen geht, sondern um die gesetzeskonforme Gestaltung des Regelprozesses.[662] Diese risikobasiert angepasste Struktur zu dokumentieren und nachweisbar vorzuhalten, rundet die Accountability der DSGVO ab. Es bedarf mithin keiner teleologischen Reduktion.[663]

---

657 Vgl. *Kramer/Meints*, in: Auernhammer, DSGVO BDSG, 2020, Art. 24, Rn. 17; *Veil*, in: Gierschmann et al., DSGVO BDSG, 2018, Art. 24, Rn. 41.

658 Vgl. *Patil/Vieider/Tetlock*, in: Bovens/Goodin/Schillemans, Handbook of Public Accounability, 2016, 69 ff.; *Bovens*, WEP 2010, 945 (948 ff.).

659 *Sinclair*, AOS 1995, 219 (233); *Patil/Vieider/Tetlock*, in: Bovens/Goodin/Schillemans, Handbook of Public Accounability, 2016, 70 m. w. N. zum Streitstand.

660 Hierzu sogleich unter B.III.1.a.

661 Vgl. *Berning*, ZD 2018, 348; *Veil*, in: Gierschmann et al., DSGVO BDSG, 2018, Art. 24, Rn. 42; *Kremer*, in: Schwartmann et al., DSGVO BDSG, 2020, Art. 24, Rn. 14.

662 *Schulz*, BB 2019, 579 (581).

663 So aber vehement in allen seinen Beiträgen *Veil*, vgl. statt aller nur *Veil*, in: Forgó/Helfrich/Schneider, Betrieblicher Datenschutz, 2019, Teil II, Kap. 1, Rn. 32 ff.; auch *Buchholtz/Stenzel*, in: Gierschmann et al., DSGVO BDSG, 2018, Art. 5, Rn. 43.

f. Systematische Einordnung der DSGVO-Accountability

Accountability ist, wie gezeigt werden wird, ein adaptives und kontextuell geprägtes Konzept. Das birgt sowohl Möglichkeiten aber auch Risiken und Unsicherheiten. Möglichkeiten bietet es insofern, da es auf veränderte Rahmenbedingungen dynamisch angepasst werden kann, ohne dass dafür ein formalistischer Gesetzgebungsakt erforderlich wäre. Risiken birgt es insbesondere durch interessengelenkte Aufladung und Übersteigerung. Beide vorgenannten Aspekte stellen Accountability-Pflichtige vor die Herausforderung, durch welche Handlungen sie ihren Pflichten in der Praxis nachkommen sollen und welche Sanktionen in Fällen eines Versäumnisses drohen.

Es ist mithin angezeigt, deutlich – sowohl rechtspolitisch als auch aufsichtsrechtlich – zwischen einer gesetzlich – nicht notwendigerweise oder ausschließlich datenschutzrechtlich – begründeten Accountability und einem ideologisch und normativ aufgeladenen Kampfbegriff zu differenzieren. Vorstellungen von einem „digitalen Ethos" und „menschenwürdegemäßen digitalen Ökosystem[en]"[664] überdehnen sowohl den Wortlaut der Normen, fehlinterpretieren den Willen des Gesetzgebers und sind, da sie aufgrund ihrer Unbestimmtheit nicht um- und/oder durchgesetzt werden können, letztlich sogar dem Konzept der Accountability abträglich, da Betroffene das Vertrauen in die Wirksamkeit des Datenschutzes und ihre Einflussnahmemöglichkeiten verlieren. Das bedeutet nicht, dass Vorstellungen eines ethisch und sozial erwünschten Verhaltens im Konzept der Accountability keinen Platz haben.[665] Dimensionen wie *Responsiveness*[666] und rechtlich tradierte Instrumente wie die ausgleichende Abwägung der Parteiinteressen ermöglichen es bzw. verpflichten Akteure dazu, die (begründeten) Erwartungen ihres jeweiligen Forums zu eruieren und als Teil des sie adressierenden, gesetzlichen Pflichtenkanons zu verstehen,[667] was selbstverständlich auch ethische bzw. redliche Motive i. S. d. Grundsatzes von Treu und Glauben gem. Art. 5 Abs. 1 lit. a DSGVO einschließen kann.[668] Bestünde entsprechend ein real existierender, bekannter oder explizit artikulierter Wunsch durch die von Datenverarbeitungen betroffenen Personen an einem

---

664 Europäischer Datenschutzbeauftragter, Stellungnahme 4/2015, S. 3 f.; ausführlich zu Auswirkungen der Menschenwürde *v. Erdmannsdorff*, MMR 2021, 700 (702 f.).

665 Statt vieler *Sinclair*, AOS 1995, 219 (221): "Accountability is shaped by social norms and aspirations [...]"; so auch zum Begriff der Verantwortung *Klement*, in: Heidbrink/ Langbehn/Loh, Handbuch Verantwortung, 2017, 559 (560 und 566 f.) und *Bayertz*, in: Bayertz, Verantwortung – Prinzip oder Problem?, 1995, 3 (16 und 19 ff.).

666 Vgl. B.III.1.a. unten.

667 Vgl. zur Erwartungshaltung i. R. d. *Responsiveness Romzek/Dubnick*, PAR 1987, 227 (229); krit. dazu jedoch *O'Loughlin*, A&S 1990, 275 (281), und zur „vernünftigen Erwartung" i. R. d. DSGVO ErwG 47.

668 *Tinnefeld*, in: Tinnefeld/Buchner/Petri/Hof, Datenschutzrecht, 2020, 70, Rn. 195.

bestimmten Verhalten des Accountability-Pflichtigen, wäre dies verhaltensleitend bei der Erfüllung der materiellen Pflichten zu berücksichtigen. Programmatische, idealtypische und – angesichts des leichtfertigen Verbraucherverhaltens hinsichtlich ihrer Daten – realitätsferne Meinungen von Aktivisten, Hardlinern und Interessenverbänden genügen diesem Anspruch jedoch nicht. Zutreffend formuliert *Bock* daher „Die DSGVO ist keine Wundertüte [...]",[669] was uneingeschränkt auch für die Accountability-Normen der Art. 5 Abs. 2 und 24 Abs. 1 DSGVO gilt.

Es kann indes trotz dieser Einschränkung nicht von der Hand gewiesen werden, dass die DSGVO selbst bei unterstellter Klarheit der zu erfüllenden Pflichten und insbesondere auch nach der hier vertretenen Auffassung eines adaptiven Accountability-Konzepts eine erhebliche Herausforderung für datenverarbeitende Akteure darstellt. Es ist entsprechend angezeigt, vor einer vertieften Auseinandersetzung mit den Dimensionen, welche das Instrument der Accountability zu einem changierenden und deutungsoffenen Konzept machen,[670] die materiell-rechtlichen Vorgaben der DSGVO ihrem Ursprung in Art. 5 Abs. 1 DSGVO zuzuordnen, der wiederum der Umsetzung der primärrechtlichen Anforderungen gem. Art. 16 Abs. 2 AEUV und Art. 8 GRCh dient.[671]

Hierzu soll folgende schematische Illustration dienen:

---

669 *Bock*, PinG 2022, 49.
670 Teilweise wird der informationellen Selbstbestimmung an sich eine ähnliche Deutungsoffenheit attestiert, z. B. *Albers*, in: Friedewald/Lamla/Roßnagel, Informationelle Selbstbestimmung im digitalen Wandel, 2017, 11.
671 *Weichert*: in: Däubler et al., DSGVO BDSG, 2020, Art. 5, Rn. 3; *Herbst*, in: Kühling/Buchner, DSGVO BDSG, 2020, Art. 5, Rn. 1.

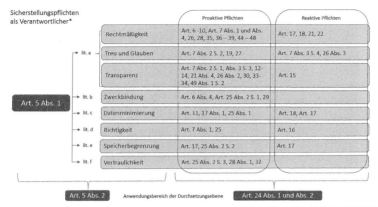

Abb. 2: Schematisierung des konzentrischen Aufbaus der Prinzipien des Art. 5 Abs. 1 DSGVO im Verhältnis zu den materiellen Normen der Art. 6–49 DSGVO (exkl. Art. 23 f. DSGVO).

Aus dieser Zuordnung ist deutlich ableitbar, dass der Fokus des Verordnungsgebers auf einer Schaffung von Transparenz und einer Regulierung der als rechtmäßig angesehenen Datenverarbeitungen lag. Letzteres erstaunt in einem grundrechtsgeprägten Konkordanzverhältnis nicht weiter, während Ersteres insbesondere einer gesetzgeberischen Entscheidung bezüglich der herzustellenden objektiven Werteordnung entspricht; Betroffene sollen in die Lage versetzt werden, ihre „soziale Realität"[672] in informierter Weise wahrzunehmen, um nicht aufgrund etwaiger Wissensasymmetrien der Objektifizierung durch andere zu unterliegen. Interessanterweise betonte der Verordnungsgeber die insinuierte Eigenverantwortung ausschließlich für datenverarbeitende Akteure,[673] nicht jedoch für Betroffene. Es mag damit kritisch hinterfragt werden, ob die angestrebte und teilweise auch objektiv geschaffene Transparenz in der Praxis von den Betroffenen rezipiert wird.

Im Einzelnen bedarf die obige Darstellung jedenfalls der Erklärung, insbesondere da einzelne Normen der Konkretisierung gleich mehrerer Grundsätze dienen können.

Das Prinzip der Rechtmäßigkeit wird primär durch die Normen der Rechtsgrundlagen (Art. 6 DSGVO) und erweiterten Verarbeitungsvoraussetzun-

---

672 So BVerfG, Urt. v. 15.12.1983 – 1 BvR 209/83, 1 BvR 269/83, 1 BvR 362/83, 1 BvR 420/83, 1 BvR 440/83, 1 BvR 484/8, BverfGE 65, 1, Rn. 96.

673 *Albrecht/Jotzo*, Das neue Datenschutzrecht, 2017, 55, Rn. 18; *Heberlein*, in: Ehmann/Selmayr, DSGVO, 2018, Art. 5, Rn. 29; *Albrecht*, CR 2016, 88 (91).

gen für besonders qualifizierte Daten (Art. 7–10 DSGVO[674]) oder besondere Verarbeitungsmethoden[675] konkretisiert.[676] Diesem Prinzip kommt die zentrale Position im Normengefüge der DSGVO zu.[677] Im erweiterten Sinne dienen jedoch auch die Normen zur kollaborativen Datenverarbeitung (Art. 26 und Art. 28 DSGVO) der Rechtmäßigkeit, da durch ihre Befolgung der verfassungsgemäße Schutz des Rechts auf informationelle Selbstbestimmung auch bei der Weitergabe von Daten an weitere Empfänger i. S. v. Art. 4 Nr. 9 DSGVO sichergestellt wird.[678] Allerdings führen Verstöße gegen Normen dieses erweiterten Rechtmäßigkeitsrahmens auf Rechtsfolgenseite nicht zu dem gleichen Ergebnis – einer Löschpflicht gem. Art. 17 Abs. 1 lit. d DSGVO – wie ein Verstoß gegen die Art. 6–10 DSGVO, sondern stellen nur einen ggf. bußgeldbewehrten Verstoß dar.[679] Ähnlich verhält es sich hinsichtlich der Normen zu Übermittlungen in Drittländer (Art. 44–49 DSGVO). Durch diese Instrumente wird jeweils im konkreten Exportverhältnis gewährleistet, dass die Datenverarbeitung beim Importeur nach europäischen Maßstäben rechtmäßig erfolgt. Der Rechtmäßigkeit dient auch das Erfordernis einer Datenschutzfolgenabschätzung gem. Art. 35 f. DSGVO. Insbesondere aus der Pflicht zur vorherigen Konsultation gem. Art. 36 DSGVO geht der grundrechtliche Schutzgedanke hervor, wonach ein nicht durch entsprechende Maßnahmen mitigierter Eingriff einer gesteigerten aufsichtsbehördlichen Kontrolle bedarf und ggf. gem. Art. 58 Abs. 2 DSGVO untersagt oder von der Erfüllung weiterer Anforderungen abhängig gemacht werden kann. Einer gesteigerten Kontrolle dient auch die Pflicht zur Bestellung eines Datenschutzbeauftragten als einer unabhängigen Stel-

---

674 Vgl. *Petri*, in: Simitis et al., Datenschutzrecht, 2019, Art. 9, Rn. 2; *DSK*, Kurzpapier 17, S. 2 zur zutreffenden Einschätzung, dass es sich bei Art. 9 und Art. 10 nicht um eigene Rechtsgrundlagen, sondern lediglich um Zusatzanforderungen handelt; aufgrund der systematischen Stellung in Kap. II DSGVO sieht der EuGH (Urt. v. 4.5.2023 – C-60/22 (UZ ./. Bundesrepublik Deutschland), ECLI:EU:C:2023:373, Rn. 58) auch Art. 11 DSGVO als Ausfluss des Rechtmäßigkeitsprinzips gem. Art. 5 Abs. 1 lit. a DSGVO an, obwohl dieser deutlich stärkere Anleihen an das Gebot der Datenminimierung gem. Art. 5 Abs. 1 lit. d DSGVO enthält.

675 Vgl. dazu, dass es sich beim Verbot der automatisierten Entscheidungsfindung um eine Rechtmäßigkeitsvoraussetzung handelt *Martini*, in: Paal/Pauly, DSGVO BDSG, 2021, Art. 22, Rn. 29 und 29b; *Weichert*, in: Däubler et al., DSGVO BDSG, 2020, Art. 22, Rn. 16; *Atzert*, in: Schwartmann et al., DSGVO BDSG, 2020, Art. 22, Rn. 2 und 30; ohne die Bezeichnung als Rechtmäßigkeitsvoraussetzung *Taeger*, in: Taeger/Gabel, DSGVO BDSG TTDSG, 2022, Art. 22, Rn. 7.

676 EuGH, Urt. v. 4.5.2023 – C-60/22 (UZ ./. Bundesrepublik Deutschland), ECLI:EU:C:2023:373, Rn. 58; ähnlich *Kamlah*, in: Plath, DSGVO BDSG TTDSG, 2023, Art. 12, Rn. 1.

677 Ausführlich oben B.II.4.a.

678 EuGH, Urt. v. 4.5.2023 – C-60/22 (UZ ./. Bundesrepublik Deutschland), ECLI:EU:C:2023:373, Rn. 65.

679 Ebenda, Rn. 61 und 65 ff.

le innerhalb des Akteurs, der die Rechtmäßigkeit der Datenverarbeitungen überwacht und – im Wortlaut des BDSG a. F. gesprochen – darauf hinwirkt, dass sie durch den Akteur gewahrt bleibt. Korrespondierend zu diesen allgemeingültigen und anlassunabhängigen Pflichten der Akteure dienen die Betroffenenrechte und insbesondere die Rechte auf Löschung (Art. 17 DSGVO), Einschränkung (Art. 18 DSGVO), Widerspruch (Art. 21 DSGVO) und Einflussnahme bei automatisierten Entscheidungen (Art. 22 DSGVO) der Sicherstellung der Rechtmäßigkeit bzw. eines rechtmäßigen Zustands. Bereits innerhalb von Art. 5 Abs. 1 DSGVO stellen die litteras c–e Ausflüsse des Rechtmäßigkeitsprinzips dar.[680] Dass der Verordnungsgeber sie in den Rang eigenständiger Grundsätze erhoben hat, erlaubt eine differenzierte und rechtssichere Anwendung in Fällen, in denen der Auffangrahmen des Art. 5 Abs. 1 DSGVO erforderlich ist.

Dem Grundsatz von Treu und Glauben (engl. *Fairness*) kommen, seiner Funktion als Inkarnation einer Auffangnorm entsprechend, nur wenige unmittelbare Konkretisierungen zu. Allerdings können basale Wertungen der Fairness etwa aus Art. 7 Abs. 2 S. 2 DSGVO entnommen werden, wonach auch eine abgegebene Einwilligung unwirksam sein soll, wenn sie unter einem Verstoß gegen die Verordnung erfolgte. Ein solcher Verstoß ist insbesondere darin zu sehen, wenn den Betroffenen etwa die Folgen einer Einwilligung nicht deutlich waren oder außerhalb der objektiven Einflussnahmemöglichkeit des Betroffen liegen. Letzterem trägt auch Art. 19 DSGVO Rechnung, der Verantwortliche verpflichtet, wirksam ausgeübte Betroffenenrechte proaktiv an Empfänger der Daten zu kommunizieren und somit der Verwirklichung des Betroffeneninteresses Unterstützungshilfe zu leisten. Gegen den Grundsatz von Treu und Glauben verstieße es auch, wenn sich ein Akteur einer Inanspruchnahme dadurch entziehen oder diese zumindest erheblich erschweren könnte, dass er sich bewusst außerhalb der unmittelbaren Rechtssphäre des Betroffenen hielte. Entsprechend müssen außerhalb der EU angesiedelte Akteure gem. Art. 27 DSGVO einen Vertreter benennen, der seinerseits Haftungssubjekt für die Verarbeitungen des Akteurs werden kann.[681] Auch können aus dem Grundsatz von Treu und

---

680 Vgl. etwa BVerfG, Urt. v. 15.12.1983 – 1 BvR 209/83, 1 BvR 269/83, 1 BvR 362/83, 1 BvR 420/83, 1 BvR 440/83, 1 BvR 484/8, BVerfGE 65, 1, Rn. 102, wo das Gericht feststellt, dass personenbezogene Daten stets nur zweckgebunden verarbeitet werden dürfen, soll der Grundrechtseingriff zulässig sein.

681 Dabei wird indes allgemein zwischen einer Verletzung eigener Pflichten des Vertreters und einer Einstandspflicht für Verstöße des Vertretenen unterschieden, siehe *Hartung*, in: Kühling/Buchner, DSGVO BDSG, 2020, Art. 27, Rn. 17 ff.; *Schreibauer*, in: Auernhammer, DSGVO BDSG, 2020, Art. 27, Rn. 15; *Hanloser*, in: BeckOK Datenschutzrecht, 2022, Art. 27, Rn. 1; a. A., eine Haftung des Vertreters verneinend *Lang*, in: Taeger/Gabel, DSGVO BDSG TTDSG, 2022, Art. 27, Rn. 66 ff.; *Martini*, in: Paal/Pauly, DSGVO BDSG, 2021, Art. 27, Rn. 55.

B. Informationspflichtigkeit als konstitutives Merkmal von Accountability

Glauben andere Prinzipien einschränkende Wirkungen entstehen, wenn beispielsweise ein Verantwortlicher Verfahren zur Pseudonymisierung einsetzt, die grundsätzlich nach Art. 5 Abs. 1 lit. c DSGVO wünschenswert sind, jedoch unter Berufung auf Art. 11 DSGVO dann die Bearbeitung von Betroffenenersuchen verweigert. Dies wäre unter Rückgriff auf den Grundsatz von Treu und Glauben zu korrigieren,[682] weil die entsprechende Systemgestaltung allein in der Sphäre des Verantwortlichen liegt.

Der Akteur und – sofern vorhanden – dessen Vertreter gem. Art. 27 DSGVO ist nach Art. 13 Abs. 1 lit. a resp. Art. 14 Abs. 1 lit. a DSGVO den betroffenen Personen offenzulegen. Die Art. 13 und 14 DSGVO bilden gemeinsam mit Art. 12 DSGVO die unmittelbarsten Ausformungen des Transparenzgrundsatzes i. S. v. Art. 5 Abs. 1 lit. a 3. Var. DSGVO. Sie werden jedoch durch eine Reihe weiterer Normen ergänzt. Hierzu zählen insbesondere die Hinweispflicht auf die Einflussnahmemöglichkeit durch Widerspruch sowie die Pflicht zur Offenlegung, wenn eine Verarbeitung trotz Widerspruchs weitergeführt werden soll (Art. 21 Abs. 1 und Abs. 4 DSGVO), oder wenn eine bestimmte Verarbeitung im Rahmen einer gemeinsamen Verantwortung gem. Art. 26 DSGVO erfolgen soll, einschließlich deren wesentlicher Inhalte. Die Forenabhängigkeit der Transparenzpflichten wird an den Art. 33 und 34 DSGVO deutlich. Während Art. 33 DSGVO unabhängig von einer Risikobeurteilung anwendbar und damit tatbestandlich niedrigschwelliger ist, erfordert Art. 34 DSGVO Transparenz über Datenschutzverletzungen nur in Fällen, die voraussichtlich ein hohes Risiko darstellen.[683] Das mit der entsprechenden Verletzung i. S. v. Art. 4 Nr. 12 DSGVO einhergehende Risiko ist bei einer Benachrichtigung gem. Art. 34 DSGVO den Betroffenen in verständlicher Form und einschließlich möglicher Schutz- bzw. Abhilfemöglichkeiten zu kommunizieren. Darüber hinaus sind der Aufsichtsbehörde gem. Art. 33 Abs. 3 DSGVO umfangreiche Einzelheiten zum Vorgang der Datenschutzverletzung mitzuteilen, Betroffenen hingegen nicht.

Eine Sonderrolle kommt dem Grundsatz der Vertraulichkeit und Integrität zu. Grundsätzlich dient Vertraulichkeit dem Zweck, eine nicht zweckgemäße und damit unrechtmäßige Verarbeitung durch den Akteur und insbesondere durch Dritte zu verhindern. Insofern hat Art. 5 Abs. 1 lit. f DSGVO gewisse Schnittmengen mit den litteras a und b des Art. 5 Abs. 1 DSGVO. Darüber hinaus kommt der Vertraulichkeit i. S. d. Grundrechts auf Vertraulichkeit und Integrität informationstechnischer Systeme auch ein eigenständiger Gehalt zu.[684] So entschied das BVerfG in seinem Urteil vom 27.2.2008, dass eine

---

682 Siehe zu einer entsprechenden Auslegung *EDPB*, Guidelines 01/2022 on data subject rights – right of access, S. 24, Rn. 67.
683 Vgl. zum Risikobegriff DSK Kurzpapier Nr. 18 und ausführlich C.II.2. unten.
684 Krit. zur Prämisse, das Recht auf informationelle Selbstbestimmung bedürfe der vom BverfG vorgenommenen Flankierung *Gersdorf*, in: BeckOK Informations- und Me-

heimliche Infiltration eines informationstechnischen Systems grundsätzlich gegen die Vertraulichkeitserwartung der Betroffenen verstoße und daher unter den Vorbehalt richterlicher Anordnung zu stellen sei.[685] Diesen Gehalt hat der Grundsatz der Integrität und Vertraulichkeit anderen Datenschutzgrundsätzen – und auch den anderen Grundrechtsgarantien, weshalb das Gericht die Notwendigkeit einer neuen Einzelverbürgung sah[686] – voraus.[687]

Damit ergibt sich innerhalt der DSGVO ein Spezialitäts- und Vorrangverhältnis im Sinne konzentrischer Kreise. Die materiell-rechtlichen Vorgaben der Art. 6–49 DSGVO (ausgenommen Art. 23 f. DSGVO) sind konkrete Ausformungen der Grundsätze in Art. 5 Abs. 1 DSGVO. Sie bilden den jeweils einzuhaltenden Handlungsmaßstab der Sicherstellungspflicht. Die Pflicht, die zur Sicherstellung getroffenen Maßnahmen auch nachweisen zu können – Nachweisfähigkeit gem. Art. 5 Abs. 2 und 24 Abs. 1 S. 1 DSGVO –, sind entsprechend anzuwenden; sie bilden keine allgemeine, unspezifische Nachweispflicht, sondern finden im Falle einer dedizierten Anfrage der gem. Art. 55 DSGVO zuständigen Aufsichtsbehörde Anwendung. Das Erfordernis, nachweisfähig zu sein, eröffnet den Weg zu einer einzelfallabhängigen Beweislastumkehr im Wege der sekundären Darlegungs- und Beweislast sowohl im Zivilprozess als auch im Verwaltungsverfahren, jedoch stets bezogen auf die Einhaltung einer konkreten materiellen Anforderung. Die im Schrifttum insbesondere in der Frühphase der DSGVO verschiedentlich – und in der Sache wenig überzeugend – vorgebrachten Argumente,[688] die eine solche Einzelfalldokumentation und -nachweisbarkeit ablehnten,

---

dienrecht, 2022, Art. 2 GG, Rn. 23 f. m. w. N.; zur Entwicklung *Spiecker gen. Döhmann*, CR 2016, 698 (699 f.).

685 BverfG, Urt. v. 27.2.2008 – 1 BvR 370/07, 1 BvR 595/07 = NJW 2008, 822 (824 f. und 832).

686 *Drackert*, Risiken der Verarbeitung personenbezogener Daten, 2014, 225.

687 Allgemein zum Grundrecht auf die Vertraulichkeit und Integrität informationstechnischer Systeme *Schmidt*, in: Taeger/Gabel, DSGVO BDSG TTDSG, 2022, Art. 1, Rn. 28 ff.; *Ambrock*, in: Jandt/Steidle, Datenschutz im Internet, 2018, Kap. A, Absch. II, Rn. 37 ff.; *Spiecker gen. Döhmann*, CR 2016, 698 (699 f.); *Jarass*, in: Jarass/Pieroth, GG, 2020, Art. 2, Rn. 37a.

688 Vgl. *Breyer*, DuD 2018, 311 (316), der dieses Ergebnis bspw. aus der Streichung der Bezeichnung „operation" in den Erwägungsgründen des Kommissionsentwurfs durch EP und Rat herleitet (unter Verkennung, dass lediglich die Terminologie angepasst wurde und „processing" i. S. v. Art. 4 Nr. 2 DSGVO weiterhin sämtliche „operations" einschließt, zutreffend daher wie hier *Schantz*, in: Schantz/Wolff, Das neue Datenschutzrecht, 2017, S. 102 f., Rn. 308 f.), oder *Veil*, ZD 2018, 9 (12) der die Ablehnung anhand eines Beispiels von PKW-Fahrern illustrieren möchte, die ihr Verhalten der Polizei gegenüber nachzuweisen hätten und insinuiert eine Unmöglichkeit, ohne in Erwägung zu ziehen, dass dies etwa bei LKW-Fahrern seit der Einführung des Tachographen in Deutschland durch das Verkehrssicherungsgesetz vom 19.12.1952 (§ 57 f. StVzO) Gang und Gäbe ist und durch digitale Tachos in modernen Autos ohne weiteres auch bei Privat-PKW möglich wäre (vgl. auch Art. 9 Abs. 2 Durchführungsverord-

erweisen sich insofern nach hier vertretener Auffassung als unzutreffend. Eine abstrakte bzw. generalistische Dokumentation ist weder geeignet, die Rechtmäßigkeit eines speziellen Datenverarbeitungsvorgangs sicherzustellen (auch weil es an einem leitenden Maßstab bislang fehlt), noch sie nachzuweisen. Sie wird daher von der DSGVO auch nicht gefordert, sondern ist stets in Gesamtschau des Normzusammenhangs zu sehen.

5. Zusammenfassung

In Gesamtschau folgt aus den vorstehenden Erwägungen, dass eine gesetzlich normierte Accountability wie die der DSGVO kein Instrument der (regulierten) Selbstregulierung ist. Vielmehr beruht diese Sichtweise auf einer ungenügenden Differenzierung zwischen dem modernen Konzept von Accountability und der sprachhistorischen Oberkategorie der Responsibility, denn insbesondere letztere wird durch ethisch-moralische und selbstbeschränkende Rücksichtnahmepflichten geprägt, wodurch ein intrinsisches Handlungsmotiv unterstrichen wird. Accountability wird dagegen in Situationen verwendet, in denen ein Verhalten einer Kontrolle und Sanktionierung durch eine extern zum Handelnden angesiedelten Person oder Institution unterliegt. Diese Voraussetzungen prägen auch das Datenschutzrecht seit den ersten Normierungen durch die Konvention 108 (einschl. Konvention 108+) und die Datenschutzrichtlinie von 1995. Dem in den Folgejahren dennoch festzustellenden Umsetzungs- und Vollzugsdefizit sollte mit der Einführung der DSGVO begegnet werden.

Dabei ist die Funktionsweise dieses im Wesentlichen aus dem US-amerikanischen Rechtsraum entlehnten Instruments dem kontinental-europäischen Recht nicht grundsätzlich fremd, jedoch unter der Begrifflichkeit der Accountability[689] auch nicht vollständig geläufig. Insbesondere begründet eine gesetzlich normierte Accountability keine neuen, eigenen Pflichten. Vielmehr ist ihr Zweck die Beförderung der Wirksamkeit materieller Normen.[690] Die DSGVO enthält, wie vorstehend schematisch entwickelt, in struktureller Hinsicht zwei Normenkomplexe, die jeweils über eine eigene Accountability-Norm zur Durchsetzung verfügen (Art. 5 Abs. 2 für die Normen des Art. 5 Abs. 1 und Art. 24 Abs. 1 S. 1 für die Normen der Art. 6–49 DSGVO). Auf dieser systematischen Fundierung können die Normen der Accountability rechtssicher angewendet werden, ohne dass es zu unvorhersehbaren Umständen für die Rechtsunterworfenen käme.

---

nung (EU) 2021/392, der vergleichbare Meldungen durch KFZ-Hersteller an die EU-Kommission anordnet); wie hier entsprechend *Art. 29-Gruppe*, WP 173, S. 10, Rn. 29.

689 Siehe oben A. I. zur Kritik, warum Rechenschaftspflicht als deutsche Übersetzung von Accountabilits verkürzend kritikwürdig erscheint.

690 So auch die *Art. 29-Gruppe*, WP 173, S. 10, Rn. 11 und 36; *Veil*, ZD 2018, 9 (11).

III. Topos der Accountability

Wie bereits angedeutet, handelt es sich bei Accountability nicht um einen feststehenden, sondern eher im Gegenteil um einen stark kontextabhängigen – objektiv variablen – und auch bei unterschiedlichen Verwendern changierenden – subjektiv variablen – Schlüsselbegriff,[691] der im allgemeinen Sprachgebrauch mit einer Vielzahl von Konnotationen aufgeladen ist,[692] zu dessen Erklärung immer neue Metaphern von verschiedenen Autoren bemüht werden.[693] Das erschwert die (rechts-)wissenschaftliche Aufarbeitung seiner Reichweite und der Implikationen sowie die Bestimmung einzelner Handlungspflichten. Im Folgenden soll daher anhand einer Auswahl der in der englischsprachigen Literatur der Politik- und Gesellschaftswissenschaften diskutierten Dimensionen der Accountability dargestellt werden, um näherungsweise zu einem Verständnis zu kommen, das auf seine Übertragbarkeit auf die Normen der DSGVO untersucht werden kann. Die nachfolgend dargestellten Dimensionen oder Facetten von Accountability werden dabei im Schrifttum ohne eine strukturierte Positionierung zueinander diskutiert,[694] obwohl es unstreitig zu sein scheint, dass sie entsprechend dem Wesen der Accountability als eine soziale Beziehung in Wechselwirkungen stehen,[695] die sich abhängig von der Situation verstärken und effektuieren können.

Den Dimensionen oder Aspekten, die Accountability im englischen Sprachgebrauch prägen, kann sich nur in iterativer Weise angenähert werden. Dabei bieten die historische und die grammatikalische Einordnung einen ersten Ansatz.[696] Etymologisch leitet sich das englische „*Count*" aus dem französischen Idiom ab, das nach der Eroberung durch Wilhelm I., seines Zeichens französischsprachiger Herzog der Normandie, Amtssprache wurde. Hierin werden zwei Wortstämme identifiziert. Einerseits wird es vom Verb „*aconter*" (dt. meinen, schätzen) abgeleitet.[697] Daneben ist die Herleitung

---

691 *Lutterbeck*, in: Mehde/Ramsauer/Seckelmann, FS Bull, 2011, 1017 (1018), definiert Kontexte als „[…] soziale Strukturen, deren Eigenschaften im Laufe der Zeit evolvieren.".

692 Vgl. krit. dazu *Mulgan*, PA 2000, 555 (571).

693 Krit. zu der Verwendung von Toolbox, Mix und Mosaik *Bennet/Raab*, The Governance of Privacy, 2006, S. 207 f.

694 So zur Literatursituation auch *Bovens*, WEP 2010, 946.

695 Diese diffuse Wechselbeziehung äußert sich zum Beispiel in der Referenz auf Accountability als ein Netz (vgl. *Sinclair*, AOS 1995, 219 (221); *Baue/Murninghan*, JCC 2011, 27 (31); *Scott*, JlaS 2000, 38 (51)) oder ein Matrixmodel (vgl. *Romzek/Dubnick*, PAR 1987, 227 (229); *Brandsma/Schillemans*, JPART 2013, 953 (961)).

696 Vgl. ausführlich dazu auch schon unter A. I. oben.

697 *Dubnick*, in: Bovens/Goodin/Schillemans, Handbook of Public Accountability, 2016, 23 (27).

von „*comptes*" (dt. Zählung, Abrechnung)[698] möglich, deren Durchführung Wilhelm I. veranlasste. Die korrespondierende Pflicht wird als „*obligation de rendre des comptes*" oder in ihrer englischen Ableitung in phonetisch ähnlicher Weise als „*obligation to render an account*" bezeichnet.[699] Interessanterweise betitelt die französische Sprachfassung der DSGVO die Pflichten aus Art. 5 Abs. 2 und 24 jedoch nicht dergestalt, sondern überschreibt sie mit „*responsabilité*". Welche möglichen Konnotationen mit dieser Wortwahl einhergehen, soll im Folgenden noch erörtert werden; die Bezeichnung „*responsabilité*" zeigt jedoch bereits den Ursprung des Adjektivsuffixes „*-ability*" unter anderem an „*Accountability*", der auch durch die Sprachwissenschaft gestützt wird. Danach wird im Englischen die Suffixform „*-(abil)ity*" für Wörter französischen bzw. romanischen Ursprungs verwendet, während die Suffixform „*-ness*" an Wörter germanischen Ursprungs angehängt wird.[700] Infolge der normannischen Eroberung und der daraufhin in der Oberschicht gesprochenen Sprache findet die Suffixform „*-(abil)ity*" statistisch gesehen eine zunehmende Bedeutung im Alt- und Mittelenglisch.[701] Bei Accountability handelt es sich linguistisch gesehen mithin um eins von vielen Superstraten französischen Ursprungs.[702]

Aufbauend auf dem Wortstamm „*Account*", der sowohl narrative wie finanzielle Implikationen hat,[703] werden die abgeleiteten Formen „*Accountability*" und „*Accountableness*" gebildet. Entsprechend der oben dargelegten Ableitung vom französischen „*comptes*" handelt es sich jedoch bei „*accountableness*" um eine morphologische Anomalie, dessen Entstehung nicht zweifelsfrei belegt werden kann, da es sich nicht um ein Wort germanischen Ursprungs handelt. Losgelöst vom Terminus der Accountability bezeichnen die Suffixformen „*-ness*" und „*-(abil)ity*" zwei verschiedene Facetten des Nomens, deren sprachwissenschaftliche und gelebte Bedeutung im Sprachgebrauch jedoch umstritten ist.[704] Die Wortendung „*-abilty*" soll

---

698 Das sich seinerseits vom lateinischen Verb computus (deutsch: Berechnung) ableitet; vgl. *Dubnick*, in: Bovens/Goodin/Schillemans, Handbook of Public Accountability, 2016, 23 (27).

699 *Art. 29-Gruppe*, WP 173, S. 8, Rn. 22; *Raab*, in: Guagnin, et al., Managing Privacy through Accountability, 2012, S. 15 (20).

700 *Arndt-Lappe*, ELL 2014, 497 (498), wobei die Herkunft nur ein Grund für die Suffixform ist. Andere Gründe sind etwa die Silbenglättung, vgl. ebenda (501).

701 *Palmer*, ELL 2014, 117 (112 ff.).

702 Vgl. *Lutz*, ELL 2009, 227 (229), zu den Effekten, die von der Sprache der Sieger einer Eroberung ausgehen, insb. Fn. 6, wonach zwischen 28 und 38 % des Angelsächsischen Idioms nach der normannischen Eroberung durch französische Lehnwörter ersetzt wurden.

703 *Schedler*, in: Schedler/Diamond/Plattner, The Self-Restraining State, 1999, S. 13 (15); *Raab*, in: Guagnin, et al., Managing Privacy through Accountability, 2012, S. 15 (20 f.).

704 *Arndt-Lappe*, ELL 2014, 497 (501 ff.).

sich grundsätzlich auf die bestehende Möglichkeit, etwas zu tun oder etwas zu bewirken, beziehen, während die Wortendung „*-ness*" eher hinsichtlich der Qualität, des Zustands, oder einer Bedingung des Wortes, an dem sie angehängt ist, verwendet wird. „*Accountableness*" wäre entsprechend ein Beispiel dafür, dassdie Suffixendung „*-ness*" dem Adjektiv „*accountable*" hinzugefügt wird und so eine bestimmte Qualität, einen Zustand oder eine Bedingung der grundsätzlichen Fähigkeit und Pflicht zur Rechenschaft bzw. Rechtfertigung indizieren soll. „*Accountable*" dagegen ist zusammengesetzt aus „*account*" und „*-able*" und bezeichnet daher im engeren Wortsinn nicht mehr als die Fähigkeit ‚den „*account*" zu erbringen,[705] was hinsichtlich der zunehmenden Aufladung des Begriffs zum Teil rückbesinnend und in diesem Zuge einschränkend verstanden wird.[706]

1. Inhaltsdimensionen von Accountability

Diese Annährung soll nicht darüber hinwegtäuschen, dass Accountability abhängig von der sie jeweils untersuchenden Disziplin unterschiedlichen Rahmenbedingungen und Wertungen unterworfen wird; eine umwelt- oder sozialwissenschaftliche Untersuchung beispielsweise wird die nachfolgenden Dimensionen der Accountability in ihrem eigenen, spezifischen Kontext sehen und sowohl die Bedeutung als auch Gewichtung eigenständig bestimmen,[707] so dass nicht ohne Weiteres von einer Übertragbarkeit der Ergebnisse auf den Datenschutzkontext ausgegangen werden kann, sondern es einer individuellen Prüfung und Adaption im Einzelfall bedarf. Im Verhältnis der Dimensionen zum Gesamtkonzept von Accountability besteht keine strikte Akzessorietät. Das bedeutet, dass sie zum einen nicht alle gleichzeitig und immer im gleichen Maße vorliegen müssen und zum anderen, dass sie nicht wechselseitig ausschließlich sind. Vielmehr handelt es sich um ein Variationenverhältnis,[708] wonach das übergeordnete Konzept alle Variatio-

---

705 Siehe hierzu auch die historische und grammatikalische Auslegung der DSGVO Accountability-Normen unter B.II.4. oben, aus der sich genau diese Verpflichtung zur Fähigkeit des Nachweises ergibt.

706 *Mulgan*, PA 2000, 555 (564 („[…] we should remember the element of potentiality in account*ability*, the implication that an official *may* be called to account […]") und 567 („[…] the ever-present threat of being called to account, the potential implicit in account*ability*."), Hervorhebungen im Original; *Bovens*, WEP 2010, 946 (951).

707 Vgl. Weitere Bsp. bei *Sinclair*, AOS 1995, 219 (221), und *Schedler*, in: Schedler/Diamond/Plattner, The Self-Restraining State, 1999, 13 (22); *Bovens/Schillemans/Goodin*, in: Bovens/Goodin/Schillemans, Handbook of Public Accountability, 2016, 1 (f. und 4 f.).

708 *Dubnick*, in: Bovens/Goodin/Schillemans, Handbook of Public Accountability, 2016, 23 (33), bemüht dabei den Vergleich der "*genus and species*"; ähnlich auch *Lindberg*, IRAS 2013, 202 (207).

nen umfasst, die Variationen aber jeweils nur Teilmengen darstellen und sich insofern voneinander abgrenzen.[709]

a. Zuständigkeit zum forenabhängigen Dialog

Accountability ist in ähnlichem Maße wie Verantwortlichkeit i. S. e. Rücksichtnahme eine Eigenschaft, die ein Akteur aus eigenem Antrieb umsetzen kann. Zugewiesen und auch eingefordert wird sie jedoch stets durch eine zum Akteur außenstehende Partei, und zwar ohne dass der Akteur diese Stellung – sofern er verantwortlich ist oder *accountable* sein muss – vonsichweisen kann.[710] Die Pflicht, mit dieser außenstehenden Partei zu interagieren, ist der Accountability-Eigenschaft mithin immanent. Im englischen Ursprungsschrifttum wird sie durch verschiedene Handlungs- und Verhaltenspflichten charakterisiert, auf die im Folgenden eingegangen wird, bevor diese Erkenntnisse jeweils auf das Datenschutzrecht übertragen werden. Hier wird insbesondere auch gezeigt werden, dass die im Datenschutzrecht vermeintlich vorhandene Beschränkung auf den für eine Datenverarbeitung Verantwortlichen (Art. 4 Nr. 7 DSGVO)[711] aus Accountability-Perspektive unzutreffend ist. Vielmehr befinden sich auch Auftragsverarbeiter im Rahmen ihrer funktionsspezifischen Handlungspflichten in einer Accountability-Beziehung.

(1) Responsibility, Answerability und Responsiveness

Der sowohl in der deutschsprachigen als Anglizismus wie auch in der englischen Literatur am häufigsten synonym oder zumindest nicht trennscharf zu Accountability verwendete Begriff ist Responsibility.[712] Bei *Responsibility* handelt es sich seinerseits um einen ausfüllungsbedürftigen Schlüsselbegriff ohne einen genauen bzw. zwingenden Bedeutungsgehalt. Abstrakt wird

---

709 Vgl. *Dubnick*, in: Bovens/Goodin/Schillemans, Handbook of Public Accountability, 2016, ebenda; *Lindberg*, ebenda.

710 So *Mulgan*, PA 2000, 555; vgl. auch *Bayertz*, in: Bayertz, Verantwortung – Prinzip oder Problem?, 1995, 3 (16), zu dieser Zuweisung von Verantwortung durch extern zum Akteur stehende Parteien.

711 Vgl. etwa Art. 25 DSGVO und die Literatur hierzu, die auch Hersteller in die Pflicht nehmen will, *Buchholtz/Stentzel*, in: Gierschmann et al., DSGVO BDSG, 2018, Art. 5, Rn. 47; *Specht-Riemenschneider*, MMR 2020, 73 (74 ff.).

712 Zum Beispiel die International Standards on the Protection of Personal Data and Privacy (Madrid Resolution), Madrid 2009, Teil I, Ziffer 2, lit. d; *Shoemaker*, Ethics 2011, 602 (603); oder *Dunn/Legge*, JPART 2001, 73 ff., die anstatt eine Differenzierung zu unternehmen, immer von "accountability-responsibility" sprechen; für eine Differenzierung dagegen die h. M. *Schedler*, in: Schedler/Diamond/Plattner, The Self-Restraining State, 1999, 13 (19); *Bennett*, PLBI 2010, 21; *Mulgan*, PA 2000, 555 (557).

Responsibility als *„substantive reality of decision-making"* verstanden,[713] während Accountability als *„boundaries within which official responsibilities are acted out"* umschrieben wird.[714] Diese Dichotomie zwischen Responsibility und Accountability wird im politikwissenschaftlichen Schrifttum bereits seit Mitte der 30er Jahre diskutiert, wozu die sog. *Friedrich-Finer-Debatte* den Anstoß gab.[715] Zum Verständnis dieses transatlantischen Systemvergleichs gehört auch das Wissen um die Herkunft der Parteien: *Carl Friedrich* war Amerikaner und damit Vertreter einer (zu dieser Zeit stark beanspruchten) parlamentarischen Demokratie, die auf sog. *„public administrators"* beruhte, während *Herman Finer* Brite war, deren durch die konstitutionelle Monarchie geprägtes, sogenanntes *Westminster*-System auch heute noch eine unmittelbare Verantwortlichkeit i. S. e. Sanktionierbarkeit der Minister für alle Handlungen ihres jeweiligen *„Departments"* vorsieht,[716] und damit durch ein starkes Kontrollbedürfnis geprägt ist. Die herkunftsbedingte Prägung spiegelt sich auch in ihren jeweiligen Argumenten wieder, wie die Rolle der öffentlichen Verwaltung durch Amtspersonen idealerweise auszugestalten sei. Anstoß der Debatte war *Friedrich,* der konstatierte *„ [...] a responsible person is one who is answerable for his acts to some other person or body [...]"*.[717] *Finer* irritierte, dass *Friedrich* darauf aufbauend argumentierte, dass Politiker nicht alles ihnen ministerial unterstehende Handeln selbst kontrollieren könnten oder sollten, da ihnen häufig der notwendige Befassungsgrad und das Fachwissen fehle.[718] *Finer* argumentierte dagegen, dass Minister die ihnen unterstellten Beamten durch klare Weisungen gerade kontrollieren könnten und müssten, einschließlich der Art und Weise, wie diese arbeiten, da nur so dem durch sein Wahlverhalten geäußerten Wunsch des Volkes entsprochen werden könne.[719] Die Debatte muss hier nicht im Einzelnen nachgezeichnet werden.[720] Entscheidend ist der in ihr angelegte und auf *Max Weber* zurückgehende Grundgedanke, dass zwischen Politik

713 *Uhr*, TAQ 1993, 1 (5).
714 *Dunn/Legge*, JPART 2001, 73 (75); *Uhr*, TAQ 1993, 1 (4).
715 Vgl. allgemein zur *Friedrich-Finer-Debatte*: *Jackson*, JMH 2009, 66 (69 ff.); *Dunn/Legge*, JPART 2001, 73 (75 ff.).
716 Vgl. *Kluvers/Tippett*, IJBM 2010, 46 (49); *Mulgan*, PA 2000, 555 (557); *Scott*, JLaS 2000, 38 (47) mit Beispielen; *Siriwardhane/Taylor*, Pac.AR, 2017, 551 (553).
717 *Friedrich*, Problems of the American Public Service, 1935, S. 30, z. n. *Jackson*, JMH 2009, 66 (69 f.).
718 Interessanterweise argumentieren in diese Richtung in einem vielbeachteten Artikel zum Begriff der Accountability jedoch auch *Romzek/Dubnick*, PAR 1987, 227 (229), die den Challenger-Absturz 1986 teilweise auch darauf zurückführen, dass insbesondere aus Kostengründen Menschen ohne das notwendige Fachwissen in Entscheiderpositionen saßen.
719 *Finer*, PAR 1940, 335 (337 f.), z. n. *Jackson*, JMH 2009, 66 (71).
720 Vgl. hierzu *Jackson*, JMH 2009, 66 (69–72) oder *Dunn/Legge*, JPART 2001, 73 (75–79).

und Verwaltung eine Trennung besteht, in der die Politik das Ziel und den Weg dorthin festlegt und die Verwaltung ihn in Ausübung ihrer Expertise ausführt,[721] die eine Seite jedoch für eine strikte Bindung der Verwaltung an hierarchische Strukturen und klare Anweisungen durch die politischen Volksvertreter plädiert (*Finer*),[722] während die Apologeten der anderen Seite professionelle Ermessens- und Entscheidungsfreiheiten der ausführenden Verwaltungsbeamten befürworten (*Friedrich*).[723] Für die Festlegung des Ziels, des Wegs und des Einsatzes der entsprechenden administrativen Mittel (einschließlich Personalentscheidungen) ist der supervisionsberechtigte Politiker dem Wähler informations- und rechtfertigungspflichtig, der Verwaltungsbeamte jedoch nur gegenüber der Politik bzw. seinem direkten Vorgesetzten.[724] Das entsprechend differenzierende Schrifttum verwendet Responsibility mithin in Situationen, in denen es um die konkrete Ausübung von Befugnissen und Entscheidungsprozessen geht, während Accountability in Situationen genutzt wird, um die Normenbefolgung und Umsetzungskontrolle der Entscheidungsträger durch ein externes Forum zu bezeichnen.[725] Die Ausübung von Befugnissen und professionellem Ermessen wird zum Teil auch als interne Dimension bezeichnet und mit Responsibility betitelt, während Accountability in Form von Kontrolle und Sanktion durch ein externes Element geprägt sei.[726]

Diese Herleitung begründet, weshalb eine synonyme Verwendung von Accountability und Responsibility – vergleichbar mit der im deutschen allgemeinsprachlichen Idiom ähnlich verbreiteten, wenn auch juristisch fehler-

---

721 Vgl. *O'Loughlin*, A&S 1990, 275 (279); *Uhr*, in: Bovens/Goodin/Schillemans, Handbook of Public Accountability, 2016, 226 (227 f.); *Werner*, in: Seibert-Fohr, Entgrenzte Verantwortung, 2020, 31 (36 f.).

722 So auch *Mulgan*, PA 2000, 555 (570).

723 *Dunn/Legge*, JPART 2001, 73 (78); vgl. wenig überzeugend wegen der gebotenen Differenzierung zwischen Accountability und Responsibility *Bovens*, WEP 2010, 946 (962), der die Friedrich-Finer-Debatte auf ein Missverständnis hinsichtlich des Untersuchungsgegenstands zurückführen will, wonach sich *Finer* mit dem Mechanismus der Accountability an sich und *Friedrich* allein mit dessen Erfolg (*virtue*) befasst habe.

724 *Bovens*, ELJ 2007, 447 (455); *Sinclair*, AOS 1995, 219 (225); *Bayertz*, in: Bayertz, Verantwortung – Prinzip oder Problem?, 1995, 3 (35 und 41); das daraus entstehende und auch von *Finer* 1940 bereits erkannte demokratiefeindliche „Accountability-Gap" (vgl. *Finer*, PAR 1940, 335 (346) z.n. *Jackson*, JMH 2009, 66 (73)), wird gerade für EU-Institutionen häufig beklagt, vgl. zum Trilogverfahren *Brandsma*, JEPP 2018, 3 ff.; allgemein auch *Gersen/Stephenson*, JLA 2014, 185 (194 ff.).

725 *Uhr*, TAQ 1993, 1 (4 f.); *Raab*, in: Guagnin, et al., Managing Privacy through Accountability, 2012, 15 (17); *Reimer*, in: Sydow/Marsch, DSGVO BDSG, 2022, Art. 5, Rn. 56.

726 *Mulgan*, PA 2000, 555 (570), der die Dimensionen und ihre Validität zwar anerkennt, aber aus wenig schlüssigen Gründen nur eine enge Auslegung für geboten hält.

haften Gleichsetzung von Besitz und Eigentum – unzutreffend ist.[727] Das Adjektiv *Responsible* bzw. sein zugehöriges Nomen Responsibility bezeichnen die Pflicht, etwas zu tun oder zu bewirken.[728] Es geht entsprechend um die konkret zugewiesene Handlungspflicht in Form einer Zuständigkeit für die Erreichung eines bestimmten Erfolgs. Responsibility erfordert mithin zunächst die faktisch, vertraglich, oder anderweitig begründete Zuordnung einer Aufgabe zu einer bestimmten (natürlichen oder juristischen) Person, entweder durch andere Stellen,[729] die sich ihrerseits zu dieser Zuordnung berechtigt sehen bzw. es objektiv sind, oder durch Selbstermächtigung, indem der Akteur bestehende Handlungsoptionen an sich zieht. Insbesondere der letzten Option kommt Responsibility häufig eine moralische Konnotation in dem Sinne zu, dass die Fähigkeit, etwas zum Wohle anderer zu beeinflussen, auch spiegelbildlich die Pflicht, dies zu tun, begründet. Responsibility spiegelt damit in ausgeprägtem Maße die Leitmotive der Rücksichtnahme, Selbstverpflichtung und ähnlich ethischer Wertungen wieder. Auf grundlegender Ebene muss für die Begründung einer Responsibility jedoch stets eine tatsächlich bestehende Handlungs- oder Einflussnahmemöglichkeit bei der entsprechenden Person gegeben sein.[730] Bezüglich der Accountability muss diese Fähigkeit nicht unmittelbar vorliegen,[731] da ansonsten eine Accountability juristischer Personen mangels eigener oder die von Politikern mangels persönlicher Handlungsfähigkeit bereits ausgeschlossen wäre. Accountability bildet damit den Rahmen, innerhalb dessen die zuständigen Personen agieren und aufgrund ihrer besonderen Fachkenntnis und ggf. berufs-/

---

727 So auch *Bennett*, PLBI 2010, 21; *Schedler*, in: Schedler/Diamond/Plattner, The Self-Restraining State, 1999, 13 (19); *Raab*, in: Guagnin, et al., Managing Privacy through Accountability, 2012, 15 (17); vgl. auch *Jung/Hansch*, ZD 2019, 143 (144) zum Auseinanderfallen von Zuständigkeit und (Gesamt)Verantwortlichkeit in RASCI-Modellen.

728 Cambridge Dictionary, abrufbar unter https://dictionary.cambridge.org/de/worterbuch/englisch/responsibility (zuletzt abgerufen am 23.4.2023); *Raab*, in: Guagnin, et al., Managing Privacy through Accountability, 2012, 15 (17).

729 Bspw. die faktische Zuständigkeit von Arbeitgebern für die Daten ihrer Mitarbeiter, vgl. dazu *Art. 29-Gruppe*, WP 169, S. 13/ *EDPB*, Stellungnahme 07/2020 zum Konzept des Verantwortlichen und des Auftragsverarbeiters, S. 12, Rn. 25 ff.; vgl. zur Erklärung hierzu *Eßer*, in: Auernhammer, DSGVO BDSG, 2020, Art. 4, Rn. 79; *Shoemaker*, Ethics 2011, 602 (603).

730 Vgl. *Schedler*, in: Schedler/Diamond/Plattner, The Self-Restraining State, 1999, 13 (19); *Office of the Auditor General of Manitoba*, Mechanisms and practices for ensuring the accountability of legislative auditors, S. 2; zur Dichotomie zwischen Accountability und Responsibility *Uhr*, TAQ 1993, 1 (3 f.); *Bayertz*, in: Bayertz, Verantwortung – Prinzip oder Problem?, 1995, 3 (55), der eine vergleichbare Handlungsmöglichkeit als Voraussetzung für Verantwortung sieht.

731 So im Ergebnis auch *Schedler*, in: Schedler/Diamond/Plattner, The Self-Restraining State, 1999, S. 13 (19), allerdings mit einer wenig schlüssigen Begründung; auch *Uhr*, TAQ 1993, 1 (5), "Accountability can be institutionalized whereas responsibility and responsiveness cannot be reduced to a simple institutional arrangement.".

standesrechtlicher Vorgaben Entscheidungen treffen können.[732] Daraus wird mitunter gefolgert, dass in Situationen, in denen eine Accountability besteht, mithin auch immer eine Zuständigkeit (*Responsbility*) gegeben sein muss, jedoch nicht umgekehrt; jemand kann zuständig und entscheidungsbefugt sein, aber keiner Informationspflicht gegenüber bzw. einer Sanktionsmöglichkeit durch ein externes Forum unterliegen.[733]

Diese Sichtweise dürfte in Abwesenheit absolutistischer Herrscher und aufgrund der Relativität des Forums nur noch selten zutreffend und daher eher theoretischer Natur sein. Die im englischen Sprachraum politik- und verwaltungswissenschaftlich untersuchten Accountability-Formen konzentrieren sich in der Regel auf die Wechselbeziehungen zwischen gewählten Politikern, denen eine Accountability gegenüber Wählern zugeschrieben wird, und nicht gewählten Beamten, deren Accountability entsprechend der Definitionen von entweder *Friedrich* weit oder *Finer* eng auszulegen ist.[734] Während ein Beamter danach nur in Ausnahmefällen gegenüber einem Forum außerhalb seiner Behörde rechtfertigungspflichtig ist, besteht innerhalb der Behörde im Rahmen des Beamtenverhältnisses in aller Regel eine Accountability zum Vorgesetzten bzw. dem Dienstherren, die sog. hierarchische Accountability.[735] Leiter von Behörden unterstehen insofern direkt der ministerialen und diese wiederum der demokratisch partizipativen Infragestellung, wodurch die Legitimation des Handelns gewährleistet werden soll.[736]

Diese Art der Infragestellung wird im Rahmen von Accountability durch die Dimension der „*Answerability*" spezifiziert. Danach besteht einerseits das Recht des Forums, durch den Akteur im Rahmen der Zuständigkeit getroffene Entscheidungen zu hinterfragen, und andererseits die Pflicht des Akteurs, auf diese Fragen in Form einer Zurverfügungstellung und auch einer qualitativen Erklärung der bereitgestellten Informationen einzugehen.[737] Answerability dient damit der Evaluation einer etwaigen Sanktionsbedürftigkeit, zu deren Vorbereitung und wirksamer Durchsetzung das

---

732 *Uhr*, TAQ 1993, 1 (4 f.); *Dunn/Legge*, JPART 2001, 73 (75).

733 *Schedler*, in: Schedler/Diamond/Plattner, The Self-Restraining State, 1999, 13 (19), der als Beispiel vor-neuzeitliche autoritäre Herrscher anführt; *Bennett*, PLBI 2010, 21; *Mulgan*, PA 2000, 555 (557); *O'Kelly/Dubnick*, Accountability and its Metaphors, 2015, S. 2 m. w. N.

734 Vgl. jedoch auch *Dunn/Legge*, JPART 2001, 73 (84), mit einer quantitativen Studie, wonach sowohl Finers als auch Friedrichs Definitionen an der Praxis vorbeigehen.

735 *Dunn/Legge*, JPART 2001, 73 (79); *Kluvers/Tippett*, IJBM 2010, 46 (47).

736 *Bovens*, ELJ 2007, 447 (463); siehe zum Stellenwert der Legitimation auch B.III.1.e. unten.

737 *Schedler*, in: Schedler/Diamond/Plattner, The Self-Restraining State, 1999, S. 13 (14); *Bovens*, ELJ 2007, 447 (451); *ders.*, WEP 2010, 946 (952); *Fox*, DiP 2007, 663 (668), der zwischen einer "soft" und einer „hard" Answerability differenziert, wobei ersteres

Forum in der Regel genaue Informationen über das Verhalten des Akteurs benötigt,[738] diese Informationen jedoch nicht notwendigerweise auch vom Akteur selbst erbracht werden müssen, sondern auch durch eine weitere Partei beigesteuert werden können.[739] Entsprechend differenziert das englische Idiom zwischen einer Antwortpflicht über („*to be answerable for*") und einer Antwortpflicht *gegen*über („*to be answerable to*"),[740] wonach ersteres die sanktionsbegründende Verantwortlichkeit und letzteres die handlungs- und rechtfertigungspflichtbegründende Zuständigkeit bezeichnet, die jedoch auch in Personal- oder Positionsunion zusammenfallen können. Aufgrund dieser möglichen Verwendungsarten wird „*Answerability*" gelegentlich mit Accountability gleichgesetzt,[741] da sich darin die konstitutiven Elemente der Information und Sanktion wiederfinden. Accountability jedoch erfordert eine individuelle Zurechenbarkeit des Verhaltens, über das informiert und das ggf. sanktioniert wird, was jedoch, wie gezeigt wurde, nicht notwendigerweise in allen Fällen einer „*Answerability (for/to)*" gegeben ist. Das Erfordernis der Zurechenbarkeit des Taterfolgs als Bedingung für Sanktionen ist in der Rechtswissenschaft unstreitig anerkannt.[742] Im Kontext der Diskussion um Accountability wird sie auch als „*Attributability*" bezeichnet und vereinzelt als Unterkategorie der Answerability angenommen, um zum Ausdruck zu bringen, dass ein Akteur zwar „*answerable*" sein kann, ohne dass ihm jedoch die in Rede stehende Handlung zugerechnet werden könne bzw. müsse.[743] Da mangels Zurechenbarkeit („*Attributability*") keine Sanktion erfolgen kann, liegt in so einem Fall keine echte Accountability mehr vor. Die Mehrheit des Schrifttums scheint das Vorliegen einer Zurechenbarkeit aufgrund des Wortstamms („*account sth. to*") zum Akteur jedoch zu unterstellen und untersucht „*Attributability*" nicht gesondert.

---

eine Form ohne und letzteres eine Form mit Sanktionsmöglichkeiten sein soll und insofern verkennt, dass Accountability stets eine Sanktionsmöglichkeit braucht.

738 *Baue/Murninghan*, JCC 2011, 27 (35).

739 *Shoemaker*, Ethics 2011, 602 (604 f.); vgl. auch *Raab*, in: Guagnin, et al., Managing Privacy through Accountability, 2012, 15 (22), der darauf hinweist, dass ein Akteur Informationen regelmäßig in einer für ihn vorteilhaften Weise darstellen wird; *Dicke*, ARPA 2002, 455 (461), mit statistischen Nachweisen gezielten Fehlinformationen durch Akteure im amerikanischen Sozialwesen.

740 Vgl. Cambridge Dictionary, abrufbar unter https://dictionary.cambridge.org/de/worterbuch/englisch/answerable (zuletzt abgerufen am 23.4.2023); in gleicher Weise kann auch „responsibility" verwendet werden, vgl. *Schedler*, in: Schedler/Diamond/Plattner, The Self-Restraining State, 1999, S. 13 (19); *Bayertz*, in: Bayertz, Verantwortung – Prinzip oder Problem?, 1995, 3 (16).

741 *Schedler*, in: Schedler/Diamond/Plattner, The Self-Restraining State, 1999, 13 (14); *Romzek/Dubnick*, PAR 1987, 227 (228); *Dicke*, ARPA 2002, 455 (456).

742 Vgl. *Golla*, DuD 2021, 180 (181 f.), zum OWiG; allgemein *Eisele*, in: Schönke/Schröder, StGB, 2019, Vorb. zu § 13 ff., Rn. 71 f.

743 *Shoemaker*, Ethics 2011, 602 (604 ff.).

B. Informationspflichtigkeit als konstitutives Merkmal von Accountability

Das Kriterium der Zurechenbarkeit spielt auch im Rahmen der DSGVO-Durchsetzung hinsichtlich privatwirtschaftlich organisierter Akteure eine entscheidende Rolle.[744] Darüber hinaus besteht eine Differenz zwischen Accountability und Responsbility in der Konnotation. Das Adverb „*responsibly*" bezeichnet ein rücksichtsvolles, verantwortungsbewusstes und hinsichtlich der konkreten Fallgestaltung sachgerechtes („*good judgement*") Handeln,[745] das getragen wird von dem Willen, sich transparent, fair und in einer gerechten Weise zu verhalten.[746] Gelegentlich wird diesem Aspekt der Accountability daher auch ein unterschiedlich ausgeprägter moralischer Bedeutungsgehalt zugemessen,[747] der jedoch zutreffender als Teilmenge von Responsibility anzusehen ist.[748] Mittelbar prägt diese Konnotation die Vorstellung von Accountability jedenfalls und fungiert insofern auch als häufigster Anknüpfungspunkt von Kritik in Fällen tatsächlich fehlender oder zumindest als fehlend empfundener Accountability, da einem verwerflichen Verhalten gerade wegen einer ethisch-moralischen (echten oder unterstellten) Verpflichtung ein eigenständiger Unwertgehalt zuwächst. Aufgrund dieses Umstandes kommt das Konzept der Responsibility grundsätzlich auch ohne ein zum Normadressaten externes Forum, sowie Diskussion oder Sanktion aus, während Accountability zur Entfaltung ihrer Wirkungsweise ein solches stets benötigt.[749] Die Konnotation mit einer individuellen Vorwerfbarkeit liegt auch der verbreiteten Verwendung von Accountability zu-

---

744 Ausführlich dazu C.II. unten.

745 Cambridge Dictionary, abrufbar unter https://dictionary.cambridge.org/de/worterbuch/englisch/responsibly (zuletzt abgerufen am 23.4.2023); *Bennett*, in: Guagnin, et al., Managing Privacy through Accountability, 2012, S. 33 (34); *Allen*, Alabama LR 2003, 1375 (1377), die diese Lesart aus auf Stuart Mills „On Liberty" zurückführt (1385); *Mulgan*, PA 2000, 555 (561).

746 So *Bovens*, WEP 2010, 945 (949); "transparent, fair and equitable way".

747 *Dubnick*, in: O'Brien, Private Equity, Corporate Governance and the Dynamics of Capital Market Regulation, 2007, 226 (249 und 252); *Sinclair*, AOS 1995, S. 219 (223 und 232); *Mulgan*, PA 2000, 555 (561).

748 Ausführlich zur moralischen Aufladung von Responsibility *Wellman*, in: Goodin/Pettit/Pogge, Contemporary Political Philosophy, 2007, 736.

749 *Bennett*, PLBI 2010, 21; a.A. *Lindberg*, IRAS 2013, 202 (212); wohl auch *Koppell*, PAR 2005, 94 (98), der jedoch insgesamt ein eher partikulares Verständnis von Responsibility mit sich und sie mit der Befolgung von Gesetzen, Regeln und Normen konnotiert; a.A. auch *Finer*, PSQ 1936, 569 (580) z.n. *Dunn/Legge*, JPART 2001, 73 (76): „*responsibility* [...] requires the existence of a relationship of obedience on the part of the person ecting to *an external controlling party*." (Hervorhebung durch den Verfasser), insgesamt verwendet Finer den Begriff „*Responsibility*" viel eher im Sinne der heutigen „Accountability" als im Sinne einer Zuständigkeit, vgl. dazu *Mulgan*, PA 2000, 555 (557 und 561), nach dem sich das Verhältnis von Accountability und Responsibility in den letzten Jahrzehnten umgekehrt hat und Accountability heute als Oberbegriff dient, zu dem Responsibility nur eine Dimension ist; so auch *O'Kelly/Dubnick*, Accountability and its Metaphors, 2015, S. 2 m. w. N.

grunde, die sie synonym oder zumindest als Oberbegriff einer „*good gover-nance*" verwendet.[750] „*Good*", im Sinne einer evaluativen Einschätzung, ist indes stark abhängig von der Person und Perspektive des bzw. der Wertenden und unterliegt damit nicht nur (möglicherweise irrationalen) Schwankungen, sondern kann auch zu rechts- und gesellschaftspolitisch unerwünschten Ergebnissen führen.[751]

Ist die Zuständigkeit hinsichtlich einer bestimmten Situation ermittelt, so umfasst Accountability auch die Pflicht, sie fach- und sachgerecht auszuüben. Diese Ausübung wird zusätzlich zu den weiteren Dimensionen zum Gegenstand der Untersuchung und Beurteilung durch das Forum, das in diese Beurteilung die eigenen Erwartungen einfließen lässt. Zuständigkeit (Responsibility) wird im Rahmen des Zulässigen damit grundsätzlich mit dem Ziel ausgeführt, den Erwartungen des jeweiligen Forums zu entsprechen.[752] Dieser Aspekt wird als „*Responsiveness*" bezeichnet. Responsiveness ist gem. der oben dargelegten morphologischen Exegese hinsichtlich des Adjektiv-Suffixes „*-ness*" als Bezeichnung einer bestimmten Qualität einzuordnen. Akteure müssen, um ihrer Accountability hinsichtlich dieser Facette gerecht zu werden, „*responsive*" sein, was bedeutet, dass sie ihr Handeln sowohl in sachlicher Hinsicht als auch bezüglich der darüber erteilten Informationspflichten an den Erwartungshaltungen des sanktionsberechtigten Forums ausrichten müssen.[753] In dieser Hinsicht kann eine gewisse Überschneidung mit der Dimension der Kontrolle festgestellt werden, da das Forum durch eine Erwartungshaltung Einfluss auf das Verhalten nehmen und bei nicht-Befriedigung dieser Erwartungshaltung eine Sanktion verhängen kann.[754] Aufgrund der Tatsache, dass Akteure sich in der Regel mehr als einem Forum gegenüber sehen, können sie sich hinsichtlich dieser Facette allerdings in einer potenziell problematischen Lage befinden, in der sie wählen müssen, gegenüber allen Foren gleichermaßen „*accountable*" in

---

750 *Bovens*, ELJ 2007, 447 (449), *ders.*, WEP 2010, 945 (946); *O'Kelly/Dubnick*, Accountability and its Metaphors, 2015, S. 2; *Fox*, DiP 2007, 263 (664); *Vincent/Zumofen*, Lien Paper 2015, S. 5.

751 *Dunn/Legge*, JPART 2001, 73 (80 und 82); *Gersen/Stephenson*, JLA 2014, 185 (187), Fn. 6.

752 *Dunn/Legge*, JPART 2001, 73 (75); a. A. *Mulgan*, PA 2000, 555 (567 [wegen einer theoretisch möglichen intrinsischen Motivation des Akteurs] und 568 [wegen einer fehlenden echten Sanktion]).

753 Cambridge Dictionary, abrufbar unter https://dictionary.cambridge.org/de/worter-buch/englisch/responsiveness (zuletzt abgerufen am 23.4.2023); *Romzek/Dubnick*, PAR 1987, 227 (228 f.); *Böhm*, in: Mehde/Ramsauer/Seckelmann, FS Bull, 2011, 965 (977).

754 *Mulgan*, PA 2000, 555 (566); *Koppell*, PAR 2005, 94 (98); krit. dazu *O'Loughlin*, A&S 1990, 275 (281): „If [actors] can successfully manage our expectations, then perhaps they can effectively fend off any potentially disruptive influence that we might try to exercise"; ähnlich *Black*, Regulation&Governance 2008, 137 (151).

Form der „*responsiveness*" sein zu wollen, und riskieren, den Pflichten damit in keiner Hinsicht gerecht zu werden,[755] oder der Akteur trifft eine Priorisierung „seiner" Foren und differenziert hinsichtlich der Beachtung der jeweiligen Foren- bzw. Partikularinteressen, mit der Folge eines potenziell negativen Effektes für die nicht priorisierten Foren.[756] In diesem Zusammenhang ist eine gewisse Wechselwirkung zwischen Verhaltenserwartung und Informationshandeln festzustellen, da Foren, insbesondere wenn es sich um Privatpersonen handelt, sich ihre Meinung und Erwartungen zumindest teilweise erst mit bzw. durch die Informationen des Akteurs bilden.[757] Die Erfüllung durch den Akteur im Rahmen der *responsiveness* verfolgt insofern ein sowohl inhaltlich als auch zeitlich bewegliches und nicht zuverlässig prognostizierbares Ziel. Da die Erfüllung der Accountability-Pflichten im Rahmen der *responsiveness* in der Regel einer Information gegenüber den Foren, als auch einer möglichen Sanktion durch eben diese vorgelagert ist, bildet *responsiveness* den Ausgangspunkt der Fortentwicklung des Konzepts und der zeitlichen Dimension von Accountability.[758]

Darüber hinaus sehen sich Akteure dem Problem gegenüber, dass „das Forum" nicht notwendigerweise aus einer homogenen Gruppe hinsichtlich Erwartungen, Wissen oder Einstellungen besteht, sondern dass innerhalb solcher Gruppen milieuabhängige Wertungen relevant sind.[759] Insbesondere aus natürlichen Personen bestehende Foren wie ein Kundenstamm, Teilhaber/Aktionäre oder Mitarbeitende können etwa aufgrund von Umständen wie individueller Betroffenheit oder persönlichen Überzeugungen beispielsweise zur sozialen, altruistischen oder ökologischen Verantwortlichkeit für einen Akteur Probleme bei der Identifikation des idealen Sollzustands erzeugen. Diesem Dilemma hinsichtlich der Accountability kann zumindest ansatzweise begegnet werden, indem die Betrachtung auf einen konkreten Sachverhalt fokussiert wird, wie die Verarbeitung personenbezogener Daten einer oder mehrerer differenzierbarer Gruppen natürlicher Personen oder die Informationserteilung gegenüber einer zuständigen Aufsichtsbehörde.

---

755 *Koppell*, PAR 2005, 94 (95); *Willems/v.Dooren*, PMR 2012, 1011 (1025), ("[…] regulatory trilemma […]").

756 *Gersen/Stephenson*, JLA 2014, 185 (187), Fn. 6; vgl. auch *Dunn/Legge*, JPART 2001, 73 (82) mit einer statistischen Untersuchung, an welchen Foren Manager des öffentlichen Dienstes in den USA ihr Verhalten ausrichten; *Fox*, DiP 2007, 663 (668); *Considine*, Governance 2002, 21 (22).

757 *Brandsma/Schillemans*, JPART 2013, 953 (957).

758 Vgl. dazu B.III.1.h. unten.

759 Vgl. ausführlich *O'Kelly/Dubnick*, Accountability and its Metaphors, 2015, S. 10 f., die dies als "relationelle Accountability" bezeichnen; *Willems/v.Dooren*, PMR 2012, 1011 (1018); *Sinclair*, AOS 1995, S. 219 (231 f.).

(2) Zuständigkeit und Adressatenorientierung in der DSGVO

Wie soeben festgestellt, besteht sowohl allgemein- als auch fachsprachlich ein Unterschied zwischen den englischen Begriffen *„accountable"* und *„responsible"*, der sich zwar teilweise auch in der englischen Sprachfassung der DSGVO findet, nicht jedoch in die deutsche Übersetzung übertragen wurde. Die englische Sprachfassung von Art. 5 Abs. 2 stellt zunächst fest, dass *„[t]he Controller shall be responsible"*.[760] Damit weist der Verordnungsgeber die primäre Zuständigkeit zur Herstellung sachlicher Gesetzeskonformität von Datenverarbeitungen im Sinne einer dedizierten Handlungspflicht dem nach Art. 4 Nr. 7 DSGVO Verantwortlichen zu.[761] Die Formulierung der deutschen Fassung von Art. 5 Abs. 2 DSGVO konzentriert sich durch die Wortwahl „verantwortlich" damit über Gebühr auf die Sanktionskomponente. Dies ergibt auch ein erweiterter Vergleich zwischen der deutschen und weiteren Sprachfassungen. So enthalten Art. 6 Abs. 4 DSGVO beispielsweise die aktive Handlungspflicht des Verantwortlichen zu „berücksichtigen",[762] welche Verbindungen es zwischen einem neuen und dem ursprünglichen Zweck gibt oder Art. 24 DSGVO, die aktive Handlungspflicht des Verantwortlichen, Maßnahmen zur Einhaltung der Verordnung zu ergreifen.[763]

Die Informationspflichten gem. Art. 13 und 14 DSGVO stellen dabei zwar die inhaltlich klareren Handlungspflichten dar, jedoch bildet die Generalnorm des Art. 12 DSGVO trotz gewisser tatbestandlich begründeter Ausnahmen[764] die überwölbende Ausformung der Dimensionen der Responsibility und Responsiveness, insbesondere durch die Anforderung der Verständlichkeit in Art. 12 Abs. 1 S. 1 DSGVO. Dies gilt auch für die Betroffenenrechte gem. der Art. 15–22 DSGVO.[765] Hierin kann insbesondere eine Schnittmen-

---

760 Gleichermaßen verpflichten die französische (*„Le responsable* du traitement est responsable du respect du paragraphe 1[…]"*) und spanische (*„El responsable* del tratamiento será responsable[…]"*) Sprachfassung der DSGVO den Verantwortlichen zur Zuständigkeit und zwar bereits auf Definitionsebene, siehe Hervorhebungen.

761 Daraus entstehen auf Haftungsebene in Deutschland gewisse Spannungen durch § 30 OWiG hinsichtlich der Zurechnung von Handlungen nicht leitender Angestellter zu einer jur. Person; vgl. *Golla*, DuD 2021, 179 (180 f.); *Neun/Lubitzsch*, BB 2017, 1538 (1542 f.).

762 „Take into account" in der englischen, "tient compte" in der französischen und „tendrá en cuenta" in der spanischen Version.

763 Art. 24 DSGVO spricht von „[…] setzt […] um […]", das französische RGPD von „[…] met en oeuvre […]" (*Deutsch*: „Etwas in die Tat umsetzen", Übersetzung durch den Verfasser); das spanische RGPD von „[…] aplicará […]" also deutsch „anwenden".

764 Vgl. *Bäcker*, in: Kühling/Buchner, DSGVO BDSG, 2020, Art. 12, Rn. 10.

765 *Pohle/Spittka*, in: Taeger/Gabel, DSGVO BDSG TTDSG, 2022, Art. 12, Rn. 1 und 5; *Franck*, in: Gola/Heckmann, DSGVO BDSG, 2022, Art. 12, Rn. 5 und 8; *Dix*, in: Simitis et al., Datenschutzrecht, 2019, Art. 12, Rn. 1.

ge mit der Dimension der Answerability gesehen werden. Darunter wird vor allem der Dialog mit dem Forum und die Infragestellung der durch den Akteur erteilten Informationen verstanden.[766] Durch die in Kapitel III und insbesondere in den Art. 15–22 enthaltenen Rechte soll den betroffenen Personen die Möglichkeit gegeben werden, von einer Datenverarbeitung Kenntnis zu erlangen und auf sie Einfluss nehmen zu können,[767] etwa durch Berufung auf das Recht auf Berichtigung gem. Art 18 DSGVO oder das allgemeine Widerspruchsrecht gem. Art. 21 DSGVO. Gerade hinsichtlich letzterem wird ein Dialog zwischen den Parteien befördert, da es Sache des Betroffenen ist, die gem. Art. 21 Abs. 1 UAbs. 1 DSGVO tatbestandlich erforderliche Beeinträchtigung durch eine „besondere Situation" zu belegen.[768] Andererseits muss der Verantwortliche nach Art. 21 Abs. 1 UAbs. 2 DSGVO gegenüber dem Betroffenen darlegen, wenn er sich trotz eines erfolgten Widerspruchs weiterhin auf das berechtigte Interesse i. S. v. Art. 6 Abs. 1 lit. f DSGVO stützen will.[769] Aufgrund des Wesens von Art. 6 Abs. 1 lit. f DSGVO als eine vermittelnde Rechtfertigungsgrundlage kann in diesen Situationen auch eine Ausformung der Responsibility gesehen werden, weil die Rücksichtnahmepflicht eine ethische (bezeichnet als „responsibly") Berücksichtigung der „besonderen Situation" des Betroffenen erfordert, um gegebenenfalls auftretende Härten abzufedern. Neben dieser Art reaktivem Dialog mit Betroffenen bei Ausübung ihrer Rechte und der aktiven Information gem. Art. 12–14 DSGVO sind Verantwortliche gem. Art. 33 und 34 DSGVO zu einer ebenfalls aktiven Information bezüglich zwei unterschiedlichen Foren, der Aufsichtsbehörde auf der einen und der Betroffenen auf der anderen Seite, und ggf. einer folgenden Auseinandersetzung verpflichtet. Diese Art Dialog zu führen obliegt dem Verantwortlichen als dem Adressaten der Betroffenenrechte, nicht jedoch einem Auftragsverarbeiter i. S. v. Art. 4 Nr. 8 DSGVO.[770] Der Auftragsverarbeiter ist indes stets vertraglich

---

766 Siehe oben B.III.1.a.(1); *Schedler*, in: Schedler/Diamond/Plattner, The Self-Restraining State, 1999, S. 13 (15); *Bovens*, WEP 2010, 946 (958, "[…] accountability is about being open with stakeholders [and] engaging with them in an ongoing dialogue […]").

767 *Pohle/Spittka*, in: Taeger/Gabel, DSGVO BDSG TTDSG, 2022, Art. 12, Rn. 14; *Pauly/Mende*, CCZ 2022, 28 (29), weisen auf die Ausgangs- und Vorbereitungsfunktion des Art. 15 DSGVO hin; ähnlich *Schantz*, in: Schantz/Wolff, Das neue Datenschutzrecht, 2017, S. 360, Rn. 1190.

768 *Veil*, in: Gierschmann et al., DSGVO BDSG, 2018, Art. 21, Rn. 48 ff.; *Kamlah*, in: Plath, DSGVO BDSG TTDSG, 2023, Art. 21, Rn. 5; *Krusche*, ZD 2020, 232 (235).

769 *Kramer*, in: Auernhammer, DSGVO BDSG, 2020, Art. 20, Rn. 5 f.; *Munz*, in: Taeger/Gabel, DSGVO BDSG TTDSG, 2022, Art. 21, Rn. 2.

770 Zu den Informationspflichten *Mester*, in: Taeger/Gabel, DSGVO BDSG TTDSG, 2022, Art. 13, Rn. 5; bzgl. Betroffenenrechten en passant *Martini*, in: Paal/Pauly, DSGVO BDSG, 2021, Art. 28, Rn. 47 und bzgl. der Meldepflichten gem. Art. 33 *ebenda*, Art. 33, Rn. 14.

zu verpflichten und damit auch sachlich zuständig zu machen, dem Verantwortlichen die zum Dialog mit den Betroffenen benötigten Informationen zur Verfügung zu stellen (Art. 28 Abs. 3 lit. e DSGVO) und ihn entsprechend mittelbar zur Informationserteilung, i. S. e. *„ability to account"* zu befähigen. In dieser Unterstützungspflicht gem. Art. 28 Abs. 3 lit. e DSGVO ist keine originär gesetzliche zu sehen, sondern sie entsteht erst durch eine vertragliche Grundlage zwischen Verantwortlichem und Auftragsverarbeiter, obwohl der Abschluss einer entsprechenden Vereinbarung ausweislich des klar imperativen Wortlauts von Art. 28 Abs. 3 DSGVO selbst nicht zur Disposition der Parteien steht.[771] Es besteht insofern für beide Parteien eine Pflicht zum Vertragsschluss.

Originäre Pflichten des Auftragsverarbeiters ergeben sich indes aus Art. 29 und Art. 32 DSGVO. Erstere begründet u. a. eine sog. Gefolgschaftspflicht des Auftragsverarbeiters,[772] die ihn *expressis verbis* und losgelöst von einem etwaigen Auftragsverarbeitungsvertrag nach Art. 28 Abs. 3 DSGVO an die Weisung des datenschutzrechtlich Verantwortlichen bindet. Sie gilt ausweislich des Wortlauts auch für ihm unterstellte Personen, muss jedoch aus den folgenden Gründen zu den weniger gelungenen Normen der DSGVO gezählt werden.

Art. 29 besagt, dass der Auftragsverarbeiter und alle ihm unterstellten Personen die Daten nur entsprechend den Weisungen des Verantwortlichen verarbeiten *„dürfen"* und statuiert mithin ein absolut, d. h. losgelöst von vertraglichen Abreden, geltendes gesetzliches Verwendungsverbot. Der sachliche Anwendungsbereich des Verbotstatbestands ist entsprechend (nur) erfüllt, wenn ein Exzess des Auftragsverarbeiters oder eines Mitarbeiters vorliegt. Demgegenüber sind in Art. 32 Abs. 4 DSGVO, der von der Literatur teilweise als Beleg dazu herangezogen wird, dass ein Durchgriff des Verantwortlichen auf Mitarbeiter des Auftragsverarbeiters nicht möglich sein soll,[773] konkrete Handlungspflichten („[…] *unternehmen* Schritte, um […]") verankert. Diese Maßnahmen sind stets zu treffen, unabhängig von etwaigen Exzesssituationen. Die DSGVO enthält mithin ein System abgestufter Haftbarkeiten, in dem der Verantwortliche die erste, der Auftragsverarbeiter die zweite und ein Mitarbeiter die dritte Stufe der Verantwortlichkeit bildet und nur dann sanktioniert werden kann, wenn er sich zum Verantwortlichen

---

771 Vgl. Art. 28 Abs. 3 S. 1 und S. 2 in Gesamtschau: „Die Verarbeitung […] erfolgt auf Grundlage eines Vertrages [und] sieht insbesondere vor, dass […]".

772 *Kramer*, in: Auernhammer, DSGVO BDSG, 2020, Art. 29, Rn. 1.

773 Nur *Lutz/Gabel*, in: Taeger/Gabel, DSGVO BDSG TTDSG, 2022, Art. 29, Rn. 10; krit. zum Zusammenwirken der beiden Normen *Bertermann*, in: Ehmann/Selmayr, DSGVO, 2018, Art. 29, Rn. 6.

aufschwingt,[774] wodurch er dogmatisch gesehen auf die erste Stufe der Haftung „vorrücken" würde.

Gem. Art. 29 DSGVO sind folglich bestimmte Handlungen gerade zu unterlassen, während Art. 32 Abs. 4 DSGVO ausdrücklich ein Tätigwerden fordert und andernfalls bußgeldbewehrt wäre, Art. 83 Abs. 4 lit. a DSGVO. Das führt jedoch bezüglich Art. 29 DSGVO keineswegs zu einer Entlastung von Auftragsverarbeitern, denn um die Unterlassung nicht weisungsgemäßen Handelns sicherzustellen und nachweisen zu können, muss auch der Auftragsverarbeiter Maßnahmen ergreifen. Diese Maßnahmen sind dem Verantwortlichen gegenüber nachzuweisen, wo sie Teil der Gesamtverantwortung gem. Art. 24 Abs. 1 S. 1 DSGVO werden.[775] Hiernach könnte zunächst geschlussfolgert werden, dass Art. 29 und Art. 32 Abs. 4 DSGVO materiell deckungsgleich seien, denn beide erfordern das Tätigwerden aus Nachweisgründen. Diese Sichtweise verkennt jedoch die unterschiedlichen Adressaten der Normen. Während Art. 32 Abs. 4 DSGVO sich an Verantwortliche und Auftragsverarbeiter im Wege der zulässigen, zweckgebundenen Verarbeitung richtet, sind Adressat von Art. 29 DSGVO die unterstellten Personen[776] (oder der Auftragsverarbeiter) im Exzess. Erst wenn ein solcher vorliegt, entfaltet das in Art. 29 DSGVO enthaltene Verbot eine Wirkung als „Verantwortung zuweisende Norm".[777]

Wirklich effektvoller wird die Norm des Art. 29 DSGVO damit jedoch nicht, denn in der Situation eines Exzesses wird es bei der weisungsüberschreitenden Partei regelmäßig noch an zwingenden Voraussetzungen einer zulässigen Datenverarbeitung wie einer Rechtsgrundlage oder Informationspflichten gem. Art. 12 ff. DSGVO fehlen.[778] Da diese jedoch gem. Art. 83 Abs. 5 DSGVO dem „großen"[779] Bußgeldkatalog unterliegen, wogegen Art. 29 DSGVO nur nach Art. 83 Abs. 4 DSGVO bebußt werden kann, wird letzte-

---

774 *Kramer*, in: Auernhammer, DSGVO BDSG, 2020, Art. 29, Rn. 3; *Martini*, in: Paal/Pauly, DSGVO BDSG, 2021, Art. 29, Rn. 25c; *Ambrock*, ZD 2020, 492.

775 Die Literatur stellt stattdessen auf Art. 5 Abs. 2 DSGVO ab, etwa *Wedde*, in: Däubler et al., DSGVO BDSG, 2020, Art. 29 DSGVO, Rn. 7, für die Nachweispflicht des Verantwortlichen; *Gabel/Lutz*, in: Taeger/Gabel, DSGVO BDSG TTDSG, 2022, Art. 28, Rn. 27.

776 Zum erfassten Personenkreis *Petri*, in: Simitis et al., Datenschutzrecht, 2019, Art. 29, Rn. 9 f.; *Gabel/Lutz*, in: Taeger/Gabel, DSGVO BDSG TTDSG, 2022, Art. 28, Rn. 9.

777 *Hartung*, in: Kühling/Buchner, DSGVO BDSG, 2020, Art. 29, Rn. 8.

778 Wobei die Erteilung der Informationspflichten nicht zwingend die Rechtmäßigkeit berührt, vgl. *Herbst*, in: Kühling/Buchner, DSGVO BDSG, 2020, Art. 5, Rn. 10; *Dix*, in: Simitis et al., Datenschutzrecht, 2019, Art. 13, Rn. 26; *Däubler*, in: Däubler et al., DSGVO BDSG, 2020, Art. 13, Rn. 34; *Eßer*, in: Auernhammer, DSGVO BDSG, 2020, Art. 13, Rn. 12.

779 Vgl. *Eckhardt/Menz*, DuD 2018, 139, mit dieser Bezeichnung und einer Gegenüberstellung der Bußgeldnormen des BDSG a. F. und der DSGVO.

rer wegen Art. 83 Abs. 3 DSGVO stets subsidiär zu ersteren sein.[780] Art. 29 DSGVO dürfte wohl damit in der Bußgeldpraxis in keiner ersichtlichen Konstellation bewertungsrelevant werden, sondern eine bestenfalls nachgelagerte Bedeutung im Rahmen einer Gesamtbetrachtung einnehmen.[781]

Eine hohe Bedeutung kommt dagegen Art. 32 DSGVO in der Bußgeldpraxis zu.[782] Gem. Art. 32 Abs. 4 DSGVO sind proaktiv dem Risiko der Datenverarbeitung angemessene Maßnahmen zu ergreifen, um einen solchen Exzess zu verhindern. Diese Norm richtet sich einerseits an den Verantwortlichen selbst und andererseits auch an den Auftragsverarbeiter. Letzterer muss die durch ihn getroffenen Maßnahmen dem Verantwortlichen gegenüber nachweisen, bei dem sie einen Teil der Gesamtverantwortung gem. Art. 5 Abs. 2 DSGVO bilden.[783] Sie sind jedoch als genuine Auftragsverarbeiterpflicht potenziell auch einer Aufsichtsbehörde im gleichen Maße nachzuweisen. Um der Haftung gem. Art. 82 Abs. 2 UAbs. 2 i. V. m. Art. 83 Abs. 3 lit. a DSGVO zu entgehen, ist der Auftragsverarbeiter unmittelbar i. S. e. Responsibility verpflichtet, hinsichtlich der ihm unterstellten Personen dafür zu sorgen, dass diese die Weisungen des Verantwortlichen kennen und einhalten.[784]

Dabei sind alle sog. „unterstellten Personen" erfasst, die potenziell Zugang zu den Daten in der Verantwortung (*Responsibility*) des Verantwortlichen nehmen können und nicht nur diejenigen, die unmittelbar mit der Datenverarbeitung betraut sind.[785] Ob dem Verantwortlichen ein direktes Weisungsrecht gegenüber unterstellten Personen des Auftragsverarbeiters zusteht, lässt sich dem Wortlaut der Norm nicht eindeutig entnehmen. Es wird mehrheitlich mit einem Verweis auf Art. 32 Abs. 4 DSGVO abgelehnt.[786] Diese Ablehnung überzeugt zwar im Ergebnis, ist jedoch aufgrund der gezeigten Unterschiede hinsichtlich des Anwendungsbereichs der Normen (Exzess einer unterstellten Person einerseits (Art. 29) und das Unternehmen von

---

780 *Moos/Schefzig*, in: Taeger/Gabel, DSGVO BDSG TTDSG, 2022, Art. 83, Rn. 69; *Bergt*, in: Kühling/Buchner, DSGVO BDSG, 2020, Art. 83, Rn. 62.

781 Die bislang bekannten drei Bußgelder, die Art. 29 referenzieren, wenden diesen aus dem hier entwickelten Verständnis eines erfolgten Exzesses fehlerhaft an.

782 Von 1372 allgemein bekannt gewordenen Bußgeldern nach der DSGVO wurden insgesamt 292 ganz oder teilweise auf Verstöße gegen Art. 32 gestützt (Stand 2.9.2022), vgl. https://www.enforcementtracker.com/.

783 *Wedde*, in: Däubler et al., DSGVO BDSG, 2020, Art. 29 DSGVO, Rn. 7 für die Nachweispflicht des Verantwortlichen.

784 *Hartung*, in: Kühling/Buchner, DSGVO BDSG, 2020, Art. 29, Rn. 10.

785 Vgl. *Plath*, in: Plath, DSGVO BDSG TTDSG, 2023, Art. 29, Rn. 4; *Kramer*, in: Gierschmann et al., DSGVO BDSG, 2018, Art. 29, Rn. 15; *Kremer*, in: Schwartmann et al., DSGVO BDSG, 2020, Art. 29, Rn. 7.

786 *Kremer*, in: Schwartmann et al., DSGVO BDSG, 2020, Art. 29, Rn. 14 ff.; *Plath*, in: Plath, DSGVO BDSG TTDSG, 2023, Art. 29, Rn. 2 und 5.

Schritten (so wörtlich Art. 32 Abs. 4) zur Sicherstellung andererseits) nicht zutreffend. Das Weisungsrecht des Verantwortlichen gegenüber (s)einem Auftragsverarbeiter entsteht erst durch einen Vertragsschluss gem. Art. 28 Abs. 3 lit. a DSGVO, dessen Handlungsspielraum einschließlich dem seiner Mitarbeiter dann durch Art. 29 DSGVO begrenzt wird. Da dieses Vertragsverhältnis zwischen Verantwortlichem und Auftragnehmer besteht, kann es auch nur in dieser Beziehung ein Weisungsrecht begründen (inter partes) und sich nicht unmittelbar auf die Unterstellten des Auftragsverarbeiters erstrecken.[787]

Das Risiko einer Haftung entsteht folglich nicht wegen eines Verstoßes gegen die Zuständigkeit i. S. d. Art. 29 DSGVO selbst, denn dieser enthält, wie gezeigt wurde, nur ein Verwendungsverbot und keine direkte Handlungspflicht, sondern gem. Art. 32 Abs. 4 DSGVO. Daraus ergibt sich, dass Auftragsverarbeiter und ihnen unterstellte Personen zuständig (*responsible*) dafür sind, dass die Datenverarbeitung den Anweisungen und Erwartungen des jeweiligen Verantwortlichen (Forum) entspricht – insoweit also *responsive* sind – und hierüber dem Verantwortlichen erklärungs- und rechtfertigungspflichtig (*answerable*) sind. Hält sich der Auftragsverarbeiter an seine Weisungen, bleibt der Verantwortliche sein einziges Forum und der Auftragsverarbeiter kann folglich eine Sanktion gem. Art. 82 Abs. 2 S. 2 DSGVO abwenden.[788] Es kann mithin festgestellt werden, dass sowohl Art. 29 als auch Art. 32 DSGVO Teil der speziellen Accountability des Auftragsverarbeiters sind, auch wenn er nicht unmittelbar Adressat der Art. 5 Abs. 2 und Art. 24 DSGVO ist.

b. Beurteilungsmaßstab des Informationsgehalts

Sobald ein Akteur im Rahmen einer Accountability-Beziehung zur Informationserteilung aufgefordert wird („*called to account*") und eine entsprechende Zuständigkeit besteht, wird die Frage virulent, anhand welcher Kriterien die Informationen zu beurteilen sind. Diese Frage entfaltet in zweierlei Hinsicht entscheidende Bedeutung. Einerseits ist sie für den Akteur bedeutsam, weil das Forum im Falle einer aus dessen Sicht unzureichenden Information eine Sanktion verhängen kann. Andererseits sind die Informationen spie-

---

787 *Lutz/Gabel*, in: Taeger/Gabel, DSGVO BDSG TTDSG, 2022, Art. 29, Rn. 10; *Spoerr*, in: BeckOK Datenschutzrecht, 2022, Art. 29, Rn. 24; wohl auch *Petri*, in: Simitis et al., Datenschutzrecht, 2019, Art. 29, Rn. 11, der auf das Erfordernis einer unmittelbaren Rechtsbeziehung hinweist (abl. dazu *Bertermann*, in: Ehmann/Selmayr, DSGVO, 2018, Art. 29, Rn. 3); a. A. *Kremer*, in: Schwartmann et al., DSGVO BDSG, 2020, Art. 29, Rn. 20 f.; *Martini*, in: Paal/Pauly, DSGVO BDSG, 2021, Art. 29, Rn. 22b; *Hartung*, in: Kühling/Buchner, DSGVO BDSG, 2020, Art. 29, Rn. 10; ergebnisoffen *Kramer*, in: Auernhammer, DSGVO BDSG, 2020, Art. 29, Rn. 8.

788 *Haumann*, in: Taeger, Den Wandel begleiten, 2020, 101 (103 f.).

gelbildlich für das Forum eine Voraussetzung zur Beurteilung des Verhaltens des Akteurs, ohne die eine Sanktion des Akteurs nicht oder nur eingeschränkt rechtssicher möglich ist. Diese im Herkunftsschrifttum hinsichtlich der Accountability von Inhabern öffentlicher Ämter besonders diskutierten Funktionen entfalten auch im Datenschutzrecht eine Relevanz, da nur bei einer entsprechenden Informationserteilung durch die datenverarbeitenden Akteure Betroffene, Aufsichtsbehörden und möglicherweise weitere Foren[789] die Einhaltung der Vorgaben der DSGVO prüfen können.

(1) Transparenz und Informativeness

Zwischen Transparenz und Accountability bestehen Überschneidungen, aber auch ein Spannungsverhältnis. Transparenz wird, wie Accountability auch, als ein ausfüllungsbedürftiger Schlüsselbegriff verwendet,[790] der in einer Vielzahl von Gesetzen und Verwendungszusammenhängen auftaucht und dabei unterschiedliche Effekte erzeugen und beschreiben soll. Die Pflicht des Akteurs, hinsichtlich seines Verhaltens gegenüber dem Forum transparent zu sein, kann sich folglich aus verschiedenen Quellen ergeben. Beispielsweise können Akteure durch externe bzw. reaktive Anlässe zur Transparenz verpflichtet sein, da sich ihre Handlungsbefugnisse (Zuständigkeit bzw. Responsibility) vom Forum ableiten oder sie in dessen Namen handeln.[791] Sie könnten auch gesetzlich zur Offenlegung verpflichtet sein,[792] oder aus einer intrinsischen Motivation (proaktive Quelle) heraus handeln, etwa weil sich der Akteur dadurch Absatzvorteile innerhalb einer bestimmten Kundengruppe verspricht. Im öffentlichen Bereich kommt der Transparenz auch deswegen eine herausgehobene Stellung zu, da es betroffenen Bürgern im Gegensatz zur freien Marktwirtschaft noch weniger möglich ist, zu wählen bzw. zu ändern, mit wem sie zu tun haben.[793] Transparenz soll folglich die Voraussetzungen informierter Entscheidungen in Wahlsituationen schaffen,[794] oder dazu befähigen, Umstände einer gerichtlichen Prüfung

---

789 Vgl. hierzu B.III.1.c sogleich und Abschnitt D unten zu den Eigenschaften eines Forums.

790 Vgl. *Vincent/Zumofen*, Lien Paper 2015, S. 3, mit einer Übersicht gängiger Definitionen.

791 Die sog. Public oder Political Accountability der öffentlichen Hand, vgl. etwa *Kluvers/ Tippett*, IJBM 2010, 46 (47); *Bovens*, ELJ 2007, 447 (455); *Vincent/Zumofen*, Lien Paper 2015, S. 5.

792 Vgl. bspw. die verschiedenen Informationsfreiheitsgesetze (überblickartig *Vincent/ Zumofen*, Lien Paper 2015, S. 6; grundlegend dazu *Böhm*, in: Mehde/Ramsauer/ Seckelmann, FS Bull, 2011, 965 (967 ff.)) oder die Informationspflichten und den Auskunftsanspruch der DSGVO gem. Artt. 12–15.

793 *Kluvers/Tippett*, IJBM 2010, 46 (49).

794 *Willems/v.Dooren*, PMR 2012, 1011 (1023); *Fox*, DiP 2007, 663 (667); *Böhm*, in: Mehde/Ramsauer/Seckelmann, FS Bull, 2011, 965 (967).

zu unterziehen. Transparenz umfasst damit Schnittmengen zu Responsiveness, Answerability und zur Stewardship und wird ebenfalls als zentraler Bestandteil einer *„good governance"* gesehen.[795] Da Transparenz wie keine andere Dimension von Accountability die Bereitstellung von Informationen insinuiert, wird sie wohl nicht zu Unrecht als die basalste Dimension und teilweise als Voraussetzung für alle weiteren Verständnisebenen angesehen.[796] Sie kann jedoch nicht mit Accountability gleichgesetzt werden, da die Bereitstellung von Informationen selbst keinen Druck auf den Akteur erzeugt;[797] ein Despot könnte theoretisch vollständig transparent regieren, ohne dass es dadurch allein zu einer Änderung seines Regierungsstils kommen würde.[798] Der Zusatzwert von Accountability gegenüber Transparenz ist mithin das Vorhandensein (mindestens) eines mit Sanktionsmöglichkeiten ausgestatteten Forums.[799] Ein Spannungsverhältnis verbleibt jedoch auch in funktionierenden Demokratien und Rechtsstaaten, in denen entsprechende Foren bestehen. Dies folgt aus dem Umstand, dass auch das Forum bei der Ausübung seiner Infragestellung und hinsichtlich des Maßstabs der eingeforderten Informationen seinerseits egoistischen oder zumindest opportunistischen Motiven folgen kann.[800] Entsprechend ist die Annahme, dass erst eine beispielsweise organisatorisch oder technisch bedingte Intransparenz des Akteurs das Erfordernis einer Information und ggf. einer Rechtfertigung durch den Akteur auslöst,[801] insofern verkürzend, als sie auf dem Gedanken beruht, dass beim Vorliegen aller verfügbaren Informationen

---

795 *Fox*, DiP 2007, 663 (664).

796 Bspw. vom ehem. US Präsidenten Barrack *Obama*: „A democracy requires accountability and accountability requires transparency", z. n. *Meijer*, in: Bovens/Goodin/Schillemans, Handbook on Public Accountability, 2016, 507 (508); *Koppell*, PAR 2005, 94 (96); *Fox*, DiP 2007, 663 (664), "[…] transparency generates accountability" – diese Verbindung insinuiert auch Titel VII des Dodd-Frank-Act von 2010; *Vincent/Zumofen*, Lien Paper 2015, S. 4.

797 *Willems/v.Dooren*, PMR 2012, 1011 (1017), "Purely informal or voluntary transparency does not amount to accountability"; so auch *Vincent/Zumofen*, Lien Paper 2015, S. 7; *Bovens*, ELJ 2007, 447 (451); *Fox*, DiP 2007, 663 (665).

798 Zu undifferenziert insofern *Vincent/Zumofen*, Lien Paper 2015, S. 3, „[…] transparency but also accountability push governments to adopt a more open functioning, making them vulnerable to public scrutiny."; und verkürzend auch *Schedler*, in: Schedler/Diamond/Plattner, The Self-Restraining State, 1999, S. 13 (29), nachdem bei vollständiger Transparenz eines Regierenden keine Notwendigkeit mehr für eine Accountability und damit einer Rechtfertigung bestünde, da alle Informationen vorlägen.

799 Vgl. *Fox*, DiP 2007, 663 (667), mit einem Beispiel zu den Folgen einer fehlenden Kontrolle durch das zuständige (öffentliche) Forum.

800 Vgl. ausführlich hierzu *Gersen/Stephenson*, JLA 2014, 185 (187 ff.); hierin könnte auch ein Grund liegen, weshalb bislang kein empirischer Beweis erbracht werden konnte, dass ein Mehr an Transparenz auch automatisch zu einem Mehr an Accountability führt, vgl. zum fehlenden Beweis *Vincent/Zumofen*, Lien Paper 2015, S. 7.

801 *Schedler*, in: Schedler/Diamond/Plattner, The Self-Restraining State, 1999, 13 (29).

Akteur und Forum die gleiche Entscheidung hinsichtlich der verfügbaren Handlungsoptionen und deren (transparenter) Darstellung treffen würden.

Worüber, gegenüber wem und in welcher Tiefe transparenzstiftend informiert werden muss, erschließt sich entsprechend nicht auf einem abstrakten Level, sondern nur im Rahmen einer differenzierten und auf konkrete Einzelfälle angewendeten Sichtweise. Für die vorliegende Arbeit ist überdies eine Unterscheidung zwischen der in der Literatur überwiegend diskutierten Transparenz öffentlicher Stellen einerseits[802] und der unterschiedlich ausgeprägten bzw. ausprägbaren Transparenz privater Stellen andererseits maßgeblich.[803] Während hinsichtlich öffentlicher Stellen Transparenz bis hin zur vollständigen Offenlegung aller einen Sachverhalt betreffenden Informationen, etwa durch Ausschreibungen, Konsultationen, veröffentlichte Meeting- und Gesprächsprotokolle oder Entscheidungsbegründungen, als wünschens- und erstrebenswert angesehen wird,[804] kann diese Forderung nicht ohne Weiteres auf Private übertragen werden.[805] Das entscheidende Kriterium hierfür sind die ihrerseits auch berechtigt schützenswerten Geheimhaltungsinteressen der Privaten,[806] an denen es der öffentlichen Hand hinsichtlich des eigenen Verhaltens in aller Regel fehlt.[807] Im Rahmen der transparenzstiftenden Informationspflicht ist mithin ein unmittelbarer Ausgleich zwischen den Rechten der von Datenverarbeitungen betroffenen Personen und den datenverarbeitenden Akteuren vorzunehmen. Daraus folgt, dass sich, je nachdem aus welcher Quelle sich die Pflicht zur Information ergibt, die konkreten Inhalte oder die Form der Darstellung ändern können, da ggf. ein konkurrierendes Schutzbedürfnis besteht. Im Folgenden soll untersucht werden, ob sich diese Inhalte in übergeordnete Kategorien hinsichtlich ihrer Funktionsweise gruppieren lassen. Eine solche Eingruppierung würde

---

802 Vgl. hierzu bspw. *Fox*, DiP 2007, 663; *Vincent/Zumofen*, Lien Paper 2015, S. 3 f.

803 Öffentliche und private Pflichten vergleichend *Mulgan*, AJPA, 2000, 87 ff.

804 *Regan/Johnson*, in: Guagnin, et al., Managing Privacy through Accountability, 2012, 125 (126).

805 So jedoch *Koppell*, PAR 2005, 94 (96), „Private-sector organizations are subject to similar requirements, especially those that are publicly traded or issue securities.", der Transparenz entsprechend auf die Präsentation von Zahlen zu beschränken scheint; krit. mit einem Beispiel dazu *Fox*, DiP 2007, 663 (667).

806 Vgl. etwa Art. 15 Abs. 4 DSGVO oder die Gesetzesbegründung der Richtlinie (EU) 2016/943 des Europäischen Parlaments und des Rates vom 8. Juni 2016 über den Schutz vertraulichen Know-hows und vertraulicher Geschäftsinformationen (Geschäftsgeheimnisse) vor rechtswidrigem Erwerb sowie rechtswidriger Nutzung und Offenlegung (ABl. L 157 vom 15.6.2016, S. 1), die in Deutschland mit dem Geschäftsgeheimnisgesetz (GeschGehG) vom 18.4.2019 in nationales Recht umgesetzt wurde.

807 Geheimdienstliche oder andere Interessen der Staatssicherheit können hierbei entsprechende Ausnahmen bilden.

insbesondere eine präzise Lokalisierung ermöglichen, sollte ein Akteur seiner Pflicht zur Accountability nicht nachkommen.[808]

Abstrakt betrachtet kann eine Informationspflicht, wie bereits angedeutet, aus zwei Anlässen entstehen.[809] Impetus einer transparenzstiftenden Information kann danach einerseits ein intrinsischer Antrieb sein (proaktive Information) oder andererseits eine externe Aufforderung (reaktive Information). Die genaue Abgrenzung kann mitunter schwierig sein, da eine proaktive Information in Form einer Responsiveness als Vorbeugungsmaßnahme zu einer externen Aufforderung erfolgen kann.[810] Eine „echte" proaktive Motivation kann mithin regelmäßig nur in solchen Fällen angenommen werden, in denen keine nachgelagerte reaktive Informationspflicht eintreten kann und ist somit innerhalb des Geltungsbereichs von Informationsfreiheitsgesetzen (sog. *Sunshine Laws*) und auch der DSGVO aufgrund ihrer Auskunftsansprüche sowohl von Betroffenen als auch Aufsichtsbehörden weitestgehend zu verneinen. Neben diesem rechtlichen Argument besteht eine faktische Begrenzung der proaktiven Motivation darin, dass es keinen unmittelbaren Vorteil an der unaufgeforderten und nicht nachträglich erzwingbaren Offenlegung von Informationen mit potenziell schädigendem Charakter gibt, während eine Zurückhaltung dieser Informationen prima facie nur Vorteile bringt.[811] Wichtiger als der Auslöser der transparenzstiftenden Informationen ist für das Funktionieren der Accountability die Erreichung ihres Ziels durch Adäquanz des Informationsinhalts und ihrer Form bzw. Erbringung, da ein Versäumnis in diesen Aspekten zu einer Sanktion durch das jeweilige Forum führen kann. Hierbei zeigt sich die Relativität des Forums besonders deutlich: so könnte trotz der minutiösen Einhaltung einer inhaltlich durch ein Gesetz gestalteten Informationspflicht ein Versäumnis hinsichtlich der Transparenz einer Organisation durch Betroffene identifiziert werden, wenn diese die dargelegten Inhalte nicht kognitiv rezipieren können. Im Rahmen der Accountability wäre dieses Versäumnis bei der Bestimmung der Sanktion in mindernder oder steigernder Form zu berücksichtigen. Sanktionsberechtigt wäre in einem solchen Fall nicht die Aufsichtsbehörde, deren Aufgabe es ist, die Umsetzung und Einhaltung der gesetzlichen Normen sicherzustellen, sondern die Betroffenen, deren subjektives Ermessen Basis ihrer Entscheidung wäre. Freilich stünden Betroffenen in diesem Fall lediglich informelle Sanktionen zur Verfügung. Es ist mithin auf die Erwar-

---

808 *Brandsma/Schillemans*, JPART 2013, 953 (955).

809 *Vincent/Zumofen*, Lien Paper 2015, S. 2 f.; *Fox*, DiP 2007, 663 (665).

810 Eine externe Aufforderung kann in diesem Zusammenhang auch das Verhalten anderer Parteien wie Wettbewerber oder Vertragspartnern sein, die ein bestimmtes Verhalten erwarten und bei Ausbleiben Sanktionen einleiten (könnten), vgl. so auch *Fox*, DiP 2007, 663 (666); *Hale*, Global Governance 2008, 73 (76 f.).

811 *Fox*, DiP 2007, 663 (666).

tungshaltung des jeweiligen Forums hinsichtlich Inhalt, Form und Art der Informationen abzustellen und es kann eine Überschneidung mit der Dimension der Responsiveness festgestellt werden.[812]

Entscheidend ist folglich, dass die bereitgestellten Informationen durch das Forum als informativ wahrgenommen und inhaltlich verstanden werden.[813] Die Suffixendung des Adjektivs Informativeness („-ness") indiziert einen germanischen Ursprung und insinuiert eine bestimmte Qualität des verwendeten Stammwortes (Information), nämlich die Eigenschaft der gegebenen Information beim Informationsempfänger bzw. -adressaten (Er-)Kenntnis und Bewusstsein zu erzeugen. Informativeness umfasst damit sowohl die Handlungen der informierenden Partei in der Form, dass sie grundsätzlich geeignet sind, das Ergebnis der (Er-)Kenntnis beim Empfänger erzeugen zu können, als auch die Eigenschaft der empfangenden Partei, das Stadium der „Informiertheit" zu erreichen, da es nur dann zu einer wirksamen Beseitigung der Informationsasymmetrie kommt. Fraglich sind die daraus entstehenden Handlungspflichten des Informationsgebers angesichts der Relativität des Forums bzw. der Foren als Informationsempfänger, wonach unterschiedliche Foren durch einen Akteur unterschiedlich zu behandeln sind, um das angestrebte Ziel zu erreichen.[814] Ein möglicher Ansatzpunkt können hierfür die Quellen der Informationspflicht sein. Bei einer allgemeinen, etwa gesetzlich begründeten und an die Allgemeinheit gerichteten Pflicht[815] kann der Informationsgeber auf den durchschnittlich verständigen Empfänger abstellen.[816] Bei einer individuellen Anfrage durch einzelne Personen oder Organisationen, entweder aus genuinem Antrieb oder als Reaktion auf eine allgemein erteilte bzw. veröffentlichte Information durch den verpflichteten Akteur,[817] ist stattdessen auf den individuellen Empfängerhorizont abzustellen.[818]

---

812 So auch die *Art. 29-Gruppe*, WP 260 rev.01, S.7, Rn.9: „An accountable Controller will have knowledge about the people they collect information about and it can use this knowledge to determine what audience would likely understand.".

813 Vgl. *Vincent/Zumofen*, Lien Paper 2015, S.4 und 7; *Willems/v.Dooren*, PMR 2012, 1011 (1018); *O'Loughlin*, A&S 1990, 275 (285 f.).

814 *Willems/v.Dooren*, PMR 2012, 1011 (1018).

815 *Bovens*, EJL 2007, 447 (452), argumentiert, dass eine Information immer an ein spezifisches Forum gerichtet werden sollte und nie an die Allgemeinheit, was verkennt, dass Betroffensein auch ein Forum schaffen kann, gleichzeitig aber eine relative Allgemeinheit adressiert.

816 Vgl. *Pohle/Spittka*, in: Taeger/Gabel, DSGVO BDSG TTDSG, 2022, Art.12, Rn.10; *Däubler*, in: Däubler et al., DSGVO BDSG, 2020, Art.12, Rn.5; *Bäcker*, in: Kühling/Buchner, DSGVO BDSG, 2020, Art.12, Rn.11; *Eßer*, in: Auernhammer, DSGVO BDSG, 2020, Art.12, Rn.8.

817 Vgl. zu dieser Funktionsweise *Berning*, ZD 2018, 348 (349 f.).

818 Vgl. *Geminn*, DuD 2021, 509 (513), m.w.N. zum Konzept der „situationsadäquaten Information".

B. Informationspflichtigkeit als konstitutives Merkmal von Accountability

Abstrakt können für die Herstellung von Informiertheit zwei kumulative Eigenschaften identifiziert werden, die stets einzuhalten sind.[819] Danach muss ein Akteur sowohl qualitativ als auch quantitativ transparent sein. Qualitative Transparenz beurteilt sich danach, ob die bereitgestellten Informationen das Informationsbedürfnis des Forums befriedigen und die Informationsasymmetrie beseitigen bzw. dazu zumindest objektiv geeignet sind.[820] Um dieses Ziel zu realisieren, kann es sich auch anbieten, Vergleiche und (abgrenzende) Erklärungen, beispielsweise sog. *Counterfactual Explanations*,[821] zu inkludieren und so die Verständlichkeit (*„intelligibility"*) zu steigern.[822] Quantitative Transparenz beurteilt sich hingegen danach, ob die bereitgestellten Informationen hinsichtlich des Sachverhalts vollständig (*„comprehensive"*) sind.[823]

Bei der quantitativen Komponente handelt es sich um eine in zweierlei Hinsicht problematische. Einerseits dient sie dergestalt als Korrektiv für die qualitativen Informationen, als sichergestellt werden soll, dass der Akteur dem Forum nicht lediglich diejenigen Informationen bereitstellt, die das Forum erwartet bzw. erwarten möchte.[824] Quantitativ transparent zu sein heißt mithin auch, unangenehme Fakten zu kommunizieren.[825] Andererseits ist die quantitative Transparenz deshalb problematisch, weil sie durch schiere Masse an Informationen das Ergebnis der Informiertheit und (Er-)Kenntnis beim Forum nicht unterlaufen darf.[826]

Diese zwei kumulativen Eigenschaften lassen sich, ebenfalls abstrakt, hinsichtlich der transportierten Inhalte konkretisieren, die jedoch nicht kumulativ oder alternativ sind, sondern situationsabhängig. Danach ist der zentrale Informationsinhalt das Verhalten des Akteurs, einschließlich der Entscheidungen hinsichtlich dieses Verhaltens und der Beweggründe, die dazu geführt haben. Nur wenn diese Informationen vorliegen, lässt sich beurteilen,

---

819 *Vincent/Zumofen*, Lien Paper 2015, S. 4.
820 *O'Loughlin*, A&S 1990, 275 (286), differenziert darüber hinaus zwischen der Anzahl der Kommunikationswege und der Menge der kommunizierten Informationen.
821 Vgl. *Wachter/Mittelstadt/Russel*, HJLT 2018, 841 (844 f.).
822 Vgl. Art. 12 Abs. 1 UAbs. 1 Attribut Nr. 3 DSGVO; darauf aufbauend *ICO*, Accountability Framework, S. 40; ähnlich auch *Art. 29-Gruppe*, WP 260 rev.01, S. 7, Rn. 10: „[…] controllers should also separately spell out in unambiguous language what the most important consequences of the processing will be […]".
823 Vgl. *Vincent/Zumofen*, Lien Paper 2015, S. 4; *O'Loughlin*, A&S 1990, 275 (285 f.).
824 So auch im Auskunftsanspruch der DSGVO angelegt, vgl. hierzu *Härting*, CR 2019, 219 (221), Rn. 13; *Schwartmann/Klein*, in Schwartmann et al., DSGVO BDSG, 2020, Art. 15, Rn. 34; *Schantz*, in Schantz/Wolff, Das neue Datenschutzrecht, 2017, Rn. 1199; ausführlich *Pauly/Mende*, CCZ 2022, 28 ff.
825 Vgl. hinsichtlich der Kommunikation mit der Aufsicht *Hartung*, in: Kühling/Buchner, DSGVO BDSG, 2020, Art. 31, Rn. 5.
826 *Eßer*, in: Auernhammer, DSGVO BDSG, 2020, Art. 12, Rn. 12; *Vincent/Zumofen*, Lien Paper 2015, S. 3.

ob der Akteur seine Zuständigkeit (Responsibility) im Rahmen des Zulässigen ausgeübt hat. Hierzu können, abhängig vom Forum und den ggf. bestehenden konkurrierenden Geheimhaltungsinteressen, auch Informationen über interne Prozesse wie die Auswahl technischer Instrumente oder Dienstleister, Risikoentscheidungen und deren Mitigierung, Prozesse (Vorhandensein, Einhaltung, Kontrolle), Sicherheitsmaßnahmen und deren anlassbezogenes Versagen zählen. Zur Herstellung der Informiertheit sind dem Forum darüber hinaus die Effekte, die das Verhalten des Akteurs zeitigen kann, einschließlich möglicher Abhängigkeiten zu weiteren (ggf. externen) Faktoren und die Einflussmöglichkeiten des Forums offenzulegen, um ggf. die gerichtliche Geltendmachung von Ansprüchen zu ermöglichen. Schließlich sind dem Forum die Informationen in die externen Umstände des Akteurs und seines Verhaltens einzuordnen, wozu beispielsweise Zwänge durch rechtliche Rahmenbedingungen, Branchenvergleiche oder -standards, ggf. selbstregulatorische oder durch Zertifizierungen bedingte Anforderungen gehören.

Insofern kann festgestellt werden, dass zur Herstellung der Informiertheit eine Balance zwischen der qualitativen und der quantitativen Transparenz herzustellen ist und dass es, um das Ziel der Informiertheit zu erreichen, theoretisch erforderlich werden kann, dem Forum auch ggf. mehr Informationen bereitzustellen, als gesetzlich vorgeschrieben sind.[827] Diese extensive Lesart der Transparenzforderung hat bislang keinen Eingang in das deutsche Datenschutzschrifttum gefunden. Soweit ersichtlich wird nur der entgegengesetzte Zielkonflikt thematisiert, wonach das Kriterium der Vollständigkeit (quantitative Transparenz) in einem Spannungsverhältnis mit dem Kriterium der Verständlichkeit (qualitative Transparenz) stehe und ein Informationsüberfluss drohe.[828] Hinsichtlich Betroffener, bei denen es sich in der überwiegenden Zahl um (datenschutz)rechtliche Laien handelt, erscheint diese Befürchtung auch plausibel. Hinsichtlich der Aufsicht als Forum kann es aufgrund von Art. 58 Abs. 1 lit. a DSGVO jedoch durchaus zu Situationen kommen, in denen mehr als die gesetzlich unmittelbar erforderlichen Informationen herauszugeben sind.[829] So ist bspw. gem. Art. 30 Abs. 4 DSGVO das Verzeichnis gem. Art. 30 Abs. 1 DSGVO auf Aufforderung zur Verfügung zu stellen. In der grundsätzlich abschließenden Aufzählung des Art. 30 Abs. 1 DSGVO findet sich jedoch keine Nennung der durch den Verantwort-

---

827 Dies sah der Kommissionsentwurf der DSGVO in Art. 14 Abs. 1 lit. h entsprechend generalklauselartig vor.

828 So statt vieler *Eßer*, in: Auernhammer, DSGVO BDSG, 2020, Art. 12, Rn. 12; *Bäcker*, in: Küh!ing/Buchner, DSGVO BDSG, 2020, Art. 12, Rn. 12; *Bull*, NVwZ 2011, 257 (259).

829 Vgl. auch *Considine*, Governance 2002, 21 (29), der das als weite Auslegung von Accountability bezeichnet; *Hartung*, in: Kühling/Buchner, DSGVO BDSG, 2020, Art. 31, Rn. 5.

lichen angewendeten Rechtsgrundlage. Die Praxis zeigt jedoch, dass diese von Aufsichtsbehörden regelmäßig abgefragt wird, da sie zur Beurteilung der Rechtmäßigkeit des untersuchten Verhaltens zwingend erforderlich ist.

Daraus können zwei Schlussfolgerungen hinsichtlich des Merkmals der Transparenz gezogen werden. Erstens erfüllt die Transparenz von Privaten aus Betroffenenperspektive den gleichen Zweck wie die Transparenz der öffentlichen Hand. Sie soll dem Betroffenen ermöglichen, Kenntnis über einen bestimmten ihn betreffenden Sachverhalt zu erlangen, diesen zu beeinflussen oder sich ihm ggf. zu entziehen.[830] Das Ziel von Transparenz ist mithin die Informiertheit der Betroffenen.[831] Zweitens kann Transparenz abhängig vom Forum unterschiedliche Ausprägungen annehmen und in Form einer extensiven Lesart auch die gesetzliche Zulässigkeit („*Legitimacy*") umfassen.[832]

Transparenz und Informativeness weisen damit deutliche Überschneidungen zu Answerability, in Form eines Diskurses zwischen Informationsgeber und -nehmer, und zu Responsiveness, in Form einer an Empfängerhorizont und -erwartung auszurichtenden Informationshandlung auf. Auf Basis der vorstehenden Ausführungen ist mithin für Transparenz und Informativeness eine inkrementelle Beziehung zueinander und zum Konzept der Accountability festzustellen. Transparenz liegt erst dann wirklich vor, wenn das Ziel der Informiertheit erreicht wurde bzw. Maßnahmen durch den Akteur erfolgt sind, die geeignet wären, Informiertheit zu erzeugen. Diese Maßnahmen brauchen entsprechend die durch die Suffixendung „-ness" indizierte Qualität der Informativeness, um die zugrundeliegende Wissens- und Informationsasymmetrie zu beseitigen. Transparenz mit ihrem Ziel der Informiertheit der Betroffenen ist wiederum ihrerseits eine elementare Komponente von Accountability.[833] Ohne eine Sanktionskomponente jedoch verbleibt Transparenz auf einer unverbindlichen Ebene, sodass nicht von einer Accountability der Parteien gesprochen werden kann. Eine Sanktion kann indes auch in Abwesenheit einer Information erfolgen, sofern eine Verpflichtung zur Informationserteilung bestand, gegen die entsprechend verstoßen wurde. Bestand jedoch zu keinem Zeitpunkt eine Informationspflicht, weder aus formellen gesetzlichen oder vertraglichen, noch aus informellen, etwa

---

830 *Vincent/Zumofen*, Lien Paper 2015, S. 3; *Fox*, DiP 2007, 663 (666); für diese Wirkung in der DSGVO vgl. *Mester*, in: Taeger/Gabel, DSGVO BDSG TTDSG, 2022, Art. 13, Rn. 34.

831 *Pohle/Spittka*, in: Taeger/Gabel, DSGVO BDSG TTDSG, 2022, Art. 12, Rn. 9.

832 Siehe unten B. III. 1. g.

833 Vgl. *Meijer*, in: Bovens/Goodin/Schillemans, Handbook on Public Accountability, 2016, 507 (518), zur wechselseitigen Ergänzung von Transparenz und Accountability; *Vincent/Zumofen*, Lien Paper 2015, S. 3 m. w. N.; *Art. 29-Gruppe*, WP 168, S. 9, Rn. 16 und S. 19, Rn. 63 f.

durch das Marktverhalten anderer Akteure, bedingten Gründen, muss eine Accountability-Beziehung verneint und der Akteur kann nicht für die nicht-Erbringung haftbar gemacht werden.[834] Haft- bzw. Sanktionierbarkeit („*Liability*") setzt mithin das Bestehen einer Informationspflicht in Form von transparenzstiftender Informativeness voraus, gegen die verstoßen wurde.

(2) Inhaltliche Anforderungen an Transparenz und Informationen nach der DSGVO

Die Pflichten zur Informationserbringung sind in der DSGVO abhängig von ihrem systematischen Regelungsziel an verschiedenen Stellen verortet. Abstrakt betrachtet entsteht die Pflicht zur Transparenz aus der einseitigen Wissens- und Kontrollhoheit des Akteurs hinsichtlich der Datenerhebung und -verarbeitung, die Effekte für natürliche Personen entfaltet.[835] Dabei muss jedoch zwischen den unterschiedlichen Foren unterschieden werden. Bezüglich einer Aufsichtsbehörde können Transparenz und Informiertheit nicht auf den Wortlaut des Datenschutzrechts beschränkt und strikt auf die enumerierten Informationsgegenstände abgestellt werden, sondern es sind erfoderlichenfalls begleitende Umstände zu erläutern, auch wenn sich der Rahmen der Untersuchungsbefugnisse der Aufsichtsbehörden natürlich auf den Anwendungsbereich der DSGVO beschränkt.[836] Ausgehend vom Schutzobjekt der DSGVO wird Transparenz i. R. d. DSGVO allerdings eher hinsichtlich des Betroffenenhorizonts beurteilt[837] und als zentrales Element zur Erfüllung der Accountability angesehen werden müssen.[838] Entsprechend findet sich neben einer Festschreibung in Form der Prinzipien gem. Art. 5 Abs. 1 lit. a DSGVO einerseits eine proaktive Informationspflicht für Verantwortliche in den Art. 12–14 DSGVO, als auch andererseits eine reak-

---

834 Vgl. *Sinclair*, AOS 1995, S. 219 (221), und *Dunn/Legge*, JPART 2001, 73 (78 ff.), zu Untersuchungen einer solchen Situation in den Behörden Australiens und den USA mit dem Befund, dass Personen in diesen Positionen mit der Feststellung „*Unaccountable*" zu sein, haderten.

835 *Pohle*, DuD 2018, 19 (21).

836 *v. Lewinski*, in: Auernhammer, DSGVO BDSG, 2020, Art. 58, Rn. 5; zutreffend *Plath*, in: Plath, DSGVO BDSG TTDSG, 2023, Art. 30, Rn. 3, der darauf hinweist, dass Verzeichnisse gem. Art. 30 DSGVO am fachkundigen Empfängerhorizont der Aufsichtsbehörde auszurichten sind; so auch die *Art. 29-Gruppe*, WP 260 rev.01, S. 7, Rn. 9.

837 Vgl. zu dieser Anforderung bei der Einwilligung *Arning/Rothkegel*, in: Taeger/Gabel, DSGVO BDSG TTDSG, 2022, Art. 4, Rn. 279; zum Aspekt der Akzeptanz durch Transparenz *Ramsauer*, in: Mehde/Ramsauer/Seckelmann, FS Bull, 2011, 1029 (1033).

838 *Art. 29-Gruppe*, WP 173, S. 15, Rn. 48; statt vieler *Dix*, in: Simitis et al., Datenschutzrecht, 2019, Vorb. Art. 12, Rn. 5; *Art. 29-Gruppe*, WP 260 rev.01, Rn. 2 und 4.

tive, inhaltlich jedoch weitgehend mit der proaktiven harmonisierte[839] Informationspflicht gem. Art. 15 DSGVO mit verschiedenen tatbestandlichen Ausnahmen (etwa Art. 11 DSGVO).[840]

Art. 5 Abs. 1 lit. a 3. Var. DSGVO schreibt zunächst an prominenter erster Stelle vor, dass Datenverarbeitungen stets „in einer für die betroffene Person nachvollziehbaren Weise" vorzunehmen seien. Die korrespondierende Legaldefinition zu Var. 3 ist „Transparenz". Diese Norm stellt mithin das übergeordnete und in Folgenormen zur Transparenz konkretisierte Prinzip dar. Allerdings enthält Art. 5 Abs. 1 lit. a DSGVO darüber hinaus keine materiellen Anforderungen dahingehend, anhand welcher Inhalte oder durch welche Maßnahmen Transparenz erreicht werden kann. Die Prinzipalnorm enthält ausweislich des deutschen Wortlauts („[…] für die betroffene Person nachvollziehbar[…]") eine Orientierungspflicht am Forum des Betroffenen durch den Accountability-Pflichtigen und damit ein gewisses dynamisches Element. Bemerkenswert ist insofern, dass die deutsche Sprachfassung der DSGVO den Betroffenenhorizont auf den Prinzipienlevel vorzuziehen scheint. Die englische, französische und spanische Sprachfassung sprechen in Art. 5 Abs. 1 lit. a jeweils lediglich davon, dass Datenverarbeitungen in einer „transparenten Weise" vorzunehmen seien,[841] und verpflichten erst durch die „vor die Klammer"[842] gezogenen allgemeinen Bestimmungen des Art. 12 DSGVO dazu, Informationen in einer verständlichen Weise für die jeweiligen Betroffenen zu erteilen.[843] Auf dieder Basis ist die gelegentlich im deutschen Schrifttum vertretene Ansicht, die Nennung der Transparenz in Art. 12 DSGVO habe keinen eigenständigen Gehalt, sondern wiederhole nur Art. 5 Abs. 1 lit. a DSGVO,[844] aus europarechtlichen Harmonisie-

---

839 Vgl. *Däubler*, in: Däubler et al., DSGVO BDSG, 2020, Art. 15, Rn. 10; *Bäcker*, in: Kühling/Buchner, DSGVO BDSG, 2020, Art. 15, Rn. 10 ff.; *Mester*, in: Taeger/Gabel, DSGVO BDSG TTDSG, 2022, Art. 15, Rn. 5; *Schantz*, in: Schantz/Wolff, Das neue Datenschutzrecht, 2017, S. 360, Rn. 1190.

840 *Ehmann*, in: Ehmann/Selmayr, DSGVO, 2018, Art. 15, Rn. 5, bezeichnet die proaktiven Normen der Art. 13, 14 einerseits und die reaktiven des Art. 15 andererseits als zwei Seiten derselben Medaille.

841 Französisches RGPD: „[…] transparente au regard de la personne concernée […] » ; spanisches RGPD: "manera […] transparente en relación con el interesado"; englische GDPR « in a transparent manner in relation to the data subject".

842 *Pohle/Spittka*, in: Taeger/Gabel, DSGVO BDSG TTDSG, 2022, Art. 12, Rn. 1; *Raji*, ZD 2020, 279 (280); *Kamlah*, in: Plath, DSGVO BDSG TTDSG, 2023, Art. 12, Rn. 1; *Quaas*, in: BeckOK Datenschutzrecht, 2022, Art. 12, Rn. 2.

843 Französisches RGPD: „[…] compréhensible et aisément accessible, en des termes clairs et simples […] » ; spanisches RGPD: "[…]inteligible y de fácil acceso, con un lenguaje claro y sencillo[…]"; "[…] intelligible and easily accessible form, using clear and plain language".

844 So *Eßer*, in: Auernhammer, DSGVO BDSG, 2020, Art. 12, Rn. 7; *Däubler*, in: Däubler et al., DSGVO BDSG, 2020, Art. 12, Rn. 6, Fn. 10.

rungsgründen abzulehnen. Das Kriterium der verständlichen Art und Weise ist in Gesamtschau mit den weiteren Kriterien von Art. 12 Abs. 1 UAbs. 1 DSGVO zu sehen, die sich in Art. 5 Abs. 1 lit. a nicht finden. Nach Art. 12 Abs. 1 UAbs. 1 DSGVO sind Informationen in transparenter Form im Sinne von einfach auffind- bzw. erkennbar (ggf. visuell separiert zwischen weiteren Texten oder Strukturen), in leicht zugänglicher Form im Sinne einer objektiv einfachen Zugriffsmöglichkeit oder Verfügbarkeit und in klarer und einfacher Sprache und damit insbesondere unter Verzicht auf Fachjargon zu erteilen.[845] Dieser Kriterienkatalog stellt ein Novum im Vergleich mit der Datenschutzrichtlinie dar,[846] die in Sektion IV zwar Vorläufer der Art. 13 und 14 DSGVO enthielt, nicht jedoch eine solche vorangestellte Generalklausel. Auch der Vorgänger von Art. 5 Abs. 1 lit. a DSGVO in Art. 6 Abs. 1 lit. a DSRL enthielt noch nicht das Prinzip der Transparenz. Mithin entwirft die DSGVO ein aufeinander aufbauendes, vom Prinzip der Transparenz in Art. 5 Abs. 1 lit. a ausgehendes, in Art. 12 hinsichtlich Darstellung und Verfahren[847] und in den Art. 13 und 14 DSGVO materiell konkretisiertes System der Informationspflichten. Die Gewährleistung der Transparenz ist mithin nach der oben entwickelten Theorie konzentrischer Kreise der Accountability[848] bezüglich Art. 12 ff. DSGVO durch Maßnahmen gem. Art. 24 Abs. 1 S. 1 DSGVO sicherzustellen, das Prinzip gem. Art. 5 Abs. 1 lit. 1 Var. 3 DSGVO demgegenüber als Auffangtatbestand gem. Art. 5 Abs. 2 DSGVO. Da gem. Art. 83 Abs. 5 lit. a DSGVO Verstöße gegen Art. 5 DSGVO demselben Bußgeldrahmen unterliegen wie solche gegen die Pflichten aus Art. 12 DSGVO, besteht allerdings wohl kein Risiko einer uneinheitlichen Rechtsanwendung zu Lasten von Verantwortlichen durch diesen deutschen Sonderweg bei der Übersetzung. Dennoch bliebe ein allein auf Art. 5 Abs. 1 lit. a gestützter Bußgeldbescheid, ohne die Prüfung des Informationshandelns nach Art. 12 ff. DSGVO gegebenenfalls wegen fehlender Durchsetz- und Nachvollziehbar-

---

845 Vgl. zu den Defintionen *Eßer*, in: Auernhammer, DSGVO BDSG, 2020, Art. 12, Rn. 7–10; ähnlich *Pohle/Spittka*, in: Taeger/Gabel, DSGVO BDSG TTDSG, 2022, Art. 12, Rn. 9 ff.; *Schwartmann/Schneider*, in: Schwartmann et al., DSGVO BDSG, 2020, Art. 12, Rn. 23 ff.

846 *Bäcker*, in: Kühling/Buchner, DSGVO BDSG, 2020, Art. 12, Rn. 2; *Pohle/Spittka*, in: Taeger/Gabel, DSGVO BDSG TTDSG, 2022, Art. 12, Rn. 3; *Schwartmann/Schneider*, in: Schwartmann et al., DSGVO BDSG, 2020, Art. 12, Rn. 10.

847 Vgl. zu dieser Kategorisierung *Bäcker*, in: Kühling/Buchner, DSGVO BDSG, 2020, Art. 12, Rn. 5 ff.; kritisch zu dieser Vermischung *Paal/Hennemann*, in: Paal/Pauly, DSGVO BDSG, 2021, Art. 12, Rn. 2; *Veil*, in: Gierschmann et al., DSGVO BDSG, 2018, Art. 12, Rn. 12 ff.; zur Begründung wird von *Eßer*, in: Auernhammer, DSGVO BDSG, 2020, Art. 12, Rn. 1, die Entstehungsgeschichte durch den Kommissionsentwurf angeführt, der noch drei Artikel enthielt, die im verabschiedeten Art. 12 zusammengefasst wurden; vgl. hierzu auch *Schwartmann/Schneider*, in: Schwartmann et al., DSGVO BDSG, 2020, Art. 12, Rn. 12 f.

848 Vgl. B.II.4.f. und B.II.5.

keit materiell fehlerhaft begründet, sofern nicht entsprechende Umstände die Anwendung der Auffangnorm rechtfertigten.

Diese Ausrichtung am Betroffenenhorizont stellt jedenfalls eine Verknüpfung zwischen der Accountability-Dimension der Transparenz und Informativeness mit der Dimension der Responsiveness dar, wonach zur Erfüllung des Maßstabs stets das jeweilige Forum zu berücksichtigen ist.[849] Auch die materiellen Konkretisierungen in den Art. 13 und 14 DSGVO enthalten in Form ihrer jeweiligen Ausnahme ein solches relationales Element zum jeweils in Frage stehenden Forum, denn vom Katalog stets zu erteilender Informationen darf dann abgewichen werden, wenn und soweit die betroffenen Personen bereits über die Informationen verfügen.[850] Dieses Regel-Ausnahme-Verhältnis ist der Versuch einer zumindest teilweisen Auflösung des Zielkonfliktes zwischen den einzelnen Kriterien, insbesondere zwischen Vollständig- bzw. Genauigkeit einerseits und Verständlichkeit andererseits.[851] Ausgehend vom übergeordneten Ziel der Norm – Betroffene in die Lage zu versetzen, die Art und Reichweite der Datenverarbeitung abschätzen und ggf. ihre Rechte geltend machen zu können[852] – werden das Merkmal der Vollständigkeit gem. Art. 12 und die Merkmale der Art. 13 und 14 DSGVO teleologisch darauf zu reduzieren sein, dass Informationen „so verständlich wie irgend möglich"[853] zu erteilen sind. Entsprechend sollten insbesondere Formulierungen im Konjunktiv und Bedingungssätze vermieden werden.[854]

Diese Reduktion kann dennoch nicht darüber hinwegtäuschen, dass die stete Erteilung der Informationen – bei unklarer Wirksamkeit hinsichtlich des Informationserfolges ob der notwendigen Länge und Komplexität – eine erhebliche (Mehr-)Belastung für Verantwortliche im Vergleich zum alten Rechtsrahmen darstellt. Angesichts dieser Belastung und des Spannungsverhältnisses erstaunt insofern die, soweit ersichtlich, überwiegend im Schrift-

---

849 *Art. 29-Gruppe*, WP 260 rev.01, S. 7, Rn. 9 f.

850 Vgl. für Fälle der Direkterhebung Art. 13 Abs. 4 lit. a und für Fälle einer Erhebung aus einer Drittquelle Art. 14 Abs. 5 lit. a DSGVO.

851 *Bäcker*, in: Kühling/Buchner, DSGVO BDSG, 2020, Art. 12, Rn. 12; *Däubler*, in: Däubler et al., DSGVO BDSG, 2020, Art. 12, Rn. 6; *Schwartmann/Schneider*, in: Schwartmann et al., DSGVO BDSG, 2020, Art. 12, Rn. 26.

852 *Eßer*, in: Auernhammer, DSGVO BDSG, 2020, Art. 12, Rn. 3 und 12; *Pohle/Spittka*, in: Taeger/Gabel, DSGVO BDSG TTDSG, 2022, Art. 12, Rn. 9; zweifelnd *Däubler*, in: Däubler et al., DSGVO BDSG, 2020, Art. 12, Rn. 3.

853 *Däubler*, in: Däubler et al., DSGVO BDSG, 2020, Art. 12, Rn. 6; so auch so auch *Kühling/Sauerborn*, ZfDR 2022, 339 (349), die argumentieren, dass bei komplexen Verarbeitungssituationen im Interesse der Verständlichkeit „ein gewisser Grad der Unvollständigkeit hinzunehmen" sei.

854 *Pohle/Spittka*, in: Taeger/Gabel, DSGVO BDSG TTDSG, 2022, Art. 12, Rn. 12; ähnlich *Paal/Hennemann*, in: Paal/Pauly, DSGVO BDSG, 2021, Art. 12, Rn. 33.

tum vertretene Auslegung bezüglich der obligatorischen Aufzählung der Empfänger (Art. 13 Abs. 1 lit. e/Art. 14, Abs. 1 lit. e DSGVO); danach sollen die konkreten Empfänger vom Verantwortlichen stets vollständig angegeben werden, sofern diese vor Beginn oder im Verlauf der Verarbeitung bekannt seien.[855] Diese Ansicht ist indes abzulehnen. Zwar ist in der Information hinsichtlich konkreter Empfänger ein wichtiger Indikator für die Rechtmäßigkeit einer Verarbeitung zu sehen. Das Mittel für Betroffene, um diese Rechtmäßigkeit zu überprüfen, ist allerdings Art. 15 Abs. 1 DSGVO und sind nicht die proaktiven Informationspflichten der Art. 12–14 DSGVO.[856] Nach Art. 15 Abs. 1 DSGVO steht es dem Betroffenen frei, eine Wahlentscheidung zu treffen, ob er sich mit Kategorien von Empfängern begnügt oder aber eine namentliche Konkretisierung verlangt. Eine entsprechende Auslegung bestätigte auch der EuGH,[857] sodass der diesbezügliche Meinungsstreit[858] als abgeschlossen angesehen werden kann. In den Art. 13 und Art. 14 DSGVO liegt dieses Ermessen ausweislich des deutlichen Wortlauts („oder") jedoch grundsätzlich beim Verantwortlichen.[859] Eine namentliche Nennung der Empfänger ist in den allgemeinen Informationspflichten nach hier vertretener Meinung insofern nur dort geboten, wo dies zur Umsetzung der Verständlichkeit („*intelligibility*") gem. Art. 12 und Art. 5 Abs. 1 lit. a Var. 2 DSGVO erforderlich ist,[860] oder wo es sich bei den Empfängern um

---

855 *Däubler*, in: Däubler et al., DSGVO BDSG, 2020, Art. 13, Rn. 13; *Mester*, in: Taeger/Gabel, DSGVO BDSG TTDSG, 2022, Art. 13, Rn. 14; *Eßer*, in: Auernhammer, DSGVO BDSG, 2020, Art. 13, Rn. 30; *Bäcker*, in: Kühling/Buchner, DSGVO BDSG, 2020, Art. 13, Rn. 30; *Dix*, in: Simitis et al., Datenschutzrecht, 2019, Art. 13, Rn. 11; wohl auch *Ingold*, in: Sydow/Marsch, DSGVO BDSG, 2022, Art. 13, Rn. 19.

856 Vgl. zu dieser Zielrichtung des Art. 15 Abs. 1 DSGVO bereits ErwG 63 S. 1. In der Literatur unstreitig: *Schantz*, in: Beck, Das neue Datenschutzrecht, 2017, S. 360, Rn. 1190; *Albrecht/Jotzo*, Das neue Datenschutzrecht, 2017, 85, Rn. 9; *Stollhoff*, in: Auernhammer, DSGVO BDSG, 2020, Art. 15, Rn. 1; zur Rechtsprechung des BGH *Pauly/Mende*, CCZ 2022, 28 (29).

857 EuGH, Urt. v. 12.1.2023 – C-154/21 (Österreichische Post), ECLI:EU:C:2023:3, Rn. 36.

858 Zur Streitstanddarstellung bei *Schmidt-Wudy*, in: BeckOK Datenschutzrecht, 2022, Art. 15, Rn. 58, mit Votum gegen ein Wahlrecht des Betroffenen: „Die Wortlautauslegung überlässt dem Verantwortlichen die Auswahl […]".

859 Vgl. EuGH, Urt. v. 12.1.2023 – C-154/21 (Österreichische Post), ECLI:EU:C:2023:3, Rn. 36 mit einer unmittelbaren Gegenüberstellung der Art. 13/14 und 15 DSGVO; *Kamlah*, in: Plath, DSGVO BDSG TTDSG, 2023, Art. 13, Rn. 13; *Paal/Hennemann*, in: Paal/Pauly, DSGVO BDSG, 2021, Art. 13, Rn. 18; *Schwartmann/Schneider*, in: Schwartmann et al., DSGVO BDSG, 2020, Art. 13, Rn. 42; wohl auch *Veil*, in: Gierschmann et al., DSGVO BDSG, 2018, Art. 13 und 14, Rn. 80 f.; a. A. *Däubler*, in: Däubler et al., DSGVO BDSG, 2020, Art. 13, Rn. 13; *Eßer*, in: Auernhammer, DSGVO BDSG, 2020, Art. 13, Rn. 30.

860 So auch *Knyrim*, in: Ehmann/Selmayr, DSGVO, 2018, Art. 13, Rn. 40, der im Gegenzug zum Wegfall der Nennungspflicht eine Rechtfertigungspflicht herleitet;

Verantwortliche handelt, die gem. Art. 14 Abs. 1 lit. a DSGVO namentlich zu nennen sind. Umgekehrt hat eine namentliche Nennung zu unterbleiben, sofern sie dem Narrativ von Treu und Glauben sowie Art. 12 DSGVO entgegenstünde. Dies kann insbesondere für die Kategorie der Auftragsverarbeiter regelmäßig gelten; beim Vorliegen eines gem. Art. 28 DSGVO wirksamen Auftragsverarbeitungsvertrages spielt es für Betroffene keine ersichtliche Rolle, ob die sie betreffenden Daten beispielsweise von IT-Hoster X statt vom IT-Hoster Y verarbeitet werden.[861] Mangels genuinen Rechten gegenüber dem Auftragsverarbeiter[862] enthielte diese – in technischen Verarbeitungskontexten potenziell sehr umfangreiche – Nennung nur einen sehr begrenzten Mehrwert für die Betroffenen. Sie würde aufgrund der Extension der Informationen viel eher kontraproduktiv wirken, da sie das Auffinden relevanter Informationen erschwerte. Gleiches gilt für die fernliegende Einordnung von Mitarbeitern des Verantwortlichen oder Auftragsverarbeiters als Empfänger i. S. v. Art. 4 Nr. 9 S. 1 DSGVO.[863] Entsprechend stellt auch die Art. 29-Gruppe die Anforderung auf, dass die Informationen über Empfänger in einer Weise aufbereitet und bereitgestellt werden, die aus Perspektive der Betroffenen am erhellendsten ist.[864] Abweichendes kann gelten, sofern mit einem Wechsel von Dienstleistern eine potenzielle Steigerung der Risiken für die Rechte und Freiheiten der Betroffenen einhergeht, etwa weil der neue Dienstleister in einem Drittland sitzt.[865] Für diese Fälle beugt das Datenschutzrecht jedoch mit spezifischen Informationspflichten in den Art. 13 Abs. 1 lit. f und Art. 14 Abs. 1 lit. f DSGVO einer Gefährdung der Selbstbestimmungsfähigkeit vor. Für Fälle eines schadensbegründenden Ereignisses sieht Art. 34 DSGVO eine entsprechende besondere Informationspflicht des Betroffenen über bekannte Empfänger oder mögliche Kategorien unbekannter Empfänger vor. Für diese Mitteilung gilt ebenfalls das Verständlichkeitsgebot des Art. 12 DSGVO, und sie ermöglicht Betroffenen die Vorbereitung weiterer Ansprüche, wie etwa eine Geltendmachung von Art. 82 Abs. 1 DSGVO, so dass durch den Verzicht auf die namentliche Nen-

---

Art. 29-Gruppe, WP 260 rev.01, Rn. 2: „Transparency is intrinsically linked to fairness and the new principle of accountability under the GDPR".

861 So jedoch wohl *Däubler*, in: Däubler et al., DSGVO BDSG, 2020, Art. 13, Rn. 13.

862 *Kramer*, in: Auernhammer, DSGVO BDSG, 2020, Art. 28, Rn. 6; *Buchner*, in: Tinnefeld/Buchner/Petri/Hof, Datenschutzrecht, 2020, 279, Rn. 161.

863 Vgl. zu diesem Beispiel *Veil*, in: Gierschmann et al., DSGVO BDSG, 2018, Art. 13 und 14, Rn. 82; *Knyrim*, in: Ehmann/Selmayr, DSGVO, 2018, Art. 13, Rn. 45.

864 *Art. 29-Gruppe*, WP 260, S. 37: „[…] controllers must provide information on the recipients that is most meaningful for data subjects." – allerdings geht auch die Art. 29-Gruppe ohne Begründung davon aus, dass dies bei einer namentlichen Nennung der Fall sei.

865 Dies betonte etwa der hess. Datenschutzbeauftragte *Roßnagel* auf dem 4. BRANDI-Datenschutzrechtstag am 12.5.2023: „Der Einsatz von Cloud Computing bedeutet zuvörderst eine Vermehrung von Risiken für Betroffene."

nung rechtmäßig eingebundener und verpflichteter Auftragsverarbeiter in den Informationen gem. Art. 13 f. DSGVO keine Schutzlücke entstünde.

Zusammenfassend kann damit festgestellt werden, dass die DSGVO mit ihrem schachtelartigen Normaufbau hinsichtlich der Informationserteilung[866] und ihrer Ausrichtung am Empfängerhorizont einen ähnlichen Ansatz verfolgt, wie die in der allgemeinen Accountability-Literatur verwendete Trennung in qualitative und quantitative Verständlichkeit.[867] Das oberste Narrativ ist stets die Möglichkeit der (Er-)Kenntnis beim Betroffenen. Diese tatsächlich zu erzeugen liegt allerdings regelmäßig außerhalb der Kontrolle des Verantwortlichen, sodass sich Transparenz in einem Spannungsfeld zwischen Ergebnis- und Bemühenspflicht bewegt.[868] Die mindestens zu erzielende Anforderung ist daher in der Verfügbarkeit der Informationen zu sehen, so dass es Betroffenen und weiteren Foren[869] möglich ist, die Handlungen des Akteurs ggf. unter Hinzuziehung fachlicher Fremdexpertise zu übersehen und weitere, insbesondere sanktionsvorbereitende Schritte einleiten zu können.

c. Sanktionierbarkeit als konstitutives Merkmal

Ist der Akteur seiner Informationspflicht nicht oder unzureichend nachgekommen, oder wurde durch die Informationspflicht ein als unerwünscht und ggf. pflichtwidriges Verhalten offengelegt, impliziert Accountability für die entsprechend berechtigten Foren eine Sanktionsmöglichkeit. Hierdurch grenzt sich Accountability von einer bloß einseitigen Informationstätigkeit oder -möglichkeit ab. Da ein Akteur in aller Regel jedoch zu mehr als einem Forum in einer Accountability-Beziehung steht, stellt sich die Frage, wie diese Foren, ihre Handlungen und ggf. ihre Sanktionen sich zueinander verhalten.

(1) Liability und die Wechselwirkung von Sanktionen

Liability bezeichnet umgangssprachlich die Eigenschaft, rechtlich belangt werden zu können,[870] und ist insofern der prozessrechtlichen Passivlegitimation nicht unähnlich. Liability umfasst entsprechend im englischen all-

---

866 So auch *Eßer*, in: Auernhammer, DSGVO BDSG, 2020, Art. 12, Rn. 2; *Albrecht/Jotzo*, Das neue Datenschutzrecht, 2017, 83 f.
867 Vgl. *Vincent/Zumofen*, Lien Paper 2015, S. 4.
868 Ausführlich hierzu B. III. g. (2) unten.
869 Vgl. etwa die konzertierte Aktion der deutschen Aufsichtsbehörden, die auf eine Überprüfung der Webseiten von Medienunternehmen zielte und ihren Ausgang stets in den Datenschutzhinweisen nahm.
870 Cambridge Dictionary, abrufbar unter https://dictionary.cambridge.org/de/worterbuch/englisch/liability (zuletzt abgerufen am 23.4.2023).

gemeinsprachlichen Idiom abstrakt die Fähigkeit, Adressat von Sanktionen werden zu können. Diese wird regelmäßig verkürzend als Haftung im Sinne einer monetären, disziplinarischen oder sogar strafrechtlichen Sanktionierung übersetzt, wogegen die Accountability-Literatur ganz h. M. darüber ist, dass auch andere Formen der Sanktion in Frage kommen, etwa in Form von Kaufentscheidungen durch Konsumenten oder positiven/negativen Rezensionen in Online-Bewertungen, Foren, sog. „Social Media", etc.[871] Diese Art Sanktion durch Wahl- und Marktverhalten wurde auch für die DSGVO bzw. den Datenschutz als Ganzes prophezeit,[872] muss jedoch aufgrund des fortgesetzten Erfolgs von Unternehmen wie Facebook oder Google ernstlich in Zweifel gezogen werden. Die Gründe für dieses Verhalten können unterschiedlich sein, basieren jedoch auf basaler Ebene in der Regel auf den vermeintlich geringen Transaktionskosten einer Datenpreisgabe; da eine Person über die eigenen Daten nie bewusst verfügt, anders als über das Geld im Portemonnaie, und persönliche Informationen auch erst mit bzw. durch die Preisgabe einen Wert erhalten,[873] ist mit ihrer Preisgabe häufig keine unmittelbar wahrgenommene Beeinträchtigung der eigenen Position verbunden. Die Preisgabe von Daten fällt Betroffenen entsprechend leicht, während ein Wechsel zu einem anderen, datenschutzfreundlicheren Produkt mindestens Aufwand und geistige Beschäftigung erfordert und zum Teil überhaupt nicht praktikabel ist.[874] In diesen Fällen ist der Akteur zwar grundsätzlich „liable" im Sinne einer zivilrechtlichen Haftung, aber nicht „accountable", da es an einer Sanktionsmöglichkeit durch Abwandern fehlt. Sog. Lock-In-Effekte können die Fähigkeiten eines Forums im Rahmen der Accountability mithin

---

871 *Schedler*, in: Schedler/Diamond/Plattner, The Self-Restraining State, 1999, 13 (15), benutzt insofern den vorzugswürdigen Begriff „Enforcement", da Sanktion im Form einer „Bestrafung" konnotiert ist; so auch *Bovens*, WEP 2010, 946 (952, „consequences"); *Koppell*, PAR 2005, 94 (97).

872 *Pohl*, PinG 2017, 85 (86 f.); *Albrecht/Jotzo*, Das neue Datenschutzrecht, 2017, Vorwort, 7; ähnlich skeptisch wie hier *Poll*, Datenschutz in und durch Unternehmensgruppen, 2018, 220 ff.

873 Dabei kann Daten kein einheitlicher Wert beigemessen werden, sondern dieser ist abhängig vom Wert, den die Information für die konkreten Empfänger hat; vgl. hierzu ausführlich *Linardatos*, in: Specht-Riemenschneider/Werry/Werry, Datenrecht, 2020, § 5.3, Rn. 78 ff.; so auch *Albers*, in: Friedewald/Lamla/Roßnagel, Informationelle Selbstbestimmung im digitalen Wandel, 2017, 11 (16 und 23 f.).

874 Etwa wenn die Elterngruppe in der Schule ausschließlich ein bestimmtes sog. „soziales" Netzwerk nutzt, ist eine Sanktion in Form eines Austritts aufwändig bis unmöglich; so auch *Kühling/Sauerborn*, ZfDR 2022, 339 (346 und 355 f.); vgl. zu der zugrunde liegenden Ursache der Wechselkosten *Fast/Schnurr/Wohlfarth*, in: Specht-Riemenschneider/Werry/Werry, Datenrecht, 2020, § 7, Rn. 50 ff.

erheblich beeinträchtigen, da nur dann eine echte Accountability vorliegt, wenn diese auch eine Sanktionskomponente hat.[875]

Die konkret verfügbare Sanktion und Sanktionsmöglichkeit hängt dabei vom Forum ab, wie in Kapitel C noch genauer untersucht werden wird. Abstrakt ist jedoch an dieser Stelle auf die Wechselwirkung einzugehen, die zwischen verschiedenen Foren, zu denen auch konkurrierende Akteure zählen können, entsteht und die insgesamt dazu geeignet sein kann, dass die real existierende Accountability gesteigert wird.[876] Hierzu werden in der Literatur die Formen horizontaler, vertikaler und diagonaler Accountability konstruiert,[877] wobei die Differenzierung zwischen horizontaler und diagonaler Accountability nicht immer trennscharf überzeugt.[878] Die vertikale[879] Accountability kennzeichnet ein Subordinationsverhältnis zwischen Akteur und Forum und wird in der Regel im Zusammenhang mit Wählern in einer Demokratie diskutiert, die darin den letztinstanzlichen Souverän darstellen sollen.[880] Interessant ist in diesem Zusammenhang die mit der Entwicklung der Menschenrechte und der Demokratisierung einhergegangene Umkehr der ursprünglichen Macht- und Accountability-Beziehung, in der das Staatsoberhaupt wie beispielsweise der bereits angesprochene Wilhelm I. das letztinstanzliche Forum und die Grundbesitzer die informationsverpflichteten Akteure bildeten. Neben der vertikalen Accountability kann eine horizontale Accountability-Beziehung bestehen, in der ein Akteur das Verhalten eines anderen in Frage stellt, zwischen ihnen aber ein Kräfte-

---

875 Vgl. *Bennett*, PLBI 2010, 21 (22); *Greenleaf*, UNSW Law Research, 2019, 8; *Schedler*, in: Schedler/Diamond/Plattner, The Self-Restraining State, 1999, 13 (15 und 17; „[…] inconsequential accountability is no accountability at all."); *Bovens*, ELJ 2007, 447 (451); a.A. *Fox*, DiP 2007, 663 (666), der eine sog. „Soft Accountability" identifizieren möchte, in der es keine Sanktionen, sondern nur eine Informationspflicht und informelle Repressalien gibt; zutreffend ablehnend dazu *Koppell*, PAR 2005, 94 (97).

876 Vgl. zum Folgenden ausführlich *Mechkova/Lührmann/Lindberg*, StCompIntDev 2019, 40 (41 und 47 ff.).

877 Statt vieler *Lührmann/Marquardt/Mechkova*, APSR 2020, 811 f.; *Mechkova/Lührmann/Lindberg*, StCompIntDev 2019, 40 (41); *Bovens*, WEP 2010, 946 (954).

878 Vgl. *Schillemans*, POR 2008, 175 (179), der zwar schlüssige Kriterien für die horizontale Accountability aufstellt (wonach es sich um ein drei-Parteien-Verhältnis zwischen Akteur, dem sanktionsberechtigten horizontalen Forum und dem gleichrangigen und nicht unmittelbar sanktionsberechtigten horizontalen Forum handelt), die jedoch häufig auch auf die diagonale Achse zutreffen.

879 Neben dem Begriff der „vertikalen" Accountability werden weitere für diese spezielle Situation verwendet, vgl. *Romzek/Dubnick*, PAR 1987, 227 (228, „Bureaucratic Accountability"); *Sinclair*, AOS 1995, 219 (227 f. „managerial accountability"); *Bovens*, WEP 2010, 946 (953, „*hierarchical accountability*"); *Bovens/Schillemans/Goodin*, in: Bovens/Goodin/Schillemans, Handbook of Public Accountability, 2016, 1 (11).

880 Vgl. *Bovens*, WEP 2010, 946 (955); *ders.* ELJ 2007, 447 (455); *Mulgan*, AJPA 2000, 87 (91); *Mechkova/Lührmann/Lindberg*, StCompIntDev 2019, 40 (47); so auch BVerfG, Urt. v. 31.10.1990 – 2 BvF 3/89, Rn. 48.

gleichgewicht besteht.[881] Das Kräftegleichgewicht führt jedoch dazu, dass der in Frage stellende Akteur selbst nicht wirksam in der Lage ist, Sanktionen vorzunehmen,[882] weshalb die Bezeichnung einer solchen Situation als Accountability mangels des konstitutiven Merkmals der Sanktion nach hier vertretener Meinung unzutreffend oder mindestens irreführend ist. Horizontale „Accountability" erfüllt als verstärkender Faktor der vertikalen und diagonalen Accountability dennoch eine wichtige Funktion.[883] Diese Funktion ergibt sich insbesondere aus der Grenzkostenbetrachtung, wonach Akteure Accountability erst und auch nur im dann erforderlichen Umfang zulassen, sobald die Kosten, sie zu unterdrücken, höher sind.[884] Im Unternehmenskontext entsteht diese Art Druck insbesondere durch Marktverhalten von Mitbewerbern, die bspw. mit NGOs, Verbänden oder ähnlichen nicht unmittelbar sanktionsfähigen Foren in einer bestimmten Form kooperieren und so den Bedarf des Nachahmens erzeugen.[885] Diese Kooperation erzeugt einen wechselseitigen Steigerungseffekt, der die Wirksamkeit der Accountability auch bei punktuellen Dysfunktionalitäten aufrecht erhält und im Idealfall ein lückenloses Accountability-Regime[886] erzeugt.[887]

Im Rahmen der diagonalen Accountability können Sanktionen auch durch Foren erfolgen oder zumindest ebenfalls befördert werden, die mit dem eigentlichen Akteur weder in einem Subordinationsverhältnis stehen, noch gleichrangig etwa als direkter Mitbewerber i. S. d. horizontalen „Accountability" angesiedelt sind. Als primärer Inhaber dieser sog. diagonalen Accountability werden in der Regel die Medien gesehen.[888] Die Wechselwirkung kann in diesen Fällen dadurch entstehen, dass die Informationserteilungs- und Rechtfertigungsforderung des einen Forums, diejenigen des

---

881 *Schedler*, in: Schedler/Diamond/Plattner, The Self-Restraining State, 1999, S. 13 (23); *Schillemans*, POR 2008, 175 (176).

882 Das erkennt *Schedler*, in: Schedler/Diamond/Plattner, The Self-Restraining State, 1999, S. 13 (23 f.), zwar ebenfalls, zieht jedoch nicht die konsequente Schlussfolgerung daraus, dass in diesem Fall keine echte Accountability vorliegen kann; *Schillemans*, POR 2008, 175 (178).

883 *Scott*, JLaS 2000, 38 (51 ff.); *Lührmann/Marquardt/Mechkova*, APSR 2020, 811 (812).

884 Vgl. ausführlich dazu *Mechkova/Lührmann/Lindberg*, StCompIntDev 2019, 40 (45 f.) m. w. N..; *Warren*, in: Bovens/Goodin/Schillemans, Handbook of Public Accountability, 2016, 39 (44); mit einem Verweis auf das Deliktsrecht *Nietsch/Osmanovic*, BB 2021, 1858 (1863).

885 Vgl. bspw. Test der Stiftung Warentest 5/2021, S. 37 zu Cookie-Bannern.

886 Vgl. zum Begriff des Accountability-Regimes als Summe aller bestehenden Accountability-Beziehungen *Schillemans*, POR 2008, 175 (179).

887 *Scott*, JLaS 2000, 38 (53 f.) bezeichnet dies als „belt and braces" approach".

888 *Mechkova/Lührmann/Lindberg*, StCompIntDev 2019, 40 (47); *O'Donnell*, in: Schedler/Diamond/Plattner, The Self-Restraining State, 1999, S. 29 (30).

anderen entstehen lässt oder verstärkt.[889] Beispielsweise können durch kritische Berichterstattung in den Medien (Inhaber diagonaler Accountability) Wähler (Inhaber vertikaler Accountability) motiviert werden, einen Politiker oder eine Partei nicht länger zu wählen und so das Verhalten des Politikers oder der Partei zu sanktionieren.[890] Gleiches lässt sich grundsätzlich auch über Unternehmen annehmen, wenn Konsumenten aufgrund entsprechender Berichte ein bestimmtes Produkt nicht länger konsumieren oder ein Unternehmen insgesamt boykottieren.[891] In diesem Fall würde die Sanktion nicht unmittelbar durch das diagonale Forum der Medien erfolgen (können) und es mithin an einer Accountability fehlen, da die bloße Offenlegung Sanktionen herbeiführender Tatsachen keine Accountability darstellt.[892] Aber es gibt durchaus Möglichkeiten, wie Medien unmittelbar selbst sanktionierend tätig werden können, etwa wenn sie bestimmten Parteien oder Produzenten keine Bühne bieten (wollen)[893] oder aber wenn sie ihren Fokus auf einen bestimmten Akteur legen.[894] Gerade der letzte Aspekt legt nahe, dass die Medien ihre diagonale Sanktionsfähigkeit – nicht ohne wirtschaftlichen Eigennutz – verstärkt dort ausüben, wo durch Inhaber vertikaler oder horizontaler Accountability von einem Akteur die Rechenschafts- und Rechtfertigungspflicht eingefordert wird. Diese Art Sanktion kann jedoch auch Rückkopplungseffekte für das jeweilige Forum haben,[895] etwa indem die Zusammenarbeit mit dem Akteur erschwert wird, eine Gleichgültigkeit beim Akteur einsetzt oder indem das Forum selbst rechenschafts- und rechtfertigungspflichtig wird.[896]

---

889 Vgl. etwa *Weichert*, DuD 2015, 323 f., mit einem Beispiel, in dem eine Recherche des „Spiegel" zu Untersuchungen der Aufsichtsbehörde geführt hatte und (327) zur Wechselwirkung.

890 *Koppell*, PAR 2005, 94 (96 f.); *Schedler*, in: Schedler/Diamond/Plattner, The Self-Restraining State, 1999, 13 (17 f.) mit weiteren Beispielen.

891 Vgl. die Berichterstattung zur Änderung der WhatsApp-Nutzungsbedingungen 2019–2021, dazu *Jandt*, ZD 2021, 341 (342).

892 So auch *Koppell*, PAR 2005, 94 (97).

893 Vgl. etwa die verschiedenen Vorgänge um die sog. Alternative für Deutschland (AfD), ZEIT ONLINE v. 14.7.2017, abrufbar unter https://www.zeit.de/politik/deutschland/2017-07/afd-ard-zdf-talkshows-klage, oder Meedia v. 28.4.2021, abrufbar unter https://meedia.de/2021/04/28/prosieben-imagewandel-ja-aber-bitte-ohne-haltungsschaeden/.

894 Beispielhaft die auffällig umfangreiche und häufige Berichterstattung des „Tagesspiegel" hinsichtlich der sog. "Affäre" um Jens Spahn, seinen Hauskauf und weitere Aktivitäten, nachdem dieser versucht hatte, klageweise gegen die Berichterstattung vorzugehen.

895 *Schillemans*, POR 2008, 175 (178): "[…] big sticks rebound.".

896 Diese Art Rückkopplung trifft bzw. traf insbesondere zu Beginn der Corona-Pandemie auf Datenschutzaufsichtsbehörden zu, die aufgrund ihrer Kompetenzausübung („*Responsibility*") als „Verhinderer" wahrgenommen wurden; vgl. allgemein *Scott*, JLaS 2000, 38 (52).

B. Informationspflichtigkeit als konstitutives Merkmal von Accountability

Zusammenfassend ist mithin festzustellen, dass neben dem unmittelbar sanktionierenden Forum in horizontaler Hinsicht weitere hinzutreten können, woraus regelmäßig zuführende und somit verstärkende Wirkungen entstehen. Hierzu wird in Kapitel D auch das Verhältnis von Foren zueinander untersucht werden, denn die Grenzkostenbetrachtung legt eine Form der priorisierenden Responsiveness des Akteurs nahe, die sich aufgrund der Gestaltung in der DSGVO nachteilig für Betroffene auswirkt.[897] Allerdings ist diese Art Verhalten durch Akteure bis zu einem gewissen Grad durchaus nachvollziehbar.[898] Entsprechend der beiden konstitutiven Merkmale, die jede echte Accountability kennzeichnen (Information und Sanktion), ist Liability damit neben den in Form der Answerability, Transparenz und Informativeness zu erteilenden Information als Kernaspekt anzusehen. Eine wesentliche und in Kapitel C noch genauer untersuchte Überschneidung besteht jedoch auch mit Responsibility. Responsibility, im Rahmen dieser Arbeit in Form einer Zuständigkeit definiert, ist die zwingende Voraussetzung für eine Haftung,[899] da es ansonsten am Verschulden bzw. Vertretenmüssen scheitert.[900] Ein solches Vertretenmüssen im Sinne einer vorwerfbaren fahrlässigen oder vorsätzlichen Abweichung vom Normverhalten kann jedoch grundsätzlich nur in solchen Fällen konstatiert werden, wenn dem handelnden Akteur das erwartungskonforme Soll bekannt war bzw. hätte sein müssen.[901] Im hier betrachteten Bereich einer durch gesetzliche Normen begründeten Accountability-Quelle setzt dies normenklare Anforderungen für Rechtsanwender voraus. Sind diese nicht vorhanden, kann ein Versäumnis regelmäßig nur auf Irrtumsebene (§ 11 Abs. 2 OWiG) sanktioniert werden.[902]

(2) Vertikale, horizontale und diagonale Accountability in der DSGVO

Die effektive Sanktionierung bzw. Sanktionierbarkeit insbesondere im Zusammenhang mit Betroffenenrechten war eines der zentralen Anliegen im

---

897 Allgemein zu diesem Effekt *Mechkova/Lührmann/Lindberg*, StCompIntDev 2019, 40 (47).
898 Vgl. *Bovens*, ELJ 2007, 447 (457), zum sog. „problem of many eyes"; ähnlich auch *Buddeberg*, in: Heidbrink/Langbehn/Loh, Handbuch Verantwortung, 2017, 417 (422), die darauf hinweist, dass die faktische soziale Machtposition der betrachteten Parteien entscheidet, ob die Informationspflicht erfüllt wird.
899 *Haumann*, in: Taeger, Den Wandel begleiten, 2020, 101 (107); *Frenzel*, in: Paal/Pauly, DSGVO BDSG, 2021, Art. 83, Rn. 1 und 16.
900 Vgl. zur Zurechnung von Mitarbeiterhandeln i. R. d. OWiG *Golla*, DuD 2021, 180 (181 f.); *Ambrock*, ZD 2020, 492 (493); *Schönefeld/Thomé*, PinG 2017, 126 (127 f.); *Schantz*, in: Schantz/Wolff, Das neue Datenschutzrecht, 2017, S. 119, Rn. 359.
901 Krit. *Frenzel*, in: Paal/Pauly, DSGVO BDSG, 2021, Art. 82, Rn. 8 und 16: „unüberschaubare Problemfelder"; *Sinclair*, AOS 1995, 219 (221).
902 Vgl. *Golla*, DuD 2021, 180 (181).

Gesetzgebungsverfahren zur DSGVO[903] und findet einen deutlichen Niederschlag sowohl in den Erwägungsgründen,[904] als auch im verfügenden Teil der Verordnung in Form des enorm erhöhten Bußgeldrahmens in Art. 83 DSGVO und der expliziten Anforderung in dessen Abs. 1, dass Bußgelder neben wirksam und verhältnismäßig auch abschreckend zu sein haben, worunter im Einklang mit der EuGH-Rechtsprechung zur Wirkung von Sanktionen[905] sowohl spezial- als auch generalpräventive Wirkungen zu subsumieren sind.[906] Bußgelder stellen jedoch nur eine Möglichkeit zur Sanktion dar, sowohl allgemein gesprochen, als auch speziell auf das verfügbare Instrumentarium der Aufsichtsbehörden bezogen.

Wie gezeigt wurde, differenziert die (englische) Accountability-Literatur die Wirkungsweisen von Accountability nach der Position, in der das Forum im Verhältnis zum Akteur angesiedelt ist. Entsprechend sind auch die jeweils verfügbaren Sanktionen zu unterscheiden. Grundsätzlich lassen sich hinsichtlich der Pflichten bei der Verarbeitung personenbezogener Daten vier Kategorien von Foren, zwei vertikale und je ein horizontales und ein diagonales Forum, identifizieren. Zusätzlich bilden die Betroffenen ein Forum, deren Zuordnung jedoch nicht eindeutig möglich ist und zudem stark von dem soeben beschriebenen Wechselwirkungseffekt abhängt.

Aufgrund der Befugnisse, die ihnen von der DSGVO eingeräumt werden, bilden das primäre Forum die gem. Art. 55 Abs. 1 DSGVO (in Deutschland i. V. m. § 40 BDSG) zuständigen Aufsichtsbehörden. Sie verfügen nach Art. 58 Abs. 1 und Abs. 2 DSGVO über ein breites Repertoire an Untersuchungs- und Abhilfemaßnahmen in Gestalt von Sanktionsmitteln, von denen ein Bußgeld nur eine Option ist.[907] Korrespondierend werden Verantwortliche und Auftragsverarbeiter gem. der Answerability-Norm Art. 31 DSGVO[908] zur Kooperation mit der anfragenden Aufsichtsbehörde ver-

---

903 *Kühling/Martini*, EuZW 2016, 448 (452); *Gierschmann*, ZD 2016, 51 (53 f.); *Albrecht/Jotzo*, Das neue Datenschutzrecht, 2017, 38, Rn. 8 f. und S. 121, Rn. 4; LG Bonn, Urt. v. 11.11.2020 – 29 OWi 1/20 LG, NZWiSt 2022, 124 (130), Rn. 64 ff.

904 So etwa Erwägungsgrund 13, der neben den Zielen der Transparenz oder durchsetzbaren Rechten für Betroffene auch „gleichwertige Sanktionen" fordert oder ErwG 150.

905 Vgl. EuGH, Urt. v. 13.6.2013 – C-511/11 (Versalis), ECLI:EU:C:2013:386, Rn. 94 wonach sowohl „allgemeine" als auch „konkret" abschreckende Wirkung zu erzielen sein soll.

906 *Sommer*, in: Däubler et al., DSGVO BDSG, 2020, Art. 83, Rn. 2; *Paal*, K&R 2020, 8 (9); *Schönefeld/Thomé*, PinG 2017, 126 (127); *Körffer*, in: Paal/Pauly, DSGVO BDSG, 2021, Art. 83, Rn. 26.

907 Art. 58 Abs. 2 lit. i von damit insgesamt 10 weiteren Abhilfemaßnahmen, zzgl. zu den Untersuchungsbefugnissen gem. Art. 58 Abs. 1 DSGVO und Genehmigungsbefugnissen gem. Art. 58 Abs. 3 DSGVO.

908 Vgl. hierzu oben B.II.4.d.

pflichtet.[909] Diese Beziehung ist mithin durch ein deutliches Subordinations-verhältnis i. S. e. vertikalen Accountability gekennzeichnet. Dass Adressaten im Wege des Verwaltungsrechtswegs gegen ein Zwangsmittel oder eine Sanktion gem. Art. 58 Abs. 1 DSGVO vorgehen können, führt zu keinem anderen Ergebnis, da es für die Qualifikation als vertikalem Forum nicht erforderlich ist, das letztinstanzliche oder einzige Forum dieser Art zu sein. Entscheidend sind eher die faktisch und/oder rechtlich verfügbaren Handlungsoptionen. In einem Rechtsstaat bilden auch (Verwaltungs-)gerichte für sich genommen ebenfalls Foren,[910] treten jedoch ihrem Wesen entsprechend erst nach Veranlassung durch die Parteien in diese Position ein. Ab diesem Zeitpunkt jedoch entsteht durch die Prozessführungspflichten eine eigenständige Accountability-Beziehung der Akteure mit dem verwaltungsgerichtlichen Forum, da sowohl die konstitutiven Merkmale der Information und Sanktion vorhanden sind, als auch ein Argumentenaustausch im Sinne einer Diskussion erfolgt.

Neben diesen beiden vertikalen Foren besteht für einen Akteur in Form eines datenschutzrechtlich (allein oder gemeinsam) Verantwortlichen oder Auftragsverarbeiters je eine diagonale und eine horizontale Accountability-Beziehung.

In diagonaler Hinsicht sehen sich Akteure im DSGVO-Kontext mit den gleichen Foren öffentlicher Wahrnehmung und Berichterstattung konfrontiert wie Akteure des politischen Spektrums. Diese Institutionen der Infragestellung verkörpern in einer modernen Gesellschaft ein wichtiges Instrument der „Selbstbeobachtung", aus der heraus sich Änderungstendenzen entwickeln.[911] Hierin bestätigt sich jedoch insbesondere die oben herausgebildete Erkenntnis, dass es sich bei diagonaler Accountability in Fällen mangelnder Sanktionsmöglichkeiten nicht per se um eine echte im Sinne der konstitutiven Merkmale handelt.[912] So gibt es zahlreiche Berichterstattungen über Datenschutzverletzungen, denen jedoch in den seltensten Fällen eine spürbare Sanktionswirkung für den Akteur zukommt.

---

909 Vgl. *Hartung*, in: Kühling/Buchner, DSGVO BDSG, 2020, Art. 31, Rn. 1 und 5 ff.; *Kramer*, in: Gierschmann et al., DSGVO BDSG, 2018, Art. 31, Rn. 4 ff.; *Dietze*, in: Schwartmann et al., DSGVO BDSG, 2020, Art. 31, Rn. 22 ff.

910 *Bovens*, WEP 2010, 946 (953), der diese Form *„legal Accountability"* nennt; vgl. jedoch auch EuGH, Urt. v. 2.3.2023 – C-268/21 (Norra Stockholm), ECLI:EU:C:2023:145, Rn 48 ff., wo der Gerichtshof entschied, dass nationale Gerichte verpflichtet seien, die eigene DSGVO-Konformität bei der Verarbeitung personenbezogener Daten sicherzustellen hätten, wodurch ihnen im Sinne der Accountability auch die Position eines Akteurs zukommt.

911 *Bayertz*, in: Bayertz, Verantwortung – Prinzip oder Problem?, 1995, 3 (27).

912 Vgl. A. I. oben.

Eine Ausnahme hiervon bildet die ehemalige Firma Cambridge Analytica, die nach der medial sog. Affäre um Wahlbeteiligungen in den USA und UK ihre Insolvenz erklären musste, weil Geschäftspartner die Zusammenarbeit beendeten. Zumindest für Deutschland lässt sich überdies ein beschränkender Einfluss auf die diagonale Accountability durch die Aufsichtsbehörden feststellen, indem in Fällen verhängter Bußgelder häufig keine konkreten Adressaten genannt werden. Ein sog. *„naming and shaming"*, wie es in anderen europäischen Ländern (z. B. Frankreich, Spanien oder Italien) durchaus üblich und auch gewollt ist, begegnet in Deutschland verwaltungs- und verfassungsrechtlichen Bedenken.[913] Diesen Bedenken soll in Kapitel D in gebotener Tiefe nachgegangen werden. An dieser Stelle kann jedenfalls festgestellt werden, dass in Fällen, in denen keine namentliche Nennung von bebußten Unternehmen jenseits der Auskunftserteilungen an die Presse gem. Landesrecht[914] ein abschwächender Effekt (*„chilling effect"*) für die Wechselwirkung zwischen vertikaler und horizontaler Accountability ein Standortvorteil für deutsche Unternehmen[915] zu beobachten ist, da in den meisten anderen europäischen Ländern die namentliche Nennung üblich zu sein scheint, sofern sie juristische Personen betrifft.[916] Diese unterschiedliche Auslegung der DSGVO im Geltungsbereich der europaweit geltenden GRCh, insbesondere Art. 51, i. V. m. Art. 15 und 16 GRCh, wird letztlich durch die Gerichte auf supranationaler Ebene entschieden werden müssen. Bis zu dieser Entscheidung zeigt der abschwächende Effekt hauptsächlich Wirkungen zulasten von Betroffenen, denn ihnen wird so eine Möglichkeit verstellt, informierte Entscheidungen hinsichtlich ihrer Daten zu treffen, und

---

913 Vgl. umfassend, im Ergebnis jedoch abzulehnen, *Born*, in: Taeger, Den Wandel begleiten, 2020, 405 ff.; *Paal*, K&R 2020, 8 (11); OVG Schleswig, Beschl. v. 28.2.2014 – 4 MB 82/13; OVG Münster, Beschl. v. 17.5.2021 – 13 B 331/21 – ECLI:DE:OVGNRW: 2021:0517.13B331.21.00; LG Hamburg, Beschl., v. 28.10.2021 – 625 Qs 21/21 OWi = ZD 2022, 625 (627), Rn. 29; ausführlich dazu Kapitel D.I.2.c. unten.

914 Bspw. § 4 Abs. 1 PresseG NRW (vgl. hierzu OVG Münster, Beschl. v. 17.5.2021 – 13 B 331/21 – ECLI:DE:OVGNRW:2021:0517.13B331.21.00, Rn. 41) oder § 4 Ab. 1 Hamburgisches Pressegesetz.

915 Es kann aufgrund von § 43 Abs. 3 BDSG im Übrigen auch ein erheblicher „Standortvorteil" für Behörden und sonstige öffentliche Stellen i. S. d. § 2 Abs. 1 BDSG konstatiert werden, da diese nicht bebußt werden können (was mit Blick auf das europarechtliche Effektivitätsgebot und eine Sanktionsuntergrenze (vgl. dazu *Bergt*, in: Kühling/ Buchner, DSGVO BDSG, 2020, Art. 84, Rn. 15) frag- und kritikwürdig erscheint, so auch VG Wiesbaden, Beschl. v. 27.1.2022 – 6 K 2132/19.WI.A, ZD 2022, 526 = BeckRS 58431, Rn. 20 f. und 25); ablehnend jedoch aufgrund der Öffnungsklausel in Art. 83 Abs. 7 DSGVO EuGH, Urt. v. 4.5.2023 – C-60/22 (UZ ./. Bundesrepublik Deutschland), ECLI:EU:C: 2023:373, Rn. 68; vgl. zu dem spiegelbildlichen Nachteil aktiver Aufsichtsbehörden *Bock*, PinG 2022, 49 (53).

916 Vgl. übersichtlich die Nennung auf enforcementtracker.com.

das Narrativ vom Datenschutz als Wettbewerbsvorteil wird karikiert.[917] Ausgerechnet Betroffenen kann mithin in zweierlei Hinsicht die schwächste Position gegenüber Akteuren zugeordnet werden. Einerseits verfügen sie in der Regel über keine echte Sanktionsmöglichkeit abseits einer ggf. möglichen wirtschaftlichen Abwendung, und andererseits besteht ein erhebliches Informations- und Kompetenzgefälle,[918] wodurch das erste konstitutive Merkmal der Informationsaufforderung entscheidend geschwächt wird. Zwar haben Betroffene gem. Art. 15 DSGVO die Möglichkeit, Informationen über sich betreffende Datenverarbeitungen zu erhalten, und sie sind auch gem. Art. 12–14 DSGVO zu informieren. Formal endet damit jedoch die Informationserteilungspflicht. Darüber hinaus stellt die Geltendmachung etwa entstandener Ansprüche im Klageverfahren gem. Art. 82 Abs. 1 DSGVO erhebliche Belastungen in finanzieller, zeitlicher sowie psychologischer Hinsicht dar und ist nicht in jedem Fall erfolgversprechend. Auch aus den Accountability-Normen der Art. 5 Abs. 2 und Art. 24 Abs. 1 S. 1 DSGVO sind Betroffene nicht unmittelbar berechtigt,[919] sondern erst auf Basis des nationalen Prozessrechts.[920]

Neben den vertikal und diagonal platzierten Foren wäre es darüber hinaus denkbar, Verantwortliche und Auftragsverarbeiter in einer Accountability-Beziehung zu Mitbewerbern und in ähnlichem Umfang Berechtigten zu positionieren, die Rechtsansprüche etwa aus dem Patent- oder Wettbewerbsrecht ableiten können. So hat gem. § 8 Abs. 3 Nr. 1 UWG jeder Mitbewerber die Möglichkeit, einen Wettbewerbsverstoß mittels einer strafbewehrten Unterlassungserklärung abzumahnen und so zu sanktionieren. Auch gem. Art. 80 Abs. 2 DSGVO können Stellen mit der Durchsetzung datenschutzrechtlicher Forderungen ausgestattet werden, ohne dass es dazu eines Impetus durch Betroffene bedürfte. Mit der Sanktionsmöglichkeit ist eine der konstitutiven Voraussetzungen erfüllt. Fraglich ist jedoch, woraus sich in diesen Fällen die Informationserteilungs- und Rechtfertigungspflicht ergibt. Im deutschen Recht sind Auskunftsansprüche in gewissen Konstellationen

---

917 Eben dieser Marktdruck wird irritierender Weise von Apologeten eines Nennungsverbots als Verteidigungsargument angeführt; vgl. *Born*, in: Taeger, Den Wandel begleiten, 2020, 405 (411); zu diesem Wettbewerbseffekt *Bock*, PinG 2022, 49 (53); zu den bei einem rechtskräftigen Bußgeld möglichen Schadenersatzansprüchen *Becker*, in: Plath, DSGVO BDSG TTDSG, 2023, Art. 83, Rn. 9.

918 So auch im Ergebnis (allerdings ohne Bezug zu personenbezogenen Daten) *Lindberg*, IRAS 2013, 202 (214); *Breyer*, DuD 2018, 311 (315), der zu Recht auf die Undurchsichtigkeit von Unternehmensgruppen hinweist.

919 Wie hier EuGH, Urt. v. 27.10.2022 – C-129/21 (Proximus), ECLI:EU:C:2022:833, Rn. 72; LG München I, Urt. v. 9.12.2021 – 31 O 16606/20 = GRUR-RS 2021, 41707, Rn. 28; *Veil*, in: Gierschmann et al., DSGVO BDSG, 2018, Art. 24, Rn. 16 und 64 f.; a. A. *Breyer*, DuD 2018, 311 (317), ohne irgendeine Begründung.

920 Vgl. B. II. 4 oben.

richter- und gewohnheitsrechtlich auf Basis von § 242 BGB abgeleitet worden.[921] In den Fällen gesetzlicher Schuldverhältnisse durch eine Rechtsgutsverletzung gem. § 823 BGB[922] oder einen Wettbewerbsverstoß könnte damit möglicherweise auch eine Accountability-Beziehung bejaht werden. Fehlt ein solches gesetzliches Schuldverhältnis und entsteht keine Informationspflicht aus einer anderen Quelle, etwa lizenzrechtlichen Beziehungen zwischen Akteur und Forum,[923] so liegt grundsätzlich keine horizontale Accountability vor.

Zusammenfassend muss damit konstatiert werden, dass die DSGVO bei der Ausgestaltung der Accountability im Wesentlichen auf vertikale Durchsetzungsmechanismen vertraut, was bei einer „legal accountability" jedoch nicht ungewöhnlich ist. Allerdings bedeutet diese Fokussierung auf staatliche Rechtsdurchsetzung, dass ggf. anderweitig vorhandene Potenziale zur Stärkung der Betroffenenpositionen ungenutzt bleiben, sofern sich nicht in Einzelfällen aus den Auffangnormen etwas Abweichendes ergibt. Insbesondere kann Accountability nämlich durch die Dimension der Responsibility eine moralische bzw. ethische Konnotation zugebilligt werden,[924] die in Form des Auffangtatbestands des Art. 5 Abs. 1 lit. a 2. Var. DSGVO (Treu und Glauben bzw. engl. „*fairness*"), ähnlich wie in § 242 BGB Eingang gefunden hat, und Akteure abhängig von den Umständen des Einzelfalls möglicherweise zu weitergehenden Rücksichtnahmeobligationen verpflichtet.

d. Vor- und Fürsorgepflicht im Konzept der Accountability

Für eine solche Art des rücksichtsvollen und verantwortungsbewussten („*responsibly*") Umgangs, kennt die englische Originalliteratur zwei Begriffe, die jedoch streng zu unterscheiden sind; die Stewardship und die Agency. Losgelöst von etwaigen Wechselwirkungen der drei Richtungen – vertikal, horizontal und diagonal – von Accountability, handelt es sich grundsätzlich um ein bilaterales Verhältnis zwischen einem Akteur und einem Forum.[925] So auch bei Stewardship und Agency. Im Rahmen der politik-wissenschaft-

---

921 Ausführlich *Goldmann*, in: Harte-Bavendamm/Henning-Bodewig, UWG, 2016, Vorb. zu §§ 8 ff., Rn. 41 ff.

922 Zum Entstehen des gesetzlichen Schuldverhältnisses *Sprau*, in: Grüneberg, BGB, 2023, Einf. v. § 823, Rn. 6; und zur entsprechenden Beweislastverteilung siehe *Katzenmeier*, in: Baumgärtel/Laumen/Prütting, Handb. d. Beweislast, 2019, Bd. 3, § 823 BGB, Rn. 32 f.

923 BGH, Urt. v. 2.2.1999 – KZR 11/97, GRUR 1999, 1025 (1029) unter II.2. zum Auskunftsanspruch eines Franchisenehmers hinsichtlich ihm zugeflossener Einnahmen.

924 *Wellman*, in: Goodin/Pettit/Pogge, Contemporary Political Philosophy, 2007, 736 ff.; *Bovens*, WEP 2010, 945 (949); *Mulgan*, PA 2000, 555 (556).

925 *Lindberg*, IRAS 2013, 202 (203 und 209); *Dubnick/Frederickson*, JPART 2010, 143 (144); *Dubnick*, in: Bovens/Goodin/Schillemans, Handbook of Public Accountability, 2016, 21 (32); *Bovens*, ELJ 2007, 447 (449); *Mulgan*, PA 2000, 555 (557); *Koch/Wüs-*

B. Informationspflichtigkeit als konstitutives Merkmal von Accountability

lichen Literatur zu Accountability ist der Akteur regelmäßig eine staatliche Institution und das Forum bilden Bürger bzw. Verbraucher,[926] in deren Rechte oder Vermögenswerte in verschiedener Weise eingegriffen werden soll und woraus die Pflicht zur Informationserteilung entsteht, ähnlich der vom BVerfG anerkannten Informationspflicht des Akteurs.[927] Aus dieser Situation leiten verschiedene Autoren Fürsorgepflichten ab, die jedoch in unterschiedlichen Konstellationen und Ausprägungen auftreten können, namentlich in Form einer Stewardship oder einer Agency. Bei beiden handelt es sich um Formen der Oberkategorie „*Public Accountability*" und sie bezeichnen beide Situationen, in denen ein Akteur für und im Namen eines anderen handelt. Daneben weisen sie aber erhebliche konzeptionelle Unterschiede auf, sodass Stewardship und Agency im Folgenden in vergleichender Gegenüberstellung auf ihre genuine Herkunft und Prägung untersucht werden sollen und ob sie ganz oder teilweise auf die Verarbeitung personenbezogener Daten übertragbar sind.

(1) Public Accountability in Form von Stewardship und Agency

„*Public Accountability*" ist der Nukleus der englischsprachigen Literatur zu Accountability.[928] Sie bezeichnet allgemein Situationen, in denen Politiker oder Angestellte der öffentlichen Hand (Administrators) Bericht über ihr Verhalten erstatten, getroffene Entscheidungen erläutern müssen und sich dann gegebenenfalls (nicht notwendigerweise strafenden) Sanktionen ausgesetzt sehen.[929] Das Forum kann dabei durch verschiedene Gruppen besetzt werden, wie etwa Vorgesetzte, Legislative oder Judikative oder auch Bürger. Die Pflicht zur Accountability entsteht in diesen Fällen entweder kraft Verfassung oder einfachem Gesetz (Legislative und Judikative), organisatorischen oder vertraglichen Gründen (Vorgesetzte) oder durch die Ausübung der Entscheidungsbefugnisse (Responsibility) der sog. „*Administrators*"

---

temann, in: Bovens/Goodin/Schillemans, Handbook of Public Accountability, 2016, 127 128 ff.).

926 *Considine*, Governance 2002, 21 (25); *Sinclair*, AOS 1995, 219 (225); *Bovens/Schillemans/Goodin*, in: Bovens/Goodin/Schillemans, Handbook of Public Accountability, 2016, 1 (13).

927 BVerfG, Urt. v. 15.12.1983 – 1 BvR 209/83, 1 BvR 269/83, 1 BvR 362/83, 1 BvR 420/83, 1 BvR 440/83, 1 BvR 484/8, BVerfGE 65, 1, Rn. 102 f.

928 Ein Großteil der vorliegenden Arbeit basiert auf Erkenntnissen des Originalschrifttums zur Public Accountability, etwa bei *Bovens/Schillemans/Goodin*, in: Bovens/Goodin/Schillemans, Handbook of Public Accountability, 2016, 1 ff.; *Schillemans/Busuioc*, JPART 2014, 191 ff; *Dubnick/Frederickson*, JPART 2010, 143 ff.; *Sinclair*, AOS 1995, 219 (223 ff.); nur selten wird bereits eine Verknüpfung im Schrifttum zum privatwirtschaftlichen Bereich gemacht, etwa *Mulgan*, AJPA 2000, 87 ff.; *Koenig-Archibugi*, GaO 2004, 234 ff.

929 *Mulgan*, PA 2000, 555; *Bovens*, ELJ 2007, 447 (449 f.); *Dicke*, ARPA 2002, 455 (456).

und dem Umstand, dass diese Auswirkungen auf natürliche Personen haben kann. Aufgrund dieser möglichen Auswirkungen wird den Administrators eine Fürsorgepflicht unterstellt, die in zweierlei Formen auftreten kann, der Stewardship und der Agency.[930] Beide Konzepte behandeln eine Form der abgeleiteten Berechtigung als Stellvertreter, ein Handeln „*on account of*",[931] und enthalten somit Schnittmengen mit der Dimension der Rechtmäßigkeit (Legitimacy) und des Erwartungsmanagements (Responsiveness). Die Begriffe der *Agency* und Stewardship werden jedoch, wie zu zeigen ist, teilweise in unzutreffender Weise synonym oder zumindest undifferenziert verwendet.

Stewardship findet sich als Konzept teilweise auch in der datenschutzrechtlichen Literatur,[932] ist jedoch aus den folgenden Gründen abzulehnen. Stewardship bezeichnet eine Situation, in der eine Partei (der *Accountee*) einer anderen Partei (dem „*Steward*" oder „*Accountor*") Ressourcen und die Zuständigkeit zu deren Nutzung und Verwaltung überträgt und daraufhin im Gegenzug für getroffene Entscheidungen im Rahmen dieser Berechtigung rechtfertigungsberechtigt gegenüber dem Steward wird.[933] Die rein sprachliche Definition des Cambridge Dictionary von Stewardship als „Art etwas zu kontrollieren oder organisieren"[934] beruht zwar scheinbar weniger auf dem Gedanken einer Übertragung fremder Ressourcen. Jedoch konnotiert auch das Cambridge Dictionary in seinen Beispielen die Stewardship eindeutig als verbunden mit einer gewissen Fürsorgepflicht.[935] Prägend ist mithin für die Stewardship die intrinsische Motivation des handelnden Stewards und die Identifikation mit den übertragenen Ressourcen und deren positiver Entwicklung.[936] Dementsprechend programmatisch kann beispielsweise die Definition des britischen *Stewardship Codes* (SC) von 2010 verstanden werden, der Teil des britischen *Corporate Governance Codex* ist und vom *Financial Reporting Coucil* (FRC), einer unabhängigen Regulierungsinstanz, kontrolliert wird. Danach sind institutionelle Investoren zu einer „aktiven

---

930 Ein ähnliches Konzept stellt auch die „fiduciary" dar, die als Akteur einen Trustee voraussetzt, der einer gesteigerten Fürsorgepflicht unterliegt, vgl. *Solove*, UPenn LR 2006, 477 (522); ähnlich *Moore*, in: Bovens/Goodin/Schillemans, Handbook of Public Accountability, 2016, 632 (641 f.).

931 Vgl. bspw. Public Bodies Corrupt Practices Act v. 1889, Präambel, Ziffer 1.

932 Vgl. etwa *Raab*, in: Guagnin, et al., Managing Privacy through Accountability, 2012, S. 15 (18).

933 *Raab*, in: Guagnin, et al., Managing Privacy through Accountability, 2012, S. 15 (19).

934 Vgl. Stewardship im Cambridge Dictionary, abrufbar unter https://dictionary.cam bridge.org/dictionary/english/stewardship (zuletzt abgerufen am 23.4.2023).

935 Beispielhaft: "Participants in all of the focus groups were dedicated to the land *stewardship* goals of organic agriculture, and were enthusiastic about their organic farming systems." oder "The company has been very successful while it has been under the stewardship of Mr White." vgl. Stewardship im Cambridge Dictionary, ebenda.

936 *Dicke*, ARPA 2002, 455 (457); *Bundt*, JPART 2000, 757 (760).

B. Informationspflichtigkeit als konstitutives Merkmal von Accountability

Eigentümerschaft" verpflichtet, was bedeuten soll, dass diese bei der Verwaltung der Gelder ihrer Kunden bestimmte, im SC festgelegte Pflichten haben.[937] Der SC möchte damit erreichen, dass institutionelle Anleger sich sowohl mit den Interessen ihrer Kunden als auch mit der erweiterten Umwelt identifizieren und nach dem für alle „besten" im Sinne eines ethisch-moralischen Ergebnis streben. *Stewardship* wird mithin durch Altruismus und intrinsische moralische Vorstellungen des Akteurs und des Forums geprägt.[938]

Die Praxis einer gewinn- und provisionsorientierten Industrie der Datenproliferation und -nutzung steht einer solchen Ausrichtung wohl unstreitig entgegen,[939] sodass anstatt der Verwendung von Stewardship das Konzept der *Agency* zutreffender gewesen wäre. Auch der *Agent* verwaltet Ressourcen Dritter und wird mit Beginn seiner Tätigkeit mit einem (klaren) Auftrag mandatiert.[940] In der sog. *Principal-Agent*-Theorie wird dem Agent jedoch unterstellt, dass für diesen nach Erhalt des Mandats egoistische Motive leitend wären (sog. *„Agency-drift"*).[941] Der grundlegende Zweck von *„Public Accountability"* ist es in diesen Fällen, einer Verselbstständigung des *Agents* vorzubeugen und das Informationsgefälle zwischen Delegierendem und Akteur zu reduzieren bzw. reduzieren zu können.[942] Die *„Public Accountability"* ist damit in erster Linie ein Kontrollinstrument für diejenigen, die etwas delegieren, also für Fälle der Vertretung und Vertretungsmacht. Entsprechend liegt der Fokus im Schrifttum auf der öffentlichen Verwaltung. Grundsätzlich ist *Agency* jedoch unabhängig von der Rechtsform desjenigen, dem die Ressource zur Verwaltung überlassen wird, so dass neben der Behörden und sonstigen Einrichtungen des öffentlichen Rechts auch Privatunternehmen und sogar Einzelpersonen in Frage kommen. Dem sog. *„Agency Drift"* ist entsprechend auch in diesen Fällen durch Kontrollmaßnahmen

---

937 Vgl. Prinzip 2, Abs. 1 des SC („An institutional investor's duty is to act in the interests of all clients and/or beneficiaries […]") und Prinzip 3 ("Investee companies should be monitored to determine when it is necessary to enter into an active dialogue with their boards.").

938 *Moore*, in: Bovens/Goodin/Schillemans, Handbook of Public Accountability, 2016, 632 (642); *Dicke*, ARPA 2002, 455.

939 Sofern die Interessen von Forum und Akteur nicht zufällig kongruent sind, darauf weist *Mansbridge*, in: Bovens/Goodin/Schillemans, Handbook of Public Accountability, 2016, 55 (58) hin.

940 Vgl. *Busuioc*, ELJ 2009, 599 (607).

941 Vgl. *Bundt*, JPART 2000, 757 (760); *Dicke*, ARPA 2002, 455 (456); *Baxter*, Ott. LR 2015, 231 (254); *Patil/Vieider/Tetlock*, in: Bovens/Goodin/Schillemans, Handbook of Public Accountability, 2016, 69 (79); gelegentlich wird es auch als Agency Loss bezeichnet vgl. *Schillemans/Busuioc*, JPART 2014, 191.

942 *Brandsma/Schillemans*, JPART 2013, 953 (956), m.w.N..; *Busuioc*, ELJ 2009, 599 (606); *Schedler*, in: Schedler/Diamond/Plattner, The Self-Restraining State, 1999, S. 13 (20); *O'Loughlin*, A&S 1990, 275 (280).

entgegenzuwirken. Kontrolle steht jedoch ab einem gewissen Maß in einem Spannungsverhältnis mit der Dimension der Responsibility und dem Wesen von Accountability selbst, denn wenn das Forum bzw. der Principal einen dauerhaften und prägenden Einfluss auf den Akteur ausübt, handelt dieser lediglich als verlängerter Arm.[943] Da einem so eng eingebundenen Forum/ Principal eine umfassende Kenntnis der Sachlage und der Beurteilung zugeschrieben wird, besteht in diesen Fällen keine Notwendigkeit mehr zu einer formellen Informationserteilung und Rechtfertigung.[944] Auch eine Sanktion scheidet grundsätzlich in solchen Fällen aus, in denen eine Mitverantwortung des Forums/Principals für die getroffenen Entscheidungen im Rahmen der Responsibility besteht.

Zusammenfassend handelt es sich damit bei Stewardship und Agency jeweils um Bezeichnungen für einen Sachverhalt delegierter bzw. abgeleiteter Ressourcenverwaltung, die sich jedoch hinsichtlich des Kontrollbedarfs und der (unterstellten) intrinsischen Motivation des Akteurs unterscheiden. Eine vergleichbare Ausgangslage kann im Datenschutzrecht grundsätzlich in zwei Konstellationen identifiziert werden.

(2) Fürsorge- und Sorgfaltspflichten für Daten und Datenverarbeitungen in der DSGVO

Die Situationen delegierter Ressourcenverwaltung im Datenschutzrecht können grob in zwei Kategorien unterteilt werden. Einerseits bestehen Situationen, in denen Betroffene Daten über sich selbst wissentlich und willentlich einem bestimmten Verantwortlichen übergeben. Die Motivation für diese Übergabe, etwa ob der Empfänger dafür eine Gegenleistung verspricht,[945] spielen für diese Einordnung zunächst keine Rolle. Neben dieser Kategorie, die mit Wissen der Betroffenen stattfindet, bestehen Fürsorge- und Sorgfaltspflichten insbesondere in Situationen, in denen eine Weitergabe durch den Akteur, der den Betroffenen bekannt ist, an einen weiteren, nicht notwendigerweise bekannten Empfänger erfolgt.

Der Ausgangspunkt personenbezogener Daten und das Schutzobjekt des Datenschutzrechts ist stets der Betroffene, auf den sich die in den Daten verkörperten Informationen beziehen oder beziehen lassen. Als Grundform

---

943 So auch zur Einflussnahme durch die Instrumente der Personalpolitik und Budgethoheit *Baxter*, Ott. LR 2015, 231 (253 f.).

944 Vgl. *Lindberg*, IRAS 2013, 202 (210); *Schedler*, in: Schedler/Diamond/Plattner, The Self-Restraining State, 1999, S. 13 (20); *Busuioc*, ELJ 2009, 599 (607 und 609 f.); vgl. ausführlich unten B.III.1.e.

945 Beispiele hierfür sind die Geschäftsmodelle von Facebook, Google oder solche, wie sie von den §§ 312 BGB in Umsetzung der Digitale Inhalte Richtlinie vorgesehen sind.

einer Datenverarbeitung kommt daher zunächst die Erhebung solcher Daten unter Beteiligung des Betroffenen in Betracht.

Datenschutzrechtlich entstehen hieraus zwei potenzielle Problemfelder. Zunächst ist fraglich, ob das Erfordernis der Übertragung einen bewussten Akt der Herausgabe von Daten durch den Betroffenen an den Steward bzw. Agent erfordert.[946] Dabei ist die „Herausgabe" selbst Teil des Problems,[947] denn zwar liegen einige personenbezogene Daten, Stammdaten wie Name oder Anschrift, bereits zum Zeitpunkt ihrer initialen Erhebung durch einen Verantwortlichen vor und stehen grundsätzlich zur Disposition des Betroffenen. Andere Daten jedoch, etwa Nutzungs- und Analysedaten, werden erst durch den Verantwortlichen geschaffen. Sie liegen bis zum Zeitpunkt ihrer Erhebung in keiner wahrnehmbaren oder körperlichen Form vor, können durch Betroffene auch nicht ohne Weiteres reproduziert, herausgefordert und an Dritte übertragen werden,[948] und beenden im Falle einer Löschung, wozu sich der Verantwortliche unilateral entschließen kann, den Grundrechtseingriff in das Persönlichkeitsrecht. Generell ist fraglich, ob der immaterielle Ausfluss eines Grundrechts dieser Form der Übertragung überhaupt zugänglich ist.[949] Mithin scheidet in diesen Fällen eine bewusste Herausgabe durch den Betroffenen aus und lässt höchstens Raum für die Duldung einer Datenerhebung. Erforderlich ist jedoch in jedem Fall ein vom Willen des Erhebenden getragenes, d. h. zweckgerichtetes (und zweckgebundenes) aktives Tun des Verantwortlichen.[950] Aus dieser Darstellung lassen sich zwei Erkenntnisse ableiten. Einerseits ist der Steward bzw. Agent stets in der Person des Verantwortlichen zu finden, denn nur diesem übertragen die Betroffenen willentlich ihre Daten oder dulden eine Erhebung durch diesen. Zwar können auch Auftragsverarbeiter Daten erst erheben, jedoch nicht aus genuinem Antrieb, sondern nur auf Weisung und unter Preisgabe des auftraggebenden Verantwortlichen i. S. v. Art. 4 Nr. 7 DSGVO.[951] Andererseits folgt aus dem Vorgesagten, dass Fürsorge- und Sorgfaltspflichten des Verantwortlichen nicht vollständig von der Art bzw. der Beteiligung des Betroffenen abhän-

946 Ohne eine entsprechende Differenzierung *Pohle*, DuD 2018, 19 (20).
947 Auf die Problematik der sachenrechtlichen Konnotation des Begriffs der Herausgabe und damit verbundene Diskussionen bezüglich Eigentums- oder eigentumsähnlichen Rechten an Daten wird hier aus Platzgründen lediglich verwiesen, vgl. dazu *Schulz*, PinG 2018, 72 ff.; *Kühling/Sackmann*, ZD 2020, 24; *Zech*, CR 2015, 137 ff.
948 Vgl. zu den Einschränkungen bei der Ausübung des Rechts auf Datenportabilität *Munz*, in: Taeger/Gabel, DSGVO BDSG TTDSG, 2022, Art. 20, Rn. 26; *Paal*, in: Paal/Pauly, DSGVO BDSG, 2021, Art. 20, Rn. 17; *Herbst*, in: Kühling/Buchner, DSGVO BDSG, 2020, Art. 20, Rn. 11.
949 Ablehnend daher *Albers*, in: Friedewald/Lamla/Roßnagel, Informationelle Selbstbestimmung im digitalen Wandel, 2017, 11 (16 f.).
950 *Arning/Rothkegel*, in: Taeger/Gabel, DSGVO BDSG TTDSG, 2022, Art. 4, Rn. 72.
951 Vgl. Art. 13 Abs. 1 lit. a resp. Art. 14 Abs. 1 lit. a DSGVO.

gig sein können. Zwar mögen Betroffene in Fällen, in denen Daten wissentlich, d. h. nach Erhalt der gesetzlich verpflichtenden Informationen,[952] und willentlich einem bestimmten Verantwortlichen überantwortet werden, wohl grundsätzlich weniger schutzwürdig sein als in Situationen einer nur geduldeten oder gar heimlichen Datenerhebung.[953] De lege lata findet diese Abstufung jedoch keinen Niederschlag in der DSGVO. Sind die Daten einmal durch den Verantwortlichen erhoben, unterliegen sie grundsätzlich den gleichen Risiken und Schutzanforderungen.

Gesteigerte Risiken aufgrund einer Datenverarbeitung entstehen für Betroffene insbesondere dort, wo der Verantwortliche Mittel einsetzt, die nicht unmittelbar seiner faktischen Hoheit unterliegen. Diese bilden die zweite Kategorie der delegierter Ressourcenverwaltung und die Entsprechung des im englischen Ursprungsschrifttum diskutierten Risikos des „*Agency Drift*". Im Datenschutzrecht können entsprechende Situationen beim Einsatz von weisungsgebundenen Sub-Dienstleistern gem. Art. 28 DSGVO und bei der kollaborativen Datenverarbeitung gem. Art. 26 DSGVO entstehen. Bevor auf die datenschutzrechtlichen Erscheinungsformen eingegangen wird, ist zunächst die Motivation einer solchen Delegation bzw. Kooperation festzuhalten: sie wird bei Unternehmen in aller Regel ökonomischer Natur sein. Ein Verantwortlicher bedient sich eines Auftragsverarbeiters regelmäßig aus Kostengründen,[954] und auch eine gemeinsame Verantwortung entsteht meistens in Situationen gegenseitigen (wirtschaftlichen) Nutzens.[955] Der Antrieb des jeweiligen Handelns kann entsprechend nicht in altruistischen Motiven gesehen werden, wie sie für die Stewardship prägend sind,[956] selbst wenn dies erstrebenswert wäre.[957] „*Crowding Out*"-Effekte, in denen Menschen in kollektiver Weise durch planvolle Entscheidungsprozesse diejenigen Unternehmen wählen, die ihren eigenen Vorstellungen gemäß datenschutzfreundlich agieren,[958] verbleiben bislang Wunschdenken. Datenverarbeitenden Un-

---

952 Vgl. zum Accountability-Narrativ der Informiertheit, das ein Verantwortlicher erfüllen muss B.III.1.b. oben.

953 So *Determann*, NVwZ 2016, 561 (563), zur fehlenden Schutzwürdigkeit von Nutzern bei Facebook (namentlich Max Schrems).

954 *Spittka*, in: Taeger, Den Wandel begleiten, 2020, 41 (47).

955 EuGH, Urt. v. 10.7.2018 – C25/17 (Zeugen Jehovas), EU:C:2018:551, Rn. 68 zum Kriterium des „Eigeninteresses"; dazu auch *Martini*, in: Paal/Pauly, DSGVO BDSG, 2021, Art. 26, Rn. 19b; *Spittka*, in: Taeger, Den Wandel begleiten, 2020, 41 (47); *Kremer*, in: Schwartmann et al., DSGVO BDSG, 2020, Art. 26, Rn. 38 f.

956 *Dicke*, ARPA 2002, 455 (457 und 464); zum UK Stewardship-Code vgl. *Davies*, in: Grundmann/Merkt/Mülbert, FS Hopt, 2020, 131 (132 und 148).

957 Vgl. bspw. Europäischer Datenschutzbeauftragter, Stellungnahme 4/2015, Der Weg zu einem neuen digitalen Ethos – Daten, Würde und Technologie, S. 3 f.

958 *Lutterbeck*, in: Mehde/Ramsauer/Seckelmann, FS Bull, 2011, 1017 (1021 f.) äußerte hierzu 2011 die Meinung „Die Giganten des Industriezeitalters werden […] nicht einfach von Wölfen zu liebenswerten Lämmern. Man braucht sie noch – aber immer

ternehmen sollen durch diese Ansicht keine bewusst schädigenden Motive unterstellt werden, Altruismus wird jedoch im umsatz- und gewinnorientierten Wirtschaftsleben (begründet) selten festgestellt werden können,[959] so dass es an einem über die bloße rechtliche und funktionale Zuständigkeit hinausreichenden Fürsorge*willen* fehlt.[960] Stattdessen ist die Verarbeitung personenbezogener Daten, sowohl im Verhältnis des Betroffenen zum Verantwortlichen als auch vom (datenerhebenden) Verantwortlichen zu weiteren involvierten Akteuren, als delegierte Ressourcenverwaltung in Form einer Agency einzuordnen.[961]

Die Sorgfaltspflicht entsteht für Verantwortliche gem. Art. 28 Abs. 1 DSGVO bereits mit der Auswahl des Auftragsverarbeiters. Danach darf er („*shall use only*") Daten nur an solche Auftragsverarbeiter übergeben, die „hinreichend Garantien dafür bieten, dass geeignete technische und organisatorische Maßnahmen so durchgeführt werden, dass die Verarbeitung im Einklang mit den Anforderungen dieser Verordnung erfolgt und den Schutz der Rechte der betroffenen Person gewährleistet". Diese Ansammlung von Anforderungen erscheint indes nur bei einer oberflächlichen Betrachtung aufschlussreich. Bereits die Bedingung zu „hinreichenden"[962] Garantien wirft Fragen auf, denn grundsätzlich verwendet die DSGVO für die zu treffenden technischen und

---

weniger." – eine Einschätzung die sich in der Retrospektive zehn Jahre später (noch) nicht bestätigen lässt.

959 So verfolgt auch Apples Strategie, Tracking von Nutzern durch Apps und Webseiten zu unterbinden – trotz anders lautender Behauptungen bspw. von CIO *Craig Federighi*, vgl. Handelsblatt v. 20.11.2020, – in erster Linie kommerzielle Interessen des Konzerns, der einen Großteil seines Umsatzes mit Hardware macht, was in den USA auch so gesehen und kritisiert wird, vgl. *Brennan-Marquez*, HLR 2021, 434 ff.; wie hier *Koppell*, PAR 2005, 94 (98): „Profit-seeking organizations must be accountable in this [economic] sense or they will perish."; *Spindler*, in: MüKo AktG, 2019, Vorb. zum vierten Teil AktG, Rn. 53 stellt klar, dass eine Gewinnerzielungsabsicht nicht an wohltätigen Handlungen hindert, sie aber stets unter dem Vorbehalt der finanziellen Leistungsfähigkeit stehen.

960 Zur Voraussetzung einer solchen als Bedingung *Bayertz*, in: Bayertz, Verantwortung – Prinzip oder Problem?, 1995, 3 (57); dem entspricht die Aussage von *Kluvers/Tippett*, IJBM 2010, 46: „Managerial Accountability has replaced stewardship as the core of accountability.".

961 A.A. *Raab*, in: Guagnin, et al., Managing Privacy through Accountability, 2012, 15 (18); die hier vertretene Meinung entspricht auch der amerikanischen Spruchpraxis, wonach eine *Stewardship* eine Klage (*tort*) auf unterlassene Sorgfalt (*negligence*) ermöglichen würde, was jedoch bislang nur in wenigen Ausnahmefällen anerkannt wurde, vgl. *Richardson*, Oslo LR 2015, 23 (30) mit Verweis auf *Remsburg v Docusearch, Inc*, 149 NH 148 (2003).

962 Die Englische Sprachfassung spricht von „sufficient", die französische von „suffisantes" und die italienische von „sufficienti".

organisatorischen Maßnahmen den Begriff der Angemessenheit.[963] Das Bild innerhalb der europäischen Sprachfassungen ist jedoch nicht einheitlich. So verwenden etwa die schwedische,[964] niederländische und dänische,[965] kroatische[966] oder die spanische[967] konsequent die gleiche Wortwahl in den Art. 24 Abs. 1 S. 1, Art. 28 Abs. 1 und Art. 32 Abs. 1 DSGVO. Es ist mithin davon auszugehen, dass bezüglich der gem. Art. 28 Abs. 1 DSGVO zu treffenden Garantien kein unterschiedlicher – und insbesondere kein abgesenkter – Anforderungsmaßstab zu erkennen ist.[968] Vielmehr sind vom Auftragsverarbeiter technische und organisatorische Maßnahmen in dem Maße zu gewährleisten, wie sie auch vom Verantwortlichen zu treffen wären, würde er die Verarbeitung selbst durchführen. Diese können zwar grundsätzlich individuell verhandelt werden, jedoch werden Auftragsverarbeiter aus Wirtschaftlichkeitsgründen bei standardisierten Produkten Verantwortlichen mit einem nur marginal anpassbaren Katalog an Sicherheitsmaßnahmen gegenübertreten. Es ist insofern denkbar, dass es insgesamt zu einer Erhöhung des Schutzniveaus für Betroffene kommt, da auf risikoarme Daten gegebenenfalls dieselben Maßnahmen angewendet werden wie auf risikoreiche. Die generelle Angemessenheit sicherzustellen ist und bleibt jedoch Sache des Verantwortlichen,[969] sodass die Rechtsfolge gem. Art. 28 Abs. 1 DSGVO im Falle unzureichender Maßnahmen ist, dass der entsprechende Dienstleister zur fraglichen Verarbeitung nicht eingesetzt werden darf, sofern dieser die Maßnahmen nicht vor Erhalt der Daten vom Verantwortlichen nachbessert und für die gesamte Dauer der Verarbeitung aufrecht erhält. Es erscheint insofern nicht ausgeschlossen, dass „Garantien" i. S. v. Art. 28 Abs. 1 DSGVO auch die Wirkung der deutschen Zivilrechtsgarantie haben sollte.[970] Derartige Maßnahmen aufzubauen und die Anforderungen, denen ein Verantwortlicher unterliegt bzw. unterliegen kann, zu antizipieren, bildet mithin einen

---

963 Vgl. insb. Art. 24 Abs. 1 S. 1 und Art. 32 Abs. 1 DSGVO (dt. „angemessen", eng. „appropriate", frz. „appropriées » , ital. „adeguate").

964 Schwedisch ''lämpliga''.

965 Niederländisch und Dänisch „passende".

966 Kroatisch „odgovarajuće" bzw. konjugiert in Art. 28 Abs. 1 „odgovarajućih".

967 Spanisch „apropiadas" bzw. konjugiert in Art. 28 Abs. 1 „apropiados".

968 Es scheint sich vielmehr um einen Redaktionsfehler zu handeln, der sich aus der DSRL durchgeschleppt hat, vgl. ErwG 46, Art. 17 Abs. 1 und UAbs. 1 DSRL (appropriate) und Art. 17 Abs. 2 DSRL (sufficient).

969 *EDPB*, Stellungnahme 07/2020 zum Konzept des Verantwortlichen und des Auftragsverarbeiters, S. 31, Rn. 94; *Wedde*, in: Däubler et al., DSGVO BDSG, 2020, Art. 28, Rn. 23; *Gabel/Lutz*, in: Taeger/Gabel, DSGVO BDSG TTDSG, 2022, Art. 28, Rn. 27.

970 So *Wedde*, in: Däubler et al., DSGVO BDSG, 2020, Art. 28, Rn. 34; zweifelnd dagegen *Hartung*, in: Kühling/Buchner, DSGVO BDSG, 2020, Art. 28, Rn. 56, und *Kremer*, in: Schwartmann et al., DSGVO BDSG, 2020, Art. 28, Rn. 90, die beide die „wahrscheinliche" Einhaltung genügen lassen wollen; ähnlich *Bertermann*, in: Ehmann/Selmayr, DSGVO, 2018, Art. 28, Rn. 14, der für eine europäische Auslegung plädiert.

wesentlichen Teil der Auftragsverarbeiter-Accountability.[971] Konsequenterweise erfordert Art. 28 Abs. 1 DSGVO entsprechend Maßnahmen zur Verarbeitung „im Einklang mit den Anforderungen [der ganzen] Verordnung". Wie gezeigt wurde,[972] dürfen sich entgegen der landläufigen Meinung technische und organisatorische Maßnahmen des Verantwortlichen nicht auf Aspekte der Datensicherheit beschränken, sondern müssen die gesamte Art und Weise der Verarbeitung berücksichtigen.[973] Dies gilt entsprechend in abgeleiteter Form auch für die Maßnahmen von Auftragsverarbeitern. Deren Angemessenheit beurteilt sich insbesondere durch das Fachwissen, die Zuverlässigkeit und die (finanziellen, personellen und materiellen) Ressourcen des fraglichen Auftragsverarbeiters.[974] Die DSGVO setzt insofern einen gewissen Grad an Institutionalisierung und Professionalisierung voraus, um überhaupt als Auftragsverarbeiter in Frage zu kommen. Die insofern errichtete Markteintrittsschwelle, die insbesondere große und bereits am Markt etablierte Anbieter bevorteilt, ist im Schrifttum und den Behördenmeinungen soweit ersichtlich bislang unbeachtet geblieben.

Ebenfalls weitgehend unbeachtet sind Sorgfaltspflichten, wie sie Art. 28 Abs. 1 DSGVO festschreibt, bei einem kollaborativen Zusammenwirken ohne ein entsprechendes Weisungsverhältnis. Obwohl die gemeinsame Verantwortung i. S. v. Art. 26 DSGVO in jüngerer Zeit eine gesteigerte Bedeutung in der Rechtsprechung des EuGH einnahm[975] und diese ihrerseits bereits Gegenstand deutlicher Kritik war,[976] sind die Grundvoraussetzungen für die Begründung einer solchen Verantwortungs- bzw. Verantwortlichkeitsgemeinschaft noch recht unbeleuchtet. Im Vorgriff auf die Betrachtungen des Adressaten von Accountability in Abschnitt C unten, sind hier jedoch die grundlegenden Pflichten zu untersuchen, die Akteure beachten müssen, wenn und soweit sie eine entsprechende Zusammenarbeit beginnen.

---

971 In der Antizipation zukünftiger Infragestellung liegt allgemein der Beweggrund durch Accountability, vgl. *Bovens/Schillemans*, in: Bovens/Goodin/Schillemans, Handbook of Public Accountability, 2016, 673 (679, „most important effect").

972 Vgl. die Abschnitte B.II.4.a. und c. oben.

973 Vgl. auch ErwG 81, S. 1 DSGVO, dessen Wortwahl „auch für die Sicherheit der Verarbeitung" ansonsten überflüssig wäre; für diesen Maßstab bei Auftragsverarbeiteraudits *Petri*, in: Simitis et al., Datenschutzrecht, 2019, Art. 28, Rn. 41.

974 ErwG 81 S. 1 DSGVO; *Kramer*, in: Gierschmann et al., DSGVO BDSG, 2018, Art. 28, Rn. 31; *Plath*, in: Plath, DSGVO BDSG TTDSG, 2032, Art. 28, Rn. 17; *Hartung*, in: Kühling/Buchner, DSGVO BDSG, 2020, Art. 28, Rn. 60; *Martini*, in: Paal/Pauly, DSGVO BDSG, 2021, Art. 28, Rn. 21.

975 EuGH, Urt. v. 29.7.2019 – C-40/17 (Fashion ID), EU:C:2019:629; EuGH, Urt. v. 5.6.2018 – C210/16, Wirtschaftsakademie Schleswig-Holstein (Facebook-Fanpages), EU:C:2018:388; EuGH, Urt. v. 10.7.2018 – C25/17 (Zeugen Jehovas), EU:C:2018:551.

976 Statt vieler *Janicki*, in: Specht-Riemenschneider et al., FS Taeger, 2020, 197 (213), „[…] die Rechtsprechung des EuGH widerspricht dem Wortlaut der Norm."; *Monreal*, CR 2019, 797 (798), Rn. 2 m. w. N..

Eine gemeinsame Verantwortung entsteht, wenn mindestens zwei datenverarbeitende Akteure über Zwecke und wesentlichen Mittel der Verarbeitung entscheiden.[977] Sie werden in diesen Fällen von der DSGVO in unmittelbarer Rechtsfolge als gemeinsam Verantwortliche qualifiziert.[978] An eine solche gemeinsame Verantwortung knüpft die DSGVO, anders als noch die DSRL,[979] mit Art. 26 DSGVO erstmals einige rudimentäre formelle Pflichtanforderungen. Diese bestehen im Wesentlichen aus einem zwischen den Parteien zu schließenden Vertrag, der die tatsächlichen Verhältnisse im Rahmen der Verarbeitung abbilden soll, Art. 26 Abs. 2 S. 1 DSGVO. Der Vertrag stellt jedoch nur eine Formanforderung und keine konstitutive Voraussetzung zur Begründung einer gemeinsamen Verantwortung dar.[980] Vielmehr entsteht eine solche aufgrund der tatsächlichen, funktionalen Verarbeitungsumstände gemeinsamer Zweck- und Mittelfestlegung.[981] Diesen[982] Umständen widmete der EuGH in einer Rechtsprechungsserie eine genauere Betrachtung,[983] beginnend mit der Rechtssache ULD ./. Wirtschaftsakademie Schleswig-Holstein bezüglich des Betriebs von Facebook-Fanpages, in der er feststellt, dass zwischen den Parteien keine gleichwertige Verant-

---

977 Ob diese Bedingung rechtstatsächlich kumulativ verstanden werden muss, ist umstritten, vgl. dagegen *Martini*, in: Paal/Pauly, DSGVO BDSG, 2021, Art. 26, Rn. 21a; *Hartung*, in: Kühling/Buchner, DSGVO BDSG, 2020, Art. 26, Rn. 13; dafür *Iber*, in: Taeger, Den Wandel begleiten, 2020, 57 (59); *Plath*, in: Plath, DSGVO BDSG TTDSG, 2023, Art. 26, Rn. 13; *Janicki*, in: Specht-Riemenschneider et al., FS Taeger, 2020, 197 (202).

978 *Plath*, in: Plath, DSGVO BDSG TTDSG, 2023, Art. 26, Rn. 2 f.; *Hartung*, in: Kühling/ Buchner, DSGVO BDSG, 2020, Art. 26, Rn. 11; *Bertermann*, in: Ehmann/Selmayr, DSGVO, 2018, Art. 26, Rn. 6.

979 *Schreibauer*, in: Auernhammer, DSGVO BDSG, 2020, Art. 26, Rn. 1; *Hartung*, in: Kühling/Buchner, DSGVO BDSG, 2020, Art. 26, Rn. 2 f.; *Veil*, in: Gierschmann et al., DSGVO BDSG, 2018, Art. 26, Rn. 23; *Schreiber*, ZD 2019, 55.

980 A. A. *Schreiber*, ZD 2019, 55; zur gemeinsamen Verantwortlichkeit wie hier *Plath*, in: Plath, DSGVO BDSG TTDSG, 2023, Art. 26, Rn. 9 ; *Däubler*, in: Däubler et al., DSGVO BDSG, 2020, Art. 26, Rn. 6.

981 *Plath*, in: Plath, DSGVO BDSG TTDSG, 2023, Art. 26, Rn. 9 („Die vertragliche Abrede […] ist nicht die Voraussetzung gemeinsamer Verantwortung, sondern deren Rechtsfolge"); *Veil*, in: Gierschmann et al., DSGVO BDSG, 2018, Art. 26, Rn. 33; *Schreibauer*, in: Auernhammer, DSGVO BDSG, 2020, Art. 26, Rn. 4; *Spittka*, in: Taeger, Den Wandel begleiten, 2020, 41 (51).

982 Die Urteile des EuGH ergingen noch zur Rechtslage der DSRL, was jedoch wegen der gleichlautenden Definition des Verantwortlichen nicht gegen eine Übertragbarkeit spricht, so auch *Monreal*, CR 2019, 797 (798), Rn. 4; *Lang*, in: Taeger/Gabel, DSGVO BDSG TTDSG, 2022, Art. 26, Rn. 26; *Kremer*, in: Schwartmann et al., DSGVO BDSG, 2020, Art. 26, Rn. 23; *Hartung*, in: Kühling/Buchner, DSGVO BDSG, 2020, Art. 26, Rn. 26; *Lezzi/Oberlin*, ZD 2018, 398 (400).

983 Übersichtlich dargestellt bei *Iber*, in: Taeger, Den Wandel begleiten, 2020, 57 (63 ff.); *Kremer*, in: Schwartmann et al., DSGVO BDSG, 2020, Art. 26, Rn. 27 ff. oder *Gierschmann*, ZD 2020, 69 (70 ff.).

wortlichkeit bestehen muss.[984] Selbst eine Kenntnis der bzw. Zugang zu den verarbeiteten Daten ist nach Meinung des EuGH erforderlich, um für ihre Verarbeitung (mit-)verantwortlich zu sein.[985] Es ist im europäischen Datenschutzrecht vielmehr ausreichend, dass eine natürliche oder juristische Person eine Entscheidung über die Datenverarbeitung trifft.[986] Insgesamt liegt damit der durch den EuGH gezogene Schwellenwert der erforderlichen Einflussnahme zwischen zwei oder mehreren Akteuren auf eine Verarbeitung sehr niedrig.[987] Dennoch stellt die DSGVO keine Anforderungen an die Begründung einer gemeinsamen Verantwortung ähnlich der zum Einsatz von Auftragsverarbeitern in Art. 28 Abs. 1 DSGVO. Hierzu kommen zwei Gründe in Betracht.

Einerseits bedarf auch in Fällen einer gemeinsamen Verantwortung jeder Akteur weiterhin seiner eigenen Rechtsgrundlage für die Verarbeitung[988] und unterliegt grundsätzlich sämtlichen Verantwortlichen-Pflichten der DSGVO.[989] Ob der Datentransfer selbst rechtfertigungsbedürftig ist, ob für eine gemeinsame Verantwortung also eine mit der Auftragsverarbeitung vergleichbare Privilegierungswirkung verbunden ist,[990] ist bislang ergebnisoffen umstritten.[991] Wie noch zu zeigen sein wird, streitet neben anderen

---

984 EuGH, Urt. v. 5.6.2018 – C210/16, Wirtschaftsakademie Schleswig-Holstein (Facebook-Fanpages), EU:C:2018:388, Rn. 43; EuGH, Urt. v. 10.7.2018 – C25/17 (Zeugen Jehovas), EU:C:2018:551, Rn. 66; *Martini*, in: Paal/Pauly, DSGVO BDSG, 2021, Art. 26, Rn. 3.

985 EuGH, Urt. v. 10.7.2018 – C25/17 (Zeugen Jehovas), EU:C:2018:551, Rn. 69; *Schreibauer*, in: Auernhammer, DSGVO BDSG, 2020, Art. 26, Rn. 5.

986 *Monreal*, CR 2019, 797 (802), Rn. 33.

987 Krit. dazu *Janicki*, in: Specht-Riemenschneider et al., FS Taeger, 2020, 197 m. w. N.; *Spittka*, in: Taeger, Den Wandel begleiten, 2020, 41 (46); *Gierschmann*, ZD 2020, 69 (71).

988 EuGH, Urt. v. 29.7.2019 – C-40/17 (Fashion ID), ECLI:EU:C:2019:629, MMR 2019, 579 (586) m. Anm. *Moos/Rothkegel*; *Iber*, in: Taeger, Den Wandel begleiten, 2020, 57 (60 und 67); *EDPB*, Stellungnahme 07/2020 zum Konzept des Verantwortlichen und des Auftragsverarbeiters, S. 4 und S. 45, Rn. 167, Fn. 76.

989 *Hartung*, in: Kühling/Buchner, DSGVO BDSG, 2020, Art. 26, Rn. 9; *Monreal*, CR 2019, 797 (799), Rn. 14 und (801), Rn. 21; *Scheja*, in: Specht-Riemenschneider et al., FS Taeger, 2020, 413 (414).

990 Allgemein zu dieser Wirkung *Wolff*, in: Schantz/Wolff, Das neue Datenschutzrecht, 2017, S. 288, Rn. 939; *Gabel/Lutz*, in: Taeger/Gabel, DSGVO BDSG TTDSG, 2022, Art. 28, Rn. 8 ff; *Wedde*, in: Däubler et al., DSGVO BDSG, 2020, Art. 28, Rn. 5 ff.; *v. Holleben/Knaut*, CR 2017, 299 (301).

991 Für eine Rechtfertigungsbedürftigkeit *Schreibauer*, in: Auernhammer, DSGVO BDSG, 2020, Art. 26, Rn. 6; DSK, Kurzpapier Nr. 16 v. 19.03.2018, Gemeinsam für die Verarbeitung Verantwortliche, Art. 26 DSGVO, S. 1; *Bertermann*, in: Ehmann/Selmayr, DSGVO, 2018, Art. 26, Rn. 11; *Hartung*, in: Kühling/Buchner, DSGVO BDSG, 2020, Art. 26, Rn. 62; *Däubler*, in: Däubler et al., DSGVO BDSG, 2020, Art. 26, Rn. 8; *Spittka*, in: Taeger, Den Wandel begleiten, 2020, 41 (44); anders als noch in der Vor-

Gründen die konsequente Übertragung des kartellrechtlichen Haftungsmaß-
stabs für eine Privilegierung. Für den vorliegenden Aspekt kann sie jedoch
auch dahinstehen, denn die Rechtfertigungsbedürftigkeit einer Verarbeitung
nach dem Empfang ist unumstritten. Ein empfangender Verantwortlicher
wäre, anders als ein Auftragsverarbeiter, der von vornherein keine eigene
Rechtsgrundlage benötigt,[992] entsprechend nicht in der Lage, einen Grundrechtseingriff aufrecht zu erhalten, sofern keine Rechtsgrundlage vorläge.
In der Theorie besteht entsprechend keine Pflicht zur sorgfältigen Auswahl
von Empfängern i. S. v. Art. 4 Nr. 9 DSGVO in Situationen einer gemeinsamen Verantwortung, da die Pflicht zu einem rechtmäßigen Umgang den
Empfänger aus eigenem Recht trifft und gegebenenfalls einer Verarbeitung
entgegensteht.

Um diese (recht theoretische) Herleitung auf Rechtsfolgenseite zu fun-
dieren und Situationen vorzubeugen, in denen Daten contra legem einem
Verantwortlichen übermittelt werden, der keine Rechtsgrundlage zu begründen vermag, konstruiert Art. 26 Abs. 3 i. V. m. Art. 82 Abs. 1 UAbs. 1,
Abs. 4 DSGVO die gemeinsam Verantwortlichen als Haftungseinheit im
Außenverhältnis.[993] Für die Datenverarbeitung, die Gegenstand der gemeinsamen Verarbeitung ist,[994] stehen dem Betroffenen folglich zwei gesamtschuldnerische[995] Haftungsadressaten zur Verfügung, während er ansonsten
beide gesondert für einzelne Verarbeitungsschritte adressieren müsste. Die
Position der Betroffenen soll durch diese Regelung gestärkt und ihnen die

---

auflage *Piltz*, in: Gola/Heckmann, DSGVO BDSG, 2022, Art. 26, Rn. 17; gegen eine
Rechtfertigungsbedürftigkeit *Martini*, in: Paal/Pauly, DSGVO BDSG, 2021, Art. 26,
Rn. 3a; *Kremer*, in: Schwartmann et al., DSGVO BDSG, 2020, Art. 26, Rn. 30; *Lang*,
in: Taeger/Gabel, DSGVO BDSG TTDSG, 2022, Art. 26, Rn. 53 f.; *Plath*, in: Plath,
DSGVO BDSG TTDSG, 2023, Art. 26, Rn. 29.

992 *EDPB*, Stellungnahme 07/2020 zum Konzept des Verantwortlichen und des Auftragsverarbeiters, S. 26, Rn. 80.

993 *Spittka*, in: Taeger, Den Wandel begleiten, 2020, 41 (52); *Hartung*, in: Kühling/Buch-
ner, DSGVO BDSG, 2020, Art. 26, Rn. 29; *Martini*, in: Paal/Pauly, DSGVO BDSG,
2021, Art. 26, Rn. 5; *Plath*, in: Plath, DSGVO BDSG TTDSG, 2023, Art. 26, Rn. 29.

994 Vgl. zu diesem granularen Verständnis von gemeinsamer Verantwortung innerhalb
eines Verarbeitungszusammenhangs EuGH, Urt. v. 5.6.2018 – C-210/16 (Facebook
Fanpages), ECLI:EU:C:2018:388, Rn. 43; EuGH, Urt. v. 29.7.2019 – C-673/17 (Fashion ID), ECLI:EU:C:2019:629, Rn. 72 und 85; zur Entwicklung dieser Rechtsprechungslinie *Kremer*, in: Schwartmann et al., DSGVO BDSG, 2020, Art. 26, Rn. 23 ff.

995 *Hartung*, in: Kühling/Buchner, DSGVO BDSG, 2020, Art. 26, Rn. 28 f.; *Martini*, in:
Paal/Pauly, DSGVO BDSG, 2021, Art. 26, Rn. 5; a.A. wohl *Scheja*, in: Specht-Riemenschneider et al, FS Taeger, 2020, 413 (414), der eine Exkulpation durch die Vereinbarung und darin zugewiesene Zuständigkeiten gem. Art. 26 Abs. 1 S. 2 DSGVO
annimmt; ähnlich auch *Kremer*, in: Schwartmann et al., DSGVO BDSG, 2020, Art. 26,
Rn. 88.

Rechtsdurchsetzung vereinfacht werden.[996] Darin ist auch die einzige wirkliche Einschränkung eines kollaborativen Zusammenwirkens durch Art. 26 DSGVO zu sehen; Betroffene dürfen in ihren Rechten nicht schlechter gestellt oder bei deren Ausübung behindert werden. Eine Verantwortungsdiffusion darf nicht zu Lasten der betroffenen Personen gehen.[997] Hierzu ist den Betroffenen gem. Art. 26 Abs. 2 S. 2 DSGVO „das Wesentliche"[998] der nach Abs. 1 geschlossenen Vereinbarung sowie gem. Art. 13 Abs. 1 lit. a resp. Art. 14 Abs. 1 lit a DSGVO der Umstand der gemeinsamen Verantwortung offenzulegen. Während der Entwurfsphase der Vereinbarung gem. Art. 26 Abs. 1 DSGVO müssen die Parteien mithin auf die Transparenz- und Informiertheitsanforderungen (Informativeness) der Art. 12 ff. DSGVO achten.[999] Aufgrund dieser Haftungsidentität[1000] sowie der Pflicht zur Offenlegung des Vertrages, empfiehlt sich jedoch für den primären Daten erhebenden Verantwortlichen sowohl eine sorgfältige Auswahl des bzw. der Empfänger als auch eine vertragliche Strukturierung der Datenverarbeitungsbeziehung, die an Art. 28 Abs. 3 angelehnt werden kann.[1001] Verarbeitet der empfangende Verantwortliche unter Verletzung dieses Vertrages und der gem. Art. 5 Abs. 1 lit. b DSGVO verpflichtenden Zweckbindung zu anderen, nicht i. S. v. Art. 6 Abs. 4 DSGVO zu kompatiblen Zwecken – in Form eines „*Agency Drift"* –, so ist der primär erhebende Verantwortliche hierfür nicht haftbar. Dies ergibt sich aus dem Wortlaut in Art. 82 Abs. 4 DSGVO, wonach eine Haftung nur besteht, wenn die Parteien an „derselben Verarbeitung beteiligt" sind, was in Fällen unilateraler Zweckänderungen gerade nicht der Fall ist.[1002]

Einem solchen „*Agency Drift"* eines Auftragsverarbeiters wirken darüber hinaus die Mindestanforderungen der Art. 28 Abs. 3, Abs. 10 und Art. 29

---

996 *Iber*, in: Taeger, Den Wandel begleiten, 2020, 57 (68 f.); *Däubler*, in: Däubler et al., DSGVO BDSG, 2020, Art. 26, Rn. 1 und 14; *Petri*, in: Simitis et al., Datenschutzrecht, 2019, Art. 26, Rn. 16 f.

997 *Petri*, in: Simitis et al., Datenschutzrecht, 2019, Art. 26, Rn. 16; dies gilt im Übrigen auch für die Einschaltung von Auftragsverarbeitern, siehe *Martini*, in: Paal/Pauly, DSGVO BDSG, 2021, Art. 28, Rn. 47.

998 Der Frage, was das Wesentliche der Vereinbarung ist, wird an anderer Stelle nachgegangen; *Schreibauer*, in: Auernhammer, DSGVO BDSG, 2020, Art. 26, Rn. 16; *Veil*, in: Gierschmann et al., DSGVO BDSG, 2018, Art. 26, Rn. 64.

999 *Schreiber*, ZD 2019, 55 (56); einschränkend *Plath*, in: Plath, DSGVO BDSG TT-DSG, 2023, Art. 26, Rn. 34, der keine Allgemeinverständlichkeit verlangt.

1000 Vgl. auch den erhellenden Beitrag von *Scheja*, in: Specht-Riemenschneider et al., FS Taeger, 2020, 413 (417 ff.) zum Vergleich der datenschutzrechtlichen gemeinsamen Verantwortlichkeit mit der strafrechtlichen Mittäterschaft gem. § 25 Abs. 2 StGB.

1001 *Spittka*, in: Taeger, Den Wandel begleiten, 2020, 41 (51); *Hartung*, in: Kühling/Buchner, DSGVO BDSG, 2020, Art. 26, Rn. 25.

1002 Ähnlich *Moos/Schefzig*, in: Taeger/Gabel, DSGVO BDSG TTDSG, 2022, Art. 82, Rn. 89.

DSGVO qua legem entgegen.[1003] Sie gelten in besonderem Maße auch für Empfänger in Drittländern, für die der EuGH in der Rechtssache Schrems II eine spezielle Prüfpflicht – die Transferfolgenabschätzung[1004] – des Exporteurs begründet hat. Diese sind mit Mitteln des Kap. V DSGVO über das gesetzliche Maß hinaus gegen das Risiko eines *„Agency Drift"* zu verpflichten.[1005] Für die gemeinsam Verantwortlichen i. S. v. Art. 26 DSGVO ist eine entsprechende Voraussetzung nur in mittelbarer Form im Wege der Zweckbindung gem. Art. 5 Abs. 1 lit. b DSGVO herzuleiten.

Zusammenfassend legen diese Fälle die Vermutung nahe, dass Akteure durch die DSGVO immer dann gesteigerten Pflichten unterliegen sollen, wenn die konkreten Verarbeitungs- und Interaktionshandlungen außerhalb des Einflussbereichs oder ohne Kenntnis der Betroffenen erfolgen. Begründet werden kann diese Konzeption mit einem gesteigerten Risiko der Fremdbestimmung, worin ein zentrales Schutzgut der DSGVO gesehen werden kann.[1006] Der Zeitpunkt sowie die Modalitäten der Erhebung, beispielsweise die Menge, Korrelationen mit anderen Daten oder daraus abgeleitete (vermeintlich zutreffende) Erkenntnisse, können in diesen Situationen vom Betroffenen nicht beeinflusst werden im Gegensatz zu solchen, in denen eine direkte Datenproliferation i. S. v. Art. 13 DSGVO durch die Betroffenen erfolgt. Dies bedeutet nicht, dass Verantwortliche bei einer rein internen Datenverarbeitungen keinen Sorgfaltspflichten unterliegen; jedoch erschöpfen diese sich mehr oder weniger in der Einhaltung der gesetzlichen Zulässigkeitstatbestände und Betroffenenrechte. So unterliegen Verantwortliche, die Scoring durchführen wollen, speziellen Informations- und Einwirkungspflichten[1007] oder bei der Verarbeitung von Strafdaten bzw. Daten mit Straftatbezug[1008] gem. Art. 10 DSGVO besonderen Aufsichtspflichten.[1009] Auch hinsichtlich

---

1003 *Schreibauer*, in: Auernhammer, DSGVO BDSG, 2020, Art. 26, Rn. 11; *Martini*, in: Paal/Pauly, DSGVO BDSG, 2021, Art. 26, Rn. 20.

1004 EuGH, Urt. v. 16.7.2021 – C-311/18 (Schrems II), ECLI:EU:C:2020:559, Rn. 134 ff.

1005 Vgl. etwa Klauseln 8.1 und 8.2. der Standardvertragsklauseln Controller-to-Processor oder Klausel 8.1. der Controller-to-Controller-Klauseln.

1006 Ausführlich zu verschiedenen Schutzgütern *Drackert*, Risiken bei der Verarbeitung personenbezogener Daten, 29; zum Risiko der Fremdbestimmung C.II.6.a unten.

1007 Die speziellen Informationspflichten ergeben sich aus Art. 13 Abs. 2 lit. f resp. Art. 14 Abs. 2 lit. g DSGVO, die speziellen Einwirkungspflichten aus Art. 22 Abs. 3 DSGVO.

1008 Vgl. *Bäcker*, in: BeckOK Datenschutzrecht, 2022, Art. 10, Rn. 3a, ohne allerdings eine weitere Erklärung, welchen Effekt diese Differenzierung zeitigen soll.

1009 Darunter wird verstanden, dass die Verarbeitung ganz oder maßgeblich unter der Kontrolle einer öffentlichen Stelle stattfindet (*Frenzel*, in: Paal/Pauly, DSGVO BDSG, 2021, Art. 10, Rn. 6; *Greve*, in: Auernhammer, DSGVO BDSG, 2020, Art. 10, Rn. 6 („[…] Art. 10 DSGVO setzt vielmehr einen maßgeblichen Einfluss auf die Verarbeitung voraus […]") was für sich genommen allerdings Irritationen hervorruft, ob damit gemeint sein soll, dass ausschließlich öffentliche Stellen derartige Register führen dürfen sollen (abl. h. M. *Plath*, in: Plath, DSGVO BDSG TTDSG, 2023,

B. Informationspflichtigkeit als konstitutives Merkmal von Accountability

des Schutzniveaus gem. Art. 32 DSGVO, das der Akteur durch technische und organisatorische Maßnahmen so auszugestalten hat, dass die Daten der Betroffenen vor Datenschutzverletzungen i. S. v. Art. 4 Nr. 12 DSGVO geschützt werden,[1010] bestehen spezifische Sorgfaltspflichten.

Allerdings muss nach dieser Betrachtung konstatiert werden, dass die im Accountability-Schrifttum entwickelten Figuren der Agency und Stewardship zwar für ein Verständnis des englischen Begriffs der Accountability hilfreich sind. Für die Bestimmung konkreter datenschutzrechtlicher Handlungspflichten oder auch nur eine verallgemeinerbare Positionierung innerhalb von Accountability erscheinen sie dagegen nur begrenzt geeignet.

e. Berechtigung und Rechtmäßigkeit des Accountability-Pflichtigen

Während es im politikwissenschaftlichen Original-Schrifttum vergleichsweise einfach ist, den *Principal* einer fraglichen Accountability-Beziehung zu identifizieren, lässt sich dies nicht ohne Weiteres für das Datenschutzrecht sagen. Die englischsprachige Accountability-Literatur konzentriert sich ganz überwiegend auf die sog. *„Public Accountability"*, deren Gegenstand das Handeln von Inhabern öffentlicher Posten und Ämter bzw. öffentlichen Institutionen ist.[1011] Der Souverän sind in diesen Fällen stets Bürger bzw. Wahlberechtigte.[1012] Ein etwaiger *„Agency Drift"* und ein häufig beschworenes Accountability-Defizit[1013] sind der Ursprung der Untersuchung, ob ein bestimmtes Handeln des fraglichen Akteurs rechtmäßig (legitimate) war, sprich, ob er innerhalb seiner (gesetzten bzw. gesetzlichen) Befugnis-

---

Art. 10, Rn. 9; *Petri*, in: Simitis et al., Datenschutzrecht, 2019, Art. 10, Rn. 17; wohl auch *Kampert*, in: Sydow/Marsch, DSGVO BDSG, 2022, Art. 10, Rn. 5 und 7), da ein solcher Einfluss auf Zwecke und Mittel grundsätzlich zur Anwendbarkeit von Art. 4 Nr. 7 DSGVO in der Form einer gemeinsamen Verantwortung führen müsste.

1010 Die Literatur behandelt diese Zielsetzung stets unter dem Kriterium der Vertraulichkeit gem. Art. 32 Abs. 1 lit. b. 1. Var.; etwa *Kramer/Meints*, in: Auernhammer, DSGVO BDSG, 2020, Art. 32, Rn. 42; *Ritter*, in: Schwartmann et al., DSGVO BDSG, 2020, Art. 32, Rn. 45; *Wedde*, in: Däubler et al., DSGVO BDSG, 2020, Art. 32, Rn. 29.

1011 *Mulgan*, PA 2000, 555.

1012 *Bovens*, ELJ 2007, 447 (455); *Willems/v.Dooren*, PMR 2012, 1011 (1023 und zweifeld 1027); *Mulgan*, PA 2000, 555 (568); *Bovens/Schillemans/Goodin*, in: Bovens/Goodin/Schillemans, Handbook of Public Accountability, 2016, 1 (13); *Bayertz*, in: Bayertz, Verantwortung – Prinzip oder Problem?, 1995, 3 (35).

1013 *Black*, Regulation&Governance 2008, 137 (141) führt entsprechende Einschätzungen bis in die 1930er Jahre zurück; allgemein dazu *Schillemans*, POR 2008, 175 m. w. N.; *Brandsma/Schillemans*, JPART 2013, 953 (954); *Mulgan*, in: Bovens/Goodin/Schillemans, Handbook of Public Accountability, 2016, 545; siehe auch die Ausführungen von *Brandsma*, JEPP 2018, 1 (2 ff.), zum Trilogverfahren.

se gehandelt hat.[1014] Während Vertreter der öffentlichen Hand entsprechend stets einer gesetzlichen Grundlage bedürfen,[1015] kollidieren im Bereich des Datenschutzes grundsätzlich die Rechte der Betroffenen mit denen des bzw. der Daten verarbeitenden Unternehmen.[1016] Diese sind im Gegensatz zum staatlichen Handeln, dessen Priorat immer die Volkssouveränität ist, in einen Ausgleich zu bringen, in dem nicht von Vornherein klar ist, wessen Interessen überwiegen.

(1) Liability bei fehlender Legitimacy

Legitimacy und das mit ihr artverwandte Konzept der *„Authority"* haben ihren Ursprung wie Accountability im Bereich des Staatswesens.[1017] Sie bezeichneten bis zu ihrer Infragestellung mit dem Aufkommen der humanistischen Umwälzungen des 18. Jahrhunderts das – gott- bzw. naturgegebene – Recht zu herrschen,[1018] Gefolgschaft der Beherrschten einzufordern[1019] und selbst keiner oder nur eingeschränkter Herrschaft unterworfen zu sein. Nicht erbberechtigte Nachkommen werden in Adelskreisen noch heute als „illegitim" bezeichnet, da ihnen nach historischem Vorbild das Anrecht auf den Herrschaftsanspruch fehlte. Nach der allgemeinen Abschaffung entsprechender Herrschaftsansprüche entstand mit dem Liberalismus und den universellen Menschenrechten eine Notwendigkeit zur Rechtfertigung, wenn einzelne Individuen oder Institutionen Entscheidungen für und mit Wirkung über andere treffen (können) sollten. Auch nach dem Wechsel der Herrschaftsverhältnisse bleibt Legitimacy mithin durch ein Hierarchieverhältnis geprägt, an dessen Spitze nun jedoch keine Person mehr steht, sondern eine Institution, die ihr Handeln rechtfertigen muss. Diese kann nur einnehmen, wer durch einen Akt intentionaler Delegation auf sie berufen

---

1014 Dieses Mandat wird gelegentlich auch als „authorization" bezeichnet, etwa bei *Considine*, Governance 2002, 21 (25).

1015 Vgl. kritisch dazu *Bull*, NVwZ 2011, 257 (258), der diese Voraussetzung als „Konjunkturprogramm" für den nationalen Gesetzgeber bezeichnet, weil dieser stets spezialgesetzliche Rechtsgrundlagen schaffen müsse; *Albers*, in: Friedewald/Lamla/Roßnagel, Informationelle Selbstbestimmung im digitalen Wandel, 2017, 11 (17), spricht von „Verrechtlichungsfalle".

1016 *Giesen*, NVwZ 2019, 1711 (1713); *Taeger*, in: Taeger/Gabel, DSGVO BDSG TT-DSG, 2022, Art. 6, Rn. 4.

1017 Die frühesten Formen lassen sich wohl in der griechischen Polis und dem späteren römischen Recht identifizieren, vgl. *Vincent/Zumofen*, Lien Paper 2015, S. 5; ausführlich zu römisch-rechtlichen und -politischen Vorbildern *Plescia*, AJLH 2001, 51 ff.; zur Abrenzung zur Oikos*Schiedermair*, Privatheit als internationales Grundrecht, 2012, 24 f.

1018 Vgl. *Dalton*, J. Brit. Stud. 2021, 29 (33), zu der legitimierenden Wirkung des Domsday Books.

1019 *Flathman*, in: Goodin/Pettit/Pogge, Contemporary Political Philosophy, 2007, 678.

wurde oder wem sie durch Gesetz zugewiesen wird. Es bleibt jedoch auch in delegierter Form weiterhin der Beurteilung des Verhaltens durch den genuin Berechtigten,[1020] und es kommt zu keiner dauerhaften Übertragung oder gar Abtretung von Rechtepositionen. Legitimacy hat entsprechend erhebliche Wechselwirkungen und Abhängigkeiten zu allen anderen Dimensionen von Accountability; ihr immanent ist eine Verbindung zu Responsibility, da die Zuständigkeit erst und nur durch die Delegation durch das Forum entsteht. Diese Delegation ermöglicht als abgeleitete Rechtsposition darüber hinaus eine Qualifikation als *Agent* oder *Steward,* und sie kann als Sanktion entzogen werden, sofern der Akteur entgegen der Responsiveness versäumt, den Erwartungen des Forums gerecht zu werden, etwa was Transparenz über das Handeln im Namen des Forums oder die materielle Ausübung von Ermessensspielräumen geht. Es handelt sich mithin um ein inhaltsoffenes und adaptives Konzept, das durch historische und gesellschaftliche Entwicklungen im Laufe der Zeit zu unterschiedlichen Ergebnissen kommen kann und für das sich allgemeingültige Inhalte verwehren.[1021] Legitim ist das Handeln eines Akteurs, wenn es den Wertungen der Gemeinschaft (der Rechtsordnung) entspricht, die ihre Berechtigung übertragen haben.[1022] Dem stehen abweichende Meinungen nicht entgegen. Vielmehr begründet gerade der Meinungspluralismus den Bedarf nach einer übergeordnet und mehrheitlich legitimierten Stelle.[1023] Diese Form von Legitimacy wird als ideelle Form bezeichnet, da sie sich an abstrakten, vordefinierten Kriterien orientiert und

---

1020 *Flathman,* in: Goodin/Pettit/Pogge, Contemporary Political Philosophy, 2007, 678 (679), der mit Verweis auf Hobbes konstatiert „[…] [S]overeigns are *in* authority but have no standing as *an* authority […]" (Herv. im Original); *Black,* Regulation&Governance 2008, 137 (144); „Legitimacy rests on the acceptability and credibility […] to those it seeks to govern.".

1021 *Bennett,* in: Guagnin, et al., Managing Privacy through Accountability, 2012, 33 (43 f.); *Black,* Regulation&Governance 2008, 137 (145); zum Beispiel des seinerzeit zulässigen Sklavenhandels *Mashaw,* in: Bovens/Goodin/Schillemans, Handbook of Public Accountability, 2016, 574 (580 f.); ähnlich auch zu Art. 24 *Plath,* in: Plath, DSGVO BDSG TTDSG, 2023, Art. 24, Rn. 3 und 9 ff.

1022 *Black,* Regulation&Governance 2008, 137 (144); dies ist beispielsweise im datenschutzrechtlichen Schrifttum hinsichtlich der Interessenabwägung zu Art. 6 Abs. 1 lit. f DSGVO der anerkannte Grundmaßstab, vgl. dazu *Taeger,* in: Taeger/Gabel, DSGVO BDSG TTDSG, 2022, Art. 6, Rn. 6, Fn. 17; *Kramer,* in: Auernhammer, DSGVO BDSG, 2020, Art. 6, Rn. 76; *Plath/Struck,* in: Plath, DSGVO BDSG TTDSG, 2023, Art. 6, Rn. 62; *Wolff,* in: Schantz/Wolff, Das neue Datenschutzrecht, 2017, S. 204, Rn. 643.

1023 *Flathman,* in: Goodin/Pettit/Pogge, Contemporary Political Philosophy, 2007, 678 (679 f.): "If [everyone] agreed that Jones knows best what should be done, they would do what Jones says for that reason. We are to obey political authority, 'surrender our judgement' […], not because we believe or approve what they say but because we have no reliable basis on which to agree concerning questions that must be authoritatively decided."

nicht an individuellen möglicherweise befangenen („*biased*") Vorstellungen von Rechtmäßigkeit.[1024] Solche Kriterien können grundsätzlich in Gesetzen gesehen werden, die nach einem demokratischen Prozess erlassen wurden. Sie sind jedoch nicht mit ihnen gleichzusetzen.[1025] Sofern sich ein Akteur gemäß seiner gesetzlichen Pflichten handelt, verhält er sich zwar rechtmäßig (Legality), aber nicht notwendigerweise legitim aus Sicht des Forums;[1026] es kann auch an Akzeptanz für ein Handeln innerhalb von Gesetzen fehlen und umgekehrt kann Akzeptanz (gerade) dort vorhanden sein, wo ein Akteur beispielsweise aus moralischen Gründen außerhalb seiner gesetzlichen Befugnis handelt.[1027] Das Werben um Akzeptanz und das Beschwören des eigenen rechtmäßigen Handelns (insbesondere bei klandestinem Handeln) ist ein integraler Bestandteil der politischen Accountability.[1028]

Legitimacy kann mithin als der – rechtliche und ideelle – Rahmen der Accountability bezeichnet werden.[1029] Ein Akteur, der außerhalb dieses Rahmens handelt, kann per se nicht als „*accountable*" angesehen werden, denn das (eigenmächtige) Handeln ist dem Forum, dessen Delegationsrahmen er verlassen hat, weder zuzurechnen, noch von diesem autorisiert.[1030] Ein Akteur, der seine Berechtigungen überschreitet, begründet eine eigene Verant-

---

1024 *Moore*, in: Bovens/Goodin/Schillemans, Handbook of Public Accountability, 2016, 632 (640 f.), der allerdings noch weitere Aspekte wie die gegenseitige Rücksichtnahme der Parteien einbezogen sehen möchte.

1025 *Bennett*, in: Guagnin, et al., Managing Privacy through Accountability, 2012, 33 (37), mit Verweis darauf, dass es auch in Ländern ohne ein angemessenes gesetzliches Datenschutzniveau durchaus Akteure geben kann, die deren Handeln europäischen Maßstäben entspricht.

1026 Vgl. *Black*, Regulation&Governance 2008, 137 (144 f.), nach der die Akzeptanz aus drei Motiven heraus erfolgen kann: pragmatischen (Eigennutz), moralischen (ideelle Überzeugung) und kognitiven (Resignation aufgrund Unausweichlichkeit); ähnlich *Di Fabio*, Herrschaft und Gesellschaft, 38 f.

1027 *Hurd*, Encyclopedia Princetoniensis, Suchwort "Legitimacy"; *Willems/v. Dooren*, PMR 2012, 1011 (1023), identifizieren zwei Quellen, aus denen ein Akteur seine Berechtigung erlangen kann: „Legitimacy by result" und als Alternative zu „Legitimacy by Process".

1028 *Bovens*, WEP 2010, 945 (949); *Koch/Wüstemann*, in: Bovens/Goodin/Schillemans, Handbook of Public Accountability, 2016, 127 (128); *Black*, Regulation&Governance 2008, 137 (144 f.); *Di Fabio*, Herrschaft und Gesellschaft, 39.

1029 Ähnlich *Mansbridge*, in: Bovens/Goodin/Schillemans, Handbook of Public Accountability, 2016, 55 (59), die den Rahmen in der Sanktion („sanction periphery") sieht, ohne jedoch zu erkennen, dass *Legitimacy* und *Liability* durch einen inneren Zusammenhang verbunden sind.

1030 *Willems/v. Dooren*, PMR 2012, 1011 (1023) bezeichnen *Legitimacy* deswegen (allerdings nicht schlüssig) nicht als Dimension von Accountability, sondern nur als eine Beurteilung der Einhaltung; ähnlich *Black*, Regulation&Governance 2008, 137 (149): „[…] they [Anm. die Accountability-Dimensionen] are the means by which […] communities see to ensure that their […] claims are met […]".

wortlichkeit außerhalb der ursprünglichen Accountability-Beziehung, und ihm wächst selbst die Pflicht zu, die Rechtmäßigkeit des eigenen Handelns sicherzustellen und gegenüber anderen darzustellen. Hierin wird eine Parallele zum übergeordneten Konzept der Accountability und eine Abgrenzung zu Responsibility deutlich, denn auch *Legitimacy* bedarf stets einer externen Partei als Kontrolleur und gegebenenfalls Korrektiv bezüglich der Handlungen des Akteurs.[1031] Eine Rechtfertigungspflicht („*obligation to justify*")[1032] ergibt denklogisch nur dort Sinn, wo andernfalls keine Berechtigung für ein bestimmtes Handeln vorhanden wäre. Fielen die Berechtigung zur Beurteilung von Legalität und Legitimität in einer Person zusammen, entstünde ein jeder Kontrolle entzogener Akteur. Der Externalität und Unabhängigkeit (mindestens) eines sanktionsberechtigten Forums kommt mithin eine eminent hohe Bedeutung für die Beurteilung der Legitimität zu. Allerdings wohnt der Legitimität durch die Möglichkeit einer Billigung oder Akzeptanz durch das Forum auch ein gewisses wertendes Element inne,[1033] das darüber hinaus Risiken für eine Beeinflussung durch eine übervorteilende Incentivierung birgt.[1034] Wo ein Akteur jedoch keine Billigung oder Akzeptanz für ein Handeln erringen kann, das außerhalb des gesetzlichen (Legalität) oder wertenden (Legitimität) Rahmens stattfand, kann er dafür sanktioniert werden. Er wird „*liable*".

Liability bezeichnet die Fähigkeit, Adressat von Sanktionen zu sein (*Liability*) und bildet mit Legitimacy zwei miteinander verbundene Facetten der Accountability sowie das Bindeglied zwischen den inhaltlichen Dimensionen der Tatbestands- und dem konstitutiven Merkmal der Sanktion auf Rechtsfolgenseite. Dies ergibt sich aus der Ratio, dass ein Akteur, dessen Handeln rechtmäßig („*legit*" oder „*legitimate*") ist, nicht sanktioniert werden kann bzw. soll. Im Umkehrschluss soll ein Akteur, der unrechtmäßig, d. h. außerhalb seines Mandats handelt, hierfür bestraft werden bzw. werden können. Die Konnotation von Accountability im Sinne einer Strafe ist im englischen und insbesondere im amerikanischen Sprachgebrauch immer noch prägend.[1035] Der Grund hierfür ist seine Entwicklung aus dem amerikanischen Zivilprozess. Darin wurde die Fähigkeit von Personen, mit

---

1031 Vgl. Abschnitt B.III.1.a.(1) oben; *Schedler*, in: Schedler/Diamond/Plattner, The Self-Restraining State, 1999, 13 (19), der als Beispiel vor-neuzeitliche autoritäre Herrscher anführt, *Bennett*, PLBI 2010, 21; *Mulgan*, PA 2000, 555 (557).

1032 *O'Kelly/Dubnick*, Accountability and its Metaphors, 2015, S. 5; *Bovens*, ELJ 2007, 447 (452).

1033 So auch *Raab*, in: Guagnin, et al., Managing Privacy through Accountability, 2012, 15 (20); *Schedler*, in: Schedler/Diamond/Plattner, The Self-Restraining State, 1999, 13 (15); *Hurd*, Encyclopedia Princetoniensis, Suchwort "Legitimacy".

1034 Vgl. beispielsweise *Stoll*, in: Taeger, Im Fokus der Rechtsentwicklung, 2021, 1 ff., zu den Praktiken der sog. Dark Patterns und des Nudgings.

1035 *McAdams/Towers*, ABLJ 1978, 67; *Mansbridge*, in: Bovens/Goodin/Schillemans,

Beweiswirkung vor Gericht bestimmte Testate abzulegen (vorrangig zu Buchführungsthemen), als Accountability bezeichnet. Aus dieser Praxis entwickelte sich der Berufsstand der Accountants.[1036] Die Abgabe eines wahren und professionellen Standards genügenden Testats stellte dabei das erwartete, rechtmäßige Verhalten der Person dar, die, sollte ihr Verhalten dem nicht entsprechen, hierfür auch bestraft werden konnte. Hierin liegt wohl auch der Ursprung, der mit Accountability verbundenen Konnotation einer besonderen Glaubwürdigkeit und Professionalität[1037] und die gedankliche Nähe zu Haftung und drohenden (rechtlichen) Konsequenzen. Entsprechend wird Accountability heute im gewöhnlichen Sprachgebrauch häufig verwendet, um die Sanktionierbarkeit deutlich zu machen, sie anzudrohen oder zu fordern.[1038] Insbesondere für die USA lässt sich dieses Verständnis eindeutig historisch begründen. So war beispielsweise bereits im Entwurf der Verfassung hinsichtlich der Verantwortung des Präsidenten vorgesehen, dass dieser – in Abgrenzung zum englischen König – unter Anklage wegen Verrats, Bestechung oder anderer schwerer Verbrechen („*high crimes*") gestellt und im Falle einer Überführung des Amtes enthoben werden konnte.[1039]

Zusammenfassend lässt sich auch Legitimacy als eine prägende Eigenschaft von Accountability bezeichnen. Sie bildet den Rahmen dessen, woran das Verhalten eines Akteurs in Ausübung der materiellen Dimensionen gemessen und was als akzeptabel angesehen wird. Sie stellt mithin das Bindeglied zur konstitutiven Voraussetzung der Sanktion dar, sofern es diesen Anforderungen nicht genügt. Für das Datenschutzrecht ergibt sich dieser Maßstab grundsätzlich erschöpfend aus der DSGVO. Allerdings stellt diese mit ihren Öffnungsklauseln und auslegungsbedürftigen Rechtsbegriffen keinen Rahmen dar, dessen Grenzen (insbesondere für Laien) klar zu identifizieren

---

Handbook of Public Accountability, 2016, 55 ff.; *Bayertz*, in: Bayertz, Verantwortung – Prinzip oder Problem?, 1995, 3 (22).

1036 *Dubnick*, in: Bovens/Goodin/Schillemans, Handbook of Public Accountability, 2016, 23 (27).

1037 *Sinclair*, AOS 1995, 219 (223); *Bovens* WEP 2010, 945 (948).

1038 *Mansbridge*, in: Bovens/Goodin/Schillemans, Handbook of Public Accountability, 2016, 55 ff.; *Bayertz*, in: Bayertz, Verantwortung – Prinzip oder Problem?, 1995, 3 (5 f.), führt dies zutreffend darauf zurück, dass Verantwortung immer dort gefordert wird wo „schlimme Dinge" passiert sind und es somit eine semantisch enge Assoziation mit Schuldzurechnungen gäbe; ähnlich *Bovens* WEP 2010, 945 (952); differenzierender *Heidbrink*, in: Heidbrink/Langbehn/Loh, Handbuch Verantwortung, 2017, 3 (11 ff.), der daher bei Verantwortung von einem „folgenbasierten Legitimationsprinzip" spricht.

1039 Art. II, Section 4 U. S. Verfassung; vgl. zur Abgrenzung zum englischen König *Bayertz*, in: Bayertz, Verantwortung – Prinzip oder Problem?, 1995, 3 (38) m. w. N.

wären, so dass auch ein grundsätzlich gesetzmäßiges Handeln von Akteuren regelmäßig als nicht legitim wahrgenommen werden kann.[1040]

(2) Beurteilung der Rechtmäßigkeit aufgrund der DSGVO

Die DSGVO enthält zwei Kategorien von Normen, die bei der Beurteilung der Rechtmäßigkeit des Verhaltens eines Akteurs unterschieden werden müssen.[1041] Die erste Art Norm entscheidet über das „Ob", die zweite Art über das „Wie" einer Datenverarbeitung, falls und soweit die erste Normkategorie als gegeben beurteilt wurde.[1042] Welcher Akteur für welche Kategorie allein oder gemeinsam mit anderen zuständig (responsible) ist, beurteilt sich danach, ob es sich um einen Verantwortlichen i. S. v. Art. 4 Nr. 7 DSGVO oder einen Auftragsverarbeiter i. S. v. Art. 4 Nr. 8 DSGVO handelt. Auch die Schnittmengen mit den Dimensionen der Accountability-Literatur lassen sich grob anhand dieser beiden Kategorien zuordnen.

Die erste Kategorie umfasst die möglichen Rechtsgrundlagen einer Datenverarbeitung. Diese sind in der DSGVO selbst und, wo Öffnungsklauseln dies zulassen,[1043] auch in mitgliedstaatlichen Spezialgesetzen beispielsweise zum Arbeitnehmerdatenschutz geregelt und bilden den für eine Rechtmäßigkeitsprüfung im engeren Sinne maßgeblichen Anforderungs- bzw. für den Akteur den Optionskatalog.[1044] Die Rechtsgrundlagen in Art. 6 DSGVO

1040 Bspw. bei traditionell – nicht immer zu Unrecht – kritisierten Datenverarbeitungsgeschäften wie dem der Schufa, der GEZ oder Vorgehensweisen wie sog. Paywalls auf Webseiten; vgl. *Black*, Regulation&Governance 2008, 137 (145 f.) zu einer tieferen Analyse der zugrunde liegenden Bewertungsansätze wie Gesetzmäßigkeit, Gerechtigkeit, oder Nützlichkeit.

1041 Da es den Rahmen der vorliegenden Arbeiten übersteigen würde, sämtliche Rechtsgrundlagen und formellen Anforderungen in gebotener Tiefe zu untersuchen, beschränken sich die nachfolgenden Erwägungen auf die Rechtsgrundlagen der Einwilligung und der Interessenabwägung als den zwei stärksten Ausprägungen widerstreitender Grundrechtsinteressen.

1042 Ähnlich *Herbst*, in: Kühling/Buchner, Art. 5, Rn. 8–12 mit der Bezeichnung als „enge" und „weite" Rechtmäßigkeit; so auch *Frenzel*, in: Paal/Pauly, DSGVO BDSG, 2021, Art. 5, Rn. 14; *EDPB*, 07/2020, Rn. 35, die allerdings von „Warum" und „Wie" sprechen, vgl. zum darin enthaltenen Wertungsunterschied C. I. 1. c unten.

1043 Auch beim Gebrauch von Öffnungsklauseln sind die Mitgliedstaaten jedoch verpflichtet, nationale Normen so zu gestalten, dass sie Inhalt und Zielen der DSGVO nicht widersprechen oder diese behindern, vgl. EuGH, Urt. v. 30.3.2023 – C-34/21 (Hauptpersonalrat), ECLI:EU:C:2023:270, Rn. 59.

1044 Der Meinungsstreit darüber, ob Art. 6 Abs. 1 abschließend ist, kann mit der jüngeren Rspr. des EuGH als beigelegt gelten, vgl. Urt. v. 4.5.2023 – C-60/22 (zu ./. Bundesrepublik Deutschland), ECLI:EU:C:2023:373, Rn. 56 und Urt. v. 1.8.2022 – C-184/20 (OT/ Vyriausioji tarnybinés etikos komisija), ECLI:EU:C:2022:601, Rn. 67 ; so auch bisher *Buchner/Petri*, in: Kühling/Buchner, DSGVO BDSG, 2020, Art. 6, Rn. 13; *Wedde*, in: Däubler et al., DSGVO BDSG, 2020, Art. 6, Rn. 2 und 4; *Albers/Veit*, in:

stellen eine Ausformung des Legalitätsprinzips des Art. 8 Abs. 2 GRCh dar,[1045] wonach eine Datenverarbeitung – d. h. ein Grundrechtseingriff – nur dann zulässig ist, wenn die betroffene Person diesen durch eine Einwilligung selbst legitimiert. In diesem Fall handelt es sich genau genommen nicht länger um einen Grundrechtseingriff, sondern eine Grundrechtsausübung[1046] – oder wenn es eine gesetzliche Norm gibt, die eine entsprechende Legitimation enthält.[1047] Nutzungen personenbezogenerDaten, also Eingriffe durch andere Parteien als den Grundrechtsinhaber, bedürfen entsprechend einer zweckgebundenen Rechtfertigung.[1048] Das sog. Verbot mit Erlaubnisvorbehalt[1049] verkörpert diese Notwendigkeit im Datenschutzrecht. Danach sollen Datenverarbeitungen stets verboten sein, sofern sie nicht ausdrücklich von einer Rechtsnorm für zulässig erklärt werden.[1050] Die Befugnis, ein Handeln für zulässig zu erachten und datenverarbeitende Unternehmen zu berechtigen, liegt entsprechend nicht in allen Fällen unmittelbar in der Hand des Betroffenen. Vielmehr sind mit den Rechtsgrundlagen der litteras c–f in Art. 6 Abs. 1 DSGVO vom Verordnungsgeber allgemeingültige Abwägungsentscheidungen zwischen dem Grundrecht auf Datenschutz einerseits und weiteren Interessen der Gemeinschaft – auch denen datenverarbeitender Unternehmen – andererseits getroffen worden.[1051] Das sog. „Verbot mit Er-

---

BeckOK Datenschutzrecht, 2022, Art. 6, Rn. 15; unzutreffend dagegen nur *Assion/Nolte/Veil*, in: Gierschmann et al., DSGVO BDSG, 2018, Art. 6, Rn. 25.

1045 *Taeger*, in: Taeger/Gabel, DSGVO BDSG TTDSG, 2022, Art. 6, Rn. 1 ff.; *Kramer*, in: Auernhammer, DSGVO BDSG, 2020, Art. 6, Rn. 1; *Marsch*, Das europäische Datenschutzgrundrecht, 2018, 154 ff.; krit. wegen fehlender Klarheit des Schutzgutes *Stentzel*, PinG 2015, 185.

1046 *Taeger*, in: Taeger/Gabel, DSGVO BDSG TTDSG, 2022, Art. 6, Rn. 26 (der betont, dass es sich dabei gerade nicht um einen Verzicht handele); *Kühling/Sauerborn*, ZfDR 2022, 339 (360 f.); *Ingold*, in: Sydow/Marsch, DSGVO BDSG, 2022, Art. 7, Rn. 10; wohl auch *Buchner/Petri*, in: Kühling/Buchner, DSGVO BDSG, 2020, Art. 6, Rn. 17; *Jarass*, in: Jarass, GRCh, 2016, Art. 8, Rn. 10, spricht von einem Eingriffsausschluss.

1047 *Kramer*, in: Auernhammer, DSGVO BDSG, 2020, Art. 6, Rn. 1; *Jarass*, in: Jarass, GRCh, 2016, Art. 8, Rn. 10 und 14.

1048 Daher wird auch die Zweckbindung als das zentrale Prinzip gesehen (so etwa *Wolff*, in: Schantz/Wolff, Das neue Datenschutzrecht, 2017, S. 130, Rn. 397), es muss jedoch richtigerweise der Rechtmäßigkeit zugeordnet werden.

1049 Vgl. kritisch zum Begriff und der damit kolportierten Konnotation *Roßnagel*, NJW 2019, 1 (5); krit. allg. zum Instrument *Giesen*, NVwZ 2019, 1711 (1713); *Härting/Schneider*, CR 2015, 819 (823), bezeichnen das vermeintlich bestehende Verbotsprinzip als verfassungswidrig.

1050 Vgl. *Taeger*, in: Taeger/Gabel, DSGVO BDSG TTDSG, 2022, Art. 6, Rn. 5 f.; *Schwartmann/Pieper*, in: Schwartmann et al., DSGVO BDSG, 2020, Art. 6, Rn. 41; *Kramer*, in: Auernhammer, DSGVO BDSG, 2020, Art. 5, Rn. 10 f.; *Assion/Nolte/Veil*, in: Gierschmann et al., DSGVO BDSG, 2018, Art. 6, Rn. 2 und 41 ff.; a. A. *Roßnagel*, in: Simitis et al., Datenschutzrecht, 2019, Art. 5, Rn. 36.

1051 *Roßnagel*, NJW 2019, 1 (5).

laubnisvorbehalt" ist entsprechend eine prägnante, rechtlich jedoch leicht simplifizierende Bezeichnung.

Bei der Wahl der im konkreten Einzelfall angewendeten Rechtsgrundlage ist der Verantwortliche frei,[1052] sofern nicht spezialgesetzliche Einschränkungen getroffen werden,[1053] so dass nicht von einem Rang- oder Vorzugsverhältnis der Rechtsgrundlagen zueinander auszugehen ist.[1054] Die Pflicht zur Bestimmung einer Rechtsgrundlage trifft nur den Verantwortlichen und nicht etwaige Auftragsverarbeiter.[1055] Es handelt sich mithin nicht um Teile der Accountability-Pflichten letzterer. Auch genügt zur Rechtfertigung bereits („mindestens") eine Rechtsgrundlage, selbst wenn im konkreten Einzelfall der Anwendungsbereich mehrerer Normen eröffnet ist.[1056] Es ist allerdings umstritten, ob Rechtsgrundlagen überhaupt in diesem Sinne „stapelbar" sind[1057] und ob eine solche Parallelanwendung in konkreten Fällen sinnvoll wäre, etwa weil es ohnehin zu einem Gleichlauf auf der Rechtsfolgenseite durch die Betroffenenrechte käme.[1058] Möglich ist eine zeitgleiche Anwendung mehrerer Rechtsgrundlagen jedenfalls, wenn Daten in einem

---

1052 *Buchner*, in: Tinnefeld/Buchner/Petri/Hof, Datenschutzrecht, 2020, 408, Rn. 15; *Veil*, NJW 2018, 3337 (3339); *Kramer*, in: Auernhammer, DSGVO BDSG, 2020, Art. 6, Rn. 14.

1053 Etwa durch § 22 KUG.

1054 *Frenzel*, in: Paal/Pauly, DSGVO BDSG, 2021, Art. 6, Rn. 7; *Taeger*, in: Taeger/Gabel, DSGVO BDSG TTDSG, 2022, Art. 6, Rn. 23; *Buchner/Kühling*, in: Kühling/Buchner, DSGVO BDSG, 2020, Art. 7, Rn. 16; *Kramer*, in: Auernhammer, DSGVO BDSG, 2020, Art. 6, Rn. 8 und 25; a.A. wohl *Schantz*, in: Simitis et al., Datenschutzrecht, 2019, Art. 6, Rn. 11, der in der Einwilligung ein milderes Mittel sieht, als ihn ein gesetzlich gestatteter Grundrechtseingriff darstellen würde; a.A. auch *Richter*, in: Jandt/Steidle, Datenschutz in Internet, 2018, Kap. B.II.2.b, Rn. 54, der zwischen den Rechtsgrundlagen ein Spezialitätsverhältnis sieht.

1055 *Assion/Nolte/Veil*, in: Gierschmann et al., DSGVO BDSG, 2018, Art. 6, Rn. 9.

1056 *Wedde*, in: Däubler et al., DSGVO BDSG, 2020, Art. 6, Rn. 6; *Buchner*, in: Tinnefeld/ Buchner/Petri/Hof, Datenschutzrecht, 2020, 409, Rn. 17; *Taeger*, in: Taeger/Gabel, DSGVO BDSG TTDSG, 2022, Art. 6, Rn. 20 f.; *Buchner/Petri*, in: Kühling/Buchner, DSGVO BDSG, 2020, Art. 6, Rn. 13.

1057 Dafür plädierend *Krusche*, ZD 2020, 232; wohl auch *Plath/Struck*, in: Plath, DSGVO BDSG TTDSG, 2023, Art. 6, Rn. 6; einschränkend *Schantz*, in: Simitis et al., Datenschutzrecht, 2019, Art. 6, Rn. 12, *Wedde*, in: Däubler et al., DSGVO BDSG, 2020, Art. 6, Rn. 7, *Kramer*, in: Auernhammer, DSGVO BDSG, 2020, Art. 6, Rn. 23 f., nach denen eine solche Parallelanwendung nur zulässig sein soll, wenn sie den Betroffenen gegenüber offen gelegt wird; *Frenzel*, in: Paal/Pauly, DSGVO BDSG, 2021, Art. 6, Rn. 8, weist zutreffend darauf hin, dass Rechtsgrundlagen nicht beliebig austauschbar sind.

1058 So weist *Schantz*, in: Schantz/Wolff, Das neue Datenschutzrecht, 2017, S. 152, Rn. 475, darauf hin, dass die Verweigerung einer Einwilligung oder der Widerruf einer erteilten Einwilligung i.R.d. Interessensabwägung gleichermaßen zu berücksichtigen seien.

einheitlichen Erhebungsvorgang zu mehr als einem Zweck erhoben werden, etwa optionale Daten in einem Bestellformular abgefragt werden, die nicht zwingend zur Vertragserfüllung gem. Art. 6 Abs. 1 lit. b DSGVO erforderlich sind.[1059] Diese Parallelerhebung ist Betroffenen jedoch in den Informationen nach Art. 13 und 14 DSGVO hinreichend transparent zu machen. Auch ist ungeklärt, welche Auswirkungen die Bestimmung bzw. Benennung einer sachlich unzutreffenden Rechtsgrundlage beim gleichzeitigen validen Bestehen einer anderen Berechtigung hätte. Aus einer grundrechtsdogmatischen Perspektive wäre in diesen Fällen von einer rechtmäßigen Datenverarbeitung auszugehen, da kein materiell ungerechtfertigter Eingriff in das Persönlichkeitsrecht vorläge, sondern nur eine falsche Einordnung durch den Verantwortlichen.[1060] Dies indiziert möglicherweise einen gewissen Grad an fehlender Rechtskenntnis im Sinne eines Erlaubnistatbestandsirrtums, nicht jedoch eine materielle Unzulässigkeit der Datenverarbeitung.

Die zweite Normenkategorie der DSGVO regelt das „Wie", womit die Mittel und die Umstände einer Datenverarbeitung gemeint sind. Hierzu zählen beispielsweise die zu erstellende Dokumentation gem. Art. 30 DSGVO, die Berücksichtigung und ggf. Umsetzung datenschutzfreundlicher Voreinstellungen („*privacy by design*") gem. Art. 25 DSGVO oder die wirksame vertragliche Einbeziehung weiterer Akteure gem. Art. 26 oder Art. 28 DSGVO. In diesen Fällen muss der Verantwortliche und, wo er adressiert ist, auch der Auftragsverarbeiter das eigene Verhalten nachweisbar dokumentieren, da eine „intuitive" oder „zufällige" Einhaltung der Anforderungen zur Erfüllung der Accountability nicht genügt.[1061] Die Kategorie der mittelbestimmenden und strukturgebenden Normen der DSGVO sind entsprechend auch Bestandteil der Auftragsverarbeiter-Accountability, insbesondere durch die Dimensionen der Zuständigkeit (Responsibility), Responsiveness, Agency und Liability.[1062] Werden diese Normen verletzt, besteht ein Verstoß gegen die DSGVO und gegen die Accountability des Akteurs, jedoch bleibt die basale Rechtmäßigkeit der Datenverarbeitung unberührt.[1063] Anders ist dies

---

1059 *Taeger*, in: Taeger/Gabel, DSGVO BDSG TTDSG, 2022, Art. 6, Rn. 65, argumentiert, dass Daten, die nur nützlich sind, nicht unter Art. 6 Abs. 1 lit. b fallen; ähnlich *Schemmel*, CB 2023, 109 (110); vgl. jedoch auch ErwG 39, S. 9.

1060 So auch Österr. BverwG, Erkenntnis v. 31.8.2021 – W256 2227693-1/10E, S. 16 f.

1061 *Berning*, ZD 2018, 348; *Veil*, in: Gierschmann et al., DSGVO BDSG, 2018, Art. 24, Rn. 42; ähnlich auch *Eckhardt/Menz*, DuD 2018, 139 (140).

1062 Diese Pflichten bestehen jedoch, solange der Auftragsverarbeiter innerhalb seiner Weisung agiert, ausschließlich gegenüber dem Verantwortlichen als Forum und richten sich entsprechend auch nach dessen Erwartungen; vgl. etwa *EDPB*, Stellungnahme 07/2020 zum Konzept des Verantwortlichen und des Auftragsverarbeiters, S. 39, Rn. 138, zu den Assistenzpflichten gem. Art. 28 Abs. 3 lit. f DSGVO.

1063 EuGH, Urt. v. 4.5.2023 – C-60/22 (zu ./. Bundesrepublik Deutschland), ECLI:EU:C:2023:373, Rn. 59 f.; *Herbst*, in: Kühling/Buchner, DSGVO BDSG,

nur in Situationen zu beurteilen, in denen die Erfüllung eigentlich formeller Pflichten, das Bestehen der Rechtsgrundlage beeinflusst, insbesondere bei der Einholung einer Einwilligung gem. Art. 6 Abs. 1 lit a DSGVO. Denn eine solche gilt nur dann als wirksam abgegeben, sofern sie in „informierter Weise" erfolgt (Art. 4 Nr. 11 DSGVO), den Betroffenen i. S. d. Informativeness, d. h. in zielgruppenadäquater Weise, bewusst gemacht wurde, welche Datenverarbeitung sie im Begriff sind zu legitimieren[1064] und welche Optionen sie hinsichtlich der Abgabe haben.[1065] Eine echte Sperrwirkung der Einwilligung für einen nachgelagerten Rückgriff auf die gesetzlichen Zulässigkeitstatbestände wird mittlerweile jedoch wohl von der h. M. abgelehnt. Zwar besteht Einigkeit, dass durch die Einholung einer Einwilligung keine Suggestionswirkung dergestalt erzeugt werden dürfe, dass das Stattfinden der Verarbeitung zur alleinigen Disposition des Betroffenen stünde,[1066] jedoch wird zu Recht vertreten, dass die vom Gesetzgeber im Wege der Grundrechtsabwägung getroffene Wertungsentscheidung, eine Datenverarbeitung unter bestimmten Umständen zuzulassen, auch nach bzw. durch den Wegfall der Einwilligung nicht negiert wird,[1067] sondern maximal zu einem Widerspruch umzudeuten ist.[1068] Jedenfalls stellt diese Anforderung eine Konkretisierung des Grundsatzes der Fairness gem. Art. 5 Abs. 1 lit. a DSGVO dar,[1069] da eine generelle Suggestionswirkung bei der Einholung einer Einwilligung nicht ernstlich bestritten werden kann. Dies gilt umso

---

2020, Art. 5, Rn. 10; *Conrad*, in: Auer-Reinsdorff/Conrad, Handbuch IT- und Datenschutzrecht, 2019, § 34, Rn. 818, zieht die Grenze bei einem Verstoß gegen Treu und Glauben.

1064 *Buchner*, in: Tinnefeld/Buchner/Petri/Hof, Datenschutzrecht, 2020, 423, Rn. 56 und 58 ff.; *Conrad/Schneider*, in: Conrad/Grützmacher, FS Schneider, 2014, 1119 (1124), Rn. 12 f.

1065 Kritisch zu dem zulässigkeitsbegründenden Transparenzanforderungen *Bull*, NVwZ 2019, 257 (259): „Das Transparenzprinzip ist kein Allheilmittel."

1066 *Schantz*, in: Simitis et al., Datenschutzrecht, 2019, Art. 6 Abs. 1, Rn. 89; *Taeger*, in: Taeger/Gabel, DSGVO BDSG TTDSG, 2022, Art. 6, Rn. 50 f.; *Däubler*, in: Däubler et al., DSGVO BDSG, 2020, Art. 6, Rn. 45, möchte die Wirkung der Einwilligung mittels Auslegung ermitteln und ihr ggf. Exklusivität einräumen.

1067 *Kramer*, in: Auernhammer, DSGVO BDSG, 2020, Art. 6, Rn. 23; *Plath/Struck*, in: Plath, DSGVO BDSG TTDSG, 2023, Art. 6, Rn. 7; a. A. wohl *Däubler*, in: Däubler et al., DSGVO BDSG, 2020, Art. 6, Rn. 45, der in Fällen einer Suggestion Sperrwirkung annimmt.

1068 *Taeger*, in: Taeger/Gabel, DSGVO BDSG TTDSG, 2022, Art. 6, Rn. 48; *Schulz*, in: Gola/Heckmann, DSGVO BDSG, 2022, Art. 6, Rn. 11; *Schantz*, in: Simitis et al., Datenschutzrecht, 2019, Art. 6 Abs. 1, Rn. 89.

1069 Die Literatur leitet die Voraussetzung der Fairness dagegen direkt aus Art. 5 Abs. 1 lit. a 2. Var. DSGVO und nicht aus der Konkretisierung in Art. 4 Nr. 11 DSGVO ab; so etwa *Wedde*, in: Däubler et al., DSGVO BDSG, 2020, Art. 6, Rn. 7, oder *Kramer*, in: Auernhammer, DSGVO BDSG, 2020, Art. 6, Rn. 24; *Taeger*, in: Taeger/Gabel, DSGVO BDSG TTDSG, 2022, Art. 6, Rn. 48 und 50.

mehr, wenn der Verantwortliche nicht auf etwaig bestehende gesetzliche Datenverarbeitungsrechte hinweist.

Ausgangspunkt und gleichzeitig Legitimationsursprung ist bei Anwendung des Art. 6 Abs. 1 lit. a DSGVO sowie der Rechtsgrundlage der Vertragserfüllung gem. Art. 6 Abs. 1 lit. b DSGVO folglich das Betroffenenhandeln. Beiden Fällen wohnt ein unmittelbarer Ausdruck des Persönlichkeitsrechts auf freie Entfaltung inne, so dass sich, vergleichbar mit der Situation im allgemeinen Accountability-Schrifttum, eine direkte Linie zum „*Principal*" ziehen lässt.[1070] Der Betroffene legitimiert durch seine Entscheidung das Handeln des Akteurs, der ihm gegenüber spiegelbildlich informationspflichtig i. S. d. Accountability wird. Von größerem Interesse sind für die vorliegende Betrachtung insofern die Beurteilung der Rechtmäßigkeit gem. Art. 6 Abs. 1 lit. f sowie Situationen der Zweckänderung, denn hierbei sind die Interessen und Erwartungen zwar ebenfalls zwingend zu berücksichtigen, allerdings nur als ein Faktor von mehreren.

Die Interessenabwägung gem. Art. 6 Abs. 1 lit. f DSGVO spiegelt mit ihrem dreistufigen Prüfungsaufbau[1071] in besonderer Weise das Kollisionsverhältnis der widerstreitenden Grundrechtspositionen bei der Verarbeitung personenbezogener Daten wider.[1072] Sie stellt die Rechtsgrundlage mit der größten Anwendungsflexibilität dar und damit eine besondere Ausformung von Art. 1 Abs. 1–3 DSGVO, wonach die (materiellen) Vorschriften in grundsätzlich gleichberechtigter Form sowohl den Schutz der Rechte und Freiheiten natürlicher Personen (Abs. 2) als auch den freien Datenverkehr bezwecken (Abs. 3).[1073] Diese Rechtspositionen liegen auch der Interessensabwägung zugrunde. Hierbei sind vom Verantwortlichen zunächst legitime eigene oder Drittinteressen zu identifizieren.[1074] Legitim sind ausschließlich solche Interessen, die mit dem erweiterten Wertekanon der Gesellschaft in Einklang

---

1070 Da es sich, wie eingangs gezeigt wurde, bei den übrigen Rechtsgrundlagen um verallgemeinerte Abwägungsentscheidungen des Verordnungsgebers handelt, der seinerseits durch die Wahlentscheidung der Bürger legitimiert ist, besteht auch hierbei eine Verbindung zum „Principal", jedoch nur eine mittelbare.

1071 *Wedde*, in: Däubler et al., DSGVO BDSG, 2020, Art. 6, Rn. 102; *Frenzel*, in: Paal/Pauly, DSGVO BDSG, 2021, Art. 6, Rn. 27; *Assion/Nolte/Veil*, in: Gierschmann et al., DSGVO BDSG, Art. 6, Rn. 128 ff.

1072 *Assion/Nolte/Veil*, in: Gierschmann et al., DSGVO BDSG, 2018, Art. 6, Rn. 140; *Buchner/Petri*, in: Kühling/Buchner, DSGVO BDSG, 2020, Art. 6, Rn. 141; *Albrecht/Jotzo*, Das neue Datenschutzrecht, 2017, 74, Rn. 50 f.; *Richter*, in: Jandt/Steidle, Datenschutz in Internet, 2018, Kap. B.II.2.b, Rn. 67.

1073 Insofern verkürzend *Wedde*, in: Däubler et al., DSGVO BDSG, 2020, Art. 6, Rn. 96, demzufolge Art. 1 Abs. 2 DSGVO den allein maßgeblichen Rahmen bildet.

1074 *Assion/Nolte/Veil*, in: Gierschmann et al., DSGVO BDSG, 2018, Art. 6, Rn. 128; *Frenzel*, in: Paal/Pauly, DSGVO BDSG, 2021, Art. 6, Rn. 28 und 31 „[…] erkannt, bezeichnet, entfaltet und zueinander ins Verhältnis gesetzt […]".

stehen,[1075] etwa bezüglich des Schutzes vulnerabler Gruppen,[1076] situativen Zwangslagen[1077] oder in Fällen von Machtasymmetrien. Interessen, die nicht in dieser Form durch die Rechtsordnung gebilligt werden, sind einer Abwägung von vornherein nicht zugänglich und können nicht von einem Verantwortlichen bemüht werden. Neben den eigenen Interessen des Verantwortlichen können *expressis verbis* Art. 6 Abs. 1 lit. f DSGVO auch Drittinteressen berücksichtigt werden. „Dritte" entspricht in diesem Zusammenhang ebenfalls der Definition des Art. 4 Nr. 10 DSGVO und umfasst insofern alle Parteien außerhalb des Betroffenen, Verantwortlichen und Auftragsverarbeiters. Danach hat der Verantwortliche die – möglicherweise, aber nicht notwendigerweise entgegenstehenden – Interessen der betroffenen Personen festzustellen und sie dann in einer wertenden Gesamtbetrachtung und in dokumentierter Form miteinander abzuwägen.[1078] Ausweislich des Wortlautes müssen die Betroffeneninteressen, um einer Datenverarbeitung entgegenzustehen, die eingebrachten Interessen des Verantwortlichen oder eines Dritten überwiegen. Sofern die Interessen lediglich gleichrangig zu gewichten sind, fällt die Interessenabwägung zu Gunsten des Verantwortlichen aus.[1079] Dass die gesetzliche Grundlage der Interessensabwägung (ungewollt)[1080] weit und deutungsoffen formuliert ist, zeitigt aus analytischer Sicht einen im Originalschrifttum anerkannten positiven Nebeneffekt, demzufolge Akteure in Abwesenheit klarer Kriterien objektivere Entscheidungen treffen, von

---

1075 *Kramer*, in: Auernhammer, DSGVO BDSG, 2020, Art. 6, Rn. 76; *Plath/Struck*, in: Plath, DSGVO BDSG TTDSG, 2023, Art. 6, Rn. 62; *Wolff*, in: Schantz/Wolff, Das neue Datenschutzrecht, 2017, S. 204, Rn. 643; *Taeger*, in: Taeger/Gabel, DSGVO BDSG TTDSG, 2022, Art. 6, Rn. 6, Fn. 17.

1076 Neben Minderjährigen (deren Datenverarbeitung auf Basis berechtigter Interessen nicht grundsätzlich ausgeschlossen sein kann, da sonst Art. 6 Abs. 1 lit. f Hs. 2 ohne Anwendungsbereich wäre) ist hierbei an Menschen mit Behinderung, psychischen Erkrankungen im weiteren Sinne oder in hohem Alter zu denken.

1077 Beispielsweise bei Studenten auf Wohnungssuche, die von Vermietern und Hausverwaltern ausgenutzt werden oder Situationen des Gruppenzwangs wie Klassen-/Studienfahrten oder Vereinsveranstaltungen.

1078 Umstritten sind Grad der Dokumentation und Transparenz gegenüber Betroffenen: vgl. *Wedde*, in: Däubler et al., DSGVO BDSG, 2020, Art. 6, Rn. 102 (sämtliche Schritte müssen dokumentiert und Betroffenen zur Verfügung gestellt werden); *Frenzel*, in: Paal/Pauly, DSGVO BDSG, 2021, Art. 6, Rn. 31 und *Buchner/Petri* in: Kühling/Buchner, DSGVO BDSG, 2020, Art. 6, Rn. 149 (mit Hinweis auf die Darlegungslast des Verantwortlichen als Nutznießer der Rechtfertigungsgrundlage); *Assion/Nolte/Veil*, in: Gierschmann et al., DSGVO BDSG, Art. 6, Rn. 132 (die Abwägung müsse nicht in jedem Teilschritt dokumentiert werden, sondern nur im Ergebnis rechtfertigbar sein, und nur die eigenen Interessen müssten Betroffenen genannt werden).

1079 *Schulz*, in: Gola/Heckmann, DSGVO BDSG, 2022, Art. 6, Rn. 62; *Frenzel*, in: Paal/Pauly, DSGVO BDSG, 2021, Art. 6, Rn. 31.

1080 Zumindest aus Sicht des EP Berichterstatters Jan-Philip Albrecht, vgl. *Albrecht/Jotzo*, Das neue Datenschutzrecht, 2017, 74, Rn. 51.

denen sie sich belastbarere Ergebnisse und die Vermeidung von Sanktionen versprechen.[1081]

Aus einer Accountability-Perspektive ist diese Situation der Interessensabwägung von besonderem Interesse, da es sich beim Ausgangs- und Fluchtpunkt einer etwaigen Berechtigung (Legitimacy) um den Verantwortlichen bzw. Akteur selbst handelt, nicht um den Betroffenen.[1082] Die Ermittlung einer Rechtsgrundlage fällt in die Zuständigkeit (Responsibility) des Verantwortlichen.[1083] Die Entscheidung, welche der Rechtsgrundlagen angewendet wird und, unter Rückgriff auf die Interessenabwägung, einen Eingriff in geschützte Grundrechte anderer durchzuführen, steht damit zur Disposition des Verantwortlichen,[1084] und kann von Betroffenen nur situationsgebunden abgewehrt werden.[1085] Dennoch soll das Wissen um die Verarbeitung und die damit verbundene „vernünftige Erwartung" für das Bestehen einer entsprechenden Berechtigung maßgeblich sein, ErwG 47 DSGVO.[1086] Hieraus entsteht ein potenzielles im Originalschrifttum sog. „Accountability Gap"; bei Betroffenen, insbesondere ((datenschutz-)rechtlichen) Laien, wird durch die blaupausenartige Nennung des Widerspruchsrechts in Informationen gem. Art. 13 Abs. 2 lit. b resp. Art. 14 Abs. 2 lit. c DSGVO der Eindruck erweckt, Einfluss auf die Verarbeitung nehmen zu können. Ein solcher Eindruck stellt im Rahmen der Accountability eine Ausprägung der Responsiveness, Transparency und Informativeness dar. Ein Akteur, der unter nicht-Einhaltung dieser Dimensionen Daten verarbeitet, wird deswegen zu Recht von

---

1081 *Bovens/Schillemans*, in: Bovens/Goodin/Schillemans, Handbook of Public Accountability, 2016, 673 (679); *Langhe/v. Osselaer/Wierenga*, OBHDP 2011, 238 (239).

1082 *Giesen*, NVwZ 2019, 1711 (1714): „es [Anm. d. Verf.: das Recht auf Datenverarbeitung] ist ein genuines, unabgeleitetes, also natürliches Recht des Einzelnen."; objektiver zu den konfligierenden Grundrechtsinteressen in der Konstellation *Gallwas*, in: Conrad/Grützmacher, FS Schneider, 2014, 347 (352 ff.), Rn. 20 ff.

1083 *Assion/Nolte/Veil*, in: Gierschmann et al., DSGVO BDSG, 2018, Art. 6, Rn. 9.

1084 A. A. mit dem Verweis, dass Einwilligungen das mildere Mittel wären *Schantz*, in: Schantz/Wolff, Das neue Datenschutzrecht, 2017, S. 152, Rn. 474 (wie hier jedoch *Wolff*, in: Schantz/Wolff, Das neue Datenschutzrecht, 2017, S. 205, Rn. 648); ähnlich *Wedde*, in: Däubler et al., DSGVO BDSG, 2020, Art. 6, Rn. 94; ebenfalls krit. *Frenzel*, in: Paal/Pauly, DSGVO BDSG, 2021, Art. 6, Rn. 27, mit dem Verweis auf die (unterstellte) Neigung des Verantwortlichen, die eigene Position höher zu bewerten.

1085 Das Widerspruchsrecht gem. Art. 21 DSGVO gilt nur in Fällen der Direktwerbung absolut (Art. 21 Abs. 2 DSGV), wohingegen das allgemeine Widerspruchsrecht das Vorliegen „besonderer Situationen" fordert, deren Schwelle in der Literatur sehr hoch gelegt wird, vgl. bspw. *Martini*, in: Paal/Pauly, DSGVO BDSG, 2021, Art. 21, Rn. 30; *Kramer*, in: Auernhammer, DSGVO BDSG, 2020, Art. 21, Rn. 15; *Kamlah*, in: Plath, DSGVO BDSG TTDSG, 2023, Art. 21, Rn. 5.

1086 Ein Konzept, das sich interessanterweise auch als zentraler Maßstab im US-Recht findet. Vgl. zur sog. „reasonable expectation of privacy"-doctrine *Klar/Kühling*, AöR 2016, 166 (181), und *Wittman*, ZaöRV 2013, 373 (387 ff.), deren Schutzbereich gegen Datenverarbeitungen jedoch deutlich enger ist.

Betroffenen als nicht-„*accountable*" angesehen werden. Dass eine Datenverarbeitung in diesen Fällen jedoch nicht notwendigerweise unzulässig ist, unterstreicht die strukturell schwache Position der Betroffenen innerhalb der DSGVO[1087] und die Notwendigkeit für angemessen ausgestattete institutionalisierte Foren zum Schutz der natürlichen Personen und zum übergeordneten Ziel einer effektiven und effizienten Rechtsdurchsetzung.[1088] Sie unterstreicht jedoch auch die pointierte Feststellung des BVerfG, dass „Information, auch soweit sie personenbezogen ist, […] ein Abbild sozialer Realität dar[stellt], das nicht ausschließlich dem Betroffenen allein zugeordnet werden kann."[1089]

Die denklogische Konsequenz aus dieser Tatsache ist, dass Betroffene in einer offenen Gesellschaft nicht immer Ausgangs- und Fluchtpunkt der Rechtmäßigkeitsbeurteilung sein *sollten*. Datenschutz ist anerkanntermaßen kein „Super-Grundrecht",[1090] und doch wird in der Literatur gelegentlich vertreten, dass die Rechtmäßigkeits- und Rechtfertigungsanforderungen, die aus der Drittwirkung der Grundrechte hergeleitet werden,[1091] unangemessen in die Grundrechte der datenverarbeitenden Akteure eingreifen würden.[1092] Dem ist jedoch nicht zuzustimmen. Rechtmäßigkeit und auch Accountability können ohne und sogar gegen den Willen (einzelner) Betroffener bestehen, ohne dass hieraus stets eine mit grundrechtlichen Garantien unvereinbare Sozialinadäquanz verbunden wäre.[1093] Die Wahrung dieser diffizilen

---

1087 Diese Schwäche ist jedoch wohl keine ausschließliche Domäne der Datenschutz-Accountability, vgl. *Dubnick/Frederickson*, JPART 2010, 143 (145): „[…] the promises of accountability are almost always exaggerated.".

1088 B.III.1.f.(2); lesenswert dazu *Bock*, PinG 2022, 49 (51) zu den durch das Instrument der Einwilligung verstärkten Machtasymmetrien.

1089 BVerfG, Urt. v. 15.12.1983 – 1 BvR 209/83 u.a. – BverfGE 65, 1, Rn. 96.

1090 So auch *Schulz*, in: Gola/Heckmann, DSGVO BDSG, 2022, Art. 6, Rn. 4; *Veil*, NVwZ 2018, 686 (689); *Poll*, Datenschutz in und durch Unternehmensgruppen, 2018, 302 („Datenschutzrecht ist ein Abwägungsrecht") m.w.N.; ohne eine solche Bezeichnung aber mit gleicher Wertung in der Sache EuGH, Urt. v. 17.10.2013 – C-291/12 (Schwarz), ECLI:EU:C:2013:670 Rn. 34; EuGH, Urt. v. 1.8.2022 – C-184/20 (OT/ Vyriausioji tarnybinės etikos komisija), ECLI:EU:C:2022:601, Rn. 70.

1091 Vgl. *Gallwas*, in: Conrad/Grützmacher, FS Schneider, 2014, 347 (350), Rn. 9 ff., zur Drittwirkung zwischen Grundrechtsträgern; *Beswick/Fotherby*, S.C.J. 2018, 225 (232), zur Anerkennung der Drittwirkung im Common Law.

1092 *Assion/Nolte/Veil*, in: Gierschmann et al., DSGVO BDSG, 2018, Art. 6, Rn. 131; *Giesen*, NVwZ 2019, 1711 (1714); *Veil.*, CR-Blog v. 22.5.2019: Teil III: Die totale Drittwirkung; vgl. auch *Lutterbeck*, in: Mehde/Ramsauer/Seckelmann, FS Bull, 2011, 1017 (1021), mit einem Essay, das wohl nicht ganz zufällig i.R.e. von der Schufa gesponserten Formats erschien; mit sachlicher Kritik dagegen *Albers*, in: Friedewald/ Lamla/Roßnagel, Informationelle Selbstbestimmung im digitalen Wandel, 2017, 11 (19 f.).

1093 Vgl. *Moore*, in: Bovens/Goodin/Schillemans, Handbook of Public Accountability, 2016, 632 (641 f.).

Balance bedarf jedoch zweier wesentlicher Faktoren: objektiv ausgeübte Eigenverantwortung[1094] und ausreichende Kontrolle.

Objektive Eigenverantwortung findet in Accountability sowohl in den Formen der Stewardship, Agency als auch Responsibility ihren Niederschlag.[1095] Eine Stewardship kann, wie gezeigt wurde, für die wenigsten Fälle unternehmerischer Datenverarbeitung angenommen werden. Jedoch muss auch im Rahmen einer Agency das Handeln des Akteurs durch seine eigenen Sorgfaltspflichten des ordentlichen Geschäftsverkehrs geprägt und geleitet sein; er muss verantwortungsbewusst handeln („*act responsibly*"), um die Beeinträchtigung anderer durch das eigene Tun so gering wie möglich zu halten. Dies wird im Datenschutzrecht mit der Zweckbindung gem. Art. 5 Abs. 1 lit. b DSGVO[1096] und dem allen Rechtsgrundlagen des Art. 6 Abs. 1 DSGVO mit Ausnahme der Einwilligung immanenten Maßstab der Erforderlichkeit[1097] dediziert festgehalten. Das Gebot der Zweckbindung gilt jedoch nicht absolut; gem. Art. 6 Abs. 4 DSGVO kann bei einer Vereinbarkeit des ursprünglichen Datenverarbeitungszwecks eine Weiterverarbeitung zu weiteren Zwecken erfolgen. Hierin ist ein besonderes Risiko für Betroffene zu sehen, da auch die Durchführung einer solchen Kompatibilitätsprüfung in der alleinigen Hoheit des Verantwortlichen verortet ist und die DSGVO lediglich eine Informationspflicht vorsieht. Die Bestimmung einer möglichen Rechtsgrundlage, einschließlich einer Interessensabwägung, die das weitere Handeln rechtfertigt, bleibt dem Verantwortlichen überlassen.[1098] Daten, die auf Basis des nicht überwogenen berechtigten Interesse des Verantwortlichen verarbeitet werden, entfalten mithin besondere Sorgfaltspflichten für

---

1094 Eine gesteigerte Eigenverantwortung war ausdrückliches Ziel der DSGVO-Accountability, vgl. *Frenzel*, in: Paal/Pauly, DSGVO BDSG, 2021, Art. 5, Rn. 52; *Albrecht/Jotzo*, Das neue Datenschutzrecht, 2017, 55, Rn. 18; *Heberlein*, in: Ehmann/Selmayr, DSGVO, 2018, Art. 5, Rn. 29; *Albrecht*, CR 2016, 88 (91); *Jung/Hansch*, ZD 2019, 143, und sie wird als Bestandteil der Responsibility auch im Originalschrifttum anerkannt, vgl. *Bovens*, WEP 2010, 945 (952); *Dubnick/Frederickson*, JPART 2010, 143 (147 f.), bezeichnen sie als „individual and institutional integrity".

1095 Sie ist auch die Wurzel der sog. Corporate Social Responsibility, vgl. *Moore*, in: Bovens/Goodin/Schillemans, Handbook of Public Accountability, 2016, 632 (642); überblicksartig *Poll*, Datenschutz in und durch Unternehmensgruppen, 2018, 249 ff.

1096 *Veil*, NJW 2018, 3337 (3338), nach dem ein Zweck darüber hinaus „tatsächlich, gegenwärtig, nicht spekulativ, hinreichend spezifisch und klar artikuliert" sein muss.

1097 ErwG 30, S. 9; *Taeger*, in: Taeger/Gabel, DSGVO BDSG TTDSG, 2022, Art. 6, Rn. 23; *Albers/Veit*, in: BeckOK Datenschutzrecht, 2022, Art. 6, Rn. 15 ff.; *Buchner/Petri*, in: Kühling/Buchner, DSGVO BDSG, 2020, Art. 6, Rn. 15.

1098 Auf den Streit, ob im Falle einer Kompatibilität die Rechtsgrundlage der ursprünglichen Verarbeitung weitergilt (zweistufiges Verfahren) oder aber ob – richtigerweise – nach einer erfolgreich festgestellten Kompatibilität auch eine neue Rechtsgrundlage bestimmt werden muss (dreistufiges Verfahren), muss an dieser Stelle nicht eingegangen werden, vgl. ausführlich *Mertens*, PinG 2021, 115 (116 f.).

den Verantwortlichen. Dieses in der grundrechtlich geschützten Freiheit zu persönlicher und wirtschaftlicher Betätigung wurzelnde Handeln erfordert jedoch als „Korrelat" eine Haftung des Akteurs in Fällen eines berechtigten wie unberechtigten Handelns, dem ein Schadenseintritt folgt.[1099] Verantwortlichkeit wird entsprechend an die Entscheidung über Zwecke und Mittel geknüpft, um einen möglichst umfassenden Schutz der Betroffenen sicherzustellen und zwar „unabhängig davon, ob die getroffene Entscheidung zulässig bzw. rechtmäßig war."[1100] Im Datenschutzrecht wird mithin die Verknüpfung der Legitimacy auf Tatbestandsseite mit der Liability auf Rechtsfolgenseite besonders deutlich.

Zu ermitteln und zu beweisen, dass ein Schaden kausal aus einer unrechtmäßigen Handlung oder einem Unterlassen eines Akteurs entstand, ist für Betroffene allerdings regelmäßig nicht möglich, etwa wenn unzureichende Datensicherheitsmaßnahmen gem. Art. 32 DSGVO – die zu erfahren der Betroffene weder nach den Art. 12–14 DSGVO noch durch Ausüben des Auskunftsrechts gem. Art. 15 einen Anspruch hat[1101] – ursächlich für den Verstoß waren.[1102] Um diesem Malus entgegenzuwirken und eine verbesserte Rechtsdurchsetzung zu erreichen, entschied der Verordnungsgeber sich zur Aufnahme des Konzepts der Accountability,[1103] die wie gezeigt wurde prozessrechtlich zu einer Beweislastumkehr oder zumindest einer gesteigerten sekundären Darlegungslast zulasten des Akteurs führt.[1104] Diese Instrumente des Haftungsrechts sind jedoch zeitlich einem Schaden chronologisch notwendigerweise nachgelagert. Accountability, wie im Originalschrifttum anerkannt, enthält jedoch auch eine präventive bzw. proaktive Dimension; die sog. „*Controllability*", also die Fähigkeit zum Objekt einer Kontrolle zu werden.

f. Kontrolle und Rechtmäßigkeit

„Vertrauen ist gut, Kontrolle ist besser" lautet nicht grundlos ein gängiges Sprichwort, sobald es um die Beurteilung von Verhalten geht. Vertrauen – in Form der bereits betrachteten Agency und Stewardship – und Kontrol-

---

1099 *Taeger*, Außervertragliche Haftung, 1995, 71.
1100 *Monreal*, CR 2019, 797 (800), Rn. 16.
1101 Nicht zu Unrecht allerdings, denn die allgemeine Offenlegung einzelner Datensicherheitsmaßnahmen würde deren Wirksamkeit möglicherweise kompromittieren.
1102 Dies jedoch weiterhin einfordernd, OLG Stuttgart, Urt. v. 31.3.2021 – 9 U 34/21, ZD 2021, 375; LG Frankfurt a. M., Urt. v. 3.9.2020 – 2-03 O 48/19, GRUR-RS 2020, 25111, Rn. 100; überblicksartig *Schrey/Copeland*, PinG 2021, 233 (234 ff.) m. w. N..
1103 *Art. 29-Gruppe*, WP 173, S. 18, Rn. 58 ff.; *Albrecht/Jotzo*, Das neue Datenschutzrecht, 38, Rn. 8; *Dix*, in: Simitis et al., Datenschutzrecht, 2019, Art. 12, Rn. 1.
1104 AG Frankfurt a. M., Urt. v. 10.7.2020 – 385 C 155/19 (70), ZD 2021, 47, Rn. 31 f.; ausführlich B.II.4. oben.

le stellen entsprechend auch im Rahmen von Accountability-Beziehungen zwingend zu untersuchende Dimensionen dar; denn in Abwesenheit einer Kontrollmöglichkeit könnte ein Forum die inhaltliche Vollständig- und Richtigkeit der durch den Akteur erteilten Informationen nicht verifizieren und wäre auf das Vertrauen darauf angewiesen. Jedoch ist Kontrolle ein seinerseits relationaler Begriff. Während nämlich die allgemeine Accountability von Trägern politischer oder öffentlicher Ämter grundsätzlich eine unbeschränkte Kontrolle durch die jeweiligen Foren demokratischer Strukturprozesse ermöglicht,[1105] kann dies für die Verarbeitung personenbezogener Daten durch privatrechtlich organisierte juristische Personen oder auch natürliche Privatpersonen nicht ohne Weiteres angenommen werden, weil insofern ein Spannungsverhältnis zwischen zwei oder mehr Grundrechtsinhabern besteht.[1106] Darüber hinaus kann die Dimension der Kontrolle sowohl innerhalb eines institutionalisierten Akteurs, etwa zwischen seinen gesellschaftsrechtlichen Organen, also auch zwischen einem solchen Akteur und externen Foren bestehen.[1107] Es bedarf mithin einer genaueren Untersuchung, jedoch stets mit dem Ziel, die Rechtmäßigkeit des Verhaltens zu evaluieren.[1108]

(1) Kontrolle von Akteuren durch das Forum

„*Control*" und „*Controlability*" sind hinsichtlich ihrer Bedeutung im Rahmen der Accountability umstritten. Sie umfassen vereinfacht betrachtet die Möglichkeit der Beeinflussung des Verhaltens des Akteurs durch das Forum.[1109] Es ist jedoch fraglich, ob und wenn ja in welchem Maße die Beeinflussung von Entscheidungen (auch) durch Kontrolle des Akteurs durch das Forum einerseits und das Bestehen einer Accountability andererseits kompatibel sind und zeitgleich bestehen können. Die Debatte adressiert die Frage, rekurrierend auf die Ratio der *Friedrich-Finer-Debatte* von zwei entgegen-

---

1105 Ausgenommen sind hiervon überwiegende (amtliche) Geheimhaltungsinteressen und potenziell auch dienst- bzw. arbeitsvertragliche Grenzen der Leistungs- und Verhaltenskontrolle; zum deutschen Verwaltungsrecht *Giesen*, NVwZ 2019, 1711 (1713).

1106 Wobei auch Behörden mit der Bereitstellung von Informationen gelegentlich fremdeln, siehe hierzu *Böhm*, in: Mehde/Ramsauer/Seckelmann, FS Bull, 2011, 965 (970 ff.).

1107 *O'Loughlin*, A&S 1990, 275 (283); welche Foren im Datenschutzrecht in Betracht kommen, wird unten in Abschnitt D untersucht.

1108 *Schütz*, in: Guagnin, et al., Managing Privacy through Accountability, 2012, 233 (240): "[…] accountability fulfills important functions, providing, above all, a vehicle for the construction of legitimacy.".

1109 *Mulgan*, PA 2000, 555 (566); *Gailmard*, in: Bovens/Goodin/Schillemans, Handbook on Public Accountability, 2014, 90 (91); undifferenziert *Black*, Regulation&Governance 2008, 137 (159).

B. Informationspflichtigkeit als konstitutives Merkmal von Accountability

gesetzten Ausgangspunkten.[1110] Einerseits wird mit *Friedrich* argumentiert, dass die Delegation von Ermessens- und Entscheidungsfragen überhaupt erst die Notwendigkeit von Accountability erzeuge.[1111] Kontrolle in diesem Sinne bedeutet eine Überprüfung durch das Forum, ob bei der Ausübung des Ermessens die im Verkehr erforderliche Sorgfalt angewendet wurde. Es handelt sich mithin um eine Frage der professionellen Bemühens- und nicht der objektiven Ergebnispflichten, was nicht bedeutet, dass das Forum kein Interesse an messbaren Ergebnissen hätte.[1112] Es ist vielmehr entscheidend, ob dem Akteur Ziel und Mittel der Erreichung vorgegeben werden oder ob er diese im Wege seiner Fachkenntnisse ermitteln muss, wodurch der Effekt einer intensivierten geistigen Auseinandersetzung entsteht.[1113] Andererseits wird mit *Finer* argumentiert, dass eine klare Handlungsanweisung an den Akteur durch das Forum bzw. den hierarchisch übergeordneten Principal zwingend erforderlich sei. Eine Kontrolle durch den *Principal* sei jederzeit möglich und nötig.[1114]

Ausgehend von diesen beiden Polen ist wohl eine vermittelnde Ansicht zutreffend. Grundsätzlich ist eine Kontrollmöglichkeit des Forums erforderlich, um die sachliche Richtig- und inhaltliche Vollständigkeit verifizieren zu können. Ohne eine Kontroll- und Einflussnahmemöglichkeit besteht überdies ein Risiko einer unilateralen Auflösung der Accountability durch den Akteur i. S. e. „*Agency Drifts*" bzw. sogar eines „*Agency Loss*".[1115] Diese Sichtweise wird auch durch die konstitutive Bedingung einer Sanktionsmöglichkeit gestützt, denn einer Sanktion[1116] geht notwendigerweise eine Kontrolle durch Infragestellung und gegebenenfalls Verifikation voraus. Einer Accountability-Beziehung ist mithin stets eine gewisse Kontroll- und

---

1110 *Koppell*, PAR 2005, 94 (97); *O'Loughlin*, A&S 1990, 275 (278).

1111 Vgl. *Busuioc*, ELJ 2009, 599 (604 f.); *Schedler*, in: Schedler/Diamond/Plattner, The Self-Restraining State, 1999, 13 (20); *Dunn/Legge*, JPART 2001, 73 (75).

1112 Vgl. hierzu ausführlich B.III.1.g. sogleich.

1113 *Bovens/Schillemans*, in: Bovens/Goodin/Schillemans, Handbook of Public Accountability, 2016, 673 (679).

1114 *Finer*, PAR 1940, 335 (337 f.), z. n. *Jackson*, JMH 2009, 66 (71); *Finer*, PSQ 1936, 569 (582): „the first commandment is, Subservience!", z. n. *Bovens*, WEP 2010, 945 (949); dem steht eine Accountability nach *Friedrich* indes nicht entgegen, vgl. *Bovens/Schillemans*, in: Bovens/Goodin/Schillemans, Handbook of Public Accountability, 2016, 673 (679): „[Controls like] chance inspections […] can provide productive forms of insecurity.".

1115 *Bovens*, WEP 2010, 946 (955): „The remedy against an overbearing or improper [actions] is the organization of institutional countervailing powers."; *O'Loughlin*, A&S 1990, 275 (280 f.) m. w. N.

1116 Vgl. Abschnitt D unten für die hier vertretene Definition einer Sanktion als Gewährung oder Entzug von Handlungsoptionen.

Einflussnahmemöglichkeit des Forums immanent,[1117] da sich nur so die vom Akteur bereitgestellten Informationen validieren lassen.[1118] Läge jedoch eine dauerhafte Kontrolle der Ausübung des Ermessens durch den Akteur vor, entstünde mangels individueller Zurechenbarkeit des Verhaltens zum Akteur keine *account*-ability und er könnte entsprechend keinen Sanktionen ausgesetzt werden, weil er strikt auf Weisungen gehandelt und dem Forum jederzeit die Möglichkeit zur Intervention zur Verfügung gestanden hätte.[1119] Stattdessen bestünde im Außenverhältnis eine Handlungs- und Haftungsidentität zwischen den Parteien. Diese endet dort und begründet ggf. eine neue eigene Verantwortung, wo die Präferenzen des *Principals* nicht länger entscheidend sind.[1120] Der Gegenstand der Kontrolle ist damit neben der unmittelbaren Weisung des Forums/Principals, aus dem die originäre Zuständigkeit (*Responsibility*) erwächst, insbesondere auch dessen Erwartungshaltung. Dieser Umstand darf und soll jedoch nicht darüber hinwegtäuschen, dass ein (informeller) Austausch zwischen dem Akteur und dem Forum/Principal ebenfalls ein essentielles Element ist, da sich dadurch in bestimmten Fällen die Erwartungen und Präferenzen des Forums/*Principals* erst bilden.[1121] Dabei befreit es Akteure nicht vom Vorliegen einer Accountability und damit verbundener Pflichten, wenn Personen im Rahmen der freien Marktwirtschaft die Wahl hätten, auch einen anderen Dienstleister zu wählen.[1122] Es kann durchaus der Erwartungshaltung des Forums/Principals entsprechen, dass sich der Akteur gerade am Handeln von (wirtschaftlichen) Konkurrenten orientiert.

Kontrolle umfasst abstrakt betrachtet die Phasen der Information und Diskussion und kann entsprechend materiell und zeitlich nicht zu eng ausgelegt werden. Diesem Dualismus nähert sich die Literatur in unterschiedlicher Weise. Zum einen wird versucht, durch die Einbeziehung einer zeitlichen

---

1117 *O'Loughlin*, A&S 1990, 275 (280); *Romzek/Dubnick*, PAR 1987, 227 (228); *Koppell*, PAR 2005, 94 (97); *Hale*, Global Governance 2008, 73 (74).

1118 *Black*, Regulation&Governance 2008, 137 (151).

1119 Ebenso *Lindberg*, IRAS 2013, 202 (208): „A puppet acting as an extension of someone else's will is not a legitimate object of accountability"); ähnlich hinsichtlich Auftragsverarbeitern *Martini*, in: Paal/Pauly, DSGVO BDSG, 2021, Art. 28, Rn. 2; *Mulgan*, PA 2000, 555 (561); *Bayertz*, in: Bayertz, Verantwortung – Prinzip oder Problem?, 1995, 3 (9 und 28); *Heidbrink*, in: Heidbrink/Langbehn/Loh, Handbuch Verantwortung, 2017, 3 (8); a.A. wohl *Koppell*, PAR 2005, 94 (97), wenn er schreibt: "[…], an organization's accountability depends on the answer to this key question: did the organization do what its principal […] commanded?".

1120 *Brandsma/Schillemans*, JPART 2013, 953 (957).

1121 *Brandsma/Schillemans*, JPART 2013, 953 (957); zu dieser wechselseitigen Beeinflussung auch *Simonson/Nye*, OBHDP 1992, 416 (419 f.).

1122 *Bennett*, PLBI 2010, 21; *ders.* in: Guagnin, et al., Managing Privacy through Accountability, 2012, 33 (34).

Dimension dem Risiko einer zu starken Einflussnahme zu begegnen.[1123] Zum anderen wird konzeptionell zwischen den Quellen und dem Grad der Kontrolle differenziert, um mittels einer Kombination aus invasiven bzw. intensiven Kontrollen durch ein externes Forum und informellen internen Kontrollen innerhalb des Akteurs in Gesamtschau ein Verhalten zu erreichen, das den Erwartungen des Forums entspricht.[1124] Schließlich wird auch ein verteiltes Modell gegen- bzw. wechselseitiger Kontrolle vorgeschlagen,[1125] bei denen durch andere Parteien als das bzw. die sanktionsberechtigten Foren eine Kontroll- und Verifikationsfunktion ausgeübt wird, etwa durch Auditoren oder Zertifizierungsinstitutionen. Ein solches Modell der verteilten Kontrolle böte eine Lösung auf das Dilemma der sog. *„professional accountability"*.[1126] Darunter werden Situationen verstanden, in denen ein Akteur über ein so spezialisiertes Wissen verfügt, dass einem Außenstehenden die Kontrolle der im Rahmen des professionellen Ermessens- und Entscheidungsspielraumes (Responsibility) getroffenen Handlungsentscheidungen kaum möglich ist.[1127] Konstitutive Voraussetzung für dieses Modell ist, dass die Wechselseitigkeit nicht in eine „Gefälligkeitskultur" oder eine Abhängigkeit des Prüfenden abdriftet, so dass eine letztinstanzliche Kontrolle durch ein Forum nicht ausgeschlossen werden kann,[1128] das womöglich nicht selbst über das Expertenwissen verfügt. Diese letztinstanzliche Kontrolle wird in westlichen Demokratien in den staatlichen Gerichten zu sehen sein, die – sofern erforderlich – mit gutachterlicher Unterstützung das Handeln eines Akteurs und gegebenenfalls auch des Prüfers untersuchen.[1129] Hieraus lässt sich ableiten, dass institutionalisierte Ermessens- und Entscheidungsbefugnisse auf Seiten des Akteurs zur Herstellung einer wirksamen Kontrolle mindestens ein ebenso institutionalisiertes, vertikal übergeordnetes Forum erfordern,[1130] unabhängig vom etwaigen Vorhandensein

---

1123 Vgl. *Busuioc*, ELJ 2009, 599 (605 f.), die zwischen ex ante, ongoing und ex post Kontrollen differenzieren möchte; so auch *Scott*, JLaS 2000, 38 (39).

1124 Vgl. *O'Loughlin*, A&S 1990, 275 (279 und 282 ff.).

1125 *Baxter*, Ott. LR 2015, 231 (261 ff.); *Schütz*, in: Guagnin, et al., Managing Privacy through Accountability, 2012, 233 (239 ff.); *Scott*, JLAS 2000, 38 (52 f.); ähnlich *Willems/v.Dooren*, PMR 2012, 1011 (1030): "the more account-holders are involved […], the higher the chance that an actor is being called to account to some authority"; *Mansbridge*, in: Bovens/ Goodin/Schillemans, Handbook of Public Accountability, 2016, 55 (64).

1126 *Romzek/Dubnick*, PAR 1987, 227 (229).

1127 *Koppell*, PAR 2005, 94 (98).

1128 So auch *Mansbridge*, in: Bovens/Goodin/Schillemans, Handbook of Public Accountability, 2016, 55 (64).

1129 *Scott*, JLAS 2000, 38 (55): "[…] judicial review […] trumps policy.".

1130 *Bovens*, WEP 2010, 946 (955); *Raab*, in: Guagnin, et al., Managing Privacy through Accountability, 2012, 15 (29); so auch *Buchner*, in: Tinnefeld/Buchner/Petri/Hof, Datenschutzrecht, 2020, 335, Rn. 293 f. mit dem Verweis auf BVerfGE 65, 1 (44, 46).

weiterer Foren. Nur so lässt sich die Macht- und Informationsasymmetrie ausgleichen und die Rechtmäßigkeit des Verhaltens bestimmen.[1131]

Daraus lässt sich jedoch nicht im Umkehrschluss folgern, dass nicht-institutionalisierte Foren keine Kontroll- oder Sanktionsbefugnisse haben sollten. Sie müssen lediglich im Rahmen eines Ausgleichs ermittelt werden, zwischen dem auf Expertise (etwa hinsichtlich einer effizienten Vorgehensweise) fußenden Handeln des Akteurs und den möglicherweise irrationalen,[1132] aber deshalb nicht notwendigerweise weniger legitimen Entscheidungen des Forums.[1133] Eine empirische Untersuchung würde den Rahmen der vorliegenden Arbeit übersteigen, jedoch scheint zumindest für das Datenschutzrecht die soeben getroffene Korrelation zutreffend: die Partei – die gem. Art. 55 DSGVO zuständige Aufsichtsbehörde – mit den stärksten Sanktionsbefugnissen verfügt auch über die ausgeprägtesten Kontrollrechte und Sanktionsbefugnisse.[1134]

(2) Kontrolle im Datenschutzrecht und der DSGVO

Kontrolle, verstanden als Informationsanspruch und Einfluss(nahme)möglichkeit, wird in der DSGVO nicht definiert und auch nicht immer konsequent verwendet. Die plakativste Inkarnation findet Kontrolle wohl in der englischen Bezeichnung des für eine Datenverarbeitung Verantwortlichen: *Controller*.[1135] Entsprechend der Legaldefinition in Art. 4 Nr. 7 DSGVO ergibt sich diese Position aus der „Entscheidung" über die Zwecke und Mittel. Kennzeichnend ist folglich die funktionale Einflussnahmemöglichkeit auf die Datenverarbeitung und ihre Umstände.[1136] Neben dem Verantwortlichen

---

1131 Vgl. *v. Maltzan/Vettermann*, in: Taeger, Die Digitalisierung der Welt, 2021, 111 (119), mit einer ethischen Begründung der Kritikwürdigkeit von Informationsasymmetrien.

1132 Wegen der angeblichen „*biases*", denen Betroffene anheimfallen, wenn ihnen die Illusion von Kontrolle gegeben wird, lehnt insbesondere das amerikanische Schrifttum die Einwilligung als geeignete Legitimation ab *Tene/Polonetsky*, Northw. J. TaIP 2013, 239 (261), Rn. 56; *Hartzog*, EDPL 2018, 423.

1133 Diesen Aspekt übersieht *Koppell*, PAR 2005, 94 (97 f.), wenn er schreibt, dass Akteure, die in komplexen oder technischen Bereich agieren, einer geringeren Kontrolle unterliegen sollten.

1134 Entsprechend sollen Sanktionen gem. Art. 83 Abs. 1 DSGVO neben wirksam und verhältnismäßig auch und vor allem abschreckend sein – ein Kriterium, das sich bei der Schadenersatzbemessung in Art. 82 Abs. 1 DSGVO nicht findet; a. A. wohl LG München I, Urt. v. 9.12.2021 – 31 O 16606/20 = ZD 2022, 242 (243), Rn. 38 mit einer Herleitung aus Art. 4 Abs. 3 EUV.

1135 So auch das Begleitmemorandum zu den 2013er OECD Guidelines, S. 23; vgl. *Monreal*, CR 2019, 797 (800), Rn. 15 ff., zur Entstehung dieses Begriffs im europäischen Datenschutzrecht seit der DSRL.

1136 So auch die Rspr. des EuGH, vgl. nur Urteil v. 5.6.2018 – C-210/16, Wirtschaftsakademie Schleswig-Holstein (Facebook-Fanpages), EU:C:2018:388, Rn. 39; Urteil v.

haben darüber hinaus auch der Betroffene durch seine Rechte gem. Kap. III DSGVO und die gem. Art. 55 DSGVO zuständige Aufsichtsbehörde durch Art. 58 DSGVO Möglichkeiten, auf die Datenverarbeitung einzuwirken, sie werden damit jedoch nicht ihrerseits zu Controllern. Damit bestätigt sich im Datenschutzrecht, was auch im allgemeinen Accountability-Schrifttum anerkannt ist; Kontrolle besteht aus einer nach innen und einer nach außen gerichteten Seite.[1137]

Die nach innen gerichtete Seite betrifft die Sicherstellungspflicht und Nachweisfähigkeit über die Ausübung der Ermessensentscheidung des für die Datenverarbeitung Verantwortlichen (Responsibility) bzw. die weisungsgemäße Datenverarbeitung durch den Auftragsverarbeiter. Alle Akteure – und innerhalb dieser Akteure die Organe des Vorstands (§ 93 Abs. 1 S. 1 AktG) bei Kapitalgesellschaften und im Rahmen seiner Kontrollfunktion auch des Aufsichtsrates (§ 111 AktG)[1138] – sind verpflichtet, ihre Datenverarbeitungen in einer DSGVO-konformen Weise zu gestalten und auszuführen, eine Pflicht, die bereits vor der Verarbeitung Wirkung entfaltet und sodann bis zur Beendigung andauert.[1139] Um diese aktive Sicherstellung zu gewährleisten, sind beim Akteur zwei Formen interner Kontrolle erforderlich. Zunächst muss die Inbetriebnahme einer bzw. jeder Datenverarbeitung in einer planvoll datenschutzkonformen Weise, also ggf. unter Einbeziehung weiterer Gesetze wie dem TTDSG, erfolgen.[1140] Dies erfordert ein – in großen Organisationen nicht triviales – Mindestmaß an Struktur, Aufsicht und gegebenenfalls auch Nachdruck durch die Unternehmensleitung (*„Governance"*). Nach Beginn der Verarbeitung ist in regelmäßigen Abständen und entsprechend auch ohne einen äußeren Anlass zu kontrollieren, ob die Verarbeitung weiterhin in einer Art und Weise stattfindet, wie sie vorab festgelegt worden ist, Art. 24 Abs. 1 S. 2.[1141] Auch ein Programm gem. Art. 32 Abs. 1 lit. d DSGVO darf sich entsprechend nicht ausschließlich mit Aspekten der Datensicherheit befassen, sondern muss die materielle Rechtmäßigkeit ins-

---

29.7.2019 – C-40/17 (Fashion ID), EU:C:2019:629, Rn. 74 und 80 ff.; *Lezzi/Oberlin*, ZD 2018, 398 (399); *Monreal*, CR 2019, 797 (802 f.), Rn. 27 ff.

1137 *Buchner*, in: Tinnefeld/Buchner/Petri/Hof, Datenschutzrecht, 2020, 314, Rn. 268.

1138 Die aktiengesetzlich geregelte Accountability-Beziehung, die eine laufende Informationspflicht des Vorstands erzeugt (§ 111 AktG), kann hier außer Betracht bleiben, vgl. dazu *Bezzenberger/Keul*, in: Grundmann et al., FS Schwark, 2009, 121 (128 und 132 ff.).

1139 Ähnlich *Martini*, in: Paal/Pauly, DSGVO BDSG, 2021, Art. 24, Rn. 40; *Schmidt/Brink*, in: BeckOK Datenschutzrecht, 2022, Art. 24, Rn. 22: „Dieser Prozess von Prüfung und Nachbesserung endet nie."

1140 So auch *Frenzel*, in: Paal/Pauly, DSGVO BDSG, 2021, Art. 5, Rn. 52.

1141 *Lezzi/Oberlin*, ZD 2018, 398 (399), Fn. 7; *Kramer/Meints*, in: Auernhammer, DSGVO BDSG, 2020, Art. 24, Rn. 7; *Thode*, CR 2016, 714 (716).

gesamt einer Überprüfung unterziehen.[1142] Diese regelmäßige Infragestellung kann auch grundsätzlich geeignet sein, einen innerorganisatorischen Transformationsprozess einzuleiten.[1143] Hierzu ist sowohl von Verantwortlichen als auch von Auftragsverarbeitern ein funktionales Auditprogramm zu implementieren.[1144] Bereits in ihrem WP 173 betonte die Art. 29-Gruppe 2010, dass ein integraler Bestandteil von Accountability der Aufbau eines internen Auditprogramms sein solle, womit der Akteur[1145] die Umsetzung und Einhaltung der Vorgaben zu überprüfen habe.[1146] Diese Sichtweise auf Accountability ist jedoch unterkomplex, wenn auch im Ergebnis nicht falsch. Das Bestehen eines umfassenden Auditprogramms ist folglich zwingend erforderlich, um der Sicherstellungspflicht innerhalb eines institutionellen Akteurs zu genügen.[1147] Auch ist dieses Auditprogramm einschließlich eventueller Ergebnisse und daraus abgeleiteter Maßnahmen auf Anfrage der Aufsichtsbehörde als einzigem empfangsberechtigten Forum nachzuweisen.[1148] Aus Haftungsgründen sollte die Unternehmensleitung ein gesteigertes Interesse am Erhalt entsprechender Auditberichte haben, um ihrer Sorgfaltspflicht gem. § 93 AktG nachzukommen.[1149] Mit diesem Erfordernis nach wirksamer externer Kontrolle ist eine Selbstzertifizierung nach Art des für unwirksam erklärten Privacy Shields nicht zu vereinbaren.[1150] Das Fehlen eines gelebten Auditprogramms indiziert, sofern die Abwesenheit nicht begründet werden kann, einen Mangel an Struktur und damit einen Verstoß

1142 *Kramer/Meints*, in: Auernhammer, DSGVO BDSG, 2020, Art. 24, Rn. 6 f. und 19; wohl auch *Martini*, in: Paal/Pauly, DSGVO BDSG, 2021, Art. 24, Rn. 37a.

1143 *Black*, Regulation&Governance 2008, 137 (151).

1144 A.A. *Schmidt/Brink*, in: BeckOK Datenschutzrecht, 2022, Art. 24, Rn. 22, und *Pachinger*, PinG 2022, 45, die eine entsprechende Pflicht ausschließlich beim Verantwortlichen sehen.

1145 Die *Art. 29-Gruppe* spricht mit der Datenschutzterminologie nur von Verantwortlichen. Wie in der vorliegenden Arbeit jedoch herauszuarbeiten ist, umfasst Accountability potenziell auch die Verarbeitung durch Auftragsverarbeiter und in Unternehmensgruppen auch gem. §§ 15 ff. AktG, Art. 4 Nr. 19 DSGVO verbundene Unternehmen.

1146 Vgl. *Art. 29-Gruppe*, WP 173, S. 7, Rn. 19 und S. 18, Rn. 62.

1147 *Bennett*, in: Guagnin, et al., Managing Privacy through Accountability, 2012, 33 (41); *Pachinger*, PinG 2022, 45 f.; *Gabel/Lutz*, in: Taeger/Gabel, DSGVO BDSG TTDSG, 2022, Art. 28, Rn. 27 und 31; *Spoerr*, in: BeckOK Datenschutzrecht, 2022, Art. 28, Rn. 35.

1148 *Thode*, CR 2016, 714 (718).

1149 Vgl. allgemein zur Überwachungspflicht und der Notwendigkeit eines Compliance Management Systems OLG Nürnberg, Urt. v. 30.3.2022 – 12 U 1520/19 = CB 2022, 493 m. Anm. *Johnson* (496 f., Rn. 99 ff. und 499, Rn. 129 zu einer gesteigerten Kontrollpflicht bei vergangenen Schadensfällen).

1150 So auch *Raab*, in: Guagnin, et al., Managing Privacy through Accountability, 2012, 15 (29).

gegen die Accountability – es fehlt in diesen Fällen gerade an der *-ability* des Akteurs.

Im Rahmen des Audits bestehen jedoch weitere, partikulare Accountability-Verhältnisse zwischen der Stelle (als sanktionsberechtigtem Forum), die den Auditor bestimmt und aus seinen Findings Maßnahmen ableitet oder ableiten kann, und der Stelle (als informationspflichtigem Akteur), die von den Maßnahmen betroffen ist. Dem Auditor selbst kommt keine Funktion als Forum zu, da er über keine unmittelbare Sanktionsfähigkeit verfügt, sondern nur die Berechtigung des Forums zur Informationserteilung in dessen Namen ausübt. Diese Accountability-Beziehung ist von der DSGVO nicht geregelt, sondern beurteilt sich anhand der zivilrechtlichen Fallkonstellation. So kann ein Audit aufgrund von Zertifizierungen Pflichtbestandteil sein oder es bestehen aufgrund gesellschaftsrechtlicher Zuständigkeiten auf übergeordnetem Level Verpflichtungen, etwa gem. §93, 116, 111 AktG für den Vorstand und Aufsichtsrat.[1151] Ein solches internes Audit kann sich einerseits innerhalb einer juristischen Person und damit unterhalb der Schwelle der Übermittlung i.S.v. §3 Abs.4 Nr.3 BDSG a.F. (die die DSGVO nicht kennt) bewegen, sodass das Forum in der Geschäftsführung selbst besteht. Diese Situation liegt aufgrund der Zurechnung und Privilegierung auch vor, wenn ein Verantwortlicher in Anwendung von Art.28 Abs.3 lit.h DSGVO seinen Auftragsverarbeiter kontrolliert,[1152] da dieser nicht Dritter gem. Art.4 Nr.10 DSGVO ist, sondern als Teil des Verantwortlichen gilt.[1153] Andererseits kann ein Audit innerhalb eines Konzernverbundes gem. §§15ff. AktG aufgrund gesellschaftsrechtlicher Beherrschungsverträge durch ein Forum außerhalb des Verantwortlichen i.S.v. Art.4 Nr.7 DSGVO initiiert werden. In beiden Fällen sind die materiellen Normen zusätzlich zu gesellschaftsrechtlichen Vorgaben und ggf. vorhandenen innerbetrieblichen Regelungen etwa zur zeitnahen Einbeziehung der Datenschutzbeauftragten der Prüfungsmaßstab des Audits. In diesem Zusammenhang ist wiederum der risikobasierte Ansatz sowie die Unternehmensgröße zu berücksichtigen.[1154] Wohl auch in den Bereich der internen Kontrolle fällt die Funktion und

---

1151 Zu den Vorstandspflichten *Behling*, ZIP 2017, 697 (698 f.); *Schockenhoff*, ZHR 2016, 197; zum Aufsichtsrat *Bezzenberger/Keul*, in: Grundmann et al., FS Schwark, 2009, 121 (128 ff.).

1152 Vgl. *Conrad/Seitner*, RDV 2021, 186 (191), die vertreten, dass eine solche Kontrolle nur gegenüber dem ersten Auftragsverarbeiter bestehen soll, was aufgrund der Regelung in Art.28 Abs.3 lit.h und Art.28 Abs.4 S.1 DSGVO zumindest fraglich erscheint.

1153 *Martini*, in: Paal/Pauly, DSGVO BDSG, 2021, Art.28, Rn.2; *Wolff*, in: Schantz/Wolff, Das neue Datenschutzrecht, 2017, S.289, Rn.939; *Kramer*, in: Auernhammer, DSGVO BDSG, 2020, Art.28, Rn.10; *v.Holleben/Knaut*, CR 2017, 299 (301).

1154 Vgl. *Art.29-Gruppe*, WP 173, S.7, Rn.19 und S.10, Rn.33; *Bussche v.d./Raguse*, in: Plath, DSGVO BDSG TTDSG, 2023, Art.39, Rn.6.

Aufgabe des betrieblichen Datenschutzbeauftragten gem. Art. 39 Abs. 1 lit. b DSGVO,[1155] wonach diesem eine aktive und umfassende Überwachungspflicht einschließlich Stichproben- und Vor-Ort-Kontrollen zukommt.[1156] Jedoch ist der bestellte Datenschutzbeauftragte in einer mit Auditoren vergleichbaren Position, da ihm qua Gesetz Weisungs- und Entscheidungskompetenzen fehlen.[1157] Diesem Umstand könnten willige Akteure zwar mittels gesellschaftsorganisationsrechtlicher Maßnahmen wie entsprechenden Vorstandsrichtlinien und Arbeitsanweisungen in Anwendung von Art. 38 Abs. 6 DSGVO abhelfen; dies scheint in der Praxis jedoch bislang wenig der Fall zu sein. Viel eher scheinen Datenschutzbeauftragten nach dieser Norm Informations- und Dokumentationsaufgaben übertragen zu werden, die originär dem Akteur obliegen.[1158] Insbesondere die Erstellung der Verzeichnisse gem. Art. 30 DSGVO, als dem primären Instrument des Nachweises der Datenschutzkonformität,[1159] kann nicht dem Datenschutzbeauftragten übertragen werden.[1160] Aus einer solchen Übertragung entstünde ein Interessenskonflikt mit der Überwachungsfunktion.[1161] Wird einem Datenschutzbeauftragten insofern eine solche Dokumentationsaufgabe übertragen, ist die Kontrollfunktion in eine andere Stelle auszulagern, etwa die interne Revision. Denklogisch benötigt diese weitere Stelle in einem solchen Fall entsprechende Fach- und Auditkompetenzen im Datenschutzrecht, um die Tä-

---

1155 *Buchner*, in: Tinnefeld/Buchner/Petri/Hof, Datenschutzrecht, 2020, 314, Rn. 268 und 270.

1156 *Bergt*, in: Kühling/Buchner, DSGVO BDSG, 2020, Art. 39, Rn. 15; *Kirchberg-Lennartz*, in: Gierschmann et al., Art. 39, Rn. 16; *Buchner*, in: Tinnefeld/Buchner/Petri/Hof, Datenschutzrecht, 2020, 320, Rn. 287; *Raum*, in: Auernhammer, DSGVO BDSG, 2020, Art. 39, Rn. 12, fordert zudem, dass Prüfungen grundsätzlich persönlich durch den Datenschutzbeauftragten durchzuführen sind.

1157 *Bussche v. d.*, in: Plath, DSGVO BDSG, 2018, Art. 39, Rn. 4; *Jaspers/Reif*, in: Schwartmann et al., DSGVO BDSG, 2020, Art. 39, Rn. 14.

1158 *Bussche v. d./Raguse*, in: Plath, DSGVO BDSG TTDSG, 2023, Art. 39, Rn. 16; *Kirchberg-Lennartz*, in: Gierschmann et al., DSGVO BDSG, 2018, Art. 39, Rn. 16; *Moos*, in: BeckOK Datenschutzrecht, 2022, Art. 39, Rn. 10; *Raum*, in: Auernhammer, DSGVO BDSG, 2020, Art. 39, Rn. 17.

1159 *Duda*, PinG 2016, 248 (249 f.); *Martini*, in: Paal/Pauly, DSGVO BDSG, 2021, Art. 30, Rn. 2; *Klug*, in: Gola/Heckmann, DSGVO BDSG, 2022, Art. 30, Rn. 1; *Bertermann*, in: Ehmann/Selmayr, DSGVO, 2018, Art. 30, Rn. 2.

1160 A.A. *Scheja*, in: Taeger/Gabel, DSGVO BDSG TTDSG, 2022, Art. 38, Rn. 76; *Bussche v. d./Raguse*, in: Plath, DSGVO BDSG TTDSG, 2023, Art. 38, Rn. 16, die jedoch die Letztverantwortung des Verantwortlichen/Auftragsverarbeiters unterstreichen (Rn. 5 und 16); wie hier *Art. 29-Gruppe*, WP 243, S. 18.

1161 *Petri*, in: Simitis et al., Datenschutzrecht, 2019, Art. 30, Rn. 12; in diesem Sinne *Bergt*, in: Kühling/Buchner, DSGVO BDSG, 2020, Art. 38, Rn. 40 und 40a; wohl befürwortend wegen des Normadressaten von Art. 30 *Ingold*, in: Sydow/Marsch, DSGVO BDSG, 2023, Art. 30, Rn. 5; im Konjunktiv auch *Hartung*, in: Kühling/Buchner, DSGVO BDSG, 2020, Art. 30, Rn. 13.

tigkeiten des Datenschutzbeauftragten angemessen beurteilen zu können.[1162] Sofern diese Kompetenzen nicht dauerhaft intern aufgebaut werden wollen, können sie auch anlass- bzw. projektbezogen extern eingekauft werden, wie beispielsweise von Abschluss- und Wirtschaftsprüfungsunternehmen.

Neben einem solchen internen Impetus können Anlässe der Kontrolle auch von Foren außerhalb des Akteurs initiiert werden. Im Datenschutzrecht sind das, wie gezeigt wurde,[1163] in erster Linie Aufsichtsbehörden und Betroffene, jedoch auch Medien in begrenztem Umfang.

Kontrolle besteht auch im Datenschutzrecht aus dem ihr immanenten Dreiklang, wonach zunächst Kenntnis von der Sachlage erlangt werden muss, darauf aufbauend Einfluss genommen werden kann[1164] und der Effekt der Einflussnahme für das Forum überprüfbar ist. Die Modernisierung des Datenschutzrechts und ihr Resultat, die DSGVO, verfolgten bereits von Beginn an das Ziel, betroffenen Personen mehr oder zumindest in einer digitalisierten Welt effektivere Mittel zur Kontrolle ihrer Daten einzuräumen (ErwG 11).[1165] Dieser Ansatz folgt aus der Ratio des Datenschutzes als Persönlichkeitsrecht, wonach natürliche Personen grundsätzlich selbst entscheiden können sollen, „wann und innerhalb welcher Grenzen persönliche Lebenssachverhalte offenbart werden."[1166] Besonders deutlich wird dies in den obligatorischen Informationsvoraussetzungen, die von der DSGVO an eine wirksame Einwilligung gestellt werden und wodurch sichergestellt werden soll, dass sich Betroffene vor Beginn des Eingriffs eine Meinung bilden können[1167] und die angekündigte Verarbeitung gegebenenfalls gerichtlich überprüfen lassen.[1168] Jedoch beschränkt sich die Kontrollfähigkeit von Betroffenen auf die Ebene der Dokumenten- und Wortlautprüfung, wodurch sie sich weder selbst von der Richtigkeit des Dokumentationsstands überzeugen, noch selbst Einfluss auf die Verarbeitung nehmen können. Es ist insofern fraglich, ob die Berufung auf Kontrolle im Datenschutzrecht mangels einer realen Verifizierungsmöglichkeit zutreffend ist und es ist bezeichnend, dass sowohl die Rechtsprechung einen „Kontrollverlust" i. S. einer nicht-Nach-

---

1162 *Raum*, in: Auernhammer, DSGVO BDSG, 2020, Art. 39, Rn. 12, der zu Recht darauf hinweist, dass dies ebenso andersherum gilt und dem Datenschutzbeauftragten Fachressourcen zur Verfügung zu stellen sind, falls dies bei einer Überprüfung erforderlich ist.

1163 Vgl. B.III. c.(2) oben.

1164 Soweit auch *Pohle/Spittka*, in: Taeger/Gabel, DSGVO BDSG TTDSG, 2022, Art. 12, Rn. 14.

1165 Vgl. *Albrecht/Jotzo*, Das neue Datenschutzrecht, 2017, 35, Rn. 8 f. und S. 121, Rn. 4.

1166 BVerfG, Urt. v. 15.12.1983 – 1 BvR 209/83 u. a. – BVerfGE 65, 1, Rn. 92.

1167 *Art. 29-Gruppe*, WP 260 rev.01, S. 7, Rn. 10.

1168 Dies ist auch das grundsätzliche Ziel der Art. 13 und 14, vgl. *Bäcker*, in: Kühling/Buchner, DSGVO BDSG, 2020, Art. 13, Rn. 64.

vollziehbarkeit und eines Nichtwissens versteht,[1169] als auch die Konvention 108+ „Kontrolle der eigenen Daten und die Verwendung solcher Daten" zu einem ausdrücklichen Schutzgut erhebt.[1170]

Darüber hinaus erfolgt die Kontrolle der Einhaltung datenschutzrechtlicher Vorgaben in erster Linie durch die gem. Art. 55 DSGVO zuständige Aufsichtsbehörde in Ausübung ihrer Aufgabe gem. Art. 57 Abs. 1 lit a DSGVO durchgeführt.

Entsprechend enthält die DSGVO nur einen echten Kontrollmechanismus für Vorgänge innerhalb der Sphäre des Akteurs – eine aufsichtsbehördliche Prüfung gem. Art. 58 Abs. 1 lit. b – f DSGVO. Diese kann durch die zuständige Aufsichtsbehörde grundsätzlich anlasslos durchgeführt werden,[1171] auch wenn ihr hierfür wohl regelmäßig die personellen Mittel fehlen dürften. Für Betroffene besteht nur eine sehr eingeschränkte Kontrollmöglichkeit; zwar bestehen Auskunfts- und auch Einflussnahmerechte gem. Kap. III DSGVO, darauf, dass diesen vollständig und sachlich richtig entsprochen wird, muss der Betroffene allerdings vertrauen, ohne eine eigene Verifikationsmöglichkeit zu haben. Auch hierin zeigt sich die strukturell schwache Position von Betroffenen in der DSGVO.[1172] Gleiches gilt für die diagonale Kontrollinstanz der Medien, denen die DSGVO selbst keine Informationsansprüche einräumt. Vielmehr sind diese im nationalen Recht, für das Art. 85 DSGVO die entsprechende Öffnungsklausel enthält, zu suchen. In nationalen Rechtsordnungen bestehen indes soweit ersichtlich keine den Informationsfreiheitsgesetzen vergleichbaren Regelungen für den Bereich der privaten Datenverarbeitung. Eine mittelbare Kontrolle durch Medien kann insofern ausschließlich durch Auswertung veröffentlichter Umstände,[1173] investigativer Recherche oder aber in abgeleiteter Form, indem auf Dokumente Zugriff genommen wird, die durch Behörden im Zuge ihrer amtlichen Untersuchungsbefugnisse erstellt wurden.

Da es jedoch sowohl in den Fällen der Betroffenen als auch hinsichtlich der Medien an einer real durchsetzbaren Einflussnahmemöglichkeit fehlt, kann

---

1169 LG München I, Urt. v. 20.1.2022 – 3 O 17493/20, Rn. 12 = ZD 2022, 290 (291 f.) m.Anm. *Fischer*; LAG Berlin-Brandenburg, Urt. v. 18.11.2021 – 10 Sa 443/21, Rn. 43 = ZD 2022, 341 (342); OLG Frankfurt/M, Urt. v. 2.3.2022 – 13 U 206/20, Rn. 65 = ZD 2022, 333 (334); *Bergt*, in: Kühling/Buchner, DSGVO BDSG, 2020, Art. 82, Rn. 18b.

1170 Uabs. 3 der Präambel; zum Schutzgut des Datenschutzrechts vgl. C.II.2.a. unten.

1171 *Buchner*, in: Tinnefeld/Buchner/Petri/Hof, Datenschutzrecht, 2020, 325, Rn. 301; *Nguyen*, in: Gola/Heckmann, DSGVO BDSG, 2022, Art. 58, Rn. 4; *Boehm*, in: Kühling/Buchner, DSGVO BDSG, 2020, Art. 58, Rn. 15.

1172 Vgl. hierzu auch schon B.III.1.c.(2) oben.

1173 Vgl. die Berichterstattung zu Datenpannen oder Cookie-Bannern und Datenschutzhinweisen, die nicht DSGVO-konform sind; etwa Stiftung Warentest 12/2020 oder 05/2021.

nicht von einer „echten" Kontrollfunktion ausgegangen werden. Das Problem von Betroffenen gegenüber Datenverarbeitern ist vergleichbar mit dem von Bürgern gegenüber dem Staat; sie stehen als Forum nicht in einer dem Akteur überlegen Position, wie es im Wesen der Accountability grundsätzlich angelegt ist.[1174] Betroffene befinden sich damit nicht nur hinsichtlich der Information in einem asymmetrischen Kräfteverhältnis, sondern auch hinsichtlich der Einwirkungsmöglichkeiten. Sofern vertreten wird, dass Betroffene im Falle einer Meldung gem. Art. 34 DSGVO eine Art Kontrolle erhalten sollen,[1175] so ist höchstens von einer Art Schadenskontrolle in der eigenen Sphäre vorhanden, nicht jedoch eine Kontrolle über den Schadensursprung oder dessen Behebung.

Auf die Möglichkeiten und (legitimen) Grenzen einer Kontrolle der Kontrollinstanz, namentlich der Aufsichtsbehörde, soll an dieser Stelle nur verwiesen werden.[1176] Es würde den Fokus der vorliegenden Arbeit übersteigen, die Diskrepanzen zwischen de jure und *de facto* Unabhängigkeit[1177] und die möglichen kompromittierenden Faktoren[1178] angemessen zu untersuchen. Unstreitig ist jedoch, dass auch die Aufsichtsbehörden ihrerseits Akteure sind[1179] und sich insbesondere in horizontaler[1180] und diagonaler[1181] Hinsicht einer Rechenschafts- und Rechtfertigungspflicht ausgesetzt sehen.[1182]

1174 *Mulgan*, PA 2000, 555 (579); vgl. auch *Schedler*, in: Schedler/Diamond/Plattner, The Self-Restraining State, 1999, 13 (23), der zwar zunächst annimmt, dass Accountability keiner vorgegebenen Richtung unterliegt, hinsichtlich der Berechtigung Sanktionen zu verhängen um ein Subordinationsverhältnis auch in Fällen horizontaler Accountability nicht umhin kommt.

1175 *Art. 29-Gruppe*, WP 168, S. 19, Rn. 64.

1176 Vgl. hierzu *Baxter*, Ott. LR 2015, 231 (241 f.); *Schütz*, in: Guagnin, et al., Managing Privacy through Accountability, 2012, 233 (236 ff.), zum "multi-principal approach" (242): "no one controls the [Authority], yet it is clearly under control" (243); ähnlich *Willems/v.Dooren*, PMR 2012, 1011 (1030); krit. dazu *Bull*, EuZW 2010, 488 (489 f.) und *Veil*, CR-Blog v. 24.5.2019; überzeichnend dazu *Wolff*, PinG 2017, 109 (110) und *ders.* In: Mehde/Ramsauer/Seckelmann, FS Bull, 2011, 1071 (1077 ff.).

1177 Vgl. hierzu *Mechkova/Lührmann/Lindberg*, StCompIntDev 2019, 40 (45); *Baxter*, Ott. LR 2015, 231 (242 und 245 f.); *Busuioc*, ELJ 2009, 599 (612).

1178 *Baxter*, Ott. LR 2015, 231 (247).

1179 *Raab*, in: Guagnin, et al., Managing Privacy through Accountability, 2012, 15 (29).

1180 Vgl. bspw. die Kritik der deutschen Aufsichtsbehörden an der Durchsetzung der DSGVO in Irland (29. Tätigkeitsbericht HambBfDI, 76 f. und 96 f.) und deren (lakonische) Antwort, dass die durch erstere verhängte Bußgelder regelmäßig von deren nationalen Gerichten kassiert würden (*Dixon*, Letter v. 12.3.2021).

1181 Insbesondere durch spezialisierte NGO's wie NOYB oder den Irish Rights Council, über deren Aktivitäten Medien häufig berichten, selbst jedoch selten agieren.

1182 NGOs wie NOYB kritisieren die Aufsichtsbehörden mithin auch regelmäßig; *Black*, Regulation&Governance 2008, 137 (143), weist jedoch zutreffend auf die Problematik hin, den Regelwächter (*Enforcer*) für unzureichende Regeln zu kritisieren, die er nicht verfasst hat.

g. Berücksichtigung von Wirtschaftlichkeit im Rahmen der Accountability

Accountability ist ihrem historischen und terminologischen Ursprung – einer Beziehung zwischen dem englischen Souverän und denen, die seine Güter gewinnbringend verwalten sollten[1183] – entsprechend eng mit wirtschaftlichen Konnotationen verknüpft. Jedoch lässt sich Accountability heute ersichtlich nicht auf das Berichten von Geschäftsbilanzen oder Haushaltsausgaben eines Vorstands oder Ministeriums beschränken. Vielmehr ergeben sich aus den bis hierher bereits geschilderten Dimensionen der Agency bzw. Stewardship und Responsibility weitere Pflichten in Abhängigkeit zum jeweiligen Forum. Die Beziehung zur Agency bzw. Stewardship entsteht insbesondere daraus, dass der Akteur fremde Ressourcen zu eigenen Zwecken verwendet und hieraus Sorgfalts- und Fürsorgepflichten entstehen.[1184] Diese Pflichten, die *„obligation to act responsibly"*, bilden entsprechend auch den Konnex zur Dimension der Responsibility, denn die konkrete Zuständigkeit, die fremden Ressourcen so effizient wie möglich im Sinne des Ressourcengebers zu verwenden (Responsiveness), liegt beim Akteur. Handelt der Akteur außerhalb des berechtigenden Mandats (Legitimacy), eröffnet dies ferner einen Zugang zur Haftung und Sanktion in Form der Liability. Im privatwirtschaftlichen, gewinnorientierten Kontext kommt der möglichst ressourcenschonenden Zielerreichung jedoch auch ein genuines Interesse des Akteurs zu.

(1) Effizienz, Effektivität, *Process*- und *Outcome*-Accountability

Effizienz und Effektivität werden, ähnlich wie Accountability und Responsibility,[1185] im allgemeinen englischen wie deutschen Sprachgebrauch wenig differenziert und gelegentlich sogar synonym verwendet.[1186] Insofern ist auch hier ein hohes Maß an Indifferenz der Sprachanwender zu

---

1183 Vgl. Ausführlich oben A. I.; *Dubnick*, in: O'Brien, Private Equity, Corporate Governance and the Dynamics of Capital Market Regulation, 2007, 226 (237 ff.); *Dalton*, J. Brit. Stud. 2021, 29 ff.

1184 Gewinnorientiertes Handeln schließt eine Stewardship nicht aus, vgl. Das Beispiel des Cambridge Dictionary (https://dictionary.cambridge.org/dictionary/english/stewardship): *„The company has been very successful while it has been under the stewardship of Mr White."*

1185 Statt vieler *Bovens*, ELJ 2007, 447 (449); *Mulgan*, PA 2000, 555.

1186 Bspw. bietet das Gabler Wirtschaftslexikon für beide dieselbe Basisdefinition als „Beurteilungskriterium, mit dem sich beschreiben lässt, ob eine Maßnahme geeignet ist, ein vorgegebenes Ziel zu erreichen", mit einer Differenzierung erst bei der Art und Weise der Zielerreichung; *Dunn/Legge*, JPART 2001, 73 ff.; auch *Veil*, ZD 2018, 9 (11), vermischt die Begriffe, wenn er bezüglich Art. 24 Abs. 1 DSGVO argumentiert, er solle „Datenschutzeffizienz [bewirken], also die Wirksamkeit der Umsetzung der datenschutzrechtlichen Pflichten".

erkennen, das im rechtlichen Kontext Probleme hervorrufen kann, da es die Bestimmbarkeit von Verhaltens- und Handlungspflichten erschwert, welche die Grundlage für Sanktionen bei nicht-Einhaltung bilden. Mithin sind zunächst verallgemeinerungsfähige, abgrenzbare Definitionen vorzunehmen.

Effektivität, definiert als Ergebnis von erreichter Wirkung im Verhältnis zu beabsichtigter Wirkung, setzt insofern zunächst die Geeignetheit von Maßnahmen zur Zweckerreichung, als dann die Kontrolle und gegebenenfalls die Anpassung voraus. Bei vollständiger Zielerreichung ist der Effekt bewirkt. Essentiell für die Zielerreichung ist, dass die ergriffenen Maßnahmen per se überhaupt geeignet sind bzw. waren, das angestrebte Ziel in Gänze zu erreichen. Diese Entscheidung zu treffen bildet die erste Schnittstelle zum Ermessen des Akteurs im Rahmen seiner Responsibility.Sie beziehen jedoch auch das Forum als Determinante ganz wesentlich mit ein, da nur bei einer ausreichend klaren Zielvorgabe eine entsprechend adäquate Einschätzung der verfügbaren Mittel durch den Akteur möglich ist. Effizienz andererseits bezeichnet die verwendete Menge an Ressourcen im Verhältnis zum bewirkten Zweck. Effizienz kann in Abhängigkeit von der Situation sowohl im gemeinsamen Interesse von Forum und Akteur liegen, als auch nur im Interesse des Akteurs. Ersteres ist traditionell der Fall in Situationen der Stewardship und regelmäßig auch der Agency; der Umstand, dass der Akteur die proprietär dem Forum zugeordneten Ressourcen verwaltet, resultiert in einem gemeinsamen Interesse an einer möglichst ressourcenschonenden Zielerreichung. Die Betonung der Effizienz taucht mithin in der verwaltungs- und politikwissenschaftlichen Diskussion von Accountability immer wieder auf. Die Relevanz für diese Disziplinen entsteht daraus, dass Politik und öffentliche Verwaltung über die Verteilung von Ressourcen entscheiden, die ihnen nicht proprietär zugeordnet werden können, sondern bei denen es um Mittel der öffentlichen Hand und mithin des Wählers bzw. Steuerzahlers handelt.[1187] Mit diesem Gedanken, der auch als „moralisches Risiko" bezeichnet wird,[1188] wird eine besondere Verpflichtung transportiert, nämlich mit den vorhandenen Mitteln in möglichst ergebnismaximierender Weise umzugehen.

(Public) Accountability wird im Zusammenhang mit ihrer Rolle in der öffentlichen Verwaltung häufig in Verbindung mit Effizienz (efficiency) untersucht, um bestimmen zu können, ob Steuergelder in einer Weise genutzt werden, die den maximal möglichen Ertrag bietet.[1189] Die im Originalschrifttum für diese Dimension gewählte Bezeichnung ist in der Regel

---

1187 Vgl. *Mulgan*, AJPA 2000, 87.
1188 *Gailmard*, in: Bovens/Goodin/Schillemans, Handbook on Public Accountability, 2014, 90 (92).
1189 Vgl. *Siriwardhane/Taylor*, Pac. AR, 2017, 551 (554); *Willems/v.Dooren*, IRAS 2011, 505 (513).

die „*managerial accountability*",[1190] wodurch eine betriebswirtschaftliche Kostenkonnotation unterstrichen wird. Mit dieser Bezeichnung wird darüber hinaus verbunden, dass ein zuständiger Akteur durch die entsprechende Anleitung, Aufsicht oder auch Anreize dazu gebracht wird, seine eigene Leistung bzw. die Leistung allgemein im Einflussbereich seiner Responsibility zu steigern,[1191] dies jedoch im Interesse des Forums liege. In Situationen wirtschaftlicher bzw. unternehmerischer Aktivität liegt die Effizienz regelmäßig im primären Interesse des Akteurs selbst, denn umso effizienter er das vom Forum gesetzte Ziel erreicht, desto höher ist die zurückbleibende Marge. Die Ausübung des Ermessensspielraumes, einschließlich eigener zeitlicher Ressourcen,[1192] liegt in entsprechender Übertragung auch unternehmerischem Verhalten zu Grunde.[1193] Bedenken wurden insofern sowohl im englischsprachigen Originalschrifttum[1194] als auch in der deutschen Literatur zur Verantwortung[1195] dahingehend geäußert, dass eine Sanktionierung des Akteurs für Schäden, Misserfolge oder nicht erfüllte Erwartungen auf Seiten des Forums die unternehmerische Kreativität und Risikobereitschaft von Unternehmenslenkern beeinträchtigen würde.[1196] Um diesen Einwand zu entkräften, lohnt sich ein genauerer Blick auf die Inhalte von Accountability-Pflichten.

Im Originalschrifttum wird selten strukturiert zwischen Effizienz i. S. e. Aufwand-Ergebnis-Relation und Effektivität i. S. e. Zielerreichung unterschieden,[1197] ohne dass hierfür besondere Gründe ersichtlich wären. Stattdessen wird eine Unterscheidung zwischen sog. *Process*-Accountability

---

1190 Statt vieler *Kluvers/Tippett*, IJBM 2010, 46 (47), und *Sinclair*, AOS 1995, 219 (222 und 227).
1191 *O'Kelly/Dubnick*, Accountability and its Metaphors, 2015, S. 2: „Accountability […] both invites frustration in its ongoing failure […] and acts as 'promise,[…] holding out the hope that the right measures or the right attitudes or the right interventions will lead us to better performance […]"; ähnlich *Koppell*, PAR 2005, 94 (97).
1192 *Siriwardhane/Taylor*, Pac. AR, 2017, 551 (553).
1193 In dieser Konnotation könnte die Annahme des Verordnungsgebers gelegen haben, die Einführung von Accountability im Datenschutzrecht würde die Eigenverantwortung stärken, vgl. *Frenzel*, in: Paal/Pauly, DSGVO BDSG, 2021, Art. 5, Rn. 52; *Albrecht/Jotzo*, Das neue Datenschutzrecht, 2017, 55, Rn. 18; *Heberlein*, in: Ehmann/Selmayr, DSGVO, 2018, Art. 5, Rn. 29.
1194 *Gersen/Stephenson*, JLA 2014, 185 (199 f.); *Mansbridge*, in: Bovens/Goodin/Schillemans, Handbook of Public Accountability, 2016, 55 (57), m. w. N.
1195 *Bayertz*, in: Bayertz, Verantwortung – Problem oder Prinzip?, 3 (22 f.).
1196 Diese sog. "hindsight bias" wurde mit Verweis auf § 93 Abs. 1 S. 2 AktG vom BGH allerdings maßvoll entkräftet, vgl. dazu *Fleischer*, NJW 2009, 2337 (2338 f.); ebenso OLG Nürnberg, Urt. v. 30.3.2022 – 12 U 1520/19 = CB 2022, 493 m. Anm. *Johnson* (496), Rn. 96.
1197 So bspw. *Siriwardhane/Taylor*, Pac. AR, 2017, 551 (554); *Sinclair*, AOS 1995, 219 (222); *Willems/v.Dooren*, IRAS 2011, 505 (513).

und Outcome-Accountability vorgenommen,[1198] die sich ebenfalls im datenschutzrechtlichen Schrifttum zur DSGVO findet.[1199]

Unter Outcome-Accountability, oder Ergebnisverantwortlichkeit, wird die Verpflichtung des Akteurs verstanden, ein bestimmtes, vorab definiertes Ziel zu erreichen.[1200] Die hierzu geeigneten, erforderlichen und tatsächlich eingesetzten Maßnahmen liegen in seiner Disposition. Ergebnisverantwortlichkeit kann jedoch zu unbilliger Härte führen, wenn die Zielverwirklichung von vornherein von Faktoren außerhalb der Einflussnahmefähigkeit des Akteurs abhing[1201] oder während des Prozesses der Zielverwirklichung durch solche gestört wurde. Process-Accountability, oder Prozess- oder Verfahrensverantwortlichkeit, bezeichnet dagegen die Einhaltung eines vom Forum definierten Prozesses, grundsätzlich unabhängig davon, ob bei vorgabengemäßer Einhaltung das vom Forum beabsichtigte Ziel erreicht wird. Für den Akteur ist die Einhaltung des Verfahrens das zu erzielende Ergebnis. Daher wird der Verfahrensverantwortlichkeit im Originalschrifttum ein deutlich besserer Leumund erteilt, weil diese zu vermeintlich ausgewogeneren und objektiveren Ergebnissen führe, während eine Ergebnisverantwortlichkeit auf Akteure den Effekt eines verengten Sichtfelds (*„narrowing of attention"*) habe.[1202] Wie jedoch die Ergebnisverantwortung das Risiko einer Zurechnung von Faktoren außerhalb des Einflussbereichs birgt, so wohnt der reinen Prozessverantwortung das Risiko inne, dass Akteure äußere Faktoren ausblenden und sich auf das routinemäßige Abarbeiten ihrer Vorgaben (*ticking boxes*) zurückziehen.[1203] In beiden Fällen wäre das Ergebnis, dass der Akteur vom Forum als nicht-accountable wahrgenommen und potenziell sanktioniert werden würde. Überträgt man nämlich die Beurteilungskriterien der Effektivität und Effizienz auf die Ergebnis- und Prozessverantwortung, ist festzustellen, dass für beide die Effektivität, d.h. der objektiv bewirkte Grad der Erreichung des angestrebten Ziels, maßgeblich dafür ist, ob ein Verhalten als *„accountable"* bezeichnet werden kann. Denn sowohl bei

---

1198 *Bovens*, WEP 2010, 946; *Patil/Vieider/Tetlock,* in: Bovens/Goodin/Schillemans, Handbook of Public Accountability, 2016, 69 (70 ff. und 77 f.); *Sinclair*, AOS 1995, 219 (222).

1199 *Kramer/Meints*, in: Auernhammer, DSGVO BDSG, 2020, Art. 24, Rn. 17 ff.

1200 *Sinclair*, AOS 1995, 219 (222); *Patil/Vieider/Tetlock,* in: Bovens/Goodin/Schillemans, Handbook of Public Accountability, 2016, 69 (70 f.); ähnlich *Jung/Hansch*, ZD 2019, 143 (144), die diese Verantwortung bei der obersten Leitungsebene eines Unternehmens ansiedeln.

1201 *Patil/Vieider/Tetlock,* in: Bovens/Goodin/Schillemans, Handbook of Public Accountability, 2016, 69 (79).

1202 *Langhe/v.Osselaer/Wierenga*, OBHDP 2011, 238 (239).

1203 So bspw. Die Resolution des Europaparlaments an die Kommission v. 10.3.2021, P9_TA-Prov(2021)0073, Rn. 16 und 32; *Charlesworth/Pearson*, Innovation 2013, 7 (29); *ICO*, Accountability Framework, 6: „Accountability is not about ticking boxes".

der Ergebnis- als auch bei der Verfahrensverantwortlichkeit wird das Forum die Rechenschaft und Rechtfertigung darüber verlangen, zu welchem Grad das angestrebte Ziel – das Ergebnis einerseits oder der vorgegebene Prozess andererseits – verwirklicht wurde.[1204] Ob der Akteur hierbei eine effiziente Umsetzungsmöglichkeit gewählt hat, wird für das Forum regelmäßig von untergeordneter Bedeutung sein.[1205]

Auf Basis dieser Ratio erscheint auch die im Schrifttum gelegentlich vertretene Differenzierung in Accountability als eine Eigenschaft (virtue) einerseits und einen Mechanismus („*means*") andererseits,[1206] nicht überzeugend. Anhand dieser Unterscheidung wird im Schrifttum der Versuch unternommen, die amerikanische Sichtweise auf Accountability von der (kontinental)europäischen abzugrenzen. Erstere fokussiere sich auf Accountability als Eigenschaft, indem ein bestimmtes Handeln eines Akteurs daraufhin untersucht wird, ob den Erwartungen des Forums gemäß gehandelt wurde, um bei fehlender Erfüllung den Akteur zu sanktionieren.[1207] Eine verstärkte Konnotation mit dem Sanktionselement ist im amerikanischen Gebrauch von Accountability tatsächlich festzustellen.[1208] Das Erreichen eines definierten Ziels und die Sanktion sind die maßgebenden Elemente in der amerikanisch geprägten Accountability. Die (kontinental)europäische Accountability solle sich stattdessen eher mit der Wirkungsweise oder den Mitteln („*mechanism*" oder „*means*") befassen. Bei der Untersuchung lägen entsprechend die Diskussionsphase und die im Rahmen der Responsibility getroffenen Entscheidungen im vorrangigen Interesse, weniger die Sanktion des Akteurs.[1209] Ziel dieser (kontinental)europäischen Accountability sei mithin eher eine Steigerung des in Gesamtschau betrachteten Nettonutzens von Akteur und Forum. Dieser Gesamtnutzen stellt jedoch für sich genommen ebenfalls ein Ergebnis dar, das ganz oder teilweise mit Mitteln erreicht werden kann, die korrelierend ganz oder teilweise geeignet sind bzw. waren.

1204 *Willems/v.Dooren*, PMR 2012, 1011 (1023), nach denen die „*performance function*" der öffentlichen Hand sowohl durch das Ergebnis (*result*) oder das Verfahren (*process*) gemessen werden kann.

1205 In dieser Form definiert *Considine*, Governance 2002, 21 (22), Accountability an sich: "[the] search of the most advantageous path to success".

1206 Diese wird besonders vertreten durch *Bovens*, WEP 2010, 945 ff.; und *Dubnick/Frederickson*, JPART 2010, 143 (145).

1207 *Bovens*, WEP 2010, 945 (949 f.).

1208 *McAdams/Towers*, ABLJ 1978, 67; *Mansbridge*, in: Bovens/Goodin/Schillemans, Handbook of Public Accountability, 2016, 55 ff.; sie ist auch hinsichtlich des deutschen Verantwortungsbegriffs anerkannt *Bayertz*, in: Bayertz, Verantwortung – Prinzip oder Problem?, 1995, 3 (13): „Wir erheben, wenn wir jemanden für etwas verantwortlich machen, einen Vorwurf gegen ihn.".

1209 So auch für das Datenschutzrecht *Brink*, ZD 2019, 141 (142).

B. Informationspflichtigkeit als konstitutives Merkmal von Accountability

Effizienzkriterien sind mithin auch für die Accountability als Mechanismus zunächst nicht relevant.

Zusammenfassend muss Accountability insgesamt als eine Ergebnispflicht bezeichnet werden.[1210] Dabei kann das zu erzielende Ergebnis je nach Kontext changieren und beispielsweise in der Einhaltung eines vorgegebenen Verfahrens (*Process*) bestehen. Auch können Effizienzgesichtspunkte als Teil des zu erreichenden Ergebnisses in Fällen einer Interessenskongruenz zwischen Akteur und Forum bestehen, etwa in Fällen von Aktienbesitz, wo sowohl Aktionär als auch Unternehmen nach einer möglichst ressourcenschonenden Zielerreichung streben. Abseits einer entsprechenden Interessenskongruenz und insbesondere in Fällen einer Interessenskonkurrenz, wie sie für das Datenschutzrecht als Grundrechtsausfluss prägend ist, sind Effizienzaspekte jedoch grundsätzlich unbeachtlich.

(2) Wirksamkeit und Wirtschaftlichkeit in der DSGVO

Dass Daten in einer digitalisierten Welt einen teilweise erheblichen Wirtschafts- und Wertschöpfungsfaktor darstellen, ist unbestritten.[1211] Sie bilden sogar für eine Reihe innovativer Geschäftsmodelle in nicht unerheblichem Maße Marktzugangsvoraussetzungen.[1212] Es verbietet sich mithin, diesen wirtschaftlichen Stellenwert bei einer rechtlichen Beurteilung von Datenproliferation und -verarbeitung mit Verweis auf seine Unbeachtlichkeit i. R. v. Persönlichkeitsrechten kategorisch auszuklammern.[1213] Dies erfordert auch der grundrechtlich determinierte Hintergrund, wonach das Recht auf den Schutz personenbezogener Daten mit dem Recht am eingerichteten und ausgeübten Gewerbebetrieb in praktische Konkordanz zu bringen ist. Entsprechend vermag keines der beiden Grundrechte pauschal das Priorat gegenüber dem anderen zu beanspruchen.[1214] In sich enthält die DSGVO jedoch Normen, deren Einhaltung obligatorisch ist und bezüglich derer entsprechend die Effektivität i. S. einer Zielverwirklichung maßgebend

---

1210 Diese Feststellung gilt ebenso für das sozio-philosophische Konzept der Verantwortung, vgl. *Heidbrink*, in: Heidbrink/Langbehn/Loh, Handbuch Verantwortung, 2017, 3 (6), unter Berufung auf Max Weber; für das Datenschutzrecht *Jung/Hansch*, ZD 2019, 143 (144), die auch zutreffend darauf hinweisen, dass sie letztinstanzlich bei der obersten Leitungsebene verbleibt.

1211 *Paal/Hennemann*, NJW 2017, 1697 (1698), Fn. 8 m. w. N.; *Zech*, CR 2015, 137 (138 f.), der zu Recht darauf hinweist, dass Daten (inkl. maschinengenerierte Anwenderdaten) alle Voraussetzungen für eine Qualifikation als Güter erfüllen.

1212 Ausführlich *Louven*, in: Specht-Riemenschneider/Werry/Werry, Datenrecht, 2020, § 7.2, 799 ff.

1213 So auch *Martini*, in: Paal/Pauly, DSGVO BDSG, 2021, Art. 24, Rn. 24; *Raschauer*, in: Sydow/Marsch, DSGVO BDSG, 2022, Art. 24, Rn. 32.

1214 *Giesen*, NVwZ 2019, 1711 (1713); *Gallwas*, in: Conrad/Grützmacher, FS Schneider, 2014, 347 (357 f.), Rn. 46 ff.

ist. Grundsätzlich sind alle materiellen Anforderungen vollumfänglich zu erfüllen,[1215] dies gilt – vorbehaltlich der Wertungen des Art. 11 DSGVO[1216] – jedoch insbesondere für die Einhaltung der Betroffenenrechte gem. der Art. 15–22 DSGVO.[1217] Macht ein Betroffener eines oder mehrere seiner Rechte geltend, ist allein die Zielerreichung beispielsweise i. S. v. Vollständigkeit der Auskunft bei Art. 15 Abs. 1 DSGVO,[1218] der Kopie bei Art. 20 DSGVO oder die tatsächliche Löschung der Daten gem. Art. 17 DSGVO als Maßstab zu sehen. Ausgehend vom Schutzgut und der Formulierung der Anforderungen, muss entsprechend angenommen werden, dass es dem Verordnungsgeber primär um Effektivität ging, wenn der Verantwortliche verpflichtet wird, „geeignete und wirksame Maßnahmen treffen [zu] müssen und nachweisen [zu] können".[1219] Eine nur teilweise Erfüllung kommt dabei – vorbehaltlich etwaiger (mitgliedstaatlicher)[1220] Verweigerungsrechte und Anspruchsvoraussetzungen[1221] – grundsätzlich nicht in Betracht, und auch eine Berücksichtigung wirtschaftlicher Aufwände stellt keinen stattbaren Einwand gegen eine Erfüllung oder eine Haftungserleichterung dar.[1222] Fraglich ist indes, ob dieselbe Einschätzung für die verbleibenden Normen des Kap. III DSGVO (Artt. 12–14) und gegebenenfalls weitere Anforderungen der DSGVO getroffen werden kann. Hierfür könnte in erster Linie der risikobasierte Ansatz gem. Art. 24 Abs. 1 S. 1 DSGVO in Frage kommen.

1215 Darin ist allerdings kein Datenschutzspezifikum zu sehen, sondern dies ergibt sich generell aus dem Geltungsanspruch eines Gesetzes.

1216 *Paal/Hennemann*, in: Paal/Pauly, DSGVO BDSG, 2021, Art. 12, Rn. 15a f.; *Menke*, K&R 2020, 650 (654); *Eßer*, in: Auernhammer, DSGVO BDSG, 2020, Art. 11, Rn. 3 und 9 f.

1217 *Heberlein*, in: Ehmann/Selmayr, DSGVO, 2018, Art. 5, Rn. 30.

1218 *Mester*, in: Taeger/Gabel, DSGVO BDSG TTDSG, 2022, Art. 15, Rn. 3; OGH (Österreich), TeilUrt. v. 20.7.2021, Rn. 152: „Dass die Auskunftspflicht nicht von der bloßen Eigeneinschätzung der Beklagten („relevant") abhängen kann, bedarf keiner näheren Ausführungen.".

1219 ErwG 74, S. 2 DSGVO; der DSGVO-Entwurf des EP sah sogar ein dezidiertes Effektivitätsprinzip in Art. 5 lit. ea vor; ähnlich für die geltende DSGVO *Bäcker*, in: Kühling/Buchner, DSGVO BDSG, 2020, Art. 12, Rn. 25.

1220 Vgl. § 34 BDSG.

1221 Verweigerungsrechte finden sich bspw. Art. 15 Abs. 3 oder Art. 17 Abs. 3 DSGVO, Anspruchsvoraussetzungen enthält insbesondere Art. 21 DSGVO, wenn er verlangt, dass sich ein Widerspruchsgrund aus „der besonderen Situation" des Betroffenen ergeben muss – und eine Datenverarbeitung auch nur soweit einzustellen ist, wie dies vorliegt.

1222 Bereits zum BDSG a. F. BVerfG, Beschl. V. 9.1.2006, 2 BvR 443/02, NJW 2006, 1116 (1121), wonach keine Verweigerung aus wirtschaftlichkeitsgründen möglich ist, da die Aktenführung im Gestaltungsspielraum des Verantwortlichen liege (s. dort Rn. 54); krit. zu dem hieraus potenziell erwachsenden Aufwand bei Auskunftsersuchen *Wybitul/Brams*, NZA 2019, 672 (674 f.); *Veil*, in: Gierschmann et al., DSGVO BDSG, 2018, Art. 15, Rn. 34, geht sogar von einer Europarechtswidrigkeit aus.

B. Informationspflichtigkeit als konstitutives Merkmal von Accountability

Die bereits dargestellte Differenzierung zwischen Normen der DSGVO, welche die Rechtmäßigkeit im engeren und weiteren Sinne kategorisieren, wird als grober Ausgangspunkt für die Frage vorgeschlagen, welche Effekte der risikobasierte Ansatz des Art. 24 Abs. 1 S. 1 DSGVO und mit ihm verbundene wirtschaftliche Erwägungen entwickeln können. In der Literatur wird teilweise vertreten, dass Art. 24 DSGVO das „Wie" der Datenverarbeitungen adressiere, nicht jedoch das „Ob" i. S. v. Art. 6 DSGVO.[1223] Dem kann wegen unzureichender Differenzierung nicht in Gänze zugestimmt werden. Zwar gehört Art. 6 DSGVO zu den Normen, die einer Relativierung aus Wirtschaftlichkeits- oder Risikogründen nicht zugänglich und folglich mittels geeigneter Maßnahmen vollumfänglich umzusetzen sind. Jedoch bestehen daneben weitere Verpflichtungen, die keine unmittelbare Ausformung des „Ob's" einer Datenverarbeitung darstellen. Hierzu zählen insbesondere die Betroffenenrechte,[1224] die nicht nur vollumfänglich i. S. einer Ergebnispflicht zu gewährleisten sind, sondern sogar durch entsprechende Maßnahmen erleichtert werden müssen, Art. 12 Abs. 2 S. 1 DSGVO.[1225] Kap. III enthält jedoch ferner auch die Informationspflichten, Art. 12–14 DSGVO. Diese Normen sind regelmäßig maßgebend für das Bewusstsein der Betroffenen über die Verarbeitung sie betreffender Daten und mithin den Umstand, ob ein Akteur von Betroffenen als „*accountable*" angesehen wird. Jedoch ist im Schrifttum anerkannt, dass es sich bei ihnen lediglich um Formanforderungen handelt,[1226] deren Nichteinhaltung grundsätzlich keinen Wegfall der basalen Rechtmäßigkeit und das Entstehen einer Löschpflicht gem. Art. 17 Abs. 1 DSGVO bewirkt.[1227] Begründet wird diese Wirkung mit der fehlenden Einflussmöglichkeit des Betroffenen; ist der Verantwortliche

---

1223 So *Martini*, in: Paal/Pauly, DSGVO BDSG, 2021, Art. 24, Rn. 5b – richtigerweise müsste es eigentlich Art. 6–10 DSGVO heißen, da auch diese Normen unmittelbar die basale Rechtmäßigkeit berühren, vgl. dazu EuGH, Urt. v. 4.5.2023 – C-60/22 (zu ./. Bundesrepublik Deutschland), ECLI:EU:C:2023:373, Rn. 58.

1224 *Veil*, in: Gierschmann et al., DSGVO BDSG, 2018, Art. 15, Rn. 60; mit Verweis auf; zur engeren Rechtmäßigkeit auch *Schmidt/Brink*, in: BeckOK Datenschutzrecht, 2022, Art. 24, Rn. 12.

1225 Vgl. zu den damit verbundenen Pflichten *Quaas*, in: BeckOK Datenschutzrecht, 2022, Art. 12, Rn. 32; *Dix*, in: Simitis et al., Datenschutzrecht, 2019, Art. 12, Rn. 23.

1226 *Mester*, in: Taeger/Gabel, DSGVO BDSG TTDSG, 2022, Art. 13, Rn. 41 f.; *Bäcker*, in: Kühling/Buchner, DSGVO BDSG, 2020, Art. 13, Rn. 61, 63 ff. und 81; differenzierend *Dix*, in: Simitis et al., Datenschutzrecht, 2019, Art. 12, Rn. 5, nach dem eine falsche oder täuschende Information auch die Rechtsgrundlage beeinflussen soll.

1227 *Herbst*, in: Kühling/Buchner, DSGVO BDSG, 2020, Art. 5, Rn. 10; *Dix*, in: Simitis et al., Datenschutzrecht, 2019, Art. 13, Rn. 26; *Däubler*, in: Däubler et al., DSGVO BDSG, 2020, Art. 13, Rn. 34; Österr. BVerwG, Erkenntnis v. 31.8.2021 – W256 2227693-1/10E, S. 16 f.

verpflichtet (Art. 6 Abs. 1 lit. c DSGVO) oder (mit Einschränkungen[1228]) berechtigt (Art. 6 Abs. 1 lit. b und lit. d–f DSGVO), so sei der Betroffene seinerseits zur Duldung verpflichtet[1229] und eine unterlassene Information durch den Verantwortlichen stelle zwar einen Bußgeldtatbestand gem. Art. 83 Abs. 5 lit. b DSGVO dar, ändere jedoch nichts an der Befugnis, die Daten zu erheben und zu verarbeiten.[1230] Überträgt man diese Ratio mit dem Wortlaut des ErwG 74 (zu Art. 24 Abs. 1 S. 1) DSGVO auf „jedwede Verarbeitung personenbezogener Daten", muss allerdings auch für Art. 6 Abs. 1 und Abs. 4 DSGVO eine Risikoorientierung festgestellt werden,[1231] selbst wenn sie das „Ob" einer Datenverarbeitung betreffen.[1232]

Der Ausgangspunkt jeder Betrachtung zur risikobasierten Reduzierung bzw. Modifizierung[1233] von grundsätzlich vollumfänglich zu erfüllenden Pflichten muss mithin das Daten und ihrer Verarbeitung im konkreten Fall innewohnende Risiko sein. Als Risiko wird abstrakt gesprochen eine „durch „zufällige" Störungen verursachte Möglichkeit […] von [Abweichungen] von geplanten Zielwerten" vorgeschlagen.[1234] Diese Definition greift datenschutzrechtlich jedoch zu kurz, da auch Risiken für die Rechte und Freiheiten von Personen auch bei einer störungsfreien, planmäßigen Datenverarbeitung bestehen können.[1235] Allerdings ist die Referenzierung auf Zielwerte erkenntnisstiftend. Denn die Zielwerte der DSGVO lassen sich in einem Umkehrschluss aus ErwG 75 ermitteln und bestehen entsprechend in einem

---

1228 *Bäcker*, in: Kühling/Buchner, DSGVO BDSG, 2020, Art. 13, Rn. 66, hält die Information auch beim Fehlen einer Einwilligung für maßgeblich, wenn der Betroffene sich der Datenverarbeitung faktisch hätte entziehen können, wenn er von ihr gewusst hätte; ähnlich auch *Mester*, in: Taeger/Gabel, DSGVO BDSG TTDSG, 2022, Art. 13, Rn. 41.

1229 *Assion/Nolte/Veil*, in: Gierschmann et al., DSGVO BDSG, 2018, Art. 6, Rn. 19.

1230 Besonders deutlich *Däubler*, in: Däubler et al., DSGVO BDSG, 2020, Art. 13, Rn. 34: „An der Rechtmäßigkeit der Verarbeitung ändert sich in einem solchen Fall nichts."; inhaltlich vergleichbar *Bäcker*, in: Kühling/Buchner, DSGVO BDSG, 2020, Art. 13, Rn. 64; *Mester*, in: Taeger/Gabel, DSGVO BDSG TTDSG, 2022, Art. 13, Rn. 40.

1231 So auch *Schröder*, ZD 2029, 503 (506); *Buchner/Petri*, in: Kühling/Buchner, DSGVO BDSG, 2020, Art. 6, Rn. 14; ähnlich *Albers/Veit*, in: BeckOK Datenschutzrecht, 2022, Art. 6, Rn. 14.

1232 Dieses Ergebnis lässt sich auch durch die Systematik der Rechtfertigungsnormen im engeren Sinne stützen, wonach für qualifizierte Daten mit höheren Risiken zusätzliche Anforderungen gelten, vgl. *Petri*, in: Simitis et al., Datenschutzrecht, 2019, Art. 9, Rn. 2; DSK, Kurzpapier Nr. 17, S. 2.

1233 Der risikobasierte Ansatz kann nicht zu einer Eliminierung einzelner Pflichten führen, so aber *Veil*, ZD 2018, 9 (13); wie hier *Schröder*, ZD 2029, 503, und auch *Raschauer*, in: Sydow/Marsch, DSGVO BDSG, 2022, Art. 24, Rn. 33; dies ist auch allgemein für Compliance Management Systeme anerkannt, vgl. OLG Nürnberg, Urt. v. 30.3.2022 – 12 U 1520/19 = CB 2022, 493 m. Anm. *Johnson* (504).

1234 Mit dieser Definition *Alt*, DS 2020, 169.

1235 *Reibach*, in: Taeger/Gabel, DSGVO BDSG TTDSG, 2022, Art. 35, Rn. 13.

Schutz vor Diskriminierung, Identitätswahrung, finanzieller Unbeschadetheit, Rufwahrung, erwartungsgemäßer Vertraulichkeit und weiteren.[1236] Das Setzen der technischen und rechtlichen Gefahrenquelle für diese Zustände begründet daher auch die Haftung des Akteurs.[1237] Der Grad des Risikos kann ausgehend von der Art der Daten (etwa sensible Daten gem. Art. 9, 10 DSGVO) oder ihrer Menge variieren.[1238] Damit kann, aufbauend auf den Ausführungen zu Fürsorge- und Sorgfaltspflichten oben,[1239] ein erhöhtes Risiko für Betroffene per se bei der Involvierung weiterer Parteien gesehen werden. Damit entziehen sich die Art. 26, 28 und 44 ff. DSGVO grundsätzlich auch dem risikobasierten Ansatz gem. Art. 24 Abs. 1 S. 1 DSGVO; sie sind in Situationen tatbestandlicher Anwendbarkeit vollumfänglich obligatorisch einzuhalten. Ebenfalls dem Bereich der präventiv stets zu treffenden Maßnahmen zuzuordnen sind die Prognostizierung des möglichen Risikogrades i.R.v. Art. 35 DSGVO, nicht notwendigerweise eine vollständige Datenschutzfolgenabschätzung,[1240] sowie Herstellung der Meldefähigkeit in Fällen einer Datenschutzverletzung (Art. 4 Nr. 12 DSGVO) mit entsprechendem Risiko gem. Art. 33 f. DSGVO. Maßnahmen, die ein Verantwortlicher hierzu zu treffen hat, betreffen insbesondere seine innere Struktur,[1241] wodurch gewährleistet wird, dass keine Verarbeitung ohne eine entsprechende Prüfung und ggf. vertragliche Absicherung erfolgt. Die tatbestandliche Einschränkung auf Verantwortliche ist indes trügerisch. Zwar ist stets der Verantwortliche der korrekte Adressat der Betroffenenrechte, Meldepflichten und der Risikobeurteilung, jedoch können sich in der Praxis auch Auftragsverarbeiter mit Anfragen durch Kunden bzw. Betroffene konfrontiert sehen. Sie haben entsprechend effektive i.S.v. wirksame Maßnahmen zu treffen, um diese Anfragen zunächst als in einen fremden Hoheitsbereich gehörig einzuordnen und zu fazilitieren. Hierin besteht ein spezifischer Teil der Auftragsverarbeiter-Accountability, die auch konstitutiver Bestandteil gem. Art. 28 Abs. 1 DSGVO („hinreichende Garantien") ist. Diese Pflicht ist unmittelbarer Ausfluss der Zuständigkeit (Responsibility) des jeweiligen

---

1236 Auf die vollständige Zitation des ErwG 75 wird hier aus Platzgründen verzichtet.

1237 *Taeger*, Außervertragliche Haftung, 1995, 71; *Bayertz*, in: Bayertz, Verantwortung – Prinzip oder Problem?, 1995, 3 (25 und 29 f.).

1238 *Piltz*, in: Gola/Heckmann, DSGVO BDSG, 2022, Art. 24, Rn. 33 ff.

1239 Vgl. B.III.1.d.(2).

1240 Vgl. zur Schwellenwertanalyse *Jandt*, in: Kühling/Buchner, DSGVO BDSG, 2020, Art. 35, Rn. 6; *Martini*, in: Paal/Pauly, DSGVO BDSG, 2021, Art. 35, Rn. 25; *Bussche v. d./Raguse*, in: Plath, DSGVO BDSG TTDSG, 2023, Art. 35, Rn. 12; *Kramer/Meints*, in: Auernhammer, DSGVO BDSG, 2020, Art. 24, Rn. 8.

1241 So auch *Golland*, ZD 2020, 397 (402); *Schröder*, ZD 2019, 503; *Reibach*, in: Taeger/Gabel, DSGVO BDSG TTDSG, 2022, Art. 35, Rn. 1 f., sieht die DSFA deshalb als Ausfluss der Accountability-Normen Art. 5 Abs. 2 und Art. 24 Abs. 1; *Kramer/Meints*, in: Auernhammer, DSGVO BDSG, 2020, Art. 24, Rn. 8; *Bussche v. d./Raguse*, in: Plath, DSGVO BDSG TTDSG, 2018, Art. 35, Rn. 13 f.

Akteurs. Da diesem Akteur mithin ein erheblicher Gestaltungsspielraum sowohl bei der Beurteilung des Risikos, als auch der zur Kompensation zu treffenden Maßnahmen zukommt, verstärkt sich die ohnehin vorhandene Kontrollasymmetrie.[1242] Diese Maßnahmen beurteilen sich an ihrer Effektivität und stellen mithin Ergebnis- und nicht lediglich Prozesspflichten dar.[1243] Eine Einschränkung gem. Art. 52 Abs. 1 S. 2 GRCh als ungeschriebener Begrenzung verfängt hinsichtlich dieser Pflichten nur begrenzt. Die Verarbeitung von Daten durch Private bewegt sich, wie eingangs erwähnt, im Spannungsfeld kollidierender Grundrechte. Folgerichtig sind Maßnahmen als Vorsorgepflichten auch bereits in Abwesenheit eines konkret ersichtlichen Risikos zu treffen,[1244] sind jedoch Risiken bekannt, können diese erst recht nicht durch wirtschaftliche Erwägungen des Akteurs negiert werden.[1245] Die denklogische Konsequenz daraus ist, dass ein Akteur, der nicht über ausreichende Mittel verfügt, dem Risiko der avisierten Datenverarbeitung angemessene Maßnahmen zu treffen bzw. bei einem durch aufgrund unzureichender Maßnahmen auftretenden Schaden entsprechend zu haften, die Datenverarbeitung nicht zulässig durchführen kann und sie mithin zu unterlassen hat.[1246] Dem widerspricht eine gewisse Meinung des Schrifttums, die über den Wortlaut hinaus auch i. R. v. Art. 24 DSGVO die Implementierungskosten in Anwendung des Verhältnismäßigkeitsgrundsatzes der GRCh berücksichtigen wollen.[1247] Dieser Meinung kann nicht zugestimmt werden. Weniger als der Umstand, dass das Kostenkriterium dem Verordnungsgeber evident bekannt war und auch dort Verwendung fand, wo er es für sinnvoll und geboten hielt, streitet für die hier vertretene Auslegung, dass der tatsächlich bewirkte Schutz der Betroffenen sonst nicht länger vom

---

1242 So auch *Schröder*, ZD 2019, 503 (505) m. w. N.

1243 *Art. 29-Gruppe*, WP 173, S. 19, Rn. 63: „Weil im Rahmen der Rechenschaftspflicht Wert auf bestimmte zu erreichende Resultate (etwa ein gutes Datenschutzmanagement) gelegt wird, ist sie eher ergebnisorientiert […]".

1244 *Petri*, in: Simitis et al., Datenschutzrecht, 2019, Art. 24, Rn. 3; *Kramer/Meints*, in: Auernhammer, DSGVO BDSG, 2020, Art. 24, Rn. 8.

1245 Dies scheint *Martini*, in: Paal/Pauly, DSGVO BDSG, 2021, Art. 24, Rn. 24 anzudeuten.

1246 A.A. (und in der Sache unzutreffend) *Ritter*, in: Schwartmann et al., DSGVO BDSG, 2020, Art. 32, Rn. 96, da auch eine Konsultation der Aufsicht die Schwere des Eingriffs nicht heilen kann und eine Aufsicht in Fällen mangelnder Ressourcen eine Warnung gem. Art. 58 Abs. 2 lit. a DSGVO oder gar ein Verbot gem. Art. 58 Abs. 2 lit. f DSGVO aussprechen würde.

1247 So ausdrücklich *Hartung*, in: Kühling/Buchner, DSGVO BDSG, 2020, Art. 24, Rn. 18 unter Bezugnahme auf weitere Autoren, die allerdings zu dem Kostenargument keine Aussage treffen, sondern bei der Referenz auf die situative Angemessenheit im Hinblick auf die Daten verbleiben, etwa *Wolff*, in: Schantz/Wolff, Das neue Datenschutzrecht, 2017, S. 260, Rn. 829; *Piltz*, in: Gola/Heckmann, DSGVO BDSG, 2022, Art. 24, Rn. 58 f und 63.

inhärenten Risiko einer Datenverarbeitung abhinge, sondern von den verfügbaren Mitteln desjenigen, der sie verarbeiten, also einen Grundrechtseingriff vornehmen möchte.[1248] Dies würde zu Folgeproblemen und Wertungswidersprüchen führen, wollten zwei Akteure unterschiedlicher Größe, eine artgleiche Verarbeitung gleicher personenbezogener Daten vornehmen, der kleinere jedoch aufgrund fehlender Mittel mit einem niedrigeren Schutzniveau operieren dürfen. Auch im Vergleich mit anderen gefahrenabwehrrechtlichen Normen lässt sich eine Einschränkung auf finanziell verhältnismäßige Mittel als unzutreffend identifizieren;[1249] der Einsatz grundsätzlich risikobehafteter (Verarbeitungs-)Technik – deren Risiken aufgrund der Neuartigkeit ggf. nicht einmal vollständig überblickt werden können – wie beispielsweise der Atomkraft- oder Flugzeugbetrieb, setzt ein Mindestmaß an wirtschaftlichen Mitteln voraus, ohne die sie nicht eingesetzt werden darf. Gleiches gilt, wenn der Einsetzende die Haftung als „Korrelat des erlaubten Risikos"[1250] nicht gewährleisten kann, da ansonsten der auf eine vom Betreiber gesetzte Risikoquelle zurückgehende Schaden beim Betroffenen verbliebe. Dieses Mindestmaß an Verantwortung durch technische und organisatorische Sicherungs- und Sicherheitsmaßnahmen verbürgen Art. 24 Abs. 1 und Abs. 2 sowie die Grundsätze gem. Art. 5 DSGVO.[1251]

Damit verbleiben als wesentliche[1252] Normen, die einer risikobasierten Reduktion zugänglich sind, die Art. 25 und 32 DSGVO.[1253] Bezeichnenderweise ist vom Wortlaut ausgehend zunächst festzustellen, dass (Implementierungs-)Kosten auch expressis verbis ausschließlich in diesen beiden Normen einen Niederschlag gefunden haben, nicht jedoch in Art. 24 Abs. 1

1248 *Kramer/Meints*, in: Auernhammer, DSGVO BDSG, 2020, Art. 32, Rn. 57; allgemein zum Eingriffscharakter *DSK*, Kurzpapier Nr. 18, S. 3: „[…] jede Verarbeitung personenbezogener Daten [ist] mindestens eine Beeinträchtigung des Grundrechts auf Schutz personenbezogener Daten […]"; so auch *Bieker/Bremert*, ZD 2020, 7 (8); *Bieker*, DuD 2018, 27 (29).

1249 Vgl. zur öffentlich-rechtlichen Störerhaftung in verschiedenen Situationen Polizei- und Ordnungsrecht *Scheja*, in: Specht-Riemenschneider et al., FS Taeger, 2020, 413 (422 ff.).

1250 Ausführlich zu der dieser Sentenz zugrunde liegenden Gefährdungshaftung *Taeger*, Außervertragliche Haftung, 1995, 76 f.

1251 A.A. *Hartung*, in: Kühling/Buchner, DSGVO BDSG, 2020, Art. 24, Rn. 18, der Art. 24 als „Überblicksnorm" bezeichnet; zur Auffangfunktion von Art. 5 vgl. B.II.4. oben.

1252 Eher unwesentliche Beispiele sind die Art. 29, der lediglich ein Verarbeitungsverbot enthält, und Art. 31 DSGVO, der im Falle eines non liquet zulasten des Verantwortlichen wirkt.

1253 Zutreffend *Petri*, in: Simitis et al., Datenschutzrecht, 2019, Art. 24, Rn. 17, der darauf hinweist, dass Art. 24 durch den Wortlaut „dieser Verordnung" potenziell über Art. 25 und 32 DSGVO hinausgeht; a.A. *Hartung*, in: Kühling/Buchner, DSGVO BDSG, 2020, Art. 24, Rn. 18.

S. 1 DSGVO, womit bei letzterem der unveränderliche Nukleus des Verarbeitungsrisikos gilt. Die Implementierung von Maßnahmen zur Erfüllung der Anforderungen an datenschutzfreundliche Voreinstellungen sowie Maßnahmen der Datensicherheit orientiert sich mithin nicht ausschließlich an der Geeignetheit, sondern auch an wirtschaftlichen, kommerziellen und insbesondere Effizienzgesichtspunkten.

Effizienz könnte in dieser Beziehung allerdings in zweierlei Hinsicht verstanden werden.[1254] Einerseits kann die Verarbeitung der Daten durch den Akteur effizient sein, indem sie ihm bei gleichbleibendem Schutzniveau während der Verarbeitung der Daten einen gesteigerten Informationsmehrwert bietet.[1255] Andererseits kann der Schutz der Daten durch technische und organisatorische Maßnahmen effizient sein, indem durch bestimmte Maßnahmen bei gleichbleibender Datenverarbeitung und Informationsgenerierung eine Steigerung des Schutzniveaus erreicht wird.

Die erste Option bewertet die Datenqualität. Darunter wird der Grad verstanden, in dem die fraglichen Daten dem Verarbeiter Informationen liefern, die für einen bestimmten Verarbeitungszweck werthaltig sind.[1256] In diese Kategorie können insbesondere die sog. „Big Data"-Analysen eingeordnet werden, da sich aus Daten, denen bisher nur ein bestimmter oder kein Informationswert innewohnte,[1257] durch Mustererkennung innerhalb großer Datenmengen und Anreicherung plötzlich doch Erkenntnisse ableiten lassen.[1258] Es handelt sich mithin um eine Effizienzsteigerung. Die Voraussetzung für eine Einordnung in diese Kategorie ist jedoch, dass das Schutzniveau für Betroffene gleich bleibt, da es sich ansonsten lediglich um eine Erweiterung der Datenverarbeitung durch Anreicherung handelt. Hieraus kann auch die Korrelation hergeleitet werden, dass eine gesteigerte Effizienz i. S. eines Informationsmehrwertes in der Regel mit einem spiegelbildlich

---

1254 Nicht verstanden werden kann sie als „Wirksamkeit der Umsetzung der datenschutzrechtlichen Pflichten" (so aber *Veil*, in: Gierschmann et al., DSGVO BDSG, 2018, Art. 24, Rn. 2), denn das beträfe, wenn überhaupt, die Effektivität.

1255 Krit. zu gesteigerten Verwertungsmöglichkeiten als dem politischen Ziel eines Datenmarktes *Engeler*, NJW 2022, 3398 (3399).

1256 *Sarre/Pruß*, in: Auer-Reinsdorff/Conrad, Handbuch IT- und Datenschutzrecht, 2019, § 2, Rn. 53 f.

1257 *Pohle*, DuD 2018, 19 (20), bezeichnet diese Art der Verarbeitung als „Erzeugen", was jedoch aufgrund damit verbundener Konnotationen zu einem „Recht des Datenerzeugers" i. S. d. Immaterialgüterrechts problematisch ist, vgl. dazu *Zech*, CR 2015, 137 (138).

1258 Vgl. *Schefzig*, K&R 2014, 772 (774 f.); *Zech*, CR 2015, 137 (138) unter a); *Plath/Struck*, in: Plath, DSGVO BDSG TTDSG, 2023, Art. 6, Rn. 37; *Michl*, DuD 2017, 349 (352); *Härting/Schneider*, CR 2015, 819 (821 f.); *Tene/Polonetsky*, Northw. J. TaIP 2013, 239 (261), Rn. 55: „*Yet by its very nature, big data analysis seeks surprising correlations and produces results that resist prediction*".

gesteigerten Risiko für Betroffene verbunden ist. Um bei einem gleichbleibenden Schutzniveau eine Steigerung des Informationsgehalts zu erreichen, bieten sich insbesondere Verfahren wie Cluster-Bildung oder eine Anonymisierung der Rohdaten an, da in diesen Fällen der Eingriff in das Persönlichkeitsrecht nicht fortgesetzt wird.[1259] Sofern keine wirksame Anonymisierung verwendet wird oder gewonnene Erkenntnisse auf Einzelpersonen angewendet werden sollen, unterliegt diese Datenverarbeitung ihrerseits jedoch der Schranke der Rechtfertigungspflicht, Zweckbindung und Datenminimierung.[1260] Die DSGVO selbst stellt in dieser Hinsicht wohl schon einen Effizienzgewinn dar, da sie aufgrund des vollharmonisierenden Charakters innerhalb der EU die Differenzen zwischen den Ländern etwa hinsichtlich der Rechtmäßigkeit einer Datenverarbeitung beseitigt und damit auch Handelshemmnisse abbaut. Eine solche Harmonisierung kann indes auch in unterschiedlichen Systemen entstehen, wenn nämlich die Transaktionskosten für eine Ausnutzung lokal niedrigerer Anforderungen höher sind als für die flächendeckende Gewähr des höchsten lokalen Schutzniveaus. Zwingt beispielsweise ein Gesetz den Hersteller einer Software zur Implementierung einer Verschlüsselung, ist es wahrscheinlich, dass der Hersteller diese auch allen anderen Anwendern zur Verfügung stellt.[1261]

In diesem Beispiel ist der Übergang zur zweiten Möglichkeit zu erkennen, Datenschutz hinsichtlich seiner Effizienz zu betrachten. Diese bewertet die Qualität des Eingriffs, also die tatsächlich bewirkten Effekte auf betroffene Personen. Es stellt sich insofern insbesondere die Frage, welche Auswirkungen der risikobasierte Ansatz der DSGVO zeigt. Der risikobasierte Ansatz ist expressis verbis nur in den Normen der Art. 24 Abs. 1 S. 1, Art. 25 Abs. 1 und Art. 32 Abs. 1 Hs. 1 DSGVO angesiedelt[1262] und entfaltet insofern weder in Kap. IV DSGVO,[1263] noch innerhalb des Gesamtgefüges der DSGVO eine allgemeingültige Wirkung.[1264] Die vorherrschende Meinung

---

1259 Ob eine Anonymisierung einen (rechtfertigungsbedürftigen) Verarbeitungsschritt darstellt ist allerdings umstritten, vgl. zum Streitstand *Thüsing/Rombey*, ZD 2021, 548.

1260 *Paal/Hennemann*, NJW 2017, 1697 (1700), die insbesondere Art. 6 Abs. 1 lit. f DSGVO bei Big Data Anwendungen als „praktisch höchst relevant" einstufen.

1261 Diese Wirkung hängt wesentlich mit dem nicht rivalisierenden Charakter von Daten und Datenverarbeitungen zusammen (vgl. dazu *Zech*, CR 2015, 137 (139); *Beyer-Katzenberger*, in: Specht-Riemenschneider/Werry/Werry, Datenrecht, 2020, § 1, Rn. 4), denn bei körperlichen Gütern sind stets Produktionskosten in die Gleichung einzubeziehen.

1262 Jeweils durch die Verwendung der Formel: „[…] unter Berücksichtigung […] der unterschiedlichen Eintrittswahrscheinlichkeit und Schwere der Risiken für die [Betroffenen][…]."

1263 A.A. nur *Veil*, ZD 2015, 347 (348).

1264 Art. 25 Abs. 2 DSGVO etwa verlangt Maßnahmen zur Zweckbindung, Speicherbegrenzung und Datenminimierung in Umsetzung von Art. 5 Abs. 1 lit. b, c, und e

in der Literatur scheint soweit ersichtlich auch keine Eliminierung des Risikos zu fordern,[1265] sondern lediglich Maßnahmen zur Reduktion, die für den Akteur – sachlich und finanziell – vertretbar sind.[1266] Hierin liegt ein Ausgleich der widerstreitenden Grundrechtspositionen und ein Ausdruck des Verhältnismäßigkeitsprinzips (Art. 52 Abs. 1 S. 2 GRCh). In sachlicher Hinsicht ist der breite Strauß an möglichen Datensicherheitsmaßnahmen ein Ausfluss dieser Effizienzperspektive. Eine Verschlüsselung oder eine (wirksame) Pseudonymisierung der Daten beispielsweise bewirkt eine Steigerung des Schutzes und damit eine Reduktion des Risikos für betroffene Personen, während sie gleichzeitig die Informationsproliferation für den Verarbeiter nicht über Gebühr beeinträchtigt. Hierin ist eine Effizienzsteigerung des Schutzniveaus zu sehen, der grundsätzlich der Vorzug zu gewähren ist, sofern nicht Gründe wie insbesondere die Implementierungskosten bei IT-Systemen entgegenstehen. Wie lange dieses Argument indes noch trägt, bleibt abzuwarten. So richten sich die Pflichten der Art. 24, 25 und 32 DSGVO nicht unmittelbar an Hersteller von IT-Systemen,[1267] jedoch sind Verantwortliche gem. Art. 28 Abs. 1 DSGVO verpflichtet, nur solche Dienstleister und IT-Anwendungen einzusetzen, die ausreichende Garantien für eine datenschutzkonforme Verarbeitung bieten. Darüber hinaus entwickeln sich in der Literatur zunehmend Ansätze, die nicht-datenschutzkonforme IT-Systeme als sachmangelbehaftet ansehen und Hersteller zur Nachbesserung verpflichten wollen.[1268] Bis auf weiteres, sind die Implementierungskosten, zu denen neben der rein technischen Fähigkeit der IT-Anwendung zur Konformität (für die ggf. der Hersteller verantwortlich ist)[1269], auch die Kosten für die firmenspezifische Konfiguration, Integration und Wartung zählen, der am stärksten hemmende Faktor datenschutzfreundlicher Technologien

---

DSGVO unabhängig von der Eintrittswahrscheinlichkeit oder den Risiken der jeweiligen Datenverarbeitung.

1265 *Lang*, in: Taeger/Gabel, DSGVO BDSG TTDSG, 2022, Art. 24, Rn. 58.

1266 *Martini*, in: Paal/Pauly, DSGVO BDSG, 2021, Art. 24, Rn. 24 und 25b („[…] keine prohibitiv hohen Kosten […]"); ICO (*Elizabeth Denham*), Response to DCMS consultation „Data: a new direction", v. 6.10.2021, S. 3: „[…] it is vital that the inevitable regulatory and administrative obligations of legal compliance are proportionate to the risk an organisation's data processing activities represent. That means finding proportionate ways for organisations to demonstrate their accountability for how they collect, store, use and share our data.".

1267 *Plath*, in: Plath, DSGVO BDSG TTDSG, 2023, Art. 24, Rn. 8; *Schmidt/Brink*, in: BeckOK Datenschutzrecht, 2022, Art. 24, Rn. 8; *Martini*, in: Paal/Pauly, DSGVO BDSG, 2021, Art. 24, Rn. 19 und Art. 32, Rn. 27a.

1268 *Specht-Riemenschneider*, MMR 2020, 73; *Schneider*, ZD 2021, 458 (462); schon früh wegweisend *Taeger*, Außervertragliche Haftung, 1995, 70 ff.; auch *Conrad/Schneider*, in: Conrad/Grützmacher, FS Schneider, 2014, 1119 (1132), Rn. 30 ff., machten diesen Trend in den Entwürfen zur DSGVO aus.

1269 *Buchholtz/Stentzel*, in: Gierschmann et al., DSGVO BDSG, 2018, Art. 5, Rn. 47.

und Maßnahmen. Hierbei wohnt der Effizienz aufgrund des Verweises auf den Stand der Technik ein gewisser Abnutzungseffekt inne; wenn sich der Stand der Technik ändert, indem Einflüsse aus dem Stand der Wissenschaft aufgenommen werden, senkt sich das Schutzniveau bisheriger Maßnahmen gegebenenfalls ab. Ein bloßes Aufrechterhalten kann also bereits mit wirtschaftlichen Mehrbelastungen für Verarbeiter verbunden sein.[1270] Diese Mehrbelastung ist indes als allgemeines Handlungs- und Betriebsrisiko zu akzeptieren und kann nicht als Rechtfertigung für ein Absenken des Schutzniveaus herangezogen werden. Auch ist sie nicht geeignet unter Verweis auf die Implementierungskosten gem. Art. 25 und 32 DSGVO angewendet zu werden, da sich die Schutzwürdigkeit der Daten und die möglichen Risiken für betroffene Personen in aller Regel nicht ebenfalls vermindert haben.

In seltenen Fällen können wohl auch beide Möglichkeiten der Effizienzsteigerung gemeinsam auftreten. Beispielsweise kann durch die Beschränkung des Bildausschnitts bei einer Kamera einerseits die erforderliche Rechenleistung und Speicherkapazität reduziert und damit Kosten gesenkt werden. Andererseits kann durch die Reduzierung die Menge an personenbezogenen Daten, die sonst ggf. unabsichtlich und auch unerwünscht erhoben würden, minimiert werden.[1271]

Zusammenfassend ist Ergebnis- oder *Outcome*-Accountability folglich vornehmlich das Interesse der Betroffenen, während die Verfahrens- oder Prozessverantwortung die Verarbeiterseite betont. Ausgehend vom Schutzzweck der DSGVO sind die Geeignet- und Angemessenheit der Maßnahmen gem. Art. 24 Abs. 1 S. 1 und der Vorkehrungen gem. Art. 24 Abs. 2 DSGVO allein am faktisch erreichten Ziel zu messen. Die Datenschutz-Accountability der DSGVO bleibt damit primär eine Ergebnisverantwortung,[1272] wobei das Ergebnis teilweise ein Prozess, teilweise ein singuläres Ereignis ist, stets jedoch an der real erreichten Zielverwirklichung gemessen wird.[1273] Erst wo dies gewährleistet ist, räumt die DSGVO den insbesondere effizienzbegründeten, wirtschaftlichen Interessen des Akteurs Gestaltungsspielräume ein. Mithin sind die meisten Normen entsprechend an ihrer Wirksamkeit i. S. e.

1270 Begründet mit *Tene/Polonetsky*, Northw. J. TaIP 2013, 239 (257), Rn. 45: "[Security], in other words, is a temporary state rather than a stable category."

1271 Vgl. www.privacypatterns.org mit weiteren Beispielen; im IT-nahen Umfeld wird diese Datenreduktion als „Scrubbing" (nicht zu verwechseln mit „Scraping") bezeichnet, vgl. *Ohm*, UCLA LR 2010, 1703 (1744 f.); allgemein zu den sog. Privacy Enhancing Technologies (PET) *Lukas*, ZD 2023, 321 (322); mit dem Ansatz einer Definition *Martini*, in: Paal/Pauly, DSGVO BDSG, 2021, Art. 25, Rn. 10; *Hansen*, in: Simitis et al., Datenschutzrecht, 2019, Art. 25, Rn. 5 f.; zu dem vergleichbaren Konzept der sog. PIMS *Botta*, MMR 2021, 946 ff.

1272 *Bennett*, in: Guagnin, et al., Managing Privacy through Accountability, 2012, 33 (43).

1273 Diese Auslegung ist eine nicht-konträre Präzisierung zu *Kramer/Meints*, in: Auernhammer, DSGVO BDSG, 2020, Art. 24, Rn. 17–19.

vollumfänglichen Umsetzungspflicht zu interpretieren. Demgegenüber sind Stellen, die personenbezogene Daten verarbeiten, an einer möglichst effizienten, d. h. ressourcensparenden Verarbeitung interessiert, selbst wenn sie auch das Ziel eines starken Schutzes im gleichen Maße anerkennen wie die Betroffenen selbst. Spielräume für die Verhaltensgestaltung bzw. Process-Accountability finden damit ihren vergleichsweise eng begrenzten Niederschlag in den Art. 25 und 32 DSGVO, so dass wirtschaftlichen Aspekten ein relativ geringes Gewicht zukommt. Der allgemeine, grundsätzlich vollumfänglich anzuwendende Anforderungskatalog der DSGVO stellt insofern, insbesondere für datengetriebene Geschäftsmodelle, hohe Hürden auf, personenbezogene Daten effizienz- und mehrwertorientiert zu verarbeiten.

Eine solche Auslegung der „reinen Lehre" darf indes nicht darüber hinwegtäuschen, dass Akteure[1274] in der Praxis häufig Einbußen bei ihrer Accountability bei Umsetzung der auf Outcome gerichteten materiellen Normen in Kauf nehmen, insbesondere in Form der Responsiveness und Answerability, um finanzielle und personelle Ressourcen zu sparen. Einen bußgeldbewehrten Verstoß gegen die Accountability stellt dieser „Ausgleich" jedoch erst dar, wenn er eine entsprechende Schwere erreicht, die den Anwendungsbereich der Datenschutzprinzipien gem. Art. 5 Abs. 1 DSGVO eröffnet, denn Art. 24 DSGVO ist seinerseits nicht Bestandteil des Katalogs des Art. 83 Abs. 4 und Abs. 5 DSGVO.[1275] Auch ist zu konstatieren, dass dem Kap. IV DSGVO keine stringente bzw. umfassende Implementierung des risikobasierten Ansatzes entnommen werden kann.

h. Zeitliche Dimension von Accountability

Wenn im Schrifttum über Accountability gesprochen wird, bleibt die zeitliche Komponente häufig unbeachtet oder sie wird in der jeweils gegebenen Konstellation impliziert. Zumindest in Sicht des Datenschutzes ist dies auf den ersten Blick nicht überraschend, schließlich sind die Normen der DSGVO im zeitlich neutralen Präsenz formuliert.[1276] Dass Accountability und die daraus erwachsenden Pflichten jedoch eine immanente zeitliche Komponente haben (müssen), ergibt sich bereits daraus, dass sie Akteure

---

1274 Als Akteure i. S. dieses Absatzes können auch die Aufsichtsbehörden gesehen werden, da auch ihre Pflichten gem. Art. 57 DSGVO als Ergebnispflichten ausgestaltet sind.

1275 Vgl. zu dieser Bedeutung B.II.4.a oben; zu einem ähnlichen Ergebnis kommt auch *Mashaw*, in: Bovens/Goodin/Schillemans, Handbook of Public Accountability, 2016, 574 (577), in seiner Betrachtung bezüglich der Finanzkrise: „Mistakes were made but within the standard of [...] accountability regimes".

1276 Krit. dazu *Pohle*, DuD 2018, 19 (21 f.).

in perpetuierter Weise verpflichten;[1277] der Fortbestand des vom Akteur aufrecht erhaltenen Zustands des Eingriffs in das Recht auf informationelle Selbstbestimmung bewirkt den Fortbestand der materiellen Pflichten. Mithin wohnt auch der DSGVO eine Implikation hinsichtlich der Bestimmung relevanter Zeitpunkte inne. Konkret können für die DSGVO jedoch zwei zeitliche Ereignisse Relevanz erlangen.[1278] Der erste Zeitpunkt in der Accountability-Beziehung ist derjenige, zu dem der Akteur in diese Position eintritt. Dies kann durch eine eigene Entscheidung oder durch Zuweisung durch andere erfolgen.[1279] Während sich dieser Zeitpunkt hinsichtlich der allgemeinen Accountability nicht pauschal bezeichnen lässt,[1280] kann er im Datenschutzrecht auf den Vorgang der Datenerhebung festgelegt werden.[1281] Daneben besteht der Zeitpunkt, in dem das Forum entscheidet, den Akteur zur Informationserteilung aufzufordern (*„calling to account"*). Diese beiden Zeitpunkte bilden mithin die Basis für eine Bestimmung der zeitlichen Komponente der Accountability-Pflichten. Aus der Differenz der beiden Zeitpunkte entsteht ein potenziell erheblicher Konflikt, da eine Handlung, die den Akteur *„accountable"* macht und die Accountability-Beziehung begründet, zeitlich lange vor der Informationsaufforderung durch das Forum liegen kann. Daraus resultiert nicht nur die Frage, zu welchem Grad sich diese Zeitspanne ausdehnen kann, sondern auch, wie mit etwaigen Wechseln des Akteurs umzugehen ist.[1282]

Um diese Pflichten entsprechend zeitlich attribuieren zu können, hilft ein Blick auf die bereits untersuchten Dimensionen von Accountability, aus denen sich eine Pflicht zur Zielerreichung (Outcome), zur Herstellung eines bestimmten Zustands (Process) und eine Haftung (liability) ergeben kann.

1277 *EDPB*, Stellungnahme 1/2020 version 2.0 v. 18.6.2021, S. 4 f.: „The principle of accountability requires continuous vigilance of the level of protection of personal data"; *Plath*, in: Plath, DSGVO BDSG TTDSG, 2023, Art. 24, Rn. 20 ff.; *Voigt*, in: Bussche v. d./Voigt, Konzerndatenschutz, 2019, Kap. 3, B, Rn. 2.

1278 *Schütz*, in: Guagnin, et al., Managing Privacy through Accountability, 2012, 233 (242), "Ex ante and ex post accountability mechanisms refer to the obligation of reporting before and after actions are taken".

1279 *EDPB*, Stellungnahme 07/2020, S. 11, Rn. 20 ff.; *Bayertz*, in: Bayertz, Verantwortung – Prinzip oder Problem?, 1995, 3 (16); *Mashaw*, in: Bovens/Goodin/Schillemans, Handbook of Public Accountability, 2016, 574 (577).

1280 Weitere Beispiele wären etwa die politische Accountability, in welcher dieser Zeitpunkt im Wahlsieg oder die *„managerial Accountability"* in dem Zeitpunkt läge, in der ein Akteur als zuständig (*responsible*) ernannt und damit berechtigt und bemächtigt wird, Entscheidungen zu treffen.

1281 *Dehon/Carey*, in: Carey, Data Protection, 2018, 42 (43).

1282 *Mashaw*, in: Bovens/Goodin/Schillemans, Handbook of Public Accountability, 2016, 574 (576), untersucht dies unter dem Gesichtspunkt eines Legislaturwechsels; das Problem lässt sich jedoch auch auf Fälle der Unternehmensnachfolge übertragen.

(1) Vorwirkung und nachgelagerte Implikationen der Dimensionen

In der englischen Originalliteratur wird Accountability überwiegend eine ausschließlich retrospektive Wirkung bescheinigt.[1283] Diese Einschätzung fußt auf dem zweiten der möglichen zeitlichen Anknüpfungspunkte und einer Konzentration auf das Element der Haftung (Liability). Es wird argumentiert, dass die ggf. sanktionsbewehrte nachgelagerte Haftung von einer Informationserteilung mit Einflussnahmemöglichkeit des Forums abzugrenzen sei.[1284] Bei Letzterem handele es sich um eine Partizipationsmöglichkeit ohne das Ziel bzw. die Absicht einer Sanktion und nur bei ersterem um eine echte Accountability. Es ist dieser Meinung zwar zuzugestehen, dass insbesondere eine gesetzliche oder auch ordnungsrechtliche Inanspruchnahme stets die vorwerfbare Vollendung der Tat oder des Versuchs voraussetzt[1285] und insofern der in Rede stehenden Handlung denklogisch zeitlich nachgelagert ist. Allerdings liegt in der Reduktion des Begriffs der Sanktion auf gesetzliche oder strafrechtliche Tatbestände eine unbegründete Verkürzung auf Ergebnisse des Handelns des Akteurs und lässt Aspekte einer Verfahrensverantwortlichkeit unberücksichtigt. Stattdessen kann die Sanktion i. S. d. hier entwickelten Definition auch darin bestehen, dass das Forum dem Akteur ein gewisses Handeln untersagt oder es ganz aus seiner Zuständigkeit (Responsibility) herauslöst. Darüber hinaus darf „*Liability*" nicht pauschal mit einem Schadensersatz(anspruch) gleichgesetzt werden.[1286] Mithin überzeugt die Ansicht einer reinen ex post-Perspektive mindestens für den Bereich unternehmerischen Handelns nicht in allen Fällen.

Accountability, nach hier vertretener Ansicht, umfasst zunächst die anlasslose und zeitlich neutrale Möglichkeit eines Forums, Informationen durch den Akteur über die Ausübung seiner Entscheidungshoheit (Responsibility) zu fordern („*calling to account*"). In systemanalytischer Hinsicht kann diese Information sowohl die bereits erfolgte oder noch andauernde Ausübung als auch die beabsichtigte zum Gegenstand haben.[1287] Dieses Verständnis wird auch aus der praktischen Überlegung heraus gestützt, dass unternehmerisches Verhalten nicht immer über klare Start- und Endzeitpunkte verfügt, die eine retrospektive Rechtfertigungsforderung zuließen. Gegen eine Re-

---

1283 *Bovens*, ELJ 2007, 447 (453); *Willems/v.Dooren*, IRAS 2011, 505 (510); dies entspricht im Wesentlichen dem klassischen Verantwortungsbegriff im Deutschen, vgl. *Bayertz*, in: Bayertz, Verantwortung – Prinzip oder Problem?, 1995, 3 (45 f.); *Werner*, in: Seibert-Fohr, Entgrenzte Verantwortung, 2020, 31 (37).
1284 *Bovens*, ELJ 2007, 447 (453); *Willems/v.Dooren*, IRAS 2011, 505 (510).
1285 *Venn/Wybitul*, NStZ 2021, 204 f.
1286 Vgl. Federal Court of Canada, Urt. v. 20.12.2010 – T-246-10, Nammo v. Transunion of Canada, Inc., Rn. 56.
1287 Im europäischen Datenschutzrecht wird diese Vorwirkung durch Art. 58 Abs. 2 lit. a DSGVO deutlich zum Ausdruck gebracht.

duktion auf eine ex post-Perspektive spricht auch die im Schrifttum anerkannte Phase der Diskussion.[1288] Sofern es sich bei einer Diskussion nicht um eine wechselseitige, folgenlose Darstellung eigener Positionen handeln soll, sondern um ein ergebnisoffenes Austauschen von Argumenten mit dem Ziel der gegenseitigen oder gemeinsamen Positionsfindung, ist dieser ein partizipatorisches Element nicht abzusprechen.

Accountability ist folglich entgegen der im Originalschrifttum geäußerten Ansicht, nicht auf eine ex post-Perspektive zu beschränken, sondern kann in Fällen einer bevorstehenden oder noch andauernden Ausübung der Responsibility sowohl ex ante-Wirkungen als auch Echtzeitteilnahme umfassen.[1289] Allerdings kommt den Formen der ex ante- und Echtzeitteilnahme aufgrund des Eingriffs in die Entscheidungshoheit des Akteurs eine deutlich höhere Invasivität zu.[1290] Dafür, dass dieser Eingriff dennoch gerechtfertigt sein kann, findet sich eine Erklärung in der deutschen Literatur zum Verantwortungsbegriff. Nach *Bayertz* besteht eine Unterscheidung zwischen der klassischen Theorie der Verantwortung und einer modernen Interpretation.[1291] Die klassische Theorie der Verantwortung umfasst, ebenso wie die Meinung zu Accountability im Originalschrifttum, eine ex post-Zurechnung von Schuld hinsichtlich eines pönalisierten Ergebnisses.[1292] Eine solche Zurechnung findet sich auch in der modernen Theorie der Verantwortung,[1293] sie beschränkt sich jedoch nicht darauf. Vielmehr ist das moderne Verständnis bestrebt, einen Zustand herzustellen, bei dem eine nachträgliche Zurechnung eines Schadens durch Vermeidung nicht mehr erforderlich ist: „Während die retrospektive Verantwortlichkeit sich auf negativ bewertete Folgen bezieht, zielt die prospektive Verantwortung auf positiv bewertete Zustände".[1294] Die Einordnung von bestimmten Umständen als positiv oder negativ kann allerdings ihrerseits im Laufe der Zeit unterschiedlich beurteilt

---

1288 *Mulgan*, AJPA 2000, 87 (88); *Bovens*, ELJ 2007, 447 (451); *ders.*, WEP 2010, 946 (952); *Willems/v.Dooren*, PMR 2012, 1011 (1017); *Bayertz*, in: Bayertz, Verantwortung – Prinzip oder Problem?, 1995, 3 (16).

1289 Dies ist auch für das sozio-philosophische Konzept der Verantwortung anerkannt, vgl. *Heidbrink*, in: Heidbrink/Langbehn/Loh, Handbuch Verantwortung, 2017, 3 (7 ff.): „Während Zurechnungen vorrangig retrospektiv vollzogen werden, besitzen Zuständigkeiten von der Tendenz eine prospektive Ausrichtung." (11).

1290 *Vincent/Zumofen*, Lien Paper 2015, S. 7: "[…] timing of transparency also affects accountability. Transparency in retrospect, as opposed to transparency in real time, closes the accountability window after a certain period of time, therefore making it less intrusive for a reporting organization.".

1291 *Bayertz*, in: Bayertz, Verantwortung – Prinzip oder Problem?, 1995, 3 (24 ff.).

1292 Ebenda, 32 und 45.

1293 So auch in der Accountability-Literatur *McAdams/Towers*, ABLJ 1978, 67: "The just allocation of fault is an essential ingredient in building a credible, healthy society."

1294 *Bayertz*, in: Bayertz, Verantwortung – Prinzip oder Problem?, 1995, 3 (45), Hervorhebung im Original.

werden,[1295] weswegen bei der Bewertung stets die ex ante Perspektive des Akteurs zu berücksichtigen ist.

Bei den als positiv angesehenen und herzustellenden Zuständen handelt es sich bei Accountability mithin um die jeweiligen Dimensionen, denn hiernach bestimmt sich, ob retrospektiv Versäumnisse zu einer Zurechnung von Schäden führen können. Accountability umfasst damit wie Verantwortung auch neben der bloßen Pflicht zur Normanwendung auch die Folgen einer nicht oder unzureichend erfolgten Umsetzung. Auf diese Weise kann Accountability sowohl prospektiv als auch retrospektiv wirken.[1296]

Es lässt sich entsprechend keine pauschale Aussage über die zeitliche Ausprägung von Accountability treffen, sondern es ist stets anhand der in einer zu beurteilenden Situation und Accountability-Beziehung konkret angewendeten Dimensionen festzustellen, ob eine ex ante, ex post oder Echtzeitwirkung vorliegt. So hat die Dimension der Responsiveness eindeutig ex ante und Echtzeitwirkungen. Ein Akteur, der sich mit der Pflicht konfrontiert sieht, sich und sein – vergangenes oder erst noch beabsichtigtes – Verhalten zu rechtfertigen, wird dieses entsprechend ausrichten, selbst wenn es noch gar nicht zu einer konkreten Informationsforderung durch das Forum gekommen ist.[1297] Das Gegenstück hierzu bilden die Dimensionen der Answerability und der Ergebniskontrolle;[1298] denklogisch ex post in Relation zum Zeitpunkt der Handlung und Informationsanforderung angesiedelt, bewirkt die Möglichkeit einer Anfrage, auf die geantwortet werden muss oder einer externen Kontrolle durch das Forum, dass der Akteur diese zwar (ex ante) in der Ausübung seiner fürderhin ausgeübten Responsibility berücksichtigt. Die eigentliche Situation von „*being called to account*" findet jedoch ex post factum statt. Responsibility bildet insofern eine Mischform, die sowohl Echtzeitinformationen umfassen kann, als auch Rechtfertigungen für zurückliegende oder beabsichtigte Handlungen und Entscheidungen.[1299] Al-

---

1295 *Mashaw*, in: Bovens/Goodin/Schillemans, Handbook of Public Accountability, 2016, 574 (580 f.); *Werner*, in: Seibert-Fohr, Entgrenzte Verantwortung, 2020, 31 (36 ff.).

1296 Vgl. *Harnisch/Zettl*, in: Seibert-Fohr, Entgrenzte Verantwortung, 2020, S. 207 (208); auch *Werner*, in: Seibert-Fohr, Entgrenzte Verantwortung, 2020, 31 (33 f. und 36 f.); *Heidbrink*, in: Heidbrink/Langbehn/Loh, Handbuch Verantwortung, 2017, 3 (7 ff.).

1297 So auch *Brandsma/Schillemans*, JPART 2013, 953 (956); *Baue/Murninghan*, JCC 2011, 27 (32); *Vincent/Zumofen*, Lien Paper 2015, S. 6; *Lindberg*, IRAS 2013, 202 (216).

1298 Eine Verhaltenskontrolle wirkt nur auf den ersten Blick wie eine Echtzeitinformation, stellt bei Lichte besehen jedoch eine Ausprägung der *ex post* Wirkung dar, weil das Verhalten die Verkörperung einer als auszuführen getroffenen Entscheidung des Akteurs ist.

1299 *Hatch*, JEduChange 2013, 113 (117), differenziert insofern zutreffend: „[…] answerability for short-term performance targets and responsibility for long-term […] goals and purposes."

lerdings ist Responsibility auch hinsichtlich ihres Effektes ein Sonderfall. Wie oben bereits dargestellt wurde, kann ein Akteur verantwortungsbewusst („*responsibly*") handeln, auch ohne dass es dafür eines externen Forums bedarf. Sofern ein Forum besteht, das einen Akteur „zur Verantwortung ziehen" möchte, ist jedoch zu unterscheiden, welche Mittel diesem Forum zur Verfügung stehen. Insbesondere die „legal Accountability",[1300] eine Form der Liability, hat mit den jeweiligen Verjährungsfristen ein klares Enddatum, nach dessen Ablauf dem Forum bestimmte Sanktionen nicht mehr zur Verfügung stehen. Eindeutig einer ex post-Wirkungsweise lässt sich Liability einordnen. Sofern ein Akteur danach „*accountable*" handeln möchte oder dazu aufgefordert wird, ist darin eine Ausprägung der moralisch-ethischen Verantwortung zu sehen, die eine Teilmenge des Schlüsselbegriffs der Responsibility darstellt. In Abwesenheit eines wirksamen Sanktions- oder Durchsetzungsmechanismus kann diese Beziehung jedoch nicht länger als echte Accountability bezeichnet werden,[1301] woraus insbesondere bei natürlichen Personen dann der subjektive – weder notwendigerweise falsche noch richtige – Eindruck entstehen kann, ein Akteur würde unverantwortlich oder „*irresponsible*" agieren und sich dadurch allgemein seiner Accountability entziehen. Dies ist jedoch als unzutreffendes Verständnis des Topos der Accountability zu werten.

Die Dimensionen der Transparenz und Informativeness lassen sich allen zeitlichen Inanspruchnahmen zuordnen. Die Pflicht zu einer (er)kenntnisstiftenden Transparenz entsteht mit dem Eintritt in die Position des Akteurs und stellt insofern eine Dauerpflicht dar. Sie erlangen jedoch auch Relevanz im Falle einer Informationsanforderung und einer Diskussion zwischen Akteur und Forum und bilden damit unabhängig vom konkreten Anfrageinhalt und ihrer Platzierung innerhalt der Accountability-Beziehung stets zu erfüllende Pflichten des Akteurs. Auch wirtschaftliche Aspekte sind in zeitlicher Hinsicht nicht eindeutig zu bestimmen. Sofern das Forum, etwa in Form von Aktionären oder anderen Profiteuren, ein Interesse an einer positiven Geschäftsentwicklung hat, ist dieses in den Dimensionen der Responsibility, Responsiveness und Stewardship zu berücksichtigen und kann entsprechend Wirkung in allen zeitlichen Perspektiven entfalten. Richtet sich die Anfrage des Forums auf Aspekte ohne wirtschaftliche Komponente, etwa bei Betroffenenanfragen nach Art. 15 DSGVO, so wächst dieser Dimension keine Aussagekraft zu. Anderen Normen der DSGVO lässt sich eine zeitliche und

---

1300 Vgl. dazu *Bovens*, ELJ 2007, 447 (456); *Romzek/Dubnick*, PAR 1987, 227 (229).
1301 *Greenleaf*, UNSW Law Research, 2019, 8: "accountability, [...] always involves legal consquences for failure to comply (liability) with any aspect of accountability.";
ähnlich *Koppell*, PAR 2005, 94 (96 f.), und *Meijer*, in: Bovens/Goodin/Schillemans, Handbook on Public Accountability, 2016, 507 (516).

wirtschaftliche Aspekte verbindende Komponente dagegen durchaus entnehmen.

(2) Ex ante factum Handlungsbedarf und ex post factum Sanktion

Ein bisher im datenschutzrechtlichen Schrifttum wenig untersuchter Aspekt der Accountability bzw. ihrer Bestandteile ist ihre zeitliche Dimension in der Gestalt, wie sie hinsichtlich des Akteurs auf der einen und des Forums auf der anderen Seite wirken und wirken sollen. Wie zuvor gezeigt,[1302] haben die Accountability-Normen der DSGVO, Art. 5 Abs. 2 und Art. 24 Abs. 1 S. 1, nur einen intrinsischen Gehalt bezüglich der Herstellung einer Bereitschaft zur Nachweisfähigkeit (Sicherstellungspflicht), und entfalten ihre jeweiligen Wirkungen stets in Zusammenschau mit materiellen Normen. Eine Reihe von Normen der DSGVO weisen dabei eine zeitliche Komponente auf, obwohl dies im Schrifttum bislang wenig Beachtung findet.[1303] Dabei ist abstrakt betrachtet zwischen den proaktiven Sicherstellungs- und den reaktiven Antwortpflichten des Akteurs zu unterscheiden.[1304] Allgemein betrachtet ist der Verantwortliche als Nukleus des datenschutzrechtlichen Verantwortungsgefüges in besonderem Maße betroffen, da ihm sowohl die vollständigen Sicherstellungs- und Nachweis-, als auch die Antwortpflichten obliegen, während etwa ein Auftragsverarbeiter sich im Rahmen der Beziehung von Art. 28 DSGVO weitgehend auf abgeleitete Positionen beziehen kann.[1305] Die proaktiven Pflichten stellen dabei eine Art „Vorfeldrecht"[1306] dar, da sie zeitlich vor der Datenverarbeitung als eigentlichem Grundrechtseingriff umzusetzen sind.[1307] Dies umfasst insbesondere Erwägungen des Verantwortlichen hinsichtlich der anwendbaren Rechtsgrundlage,[1308] und die Information der Betroffenen über die Entscheidung.[1309] Diese Entschei-

---

1302 Siehe B.II.4 oben.

1303 Irreführend insofern die Überschrift mit „Die Zeitdimension der Schutzziele" bei *Pohle*, DuD 2018, 19, der keinerlei Bezug zu den Prinzipien aus Art. 5 Abs. 1 DSGVO o. ä. nimmt.

1304 So bezeichnet die spanische Sprachfassung der DSGVO Art. 5 Abs. 2 als „*responsabilidad proactiva*".

1305 Vgl. *Kramer*, in: Auernhammer, DSGVO BDSG, 2020, Art. 29, Rn. 5.

1306 *Hohmann-Dennhardt*, RDV 2008, 1 (z. n. *Klar/Kühling*, AöR, 166 (174), Fn. 25); *Jaspers/-Schwartmann/Hermann*, in: Schwartmann/Jaspers/Thüsing/Kugelmann, DSGVO BDSG, Art. 5, Rn. 77 und 79; kritisch dazu *Veil*, ZD 2018, 9 (13), der von einem „Vor-Vorfeldschutz" spricht.

1307 *Ziegenhorn/v. Heckel*, NVwZ 2016 (1585); *Berning*, ZD 2018, 348 (349); *Jaspers/ Schwartmann/Hermann*, in: Schwartmann et al., DSGVO BDSG, 2020, Art. 5, Rn. 77 und 79; *Wolff*, in: Schantz/Wolff, Das neue Datenschutzrecht, 2017, S. 258, Rn. 821.

1308 *Klar/Kühling*, AöR 2016, 166 (181).

1309 *Berning*, ZD 2018, 348 (349); vgl. auch *Krusche*, ZD 2020, 232 (236 f.), der vertritt, dass ein Rückgriff auf mehrere Rechtsgrundlagen möglich ist, sofern der Betroffene nur vorab darüber informiert wird.

dung muss ausweislich Art. 13 DSGVO bei Direkterhebung „zum Zeitpunkt der Erhebung" erfolgen oder gem. Art. 14 Abs. 2 DSGVO bei Erhebung über einen Dritten spätestens innerhalb eines Monats, regelmäßig jedoch früher aufgrund einer Nutzung der Daten, Art. 14 Abs. 3 lit. b oder lit. c DSGVO. Daneben bestehen weitere Vorfeldpflichten, die Verantwortliche grundsätzlich zu erfüllen haben, bevor die eigentliche Datenverarbeitung beginnt, namentlich Art. 25, Art. 27, Art. 26 bzw. 28, Art. 30, Art. 35 f., Art. 37 DSGVO sowie die Maßgaben von Kap. V. Die Erfüllung der Normen aus den Art. 26, 27, 28, und Kap. V sowie der Normen, die selbstregulatorische Elemente enthalten, entfalten nur dann zeitliche (Vor-)wirkung, sofern eine tatbestandliche Anwendbarkeit vorliegt. Innerhalb dieses Pflichtenkanons kommt insbesondere der vor Aufnahme und bei Durchführung der Verarbeitung vorzunehmenden Risikoeinschätzung durch den (ggf. gemeinsam) Verantwortlichen eine entscheidende Bedeutung zu.[1310] Neben dem in Art. 24 Abs. 1 DSGVO niedergelegten sog. risikobasierten Ansatz bei der allgemeinen Bestimmung von erforderlichen, weil nach Art des Risikos und dem Stand der Technik erforderlichen, technischen und organisatorischen Maßnahmen,[1311] spielt die vor Beginn der Verarbeitung vorzunehmende Beurteilung des Risikos in den Art. 32 und Art. 35 (ggf. i. V. m. Art. 36) DSGVO eine Rolle. Die nach Art. 32 DSGVO zu treffenden Maßnahmen zur Datensicherheit[1312] werden entscheidend durch den Begriff und Inhalt des Risikos für Betroffene in einem konkreten Fall determiniert.[1313] Schon aus eigenen wirtschaftlichen Interessen wird ein datenschutzbestrebter Akteur diese Risikoeinschätzung entsprechend vor der konkreten Verarbeitung vornehmen, denn sie kann mit nicht unerheblichen Kosten verbunden sein, wenn ein als zu hoch eingeschätztes Risiko den Einsatz weiterer Maßnahmen erfordern würde. Umgekehrt ist ein Akteur nicht schutzwürdig, der aus eben diesen Gründen eine Tendenz zur Unterbewertung von Risiken an den Tag legt und an den erforderlichen Maßnahmen spart.[1314] Diese Einschätzung bildet

---

1310 Ausführlich dazu *Lang*, in: Taeger/Gabel, DSGVO BDSG TTDSG, 2022, Art. 24, Rn. 35 ff.; *Martini*, in: Paal/Pauly, DSGVO BDSG, 2021, Art. 24, Rn. 28 ff., und C.III.2.

1311 Vgl. zum risikobasierten Ansatz *Kramer/Meints*, in: Auernhammer, DSGVO BDSG, 2019, Art. 24, Rn. 8; zu den zu treffenden Maßnahmen *Lang*, in: Taeger/Gabel, DSGVO BDSG TTDSG, 2022, Art. 24, Rn. 58 ff.

1312 Zum Begriff der Datensicherheit in Abgrenzung zu Datenschutz *Buchner*, in: Tinnefeld/Buchner/Petri/Hof, Datenschutzrecht, 2020, 248, Rn. 71; *Kramer/Meints*, in: Auernhammer, DSGVO BDSG, 2020, Art. 24, Rn. 15 f.; allg. dazu *Jandt*, in: Kühling/Buchner, DSGVO BDSG, 2020, Art. 4, Rn. 5.

1313 *Martini*, in: Paal/Pauly, DSGVO BDSG, 2021, Art. 24, Rn. 26a: „Das Risiko bildet den Oberbegriff [...]. Die zu erwartenden Risiken [...] bilden den Richtwert, an dem der Verarbeiter seine [...] Maßnahmen auszurichten hat.".

1314 So zur rechtzeitigen Erfüllung der Informationspflichten *Bäcker*, in Kühling/Buchner, DSGVO BDSG, 2020, Art. 12, Rn. 34.

entsprechend auch den Ausgangspunkt für die Beurteilung der Anwendbarkeit von Art. 35 DSGVO.[1315] Art. 35 DSGVO normiert expressis verbis die Pflicht *vorab*, beim Bestehen eines hohen Risikos für Betroffene aufgrund der Art, des Umfangs, der Umstände oder dem Zweck der Verarbeitung, eine sog. Datenschutzfolgenabschätzung[1316] (engl. *„Data Protection Impact Assessment"*; gewöhnlich abgekürzt als DPIA) mit den Mindestinhalten des Art. 35 Abs. 7 DSGVO durchzuführen. Abhängig vom Ergebnis dieser Prüfung sind die zu ergreifenden Maßnahmen zur Risikomitigierung zu treffen (Art. 37 Abs. 7 lit. d DSGVO) und, falls anhand von Maßnahmen keine ausreichende Reduktion unter die Schwelle eines hohen Risikos erreicht werden kann, die Aufsichtsbehörde zu informieren, Art. 36 DSGVO. Nach Beginn der Verarbeitung hat der Verantwortliche für die Datenverarbeitung, die Gegenstand der Datenschutzfolgenabschätzung war, eine Sonderprüfpflicht, Art. 35 Abs. 11 Hs. 1 DSGVO, wobei die Prüfung, einschließlich Prüfprogramm und -ergebnis, zu Nachweiszwecken zu dokumentieren sind.

Keine Antwort enthält die DSGVO auf die Frage, für welche Dauer Nachweise nach Art. 35 DSGVO oder allgemeine Nachweise über die Einhaltung der Verordnung aufbewahrt werden müssen.[1317] Hier bieten die im allgemeinen Accountability-Schrifttum bekannten Kriterien eine Orientierungshilfe. Die Accountability der DSGVO ist danach zunächst als rechtlich begründete Accountability (*„Legal Accountability"*) einzustufen. Sanktionen, die ein Forum verhängen kann oder die (gerichtlich) durchgesetzt werden können, sind mithin grundsätzlich solche, die sich den anwendbaren Vorschriften des jeweils nationalen Prozess- und Verwaltungsrechts entnehmen lassen.[1318] Daraus ergeben sich drei Szenarien.

Zunächst kann eine Datenverarbeitung zum fraglichen Zeitpunkt bereits abgeschlossen sein. Ein Anspruch auf Schadenersatz für den Fall, dass diese Verarbeitung unzulässig war, verjährt gem. § 199 BGB nach drei Jahren. Ebenfalls nach drei Jahren endet gem. § 31 Abs. 2 Nr. 1 OWiG die Verfolgungsfrist, innerhalb derer ein Bußgeld wegen eines Verstoßes verhängt werden kann. Dokumentation über abgeschlossene Datenverarbeitungen müssen mithin drei Jahre nach Ablauf des Jahres, in dem die Verarbeitung eingestellt wurde, aufbewahrt werden. Diese Frist stellt sowohl ein Auf-

---

1315 *Lang*, in: Taeger/Gabel, DSGVO BDSG TTDSG, 2022, Art. 24, Rn. 61; *Kramer/ Meints*, in: Auernhammer, DSGVO BDSG, 2020, Art. 24, Rn. 8.

1316 In offizieller, wenn auch weniger gebräuchlicher Schreibweise „Datenschutz-Folgenabschätzung", siehe z. B.: *Bussche v. d./Raguse*, in: Plath, DSGVO BDSG TTDSG, 2023, Art. 35; *Raum*, in: Auernhammer, DSGVO BDSG, 2020, Art. 35.

1317 Vgl. *Voigt*, in: Taeger/Gabel, DSGVO BDSG TTDSG, 2022, Art. 5, Rn. 40, der für eine Aufbewahrung der Dokumentation und Nachweise für drei Jahre wegen der Pflichten aus dem OWiG plädiert.

1318 Hier entsteht grundsätzlich ein nicht unerhebliches Risiko einer uneinheitlichen Anwendung der DSGVO.

bewahrungsrecht als auch eine Aufbewahrungspflicht dar. Ein Aufbewahrungsrecht ist es aus Sicht des Akteurs, da dieser sich ohne die entsprechenden Dokumentationen in Fällen gerichtlicher Inanspruchnahme ggf. nicht verteidigen könnte. Aus Klägersicht handelt es sich indes um eine Aufbewahrungspflicht. Löschte ein Akteur vor Ablauf dieser Frist Daten und Dokumentationen, würde damit eine effektive Ausübung von Betroffenenrechten gem. Kap. III DSGVO und eine Überprüfung der Rechtmäßigkeit im Zeitpunkt der Verarbeitung erschwert, wenn nicht gar verhindert.[1319] Zwar ginge ein entsprechendes Verfahren im Falle des non-liquet nach hier vertretener Ansicht zu Lasten des Akteurs aus, jedoch würden Betroffene zur gerichtlichen Rechtsverfolgung genötigt. Eine Praxis, die mithin die niederschwellige Geltendmachung der Betroffenenrechte konterkarieren und Gerichte mit trivialen Verfahren überlasten würde. Folglich ist auch Art. 11 Abs. 1 DSGVO streng dem Wortlaut gemäß auszulegen, wonach es maßgeblich ist, dass ein Personenbezug für die Zweckerreichung nicht mehr erforderlich ist.[1320] Um personenbezogene Daten bereinigt kann die Dokumentation jedoch auch über die Verjährungs- bzw. die Verfolgungsfrist hinaus aufbewahrt werden, etwa wenn sich ein Verantwortlicher als Ausdruck seiner Integrität und dem Vorschlag der Art. 29-Gruppe folgend,[1321] freiwillig zu einem längeren Zeitraum verpflichtet.

Da mit dem Ablauf dieser Frist sowohl der Zweck, als auch zivilrechtliche Aufbewahrungsrechte bzw. -pflichten entfallen sind, entsteht die Löschpflicht gem. Art. 17 Abs. 1 i. V. m. Abs. 4 DSGVO unmittelbar qua legem, sofern nicht weitere Aufbewahrungsfristen etwa gem. §§ 157 HGB, 147 AO bestehen. Daraus folgt mithin auch, dass Betroffenenrechte bzgl. abgeschlossener Datenverarbeitungen nach dem Ablauf dieser Frist nicht mehr geltend gemacht bzw. negativ beschieden werden können. Neben einer abgeschlossenen Datenverarbeitung kann es als zweites Szenario Datenverarbeitungen – und mithin Grundrechtseingriffe – geben, die noch andauern. Über diese hat der Akteur sämtliche Dokumentation hinsichtlich der materiellen Anforderungen der DSGVO vorzuhalten. Dies kann insbesondere in Fällen von Dauerschuldverhältnissen zu sehr langen Aufbewahrungszeiten führen. Teil der Dokumentation muss in diesen Fällen auch sein, dass sowohl das Datenverarbeitungsvorgehen selbst als auch die Dokumentation und die getroffenen technischen und organisatorischen Maßnahmen regel-

---

1319 Dies erkennt auch *Martini*, in: Paal/Pauly, DSGVO BDSG, 2021, Art. 24, Rn. 32a.
1320 *Hansen*, in: Simitis et al., Datenschutzrecht, 2019, Art. 11, Rn. 23 ff.
1321 *Art. 29-Gruppe*, WP 173, S. 6, Rn. 14 und 15.

mäßig geprüft und sofern erforderlich angepasst wurden.[1322] Daraus ergibt sich die Bewertung von Accountability als Dauerpflicht.[1323]

Als letztes Szenario reguliert die DSGVO auch das Verhalten von Akteuren hinsichtlich Datenverarbeitungen, die noch nicht begonnen haben.[1324] Insbesondere sind hiervon Maßnahmen erfasst, die eine spätere Nachweisfähigkeit herstellen, etwa ein Ablage- und Versionierungssystem für Einwilligungen. Dies ist ein Ausdruck des gewandelten Verantwortungsgegenstandes.[1325] Allerdings besteht hinsichtlich dieser Normen und der korrespondierenden Dokumentationspflicht nur eine eingeschränkte Accountability, denn Akteure sind – mangels Datenverarbeitung ist der sachliche Anwendungsbereich (noch) nicht eröffnet – grundsätzlich nicht verpflichtet, Betroffenen oder Aufsichtsbehörden darüber Rechenschaft abzulegen. Hinsichtlich Behörden ändert sich dies, wenn die Pläne zur Datenverarbeitung sich auf einen Grad verdichtet haben, der das oben beschriebene „Frühwarnsystem"[1326] der Datenschutzfolgenabschätzung auslöst oder die Informationspflichten gem. Art. 12–14 DSGVO zu erteilen sind. Insbesondere Art. 13 Abs. 1 lit. f resp. Art. 14 Abs. 1 lit. f DSGVO verdeutlichen, dass auch die Absicht zur Vornahme bestimmter Verarbeitungsschritte schon zur Begründung einer Informationspflicht ausreicht.

2. Konzeptionelle Negativabgrenzung

Aus dem Vorstehenden wird ersichtlich, dass Accountability kontextabhängig ist und damit in verschiedenen Situationen zu unterschiedlichen Ausprägungen führt.[1327] Eine umfassende Darstellung dieser Ausprägungen ist nicht erforderlich, da vorliegend nur die Situation einer Verarbeitung personenbezogener Daten unter der Geltung der DSGVO von Interesse ist.

1322 Art. 30 Abs. 1 lit. g i. V. m. Art. 32 Abs. 1 lit. d DSGVO.
1323 *EDPB*, Stellungnahme 1/2020 version 2.0 v. 18.6.2021, S. 4 f. „The principle of accountability requires continuous vigilance of the level of protection of personal data"; *Voigt*, in: Bussche v. d./Voigt, Konzerndatenschutz, 2019, Kap. 3, B, Rn. 2; ähnlich auch der Vorschlag des Europäischen Parlaments zu einer Verordnung zu „Corporate due diligence and corporate accountability" v. 10.3.2021, P9_TA-PROV(2021)0073, ErwG. 16; grundsätzlich gilt die Einordnung als Dauerpflicht für die meisten Compliance-Anforderungen, vgl. nur *Schulz*, BB 2019, 579 (581 f.).
1324 Ablehnend für eine solche Lesart *Buchholtz/Stentzel*, in: Gierschmann et al., DSGVO BDSG, 2018, Art. 5, Rn. 49 f. (Verstoß gegen das Vorfeld-Verbot); wie hier *Wolff*, in: Schantz/Wolff, Das neue Datenschutzrecht, 2017, S. 258, Rn. 821.
1325 *Bayertz*, in: Bayertz, Verantwortung – Prinzip oder Problem?, 1995, 3 (32).
1326 So *Wedde*, in: Däubler et al., DSGVO BDSG, 2020, Art. 35, Rn. 2.
1327 *Bovens*, WEP 2010, 945: "[Accountability] can mean many different things to many different people".

B. Informationspflichtigkeit als konstitutives Merkmal von Accountability

Allerdings basiert die vorstehende Darstellung auf eben jener Grundannahme, nämlich dass Accountability als Durchsetzungsmechanismus für materielle Anforderungen fungiert.[1328] Stattdessen kann Accountability jedoch auch als (bislang eher theoretisches) Narrativ einer idealtypischen Verhaltensmaxime verstanden werden.[1329] Diese soll im Folgenden zu der hier vertretenen Auffassung von angewandter Accountability abgegrenzt und eingeordnet werden.

Die idealtypische Accountability wird in aller Regel von amerikanischen oder amerikanisch geprägten Apologeten eines Daten- bzw. Wirtschaftsliberalismus vertreten, die sich statt einer gesetzlichen Normierung des Datenschutzes auf die selbstregulatorische Wirkung angemessenen Verhaltens stützen.[1330] Ihnen zufolge sei die Bestrebung, Datenverarbeitungen zu beschränken und unter einen Rechtfertigungsvorbehalt zu stellen, notwendigerweise zum Scheitern verurteilt und nicht zeitgemäß.[1331] Vielmehr sollten Datenerhebungen und -analysen allgemein zulässig sein und nur hinsichtlich der Verwendung ihrer Ergebnisse einer Kontrolle unterliegen[1332] – ein Gedanke, der mit dem europäischen Datenschutzrecht nicht per se unvereinbar ist, wie die obigen Ausführungen zur Berechtigung des Akteurs in Form der *Legitimacy* als Dimension von Accountability gezeigt haben.[1333] Illustriert am Fair Credit Reporting Act von 1970 vertreten jedoch etwa *Weitzner/ Abelson/Berners-Lee/Feigenbaum/Hendler/Sussmann*, dass die Datenerhebung zu Zwecken der Auskunfteitätigkeit zunächst frei sein, die Nutzung der so generierten Daten bzw. Informationen in Form der Auswertung[1334] und

---

1328 Ähnlich auch *Bennett*, in: Guagnin, et al., Managing Privacy through Accountability, 2012, 33 (40): "Accountability is a means to an end, not an alternative.".

1329 Vgl. etwa den vierten Rang ("Order") bei *Dubnick*, in: O'Brien, Private Equity, Corporate Governance and the Dynamics of Capital Market Regulation, 2007, 226 (249), und die an dessen Fehlen im Sarbanes-Oxley-Act geübte Kritik (251 f.).

1330 *Tene/Polonetsky*, Northw. J. TaIP 2013, 239 (259), Rn. 49, m. w. N. unter anderem der FTC.

1331 *Weitzner/Abelson/Berners-Lee/Feigenbaum/Hendler/Sussmann*, Information Accountability, Communications to the ACM 2008, S. 82 (84); ähnliche Argumentationen gibt und gab es vereinzelt auch in Deutschland, siehe *Bull*, NVwZ 2011, 257 (259), m. w. N.; *Giesen*, NVwZ 2019, 1711 (1715 f.); *Lutterbeck*, in: Mehde/Ramsauer/Seckelmann, FS Bull, 2011, 1017; *Härting/Schneider*, CR 2015, 819.

1332 *Bennett*, in: Guagnin, et al., Managing Privacy through Accountability, 2012, 33 (39), erkennt einen ähnlichen Ansatz in *Paul Siegharts* Werk "Privacy and Computers" von 1976.

1333 *Buchner/Petri*, in: Kühling/Buchner, DSGVO BDSG, 2020, Art. 6, Rn. 14.

1334 *Tene/Polonetsky*, Northw. J. TaIP 2013, 239 (270), Rn. 87 vertreten beispielsweise *„[…] what calls for scrutiny is often not the accuracy of the raw data but rather the accuracy of the inferences drawn from the data."*

Übermittlung an Dritte jedoch eingeschränkt werden solle.[1335] Sofern eine solche Nutzung dann unzulässig gewesen sei, böten insbesondere ein klägerfreundliches Zivilprozessrecht und Sammelklagen die Möglichkeit einer Sanktion.[1336] Diese Art der Accountability fokussiert sich entsprechend stark auf das Kernelement der Sanktion[1337] und setzt in erheblichem Maße auf die Pflicht zu verantwortungsbewusstem und rücksichtsvollem (responsibly) Verhalten bzw. der gern und nicht nur im datenschutzrechtlichen Schrifttum gern bemühten Phrase der „Eigenverantwortung"[1338]. Sie steht damit in der amerikanischen Tradition der wirtschaftspolitischen Selbstregulierung[1339] und ist prima facie auch nicht grundlegend unvereinbar mit dem europäischen Datenschutzrecht, das seinerseits Auskunfteitätigkeiten zulässt und nachfolgende Datenverarbeitungen einschränkt, sofern sie nicht erforderlich (Art. 6 Abs. 1 lit. f DSGVO) oder mit dem Ursprungszweck unvereinbar sind (Art. 6 Abs. 4 DSGVO). Auch der Vorschlag, Datennutzungen durch Systemkennungen nachvollziehbar zu machen[1340] und so den Datenschutz zu befördern, ist durch Art. 25 DSGVO durchaus auch im europäischen Recht als anzustrebender Zustand verankert – in der Realität allerdings sowohl diesseits wie jenseits des Atlantiks eher Wunschdenken. Zuzugeben ist dieser Meinung, dass die DSGVO und die in ihr normierte Accountability auf eine aufsichtsbehördliche Kontrolle und Durchsetzung ausgelegt sind.[1341]

1335 Dass diese Konstruktion nicht einmal in den USA allgemein überzeugt, zeigt sich am kalifornischen Song-Beverly Credit Card Act von 1992, nach dem es Kreditkartenunternehmen grundsätzlich nicht gestattet ist, Daten zu sammeln, die nicht für die jeweilige Transaktion erforderlich sind, *Determann*, NVwZ 2016, 561 (564), Fn. 25 m.N. aus der Rechtsprechung; *Spies*, ZD 2011, 12 (14 f.) für weitere Gesetzesvorhaben.

1336 *Determann*, NVwZ 2016, 561 (564 f.); *Heinzke/Storkenmaier*, CR 2021, 299 (303 ff.) zu Möglichkeiten der Verbands- sowie der Musterfeststellungsklage unter der DSGVO; *Richardson*, Oslo LR 2015, 23 (25), die darauf hinweist, dass das *common law* im Gegensatz zum kodifizierten Recht gerade auf Rechtsfortbildung durch Klagen angewiesen sei; vgl. zum strukturell klägerfreundlichen Zivilprozessrecht aufgrund einer unterschiedlichen Beweislast auch Abschnitt B.II.4.b.(3).

1337 Dieses Verständnis ist insb. in den USA mittlerweile weit verbreitet, vgl. *Mansbridge*, in: Bovens/Goodin/Schillemans, Handbook of Public Accountability, 2016, S. 55 f.

1338 Vgl. bspw. *Schockenhoff*, ZHR 2016, 197 (198, Fn. 2 und 213 f.), und *Fleischer*, in: Grundmann et al, FS Schwark, 2009, 137, zur „Eigenverantwortung" des Vorstands einer Aktiengesellschaft.

1339 *Kranig/Peintinger*, ZD 2014, 3 (5); *Klar/Kühling*, AöR 2016, 165 (181); *Schiedermair*, Privatheit als internationales Grundrecht, 2012, 143.

1340 *Weitzner/Abelson/Berners-Lee/Feigenbaum/Hendler/Sussmann*, Information Accountability, Communications to the ACM 2008, S. 82 (86), die drei „basic features" entwickeln, anhand derer eine solche Nachvollziehbarkeit gewährleistet werden soll: (1) transaction logs, (2) policy framework und (3) reasoning tools.

1341 Vgl. bspw. die gem. Art. 31 DSGVO berechtigte Stelle: die Aufsichtsbehörde. Hierzu ausführlich B.II.4.d. oben.

B. Informationspflichtigkeit als konstitutives Merkmal von Accountability

Fähige und willige Personen oder Organisationen, wie beispielsweise Max Schrems oder seine non-profit Organisation „noyb", befinden sich entsprechend in einer strukturell schwächeren Position als Aufsichtsbehörden oder als ihre entsprechenden Pendants in Jurisdiktionen wie den USA oder Australien. Hier hätte die DSGVO pro futuro Verbesserungspotenzial.[1342]

Unvereinbar ist allerdings ein Verständnis, das Datenerhebungen und -verarbeitungen per se erst einmal zulässt, um dann anhand eines Verweises auf die Accountability der entsprechenden Akteure Einschränkungen (noch) zulässigen Verhaltens vorzunehmen oder *ex post* Sanktionen zu verhängen. Dieses Verständnis ist mit dem Grundrechtsschutz personenbezogener Daten[1343] – den es in den USA gerade nicht gibt[1344] – unvereinbar. Auch eine Verpflichtung, die gebotene Einhaltung von Datenschutzanforderungen auf vertragliche Weise in der Verarbeitungskette sicherzustellen, wie sie die APEC CBPRs oder der 2011 im US Senat versandete Entwurf eines Commercial Privacy Bill of Rights in Sec. 301 (1)[1345] vorsahen, genügt diesen Anforderungen nicht.

Datenschutz ist in der europäischen Rechtstradition ein Grundrecht, das entsprechend nicht ohne Weiteres zur Disposition ohne den Willen der Betroffenen steht. Die amerikanische Herleitung aus dem Eigentumsschutz des vierten Verfassungszusatzes und entsprechende Forderungen, Betroffene für die Nutzung ihrer Daten einfach quid pro quo zu kompensieren,[1346] ist danach nicht geeignet, eine Rechtmäßigkeit herbeizuführen. Auch in Fällen einer wirtschaftlichen Datennutzung i. S. d. §§ 312 I a, 327 III BGB[1347] vermag nicht, diese Bewertung zu ändern, da der Vertragsschluss, der eine Datenverarbeitung als Gegenleistung legitimiert, im Rahmen der Vertragsfreiheit

---

1342 Die Praxis der Gerichte beim Zuspruch immateriellen Schadenersatzes scheint sich jedoch auch in Richtung Klägerfreundlichkeit zu verschieben, vgl. überblicksartig *Schrey/Copeland*, PinG 2021, 233 (236 ff.), insb. auch LAG Köln, Urt. v. 14.9.2020 – 2 Sa 358/20, ZD 2021, 168, Rn. 32, wonach Schadenersatz einen „erzieherischen" Effekt zeitigen solle.

1343 Art. 2 Abs. 1 i. V. m. Art. 1 GG, Art. 8 GRCh, Art. 8 EMRK.

1344 Statt vieler *Klar/Kühling*, AöR 2016, 165 (176 f.).

1345 Vgl. zum letzteren *Spies*, ZD 2011, 12 (15); über die Stufe des Senats ist auch das am 11.4.2019 eingebrachte Privacy Bill of Rights Act nicht hinausgekommen, der bemerkenswerte Ähnlichkeiten mit der DSGVO aufwies (etwa Betroffenenrechte auf Information, Löschung oder Datenportabilität) und sogar vereinzelte Verschärfungen (vgl. sec. 8 zum Verbot von take-it-or-leave-it-Angeboten und damit ein strengeres Kopplungsverbot als Art. 7 Abs. 4 DSGVO) enthielt.

1346 So *Tene/Polonetsky*, Northw. J. TaIP 2013, 239 (264), Rn. 64.

1347 Hierzu entwickelt sich das Schrifttum gerade erst, etwa *Spindler*, MMR 2021, 451 (452), Fn. 35, lässt datenschutzrechtliche Aspekte zunächst außen vor, der Folgeartikel (MMR 2021, 528 (530 f.),) bleibt datenschutzrechtlich oberflächlich; *Klink-Straub*, NJW 2021, 3217 ff., behandelt sie gar nicht, sondern befasst sich mit den klassischen Fragen des Vertragsrechts.

der Entscheidung der Betroffenen unterliegt. Daten mögen (zunehmend) eine Handelsware sein,[1348] allerdings nur wenn und soweit der Inhaber der Ware handelswillig ist.

Diese modelltypische Accountability ist folglich durchaus charmant. Sie entspricht jedoch weder der europäischen Rechtstradition bezüglich materieller Anforderungsnormierung und aufsichtsbehördlicher Durchsetzung, noch gibt es einen schlüssigen Nachweis, dass die Privacy Accountability amerikanischer Prägung vorzugswürdig oder auch nur praktisch funktional wäre.

IV. Zwischenergebnis zur Schematisierung der DSGVO-Accountability

Zusammenfassend können entsprechend zwei Erkenntnisse aus der obigen Darstellung gezogen werden. Einerseits handelt es sich bei Accountability um einen fach- und kontextabhängigen Begriff, der innerhalb der letzten Jahrzehnte erheblich aufgeladen wurde. Daraus folgt, dass eine Übertragung in das europäische und insbesondere das datenschutzrechtliche Normengefüge nicht sinnvoll möglich ist. Wie die obige Darstellung jedoch zeigt, lassen sich für die verschiedenen materiellen Normen der DSGVO Anknüpfungspunkte als Erkenntnis- und mögliche Transformationsquellen finden. Andererseits ist die Accountability der DSGVO als eine rechtlich begründete, in der Terminologie der englischen Originalliteratur also eine *„legal accountability"* einzustufen. Damit entspricht sie nicht dem idealtypischen Konzept der „redlichen Eigenverantwortung", wie sie von den entsprechend liberalen Vertretern konstruiert und gefordert wird, und sie kann auch nicht als (regulierte) Selbstregulierung eingeordnet werden. Vielmehr sind ethische, moralische und anderweitig über das gesetzliche Maß hinausgehende Verpflichtungen eines Akteurs, wenn überhaupt, im Rahmen der Dimensionen der Responsibility, Responsiveness und Transparenz zu verorten, von denen zwar im Schutzniveau nach oben, nicht jedoch nach unten abgewichen werden darf.

Die obige Untersuchung der Dimensionen erhebt bei aller Erkenntnistauglichkeit keinen Anspruch auf eine erschöpfende Darstellung aller in der Literatur diskutierten Erscheinungsformen von Accountability. Neben den ausgewählten wird noch eine Vielzahl weiterer Dimensionen von einzelnen,

---

1348 Krit. zur damit verbundenen dinglichen Konnotation *Schulz*, PinG 2018, 72 ff.; *Kühling/Sackmann*, ZD 2020, 24, stattdessen vorzugswürdig sei ein zeitlich begrenztes Datennutzungs- und Verwertungsrecht *Linardatos*, in: Specht-Riemenschneider/Werry/Werry, Datenrecht, 2020, § 5.3, Rn. 58 ff.

B. Informationspflichtigkeit als konstitutives Merkmal von Accountability

gelegentlich auch mehreren Autoren, in das Konzept der Accountability hineingelesen. Dazu gehören *Explainability, Accuracy, Auditability, Fairness*[1349] oder *Leadership, Oversight, Training* und *Awareness, Monitoring* und *Verification* oder *Enforcement*,[1350] *Blameworthy* oder *obliged*,[1351] *capacity*[1352] und weitere.[1353]

Diese Überfrachtung mit vermeintlich positiv konnotierten, aber ihrerseits unbestimmten Begriffen wird im Schrifttum einheitlich als wenig sinnstiftend bei der Beurteilung erachtet, ob eine bestimmte Organisation oder Person ihrer Accountability-Pflicht gerecht geworden ist.[1354] Daher ist es wichtiger als eine umfassende Darstellung möglicher Spielarten die Erkenntnis zu entwickeln, dass Accountability bzw. ihre Dimensionen „angereichert" werden kann, wenn dies in einer bestimmten Situation für ein sachgerechtes Ergebnis geboten erscheint. Darüber hinaus ist zu beachten, dass diese Dimensionen und ihre Implikationen in der Literatur häufig unter „Laborbedingungen" untersucht werden. Akteuren[1355] und Foren[1356] wird dabei Wissen um die Umstände und Handlungsoptionen, sowie der Wille, diese auch auszuüben unterstellt, was reell nicht notwendigerweise der Fall ist. Ebenfalls zu diesen „Laborbedingungen" gehören Ansätze, die versuchen, die Dimensionen hinsichtlich ihrer Einordnung und Wirkungsweise zu diffe-

---

1349 So *FAT/ML*, ein von Microsoft, Google und Cloudflare in Kooperation mit verschiedenen Universitäten geführter "Think Tank" in den sog. „Principles for Accountable Algorithms and a Social Impact Statement for Algorithms".

1350 *CIPL*, The Concept of "Organizational Accountability", S. 2 ff.

1351 *O'Kelly/Dubnick*, Accountability and its Metaphors, 2015, S. 3; *Shoemaker*, Ethics 2011, 602 (603).

1352 *Hatch*, JEduChange 2013, 113 (118).

1353 Vgl. *Willems/v.Dooren*, PMR 2012, 1011 (1020), mit einer Literaturübersicht und (1028) mit weiteren Konzepten; *Lindberg*, IRAS 2013, 202 (204), möchte bis zu 100 Unterteilungen (Sub-Types) von Accountability identifiziert haben.

1354 *Mulgan*, PA 2000, 555 (556 ff.); *Brandsma/Schillemans*, JPART 2013, 953 (956); *Bovens*, ELJ 2007, 447 (450); *ders.*, WEP 2010, 945 (947 und 949 mit Bsp. aus der EU-Gesetzgebung); *Vincent/Zumofen*, Lien Paper 2015, S. 5.

1355 Vgl. *Gersen/Stephenson*, JLA 2014, 185 (194 ff.), untersucht, wie Akteure sich verhalten, wenn sie dem Forum unzureichendes Wissen unterstellen bzw. es tatsächlich unzureichend ist; so im Ergebnis auch *Dunn/Legge*, JPART 2001, 73.

1356 Vgl. sehr krit. *Willems/v.Dooren*, PMR 2012, 1011 (1027), u.a. "[…] ideal type citizens vote after a careful process of information and deliberation. This is a very demanding and unrealistic assumption."; *O'Kelly/Dubnick*, Accountability and its Metaphors, 2015, S. 2 („Accountability […] aims towards a kind of silence, where aims, intends and actions are transparent and clear. Accountablity as we conceive it is never so: it is noisy, complicated and multifaceted.") und 11; *Vincent/Zumofen*, Lien Paper 2015, S. 8 ("[…] citizen accountability […] is often an illusion, because citizen hardly use the information to hold […] organizations accountable for their actions.").

renzieren.[1357] Obwohl dies zweifellos für einen gewissen Erkenntnisgewinn und ein vertieftes Verständnis sorgt, steht dieses Vorgehen doch primär unter der Annahme, dass sich die Dimensionen sinnvoll trennen ließen. Wie die vorangegangenen Ausführungen zu begrifflichen und instrumentellen Überlappungen der einzelnen Dimensionen jedoch gezeigt haben, ist dies nicht nur konzeptionell fragwürdig, sondern vor allem praxisfern.[1358] Es ist daher primär angezeigt, ein praxistaugliches und lebensnahes Verständnis von Accountability durch Jurisprudenz und Verwaltungsverfahren zu erzeugen.

Grundlegend hierfür ist die Annahme, dass Accountability im gängigen Sprachgebrauch ein vielfältig aufgeladener Begriff, sowohl was seine Wirkungsweise als auch was seine Bestandteile angeht.[1359] Ausgehend von der relativ klaren und sachlich beschränkten historischen Bedeutung führt diese Aufladung dazu, dass Accountability an sich keinen bestimmbaren Inhalt mehr hat,[1360] sondern stets kontextabhängig zu bestimmen ist. Dazu trägt die zunehmend unübersichtliche,[1361] theoriezentrierte[1362] akademische Befassung mit dem Thema nur bedingt bei. Solche Theorien zu Funktion (institutionelle Theorie), Verhalten (soziale/psychologische Theorie) oder den Beziehungen (moralische Theorie)[1363] helfen Akademikern und interessierten Praktikern, ein vertieftes Verständnis für das Konzept und seine Multidimensionalität zu entwickeln; sie sollten jedoch nicht darüber hinwegtäuschen, dass der Gegenstand der Accountability stets eine Situation zwischen einem Akteur und

---

1357 Vgl. *O'Kelly/Dubnick*, Accountability and its Metaphors, 2015, S. 3 f., mit einem Überblick über verschiedene Klassifikationen; *Dubnick*, in: O'Brien, Private Equity, Corporate Governance and the Dynamics of Capital Market Regulation, 2007, 226 (245 ff.), mit vier weiteren sog. "Orders".

1358 So auch *O'Kelly/Dubnick*, Accountability and its Metaphors, 2015, S. 8 f., – was sie jedoch nicht davon abhält, ein noch weiter differenzierendes Model zum sog. Bovens-Model (Akteur-Forum bzw. Principal-Agent) aufzubauen; *Vincent/Zumofen*, Lien Paper 2015, S. 5.

1359 *Dubnick/Frederickson*, JPART 2010, 143 (144); eine ähnliche Diskussion mit philosophischer Tiefe findet im deutschen Schrifttum hinsichtlich des Begriffs der „Verantwortung" statt, worauf hier aus Gründen des Untersuchungsgegenstandes nicht eingegangen werden kann, vgl. hierzu jedoch eingehender *Werner*, in: Seibert-Fohr, Entgrenzte Verantwortung, 2020, S. 31 (32 ff.); *Birnbacher*, in: Bayertz, Verantwortung: Prinzip oder Problem, 143 (145 ff.).

1360 Vgl. *Dubnick*, in: Bovens/Goodin/Schillemans, Handbook of Public Accountability, 2016, 23 (27 ff.); *Wildavsky*, z.n. *Bovens*, WEP 2010, 945 (947): "If accountability is everything, it may be nothing".

1361 Vgl. statt vieler nur den Überblick bei *Willems/v.Dooren*, PMR 2012, 1011 (1020).

1362 *O'Kelly/Dubnick*, Accountability and its Metaphors, 2015, S. 10, zur Funktion von Theorien als Landkarten, die zwar die Orientierung ermöglichen können, jedoch nur ein Abbild der Realität sind und auch völlig falsch sein können.

1363 Mit dieser Differenzierung *O'Kelly/Dubnick*, Accountability and its Metaphors, 2015, S. 4; auch *Dubnick*, in: O'Brien, Private Equity, Corporate Governance and the Dynamics of Capital Market Regulation, 2007, 226 (245 ff.).

einem Forum ist,[1364] die in Form einer 1-zu-n-Beziehung vorliegen[1365] und dadurch eine erhebliche Komplexität erlangen kann, ohne dass sich dadurch jedoch etwas an ihrem Charakter ändere. Accountability stellt aus diesem Grund ein gesellschaftliches Narrativ dar, wonach Akteure ihre Einschätzungen bezüglich vergangenen und zukünftigen Verhaltens gegenüber ihrem Forum bzw. ihren jeweiligen Foren darstellen müssen.[1366] Vorzugswürdig ist insofern eine praxisnahe Herangehensweise. Ausgehend von den oben dargestellten und ggf. zukünftig zu ergänzenden abstrakten Merkmalen sind die materiellen Normen der DSGVO zuzuordnen, welche die rechtlich geforderte Verhaltenserwartung bilden. So kann in einer der fraglichen Verarbeitungssituation die Einhaltung von spezifizierten Zielen in der betrieblichen Praxis überprüft werden.[1367] Somit ist die gelegentlich im Schrifttum geäußerte Ansicht, dass Accountability nicht auf eine feste Definition zu beschränken sei und dass darin gerade eine Stärke des Konzepts läge,[1368] durchaus zustimmungsfähig. Um den Regelungsunterworfenen trotz der Deutungsoffenheit von Accountability die rechtsstaatlich gebotene Normenklarheit zu bieten, bedarf das Instrument der Konkretisierung. Nur so können durch die Normadressaten Handlungspflichten identifiziert und Sanktionen vermieden resp. von den Vollzugsorganen rechtssicher verhängt werden.

Ausgangspunkt der Konkretisierungsind dabei grundsätzlich die Prinzipien des Art. 5 Abs. 1 DSGVO. Diese bilden den äußeren Rahmen, innerhalb dessen ein Akteur noch als „*accountable*" angesehen werden kann.[1369] Diese Prinzipien finden ihre materielle Ausformung in den Normen der Art. 6–49 DSGVO, abzüglich der mitgliedstaatlichen Öffnungsklausel in Art. 23 und der Durchsetzungsnorm in Art. 24 DSGVO. Diese materiellen Normen bilden den inneren Rahmen als normativer Erwartungshorizont der institutionalisierten Foren, namentlich der Gerichte und Aufsichtsbehörden, für deren Einhaltung der Akteur übergeordnet, d. h. in Summe und unabhängig von einer etwaigen Delegation einzelner Handlungspflichten, zuständig (*responsible*) ist. Daneben können individuelle Besonderheiten, wie beispielsweise verbindliche Selbstverpflichtungen und grundsätzlich auch subjektive

---

1364 So auch *Willems/v.Dooren*, PMR 2012, 1011 (1017 und 1019); *Lindberg*, IRAS 2013, 202 (209); *Dubnick*, in: Bovens/Goodin/Schillemans, Handbook of Public Accountability, 2016, 21 (32); a.A. wohl *O'Kelly/Dubnick*, Accountability and its Metaphors, 2015, S. 8.

1365 *Bäcker*, in: Kühling/Buchner, DSGVO BDSG, 2020, Art. 12, Rn. 11; *Bovens*, WEP 2010, 946 (951 ff. und 957).

1366 Vgl. *Dubnick*, in: Bovens/Goodin/Schillemans, Handbook of Public Accountability, 2016, 21 (29); *Raab*, in: Guagnin, et al., Managing Privacy through Accountability, 2012, 15 (22).

1367 *Vincent/Zumofen*, Lien Paper 2015, S. 5 f.

1368 Vgl. *Sinclair*, AOS 1995, 219 (220 f.); *Dubnick/Frederickson*, JPART 2010, 143 (144).

1369 Vgl. zur Konstruktion als Rahmen B.III.1.a. oben.

Faktoren, etwa durch Betroffene, und/oder horizontale Foren wie Medien im Wege von Geschäftsentscheidungen und -prozessen zu berücksichtigen sein. Denn trotz ihres rechtlichen Charakters besteht die Accountability der DSGVO entsprechend ihrer Wurzeln ebenfalls aus dem Dreiklang der Information, Diskussion und Sanktion und der darauf beruhenden Logik einer Rechtfertigung des eigenen Tuns, der eigenen Entscheidungen mit dem Ziel der Abwendung negativer bzw. der Herbeiführung positiver Konsequenzen. Jedoch gelangen die Dimensionen der Information bzw. der Informationsfähigkeit und Diskussion bezüglich Datenverarbeitungen im Geltungsbereich der DSGVO in einer speziellen Art und Weise zur Anwendung. Sie sind grundsätzlich global, d. h. hinsichtlich aller Verarbeitungen personenbezogener Daten eines Akteurs anzuwenden und können damit entweder proaktiv (Art. 12–14 DSGVO) oder anlasslos (z. B. Art. 37 DSGVO) zu gewährleisten sein. Daneben bestehen im Rahmen der zeitlichen Dimension Pflichten, die als ex post bezeichnet werden können, wobei sich die Retrospektive aus der Aufforderung zur Informationserteilung ergibt. Diese Kategorie bilden die Betroffenenrechte gem. Art. 15–22 DSGVO, sowie Art. 77 Abs. 1 DSGVO. Die Kategorisierung als reaktive Pflichten darf jedoch nicht zu der Annahme verleiten, dass erst im Moment der Veranlassung Handlungspflichten entstehen. Vielmehr sind die entsprechend zu schaffenden Prozesse des Akteurs proaktiv und anlasslos herzustellen. Lediglich ihre Anwendung ist dann als Reaktion einzustufen und der Dimension der Answerability zuzuordnen. Abhängig vom Forum bestehen darüber hinaus verschiedene reaktive Pflichten. Diejenigen, die in Bezug auf Betroffene bestehen, lassen sich dediziert einzelnen Prinzipen zuordnen, wohingegen die zuständige Aufsichtsbehörde im Sinne eines effektiven Rechtsschutzes gem. Art. 31 DSGVO auf Pflichten- und Art. 58 Abs. 1 lit. a DSGVO auf Kompetenzseite schlicht alle Informationen anfordern darf, um die Umsetzung der DSGVO zu überwachen.

Damit ergibt sich folgende kombinierte Matrix-Darstellung der Accountability-Pflichten eines Verantwortlichen[1370] nach der DSGVO und der korrespondierenden Dimensionen des Originalschrifttums als Erkenntnisquellen:

1370 Diese Pflichten gelten für Auftragsverarbeiter nur indirekt, da sich die Art. 5 und Art. 24 DSGVO expressis verbis auf den Verantwortlichen beschränken; bzgl. Auftragsverarbeitern ließe sich ggf. eine entsprechende Matrix der Pflichten anhand von Art. 28 Abs. 2–5, Abs. 10, sowie Art. 29–32 DSGVO erstellen, sie würde aber streng genommen nicht von den Accountability-Normen erfasst.

B. Informationspflichtigkeit als konstitutives Merkmal von Accountability

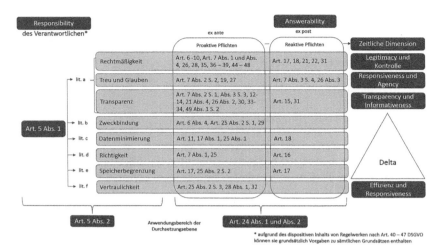

Abb. 3: Zuordnung der materiell-rechtlichen Normen als Verhaltenspflichten zu entwicklungsoffenen Inhaltsdimensionen und Identifikation eines speziell datenschutzrechtlichen Accountability-Inhalts (Delta).

Aus dieser zusammenfassenden Darstellung können mehrere Feststellungen abgeleitet werden. Einerseits lassen sich zu den materiellen Normen der DSGVO, die Ausformungen des Grundsatzes gem. Art. 5 Abs. 1 lit. a DSGVO darstellen, korrespondierende Dimensionen im Originalschrifttum finden. Ebenso kann Art. 5 Abs. 1 lit. f DSGVO gleichzeitig unter die Merkmale der Effizienz und Responsiveness subsumiert werden. Wie oben dargestellt,[1371] handelt es sich bei den meisten Pflichten der DSGVO um Ergebnispflichten, so dass nur i. R. v. Art. 25 Abs. 2, S. 3, Art. 28 Abs. 1, und Art. 32 DSGVO Wirtschaftlichkeitsaspekte zu punktuellen Entlastungen eines Verantwortlichen führen können. Potenziell beschränkt wird diese Möglichkeit wiederum durch die Erwartung der jeweiligen Foren, etwa weil ein Verantwortlicher mit besonders hoher Datensicherheit wirbt. In diesen Fällen würde ihm durch die Selbstbindung ein Rückgriff auf das gesetzlich geforderte Maß zur Rechtfertigung seines Verhaltens gegenüber dem Betroffenen verstellt, nicht jedoch gegenüber Gerichten oder Aufsichtsbehörden, da er diesen gegenüber keine Garantenstellung übernommen und Vertrauenserwartung erzeugt hat. Andererseits lässt sich aus der obigen Matrix erkennen, dass ein Delta zwischen der datenschutzrechtlichen Accountability und den im Originalschrifttum untersuchten Dimensionen existiert. Dieses umfasst insbesondere die Zweckbindung, Datenminimierung, Richtigkeit

---

1371 Vgl. B.III.1.g.

und Speicherbegrenzung. Zwar dienen diese Grundsätze im erweiterten Sinne auch der Rechtmäßigkeit und Kontrolle einer Datenverarbeitung gem. Art. 5 Abs. 1 lit. a DSGVO, wie die zuordenbaren Normen zeigen, jedoch handelt es sich um bislang nicht im Accountability-Schrifttum auftauchende Dimensionen oder Ausformungen, während Legitimacy, Controllability, Responsiveness, Agency und Transparency bereits bekannt sind.

Daraus folgt, dass die Accountability der DSGVO zumindest teilweise genuin eigene Anforderungen zur Umsetzung bringt, die einer unreflektierten Übertragung des aus dem US-amerikanischen Rechtsraum bekannten Topos entgegenstehen, da es ansonsten zu einer Verkürzung des materiellrechtlich vorgesehenen Schutzniveaus käme.

Dieser Befund steigert sich durch die Einbeziehung der verschiedenen Positionen, in denen ein Akteur personenbezogene Daten verarbeiten kann. Insbesondere die Accountability von Auftragsverarbeitern wird im Originalschrifttum soweit ersichtlich nirgends thematisiert. Dies könnte daran liegen, dass das Verhalten von Beauftragten in den USA und UK dem Beauftrager zugerechnet wird, ohne dass darin eine dogmatisch erklärungsbedürftige Situation gesehen würde.[1372] Damit wird insgesamt die Frage virulent, wessen Aufgabe die Erfüllung der soeben erarbeiteten Anforderungen in der Praxis ist, oder in der Terminologie des Originalschrifttums ausgedrückt „*Who Is Accountable for What?*"[1373]

1372 Vgl. hierzu *Wagner*, ZHR 2017, 203 (214 ff.); als ein Beispiel kann insofern auch das kanadische Recht (PIPEDA) dienen, in dessen Annex, Ziffer 4.1.3 schlicht gesagt wird, „An organization is responsible for personal information in ist possession or custody, including information that has been transferred to a third party for processing.".

1373 *Schedler*, in: Schedler/Diamond/Plattner, The Self-Restraining State, 1999, 13 (21); zur Triage mit den Fragen "to whom" und „for what" siehe Nachweise oben A.II.

C. Adressaten der Accountability-Pflichten

„Je mehr wir wissen und können, desto größere Verantwortung tragen wir."[1374] Diese 1995 in einer philosophischen Untersuchung des Begriffs und Konzepts der Verantwortung durch *Kurt Bayertz* getroffene Aussage hat auch in den 20er Jahren des 21. Jahrhunderts nichts von ihrer Trefflichkeit eingebüßt. Sie beschreibt, dass sich mit dem Wissen um mögliche Gefahren,[1375] die dem eigenen Verhalten innewohnen, ihr Charakter in den eines bewusst eingegangenen und daher auch vom Handelnden zu vertretenden Risikos wandelt.[1376] Diese Einschätzung entfaltet insbesondere in der stark arbeitsteiligen Welt der Datenverarbeitung mit ihren sog. VUKA-Effekten[1377] eine auch rechtlich zu würdigende Relevanz. Im Folgenden Abschnitt soll daher der Frage nachgegangen werden, welche Pflichten im Rahmen der DSGVO-Accountability den beteiligten Akteuren in der Verarbeitungskette zukommen und welche Auswirkungen ein Konzernverbund in diesem Zusammenhang zeigt.

Dabei bildet die im Rahmen der vorliegenden Untersuchung als Akteur bezeichnete Partei den Nukleus der Betrachtung. Akteur ist dabei ein bewusst adaptiver Begriff,[1378] soll jedoch stets im Sinne einer privatwirtschaftlich organisierten Entität verstanden werden, obwohl gem. der Definition des Verantwortlichen in Art. 4 Nr. 7 DSGVO und auch der Verantwortungsliteratur grundsätzlich ebenso natürliche Personen in Frage kommen könnten. Diese Herangehensweise und Bezeichnung erscheint aus gleich zwei Gründen als angemessen für das Thema der Accountability im Datenschutzrecht, denn sowohl Datenschutz als auch Accountability finden ihren Ursprung im öffentlich-rechtlichen Subordinationsverhältnis; einerseits das Datenschutzrecht, das ursprünglich als Abwehrrecht gegen den Staat aufgrund dessen wachsender Informationsverarbeitungskapazitäten konzipiert wurde,[1379] und andererseits die Accountability, deren Wirkung sich von den historischen

---

1374 *Bayertz*, in: Bayertz, Verantwortung – Prinzip oder Problem?, 1995, 3 (48); ähnlich *Buddeberg*, in: Heidbrink/Langbehn/Loh, Handbuch Verantwortung, 2017, 417 (421).

1375 Bzw. dem Wissenmüssen um solche Gefahren, vgl. *Risse*, NZG 2020, 856 (863).

1376 *Bayertz*, in: Bayertz, Verantwortung – Prinzip oder Problem?, 1995, 3 (49); so ebenfalls bereits früh *Taeger*, Außervertragliche Haftung, 1995, 70.

1377 Abk. für Volatilität, Unvorhersehbarkeit, Komplexität und Ambiguität, vgl. *Denga*, ZIP 2020, 945, Fn. 3, m. w. N.

1378 Vgl. A.II. zur ausführlichen Begründung.

1379 *Franzius*, ZJS 2015, 259 (261); ausführlich *Albers*, in: Friedewald/Lamla/Roßnagel, Informationelle Selbstbestimmung im digitalen Wandel, 2017, 11 (14); *Weichert*, in: Däubler et al., DSGVO BDSG, 2020, Einl., Rn. 14; *Bauer*, in: Mehde/Ramsauer/Seckelmann, FS Bull, 2011, 945 (948).

Ursprüngen ausgehend in Demokratien ins Gegenteil wendet und Träger öffentlicher Gewalt zur Rechenschaftslegung und Rechtfertigung bringt.[1380] Im staats-, politik- und verwaltungswissenschaftlichem Kontext dient Accountability dem Zweck, die Macht derer einzuhegen, die aufgrund ihrer Position Entscheidungen für und über andere treffen.[1381] Entsprechend dieser Notwendigkeit hat auch das BVerfG im „Volkszählungsurteil" 1983 entschieden, dass in seiner Freiheit gehemmt ist, wer aufgrund klandestiner Datenverarbeitungen nicht mehr abschätzen kann, „wer was wann und bei welcher Gelegenheit über [ihn] weiß."[1382] Als verfahrensrechtliche Schutzvorkehrungen sah das BVerfG entsprechend Aufklärungs-, Auskunfts-, und Löschpflichten vor,[1383] und begründete insbesondere durch die ersteren beiden die Grundvoraussetzung einer Accountability-Beziehung: die Informationsverpflichtung des Akteurs gegenüber seinen Foren.

Seit 1983 hat sich die Datenproliferation jedoch erheblich geändert. Es sind mit wenigen Ausnahmen aus dem Geheimdienstsektor wohl nicht länger staatliche Stellen, die über die potentesten oder auch nur über die Mehrheit der Mittel zur Datenverarbeitung verfügen. Der basale wie banale Grund dafür sind die immer zahlreicheren Geräte in Privatbesitz,[1384] die Daten verarbeiten und gesellschaftliche Primärziele wie Digitalisierung und Vernetzung vorantreiben; ein „*connected Car*" beispielsweise kann bis zu drei Terabyte Daten pro Stunde produzieren.[1385] Die weltweite Datenmenge wächst auch ohne Berücksichtigung von Sondereffekten wie der Corona-Pandemie, die aufgrund der vermehrten Nutzung von digitalen Arbeitsformen zum Anstieg der Datenverarbeitungen führte, durch neue Technologien exponentiell und multipliziert sich nach Schätzungen alle drei bis fünf Jahre, wobei 80 % des Anteils am Datenverkehr in Deutschland auf lediglich 5–8 Unternehmen entfällt[1386] und damit der Gesamtanteil von unternehmensgenerierten

---

1380 *Scott*, JLAS 2000, 38 (41).
1381 *Alhadeff/v. Alsenoy/Dumortier*, in: Guagnin, et al., Managing Privacy through Accountability, 2012, 49 (51); *Sinclair*, AOS 1995, 219 (221); *Black*, Regulation& Governance 2008, 137 (144).
1382 BVerfG, Urt. v. 15.12.1983 – 1 BvR 209/83 u. a. – BverfGE 65, 1, Rn. 94.
1383 BVerfG, Urt. v. 15.12.1983 – 1 BvR 209/83 u. a. – BverfGE 65, 1, Rn. 102; *Albers*, in: Friedewald/Lamla/Roßnagel, Informationelle Selbstbestimmung im digitalen Wandel, 2017, 11 (14), weist zu Recht darauf hin, dass diese jedoch akzessorisch zum Schutzobjekt sind.
1384 Vgl. lesenswert *Golland*, ZD 2020, 397 zur Datenverarbeitung im Internet durch natürliche Personen als Verantwortliche i. S. v. Art. 4 Nr. 7 DSGVO; *Eichendorfer*, DuD 2016, 84 ff.; *Nebel*, in: Hentschel/Hornung/Jandt, FS Roßnagel, 2020, 341 (344 ff.).
1385 Vgl. *Kroker*, WiWo Blog v. 27.11.2018 unter Berufung auf das *IDC*: The Digitization of the World, November 2018 (aktualisiert im Mai 2020), S. 7.
1386 Vgl. die Studie der *Bundesnetzagentur*, Wettbewerbsverhältnisse auf den Transit- und Peeringmärkten, S. 16.

Datenverarbeitungen noch darüber liegen wird. Mit der Entwicklung von Quantencomputern ist von einer weiteren Potenzierung dieser Entwicklung auszugehen. Aufgrund einer unklaren Methodologie sollten derartige Schätzungen in ihrer Aussagekraft zwar nicht überbewertet werden.[1387] Der Trend, den sie abbilden, ist jedoch deutlich erkennbar: jeder Mensch generiert durch die alltägliche und teilweise unausweichliche Nutzung (oder auch nur dem Ausgesetztsein) technologischer Entwicklungen immer mehr auch personenbezogene Daten. Daten, die häufig von den Unternehmen verarbeitet werden, von denen die generierende Hard- oder Software geliefert wird und deren Geschäftsprozesse sich durch Cloudnutzungen ebenfalls multiplizieren.

Mithin hat sich die Bedrohungslage, die das BVerfG 1983 in der Person öffentlicher Stellen verortete, heute deutlich auf den privaten Sektor verlagert. Dabei ist jedoch auch das Problembewusstsein sowohl durch Betroffene als auch durch Institutionen mittlerweile ein anderes. Die IDC schreibt in ihrem White Paper in durchaus positiv konnotierter Weise: „*The data-driven world will be always on, always tracking, always monitoring, always listening and always watching – because it will be always learning*".[1388] Ob man diese Einschätzung teilt oder nicht oder sie als erstrebenswert ansieht, kann vorliegend dahinstehen. Von größerer Relevanz für die vorliegende Arbeit ist die Frage, wie mit materiellen und immateriellen Schäden umzugehen ist, die aus einer unrechtmäßigen Datenverarbeitung dieser ubiquitären Systeme entstehen können.

Dies ist nur bedingt eine Frage natürlicher Gegebenheiten i. S. v. unterschiedlichen Verursachungsnarrativen,[1389] sondern eine der sozialen[1390] und gesellschaftlich getroffenen und akzeptierten rechtlichen Wertungen[1391] und

---

1387 Die größte Verbreitung zu diesem Thema scheinen die vom Festplattenhersteller Seagate gesponserten Studien des Marktforschungsunternehmens IDC (International Data Corporation) zu haben. Aber diese White Papers enthalten zum einen selbst keine Angaben zur Ermittlung der Zahlen (oder Definitionen der Faktoren) und sind zudem nicht besonders verlässlich: Das entsprechende White Paper von 2017 prognostizierte bis 2025 einen Anstieg der weltweiten Datenmenge auf 163 Zettabyte (von lediglich 33 vorhandenen Zettabyte in 2018 und 45 Zettabyte 2019) und korrigierte diesen Wert nur ein Jahr später um ganze 12 Zettabyte nach oben auf 175 Zettabyte; vgl. *IDC*, The Digitization of the World, November 2018 (aktualisiert im Mai 2020), S. 6.

1388 Vgl. *IDC*, The Digitization of the World, November 2018 (aktualisiert im Mai 2020), S. 2.

1389 Erhellend zur Parallele des Zweckveranlassers im Polizei- und Ordnungsrecht *Scheja*, in: Specht-Riemenschneider et al., FS Taeger, 2020, 413 (425).

1390 *Black*, Regulation&Governance 2008, 137 (144 f.); *Buddeberg*, in: Heidbrink/Langbehn/Loh, Handbuch Verantwortung, 2017, 417 (419 ff.); zur Legitimität eines Handelns als sozialem Phänomen *Di Fabio*, Herrschaft und Gesellschaft, 38 ff.

1391 *Bayertz*, in: Bayertz, Verantwortung – Prinzip oder Problem?, 1995, 3 (16 f.).

sie betrifft die Zurechnung (engl. wörtlich „*account-ability*") zu einem singulären Akteur oder einer mehrgliedrigen Verantwortungsgemeinschaft.[1392] Eine Verantwortungsdiffusion[1393] in Folge arbeitsteiliger Lebenssachverhalte kann von der Rechtsordnung jedenfalls nicht in einer Weise akzeptiert werden, die zu einer fehlenden Bestimmbarkeit von Haftungsobjekten und damit Schadensüberwälzung führen würde.[1394] Im Folgenden sind mithin zunächst die Erscheinungsformen von Unternehmen, bzw. Akteuren allgemein, im Datenschutzrecht darzustellen, um darauf aufbauend Zurechnungsoptionen zu ausgewählten Handlungsformen und -mustern zu untersuchen.

I. Accountability-Verpflichtete zwischen wirtschaftlicher Einheitsbetrachtung und gesellschaftsrechtlichem Trennungsgebot

Neben der Frage, welchen konkreten Inhalt Accountability insgesamt, aber speziell die im europäischen Datenschutzrecht hat, ist entscheidend, wen diese Pflichten rechtstatsächlich treffen und wer entsprechend die Erfüllung der materiellen Normen durch technische und organisatorische Maßnahmen sicherzustellen hat.[1395] Während die Bestimmung der datenschutzrechtlichen Verantwortlichkeit bei der vorliegenden Arbeit im Fokus steht, sollte sie nicht isoliert betrachtet werden. Vielmehr bedarf es einer Gesamtschau der rechtlichen Bindungen, denen ein datenverarbeitender Akteur unterliegt, womit insbesondere gesellschaftsrechtliche Verflechtungen einzubeziehen sind. Auch wirtschaftliche Realbedingungen dürfen bei dieser Betrachtung nicht außer Acht gelassen werden, da „der Konzern *selbst* eine Form der Organisation unternehmerischen Handelns ist [...]"[1396] und es mithin nicht

---

1392 *Werner*, in: Seibert-Fohr, Entgrenzte Verantwortung, 2020, 31 (45 f.); *Plath*, in: Plath, DSGVO BDSG TTDSG, 2023, Art. 26, Rn. 29, bezeichnet die gemeinsame Verantwortung i. S. v. Art. 4 Nr. 7, 26 Abs. 1 DSGVO als „Verantwortungseinheit".

1393 *Botta*, CR 2020, 505 (506 ff.); *Spiecker gen. Döhmann*, CR 2016, 697 (703); *Janicki*, in: Specht-Riemenschneider et al., FS Taeger, 2020, 197 (210); ähnlich *Scott*, JLAS 2000, 38 (46).

1394 *Monreal*, CR 2019, 797 (802), Rn. 31: „Die Konzeption des europäischen Verantwortlichen beruht auf dem Ansatz einer umfassenden Verantwortung und damit auf der Idee, dass es keine „unverantwortete" Verarbeitung personenbezogener Daten geben darf."; so auch *Raschauer*, in: Sydow/Marsch, DSGVO BDSG, 2022, Art. 4, Rn. 121, UAbs. 3.

1395 Vgl. zu den zu ergreifenden technischen und organisatorischen Maßnahmen *Veil*, in: Gierschmann et al., DSGVO BDSG, 2018, Art. 24, Rn. 71 und 72; *Wedde*, in: Däubler et al., DSGVO BDSG, 2020, Art. 24, Rn. 10, weist zutreffend darauf hin, dass das Begriffspaar der technischen und organisatorischen Maßnahmen weit auszulegen ist.

1396 *Lutter*, in: Reichert et al., FS Volhard, 1996, 105 (112), Hervh. im Original.

fernliegend erscheint, dass auch aus diesem Zusammenhang heraus Entscheidungen über Zwecke und Mittel von Datenverarbeitungen getroffen werden.[1397]

Damit ein Akteur als Zurechnungsobjekt im Rahmen einer Accountability-Beziehung überhaupt in Frage kommt, muss er *de jure* überhaupt existieren.[1398] Diese scheinbar banale Feststellung führt für die Untersuchung der datenschutzrechtlichen Accountability jedoch zu einem potenziellen Zielkonflikt, da die datenschutzrechtliche Unternehmensdefinition nicht mit der des Gesellschafts- und insbesondere des Kartellrechts übereinstimmt. Das europäische Datenschutzrecht richtet sich traditionell an singuläre Rechtseinheiten und kennt kein Konzernprivileg.[1399] Als Konzernprivileg ist dabei eine von dieser Regel des Rechtsträgerprinzips abweichende rechtliche Qualifikation von Vorgängen anzusehen, die innerhalb der Unternehmensgruppe stattfinden, verglichen mit solchen mit Bezug zu externen Stellen, insbesondere die Frage, ob ein bestimmtes Verhalten als unzulässige Form der Kollusion gem. Art. 101 Abs. 1 AEUV zu werten ist. Das Gesellschafts- und Kartellrecht geht dagegen vom sog. funktionalen Unternehmensbegriff aus und nimmt entsprechend des Konzernprivilegs bspw. Preisabsprachen innerhalb der Unternehmensgruppe vom Anwendungsbereich der Artt. 101 und 102 AEUV aus.[1400] Für juristische Personen, insbesondere solche in Konzernstrukturen, ist für die Zwecke der vorliegenden Arbeit mithin neben dem Datenschutzrecht in erster Linie das Gesellschaftsrecht relevant. Nach einer Untersuchung der datenschutzrechtlichen Verantwortlichkeitskonstruktionen muss sich daher eine Betrachtung dieser rechtlichen – insbesondere Aktien- und GmbH-rechtlichen – und zum Teil faktischen Komponenten anschließen.

Der Bestimmung des bzw. der möglichen Adressaten der Accountability vorgelagert, sind zunächst die Rollen zu untersuchen, die in der DSGVO

1397 Dies scheint auch *Spittka*, in: Taeger, Den Wandel begleiten, 2020, 41 (47 f.), zu implizieren, wenn er – nach hiesiger Auffassung zutreffend – die planvolle gruppeninterne Effizienzsteigerung als ausreichend für eine konzerninterne Joint Control annimmt.

1398 *Mechkova/Lührmann/Lindberg*, StCompIntDev 2019, 40 (43); implizit auch *Zelger*, EuR 2021, 478 (488).

1399 *Ernst*, in: Paal/Pauly, DSGVO BDSG, 2021, Art. 4, Rn. 127; *Baumgartner/Gausling*, in: Moos/Schefzig/Arning, Praxishandbuch DSGVO, 2021, Kap. 15, Rn. 52 und 64 f.; *Kühling/Klar/Sackmann*, Datenschutzrecht, 2021, Rn. 315; *Nietsch/Osmanovic*, BB 2021, 1858 (1864); *Albers/Veit*, in: BeckOK Datenschutzrecht, 2022, Art. 6, Rn. 49; *Gola*, in: Gola/Heckmann, DSGVO BDSG, 2022, Art. 83, Rn. 23 f.

1400 *Weiß*, in: Calliess/Ruffert, EUV/AEUV, 2022, Art. 101, Rn. 80 ff.; *Zimmer*, in: Immenga/Mestmäcker, Wettbewerbsrecht, AEUV, 2019, Art. 101, Rn. 35; *Louven*, in: Specht-Riemenschneider et al., FS Taeger, 2020, 725 (732); *Schroeder*, in: Wiedemann, Handbuch Kartellrecht, 2020, Kap. 2, § 9, Rn. 2 ff.

bekannt sind und welche Positionen die DSGVO diesen einzelnen Rollen zuschreibt. Danach ist zu überprüfen, wie sich die Normen der DSGVO auf diese Rollen verteilen und im Wege der Art. 5 Abs. 2 und Art. 24 Abs. 1 S. 1 DSGVO zu implementieren sind.

1. Akteure im Datenschutzrecht

Das Datenschutzrecht kennt in seinem binären Verantwortungs- und Verantwortlichkeitsgefüge historisch zwei echte und eine abgeleitete Erscheinungsform, die Akteure bei der Verarbeitung personenbezogener Daten einnehmen können. Als echte Handlungsformen können dabei der Verantwortliche, der über Zwecke und Mittel der Datenverarbeitung entscheidet, und der Auftragsverarbeiter, ehemals Auftragsdatenverarbeiter (§ 3 Abs. 7 BDSG a. F.), der Datenverarbeitungen lediglich im Auftrag und auf Weisung vornimmt, identifiziert werden. Während sich das Hessische Datenschutzgesetz von 1970 zur Frage des Adressaten noch nicht äußerte, und die OECD Guidelines von 1980 auch in ihrer revisionierten Form von 2013 von einem singulären Verantwortlichen auszugehen scheinen, findet sich spätestens seit der EU-DSRL die Konstruktion des gemeinsamen Verantwortlichen als abgeleitete Form,[1401] worin mehr als eine Partei über die Zwecke und Mittel zumindest in Teilschritten der Datenverarbeitung[1402] gemeinsam entscheiden. Diese Entscheidung und die damit im Rahmen eines gegenseitigen Wissens und Handelns oder zumindest der Ermöglichung oder Duldung einer Datenverarbeitung ist das konstitutive Element einer gemeinsamen Verantwortung.[1403] In der Praxis gehen mit der Bestimmung der Position jedoch zahlreiche Abgrenzungsschwierigkeiten einher, sodass die folgende Darstellung keinen Anspruch auf eine erschöpfende Befassung erhebt, sondern vielmehr auf die strukturellen Merkmale abzielt.

a. Verantwortlicher für eine Datenverarbeitung

Das Zentrum der europäischen datenschutzrechtlichen Verantwortungs- und Verantwortlichkeitszuweisung ist der für die Datenverarbeitung sog. Verantwortliche, oder in der Terminologie des § 3 Abs. 7 BDSG a. F. die verantwortliche Stelle,[1404] als primärer Adressat von Rechten und Pflichten aus der

---

1401 Art. 2 lit. d DSRL.
1402 Vgl. ausführlich C. I.1.b. sogleich; EuGH, Urt. v. 29.7.2019 – C-40/17 (Fashion ID), ECLI:EU:C:2019:629, Rn. 74.
1403 *Monreal*, CR 2019, 797 (800), Rn. 16; *Haumann/Schlewing*, in: Heinze, Daten, Plattformen und KI als Dreiklang unserer Zeit, 2022, 1 (5).
1404 Vgl. *Dammann*, in: Simitis, BDSG, 2014, § 3, Rn. 225; nach *Monreal*, CR 2019, 797 (800), Rn. 17 entstand dieses Begriffspaar durch ein unzureichendes Verständnis des deutschen Gesetzgebers, der „speichernde Stelle" i. S. v. § 3 Abs. 8 BDSG 1990 mit

Datenverarbeitung.[1405] Als für die Verarbeitung Verantwortlicher wird durch die DSGVO wie schon durch die DSRL definiert, wer allein oder gemeinsam mit anderen die Zwecke und Mittel der Datenverarbeitung bestimmt, Art. 4 Nr. 7 DSGVO.[1406] Hiervon sind nach neuem wie altem Recht auch Situationen umfasst, in denen der Verantwortliche die Datenverarbeitung nicht selbst durchführt, sondern sich hierzu weiterer Stellen bedient, die dies in seinem Namen und Auftrag tun,[1407] als auch solche, in denen Entscheidungen über Zwecke und Mittel der Datenverarbeitung gemeinsam mit anderen getroffen werden.

(1) Entstehung des Verantwortlichenbegriffs

Die Konstruktion des Verantwortlichen in der DSRL geht auf das Vorbild der OECD Guidelines zum internationalen Datentransfer von 1980 zurück.[1408] Nach deren Definition im ersten Teil, Ziffer 1 lit. a) ist der Verantwortliche (engl. bereits damals als *Controller* bezeichnet), die Partei, welche befugt ist, Entscheidungen über die Inhalte und die Nutzung von personenbezogenen Daten zu treffen, unabhängig davon, ob diese Nutzung durch die Partei selbst oder in ihrem Auftrag ausgeführt wird.[1409] An dieser Definition hat sich auch bei der Revision 2013 nichts geändert. Die OECD Guidelines kennen entsprechend seit ihrer ersten Veröffentlichung sowohl den Verantwortlichen, als auch den Auftragsverarbeiter, der Daten in weisungsgebundener, also nicht selbst- bzw. selbst zweckbestimmter Form, verarbeitet und daher nur im Rahmen seiner Beauftragung Adressat von Rechten und Pflichten wird. Die Position eines gemeinsam Verantwortlichen ist weder in den 1980er noch in den 2013er OECD Guidelines enthalten. Leichte, aber für die vorliegende Untersuchung entscheidende Unterschiede fanden sich bereits in der Definition der 1981 verabschiedeten Konvention 108; danach ist „Verantwortlicher für die Datei/Datensammlung die natürliche oder juristi-

---

„verantwortliche Stelle" i. S. v. Art. 2 lit. d DSRL gleichsetzte; ähnlich *Gierschmann*, ZD 2020, 69.

1405 *Janicki*, in: Specht-Riemenschneider et al., FS Taeger, 2020, 197; zu dieser inhaltsgleichen Position i. R. d. der DSRL und der DSGVO *Monreal*, CR 2019, 797 (799), Rn. 14 und (801), Rn. 23; *Hartung*, in: Kühling/Buchner, DSGVO BDSG, 2020, Art. 4 Nr. 7, Rn. 6; *Haumann/Schlewing*, in: Heinze, Daten, Plattformen und KI als Dreiklang unserer Zeit, 2022, 1 (6).

1406 Art. 2 lit. d DSRL.

1407 Vgl. zur DSGVO ErwG 74 S. 1; vgl. zum BDSG a. F. *Dammann*, in: Simitis, BDSG, 2014, § 3, Rn. 227.

1408 Vgl. hierzu ausführlich B.II.1.c. oben.

1409 Im Originalwortlaut: "data controller" means a party who, according to domestic law, is competent *to decide* about the contents and use of personal data regardless of whether or not such data are collected, stored, processed or disseminated by that party or by an agent on its behalf", Hervh. d. d. Verfasser.

C. Adressaten der Accountability-Pflichten

sche Person, […] die nach dem innerstaatlichen Recht zuständig ist, darüber zu entscheiden, welchen Zweck die automatisierten Datei/Datensammlung haben soll, welche Daten gespeichert werden und welche Verarbeitungsverfahren […] angewendet werden". Zwischen diesen beiden Definitionen sind verschiedene Aspekte bemerkenswert.

Einerseits orientiert sich die Konvention 108 mit den Verweisen auf die natürliche oder juristische Person sowie auf das innerstaatliche Recht bereits an gesellschaftsrechtlichen Grenzen datenverarbeitender Stellen, während die OECD den neutralen Begriff der Partei wählt und auf die Entscheidung zur Datenverarbeitung abstellt. Auch kennt die Konvention 108 seinerzeit das Konzept des Auftragsverarbeiters noch nicht. Darüber hinaus jedoch stellt die Konvention 108 auf eine Zuständigkeit („*responsible*" im englischen Original) zur Datenverarbeitung ab, während die OECD von einer Befugnis („*competent*") zur Entscheidungsfindung spricht. Eine Befugnis impliziert jedoch eine Berechtigung (*Legitimacy*) zur Datenverarbeitung im eigenen Namen, während eine Zuständigkeit eine Frage der Zuschreibung bzw. Zurechnung betrifft und auch in abgeleiteter Form vorkommen kann. Die beiden Regelwerke schienen insofern unterschiedliche Schwerpunkte zu legen. Interessant ist in dieser Hinsicht insbesondere die Änderung der Definition in der modernisierten Konvention 108+ vom Mai 2018; nicht nur inkludiert diese das Institut des Auftragsverarbeiters, Art. 2 lit. f, sondern sie definiert den Verantwortlichen nun als die natürliche oder juristische Person, die allein oder gemeinsam mit anderen Entscheidungsbefugnisse („*decision-making powers*") hinsichtlich der Datenverarbeitung hat. Damit nähert sich die Konvention 108+ nicht nur den OECD Richtlinien mit ihrem Fokus auf der Entscheiderebene an, sondern sie inkorporiert auch das europa- und datenschutzrechtliche Verständnis des ggf. pluralistischen Verantwortlichen.[1410] Ob mit diesen Entscheidungsbefugnissen auch solche gemeint sind, die durch gesellschaftsrechtliche Beherrschungsverträge und ähnliche Instrumente zustande kommen, bleibt offen. Auch das Protokoll des Ad hoc Committee vom 18. Mai 2018 schafft darüber keine Klarheit, wenn anstelle etablierter datenschutzrechtlicher Begrifflichkeiten von einer/einem „*person or body*" gesprochen wird, bei der es unerheblich sein solle, wenn sich deren Entscheidungsbefugnis aus rechtlicher Zuschreibung („*legal designation*") oder faktischen Umständen („*factual circumstances*") ergäbe.[1411] Aufgrund der skizzierten, sich auch an anderen Stellen findenden Inkonsistenzen ist der Konvention 108+ entsprechend weiterhin kein allzu hoher Stellen- bzw. Erkenntniswert beizumessen.

1410 Vgl. dazu *Monreal*, CR 2019, 797 (800), Rn. 16 f.
1411 Vgl. Rn. 22 des Protokolls bzw. Explanatory Reports v. 18.5.2018.

Immerhin ist der Konvention 108+ von 2018 in Hinsicht auf die Verantwortungsherkunft eine Übereinstimmung mit der DSGVO zu attestieren. Auch danach kann Verantwortlichkeit generell aus verschiedenen Gegebenheiten resultieren.[1412] Es kann eine Verantwortlichkeit aufgrund expliziter rechtlicher Zuständigkeit sein, wobei durch eine spezialgesetzliche Norm eine natürliche oder juristische Person, Behörde oder andere Stelle zu einer bestimmten Datenverarbeitung verpflichtet wird.[1413] Daneben kommen jedoch auch eine implizite Zuständigkeit durch die tradierte Rechtspraxis und eine Verantwortlichkeit aufgrund der Möglichkeit einer tatsächlichen oder rechtlichen Einflussnahme in Betracht.[1414]

(2) Verantwortlicher nach der DSGVO

Ungeachtet des Ursprungs der Verantwortlichkeit weisen die DSRL und die DSGVO jeweils Pflichten der Stelle zu, die objektiv aufgrund einer ausgeübten oder auch unterlassenen (Mit-)Entscheidung bezüglich der Datenverarbeitung einen Einfluss ausübt. Ob eine Verantwortlichkeit vorliegt, bestimmt sich damit anhand der objektiven Sachlage[1415] und steht folglich nur bedingt zur Disposition der Parteien etwa durch Vertragsgestaltung.[1416] Jedoch wirft die Definition des Verantwortlichen in Art. 4 Nr. 7 DSGVO auf Tatbestandsebene gleich mehrere Bestimmtheitsprobleme auf. Danach ist Verantwortlicher, die natürliche oder juristische Person, die allein oder

---

1412 *Monreal*, CR 2019, 797 (802), Rn. 28 ff.; *Haumann/Schlewing*, in: Heinze, Daten, Plattformen und KI als Dreiklang unserer Zeit, 2022, 1 (3 und 8 f.).

1413 *Art.-29-Datenschutzgruppe*, WP 169, S. 12.

1414 Siehe insbesondere die jüngere EuGH-Rechtsprechung zur Verantwortungsermittlung und -verteilung bei Internetplattformen; EuGH, Urteil v. 5.6.2018 – C-210/16, Wirtschaftsakademie Schleswig-Holstein (Facebook-Fanpages), EU:C:2018:388, Rn. 36 und 39; EuGH, Urteil v. 29.7.2019 – C-40/17 (Fashion ID), EU:C:2019:629, Rn. 72 f.; *Arning/Rothkegel*, in: Taeger/Gabel, DSGVO BDSG TTDSG, 2022, Art. 4, Rn. 171; als „überschießend" abl. zu den EuGH-Kriterien *Plath*, in: Plath, DSGVO BDSG TTDSG, 2023, Art. 26, Rn. 7.

1415 Ganz h. M. *EDPB* Stellungnahme 07/2020 zum Konzept des Verantwortlichen und des Auftragsverarbeiters, Rn. 25 f.; widersprüchlich bei gemeinsam Verantwortlichen, *Plath*, in: Plath, DSGVO BDSG TTDSG, 2023, Art. 26, Rn. 30 zu 9 und 35; dies gilt auch für die gemeinsame Verantwortung, vgl. *Däubler*, in: Däubler et al., DSGVO BDSG, 2020, Art. 26, Rn. 7.

1416 So auch *Spittka*, in: Taeger, Den Wandel begleiten, 2020, 41 (51); *EDPB*, Stellungnahme 07/2020 zum Konzept des Verantwortlichen und des Auftragsverarbeiters, S. 9, Rn. 12; zu derselben Wirkung bei gemeinsamer Verantwortung *Däubler*, in: Däubler et al., DSGVO BDSG, 2020, Art. 26, Rn. 7; *Scheja*, in: Specht-Riemenschneider et al., FS Taeger, 2020, 413 (414); a.A. für die Möglichkeit zur Positionierung als Auftragsverarbeiter *Plath*, in: Plath, DSGVO BDSG TTDSG, 2023, Art. 26, Rn. 9.

gemeinsam mit anderen über die Zwecke und Mittel der Datenverarbeitung entscheidet.

Als erstes Tatbestandsmerkmal muss ein Verantwortlicher eine natürliche oder juristische Person sein. Er muss mithin zwar *de jure* existieren,[1417] obwohl es kein einheitliches europäisches Gesellschaftsrecht gibt, das Unternehmensorganisationsformen regelt.[1418] Allerdings kann diese Anforderung indes nicht als Öffnungsklausel zum jeweils nationalen Gesellschafts- und Gesellschaftsorganisationsrecht gesehen werden. Dies wird insbesondere aus Art. 4 Nr. 18 2. Hs. DSGVO deutlich, wonach eine unternehmerische Subjektsqualität begründet wird und zwar „unabhängig von [deren] Rechtsform". Die Auslegung dieser Formulierung als Annahme, der Verordnungsgeber hätte damit den Erwerbscharakter herausstellen wollen,[1419] ist ebenso wenig zwingend wie eine Lesart als schlichte Verweisung und Rücksichtnahme auf die im nationalen Gesellschaftsrecht bestehenden Organisationsformen. Insbesondere Letzteres birgt ein erhebliches Risiko einer uneinheitlichen Rechtsanwendung innerhalb der Mitgliedstaaten,[1420] denen die Durchsetzung des Datenschutzrechts obliegt, und schafft bezüglich grenzüberschreitend wirkender Mechanismen für diese Unternehmen („*enterprises*") wie Art. 47 DSGVO Problemlagen, sollte eine unterschiedliche Auslegung erfolgen. Überzeugender ist entsprechend, die Bezugnahme auf eine juristische Person autonom europarechtlich auszulegen,[1421] da sie nicht ausdrücklich auf das Recht der Mitgliedstaaten verweist,[1422] und sie in einem Gesamtzusammenhang mit den Begriffen des Unternehmens gem. Art. 4 Nr. 18 DSGVO, der Unternehmensgruppe gem. Art. 4 Nr. 19 DSGVO und dem funktionalen Unternehmensbegriff gem. Art. 83 DSGVO zu sehen. Maßgebliches Element ist in jedem Fall die Entscheidung bezüglich einer Datenverarbeitung,[1423] wie es auch im Wettbewerbsrecht für marktbezogenes Handeln anerkannt ist.[1424] Konkret muss der Verantwortliche – ob allein oder gemeinsam mit anderen – über die Zwecke und Mittel, oder anders

---

1417 *Mechkova/Lührmann/Lindberg*, StCompIntDev 2019, 40 (43).

1418 Vgl. *Veil/Walla,* BeckOGK AktG, 2022, § 291, Rn. 58 ff., nach denen lediglich Deutschland und Portugal über ein gesamtheitliches Konzernrecht verfügen.

1419 So *Faust/Spittka/Wybitul*, ZD 2016, 120 (124).

1420 Vgl. hierzu die in Deutschland geführte Diskussion um die Anwendbarkeit der §§ 30, 130 OWiG, statt vieler *Venn/Wybitul*, NZSt 2021, 204 (205 ff.); *Golla*, DuD 2021, 179 (180 f.).

1421 So auch *Cornelius*, NZWiSt 2016, 421 (424); *Louven*, in: Specht-Riemenschneider et al., FS Taeger, 2020, 725 (733).

1422 Dieses Kriterium betont der EuGH gerade als maßgeblich für die Gebotenheit einer autonomen Auslegung, vgl. etwa Urt. v. 4.5.2023 – C-300/21 (UI ./. Österreichische Post), ECLI:EU:C:2023:370, Rn. 29 und die dort angeführte Rspr.

1423 *Monreal*, CR 2019, 797 (802), Rn. 26; *Cornelius*, NZWiSt 2016, 421 (425).

1424 *Zimmer*, in: Immenga/Mestmäcker, Wettbewerbsrecht, AEUV, 2019, Art. 101 Abs. 1, Rn. 14 und 31.

gesagt, das „Ob" und das „Wie" einer Datenverarbeitung entscheiden (engl. „*decide*").[1425]

Das „Ob" der Datenverarbeitung bezeichnet Fragen der allgemeingültigen Verfügungs- und Entscheidungsgewalt (grammatikalischer Imperativ „entscheidet"),[1426] oder genauer, die Frage nach den Zielen die durch eine Datenverarbeitung bewirkt werden sollen. Diese Entscheidung obliegt ausschließlich dem Verantwortlichen.[1427] Sofern die Entscheidung gemeinsam mit oder mit Wirkung für einen oder mehrere andere Akteure bestimmt wird, d. h. dass zwischen den beiden oder allen Parteien eine erkennbare Abstimmung erfolgt,[1428] handelt es sich um eine sogleich zu erörternde gemeinsame Verantwortung. Dabei ist mit der EuGH-Rechtsprechung eine relativ niedrigschwellige Entscheidungsfindung ausreichend. Entscheidungen können danach sowohl in Form bewusster wie unbewusster Auswahlprozesse erfolgen,[1429] als auch in der direkten oder indirekten Beeinflussung ebenjener Prozesse. Der Umstand, dass der jeweilige Verantwortliche mit der Bestimmung der Zwecke zu denen eine Datenverarbeitung überhaupt („ob") stattfindet, eine maßgliche und planvolle Entscheidung für oder gegen einen Grundrechtseingriff gegen das Grundrecht der informationellen Selbstbestimmung trifft, begründet seine Eigenschaft als primärer Norm- und auch Haftungsadressat.[1430]

Das „Wie" einer Datenverarbeitung verlangt indes eine genauere Betrachtung. Definitionsgemäß wird neben der grundsätzlichen Entscheidungsbefugnis über die Zwecke, dem Verantwortlichen auch die bestimmende Rolle

---

1425 *Cornelius*, NZWiSt 2016, 421 (425); umstritten ist der konkret erforderliche Grad der Mittelmitbestimmung, zum Meinungsstreit *Petri*, in: Simitis et al., Datenschutzrecht, 2019, Art. 26, Rn. 14; *Kremer*, in: Schwartmann et al., DSGVO BDSG, 2020, Art. 26, Rn. 52; inhaltlich ähnlich jedoch im Lichte der EuGH-Rspr. ungenau bezeichnet das *EDPB*, Stellungnahme 07/2020 zum Konzept des Verantwortlichen und des Auftragsverarbeiters, S. 14, Rn. 35, die Aspekte mit „Warum" (obwohl die Ausführungen eher auf ein „Wozu" hindeuten) und „Wie".

1426 *Schreiber*, in: Plath, DSGVO BDSG TTDSG, 2023, Art. 4, Rn. 29; *Weichert*, in: Däubler et al., DSGVO BDSG, 2020, Art. 4, Rn. 87; *Cornelius*, NZWiSt 2016, 421 (425).

1427 *Monreal*, CR 2019, 797 (802), Rn. 26; *EDPB*, Stellungnahme 07/2020 zum Konzept des Verantwortlichen und des Auftragsverarbeiters, Rn. 39.

1428 *Petri*, in: Simitis et al., Datenschutzrecht, 2019, Art. 26, Rn. 14; *Plath*, in: Plath, DSGVO BDSG TTDSG, 2023, Art. 26, Rn. 8 f.; *Däubler*, in: Däubler et al., DSGVO BDSG, 2020, Art. 26, Rn. 4; *Martini*, in: Paal/Pauly, DSGVO BDSG, 2021, Art. 26, Rn. 19 f.

1429 *Nickel*, ZD 2021, 140 (141).

1430 *Schneider*, Gemeinsame Verantwortlichkeit, 2021, 95 f.; *Monreal*, CR 2019, 797 ff.; *Cornelius*, NZWiSt 2016, 421 (425); zu dieser Voraussetzung auch im Rahmen des Schadenersatzes *Haumann/Schlewing*, in: Heinze, Daten, Plattformen und KI als Dreiklang unserer Zeit, 2022, 1 (5).

über die Mittel zugeordnet. Nach der im Schrifttum h. M. muss Grad dieser Bestimmung jedoch nicht im selben Maße gegeben sein, wie bei der Bestimmung der Zwecke.[1431] Wie genau die Mittel der Datenverarbeitung, das „Wie", jedoch zu differenzieren sind, wird unterschiedlich beurteilt. Relativ isoliert unterscheidet das EDPB zwischen sog. wesentlichen und unwesentlichen Mitteln, wobei erstere der exklusiven Entscheidung des bzw. der Verantwortlichen unterliegen sollen.[1432] Als wesentlich sind danach solche Mittel anzusehen, die in einer engen Verbindung zum Zweck und Umfang einer Datenverarbeitung stehen.[1433] Als eine mögliche Erklärung für diese Kategorisierung und die Verortung in der exklusiven Hoheitssphäre des bzw. der Verantwortlichen könnte der mit der Entscheidung für oder gegen bestimmte Mittel verbundene Grad des Eingriffs in das Persönlichkeitsrecht und mögliche Auswirkungen angesehen werden.[1434] Wesentlich sind mithin Mittel, bei deren Einsatz bzw. Wechsel es zu einer Veränderung der Risiken, sei es durch eine Potenzierung des möglichen Schadens oder die Steigerung der Eintrittswahrscheinlichkeit, kommt. Als nicht wesentlich werden vom EDPB Mittel angesehen, die im Rahmen der praktischen Verarbeitung Relevanz erlangen und etwa Fragen der Implementierung oder Auswahl von konkreter Hard- und Software betreffen sollen.[1435] Diese Einschätzung führt mit ihrer anachronistischen,[1436] in einer Zeit vor dem Cloud Computing und einer ubiquitären Datenproliferation durch vernetzte Geräte angesiedelten Annahme zu gewissen faktischen und rechtstatsächlichen Friktionen.[1437] Einerseits können konkrete Hard- und Software-Komponenten teilweise nicht oder jedenfalls nur mit unverhältnismäßig hohem Aufwand identifiziert werden, ohne dass dadurch notwendig ein Schutzzuwachs entstünde. Spei-

---

1431 A.A. wohl *Janicki*, in: Specht-Riemenschneider et al., FS Taeger, 2020, 117 (202 und 207), der ein streng kumulatives Vorliegen beider Merkmale annimmt; wie hier *Spittka*, in: Taeger, Den Wandel begleiten, 2020, 41 (45); *Hartung*, in: Kühling/Buchner, DSGVO BDSG, 2020, Art. 26, Rn. 13.

1432 *EDPB*, Stellungnahme 07/2020 zum Konzept des Verantwortlichen und des Auftragsverarbeiters, S. 16, Rn. 41; noch zum WP 169 der Art. 29-Gruppe *Gierschmann*, ZD 2020, 69 (70).

1433 *EDPB*, Stellungnahme 07/2020 zum Konzept des Verantwortlichen und des Auftragsverarbeiters, S. 15, Rn. 40.

1434 Ähnlich *Arning/Rothkegel*, in: Taeger/Gabel, DSGVO BDSG TTDSG, 2022, Art. 4, Rn. 184.

1435 *EDPB*, Stellungnahme 07/2020 zum Konzept des Verantwortlichen und des Auftragsverarbeiters, S. 15, Rn. 40.

1436 Vgl. zum zunehmenden Auseinanderfallen rechtlicher und wirtschaftlicher Organisationsrealitäten *Denga*, ZIP 2020, 945 f.

1437 Ähnlich *Lutterbeck*, in: Mehde/Ramsauer/Seckelmann, FS Bull, 2011, 1017 (1021), allerdings mit einer abzulehnenden Conclusio, dass es deswegen weniger Regulierung bedürfe; vgl. auch *Janicki*, in: Specht-Riemenschneider et al., FS Taeger, 2020, 117 (204 und 210), zu sog. Distributed Ledger Technologien und smarten Systemen.

cherung in der Cloud zeichnet sich gerade auch durch redundante Strukturen aus, so dass sich der Ermittlungsaufwand einzelner Komponenten ebenfalls duplizieren würde. Darüber hinaus wäre eine solche Prüfung für sich genommen ein mögliches Sicherheitsrisiko, weil eine genaue Kenntnis über eingesetzte Hard- und Softwarekomponenten auch zu einer Kenntnis der damit verbundenen Sicherheitsschwachstellen und potenziellen Angriffsvektoren führen kann. Es scheint insofern unumgänglich, dass die Eigenschaft als datenschutzrechtlich Verantwortlicher in Fällen des Einsatzes entsprechender Dienstleister auch mit einem gewissen Unsicherheitsfaktor einhergeht, der im Rahmen der Haftung zu berücksichtigen ist.

Dies scheint auch der Meinung des EDPB zu entsprechen, die unabhängig von zulässigerweise dem Auftragsverarbeiter überlassenen Entscheidungen hinsichtlich unwesentlicher Mittel die letztinstanzliche Zuständigkeit („*Responsibility*") zu angemessenen technischen und organisatorischen Maßnahmen dem Verantwortlichen zuweisen.[1438] Interessant ist, dass das EDPB insofern weiterhin am Konzept der „Gesamtverantwortung" i. S. d. Kommissionsentwurfs zur DSGVO festzuhalten scheint,[1439] obwohl sich dieses nicht im Wortlaut der verabschiedeten Version niederschlagen konnte. In dem Fehlen einer perpetuierten Hoheit über die eingesetzten Mittel der Datenverarbeitung liegt insofern ein erhöhtes Haftungsrisiko aufgrund real entstehender Kontrollverluste durch die sowohl von der DSGVO[1440] als auch den Standardvertragsklauseln der Kommission für den Drittlandstransfer[1441] geschaffenen Möglichkeit einer Einbeziehung weiterer Parteien, ohne eine zwingende Beteiligung des Verantwortlichen. Zwar ist der Auftragsverarbeiter auch in den Fällen einer allgemeinen Genehmigung oder eines Processor-to-Processor-Transfers verpflichtet, den Verantwortlichen zu informieren und ihm ggf. die Möglichkeit zu einem Widerspruch zu geben. Bei standardisierten Dienstleistern einer gewissen Größe und damit regelmäßig Asymmetrie zum Verantwortlichen, führt dies zu keinen praktikablen Ergebnissen. Daran ändert auch die Haftungsregelung des Art. 28 Abs. 4 S. 2 DSGVO für Verletzungshandlungen des Unterauftragnehmers nichts. Es erstaunt insofern zu einem gewissen Maße, dass gerade die letztgenannten

---

1438 *EDPB*, Stellungnahme 07/2020 zum Konzept des Verantwortlichen und des Auftragsverarbeiters, S. 16, Rn. 41.

1439 Vgl. Art. 5 lit. f und Art. 22 DSGVO-E (KOM).

1440 Siehe Art. 28 Abs. 2 S. 1 Alt. 1 und S. 2 zur Möglichkeit einer allgemeinen Genehmigung weiterer Subdienstleister; hierzu *Hartung*, in: Kühling/Buchner, DSGVO BDSG, 2020, Art. 28, Rn. 88; *Gabel/Lutz*, in: Taeger/Gabel, DSGVO BDSG TTDSG, 2022, Art. 28, Rn. 62.

1441 Vgl. das sog. „Modul 3: Übermittlung von Auftragsverarbeiter an Auftragsverarbeiter" des Anhangs zum Durchführungsbeschluss (EU) 2021/914 der Kommission v. 4.7.2021 – OJ L 199, 7.6.2021, p. 31–61.

Standardvertragsklauseln die Akzeptanz des EDPB gefunden haben,[1442] anstatt beim bisherigen Modell zu bleiben.

b. Gemeinsame Verantwortlichkeit

Neben der singulären Verantwortlichkeit kennt die DSGVO, wie schon die DSRL, die Rechtsfigur des sog. gemeinsam Verantwortlichen. Diese ergibt sich, deutlicher noch als in der DSRL, aus einer Zusammenschau der Art. 4 Nr. 7 DSGVO und Art. 26 DSGVO. Ersterer enthält die Legaldefinition, wonach Verantwortlicher ist, wer allein oder gemeinsam mit anderen über die Zwecke und Mittel der Datenverarbeitung entscheidet.[1443] Dabei handelt es sich indes nicht um eine echte kumulative Bedingung,[1444] sondern vielmehr ein datenschutzrechtlich tradiertes Begriffspaar, in dem den (nicht wesentlichen) Mitteln anerkanntermaßen ein geringerer Bestimmungswert beigemessen wird.[1445] Bemerkenswert ist insofern ein latent bestehender Wertungsunterschied zwischen dem Maßstab des EuGH und dem des EDPB. Wie sogleich näher zu erörtern sein wird und sich in der datenschutzrechtlichen Literatur immer mehr durchsetzt,[1446] ist das maßgebliche Kriterium der Verantwortlichkeit in der Rechtsprechung des EuGH die Entscheidung(smacht) über eine Datenverarbeitung i. S. einer *conditio sine qua non*-Situation. Er qualifiziert damit das „Ob" einer Datenverarbeitung als zentrale Voraussetzung. Dagegen differenziert das EDPB zwischen dem „Warum" („*why*") und dem „Wie" („*how*") einer Datenverarbeitung.[1447] Darin liegt insofern ein Unterschied begründet, dass es sich bei der Frage nach dem „Ob" um eine von tatsächlicher Natur handelt, bei „Warum" jedoch um eine inhaltliche, die eine kognitive Auseinandersetzung des Akteurs mit den Zielen einer von ihm initiierten Datenverarbeitung erfordert. Die Kriterien

---

1442 *EDPB*, Stellungnahme 05/2021 zum Zusammenspiel der Anwendung von Art. 3 und den Vorgaben des Kap. V DSGVO, S. 6, Rn. 13, Beispiel Nr. 3; vgl. zum Risiko des Kontrollverlusts auch *Kramer*, in: Auernhammer, DSGVO BDSG, 2020, Art. 29, Rn. 5.

1443 Vgl. Art. Art. 2 lit. d DSRL und Art. 4 Nr. 7 DSGVO.

1444 *Hartung*, in: Kühling/Buchner, DSGVO BDSG, 2020, Art. 26, Rn. 13; *Spittka*, in: Taeger, Den Wandel begleiten, 2020, 41 (45); a. A. wohl *Plath*, in: Plath, DSGVO BDSG TTDSG, 2023, Art. 26, Rn. 13; *Janicki*, in: Specht-Riemenschneider et al., FS Taeger, 2020, 197 (202 und 207).

1445 Vgl. nur *EDPB*, Stellungnahme 07/2020 zum Konzept des Verantwortlichen und des Auftragsverarbeiters, S. 14 f., Rn. 37 ff.

1446 Erhellend aufgearbeitet von *Monreal*, CR 2019, 797 ff.; vgl. ferner *Janicki*, in: Specht-Riemenschneider et al., FS Taeger, 2020, 197 (199); *Cornelius*, NZWiSt 2016, 421 (425); *Petri*, in: Simitis et al., Datenschutzrecht, 2019, Art. 26, Rn. 12; *Gierschmann*, ZD 2020, 69 (70).

1447 *EDPB*, Stellungnahme 05/2021 zum Konzept des Verantwortlichen und des Auftragsverarbeiters, S. 14, Rn. 37.

des EDPB setzen damit zeitlich und sachlich später an, als die Auslegung des EuGH. Zum bestmöglichen Schutz der Betroffenen sind die beiden Ansätze jedoch zu kombinieren; die vom EuGH vorgesehene Entscheidung auf Tatsachenebene über das „Ob" einer Datenverarbeitung führt auf der Sachebene zu der vom EDPB geforderten Pflicht der Befassung mit dem „Warum" und dem „Wie" aller in die gemeinsame Verantwortung einbezogenen Verantwortlichen.

Zur Beurteilung, ob eine gemeinsame Verantwortung vorliegt, ist mithin anhand der objektiven Sachlage im Einzelfall der fraglichen Datenverarbeitung zu prüfen, ob zwei oder mehr Akteure über das „Ob" der Datenverarbeitung Entscheidungen treffen, und ob sie dies gemeinsam tun,[1448] wobei es auf ein Hierarchieverhältnis grundsätzlich nicht ankommt.[1449] Eine pluralistische Komponente ist folglich bereits definitorisch bis zu einem gewissen Grad vorhanden. Diese Definition wird von Art. 26 Abs. 1 S. 1 DSGVO aufgegriffen und in Abs. 1 S. 2 und Abs. 2 mit konsekutiven Formanforderungen und in Abs. 3 mit Haftbarkeiten versehen. Legen zwei oder mehr Parteien Zwecke und Mittel entsprechend gemeinsam fest, unterliegen sie nach Inkrafttreten der DSGVO mithin einer Reihe zusätzlicher Pflichten, ohne dass es hierzu erst einer vertraglichen Grundlage bedarf.[1450] Die legislative Ratio dieser Verantwortungsakkumulation sollte eine „klare Zuteilung von Verantwortlichkeiten" sein, ErwG 79.[1451] Ob diese Formanforderungen allerdings geeignet sind, dieses Ziel zu erreichen, erscheint angesichts der grundsätzlich zustimmungsfähigen EuGH-Rechtsprechung zur gemeinsamen Verantwortung fraglich.[1452]

Die scheinbar simple und normenklare Definition der gemeinsamen Zweck- und Mittelbestimmung war in jüngerer Vergangenheit Gegenstand intensiver höchstrichterlicher Untersuchungen auf europäischer Ebene.[1453]

1448 Zu diesem Prüfungsaufbau *Jung/Hansch*, ZD 2019, 143 (144).

1449 *Däubler*, in: Däubler et al., DSGVO BDSG, 2020, Art. 26, Rn. 5b; *Hartung*, in: Kühling/Buchner, DSGVO BDSG, 2020, Art. 26, Rn. 14; *Spoerr*, in: BeckOK Datenschutzrecht, 2022, Art. 26, Rn. 16; *Jung/Hansch*, ZD 2019, 143 (144); *Arning/ Rothkegel*, in: Taeger/Gabel, DSGVO BDSG TTDSG, 2022, Art. 4, Rn. 183.

1450 *Plath*, in: Plath, DSGVO BDSG TTDSG, 2023, Art. 26, Rn. 9 und 35; *Schreibauer*, in: Auernhammer, DSGVO BDSG, 2020, Art. 26, Rn. 4; *Kremer*, in: Schwartmann et al., DSGVO BDSG, 2020, Art. 26, Rn. 31; *Spittka*, in: Taeger, Den Wandel begleiten, 2020, 41 (51); a. A. *Schreiber*, ZD 2019, 55.

1451 So auch *Plath*, in: Plath, DSGVO BDSG TTDSG, 2023, Art. 26, Rn. 1; *Janicki*, in: Specht-Riemenschneider et al., FS Taeger, 2020, 197 (198); *Hartung*, in: Kühling/ Buchner, DSGVO BDSG, 2020, Art. 4 Nr. 7, Rn. 1; *Gierschmann*, ZD 2020, 69.

1452 Ähnlich skeptisch *Janicki*, in: Specht-Riemenschneider et al., FS Taeger, 2020, 197 (214).

1453 *Arning/Rothkegel*, in: Taeger/Gabel, DSGVO BDSG TTDSG, 2022, Art. 4, Rn. 189 („kaum ein anderes datenschutzrechtliches Thema [hat] mehr Aufmerksamkeit in

C. Adressaten der Accountability-Pflichten

Auslöser war die Vorlagefrage des Oberverwaltungsgerichts Schleswig-Holstein zum alten, aber wegen Definitionsgleichheit übertragbaren Recht der DSRL,[1454] wie der Betrieb einer Facebook Fanpage durch die Wirtschaftsakademie Schleswig-Holstein datenschutzrechtlich zu beurteilen sei. Der EuGH entschied, dass auch die Ermöglichung und/oder die Initiierung einer Datenverarbeitung durch andere genüge, um eine Verantwortlichkeit zu begründen,[1455] wobei es ausreicht, dass eine rein technische Möglichkeit geschaffen oder genutzt wird, auf eine inhaltliche Verarbeitung – einschließlich eines Zugriffs oder auch nur einer Kenntnis[1456] – der Daten kommt es nicht an.[1457] „Relevant ist allein, bei wem de facto die Macht zur Entscheidung liegt".[1458] Diese Sichtweise wurde vom EuGH in einer Reihe von Folgeentscheidungen ausgeformt,[1459] wobei die Rechtsfigur der gemeinsamen Verantwortung prima facie immer weiter ausgedehnt wurde. Tatsächlich nahm der EuGH allerdings nur die europarechtlich gebotene autonome Auslegung vor, was in der Folge zu verständlicher Irritation auf mitgliedsstaatlicher Ebene führte,[1460] weil die Figur im deutschen Rechtsraum vor der DSGVO weitgehend unbekannt war,[1461] und stattdessen mit dem Instrument der Funktionsübertragung kompensiert wurde.[1462] Die Betonung des Merkmals (irgend)einer Entscheidung zu einer Datenverarbeitung durch den

---

der Rechtsprechung erhalten […]"; zu damit verbundenen Pflichten bereits B.III.1.d. oben.

1454 Fast schon beiläufig stellt dies der EuGH in einer jüngeren Entscheidung fest, vgl. Urt. v. 1.8.2022 – C-184/20 (OT/ Vyriausioji tarnybinės etikos komisija), ECLI:EU:C:2022:601, Rn. 58; auch *Janicki*, in: Specht-Riemenschneider et al., FS Taeger, 2020, 197 (201); *Golland*, K&R 2019, 533 (534).

1455 EuGH, Urt. v. 5.6.2018 – C-210/16 (Facebook-Fanpages), EU:C:2018:388, Rn. 39.

1456 Vgl. EuGH, Urt. v. 5.6.2018 – C-210/16 (Facebook-Fanpages), ECLI:EU:C:2018:388, Rn. 38; Urt. v. 10.7.2018 – C-25/17 (Zeugen Jehovas), ECLI:EU:C:2018:551, Rn. 69; abl. *Spoerr*, in: BeckOK Datenschutzrecht, 2022, Art. 26, Rn. 15a, „Ein Beteiligter, der dauerhaft rechtlich und faktisch keinen Zugang zu personenbezogenen Daten hat, kann kein Verantwortlicher sein."; so auch *Plath*, in: Plath, DSGVO BDSG TTDSG, 2023, Art. 26, Rn. 7.

1457 *Schantz*, in: Wolff/Schantz, Das neue Datenschutzrecht, Rn. 361; EuGH, Urt. v. 5.6.2018 – C-210/16 (Facebook-Fanpages), ECLI:EU:C:2018:388, Rn. 43; krit. dazu *Scheja*, in: Specht-Riemenschneider et al., FS Taeger, 2020, 413 (422), nach dem in der Rs. Zeugen Jehovas die Voraussetzungen einer Taterrschaft und mithin einer gemeinsamen Verantwortlichkeit nicht vorlagen.

1458 *Cornelius*, NZWiSt 2016, 421 (425); ähnlich auch *Arning/Rothkegel*, in: Taeger/Gabel, DSGVO BDSG TTDSG, 2022, Art. 4, Rn. 182.

1459 EuGH, Urt. v. 10.7.2018 – C-25/17 (Zeugen Jehovas), ECLI:EU:C:2018:551; EuGH, Urt. v. 29.7.2019 – C-40/17 (Fashion ID), ECLI:EU:C:2019:629; EuGH, Urt. v. 1.10.2019 – C-673/17 (Planet49), ECLI:EU:C:2019:801.

1460 *Hanloser*, ZD 2019, 122 (123); *Golland*, K&R 2019, 533.

1461 *Monreal*, CR 2019, 797 (798), Rn. 3; *Veil*, in: Gierschmann et al., DSGVO BDSG, 2018, Art. 26, Rn. 23; *Golland*, K&R 2019, 533 „kaum beleuchtete Rechtsfigur".

1462 Vgl. dazu *Kremer*, in: Schwartmann et al., DSGVO BDSG, 2020, Art. 28, Rn. 46 ff.

EuGH bewirkt eine scheinbare Ausdehnung der Verantwortung bzw. Verantwortlichkeiten in den „teilweise sehr niederschwellig[en] Bereich".[1463] Verbunden mit den Formanforderungen des Art. 26 DSGVO sind zwischen diesen Parteien mithin Verträge zu schließen und die Informationspflichten gem. Art. 12 ff. DSGVO an den Verständnishorizont der Betroffenen anzupassen. Dies erscheint durchaus tauglich, zu einer Irritation der entsprechenden Kreise der Laiensphäre und damit eher zu einer Verwischung der Verantwortlichkeiten *contra movens* ErwG 79 zu führen.

Für die Zwecke der vorliegenden Arbeit ist die Rechtsprechung des EuGH dennoch erhellend. Responsibility, verstanden i. S. einer Zuständigkeit und als Teilmenge der Accountability, erfordert, dass ein Akteur eine Einflussnahmemöglichkeit auf das Stattfinden hat.[1464] Gleiches gilt für die Begründung einer datenschutzrechtlichen Verantwortlichkeit;[1465] „[f]ehlt es an einer faktischen Möglichkeit zur Einwirkung auf die Verarbeitung, muss eine Verantwortlichkeit verneint werden".[1466] Als faktische Möglichkeit zur Beeinflussung kann insofern auch die Akzeptanz,[1467] die Ermöglichung und wohl sogar das nicht-Unterbinden einer Datenerhebung bzw. -verarbeitung angesehen werden.[1468] Das zentrale Merkmal sei, dass die Verarbeitung von einem gemeinsamen Willen der Beteiligten getragen sei.[1469] Gleichgültigkeit ob der verfolgten Zwecke des Geschäftspartners ist nach Inkrafttreten der DSGVO und der Konkretisierung durch den EuGH insofern kein tauglicher Exkulpationsgrund für Verantwortliche. Es ist Teil der Accountability, insbesondere der *Responsibility* i. S. e. eigenverantwortlich, moralisch akzeptierten Verpflichtung, sich damit auseinander zu setzen, welche Zwecke der

---

1463 *Arning/Rothkegel*, in: Taeger/Gabel, DSGVO BDSG TTDSG, 2022, Art. 4, Rn. 170; ähnlich *Lezzi/Oberlin*, ZD 2018, 398 (400); gewagt ist insofern die Ansicht von *Kremer*, in: Schwartmann et al., DSGVO BDSG, 2020, Art. 28, Rn. 19, wenn er entgegen dem EuGH eine gemeinsame Verantwortung mit Plattformbetreibern verneint.

1464 *Uhr*, TAQ 1993, 1 (4 f.); *Dunn/Legge*, JPART 2001, 73 (75); vgl. ausführlich B.III.1.a und f oben.

1465 *Schreibauer*, in: Auernhammer, DSGVO BDSG, 2020, Art. 26, Rn. 8; *Lang*, in: Taeger/Gabel, DSGVO BDSG TTDSG, 2022, Art. 26, Rn. 18; *Janicki*, in: Specht-Riemenschneider et al., FS Taeger, 2020, 197 (199).

1466 *Janicki*, in: Specht-Riemenschneider et al., FS Taeger, 2020, 197 (200); ähnlich zu Auftragsverarbeitern *Kremer*, in: Schwartmann et al., DSGVO BDSG, 2020, Art. 28, Rn. 16; zur Position des Verantwortlichen allgemein *Arning/Rothkegel*, in: Taeger/Gabel, DSGVO BDSG TTDSG, 2022, Art. 4, Rn. 170; eine erstaunlich ähnliche Wertung findet sich überdies in der kartellrechtlichen Rspr. des EuGH, Urt. v. 24.10.1996 – C-73/95 P (Viho Europe), ECLI:EU:C:1996:405, Rn. 52; zu den damit verbundenen Wertungen vgl. C.II.4.d. unten.

1467 So *Lang*, in: Taeger/Gabel, DSGVO BDSG TTDSG, 2022, Art. 26, Rn. 23.

1468 A. A. *Kremer*, in: Schwartmann et al., DSGVO BDSG, 2020, Art. 28, Rn. 15 f. und 19.

1469 *Spoerr*, in: BeckOK Datenschutzrecht, 2022, Art. 26, Rn. 15b f.; *Lang*, in: Taeger/Gabel, DSGVO BDSG TTDSG, 2022, Art. 26, Rn. 20.

Geschäftspartner verfolgt, und ggf. auf Änderung zu drängen oder Abstand von der beabsichtigten Verarbeitung bzw. der Beteiligung daran zu nehmen. Daraus folgt, dass im Falle einer Kollaboration mehrerer im Datenschutzrecht grundsätzlich zu trennender juristischer Personen diese einheitlich unter dem Konstrukt des gemeinsam Verantwortlichen subsumiert werden,[1470] im Sinne von *in pluribus unum*.[1471] Entsprechend überzeugt die bisher herrschende Meinung im Schrifttum, die Übermittlung von Daten zwischen gemeinsam Verantwortlichen benötige eine eigenständige Rechtsgrundlage,[1472] abstrakt gesehen schon nicht, erst recht jedoch in Fällen mit administrativem Konzernbezug, in denen bereits der Verordnungsgeber ein berechtigtes Interesse an der Weitergabe zwischen getrennten Verantwortlichen gesehen hat.[1473] Zwar ist es zutreffend, dass sowohl der Sender als auch der Empfänger der Daten sämtliche Pflichten der DSGVO zu erfüllen und sie insbesondere eine Rechtsgrundlage herzustellen haben.[1474] Sofern dies jedoch sowohl in der Person des Senders als auch des Empfängers der Daten bejaht werden kann, der Empfänger also gerade genuin berechtigt ist, die Daten zu erheben und zu verarbeiten, ist die Anforderung, dass der Übermittlungsvorgang seinerseits rechtfertigungsbedürftig sei, reine Förmelei,[1475] aus der kein Mehr an Daten- und Persönlichkeitsschutz für Betroffene entsteht.[1476]

1470 Vgl. EuGH, Urt. v. 5.6.2018 – C-210/16, Wirtschaftsakademie Schleswig-Holstein (Facebook-Fanpages), EU:C:2018:388, Rn. 29.

1471 *Plath*, in: Plath, DSGVO BDSG TTDSG, 2023, Art. 26, Rn. 29, spricht insofern von einer „Verantwortungseinheit"; im Schrifttum wird auch verschiedentlich auf eine Mikro- und eine Makroebene der Verantwortung verwiesen, die allerdings keinen Ansatz im Gesetz hat, vgl. dennoch *Golland*, K&R 2019, 533 (535); *Kremer*, in: Schwartmann et al., DSGVO BDSG, 2020, Art. 28, Rn. 20; *Schreibauer*, in: Auernhammer, DSGVO BDSG, 2020, Art. 26, Rn. 9; a. A. wohl *Schild*, in: BeckOK Datenschutzrecht, 2022, Art. 4, Rn. 91, der auch bei einer gemeinsamen Verantwortung mehrerer Verantwortliche annehmen will.

1472 *Poll*, Datenschutz in und durch Unternehmensgruppen, 2018, 118 f.; *Schreibauer*, in: Auernhammer, DSGVO BDSG, 2020, Art. 26, Rn. 6; *Bertermann*, in: Ehmann/ Selmayr, DSGVO, 2018, Art. 26, Rn. 11; *Hartung*; in: Kühling/Buchner, DSGVO BDSG, 2020, Art. 26, Rn. 62; *Däubler*, in: Däubler et al., DSGVO BDSG, 2020, Art. 26, Rn. 8; *Iber*, in: Taeger, Den Wandel begleiten, 2020, 57 (67); *Spoerr*, in: BeckOK Datenschutzrecht, 2022, Art. 26, Rn. 23.

1473 Vgl. ErwG 48 DSGVO.

1474 So EuGH, Urt. v. 29.7.2019 – C-40/17 (Fashion ID), ECLI:EU:C:2019:629, Rn. 96 f.; *Kremer*, in: Schwartmann et al., DSGVO BDSG, 2020, Art. 26, Rn. 12; *Petri*, in: Simitis et al., Datenschutzrecht, 2019, Art. 26, Rn. 1.

1475 Vgl. etwa *Mester/Öztürk*, DuD 2023, 73 (77), nach denen eine solche Übermittlung innerhalb eines Konzerns „regelmäßig" auf Basis von Art. 6 Abs. 1 lit. f DSGVO zulässig sei; zu einem ähnlichen Ergebnis kommt *Voigt*, in: Bussche v. d./Voigt, Konzerndatenschutz, 2019, Kap. 5, Rn. 24, indem er in der Vereinbarung gem. Art. 26 DSGVO „zusätzliche Schutzmaßnahmen" für Betroffene aufnehmen will.

1476 Die Sicherheit der Daten i. S. v. Vertraulichkeit und Integrität ist beim Transfer natür-

Viel eher steht eine Irritation der Betroffenen zu befürchten, denen gegenüber ein einheitlicher und gem. der Informationspflichten aus Art. 12 ff., 26 Abs. 2, S. 2 DSGVO als solcher dargestellter Lebenssachverhalt aus rechtlich vermeintlich gebotenen Gründen gesplittet wird. Dafür streitet auch, dass die Pflicht zur Direkterhebung, die es in der DSGVO im Gegensatz zum BDSG a. F. nicht länger gibt,[1477] ihrerseits einen starken, weil spürbaren Eingriff in das Persönlichkeitsrecht darstellt, der wegen der bereits erfolgten Preisgabe bzw. Erhebung durch den ersten Verantwortlichen auch als belästigend empfunden werden könnte.

Die Konsequenz aus dieser Ansicht ist, dass der übermittelnde Verantwortliche die Berechtigung der empfangenden Stelle hinterfragen muss.[1478] Tut er dies nicht, so verstößt er gegen seine Pflichten aus den Accountability-Normen i. S. der oben untersuchten Dimensionen. Dies gilt umso mehr, wenn der Empfänger seinerseits nicht berechtigt war, die Daten zu erheben.[1479] Dieses Ergebnis wird auch durch Verkehrs- und Vertrauensschutzgründe untermauert, die ihrerseits Zurechnungsgründe des gegenseitigen Verhaltens darstellen.[1480]

Allerdings hat die gemeinsame Verantwortung auch ihre Grenzen. Ausgehend von der strengen Bindung an den Zweck einer Datenerhebung bzw. -verarbeitung, endet die gemeinsame Verantwortung dort, wo eine oder mehrere Parteien weitere Zwecke ohne oder entgegen dem gemeinsamen Parteiwillen unilateral bestimmen.[1481] Die gem. Art. 26 DSGVO verpflichtende Vereinbarung zwischen den Parteien stellt insofern die praktische Herausforderung dar, den Gegenstand der gemeinsamen Datenverarbeitung hinreichend zu bezeichnen und gegenüber ggf. weiteren Entscheidungsfreiräumen der Parteien abzugrenzen, ohne mittelbar Einfluss auf ebenjene Entscheidungsmöglichkeiten zu nehmen.[1482] Die Accountability-Dimension der moralischen *Responsibility* sowie der *Agency* bzw. *Stewardship* erfordert jedenfalls, dass die Partner Maßnahmen und Prozesse gegenüber dem gemeinsam verantwortlichen Geschäftspartner thematisieren, die dem Ziel der

---

lich sicherzustellen; auf die Pflicht hierzu zwischen zwei Grundrechtsträgern weist auch *Gallwas*, in: Conrad/Grützmacher, FS Schneider, 2014, 347 (361), Rn. 62 hin.

1477 A. A. *Weichert*, in: Däubler et al., DSGVO BDSG, 2020, Art. 5, Rn. 8 („nicht abschließend"); so auch *Roßnagel*, ZD 2018, 339 (341 f.); wie hier *Ziegenhorn/v. Heckel*, NVwZ 2016, 1585 (1589).

1478 So im Ergebnis auch *Golland*, K&R 2019, 533 (536); *Gierschmann*, ZD 2020, 69.

1479 Vgl. sogleich C. II. 3 zur Zurechnung in diesen Fällen.

1480 Siehe zu den Verkehrs- und Vertrauensschutzaspekten als erwartbares, zurechnungsbegründendes Verhalten *Sajnovits*, WM 2016, 765 (669 f.) und unten C. II. 4.

1481 *Däubler*, in: Däubler et al., DSGVO BDSG, 2020, Art. 26, Rn. 7; *Golland*, K&R 2019, 533 (534 f.).

1482 Vgl. auch *Martini*, in: Paal/Pauly, DSGVO BDSG, 2021, Art. 26, Rn. 5, der zu Recht auf die Beweiswirkung der Vereinbarung hinweist.

Gesetzeskonformität dienen,[1483] auch wenn diese Abrede nicht geeignet ist, das Schutzniveau der DSGVO zu senken, da es hierfür nicht auf die Qualität zivilrechtlicher Verträge ankommen kann.

Darüber hinaus kann es, analog zur Auftragsverarbeitung, nicht als ausreichend zur Begründung einer gemeinsamen Verantwortung angesehen werden, wenn ein Akteur nur bei der Bestimmung unwesentlicher Mittel der Verarbeitung mitwirkt,[1484] ohne dass die Verarbeitung ausbliebe, sofern er sich entsprechend nicht einbrächte (*conditio sine qua non*).[1485] Anders ist die Situation mithin bei wesentlichen Mitteln zu bestimmen, etwa wenn der Akteur eine spezielle Anwendung bereitstellt, für die es kein gleich geeignetes Äquivalent gibt, oder er besonders attraktive kommerzielle Rahmenbedingungen für den Einsatz bestimmter Mittel schafft.[1486] Eine gemeinsame Verantwortung kann insbesondere bei einem planvollen, auf gegenseitige Effizienzsteigerung ausgerichteten Einsatz einer gemeinsamen Infrastruktur zur Datenverarbeitung vorliegen.[1487] Allerdings ist der rein technische Betrieb einer entsprechenden Infrastruktur regelmäßig anders zu qualifizieren, nämlich als sog. Auftragsverarbeitung.

c. Auftragsverarbeiter

Das Datenschutzrecht folgt einer binären Verantwortungsverteilung; eine natürliche oder juristische Person ist (allein oder mit anderen) Verantwortlicher, oder sie ist es nicht.[1488] Eine „unverantwortete" Datenverarbeitung kann es folglich rechtstatsächlich nicht geben,[1489] denn entweder werden die Daten in der genuinen Eigenschaft als allein oder ggf. gemeinsam Verantwortlicher verarbeitet oder die Verarbeitung erfolgt in dessen Auftrag. Neben der Figur des Verantwortlichen, ob singulär oder gemeinsam, kennt

---

1483 So auch im Ergebnis (jedoch ohne die Herleitung aus der Accountability) *Lezzi/Oberlin*, ZD 2018, 398 (402).

1484 Etwas undifferenziert insofern *Schreibauer*, in: Auernhammer, DSGVO BDSG, 2020, Art. 26, Rn. 8.

1485 Vgl. auch *Golland*, K&R 2019, 533 (534) zum EuGH Urt. in der Rs. Fashion ID, das diesem Muster folge; ausführlich *Schneider*, Gemeinsame Verantwortlichkeit, 2021, 95 f.

1486 Beachtlich ist insofern der Beitrag von *Scheja*, in: Specht-Riemenschneider et al., FS Taeger, 2020, 413 (425), zum Zweckveranlasser und weiteren Rechtsfiguren der gemeinsamen Tatbegehung; *Däubler*, in: Däubler et al., DSGVO BDSG, 2020, Art. 26, Rn. 6.

1487 *Hartung*, in: Kühling/Buchner, DSGVO BDSG, 2020, Art. 26, Rn. 15; *Kremer*, in: Schwartmann et al., DSGVO BDSG, 2020, Art. 26, Rn. 18; *Schreibauer*, in: Auernhammer, DSGVO BDSG, 2020, Art. 26, Rn. 9.

1488 Vgl. zur wegen Simplifizierung realer Verarbeitungszusammenhänge geübten Kritik *v. Alsenoy*, Regulating Data Protection, 2016, 18 f. und 543 ff.

1489 *Monreal*, CR 2019, 797 (802), Rn. 31.

das Datenschutzrecht bereits seit den OECD Guidelines von 1981[1490] und der Konvention 108 von 1983[1491] nur eine weitere Konstellation: die Verarbeitung von Daten im Auftrag.[1492] Dabei erhalten natürliche oder juristische Personen Daten zweckgebunden vom Verantwortlichen zur Vornahme bestimmter Verarbeitungsvorgänge im Namen und Auftrag, ohne jedoch selbst ein genuines Interesse an der Verarbeitung der Daten bzw. ihres Informationsgehalts zu besitzen und vor allem, ohne dass diese „verlagerte" Datenverarbeitung etwas an der Verantwortlichkeit ändern würde.[1493] Ein Verantwortlicher sollte sich seinen Pflichten und der Haftung nicht dadurch entziehen können, dass er die Verarbeitung nicht selbst durchführt.[1494] Diese Zurechnung ist der für die vorliegende Arbeit entscheidende Aspekt, so dass sich die folgende Darstellung von Auftragsverarbeitern auf hiermit im Zusammenhang stehende Wirkungen beschränkt.

Auftragsverarbeiter[1495] waren bereits gem. Art. 2 lit. e der DSRL definiert als die natürliche oder juristische Person, die Daten im Auftrag des Verantwortlichen verarbeitet. Dies entspricht damit wortgleich der Definition in Art. 4 Nr. 8 DSGVO, so dass auch bei der Auslegung der DSGVO auf die Auslegungen der DSRL zurückgegriffen werden kann.[1496] Kennzeichnend für die Auftragsverarbeitung ist das Fehlen einer eigenständigen Zweck- und Mittelbestimmung durch den Auftragsverarbeiter mangels einer umfassenden Entscheidungsbefugnis hinsichtlich der Daten bzw. deren Verarbeitungen.[1497] Die Zweckbestimmung obliegt allein dem bzw. den

---

1490 Die OECD Guidelines rechnen Auftragsverarbeiter unmittelbar der Verantwortlichkeitssphäre des Controllers zu, vgl. Definition des Verantwortlichen in Teil 1., 1. a).

1491 Kap. I. Art. 2 lit. f Konvention 108.

1492 Die anstatt eines gemeinsam Verantwortlichem im deutschen Recht entwickelte Figur der Funktionsübertragung als Datentransfer zwischen zwei eigenständig Verantwortlichen hat keinen Ursprung im europäischen Datenschutzrecht und soll entsprechend im Folgenden nicht thematisiert werden; vgl. dazu *Buchner*, in: Tinnefeld/Buchner/Petri/Hof, Datenschutzrecht, 2020, 277 f., Rn. 158–160 m. w. N.; *Kremer*, in: Schwartmann et al., DSGVO BDSG, 2020, Art. 28, Rn. 51 ff.

1493 Das Hess. BDSG von 1970 kannte die Figur so noch nicht, allerdings das BDSG von 1977, vgl. § 2 III Nr. 1, das eine ähnliche Zurechnung wie die OECD Guidelines enthält.

1494 *Roßnagel*, ZD 2018, 339 (341); *Buchner*, in: Tinnefeld/Buchner/Petri/Hof, Datenschutzrecht, 2020, 279, Rn. 161; vgl. auch Begleitmemorandum zu den OECD Guidelines 2013, S. 23.

1495 Vor der DSGVO war im deutschen Sprachraum die Bezeichnung als „Auftragsdatenverarbeiter" gebräuchlich.

1496 *Schwartmann/Hermann*, in: Schwartmann et al., DSGVO BDSG, 2020, Art. 4, Rn. 128; *Janicki*, in: Specht-Riemenschneider et al., FS Taeger, 2020, 197 (201); *Golland*, K&R 2019, 533 (534).

1497 *Wolff*, in: Schantz/Wolff, Das neue Datenschutzrecht, 2017, S. 289, Rn. 944; *Buchner*, in: Tinnefeld/Buchner/Petri/Hof, Datenschutzrecht, 2020, 277, Rn. 157; *Lezzi/Oberlin*, ZD 2018, 398 (399 f.).

Verantwortlichen,[1498] wohingegen die Entscheidung über unwesentliche Mittel in dem oben dargestellten Maße auch an Auftragsverarbeiter delegiert werden kann.[1499] Diese durch die DSGVO mit den im Vergleich zur DSRL hohen Formanforderungen des Art. 28 DSGVO versehene weisungsgebundene Einbeziehung von Dienstleistern erzeugt die sog. Privilegierung der Auftragsverarbeitung,[1500] die nach h. M. zutreffend auch nach der DSGVO fortbesteht.[1501] Die Privilegierung bewirkt, dass der Auftragsverarbeiter nicht als Dritter gilt, sondern als Teil des Verantwortlichen,[1502] ähnlich einer internen Abteilung. Ein Datentransfer zu einem Auftragsverarbeiter bedarf entsprechend keiner Rechtsgrundlage,[1503] im Gegensatz zu einer Übermittlung i. S. v. § 3 Abs. 4 Nr. 3 BDSG a. F. an einen Dritten[1504] und nach bisher herrschender und entgegen hiesiger Meinung auch einen gemeinsam Verantwortlichen.[1505] Hinsichtlich der Accountability bedeutet die Privilegierung, dass ein Verantwortlicher das – i. R. d. Weisung erfolgende – Handeln

---

1498 *EDPB*, Stellungnahme 07/2020 zum Konzept des Verantwortlichen und des Auftragsverarbeiters, S. 14, Rn. 36; *Spittka*, in: Taeger, Den Wandel begleiten, 2020, 41 (44).

1499 Statt aller *Arning/Rothkegel*, in: Taeger/Gabel, DSGVO BDSG TTDSG, 2022, Art. 4, Rn. 172; *EDPB*, Stellungnahme 07/2020 zum Konzept des Verantwortlichen und des Auftragsverarbeiters, S. 16, Rn. 41.

1500 Allgemein dazu Wolff, in: Schantz/Wolff, Das neue Datenschutzrecht, 2017, S. 288, Rn. 939; *Gabel/Lutz*, in: Taeger/Gabel, DSGVO BDSG TTDSG, 2022, Art. 28, Rn. 8 ff; *Wedde*, in: Däubler et al., DSGVO BDSG, 2020, Art. 28, Rn. 5 ff.

1501 A. A. *Laue*, in: Laue/Nink/Kremer, Das neue Datenschutzrecht, 193 (195); wie hier *Voigt*, Die räumliche Anwendbarkeit der DSGVO auf Auftragsverarbeiter im Drittland, 15; *Wolff*, in: Schantz/Wolff, Das neue Datenschutzrecht, 2017, S. 289, Rn. 939; *Plath*, in: Plath, DSGVO BDSG TTDSG, 2023, Art. 28, Rn. 7 ff.

1502 *Martini*, in: Paal/Pauly, DSGVO BDSG, 2021, Art. 28, Rn. 2; *Wolff*, in: Schantz/Wolff, Das neue Datenschutzrecht, 2017, 289, Rn. 939; *Kramer*, in: Auernhammer, DSGVO BDSG, 2020, Art. 28, Rn. 10.

1503 Ausführlich *Gabel/Lutz*, in: Taeger/Gabel, DSGVO BDSG TTDSG, 2022, Art. 28, Rn. 8 ff.; *Kramer*, in: Gierschmann et al., DSGVO BDSG, 2018, Art. 4 Nr. 7, Rn. 11 ff.

1504 *Wolff*, in: Schantz/Wolff, Das neue Datenschutzrecht, 2017, 289, Rn. 940; *Plath*, in: Plath, DSGVO BDSG TTDSG, 2023, Art. 28, Rn. 9.

1505 Diese Frage ist bislang allerdings ergebnisoffen umstritten. Für eine Rechtfertigungsbe- dürftigkeit *Schreibauer*, in: Auernhammer, DSGVO BDSG, 2020, Art. 26, Rn. 6; DSK, Kurzpapier Nr. 16 v. 19.03.2018, Gemeinsam für die Verarbeitung Verantwortliche, Art. 26 DSGVO, S. 1; *Bertermann*, in: Ehmann/Selmayr, DSGVO, 2018, Art. 26, Rn. 11; *Hartung*; in: Kühling/Buchner, DSGVO BDSG, 2020, Art. 26, Rn. 62; *Däubler*, in: Däubler et al., DSGVO BDSG, 2020, Art. 26, Rn. 8; *Iber*, in: Taeger, Den Wandel begleiten, 2020, 57 (67); *Spoerr*, in: BeckOK Datenschutzrecht, 2022, Art. 26, Rn. 23; anders als noch in der Vorauflage *Piltz*, in: Gola, DSGVO, 2018, Art. 26, Rn. 17; gegen eine Rechtfertigungsbedürftigkeit *Martini*, in: Paal/Pauly, DSGVO BDSG, 2021, Art. 26, Rn. 3a; *Kremer*, in: Schwartmann et al., DSGVO BDSG, 2020, Art. 26, Rn. 30; *Lang*, in: Taeger/Gabel, DSGVO BDSG TTDSG, 2022, Art. 26, Rn. 53 f.

eines für ihn tätigen Auftragsverarbeiters vollständig vertreten, sich selbst zurechnen („*to account to*")[1506] und entsprechend in sein eigenes Nachweis-Programm aufnehmen muss.[1507] Hieraus lässt sich schlussfolgern, dass Accountability-Pflichten nicht streng an gesellschaftsrechtlichen Grenzen zu messen sind, da es sich bei Auftragsverarbeiter und Verantwortlichem zwingend um unterschiedliche juristische Personen handeln muss.[1508] Offen bleibt bislang, ob diese partikulare Aufweichung des datenschutzrechtlichen Trennungsprinzips auch für gemeinsam Verantwortliche und konzernverbundene Unternehmen gilt.[1509]

Der Position des sogenannten Auftragsverarbeiters kommen aufgrund dieser Weisungsabhängigkeit erhebliche Erleichterungen bei den Pflichten im Datenschutzrecht zu. So muss ein Auftragsverarbeiter bspw. keine Rechtsgrundlage bestimmen, die Informationspflichten gem. Art. 12–14 DSGVO nicht erfüllen oder Betroffenenanfragen gem. Art. 15–22 DSGVO beantworten.[1510] Jedoch unterliegt der Auftragsverarbeiter mit Inkrafttreten der DSGVO auch das erste Mal genuin eigenen Pflichten.[1511] Diese finden sich in den Art. 27–32, 37–39, und den Vorschriften über den Drittlandstransfer gem. Kap. V DSGVO, in denen der Auftragsverarbeiter unmittelbar in eigener Position adressiert und Haftungssubjekt gem. Art. 83 Abs. 4 und 5 DSGVO wird.[1512] Es wird jedoch aus diesen Normen ein erhebliches „Weniger" im Vergleich zu den Pflichten des Verantwortlichen ersichtlich. Danach muss der Auftragsverarbeiter einen den Anforderungen der Art. 28 DSGVO genügenden Vertrag mit dem Verantwortlichen schließen, muss strikt im

---

1506 *Conrad/Seitner*, RDV 2021, 186 (191); *Martini*, in: Paal/Pauly, DSGVO BDSG, 2021, Art. 28, Rn. 2 mit dem Verweis auf den „*Qui facit alium, facit per se*"-Grundsatz – allerdings ohne Hinweis auf die römischrechtlich korrespondierende Haftungspflicht aus der *lex Aquilla*, vgl. hierzu *Harke*, in: Riesenhuber, Europäische Methodenlehre, 2021, § 2, Rn. 14 ff.

1507 So *Roßnagel*, in: Simitis et al., Datenschutzrecht, 2019, Art. 5, Rn. 181; *Kramer/Meints*, in: Auernhammer, DSGVO BDSG, 2020, Art. 24, Rn. 12; auch *Kremer*, in: Schwartmann et al., DSGVO BDSG, 2020, Art. 28, Rn. 91, der allerdings materielle Einschränkungen macht.

1508 *EDPB* Stellungnahme 07/2020 zum Konzept von Verantwortlichem und Auftragsverarbeiter, S. 26, Rn. 77 f.

1509 Hierzu sogleich unter C. III.

1510 Freilich kann er gegenüber dem Verantwortlichen hinsichtlich ersterem eine Tendenz äußern und hinsichtlich letzteren beiden vom Verantwortlichen zur Informationserteilung oder Anfragebearbeitung beauftragt werden.

1511 *Buchner*, in: Tinnefeld/Buchner/Petri/Hof, Datenschutzrecht, 2020, 279, Rn. 162; *Voigt*, Die räumliche Anwendbarkeit der DSGVO auf Auftragsverarbeiter im Drittland, S. 12 f.

1512 Vgl. ausführlich *Voigt*, Die räumliche Anwendbarkeit der DSGVO auf Auftragsverarbeiter im Drittland, 59 ff.; *EDPB*, Stellungnahme 03/2018, S. 14 zu den originären Pflichten eines Auftragsverarbeiters bei der Beauftragung durch nicht der DSGVO unterfallende Verantwortliche.

Rahmen seiner Weisungen handeln (Art. 29 Abs. 10 und Art. 29),[1513] eine Dokumentation gem. Art. 30 Abs. 2 DSGVO über seine im Auftrag durchgeführte Datenverarbeitung führen, mit der gem. Art. 55 DSGVO zuständigen Aufsichtsbehörde auf Anfrage kooperieren (Art. 31 i. V. m. Art. 58 DSGVO),[1514] die Datensicherheit[1515] gewährleisten (Art. 32 DSGVO), den Verantwortlichen über Datenschutzverletzungen informieren (Art. 33 Abs. 2 DSGVO), ggf. einen Datenschutzbeauftragten (Art. 37 DSGVO) und beim Fehlen einer Niederlassung in der EU einen Vertreter in der EU bestellen (Art. 27 DSGVO) und einen ggf. stattfindenden Datentransfer in ein Drittland mittels angemessener Garantien absichern (Kap. V DSGVO). Daneben besteht gem. Art. 83 Abs. 2 lit. c. DSGVO eine originäre Schadensminderungspflicht des Auftragsverarbeiters. Damit obliegen dem Auftragsverarbeiter mit sieben genuinen Pflichten nur ein Bruchteil dessen, was Verantwortliche sicherstellen müssen, obwohl hinsichtlich deren quantitativem Pflichtenkanon Unklarheit besteht.[1516]

Auffällig i. S. d. vorliegenden Arbeit und soweit ersichtlich nicht Gegenstand einer reflexiven Betrachtung in der Literatur ist indes, dass die Accountability-Normen der Art. 5 Abs. 2 und 24 DSGVO Auftragsverarbeiter nicht *expressis verbis* adressieren.[1517] Hierzu lassen sich unterschiedliche Begründungen finden.

Auf der Wirkungsebene könnte aufgrund der geschilderten Privilegierungswirkung vertreten werden, dass die Sicherstellungspflichten einschließlich der hierzu durch den Auftragsverarbeiter getroffenen Maßnahmen Teil des

---

1513 Vgl. B. II. 1. a. (2) oben ausführlich zum Anwendungsfall des Art. 29 DSGVO.

1514 *Hartung*, in: Kühling/Buchner, DSGVO BDSG, 2020, Art. 31, mit dem Hinweis, dass Art. 31 die Befugnisse aus Art. 58 „spiegelt"; *Polenz*, in: Simitis et al., Datenschutzrecht, 2019, Art. 31, Rn. 6 f.; *Gabel/Lutz*, in: Taeger/Gabel, DSGVO BDSG TTDSG, 2022, Art. 28, Rn. 76.

1515 Vgl. zu diesem Begriff *Gabel/Lutz*, in: Taeger/Gabel, DSGVO BDSG TTDSG, 2022, Art. 28, Rn. 76; *Piltz*, in: Gola/Heckmann, DSGVO BDSG, 2022, Art. 32, Rn. 5 f.; *Jandt*, in: Kühling/Buchner, DSGVO BDSG, 2020, Art. 32, Rn. 4.

1516 (Wohl unfreiwillig) anschaulich illustriert das *Veil*, der in ZD 2015, 347, zunächst 30 Pflichten identifiziert, in seiner Kommentierung des Art. 24 DSGVO 2017 in: Gierschmann et al., DSGVO BDSG, 2018, Art. 24, Rn. 45, „über 50", um dann in ZD 2018, 9, Fn. 2, mit 46 ein wenig zu reduzieren, allerdings 2019 in: Forgó/Helfrich/Schneider, Betrieblicher Datenschutz, 2019, Teil II, Kap. 1, Rn. 5 mit 68 Pflichten den bisher höchsten Wert erreicht; *Schwartmann/Hermann*, in: Schwartmann et al., DSGVO BDSG, 2020, Art. 4, Rn. 125, identifizieren 48 Pflichten.

1517 Vgl. zu Art. 5: *Weichert*, in: Däubler et al., DSGVO BDSG, 2020, Art. 5, Rn. 70; differenziert dagegen *Buchholtz/Stentzel*, in: Gierschmann et al., DSGVO BDSG, 2018, Art. 5, Rn. 52; zu Art. 24 *Martini*, in: Paal/Pauly, DSGVO BDSG, 2021, Art. 24, Rn. 19; *Kramer/Meints*, in: Auernhammer, DSGVO BDSG, 2020, Art. 24, Rn. 3.

„großen" Accountability-Programms des Verantwortlichen werden.[1518] Dagegen spricht, dass der Auftragsverarbeiter selbst Adressat der o. g. Normen ist, während er beispielsweise aus den Art. 12–22 DSGVO keine eigenen Pflichten hat. Wäre mit der expliziten Nennung von Auftragsverarbeitern kein Effekt beabsichtigt gewesen, hätte es ihrer nicht bedurft. Auf der systematischen Ebene ließe sich an das Verhältnis der allgemeinen zu den speziellen Nachweisfähigkeitspflichten anknüpfen.[1519] Eine spezielle Nachweisfähigkeitspflicht kann es indes schon vom Wortsinn her nur geben, wenn auch eine allgemeine existiert. Dieser hinsichtlich der Pflichten von Verantwortlichen bestehende Aufbau durch die prinzipienbezogene Nachweispflicht des Art. 5 Abs. 2 DSGVO und die materiellrechtlich wirkende Nachweisfähigkeitspflicht des Art. 24 Abs. 1 S. 1 DSGVO findet sich hinsichtlich Auftragsverarbeitern jedoch gerade nicht. Die allgemeine Kooperationspflicht gem. Art. 31 DSGVO besteht indes auch für Auftragsverarbeiter uneingeschränkt, sodass eine Aufsichtsbehörde gem. Art. 58 Abs. 1 DSGVO die gleichen Anfragen an einen Auftragsverarbeiter wie an einen Verantwortlichen richten bzw. mit vergleichbaren Zwangsmittel einwirken kann.

Sofern sich die behördliche Anfrage auf einen Umstand bezieht, den die DSGVO ausschließlich dem Verantwortlichen zugewiesen hat, kann der Auftragsverarbeiter sich zwar für unzuständig erklären und an den Verantwortlichen verweisen. Hierzu bedarf es jedoch einer entsprechenden Kenntnis und Dokumentation, um einen bestimmten Verarbeitungsvorgang als im Auftrag eines fremden Verantwortlichen liegend darzustellen. An der grundsätzlichen Sicherstellungs- und Nachweisfähigkeitsverpflichtung hinsichtlich des eigenen Verhaltens ändert sich durch die fehlende Adressierung von Auftragsverarbeitern in den Art. 5 Abs. 2 und 24 Abs. 1 S. 1 DSGVO insofern wenig. Das Datenschutz-Compliance-Programm muss geeignet sein, diesen Nachweis zu führen und bleibt daher kaum in den Anforderungen hinter dem des Verantwortlichen zurück. Dies entspricht auch Art. 5 Abs. 1 DSGVO, der sich auf sämtliche Datenverarbeitungen bezieht ohne Ansehung der Position einer datenverarbeitenden Stelle. Insofern ließen sich die Art. 5 Abs. 2 und 24 DSGVO deutlicher formulieren, auch wenn es materiell bereits jetzt nicht zu einer Schutzlücke für Betroffene kommt, sondern sich auf die Wortlautebene beschränkt.

Ihre Grenze findet die Auftragsverarbeitung analog zur gemeinsamen Verantwortung in den Fällen eines Exzesses, Art. 28 Abs. 10 DSGVO. Zwar kann eine juristische Person für unterschiedliche und sogar artgleiche Ver-

---

1518 Dies andeutend *Voigt*, in: Taeger/Gabel, DSGVO BDSG TTDSG, 2022, Art. 5, Rn. 46; ähnlich auch *Herbst*, in: Kühling/Buchner, DSGVO BDSG, 2020, Art. 5, Rn. 78; *Schneider*, ZD 2021, 458 (561), hält es auch für die Anbieter von IT-Produkten für einbeziehungsfähig.

1519 Vgl. hierzu B.II.4.b.(3) oben.

arbeitungstätigkeiten sowohl Auftragsverarbeiter als auch Verantwortlicher sein,[1520] entscheidend ist jedoch, dass es sich nicht um dieselben Daten handeln darf. Diese Anforderung ist durch eine strikte Mandantentrennung umzusetzen. Diese Mandantentrennung muss sich indes nicht ausschließlich auf die Zwecke beziehen, sondern kann auch die Mittel der Datenverarbeitung einschließen, sofern mit diesen Mitteln eine Veränderung der Eingriffsqualität einher geht. Insofern ist die Unterscheidung des EDPB bezüglich wesentlicher und unwesentlicher Mittel zu beachten.[1521]

d. Unternehmen und Unternehmensgruppen

Neben diesen tradierten Erscheinungsformen führt die DSGVO jedoch einen weiteren Begriff ein, dessen Bedeutung im Zusammenspiel mit den Begriffen des Verantwortlichen und des Auftragsverarbeiters unklar ist: das „Unternehmen". Ein Unternehmen ist ausweislich der Legaldefinition in Art. 4 Nr. 18 DSGVO eine „natürliche oder juristische Person, die eine wirtschaftliche Tätigkeit ausübt, unabhängig von ihrer Rechtsform, einschließlich Personengesellschaften oder Vereinigungen, die regelmäßig einer wirtschaftlichen Tätigkeit nachgehen". Damit folgt Art. 4 Nr. 18 DSGVO der tradierten Unternehmensbetrachtung im Datenschutzrecht, die streng entlang gesellschaftsrechtlicher Grenzen zu differenzieren scheint.[1522] Wie sogleich gezeigt wird, stehen die Definitionen des Art. 4 DSGVO nicht in einem Exklusivitätsverhältnis zueinander. D. h. ein Verantwortlicher (Art. 4 Nr. 7) oder Auftragsverarbeiter (Art. 4 Nr. 8) können gleichzeitig ein Unternehmen i. S. v. Art. 4 Nr. 18 oder Teil einer Unternehmensgruppe i. S. v. Art. 4 Nr. 19 DSGVO sein. Dabei ist der Unternehmensbegriff des Art. 4 Nr. 18 DSGVO weit zu verstehen und umfasst dadurch auch Kleinstunternehmen und Solo-Selbstständige,[1523] ebenso wie die Begriffe des Verantwortlichen und Auftragsverarbeiters grundsätzlich, d. h. vorbehaltlich der „Haushalts-

---

1520 *EDPB*, Stellungnahme 07/2020 zum Konzept des Verantwortlichen und des Auftragsverarbeiters, S. 26 f., Rn. 82; *Hartung*, in: Kühling/Buchner, DSGVO BDSG, 2020, Art. 4 Nr. 8, Rn. 7.

1521 Vgl. ausführlich dazu C. I. 1.a.(2) oben.

1522 *Cornelius*, NZWiSt 2016, 421 (423).

1523 *Arning/Rothkegel*, in: Taeger/Gabel, DSGVO BDSG TTDSG, 2022, Art. 4, Rn. 366; *Ernst*, in: Paal/Pauly, DSGVO BDSG, 2021, Art. 4, Rn. 124; *Schwartmann/Hermann*, in: Schwartmann et al., DSGVO BDSG, 2020, Art. 4, Rn. 245 f.; *Schröder*, in: Kühling/Buchner, DSGVO BDSG, 2020, Art. 4, Nr. 18, Rn. 1; *Eßer*, in: Auernhammer, DSGVO BDSG, 2020, Art. 4, Rn. 133.

ausnahme" des Art. 2 Abs. 2 lit. c DSGVO auf jede natürliche[1524] oder juristische Person Anwendung finden.[1525]

Zusätzlich zum Singular des Unternehmens enthält die unmittelbar folgende Definition in Art. 4 Nr. 19 DSGVO scheinbar den, zumindest ausgehend von der deutschen[1526] Sprachfassung, korrespondierenden Plural. Dieser Schlussfolgerung liegt allerdings eine Inkonsistenz der Sprachfassungen zu Grunde, die insbesondere bei der Bußgeldberechnung eine erhebliche Relevanz entfaltet.[1527] Das Unternehmen i. S. v. Art. 4 Nr. 18 DSGVO zielt auf eine singuläre juristische Person ab, während Art. 4 Nr. 19 DSGVO zwar einerseits eine Personenmehrheit bezeichnet,[1528] für das Bestehen einer Unternehmensgruppe (engl. „group of undertakings") jedoch auch das Bestehen eines Hierarchieverhältnisses vorschreibt, denn sie besteht aus „einem herrschenden und den von diesem abhängigen Unternehmen".[1529] Damit stehen Art. 4 Nr. 18 und Art. 4 Nr. 19 DSGVO trotz räumlicher Nähe im Verordnungstext in keinem unmittelbaren Verhältnis zueinander. Daraus kann allerdings nicht im Umkehrschluss gefolgert werden, dass die DSGVO einen Plural des Einzelunternehmens i. S. v. Art. 4 Nr. 18 nicht kennt. So rekurriert bspw. Art. 47 Abs. 1 lit. a DSGVO bei der Bestimmung der Voraussetzungen für das Selbstregulierungsinstrument der verbindlichen Unternehmensregelungen (BCR)[1530] eindeutig sowohl auf die Unternehmensgruppe (group of undertakings) als auch auf die Gruppe von Unternehmen (group of enterprises). Zwar behandelt Art. 47 DSGVO lediglich die Aktivlegitimation für einen Antrag auf Genehmigung von BCRs, allerdings kann nicht von der Hand gewiesen werden, dass dem Verordnungsgeber die unterschiedlichen Ausgangssituationen bewusst gewesen sein müssen. Einerseits erkennt er einen losen Zusammenschluss grundsätzlich getrennter Unternehmen ohne

---

1524 *Schreiber*, in: Plath, DSGVO BDSG TTDSG, 2023, Art. 4, Rn. 71, findet die Einbeziehung natürlicher Personen allerdings „vom Wortsinn her überraschend".

1525 Statt vieler *Petri*, in: Simitis et al., Datenschutzrecht, 2019, Art. 4, Nr. 7, Rn. 14; auf die sog. „Dual Use"-Fälle soll hier nicht eingegangen werden, vgl. dazu *Ernst*, in: Paal/Pauly, DSGVO BDSG, 2021, Art. 4, Rn. 125; *Arning/Rothkegel*, in: Taeger/Gabel, DSGVO BDSG TTDSG, 2022, Art. 4, Rn. 368.

1526 Eine Reihe weiterer Sprachfassungen verwendet ebenfalls eine einheitliche Terminologie, allerdings nicht die wohl führende Ausgangssprache (so *Uebele*, EuZW 2018, 440 (443)) Englisch; ausführlich zur Debatte *Cornelius*, NZWiSt 2016, 421 (423); *Spittka*, in: Taeger, Rechtsfragen digitaler Transformation, 2018, 117 (121 f.).

1527 Dazu sogleich unter C. I. 3.

1528 *Schröder*, in: Kühling/Buchner, DSGVO BDSG, 2020, Art. 4, Rn. 2; *Petri*, in: Simitis et al., Datenschutzrecht, 2019, Art. 4, Nr. 19, Rn. 1.

1529 Statt aller *Schwartmann/Hermann*, in: Schwartmann et al., DSGVO BDSG, 2020, Art. 4, Rn. 248.

1530 Art. 4 Nr. 20 DSGVO; vgl. allgemein zu den Selbstregulierungsinstrumenten B. I. oben.

Hierarchie an und bezeichnet ihn als „*group of enterprises*",[1531] andererseits hält er auch Konzerne, d. h. Unternehmensgruppen i. S. v. Art. 4 Nr. 19 DSGVO, die durch das Beherrschungsverhältnis geprägt sind, für antragsberechtigt.[1532]

Nach hier vertretener Meinung liegt in dieser Berechtigung die zentrale Funktion der Definitionen in Art. 4 Nr. 18 und Nr. 19 DSGVO. Sie verleihen den legaldefinierten Erscheinungsformen des Unternehmens (*enterprise*) bzw. der Unternehmensgruppe (*group of undertaking*) auf einem allgemeinen, übergeordneten aber nicht notwendigerweise abschließenden Level Rechtssubjektsqualität, woraus diese Berechtigungen zur Nutzung der materiellen Gestaltungsmöglichkeiten ableiten können. Als Rechtssubjekte haben Unternehmen, Unternehmensgruppen und auch die in Art. 4 nicht legaldefinierten Gruppen von Unternehmen die Möglichkeit einen gemeinsamen Datenschutzbeauftragten zu bestellen oder innerhalb des Akteurs Bindungswirkung entfaltende BCRs zu erarbeiten.[1533] Aus diesen Möglichkeiten entsteht jedoch keine Wirkung oder Aussage für die Rechtsobjektsqualität, sprich die Fähigkeit, Adressat von Pflichten oder von Haftungsansprüchen zu sein. Es entspricht, wie gezeigt wurde, nicht nur dem Naturrechtsgedanken *Hegels*, das Recht von Prinzipien her i. S. eines *argumentum a maiore ad minus* zu gestalten, sondern auch der Herangehensweise des europäischen Verordnungsgebers bei der Schaffung der DSGVO.[1534] Es überrascht insofern nicht, dass die Definitionen in Art. 4 DSGVO durch weitere, ihrerseits nicht legaldefinierte – wie die Gruppe von Unternehmen[1535] – Begrifflichkeiten im Kontext konkreter materieller Normen wie etwa Art. 47 Abs. 1 lit. a DSGVO komplementiert werden. Dies gilt zwar insbesondere für die Rechtsobjektsqualität i. S. v. Art. 83 Abs. 4–6 DSGVO, jedoch auch für die möglichen Formen der regulierten Selbstregulierung.

1531 *Arning/Rothkegel*, in: Taeger/Gabel, DSGVO BDSG TTDSG, 2022, Art. 4, Rn. 380.

1532 Vgl. zur Antragsberechtigung von BCRs *Traut*, in: Schwartmann et al., DSGVO BDSG, 2020, Art. 47, Rn. 6 und 67; *Bussche v. d./Raguse*, in: Plath, DSGVO BDSG TTDSG, 2023, Art. 47, Rn. 4, will dagegen nur Konzerne zulassen; zur Antragsberechtigung von Gruppen von Unternehmen dagegen *Pauly*, in: Paal/Pauly, DSGVO BDSG, 2021, Art. 47, Rn. 4; *Schröder*, in: Kühling/Buchner, DSGVO BDSG, 2020, Art. 4, Nr. 20, Rn. 2; vgl. zum kennzeichnenden Beherrschungsverhältnis in Art. 4 Nr. 19 *Eßer*, in: Auernhammer, DSGVO BDSG, 2020, Art. 4, Rn. 137 ff.

1533 So auch *Ernst*, in: Paal/Pauly, DSGVO BDSG, 2021, Art. 4, Rn. 129, der von „Privilegien" spricht, was wegen der Vorprägung im datenschutzrechtlichen Duktus unpraktisch ist; so auch *Arning/Rothkegel*, in: Taeger/Gabel, DSGVO BDSG TTDSG, 2022, Art. 4, Rn. 379; *Schröder*, in: Kühling/Buchner, DSGVO BDSG, 2020, Art. 4, Nr. 18, Rn. 3.

1534 Zur Konstruktion der Prinzipien des Art. 5 Abs. 1 DSGVO als Nukleus der gesamten DSGVO vgl. B. II. 4. oben.

1535 *Arning/Rothkegel*, in: Taeger/Gabel, DSGVO BDSG TTDSG, 2022, Art. 4, Rn. 372; *Klabunde*, in: Ehmann/Selmayr, DSGVO, 2018, Art. 4, Rn. 90.

Für die vorliegende Untersuchung erhellend, allerdings seinerseits definitionsbedürftig, ist der zu Art. 4 Nr. 19 DSGVO gehörende ErwG 37 S. 2. Danach soll das eine Unternehmensgruppe prägende Hierarchie- und Beherrschungsverhältnis darin seinen Ausdruck finden, dass das herrschende Unternehmen „die Verarbeitung personenbezogener Daten in ihm angeschlossenen Unternehmen kontrolliert". Fraglich und soweit ersichtlich bislang im Schrifttum völlig unbeachtet geblieben ist, was mit „Kontrolle" in diesen Fällen gemeint ist. Setzte man Kontrolle mit „Entscheidung über Zwecke und Mittel" i. S. v. Art. 4 Nr. 7 DSGVO gleich und legte man die Definition des EuGH zu gemeinsam Verantwortlichen („*joint **controller***") zugrunde,[1536] würden die internen Strukturen von Unternehmensgruppen regelmäßig auch eine gemeinsame Verantwortung i. S. v. Art. 4 Nr. 7, Art. 26 DSGVO darstellen. Diese wäre dann auch ein in jedem Fall tauglicher Bußgeldadressat.[1537] Potenziell würden umgekehrt Auftragsverarbeitungen und wohl auch Verarbeitungssituationen gemeinsamer Verantwortung eine Unternehmensgruppe i. S. v. Art. 4 Nr. 19 DSGVO entstehen lassen.[1538] Das kann zwar erkennbar nicht die Absicht des Verordnungsgebers gewesen sein, wären doch Grenzen, Inhalte und Pflichten einer solchen gemeinsamen Verantwortung völlig konturlos. Problematisch wären insofern ferner die terminologischen Parallelen zur Betriebsrats-Richtlinie,[1539] in deren Rahmen (wie auch im Kartell-[1540] und Fusionskontrollrecht[1541]) die bloße Möglichkeit zur Beherrschung zu einer widerleglichen Vermutung der Ausübung der Beherrschung führt,[1542] was vorliegend im Konzernzusammenhang stets eine gemeinsame Verantwortung entstehen ließe.[1543] Es zeigt

---

1536 Siehe oben C. I. 1. b.

1537 *Spittka*, in: Taeger, Rechtsfragen digitaler Transformation (DRSITB 2018), 117 (127).

1538 So *Arning/Rothkegel*, in: Taeger/Gabel, DSGVO BDSG TTDSG, 2022, Art. 4, Rn. 379, wobei dieser Gedanke hinsichtlich der gemeinsamen Verantwortung nur soweit trägt, wie Beeinflussungen möglich sind, die anders als bei der Auftragsverarbeitung nicht umfassend sein können.

1539 Richtlinie 2009/38/EG des Europäischen Parlaments und des Rates v. 06.05.2009 über die Einsetzung eines Europäischen Betriebsrats oder die Schaffung eines Verfahrens zur Unterrichtung und Anhörung der Arbeitnehmer in gemeinschaftsweit operierenden Unternehmen und Unternehmensgruppen.

1540 *Stockenhuber*, in: Grabitz/Hilf/Nettesheim, AEUV, 2021, Art. 101, Rn. 75; wohl auch *Zimmer*, in: Immenga/Mestmäcker, Wettbewerbsrecht, AEUV, 2019, Art. 101, Rn. 35 f., der jedoch auf das volatile Element von Entscheidungen hinweist; differenzierend *Paschke*, in: MüKo Wettbewerbsrecht, AEUV, 2020, Art. 101, Rn. 99; *Schroeder*, in: Wiedemann, Handbuch Kartellrecht, 2020, Kap. 2, § 9, Rn. 7.

1541 *Grave/Nyberg*, in: Loewenheim/Meessen/Riesenkampff/Kersting/Meyer-Lindemann, Kartellrecht, AEUV, 2020, Art. 101 Abs. 1, Rn. 124.

1542 Vgl. dazu *Schreiber*, in: Plath, DSGVO BDSG TTDSG, 2023, Art. 4, Rn. 76 ff.

1543 Nach h. M. bedarf es zur Qualifikation als Unternehmensgruppe auch keinem Vertragskonzern gem. §§ 291 ff. AktG (vgl. zu den unterschiedlichen Gestaltungsarten

jedoch, dass die Definitionen des Art. 4 Nr. 7–10 und Nr. 16–19 DSGVO nicht gegenseitig exklusiv sind, sondern in derselben Partei realisiert werden können.[1544] Ferner stützt ErwG 37 S. 2 in Zusammenschau mit S. 1, dass es nicht um die Kontrolle, Beeinflussung und „Entscheidung" bezüglich einer Datenverarbeitung geht, sondern um die „Befugnis, Datenschutzvorschriften umsetzen zu lassen". Daraus lassen sich die im Folgenden noch näher auszuformenden konzern- bzw. (unternehmens-) gruppendimensionalen Organisationspflichten herleiten und insbesondere in Fällen von Datenschutzverletzungen eine Zurechnung zum herrschenden Unternehmen entwickeln.

2. Übertragbarkeit des kartellrechtlichen Rahmens auf das Datenschutzrecht

Im Unterschied zum Datenschutzrecht, das mit den dargestellten Erscheinungsformen des (allein oder gemeinsam) Verantwortlichen gem. Art. 4 Nr. 7, 26 DSGVO, des Auftragsverarbeiters gem. Art. 4 Nr. 8, 28 DSGVO und seit Inkrafttreten der DSGVO auch von Unternehmen (Art. 4 Nr. 18 DSGVO) und der Gruppe von Unternehmen (Art. 4 Nr. 19 DSGVO) jeweils eigene Legaldefinitionen kennt, existieren keine vergleichbaren Normen im Wettbewerbs- bzw. europäischen Kartellrecht.[1545] Viel eher ist für die Anwendung der Normen der Art. 101–107 AEUV, der Durchführungsverordnung 1/2003[1546] und nationaler Kartellrechtsgesetze die Wirkung des bzw. der handelnden Wirtschaftssubjekte maßgeblich,[1547] die als prägende Eigenschaften eines Unternehmens- bzw. eines Unternehmensverbundes durch die Rechtsprechung des EuGH im Laufe der Zeit herausgearbeitet worden sind.[1548]

Maßgeblicher rechtlicher Rahmen hierfür sind seit dem Vertrag von Lissabon 2009 die Art. 101 ff. AEUV. Pönalisiert wird danach ein Verhalten das

---

Habersack, in: Bechtold/Jickeli/Rohe, FS Möschel, 2011, 1175 (1183 ff.)), sondern es genügt ein faktischer Konzern i. S. v. §§ 311 ff. AktG, siehe dazu *Schröder*, in: Kühling/Buchner, DSGVO BDSG, 2020, Art. 4, Nr. 19, Rn. 1; *Schwartmann/Hermann*, in: Schwartmann et al., DSGVO BDSG, 2020, Art. 4, Rn. 249; *Drewes*, in: Simitis et al., Datenschutzrecht, 2019, Art. 4, Rn. 2; wohl auch *Eßer*, in: Auernhammer, DSGVO BDSG, 2020, Art. 4, Rn. 139; a. A. dagegen *Ernst*, in: Paal/Pauly, DSGVO BDSG, 2021, Art. 4, Rn. 129.

1544 *Venn/Wybitul*, NStZ 2021, 204 (206); implizit davon ausgehend *Gola*, in: Gola/Heckmann, DSGVO BDSG, 2022, Art. 4, Rn. 135 f.

1545 *Grünwald/Hackl*, ZD 2017, 556 (558).

1546 Leitlinien für das Verfahren zur Festsetzung von Geldbußen VO (EG) Nr. 1/2003, ABl. C 210/06 v. 1.9.2006.

1547 *Louven*, in: Specht-Riemenschneider et al., FS Taeger, 2020, 725 (731); *Zimmer*, in: Immenga/Mestmäcker, Wettbewerbsrecht, AEUV, 2019, Art. 101, Rn. 21 f.

1548 Vgl. zum Ganzen *Cornelius*, NZWiSt 2016, 421 (422 ff.).

geeignet ist, den Wettbewerb zu verhindern, einzuschränken oder zu verfälschen.[1549] Das europäische Kartellrecht findet grundsätzlich auf alle Wirtschaftszweige gleichermaßen Anwendung.[1550] Tatbestandlich entscheidend sind für Art. 101 AEUV ausschließlich Vereinbarungen oder eine abgestimmte Verhaltensweisen[1551] im Rahmen einer wirtschaftlichen Betätigung, die zu spürbaren Wettbewerbsbeschränkungen und Handelsbeeinträchtigungen führt.[1552] Das Schutzobjekt ist dabei zwar der Wettbewerb selbst,[1553] dessen Bewahrung jedoch auch markt- und sozialpolitischen Zielen folgt.[1554] Im Folgenden sollen daher zunächst die Voraussetzungen dargestellt werden, die von der Rechtsprechung und Literatur als (potenziell) wettbewerbsschädigend angesehen werden. Danach ist aufbauend auf den Handlungs- und Wirkungsformen zu untersuchen, wer als vom Wettbewerbsrecht adressierter Schädiger entsprechend in Frage kommt.

a. Vereinbarungen zwischen Unternehmen und abgestimmte Verhaltensweisen

Art. 101 Abs. 1 AEUV ist in einer Weise abgefasst, die bewusst deutungsoffen und umfassend wirken soll, um jeder Form wettbewerbsbeschränkenden Verhaltens entgegenwirken zu können. Entsprechend enthält er neben den Varianten der Vereinbarung zwischen Unternehmen und den Beschlüssen von Unternehmensvereinigungen den Auffangtatbestand der abgestimmten

---

1549 Mit einer an Art. 101 Abs. 1 angelehnten Übersicht, welche Handlungen hierzu grundsätzlich in Betracht kommen, *Säcker/Zorn*, in: MüKo Wettbewerbsrecht, AEUV, 2020, Art. 101, Rn. 197; *Grave/Nyberg*, in: Loewenheim/Meessen/Riesenkampff/Kersting/Meyer-Lindemann, Kartellrecht, AEUV, 2020, Art. 101 Abs. 1, Rn. 1.

1550 *Grave/Nyberg*, in: Loewenheim/Meessen/Riesenkampff/Kersting/Meyer-Lindemann, Kartellrecht, AEUV, 2020, Art. 101 Abs. 1, Rn. 2.

1551 Art. 101 Abs. 1 AEUV enthält grundsätzlich drei Varianten von wettbewerbswidrigem Verhalten, wovon nur die erste und die letzte im Rahmen der vorliegenden Arbeit aus Platzgründen betrachtet werden sollen: die Vereinbarung zwischen Unternehmen (Var. 1) und die abgestimmte Verhaltensweise (Var. 3).

1552 *Eilmansberger/Kruis*, in: Streinz, EUV/AEUV, 2018, 2018, Art. 101, Rn. 95; *Grave/Nyberg*, in: Loewenheim/Meessen/Riesenkampff/Kersting/Meyer-Lindemann, Kartellrecht, AEUV, 2020, Art. 101 Abs. 1, Rn. 4.

1553 *Dittrich/Matthey*, in: Hauschka/Moosmayer/Lösler, Corporate Compliance, 2016, §26, Rn. 2; *Säcker/Zorn*, in: MüKo Wettbewerbsrecht, AEUV, 2020, Art. 101, Rn. 198; *Schuhmacher*, in: Grabitz/Hilf/Nettesheim, AEUV, 2021, Art. 101, Rn. 10; *Zelger*, EuR 2021, 478 (490); *Fischer/Zickgraf*, ZHR 2022, 125 (130), nach denen das Kartellrecht primär nicht auf eine Wirkung inter partes, sondern pro publico ausgelegt sei.

1554 *Faust/Spittka/Wybitul*, ZD 2016, 120 (121): Schaffung eines funktionierenden Binnenmarktes; *Podszun*, GRUR 2020 1268 (1273) zur Facebook-Entscheidung des BGH und zum Ziel der Wahlfreiheit der Verbraucher durch einen unverfälschten Wettbewerb.

Verhaltensweise.[1555] Dabei scheint die Kommission in Übereinstimmung mit dem EuGH die Varianten häufig im Wege des *„effet utile"*-Gebots in Gesamtschau – der sog. einheitlichen und fortgesetzten Zuwiderhandlung – auszulegen, ohne eine genaue Abgrenzung vorzunehmen.[1556]

Der AEUV enthält selbst keine Definition einer Vereinbarung. Stattdessen wurde der Begriff durch die Rechtsprechung des EuGH und die Kartellpraxis der Kommission geprägt.[1557] Eine Vereinbarung soll danach vorliegen, wenn die beteiligten Unternehmen den gemeinsamen Willen zum Ausdruck bringen, sich auf dem Markt in einer bestimmten Weise zu verhalten,[1558] wovon auch konkludente Vereinbarungen[1559] und einseitige Akzeptanz durch die ursprünglichen und ggf. hinzutretenden Teilnehmer erfasst sein soll,[1560] ohne dass eine formalisierte oder gar schriftliche Vereinbarung erforderlich ist.[1561] Auch ist es unerheblich, ob die Parteien ein gemeinsames (oder überhaupt ein) Interesse an der Verhaltensweise haben, um eine Wil-

---

1555 So *Eilmansberger/Kruis*, in: Streinz, EUV/AEUV, 2018, Art. 101, Rn. 11; *Grave/Nyberg*, in: Loewenheim/Meessen/Riesenkampff/Kersting/Meyer-Lindemann, Kartellrecht, AEUV, 2020, Art. 101 Abs. 1, Rn. 202 („Generalklausel"); *Stockenhuber*, in: Grabitz/Hilf/Nettesheim, AEUV, 2021, Art. 101, Rn. 106.

1556 Vgl. dazu *Zimmer*, in: Immenga/Mestmäcker, Wettbewerbsrecht, AEUV, 2019, Art. 101, Rn. 66; *Müller-Graff*, in: Vedder/Heintschel v. Heinegg, Europäisches Unionsrecht, AEUV, 2018, Art. 101, Rn. 12.

1557 Verschiedene Beispiele finden sich bei *Stockenhuber*, in: Grabitz/Hilf/Nettesheim, AEUV, 2021, Art. 101, Rn. 91; *Zimmer*, in: Immenga/Mestmäcker, Wettbewerbsrecht, 2019, Bd. 1, AEUV, Art. 101, Rn. 208 ff.

1558 *Weiß*, in: Calliess/Ruffert, EUV/AEUV, 2022, Art. 101, Rn. 47; *Grave/Nyberg*, in: Loewenheim/Meessen/Riesenkampff/Kersting/Meyer-Lindemann, Kartellrecht, AEUV, 2020, Art. 101 Abs. 1, Rn. 195; *Stockenhuber*, in: Grabitz/Hilf/Nettesheim, AEUV, 2021, Art. 101, Rn. 91; *Eilmansberger/Kruis*, in: Streinz, EUV/AEUV, 2018, Art. 101, 1.

1559 *Stockenhuber*, in: Grabitz/Hilf/Nettesheim, AEUV, 2021, Art. 101, Rn. 95; *Zimmer*, in: Immenga/Mestmäcker, Wettbewerbsrecht, AEUV, 2019, Art. 101, Rn. 68; *Eilmansberger/Kruis*, in: Streinz, EUV/AEUV, 2018, Art. 101, Rn. 1 ff.; *Weiß*, in: Calliess/Ruffert, EUV/AEUV, 2022, Art. 101, Rn. 47; *Müller-Graff*, in: Vedder/Heintschel v. Heinegg, Europäisches Unionsrecht, AEUV, 2018, Art. 101, Rn. 10.

1560 Wobei hier der Unterschied zur abgestimmten Verhaltensweise nicht immer trennscharf ist, vgl. *Zimmer*, in: Immenga/Mestmäcker, Wettbewerbsrecht, AEUV, 2019, Art. 101, Rn. 64 ff.; *Grave/Nyberg*, in: Loewenheim/Meessen/Riesenkampff/Kersting/Meyer-Lindemann, Kartellrecht, AEUV, 2020, Art. 101 Abs. 1, Rn. 202; *Paschke*, in: MüKo Wettbewerbsrecht, AEUV, 2020, Art. 101, Rn. 155.

1561 *Müller-Graff*, in: Vedder/Heintschel v. Heinegg, Europäisches Unionsrecht, AEUV, 2018, Art. 101, Rn. 10; *Grave/Nyberg*, in: Loewenheim/Meessen/Riesenkampff/Kersting/Meyer-Lindemann, Kartellrecht, AEUV, 2020, Art. 101 Abs. 1, Rn. 196.

lensübereinstimmung anzunehmen,[1562] und in welchem Verhältnis – horizontal oder vertikal – sie zueinander stehen.[1563]

Diese Anforderungen lassen sich auf die vertragsbasierte arbeitsteilige Datenverarbeitung relativ einfach übertragen, da das Datenschutzrecht sowohl in den Fällen des Art. 28 DSGVO einen Vertrag („*contract*") oder ein vergleichbar bindendes Rechtsinstrument als auch in denen des Art. 26 DSGVO („*agreement*") eine nachweisbare Vereinbarung fordert, welche die Verarbeitungsmodalitäten zwischen den Parteien regelt.[1564] Eine Übertragbarkeit ist weiterhin gegeben, da eine entsprechende Beziehung aufgrund der faktischen Umstände der Datenverarbeitung selbst dann zu bejahen ist, wenn die Parteien keine formelle Abrede treffen.[1565] Damit ist sowohl in Fällen der Auftragsverarbeitung als auch in denen einer gemeinsamen Verantwortung ein abgestimmtes und potenziell kollusives Verhalten festzustellen, das im Außenverhältnis zu einer Haftungseinheit führt, Art. 82 Abs. 4 DSGVO. Diese Haftungsidentität streitet für die bislang nur vereinzelt im datenschutzrechtlichen Schrifttum vertretene Ansicht, dass eine Datenweitergabe zwischen gemeinsam Verantwortlichen in gleichem Maße privilegiert sein sollte, wie die Auftragsverarbeitung.[1566] Hierin ist lediglich die konsequente Übertragung der im Kartellrecht anerkannten Wirkung zu sehen, dass innerhalb derart haftungsrechtlich verklammerter Parteien eine Aufspaltung in die einzelnen Akteure weder erforderlich noch sinnvoll ist. Entsprechend werden die Art. 101, 102 AEUV innerhalb eines Unternehmens nicht angewendet, wenn beispielsweise beherrschte Unternehmen Weisungen der Muttergesellschaft befolgen.[1567]

Neben der Vereinbarung kann auch ein aufeinander abgestimmtes Verhalten einen Verstoß gegen das europäische Kartellrecht begründen. Darunter ist nach überzeugender Ansicht und Berufung auf den Wortlaut des Art. 101

1562 *Grave/Nyberg*, in: Loewenheim/Meessen/Riesenkampff/Kersting/Meyer-Lindemann, Kartellrecht, AEUV, 2020, Art. 101 Abs. 1, Rn. 196, letzter Spiegelstrich.

1563 *Zimmer*, in: Immenga/Mestmäcker, Wettbewerbsrecht, AEUV, 2019, Art. 101, Rn. 63.

1564 *Lang*, in: Taeger/Gabel, DSGVO BDSG TTDSG, 2022, Art. 26, Rn. 44 ff.; *Martini*, in: Paal/Pauly, DSGVO BDSG, 2021, Art. 26, Rn. 33; *Schreibauer*, in: Auernhammer, DSGVO BDSG, 2020, Art. 26, Rn. 12 ff.

1565 Ganz h. M., vgl. statt aller *Hartung*, in: Kühling/Buchner, DSGVO BDSG, 2020, Art. 26, Rn. 20; *Kremer*, in: Schwartmann et al., DSGVO BDSG, 2020, Art. 26, Rn. 31.

1566 So bislang *Martini*, in: Paal/Pauly, DSGVO BDSG, 2021, Art. 26, Rn. 3a; *Kremer*, in: Schwartmann et al., DSGVO BDSG, 2020, Art. 26, Rn. 30; *Lang*, in: Taeger/Gabel, DSGVO BDSG TTDSG, 2022, Art. 26, Rn. 53 f.; *Piltz*, in: Gola, DSGVO, 2018, Art. 26, Rn. 17.

1567 EuGH, Urt. v. 24.10.1996 – C-73/95 (Viho Europe), ECLI:EU:C:1996:405, Rn. 50 f.; *Schroeder*, in: Wiedemann, Handbuch Kartellrecht, 2020, Kap. 2, § 9, Rn. 2 ff.; vgl. auch die Untersuchung von *Schüler*, Wissenszurechnung im Konzern, 2000, 130 ff., zur Figur des teilrechtsfähigen „polykorporativen Netzwerks".

AEUV im Wege eines zweigliedrigen Tatbestands einerseits eine Abstimmung in Form einer Koordinierung, durch welche planvoll die markttypischen Risiken der Preisgefahr reduziert, minimiert bzw. sogar eliminiert werden sollen,[1568] auf die andererseits ein entsprechendes Verhalten der Akteure folgt.[1569] Eine bloße Koordinierung bzw. Abstimmung soll nach dieser Ansicht nicht ausreichen, solange diese sich nicht in ein gleichförmiges Marktverhalten auswächst.[1570] Das abgestimmte Verhalten ist mithin ein Erfolgsdelikt,[1571] wobei sich Erfolg hierbei nicht auf die tatsächliche Bewirkung einer Markt- und Wettbewerbsbeschränkung bezieht, sondern auf das Er- bzw. Befolgen der abgestimmten Verhaltensweise.[1572] Diese Vorverlagerung dient dem Zweck, wettbewerbswidriges Verhalten ahnden zu können, ohne dass es erst zu einer rechtstatsächlichen Feststellung einer Beeinträchtigung kommen muss.

Die Übertragung dieser kartellrechtsrelevanten Handlungsform gestaltet sich datenschutzrechtlich ähnlich eindeutig. Wenn mehr als eine Partei über die Zwecke und Mittel einer Datenverarbeitung bestimmen, so handeln sie als gemeinsam Verantwortliche,[1573] unbeschadet davon, ob sie hierzu einen Vertrag oder eine Vereinbarung schließen.[1574] Sofern der Gegenstand einer kartellrechtlichen Abstimmung die Verarbeitung personenbezogener Daten ist, erwächst diesem Handeln folglich stets auch eine datenschutzrechtliche Haftungskomponente.

1568 *Zimmer*, in: Immenga/Mestmäcker, Wettbewerbsrecht, AEUV, 2019, Art. 101, Rn. 86; *Eilmansberger/Kruis*, in: Streinz, EUV/AEUV, 2018, Art. 101, Rn. 12 ff.; *Paschke*, in: MüKo Wettbewerbsrecht, AEUV, 2020, Art. 101, Rn. 152.

1569 *Müller-Graff*, in: Vedder/Heintschel v. Heinegg, Europäisches Unionsrecht, AEUV, 2018, Art. 101, Rn. 16; *Weiß*, in: Calliess/Ruffert, EUV/AEUV, 2022, Art. 101, Rn. 64; *Stockenhuber*, in: Grabitz/Hilf/Nettesheim, AEUV, 2021, Art. 101, Rn. 111 und 113 f.; *Paschke*, in: MüKo Wettbewerbsrecht, AEUV, 2020, Art. 101, Rn. 154 und 164.

1570 A.A. *Eilmansberger/Kruis*, in: Streinz, EUV/AEUV, 2018, Art. 101, Rn. 20; wie hier *Müller-Graff*, in: Vedder/Heintschel v. Heinegg, Europäisches Unionsrecht, AEUV, 2018, Art. 101, Rn. 16; *Paschke*, in: MüKo Wettbewerbsrecht, AEUV, 2021, Art. 101, Rn. 154; *Weiß*, in: Calliess/Ruffert, EUV/AEUV, 2022, Art. 101, Rn. 64 f., zum Meinungsstreit und m. w. N.

1571 *Paschke*, in: MüKo Wettbewerbsrecht, AEUV, 2020, Art. 101, Rn. 164.

1572 Vgl. *Weiß*, in: Calliess/Ruffert, EUV/AEUV, 2022, Art. 101, Rn. 64 f.; *Paschke*, in: MüKo Wettbewerbsrecht, AEUV, 2020, Art. 101, Rn. 164 f.

1573 *Schreibauer*, in: Auernhammer, DSGVO BDSG, 2020, Art. 26, Rn. 8; *Plath*, in: Plath, DSGVO BDSG TTDSG, 2023, Art. 26, Rn. 8; *Hartung*, in: Kühling/Buchner, DSGVO BDSG, 2020, Art. 26, Rn. 11.

1574 *Kremer*, in: Schwartmann et al., DSGVO BDSG, 2020, Art. 26, Rn. 31; *Däubler*, in: Däubler et al., DSGVO BDSG, 2020, Art. 26, Rn. 7; *Hartung*, in: Kühling/Buchner, DSGVO BDSG, 2020, Art. 26, Rn. 20; *Plath*, in: Plath, DSGVO BDSG TTDSG, 2023, Art. 26, Rn. 9 und 35.

Von einem kollusiven Verhalten dieser Art ist eine einseitige Maßnahme zu unterscheiden, die zwar nicht in den Anwendungsbereich des Art. 101 AEUV fällt, wohl aber in den des Art. 102 AEUV und damit dennoch zu einer unzulässigen Verhaltensweise und einem entsprechenden Bußgeld führen kann.[1575] Hierauf wird noch gesondert einzugehen sein.

b. Spürbarkeit einer Beeinträchtigung

Zusätzlich zu den Tatbestandsvoraussetzungen des Art. 101 Abs. 1 AEUV wird von der europäischen Gerichtsbarkeit und der Kommission eine Spürbarkeit des Handelns für die Verbraucher als ungeschriebenes Tatbestandsmerkmal verlangt.[1576]

Spürbarkeit einer Wettbewerbsbeschränkung kann nach ständiger Rechtsprechung sowohl in qualitativer als auch in quantitativer Hinsicht vorliegen.[1577] Die quantitative Spürbarkeit wird ausgehend vom primären Kriterium des Marktanteils beurteilt, wonach eine Spürbarkeit bei unter 1 % regelmäßig nicht, bei über 5 % dagegen regelmäßig schon angenommen werden soll,[1578] kann jedoch auch weitere Faktoren wie die allgemeine Größe des Unternehmens, die Stellung und Marktmacht der Wettbewerber oder die Zugänglichkeit zum Markt einschließen.[1579] Die qualitative Spürbarkeit stellt dagegen kein kohärentes Kriterium dar, sondern dient regelmäßig in Form einer wertenden Gesamtschau bzw. eines Korrektivs quantitativer Kriterien zur sachgerechten Beurteilung der Umstände einer Verhaltensweise.[1580]

Für die vorliegende Arbeit und die Übertragbarkeit dieser Anforderungen auf das Datenschutzrecht ist die Spürbarkeit ein interessantes Kriterium. So kann argumentiert werden, dass eine Spürbarkeit einer Datenverarbei-

---

1575 *Weiß*, in: Calliess/Ruffert, EUV/AEUV, 2022, Art. 101, Rn. 50.

1576 *Zimmer*, in: Immenga/Mestmäcker, Wettbewerbsrecht, AEUV, 2019, Art. 101, Rn. 138 ff.; *Grave/Nyberg*, in: Loewenheim/Meessen/Riesenkampff/Kersting/Meyer-Lindemann, Kartellrecht, AEUV, 2020, Art. 101 Abs. 1, Rn. 259 ff.; *Eilmansberger/Kruis*, in: Streinz, EUV/AEUV, 2018, Art. 101, Rn. 95.

1577 *Eilmansberger/Kruis*, in: Streinz, EUV/AEUV, 2018, Art. 101, Rn. 96; abl. ggü. qualitativen Kriterien *Säcker/Zorn*, in: MüKo Wettbewerbsrecht, AEUV, 2020, Art. 101, Rn. 287 („nicht erkennbar").

1578 *Müller-Graff*, in: Vedder/Heintschel v. Heinegg, Europäisches Unionsrecht, AEUV, 2018, Art. 101, Rn. 30; *Eilmansberger/Kruis*, in: Streinz, EUV/AEUV, 2018, Art. 101, Rn. 100; *Zimmer*, in: Immenga/Mestmäcker, Wettbewerbsrecht, AEUV, 2019, Art. 101, Rn. 139; *Weiß*, in: Calliess/Ruffert, EUV/AEUV, 2022, Art. 101, Rn. 86.

1579 *Stockenhuber*, in: Grabitz/Hilf/Nettesheim, AEUV, 2021, Art. 101, Rn. 219; *Weiß*, in: Calliess/Ruffert, EUV/AEUV, 2022, Art. 101, Rn. 84.

1580 *Säcker/Zorn*, in: MüKo Wettbewerbsrecht, AEUV, 2020, Art. 101, Rn. 287; weniger krit. dazu *Eilmansberger/Kruis*, in: Streinz, EUV/AEUV, 2018, Art. 101, Rn. 97 ff.; *Müller-Graff*, in: Vedder/Heintschel v. Heinegg, Europäisches Unionsrecht, AEUV, 2018, Art. 101, Rn. 30; *Weiß*, in: Calliess/Ruffert, EUV/AEUV, 2022, Art. 101, Rn. 88.

tung für Betroffene grundsätzlich anzunehmen ist, stellt sie schließlich einen (informationspflichtigen) Eingriff in ein Persönlichkeitsrecht mit einer breiten Plethora an möglichen, nicht immer absehbaren Effekten dar.[1581] So stellt der EuGH in derRechtssache Expedia die Gleichung auf, dass die Bezweckung einer Wettbewerbsbeeinträchtigung auch gleichzeitig das Merkmal der Spürbarkeit erfüllt,[1582] ohne dass es des Nachweises tatsächlich eingetretener, spürbar negativer Effekte bedürfe, weil bestimmte Verhaltensweisen ihrer Natur nach bereits schädlich seien.[1583] Allerdings führt ein spürbarer Eingriff in die informationelle Selbstbestimmung, ähnlich wie im europäischen Kartellrecht,[1584] nicht per se zu einer Unzulässigkeit des Verhaltens.[1585] Vielmehr könnte auch im Datenschutzrecht einem möglichen konfligierenden Interesse betroffener Personen bei der Anwendung einer Interessensabwägung entgegen gehalten werden, dass Betroffene in „angemessener Weise" beteiligt werden, wenn dies selbst geeignet ist, die Freiwilligkeit der Einwilligung zu beeinflussen.[1586] Dies gilt grundsätzlich unabhängig von der Position der beteiligten Akteure, also sowohl für die Erhebung durch einen singulären Verantwortlichen, die Verarbeitung mithilfe eines Auftragsverarbeiters oder eine gemeinsame Verantwortung zwischen mehreren Akteuren. Das Widerspruchsrecht gem. Art. 21 DSGVO ermöglicht Betroffenen in begründeten Fällen einer über das Maß der erträglichen Spürbarkeit hinausgehenden Eingriffsintensität, eine Reduktion zu erwirken oder die Verarbeitung ganz zu stoppen. Dagegen könnte argumentiert werden, dass wenn zwar nicht der überwiegende Teil, so doch eine erhebliche Teilmenge der Verarbeitungen personenbezogener Daten nicht nur ohne nennenswerte Beeinträchtigung, sondern auch ohne Wissen der Betroffenen stattfinden. In systematischer Hinsicht scheint die (fehlende) Spürbarkeit insofern das zentrale Argument der Apologeten einer idealtypischen Accoun-

---

1581 Vgl. dazu auch die Kritik an der Bußgeldhöhe als „rechtspolitisch bedenklich" bei *Nemitz*, in: Ehmann/Selmayr, DSGVO, 2018, Art. 83, Rn. 35.

1582 EuGH, Urt. v. 13.12.2012 – C-226/11 (Expedia), ECLI:EU:C:2012:795, Rn. 37; *Zimmer*, in: Immenga/Mestmäcker, Wettbewerbsrecht, AEUV, 2019, Art. 101, Rn. 140; *Eilmansberger/Kruis*, in: Streinz, EUV/AEUV, 2018, Art. 101, Rn. 95.

1583 *Stockenhuber*, in: Grabitz/Hilf/Nettesheim, AEUV, 2021, Art. 101, Rn. 142; *Paschke*, in: MüKo Wettbewerbsrecht, AEUV, 2020, Art. 101, Rn. 165; *Weiß*, in: Calliess/Ruffert, EUV/AEUV, 2022, Art. 101, Rn. 105.

1584 Vgl. Art. 101 Abs. 3 AEUV; std. Rspr. des EuGH, etwa Urt. v. 23.11.2006 – C-238/05 (ASNEF), ECLI:EU:C:2006:734, Rn. 50.

1585 Zur ggf. ebenfalls einschränkenden Auslegung des Abs. 1 *Schuhmacher*, in: Grabitz/Hilf/Nettesheim, AEUV, 2021, Art. 101, Rn. 20; *Grave/Nyberg*, in: Loewenheim/Meessen/Riesenkampff/Kersting/Meyer-Lindemann, Kartellrecht, AEUV, 2020, Art. 101 Abs. 1, Rn. 10 und 12 f.

1586 Vgl. zu der Berücksichtigungsfähigkeit dieses Kriteriums i.R.d. Freiwilligkeit von Einwilligungen *Ernst*, in: Paal/Pauly, DSGVO BDSG, 2021, Art. 4, Rn. 71.

tability zu sein.[1587] Dieses Argument wiederum kann mit der kartellrechtlich gefestigten Ansicht pariert werden, dass Beeinträchtigungen sehr wohl vorliegen können, auch ohne dass der Betroffene es bemerkt, insbesondere bei klandestinen Handlungsformen, und dass diese mithin Gegenstand aufsichtsbehördlicher Kontrolle und gegebenenfalls Abhilfe sein sollten. Art. 101 AEUV soll jedoch dann nicht anwendbar sein, wenn die Verhaltensweisen innerhalb eines Unternehmens stattfinden.[1588] Damit kommt dem Unternehmensbegriff sowohl im Kartellrecht als auch hinsichtlich einer möglichen Übertragung tradierter Erkenntnisse daraus auf das Datenschutzrecht eine eminente Bedeutung zu.

c. Kartellrechtlicher Unternehmensbegriff

Der Adressat der Verbotsnorm der Art. 101 ff. AEUV ist ausweislich des Wortlauts das Unternehmen (engl. *„undertaking"*), allerdings ohne legaldefiniert zu sein. Die Auslegung dieses zentralen Begriffs hat mithin zu einer umfangreichen Reflexion in der Literatur und Rechtsprechung – nicht immer mit kongruenten Ergebnissen[1589] – geführt. Für die Zwecke der vorliegenden Arbeit scheint insofern eine iterative Herangehensweise sinnstiftend.

Zunächst ist zwischen der Handlungs- und der Bußgeldebene zu unterscheiden.[1590] Auf der Handlungsebene ist grundsätzlich keine Rechtssubjektsqualität erforderlich,[1591] sondern es kommt allein auf die tatbestandliche Erfüllung von Art. 101 Abs. 1 AEUV an. Dieser kann indes auch durch unselbstständige Niederlassungen, Zweigstellen etc. im Rahmen von sank-

---

1587 *Weitzner/Abelson/Berners-Lee/Feigenbaum/Hendler/Sussmann*, Information Accountability, Communications to the ACM 2008, S. 82 (84); *Giesen*, NVwZ 2019, 1711 (1715 f.); *Lutterbeck*, in: Mehde/Ramsauer/Seckelmann, FS Bull, 2011, 1017; *Pohl*, PinG 2017, 85 (87) bezeichnet das Phänomen zutreffend als „rationale Apathie", wodurch die informationelle Selbstbestimmung und deren Durchsetzung geschwächt wird.

1588 *Weiß*, in: Calliess/Ruffert, EUV/AEUV, 2022, Art. 101, Rn. 80 ff.; *Zimmer*, in: Immenga/Mestmäcker, Wettbewerbsrecht, AEUV, 2019, Art. 101, Rn. 35; *Louven*, in: Specht-Riemenschneider et al., FS Taeger, 2020, 725 (732); *Schroeder*, in: Wiedemann, Handbuch Kartellrecht, 2020, Kap. 2, § 9, Rn. 2 ff.

1589 Beispiele bei *Stockenhuber*, in: Grabitz/Hilf/Nettesheim, AEUV, 2021, Art. 101, Rn. 52 oder *Müller-Graff*, in: Vedder/Heintschel v. Heinegg, Europäisches Unionsrecht, AEUV, 2018, Art. 101, Rn. 6, Fn. 20.

1590 Begrifflich anders, in der Sache jedoch ebenso *Stockenhuber*, in: Grabitz/Hilf/Nettesheim, AEUV, 2021, Art. 101, Rn. 52, der von Normadressat und Entscheidungsadressat spricht.

1591 Vgl. deutlich dazu *Eilmansberger/Kruis*, in: Streinz, EUV/AEUV, 2018, Art. 101, Rn. 36; ähnlich auch *Zimmer*, in: Immenga/Mestmäcker, Wettbewerbsrecht, AEUV, 2019, Art. 101, Rn. 26; *Säcker/Steffens*, in: MüKo Wettbewerbsrecht, AEUV, 2020, Art. 101, Rn. 51.

tionsfähigem kollusivem Verhalten erfüllt werden, wie auch von bereits ihrerseits rechtsfähigen Teilgesellschaften. Ein entsprechendes Verhalten selbstständiger und unselbstständiger Teile wird den Gesellschaftern bzw. Rechtsträgern sodann auf der Bußgeldebene zugerechnet,[1592] bei denen es sich notwendigerweise um eine natürliche oder juristische Person handeln muss.[1593] Eine Identität der handelnden Personen oder Akteure ist allerdings nicht erforderlich. Maßgeblich ist allein die Selbstständigkeit unternehmerischer Entscheidungen im Rahmen der wirtschaftlichen Tätigkeit,[1594] das sog. Selbstständigkeitspostulat.[1595] Mithin stellt ein Unternehmen eine wirtschaftliche Einheit dar, „selbst wenn diese wirtschaftliche Einheit rechtlich aus mehreren natürlichen oder juristischen Personen gebildet wird",[1596] die sog. Rechtsformunabhängigkeit.[1597] Konstituierend sind vielmehr die „einheitliche Organisation personeller, materieller und immaterieller Mittel [...], welche dauerhaft einen wirtschaftlichen Zweck verfolgt".[1598] Fehlt es an einer entsprechend einheitlichen Organisation, kann ein Verhalten grundsätzlich nur dem konkret handelnden Akteur zugerechnet werden.

Ausgehend von dieser Ratio der Selbstständigkeit erschließt sich das kartellrechtliche Konzept der wirtschaftlichen Einheit. Danach sind (bewirkte bzw. bezweckte) wettbewerbsbeschränkende Vereinbarungen oder Verhaltensweisen zwischen solchen Akteuren verboten, die ihr jeweiliges Marktver-

---

1592 *Müller-Graff*, in: Vedder/Heintschel v. Heinegg, Europäisches Unionsrecht, AEUV, 2018, Art. 101, Rn. 6; *Stockenhuber*, in: Grabitz/Hilf/Nettesheim, AEUV, 2021, Art. 101, Rn. 55.

1593 *Säcker/Steffens*, in: MüKo Wettbewerbsrecht, AEUV, 2020, Art. 101, Rn. 50; *Stockenhuber*, in: Grabitz/Hilf/Nettesheim, AEUV, 2021, Art. 101, Rn. 53; *Uebele*, EuZW 2018, 440 (443).

1594 Welches Handeln als wirtschaftliche Tätigkeit zu qualifizieren ist, kann für die vorliegende Arbeit dahinstehen, vgl. dazu vertiefend *Eilmansberger/Kruis*, in: Streinz, EUV/AEUV, 2018, Art. 101, Rn. 27 ff.; *Säcker/Steffens*, in: MüKo Wettbewerbsrecht, AEUV, 2020, Art. 101, Rn. 8 ff.; *Grave/Nyberg*, in: Loewenheim/Meessen/Riesenkampff/Kersting/Meyer-Lindemann, Kartellrecht, AEUV, 2020, Art. 101 Abs. 1, Rn. 102 ff.

1595 *Louven*, in: Specht-Riemenschneider et al., FS Taeger, 2020, 725 (731); *Zimmer*, in: Immenga/Mestmäcker, Wettbewerbsrecht, AEUV, 2019, Art. 101, Rn. 21 f.; *Säcker/Steffens*, in: MüKo Wettbewerbsrecht, AEUV, 2020, Art. 101, Rn. 49.

1596 Beispielhaft EuGH, Urt. v. 10.9.2009 – C-97/08 P (Akzo Nobel), ECLI:EU:C:2009:536, Rn. 55; *Weiß*, in: Calliess/Ruffert, EUV/AEUV, 2022, Art. 101, Rn. 25 ff.; *Stockenhuber*, in: Grabitz/Hilf/Nettesheim, AEUV, 2021, Art. 101, Rn. 75; *Wybitul/König*, ZD 2022, 591.

1597 *Kersting*, ZHR 2018, 8 (13).

1598 *Cornelius*, NZWiSt 2016, 421 (422); *Weiß*, in: Calliess/Ruffert, EUV/AEUV, 2022, Art. 101, Rn. 25; *Stockenhuber*, in: Grabitz/Hilf/Nettesheim, AEUV, 2021, Art. 101, Rn. 51; *Uebele*, EuZW 2018, 440 (441 f.).

halten selbst bestimmen können.[1599] Fehlt es an dieser Selbstbestimmtheit, verklammert das Kartellrecht das bestimmende und das fremdbestimmte Unternehmen spiegelbildlich zur rechtstatsächlichen Handlungseinheit auf der Ebene der Bußgeldbewertung und -berechnung zu einer korrespondierenden Haftungseinheit.[1600] Eine entsprechende Fremdbestimmtheit wird in Fällen eines Konzernverbundes widerleglich unterstellt. Als Konzern ist eine durch ihre rechtliche oder wirtschaftliche Einheit unter einer gemeinsamen Leitung verbundene Unternehmensgruppe zu verstehen.[1601] Diese Widerleglichkeitsanforderung wird auch als Stora- bzw. Akzo-Vermutung bezeichnet,[1602] benannt nach den entsprechend korrespondierenden EuG bzw. EuGH-Urteilen.[1603] Kann eine Muttergesellschaft indes glaubwürdig nachweisen, dass eine 100%-ige Tochtergesellschaft als getrennte Einheit und möglicherweise sogar entgegen der Weisungen der Muttergesellschaft bzw. Unternehmensgruppe gehandelt hat, so kann auch im Kartellrecht keine Zurechnung erfolgen bzw. keine wirtschaftliche Einheit angenommen werden.[1604] Im Kartellrecht bestehen für das Führen dieses Nachweises aus (Binnen-)Markt- und Wettbewerbsschutzgründen hohe Hürden,[1605] ohne dass dies zwingend als Vorbild in das Datenschutzrecht ausstrahlen muss.

Vielmehr sollten diese Wertungen des europäischen Kartellrechts gem. ErwG 150 S. 3 DSGVO sinngemäß und einzelfallabhängig bei der Bußgeldberechnung einbezogen werden, sodass notwendigerweise eine differenzierte Anwendung der Vorgaben der Art. 82 und 83 DSGVO geboten ist. Vorab sollen die hierzu im Schrifttum vertretenen Zurechnungstheorien dargestellt werden.

1599 *Säcker/Steffens*, in: MüKo Wettbewerbsrecht, AEUV, 2020, Art. 101, Rn. 49 ff.; *Grave/Nyberg*, in: Loewenheim/Meessen/Riesenkampff/Kersting/Meyer-Lindemann, Kartellrecht, AEUV, 2020, Art. 101 Abs. 1, Rn. 121; *Zimmer*, in: Immenga/Mestmäcker, Wettbewerbsrecht, 2019, Bd. 1, AEUV, Art. 101, Rn. 30 ff.

1600 *Grave/Nyberg*, in: Loewenheim/Meessen/Riesenkampff/Kersting/Meyer-Lindemann, Kartellrecht, AEUV, 2020, Art. 101 Abs. 1, Rn. 121.

1601 *Voigt/Bussche v. d.*, in: Bussche v. d./Voigt, Konzerndatenschutz, 2019, Kap. 1, Rn. 1; *Grünwald/Hackl*, ZD 2017, 556 (558).

1602 *Biermann*, in: Immenga/Mestmäcker, Wettbewerbsrecht, 2019, Bd. 1, Kartell-VO, Vorb. Art. 23 f., Rn. 95 f.; *Grave/Nyberg*, in: Loewenheim/Meessen/Riesenkampff/Kersting/Meyer-Lindemann, Kartellrecht, AEUV, 2020, Art. 101, Rn. 141 ff.

1603 Einerseits EuGH, Urt. v. 16.11.2000 – C-286/98 P (Stora Kopparbergs Bergslags), ECLI:EU:C:2000:630, Rn. 29; andererseits EuGH, Urt. v. 10.9.2009 – C-97/08 P (Akzo Nobel), ECLI:EU:C:2009:536, Rn. 44.

1604 So auch *Stockenhuber*, in: Grabitz/Hilf/Nettesheim, AEUV, 2021, Art. 101, Rn. 77 f.; für das Datenschutzrecht *Sommer*, in: Däubler et al., DSGVO BDSG, 2020, Art. 83, Rn. 25.

1605 *Uebele*, EuZW 2018, 440 (441).

3. Zurechnung wegen Zugehörigkeit i. S. d. Kartellrechts

Wie gezeigt wurde,[1606] besteht entgegen der landläufigen Meinung[1607] im Datenschutzrecht keine strikte Trennung der Zuständig-, Verantwortlich- und Haftbarkeiten entlang der gesellschaftsrechtlichen Grenzen.[1608] Sowohl für das Handeln von Auftragsverarbeitern als auch für jenes von gemeinsam verantwortlichen Rechtseinheiten können Pflichten ent- und bestehen, da die Entscheidungs- und nicht die Handlungs- und Ausführungsebene der Adressat des datenschutzrechtlichen Pflichtenkanons ist.[1609] Maßgeblich ist in allen Konstellationen eine Beurteilung der objektiven Effekte für Betroffene und eine Einflussnahmemöglichkeit der beteiligten Stelle(n) im Rahmen der gesamtheitlich betrachteten Datenverarbeitung (sog. *Data Life Cycle*), nicht jedoch die zwischen den Parteien getroffene zivilrechtliche Vereinbarung.[1610] Mithin wird die Frage virulent, wie sich Accountability-Pflichten in Unternehmensgruppen gestalten, ggf. verändern und ob bzw. wem entsprechende Effekte zugerechnet werden können.

Ob bei Datenverarbeitungen zwischen vollständig getrennten Unternehmen, möglicherweise mangels eines Anknüpfungspunktes (sog. Zurechnungsgrund) für die Zurechnung (engl. „*to account sth. to*") keine Pflichten aus der Accountability entstehen können, soll im Folgenden überprüft werden. Grundsätzlich gilt, dass eine (haftungs-)rechtliche Zurechnung stets einen kontextuellen Grund bzw. ein solches Bedürfnis erfordert.[1611] Daran fehlt es *prima facie* in Fällen einer getrennten Verantwortung oder auch einer eigenverantwortlich erfolgten Zweck- und Mittelbestimmung. Unstreitig ist insofern, dass jeder Verantwortliche sämtliche materielle Vorgaben der DSGVO selbst erfüllen muss.[1612] Diese Situation, in der Diktion des BDSG a. F. eine Übermittlung, scheint mit der fortschreitenden Ausdehnung der gemeinsamen Verantwortung immer weniger verbreitet zu sein. Weiterhin relativ geradlinig ist die Zurechnung in Fällen der Auftragsverarbeitung. Die Verarbeitung personenbezogener Daten durch den Auftragsverarbeiter und

---

1606 Vgl. B.III.1.d und C.I.1. oben.

1607 Etwa vertreten durch *Poll*, Datenschutz in und durch Unternehmensgruppen, 2018, 151; *Spittka*, in: Taeger, Rechtsfragen digitaler Transformation, 2018, 117 (121); *Faust/Spittka/Wybitul*, ZD 2016, 120 (123); wohl auch *Nietsch/Osmanovic*, BB 2021, 1858 (1863 ff.); dargestellt auch bei *Cornelius*, NZWiSt 2016, 421 (423).

1608 *Ambrock*, ZD 2020, 492 (493); *Zelger*, EuR 2021, 478 (489); so auch allg. zur organisationsrechtlichen Entwicklung *Denga*, ZIP 2020, 945.

1609 *Poll*, Datenschutz in und durch Unternehmensgruppen, 2018, 73; ähnlich *Monreal*, CR 2019, 797 (802), Rn. 27.

1610 So auch zur Maßgeblichkeit im Kartellrecht *Louven*, in: Specht-Riemenschneider et al., FS Taeger, 2020, 725 (735).

1611 *Poll*, Datenschutz in und durch Unternehmensgruppen, 2018, 42; *Sajnovits*, WM 2016, 765 (768); *Denga*, ZIP 2018, 945 (948).

1612 *Monreal*, CR 2019, 797 (801), Rn. 21; *Faust/Spittka/Wybitul*, ZD 2016, 120 (123).

gegebenenfalls daraus entstehende Schäden sind vollumfänglich im „Lager" des Verantwortlichen zu verbuchen.[1613] Dies ist eine notwendige Folge der Weisungsgebundenheit, wonach das Handeln des Auftragsverarbeiters dem Willen und Wissen des Verantwortlichen entsprechen muss. Ihre Grenze findet diese Zurechnung grundsätzlich in einem Exzess gem. Art. 28 Abs. 10 DSGVO bzw. Art. 29 DSGVO.[1614]

Mit Blick auf den Forschungsgegenstand der Accountability sind zwei Konstellationen personenbezogener Datenverarbeitung von besonderem Interesse. Einerseits diejenige Datenverarbeitung in Unternehmensgruppen, die nach bisheriger Rechtslage – d.h. vor der DSGVO und vor der EuGH-Judikatur zur gemeinsamen Verantwortung – als getrennte Verantwortliche beurteilt wurde oder bei denen die sog. Funktionsübertragung erfolgte. Und andererseits Konstellationen, in denen Datenverarbeitungen und vor allem Verstöße gegen das Datenschutzrecht weiteren Unternehmensteilen zugerechnet werden sollen. Die datenschutzrechtliche Literatur[1615] spaltet sich hinsichtlich der Frage, ob und wenn ja, unter welchen Voraussetzungen eine gesetzeswidrige Datenverarbeitung durch einzelne Konzernuntergesellschaften der Unternehmensgruppe als Ganzes oder dem Mutterunternehmen[1616] zugerechnet werden kann bzw. muss und zirkuliert – nach hiesiger Ansicht verkürzend – um die Auslegung der Begriffstriage des Unternehmens, wie es Art. 4 Nr. 18 DSGVO legaldefiniert, des Unternehmens, wie es in Art. 83 Abs. 4 und Abs. 5 verwendet wird und des Verantwortlichen (Art. 4 Nr. 7 DSGVO). Die unterschiedlichen Auffassungen sollen im Folgenden auf die wesentlichen Argumente reduziert dargestellt werden, um darauf aufbauend eine differenzierte Betrachtungsweise anhand der von *Scheja*[1617] und *Monreal*[1618] erarbeiteten Merkmale des Handlungs- bzw. Tatbeitrags einerseits und der Entscheidung über eine Datenverarbeitung als Wesens-

---

1613 Dazu sogleich unter C.II.3.
1614 A.A. wohl *Nietsch/Osmanovic*, BB 2021, 1858 (1860); *Hessel/Potel*, K&R 2020, 654 (656); wie hier *Ambrock*, ZD 2020, 492 (493 und 495 zum Bußgeldverfahren); *Faust/Spittka/Wybitul*, ZD 2016, 120 (121) unter 3; *Moos/Schefzig*, in: Taeger/Gabel, DSGVO BDSG TTDSG, 2022, Art. 83, Rn. 82.
1615 Die Kommentarliteratur ist bei der Frage allerdings mehrheitlich recht zurückhaltend.
1616 Die im gesellschaftsrechtlichen Schrifttum diskutierte Frage einer Zurechnung zu Schwestergesellschaften (vgl. dazu *Spindler*, ZHR 2017, 311 (355); *Kersting*, ZHR 2018, 8, soll vorliegend lediglich inzident betrachtet werden, da es in ihnen entweder an den – wie zu zeigen sein wird – datenschutzrechtlich erforderlichen Einflussnahmemöglichkeiten fehlt oder die für die Muttergesellschaft einschlägigen Wertungen übertragen werden können.
1617 Vgl. *Scheja*, in: Specht-Riemenschneider et al., FS Taeger, 2020, 413 (423 und 425), zu den Rechtsfiguren des Zustands- und Handlungsverantwortlichen und des Zweckveranlassers.
1618 *Monreal*, CR 2019, 799 (801), Rn. 23 ff.

merkmal der Verantwortung in autonomer europarechtlicher Auslegung andererseits vorzuschlagen.

a. Argumente gegen eine Zurechnung

Die Befürworter einer engen, d. h. auf die jeweilige, singuläre juristische Person eines Verantwortlichen oder Auftragsverarbeiters beschränkten[1619] Auslegung des Unternehmensbegriffs in Art. 83 DSGVO führen eine Reihe von Argumenten an.

Am häufigsten wird vom Begriffskanon der DSGVO ausgehend argumentiert, dass der Verordnungsgeber in den Nummern 18 und 19 des Art. 4 DSGVO mit den Legaldefinitionen des Unternehmens resp. der Unternehmensgruppe sowohl begriffliche als auch methodische Anknüpfungspunkte für eine gruppenbezogene Bußgeldbemessung und -verhängung zur Verfügung gehabt hätte. Daraus, dass diese in Art. 83 Abs. 4–6 DSGVO indes nicht verwendet werden, schließen die Anhänger, dass es sich dabei um eine bewusste Entscheidung gegen eine solche Zurechnung zum kartellrechtlichen Funktionsträgerprinzip handle.[1620] Stattdessen verweist Art. 83 Abs. 4–6 DSGVO auf die tradierten und ebenfalls in Art. 4 DSGVO (Nr. 7 und Nr. 8) legaldefinierten Handlungsakteure des Verantwortlichen und des Auftragsverarbeiters, bei denen es sich jeweils um singuläre oder zumindest nicht im (Gesamtkonzern)verbund zu sehende Unternehmen handelt.[1621] Die Problematik dieser grundsätzlich einleuchtenden Argumentationsweise entsteht daraus, dass sich die einheitliche Diktion des „Unternehmens" nur in einigen Sprachfassung der DSGVO findet,[1622] während die englische in Art. 4 Nr. 18 DSGVO von „*enterprise*", dagegen in Art. 83 GDPR und dem Erwägungsgrund 150 S. 3 kohärent von „*undertaking*" spricht. Darüber hinaus definiert Art. 4 Nr. 19 DSGVO die „Unternehmensgruppe" (engl. „*Group of Undertakings*"). Dazu wird einerseits angenommen, es handele sich um den Plural von Art. 4 Nr. 18 und daraus gefolgert, ein Unternehmen könne

---

1619 Teilweise wird unter Rückgriff auf das (nationale) OWiG sogar contra legem Art. 82 Abs. 2 S. 1, i. V. m. Abs. 4 DSGVO und entgegen der Ansicht des EuGH (vgl. EuGH, Urt. v. 6.10.2021 – C-882/19 (Sumal), ECLI:EU:C:2021:800, Rn. 44) eine Haftung nur entsprechend der Beteiligung gefordert, so *Nietsch/Osmanovic*, BB 2021, 1858 (1864).

1620 *Spittka*, in: Taeger, Rechtsfragen digitaler Transformation (DRSTB 2018), 117 (122 ff.); *Grünwald/Hackl*, ZD 2017, 556 (559); *Wybitul/König*, ZD 2022, 591 (592 f.).

1621 Vgl. oben C. I. 1.

1622 Wie die deutsche Sprachfassung etwa auch die französische (entreprise), spanische (empresa), italienische (impresa) oder niederländische (onderneming); vgl. *Kühn/Sembritzki*, ZD 2021, 193 (194), mit weiteren; *Bergt*, in: Kühling/Buchner, DSGVO BDSG, 2020, Art. 83 Rn. 43.

298

nicht singulärer, rechts- und parteifähiger[1623] Adressat i. S. v. Art. 4 Nr. 18 sein, aber gleichzeitig bei der Anwendung von Art. 83 Abs. 4–6 DSGVO im Plural verstanden werden.[1624] Andererseits sei mit Art. 4 Nr. 19 DSGVO ein gruppenbezogener und in Inhalt und Reichweite dem Kartellrecht wohl vergleichbarer Begriff vorhanden gewesen, der in die Bußgeldnormen folglich bewusst nicht aufgenommen wurde.[1625] Denn „*Undertaking*" wiederum ist ebenjener Begriff, der im Kartellrecht üblich ist,[1626] wenn es um die Beurteilung möglicherweise wettbewerbswidrigen Verhaltens oder der Marktmacht geht.[1627] Allerdings wurde ErwG 150 S. 3 DSGVO erst „hinter verschlossenen Türen" i. R. d. Trilogs in den Erwägungsgrund eingeführt, womit insinuiert wird, dass es sich um keine besonders durchdachte Verkörperung des Verordnungsgeberwillens handele.[1628] Er treffe darüber hinaus keine Aussage auf Tatbestandsebene, sondern setze das Vorliegen der Tatbestandsvoraussetzungen eines Bußgeldes bereits voraus.[1629]

Verstärkend führen die Verfechter einer engen Auslegung des Unternehmensbegriffs die europäische Gesetzessystematik an, nach der allgemein, aber vor allem bei Widersprüchen zwischen den Erwägungsgründen und dem verfügenden Teil einer Verordnung stets letzterer den Vorzug genieße.[1630] In jedem Fall müsste im Fall unterschiedlicher Auslegungsmöglichkeiten die am wenigsten invasive gewählt werden, da Unklarheiten des Gesetzgebers aufgrund des Bestimmtheitsgrundsatzes (Art. 103 GG, Art. 49 GRCh) nicht zu Lasten der unterworfenen Rechtsobjekte gehen dürften.[1631] Auch der Umstand, dass der europäische Gesetzgeber in anderen Rechtsmaterien, namentlich der Marktmissbrauchs-RL, durchaus detaillierte Regelungen zur unternehmensübergreifenden Zurechnung trifft,[1632] wird als Beleg

---

1623 Diesen Aspekt betonen *Wybitul/König*, ZD 2022, 591 (593).
1624 *Faust/Spittka/Wybitul*, ZD 2016, 120 (124); *Spittka*, in: Taeger, Rechtsfragen digitaler Transformation (DRSTB 2018), 117 (125); zurückhaltend *Moos/Schefzig*, in: Taeger/Gabel, DSGVO BDSG TTDSG, 2022, Art. 83, Rn. 85 und 87 ff.
1625 *Grünwald/Hackl*, ZD 2017, 556 (558 f.).
1626 Dies betonen *Kühn/Sembritzki*, ZD 2021, 193 (194).
1627 Erstmals entschieden in EuGH, Urt. v. 14.2.1978 – C-27/76 (United Brands), ECLI:EU:C:-1978:21.
1628 *Spittka*, in: Taeger, Rechtsfragen digitaler Transformation (DRSITB 2018), 117; deutlich auch *Grünwald/Hackl*, ZD 2017, 556 (559).
1629 *Wybitul/König*, ZD 2022, 591 (593 f.).
1630 *Spittka*, in: Taeger, Rechtsfragen digitaler Transformation (DRSITB 2018), 117 (124); *Faust/Spittka/Wybitul*, ZD 2016, 120 (124); *Wybitul/König*, ZD 2022, 591 (593).
1631 *Feldmann*, in: Gierschmann et al., DSGVO BDSG, 2018, Art. 83, Rn. 30; *Spittka*, in: Taeger, Rechtsfragen digitaler Transformation (DRSITB 2018), 117 (127 f.); *Moos/Schefzig*, in: Taeger/Gabel, DSGVO BDSG TTDSG, 2022, Art. 83, Rn. 89.
1632 Vgl. Art. 8 RL 2014/57/EU des Europäischen Parlaments und des Rates v. 16.4.2014 über strafrechtliche Sanktionen bei Marktmanipulation.

dafür angeführt, dass dies im Rahmen der DSGVO nicht gewollt gewesen sei.[1633]

Schließlich wird vertreten, dass das Datenschutzrecht, anders als das Kartellrecht, keine ausgleichende Kompensation für eine entsprechende Haftungseinheit böte. Werden Unternehmen im Kartellrecht als wirtschaftliche Einheit betrachtet, so finden auf diesen verbundinternen Binnenraum die Verbote der Art. 101 ff. AEUV keine Anwendung,[1634] wodurch beispielsweise Preisabsprachen oder Marktaufteilungen als schlichte interne Zuständigkeitsallokation[1635] nicht länger verboten sind. Im Datenschutzrecht dagegen würden die materiellen Anforderungen der DSGVO auch weiterhin uneingeschränkt zwischen konzernverbundenen Unternehmen gelten, so dass eine einseitige Belastung des Grundrechtssubjekts Unternehmen vorliege.[1636]

Eine Einzelmeinung führt darüber hinaus Effektivitätserwägungen als Kontraargument an. Erfolgte stets eine Zurechnung zur Muttergesellschaft in Fällen von Datenschutzverstößen, so bestünde auf nachrangigen Unternehmensebenen kein oder nur ein vermindertes Bestreben, selbst für Datenschutzkonformität der eigenen Verarbeitungen oder Prozesse zu sorgen, weil man nicht das korrespondierende Risiko eines existenzbedrohenden Bußgelds trage.[1637]

b. Argumente für eine Zurechnung

Für eine mehr oder weniger vollständige Übertragung des kartellrechtlichen Unternehmensbegriffs im Rahmen der Bußgeldbemessung streitet vor allen anderen Argumenten der Wortlaut des ErwG 150 S. 3 DSGVO, worin sich nach Ansicht der Befürworter dieser Meinung der „eindeutige Wille des Verordnungsgebers" widerspiegele.[1638] Nach diesem Erwägungsgrund soll in Fällen von Bußgeldern, die sich an Unternehmen richten, „der Begriff „Un-

---

1633 *Wybitul/König*, ZD 2022, 591 (592).
1634 *Weiß*, in: Calliess/Ruffert, EUV/AEUV, 2022, Art. 101, Rn. 80 ff.; *Zimmer*, in: Immenga/Mestmäcker, Wettbewerbsrecht, AEUV, 2019, Art. 101, Rn. 35; *Schroeder*, in: Wiedemann, Handbuch Kartellrecht, 2020, Kap. 2, § 9, Rn. 2 ff.
1635 *Stockenhuber*, in: Grabitz/Hilf/Nettesheim, AEUV, 2021, Art. 101, Rn. 165; *Louven*, in: Specht-Riemenschneider, et al., FS Taeger, 2020, 725 (735); ähnlich, jedoch krit. *Schroeder*, in: Wiedemann, Handbuch Kartellrecht, 2020, Kap. 2, § 9, Rn. 8 („interne Aufgabenverteilung").
1636 So ausdrücklich *Faust/Spittka/Wybitul*, ZD 2016, 120 (124); implizierend *Grünwald/Hackl*, ZD 2017, 556 (559); ablehnend *Uebele*, EuZW 2018, 440 (444) unter bb).
1637 *Kühn/Sembritzki*, ZD 2021, 193 (195).
1638 *Golla*, in: Auernhammer, DSGVO BDSG, 2020, Art. 83, Rn. 37; *Uebele*, EuZW 2018, 440 (445); vgl. zur Genese dieses Verständnisses *Holländer*, in: BeckOK Datenschutzrecht, 2022, Art. 83, Rn. 13.1–13.3; dies ist die grundsätzliche Funktion von ErwG, siehe *Riesenhuber*, in: Riesenhuber, Europäische Methodenlehre, 2021, § 10, Rn. 35.

ternehmen" im Sinne der Artikel 101 und 102 AEUV verstanden werden." Darin ist zweifellos eine relativ klare Bezugnahme auf die zugrunde gelegten Wertungen zu erkennen,[1639] die in Form eines ErwG nach der Rspr. des EuGH „untrennbar" mit dem verfügenden Teil eines Gemeinschaftsrechtsaktes verbunden sind.[1640] Darüber hinaus finden sich in der DSGVO und der rezipierenden Literatur jedoch weitere Gründe für eine Zurechnung von Verhalten und Rechtsfolgen über starre gesellschaftsrechtliche Grenzen hinweg.

So versucht auch diese Meinung im Rahmen des verfügenden Teils den Art. 4 Nr. 18 DSGVO für ihre Zwecke fruchtbar zu machen und argumentiert insofern spiegelbildlich zu den Apologeten der Gegenmeinung. Art. 4 Nr. 18 DSGVO sei in einer Reihe von Sprachfassungen und insbesondere der englischen[1641] bewusst anders bezeichnet worden, als das Unternehmen in Art. 83 Abs. 4–6 DSGVO und dem zugehörigen ErwG 150 S. 3.[1642] Zu dem dort adressierten Unternehmen enthalte die DSGVO schlicht keine Legaldefinition.[1643] Zu dieser Meinung fügt sich insofern schlüssig die späte Aufnahme des S. 3 in den Kanon der Erwägungsgründe. Es könnte unterstellt werden, dass der Verordnungsgeber mit dem Verweis auf den mehr oder minder gefestigten Begriff des kartellrechtlichen Unternehmens die fehlende Legaldefinition im verfügenden Teil als entbehrlich ansah.[1644]

Damit sei der Unternehmensbegriff in zweifacher Hinsicht autonom auszulegen; einerseits im Gefüge der DSGVO und damit losgelöst von den Definition des Art. 4, die jeweils ihre eigenen Anwendungsbereiche hätten,[1645]

1639 So auch *Sommer*, in: Däubler et al., DSGVO BDSG, 2020, Art. 83, Rn. 9 und 24 ff.

1640 EuGH, Urt. v. 19.11.2009 – verb. Rs. C-402/07 und C- 432/07 (Sturgeon), ECLI:EU:C:-2009:716, Rn. 42; m. w. N.; *Köndgen/Mörsdorf*, in: Riesenhuber, Europäische Methodenlehre, 2021, § 6, Rn. 78, Fn. 218; *Schönefeld/Thomé*, PinG 2017, 126 (127); dies übersieht *Spittka*, in: Taeger, Rechtsfragen digitaler Transformation (DRSITB 2018), 117 (126).

1641 Diesem als führende Entwurfs- und Verhandlungssprache besonderes Gewicht beimessend *Uebele*, EuZW 2018, 440 (443), und identifiziert daneben die Bulgarische, Dänische, Gälische, Kroatische und Slowenische. Nach Lesart des Verfassers der vorliegenden Arbeit müsste darüber hinaus auch die Schwedische genannt werden.

1642 Statt aller *Schönefeld/Thomé*, PinG 2017, 126 (127).

1643 *Louven*, in: Specht-Riemenschneider et al., FS Taeger, 2020, 725 (733); *Cornelius*, NZWiSt 2016, 421 (424); *Uebele*, EuZW 2018, 440 (443); *Golla*, in: Auernhammer, DSGVO BDSG, 2020, Art. 83, Rn. 37.

1644 Schlicht als unzutreffend muss es insofern qualifiziert werden, wenn ErwG 150 S. 3 als in Art. 4 Nr. 18 DSGVO umgesetzt angesehen wird, so allerdings *Kühn/Sembritzki*, ZD 2021, 193; zutreffend dagegen *Uebele*, EuZW 2018, 440 (443), der darauf hinweist, dass aus dem zu Art. 4 Nr. 18 gehörenden ErwG (Nr. 13) die Stoßrichtung der KMU deutlich wird, was sich mit der Verwendung des Unternehmensbegriffs im verfügenden Teil deckt.

1645 *Louven*, in: Specht-Riemenschneider et al., FS Taeger, 2020, 725 (733); *Cornelius*, NZWiSt 2016, 421 (424).

und andererseits streng europarechtlich, wodurch insbesondere nationale Rechtstraditionen als Rechts(erkenntnis)quellen ausgeschlossen würden.[1646] Letzteres erscheint vor allem aus der deutschen (einschließlich der österreichischen) Rechtssicht[1647] befremdlich, weil damit aus deren Sicht tradierte Aspekte der Wissens- und Verhaltenszurechnung im Ordnungswidrigkeitenrecht (speziell § 30 OWiG) als unterschlagen erscheinen. Dem wird – wohl nicht zu Unrecht – entgegengehalten, dass es sich bei diesen Rechtsfiguren um entsprechend deutschrechtliche Sonderrollen handelt, die nicht zur Auslegung von Europarecht geeignet seien.[1648] Es wird vertreten, dass im Wege der Zurechnung nicht die individuelle Schuld bzw. das Verschulden zugerechnet würde,[1649] sondern dass nur die Haftung übernommen werde.[1650] Diese Sichtweise fußt insbesondere auf einer rechtsvergleichenden Betrachtung mit dem französischen Recht und der in England und den USA verwurzelten Instrument der sog. *„Vicarious Liability"*.[1651] *„Vicarious"*, wörtlich übersetzbar als stellvertretend, bezeichnet einen Umstand, der nicht in der eigenen Person verwirklicht wird, dessen Verwirklichung durch jemand anderen jedoch zur Kenntnis genommen (und ggf. verwendet) wird.[1652] In Kombination mit *„Liability"* wird durch die Begrifflichkeit mithin eine Haftung bezeichnet, die nicht auf eigenem Tun basiert, sondern eher auf der Beziehung, die zwischen Zurechnungsobjekt und Zurechnungssubjekt be-

---

1646 *Cornelius*, NZWiSt 2016, 421 (424).

1647 Siehe *Venn/Wybitul*, NStZ 2021, 204 (208), und *Schrey/Copeland*, PinG 2021, 233 (239 f.), mit Beispielen vergleichbarer Auslegungen in deutschen und österreichischen Urteilen; ablehnend zur Fortführung *Holländer*, in: BeckOK Datenschutzrecht, 2022, Art. 83, Rn. 11.

1648 Die DSK betrachtet § 41 BDSG mithin auch als unionsrechtswidrig, vgl. *DSK*, Entschließung v. 3.4.2019; *Ambrock*, ZD 2020, 492 (496); *Zelger*, EuR 2021, 478 (483), argumentiert, dass sich die Öffnungsklausel in Art. 83 Abs. 8 DSGVO lediglich auf Verfahrensvorschriften, nicht jedoch auf das für eine Zurechnung relevante materielle Recht beziehe; GA *Campos Sánchez-Bordona* stellt in seinen Schlussanträgen vom 27.4.2023 zur Rs. C-807/21 (Deutsche Wohnen), Rn. 39, daher ebenfalls fest, dass Aufsichtsbehörden außerhalb des deutschen Rechtsraumes keine „Bedenken" gehabt hätten, Bußgelder in teilweise erheblicher Höhe unmittelbar gegen juristische Personen zu verhängen; so auch im Kartellrecht, vgl. *Fischer/Zickgraf*, ZHR 2022, 125 (130): „Von nationalen Vorstellungen in Bezug auf das Rechtsträgerprinzip muss man sich daher verabschieden".

1649 Vgl. ausführlich dazu *Wagner*, ZHR 2017, 203 (215).

1650 *Bergt*, in: Kühling/Buchner, DSGVO BDSG, 2020, Art. 83, Rn. 28; *Holländer*, in: BeckOK Datenschutzrecht, 2022, Art. 83, Rn. 12.1; ablehnend dazu *Golla*, in: Auernhammer, DSGVO BDSG, 2020, Art. 83, Rn. 9.

1651 So *Wagner*, ZHR 2017, 203 (215 und 217 f.).

1652 Vgl. die Beispiele im Cambridge Dictionary, Suchwort „vicarious": https://dictionary.cambridge.org/de/worterbuch/englisch/vicarious.

stehen.[1653] Dem steht die „*Direct Liability*" für Situationen gegenüber, in denen eine Haftung für eigenes Tun und Unterlassen begründet wird.[1654] Neben diesen rechtstatsächlichen Argumenten führen die Vertreter einer Verklammerung von Unternehmen zu einer Haftungseinheit nach dem kartellrechtlichen Modell als wohl stärkstes Argument teleologische Effektivitätserwägungen ins Feld.[1655] Der Wille des Verordnungsgebers, welches Ziel mit Sanktionen erreicht werden sollte, äußert sich hiernach nicht nur in ErwG 150 S. 3, sondern ebenfalls in Art. 83 Abs. 1 DSGVO. Danach sollen Geldbußen wirksam, verhältnismäßig und – sowohl in general- als auch in spezialpräventiver Hinsicht[1656] – abschreckend sein. Um das Datenschutzrecht insbesondere gegenüber amerikanischen Tech-Konzernen in Stellung zu bringen, war die Höhe der Sanktionen von Beginn der Verhandlungen zur DSGVO an eines der meistdiskutierten Themen. Enthielt der Kommissionsentwurf noch ein an den Regelungen der Marktmissbrauchsverordnung orientiertes dreigliedriges Sanktionssystem[1657] mit einer Kappungsgrenze bei 2 %, forderte das Europäische Parlament eine Kappungsgrenze bei 5 % des weltweiten Jahresumsatzes bzw. € 100 Mio., welches jeweils höher wäre. Erst der Europäische Rat brachte den Begriff des Unternehmens im Kontext der Sanktionen ein[1658] und diskutierte explizit die avisierten Unternehmen aus Übersee,[1659] ohne jedoch konkrete Höhen vorzuschlagen. Ferner enthielt der Kommissionsentwurf in seinem zu Art. 4 Nr. 18 (seinerzeit Nr. 15) gehörenden ErwG Nr. 120 zwar ebenfalls keine Bezugnahme auf den kartellrechtlichen Unternehmensbegriff, definierte dafür aber im verfügenden Teil das Unternehmen deutlich weiter als „jedes Gebilde, das eine wirtschaftliche Tätigkeit ausübt, unabhängig von seiner Rechtsform [...]", so

1653 *Morgan*, J. of Professional Negligence 2015, 276 f. und 288 ff.; vgl. zu der auch in der deutschen Zurechnungsdogmatik erforderlichen proximalen Verbindung zwischen Zurechnungssubjekt und Zurechnungsobjekt (zu den Begrifflichkeiten sogleich C. II.) *Waldkirch*, Zufall und Zurechnung im Haftungsrecht, 2017, 103; *Schüler*, Wissenszurechnung im Konzern, 2000, 28; *Seidel*, Wertende Wissenszurechnung, 2021, 31 ff.

1654 *Wagner*, ZHR 2017, 203 (217).

1655 *Cornelius*, NZWiSt 2016, 421 (425 f.); *Bergt*, in: Kühling/Buchner, DSGVO BDSG, 2020, Art. 83, Rn. 43a.

1656 *Schönefeld/Thomé*, PinG 2017, 116 (117); *Sommer*, in: Däubler et al., DSGVO BDSG, 2020, Art. 83, Rn. 2; *Tonikidis*, ZD 2022, 139 (140); *Schwartmann/Jacquemain*, in: Schwartmann et al., DSGVO BDSG, 2020, Art. 83, Rn. 35.

1657 Mit Schwellen bei € 250.000 bzw. 0,5 %, € 500.000 bzw. 1 %, und € 1 Mio. bzw. 2 % weltweiter Jahresumsatz des „enterprise"; vgl. Art. 30 Abs. 2 lit. j Marktmissbrauchs-VO (VO (EU) 596/2014 – OJ L 173, 12.6.2014, p. 1–61 zum Vorbildmodell.

1658 Vgl. Ratsdokument No. 15395/14, Art. 79a, wonach die zahlreichen Anmerkungen der Ratsmitglieder auf eine lebhafte Diskussion hindeuten.

1659 Vgl. die dokumentierte Meinung der polnischen Delegation in Ratsdokument No. 15395/14, Art. 79a, Fn. 762.

dass darunter auch Konzerne darunter hätten subsumiert werden können und die auf die EuGH-Formel für Unternehmen in der Rs. Höfner und Elser[1660] zurückgeführt wird.[1661] Daraus, dass im Laufe des Gesetzgebungsverfahrens die Legaldefinition enger gefasst wurde, während der Begriff bezüglich der Bußgeldbemessung gleich blieb, wird von Vertretern dieser Lesart geschlussfolgert, dass es sich um ein bewusst unterschiedliches Begriffsverständnis gehandelt habe.[1662] Für diese Ansicht könnte verstärkend angeführt werden, dass sowohl die Verengung der Definition in Art. 4 Nr. 18 als auch die Aufnahme des Verweises auf das Kartellrecht in ErwG 150 auf die Initiative des Rates zurückging.[1663]

Spiegelbildlich zum Kontraargument der Befürworter einer engen Auslegung, dass eine Zurechnung zu verminderter Motivation der Tochterfirmen zu Datenschutzkonformität führe,[1664] spricht sich die entgegengesetzte Literaturströmung in fast dialektischer Weise für eine weite Auslegung aus, da ansonsten ein „Verstecken" der Muttergesellschaft hinter ihren Tochterunternehmen[1665] und eine bewusste Risikovermeidung durch planvolle gesellschaftsrechtliche Strukturierungen möglich wäre.[1666]

4. Stellungnahme

Bei Lichte besehen vermögen beide Strömungen in der datenschutzrechtlichen Literatur nicht vollumfänglich zu überzeugen. Eine abstrakte Betrachtung und sodann pauschale Anwendung von Verbots- und Zurechnungsnormen ist nicht geeignet, der komplexen organisatorischen, technischen, sozialen und wirtschaftlichen Realität der Verarbeitung personenbezogener Daten gerecht zu werden.[1667] Insofern ist die gelegentlich auch im datenschutzrechtlichen Schrifttum kolportierte Ansicht unzutreffend, die schlichte Zugehörigkeit zu einem Konzern könne eine entsprechende Zurechnung

---

1660 EuGH, Urt. v. 23.4.1991 – C-41/90 (Höfner und Elser), ECLI:EU:C:1991:161, Rn. 21.
1661 Vgl. *Uebele*, EuZW 2018, 440 (445).
1662 *Louven*, in: Specht-Riemenschneider et al., FS Taeger, 2020, 725 (728).
1663 So *Uebele*, EuZW 2018, 440 (445).
1664 Vgl. *Kühn/Sembritzki*, ZD 2021, 193 (195); zutreffend weisen *Habersack/Zickgraf*, ZHR 2018, 252 (275), darauf hin, dass beim Delegatar einer eigenen deliktischen Haftung unterliegt.
1665 *Uebele*, EuZW 2018, 440 (445); dieser Gedanke liegt auch der Zurechnung gem. § 8 Abs. 2 UWG zugrunde, vgl. BGH, Urt. v. 26.1.2023 – I ZR 27/22 = MMR 2023, 362 (363), Rn. 23.
1666 *Louven*, in: Specht-Riemenschneider et al., FS Taeger, 2020, 725 (728); *Wagner*, ZHR 2017, 203 (254 f); dies bestreiten *Wybitul/König*, ZD 2022, 591 (595).
1667 Ähnlich *Nietsch/Osmanovic*, BB 2021, 1858 (1860).

und Haftung auslösen.[1668] Es bedarf vielmehr weiterhin einer Prüfung im Einzelfall anhand der datenschutzrechtlich maßgeblichen Elemente der Zweck- und Mittelbestimmung. Die vorstehenden Ausführungen zeigen jedoch auch, dass die Wertungen des europäischen Kartellrechts in verschiedener Weise auf das europäische Datenschutzrecht übertragen werden können und dies grundsätzlich losgelöst von den an anderen Stellen bereits festgestellten Mängeln, die bei der Genese der DSGVO aus handwerklich-gesetzgeberischer Sicht gemacht wurden.

Damit besteht bis zur endgültigen Klärung durch den EuGH eine Situation sowohl qualitativ wie auch quantitativ ausgeglichener aber inhaltlich gegensätzlicher Auslegungsmöglichkeiten des Unternehmensbegriffs in Art. 83 Abs. 4 und Abs. 5 DSGVO i. V. m. ErwG 150 S. 3. Auch kann das europäische Kartellrecht und insbesondere die EuGH-Judikatur für eine Übertragbarkeit funktionseinheitsbezogener Wertungen als Rechtserkenntnisquelle fruchtbar gemacht werden, ohne dass es zu einem Bruch mit dem datenschutzrechtlich tradierten Handlungsfiguren käme.[1669] Gleichzeitig sind die Argumente der Apologeten einer beschränkten Zurechnung nicht vollständig von der Hand zu weisen. Die europäischen Instanzen des gern einheitlich als Verordnungsgeber bezeichneten Gremiums haben bei der zeitlich langen, organisatorisch „chaotischen"[1670] und inhaltlich intensiven[1671] Genese der DSGVO gelegentlich die gesetzgeberische und juristische Kardinalpflicht der Klarheit und Eindeutigkeit vermissen lassen und damit Friktionen geschaffen, die wohl nicht beabsichtigt waren. Es steht jedoch trotz dieser dogmatischen und methodischen Schwächen zu erwarten, dass der EuGH die DSGVO im Wege einer *effet utile*-Auslegung zum größtmöglichen Schutz

---

1668 So aber wohl *Uebele*, EuZW 2018, 440; *Grünwald/Hackl*, ZD 2017, 556 (558); wie hier differenzierend *Louven*, in: Specht-Riemenschneider et al., FS Taeger, 2020, 725 (732); *Stockenhuber*, in: Grabitz/Hilf/Nettesheim, AEUV, 2021, Art. 101, Rn. 92 und 166 ff.; *Müller-Graff*, in: Vedder/Heintschel v. Heinegg, Europäisches Unionsrecht, AEUV, 2018, Art. 101, Rn. 6.

1669 A.A. *Wybitul/König*, ZD 2022, 591 (593 f.), die, nach hiesiger Ansicht verkürzend, einen Verantwortlichen oder Auftragsverarbeiter stets als singuläre jur. Person ansehen wollen.

1670 So *Spittka*, in: Taeger, Rechtsfragen digitaler Transformation, 2018, 117 (123); ähnlich kritisch *Hoeren*, MMR 2018, 637 (638): „Die Verordnung ist durch wirre, lobbyistische Kämpfe und viele Änderungen zu Stande gekommen. Dabei blieb die Logik der Begrifflichkeit oft auf der Strecke [...]. Nachträgliches Rationalisieren wird diesem oft konfusen Regelwerk nicht gerecht"; *Cornelius*, NZWiSt 2016, 421 (423); interessant ist, dass sich die chaotische Genese sowohl pro als auch contra Zurechnung werten lässt.

1671 Vgl. *Albrecht/Jotzo*, Das neue Datenschutzrecht, 2017, 41, Rn. 14, zu den 3.999 Änderungsanträgen zum Verordnungstext.

Betroffener in einer dem Kartellrecht ähnlichen Weise anwendet.[1672] Selbst der BGH hat in einer Reihe von Entscheidungen und mit von Wortlaut und Systematik ausgehender Weise unerwartetem Ergebnis Wissenszurechnungen vorgenommen[1673] und dabei seinerseits offengelassen, ob die „Zurechnungsfrage grundsätzlich im Sinne einer starren Einheitslösung entschieden werden muss".[1674] Dass insofern selbst in Deutschland ein dynamisches und adaptives Element im Wege der Zurechnung nicht per se abgelehnt wird, lässt erwarten, dass auch der EuGH den Schutz der Betroffenen einer strengen Wortlautauslegung vorziehen wird.

Überraschend an diesem Diskussionsstand ist, dass soweit ersichtlich noch nicht versucht wird, die Accountability-Normen für die Frage der Zurechnung fruchtbar zu machen, obwohl etwas zuzurechnen („*to account sth. to someone*") und die Möglichkeit, eine Sanktion zu verhängen, gerade den Kernbestand dieses Konzeptes darstellen.[1675] Zwar kann eine oberflächliche Erklärung darin liegen, dass die Accountability-Normen der Art. 5 Abs. 2 und 24 Abs. 1 S. 1 DSGVO *expressis verbis* nur den Verantwortlichen i. S. v. Art. 4 Nr. 7 DSGVO zu adressieren scheinen, der seinerseits jedoch unter der hier vertretenen Einheitsfigur – *in pluribus unum* – aus mehr als einem Akteur in Form einer singulären juristischen Person bestehen kann. Auch bieten der offenkundige Widerspruch zwischen einerseits ErwG 150 S. 3 und Art. 83 Abs. 4–6 DSGVO und andererseits dem rechtstatsächlichen Umstand, dass die Accountability-Pflichten auch auf Auftragsverarbeiter ausstrahlen (müssen),[1676] einen möglichen Anknüpfungspunkt für eine Analogie, da von einem planmäßigen Vorgehen des Verordnungsgebers angesichts der hemmenden Effekte für die wirksame Rechtsdurchsetzung zum Schutz

---

1672 So auch *Faust/Spittka/Wybitul*, ZD 2016, 120 (125); *Moos/Schefzig*, in: Taeger/Gabel, DSGVO BDSG TTDSG, 2022, Art. 83, Rn. 90; vgl. aber auch das Urteil mit Augenmaß in der Rs. Sumal, EuGH, Urt. v. 6.10.2021 – C-882/19 (Sumal), ECLI:EU:C:2021:800, Rn. 46 ff., worin der EuGH sehr genau prüft, welche Unternehmensteile bei einer Wettbewerbsbeschränkung mitgewirkt haben und deshalb einbezogen werden sollten.

1673 Ausführlich zur Rechtsprechungsgenese (858 ff.) und teilweise sehr krit. *Risse*, NZG 2020, 856 (862): „Aus allgemeinen Gerechtigkeitserwägungen heraus, kombiniert mit nebulösen Gedanken zu einer angemessenen Risikozuordnung und Interessenjurisprudenz, hat der BGH die Wissenszurechnung auf immer neue Ebenen erstreckt."; ähnlich *Sajnovits*, WM 2016, 765 (767).

1674 BGH, Urt. v. 8.12.1989 – V ZR 246/87 = NJW 1990, 975 (976).

1675 Das gilt sinngemäß auch für den soziologischen Terminus der Verantwortung (vgl. *Bayertz*, in: Bayertz, Verantwortung – Prinzip oder Problem?, 1995, 3 (28 ff.).

1676 Nach dem EuGH haben Verantwortliche gem. der (relativ undifferenziert angewendeten) Accountability-Normen der Art. 5 Abs. 2 und 24 Abs. 1 DSGVO Maßnahmen zu treffen, dass auch Empfänger von Daten die Betroffenenrechte einhalten, vgl. EuGH, Urt. v. 27.10.2022 – C-129/21 (Proximus), ECLI:EU:C:2022:833, Rn. 81 ff.

natürlicher Personen und den umfangreichen Unterstützungspflichten gem. Art. 28 DSGVO unschwer nicht ausgegangen werden kann. Mithin kann in Anwendung der datenschutzrechtlichen Definitionsnormen und eingedenk der rechtlichen Gesamtlage, d. h. einschließlich der kartellrechtlichen (Wunsch-) Lesart des Verordnungsgebers bei der Sanktionierung und der in Unternehmensgruppen bestehenden aufsichts- und gesellschaftsrechtlichen Treue- und Beherrschungsverflechtungen, eine stabile These aufgestellt werden, die einerseits die Betroffenenrechte wahrt bzw. befördert und andererseits Unternehmen nicht über Gebühr belastet, so dass auch deren grundrechtliche Positionen im Wege der Verhältnismäßigkeit gem. Art. 52 Abs. 1 S. 2 GRCh Berücksichtigung finden.[1677] Im Folgenden soll daher ausgehend von den dargestellten Wertungen des europäischen Kartellrechts, die vom Verordnungsgeber als Vorbild für das Bußgeldregime der DSGVO herangezogen wurden,[1678] ein differenzierendes und gleichzeitig schutzfähiges Zurechnungskonzept durch die Rechtsfigur der Accountability entwickelt werden.

II. Zurechnung als Rechtsfolge datenschutzrechtlicher Verantwortung bei Berechnung eines Bußgeldes

Die Sanktion ist eine der konstitutiven Voraussetzungen einer jeden Accountability-Beziehung. Als Sanktion kann sie indes nur bezeichnet werden, wenn die vom Forum ohne oder potenziell gegen den Willen des Akteurs initiierte Folge auch als Einschränkung wahrgenommen wird, da ihr ansonsten die verhaltenssteuernde Wirkung fehlt.[1679] Im Datenschutzrecht wie allgemein im Ordnungswidrigkeiten- und Bußgeldrecht ist dies jedoch nur der Fall, wenn die Sanktion eine gewisse Härte erreicht. Entsprechend schreibt Art. 83 Abs. 1 DSGVO neben Wirksam- und Verhältnismäßigkeit eines Bußgeldes insbesondere vor, dass verhängte Geldbußen abschreckend sein sollen, um das entsprechende Verhalten für die Zukunft mithin unattraktiv werden zu lassen.[1680] Da die Argumente der Auslegung für oder gegen die

---

1677 Vgl. auch ErwG 148 DSGVO, wonach bei Sanktionen alle Umstände des Einzelfalls zu berücksichtigen sind.

1678 *Cornelius*, NZWiSt 2016, 421 (425); a. A. *Wybitul/König*, ZD 2022, 591 (592).

1679 Zu diesem beabsichtigten generalpräventiven Zweck von Sanktionen allgemein *Zech*, JZ 2013, 21 (23); *Taeger*, Außervertragliche Haftung, 1995, 75: „[…] präventive und selbststeuernde Wirkung."; und bzgl. der Bußgelder gem. Art. 83 DSGVO *Schönefeld/Thomé*, PinG 2017, 126 (127); *Sommer*, in: Däubler et al., DSGVO BDSG, 2020, Art. 83, Rn. 2.

1680 *Frenzel*, in: Paal/Pauly, DSGVO BDSG, 2021, Art. 83, Rn. 1; *Moos/Schefzig*, in: Taeger/Gabel, DSGVO BDSG TTDSG, 2022, Art. 83, Rn. 31.

C. Adressaten der Accountability-Pflichten

Anwendung des kartellrechtlichen Unternehmensbegriffs, wie soeben dargestellt, im Wesentlichen ergebnisoffen ausgetauscht sind,[1681] stellt sich die Frage, ob die Rechtsordnung nicht bereits systematische Mittel bereithält, die eine Überwindung des Konflikts ermöglichen. Hierzu erscheint, angelehnt an das Kartellrecht, insbesondere das Instrument der Zurechnung als tauglich, da es einerseits primär die Sicherung der Anwendung der materiellen Bezugsnormen bezweckt[1682] und andererseits der Analogie als Rechtsanwendungstechnik vorgeht.[1683]

Die Zurechnung ist sowohl semantisch als auch syntaktisch eng mit dem Topos der Verantwortung und entsprechend der Accountability verknüpft.[1684] Wird jemand „verantwortlich" gemacht (*„being held accountable"*), wird ihm ein bestimmtes Wissen oder Verhalten vorgeworfen.[1685] In der Lebenswirklichkeit muss es sich dabei indes nicht notwendigerweise um eigenes, in der Person des Vorwurfsadressaten begründetes Wissen oder Verhalten handeln. Die Formulierung *„(to) account sth. to someone"* bezeichnet gerade eine durch Externe vorgenommene Anknüpfung an eine Person. In juristischer Perspektive allerding, liegt in einem solchen Vorwurf dann eine sog. Zurechnung, die als die Attribuierung von bestimmten Um- bzw. Tatbeständen, den Zurechnungsgegenständen, von einem handelnden Zurechnungssubjekt zu einem Zurechnungsobjekt definiert werden kann.[1686] Wird einem Akteur folglich ein bestimmter tatsächlicher Lebensumstand vorgehalten, erfolgt die Zurechnung des Sachverhalts zu dieser Person häufig implizit. Sie kollidiert dabei auch regelmäßig mit Freiheitsrechten, etwa der gesellschaftsrechtlichen Organisationsfreiheit.[1687] Dennoch ist anerkannt, dass es sich bei der Zurechnung um einen Ausfluss des Verantwortungsprinzips handelt,[1688] das auch jeder Form von Accountability zugrunde liegt. Die ba-

---

1681 Siehe C.I.3.

1682 *Schüler*, Wissenszurechnung im Konzern, 2000, 31.

1683 *Ebenda*, 34 f.

1684 So spricht *Grigoleit*, ZHR 2017, 160 (163), von „Wissensverantwortung", als einer der Zurechnungsströmungen; *Heidbrink*, in: Heidbrink/Langbehn/Loh, Handbuch Verantwortung, 2017, 3 (6): „Verantwortung richtet sich im Wesentlichen auf die Folgen von Handlungen, die den normativen Referenzpunkt der Zurechnung und Zuständigkeit darstellen".

1685 Vgl. die bereits oben genannte Bezeichnung von *Bayertz*, in: Bayertz, Verantwortung – Prinzip oder Problem?, 1995, 3 (5 f.), mit „schlimme Dinge"; ähnlich auch (ablehnend deshalb zur Rechtsfolge) *Lutter*, in: Reichert et al, FS Volhard, 1996, 105 (109): „Relevant [würde] hier der Konzern erst im Konkurs; Konzernrecht verkürzte sich zu Konzern-Insolvenzrecht.".

1686 *Buck*, Wissen und juristische Person, 2000, 105 ff.; *Sajnovits*, WM 2016, 765 (767); *Seidel*, Wertende Wissenszurechnung, 2021, 31.

1687 *Denga*, ZIP 2020, 945 (951).

1688 *Seidel*, Wertende Wissenszurechnung, 2021, 32 m.w.N.; *Waldkirch*, Zufall und Zurechnung im Haftungsrecht, 2017, 131.

II. Zurechnung als Rechtsfolge datenschutzrechtlicher Verantwortung

sale Notwendigkeit eines solchen Rechtsinstruments entsteht dabei aus der personal gedachten Verantwortungszuschreibung an eine juristische Person.[1689] Aus grundrechtlicher Perspektive, konkret zur Verhinderung einer grundrechtswidrigen Willkür, bedarf eine solche Zurechnung in jedem Fall einer dogmatischen Verankerung, eines Zurechnungsgrundes sowie einer Zurechnungsnorm,[1690] denn grundsätzlich gilt auch heute noch das römischrechtlich begründete Verbot der Verhaltenszurechnung zulasten eines Dritten (*neque enim debet nocere factum alterius ei qui nihil fecit*) – woran auch der Umstand nichts zu ändern vermag, dass es, wie soeben gezeigt, selbst in Deutschland nicht uneingeschränkt Geltung beanspruchen kann.[1691] Dies deutet bereits die „wahrhaft uferlos[e]"[1692] Meinungsvielfalt bzgl. der Zulässigkeit und den Ausgestaltungsmöglichkeiten von Zurechnungstechniken an, die sich in Rechtsprechung und Literatur insbesondere in jüngerer Zeit entwickelt haben,[1693] so dass die folgende Darstellung auf die datenschutzrechtlich relevanten Situationen von Datenverarbeitungen in Unternehmensgruppen beschränkt werden muss.

Dem Problemkomplex einer Zurechnung von und durch Verantwortung kann sich am besten in iterativer Weise genähert werden. Der Anlass und gleichzeitig der Maßstab für die Verhängung eines Bußgeldes ist stets ein Verstoß gegen die materiellen Anforderungen der DSGVO,[1694] in denen entsprechend die zuzurechnenden Bezugsnormen zu sehen sind. Die Einhaltung dieser Normen obliegt im Datenschutzrecht mit wenigen Ausnahmen, die sich dediziert (auch) an Auftragsverarbeiter richten, grundsätzlich dem

---

1689 *Spiecker gen. Döhmann*, CR 2016, 698 (700).
1690 *Poll*, Datenschutz in und durch Unternehmensgruppen, 2018, 41 f.; *Denga*, ZIP 2020, 945 (946): „Zurechnung ist der dogmatische Lackmustest eines rechtspolitischen Verantwortungsdiskurses."; *Sajnovits*, WM 2016, 765 (768); *Seidel*, Wertende Wissenszurechnung, 2021, 31; *Fischer/Zickgraf*, ZHR 2022, 125 (157); *Waldkirch*, Zufall und Zurechnung im Haftungsrecht, 2017, 131.
1691 Vgl. fast schon dialektisch zu diesem Grundsatz den Schlussantrag von GA *Kokott*, v. 23.4. 2009, in der Rs. C-97/08 P (Akzo Nobel), ECLI:EU:C:2009:262, Rn. 97, nach der die Zurechnung eines Kartellverstoßes zur Muttergesellschaft kein Verstoß gegen den Grundsatz der persönlichen Verantwortung sei, sondern gerade ein Ausdruck dessen.
1692 *Grigoleit*, ZHR 2017, 160 (162).
1693 Vgl. zur wellenförmigen Beschäftigung der Forschung *Spindler*, ZHR 2017, 311 (312); *Seidel*, Wertende Wissenszurechnung, 2021; auch *Sajnovits*, WM 2016, 765, weist darauf hin, dass Zurechnung Anfang der 2000er Jahre bereits einmal ein Modethema war, was bspw. die im Folgenden auch herangezogenen Werke von *Buck*, Wissen und juristische Person, 2000, 2000, *Spindler*, Unternehmensorganisationspflichten, 2001, und *Schüler*, Wissenszurechnung im Konzern, 2000, bestätigen; ähnlich *Wagner*, ZHR 2017, 203 (204 f.).
1694 Das Bestehen einer materiellen Pflicht – des Zurechnungsgegenstandes – ist dabei eine konstitutive Voraussetzung für eine Zurechnung, vgl. *Sajnovits*, WM 2016, 765 (768); *Buck*, Wissen und juristische Person, 2000, 107.

Verantwortlichen, auch wenn sich die insofern begrüßenswerte Formulierung der „Gesamtverantwortung" des Kommissionsentwurfs nicht in der finalen Sprachfassung findet.[1695] Ausweislich des Wortlauts können Bußgelder auch gegen Auftragsverarbeiter verhängt werden, wobei im Schrifttum soweit ersichtlich noch nicht der Frage nachgegangen wurde, ob ein Datenschutzverstoß durch einen Auftragsverarbeiter ein Bußgeld gegen den auftraggebenden Verantwortlichen nach sich ziehen kann oder sogar muss, weil ihm das Verhalten seines Dienstleisters – ähnlich wie dies § 278 BGB im allgemeinen Zivilrecht vorsieht – zuzurechnen ist. Schließlich trifft Art. 83 DSGVO keine Aussage, wie Bußgelder in Fällen gemeinsamer Verantwortung nach Art. 26 DSGVO zu berechnen und zu verhängen sind und wie bzw. ob eine Zurechnung – nach kartellrechtlichen Maßstäben – in Konzernsituationen erfolgen soll.

1. Betroffenenrisiken als Zurechnungsgrund

Zurechnung ist ein in vielen Zusammenhängen und Rechtsgebieten verwendeter Begriff, obwohl er in den entsprechenden Gesetzestexten eher selten einen ausdrücklichen Niederschlag erfahren hat.[1696] Stattdessen handelt es sich um eine Rechtsanwendungstechnik, die maßgeblich im Wege der richterrechtlichen Rechtsfortbildung[1697] in Deutschland[1698] entwickelt wurde und noch immer entwickelt wird, wenn und soweit durch eine wertende Betrachtung der Gesamtumstände ein Zurechnungsgrund gebildet werden kann.[1699] Inhaltlich bezeichnet die Zurechnung stets Situationen, in denen beim Zurechnungsobjekt eine Rechtswirkung herbeigeführt wird bzw. wer-

---

1695 Allerdings wird das teilweise übersehen, etwa bei *Jaspers/Schwartmann/Herrmann*, in: Schwartmann et al., DSGVO BDSG, 2020, Art. 5, Rn. 76: „Der Verantwortliche muss nachweisen können [und hierzu sicherstellen], dass „in seinem Verantwortungsbereich diese Pflichten erfüllt werden"; ähnlich *Buck*, Wissen und juristische Person, 2000, 107, mit dem Rückgriff auf die Vertrauenshaftungslehre von *Canaris*.

1696 Vgl. *Denga*, ZIP 2020, 945 (947), Fn. 35 m. w. N.; *Buck*, Wissen und juristische Person, 2000, 105; eine prominente Ausnahme ist § 166 BGB, der allerdings, von Fällen des Abs. 2 abgesehen, eine Zurechnung gerade ausschließen und nicht begründen soll, *Risse*, NZG 2020, 856 (857), bezeichnet ihn deswegen auch als „Zurechnungsbremse".

1697 krit. dazu *Sajnovits*, WM 2016, 765 (767), demzufolge die dogmatische Herleitung unklar ist; zu den kumulativen Voraussetzungen der Rechtsfortbildung *Hüffer*, in: Grundmann et al, FS Schwark, 2009, 185 (190 f.).

1698 *Wagner*, ZHR 2017, 203 (205), formuliert insofern bewusst überzeichnend, dass es bei der Wissenszurechnung um ein Problem des deutschen Rechts „- und nur des deutschen Rechts" handele; *Spindler*, ZHR 2017, 311 (312), Fn. 1 bestätigt diese Einschätzung indes.

1699 *Denga*, ZIP 2020, 945 (948 f.), mit einer Reihe von Zurechnungsgründen; auch *Sajnovits*, WM 2016, 765 (768).

den soll, die ohne eine Zurechnung nicht eingetreten wäre,[1700] insbesondere weil der materiellrechtliche Tatbestand in Person des originären Adressaten nicht oder nicht allein erfüllt ist.[1701] Dies schließt insbesondere auch subjektive Elemente des Tatbestands, wie verschiedene „Grade des Wissens"[1702] – und Wollens, um den strafrechtlichen Duktus des Vorsatzes zu bemühen – mit ein.[1703] Zurechnung erlangt insofern besondere Bedeutung bei der Beurteilung unternehmerischen Handelns, da diese in Form juristischer Personen nicht selbst Wissen, Denken oder Handeln können, sondern sich hierzu stets natürlicher Personen bedienen müssen. Der juristischen Person als solcher ließe sich ohne eine Zurechnung in diesen Situationen ein Taterfolg nicht anlasten, woraus eine nicht unerhebliche Schutzlücke für Betroffene entstünde. Der Zweck einer Zurechnung ist mithin, die bewusste oder intuitive Umgehung von Schutzgesetzen zu verhindern bzw. eine rechtstatsächliche, tatbestandliche Unanwendbarkeit der sog. Bezugsnormen auf Zurechnungsobjekte zu heilen.[1704] Sie erscheint folglich insbesondere in Situationen einer Delegierung sowie in arbeits- bzw. kleinteiligen Organisations- bzw. Akteursgruppe – bei denen es sich dogmatisch um eine juristische Fiktion in Form der Fremd- oder Drittzurechnung handelt[1705] – als opportunes Mittel einer effektiven Rechtsanwendung und -durchsetzung,[1706]

1700 *Poll*, Datenschutz in und durch Unternehmensgruppen, 2018, 40, m. w. N.; *Sajnovits*, WM 2016, 765 (766); *Seidel*, Wertende Wissenszurechnung, 2021, 33.

1701 *Schüler*, Wissenszurechnung im Konzern, 2000, 28 und 35; *Poll*, Datenschutz in und durch Unternehmensgruppen, 2018, 40; *Seidel*, Wertende Wissenszurechnung, 2021, 31 f.; *Grigoleit*, ZHR 2017, 160 (165).

1702 Neben dem tatsächlichen Wissen sind dies nach *Seidel*, Wertende Wissenszurechnung, 2021, 26 f., die „minderen" Formen des Kennenmüssens und Kennenkönnens, worin eine gewisse Nähe zu den Informationsspeicherungs-, Informationsweiterleitungs-, und Informationsabfragepflichten des Vorstands zu erkennen ist; vgl. dazu *Spindler*, ZHR 2017, 311 (314), Fn. 5 m. w. N.

1703 *Buck*, Wissen und juristische Person, 2000, 20 f.; vgl. zur Rechtsfigur des Wissensvertreters *Risse*, NZG 2020, 856 (858); *Wagner*, ZHR 2017, 204: „Kurz gesagt geht es um die Haftung von Organisationen auf der Basis von Wissen, das in der Organisation vorhanden ist oder vorhanden sein sollte."; dies wird in der BGH-Rechtsprechung allerdings nicht stringent durchgehalten, vgl. *Grigoleit*, ZHR 2017, 160 (164 f.), mit zwei gegensätzlichen Beispielen.

1704 *Schüler*, Wissenszurechnung im Konzern, 2000, 29; *Seidel*, Wertende Wissenszurechnung, 2021, 32 f.

1705 Zutreffend *Denga*, ZIP 2020, 945 (946), vorliegend soll indes nicht der Begriff Drittzurechnung verwendet werden, da „Dritter" im Datenschutzrecht vorgeprägt ist und insofern Missverständnispotenzial birgt; zur Eigenschaft als juristische Fiktion *Seidel*, Wertende Wissenszurechnung, 2021, 31; der Gedanke liegt teilweise auch der Rechtsfigur der „Vicarious Liability" zugrunde, vgl. *Morgan*, J. of Professional Negligence 2015, 276 (278).

1706 So argumentiert *Grigoleit*, ZHR 2017, 160 (166), dass es dem Schutzzweck einer Norm nicht gerecht wird, „wenn in einer arbeitsteiligen Organisation „der eine handelt" und „der andere weiß".; entsprechend finden sich gerade dort Beispiele, vgl.

da das Instrument der Zurechnung seine basale Legitimation aus dem Gedanken einer adäquaten und „gerechten" Risikoverteilung, wonach derjenige, der den wirtschaftlichen Nutzen eines Umstandes erhält, sich auch den etwaigen Nachteilen nicht durch Verlagerung entziehen können soll.[1707] Dieser Gedanke liegt auch dem funktionalen Unternehmensbegriff des Kartellrechts zugrunde, nach dem die wirtschaftliche (ggf. wettbewerbswidrige) Betätigung der Einzelgesellschaft zu Gunsten des funktionalen Gesamtunternehmens eine entsprechende Zurechnung legitimiert.[1708]

Dies lässt sich grundsätzlich auch auf das Datenschutzrecht übertragen.[1709] Wie in Abschnitt B.III gezeigt wurde, finden viele der im Originalschrifttum diskutierten Dimensionen von Accountability eine Korrelation im Datenschutzrecht. Das Narrativ der Verantwortungsübernahme („*being accountable*"), einschließlich einer möglichen moralisch-ethischen Konnotation in Form der *Responsibility*,[1710] ist ebenfalls in beiden Disziplinen bekannt und unterliegt jeweils kontextspezifischen Einflüssen. Um als verantwortungsvoller Akteur („*accountable actor*") wahrgenommen und keinen negativen Sanktionen unterworfen zu werden, müssen die materiellrechtlichen Pflichten der DSGVO, wie gezeigt wurde,[1711] grundsätzlich vollumfänglich von der jeweiligen juristischen Person eingehalten werden, welche die Datenverarbeitung konkret vornimmt. Eine solche holzschnittartige Anwendung des binären Verantwortungsgefüges der DSGVO würde jedoch gruppendimensionale Zusammenhänge und Gefahrenlagen bei der Verarbeitung personenbezogener Daten ausblenden können. Die Risikoorientierung sollte mit Inkrafttreten der DSGVO, d. h. im Vergleich mit der DSRL und grundsätzlich auch den nationalen Vorgängerrechtsordnungen, noch einmal akzentuiert werden.[1712] Blendete man rechtstatsächliche Beziehungen eines Akteurs

---

Steuerrecht, Bilanzierungsrecht, dem Recht des Aktienstreubesitzes oder der Wettbewerbsbeschränkungen (GWB); zur Zurechnung als Korrektiv zur Normanwendbarkeit *Schüler*, Wissenszurechnung im Konzern, 2000, 29; zur datenschutzrechtlichen Begründung vgl. *Zelger*, EuR 2021, 478 (491).

1707 *Seidel*, Wertende Wissenszurechnung, 2021, 34; *Schüler*, Wissenszurechnung im Konzern, 2000, 31 f.; dies ist im Grundsatz auch im Common Law anerkannt, vgl. *Morgan*, J. of Professional Negligence 2015, 276 (290).

1708 *Fischer/Zickgraf*, ZHR 2022, 125 (155 f.); nicht ohne Weiteres möglich ist folgerichtig (mangels eines unmittelbaren Nutzens) die Zurechnung zu Schwestergesellschaften, vgl. ausführlich *Kersting*, ZHR 2018, 8 (13 ff.).

1709 A.A. wohl *Louven*, in: Specht-Riemenschneider et al., FS Taeger, 2020, 725 (731), der trotz Anerkennung der kartellrechtlichen *ratio legis* davon ausgeht, dass im Datenschutzrecht ein unterschiedlicher Verantwortungsmaßstab herrscht.

1710 Zur Responsibility B.III.1.a. oben; *Buddeberg*, in: Heidbrink/Langbehn/Loh, Handbuch Verantwortung, 2017, 417 (423 und 425).

1711 Siehe B.III.1.g.(2) oben.

1712 *Veil*, ZD 2015, 347 (348 f.); ähnlich zur adaptiven Natur des Verbotsprinzips *Buchner/Petri*, in: Kühling/Buchner, DSGVO BDSG, 2020, Art. 6, Rn. 14.

II. Zurechnung als Rechtsfolge datenschutzrechtlicher Verantwortung

bei der Beurteilung eines Risikos oder eines ggf. eingetretenen Schadens aus, würde dies fast notwendigerweise zu einer Verkürzung führen, die mit dem BGH in „wertender Beurteilung"[1713] und unter Verkennung der Beherrschungs- und Veranlassereigenschaften[1714] nicht zu vereinbaren wären.[1715] Es ist insbesondere zu beachten, dass der Geschäftsherr des singulären Unternehmens, bzw. die Entscheidungen eines herrschenden Unternehmens i. S. v. §§ 15 ff. AktG, Art. 4 Nr. 19 DSGVO die entsprechende risikobelastete Datenverarbeitungs- und Unternehmensorganisation veranlasst haben, ihnen darüber hinaus die Möglichkeit offensteht, Einfluss zu nehmen[1716] und Kontrolle auszuüben. Darüber hinaus ist zu berücksichtigen, dass die Verarbeitung personenbezogener Daten in der Regel der Förderung des bzw. (mindestens eines) Geschäftszwecks dient, also mithin unmittelbar mit dem wirtschaftlichen Unternehmenserfolg verbunden ist. Die Datenverarbeitung sowie die Entscheidung darüber ist folglich zumindest mittelbar dem erweiterten Geschäftskreis des organisatorisch über- bzw. untergeordneten[1717] Zurechnungsobjektes zugehörig.[1718] Schließlich kann aus der gruppendimensionalen Zugehörigkeit ein gesteigertes Vertrauensverhältnis bzw. eine Zuverlässigkeitserwartung von Betroffenen und Geschäftspartnern entstehen, die im Rahmen von Verkehrs- und Vertrauenspflichten von der Rechtsprechung für berücksichtigungsfähig gehalten wird.[1719]

Hieraus entsteht *in conclusio* eine Interdependenzsituation der rechtstatsächlichen und technologischen Verflechtungen im Zusammenhang mit der Verarbeitung personenbezogener Daten, die unzweifelhaft geeignet ist, einen Zurechnungsgrund zu begründen, wenn und soweit aus ihr ein gestei-

---

1713 BGH, Urt. v. 8.12.1989 – V ZR 246/87 = NJW 1990, 975 (976).

1714 Zur Berücksichtigungsfähigkeit des Rechtsinstituts des Zustandsveranlassers im Rahmen des Datenschutzrechts *Scheja*, in: Specht-Riemenschneider et al., FS Taeger, 2020, 413 (423); ähnlich auch *Taeger*, Außervertragliche Haftung, 1995, 71, zur Verantwortung für die Schaffung einer Gefahrenquelle; zur Treu-und-Glauben basierten Verkehrspflicht *Seidel*, Wertende Wissenszurechnung, 2021, 67.

1715 Zur philosophischen Begründung einer solchen ganzheitlich gebotenen Risikoforschung siehe *Krawietz*, in: Bayertz, Verantwortung – Prinzip oder Problem?, 1995, 184 (187 f.).

1716 Die beiden erstgenannten Argumente sind insofern verallgemeinerungsfähig, daher stützt sich auch *Seidel*, Wertende Wissenszurechnung, 2021, 34 f., darauf.

1717 Nach *Spindler*, ZHR 2017, 311 (332 f.), scheitert die Zurechnung übergeordneter Sachverhalte zu untergeordneten Zurechnungsobjekten jedoch regelmäßig an der Beherrschbarkeit durch letztere, woraus allerdings eine deutliche Schwächung der Durchsetzungsfähigkeit erwächst.

1718 Zu dieser Voraussetzung im Geltungsbereich des GWB *Schüler*, Wissenszurechnung im Konzern, 2000, 32; *Seidel*, Wertende Wissenszurechnung, 2021, 34.

1719 Krit. dazu allerdings *Spindler*, ZHR 2017, 311 (318 ff., allerdings mit der Ausnahme i. R. v. c. i. c. bei 340) und darauf basierend *Seidel*, Wertende Wissenszurechnung, 2021, 67 f.

gertes Risiko für Betroffene entsteht. Es ist mithin einerseits zu konstatieren, dass weder eine Konzernierung noch eine gegebenenfalls rechtswidrige Datenverarbeitung per se einen Zurechnungsgrund darstellt, sondern dass es einer wertenden Gesamtbetrachtung des Betroffenenrisikos bedarf.[1720] Und es wird andererseits die Frage virulent, worin ein entsprechendes Risiko gesehen werden kann.

2. Wesensgehalt des datenschutzrechtlichen Risikos

Die DSGVO fordert in Art. 24 Abs. 1 S. 1 und in weiteren Normen, dass technische und organisatorische Maßnahmen zur Einhaltung der materiellen Rechtmäßigkeit getroffen werden, die unter „Berücksichtigung der Art, des Umfangs, der Umstände und der Zwecke der Verarbeitung sowie der unterschiedlichen Eintrittswahrscheinlichkeit" angemessen zur „Schwere der Risiken für die Rechte und Freiheiten natürlicher Personen" sind. Diese Vielzahl unbestimmter Rechtsbegriffe wird sodann im Schrifttum gerne wortgleich oder auch nur paraphrasierend verwendet, obwohl keineswegs klar ist, was darunter jeweils oder gar in Gesamtschau zu verstehen ist. Ausgehend vom Fluchtpunkt des gemeinsamen Datenschutzrechts europäischer Prägung,[1721] den von einer Datenverarbeitung betroffenen Personen, ist die zentrale Determinante der Gleichung des Art. 24 Abs. 1 S. 1 DSGVO die letztgenannte: das Risiko für die Rechte und Freiheiten ebenjener Betroffener. Ein Risiko kann juristisch als „die Möglichkeit eines schädigenden Kausalverlaufs für absolute Rechte und rechtlich geschützte Interessen" definiert werden.[1722] Es kann auch eher praktisch begründet „die aus der Unvorhersehbarkeit der Zukunft [...] resultierenden, durch zufällige Störungen verursachten Möglichkeiten, von geplanten Zielwerten abzuweichen" bezeichnen.[1723] Diesen stellvertretend für ähnliche Ansätze ausgewählten Definitionen ist immanent, dass bei einer Realisierung des Risikos ein als schädigend wahrgenommenes Ereignis bzw. Ergebnis steht, das es mittels

---

1720 So auch *Spindler*, ZHR 2017, 311 (334 f.).
1721 Vgl. *Drackert*, Risiken der Verarbeitung personenbezogener Daten, 2014, 35 ff., zu den verschiedenen Schutzgütern bzw. Nuancen der unterschiedlichen Datenschutzregelwerke wie AEPC, OECD, oder der Konvention 108, wo sich insbesondere ersteren beiden eine starke Betonung der wirtschaftlichen Komponente von Daten findet; auch *Whitman*, Yale LJ 2004, 1151 (1160 ff.), demzufolge der Hauptunterschied darin besteht, dass das europäische Datenschutzrecht seinen Ursprung im Würde-, das amerikanische dagegen im Freiheitsbegriff nimmt.
1722 *Taeger*, Außervertragliche Haftung, 1995, 67.
1723 *Alt*, DS 2020, 1269; vgl. *DSK*, Kurzpapier Nr. 18 mit einer weiteren eigenen Definition als „Bestehen der Möglichkeit eines Ereignisses, das selbst einen Schaden ... darstellt oder zu einem weiteren Schaden für eine oder mehrere natürliche Personen führen kann".

spezifischer Maßnahmen zu verhindern gilt. Jedoch definiert der Verordnungsgeber auch nicht, was im Geltungsbereich der DSGVO als Schaden zu verstehen sein soll.[1724] Stattdessen zählen die ErwG 75 und 85 lediglich Beispiele möglicher Schäden auf, sprich Situationen, in denen sich ein Risiko bereits realisiert hat. Die dort genannten Schäden lassen sich allerdings nur teilweise unter den in Deutschland tradierten materiellen Schadensbegriff als wertmäßige Einbuße oder Verletzung von Rechtsgütern aufgrund eines bestimmten Ereignisses subsumieren.[1725] Stattdessen will die DSGVO ausweislich ErwG 146 S. 3 und des korrespondierenden Art. 82 Abs. 1 DSGVO den Schadensbegriff weit auslegen und insbesondere auch immaterielle Schäden umfassen, um ein möglichst hohes Schutzniveau, d. h. die größtmögliche Wahrung des Kerngehalts der Datenschutzgrundrechte, zu gewährleisten. Damit können zwar Traditionen des nationalen Schadensrechts als Erkenntnisquellen und Vergleichsmaßstab herangezogen werden, jedoch sprechen die überwiegenden Argumente dennoch für eine autonome Auslegung des europäischen Datenschutzschadensbegriffs.[1726]

a. Schutzgüter im Datenschutzrecht

Den Ausgangspunkt für die Beurteilung des datenschutzrechtlichen Risikos (und eines möglichen Schadens) bildet die Frage nach dem Schutzgut. Denn ein ggf. ersatzfähiger Schaden läge (nur) dann vor, wenn dieses Schutzgut den von der Rechts- und Werteordnung zugewiesenen (Soll-) Zustand in unangemessener, d. h. nicht im Rahmen einer Grundrechtsabwägung gerechtfertigten Weise unterschreitet. Allerdings sind weder die DSGVO noch ihre primärrechtlichen Quellen in den Art. 7 und 8 GRCh sonderlich ergiebig in der Frage nach dem entsprechenden (Soll-)Zustand, sondern stellen vielmehr jedes personenbezogene Datum grundsätzlich unterschiedslos unter Schutz.[1727] Auch die Ausführungen der Datenschutzkonferenz zum Begriff des datenschutzrechtlichen Risikos reihen sich insofern ein, als die

---

1724 So auch *Böhm*, in: Simitis et al., Datenschutzrecht, 2019, Art. 82, Rn. 12; *Moos/ Schefzig*, in: Taeger/Gabel, DSGVO BDSG TTDSG, 2022, Art. 82, Rn. 27.

1725 *Burgenmeister*, PinG 2021, 89 (90) m. w. N.

1726 *Eichelberger*, in: Specht-Riemenschneider et al., FS Taeger, 2020, 137 (142); dies bestätigte auch der EuGH, vgl. dazu Urt. v. 4.5.2023 – C-300/21 (UI ./. Österreichische Post), ECLI: EU:C:2023:370, Rn. 29 f.

1727 So auch *Poll*, Datenschutz in und durch Unternehmensgruppen, 2018, 299; stellvertretend für die verbreitete Meinung *Kingreen*, in: Calliess/Ruffert, EUV/AEUV, 2022, GRCh, Art. 8, Rn. 10: „Grundrechtliches Schutzgut sind personenbezogene Daten."; zu recht krit. dazu *Stentzel*, PinG 2015, 185; *Giesen*, NVwZ 2019, 1711 (1713); *Bull*, NVwZ 2011, 257 (259); vorzugswürdig erscheint insofern zutreffend, das deutsche Modell, das nicht den Schutz der Daten, sondern den Schutz der Persönlichkeit und der Menschenwürde zugrunde legt, vgl. dazu *v. Lewinski*, in: Auernhammer, Einl. BDSG, Rn. 36.

deutlichste Bezeichnung noch im Verweis auf die „negativen Folgen für die persönliche Lebensführung des Betroffenen" zu sehen ist.[1728] Entsprechend werden hinsichtlich des datenschutzrechtlichen Schutzgutes in der Literatur unterschiedliche und sogar gegensätzliche Meinungen vertreten.

Einerseits wird (vereinzelt) argumentiert, dass es im europäischen Datenschutz kein hinreichend bestimmtes Schutzgut gäbe.[1729] Danach wird aus einer definitorischen Abwesenheit, die nach den entsprechenden Meinungsführern „[symptomatisch] für die Unfähigkeit oder den Unwillen des Normgebers, sich auf Schutzziele für den Datenschutz zu verständigen" stehe, eine Konturlosigkeit des Datenschutzrechts gefolgert, die zwingend zu einer Überforderung der Verantwortlichen i. S. v. Art. 4 Nr. 7 DSGVO führen müsse.[1730] Gleichzeitig stünde die Enttäuschung der Betroffenen zu befürchten, weil sich eine individuell erhoffte Verhaltensänderung von Datenverarbeitern oder eigene Rechte auf Einflussnahme, Kompensation und ähnlichem nicht erfüllten. Zumindest Letzteres scheint sich in gewissem Maße zu bewahrheiten, woran durch Medien, Aktivisten und selbst Aufsichtsbehörden übersteigerte Erwartungen allerdings ebenfalls ein Verdienst tragen. Vorzugswürdig sei insofern eine sektorale Orientierung und spezialgesetzliche Regulierung.[1731]

Andererseits wurde der DSGVO schon im Entwurfsstadium attestiert, in Rückbesinnung auf den „eigentlichen" Zweck des Datenschutzrechts – dieser Ansicht nach ist das der Schutz der Persönlichkeitssphäre – einen „kleinen Paradigmenwechsel" einzuleiten.[1732] Hiernach sind, mit einer gewissen Ähnlichkeit zur Sphärentheorie des BVerfG,[1733] personenbezogene Daten

---

1728 *DSK*, Kurzpapier Nr. 18, S. 4; kritikwürdig ist insofern der Beitrag von *Bieker/Bremert*, ZD 2020, 7 (8 f.), die ebenfalls auf diesem Level verbleiben und verkennen, dass Grundrechte – insbesondere das auf Datenschutz gem. Art. 8 GRCh – kein Selbstzweck sind; so auch *Härting/Schneider*, CR 2015, 819 (823).

1729 Vgl. plakativ *Stentzel*, PinG 2015, 185, mit dem Titel „Das Grundrecht auf …?"; ähnlich *Giesen*, NVwZ 2019, 1711 (1713); *Veil*, in: Gierschmann et al., DSGVO BDSG, 2018, Art. 24, Rn. 115 ff.

1730 *Veil*, in: Gierschmann et al., DSGVO BDSG, 2018, Art. 24, Rn. 119.

1731 Dies führt *Giesen*, NVwZ 2019, 1711 (1713), insbesondere als Argument gegen das angeblich bestehende (und seiner Ansicht nach verfassungswidrige) Verbot mit Erlaubnisvorbehalt an; ähnlich *Härting/Schneider*, CR 2015, 819 (823).

1732 So *Veil*, ZD 2015, 347 (349); *Härting/Schneider*, CR 2015, 819 (824 f.) sehen interessanterweise ebenfalls die Persönlichkeits- bzw. Privatsphäre als datenschutzrechtliches Ursprungsanliegen, beurteilen die DSGVO allerdings als „aufgehübschte […] Fortsetzung der DSRL" (819).

1733 Dazu *Schneider/Forgó/Helfrich*, in: Forgó/Helrich/Schneider, Betrieblicher Datenschutz, 2019, Teil I, Kap. 1, Rn. 86 f.; *Specht-Riemenschneider*, in: BeckOGK BGB, 2022, § 823, Rn. 1407 ff.; krit. *Albers*, in: Friedewald/Lamla/Roßnagel, Informationelle Selbstbestimmung im digitalen Wandel, 2017, 11 (20 ff.), welche die Sphären als keinen tauglichen Anknüpfungspunkt sieht.

zwar allgemein schützenswert, der konkrete Schutzbedarf hingegen sowie die Anforderungen an eine zulässige Verarbeitung hängen davon ab, in welcher „Sphäre" der persönlichen Lebensführung sich die entsprechenden Informationen ansiedeln lassen. Die Sphären stehen in einem hierarchischen Verhältnis zueinander, worin die höchste Stufe die Intimsphäre und die niedrigste Stufe die Öffentlichkeits- oder Sozialsphäre darstellen. Informationen der Öffentlichkeitssphäre, d. h. Daten und Informationen, die im Rahmen alltäglicher Umgangsformen in sozialadäquater Weise preisgegeben und verwendet werden, seien damit am wenigsten schutzwürdig, selbst wenn es sich dabei um qualifizierte Daten i. S. v. Art. 9 DSGVO handelt.[1734]

Die überwiegende Mehrheit der in Praxis und Wissenschaft mit Fragen des Datenschutzes befassten Personen scheint indes keinen eklatanten Mangel an ausreichender Klarheit über die Schutzgüter zu sehen, unternimmt jedoch auch selten einen Versuch der Bestimmung, sondern folgt vielmehr dem Beispiel der DSGVO[1735] und verbleibt bei einer beispielhaften Aufzählung möglicher Risiken.[1736] Dies verdient insofern Kritik, da Risiken sich nur dann wirklich sinnvoll identifizieren lassen, wenn der zu erhaltende Ziel- bzw. Sollzustand bekannt ist. Dieser kann jedoch nicht erschöpfend aus einem Umkehrschluss beispielhafter Risiken ermittelt werden. Vielmehr verbliebe es bei diesem Vorgehen bei einer schemenhaft iterativen Konturfindung ohne abschließende Klarheit. Abstrakt kann unter den Begriff des Schutzgutes mithin zunächst alles subsumiert werden, „was wegen seines ideellen oder materiellen Wertes vor Schaden bewahrt werden sollte".[1737]

Da im Einklang mit der BVerfG-Rechtsprechung festgestellt werden kann, dass es kein absolutes Recht auf informationelle Selbstbestimmung gibt oder geben sollte, sondern dass es sich bei dem zu duldenden oder zu akzeptierenden Maß der Datenverarbeitung[1738] vielmehr um ein Abbild der sozialen Realität handeln müsse,[1739] ist als ein Schutzgut des Datenschutzes die

---

1734 Vgl. die Möglichkeit gem. Art. 9 Abs. 2 lit. e DSGVO („offensichtlich öffentlich gemacht"), und auch die Einordnung des BGH, Urt. v. 20.12.2011 − VI ZR 261/10 (KG) = NJW 2012, 771 (773), Rn. 20: „Äußerungen [aus dem] Rahmen der Sozialsphäre dürfen aber nur im Falle schwerwiegender Auswirkungen auf das Persönlichkeitsrecht mit negativen Sanktionen verknüpft werden […]".

1735 Insb. ErwG 75.

1736 *Lang*, in: Taeger/Gabel, DSGVO BDSG TTDSG, 2022, Art. 24, Rn. 37, sieht darin zwar eine terminologische Schwäche, die jedoch im Ergebnis unbeachtlich sei, da stets die Anforderung bestehe, eine Risikoanalyse durchzuführen.

1737 *Drackert*, Risiken der Verarbeitung personenbezogener Daten, 2014, 16.

1738 Siehe *Assion/Nolte/Veil*, in: Gierschmann et al., DSGVO BDSG, 2018, Art. 6, Rn. 19, zu der Wirkung, dass eine berechtigte Datenverarbeitung von Betroffenen zu dulden ist.

1739 BVerfG, Urt. v. 15.12.1983 − 1 BvR 209/83 u. a. − BVerfGE 65, 1, Rn. 96; ähnlich prägnant die „Tagebuch-Entscheidung" BVerfG, Beschl. v. 14.9.1989 − 2 BvR 1062/87, Rn. 33: „Der Mensch als Person, auch im Kern seiner Persönlichkeit, exis-

Sozialadäquanz der Informationserhebung bzw. -preisgabe und die konse-kutive -verwendung zu identifizieren.[1740] Geschützt würde damit die natür-liche Person vor einer unangemessenen Preisgabe und Verwendung von auf sie bezogenen oder beziehbaren Informationen.[1741] Allerdings ist darin kein ausreichender Maßstab im Rahmen der Entscheidung für oder gegen eine Zulässigkeit und Angemessenheit einer Datenverarbeitung gefunden, da hinsichtlich der fraglichen Daten das Schutzinteresse mit dem Nutzungsin-teresse kollidiert.[1742] So könnte beispielsweise einerseits argumentiert wer-den, dass für den einzelnen Betroffenen eher irrelevante, d. h. Daten ohne einen nennenswerten sozialen, wirtschaftlichen oder persönlichen Informa-tionsgehalt von anderen Akteuren umso leichter verarbeitet werden dürften. Umgekehrt kann allerdings auch vertreten werden, dass Daten, die in diesem Maße irrelevant seien, erst recht in der Dispositionshoheit der Betroffenen stehen und nicht verarbeitet werden sollten, solange die anderen Akteure kein wirklich zwingendes Interesse wie beispielsweise einen Vertragshin-tergrund begründen können. Zur Auflösung dieses Dilemmas erscheint es mithin eher zielführend, von einem hypothetischen Schutzgut auszugehen und dieses dann auf allgemeine Validität und im Rahmen der praktischen Konkordanz mit etwaig konfligierenden Grundrechten auf Geeignetheit zu prüfen.

Das Recht auf informationelle Selbstbestimmung wurde vom BVerfG aus den Art. 2 Abs. 1 und Art. 1 Abs. 1 GG hergeleitet,[1743] die das seinerseits ver-selbstständigte Grundrecht des allgemeinen Persönlichkeitsrechts bilden.[1744] *Sedes materiae* dieses „Datenschutzgrundrechts" bildet entsprechend das Narrativ der allgemeinen Handlungs- und Verhaltensfreiheit des Art. 2 GG, verstärkend verbunden mit der Menschenwürdegarantie des Art. 1 Abs. 1 GG. Als abstraktes Schutzgut lässt sich in Form des grundrechts-

---

tiert notwendig in sozialen Bezügen."; so auch inhaltlich EuGH, Urt. v. 2.3.2023 – C-268/21 (Norra Stockholm), ECLI: EU:C:2023:145, Rn 49.

1740 Vgl. auch *Albers*, in: Friedewald/Lamla/Roßnagel, Informationelle Selbstbestim-mung im digitalen Wandel, 2017, 11 (15), zum Verwendungszusammenhang als zen-tralem Adäquanzkriterium der Datenproliferation.

1741 *Marsch*, Das europäische Datenschutzgrundrecht, 2018, 157, bezeichnet dies als „Strukturvorgabe" für den Gesetzgeber, im Rahmen zu schaffender Rechtsgrund-lagen; ähnlich weisen *Härting/Schneider*, CR 2015, 819 (824), darauf hin, dass die Daten nur das Regelungs- nicht aber das Schutzobjekt seien.

1742 *Poll*, Datenschutz in und durch Unternehmensgruppen, 2018, 301 ff., zu dieser Kol-lision in Unternehmen; *Gallwas*, in: Conrad/Grützmacher, FS Schneider, 2014, 347 (358 ff.), Rn. 48 ff., allgemein zu den widerstreitenden Interessen; *Giesen*, NVwZ 2019, 1711 (1713), möchte sogar ein „Grundrecht auf Datennutzung" identifiziert haben.

1743 BVerfG, Urt. v. 15.12.1983 – 1 BvR 209/83 u. a. – BverfGE 65, 1, Rn. 91 ff.

1744 Statt vieler nur *Jarass*, in: Jarass/Pieroth, GG, 2020, Art. 2, Rn. 36.

dogmatischen Regel-Ausnahme-Verhältnisses[1745] mithin eine Bewahrung vor einer unangemessenen Fremdbestimmung mit den Mitteln des Rechts gegen staatliche Eingriffe identifizieren. Allerdings ermöglichen moderne Verarbeitungsmittel Privaten grundrechtsrelevante, zur Fremdbestimmung geeignete Eingriffe in gleichem, wenn nicht sogar größerem Ausmaß als staatlichen Stellen. „Die moderne Informationstechnik eröffnet dem Einzelnen neue Möglichkeiten, begründet aber auch neuartige Gefährdungen der Persönlichkeit." So leitete das BVerfG 2008 seine Begründung für das Grundrecht auf den Schutz informationstechnischer Systeme ein.[1746] Diese Ratio ist zur wirksamen Gewährleistung eines real bewirkten Schutzes für Betroffene mithin im Wege der mittelbaren Drittwirkung auch auf die Datenverarbeitung durch private Stellen zu übertragen, denn Datenschutz und Informationsverarbeitung bilden gerade das gegenseitige Verhältnis „zwischen Menschen", wo die Daten des einen in Form der Verwendung als Informationen für den anderen Relevanz erlangen.[1747] Das Schutzgut des Datenschutzrechts im Bereich der nicht-öffentlichen Datenverarbeitung ist dementsprechend ebenfalls die Bewahrung vor einer daten-induzierten, nicht gerechtfertigten Fremdbestimmung bzw. einer eingeschränkten Selbstbestimmungsfähigkeit durch die Mittel des Marktes, der Gesellschaft oder der Technik.[1748] Sie impliziert ein „auch-anders-können" durch mögliche Entscheidungs- und Handlungsalternativen.[1749] Eine nicht gerechtfertigte Fremdbestimmung bzw. eine Einschränkung der Selbstbestimmungsfähigkeit durch die Erhebung und Nutzung personenbezogener Daten ist das damit spiegelbildlich korrespondierende abstrakte Risiko.[1750] Unter dieses

---

1745 Darin ist die Selbstbestimmungsfreiheit die Regel, die Einschränkung dagegen die Ausnahme, dies soll jedoch nicht zwischen Privaten gelten, so *Gallwas*, in: Conrad/ Grützmacher, FS Schneider, 2014, 347 (364), Rn. 80; ähnlich *Masing*, NJW 2012, 2305 (2306): „Hierin manifestiert sich die berühmte Asymmetrie des Rechtsstaats: Der Bürger ist prinzipiell frei und muss sich für sein Verhalten nicht als moralisch gut oder sozial verträglich verantworten. Der Staat ist grundsätzlich gebunden und muss sich umfassend rechtfertigen [...]".

1746 BVerfG, Urt. v. 27.2.2008 – 1 BvR 370/07, 1 BvR 595/07 = NJW 2008, 822 (824), Rn. 170; vgl. auch *Spiecker gen. Döhmann*, CR 2016, 698 (699) zur Genese des Arguments.

1747 So *Albers*, in: Friedewald/Lamla/Roßnagel, Informationelle Selbstbestimmung im digitalen Wandel, 2017, 11 (16 f.); abl. zur Drittwirkung im Datenschutzrecht *Veil*, CR-Blog v. 22.5.2019: Teil III: Die totale Drittwirkung.

1748 So auch *Bock*, PinG 2022, 49 (50); *Härting/Schneider*, CR 2015, 819 (825); kritisch äußert sich etwa *Taeger*, in: Taeger/Gabel, DSGVO BDSG; TTDSG, 2022, Art. 6, Rn. 33 f., über die Freiwilligkeit der Nutzung von Kontaktverfolgungs-Apps.

1749 Vgl. m. w. N. *Drackert*, Die Risiken der personenbezogenen Datenverarbeitung, 271.

1750 Ähnlich entschied auch der EuGH, Urt. v. 20.12.2017 – C-434/16 (Nowak), ECLI:EU:C: 2017:994, Rn. 39 zu den Folgen eines Einstellungstests; *Veil*, in: Gierschmann et al., DSGVO BDSG, 2018, Art. 24, Rn. 135, sieht die Fremdbestimmung unzutreffend als „nur" eine Risikokategorie unter mehreren.

C. Adressaten der Accountability-Pflichten

Narrativ lassen sich sodann eine Reihe typisierender Verarbeitungsformen subsumieren, von denen im Folgenden nur diejenigen dargestellt werden sollen, die spezifisch aus unternehmenstypischen und gruppendimensionalen Verarbeitungen entstehen,[1751] weil von diesen Akteuren der Großteil von Datenerhebungen in einer digitalisierten Welt ausgehen.

b. Gesellschaftsrechtlich-politische und wirtschaftliche Risiken

Auf Basis dieses entwickelten und abgrenzbaren Schutzgutes lassen sich sodann nicht nur allgemeine, sondern verarbeitungs- und unternehmens(gruppen)spezifische Risiken identifizieren.[1752] Die grundsätzlich strittige Frage, ob es eine risikolose Verarbeitung geben kann,[1753] kann vorliegend dahinstehen, da im Kontext einer gruppendimensionalen oder kollaborativen Verarbeitungssituation, wie sie für die moderne, technisierte Welt üblich ist, die Schwelle der „Bagatellverarbeitungen" wohl stets überschritten sein dürfte. Losgelöst von der Frage, ob ein annähernd linearer Zusammenhang zwischen der Handlungsmacht einer Partei und ihrer damit verbundenen Verantwortung angenommen werden kann,[1754] lässt sich nicht von der Hand weisen, dass die Macht und Dominanz der einen Partei stets einhergeht mit dem Risiko anderer Parteien, zum Objekt dieser asymmetrisch verteilten Positionen zu werden.

Ein auch von der DSGVO erkanntes Risiko ist beispielsweise die Verweigerung eines Angebotszugangs, sie adressiert dies allerdings nur implizit in Form des relativen[1755] Kopplungsverbots gem. Art. 7 Abs. 4 DSGVO. Nach der Grundidee des absoluten Kopplungsverbots sind Einwilligungen stets unwirksam, deren Abgabe von einer Partei zur Bedingung eines Vertragsschlusses über weitere Waren oder Dienstleistungen gemacht wird, ohne dass dies für die Erbringung der vertragsgegenständlichen Leistung erforderlich wäre.[1756] Die freie Selbstbestimmungsfähigkeit würde in diesen Fällen dadurch gefährdet bzw. verhindert, dass Betroffene diese nicht er-

---

1751 Zu darüber hinausgehenden Risiken siehe die 2014 veröffentlichte Dissertation von *Drackert*, Risiken der Verarbeitung personenbezogener Daten, 2014, passim.

1752 Siehe mit einer auf *Drackert*, Risiken der Verarbeitung personenbezogener Daten, 2014, 291 ff., basierenden Übersicht *Veil*, in: Gierschmann et al., DSGVO BDSG, 2018, Art. 24, Rn. 126 ff.

1753 Dafür *Schröder*, ZD 2019, 503 (504); wohl auch *Veil*, ZD 2018, 9 (13), der für diese Situation einen vollständigen Verzicht auf TOM bejaht; dagegen *DSK*, Kurzpapier Nr. 18, S. 2; (wenig überraschend für Mitarbeiter des ULD) *Bieker/Bremert*, ZD 2020, 7 (8).

1754 So *Buddeberg*, in: Heidbrink/Langbehn/Loh, Handbuch Verantwortung, 2017, 417 (421).

1755 Dafür, dass die DSGVO gerade kein absolutes Kopplungsverbot enthält, siehe grundlegend *Engeler*, ZD 2018, 55 (58 f.); *Golland*, MMR 2018, 130 ff.

1756 *Plath*, in: Plath, DSGVO BDSG TTDSG, 2023, Art. 7, Rn. 22; *Ziegenhorn/v. Heckel*,

forderliche Datenverarbeitung dulden müssten, da sie ansonsten auch nicht in den Genuss der vertragsgegenständlichen (Sach-)Leistung kommen. Der „informationelle Selbstschutz" würde durch diese Einwilligungsbedingungen unterhöhlt. Demgegenüber verlangt die DSGVO in Art. 7 Abs. 4 jedoch lediglich, dass der Umstand einer etwaigen Kopplung in „größtmöglichem Umfang" berücksichtigt wird. Unabhängig davon, wo die konkrete Grenzziehung erfolgt, lässt sich aus dieser Formulierung zwar der Schluss ziehen, dass nicht per se jede Kopplung eines Vertrages an die Abgabe einer Einwilligung unwirksam ist,[1757] allerdings wird das gesetzgeberische Movens ebenso deutlich; Machtasymmetrien und Zwangslagen sollen nicht von der überlegenen Seite ausgenutzt werden können.[1758] Darin sind für die vorliegende Arbeit zwei interessante Anknüpfungspunkte zu sehen. Einerseits liegt dieser Gedanke auch der kartellrechtlichen Beurteilung marktbeherrschender Stellungen i. S. v. Art. 102 AEUV zugrunde,[1759] wonach Unternehmen in einer entsprechenden Position anderen – erhöhten – Anforderungen bzw. in der Diktion des EuGH einer „besonderen Verantwortung"[1760] im Vergleich mit nicht marktbeherrschenden Unternehmen unterliegen und ihnen bestimmte Verhaltensweisen zum Schutz des Wettbewerbs gänzlich unter-

---

NVwZ 2016, 1585 (1587); *Schwartmann/Hilgert*, in: Schwartmann et al., DSGVO BDSG, 2020, Art. 7, Rn. 45.

1757 So auch die h. M. in der Literatur *Engeler*, ZD 2018, 55 (59); *Taeger*, in: Taeger/Gabel, DSGVO BDSG TTDSG, 2022, Art. 7, Rn. 90; *Kramer*, in: Auernhammer, DSGVO BDSG, 2020, Art. 7, Rn. 45 f.; *Schwartmann/Hilgert*, in: Schwartmann et al., DSGVO BDSG, 2020, Art. 7, Rn. 446 f.

1758 Statt aller für die datenschutzrechtliche Einwilligung *Taeger*, in: Taeger/Gabel, DSGVO BDSG TTDSG, 2022, Art. 7, Rn. 93; wobei es sich um ein grundsätzliches Charakteristikum der Einwilligung handelt, siehe *Gallwas*, in: Conrad/Grützmacher, FS Schneider, 2014, 347 (354), Rn. 26, Fn. 2; interessant ist insofern die Argumentation von *Frenzel*, in: Paal/Pauly, DSGVO BDSG, 2021, Art. 7, Rn. 21, der in Situationen kostenfreier, aber dafür einwilligungsbasierter Geschäftsmodelle den Beurteilungsmaßstab in Art. 102 AEUV bzw. § 19 GWB sieht.

1759 Monopole, in § 28 Abs. 3b BDSG a. F. noch explizit adressiert, sind entsprechend auch in der datenschutzrechtlichen Literatur in diesem Zusammenhang ein Diskussionsgegenstand, etwa *Plath*, in: Plath, DSGVO BDSG TTDSG, 2023, Art. 7, Rn. 22 f., oder *Heckmann/Paschke*, in: Ehmann/Selmayr, DSGVO, 2018, Art. 7, Rn. 55; zutreffend weist allerdings *Taeger*, in: Taeger/Gabel, DSGVO BDSG TTDSG, 2022, Art. 7, Rn. 93, darauf hin, dass die Freiwilligkeit der Einwilligung auch von Unternehmen unterhalb dieser Schwelle zu wahren ist; so auch GA *Rantos*, Schlussanträge v. 20.9.2022 – C-252/21 (Meta Platforms u. a.), ECLI:EU:C:2022:704, Rn. 75 und 77; kritisch zu den Wertungen des GA siehe *Engeler*, NJW 2022, 3398 (3402), Rn. 21 ff.

1760 Std. Rspr. seit EuGH, Urt. v. 9.11.1983 – C-322/81 (Michelin I), ECLI:EU:C:1983:313, Rn. 57 = BeckRS 2004, 70794; zuletzt – soweit ersichtlich – EuGH, Urt. v. 12.5.2022 – C-377/20 (Servizio Elettrico Nazionale), ECLI:EU:C:2022:379, Rn. 74 und 93.

sagt sind.[1761] Andererseits kann aus dieser Berücksichtigungspflicht[1762] eine unmittelbare Verbindung zu der gesetzgeberisch gewünschten Eigenverantwortung[1763] sowie den oben ermittelten, in jeder Accountability-Beziehung enthaltenen Dimensionen der Responsibility, Responsiveness, und Legitimacy gezogen werden. Die Responsibility bezieht sich insofern darauf, dass sich ein Akteur der eigenen Position bewusst ist und sie im Rahmen seines Handelns nicht in unangemessener Weise zu seinem eigenen Vorteil ausnutzt. Diese Art moralisch vertretbaren („redlichen") Verhaltens i. S. v. Treu und Glauben liegt in der Erwartung der entsprechenden Foren, auf die der Akteur zur Vermeidung einer entsprechenden Sanktion eingehen muss („*to be responsive*"). Handelt der Akteur jedoch entgegen dieser Erwartungshaltung, kann er sich zwar möglicherweise auf eine rechtliche Zulässigkeit („*Legality*") zurückziehen, nicht jedoch auf eine sozialadäquate.[1764] Diese Ratio ist in vergleichbarer Weise auf die Rechtsgrundlage der Interessensabwägung gem. Art. 6 Abs. 1 lit. f DSGVO übertragbar, da Verantwortliche auch hierbei zu einer objektiven Betrachtung der Gesamtinteressenlage verpflichtet sind, die entsprechende Machtungleichgewichte einschließt.[1765]

Neben dem Kopplungsverbot und der verpflichtenden Objektivität bei der Interessensabwägung lassen sich Risiken für das Schutzgut der Fremdbestimmung insbesondere an den Informationspflichten und Betroffenenrechten des Kap. III DSGVO ableiten. So ist das Risiko einer Fremdbestimmung besonders hoch, wenn die Datenverarbeitung ohne Wissen der Person stattfindet, sie die Folgen, d. h. die Erkenntnisse, Schlussfolgerungen und möglicherweise geänderte Verhaltensweisen anderer Akteure nicht kausal mit

---

1761 *Fuchs*, in: Immenga/Mestmäcker, Wettbewerbsrecht, AEUV, 2019, Art. 102, Rn. 199 ff., und bspw. zur sog. marktverschließenden Wirkung durch Kopplungsgeschäfte eines dominanten Unternehmens ebenda Rn. 286 ff.; zur Begründung *Jung*, in: Grabitz/Hilf/Nettesheim, AEUV, 2021, Art. 102, Rn. 6 ff.; zur Rechtsfolge *Müller-Graff*, in: Vedder/Heintschel v. Heinegg, Europäisches Unionsrecht, AEUV, 2018, Art. 102, Rn. 27; EuGH, Urt. v. 12.5.2022 – C-377/20 (Servizio Elettrico Nazionale), ECLI:EU:C:2022:379, Rn. 93.

1762 *Engeler*, ZD 2018, 55 (59), spricht stattdessen von einem „Rechnungstragungsgebot".

1763 Dies betonen *Frenzel*, in: Paal/Pauly, DSGVO BDSG, 2021, Art. 5, Rn. 52; *Albrecht/Jotzo*, Das neue Datenschutzrecht, 2017, 55, Rn. 18; *Heberlein*, in: Ehmann/Selmayr, DSGVO, 2018, Art. 5, Rn. 29.

1764 Diese Unterscheidung untersucht *Moore*, in: Bovens/Goodin/Schillemans, Handbook of Public Accountability, 2016, 632 (640 ff.).

1765 *Veil*, in: Gierschmann et al., DSGVO BDSG, 2018, Art. 24, Rn. 140, spricht für die Einbeziehung solcher Erwägungen vom „Umweg des Verbrauchervertrauens"; vgl auch *Gallwas*, in: Conrad/Grützmacher, FS Schneider, 2014, 347 (364), Rn. 76 f., der das Prinzip gegenseitiger Rücksichtnahme bemüht.

der entsprechenden Datenverarbeitung kognitiv verknüpfen kann.[1766] Diesem Risiko versucht das Datenschutzrecht mit den Informationspflichten (Art. 12–14 DSGVO) sowie dem Auskunftsrecht (Art. 15 DSGVO) zu begegnen. Ob dergestalt formalisierte Mittel allerdings geeignet sind, diesem Risiko wirksam zu begegnen, erscheint indes fraglich. Vielmehr scheint ein Informationsüberfluss zu bestehen, der bei Betroffenen zum Abwehrreflex der Ignoranz oder der Gleichgültigkeit, der sog. „rationalen Apathie"[1767] führt, als Reaktion aus den sog. „Information Overflow".[1768] Das ist zu einem gewissen Grad verständlich, da es sich bei den Informationen häufig um juristisch anspruchsvolle Texte zu technisch komplexen Sachverhalten handelt.[1769] Rechtspolitisch ist diese Entwicklung indes höchst besorgniserregend, denn sie gibt Bürgerinnen und Bürger zu einem gewissen Teil der Datenverarbeitung durch Unternehmen preis, die sich mit einem Verweis auf die formelle Erfüllung ihrer Informationspflichten entlasten können. In dieser Situation steht aufgrund der beeinträchtigten Funktion der Accountability sowohl des Staates als auch der Datenverarbeiter ein Vollzugsdefizit zu befürchten. Um dieser Diskrepanz zu begegnen, bedürfte es mithin einer deutlich gestärkten Aufsichtskultur, wofür die gesetzlich zuständigen staatlichen Aufsichtsbehörden (Art. 57 DSGVO) allerdings nicht hinreichend ausgestattet sind.[1770] Effektiver schiene insofern eine unabhängige Prüfung, vergleichbar mit dem Jahresabschluss im Rahmen der bilanzrechtlichen Buchhaltungspflichten. Auch eine Zertifizierung gem. Art. 42 DSGVO könnte diese Funktion erfüllen, wobei ihr freiwilliger Charakter sicherlich einen Hinderungsgrund darstellt. Neben den idealiter wissensstiftenden Normen des Kap. III DSGVO sieht das Datenschutzrecht Beeinflussungsrechte vor, durch die auf bestimmte Risiken reagiert werden kann. So kann das Recht auf Berichtigung (Art. 16 DSGVO) als Mittel gegen eine Infor-

---

1766 Diesem Problem lassen sich etwa die Risikotypen der Selektivschäden oder der Objektivierung zuordnen, vgl. *Veil*, in: Gierschmann et al., DSGVO BDSG, 2018, Art. 24, Rn. 129 und 134; etwas pauschal nimmt *Gallwas*, in: Conrad/Grützmacher, FS Schneider, 2014, 347 (361), Rn. 61, allerdings an, dass diese fehlende Wahrnehmbarkeit bei Datenverarbeitungen die Regel sei, wovon nicht ausgegangen werden kann.

1767 *Schantz*, in: Schantz/Wolff, Das neue Datenschutzrecht, 2017, S. 385, Rn. 1270; *Pohl*, PinG 2017, 85 (87); *Künstner*, K&R 2019, 605 (608).

1768 *Bull*, NVwZ 2011, 257 (259), konstatiert insofern zutreffend: „Transparenz ist kein Allheilmittel."

1769 Vgl. B.III.1.b. zu dem Spannungsverhältnis zwischen quantitativer und qualitativer Information.

1770 So auch die ehem. Niedersächsische Landesdatenschutzbeauftragte *Barbara Thiel* im TaylowWessing Tech & Law TV am 25.5.2023: „Alle Aufsichtsbehörden beklagen, dass sie nicht genügend Personal haben".

mationsfehlerhaftigkeit gesehen werden,[1771] Löschung (Art. 17 DSGVO), Einschränkung (Art. 18 DSGVO) und Widerspruch (Art. 21 DSGVO) gegen Risiken wie Informationspermanenz,[1772] Entkontextualisierung und der Objektivierung.[1773] Allerdings erfordern die Betroffenenrechte, wohl mit Ausnahme des Art. 22 DSGVO,[1774] grundsätzlich eine Geltendmachung der betroffenen Personen.[1775] Fraglich ist der Effekt dieser Pflicht – aber auch Option – zur Geltendmachung in Zusammenschau mit dem oben identifizierten Schutzgut bzw. einem potenziellen Schaden. So könnte eine betroffene Person rechtstatsächlich in einem gewissen Umfang einer Fremdbestimmung unterliegen, ohne dass ihr dies bewusst ist, weil sie die Informationen gem. Art. 12–14 DSGVO nicht zur Kenntnis nimmt oder ihr Auskunftsrecht gem. Art. 15 DSGVO nicht ausübt. Der Verantwortliche kann in diesen Situationen rechtlich nur dann verantwortlich („*accountable*") gemacht werden, sofern ihm die Umstände bewusst waren oder es hätten sein müssen und er sie in sachlicher oder finanzieller Weise ausnutzt.[1776] In diesen Fällen wäre der Auffangbereich des Art. 5 Abs. 1 lit. a DSGVO eröffnet und gem. Art. 5 Abs. 2 DSGVO durchsetzbar.[1777]

1771 Zum Risiko der Informationsfehlerhaftigkeit siehe *Veil*, in: Gierschmann et al., DSGVO BDSG, 2018, Art. 24, Rn. 133; *Drackert*, Risiken der Verarbeitung personenbezogener Daten, 2014, 305 f.

1772 Informationspermanenz enthält dabei zwei Risiken; einerseits die inhaltlich bzw. sachlich anhaltende Verwenden durch den Verantwortlichen und andererseits das durch das zeitlich anhaltende Vorhandensein bestehende Missbrauchs- und Zweckentsfremdungsrisiko, etwa durch einen Hacking-Angriff bei dem Daten abfließen; letzteres identifiziert auch *Gallwas*, in: Conrad/Grützmacher, FS Schneider, 2014, 347 (360 f.), Rn. 61.

1773 Das Risiko der Objektivierung adressieren insbesondere auch Art. 13, Abs. 2 lit. f/ Art. 14, Abs. 2 lit. g und auf Rechtsbehelfsseite Art. 22 DSGVO, vgl. *Taeger*, in: Taeger/Gabel, Art. 22, Rn. 8; *Weichert*, in: Däubler et al., DSGVO BDSG, 2020, Art. 22, Rn. 15 f.

1774 Bei diesem handelt es sich vielmehr um eine weitere Rechtmäßigkeitsverarbeitung, vgl. *Martini*, in: Paal/Pauly, DSGVO BDSG, 2021, Art. 22, Rn. 29 und 29b; *Weichert*, in: Däubler et al., DSGVO BDSG, 2020, Art. 22, Rn. 16; *Atzert*, in: Schwartmann et al., DSGVO BDSG, 2020, Art. 22, Rn. 2 und 30; a. A. nach wird mit dem Wortlaut argumentiert, dass auch Art. 22 DSGVO aktiv geltend gemacht werden muss, *Kamlah*, in: Plath, DSGVO BDSG TTDSG, 2023, Art. 22, Rn. 9; wohl auch *Schulz*, in: Gola/ Heckmann, DSGVO BDSG, 2022, Art. 22, Rn. 5.

1775 Dies muss insbesondere hinsichtlich Art. 16–18 DSGVO eingeschränkt werden, da Verantwortliche auf ohne Antrag verpflichtet sind, Daten inhaltlich richtig zu halten und ihre Verarbeitung bei Zweckwegfall zu beenden (Art. 17 Abs. 1 DSGVO) oder zu reduzieren (Art. 18 DSGVO).

1776 Zu denken ist hier beispielsweise an die Vorgehensweise der Schufa, gem. Art. 12 Abs. 5 S. 1 DSGVO kostenlos zu erteilende Auskünfte über die gespeicherten und aus verschiedensten Quellen generierten Daten farblich unauffälliger und an deutlich späterer Position auf der Webseite unter den Bezahloptionen zu platzieren.

1777 Vgl. zu dieser Anwendungskonzeption B.II.4. oben.

3. Kriterien der Bemessung des Betroffenenrisikos

Nachdem das Risiko der Fremdbestimmung bzw. seiner diversen Sub-Kategorien abstrakt bezeichnet ist, muss die Höhe des Risikos bestimmt werden. Der primäre Anknüpfungspunkt einer Risikobemessung ist die nur näherungsweise und halbwegs mathematisch bezifferbare Eintrittswahrscheinlichkeit, die in Abhängigkeit von verschiedenen externen und internen Faktoren im Rahmen einer Prognoseentscheidung ermittelt wird.[1778] Neben dieser quantitativen Betrachtung müssen jedoch auch qualitative Gesichtspunkte, insbesondere die von dem jeweiligen Risiko umfassten Daten, einbezogen werden.[1779]

Hierzu enthält die DSGVO lediglich rudimentäre und auf verschiedene Normen verstreute Anhaltspunkte,[1780] weshalb auch die Literatur, das Element der Risikobestimmung an verschiedenen Stellen – und in sehr unterschiedlicher Güte – untersucht. Die primären risikobasierten Normen,[1781] Art. 24 Abs. 1 S. 1, Art. 25, Art. 32 und Art. 35 DSGVO, arbeiten mit einer fast identischen, nicht als streng kumulativ zu verstehenden Plethora von unbestimmten Rechtsbegriffen, wonach die Art, der Umfang, die Umstände und die Zwecke der in Rede stehenden Datenverarbeitung neben den Eintrittswahrscheinlichkeiten eines Schadens der Maßstab dafür sein solle, welche technischen und organisatorischen Maßnahmen gegen eine Risikorealisation zu treffen seien. Die einzelnen Merkmale sind indes nicht immer trennscharf differenzierbar,[1782] sondern vielmehr im Wege einer ganzheitlich wertenden Wirksamkeitsbeurteilung zueinander ins Verhältnis zu setzen, in die sie grundsätzlich in jeweils gleicher Gewichtung einbezogen werden.[1783]

1778 *Hartung*, in: Kühling/Buchner, DSGVO BDSG, 2020, Art. 24, Rn. 16; mit einem ungewöhnlichen fünfteiligen Prüfungsaufbau *Ritter/Reibach/Lee*, ZD 2019, 531 ff.; zutreffend allerdings *Drackert*, Risiken der Verarbeitung personenbezogener Daten, 2014, 16, der das Risiko als „Sachverhalt, indem ein Schadenseintritt [...] möglich ist [...] versteht und es insofern von der Eintrittswahrscheinlichkeit abkoppelt.

1779 *Martini*, in: Paal/Pauly, DSGVO BDSG, 2021, Art. 24, Rn. 28: "[es] ginge [...] an der Sache vorbei, das Risiko rein metrisch erfassen zu wollen.".

1780 Siehe *Veil*, in: Gierschmann et al., DSGVO BDSG, 2018, Art. 24, Rn. 102, mit einer Übersicht der entsprechend verweisenden Normen; auch *Schmidt/Brink*, in: BeckOK Datenschutzrecht, 2022, Art. 24, Rn. 11.

1781 Siehe *DSK*, Kurzpapier Nr. 18, S. 2, mit weiteren risikoabhängigen Normen.

1782 So platziert bspw. *Lang*, in: Taeger/Gabel, DSGVO BDSG TTDSG, 2022, Art. 24, Rn. 46, die „Umstände einer Verarbeitung" als eine Art subsidiäre Kategorie zu Art und Umfang; *Schmidt/Brink*, in: BeckOK Datenschutzrecht, 2022, Art. 24, Rn. 15, weisen darauf hin, dass auch die zu treffenden technischen und organisatorischen Maßnahmen nicht immer sinnvoll einer Kategorie zugeordnet werden können.

1783 *Martini*, in: Paal/Pauly, DSGVO BDSG, 2021, Art. 24, Rn. 31 und 34; *Kremer*, in: Schwartmann et al., DSGVO BDSG, 2020, Art. 24, Rn. 16; *Lang*, in: Taeger/Gabel, DSGVO BDSG TTDSG, 2022, Art. 24, Rn. 42.

C. Adressaten der Accountability-Pflichten

Im Rahmen der Art. 25 und 32 DSGVO sind darüber hinaus Implementierungskosten berücksichtigungsfähig.[1784]

Während das Kriterium der Implementierungskosten noch ohne weiteres verständlich ist, gestaltet sich die Bestimmung der qualitativen Bemessungsgrundlagen in Ermangelung näherer Ausführungen in der DSGVO, einschließlich ihren Erwägungsgründen, als weniger deutlich. Der Ausgangspunkt der Risikobemessung ist der im Falle der Realisierung des Risikos eintretende Schaden. Dabei ist zu beachten, dass die Feststellung eines Schadens einer binären Logik folgt; entweder ist ein Schaden, i. S. einer Verletzung und nicht lediglich einer Beeinträchtigung,[1785] eingetreten oder er ist es nicht. Eine Teilrealisation eines Schadens ist insofern nicht möglich. Stattdessen kann sich ein Schaden in verschiedener Weise und damit nur auf einzelne oder mehrere (aber nicht notwendigerweise alle) Verarbeitungsbestandteile bezogen realisieren und folglich zu als unterschiedlich verletzend empfundenen bzw. bewerteten Situationen führen. So wäre beispielsweise der Publizitätsschaden[1786] bei einer Aids-Infektion wohl in den meisten Weltgegenden und Gesellschaftsschichten deutlich höher als bei einer Corona-Infektion.

Eine bislang relativ unbeachtete Wertungskomponente verkörpert die Dimension der Responsiveness, sprich der Orientierung an den Vorstellungen und Erwartungen des Forums, die sich nach hier vertretener Ansicht unter die zu berücksichtigenden Umstände der Verarbeitung subsumieren lässt. Vereinzelt lassen Kommentierungen durch die Forderung nach situationsabhängigen Maßnahmen[1787] die Einbeziehung der Betroffensicht als Risikobewertungskriterium zu.[1788] Über die punktuellen Erwähnungen im Verord-

---

1784 Verschiedene Kommentatoren wollen die Implementierungskosten durch einen Rückgriff auf den Verhältnismäßigkeitsgrundsatz jedoch auch bei Art. 24 Abs. 1 DSGVO anwenden, etwa *Bertermann*, in: Ehmann/Selmayr, DSGVO, 2018, Art. 24, Rn. 6; *Wolff*, in: Wolff/Schantz, Das neue Datenschutzrecht, S. 260, Rn. 829; *Hartung*, in: Kühling/Buchner, DSGVO BDSG, 2020, Art. 24, Rn. 18.

1785 Die Unterscheidung ist in der Literatur freilich nicht sehr verbreitet; sie beruht auf der Differenzierung, dass jede Datenverarbeitung ein Grundrechtseingriff, mithin eine Beeinträchtigung einer Grundrechtsposition darstellt, worin jedoch nur dann eine Verletzung zu sehen ist, wenn dieser Eingriff ungerechtfertigt ist, vgl. *Bieker/Bremert*, ZD 2020, 7 (8); *Bieker*, DuD 2018, 27 (29).

1786 Publizitätsschäden sind durch gesellschaftlichen Achtungsverlust, psychische Belastungen wegen einer – echten oder gefühlten – Geringschätzung anderer Menschen, etc. gekennzeichnet; vgl. *Veil*, in: Gierschmann et al., DSGVO BDSG, 2018, Art. 24, Rn. 128.

1787 So etwa *Wolff*, in: Wolff/Schantz, Das neue Datenschutzrecht, S. 260, Rn. 829.

1788 Ähnlich *Lang*, in: Taeger/Gabel, DSGVO BDSG TTDSG, 2022, Art. 24, Rn. 43, der auch die Beteiligten an einer Verarbeitung einbezieht; *Veil*, in: Gierschmann et al., DSGVO BDSG, 2018, Art. 24, Rn. 98, macht die Berücksichtigung von einer begründeten Vertraulichkeitserwartung abhängig.

nungstext und die ErwG hinaus enthält die datenschutzrechtliche Literatur hierzu wenig Erhellendes. Insofern soll im Folgenden auch der Frage nachgegangen werden, welche Auswirkungen individuelle Eigenschaften des Forums zeitigen können und wie sich dies auf die abstrakt und grundsätzlich einheitlich anzuwendenden Normen der DSGVO auswirkt. Die Frage ist eng verknüpft mit dem risikobasierten Ansatz, wobei für den Akteur hierbei insbesondere aus der Mehrzahl an Foren ein Konfliktpotenzial entsteht; so mögen Betroffene Daten über einen Krankenhausaufenthalt wegen eines gebrochenen Beins oder einer Corona-Infektion als harmlos beurteilen. Eine Aufsichtsbehörde wird sie dagegen stets in erster Linie als qualifiziertes Datum i. S. v. Art. 9 DSGVO ansehen und ein erhöhtes Schutzniveau verlangen.

a. Eintrittswahrscheinlichkeit

Bevor sich Kriterien für eine Beurteilung einer Eintrittsmöglichkeit identifizieren lassen, muss eine Abgrenzung vorgenommen werden. Wenn im Schrifttum von einer Eintrittswahrscheinlichkeit gesprochen wird, bezieht sich dies in der Regel auf einen Schaden wegen eines ungeplanten Vorgangs, etwa einen unbefugten Zugang zu personenbezogenen Daten durch einen Hacking-Angriff oder den versehentlichen Verlust eines Endgeräts. Neben solchen Situationen, in denen je nach konkreten bzw. möglichen Folgen ein meldepflichtiger Vorfall gem. Art. 33 und 34 DSGVO gegeben sein kann, besteht ein erhebliches Risiko für Betroffene jedoch auch in der unternehmerisch zunächst planvollen, datenschutzrechtlich aber möglicherweise dennoch unrechtmäßigen Datenverarbeitung.[1789] Vor dem Hintergrund dieser beiden grundsätzlich verschiedenen Möglichkeiten einer Risikoentstehung und des insbesondere bei letzterer Variante gesteigerten Unwertgehalts erscheint es daher verkürzend, sich mit dem Schrifttum auf erstere zu beschränken. Stattdessen sind für beide Szenarien, bei denen es sich im Übrigen nicht um Alternativen handelt, sondern die auch gemeinsam auftreten können,[1790] jeweils eigene Eintrittswahrscheinlichkeiten zu ermitteln.

Das Risiko einer unbeabsichtigten Datenverarbeitung wird von der DSGVO bereits in der Definition der Verletzung des Schutzes personenbezogener Daten in Art. 4 Nr. 12, umgangssprachlich eher als Datenschutzvorfall (sog. „Data Breach") bezeichnet, adressiert. Danach ist der positiv festgestellte Eintritt des Verletzungserfolges erforderlich,[1791] sodass mindestens eine

---

1789 Vgl. *DSK*, Kurzpapier Nr. 18, S. 4, zu dieser Risikoquelle; *Halfmeier*, NJW 2016, 1126, führt dies auch auf ein Durchsetzungsdefizit zurück; *Bock*, PinG 2022, 49 (52): „Es ist die Verarbeitung selber, die die Risiken für die Betroffenen erzeugen, nicht erst der Missbrauch von Technik".

1790 *Arning/Rothkegel*, in: Taeger/Gabel, DSGVO BDSG TTDSG, 2022, Art. 4, Rn. 301 f.

1791 Zutreffend *Jandt*, in: Kühling/Buchner, DSGVO BDSG, 2020, Art. 34, Rn. 6, nach der die Meldepflicht sonst entfällt; Schreibauer, in: Auernhammer, Art. 34, Rn. 14.

der in Form eines abschließenden Katalogs[1792] genannten Situationen der unrechtmäßigen Vernichtung, des Verlusts, der Veränderung oder der unbefugten Offenlegung eingetreten sein muss. In diesen Fällen hätte sich ein Risiko allerdings bereits realisiert, so dass es keiner weiteren Bestimmung einer Eintrittswahrscheinlichkeit bedürfte.[1793] Daraus folgt, dass es zur Beurteilung eines Betroffenenrisikos im Hinblick auf das oben identifizierte Schutzgut nicht bei der Feststellung eines Datenschutzvorfalls bleiben kann. Vielmehr ist nach der Möglich- bzw. Wahrscheinlichkeit oder dem unmittelbaren Effekt einer solchen Verletzung zu fragen und ob diese zu einer weitergehenden Einschränkung der informationellen Selbstbestimmungsfähigkeit führen kann.[1794] Unrechtmäßige bzw. unbefugte Verarbeitungen, welche einen Datenschutzvorfall darstellen, können jedoch folglich auch in rein internen Sachverhalten[1795] und trotz grundsätzlich angemessener Datensicherheitsmaßnahmen gem. Art. 32 DSGVO[1796] entstehen, da es nicht um die Person der Datenverarbeiter geht, sondern um den Effekt auf die betroffenen Personen. Eine im Umfang unveränderte oder rechtmäßige bzw. befugte[1797] Verarbeitung von Daten stellt folglich keinen Datenschutzvorfall i. S. v. Art. 4 Nr. 12 DSGVO dar. Die unbefugte Offenlegung bzw. der unbefugte Zugang scheinen im Schrifttum daher implizit als größeres Risiko für die informationelle Selbstbestimmung angenommen zu werden, da eine spürbare Beeinträchtigung näher liegt. Ausgeschlossen ist er indes auch bei den Verletzungserfolgen der ersten Kategorie nicht.[1798] So kann eine Veränderung oder ein Verlust von Daten beispielsweise über berufliche Fähigkeiten nega-

---

1792 *Arning/Rothkegel*, in: Taeger/Gabel, DSGVO BDSG TTDSG, 2022, Art. 4, Rn. 303; *Dix*, in: Simitis et al., Datenschutzrecht, 2019, Art. 4 Nr. 12, Rn. 7.

1793 Entsprechend weist *Dix*, in: Simitis et al., Datenschutzrecht, 2019, Art. 4 Nr. 12, Rn. 2, zu Recht darauf hin, dass die Definition der Verletzung selbst keinen Bezug auf ein Risiko enthält.

1794 *Klabunde*, in: Ehmann/Selmayr, DSGVO, 2018, Art. 4 XII, Rn. 58, UAbs. 2.

1795 Ohne die folgende Erklärung aber im Erg. gleich *Gierschmann*, in: Gierschmann et al., DSGVO BDSG, 2018, Art. 4, Rn. 18; *Arning/Rothkegel*, in: Taeger/Gabel, DSGVO BDSG TTDSG, 2022, Art. 4, Rn. 308; impliziert auch bei *Eßer*, in: Auernhammer, DSGVO BDSG, 2020, Art. 4, Rn. 107.

1796 *Dix*, in: Simitis et al., Datenschutzrecht, 2019, Art. 4 Nr. 12, Rn. 2; *Jandt*, in: Kühling/Buchner, DSGVO BDSG, 2020, Art. 4, Rn. 6.

1797 *Expressis verbis* bezieht sich Unrechtmäßigkeit auf die Taterfolgsvarianten der Vernichtung, Veränderung sowie des Verlusts, wohingegen die Befugnis im Rahmen von Offenlegung und Zugang beachtlich sein soll, obwohl das Verhältnis dieser beiden Voraussetzungen unklar ist; *Arning/Rothkegel*, in: Taeger/Gabel, DSGVO BDSG TTDSG, 2022, Art. 4, Rn. 307, vertreten, dass unbefugt nicht im Sinne von Unrechtmäßigkeit gelesen werden, wobei es allerdings schwer erkennbar ist, wann eine unbefugte Handlung rechtmäßig sein könnte.

1798 Die Kategorisierung wird aus der Verwendung von „oder" zwischen den Integritäts- und den Vertraulichkeitsbeeinträchtigungen hergeleitet, siehe nur *Jandt*, in: Kühling/Buchner, DSGVO BDSG, 2020, Art. 4, Rn. 6 ff.

tive Folgen haben, wenn es um die Tauglichkeitsbewertung für Beförderungen geht. Praktische Bedeutung erlangt der Datenschutzvorfall mithin bei der Bestimmung der Anwendbarkeit der Meldepflichten gem. Art. 33 und 34 DSGVO,[1799] in deren Rahmen die vor und nach dem Datenschutzvorfall getroffenen technischen und organisatorischen Maßnahmen zu berücksichtigen sind.[1800] So sind auf Basis der vor dem Eintritt des Verletzungserfolgs bei der Verarbeitung eingesetzten Verarbeitungsmittel wie Server, Laptops, Programmen oder vergleichbaren Verarbeitungsinstrumenten zunächst mögliche Risikoquellen zu identifizieren,[1801] um dann in der Gesamtschau mit den auf diese Risikoquellen angewandten Datensicherheitsmaßnahmen[1802] zu einer geschätzten Eintrittsmöglichkeit bzw. -wahrscheinlichkeit des Betroffenenschadens zu gelangen. Der Prozess dieser Prognoseentscheidung ist in nachprüfbarer Form zu dokumentieren[1803] und kann ggf. gem. Art. 31 DSGVO bei einer Prüfung durch die zuständige Aufsicht herangezogen werden. Insbesondere der Einsatz starker Verschlüsselungstechnologien oder pseudonymisierten Daten, bei denen keine Rückführung auf natürliche Personen ohne die Referenztabelle möglich ist, können wahrscheinlichkeitsreduzierende Wirkung haben und ggf. die Meldepflichten gem. Art. 33 und 34 DSGVO entfallen lassen. Eine „pseudo-mathematische" Berechnungsformel verbietet sich indes aufgrund des normativ-wertenden Elements der Gesamtbetrachtung eines Sachverhalts, bei dem es sich regelmäßig um menschliches (Fehl-)Verhalten handelt.[1804]

Demgegenüber ist das Risiko einer unternehmerisch gewollten, aber datenschutzrechtlich unzulässigen Datenverarbeitung von der Definition in Art. 4 Nr. 12 DSGVO wohl bewusst[1805] nicht erfasst.[1806] Es bemisst sich an der

---

1799 So auch *Eßer*, in: Auernhammer, DSGVO BDSG, 2020, Art. 4, Rn. 109; ähnlich *Ernst*, in: Paal/Pauly, DSGVO BDSG, 2021, Art. 4, Rn. 92; *Mantz*, in: Sydow/Marsch, DSGVO BDSG, 2022, Art. 4, Rn. 177.

1800 *Ernst*, in: Paal/Pauly, DSGVO BDSG, 2021, Art. 4, Rn. 94.

1801 *Ritter/Reibach/Lee*, ZD 2019, 531 (532).

1802 Nach *Jandt*, in: Kühling/Buchner, DSGVO BDSG, 2020, Art. 4, Rn. 5, ist dies „[...] die Gesamtheit aller organisatorischen und technischen (nicht rechtlichen) Regelungen und Maßnahmen [...]".

1803 *Bertermann*, in: Ehmann/Selmayr, DSGVO, 2018, Art. 24, Rn. 9.

1804 So auch *Bieker/Bremert*, ZD 2020, 7 (8); *Wedde*, in. Däubler et al., DSGVO BDSG, 2020, Art. 24, Rn. 25; so auch für Compliance-Risiken allgemein *Schulz*, BB 2019, 579 (581).

1805 Vgl. *Dix*, in: Simitis et al., Datenschutzrecht, 2019. Art. 4 Nr. 12, Rn. 4, zur Genese und der bewusst beibehaltenen Beschränkung auf Datensicherheitsaspekte.

1806 So die ganz h.M im Schrifttum *Klabunde*, in: Ehmann/Selmayr, DSGVO, 2018, Art. 4 XII, Rn. 58; *Arning/Rothkegel*, in: Taeger/Gabel, DSGVO BDSG TTDSG, 2022, Art. 4, Rn. 301; *Schild*, in: BeckOK Datenschutzrecht, 2022, Art. 4, Rn. 133; *Gierschmann*, in: Gierschmann et al., DSGVO BDSG, 2018, Art. 4, Rn. 11; wohl auch *Jandt*, in: Kühling/Buchner, DSGVO BDSG, 2020, Art. 4, Rn. 3: „Es wird klar-

Frage, wie wahrscheinlich es ist, dass einmal erhobene und vorhandene personenbezogene Daten im Verlauf ihres Lebenszyklus zu anderen, möglicherweise nicht i. S. v. Art. 6 Abs. 4 DSGVO kompatiblen Zwecken verarbeitet werden. Hierunter fällt insbesondere das Risiko des „Einpreisens", wonach ein wirtschaftlich „nützlicher" Rechtsverstoß („Vorsprung durch Rechtsbruch") im Bewusstsein eines möglichen Vollzugs- und Durchsetzungsdefizits in Kauf genommen wird.[1807] Unterstellt man, dass die oberste Leitungsebene eines Akteurs aufgrund ihrer Legalitätspflicht und Organhaftung grundsätzlich an einer gesetzeskonformen Datenverarbeitung interessiert ist, zeichnet sich als zentraler Faktor dieser Risikokategorie die innerbetriebliche Organisationsstruktur (sog. Compliance-Organisation)[1808] bzw. die auch darüber hinausgehende Gesamtverarbeitungssituation ab. Denn dieses Risiko kann insbesondere in Unternehmensgruppen und Situationen kollaborativer Datenverarbeitung – weniger der Auftragsverarbeitung als vor allem der gemeinsamen Verantwortung – seine volle Tragweite entfalten, wenn die Organisationsstruktur nämlich nicht adäquat zu den real existierenden Risiken gestaltet ist, bspw. weil der Datenschutz-, Compliance- oder Revisionsabteilung die entsprechenden Ressourcen fehlen, um effektiv auf eine Einhaltung und Verbesserung hinzuwirken.[1809] Korrespondierend zur unrechtmäßigen bzw. unbefugten Verarbeitung sind auch in die Beurteilung dieses Risikos einer rechtswidrigen Verarbeitung all die Maßnahmen und Faktoren einzustellen, welche die jeweilige Datenverarbeitung beeinflussen können.[1810] Dies sind in erster Linie die Mitarbeiter, da von diesen die Initiative einer jeden unternehmerischen Handlung ausgeht und ihnen besondere Bedeutung bei der Berücksichtigung von länder- und branchenspezifischen Risiken aufgrund kultureller und sozio-ökonomischer Hintergründe zukommt.[1811] Neben der Initiative besteht das Risiko in Situationen, in denen das Mitarbeiterhandeln nicht in ausreichendem Maße, etwa durch Freigabe- oder Implementierungsstrukturen, einer Kontrolle des Akteurs unterliegt. Hierbei besteht sowohl die Gefahr bewusster als auch (lange) unentdeckter Rechtsverstöße. Schließlich tragen auch Whistleblowing-Systeme, die ein

---

gestellt, dass mit der Verletzung des Schutzes nicht die rechtliche Zulässigkeit [...] gemeint ist [...]".

1807 Nach *Albrecht/Jotzo*, Das neue Datenschutzrecht, 2017, 131, Rn. 37, wollte der Verordnungsgeber mit der Verschärfung der Geldbußen diesem Vorgehen Einhalt gebieten.

1808 Zu den damit verbundenen Organisationspflichten sogleich unter C.II.4.d.

1809 Weshalb in der entsprechend fehlenden Ausstattung ein Organisations- und Aufsichtsverstoß gesehen werden kann, vgl. *Moos/Schefzig*, in: Taeger/Gabel, DSGVO BDSG TTDSG, 2022, Art. 83, Rn. 79.

1810 *Ritter/Reibach/Lee*, ZD 2019, 531 (532), bezeichnen diese bzgl. der Fälle des Art. 4 Nr. 12 DSGVO als „Risikoquellen".

1811 *Schulz*, BB 2017, 1475 (1476 und 1479).

II. Zurechnung als Rechtsfolge datenschutzrechtlicher Verantwortung

Melden entsprechender Verarbeitungen an den Datenschutzbeauftragten, die Revision oder ähnliche innerbetriebliche Positionen dazu bei, das Risiko für Betroffene, einer rechtswidrigen Datenverarbeitung unterworfen zu werden, zu reduzieren. Im Unterschied zu einem Datenschutzvorfall gem. Art. 4 Nr. 12 DSGVO führt die Realisierung dieses Risikos indes nicht notwendigerweise zu einer Meldepflicht gem. Art. 33 und/oder 34 DSGVO.[1812] Vielmehr ist dieses Risiko geeignet, die basale Rechtmäßigkeit der Datenverarbeitung an sich zu kompromittieren. Da eine solche Verarbeitung indes regelmäßig gegen eine Reihe materieller Normen verstoßen wird, etwa Art. 6–10, Art. 12–14 oder Art. 28 DSGVO, erstaunt die in Literatur und Praxis häufig ausbleibende Adressierung dieses Risikos.

b. Art und Umfang der Verarbeitung

Die Faktoren der Art und des Umfangs der Risikobeurteilung beziehen sich auf die Spezifika der jeweiligen Datenverarbeitung und die daraus potenziell resultierende Schwere der Beeinträchtigung, die der Eintritt eines Schadensereignisses für die informationelle Selbstbestimmungsfähigkeit zeitigen kann.[1813] Dabei wohnt beiden gesetzlichen Referenzgrößen, der Art der Verarbeitung einerseits und dem Umfang der Verarbeitung andererseits, eine gewisse Ambivalenz inne;[1814] die Art der Verarbeitung bezeichnet sowohl die Art der gegenständlichen personenbezogenen Daten, als auch die Art – und Weise – der Verarbeitung ebenjener Daten. Als Arten personenbezogener Daten ist in der DSGVO zunächst die Differenzierung zwischen solchen angelegt, die unter die besonderen Kategorien gem. Art. 9 DSGVO fallen und denen, die es nicht tun.[1815] Der Verordnungsgeber unterstellt bei ersteren, dass ihre Verarbeitung in der Regel mit höheren Risiken für das Schutzgut und die Rechte und Freiheiten der Betroffenen verbunden sei.[1816] In Anbetracht der dort genannten Datenkategorien ist insofern das Fehlen von Daten wie beispielsweise Kontonummern oder Kreditkarteninformationen, die umgangssprachlich und in der Praxis insbesondere von Laien als „sensible Daten" eingestuft werden, nur konsequent, da es sich dabei nicht um per-

---

1812 Ähnlich *Jandt*, in: Kühling/Buchner, DSGVO BDSG, 2020, Art. 4, Rn. 4, nach der die Rechtmäßigkeit neben der Datensicherheit kumulativ auch deren Zulässigkeit voraussetzt.

1813 *Veil*, in: Gierschmann et al., DSGVO BDSG, 2018, Art. 24, Rn. 88; *DSK*, Kurzpapier Nr. 18, S. 2.

1814 Zutreffend *Martini*, in: Paal/Pauly, DSGVO BDSG, 2021, Art. 24, Rn. 32b, der betont, dass es zwar eine Wechselbeziehung zwischen der Art der Daten und der Art der Verarbeitung gibt, die beiden Komponenten jedoch nicht gleichgestellt werden können.

1815 *Jandt*, in: Kühling/Buchner, DSGVO BDSG, 2020, Art. 32, Rn. 12.

1816 *Lang*, in: Taeger/Gabel, DSGVO BDSG TTDSG, 2022, Art. 24, Rn. 41; *Veil*, in: Gierschmann et al., DSGVO BDSG, 2018, Art. 24, Rn. 83.

sönlichkeitsrechtlich gesteigert schutzwürdige Daten handelt, sondern ein Schaden eher wirtschaftlicher Natur wäre. Eine besondere Schutzwürdigkeit kann sich darüber hinaus jedoch auch aus der Art der Verarbeitung an sich ergeben. Sinnstiftend ist insofern eine Lesart in allgemeinsprachlicher Form als „Art und Weise" der Datenverarbeitung, da hieraus ersichtlich wird, dass neben den verarbeitenden Akteuren[1817] und den eingesetzten Mitteln auch die konkret verfolgten Zwecke in einem gegebenenfalls gesteigerten Schutzbedarf resultieren können. Als solche Zwecke hebt die DSGVO insbesondere Formen des sog. Profilings i.S.v. Art. 4 Nr. 4, 22 DSGVO, Datenverarbeitungen, die eine Datenschutzfolgenabschätzung gem. Art. 35 DSGVO erfordern[1818] und die Fälle der Art. 33 und 34 DSGVO hervor, wobei zwar alle Normen der Wahrung des Schutzgutes dienen, ihnen jedoch grundsätzlich unterschiedliche Risikolagen zugrunde liegen. Das Recht, keiner automatisierten Einzelentscheidung ohne die Möglichkeit auf menschliche Intervention unterworfen zu werden dient dem Schutz vor der Behandlung als bloßes Objekt.[1819] Eine solche „persönlichkeitsfeindliche Registrierung und Katalogisierung des Einzelnen", wodurch der Mensch zum bloßen „Informationsobjekt" degradiert würde, ist mit der Menschenwürde nicht zu vereinbaren.[1820] Dieser *ratio legis* folgt auch die Pflicht gem. Art. 35 Abs. 3 lit. a DSGVO, eine Datenschutzfolgenabschätzung durchzuführen und, sofern das Risiko nicht durch entsprechende Maßnahmen auf ein angemessenes Maß mitigiert werden kann, vor der Aufnahme der Verarbeitung die Datenschutzbehörde zu konsultieren, Art. 36 Abs. 1 DSGVO. Auf ähnlich gewichtigen Gründen basiert die Pflicht zur Datenschutzfolgenabschätzung gem. Art. 35 Abs. 3 lit. c DSGVO bei einer systematischen und umfangreichen Überwachung öffentlicher Räume.[1821] Das Ziel ist der Schutz vor einer Einschränkung der Selbstbestimmungsfähigkeit wegen eines – echten oder gefühlten – Anpassungsdrucks bzw. Einschüchterungspotenzials durch das

---

1817 So *Conrad/Schneider*, in: Conrad/Grützmacher, FS Schneider, 2014, 1119 (1124), Rn. 11; *Martini*, in: Paal/Pauly, DSGVO BDSG, 2021, Art. 24, Rn. 34, subsumiert die beteiligten Akteure allerdings unter die Umstände.

1818 Dies sind die Beispiele der h.M. *Martini*, in: Paal/Pauly, DSGVO BDSG, 2021, Art. 24, Rn. 32a; *Veil*, in: Gierschmann et al., DSGVO BDSG, 2018, Art. 24, Rn. 82; *Lang*, in: Taeger/Gabel, DSGVO BDSG TTDSG, 2022, Art. 24, Rn. 40.

1819 *Taeger*, in: Taeger/Gabel, DSGVO BDSG TTDSG, 2022, Art. 22, Rn. 9 m. w. N.; *Atzert*, in: Schwartmann et al., DSGVO BDSG, 2020, Art. 22, Rn. 4; *Martini*, in: Paal/Pauly, DSGVO BDSG, 2021, Art. 22, Rn. 8.

1820 Mit dieser entsprechend deutlichen Wortwahl BVerfG, Urt. v. 15.12.1983 – 1 BvR 209/83 u. a. – BverfGE 65, 1, Rn. 107.

1821 *Raum*, in: Auernhammer, DSGVO BDSG, 2020, Art. 35, Rn. 33 ff.; *Kramer*, in: Gierschmann et al., DSGVO BDSG, 2018, Art. 35, Rn. 55 ff.; *Wedde*, in: Däubler et al., DSGVO BDSG, 2020, Art. 35, Rn. 53 ff.

Risiko bzw. die Möglichkeit allgegenwärtiger Überwachung.[1822] Aus dieser Zusammenschau ergibt sich, dass sowohl an sich unkritischen Daten ein gesteigertes Risikopotenzial innewohnt, wenn es in einer bestimmten Art der Verarbeitung unterzogen wird, oder wenn bestimmte Arten von Daten genuine Risiken für Betroffene darstellen können.

Eine ähnliche Betrachtung ist hinsichtlich des Umfangs der Verarbeitung möglich, dem ebenfalls eine gewisse Ambivalenz zukommt. So gehen alle Stimmen in der Literatur davon aus, dass der Umfang der Verarbeitung die Menge der personenbezogenen Daten und der betroffenen Personen umfasst.[1823] Diese Komponente bezieht sich mithin, wie auch die Eintrittswahrscheinlichkeit, auf quantitativ bezifferbare Größen, die neben der Menge der Daten und betroffenen Personen und, in wenig trennscharfer Weise zu den Umständen einer Verarbeitung, auch die involvierten Akteure einschließt. Letztere sind insofern risikoerhöhend zu berücksichtigen, da sie durch die eingesetzten Verarbeitungsmittel und -personen der Gesamtbetrachtung mindestens nominal weitere Schadenseintrittsquellen hinzufügen.

Allerdings kann Umfang darüber hinaus auch hinsichtlich des Bezugsobjektes in qualitativer Hinsicht verstanden werden. Danach bemisst sich der Umfang einer Verarbeitung danach, wie viele (Einzel-)Daten über eine Person vorliegen, wie „umfassend" eine Datenverarbeitung mithin ist.[1824] Aus einer solchen Datensammlung, die ein mehr oder weniger umfassendes Abbild der Person darstellt, gehen sowohl ein deutlich gesteigertes Missbrauchspotenzial etwa im Falle eines Datenschutzvorfalls als auch ein gesteigertes Risiko für das Schutzgut der Freiheit von Fremdbestimmung einher. Die Möglichkeit diese Menge an Daten zu verknüpfen und zu erweiterten oder gänzlich neuen Zwecken zu nutzen, stellt eine andere, stärkere Art der Eingriffsqualität dar.[1825]

1822 Dies schließt auch demokratische Grundwerte wie Meinungs- und Demonstrationsfreiheit mit ein; mit der Bezeichnung als sog. „chilling effects" *Bieker/Bremert*, ZD 2020, 7 (9); *Veil*, CR-Blog v. 20.5.2019: Teil I: Die umgekehrten "chilling effects", schreibt dagegen den Pflichten der DSGVO „chilling effects" für datenverarbeitungen gerade im Bereich unterhalb des professionalisierten Unternehmensdatenschutzes zu.

1823 *Ritter*, in: Schwartmann et al., DSGVO BDSG, 2020, Art. 32, Rn. 76; *Lang*, in: Taeger/Gabel, DSGVO BDSG TTDSG, 2022, Art. 24, Rn. 42; *Martini*, in: Paal/Pauly, DSGVO BDSG, 2021, Art. 24, Rn. 33; *Plath*, in: Plath, DSGVO BDSG TTDSG, 2023, Art. 24, Rn. 15.

1824 Zutreffend zu dieser Interpretation auch *Veil*, in: Gierschmann et al., DSGVO BDSG, 2018, Art. 24, Rn. 87 f.; andeutungsweise ähnlich *Martini*, in: Paal/Pauly, DSGVO BDSG, 2021, Art. 24, Rn. 33; *Gersdorf*, in: BeckOK Informations- und Medienrecht, GG, 2022, Art. 2, Rn. 23.

1825 *Martini*, in: Paal/Pauly, DSGVO BDSG, 2021, Art. 24, Rn. 33; *Petri*, in: Simitis et al., Datenschutzrecht, 2019, Art. 24, Rn. 12.

C. Adressaten der Accountability-Pflichten

Nach dem Vorgesagten ist daher die Feststellung so banal wie richtig, dass innerhalb einer Verarbeitungstätigkeit i. S. einer Reihe von Verarbeitungsschritten, die einer gemeinsamen Zweckerreichung dienen,[1826] mehrere Risikoquellen existieren können.[1827] Obwohl es als universell anwendbar gelten kann, dass Umstände, die viele Individuen nur in geringem oder spiegelbildlich wenige Individuen in hohem Maße betreffen, eher zu einem Schaden kommen kann, verbietet sich ein Automatismus, von einer entsprechenden Zahl ausgehend das Risiko vollumfänglich beurteilen zu wollen.[1828] Maßgeblich ist stets die konkrete Datenverarbeitungssituation, so dass entsprechend auch eine generelle Aussage über das Risikoprofil eines Unternehmens etwa anhand seiner Branche oder Größe nicht seriös möglich erscheint.[1829] Diese Wertung liegt beispielsweise auch Art. 30 Abs. 5 DSGVO zugrunde, wonach die Unternehmensgröße zwar einen zu berücksichtigenden Faktor darstellt, dieser unter den dort normierten Verarbeitungsumständen jedoch zurückstehen muss.[1830]

Für die Beurteilung einer etwaigen Veränderung von Accountability-Pflichten ergibt sich mithin aus der Anforderung, die eigenen Maßnahmen an der Art und dem Umfang der Verarbeitung auszurichten, kein über allgemeine Feststellungen hinausgehender Mehrwert. So ist eine hohe Eintrittswahrscheinlichkeit großer Mengen unkritischer Daten ebenso als durch technische und organisatorische Maßnahmen zu mitigierendes Risiko einzuordnen wie die Verarbeitung besonderer Kategorien (Art. 9 DSGVO) oder – am Schutzgut der Selbstbestimmungsfähigkeit ausgerichteter – ähnlich schützenswerter Daten bei einer geringen Eintrittswahrscheinlichkeit. Beide Faktoren sind stets gemeinsam zu betrachten. Entsprechend kann nur dem Faktor der Umstände einer Datenverarbeitung zurechnungsbegründende Wirkung zukommen.

1826 *Herbst*, in: Kühling/Buchner, DSGVO BDSG, 2020, Art. 4, Rn. 12 ff.; diese Sichtweise kann auch i. R. einer Risikobewertung fruchtbar gemacht werden, siehe dazu *Bieker/Bremert*, ZD 2020, 7 (11); der EuGH scheint ein ähnliches Verständnis zugrunde zu legen, vgl. EuGH, Urt. v. 29.7.2019 – C-673/17 (Fashion ID), ECLI:EU:C:2019:629, Rn. 72.

1827 *Ritter/Reibach/Lee*, ZD 2019, 531 (532).

1828 *Veil*, in: Gierschmann et al., DSGVO BDSG, 2018, Art. 24, Rn. 88; *Lang*, in: Taeger/Gabel, DSGVO BDSG TTDSG, 2022, Art. 24, Rn. 42.

1829 Auch in Ein-Produkt-Unternehmen fallen durch Mitarbeiterdaten, Dienstleistereinsatz und Datentransfers unterschiedliche Risikoprofile an, weshalb dieser Unternehmenstyp entsprechend nicht ausgenommen werden kann.

1830 *Veil*, in: Gierschmann et al., DSGVO BDSG, 2018, Art. 24, Rn. 65 ff.; *Martini*, in: Paal/Pauly, DSGVO BDSG, 2021, Art. 30, Rn. 30.

c. Umstände der Verarbeitung

Die Umstände der Verarbeitung sind das wohl deutungsoffenste der Risikobemessungskriterien. Die nachfolgende Darstellung erhebt entsprechend keinen Anspruch auf Vollständigkeit, nicht zuletzt, da mit immer neuen Verarbeitungsmethoden auch immer neue Umstände zu berücksichtigen sind.

Als Umständen einer Verarbeitung werden wohl in Anlehnung an den allgemeinen Sprachgebrauch „externe Rahmenbedingungen"[1831] oder „Kontextfaktoren"[1832] verstanden. So wird vertreten, dass die Art der Erhebung und eine ggf. damit verbundene Vertraulichkeitserwartung im Rahmen der Umstände zu berücksichtigen sei.[1833] Da es sich bei der Erhebung allerdings um eine Verarbeitung i. S. v. Art. 4 Nr. 2 DSGVO, konkret den Beginn der Verarbeitung, handelt, wäre dieser Faktor passender im Kriterium der 1. Variante von Art. 24 Abs. 1 S. 1 DSGVO verortet. Gleiches gilt für die Mittel, da diese sowohl für die konkret erfolgende Art der Verarbeitung als auch für den Umfang prägend sind.[1834] Damit verbleiben als wesentliche zu berücksichtigende Umstände einer Datenverarbeitung insbesondere Situationen arbeitsteiligen Zusammenwirkens, denen gerade in gruppendimensionalen Kontexten eine gesteigerte Bedeutung und Häufigkeit zukommt.[1835] Als Umstände der Verarbeitung sind entsprechend Auftragsverarbeitungen, Situationen gemeinsamer Verantwortung und auch Datenübermittlungen an Dritte zu qualifizieren und als Risiko zu bewerten.[1836] Als Umstände der Datenverarbeitung sind entsprechend auch die Verarbeitungsorte relevant, da sich in den modernen, globalisiert arbeitsteiligen Prozessen die Akteure regelmäßig nicht in räumlicher Nähe voneinander befinden und an den

---

1831 *Ritter*, in: Schwartmann et al., DSGVO BDSG, 2020, Art. 32, Rn. 88.

1832 *Martini*, in: Paal/Pauly, DSGVO BDSG, 2021, Art. 24, Rn. 34; ähnlich *Veil*, in: Gierschmann et al., DSGVO BDSG, 2018, Art. 24, Rn. 93 („Kontextabhängigkeit").

1833 *Veil*, in: Gierschmann et al., DSGVO BDSG, 2018, Art. 24, Rn. 98 f.; *Martini*, in: Paal/Pauly, DSGVO BDSG, 2021, Art. 24, Rn. 34; mit einer ähnlichen Ausrichtung am Erwartungshorizont der Betroffenen *Däubler*, in: Däubler et al., DSGVO BDSG, 2020, Art. 24, Rn. 25.

1834 Die Ansicht von *Ritter*, in: Schwartmann et al., DSGVO BDSG, 2020, Art. 32, Rn. 88, überzeugt insofern nicht, da diese beruht auf einer nicht ausreichend differenzierenden Auslegung der ersten Variante von Art. 24 Abs. 1 S. 1 DSGVO in Art der Daten einerseits und Art der Verarbeitung andererseits; entsprechend unzutreffend auch *Veil*, in: Gierschmann et al., DSGVO BDSG, 2018, Art. 24, Rn. 101, oder *Jandt*, in: Kühling/Buchner, DSGVO BDSG, 2020, Art. 32, Rn. 12, die beide Verarbeitungsarten beschreiben.

1835 Zu Recht weisen daher *Hartung*, in: Kühling/Buchner, DSGVO BDSG, 2020, Art. 26, Rn. 24; ähnlich auch *Däubler*, in: Däubler et al., DSGVO BDSG, 2020, Art. 26, Rn. 7, darauf hin, dass dort häufig – unbemerkte – Situationen einer gemeinsamen Verantwortung vorkommen.

1836 So die ganz h. M. *Lang*, in: Taeger/Gabel, DSGVO BDSG TTDSG, 2022, Art. 24, Rn. 46; *Martini*, in: Paal/Pauly, DSGVO BDSG, 2021, Art. 24, Rn. 34.

C. Adressaten der Accountability-Pflichten

Verarbeitungsorten Mentalitäts-, Gesetzes, und ähnliche Arbeitsunterschiede bestehen können.[1837] Hierin besteht eine Ähnlichkeit zum allgemeinen Compliance-Handeln von Unternehmen.[1838]

Darüber hinaus ist insbesondere auch die Person des Verantwortlichen selbst in die Gleichung einzustellen. So geht, analog zum Wettbewerbs- und Kartellrecht,[1839] von einem marktdominanten Akteur ein anderes – gesteigertes – Risiko für die Betroffenen aus; eine Fremdbestimmung durch fehlende Alternativen ist ein i.R.d. der Freiwilligkeit von Einwilligungen anerkanntes Kriterium.[1840] Gründe, dies bei der Beurteilung des basalen Verarbeitungsrisikos unbeachtet zu lassen, sind nicht ersichtlich.

Es stellt sich mithin die Frage, welche Faktoren eine Verarbeitung durch Unternehmensgruppen risikomindernd oder auch risikoerhöhend beeinflussen und ob sich hieraus ggf. ein Grund für die normative Attribuierung[1841] möglicher Schäden für die Betroffenen herleiten lässt.

(1) Gefährdungslage bei der Verarbeitung durch Unternehmen

Jede Nutzung von personenbezogenen Daten wird vom Datenschutzrecht kontinental-europäischer Prägung, wie dargestellt, als Beeinträchtigung bzw. Eingriff in das geschützte Rechtsgut der Selbstbestimmungsfähigkeit

---

1837 *Ritter*, in: Schwartmann et al., DSGVO BDSG, 2020, Art. 32, Rn. 88, möchte z.B. frustrierte Mitarbeiter zu den Umständen zählen, wobei unklar bleibt, wie dies beziffert werden soll.

1838 Vgl. bspw. *Habersack*, in: Bechtold/Jickeli/Rohe, FS Möschel, 2011, 1175 (1185), zum Vorgehen von Siemens, Kontrollen in korruptionsanfälligen Ländern engmaschiger durchzuführen als in solchen, in denen ein geringes Risiko besteht; zur daraus entstehenden, gesteigerten Kontrollpflicht eines Vorstands *Spindler*, in: MüKo AktG, 2019, § 91, Rn. 52 f., der das Kartellrecht mit den hohen Bußen als besonders gefährdeten Bereich ansieht – was sich mit den zwar niedrigeren aber immer noch hohen Bußgeldern der DSGVO auch auf das Datenschutzrecht übertragen lässt (ebenda, Rn. 54).

1839 Vgl. statt vieler zur Rspr. des BGH nur *Podszun*, GRUR 2020, 1268 (1272).

1840 *Plath*, in: Plath, DSGVO BDSG TTDSG, 2023, Art. 7, Rn. 23; *Heckmann/Paschke*, in: Ehmann/Selmayr, DSGVO, 2018, Art. 7, Rn. 55; zu gesellschaftlich begründetem Mangel an Alternativen *Taeger*, in: Taeger/Gabel, DSGVO BDSG TTDSG, 2022, Art. 6, Rn. 33; mit der Feststellung, dass es auch bzgl. Unternehmen unterhalb der Schwelle der Art. 101 f. AEUV an einer Alternative und damit der Freiwilligkeit fehlen kann GA *Rantos*, Schlussanträge v. 20.9.2022 – C-252/21 (Meta Platforms u.a.), ECLI:EU:C:2022:704, Rn. 75.

1841 Die normative Attribuierung in Abgrenzung zur kausalen Verursachung enthält auch eine kommunikative Funktion und dient der Verwirklichung als „richtig" empfundenen Verhaltens, vgl. *Krawietz*, in: Bayertz, Verantwortung – Prinzip oder Problem?, 1995, 184 (187 f.).

gewertet.[1842] Würden staatliche Akteure umfangreiche Datensammlungen über Privatpersonen anfertigen, entstünde hieraus die Gefahr, dass sich Menschen nicht ihrem freien Willen entsprechend verhalten und gewisse Freiheitsrechte nicht, nur in gehemmter Form oder anders ausüben würden. Darauf, ob der Staat die gesammelten Daten in der Form ausnutzt, kommt es dabei grundsätzlich nicht an. Die latente, kafkaeske Möglichkeit genügt als Auslöser für eine eingeschränkte Selbstbestimmungsfähigkeit bzw. eine Veränderung der grundrechtlich verbürgten Rechtspositionen.

Fraglich ist allerdings, ob und inwiefern sich diese *ratio legis* auf private Unternehmen übertragen lässt. Zwar können auch Datenverarbeitungen durch Unternehmen Risiken für basale Freiheitsrechte bergen,[1843] allerdings wird die überwiegende Mehrheit der Risiken im wirtschaftlichen Bereich angesiedelt sein. Diese können von Preisdiskriminierungen, über vom Betroffenen unbemerkte sog. Dark Patterns bis hin zu der verwehrten Möglichkeit bestimmter Zahlungswege oder sogar ganzen Angeboten reichen. Und obwohl sich das Recht auf informationelle Selbstbestimmung aus dem allgemeinen Persönlichkeitsrecht herleitet, sodass vereinzelt argumentiert wird, es schütze keine wirtschaftlichen Interessen, wird dem jedoch zutreffend entgegengehalten, dass es sich bei Wettbewerbs- und Datenschutzrecht nicht um wechselseitig ausschließende, sondern vielmehr sich ergänzende Instrumente handelt.[1844] Sie bezwecken beide eine möglichst unverfälschte Handlungsfreiheit von natürlichen Personen bzw. Marktakteuren und eine Verhinderung einer umfassenden Berechnung und „Datafizierung".[1845] Auch kann im Wege eines *argumentum a minore ad maius* eingewendet werden, dass die aufgrund einer Datenverarbeitung berührten Grundrechtsinteressen erst recht erfasst und geschützt sein müssen, wenn das Kartellrecht bereits „nur" die wirtschaftlichen Interessen schütze.[1846] Schließlich muss die Streuung und Reduktion wirtschaftlich-finanzieller Risiken, die ein wesentliches Motiv unternehmerischer Organisationsgestaltung ist, in die Beurteilung der Sanktions- und Restitutionsfähigkeit für Betroffene einbezogen werden. Entsprechend lassen sich die datenschutzrechtlichen Risikokategorien auch grob entlang der kartellrechtlichen Leitlinie der Art. 101 und 102 AEUV identifizieren, wobei der bereits dargestellte funktionelle Unternehmens-

---

1842 *DSK*, Kurzpapier Nr. 18, S. 3; *Bieker/Bremert*, ZD 2020, 7 (8); *Bieker*, DuD 2018, 27 (29); *Bock*, PinG 2022, 49 (51).

1843 *Wedde*, in: Däubler et al., DSGVO BDSG, 2020, Art. 24, Rn. 25, weist in diesem Zusammenhang auf die Gewerkschaftszugehörigkeit hin.

1844 Schon früh *Schröder*, ZD 2012, 193; ausführlich *Wolff*, ZD 2018, 248 ff.; ablehnend *Wybitul/König*, ZD 2022, 591 (594).

1845 Vgl. zu dieser Position des Verbrauchers der sowohl Objekt, als auch als „Marktakteur" fungiert *Podszun*, GRUR 2020, 1268 (1273 f. und 1275).

1846 *Zelger*, EuR 2021, 478 (491), die darauf gestützt zutreffend für den funktionalen Unternehmensbegriff plädiert.

begriff zu beachten ist. Hinsichtlich ersterem können Betroffenen Risiken durch eine echte oder zumindest mittelbare Monopolstellung des Unternehmens i. S. d. funktionalen Einheit bestehen,[1847] hinsichtlich letzterem besteht das Risiko einer Fremdbestimmung aufgrund einer abgestimmten Verarbeitung von Daten durch grundsätzlich unabhängige Unternehmen.[1848] Betroffenen droht durch die (ggf. unzulässige) Erhebung und Nutzung ihrer Daten in diesen Fällen, von Diskriminierungsszenarien beispielsweise im Rahmen von Einstellungsentscheidungen und ähnlichen beruflichen Situationen abgesehen, mithin in erster Linie eine wirtschaftliche Schlechterstellung.[1849] Beispiele hierfür sind hinlänglich bekannt[1850] und haben bereits die ersten Urteile auf Ebene des EuGH hervorgebracht.

Im Rahmen eines Vorabentscheidungsersuchens gem. Art. 267 AEUV hatte der EuGH 2016 in der Rechtssache Eturas[1851] darüber zu entscheiden, ob der Versand einer Nachricht mit einer Aufforderung zu einem bestimmten Verhalten und die Schaffung technischer Hürden („zusätzliche Formalitäten") in Fällen, in denen von diesem geforderten Verhalten abgewichen werden sollte, geeignet ist, eine abgestimmte Verhaltensweise i. S. v. Art. 101 Abs. 1 AEUV darzustellen. Dies bejahte das Gericht unter der Bedingung, dass nach der Nachricht ein entsprechendes Marktverhalten, wodurch die Abstimmung stillschweigend gebilligt wird, durch die Teilnehmer erfolgt und dies kausal auf die Nachricht zurückzuführen ist,[1852] also nicht bspw. durch kosten- oder innerbetriebliche Gründe veranlasst wurde. Obwohl das Schutzgut des Kartellrechts der Wettbewerb als solcher ist und obwohl sich der EuGH lediglich mit einer technikgestützten Verhaltensabstimmung befasste, können die zu Grunde liegenden Wertungen auch auf organisatorisch

---

1847 Hierzu sogleich unter C.II.3.c. und *Körber*, NZKart 2019, 187 (188 ff.), zu Entscheidung des BKartA bzgl. der marktbeherrschenden Stellung von Facebook; auch BGH, Beschl. v. 23.6.2020 – KVR 69/19 = GRUR 2020, 13.

1848 Zutreffend weist *Petri*, in: Simitis et al., Datenschutzrecht, 2019, Art. 26, Rn. 2, darauf hin, dass arbeitsteilige Datenverarbeitungen aus verschiedenen Gründen tendenziell höhere Risiken bergen.

1849 Situationen politischer Oppression, wie bspw. das Verbot politisch von der Staatlinie abweichender Äußerungen in chinesischen „sozialen" Medien sind dabei eher die Ausnahme.

1850 Vgl. bspw. ausführlich zur Praxis des sog. „Dynamic Pricing" bei der Anpassung an Umstände in der Person des Verbrauchers *Golland*, in: Taeger, Die Macht der Daten und Algorithmen: Regulierung von IT, IoT und KI, 61 (62 ff.); daneben kann „Dynamic Pricing" auch als (kartellrechtlich ggf. relevante) Orientierung und Anpassung an Marktteilnehmer verstanden werden vgl. dazu *Ebers*, NZKart 2016, 554 mit Verweis auf die Sektoruntersuchung der Kommission; *Ylinen*, NZKart 2018, 19 ff.

1851 Urt. v. 21.1.2016 – C-74/14 (Eturas), ECLI:EU:C:2016:42; benannt nach dem im Ausgangsverfahren zur Preisnachlassabstimmung eingesetzten IT-System „E-TU-RAS".

1852 Ebenda, Rn. 42 und 44.

II. Zurechnung als Rechtsfolge datenschutzrechtlicher Verantwortung

veranlasste Abstimmungen und deren Auswirkungen auf die Selbstbestimmungsfreiheit als Schutzgut des Datenschutzrechts übertragen werden. Beginnend ist insofern zunächst auf die Ausgangslage hinzuweisen. Der EuGH nahm in der Rechtssache Eturas eine Wettbewerbsbeschränkung durch eine losen Verbundenheit von grundsätzlich selbstständigen und nur in der gleichen Branche tätigen Unternehmen an. Eine institutionelle Verfestigung in Form einer Unternehmensgruppe i.S.v. Art. 4 Nr. 19 DSGVO war hierfür nicht erforderlich.[1853] Fraglich ist, ob im Sinne eines „erst-recht"-Schlusses und in Anlehnung an die Akzo-Vermutung das Argument geführt werden kann, dass eine solche in Unternehmensgruppen grundsätzlich widerleglich anzunehmen ist. Dafür spricht, dass die technologische Plattform für die Wettbewerbsbeschränkung in Eturas von den handelnden bzw. beteiligten Akteuren aufgrund ihres sachlichen Mehrwertes für deren Geschäftsbetrieb ausgewählt wurde. Bei den an der Wettbewerbsbeschränkung beteiligten Unternehmen lag neben der Wahl dieses technologischen Mittels auch eine zumindest teilweise Kongruenz hinsichtlich des Einsatzzwecks vor, nämlich die Abstimmung eines entsprechenden Geschäftsverhaltens. Hierin materialisiert sich das Risiko der Fremdbestimmung für Betroffene, da sie bei allen Beteiligten die gleiche Ausgangslage vorfinden und entsprechend keine Wahlmöglichkeit besteht bzw. kein Wettbewerb auf Basis des Leistungsprinzips erfolgt.[1854] Das politisch gern prognostizierte Credo vom „Datenschutz als Wettbewerbsvorteil"[1855] droht damit gerade unterlaufen zu werden.[1856] Die Ausgangslage in der Rechtssache Eturas entfaltet insbeson-

---

1853 Ähnlich auch OVG Lüneburg, Beschluss des 11. Senats v. 19.1.2021, 11 LA 16/20, Rn. 34 = BeckRS 2021, 555 = GRUR-Prax 2021, 152 (m. Anm. Remmertz), das ein Risiko für Betroffene losgelöst von etwaigen vertraglichen Vereinbarungen zwischen den Daten teilenden Akteuren annimmt.

1854 Dieses Risiko besteht auch bei Verarbeitungen von Mitarbeiterdaten innerhalb einer Unternehmensgruppe, weshalb *Schröder*, in: Kühling/Buchner, DSGVO BDSG, 2020, Art. 4 Nr. 19, Rn. 2 zutreffend darauf hinweist, dass mitgliedstaatliche Umsetzungen des Art. 88 DSGVO die ggf. wirtschaftliche und soziale Abhängigkeit der Mitarbeitenden berücksichtigen müssen.

1855 Etwa vom *Deutscher Bundestag*, Ausschuss Digitale Agenda, Kurzmeldung v. 5.3.2015; *EU-Kommission* i.R. ihrer gem. Art. 97 Abs. 1 DSGVO geforderten Evaluation nach vier Jahren, COM(2020) 264 final, S. 10 und 12; *Vosshoff*, WiWo, Interview v. 29.1.2016; *Pohl*, PinG 2017, 85 (87), Fn. 26 m.w.N.; *Albrecht/Jotzo*, Das neue Datenschutzrecht, 2017, Vorwort, 7; ähnlich skeptisch wie hier *Poll*, Datenschutz in und durch Unternehmensgruppen, 2018, 220 ff.

1856 Sofern es überhaupt je wirksam bestanden hat, skeptisch dazu zu Recht *Conrad*, in: Auer-Reinsdorff/Conrad, Handbuch IT- und Datenschutzrecht, 2019, § 34, Rn. 673; zu der Erscheinung des für Betroffene nachteiligen sog. „Umbrella Pricing" vgl. *Bergt*, in: Kühling/Buchner, DSGVO BDSG, 2020, Art. 82, Rn. 42 ff.; *Schwartmann/Keppeler/Jacquemain*, in: Schwartmann et al., DSGVO BDSG, 2020, Art. 82, Rn. 26; *Wybitul/Neu/Strauch*, ZD 2018, 202 (206).

dere in Unternehmensgruppen auch eine datenschutzrechtliche Risikokomponente. Da in entsprechend gesellschaftsrechtlich verbundenen Unternehmen Software, Dienstleister oder allgemein Mittel von Datenverarbeitungen aus Synergiegründen durch eine zentrale Stelle beschafft werden,[1857] sieht sich der Betroffene in diesen Fällen mit genau der Situation fehlender Entscheidungsmöglichkeiten konfrontiert, unabhängig davon, ob diese auch eine wettbewerbsrechtlich relevante Verhaltensweise darstellen. Gruppeninterne Daten- und Kommunikationsräume bergen dadurch genuine Risiken für Betroffene.[1858] Folglich resultieren aus Situationen, in denen datenschutzrechtlich grundsätzlich als getrennt zu sehende Unternehmen die Modalitäten der Datenverarbeitung festlegen bzw. festgelegt bekommen, die spezifischen datenschutzrechtlichen Risiken der Entkontextualisierung und des Kontrollverlustes.[1859]

Das Risiko der Entkontextualisierung bezeichnet negative Auswirkungen, die sich aus einer Übertragung von Daten aus einem Erhebungs- und Verarbeitungszusammenhang auf einen anderen resultieren könnten.[1860] Die Kontextbindung ist in der DSGVO durch die Pflicht gem. Art. 6 Abs. 1 Hs. 1 DSGVO („nur rechtmäßig, wenn"), eine zweckgebundene Rechtsgrundlage zu begründen, die zentrale Rechtmäßigkeitsanforderung, die subsidiär durch das Zweckbindungsprinzip des Art. 5 Abs. 1 lit. b DSGVO flankiert wird.[1861] Eine Datenverarbeitung ist mithin stets im Kontext der Datenerhebung und nicht im Falle bereits vorliegender Daten des Kontexts der neuen Zweckwidmung zu beurteilen.[1862] Dennoch besteht insbesondere in letztgenanntem Fall das Risiko, dass sich durch mehrere Zweckänderungen und gegebenenfalls vollständige oder teilweise Anreicherungen mit weiteren Daten die nachgelagerte Verarbeitung so weit vom Ursprungszweck entfernt, dass kei-

---

1857 *Loof*, CCZ 2021, 42.

1858 *Poll*, Datenschutz in und durch Unternehmensgruppen, 2018, 297 ff. und 303 ff.: „Informationsaskese ist aus unternehmerischer Sicht kein erstrebenswerter Zustand", m. w. N.

1859 Zutreffend zum Effekt einer – häufig unbemerkten – gemeinsamen Verantwortung in diesen Fällen *Däubler*, in: Däubler et al., DSGVO BDSG, 2020, Art. 26, Rn. 4 und sogleich unter C.II.4.d.

1860 *Veil*, in: Gierschmann et al., DSGVO BDSG, 2018, Art. 24, Rn. 131.

1861 A.A. wohl *Buchner/Petri*, in: Kühling/Buchner, DSGVO BDSG, 2020, Art. 6, Rn. 184, mit dem verbreiteten Verständnis einer unmittelbaren Anwendung der Prinzipien des Art. 5 Abs. 1 DSGVO; zur hier vertretenen Auslegung vgl. B.II.4. oben.

1862 Zutreffend stellt entsprechend die h. M. auf den ursprünglichen Primärzweck ab *Frenzel*, in: Paal/Pauly, DSGVO BDSG, 2021, Art. 6, Rn. 46; *Schantz*, NJW 2016, 1841 (1843 f.); en passant i. R. d. Diskussion, ob nach einer Zweckänderung eine neue Rechtsgrundlage erforderlich ist auch *Buchner/Petri*, in: Kühling/Buchner, DSGVO BDSG, 2020, Art. 6, Rn. 183; *Roßnagel*, in: Simitis et al., Datenschutzrecht, 2019, Art. 6 Abs. 4, Rn. 11 f.

ne Kompatibilität i. S. d. Art. 6 Abs. 4 DSGVO mehr vorliegt,[1863] dies jedoch wegen einer auf den jeweils letzten verfolgten Zweck verkürzten Prüfperspektive unbeachtet bleibt.[1864] Der Versuch einer bewussten Umgehung der Zweckbindung mittels einer konstruierten „hypothetischen Neuerhebung" ist entsprechend abzulehnen.[1865] Darüber hinaus besteht immer das oben beschriebene Risiko einer bewusst oder zumindest akzeptiert unzulässigen Verarbeitung. Die Entkontextualisierung steht entsprechend in einem engen Wechselseitigkeitsverhältnis mit dem Risiko des Kontrollverlustes, der einer beeinträchtigte Selbstbestimmungsfähigkeit immanent ist, und kann sowohl vorgelagert sein und erst zu letzterem führen oder aber ihrerseits daraus entstehen. Das Risiko des Kontrollverlusts kann sich in zweierlei Formen manifestieren, beiden ist jedoch das Merkmal der Intransparenz für den Betroffenen immanent. Einerseits können bereits erhobene Daten durch (ggf. nicht i. S. v. Art. 6 Abs. 4 DSGVO zweckkompatible) Weiterverarbeitungen die Bewusstseins- und Wissenssphäre des Betroffenen verlassen. Diese Verarbeitung außerhalb des individuellen Erwartungshorizonts birgt in besonderem Maße das Risiko einer Einschränkung der Selbstbestimmungsfähigkeit. Die entsprechende Weiterverarbeitung schafft jedoch auch eine Vorstufe zu weiteren Risikoarten wie der Informationspermanenz, gegebenenfalls kombiniert mit einer Informationsfehlerhaftigkeit oder einer Erhöhung von Schäden durch Data Breaches und Straftaten.[1866] Andererseits kann sich ein Kontrollverlust ohne die unmittelbare Verarbeitung von Daten realisieren, wenn Akteure auf Basis bestimmter ggf. bereits anonymisierter Daten in nachteiliger Weise mit Betroffenen interagieren, wie in der Rechtssache Eturas bezüglich der Rabattgewährung. Denkbar wären darüber hinaus etwa Szenarien, in denen aggregierte Daten, die sich nicht unmittelbar auf eine bestimmte oder bestimmbare natürliche Person beziehen, dazu genutzt werden, auf einem räumlich oder sachlich abgegrenzten Markt ggf. unter Nutzung weiterer Zugangsvoraussetzungen wie einer Kreditkarte oder einer Mitgliedschaft in einer Weise zu agieren, deren Effekt einer personalisierten Datenverarbeitung gleichwertig ist. Dieses Risiko besteht insbe-

---

1863 Ein im Ansatz gefährlicher Versuch ist insofern in dem von *Buchner/Petri*, in: Kühling/Buchner, DSGVO BDSG, 2020, Art. 6, Rn. 187, begründeten Gedanken des „logischen nächsten Schrittes" zu sehen; wie hier *Poll*, Datenschutz in und durch Unternehmensgruppen, 2018, 306 f.

1864 *Kramer*, in: Auernhammer, DSGVO BDSG, 2020, Art. 6, Rn. 107, weist zutreffend auch darauf hin, dass ggf. weitere rechtliche Fehleinschätzungen zu einer eigentlich inkompatiblen Weiterverarbeitung führen können.

1865 A.A. *Assion/Nolte/Veil*, in: Gierschmann et al., DSGVO BDSG, 2018, Art. 6, Rn. 201 ff., mit einer Auslegung, wodurch Art. 6 Abs. 4 DSGVO „umgangen" (so Rn. 205) wird, was mit Blick auf den Normzweck als fragwürdig erscheint.

1866 Vgl. ErwG 75 DSGVO; zu diesen Risiken auch *Veil*, in: Gierschmann et al., DSGVO BDSG, 2018, Art. 24, Rn. 127 ff.; *Drackert*, Risiken personenbezogener Datenverarbeitung, 299 ff.

sondere auch in Unternehmensgruppen, da Firmenverflechtungen generell nach außen selten transparent sind, speziell jedoch für juristische Laien und durchschnittlich interessierte Betroffene. Diesem Gedanken trägt auch der zu Art. 26 DSGVO gehörende ErwG 79 Rechnung, wenn er eine klare Zuteilung der Verantwortlichkeit für Fälle kollaborativer Datenverarbeitungen fordert.[1867] Die effektive Rechtsdurchsetzung mittels Schadenersatz und der vorgelagerten Betroffenenrechte, speziell des (er-)kenntnisstiftenden Auskunftsanspruchs droht durch Berufung auf das fehlende Konzernprivileg ausgehöhlt zu werden,[1868] indem sich jede juristische Person auf die eigene Position zurückzieht.

Bezieht man die oben dargestellten Dimensionen von Accountability mit ein, ergibt sich entsprechend, dass sich ihre Inhalte in Fällen einer gruppendimensional beeinflussten Datenverarbeitung erweitern. Der in allen singulären als auch kollaborativen Erscheinungsformen denkbare Akteur muss im Rahmen seiner *Responsibility* sowohl die eigene Position als auch die Person des Betroffenen berücksichtigen und seine Umsetzung bzw. Einhaltung der materiellen Pflichten gegebenenfalls justieren.

(2) Branche, Unternehmensgröße und -stellung am Markt

Die soeben geschilderten Risiken bestehen grundsätzlich losgelöst von spezifischen Faktoren des Einzelfalls bei der Verarbeitung durch Unternehmen. Es stellt sich jedoch die Frage, ob und wie sich sowohl das Risiko als auch die mit der Accountability verbundenen Dimensionen in Abhängigkeit von Unternehmenseigenschaften wie der Branche, Größe oder der Stellung auf dem relevanten Markt verändern und ob die aus dem Compliance-Schrifttum anerkannte Abhängigkeit von unternehmensspezifischen Faktoren[1869] auch auf das Datenschutzrecht übertragen lässt.

Die Branche eines Akteurs kann sowohl in mittelbarer als auch in unmittelbarer Hinsicht besondere Risiken für Betroffene entfalten. In mittelbarer Hinsicht können Risiken entstehen, wenn mit der Datenverarbeitung des Akteurs die Ausübungsfähigkeit der Betroffenen bezüglich weiterer Grundrechte und -freiheiten verbunden ist. Es ist bislang beispielsweise unklar, welchen Effekt sog. Paywalls oder PUR-Modelle auf die grundrechtlich geschützte Meinungs- und Informationsfreiheit natürlicher Personen haben, da sie den Zugang zu journalistischen Inhalten erschweren. Ob sie eine Berech-

---

1867 *Petri*, in: Simitis et al., Datenschutzrecht, 2019, Art. 26, Rn. 2.
1868 *Tene/Polonetsky*, Northw. J. TaIP 2013, 239 (263), Rn. 63: „The increasing complexity of the data ecosystem renders it difficult for individuals to determine to whom an access request should be sent".
1869 *Schulz*, BB 2019, 579; *Behling*, ZIP 2017, 679 (678 ff.); *Schefzig*, in: Moos/Schefzig/Arning, Praxishandbuch DSGVO, 2021, Kap. 11, Rn. 34 f.

tigung haben, da Journalismus legitimer- und notwendigerweise mit Kosten verbunden ist, das Grundrecht auf Informationsfreiheit einem Entgelt nicht per se entgegensteht[1870] und die Werbefinanzierung zumindest bei gedruckten Formaten bereits höchstrichterlich als zulässig anerkannt wurde,[1871] kann an dieser Stelle dahinstehen, denn unstreitig ist, dass der Zugang zu unparteiischen und objektiven Inhalten vor der Einführung dieser Mechanismen für Betroffene niederschwelliger war, selbst wenn damit datenschutzrechtliche Risiken einher gingen. Es steht mithin zu befürchten, dass Betroffene bis zu einem gewissen Grad zwischen dem Risiko einer unkontrollierbaren Datenpreisgabe und dem Risiko der einseitigen (staatlichen) Information werden wählen müssen. In unmittelbarer Hinsicht kann von der Branche eines Unternehmens ein Risiko für die Selbstbestimmungsfähigkeit ausgehen, wenn Betroffene auf die Dienstleistungen angewiesen sind und/oder das Geschäftsmodell – wie beispielsweise das Auskunfteigeschäft – aus Sicht der Betroffenen gefahrgeneigter ist.[1872]

Gerade letztgenanntes Risiko potenziert sich, wenn es sich um das Angebot eines Akteurs handelt, der sich auf dem relevanten Markt in einer dominanten Position i. S. v. Art. 101, 102 AEUV gegenüber seinen Mitbewerbern befindet.[1873] Dabei ist es grundsätzlich unerheblich, ob diese Abhängigkeit durch wirtschaftliche, soziale (z. B. bei sozialen Netzwerken, wo sich Elterngruppen bilden, in denen Informationen verteilt werden), gesellschaftliche[1874] oder anderweitige Zwänge entsteht.[1875] Mit einer Unausweichlichkeit bzw. einer fehlenden gleichwertigen Alternative auf dem relevanten Markt geht mit einer entsprechenden Marktposition eine in mehrfacher Hinsicht verstärkte Informations- und Machtasymmetrie einher,[1876] die auch

---

1870 *Jarass*, in: Jarass/Pieroth, GG, 2020, Art. 5, Rn. 23a.
1871 BVerfG, Urt. v. 12.12.2000 – I BvR 1792/95 und I BvR 1787/95, Rn. 39; ausführlich dazu *Kolonko*, in: Paschke/Berlit/Meyer/Kröner, Gesamtes Medienrecht, 2021, 5. Teil, 4. Kap, 54. Abschn., Rn. 2 ff.; auch in der Literatur wird der Stellenwert der Finanzierung anerkannt etwa *Alexander*, NJW 2018, 3620; *Soppe*, ZUM 2019, 467 (474).
1872 Zu diesem Kriterium bei der Gestaltung der Compliance-Organisation *Schulz*, BB 2019, 579 (580) m. w. N.
1873 Ausführlich dazu *Fast/Schnurr/Wohlfarth*, in: Specht-Riemenschneider/Werry/Werry, Datenrecht, 2020, § 7, Rn. 34 ff., 762 ff.
1874 Zutreffend *Taeger*, in: Taeger/Gabel, DSGVO BDSG TTDSG, 2022, Art. 6, Rn. 33, zu dem Effekt, den Test- und Kontaktnachverfolgungspflichten i. R. v. Corona haben können.
1875 Entsprechend stellt der EuGH bei einer Marktpositionsprüfung auch nicht nur auf die Waren oder Dienstleistungen ab, sondern auf die tatsächlichen Bedingungen, vgl. etwa EuGH, Urt. v. 13.12.2012 – C-226/11 (Expedia), ECLI:EU:C:2012:795, Rn. 21.
1876 So auch *Kühling/Sauerborn*, ZfDR 2022, 339 (346 und 355 ff.), die argumentieren, dass eine solche Asymmetrie die Freiwilligkeit von Einwilligungen kompromittieren kann.

das effektive Funktionieren des Accountability-Mechanismus in Frage stellt. Zunächst stellt sich die Frage, welche Foren den marktweit agierenden und deshalb funktional zu beurteilenden Akteur zur Rechenschaft und Rechtfertigung auffordern und bei etwaigen Versäumnissen wirksam sanktionieren können. Im Rahmen von Datenverarbeitungen auf dem europäischen Binnenmarkt versucht die DSGVO diesem Problem mit den Instrumenten des One-Stop-Shop,[1877] des Konsistenzmechanismus (Kap. VII DSGVO)[1878] bzw. der federführenden Aufsichtsbehörde (Art. 56 DSGVO) zu begegnen. Es soll so in jedem Fall sichergestellt werden, dass sich Verantwortliche und Auftragsverarbeiter nicht der Erfüllung ihrer gesetzlichen Pflichten entziehen. Unter diesem Gesichtspunkt ließen sich auch erweiterte Marktfaktoren wie die allgemeine Wirtschaftslage, in der ein Akteur operiert, einbeziehen, da nur so das Bußgeldbemessungskriterium der Abschreckung effektiv angewendet würde,[1879] auch wenn dies bedeuten könnte, dass ein Verstoß durch einen Akteur bspw. einen Verein oder ein KMU in Griechenland mit einem niedrigeren Bußgeld geahndet würde, als ein wesensgleicher Verstoß in Deutschland oder Schweden. Obwohl sich wohl noch keine abschließende bzw. endgültige Aussage über das Funktionieren dieser Mechanismen treffen lässt, muss konstatiert werden, dass sich weder das Geschäftsverhalten der europaweit marktdominanten Unternehmen im Internetbereich nach Inkrafttreten der DSGVO nennenswert geändert hat, noch dass Betroffene oder diagonale Foren an Einfluss gewonnen hätten.

Neben Fragen des strukturellen Funktionierens können aus einer entsprechenden Unternehmensgröße und -position konkrete Folgen für die Accountability-Dimensionen entstehen. So kann ein dominanter Akteur beispielsweise anderen Maßstäben bezüglich der Legitimität unterworfen sein. So sind Einwilligungen gem. Art. 6 Abs. 1, Art. 4 Nr. 11 und Art. 7 DSGVO nur dann wirksam, wenn sie freiwillig ohne jeden Zwang oder Druck abgegeben wurden,[1880] woran es bei einem marktbeherrschenden Unternehmen mangels Alternativen gerade fehlt.[1881] ErwG 43 DSGVO geht dann von einem klaren Ungleichgewicht aus, das die wirksame Einholung einer Einwilli-

---

1877 Danach soll die primäre Zuständigkeit bei der Aufsichtsbehörde liegen, in deren Verwaltungsbereich die Hauptniederlassung i. S. v. Art. 4 Nr. 21 DSGVO belegen ist, vgl. dazu *Nguyen*, ZD 2016, 265 f.; *Dieterich*, ZD 2016, 260 (264 f.); *Schwartmann/Jacquemain*, in: Schwartmann et al., DSGVO BDSG, 2020, Art. 83, Rn. 14.

1878 Nach *Albrecht*, CR 2016, 88 (96), „der wohl wichtigste Teil" neben den Bußgeldern.

1879 Für die Einbeziehung der wirtschaftlichen Situation *Golla*, in: Auernhammer, Art. 83, Rn. 21.

1880 *Taeger*, in: Taeger/Gabel, DSGVO BDSG TTDSG, 2022, Art. 6, Rn. 32; *Ernst*, in: Paal/Pauly, DSGVO BDSG, 2021, Art. 4, Rn. 69.

1881 *Frenzel*, in: Paal/Pauly, DSGVO BDSG, 2021, Art. 7, Rn. 21: „Maßstab für die Beurteilung der Freiwilligkeit ist nicht Art. 7 Abs. 4 DSGVO, sondern Art. 102 AEUV bzw. § 19 GWB.".

gung hemmt, wenn es sich bei dem Verantwortlichen um eine Behörde handelt.[1882] Allerdings sind insbesondere dominante Unternehmen wegen der strukturellen Vereinnahmung intellektueller gesellschaftlicher Ressourcen durch die organisierte Informationsverarbeitung[1883] hinsichtlich ihrer Effekte auf und der Anzahl von Betroffenen durchaus mit staatlichen Akteuren zu vergleichen,[1884] sodass eine Übertragung der Maßstäbe durchaus sozial- und risikoadäquat erscheint. Kommt man zu dem Ergebnis, dass auch marktbeherrschenden Unternehmen in dem entsprechenden Sektor die Einholung einer Einwilligung nicht generell verstellt ist,[1885] so können sich aus den Dimensionen der *Responsiveness*, Transparenz und Informiertheit dennoch zusätzliche Anforderungen ergeben.[1886] Diese erlangen insbesondere in Kombination dort eine Relevanz, wo der entsprechende Akteur (auch) die Erwartungshaltung der Kunden anspricht und beispielsweise ein hohes Niveau an Datensicherheit für sich reklamiert.[1887] Würde diese nicht erfüllt, wäre es mit der Responsiveness-Dimension nicht vereinbar, könnte sich der als funktionales Unternehmen agierende Akteur darauf zurückziehen und seiner Haftung („*Liability*") entgehen, dass eine lokale Vertriebsgesellschaft den Vertrag mit dem Betroffenen hält. Dies entspräche auch der Ratio des Kartellrechts.[1888]

Die konkrete Veränderung der Accountability-Pflichten muss indes stets nach den Maßgaben des Einzelfalls erfolgen und verbietet den Versuch einer pauschalierten Trennschärfe, da die Vielzahl denkbarer Situationen zwi-

---

1882 *Assion/Nolte/Veil*, in: Gierschmann et al., DSGVO BDSG, 2018, Art. 6, Rn. 59.

1883 Zu dieser Grundlage der Machtasymmetrien *Bock*, PinG 2022, 49 (50).

1884 Zur Übertragung von ursprünglich an staatliche Akteure gerichtete Accountability-Pflichten auf Privatunternehmen ist auch im allgemeinen Accountability-Schrifttum anerkannt, vgl. etwa *Mulgan*, AJPA 2000, 87 (89); *Koenig-Archibugi*, GaO 2004, 234 ff.

1885 Die Frage ist dem EuGH vom OLG Düsseldorf am 22.4.2021 zur Vorabentscheidung vorgelegt worden und wird dort unter dem Az. C-252/21 geführt, vgl. BeckEuRS 2021, 738390; nach den Schlussanträgen des GA *Rantos* v. 20.9.2022 – C-252/21 (Meta Platforms u. a.), ECLI:EU:C:2022:704, Rn. 75 und 77, ist die Marktmacht des Unternehmens i. R. d. Freiwilligkeit zu berücksichtigen, erlaubt jedoch keine pauschale Beantwortung; eine dominante Position gem. Art. 101 f. AEUV allein genügt nicht, um die Freiwilligkeit kategorisch auszuschließen (Rn. 77), gleichzeitig kann eine Freiwilligkeit aufgrund der Marktposition ausgeschlossen sein, obwohl ein Unternehmen formell noch nicht als marktbeherrschend i. S. d. Wettbewerbsrechts anzusehen ist (Rn. 75); kritisch zu den Wertungen des GA siehe *Engeler*, NJW 2022, 3398 (3402), Rn. 21 ff.

1886 Diese Veränderung („Scaleability") wird allerdings nicht zu Unrecht als „thorny issue" bezeichnet, so bei *Bennett*, in: Guagnin, et al., Managing Privacy through Accountability, 2012, 33 (41).

1887 So etwa die Praxis von Apple oder Blackberry.

1888 *Kersting*, ZHR 2018, 8 (13), wonach diejenigen, die faktisch wirtschaftlich tätig sind, auch dafür rechtlich haften sollen.

schen marktbeherrschenden Unternehmen und Betroffenen nicht verallgemeinert werden kann.

(3) Subjektive Bemessungskriterien bezüglich betroffener Personen

Die Beurteilung des Risikos darf denklogisch nicht auf der Ebene von Faktoren verbleiben, die außerhalb der Sphäre des Betroffenen liegen, da das Risiko einer Fremdbestimmung bzw. einer eingeschränkten Selbstbestimmungsfähigkeit maßgeblich durch Faktoren gemindert oder gesteigert wird, die in der Person der Betroffenen selbst liegen. Dabei ist es grundsätzlich nachrangig, ob ein Risiko aus Umständen in der beruflichen oder in der privaten Sphäre entsteht, da Betroffenen mangels Sachkenntnissen in beiden Situationen die Fähigkeit zur schadensverhütenden Reaktion nur in eingeschränktem Umfang zur Verfügung steht.[1889] Vielmehr bergen beide Sphären spezifische Situationen, in denen Betroffenenrisiken bestehen, ohne dass sich das Individuum diesen selbst bei Kenntnis entziehen könnte. Das Schutzsubjekt des Datenschutzrechts, indirekt definiert durch Art. 4 Nr. 1 DSGVO als die durch eine Datenverarbeitung identifizierte oder identifizierbare natürliche Person, stellt darüber hinaus keine messbare oder auch nur heterogene Größe dar. Dies erkennt auch der Verordnungsgeber, wenn er im mit Art. 8 DSGVO korrespondierenden ErwG 38 darauf abstellt, dass Kinder sich der Risiken einer Verarbeitung sie betreffender Daten möglicherweise weniger bewusst sind. Und obwohl unstreitig ist, dass Kinder besonders schutzbedürftig sind, ist kein Grund erkennbar, weshalb das Kriterium des Verständnishorizonts nur für sie gelten sollte. Nur konsequent streiten daher Kriterien sowohl auf der Ebene der Rechtmäßigkeit,[1890] als auch hinsichtlich der Transparenz- und Informationspflichten (Art. 12 Abs. 1 DSGVO) für eine solche zielgruppenspezifische Ausrichtung der Pflichten[1891] und denklogisch des damit verbundenen Risikos. Entsprechend geht auch die Art. 29-Gruppe davon aus, dass ein verantwortungsvoller Verantwortlicher („*accountable data controller*"), Kenntnis davon hat bzw. haben muss, über welchen Verständnisgrad die jeweils adressierte Gruppe Betroffener verfügt.[1892] Sofern sich innerhalb der Gruppe der Betroffenen signi-

---

1889 Ebenso *Taeger*, Außervertragliche Haftung, 1995, 294.

1890 Vgl. ErwG 47 betreffend Art. 6 Abs. 1 lit. f DSGVO („vernünftige Erwartungen der betroffenen Personen"), bzw. ErwG 42 betreffend Art. 6 Abs. 1 lit. a DSGVO („[…] dass die betroffene Person weiß, dass und in welchem Umfang sie ihre Einwilligung erteilt").

1891 *Paal/Heckmann*, in: Paal/Pauly, DSGVO BDSG, 2021, Art. 12, Rn. 33; *Schwartmann/Schneider*, in: Schwartmann et al., DSGVO BDSG, 2020, Art. 12, Rn. 25; a. A. *Kamlah*, in: Plath, DSGVO BDSG TTDSG, 2023, Art. 12, Rn. 2: „[…] nicht verpflichtet, adressatenbezogene Texte vorzuhalten.", mit Einschränkungen bei Informationen für Kinder, vgl. Rn. 6.

1892 So die *Art. 29-Gruppe*, WP 260 rev.01, S. 7, Rn. 9.

fikante Unterschiede ergeben, kann selbst hinsichtlich derselben Datenverarbeitung ein entsprechend differenzierendes Vorgehen geboten sein. Ein betroffenenzentrierter Ansatz ist der DSGVO mithin immanent. Fraglich ist jedoch, welche Kriterien in eine entsprechende Risikobeurteilung einbezogen werden müssen bzw. dürfen.

Über die oben genannten Maßstäbe der Erwartbarkeit und des Verständnishorizonts hinaus enthält die DSGVO selbst hierzu keine Anforderungen. Es sprechen jedoch überzeugende Gründe für eine ganzheitliche Perspektive auf den Betroffenen, da nur so eine risikoadäquate Beurteilung möglich ist. Es sind entsprechend alle in der Person der bzw. des Betroffenen veranlagten Aspekte wie ihr Wissen, ihre Fähigkeiten, ihre Resilienz oder ihre allgemeinen Lebensumstände bei der Frage zu berücksichtigen, wie hoch das Risiko einer Fremdbestimmung bzw. einer Einschränkung der Selbstbestimmungsfähigkeit ist. Die DSGVO knüpft an das bereits bestehende Wissen einer Person beispielsweise Erleichterungen im Rahmen der Informationspflichten gem. Art. 13 Abs. 4 bzw. Art. 14 Abs. 5 DSGVO. Die *ratio legis* dieser Regelung ist die Annahme, dass das Art. 12–14 DSGVO zugrunde liegende Ziel eines informierten Umgangs mit den eigenen Daten und die Möglichkeit zur Wahrnehmung der datenschutzrechtlichen Betroffenenrechte[1893] in diesen Fällen bereits gewährleistet sei und es insofern einer (erneuten) Information nicht bedürfe.[1894]

Die DSGVO folgt dabei einem modularen Ansatz, wonach einzelne oder auch alle („wenn und soweit") gem. der jeweiligen Abs. 1 und Abs. 2 enumerierten Informationen entfallen können, wenn Betroffene bereits über sie verfügen.[1895] Ein Verfügen soll indes nur angenommen werden können, wenn bei den Betroffenen positive Kenntnis des Bestehens und der Umstände einer Datenverarbeitung bestehe,[1896] die entsprechend in einer bewusstseinsschaffenden – d. h. insbesondere auch unter Vermeidung begrifflicher

---

1893 *Paal/Hennemann*, in: Paal/Pauly, DSGVO BDSG, 2021, Art. 12, Rn. 5 und 25; *Schwartmann/Schneider*, in: Schwartmann et al., DSGVO BDSG, 2020, Art. 12, R. 18; energisch dazu *Quaas*, in: BeckOK Datenschutzrecht, 2022, Art. 12, Rn. 4.

1894 *Kamlah*, in: Plath, DSGVO BDSG TTDSG, 2023, Art. 13, Rn. 31, und *Veil*, in: Gierschmann et al., DSGVO BDSG, 2018, Art. 13 und 14, Rn. 137, weisen darauf hin, dass das Nicht-Wissen erst den Anwendungsbereich der Informationspflichten eröffnet; dies gilt auch für die gem. Art. 15 erteilten Auskünfte, dazu *Pauly/Mende*, CCZ 2022, 28 (30).

1895 *Schwartmann/Schneider*, in: Schwartmann et al., DSGVO BDSG, 2020, Art. 14, Rn. 68; *Eßer*, in: Auernhammer, DSGVO BDSG, 2020, Art. 13, Rn. 59; *Knyrim*, in: Ehmann/Selmayr, DSGVO, 2018, Art. 13, Rn. 68; *Kamlah*, in: Plath, DSGVO BDSG TTDSG, 2023, Art. 14, Rn. 13; *Veil*, in: Gierschmann et al., DSGVO BDSG, 2018, Art. 13 und 14, Rn. 138, weist zutreffend darauf hin, dass ein vollständiges Entfallen in der Praxis selten sein dürfte.

1896 *Eßer*, in: Auernhammer, DSGVO BDSG, 2020, Art. 13, Rn. 57.

Ambivalenzen erfolgenden[1897] – Weise in den Einfluss- und Machtbereich der Betroffenen gelangt sein müssten[1898] und dort auch immer noch vorliegen.[1899] Dem kann nicht vollständig und in der Pauschalität gefolgt werden. Zwar ist unstreitig, dass eine als Holschuld ausgestaltete Verfügbarkeit der Informationen allein nicht ausreichen wird.[1900] Allerdings muss die Anforderung positiver Kenntnis aufgrund verschiedener praktischer Restriktionen sowie Lebensrealitäten teleologisch reduziert werden. So können Verantwortliche die positive Kenntnis(nahme) kaum zuverlässig und nachweisbar sicherstellen. Reflexartige Automatismen wie ein Tracking der Ausspielung von Einwilligungsbannern auf Webseiten oder eine prophylaktisch bei jedem Kontakt vollständig wiederholte Information stellen aus Datenschutzsicht jeweils kontraproduktive Entwicklungen dar. Auch dem Problem gleichgültiger oder sogar ignoranter Betroffener können Verantwortliche nur begrenzt Herr werden. Wenn insofern gefordert wird, dass die (Er)Kenntnis durch Informationserteilung keine „situationsinadäquate Anstrengung von geistigen Fähigkeiten" erfordern darf,[1901] impliziert dies im Umkehrschluss die Pflicht der Betroffenen, sich in situationsadäquater Weise und jedenfalls überhaupt mit den ggf. ihr Persönlichkeitsrecht beeinträchtigenden Umständen auseinanderzusetzen. Gleichgültigkeit oder Ignoranz gehen insofern zu Lasten der Betroffenen und bilden damit keinen validen Grund für die Annahme eines gesteigerten Risikos. Freilich können Verantwortliche ihrer Responsibility im Sinne einer freiwilligen Übererfüllung des gesetzlichen Katalogs in gesteigertem Maße nachkommen, wenn sie Anstrengungen unternehmen, die Betroffenen dennoch zu erreichen. Dies kann sowohl Vertrauen beim Betroffenen schaffen[1902] als auch von der zuständigen Aufsichtsbehörde gem. Art. 83 Abs. 2 lit. c DSGVO berücksichtigt werden.

Neben dem Wissen um eine Datenverarbeitung müssen für die Beurteilung des Betroffenenrisikos jedoch weitere Faktoren einbezogen werden, insbesondere solche persönlicher und wirtschaftlicher Natur. So müssen Kinder

---

1897 *Pohle/Spittka*, in: Taeger/Gabel, DSGVO BDSG TTDSG, 2022, Art. 12, Rn. 12; *Paal/Hennemann*, in: Paal/Pauly, DSGVO BDSG, 2021, Art. 12, Rn. 33.

1898 *Mester*, in: Taeger/Gabel, DSGVO BDSG TTDSG, 2022, Art. 13, Rn. 38; *Schwartmann/Schneider*, in: Schwartmann et al., DSGVO BDSG, 2020, Art. 70.

1899 A.A. *Kamlah*, in: Plath, DSGVO BDSG, 2023, Art. 13, Rn. 31, der vertritt, dass bei Betroffenen kein Bewusstsein mehr vorliegen muss; wie hier dagegen OVG Lüneburg, Beschluss des 11. Senats v. 19.1.2021, 11 LA 16/20, Rn. 30 = BeckRS 2021, 555.

1900 *Mester*, in: Taeger/Gabel, DSGVO BDSG TTDSG, 2022, Art. 13, Rn. 38; *Eßer*, in: Auernhammer, DSGVO BDSG, 2020, Art. 13, Rn. 57.

1901 *Paal/Hennemann*, in: Paal/Pauly, DSGVO BDSG, 2021, Art. 12, Rn. 33; ähnlich zum sog. Verständlichkeitsgebot *Bäcker*, in: Kühling/Buchner, DSGVO BDSG, 2020, Art. 12, Rn. 11.

1902 *Veil*, in: Gierschmann et al., DSGVO BDSG, 2018, Art. 13 und 14, Rn. 140.

nicht nur deswegen als besonders schutzwürdig gelten, weil sie etwaige Risiken nicht überschauen könnten, sondern weil ihnen auch effektive Mittel zur Beseitigung eines unrechtmäßigen Grundrechtseingriffs fehlen. Dies betrifft sowohl die Betroffenenrechte gem. Kap. III DSGVO[1903] als auch zivilrechtliche Rechtsschutzmöglichkeiten. Auch hierin materialisiert sich insofern das bereits untersuchte Risiko der Unternehmensgröße und -stellung am Markt, denn diese Verteidigungs- und Durchsetzungsfähigkeiten sind insbesondere in solchen Fällen praktisch begrenzt, in denen der beklagte Akteur dem Betroffenen in finanzieller Hinsicht deutlich überlegen ist. Eine Prozessführung bis zu den Obergerichten und nicht selten bis zum EuGH[1904] erfordert nicht nur die entsprechenden Mittel, sondern es bedarf einer initialen und regelmäßig nicht unerheblichen Überwindung bei Betroffenen, diesen Weg im Sinne Davids gegen Goliath zu gehen. Zwar bestehen mit Mechanismen wie der Prozesskostenhilfe oder Streitbeitritten durch Verbraucherzentralen oder Aufsichtsbehörden Möglichkeiten, dieses Ungleichgewicht zu mildern; von einer grundsätzlichen, flächendeckenden, prozessualen und materiellen Waffengleichheit kann jedoch dennoch insbesondere bei multinationalen Konzernen nicht gesprochen werden. Dabei kann der Streit dahinstehen, ob der Maßstab für die Beurteilung der Verständlichkeit von Informationen über die Betroffenenrechte der potenziell schwächste Betroffene sein soll, der beispielsweise durch Sprachbarrieren, Bildungsniveau, Alter oder ähnliches eingeschränkt ist,[1905] oder der im Recht übliche Durchschnittsverbraucher,[1906] denn in jedem Fall ist vom Akteur eine adressatengerechte Ausrichtung des eigenen (Informations-) Handelns gefordert, um seinen Accountability-Pflichten nachzukommen und das Risiko für das Schutzgut zutreffend zu bestimmen. An der basalen Machtasymmetrie ändert sich jedoch nichts.

Aus dem Vorgesagten ergibt sich entsprechend, dass das Risiko in Abhängigkeit von den Eigenschaften der betroffenen Personen zu bestimmen ist und entsprechend zu unterschiedlichen Ergebnissen führen kann, obwohl es sich um eine wesensgleiche Datenverarbeitung handelt. So wären Infor-

---

1903 *Dix*, in: Simitis et al., Datenschutzrecht, 2019, Art. 12, Rn. 2, unterscheidet in Informations- und Steuerungsrechte, letztere als „wesentliche Elemente des Selbstdatenschutzes" (ebenda, Art. 16, Rn. 3); vgl. zu Einflussnahmemöglichkeiten als Ausdruck von Kontrolle der Betroffenen als Accountability-Forum B. III. 1. f. 2.

1904 Darauf weist *Bock*, PinG 2022, 49 (53) hin.

1905 Dafür plädieren *Heckmann/Paschke*, in: Ehmann/Selmayr, DSGVO, 2018, Art. 12, Rn. 17.

1906 Dagegen mit Referenz auf den Durchschnittsverbraucher die wohl h. M. *Quaas*, in: BeckOK Datenschutzrecht, 2022, Art. 12, Rn. 12 und 18; *Bäcker*, in: Kühling/Buchner, DSGVO BDSG, 2020, Art. 12, Rn. 11; wohl auch *Eßer*, in: Auernhammer, DSGVO BDSG, 2020, Art. 12, Rn. 8; *Greve*, in: Sydow/Marsch, DSGVO BDSG, 2022, Art. 12, Rn. 12.

mationspflichten und Risiken bei einem Kongress für Juristen oder Datenschutzbeauftragte anders, konkret niedriger, einzustufen als bei einer Veranstaltung für Landwirte oder Marketing-Experten; bei ersterer Gruppe kann das Wissen um Rechtsgrundlagen bzw. Rechtmäßigkeitsvoraussetzungen von Grundrechtseingriffen, Betroffenenrechte sowie eine gewisse Streitbarkeit und Resilienz hinsichtlich der eigenen Stellung als Rechtssubjekt als vorhanden unterstellt werden, während letztere für das Thema Datenschutz wohl allgemein als nicht umfangreich ausgebildet gelten können.

Daraus folgt, dass im Sinne eines effektiven Rechtsschutzes Eigenschaften, die in der Person des Akteurs, seinen Fähigkeiten und seinem Auftreten begründet sind, einen grundsätzlich tauglichen Zurechnungsgrund darstellen können. Entsteht die Realisation eines Risikos – oder anders ausgedrückt – der Eintritt eines Schadens für Betroffene entsprechend aus eben diesen Gründen, wird die Frage virulent, wem mit Rechtswirkung die Ursache und die Haftung für den Schaden zugerechnet werden kann bzw. sogar muss, wenn und soweit es sich nicht um singuläre Verantwortliche handelt. Es ist also zu fragen, wer das sog. Zurechnungsobjekt bildet und worin der Zurechnungsgegenstand besteht.

4. Zurechnungsobjekte und Zurechnungsgegenstände im Datenschutzrecht

Der Ausgangspunkt datenschutzrechtlicher Verantwortung ist der in Art. 4 Nr. 7 DSGVO definierte Verantwortliche, der allein oder gemeinsam mit anderen die Zwecke und Mittel der Datenverarbeitung bestimmt. Die Literatur attestiert dem Verordnungsgeber bezüglich dieser Norm konkret das Ziel einer „Zuweisung" von Verantwortung, deren Merkmal zunächst in der Zuständigkeit für die Einhaltung der materiellen Normen liegt und sodann in Fällen einer Verletzung der entsprechenden Pflichten zu einem Schadenersatz führen kann.[1907] Richtigerweise bezeichnet dies die Rechtstechnik der Zurechnung, wonach bei einer Partei eine Rechtswirkung herbeigeführt wird bzw. werden soll, die ohne eine Zurechnung nicht eingetreten wäre,[1908] insbesondere weil der materiellrechtliche Tatbestand in Person des originären Normadressaten sowie dem Zurechnungsadressaten nicht oder nicht

---

1907 *Schwartmann/Mühlenbeck*, in: Schwartmann et al., DSGVO BDSG, 2020, Art. 4, Rn. 122 und 129, m. w. N., in denen sich die entsprechende Wortwahl allerdings nicht findet; *Hartung*, in: Kühling/Buchner, DSGVO BDSG, 2020, Art. 4 Nr. 7, Rn. 6 und 9; *EDPB*, Stellungnahme 07/2020 zum Konzept des Verantwortlichen und des Auftragsverarbeiters, S. 9, Rn. 12, benutzt den Begriff der „allocation of responsibilities".
1908 *Poll*, Datenschutz in und durch Unternehmensgruppen, 2018, 40, m. w. N.; *Sajnovits*, WM 2016, 765 (766); *Seidel*, Wertende Wissenszurechnung, 2021, 33.

allein erfüllt ist.[1909] Begrifflich wird nicht immer sauber zwischen den beteiligten Elementen unterschieden. Für die vorliegende Arbeit wird als Zurechnungsobjekt derjenige bezeichnet, dem deshalb etwas zugerechnet wird, weil ihm der Effekt des zugerechneten Umstands oder Verhaltens im Sinne einer Einstandspflicht von der Rechtsordnung auferlegt wird, ohne dass er selbst als Subjekt unmittelbar handelnd in Erscheinung getreten ist.[1910] Zurechnungssubjekt ist entsprechend der Akteur, der die Handlung unmittelbar in Ausübung seiner Freiheitsrechte und gegebenenfalls auch der ihm zugewiesenen Aufgaben vorgenommen oder unterlassen hat. Die Wurzel der Zurechnungsdebatte, bei der es sich laut *Wagner* um eine fundamental deutschrechtliche, d. h. einschließlich des österreichischen Rechts, Sichtweise handelt,[1911] liegt darin, wessen Wissen und auf dessen Basis[1912] oder gegebenenfalls ohne Wissen in gutgläubiger Weise erfolgtes Handeln, wem zugerechnet werden kann. Der relevante Prüfungsschritt in der juristischen Fallbearbeitung ist im Falle einer Zurechnung eigenen Verhaltens mithin das Verschulden bzw. die Kausalität.[1913]

Neben einem Zurechnungsgrund, Zurechnungsobjekt und Zurechnungssubjekt ist der Zurechnungsgegenstand zu ermitteln. Dafür kommen neben konkreten Handlungen auch die Zurechnung von Wissen oder Wissenmüssen in Betracht. Wissen und Wissenmüssen können zwar in ihrer Wirkung aufgrund einer normativen Wertung regelmäßig gleichgestellt sein, auf Tatbestandsebene sind sie allerdings getrennt zu behandeln, da sie auf unterschiedlichen Werturteilen und Umständen beruhen, wonach Wissenmüssen primär eine Sorgfaltspflichtverletzung, insbesondere gegen die „Pflicht zur

---

1909 *Schüler*, Wissenszurechnung im Konzern, 2000, 28 und 35; *Poll*, Datenschutz in und durch Unternehmensgruppen, 2018, 40; *Seidel*, Wertende Wissenszurechnung, 2021, 31 f.; *Grigoleit*, ZHR 2017, 160 (165).

1910 Ansatzweise *Waldkirch*, Zufall und Zurechnung im Haftungsrecht, 2017, 128, der indes dennoch von einem Zurechnungssubjekt spricht, wo einem Akteur etwas zugerechnet wird.

1911 *Wagner*, ZHR 2017, 204 (205), mit erhellenden Rechtsvergleichen zum französischen (211 ff.); dazu auch *Zelger*, EuR 2021, 478 (479 f. und 487)), englischen (214) und amerikanischen (226) Recht; dies unterstreicht auch die Debatte im deutschen Schrifttum um die Konzernhaftung im Kartellrecht, dazu *Kersting*, ZHR 2018, 8 (10), Fn. 6; vgl. jedoch auch *Nietsch/Osmanovic*, BB 2021, 1858 (1862), mit dem Beispiel der Marktmissbrauchs-RL, aus deren Art. 8 zumindest hervorgeht, dass das Thema auf europäischer Ebene nicht gänzlich unbekannt ist.

1912 *Risse*, NZG 2020, 856 (859): "Haftungsrechtlich relevant wird Wissen meist erst dann, wenn entgegen dieses Wissens auch gehandelt wird."

1913 *Buck*, Wissen und juristische Person, 2000, 105; *Seidel*, Wertende Wissenszurechnung, 2021, 31.

Wissensorganisation"[1914] voraussetzt.[1915] Diesem Werturteil liegt die gesetzgeberische Abwägung zugrunde, ab wann der Akteur, der bei pflichtgemäßem Verhalten wissensbelastet wäre, nicht länger schutzwürdig erscheinen soll.[1916] Demgegenüber ist der Gegenstand einer Zurechnung von Handlungen der gegen das Handlungssubjekt erhobene Verhaltensvorwurf, der seinerseits in einer Sorgfaltspflichtverletzung bestehen kann, jedoch nicht muss. Dieser wird auf das Zurechnungsobjekt übertragen, während es sich bei der Wissenszurechnung um eine grundsätzlich schadensneutrale Feststellung handelt.[1917]

a. Singuläre Verarbeitungssituationen

Der primäre Adressat der materiellrechtlichen Pflichten ist der gem. Art. 4 Nr. 7 DSGVO legaldefinierte Verantwortliche.[1918] Unterläuft insofern einem singulären Verantwortlichen ein Verstoß gegen die DSGVO, der in Anwendung der Bemessungskriterien des Art. 83 Abs. 2 DSGVO bebußt werden soll bzw. muss,[1919] richtet sich die Höhe des Bußgeldes allein nach dessen weltweitem Jahresumsatz, sofern es sich um ein Unternehmen handelt, bzw. den Höchstgrenzen, die für natürliche Personen vorgesehen sind. Ist der singuläre Verantwortliche dagegen eine natürliche Person, sieht Art. 83 Abs. 4 DSGVO für „administrative" Verstöße ein Maximalbußgeld von € 10 Mio. und für Verstöße gegen „Prinzipien, Betroffenenrechte und Drittstaatstransfers" € 20 Mio. vor.[1920] Daneben kommen gegebenenfalls strafrechtliche Sanktionen nach nationalem Recht in Betracht, etwa gem. § 42 BDSG oder dem französischen Verbandsstrafrecht.[1921]

1914 Vgl. dazu ausführlich *Seidel*, Wertende Wissenszurechnung, 2021, 63 ff.; *Wagner*, ZHR 2017, 203 (208); *Schüler*, Wissenszurechnung im Konzern, 2000, 77, mit dem Hinweis, dass eine Organisation bei sorgfaltswidrig fehlendem Wissen nicht schutzwürdig ist; *Spindler*, ZHR 2017, 311 (314), untergliedert die Wissensorganisation in Informationsspeicherungs-, Informationsweiterleitungs-, und Informationsabfragepflichten.

1915 Vgl. *Risse*, NZG 2020, 856 (863), zu dieser Implikation in der Rspr. des BGH bei der Zurechnung von Wissensumständen als latentem Vorwurf einer unzureichenden Unternehmensorganisation; ähnlich *Buck*, Wissen und juristische Person, 2000, 27; *Sajnovits*, WM 2016, 765 (767).

1916 *Seidel*, Wertende Wissenszurechnung, 2021, 27; *Grigoleit*, ZHR 2017, 160 (171).

1917 *Risse*, NZG 2020, 856 (857).

1918 Vgl. C. I. 1. a oben.

1919 Die Frage zahlt auf das mögliche Entschließungsermessen der zuständigen Aufsichtsbehörde ein, ist im Schrifttum allerdings umstritten und an späterer Stelle zu erörtern.

1920 Vgl. mit dieser nicht unbedingt stringenten Kategorisierung *Albrecht*, CR 2016, 88 (96).

1921 Vgl. dazu *Wagner*, ZHR 2017, 203 (212).

II. Zurechnung als Rechtsfolge datenschutzrechtlicher Verantwortung

Einer Zurechnung des Wissens Dritter bedarf es insofern nicht, da es sich um eine sog. Eigenzurechnung handelt[1922] und Mitarbeiter als Teil des Verantwortlichen gelten, solange sie bei der Verarbeitung von Daten im Rahmen ihrer arbeitsvertraglich geschuldeten Leistung handeln.[1923] Das Wissen bzw. Wissenmüssen[1924] des Verantwortlichen oder Auftragsverarbeiters ist maßgeblich für die Zurechnung des Verstoßes. Da Verantwortliche jedoch in aller Regel juristische Personen sind,[1925] stellt sich bereits bei der singulären Verarbeitung wie bei allen folgenden Konstellationen die Frage, wessen Handeln der juristischen Person zugerechnet werden soll. Die Frage nach einer etwaigen „Verantwortungsgemeinschaft" stellt sich dagegen erst bei mehr als einem handelnden Akteur und kann sowohl eine hierarchische wie auch eine polyzentrische Form annehmen.[1926]

Im deutschen Straf- und Ordnungswidrigkeitenrecht besteht in dieser europäisch vergleichenden Hinsicht die Besonderheit, dass der maßgebliche dogmatische Anknüpfungspunkt der Schuldgedanke ist. Schuld erfordert allerdings ein Unrechtsbewusstsein, dass das deutsche (und österreichische) Recht nur natürlichen Personen zugesteht.[1927] Soll ein in Form eines materiellen Gesetzesverstoßes erfolgtes Unrecht – die sog. Anknüpfungstat – entsprechend gegen eine juristische Person geltend gemacht werden, erfordert dies zur Zurechnungsfähigkeit eine Handlung einer der in § 30 Abs. 1, S. 1, Nr. 1–5 OWiG abschließend genannten, allgemein als „Leitungspersonen" bezeichneten, auch Prokuristen und Handlungsbevollmächtigte in leitender

---

1922 Beiläufig erwähnt als unproblematisch bei *Buck*, Wissen und juristische Person, 2000, 104; ähnlich *Schüler*, Wissenszurechnung im Konzern, 2000, 57 ff.

1923 *Ambrock*, ZD 2020, 492 (493); *Schönefeld/Thomé*, PinG 2017, 126 (127 f.).

1924 Vgl. *Bergt*, in: Kühling/Buchner, DSGVO BDSG, 2020, Art. 83, Rn. 20 mit dem Hinweis auf die Unternehmensorganisationspflicht, dass eine Exkulpation aufgrund mangelhafter interner Prozesse ausscheidet; Wissenmüssen wird daher auch allgemein mit Wissen gleichgesetzt, vgl. *Buck*, Wissen und juristische Person, 2000, 31 ff.; *Schüler*, Wissenszurechnung im Konzern, 2000, 36.

1925 So auch *Schneider*, ZD 2022, 321 (323).

1926 *Seibert-Fohr*, in: Seibert-Fohr, Entgrenzte Verantwortung, 2020, 1 (23) m. w. N.; abzulehnen ist die Ansicht des OLG Dresden, Urt. v. 30.11.2021 – 4 U 1158/21, ZD 2022, 159, wonach ein Geschäftsführer gemeinsam Verantwortlicher i. S. v. Art. 4 Nr. 7, 26 DSGVO mit der von ihm geführten Gesellschaft sein soll; zutreffend daher *Veil*, in: Gierschmann et al., DSGVO BDSG, 2018, Art. 4 Nr. 7, Rn. 8; a. A. *Schild*, in: BeckOK Datenschutzrecht, 2022, Art. 4, Rn. 89; eine solche Gemeinschaft wird auch aus Bußgeldperspektive bejaht, vgl. dazu *Hüffner*, in: Grundmann et al., FS Schwark, 2009, 185 (193).

1927 Statt aller *Eisele*, in: Schönke/Schröder, StGB, 2019, Vorb. zu § 13, Rn. 103 ff.; *Heger*, in: Lackner/Kühl, 2018, Vorb. zu § 13, Rn. 22 f.; *Schürmann*, ZD-Aktuell 2021, 05546; *Raum*, GRUR 2021, 322 (323).

Stellung einschließenden[1928] Täters.[1929] Es ist jedoch (in Deutschland) umstritten, ob die DSGVO insofern einen autonom auszulegenden und unmittelbar anzuwendenden Bußgeldtatbestand errichtet, bei dem ein Rückgriff auf das nationale Ordnungswidrigkeitenverfahren nicht statthaft wäre. Der insofern vom LG Bonn[1930] und dem LG Berlin[1931] exemplarisch begründete Streit hat im juristischen Schrifttum aufgrund seiner immensen wirtschaftlichen und haftungstechnischen Bedeutung eine breite, naturgemäß interessengeleitete Resonanz gefunden.[1932] Die Debatte muss über die obige Darstellung der Positionen für und gegen eine Zurechnung an dieser Stelle nicht vertieft werden, da sich in einer singulären Verarbeitungssituation sowohl nach den Maßstäben des LG Bonn als auch des LG Berlin alle maßgeblichen Parameter eindeutig bestimmen ließen. Das Zurechnungsobjekt wäre die entsprechend verantwortliche juristische Person, innerhalb derer, wenn schon kein Handeln einer individuellen Person gem. § 30 OWiG nachgewiesen werden kann bzw. muss, ein Aufsichtsversäumnis i. S. v. § 130 OWiG im Wege des Taterfolgs festzustellen ist.[1933] Der Bußgeldrahmen bestimmte sich in einem solchen Fall am Gesamtumsatz des singulären Akteurs, ohne dass es zu Friktionen mit der Bestimmung des Art. 83 Abs. 4–6 DSGVO käme.

Da eine solche singuläre Datenverarbeitung, die ohne jegliche Einschaltung weiterer Akteure, insbesondere Auftragsverarbeiter i. S. v. Art. 4 Nr. 8 DSGVO auskommt, in der heutigen Praxis der vernetzten IT und Produktion höchst selten sein dürfte,[1934] stellt sich notwendig die Frage der Zurechnung von Verhalten und Umständen während einer Datenverarbeitung, die nicht unmittelbar in der Handlungssphäre des singulären Verantwortlichen stehen. Hierzu kennt die DSGVO neben Situationen einer weisungs-

---

1928 *Meyberg*, in: BeckOK OWiG, 2022, § 30, Rn. 48; *Schmidt-Leonardy*, in: Gassner/Seith, OWiG, 2020, § 30, Rn. 17 ff.

1929 *Venn/Wybitul*, NStZ 2021, 204 (205); *Raum*, GRUR 2021, 322 (323 und 325).

1930 LG Bonn, Urteil vom 11.11.2020 – 29 OWi 1/20.

1931 LG Berlin, Beschluss vom 18.2.2021 – 526 OWi LG 1/20, ECLI:DE:LGBE: 2021:0218.526OWI.LG212JS.OW.00.

1932 Zu den beiden Gerichtsurteilen *Golla*, DuD 2021, 179 (180 f.); *Nietsch/Osmanovic*, BB 2021, 1858; *Venn/Wybitul*, NStZ 2021, 204 (207); *Schürmann*, ZD-Aktuell 2021, 05546 m. w. N.; zur bußgeldrechtlichen Konzeption allgemein *Neun/Lubitzsch*, BB 2017, 1538 (1542 f.); *Timner/Radlanski/Eisenfeld*, CR 2019, 782 (783), Rn. 15 ff.

1933 GA *Campos Sánchez-Bordona*, Schlussanträge v. 27.4.2023, Rs. C-807/21 (Deutsche Wohnen), Rn. 58 f. und 70: „Meines Erachtens handelt es sich bei dem „durch einen Mitarbeiter vermittelten Verstoß" in Wirklichkeit […] um einen Verstoß der juristischen Person, unter deren Aufsicht der Mitarbeiter gehandelt hat"; *Rogall*, in: KK-OWiG, 2018, § 130, Rn. 74 f.; *Cordes/Reichling*, NJW 2015, 1335 (1337).

1934 So auch *Spittka*, in: Taeger, Den Wandel begleiten, 2020, 41; *Arning/Rothkegel*, in: Taeger/Gabel, DSGVO BDSG TTDSG, 2022, Art. 4, Rn. 186; siehe auch *Golland*, ZD 2020, 397 (398 ff.), zur Verantwortlichkeit von Privatpersonen im Internet.

gebundenen Datenverarbeitung lediglich eine weitere Form kollaborativen Zusammenwirkens,[1935] die durch eine extensive Auslegung der Gerichte zunehmend an Bedeutung gewinnende Rechtsfigur der gemeinsamen Verantwortung gem. Art. 26 DSGVO i. V. m. Art. 4 Nr. 7 DSGVO.

b. Zurechnung von Auftragsverarbeitungen

Auch das Handeln von Auftragsverarbeitern wirft zurechnungstechnische Fragen auf, die ihrerseits in mehrfacher Hinsicht Accountability-Relevanz entfalten.

Zunächst kann sich ein (singulärer) Verantwortlicher seiner Pflichten nicht dadurch entziehen, dass er sich zur Datenverarbeitung einer weiteren Partei bedient. Dies stellten bereits die OECD-Richtlinien 1980 klar.[1936] Insofern scheint das Datenschutzrecht in dieser Frage aus der Haftung für Handlungs- und Erfüllungsgehilfen im Zivilrecht entlehnt zu sein, die ihrerseits wiederum im römischrechtlichen Grundsatz der Selbstverantwortung (*Qui facit alium, facit per se*) wurzelt.[1937] Danach wird das Handeln des Beauftragten grundsätzlich dem Beauftragenden zugerechnet, einschließlich etwaig daraus entstehender Schäden,[1938] und unabhängig davon, ob der Beauftragende in der Lage gewesen ist, den Beauftragten zu kontrollieren oder zu überwachen.[1939] Auf eine Kenntnis der Vorgänge durch den Vorstand kommt es zur Zurechnung nicht an.[1940] Wie sich auch aus den Accountability-Dimensionen der Responsibility und der Agency bzw. Stewardship ergibt, haben diejenigen, die eine andere Partei einbeziehen, einerseits eine Sorgfalts- und Auswahlverpflichtung und können sich andererseits ihrer Pflicht, gegenüber dem Forum Rechenschaft abzulegen und sich bzw. das in ihrem Namen erfolgende Handeln zu rechtfertigen, nicht durch die Einschaltung weiterer Parteien entziehen. Das sahen auch die OECD-Richtlinien bereits für die Auftragsverarbeitung vor.

1935 *Specht-Riemenschneider/Schneider*, MMR 2019, 503.

1936 Vgl. Begleitmemorandum zu den OECD-Guidelines 1980, Rn. 62; ähnlich auch ErwG 79 und 81 DSGVO.

1937 *Martini*, in: Paal/Pauly, DSGVO BDSG, 2021, Art. 28, Rn. 2.

1938 *Moos/Schefzig*, in: Taeger/Gabel, DSGVO BDSG TTDSG, 2022, Art. 82, Rn. 66; *Becker*, in: Plath, DSGVO BDSG TTDSG, 2023, Art. 82, Rn. 14; *Boehm*, in: Simitis et al., Datenschutzrecht, 2019, Art. 82, Rn. 16; *Kramer*, in: Auernhammer, DSGVO BDSG, 2020, Art. 28, Rn. 72 f.

1939 *Grüneberg*, in: Grüneberg, BGB, 2023, § 278, Rn. 7.

1940 So auch der EuGH, Urt. v. 7.6.1983 – C-100/80 (Musique Diffusion), ECLI:EU:C:1983:158, Rn. 97, bei der Auseinandersetzung mit dem funktionalen Unternehmensbegriff; inhaltlich vergleichbar LfDI BaWü, Az. 0523.1-2/3 v. 10.3.2021; *Schönefeld/Thomé*, PinG 2017, 126 (128).

C. Adressaten der Accountability-Pflichten

Im Hinblick auf die Accountability der entsprechend beteiligten Parteien ist mithin der Auftragsverarbeiter im Innenverhältnis vollumfänglich rechenschafts- und rechtfertigungspflichtig gegenüber seinem Auftraggeber.[1941] Im Außenverhältnis allerdings entstehen ihm nur dort Pflichten, die ihm das Gesetz ausdrücklich zuschreibt und (kumulativ) sie nicht durch Assimilierung in den Accountability-Pflichten des Verantwortlichen aufgehen. Dies betrifft insbesondere die Sicherheit der Datenverarbeitung gem. Art. 32 Abs. 1 DSGVO, lässt sich jedoch auch auf die Pflicht nach Art. 32 Abs. 4 und Art. 30 Abs. 2 DSGVO übertragen. In Art. 32 Abs. 1 DSGVO werden zwar sowohl Verantwortliche als auch Auftragsverarbeiter adressiert, Letzteren können allerdings keine vollständig eigenen Pflichten zuwachsen, da sich die zu ergreifenden Maßnahmen unter anderem am Zweck einer Datenverarbeitung orientieren müssen. Die Zweckbestimmung obliegt indes ausschließlich dem Verantwortlichen.[1942] Die zu treffenden Maßnahmen sind mithin streng akzessorisch zu der konkret durch den Verantwortlichen vorgenommenen bzw. beauftragten Datenverarbeitung und werden damit Teil des Gesamtkatalogs technischer und organisatorischer Maßnahmen, über die ein Verantwortlicher rechenschafts- und rechtfertigungspflichtig ist. Daraus folgt, dass Verantwortlicher und Auftragsverarbeiter im Außenverhältnis eine Handlungs- und Haftungseinheit bilden. Die Aussage, das Handeln des Auftragsverarbeiters würde dem Verantwortlichen zugerechnet,[1943] ist mithin sprachlich unpräzise: innerhalb einer Einheit bedarf es gerade keiner Zurechnung.[1944] Dies wird sogleich bei der Untersuchung der Rechtsfigur des gemeinsam Verantwortlichen noch deutlicher.

Fraglich und im datenschutzrechtlichen Schrifttum soweit ersichtlich unbeleuchtet ist, ob der Verstoß durch konkrete Verarbeitungshandlungen eines Auftragsverarbeiter ein Bußgeld gegen den Verantwortlichen nach sich ziehen kann. Wie soeben festgestellt wurde, tritt ein Auftragsverarbeiter im Außenverhältnis nur dann mit eigenen Verpflichtungen als Rechtsobjekt in Erscheinung, wenn er sich gem. Art. 28 DSGVO weisungs- bzw. gem. Art. 29 DSGVO gesetzeswidrig im Exzess befindet.[1945] Daraus folgt, dass DSGVO-

---

1941 Vgl. bspw. Art. 33 Abs. 2 DSGVO.

1942 *EDPB*, Stellungnahme 07/2020 zum Konzept des Verantwortlichen und des Auftragsverarbeiters, Rn. 39.

1943 *Conrad/Seitner*, RDV 2021, 186 (191); *Martini*, in: Paal/Pauly, DSGVO BDSG, 2021, Art. 28, Rn. 2.

1944 Zutreffend zu der gleichen Wirkung bzgl. der wirtschaftlichen Einheit im Kartellrecht, *Kersting*, ZHR 2018, 8 (14 und 19 ff.), dem allerdings insofern nicht zugestimmt werden kann, als dass er auch völlig unbeteiligte Schwestergesellschaften als Teil der wirtschaftlichen Einheit sieht.

1945 Zur Wirkung des Art. 28 Abs. 10 DSGVO der in Exzessfällen nicht zu einer gemeinsamen Verantwortung führt *Poll*, Datenschutz in und durch Unternehmensgruppen, 2018, 112.

II. Zurechnung als Rechtsfolge datenschutzrechtlicher Verantwortung

Verstöße, die im Rahmen vertragsmäßig korrekter Ausführung der Weisungen erfolgen, durch die zuständige Aufsichtsbehörde ausschließlich gegenüber dem Verantwortlichen verfolgt werden können.[1946] Die Zuständigkeit bestimmt sich in diesen Fällen mithin nach dem Sitz des Verantwortlichen bzw. dessen Vertreter gem. Art. 27 DSGVO, nicht des Auftragsverarbeiters, und führt gegebenenfalls zur Anwendung des Konsistenzmechanismus gem. Art. 56 DSGVO.

Aus dem Umstand der Zurechnung des Verstoßes im Rahmen des Auftragsverarbeiterhandelns zum Verantwortlichen erwächst die Frage nach der maßgeblichen Bußgeldhöhe. Kumulierte man den weltweiten Jahresumsatz eines sog. „Hyperscalers"[1947] wie Amazon Webservices, Google Cloud oder Microsoft Azure mit dem weltweiten Jahresumsatz eines Mittelständlers, würde dies in jedem Fall existenzbedrohende Ausmaße annehmen.[1948] Hiergegen bestehen insofern erhebliche Rechtsstaatlichkeitsbedenken i. S. v. Art. 49 Abs. 4, Art. 52 Abs. 1 S. 2 GRCh. Sie erscheinen überdies auch sachlich nicht angemessen, bezieht man in die Gleichung die Kriterien des risikobasierten Ansatzes ein, d. h. die Art, den Umfang, die Umstände und die Zwecke der Datenverarbeitung sowie den gegebenenfalls geringen Umfang des Auftrags.

Es erscheint insofern zweckmäßiger, die aus dem Kartellrecht bekannten Maßstäbe der Bußgeldbemessung konsequent zu übertragen. Danach werden einerseits nur die tatsächlich handelnden Akteure bußgeldtechnisch zu einer funktionalen Haftungseinheit verklammert[1949] und andererseits das im Wege wirtschaftlichen Vorteils erzielte (im Kartellrecht die sog. Gewinnabschöpfung) in die Gleichung eingestellt.[1950] Im Datenschutzrecht sollte mithin der weltweite Jahresumsatz des europäischen Verantwortlichen sowie das finanzielle Volumen des Vertrages mit dem „Hyperscaler" bzw. allgemein dem Auftragsverarbeiter sowie die Summe, die es den Verantwortlichen gekostet hätte, einen Verstoß durch den Einsatz eines DSGVO-

---

1946 So auch *Hessel/Potel*, K&R 2020, 654 (655) m. w. N.

1947 Hyperscaler werden definiert als „skalierbare Cloud-Computing-Systeme, in denen eine sehr große Zahl an Servern in einem Netzwerk verbunden ist [und] [d]ie Zahl der genutzten Server […] je nach Bedarf vergrößert oder verkleinert werden [kann]", vgl. ausführlich *Falkhofen*, EuZW 2021, 787 (f.).

1948 Selbst der europaweite Umsatz böte insofern keine taugliche Bezugsgröße, so hat Amazon Luxemburg laut Jahresabschluss 2020 € 44 Mrd. Umsatz in Europa verbucht, Microsoft € 46 Mrd. allein im Q4 2021.

1949 Statt vieler *Zimmer*, in: Immenga/Mestmäcker, Wettbewerbsrecht, AEUV, 2019, Art. 101, Rn. 26.

1950 Vgl. *Faust/Spittka/Wybitul*, ZD 2016, 120 (122), zu möglichen Anknüpfungspunkten; *Greeve*, in: Hauschka/Mossmayer/Lösler, Corporate Compliance, 2016, § 25, Rn. 116.

konformen Dienstleisters oder Datenverarbeitungsmittels zu vermeiden,[1951] die maßgeblichen Elemente der Berechnung des Bußgeldes sein. Zusätzlich zu diesem Grundbetrag ist sodann ein Strafbetrag festzusetzen, der anhand der Kriterien von Art. 83 Abs. 2 DSGVO bestimmt werden kann und der im Wege der Generalprävention ein schlichtes „Einpreisen" des Verstoßes durch den auftraggebenden Verantwortlichen verhindern kann bzw. soll.[1952]

c. Zurechnung in Fällen gemeinsamer Verantwortung

Fraglich ist, ob die Wertungen der Auftragsverarbeitung auch auf die gemeinsame Verantwortung übertragen werden können.[1953] Die gemeinsame Verantwortung von zwei oder mehreren Akteuren, die sich gegenüber grundsätzlich nicht weisungsgebunden sind, ist, wie dargestellt wurde,[1954] entsprechend der EuGH-Rechtsprechung und der gebotenen europarechtlich autonomen Auslegung des Verantwortlichkeitsbegriffs sehr umfassend zu definieren.[1955] Das maßgebliche Element für die Annahme einer Verantwortung ist danach das willensgetragene Treffen einer Entscheidung über das Stattfinden einer Datenverarbeitung in einer bestimmten Weise,[1956] also über Umfang und Anlass eines Grundrechtseingriffs. Wird diese Entscheidung nicht in vollständig autonomer Weise getroffen, liegt eine gemeinsame Verantwortung vor, die ggf. anteilig gegliedert werden kann.[1957] Auf die konkrete Erscheinungsform der Entscheidung kommt es dabei nicht an, so dass neben einer unmittelbaren Verfügbarmachung durch Übermittlung auch

---

1951 Die Theorie des „efficient breach of public law" findet natürlich auch im Datenschutzrecht keine Anwendung, vgl. zu der Rechtsfigur *Fleischer*, NJW 2009, 2337 (2338) m. w. N.

1952 Interview mit *T. Wybitul* und *B. Thiel*, ZD 2020, 3 (4 f.); vgl. auch *Golla*, DuD 2021, 180 (183), nach dem Reputationsschäden in Folge einer Bußgeldverhängung nicht berücksichtigungsfähig sein sollen.

1953 Dies scheint das *EDPB* zu insinuieren, wenn es konstatiert „[…] the assessment of joint controllership should mirror the assessment of „single" control […]", vgl. Stellungnahme 07/2020 zum Konzept des Verantwortlichen und des Auftragsverarbeiters, S. 19, Rn. 50.

1954 Vgl. C. I.1.b. oben.

1955 *Hessel/Potel*, K&R 2020, 654 (656); *Gierschmann*, ZD 2020, 69; *Däubler*, in: Däubler et al., DSGVO BDSG, 2020, Art. 26, Rn. 5a.

1956 EuGH, Urt. v. 29.7.2019 – C-673/17 (Fashion ID), ECLI:EU:C:2019:629, Rn. 78; *Monreal*, CR 2019, 797; *Janicki*, in: Specht-Riemenschneider et al., FS Taeger, 2020, 197 (199); *Cornelius*, NZWiSt 2016, 421 (425); *Gierschmann*, ZD 2020, 69 (70); *Arning/Rothkegel*, in: Taeger/Gabel, DSGVO BDSG TTDSG, 2022, Art. 4, Rn. 181.

1957 Siehe ausführlich dazu C. I.1.b. oben; statt vieler *Arning/Rothkegel*, in: Taeger/Gabel, DSGVO BDSG TTDSG, 2022, Art. 4, Rn. 185 f.

II. Zurechnung als Rechtsfolge datenschutzrechtlicher Verantwortung

die (beitragsweise) Veranlassung,[1958] inhaltliche Beeinflussung,[1959] – dem Kartellrecht nicht unähnlich und wie zu zeigen sein wird insbesondere in Gruppenkonstellationen von Bedeutung – Abstimmung[1960] oder die Duldung einer Datenerhebung durch den gemeinsam Verantwortlichen in Frage kommt.[1961] Es liegt entsprechend keine vollständige Kongruenz zwischen den in der Dokumentation gem. Art. 30 DSGVO vor Beginn der Verarbeitung zu fixierenden Verarbeitungszwecken und den von den Parteien verfolgten gemeinsamen Zwecken vor; letztere sind im Sinne eines wirksamen Grundrechtsschutzes weiter auszulegen.[1962]

Liegen die Tatbestandsmerkmale objektiv vor, tritt die Rechtsfolge der Art. 26 DSGVO ein, wonach die entsprechenden Parteien der formellen Pflicht unterliegen, eine Vereinbarung mit mindestens dem dort verlangten Inhalt abzuschließen.[1963] Für die Frage der Zurechnung und Bußgeldbemessung sind jedoch weniger die vertraglichen als die objektiven Rechtsfolgen von Interesse. Gem. Art. 26 Abs. 3 DSGVO kann eine betroffene Person ihre Rechte bei und gegenüber jedem einzelnen der Verantwortlichen geltend machen. Der Verordnungsgeber hat sich im Verhältnis zum Betroffenen mithin bewusst für eine gesamtschuldnerische Haftung entschieden,[1964] wodurch insbesondere sichergestellt wird, dass Betroffene nicht dadurch schlechter gestellt werden, dass datenverarbeitende Unternehmen sich in eigenem Ermessen für einen bestimmten Modus Operandi im Geschäftsverkehr entscheiden.[1965]

Während die zivilrechtliche Schadenersatzpflicht zur Gesamthand in der Literatur aufgrund des eindeutigen Wortlauts von Art. 26 Abs. 3 DSGVO sowie des Normzwecks nicht ernstlich in Zweifel gezogen wird, gilt dies nicht für etwaige Bußgelder, die für Verstöße gegen materielle Normen der DSGVO im Rahmen einer gemeinsamen Verantwortung erfolgten Datenverarbei-

---

1958 EuGH, Urt. v. 5.6.2018 – C210/16, Wirtschaftsakademie Schleswig-Holstein (Facebook-Fanpages), EU:C:2018:388, Rn. 35 f.; *Jung/Hansch*, ZD 2019, 143 (144).

1959 EuGH, Urt. v. 10.7.2018 – C25/17 (Zeugen Jehovas), EU:C:2018:551, Rn. 11 ff.

1960 *EDBP*, Stellungnahme 07/2020 zum Konzept des Verantwortlichen und des Auftragsverarbeiters, S. 3: „converging decisions […], where decisions complement each other"; vgl. zum kartellrechtlichen Kriterium der „concurrence of wills" […].

1961 Zusammenfassend bei *Arning/Rothkegel*, in: Taeger/Gabel, DSGVO BDSG TTDSG, 2022, Art. 4, Rn. 183.

1962 *Kremer*, in: Schwartmann et al., DSGVO BDSG, 2020, Art. 26, Rn. 46; *Gierschmann*, ZD 2020, 69 (71); *Golland*, K&R 2019, 533 (535); weniger differenzierend *Schreiber*, ZD 2019, 55 f.

1963 *Petri*, in: Simitis et al., Datenschutzrecht, 2019, Art. 26, Rn. 16; *Plath*, in: Plath, DSGVO BDSG, 2018, Art. 26, Rn. 3.

1964 *Veil*, in: Gierschmann et al., DSGVO BDSG, 2018, Art. 26, Rn. 68; *Schreiber*, ZD 2019, 55 (58); *Bergt*, in: Kühling/Buchner, DSGVO BDSG, 2020, Art. 82, Rn. 39; *Paal*, MMR 2020, 14 (15 f.).

1965 *Petri*, in: Simitis et al., Datenschutzrecht, 2019, Art. 26, Rn. 16.

tung verhängt werden sollen. Hierzu wird vertreten, dass Art. 26 DSGVO „normsystematisch" keine Aussage zur sanktionsrechtlichen Verantwortung treffe und dass gem. Art. 83 Abs. 2 DSGVO der individuelle Tatbeitrag ermittelt werden solle, in dessen Rahmen die dort genannten Kriterien bußgeldmindernd oder -verschärfend zu berücksichtigen seien.[1966] Ergänzend wird Art. 82 Abs. 4 DSGVO im Wege eines versuchten Umkehrschlusses dahingehend bemüht, dass das Fehlen einer entsprechend korrespondierenden Norm in Art. 83 DSGVO Ausdruck einer ablehnenden gesetzgeberischen Intention gewesen sei.[1967]

Dies überzeugt in der Sache aus mehreren Gründen nicht. Zunächst unterliegen die Vertreter eines am individuellen Tatbeitrag zu bemessenden Bußgelds einer Fehlinterpretation des Konstrukts des datenschutzrechtlich Verantwortlichen, indem sie der deutschen Tradition der verantwortlichen Stelle verhaftet von zwei Individuen, zwei „Stellen" ausgehen, die personenbezogene Daten „für sich selbst erheben, verarbeiten oder nutzen"[1968] und dabei lediglich zusammenarbeiten.[1969] Wie gezeigt wurde, verkürzt dies jedoch die gebotene autonome europarechtliche Auslegung der Definition des Art. 4 Nr. 7 DSGVO in Zusammenschau mit der basalen Wertung des Art. 26 Abs. 1 S. 1 DSGVO, wonach die gemeinsam getroffene Entscheidung über die Zwecke, Mittel und Umstände einer Datenverarbeitung zu einer Haftungseinheit i. S. v. *in pluribus unum* führt.[1970] Die gesamtschuldnerische Schadenersatzpflicht gem. Art. 82 DSGVO im Zivilprozess dient dem dualistischen Ziel neben einer effektiven Rechtsschutz- und Regressmöglichkeit für Betroffene in Fällen eines Datenschutzverstoßes fürderhin eine Sorgfalts- und Fürsorgepflicht der Verantwortlichen untereinander für die Datenverarbeitungen des bzw. der jeweils anderen zu erzeugen, damit es erst gar nicht zu schadensersatzbegründenden Umständen kommt.[1971] Diese Wirkung ist Ausdruck der Accountability-Pflichten[1972] und gilt erst recht für

---

1966 *Martini*, in: Paal/Pauly, DSGVO BDSG, 2021, Art. 26, Rn. 37e.

1967 *Martini*, in: Paal/Pauly, DSGVO BDSG, 2021, Art. 26, Rn. 37e, wobei fälschlicherweise auf Art. 83 Abs. 4 statt auf Art. 82 Abs. 4 referenziert wird.

1968 So die Definition in § 3 Abs. 7 BDSG a. F.

1969 *Martini*, in: Paal/Pauly, DSGVO BDSG, 2021, Art. 26, Rn. 37e; auch *Schild*, in: BeckOK Datenschutzrecht, 2022, Art. 4, Rn. 91; vgl. zu diesem unzutreffenden „Stellen"-Denken *Monreal*, CR 2019, 797 (798).

1970 Ausführlich dazu C. I. 1. b oben.

1971 *EDBP*, Stellungnahme 07/2020 zum Konzept des Verantwortlichen und des Auftragsverarbeiters, S. 4: „*Each* joint controller has the duty to ensure that *they* have a legal basis for the processing and that the data are not further processed in a manner that is incompatible with the purposes for which they were originally collected *by the controller sharing* the data.", Herv. d. d. Verfasser; so auch *Frenzel*, in: Paal/Pauly, DSGVO BDSG, 2021, Art. 82, Rn. 13.

1972 So auch *Gierschmann*, ZD 2020, 69 (71) unter Heranziehung von Art. 24 Abs. 1 S. 1 und Art. 5 Abs. 2 DSGVO; ähnlich auch *Golland*, K&R 2019, 533 (536).

die etwaige Belangung mittels eines Bußgeldes. Die vertretene Differenzierung in datenschutzrechtliche Verantwortung einerseits, die bei den Parteien gemeinsam liegen soll, und einer sanktionsrechtlichen Verantwortung andererseits, die jede Partei einzeln treffen soll,[1973] erscheint damit sachlich artifiziell und findet keinen haltbaren Anknüpfungspunkt in der DSGVO. So bezieht sich ErwG 79 ausdrücklich neben den Betroffenenrechten auch auf deren Überwachung und Durchsetzung durch die Aufsichtsbehörde. Die gemeinsame Verantwortung gem. Art. 26 DSGVO, dem ErwG 79 zu Grunde liegt, intendiert mithin gerade eine verbesserte oder mindestens effektiv gleichwertige Durchsetzung materiellen Datenschutzrechts in Situationen, in denen die Datenverarbeitung nicht durch einen singulären Verantwortlichen stattfindet. Diese Durchsetzung auch mit Blick auf in Stellvertretung für Betroffene (Art. 80 DSGVO) geltend gemachte Ansprüche wäre erheblich gehemmt, stünden der zuständigen Aufsichtsbehörde weniger wirkmächtige Handlungsoptionen zur Verfügung. Dies entspricht im Übrigen tradierten Durchsetzungskonzepten verwandter Rechtsmaterien. So haften nach den Vorbildnormen des Kartellrechts alle Gesellschaften gesamtschuldnerisch, die gemeinsam das „Unternehmen" als wirtschaftliche bzw. funktionale Einheit tragen.[1974] Auch die Störerauswahl im Rahmen des Auswahlermessens gem. § 40 VwVfG erlaubt die Inanspruchnahme einzelner Verantwortlicher, wenn diese geeignet ist, den Anlass des Einschreitens zu beseitigen.[1975]

Daraus folgt, dass gemeinsam Verantwortliche eine Handlungs- und Haftungs*einheit* sowohl im regress- als auch im bußgeldrechtlichen Außenverhältnis bilden. Verstöße gegen das Datenschutzrecht im Rahmen der gemeinsamen Verantwortung sind mithin Verstöße der Einheit, so dass es gerade keiner Zurechnung bedürfte.[1976] Die Zuweisung einer Haftung stellt sich damit dogmatisch eher als Durchgriff auf einen der mindestens zwei Rechtsträger der gemeinsamen Handlungseinheit dar.[1977] Geht man jedoch mit der deutschen Dogmatik der Zurechnungslehre davon aus, dass derje-

---

1973 *Martini*, in: Paal/Pauly, DSGVO BDSG, 2021, Art. 26, Rn. 37e.
1974 *Kersting*, ZHR 2018, 8 (31); auch die *Art. 29-Gruppe* votierte in WP 169, S. 22, für einen funktionellen Ansatz bei der Bestimmung gemeinsam Verantwortlicher und wiederholte diese Ansicht in *EDPB*, Stellungnahme 07/2020 zum Konzept des Verantwortlichen und des Auftragsverarbeiters, S. 11, Rn. 21.
1975 *Schreiber*, ZD 2019, 55 (59), allerdings mit einer zu Wertungswidersprüchen führenden Unterscheidung zwischen Art. 58 Abs. 1 und Abs. 2 DSGVO (60); diese Wirkung eines Bußgeldes ist – insbesondere mit Blick auf Art. 83 Abs. 1 DSGVO – unzweifelhaft gegeben, vgl. etwa *Däubler*, in: Däubler et al., DSGVO BDSG, 2020, Art. 26, Rn. 8: „Wird [ein Bußgeld] ernsthaft angedroht, wird die Kooperation entweder aufgelöst oder sehr schnell ein Vertrag geschlossen."
1976 Zutreffend zu der gleichen Wirkung bzgl. der wirtschaftlichen Einheit im Kartellrecht, *Kersting*, ZHR 2018, 8 (14).
1977 Vgl. *Schüler*, Wissenszurechnung im Konzern, 2000, 88 ff., zur Abgrenzung eines Durchgriffs vom Zugriff; zutreffend *Kersting*, ZHR 2018, 8 (22 und 34), der darauf

nige, der einen Nutzen aus einem arbeitsteiligen Handeln zieht, auch die sich daraus ergebenden Nachteile tragen muss,[1978] so folgt auch daraus, dass die im Eigeninteresse vorgenommene bzw. mögliche (und ggf. unterlassene) Einflussnahme[1979] einen tauglichen Zurechnungsgegenstand darstellten, der aufgrund des Schutzgedankens auch begründet zugerechnet werden kann.[1980]

Die trennscharfe Bestimmung der Reichweite einer etwaigen gemeinsamen Verantwortung ist indes dennoch unerlässlich, denn in aller Regel umfasst sie nicht die gesamte Verarbeitung des bzw. der fraglichen Daten durch die Parteien. Stattdessen sind punktuelle oder phasenweise Kollaborationen die Regel, indem Daten beispielsweise gemeinsam erhoben werden oder in einer abgestimmten Form angereichert und danach zu jeweils eigenen, unabhängig determinierten Zwecken weiterverwendet werden. Vor- wie nachgelagerte Datenverarbeitungen erfolgen grundsätzlich in eigener Verantwortung, sofern nicht weitere objektive Verarbeitungsumstände entgegenstehen, und sind mithin auch nicht Teil des Haftungsumfangs der anderen Partei(en).[1981] Zutreffend entschied der EuGH entsprechend, dass eine gemeinsame Verantwortung weder eine gleichwertige Beteiligung innerhalb der arbeitsteiligen Verarbeitung, noch einen vollständig in Kollaboration durchgeführten Verarbeitungsvorgang erfordere.[1982] Das teilweise kolportierte Risiko, für schwere Datenschutzverletzungen außerhalb der jeglicher eigener Kontrolle

---

hinweist, dass sich die Frage insofern nur in Situationen stellt, in denen mehrere Rechtsträger vorhanden sind.

1978 *Schüler*, Wissenszurechnung im Konzern, 2000, 31.

1979 Dieses Kriterium formte der EuGH in der Rs. Zeugen Jehovas, (Urt. v. 10.7.2018 – C-25/17, EU:C:2018:551) Rn. 68 ff., aus, vgl. dazu *Gierschmann*, ZD 2020, 69 (70 f.); *Schreiber*, ZD 2019, 55 (56); *Kremer*, in: Schwartmann et al., DSGVO BDSG, 2020, Art. 26, Rn. 38; krit. dazu *Lee/Cross*, MMR 2019, 559 (561 f.); indirekt taucht es auch bereits in der Entscheidung zu Facebook Fanpages auf, vgl. EuGH, Urt. v. 5.6.2018 – C210/16, Wirtschaftsakademie Schleswig-Holstein (Facebook-Fanpages), EU:C:2018:388, Rn. 34 ff.

1980 A.A. wohl *Louven*, in: Specht-Riemenschneider et al., FS Taeger, 2020, 725 (731), der argumentiert, der kartellrechtliche Gedanke des wirtschaftlichen Nutzens könne nicht ins Datenschutzrecht übertragen werden; *Plath*, in: Plath, DSGVO BDSG TTDSG, 2023, Art. 26, Rn. 7.

1981 So auch *Martini*, in: Paal/Pauly, DSGVO BDSG, 2021, Art. 26, Rn. 37d; *Kremer*, in: Schwartmann et al., DSGVO BDSG, 2020, Art. 26, Rn. 51 und 87; instruktiv zur Bestimmung der Phasen *Gierschmann*, ZD 2020, 69 (72 f.); *Schreiber*, ZD 2019, 55 (58).

1982 EuGH, Urt. v. 5.6.2018 – C210/16, Wirtschaftsakademie Schleswig-Holstein (Facebook-Fanpages), EU:C:2018:388, Rn. 43; umfassend dargestellt auch bei *Gierschmann*, ZD 2020, 69 (70 f.), und *Kremer*, in: Schwartmann et al., DSGVO BDSG, 2020, Art. 26, Rn. 27 ff.

haftbar gemacht zu werden,[1983] beruht nach hier vertretener Ansicht folglich auf einer unzureichenden Differenzierung und besteht bei konsequenter Anwendung durch die Gerichte und Aufsichtsbehörden in der Praxis nicht. Daraus folgt zwar ein gewisses Restrisiko für Betroffene, gegebenenfalls zwei oder mehr Prozesse führen zu müssen, um eine effektive Restitution zu erreichen. Die haftungsrechtliche Belastung für Umstände und – potenziell unzulässige – Datenverarbeitungen ist jedoch grundsätzlich bei der sachnäheren bzw. allein entscheidungsfähigen Partei anzusiedeln.[1984] Für eine Zurechnung fehlt es in diesen Fällen sowohl an einer Zurechnungsnorm als auch an einem tauglichen Zurechnungsgrund.

Die vorstehenden Überlegungen sollen jedoch nicht darüber hinwegtäuschen, dass die Rechtsfigur der gemeinsamen Verantwortung mit erheblichen Rest- und Rechtsrisiken verbunden ist,[1985] deren vollständige Konturen erst durch weitere Judikatur herausgearbeitet werden müssen. Das insofern einzige erkennbare und bereits aus Art. 26 DSGVO ableitbare Narrativ ist die Rechtsstellung der Betroffenen, die nicht durch Verarbeitungsumstände beeinträchtigt werden darf, die andere Parteien gesetzt haben. Fraglich ist entsprechend, wie Verarbeitungsumstände zu bewerten sind, die aus einer gesellschaftsrechtlichen Verbindung entstehen, die möglicherweise lange vor der Datenverarbeitung selbst begründet wurden.

d. Gruppendimensionale Zurechnung

Gesellschaftsrechtliche Durchgriffsmöglichkeiten bilden in der datenschutzrechtlichen Sichtweise ein bislang relativ unterbelichtetes Thema ab. So ist – insbesondere nach der soeben dargestellten jüngeren EuGH Rechtsprechung – zwar anerkannt, dass für die Begründung einer gemeinsamen Verantwortung i. S. v. Art. 26 DSGVO eine faktische und/oder vertragliche Einflussnahme(möglichkeit) ausreichen kann.[1986] Auf die innerhalb von Unternehmensgruppen stets bestehende Wirklichkeit wirtschaftlicher und organisatorischer Abhängigkeiten und Verflechtungen ist dies jedoch nur

---

1983 Dies beschwört bspw. *Däubler*, in: Däubler et al., DSGVO BDSG, 2020, Art. 26, Rn. 5b.

1984 Für diese ratio im Rahmen der Gefährdungshaftung *Zech*, JZ 2013, 21 (24); ähnlich auch *Waldkirch*, Zufall und Zurechnung im Haftungsrecht, 2017, 132, nach dem die Möglichkeit der Gefahrbeherrschung entscheidend sei; ablehnend zum Argument der Sachnähe *Repgen*, in: Baumgärtel/Laumen/Prütting, Handbuch der Beweislast, 2019, Bd. 2, § 280, Rn. 43 ff.

1985 *Kremer*, in: Schwartmann et al., DSGVO BDSG, 2020, Art. 26, Rn. 54 f.; *Gierschmann*, ZD 2020, 69 (71).

1986 *Arning/Rothkegel*, in: Taeger/Gabel, DSGVO BDSG TTDSG, 2022, Art. 4, Rn. 183 und 191 ff.; *Schreibauer*, in: Auernhammer, DSGVO BDSG, 2020, Art. 26, Rn. 4.

punktuell übertragen und zurückhaltend rezipiert worden.[1987] Auch Ansätze der technisch bedingten tatsächlichen Verantwortungsdiffusion sind bislang rar.[1988] Dabei ist gerade die gesellschaftsrechtliche Strukturierung und an der realen Wertschöpfung ausgerichtete Organisation ein „Ausdruck unternehmerischen Handelns",[1989] dem jedoch entsprechend inhärent das Risiko innewohnt, die rechtliche Regulierung faktisch zu überholen.[1990] Insbesondere innerhalb von Konzernen kann folglich häufiger das Vorliegen einer gemeinsamen Kontrolle über die Zwecke und Mittel der Verarbeitung angenommen werden, auch wenn diese von den Beteiligten nicht stets als solche identifiziert wurde.[1991] Dies gilt umso mehr als dass die Rechtsfolge einer gemeinsamen Verantwortung anhand der objektiven Sachlage bestimmt wird, insofern nur bedingt von deren Parteien beeinflusst werden kann und vor allem nicht vom Wissen oder Wollen über die datenschutzrechtliche Position, sondern allein von den realen Umständen der in Rede stehenden Datenverarbeitung abhängt. Allerdings erkennt sowohl das Gesellschafts-, wie auch das Kartell- und das Datenschutzrecht die grundsätzliche Selbstständigkeit der einzelnen Unternehmensteile bei der Verarbeitung personenbezogener Daten bzw. der Verfolgung des Geschäftszwecks an.[1992] Allein eine gesellschaftsrechtliche Verbundenheit ist mithin nicht ausreichend, um eine globale Zurechnung entgegen der Wertungen des Trennungsprinzips zu begründen.[1993]

Während allerdings das Kartellrecht bei einer Konzernierung grundsätzlich von einer Einflussnahme durch die herrschende Gesellschaft ausgeht (Akzo-Vermutung),[1994] unterstellt die überwiegende Meinung in der datenschutzrechtlichen Literatur konkludent, dass eine juristische Person selbst

---

1987 *Nickel*, ZD 2021, 140, weist zumindest darauf hin, dass mit diesen Abhängigkeiten in der Regel Einschränkungen der Handlungsfreiheit einhergehen; *Poll*, Datenschutz in und durch Unternehmensgruppen, 2018, konzentriert sich dabei auf Art. 4 Nr. 19 DSGVO und internationale Datentransfers.

1988 Zum Problem *Spiecker gen. Döhmann*, CR 2016, 698 (699 ff.); *Poll*, Datenschutz in und durch Unternehmensgruppen, 2018, 187 f.

1989 *Lutter*, in: Reichert et al., FS Volhard, 1996, 105 (112).

1990 Dies wird durch den Einsatz datenverarbeitender Technologien noch verstärkt, vgl. so auch *Poll*, Datenschutz in und durch Unternehmensgruppen, 2018, 298; schon früh *Tiedemann*, in: Ficker et al., FS v. Caemmerer, 1978, 643.

1991 *Däubler*, in: Däubler et al., DSGVO BDSG, 2020, Art. 26, Rn. 4; andeutungsweise auch *Lang*, in: Taeger/Gabel, DSGVO BDSG TTDSG, 2022, Art. 26, Rn. 53.

1992 Auch organhaftungsrechtlich besteht keine Einheitssicht, vgl. dazu *Schockenhoff*, ZHR 2016, 197 (201 ff.).

1993 So auch *Poll*, Datenschutz in und durch Unternehmensgruppen, 2018, 42.

1994 EuGH, Urt. v. 10.9.2009 – C-97/08 P (Akzo Nobel), ECLI:EU:C:2009:536, Rn. 54 ff.; *Biermann*, in: Immenga/Mestmäcker, Wettbewerbsrecht, Kartell-VO, 2019, Vorb. Art. 23 f., Rn. 95 f.; *Grave/Nyberg*, in: Loewenheim/Meessen/Riesenkampff/Kersting/Meyer-Lindemann, Kartellrecht, AEUV, 2020, Art. 101, Rn. 141 ff.

II. Zurechnung als Rechtsfolge datenschutzrechtlicher Verantwortung

innerhalb einer Unternehmensgruppe i. S. v. Art. 4 Nr. 19 DSGVO, die definitionsgemäß ein „herrschendes" („*controlling*") Unternehmen einschließt, die Zwecke und Mittel der durchgeführten Datenverarbeitungen selbst bestimmt bzw. bestimmen kann.[1995] Diese Vermutung gilt es nach dem Inkrafttreten der DSGVO und damit dem ErwG 150 S. 3 indes kritisch zu hinterfragen.[1996] So könnte an das Kartellrecht angelehnt argumentiert werden, dass das herrschende Unternehmen einer Unternehmensgruppe im Falle eines Datenschutzverstoßes einer Konzernuntergesellschaft darlegen müsste, dass es trotz ordnungsgemäßer Ausübung der gesellschaftsrechtlich bestehenden Leitungs- und Einflussnahmemöglichkeiten keinen zurechenbaren Beitrag geleistet bzw. alle vertretbaren Schritte unternommen habe, um den Verstoß zu verhindern. Fraglich ist insofern, welche Anknüpfungspunkte in Frage kommen und ob ihre Anwendung nicht zu einem Gleichlauf zwischen Datenschutzrecht und der kartellrechtlichen Vermutungs- und Zurechnungsdogmatik führen kann.[1997] So könnten auch EuGH-rechtlich geprägte Auslegungsmuster zu einer gesteigerten Rechtssicherheit führen und gleichzeitig mit dem Ziel einer Erhöhung des Schutzniveaus für Betroffene fruchtbar gemacht werden. Maßgeblich bleibt indes stets die datenschutzrechtliche Beurteilung einer gemeinsamen Entscheidung bezüglich der Zwecke und der wesentlichen Mittel.

(1) Übertragung der Akzo-Vermutung in das Datenschutzrecht

Die datenschutzrechtliche Ausgangslage ist mit der wettbewerbs- und insbesondere kartellrechtlichen grundsätzlich in mehr Aspekten vergleichbar, als nur dem zur Bußgeldberechnung bzw. der Bußgeldbemessung herangezogenen Unternehmensbegriff. So ist es das Ziel des Kartellrechts, primärrechtlich normiert in den Art. 101, 102 AEUV sowie in nationalen Regelungen wie § 1, 19 ff. GWB, den Wettbewerb und die freie, unbehinderte unternehmerische Betätigung zu gewährleisten.[1998] Es soll ein grundsätzlich offener Wettbewerb anhand von leistungsorientierten Meriten stattfinden können, der nicht durch prädeterminierende und ggf. kompromittierende Faktoren

---

1995 Etwa bei *Hessel/Potel*, K&R 2020, 654 (655); *Kramer*, in: Gierschmann et al., DSGVO BDSG, 2018, Art. 4, Rn. 15.

1996 So auch *Voigt*, in: Bussche v. d./Voigt, Konzerndatenschutz, 2019, Teil 3, Kap. 1, Rn. 4; zurückhaltend aber für eine widerlegliche Verantwortung des herrschenden Unternehmens plädiert *Raschauer*, in: Sydow/Marsch, DSGVO BDSG, 2022, Art. 4, Rn. 133.

1997 Dazu ausführlich *Habersack*, in: Bechtold/Jickeli/Rohe, FS Möschel, 2011, 1175 (1080 ff.).

1998 *Grave/Nyberg*, in: Loewenheim/Meessen/Riesenkampff/Kersting/Meyer-Lindemann, Kartellrecht, AEUV, 2020, Art. 101, Rn. 121 und 193; *Fischer/Zickgraf*, ZHR 2022, 125 (128 f.) m. w. N.; *Schuhmacher*, in: Grabitz/Hilf/Nettesheim, AEUV, 2021, Art. 101, Rn. 10 f.; *Zelger*, EuR 2021, 478 (490).

wie Marktabsprachen be- bzw. verhindert werden soll. Hieraus folgt das sog. Selbstständigkeitspostulat, das jede direkte und indirekte Kollusion durch konkrete Absprachen, Einflussnahme oder die indirekte Abstimmung des marktbezogenen Verhaltens untersagt und stattdessen verlangt, dass ein Marktakteur sein wirtschaftliches Verhalten unabhängig bestimmen kann.[1999] Adressat dieser Gewährleistung sowie spiegelbildlich Adressaten des Verbots wettbewerbsbeschränkender Praktiken sind Unternehmen (engl. *„undertakings"*) und Unternehmensvereinigungen (engl. *„associations of undertakings"*).[2000] Dieser kartellrechtliche Unternehmensbegriff bildete *expressis verbis* das Vorbild des datenschutzrechtlichen Bußgeldregimes in Art. 83 DSGVO,[2001] was aufgrund der Verwendung der tradierten Begriffe von Verantwortlichen und Auftragsverarbeitern als Bußgeldadressaten jedoch dennoch nicht friktionslos geblieben ist, sondern zahlreiche Fachbeiträge und Rechtsunsicherheiten provoziert hat. Insbesondere in gruppendimensionalen Konzernsachverhalten entfaltet der kartellrechtliche Unternehmensbegriff Effekte, die bislang nicht in das Datenschutzrecht übertragen wurden. Es scheint daher angezeigt, den kartellrechtlichen Stellenwert der Selbstständigkeit näher zu untersuchen, bevor dies mit der datenschutzrechtlichen Grundkonstellation der Eigenverantwortlichkeit und des grundsätzlich fehlenden Konzernprivilegs in Einklang gebracht werden kann.

In teleologischer Hinsicht begründet sich das wettbewerbs- bzw. kartellrechtliche Selbstständigkeitspostulat in der Anforderung, dass ein Unternehmen sein Marktverhalten eigenständig bestimmen kann bzw. können soll, einschließlich der Wahl der Vertragspartner, denen er Angebote unterbreitet oder Dienstleistungen verkauft.[2002] Die Selbstständigkeit ermöglicht erst „die Entfaltung und Austragung einer wettbewerblichen Auseinandersetzung",[2003] deren Ziel schließlich eine Steigerung der Gesamt- bzw. Verbraucherwohlfahrt ist.[2004] Als Marktverhalten ist entsprechend jede

---

1999 *Wiedemann*, in: Wiedemann, Handbuch Kartellrecht, 2020, Kap. 1, § 2, Rn. 2 f.; std. Rspr. des EuGH, vgl. etwa EuGH, Urt. v. 16.12.1975 – verb. Rs. 40–48, 50, 54–56, 111, 113 und 114–73 (Suiker Unie), Rn. 174; EuGH, Urt. v. 29.9.2011 – C-521/09 P (Elf Aquitaine), ECLI:EU:C:2011:620, Rn. 58; EuGH, Urt. v. 11.7.2013 – C-440/11 (Stichting Administratiekantoor Portielje), ECLI:EU:C:2013:514, Rn. 66.

2000 *Weiß*, in: Calliess/Ruffert, EUV/AEUV, 2022, Art. 101, Rn. 13; *Wiedemann*, in: Wiedemann, Handbuch Kartellrecht, 2020, Kap. 1, § 2, Rn. 2; *Fischer/Zickgraf*, ZHR 2022, 125 (128).

2001 *Albrecht/Jotzo*, Das neue Datenschutzrecht, 2017, 130, Rn. 34; *Holländer*, in: BeckOK Datenschutzrecht, 2022, Art. 83, Rn. 14.

2002 Std. Rspr. begründet in EuGH, Urt. v. 16.12.1975 – verb. Rs. 40–48, 50, 54–56, 111, 113 und 114–73 (Suiker Unie), Rn. 174.

2003 *Eilmansberger/Kruis*, in: Streinz, EUV/AEUV, 2018, Art. 101, Rn. 52.

2004 *Schuhmacher*, in: Grabitz/Hilf/Nettesheim, AEUV, 2021, Art. 101, Rn. 16; vgl. jedoch auch *Zimmer*, in: Immenga/Mestmäcker, Wettbewerbsrecht, AEUV, 2019,

wirtschaftliche Tätigkeit zu verstehen, die darin besteht, Güter oder Dienstleistungen entgeltlich, d.h. nicht zu rein privaten Zwecken,[2005] auf einem bestimmten Markt anzubieten,[2006] während die Eigenständigkeit erfordert, dass dieses Verhalten ohne – direkt oder indirekt ausgeprägten – Druck, Abstimmung oder Fühlungnahme zustande kommt, durch welche die kommerzielle Ungewissheit über das zukünftige Verhalten der Konkurrenten reduziert oder gar eliminiert würde.[2007] Beide Elemente kennzeichnen den für die Beurteilung etwaig wettbewerbswidrigen Verhaltens prägenden extrinsischen Schutzgedanken; Normzweck des Kartellrechts ist mit dem Schutz des Wettbewerbs sowie der daran teilnehmenden Unternehmen stets eine im Außenverhältnis zur wirtschaftlichen Einheit stehende Stelle.[2008] Durchbrochen wird das Selbstständigkeitspostulat mithin bei Wettbewerbsakteuren, die einem Konzern angehören, wobei grundsätzlich alle Formen der (unterordnenden wie gleichordnenden) Konzernierung, also die gesetzlich definierten Formen des Vertragskonzerns (§§ 291 ff. AktG) und Eingliederungskonzern (§§ 319 ff. AktG), wie auch der gesetzlich nicht definierte, regelmäßig auf Mehrheitsbeteiligungen an Stimmrechten und/oder Kapitaleinlagen beruhende faktische Konzern (§§ 311 ff. AktG) in Betracht kommen. Denn obwohl auch im Kartellrecht anerkannt ist, dass eine Konzernierung nicht zum Verlust der eigenständigen Rechtspersönlichkeit führt,[2009] verklammert

---

Art. 101, Rn. 107, der darauf hinweist, dass kurzfristige Preisvorteile langfristige Nachteile im Wettbewerb nicht notwendigerweise ausschließen.

2005 Der kartellrechtliche Begriff der wirtschaftlichen Tätigkeit ist mit Blick auf den Schutzzweck des Gesetzes weit auszulegen (vgl. *Zimmer*, in: Immenga/Mestmäcker, Wettbewerbsrecht, 2019, Bd. 1, AEUV, Art. 101, Rn. 15) und erinnert insofern an die spiegelbildlich sehr eng auszulegende „Haushaltsausnahme", die gem. Art. 2 Abs. 2 lit. c DSGVO eine Datenverarbeitung aus dem Anwendungsbereich der DSGVO ausnimmt, vgl. zu dieser engen Auslegung statt aller *Ernst*, in: Paal/Pauly, DSGVO BDSG, 2021, Art. 2, Rn. 21; *Weichert*, in: Däubler et al., DSGVO BDSG, 2020, Art. 2, Rn. 17; *Kühling/Raab*, in: Kühling/Buchner, DSGVO BDSG, 2020, Art. 2, Rn. 23 und 26; zweifelnd dagegen *v. Lewinski*, in: Auernhammer, DSGVO BDSG, 2020, Art. 2, Rn. 27, nach dem sich diese Frage „oft nicht ohne ein bestimmtes datenschutzpolitisches Vorverständnis" beantworten lasse.

2006 *Zimmer*, in: Immenga/Mestmäcker, Wettbewerbsrecht, AEUV, 2019, Art. 101, Rn. 14; *Fischer/Zickgraf*, ZHR 2022, 125 (128).

2007 EuGH, Urt. v. 16.12.1975 – verb. Rs. 40–48, 50, 54–56, 111, 113 und 114–73 (Suiker Unie), Rn. 174 f.; *Eilmansberger/Kruis*, in: Streinz, EU/AEUV, 2018, Art. 101, Rn. 53; *Grave/Nyberg*, in: Loewenheim/Meessen/Riesenkampff/Kersting/Meyer-Lindemann, Kartellrecht, 2020, Art. 101, Rn. 193: „Selbstständigkeitspostulat ist der begriffliche Gegensatz zur Kollusion".

2008 *Fischer/Zickgraf*, ZHR 2022, 125 (130 f. und 146 f.).

2009 *Poll*, Datenschutz in und durch Unternehmensgruppen, 2018, 63; *Habersack*, in: Bechtold/Jickeli/Rohe, FS Möschel, 2011, 1175 (1182); vgl. *Zimmer*, in: Immenga/Mestmäcker, Wettbewerbsrecht, AEUV, 2019, Art. 101, Rn. 109 f., zum Meinungsstreit, ob eine Unternehmenseigenschaft bejaht werden kann.

der EuGH – in Form einer „dogmatischen Ungenauigkeit"[2010] – verbunde-ne Unternehmen i. S. v. §§ 15 ff. AktG als wirtschaftlich zusammengehöri-ge Einheit, obwohl es sich weiterhin um juristisch eigenständige Personen handelt.[2011] Ein Unternehmen im kartellrechtlichen Sinne kann mithin aus einer einzelnen oder einer Mehrzahl juristischer Personen bestehen, deren jeweiliges individuelles Handeln der übergeordneten wirtschaftlichen Ein-heit zugerechnet wird.[2012] *Ratio legis* dieser normativen Akzeptanz ist die rechtsökonomische Orientierung an einer effizienten Ressourcenallokation innerhalb einer Unternehmensgruppe, bei der es nicht darauf ankommt, ob ein Akteur als unselbstständige Niederlassung oder als eigenständige Ge-sellschaft *de jure* existiert, da eine Vereinbarung gem. Art. 101 AEUV jeder-zeit durch eine Weisung der Muttergesellschaft ersetzt werden könnte.[2013] Innerhalb einer Unternehmensgruppe können Tochterunternehmen häufig erst dann am effizientesten eingesetzt werden, wenn eine Form der einglie-dernden Verhaltensabstimmung erfolgt, sprich, wenn sie Teil der gruppen-internen Wertschöpfungskette werden. Hierzu wird es in der Regel zu einer leitenden Einflussnahme durch übergeordnete oder die Konzernmutterge-sellschaft kommen.[2014] Haftungsrechtlich wird diese Art der Zurechnung mit der widerleglichen Vermutung eines möglichen beherrschenden Einflusses der Muttergesellschaft (sog. Akzo-Vermutung) begründet, wonach bis zur Entkräftung durch die entsprechende Muttergesellschaft unterstellt wird, dass diese am Marktverhalten der Tochtergesellschaft, in deren Rahmen der Kartellrechtsverstoß erfolgte, beteiligt war (Zurechnungsgrund).[2015] Dieser Einfluss kann aus rechtlicher, wirtschaftlicher und organisatorischer Gestal-tung entstehen und muss entsprechend auch entkräftet werden, möchte die Muttergesellschaft eine wirtschaftliche Einheit bestreiten.[2016] Die Möglich-keit einer entsprechenden Einflussnahme durch technische Rahmenbedin-gungen, die von der Muttergesellschaft geschaffen werden, kommt entspre-chend ebenfalls in Betracht, wird im kartellrechtlichen Schrifttum soweit

---

2010 *Zimmer*, in: Immenga/Mestmäcker, Wettbewerbsrecht, AEUV, 2019, Art. 101, Rn. 32.

2011 EuGH, Urt. v. 10.9.2009 – C-97/08 P (Akzo Nobel), ECLI:EU:C:2009:536, Rn. 57 f.

2012 *Fischer/Zickgraf*, ZHR 2022, 125 (129 ff. und 155); ohne Bezug auf die Rege-lungstechnik der Zurechnung *Schönefeld/Thomé*, PinG 2017, 126 (127); *Cornelius*, NZWiSt 2016, 421 (422); *Zelger*, EuR 2021, 478 (482).

2013 *Fischer/Zickgraf*, ZHR 2022, 125 (145 f.).

2014 *Sørensen*, Eur. BusOrg LR 2021, 433 (436).

2015 *Fischer/Zickgraf*, ZHR 2022, 125 (149 f.).

2016 EuGH, Urt. v. 29.9.2011 – C-521/09 P (Elf Aquitaine), ECLI:EU:C:2011:620, Rn. 62: „[…] eine Vermutung – selbst wenn sie schwer zu widerlegen ist – [hält sich] innerhalb akzeptabler Grenzen […], wenn sie im Hinblick auf das verfolgte legitime Ziel angemessen ist, wenn die Möglichkeit besteht, den Beweis des Gegenteils zu erbringen, und wenn die Verteidigungsrechte gewahrt sind"; *Fischer/Zickgraf*, ZHR 2022, 125 (134 und 143), Fn. 102, m. w. N.

ersichtlich jedoch nicht dediziert beleuchtet.[2017] Allerdings sind technisch bedingte Wettbewerbsbeschränkungen in der Rechtsprechung des EuGH nicht unbekannt. So ist neben der bereits angesprochenen abgestimmten Verhaltensweise in der Rs. Eturas,[2018] deren Sachverhalt die Nutzung eines IT-Systems zwischen nicht verbundenen Unternehmen bildete, vom EuGH in der Rs. Eni[2019] ein bestimmender Einfluss der Muttergesellschaft angenommen worden, welche nach eigener Angabe die „schlichte" Rolle einer technischen und finanziellen Koordinatorin gespielt habe.[2020] Diese durch Prozessvortrag von Eni eingeräumte Rolle zeige gerade, dass sie es nicht unterlassen hätte, einen bestimmenden Einfluss auf die Tochtergesellschaften auszuüben und dass Eni, zur Widerlegung – neben einem Verzicht auf die unglückliche Selbstbezeichnung als „Koordinatorin" – hätte nachweisen müssen, dass Tochtergesellschaften nicht nur auf operativer, sondern auch auf finanzieller Ebene völlig eigenständig hätten handeln können.[2021] Die hieraus abgeleitete wirtschaftliche Einheit bewirke, dass auch die Muttergesellschaft Adressat des Bußgeldbescheids durch die Kommission werden könne, da die Muttergesellschaft gemeinsam mit ihrer Tochtergesellschaft ein einziges Unternehmen i. S. v. Art. 101 AEUV bilden, und zwar auch in Fällen einer nur mittelbaren Kontrolle.[2022] Die Schwelle für diesen Nachweis liegt mithin sehr hoch für einen umgekehrt sehr niedrigschwellig erreichten Zustand der (bestimmenden) Einflussnahme durch die Muttergesellschaft. So argumentierte GAin Kokott in ihren Schlussanträgen zur EuGH Rs. Schindler,[2023] „es [komme] entscheidend auf die wirtschaftlichen Realitäten an, denn das Wettbewerbsrecht orientiert sich nicht an Formalien, sondern am tatsächlichen Verhalten von Unternehmen auf dem Markt. Für die kartellrechtliche Beurteilung des Marktverhaltens […] spielt es keine Rolle, welche rechtlichen Konstrukte die hinter dem Unternehmen stehenden […] juristischen Personen jeweils zur Regelung ihrer Rechtsverhältnisse gewählt haben.".[2024]

2017 Angedeutet wird sie im datenschutzrechtlichen Schrifttum von *Nebel*, in: Hentschel/Hornung/Jandt, FS Roßnagel, 2020, 341 (342 f.); bejahend *Schönefeld/Thomé*, PinG 2017, 126 (127).

2018 EuGH, Urt. v. 21.1.2016 – C-74/14 (Eturas), ECLI:EU:C:2016:42.

2019 EuGH, Urt. v. 8.5.2013 – C-508/11 P (Eni), ECLI:EU:C:2013:289.

2020 EuGH, Urt. v. 8.5.2013 – C-508/11 P (Eni), ECLI:EU:C:2013:289, Rn. 64; zutreffend wird eine solche Rolle im datenschutzrechtlichen Schrifttum auch als ausreichend zur Begründung einer gemeinsamen Verantwortung gesehen, vgl. *Ambrock*, ZD 2020, 492 (495 f.).

2021 EuGH, Urt. v. 8.5.2013 – C-508/11 P (Eni), ECLI:EU:C:2013:289, Rn. 64 und 68.

2022 EuGH, Urt. v. 8.5.2013 – C-508/11 P (Eni), ECLI:EU:C:2013:289, Rn. 63.

2023 EuGH, Urt. v. 18.7.2013 – C-501/11 P (Schindler Holding), ECLI:EU:C:2013:522.

2024 Schlussanträge zur Rs. C-501/11 P (Schindler Holding), ECLI:EU:C:2013:248, Rn. 66; so auch BGH, Urt. v. 26.1.2023 – I ZR 27/22 = MMR 2023, 362 (363), Rn. 23.

C. Adressaten der Accountability-Pflichten

Eine ähnliche Entwicklung scheint der EuGH hinsichtlich der Rechtsfigur der datenschutzrechtlich gemeinsam Verantwortlichen gem. Art. 26 DSGVO[2025] eingeschlagen zu haben,[2026] obwohl auch im Datenschutzrecht grundsätzlich gilt, dass Verantwortlicher oder Auftragsverarbeiter die jeweils einzelne juristische Person ist (Art. 4 Nr. 7 und Nr. 8 DSGVO) und insofern ein Grundsatz der Eigenverantwortlichkeit für die Verarbeitung personenbezogener Daten besteht. Gleichzeitig knüpft das Datenschutzrecht sowohl vor wie auch nach Inkrafttreten der DSGVO sämtliche materiellen Pflichten maßgeblich an den Umstand der Verarbeitung personenbezogener Daten, die stets im konkreten Einzelfall zu beurteilen ist, nicht an die Person(en) der Verarbeitenden. Insbesondere in Situationen kollaborativen Zusammenwirkens erfolgt, wie bereits gezeigt wurde, keine strikte Trennung anhand gesellschaftsrechtlicher Grenzen, obwohl dies regelungstechnisch grundsätzlich die begründungsbedürftige Ausnahme gegenüber dem Trennungsprinzip darstellt.[2027] Essentiell ist jedoch, dass es sich dabei nicht um eine Frage des Unternehmensbegriffs handelt, sondern um eine Bewertung im Zusammenhang mit der autonomen Handlungsfähigkeit.[2028] Fraglich ist entsprechend, ob die Aussage der GAin Kokott und die darauf basierende kartellrechtliche Ausgangslage, an das (wettbewerbswidrige) Marktverhalten und nicht an den Rechtsträger anzuknüpfen,[2029] nicht auch im Datenschutzrecht bereits angelegt ist.

Hierzu ist zunächst auf das bereits in Google Spain dargelegte und in Facebook Fanpages verfestigte Verständnis des EuGH zu rekurrieren, dass der Begriff des datenschutzrechtlich Verantwortlichen im Sinne eines wirksamen und umfassenden Schutzes der betroffenen Personen weit auszule-

---

2025 Die Rechtsprechung des EuGH erging freilich noch zur alten Rechtslage gem. Art. 2 lit. d DSRL, ist aufgrund des identischen Wortlauts allerdings uneingeschränkt auf die Rechtslage der DSGVO übertragbar, so ganz h. M. *Lang*, in: Taeger/Gabel, DSGVO BDSG TTDSG, 2022, Art. 26, Rn. 26; *Monreal*, CR 2019, 797 (798), Rn. 4; *Kremer*, in: Schwartmann et al., DSGVO BDSG, 2020, Art. 26, Rn. 23; *Hartung*, in: Kühling/ Buchner, DSGVO BDSG, 2020, Art. 26, Rn. 26; *Lezzi/Oberlin*, ZD 2018, 398 (400).

2026 *Schneider*, Gemeinsame Verantwortlichkeit, 2021, 97, bejaht eine gemeinsame Verantwortung bei der Betätigung als „Ermöglicher oder Organisatoren" was in Anlehnung an die EuGH Rs. Eni vertretbar erscheint.

2027 *Spindler*, ZHR 2017, 311 (333).

2028 *Zimmer*, in: Immenga/Mestmäcker, Wettbewerbsrecht, AEUV, 2019, Art. 101, Rn. 23 und 109 ff.; unzutreffend (wegen des Wortlauts von ErwG 150 S. 3 indes nicht unbegründet) daher weite Teile der datenschutzrechtlichen Literatur zu Art. 83 DSGVO etwa *Kühn/Sembritzki*, ZD 2021, 193; *Bergt*, in: Kühling/Buchner, DSGVO BDSG, 2020, Art. 83, Rn. 39 ff.; *Holländer*, in: BeckOK Datenschutzrecht, 2022, Art. 83, Rn. 9 ff.; *Sommer*, in: Däubler et al., DSGVO BDSG, 2020, Art. 83, Rn. 25; *Schwartmann/Jacquemain*, in: Schwartmann et al., DSGVO BDSG, 2020, Art. 83, Rn. 72 ff.

2029 *Weiß*, in: Calliess/Ruffert, EUV/AEUV, 2022, Art. 101, Rn. 27; *Holländer*, in: BeckOK Datenschutzrecht, 2022, Art. 83, Rn. 9.

gen sei.[2030] Es sei entsprechend auch nicht erforderlich, dass „bei einer gemeinsamen Verantwortlichkeit [...] für dieselbe Verarbeitung jeder Zugang zu den betreffenden personenbezogenen Daten hat".[2031] Damit ist in erster Linie festzustellen, dass eine gemeinsame Verantwortung auch dort bestehen kann, wo ein beteiligter Akteur selbst keine Daten verarbeitet bzw. in Ermangelung eines Zugriffs nicht einmal verarbeiten könnte. Versuche, auf dieser Grundlage den funktionalen Unternehmensbegriff und mithin eine Haftungszurechnung zu entkräften, vermögen entsprechend nicht zu überzeugen.[2032] Folglich kann eine Konzernobergesellschaft grundsätzlich mit einer Konzernuntergesellschaft für die durch letztere vorgenommene Datenverarbeitungen gemeinsam verantwortlich sein, ohne selbst die Daten zu kennen.[2033] Als Voraussetzung dafür identifiziert der EuGH die Beteiligung an der Entscheidung über mindestens die Zwecke der in Rede stehenden Datenverarbeitung,[2034] nach Lesart des EDPB würde darüber hinaus wohl auch eine Beteiligung an der Wahl „wesentlicher" („*essential*") Mittel ausreichen.[2035] So kann insbesondere der Betrieb einer einheitlichen Infrastruktur, sowohl konzernintern als auch zwischen nicht verbundenen Unternehmen, als Fall einer gemeinsamen Verantwortlichkeit zwischen den beteiligten Gesellschaften angesehen werden.[2036] Obwohl eine Vielzahl entsprechender Situationen denkbar ist, dürften der häufigste Anwendungsfall in der Praxis zentral von der Konzernobergesellschaft oder einem hierfür eingerichteten

---

2030 EuGH, Urt. v. 13.4.2014 – C-131/12 (Google Spain), ECLI:EU:C:2014:317, Rn. 34; EuGH, Urt. v. 5.6.2018 – C-210/16 (Facebook Fanpages), ECLI:EU:C:2018:388, Rn. 26 ff.

2031 EuGH, Urt. v. 5.6.2018 – C-210/16 (Facebook Fanpages), ECLI:EU:C:2018:388, Rn. 38.

2032 So jedoch *Kühn/Sembritzki*, ZD 2021, 193 (195).

2033 *Kremer*, in: Schwartmann et al., DSGVO BDSG, 2020, Art. 26, Rn. 44; inhaltlich ähnlich bezüglich Betreibern von Social Networks *Nebel*, in: Hentschel/Hornung/ Jandt, FS Roßnagel, 2020, 341 (343).

2034 EuGH, Urt. v. 29.7.2019 – C-40/17 (Fashion ID), EU:C:2019:629; EuGH, Urt. v. 5.6.2018 – C210/16, Wirtschaftsakademie Schleswig-Holstein (Facebook-Fanpages), EU:C:2018:388, Rn. 31 und 39 ff.; EuGH, Urt. v. 10.7.2018 – C25/17 (Zeugen Jehovas), EU:C:2018:551, Rn. 68; grundlegend für dieses Verständnis *Monreal*, CR 2019, 797 (802), Rn. 27 f.; ferner auch *Janicki*, in: Specht-Riemenschneider et al., FS Taeger, 2020, 197 (199); *Cornelius*, NZWiSt 2016, 421 (425); *Klabunde*, in: Ehmann/Selmayr, DSGVO, 2018, Art. 4, Rn. 36.

2035 *EDPB* Stellungnahme 07/2020 zum Konzept von Verantwortlichen und Auftragsverarbeitern, S. 15, Rn. 39 ff.

2036 *Schreibauer*, in: Auernhammer, DSGVO BDSG, 2020, Art. 26, Rn. 9; *Hartung*, in: Kühling/Buchner, DSGVO BDSG, 2020, Art. 26, Rn. 13; differenzierend *EDPB*, Stellungnahme 07/2020 zum Konzept des Verantwortlichen und des Auftragsverarbeiters, S. 22, Rn. 68; *Veil*, in: Gierschmann et al., DSGVO BDSG, 2018, Art. 26, Rn. 42 ff.

„Shared Service Center" lizensierte bzw. beschaffte und betriebene IT-Systeme sein, die daraufhin von gruppenangehörigen Unternehmen bei der Verarbeitung personenbezogener Daten verwendet werden. Selbst in Abwesenheit einer verpflichtenden Konzernstrategie, die den Einsatz dieser Systeme anordnet, kann die Hemmschwelle bei der Beurteilung der erforderlichen freien Entscheidungsfindung der Konzernuntergesellschaften im Sinne von Art. 4 Nr. 7 DSGVO nicht ignoriert werden, welche durch die zentralisierte Beschaffung erzeugt wird. Möchte eine Konzernuntergesellschaft ein anderes IT-System oder zumindest eine andere Konfiguration verwenden, so ist dies in aller Regel sowohl mit „zusätzlichen technischen Formalitäten" verbunden,[2037] wenn nicht sogar mit Inkompatibilitäten und gesteigerten Implementierungskosten. Darüber hinaus stehen diese aufgrund etwaiger Weisungsmöglichkeiten der Konzernobergesellschaft als jederzeit unmittelbar beeinflussbar unter einem perpetuierten Vorbehalt. Ein Vorstand bzw. ein Leitungsorgan einer Konzernuntergesellschaft steht bei einer Devianz von der Konzernlinie mithin unter einem inhärenten Rechtfertigungsdruck, der grundsätzlich geeignet ist, die Entscheidungsfindung zu beeinflussen.

Eine Entscheidung i. S. der datenschutzrechtlichen Verantwortlichkeit setzt dabei eine tatsächliche Ausübung der Einflussnahmemöglichkeit voraus,[2038] diese kann jedoch, wie sogleich zu erörtern sein wird, sowohl in einem aktiven Tun etwa in Ausübung der Weisungs- und Leitungsmacht als auch in einem sorgfaltswidrigen Unterlassen bzw. einer konkludenten Billigung bestehen. Aus dem konstituierenden Merkmal der Entscheidungsbeteiligung folgt jedoch, dass der Maßstab für die Begründung einer gemeinsamen Verantwortlichkeit allein ein objektiver ist, ohne dass es auf den gem. Art. 26 Abs. 1 S. 2 DSGVO geforderten Vertrag über die Beziehung der beteiligten Akteure ankäme.[2039] Für die Beurteilung sind allein die tatsächlichen Vorgänge maßgebend.[2040] Dieser Umstand lässt sich wiederum rückbeziehen auf die Wertungen von GAin Kokott, denen der EuGH in *Schindler* folgte[2041]

2037 Vgl. EuGH, Urt. v. 21.1.2016 – C-74/14 (Eturas), ECLI:EU:C:2016:42, Rn. 43 f. zur Suffizienz dieses Kriteriums bei der Abstimmung von Verhaltensweisen.

2038 *Lang*, in: Taeger/Gabel, DSGVO BDSG TTDSG, 2022, Art. 26, Rn. 47; *Ziegler/Voelker*, in: Gassner/Seith, OWiG, 2020, § 130, Rn. 18; a. A. für den Bereich der Unternehmensorganisationspflichten *Koch*, WM 2009, 1013 (1019).

2039 Ganz h. M.: *Lang*, in: Taeger/Gabel, DSGVO BDSG TTDSG, 2022, Art. 26, Rn. 27; *Kremer*, in: Schwartmann et al., DSGVO BDSG, 2020, Art. 26, Rn. 68; *Hartung*, in: Kühling/Buchner, DSGVO BDSG, 2020, Art. 26, Rn. 52; *Martini*, in: Paal/Pauly, DSGVO BDSG, 2021, Art. 26, Rn. 22.

2040 *Däubler*, in: Däubler et al., DSGVO BDSG, 2020, Art. 26, Rn. 7; *Plath*, in: Plath, DSGVO BDSG, 2018, Art. 26, Rn. 3; *Veil*, in: Gierschmann et al., DSGVO BDSG, 2018, Art. 26, Rn. 33 f.

2041 EuGH, Urt. v. 18.7.2013 – C-501/11 P (Schindler Holding), ECLI:EU:C:2013:522, Rn. 85–116.

II. Zurechnung als Rechtsfolge datenschutzrechtlicher Verantwortung

und die sich entsprechend sinngemäß paraphrasieren lassen: „Bei der Beurteilung der [datenschutzrechtlichen] Verantwortlichkeit eines Unternehmens kann aber nicht ausschlaggebend sein, ob zwischen Mutter- und Tochtergesellschaft ein „*corporate veil*" besteht. Vielmehr kommt es entscheidend auf die wirtschaftlichen Realitäten an, denn das [Datenschutzrecht] orientiert sich nicht an Formalien, sondern am tatsächlichen Verhalten von Unternehmen [bei der Verarbeitung personenbezogener Daten]. Für die [datenschutzrechtliche] Beurteilung des Marktverhaltens eines Unternehmens [als Risiko für Betroffene] spielt es keine Rolle, welche rechtlichen Konstrukte die hinter dem Unternehmen stehenden natürlichen oder juristischen Personen jeweils zur Regelung ihrer Rechtsverhältnisse gewählt haben. Ob eine Muttergesellschaft und ihre Tochtergesellschaft(en) [...] als [gemeinsam Verantwortliche] auftreten, kann also nicht anhand einer rein formaljuristischen Betrachtung beurteilt werden. Ebenso wenig lässt sich allein nach Maßgabe des Gesellschaftsrechts beurteilen, ob eine Tochtergesellschaft ihr[e] [Datenverarbeitung] autonom bestimmen kann oder aber dem bestimmenden Einfluss ihrer Muttergesellschaft ausgesetzt ist. Ansonsten wäre es den betroffenen Muttergesellschaften ein Leichtes, sich der Verantwortung für [Datenschutz]vergehen ihrer 100%igen Tochtergesellschaften unter Berufung auf rein gesellschaftsrechtliche Begebenheiten zu entziehen."[2042] Eine solche klare und dem Schutz der Rechte und Freiheiten betroffener Personen verpflichtete Zuteilung der Verantwortung und Haftung, die den zunehmend komplexen – im lateinischen Ursprungssinn des Wortes[2043] – Realitäten Rechnung zu tragen, wie sie auch aus der unternehmerischen Konzernorganisation entstehen, ist ausweislich ErwG 79 gerade das prägende Motiv der gemeinsamen Verantwortung, umgesetzt in Art. 26 DSGVO, gewesen.[2044] Eine sanktionsrechtliche Orientierung dagegen, die den lediglich organisationsrechtlichen Mantel zur Prämisse der Beurteilung erhebt, droht dagegen das auch verfassungsrechtlich gebotene Regelungsziel zu verfehlen.[2045]

Daraus lässt sich schlussfolgern, dass eine Übertragung der kartellrechtlichen Akzo-Vermutung in das Datenschutzrecht *mutatis mutandis* grundsätzlich im Sinne des Schutzgedankens und des europarechtlichen Effektivitäts-

---

2042 Schlussanträge zur Rs. C-501/11 P (Schindler Holding), ECLI:EU:C:2013:248, Rn. 66 f.; in diesem Sinne auch BGH, Urt. v. 26.1.2023 – I ZR 27/22 = MMR 2023, 362 (363), Rn. 23.

2043 Komplex leitet sich vom lateinischen *cum* (mit) und *plectere* (verflechten/verbinden) ab, wodurch in prägnanter Weise die Unternehmens- und Wirtschaftsrealität des 21. Jahrhunderts beschrieben ist, der mit den Mitteln des Rechts begegnet werden muss.

2044 *Nebel*, in: Hentschel/Hornung/Jandt, FS Roßnagel, 2020, 341 (355); *Hartung*, in: Kühling/Buchner, DSGVO BDSG, 2020, Art. 26, Rn. 10; *Martini*, in: Paal/Pauly, DSGVO BDSG, 2021, Art. 26, Rn. 8 f.

2045 Überzeugend dazu *Raum*, GRUR 2021, 322 (323).

grundsatzes (*effet utile*) möglich ist. So ist eine gemeinsame Verantwortung i. S. v. Art. 26 DSGVO widerleglich dort anzunehmen, wo für eine Mutter- bzw. Konzernobergesellschaft aufgrund faktischer, rechtlicher oder technisch-organisatorischer Realitäten Einflussnahmemöglichkeiten auf Tochter- bzw. Konzernuntergesellschaften bestehen und sie im Zusammenhang damit Einfluss auf die Verarbeitung personenbezogener Daten nimmt. Oder anders formuliert, wo immer eine wirtschaftliche Verhaltensweise aufgrund der Akzo-Vermutung als kartellrechtlich privilegiert anzusehen ist, d. h., wo ein beherrschender Einfluss der Muttergesellschaft widerleglich unterstellt wird und der Anwendungsbereich der Art. 101, 102 AEUV mangels Entscheidungsautonomie nicht eröffnet ist,[2046] besteht spiegelbildlich bis zur Widerlegung datenschutzrechtlich die Vermutung, dass es sich bei diesem beherrschten Verhalten um eine gemeinsame Verantwortung handelt. Im Rahmen dieser gemeinsamen Verantwortung verbleibt die Mehrheit der operativen Pflichten, insbesondere die Information der Betroffenen, die Sicherstellung einer eigenen Rechtsgrundlage und die Bearbeitung von Anträgen gem. Kap. III DSGVO bei der erhebenden und einsetzenden Tochtergesellschaft.Das gegebenenfalls datenschutzwidrige Verhalten der Tochtergesellschaft kann jedoch der Muttergesellschaft aufgrund ihres Entscheidungsbeitrages zugerechnet werden.[2047] Der Konzernobergesellschaft obliegt im Rahmen ihrer Accountability eine aus der Dimension der *Agency* erwachsende Pflicht zur Hinwirkung auf eine datenschutzkonforme Verarbeitung des gemeinsam verantwortlichen Partners,[2048] und sie haftet, sofern sie dieser Pflicht nicht nachkommt oder ihre Sorgfalt nicht nachweisen, sich also nicht exkulpieren kann. Sie wird hierdurch in sachgerechter Weise verpflichtet, die (gesellschafts)rechtlich, wirtschaftlich oder technisch-organi-

---

2046 *Schroeder*, in: Wiedemann, Handbuch Kartellrecht, 2020, Kap. 2, § 9, Rn. 2 ff.; *Zimmer*, in: Immenga/Mestmäcker, Wettbewerbsrecht, AEUV, 2019, Art. 101, Rn. 35; *Louven*, in: Specht-Riemenschneider et al., FS Taeger, 2020, 725 (732); *Bergt*, in: Kühling/Buchner, DSGVO BDSG, 2020, Art. 83, Rn. 40.

2047 *Schüler*, Wissenszurechnung im Konzern, 2000, 85 und 97 ff.; dogmatisch inkonsequent entsprechend *Bergt*, in: Kühling/Buchner, DSGVO BDSG, 2020, Art. 83, Rn. 28, wenn er davon spricht, dass die Muttergesellschaft lediglich haften solle.

2048 Vgl. dazu B.III.1.d.(2) und B.III.1.f.(2) oben; a.A. zur EuGH-Rspr. *Plath*, in: Plath, DSGVO BDSG TTDSG, 2023, Art. 26, Rn. 7; *Koch*, WM 2009, 1013 (1019), der es – in der Sache ohne Begründung – als „rechtspolitisch wenig wünschenswert" bezeichnet, sollten Konzernobergesellschaften zwecks Haftungsvermeidung gezwungen sein, bestehende Einflussnahmemöglichkeiten auch zu nutzen; ähnlich *Schüler*, Wissenszurechnung im Konzern, 2000, 100, der argumentiert, der Konzernobergesellschaft stehe ein „Recht auf Desinteresse" zu; wie hier *Schönefeld/Thomé*, PinG 2017, 126 (127); auch BGH, Urt. v. 26.1.2023 – I ZR 27/22 = MMR 2023, 362 (364), Rn. 23 zur Haftung bzgl. sog. Affiliates: „Es kommt nicht darauf an, welchen Einfluss sich der Betriebsinhaber gesichert hat, sondern welchen Einfluss er sich sichern konnte und musste".

satorischen Mittel, die ihr faktisch zur Verfügung stehen, auch einzusetzen, um bei der Konzernuntergesellschaft einen datenschutzkonformen Zustand herstellen zu lassen.[2049] Nicht allein die Gefahrschaffung begründet in diesen Fällen die Verantwortung, sondern die Befähigung der Beteiligten, die Gefahr zu beherrschen bzw. zu unterdrücken.[2050] Ein etwaiger Bußgeldbescheid kann aufgrund des Gebots der effektiven und wirkungsvollen Gefahrenabwehr folglich gesamtschuldnerisch auch an die juristische Person der Konzernobergesellschaft adressiert werden.[2051] Dem steht Art. 83 Abs. 4 DSGVO auch nicht entgegen, wenn dort „ein Verantwortlicher" als Beteiligter an einem Schadenseintritt referenziert wird. Hierbei handelt es sich vielmehr um die Adressierung des hinter den als gemeinsam Verantwortliche verklammerten (Einzel-)Rechtssubjekten, wie sie aus dem Kartellrecht bekannt ist.[2052] Für die Entstehung der gemeinsamen Verantwortlichkeit reicht entsprechend eine Mitverantwortlichkeit im Sinne eines adäquat kausalen Tatbeitrags aus;[2053] die Beteiligten müssen jeweils nur (irgend)eine Entscheidung über die Zwecke oder die wesentlichen Mittel der Datenverarbeitung treffen.[2054] Die kausale Adäquanz kennzeichnet sich mithin dadurch,

---

2049 Darauf dass Konzernobergesellschaften deswegen gerade nicht mit „gewöhnlichen" Dritten gleichzusetzen sind, sondern eine „Verantwortungsgemeinschaft" bilden, weißt *Hüffner*, in: Grundmann et al., FS Schwark, 2009, 185 (193) zutreffend hin.

2050 *Waldkirch*, Zufall und Zurechnung im Haftungsrecht, 2017, 133, Fn. 174; ähnlich auch *Lutter*, in: Reichert et al, FS Volhard, 1996, 105 (110): „[d]er Vorstand der Obergesellschaft [hat] den Konzern zu leiten [...]: ihm sind Vermögen und Mittel der Obergesellschaft, also auch die Beteiligungen an Töchtern und Enkeln, zu unternehmerischer Verwaltung anvertraut; er darf sich gar nicht passiv zurücklehnen [...]"; *Schüler*, Wissenszurechnung im Konzern, 2000, 35.

2051 Differenzierend *Martini*, in: Paal/Pauly, DSGVO BDSG, 2021, Art. 26, Rn. 37 b ff., wonach für Bußgelder die gemeinsam Verantwortlichen zu trennen (Rn. 37 d), für Anordnungen zur Gefahrenabwehr jedoch das Effektivitätsgebot gelten solle.

2052 Vgl. EuGH, Urt. v. 10.9.2009 – C-97/08 P (Akzo Nobel), ECLI:EU:C:2009:536, Rn. 54 ff.; *Stockenhuber*, in: Grabitz/Hilf/Nettesheim, AEUV, 2021, Art. 101, Rn. 75; wohl auch *Zimmer*, in: Immenga/Mestmäcker, Wettbewerbsrecht, AEUV, 2019, Art. 101, Rn. 75 m. w. N.; *Weiß*, in: Callies/Ruffert, EUV/AEUV, Art. 101, Rn. 25; *Bergt*, in: Kühling/Buchner, DSGVO BDSG, 2020, Art. 83, Rn. 20a; diese Konzeption sehen auch die OECD-Guidelines zum grenzüberschreitenden Datentransfer vor, vgl. *Raab*, in: Guagnin, et al., Managing Privacy through Accountability, 2012, S. 15 (16).

2053 Vgl. *Schantz*, in: Schantz/Wolff, Das neue Datenschutzrecht, 2017, S. 121, Rn. 363, zur Haftung als Zustandsstörer gem. §§ 823 I, 1004 BGB; *Scheja*, in: Specht-Riemenschneider et al., FS Taeger, 2020, 413 (423); ähnlich *Däubler*, in: Däubler et al., DSGVO BDSG, 2020, Art. 26, Rn. 6, der die gemeinsame Verantwortung mit der deliktsrechtlichen Mittäterschaft vergleicht; a. A. *Veil*, in: Gierschmann et al., DSGVO BDSG, 2018, Art. 26, Rn. 36.

2054 Hierzu vgl. *Monreal*, CR 2019, 797; *Janicki*, in: Specht-Riemenschneider et al., FS Taeger, 2020, 197 (199); *Cornelius*, NZWiSt 2016, 421 (425); *Nebel*, in: Hentschel/Hornung/Jandt, FS Roßnagel, 2020, 341 (342 f.).

dass bei einem gewöhnlichen Verlauf der Beitrag des Akteurs objektiv als eine Ursache des Erfolgs bzw. Eintritts zu werten ist.[2055] In konsequenter Übertragung des kartellrechtlichen Wertungsmaßstabes sind jedoch in die Bußgeldbemessung auch nur die wirtschaftlichen Verhältnisse der als gemeinsame Verantwortliche verbundenen Akteure einzustellen.[2056]

Über die Akzo-Vermutung hinaus erscheinen auch die übrigen von Art. 101 AEUV umfassten Formen kollusiven Verhaltens grundsätzlich geeignet, datenschutzrechtliche Anknüpfungspunkte für eine gemeinsame Verantwortung zu liefern. So lag der bereits angesprochenen EuGH-Entscheidung in der Rs. Eturas ebenfalls der Betrieb und die Nutzung einer gemeinsamen Infrastruktur zu Grunde. Allerdings handelte es sich bei den beteiligten Unternehmen nicht um konzernverbundene oder anderweitig interdependente juristische Personen. Der Einsatz der Reisebuchungssoftware e-turas erfolgte, soweit aus dem der Entscheidung zu Grunde gelegten Sachverhalt erkennbar, aus reinen betriebswirtschaftlichen Opportunitätsgründen und in jeweils eigener Entscheidung. Zwar verarbeiteten alle an der Kollusion beteiligten Unternehmen bei der Nutzung des Systems auch personenbezogene Daten, allerdings war diese wohl in keiner erkennbaren Hinsicht Gegenstand der abgestimmten Verhaltensweise der Rabattgewährung. Mithin schiede eine gemeinsame datenschutzrechtliche Verantwortung, obwohl beim Betrieb touristischer Portale durchaus denkbar,[2057] in der Rs. Eturas in Ermangelung (irgend)einer nicht frei getroffenen Entscheidung bezüglich der Zwecke und wesentlichen Mittel der gegenständlichen Datenverarbeitung als Eingriff in das informationelle Selbstbestimmungsrecht von Betroffenen wohl aus. Insgesamt erscheinen abgestimmte Verhaltensweisen gem. Art. 101 Abs. 1 AEUV außerhalb eines Konzernverbundes wegen der Konzentration auf (betriebs-)wirtschaftliche Verhaltensweisen und nicht auf die Verarbeitung personenbezogener Daten damit weniger geneigt, die Anforderungen an eine gemeinsame datenschutzrechtliche Verantwortung zu erfüllen. Ein paralleles Auftreten kann allerdings auch nicht ausgeschlossen werden, beispielsweise im Rahmen einer Kreditgewährung bei der die beteiligten Unternehmen wirtschaftliche Entscheidungen auf Basis einer sog. „Black List" treffen, deren personenbezogene Inhalte sie untereinander teilen.

Nachdem gezeigt wurde, dass die Akzo-Vermutung grundsätzlich ins Datenschutzrecht übertragbar ist und in diesem Zusammenhang zur widerleglichen Begründung einer gemeinsamen Verantwortung gem. Art. 26 DSGVO

2055 Ausführlich *Schneider*, Gemeinsame Verantwortlichkeit, 2021, 93 f., m. w. N.
2056 *Zimmer*, in: Immenga/Mestmäcker, Wettbewerbsrecht, AEUV, 2019, Art. 101, Rn. 26.
2057 *Lang*, in: Taeger/Gabel, DSGVO BDSG TTDSG, 2022, Art. 26, Rn. 53; *Veil*, in: Gierschmann et al., DSGVO BDSG, 2018, Art. 26, Rn. 41 f., nennen als Bsp einer gemeinsamen Verantwortung explizit die Zusammenarbeit von Reisebüros auf einer gemeinsamen Plattform.

II. Zurechnung als Rechtsfolge datenschutzrechtlicher Verantwortung

zwischen der Mutter- bzw. Konzernobergesellschaft und der Tochter- bzw. Konzernuntergesellschaft führt, wird die Frage virulent, welche Rückkopplung dies auf gesellschafts(organisations)- und aufsichtsrechtliche Pflichten hat und unter welchen Umständen sich eine Mutter- bzw. Konzernobergesellschaft durch Widerlegung der Vermutung gem. Art. 83 Abs. 2 lits. b und c gegenüber der Aufsichtsbehörde und gem. Art. 82 Abs. 3 DSGVO gegenüber Betroffenen exkulpieren kann.

(2) Organisationspflichten, Entscheidungsverantwortung und wirtschaftlicher Nutzen

Zur Identifikation der Unternehmensorganisationspflichten ist zunächst zwischen den rechtstatsächlich bestehenden Risikosphären des persönlichkeitsrechtlichen Beeinträchtigungsrisikos der Betroffenen einerseits und dem wirtschaftlichen Bußgeld- und Haftungsrisiko des Akteurs andererseits zu differenzieren. Eine Datenverarbeitung stellt ein Risiko für Betroffene dar, insbesondere wenn es sich um eine unrechtmäßige handelt. Diesem Risiko gem. Art. 24 Abs. 1 S. 1 DSGVO durch die Implementierung angemessener technischer und organisatorischer Maßnahmen zu begegnen, ist primär Sache des Verantwortlichen gem. Art. 4 Nr. 7 DSGVO, bei der es sich in der Logik und Diktion der DSGVO grundsätzlich um eine singuläre juristische Person handelt. Die genuine Pflicht dieser juristischen Person, ihre datenverarbeitenden Geschäftsabläufe so zu organisieren, dass die Normen der DSGVO eingehalten werden und insbesondere die Rechte und Freiheiten der Betroffenen gewahrt bleiben, ist unstreitig.[2058] Bei der Beurteilung und Auswahl der Maßnahmen kommt dem Verantwortlichen unter der Prämisse der Wirksamkeit[2059] jedoch ein Ermessensspielraum zu.[2060] Verstöße gegen diese Pflicht bergen die zweite Risikokategorie, deren Ausgangspunkt allerdings nicht der Betroffene, sondern das datenverarbeitende Unternehmen ist; Haftungsansprüche, Bußgelder und Reputationsrisiken können den wirtschaftlichen Wert eines Unternehmens potenziell erheblich in Mitleidenschaft ziehen. Um diesen Wertverlust zu verhindern und das Vermögen der Unternehmensinhaber zu schützen, verpflichtet das Gesellschaftsrecht[2061]

2058 Hierbei erlangt Art. 5 Abs. 1 DSGVO wie oben dargelegt (vgl. B.II.4.) eine risikominimierende Wirkung, indem beim Vorliegen einer starken Imbalance auch Sachverhalte unzulässig sein bzw. werden können, obwohl die materiellen Normen der DSGVO grundsätzlich erfüllt sind, so dass die Einhaltung der Normen und die Wahrung von Rechten und Freiheiten in Grenzfällen auseinanderfallen können.

2059 Vgl. zum letztentscheidenden Maßstab der Wirksamkeit B.III.1.g. oben.

2060 *Lang*, in: Taeger/Gabel, DSGVO BDSG TTDSG, 2022, Art. 24, Rn. 27; *Plath*, in: Plath, DSGVO BDSG, 2018, Art. 24, Rn. 18.

2061 Wegen des nicht bindenden Charakters des Selbstregulierungsinstruments des Deutschen Corporate Governance Kodex (DCGK), speziell dessen Organisationspflicht in Ziffer 4.1.3, soll nachfolgend auf eine Darstellung verzichtet werden.

die Leitungsorgane, eine auf das Risikoprofil des – funktional verstandenen – Unternehmens, d. h. unter Einbeziehung von Faktoren wie Branche, Komplexität oder Risikogeneigtheit, angepasste Organisations-, Präventions-, Korrektiv-, und Sanktionsstruktur (sog. Compliance-Organisation) zu schaffen,[2062] obwohl dies nicht den Umkehrschluss zulässt, dass eine Compliance-Organisation entbehrlich sei, wo ein wertmindernder Schadenseintritt aufgrund von Vollzugs- oder Durchsetzungsdefiziten unwahrscheinlich ist.[2063] Im Rahmen einer singulären juristischen Person – die ausweislich des Wortlauts der Definitionen in Art. 4 Nr. 7 und Nr. 8 DSGVO die Grundannahme des Datenschutzrechts darstellt[2064] – trifft diese Pflicht die Leitungsorgane – Vorstand in der AG, Geschäftsführung in der GmbH, geschäftsführende Gesellschafter einer Personengesellschaft, so dass die Anforderungen grundsätzlich vergleichbar sind[2065] – unmittelbar.[2066] Dies folgt aus der sog. Legalitätskontrollpflicht. Gem. § 93 Abs. 1 S. 1 AktG unterliegt der Vorstand einer AG in kollektiver Gesamtverantwortung[2067] der unmittelbaren Verpflichtung, in seinem eigenen Handeln die anwendbaren Gesetze einzuhalten (die sog. Legalitätspflicht im engeren Sinne).[2068] Aufgrund seiner gesellschafts- und zivilrechtlichen (An-)Leitungsfähigkeit erstreckt sich diese Legalitätspflicht des Vorstands jedoch auch auf nachgelagerte Mitarbeiter und Organisationsteile, allerdings nicht in Form eines eigenen Handlungsauftrages, sofern nicht konkrete Hinweise oder Krisenanzeichen eine solche fortsetzen oder verdichten,[2069] sondern als Pflicht zur Anleitung und Kontrolle der Befolgung, die sog. Legalitätskontrollpflicht.[2070] Eine ähnliche Betrachtungsweise zwischen spezieller und genereller Accountability

---

2062 *Schulz*, BB 2019, 579 (580); *Koch*, WM 2009, 1013 (1014); ähnliches nimmt auch der EuGH auf Grundlage der Accountability-Normen an, vgl. EuGH, Urt. v. 27.10.2022 – C-129/21 (Proximus), ECLI:EU:C:2022:833, Rn. 81.

2063 Zutreffend argumentiert *Paefgen*, WM 2016, 433 (436), dass Opportunitätserwägungen („Einpreisen") bei den Entscheidungen über eine Compliance-Organisation nicht berücksichtigungsfähig sind.

2064 So *Behling*, ZIP 2017, 697; implizit auch *Zelger*, EuR 2021, 478 (480); *Kühling/Klar/Sackmann*, Datenschutzrecht, 2021, Rn. 791.

2065 *Löschhorn/Fuhrmann*, NZG 2019, 161 (163); *Paefgen*, WM 2016, 433 (435 und 441).

2066 Statt aller *Schockenhoff*, ZHR 2016, 197 (203 ff.).

2067 *Paefgen*, WM 2016, 433 (438); *Löschhorn/Fuhrmann*, NZG 2019, 161 (163); *Behling*, ZIP 2017, 697 (700); *Arnold/Geiger*, BB 2018, 2306.

2068 *Schockenhoff*, ZHR 2016, 197 (203 ff.); *Paefgen*, WM 2016, 433 (436); *Löschhorn/Fuhrmann*, NZG 2019, 161 (166), möchten zudem zwischen internen und externen Pflichtenbindungen unterscheiden, erstere stellten Satzungs- oder Geschäftsordnungspflichten dar, letztere gesetzlich zwingende Vorgaben wie die Normen der DSGVO; inhaltlich ähnlich *Behling*, ZIP 2017, 697 (698).

2069 *Nietsch*, ZHR 2020, 60 (91).

2070 Nach *Paefgen*, WM 2016, 433 (436), gehen die Begriffe der Legalitätspflicht i. e. S. und der Legalitätskontrollpflicht auf *Verse*, ZHR 2011, 401 (403 ff.), zurück; zu ih-

wird auch vereinzelt im englischen Originalschrifttum diskutiert.[2071] Die im gesellschaftsrechtlichen Compliance-Schrifttum kontrovers diskutierte und soweit ersichtlich weiterhin umstrittene Frage, ob aus den Organisationspflichten der §§ 91 Abs. 2, 93 Abs. 1 S. 1 AktG eine generelle Pflicht zum Aufbau einer Compliance-Organisation folge,[2072] d. h. ungeachtet des jeweiligen Aufbau- und Risikoprofils des fraglichen Unternehmens, soll nachfolgend nur soweit skizziert werden, als sie für die Betrachtung der datenschutzrechtlichen Accountability sinnstiftend ist.

Der Ausgangspunkt dieser im viel beachteten sog. *Siemens/Neubürger*-Urteil des LG München I vom 10.12.2013[2073] konkretisierten Pflicht ist die deutlich zu kommunizierende Haltung des Leitungsorgans bezüglich der Normbefolgung („*tone at the top*")[2074] sowie die Schaffung von Strukturen, die eine Einhaltung auf der einen Seite ermöglichen bzw. gewährleisten, sie auf der anderen Seite auch kontrollieren und etwaige Verstöße wirksam zu sanktionieren, um entsprechendem Handeln in der Zukunft entgegen zu wirken.[2075] Insbesondere an der wirksamen Sanktion fehlte es im Fall Siemens/Neubürger, indem der Vorstandsvorsitzende *Hans Joachim Neubürger* ein ihm nachweislich zur Kenntnis gelangtes System schwarzer Kassen durch fingierte Beraterverträge in Off-shore-Gesellschaften nicht unterband.[2076] Die durch die Delegation von betrieblichen Aufgaben und wirtschaftlichen Mitteln an die Mitarbeiter und damit die indirekte Entfernung aus der mittelbaren Einfluss- und Beherrschungssphäre des Leitungsorgans, bei deren

---

rer Übertragung in das Datenschutzrecht *Behling*, ZIP 2017, 697 (698 ff.); *Arnold/ Geiger*, BB 2018, 2306.

2071 *Mulgan*, AJPA 2000, 88 (89 ff.): "[…] accountability may be roughly divided into two groups, those where explanation or redress is sought in relation to decisions made in the individual or group's own particular case ('particular accountability') and those where citizens seek to question or influence […] the general conduct of a business ('general accountability').

2072 Der am meisten zitierte Fürsprecher ist *U. H. Schneider* in versch. Aufsätzen und Beiträgen, etwa ZIP 2003, 645; dafür aber auch *Fleischer*, CCZ 2008, 1 (8), und wohl auch OLG Nürnberg, Urt. v. 30.3.2022 – 12 U 1520/19 = CB 2022, 493 m. Anm. *Johnson* (499), Rn. 122; dagegen *Koch*, WM 2009, 1013 (1020); *Habersack*, in: FS Möschel, 2011, 1175 (1181 ff.).

2073 LG München I, Urt. v. 10.12.2013 – 5HK O 1387/10 = NZG 2014, 345; dieses Urteil hat sogar im internationalen Schrifttum Bekanntheit erlangt, vgl. *Sørensen*, Eur. BusOrg LR 2021, 433 (441).

2074 *Kamp*, in: Bussche v. d./Voigt, Konzerndatenschutz, 2019, Kap. 5, E, Rn. 108; zur Unterscheidung von dem „tone from the top" *Schulz*, BB 2017, 1475 (1480); *Renz/ Frankenberger*, ZD 2015, 158 (159).

2075 *Krenberger/Krum*, in: Krenberger/Krum, OWiG, 2022, § 130, Rn. 3: „Der [Vorstand] darf daher nichts unversucht lassen, um erkannten oder erkennbaren Zuwiderhandlungen entgegenzuwirken."

2076 Vgl. Sachverhaltsdarstellung in LG München I, Urt. v. 10.12.2013 – 5HK O 1387/10, Rn. 9–63 = BeckRS 2014, 01998.

eigenständiger Ausführung es selbst zur Einhaltung der rechtlichen Rahmenbedingungen verpflichtet wäre, erzeugt spiegelbildlich die abgeleitete Pflicht zur Kontrolle der Legalität des Delegatars.[2077] Es handelt sich mithin bei der Legalitätskontrollpflicht um eine innerbetriebliche Accountability-Beziehung zwischen dem Forum des Leitungsorgans und den nachgelagerten Unternehmensebenen, die mit der Verarbeitung personenbezogener Daten einhergehen und in der sich sowohl die strukturellen Elemente einer Accountability als auch die oben identifizierten Dimensionen ausmachen lassen.[2078] In struktureller Hinsicht sind die Leitungsorgane nämlich nicht nur zur auf Rechtsbefolgung gerichteten (An-)Leitung bzw. (An-)Weisung verpflichtet, sondern es obliegt ihnen darüber hinaus, eine Informationsorganisation aufzubauen, die sie in die Lage versetzt, dergestalt delegiertes Verhalten kontrollieren und sofern erforderlich sanktionieren zu können.[2079] Die erste aus der Zuständigkeit (*Responsibility*) folgende Pflicht ist mithin die zur Selbstbefähigung, den an das eigene Verhalten gerichteten Erwartungen der verschiedenen Foren – primär natürlich der gesetzlich berufenen wie Aufsichtsbehörden, aber ggf. auch anspruchsberechtigten Shareholdern – gerecht werden zu können.[2080] Sofern es das Organisations- und Risikoprofil des Unternehmens erfordert, kann dies auch die Notwendigkeit zum Aufbau einer institutionalisierten internen Compliance-Struktur bedeuten, die mindestens die datenschutzrechtlichen Aspekte in den regelmäßigen Unternehmensabläufen adressiert. Die Akzeptanz der eigenen Position und

---

2077 *Nietsch*, ZHR 2020, 60 (91); OLG Nürnberg, Urt. v. 30.3.2022 – 12 U 1520/19 = CB 2022, 493 m. Anm. *Johnson* (497), Rn. 100 ff.; dieser Gedanke liegt auch § 130 OWiG zugrunde, um eine Schutzlücke zu Lasten der Betroffenen zu verhindern indem „derjenige, der handelt, nicht [haftet] und derjenige, der [haftet] nicht handelt", paraphrasiert nach *Koch*, WM 2009, 1013 (1018), m. w. N.; *Gürtler/Thoma*, in: Göhler, OWiG, 2021, § 130, Rn. 3; zur Kontrollpflicht auch *Schulz*, BB 2017, 1475 (1478).

2078 Nicht zufällig wird deswegen im Schrifttum wohl (in der Regel unreflektiert) die Entsprechung von Accountability im deutschen Idiom verwendet und von Leitungs-*verantwortung* gesprochen, etwa *Schulz*, BB 2017, 1475 (1478); *Arnold/Geiger*, BB 2018, 2306 (2307); *v. Schreitter*, NZKart 2016, 253 (260 f.).

2079 BGH, Urt. v. 20.2.1995 – II ZR 9/94 = NJW-RR 1995, 669 f.; OLG Nürnberg, Urt. v. 30.3.2022 – 12 U 1520/19 = CB 2022, 493 m. Anm. *Johnson* (496 f.), Rn. 99 ff.; vgl. zur Informationsorganisationspflicht in Unternehmen BGH, Urt. v. 30.6.2011 – IX ZR 155/08 = NJW 2011, 2791 (2792), Rn. 17; *Spindler*, ZHR 2017, 311 (320 f.); zur Sanktionspflicht *Arnold/Geiger*, BB 2018, 2306 (2307); zur Anerkennung dieser Verpflichtung im soziologischen Konzept der Verantwortung *Heidbrink*, in: Heidbrink/Langbehn/Loh, Handbuch Verantwortung, 2017, 3 (5).

2080 Die intrinsische Komponente betont auch *Schulz*, BB 2017, 1475 (1476), der einen „engen Zusammenhang" mit den „Werten" sieht, denen sich die Organisationsangehörigen verpflichtet „fühlen".

der damit einhergehenden Pflichten kann nur begrenzt delegiert werden,[2081] bildet jedoch aus Ausfluss des Selbstverantwortungsprinzips einen entscheidenden Konnex für eine Zurechnung des nachgelagerten Verhaltens.[2082] Für die Konzernuntergesellschaft besteht zunächst die unmittelbare Verpflichtung, technische und organisatorische Maßnahmen zu ergreifen, um die materiellen Normen der DSGVO zur Umsetzung zu bringen, Art. 24 Abs. 1 S. 1 DSGVO. Diese sog. Legalitätspflicht, also die Pflicht, sich selbst norm- und regelkonform zu verhalten,[2083] besteht zuvörderst in der Zuständigkeit (*Responsibility*) der Geschäftsleitung.[2084] Sie haben geeignete Maßnahmen in Form eines Informations- und Überwachungssystems zu treffen, um den Fortbestand der Gesellschaft zu sichern und gefährdende Entwicklungen frühzeitig zu erkennen (§ 91 Abs. 2 AktG).[2085] Bezüglich des Bestehens dieser strikten Pflicht besteht kein Ermessensspielraum,[2086] obwohl der Vorstand bei der Leitung der Gesellschaft grundsätzlich eine weite Entscheidungsfreiheit genießt (§ 76 Abs. 1 AktG).[2087] Dabei fügen sich die datenschutzrechtlichen Pflichten in den erweiterten Kanon der Sorgfalts- und Compliance-Pflichten ein, zu deren Einhaltung das Leitungsorgan gem. §§ 93 Abs. 1 S. 1 AktG, 43 Abs. 1 GmbHG verpflichtet ist, auch wenn bei der Beurteilung des Risikoprofils und der gem. § 93 Abs. 1 S. 2 AktG erforderlichen „angemessenen Information" und Auswahl der daraufhin konkret zu treffenden Maßnahmen ein Ermessensspielraum durch die sog. „*Business Judgement Rule*" besteht.[2088] Diese Pflicht steht in einem Ergänzungsverhältnis zu Art. 24 Abs. 1 S. 1 DSGVO; während es sich bei § 93 Abs. 1 S. 1 AktG nämlich nur um eine sog. Innenpflicht handelt, bei deren Verletzung mithin auch nur unternehmensinterne Stellen anspruchsberechtigt sind, ist Art. 24 Abs. 1 S. 1 DSGVO als eine sog. Außenpflicht zu qualifizieren.[2089] Der Verantwortliche wird unmittelbar zur Ergreifung technischer und orga-

---

2081 So auch *Schild*, in: BeckOK Datenschutzrecht, 2022, Art. 4, Rn. 89; *Schulz*, BB 2017, 1475 (1478); *v. Schreitter*, NZKart 2016, 253 (255), „Oberaufsicht"; *Office of the Privacy Commissioner*, Getting Accountability Right with a Privacy Management Program, Übersetzung d. d. Verf., Original: "Accountability in relation to privacy is the acceptance of responsibility for personal information protection".

2082 Ausführlich zum – schwachen bzw. ausfüllungsbedürftigen – Prinzip der Selbstverantwortung *Waldkirch*, Zufall und Zurechnung im Haftungsrecht, 2017, 132 f.

2083 *Arnold/Geiger*, BB 2018, 2306; *Fleischer*, in: MüKo GmbHG, § 43, Rn. 21 f. und 30 ff.; *Spindler*, in: MüKo AktG, 2019, § 93, Rn. 86 ff.

2084 *Behling*, ZIP 2017, 697 (698); std. Rspr. des BGH, vgl. bspw. Urt. v. 10.7.2012 – VI ZR 341/10, Rn. 23 = NJW 2012, 3439 (3441).

2085 *Koch*, WM 2009, 1013 (1014); *Hüffer*, in: Grundmann et al, FS Schwark, 2009, 185.

2086 *Arnold/Geiger*, BB 2018, 2306.

2087 *Koch*, WM 2009, 1013 (1014).

2088 *Schulz*, BB 2017, 1475 (1478); *Arnold/Geiger*, BB 2018, 2306 (2309); zur Entwicklung vor der Aufnahme in § 93 Abs. 1 S. 2 AktG *Koch*, WM 2009, 1013 (1015).

2089 Zu dieser Unterscheidung *Koch*, WM 2009, 1013 (1015 f.).

nisatorischer Maßnahmen verpflichtet, welche die Einhaltung der Normen der DSGVO wirksam gewährleisten, und kann von Parteien außerhalb des Unternehmens darauf in Anspruch genommen werden,[2090] auch wenn es sich bei Art. 24 Abs. 1 S. 1 DSGVO nur um eine Durchsetzungsnorm ohne eigenen materiellen Inhalt handelt.[2091] Die Verletzung einer solchen Pflicht stellt mithin eine doppelte Pflichtverletzung im Sinne des deutschen Ordnungswidrigkeitenrechts dar; einerseits haftet der Verantwortliche aufgrund des Verstoßes durch eine gem. §§ 9, 14, 30 OWiG vertretungsberechtigte Person,[2092] andererseits ist ein Durchgriff auf die juristische Person als Inhaberin des Betriebs oder Unternehmens über §§ 130, 30 OWiG möglich, sofern die zur Verhinderung erforderlichen Aufsichtsmaßnahmen pflichtwidrig unterlassen wurden.[2093] Sowohl den Leitungsorganen als auch der juristischen Person als Marktakteur soll es dadurch unmöglich gemacht werden, sich der eigenen Pflichten zur Gesetzesbefolgung durch Delegation zu entziehen.[2094] Bemerkenswert ist insofern die vom LG München I in *Siemens/Neubürger* betonte[2095] und in der Entwurfsfassung der DSGVO auch noch als solche bezeichnete „Gesamtverantwortung", die einen Verantwortlichen bezüglich der zu ergreifenden Maßnahmen gem. Art. 24 Abs. 1 S. 1 DSGVO treffe.[2096] Zusammenfassend kann entsprechend konstatiert werden, dass singuläre Verantwortliche gem. Art. 24 Abs. 1 S. 1 DSGVO eine umfassende Organisationspflicht zur Veranlassung technischer und organisatorischer Maßnahmen haben, anhand derer die Einhaltung der materiellen Normen der DSGVO sichergestellt wird und bei deren Verletzung eine Geldbuße mittels §§ 130, 30 OWiG verhängt werden kann.

Ungleich komplexer wird die sanktionsrechtliche Beurteilung eines Sachverhaltes, wenn und soweit der singuläre Verantwortliche Teil einer Unternehmensgruppe ist oder in anderer Weise kollaborativ mit weiteren Akteuren personenbezogene Daten verarbeitet. Obwohl auf europäischer Ebene eine

---

2090 Anspruchsberechtigt sind expressis verbis jedoch wohl nur Aufsichtsbehörden, vgl. dazu EuGH, Urt. v. 27.10.2022 – C-129/21 (Proximus), ECLI:EU:C:2022:833, Rn. 72, und zu den zu ergreifenden Maßnahmen Rn. 80.

2091 Vgl. zur Funktion der Accountability-Normen B.II.4. oben.

2092 Zu weit *Zelger*, EuR 2021, 478 (482), die aus dem Funktionsträgerprinzip selbst auch eine Zurechnung normalen Mitarbeiterhandelns herleiten möchte.

2093 Zu dieser doppelten Haftungsgrundlage v. *Schreitter*, NZKart 2016, 253 (256).

2094 *Gürtler/Thoma*, in: Göhler, OWiG, 2021, § 130, Rn. 3; zutreffend weist das OLG Nürnberg, Urt. v. 30.3.2022 – 12 U 1520/19 = CB 2022, 493 m. Anm. *Johnson* (499), Rn. 126 darauf hin, dass die Pflicht zur eigenhändigen Kontrolle des Leitungsorgans wieder auflebt, sofern sie nicht durch einen Delegatar ausgeübt wird und dass der Einwand, dass sich kein entsprechendes Fachpersonal gefunden habe, unerheblich sei.

2095 LG München I, Urt. v. 10.12.2013 – 5HK O 1387/10, Rn. 114 = BeckRS 2014, 01998.

2096 Abl. zur Übertragung der zivilrechtlichen Wertung aus Siemens/Neubürger in das Ordnungswidrigkeitenrecht v. *Schreitter*, NZKart 2016, 253 (260).

II. Zurechnung als Rechtsfolge datenschutzrechtlicher Verantwortung

Aufsichtspflicht und Haftung der Muttergesellschaft auch im Sanktionsrecht wohl aufgrund von Effektivitätserwägungen weitgehend anerkannt zu sein scheinen,[2097] lehnt ein meinungsstarker Teil der deutschen Literatur dies für den in Deutschland maßgeblichen Bereich des OWiG ab. Die datenschutzrechtlichen Normvorgaben fügen sich auch hier in eine bereits bestehende Diskussion über Konzernleitungs- und aufsichtspflichten ein, die weder neu noch abgeschlossen ist,[2098] die aber anhand der oben entwickelten Analogie der Akzo-Vermutung i. V. m. Art. 26 DSGVO zumindest für das Rechtsgebiet des europarechtlich determinierten Datenschutzrechts zufriedenstellend gelöst werden kann. Die Kritik an einer Anwendung des § 130 OWiG und der Herleitung einer allgemeinen Pflicht zur Errichtung einer Compliance-Organisation beginnt auf der Wortlaut- und Systematikebene. Vom Wortlaut her adressiert § 130 OWiG den „Inhaber eines Betriebes oder Unternehmens", bei dem es sich einerseits um einen Singular handele und mithin gerade Situationen nicht erfasst seien, bei denen mehr als eine Person Inhaber ist, wie beim Unternehmensanteilsbesitz üblich, und andererseits seien die Anteilseigner nicht „Inhaber", da ihnen keine ausreichenden Aufsichtsmaßnahmen zur Verfügung stünden, deren Unterlassung den objektiven Tatbestand des § 130 OWiG bildet.[2099] Dieser Mangel an Einflussnahmemöglichkeiten kennzeichne insbesondere den faktischen (§§ 311 ff. AktG), weniger den Vertragskonzern (§§ 293 ff. AktG), und überdehne entsprechend das Gefahrbeherrschungsprinzip, wenn trotz fehlender Kontroll- und Weisungsrechte eine Haftung etabliert würde.[2100] Auch in dezentral organisierten Konzernen oder bei rein finanziellen Beteiligungen sei eine Haftung unbillig, da es an einer Gefahrerhöhung fehle, die ihren Ursprung speziell in der Konzernierung habe.[2101] Schließlich verkenne die Annahme einer konzernweiten Leitungspflicht das gesellschaftsrechtliche Selbstständigkeitsprinzip, wonach

---

2097 *Ziegler/Voelker*, in: Gassner/Seith, OWiG, 2020, § 130, Rn. 18.

2098 Bereits 2003 (und nachfolgend in einer Reihe weiterer Beiträge) vertrat *U. H. Schneider*, ZIP 2003, 645, eine umfassende Konzernleitungspflicht, der auch im gegenwärtigen Schrifttum weiterhin vehement widersprochen wird, vgl. etwa *Paefgen*, WM 2016, 433; *Schockenhoff*, ZHR 2016, 197 (201); *Arnold/Geiger*, BB 2018, 2306 (2308); *Nietsch*, ZHR 2020, 60 (69 und 99); etwas differenzierender *Koch*, WM 2009, 1013 (1020).

2099 *v. Schreitter*, NZKart 2016, 253 (259); *Koch*, WM 2009, 1013 (1017), Fn. 50 und (1018); zum Streitstand vgl. überblicksartig *Rogall*, in: KK-OWiG, 2018, § 130, Rn. 27.

2100 *Schockenhoff*, ZHR 2016, 198 (207 ff.); *Grigoleit*, in: Grigoleit, AktG, 2020, § 76, Rn. 68; *Ziegler/Voelker*, in: Gassner/Seith, OWiG, 2020, § 130, Rn. 16; abl. wegen fehlender Weisungs*pflichten Arnold/Geiger*, BB 2018, 2306 (2308), Hervh. im Original.

2101 *Koch*, WM 2009, 1013 (1019); etwas oberflächlich daher *Raum*, GRUR 2021, 322 (323), wenn er argumentiert, juristische Personen stellten stets ausgelagertes Vermögen der Obergesellschaft dar, das unter ihrer Kontrolle stehe.

auch konzernierte Gesellschaften bei der Bestimmung ihres Geschäftsverhaltens grundsätzlich frei seien,[2102] und das Vertrauensprinzip, wonach den Vorstand der Konzernobergesellschaft womöglich ein Auswahlverschulden treffen könne, dieser bei sachgerechter Auswahl und Delegation an grundsätzlich fähige nachgelagerte Managementebenen jedoch darauf vertrauen könne, dass diese ihre Fähigkeiten auch pflichtgemäß einsetzen.[2103] Eine globale, echte und umfassende Konzernleitungspflicht wird im gesellschaftsrechtlichen Schrifttum daher überwiegend und wohl auch zutreffend abgelehnt.

Zumindest für das Rechtsgebiet des Datenschutzrechts lassen sich die Zweifel an einer gruppendimensionalen Aufsichtspflicht jedoch entkräften, ohne dass damit die Bejahung einer allgemeinen, allumfassenden Konzernleitungspflicht in Bezug auf die Verarbeitung personenbezogener Daten verbunden wäre. Zunächst ist anerkannt, dass den Leitungsorganen der Obergesellschaft unmittelbar gegenüber ihrer Gesellschaft die Pflicht zukommt, wertschädigende Entwicklungen zu erkennen und soweit wie möglich zu verhindern,[2104] obwohl auch die Rechtsprechung frühzeitig erkannt hat, dass eine vollständige Verhinderung von Rechtsverstößen weder praktisch möglich, noch bußgeldrechtlich gefordert ist.[2105] Mittelbar bedeutet dies, dass die Konzernobergesellschaft *in praxi* aus Eigenschutz eine auf spezielle Schadensprävention und Risikokontrolle angelegte Organisationsstruktur etablieren und auf die Tochtergesellschaften erstrecken muss, sofern und soweit diese in einem entsprechend risikoträchtigen Umfeld agieren.[2106] Von dieser Pflicht werden nicht nur Sachgefahren erfasst, sondern auch Risiken für andere geschützte Rechtsgüter,[2107] worunter mithin auch Persönlichkeitsrechte zu subsumieren sind. Da heutzutage kaum ein Unterneh-

---

2102 Vgl. *Arnold/Geiger*, BB 2018, 2306 (2308); *Ziegler/Voelker*, in: Gassner/Seith, OWiG, 2020, § 130, Rn. 13m. w. N.; speziell zur datenschutzrechtlichen Handlungsfreiheit *Poll*, Datenschutz in und durch Unternehmensgruppen, 2018, 151.

2103 *Rogall*, in: KK-OWiG, 2018, § 130, Rn. 28; *Beck*, in: BeckOK OWiG, 2022, § 130, Rn. 56.

2104 *Ziegler/Voelker*, in: Gassner/Seith, OWiG, 2020, § 130, Rn. 16; *Spindler*, Unternehmensorganisationspflichten, 2001, 950 f. mit dem Verweis, dass es sich dabei lediglich um eine im Innenverhältnis wirkende Pflicht handelt.

2105 Vgl. nur BGH, Beschl. v. 11.3.1986, KRB 7/85 (Aktenvermerke) = BeckRS 1986, 31168713: „Es ist weder möglich noch notwendig, betriebliche Aufsichtsmaßnahmen so zu gestalten, da[ss] sie alle vorsätzlichen Verstöße gegen betriebliche Pflichten verhindern."

2106 So auch *Koch*, WM 2009, 1013 (1016), für entsprechend gefahrgeneigte Betriebe; *Löschhorn/Fuhrmann*, NZG 2019, 161 (163 f.), für eine Übertragbarkeit des Siemens/Neubürger-Judizes mutatis mutandis.

2107 *Koch*, WM 2009, 1013 (1017); vgl. auch *Habersack/Zickgraf*, ZHR 2018, 252 (254), Fn. 7, nach denen Rechtsgüter durch Verkehrspflichten, Sachgefahren durch Verkehrssicherungspflichten adressiert werden.

II. Zurechnung als Rechtsfolge datenschutzrechtlicher Verantwortung

men ohne eine vom sachlichen Anwendungsbereich der DSGVO erfasste Verarbeitung personenbezogener Daten auskommen dürfte, befinden sich entsprechend auch zunächst alle Tochterfirmen im Betrachtungsradius, der durch die gebotene Einzelfallbetrachtung der Verarbeitungsumstände eingeschränkt werden kann. Daraus folgt jedoch, dass auch bei einer Bewertung desjenigen Risikos, das eine Compliance-Organisation zu mitigieren sucht und das einem Unternehmen durch Bußgelder und Risikofolgeschäden wie etwa Reputations- oder Marktpositionsbeeinträchtigungen droht, der Ausgangspunkt nicht die monetäre, wirtschaftliche oder gesellschaftsorganisatorische Position des Akteurs sein muss, sondern die am Betroffenen orientierte Risikobeurteilung und die entsprechend zu treffenden Maßnahmen; es gilt die haftungsbegründende Verletzung persönlichkeitsrechtsschützender Normen und daraus entstehende Beeinträchtigungen des Schutzgutes der Selbstbestimmungsfähigkeit zu verhindern.

Ein Faktor kann dabei die gesellschaftsrechtliche Organisationsform sein, denn diese liegt einerseits in der Gestaltungshoheit der Konzernobergesellschaft und mithin in ihrer Einflusssphäre und erzeugt dem betriebswirtschaftlichen Effizienzgebot folgend eine „planvoll wirkende Wirtschaftseinheit",[2108] deren interne Struktur andererseits Betroffenen jedoch in aller Regel nicht bekannt ist. Die konkrete Struktur des Unternehmensverbunds und dessen an ökonomischen Gesichtspunkten ausgerichtete Organisation und Allokation von Arbeitsmitteln dienen mindestens dem wirtschaftlichen Vorteil der Konzernobergesellschaft.[2109] Sie können jedoch auch dem Unternehmenszweck der Konzernuntergesellschaften förderlich sein, da diese regelmäßig effizienter agieren können, wenn sie in größere Wertschöpfungsketten eingebunden werden und beispielsweise IT-Strukturen nutzen können, die im Verband beschafft und verwaltet werden. Es besteht mithin in beiden Fällen eine unmittelbare Verbindung zwischen dem ökonomischen Nutzen und einer bestimmten, gruppendimensionalen Verhaltensweise, der dann eine datenschutzrechtliche – potenziell datenschutzwidrige – Komponente zukommen kann, wenn und soweit sie die Verarbeitung personenbezogener Daten mit umfasst.[2110] Ob eine gem. § 130 OWiG passivlegitimierende Adressateneigenschaft besteht, entscheidet sich mithin im Wege der Einzelfallbetrachtung und anhand der faktisch vorliegenden

---

2108 So *Rogall*, in: KK-OWiG, 2018, § 130, Rn. 27.

2109 *Uebele*, EuZW 2018, 440 (444); ausführlich zu den wirtschaftlichen Anreizen *Habersack/Zickgraf*, ZHR 2018, 252 (259 ff.); verkürzend nach hier vertretener Ansicht *Spindler*, Unternehmensorganisationspflichten, 2001, 952, wenn er das „Nutzen-Nachteil"-Prinzip mit Verweis auf bestehende Gläubigerschutzmechanismen ablehnt, da diese datenschutzrechtlichen Betroffenen nicht zukommen.

2110 A.A. wohl *Louven*, in: Specht-Riemenschneider et al., FS Taeger, 2020, 725 (731), demzufolge im Datenschutzrecht keine mit dem Kartellrecht vergleichbare Verbindung zwischen Verstoß und wirtschaftlichem Vorteil bestehe.

Umstände.[2111] Die vorstehende Betrachtung zeigt jedoch, dass eine Kongruenz im Rahmen des Beurteilungsmaßstabes, ob eine datenschutzrechtliche gemeinsame Verantwortung gem. Art. 26 DSGVO vorliegt und wann eine bußgeld- bzw. sanktionsrechtlich relevante Einheit gem. § 130 OWiG nach den Umständen des jeweiligen Sachverhalts vorliegen kann,[2112] und insbesondere in Situationen, in denen die Konzernmuttergesellschaft 100 % der Anteile hält und unstreitig dort, wo Durchgriffsmöglichkeiten durch Weisung oder Doppelmandatierungen faktisch angewendet werden, auch anzunehmen ist.[2113] Die Frage nach der Konzernierungsform, ob sich also um einen Vertragskonzern i. S. v. §§ 293 ff. AktG oder einen faktischen Konzern gem. §§ 311 ff. AktG handelt, kann aus Datenschutzsicht aufgrund der Maßgeblichkeit der faktischen Umstände dahinstehen.[2114] Die Möglichkeit der Auswahl, der Befähigung und der fortgesetzten Amtsinhaberschaft des Delegatars begründen die Zurechnung des Handelns und Wissens zum Delegierenden.[2115] Oder anders formuliert: das Verhalten des Delegaten versetzt den Delegatar erst in die Lage, Entscheidungen zu treffen, weswegen ersterer sich diese Entscheidungen dann auch zurechnen lassen muss. Aufgrund dieser Entscheidungsfähigkeit wird auch eine persönliche Haftung der Leitungsorgane sowohl der Konzernunter- als auch der Konzernobergesellschaft teilweise bejaht.[2116] Insbesondere in Merger&Acquisitions (M&A)-Situationen kommen entsprechende Informations- und Organisationspflichten in Betracht,[2117] die zur Gesamtverantwortung, der Accountability, des Akteurs

---

2111 *Ziegler/Gassler*, in: Gassner/Seith, OWiG, 2020, § 130, Rn. 16; *Rogall*, in: KK-OWiG, 2018, § 130, Rn. 27; OLG München, Beschl. v. 23.9.2014, 3 Ws 599 = CCZ 2016, 44 (45 f.).

2112 *Schefzig*, in: Moos/Schefzig/Arning, Praxishandbuch DSGVO, 2021, Kap. 11, Rn. 32.

2113 *Schönefeld/Thomé*, PinG 2017, 126 (127); a.A. *Spindler*, Unternehmensorganisationspflichten, 2001, 953, der darin eine „de facto Anerkennung der Einheitstheorie für den Konzern" sieht, mit der Gefahr, dass der Konzernspitze bei Verstößen stets ein Organisationsverschulden vorgeworfen werden könne.

2114 Vgl. zu den unterschiedlichen Durchgriffsmöglichkeiten abhängig von der Konzernierungsform: *Habersack*, in: Bechtold/Jickeli/Rohe, FS Möschel, 2011, 1175 (1176 ff.), und *Schockenhoff*, ZHR 2016, 197 (199 ff.); beachte aber auch *Hüffer*, in: Grundmann et al., FS Schwark, 2009, 185 (192), der zutreffend darauf hinweist, dass es schon im Interesse der beherrschten Gesellschaft ist, dass das herrschende Unternehmen die Einflussmöglichkeit auch ausübt, wodurch gem. § 76 Abs. 1 AktG der Vorstand der Untergesellschaft unmittelbar selbst verpflichtet wird.

2115 *Buck*, Wissen und juristische Person, 2000, 108.

2116 *Rogall*, in: KK-OWiG, 2018, § 130, Rn. 27.

2117 Im gleichen Sinne bereits im Jahr 2007 OLG Oldenburg, Urt. v. 22.6.2006 – 1 U 34/03, NZG 2007, 434; ausführlich zur BGH Judikatur *Risse*, NZG 2020, 856 ff.; vgl. auch EuGH, Urt. v. 14.3.2019 – C-724/17 (Skanska), ECLI:EU:C:2019:204, Rn. 51, für die Haftung bei Rechtsnachfolge bei Liquidation und Geschäftsfortführung durch eine weitere Gesellschaft, die in Deutschland als sog. „Wurstlücke" bekannt war und durch die 9. GWB-Novelle 2017 geschlossen wurde; die Vermeidung dieses Risikos

gerechnet werden müssen. Die Einrichtung eines Datenschutz-Compliance-Systems, das diese funktionale Einheit insoweit umfasst, als dies die in Rede stehenden Datenverarbeitungen als gemeinsam Verantwortliche erfordern, stellt entsprechend eine materielle Accountability-Pflicht der beteiligten Akteure dar. Sie ermöglicht jedoch auch eine reduzierende Berücksichtigung bei der Bemessung der Bußgeldhöhe gem. Art. 83 Abs. 2 lit. b – e, sowie lit. k DSGVO.[2118]

Daraus folgen zwei grundsätzlich eigenständige Pflichtenkreise datenschutzhaftungsrechtlicher Verantwortung, die jedoch beide an die sachliche Befähigung zur Einflussnahme und auch der materiellen Zuständigkeit i. S. e. Responsibility anknüpfen. Zunächst primärer Adressat der Accountability-Pflichten ist die lokale Geschäftsführung des Unternehmensträgers als singuläre juristische Person, welche die Daten verarbeitet und die Entscheidungen über die Zwecke und Mittel trifft. Deren Datenverarbeitung wird durch den Wirkungszusammenhang zwischen materiellem Datenschutzrecht einerseits und dem Ordnungswidrigkeitenrecht andererseits abgesichert. Der Adressatenkreis materiell Pflichtbelasteter und haftungsrechtlich passivlegitimierter Anspruchsgegner erweitert sich parallel zur Anzahl der Beteiligten und den Umständen der Koordination bzw. der Einflussnahme auf Zwecke und Mittel. Findet eine solche grundsätzlich statt, und wird dadurch eine gemeinsame Verantwortung gem. Art. 26 DSGVO begründet, wachsen dem hinzutretenden Akteur Aufsichts- und Sorgfaltspflichten gem. Art. 24 Abs. 1 S. 1 DSGVO zu, ohne deren Wahrnehmung ihm das gegebenenfalls gesetzeswidrige Verhalten zugerechnet werden kann. Erfolgt die Datenverarbeitung im Wege einer für Unternehmensverbände prägenden Tätigkeitsaufteilung, können daraus weitere aus dem Gesellschaftsorganisationsrecht, insbesondere aus dem zivilistischen Vertrags- und Deliktsrecht, stammende Auswahl- und Überwachungspflichten entstehen. Etwaige Pflichten aufgrund faktischer Umstände wie Macht- und Wissensasymmetrien zwischen den Beteiligten nicht angemessen ausüben zu können, stellt dabei keinen tauglichen Einwand gegen eine entsprechende Zurechnung dar, weil auf diese Weise Tatbestands- und Rechtsfolgenseite vermischt würden; der drittbzw. betroffenenschützende Charakter des Datenschutzrechts gebietet in diesen Fällen, Abstand von der fraglichen Datenverarbeitung, zumindest in der jeweiligen Ausgestaltung, zu nehmen. Damit wird die Frage nach der konkreten Begehungsweise eines zurechnungsfähigen Verhaltens virulent.

---

wird auch im Datenschutzrecht als Argument für den funktionalen Unternehmensbegriff genannt, vgl. *Gola*, in: Gola/Heckmann, DSGVO BDSG, 2022, Art. 83, Rn. 23; *Faust/Spittka/Wybitul*, ZD 2016, 120 (121).

2118 Für steuerstrafverfahren ist dies vom BGH vergleichbar beurteilt worden, vgl. Urt. v. 9.5.2017 – 1 StR 265/16, Rn. 118 = NZWiSt 2018, 379; *Schulz*, BB 2019, 579 (580).

(3) Zurechnung aufgrund unterlassener Aufsichtspflichten

Gem. Art. 24 Abs. 1 S. 1 DSGVO werden Verantwortliche verpflichtet, angemessene Maßnahmen zur Einhaltung der materiellen DSGVO-Normen zu treffen. Zwar ist Art. 24 DSGVO nicht gem. Art. 83 Abs. 4 und Abs. 5 DSGVO mit einer Geldbuße bedroht. Da jedoch auch die materiellen DSGVO-Normen in der Form von positiven Verhaltenspflichten gestaltet sind, kommen bußgeldrelevante Verletzungen ebenfalls als unechte Unterlassungsdelikte in Betracht. Diese setzen sich einerseits aus der konkret verletzten Norm und der Handlungspflicht nach Art. 24 Abs. 1 S. 1 DSGVO zusammen, wobei den Verantwortlichen gem. letzterer die für das unechte Unterlassungsdelikt typische Erfolgsabwendungspflicht trifft.[2119] Für eine solche muss demjenigen, dem ein unterlassenes Verhalten zur Last gelegt wird, indes eine spezielle Garantenstellung, die sog. Ingerenz-Verantwortung,[2120] zukommen.[2121] Fraglich ist, ob eine solche Position sowohl grundsätzlich innerhalb einer gemeinsamen Verantwortlichkeit gem. Art. 26 DSGVO als auch speziell in einer gruppendimensional begründeten Kollaboration begründet werden kann, obwohl sie sich nicht *expressis verbis* in der DSGVO findet.

Zunächst kann festgestellt werden, dass es ist nicht ungewöhnlich ist, dass Zurechnungsfragen im materiellen Recht nicht oder nur im Ansatz geregelt werden.[2122] So ist die wohl anerkannteste Form einer Zurechnung von Verhaltensweisen zur (nicht beteiligten) Konzernobergesellschaft, das europäische Kartellrecht gem. Art. 101, 102 AEUV, auf eine richterrechtliche Rechtsfortbildung zurückzuführen.[2123] Zurechnung basiert entsprechend vielmehr in der Regel auf einer Reihe von Prinzipien, die das materielle Recht wie „Tiefenstrukturen" durchziehen,[2124] unabhängig davon, ob es sich dabei um Primär- oder Sekundärrecht handelt und die insbesondere erst durch Aufarbeitung in Wissenschaft und Rechtsprechung zu Tage treten. Bezieht man insofern als Auslegungshilfe den Wortstamm der Ingerenz-Verantwortung in die Betrachtung ein, wird eine Sachnähe zur gemeinsamen Verantwortung im Sinne des Datenschutzrechts augenfällig; Ingerenz, abgeleitet vom lateinischen Verb „*ingerere*", das mit „(hin)einbringen",

---

2119 Grundsätzlich zur Systematik *Kühl*, JA 2014, 507 (508); ein Rücktritt erfordert entsprechend stets ein positives auf Erfolgsabwendung gerichtetes Tätigwerden, vgl. nur *Eser/Bosch*, in: SchSch, StGB, § 24, Rn- 27 und 30.

2120 *Kühl*, JA 2014, 507 (509), m. w. N.

2121 Statt aller *Freund*, in: MüKo StGB, § 13, Rn. 19; BGH, Urt. v. 10.7.2012 – VI ZR 341/10, Rn. 17 ff. = NJW 2012, 3439 (3441).

2122 *Wagner*, ZHR 2017, 204.

2123 *Zelger*, EuR 2021, 478 (481 f.); vgl. zur Entwicklung der Kriterien *Weiß*, in: Callies/Ruffert, EUV/AEUV, Art. 101, Rn. 25 ff.

2124 Ausführlich zu den zurechnungsbegründenden so durch ihn bezeichneten Tiefenstrukturprinzipien *Waldkirch*, Zufall und Zurechnung im Haftungsrecht, 2017, 117 ff.

II. Zurechnung als Rechtsfolge datenschutzrechtlicher Verantwortung

„sich einmischen" übersetzt werden kann,[2125] bezeichnet Situationen, in denen eine Partei die in Rede stehende Situation durch einen eigenen Beitrag beeinflusst. Dies ist auch für die gemeinsame Verantwortung i.S.v. Art. 26 DSGVO maßgeblich, wobei auch ein (Teil-)Beitrag zum Gesamtergebnis zu ihrer Begründung genügen kann.[2126] Daraus ließe sich auf den ersten Blick der Schluss ziehen, dass eine Zurechnung in Situationen, in denen ein Beitrag gerade unterlassen wird, nicht in Frage käme. Die im Rahmen der Ingerenz-Verantwortung maßgebliche Handlung ist allerdings nicht das Unterlassen, sondern die „primäre Gefahrschaffung" durch ein Vorverhalten.[2127] Derjenige, der durch die Ausübung seiner jeweiligen Handlungsfreiheit eine rechtlich nicht grundsätzlich missbilligte bzw. unzulässige Gefahrenquelle für andere schafft, wird haftungsrechtlich korrelierend verpflichtet, den Risikoeintritt zu verhindern und für einen etwaigen Schaden einzustehen.[2128] Diese Pflicht trifft unstreitig einen singulären Verantwortlichen i.S.v. Art. 4 Nr. 7 DSGVO,[2129] kann jedoch insbesondere auch in Situationen einer gemeinsamen Verantwortung entstehen.

Damit entsteht für Konzernobergesellschaften eine grundsätzlich diffizile Situation. Einerseits laufen sie Gefahr, dass ihnen die Nutzung von Vorteilen, die aus dem Unternehmensverbund entstehen, in einer haftungsrechtlich relevanten Weise durch die entstehende gemeinsame Verantwortung zugerechnet wird. Andererseits können sie auch nicht von sämtlichen, aus der gesellschaftsrechtlichen Verbindung entstandenen und betriebswirtschaftlich durchaus sinnvollen Weisungs- und Einflussnahmemöglichkeiten absehen, weil hieraus ein ebenfalls haftungsrechtlich relevantes Organisationsverschulden entstünde.[2130] Auf eine Kenntnis der Vorgänge durch den Vorstand

---

2125 Vgl. *Langenscheidt*-Wörterbuch online, Suchwort „ingerere", https://de.langen scheidt.com/latein-deutsch/ingerere.

2126 EuGH, Urt. v. 10.7.2018 – C-25/17 (Zeugen Jehovas), EU:C:2018:551, Rn. 66 ff.; *Däubler*, in: Däubler et al., DSGVO BDSG, 2020, Art. 26, Rn. 4.

2127 *Gaede*, in: Kindhäuser/Neumann/Paeffgen, StGB, 2013, § 13, Rn. 43 ff.; ähnlich der GA *Campos Sánchez-Bordona*, Schlussanträge v. 27.4.2023, Rs. C-807/21 (Deutsche Wohnen), Rn. 59, demzufolge ein Verstoß nicht leitender Mitarbeiter einen „Mangel des Kontroll- und Überwachungssystems" indiziert und dadurch zu einer Zurechnung legitimiert.

2128 *Taeger*, Außervertragliche Haftung, 1995, 76; zur gefährdungshaftungsähnlichen Wirkung von Accountability vgl. oben B.II.4.b.(2) m.w.N.

2129 So auch *Frenzel*, in: Paal/Pauly, DSGVO BDSG, 2021, Art. 83, Rn. 14, allerdings ohne genauere Begründung.

2130 *Moos/Schefzig*, in: Taeger/Gabel, DSGVO BDSG TTDSG, 2022, Art. 83, Rn. 79; ebenso *Hessel/Potel*, K&R 2020, 654 (655), die sich auf das Art. 29 WP 169, S. 21, berufen, wo sich diese Aussage so allerdings nicht findet. Auch das Nachfolgepapier des EDPB, Stellungnahme 07/2020 zum Konzept des Verantwortlichen und des Auftragsverarbeiters, enthält keine derartig klare Einschätzung.

käme es zur Zurechnung in diesen Fällen nicht an,[2131] da das missbillig-te Verhalten in der Unterlassung der sorgfaltswidrigen Aufsichtsstrukturen läge. Das Organisationsverschulden kann als spezifische „Designverantwor-tung" für komplexe Prozesse gesehen werden.[2132] Ein Unterlassen kommt als Primärdelikt im Wege der Nebentäterschaft ebenfalls gem. § 130 OWiG in Frage,[2133] bei dem es sich jedoch um eine, der systematischen Funktion von Art. 5 DSGVO nicht unähnliche[2134] subsidiäre Auffangnorm handelt, wonach Verstöße dann verfolgt werden, die nicht nach spezielleren Norm-verstößen erfasst sind.[2135]

Dass dies weder konzeptionell mit dem Instrument der Accountability un-vereinbar ist, noch mit dem Vorbild des Kartellrechts oder rechtspolitischen Erwägungen, zeigt ein Blick in das entsprechende Schrifttum. So wird im englischsprachigen Originalschrifttum bezüglich der (Public) Accountabili-ty in „*general accountability*", bezüglich des allgemeinen Vorgehens eines Akteurs, und „*particular accountability*", die eine Handlungsweise in einer konkreten Situation hinterfragt, unterschieden.[2136] Erstere umfasst dabei die im Rahmen eines Datenschutz-Compliance oder Management-Systems ge-schaffenen Strukturen, die sicherstellen sollen, dass Entscheidungen über Zwecke und Mittel auf Ebene der Konzernuntergesellschaften in rechtskon-former Weise getroffen werden. Dies erfordert insbesondere klare Vorgaben, wie solche Entscheidungen zu treffen sind und unabhängige, angemessen personell ausgestattete Revisionsfunktionen auf Ebene der Konzernober-gesellschaft, die gewährleisten, dass diese Vorgaben eingehalten werden. Dies folgt aus der gesellschaftsrechtlichen Legalitätskontrollpflicht und den Accountability-Dimensionen der *Responsibility*, *Responsiveness* und *Legi-timacy*. Der Gegenstand dieser Aufsichtsstrukturen ist dabei nicht die kon-krete Datenverarbeitung, sondern vielmehr die Umstände ihres Zustande-kommens.[2137] Eine gemeinsame Verantwortung i. S. v. Art. 26 DSGVO kann hieraus mithin nicht konstruiert werden, denn der Effekt einer Attribuierung

---

2131 EuGH, Urt. v. 7.6.1983 – C-100/80 (Musique Diffusion), ECLI:EU:C:1983:158, Rn. 97; LfDI BaWü, Az. 0523.1-2/3 v. 10.3.2021, S. 4; *Schönefeld/Thomé*, PinG 2017, 126 (128).

2132 *Klement*, in: Heidbrink/Langbehn/Loh, Handbuch Verantwortung, 2017, 559 (566).

2133 *Rogall*, in: KK-OWiG, 2018, § 130, Rn. 124.

2134 Vgl. B.II.4.a. oben.

2135 H. M. zu § 130 als Auffangtatbestand *Beck*, in: BeckOK OWiG, 2022, § 130, Rn. 106; *Rogall*, in: KK-OWiG, 2018, § 130, Rn. 124; *Krenberger/Krumm*, in: Krenberger/ Krum, OWiG, 2022, § 130, Rn. 1; wohl auch *Gürtler/Thoma*, in: Göhler, OWiG, 2021, § 130, Rn. 3; ausdrücklich zur subsidiären Anwendbarkeit *Ziegler/Gassler*, in: Gassner/Seith, OWiG, 2020, § 130, Rn. 4.

2136 Vgl. *Mulgan*, AJPA 2000, 87 (88).

2137 *Poll*, Datenschutz in und durch Unternehmensgruppen, 2018, 263; *Habersack*, in: Bechtold/Jickeli/Rohe, FS Möschel, 2011, 1174 (1182).

II. Zurechnung als Rechtsfolge datenschutzrechtlicher Verantwortung

eines Zurechnungsgegenstandes zu einem Zurechnungsobjekt erzeugt eine genuine Selbstverantwortlichkeit bei letzterem,[2138] die in Fällen entsprechender Strukturprüfungen nicht vorläge. Anders gelagert ist diese Schlussfolgerung bei Situationen einer *„particular accountability"*, also einer konkret in Rede stehenden zweckgebundenen Verarbeitung personenbezogener Daten, in denen die Konzernobergesellschaft gemeinsam Verantwortlicher mit mindestens einer Konzernuntergesellschaft ist. Hierbei begründen die beteiligten Parteien in der Diktion des BGH eine „Handlungs- und Organisationseinheit", indem sich die Konzernobergesellschaft einer im Ausgangspunkt getrennten Partei bedient, um einen (auch) eigenen Zweck zu fördern.[2139] In diesen Fällen können haftungs- und zurechnungsbegründende Umstände nur dort entstehen, wo die Konzernobergesellschaft an der Normverletzung in ihrer Entstehung beteiligt ist oder diese aufgrund einer Aufsichtspflichtverletzung möglich macht bzw. duldet. In beiden Fällen wächst ihr eine rechtliche Garantenstellung und damit eine Ingerenz-Verantwortung zu. Hiervon ist der sogleich zu untersuchende Fall eines Exzesses zu unterscheiden, in der eine Partei unilateral die Umstände der Datenverarbeitung verändert. Zwar ist auf diese Situation auch die Anforderung der *„general accountability"* anwendbar, entsprechende Abweichungen durch strukturierte, anlasslose Überprüfungen zu verhindern, aufzudecken und ggf. zu sanktionieren, eine spezielle, fallbezogene (*„particular accountability"*) kann jedoch nicht angenommen werden, da die Zwecke und Mittel gerade nicht gemeinsam bestimmt werden. Die Legalitätskontrolle fällt damit allein der bzw. den an dieser Verarbeitung beteiligten Partei(en) zu. Dies entspricht dem Haftungsvorbild des Kartellrechts, das eine sog. organisations- bzw. konzerndimensionale Legalitätskontrollpflicht anerkennt.[2140] Danach hat der Delegat aufgrund seiner Entscheidung zur Delegation und der damit potenziell geschaffenen, der Kenntnis und Kontrolle der Betroffenen entzogenen Gefahrensituation, die zulässige Tätigkeitsausführung grundsätzlich zu überwachen.[2141] Diese entspricht im Datenschutzrecht mithin einer „verarbeitungsbezogenen" Legalitätskontrollpflicht, die eine Zurechnung begründen kann, sofern nicht durch ergriffene Maßnahmen der Nachweis

---

2138 *Seidel*, Wertende Wissenszurechnung, 2021, 31.
2139 BGH, Urt. v. 30.6.2011 – IX ZR 155/08 = NJW 2011, 2791 (2792), Rn. 16 ff.; auf das Kriterium der eigenen Zweckförderung stellt auch der EuGH ab, vgl. Urt. v. 10.7.2018 – C-25/17 (Zeugen Jehovas), EU:C:2018:551, Rn. 68; zur Übertragbarkeit des eigentlich im öffentlichen Recht angesiedelten Falls in das Privatrecht vgl. *Risse*, NZG 2020, 856 (860); *Grigoleit*, in: Grigoleit, AktG, 2020, § 78, Rn. 39 f.
2140 *Habersack*, in: Bechtold/Jickeli/Rohe, FS Möschel, 2011, 1175 (1178); *Beck*, in: BeckOK OWiG, 2022, § 130, Rn. 57 f., zu Fällen, wo der Inhaber nicht auf Normbefolgung vertrauen darf.
2141 *Hoffmann/Schieffer*, BZG 2017, 401 (402 ff.); *Grigoleit*, in: Grigoleit, AktG, 2020, § 76, Rn. 68.

geführt wird bzw. werden kann, dass etwaige Schäden außerhalb der erwartbaren Kausalverläufe lagen.[2142] Die verarbeitungsbezogene Legalitätskontrollpflicht kann auch mit einer „informationstechnischen Einheit"[2143] zusammenfallen, muss dies jedoch nicht. Vielmehr ist analog zur EuGH Rs. Eturas auf die konkreten Umstände des Einzelfalls abzustellen, wonach der Einsatz einer in Rede stehenden Software durch mehr als eine Partei nicht zwingend zu einer abgestimmten Zweck- und Mittelidentität führt.[2144] Nur so lassen sich tradierte und auch in der DSGVO fortgeführte Kriterien wie die Erforderlichkeit i. S. v. Art. 6 Abs. 1 lit. b oder lit. f DSGVO sinnstiftend beurteilen. Weder ist durch die DSGVO beabsichtigt, noch ist das Instrument der Accountability dazu geeignet, einen gesamtunternehmerischen Binnenraum zu schaffen. Dies unterstreicht, dass eine haftungsbegründende Zurechnung fremden Verhaltens oder Wissens stets die Ausnahme zum Regelfall der Selbstverantwortlichkeit darstellt,[2145] sofern die eigenen Pflichten sorgfaltsgemäß erfüllt wurden.

Eine entsprechend differenzierte Betrachtung erscheint auch vor dem Hintergrund der praktischen Realität geboten, so dass kein rechtspolitischer Druck zur Kompensation besteht. Die (weiterhin zunehmende) Allgegenwärtigkeit von Datenverarbeitungen macht eine detaillierte Kenntnis aller geplanten und aktuell stattfindenden Datenverarbeitungen auf oberster Managementebene mithin schon allein aus Ressourcengründen unmöglich. Auch in wirtschaftlicher Hinsicht werden einige Entscheidungen auf lokaler Ebene getroffen, ohne dass dies vorab oder gar zu irgendeinem Zeitpunkt der Konzernführung detailliert zur Kenntnis gebracht wird. Diese sind im Rahmen von Strukturprüfungen innerhalb der *„general accountability"* der Unternehmensgruppe (Art. 4 Nr. 18 DSGVO) durch das herrschende Unternehmen zu prüfen, eine Haftungslücke entsteht durch eine fehlende gemeinsame Verantwortung mit der Konzernspitze jedoch nicht. Durch den lokal begrenzten Verarbeitungsradius ist sowohl der Personenkreis in Summe tendenziell geringer als auch die Risiken für Betroffene überschaubarer. Ein informationeller Selbstschutz ist in solchen Fällen eher realistisch möglich.

2142 Zu weit jedoch *Cornelius*, NZWiSt 2016, 421 (424 ff.), wenn er ohne Ansehung der einzelfallabhängigen Verarbeitungsumstände eine „datenschutzrechtliche Einheit" innerhalb eines Unternehmensverbundes annimmt; generell abl. dazu *Moos/Schefzig*, in: Taeger/Gabel, DSGVO BDSG TTDSG, 2022, Art. 83, Rn. 47.

2143 Gegen eine solche plädierend *Poll*, Datenschutz in und durch Unternehmensgruppen, 2018, 62, obwohl er gleichzeitig die abhängigkeitsbegründende Wirkung erkennt, 187 f.

2144 Vgl. EuGH, Urt. v. 21.1.2016 – C-74/14 (Eturas), ECLI:EU:C:2016:42, Rn. 46 und 48, wonach eine nachweisbare Distanzierung von einer bestimmten Verhaltensweise erforderlich ist, die jedoch auch in schlüssigem (ablehnendem bzw. nicht folgendem) Verhalten bestehen kann.

2145 *Spindler*, ZHR 2017, 311 (333).

II. Zurechnung als Rechtsfolge datenschutzrechtlicher Verantwortung

Eine Ingerenz aufgrund einer Verantwortungsdiffusion kann nicht angenommen werden, wie diese bei nicht lokal entschiedenen Verarbeitungssituationen besteht. Gem. Art. 13 und 14 lit. a DSGVO ist gegenüber Betroffenen der Verantwortliche offenzulegen, wenn es sich dabei um gemeinsam Verantwortliche handelt, ist darüber hinaus gem. Art. 26 Abs. 2 S. 2 DSGVO das Wesentliche der gem. Abs. 1 zu schließenden Vereinbarung offenzulegen. Unterstellt, dass die beteiligten Parteien entsprechend dieser Verpflichtung handeln, kann die Transparenz als Begründung für eine spezielle Vertrauensposition der gemeinsam Verantwortlichen angesehen werden. Dem entspricht die durch den Verordnungsgeber vorgesehene gesamtschuldnerische Haftung gem. Art. 26 Abs. 3, Art. 82 Abs. 2 und Abs. 4 DSGVO. Allerdings kann eine Zurechnung nicht auf beliebige Zurechnungsobjekte erstreckt werden, sondern es bedarf stets eines angemessenen Sachzusammenhangs. Virulent werden insofern Situationen, in denen dieser Konnex nicht gegeben ist.

(4) Grenzen der Zurechnung – Exzess und Chinese Walls

Nachdem konstatiert werden kann, dass eine Zurechnung des Verhaltens rechtstechnisch möglich ist und teleologisch aufgrund eines möglichst effektiven Schutzes für Betroffene grundsätzlich auch sinnvoll sein kann, stellt sich dennoch die Frage nach der Reichweite einer entsprechenden Zurechnung. Diese Begrenzung ist verfassungsrechtlich geboten, da eine unbegrenzte Haftung für Umstände und Sachverhalte, die außerhalb gewöhnlicher Kausalverläufe (Zufall), nicht willensgetragener Handlungsumstände und der individuellen Beherrschungs- und Einflusssphäre liegen, dem Grundsatz der persönlichen Verantwortlichkeit – *casum sentit dominus* – widerspräche.[2146]

Hierbei kommen grundsätzlich zwei Arten von haftungs- und zurechnungsausschließenden Situationen in Betracht; einerseits kann die Zurechnung dadurch gehemmt oder auch vollständig gehindert werden, indem vom Akteur zu trennende Parteien in einer Weise eigenmächtig handeln, die außerhalb des Beherrschungsrisikos des Akteurs liegt, sofern dieses Verhalten durch den Akteur nicht durch unterlassene Aufsichtspflichten befördert oder zumindest geduldet wurde. Dies bezeichnet die Fallgruppe der sogenannten Exzess-Situationen. Konstellationen eines solchen Exzesses regelt die DSGVO hinsichtlich des Auftragsverarbeiters in Art. 28 Abs. 10, Art. 29 DSGVO ausdrücklich.[2147] Danach erwächst beim Auftragsverarbeiter für

---

2146 Ausführlich *Waldkirch*, Zufall und Zurechnung im Haftungsrecht, 2017, 132; *Habersack/Zickgraf*, ZHR 2018, 252 (272): „[…] wobei die Beherrschbarkeit der Gefahr zwingende Mindestvoraussetzung der Verpflichtung ist."

2147 Vgl. zum ausschließlichen Verbotscharakter des Art. 29 DSGVO jedoch B. II. 4. oben.

eine Verarbeitung, welche den vertraglich vereinbarten Weisungsrahmen übersteigt, eine genuin eigene Verantwortlichkeit i. S. v. Art. 4 Nr. 7 DSGVO und Haftung gem. Art. 82 und Art. 83 DSGVO.[2148] Sofern jedoch die ursprüngliche Verarbeitung vertragsgemäß fortgesetzt wird, ist diese weiterhin als Auftragsverarbeitung einschließlich der damit verbundenen Haftungsverteilung zu qualifizieren. Abhängig von der Art des Exzesses, können jedoch Zweifel an der grundsätzlichen Eignung des Dienstleisters gem. Art. 28 Abs. 1 DSGVO entstehen. Da es in den Fällen eines Exzesses definitionsgemäß an einer Weisung des Verantwortlichen und den basalen Voraussetzungen für eine rechtmäßige Verarbeitung fehlt, liegt in der Regel ein in Tatmehrheit begangener Verstoß gegen Normen der DSGVO vor,[2149] wofür gem. Art. 83 Abs. 3 DSGVO stets die höher sanktionierte Norm die maßgebliche Grundlage der Bußgeldberechnung sein soll. Für die Bewertung ist dabei ohne Relevanz, ob sich das konkrete Verhalten als Aufgaben- oder als Funktionsexzess einordnen lässt.[2150] Hinsichtlich (im Ausgangspunkt noch) gemeinsam Verantwortlicher trifft die DSGVO eine implizite Entsprechung, indem eine solche Verbindung nur zustande kommt, wenn und soweit „zwei oder mehr Verantwortliche gemeinsam die Zwecke der und die Mittel zur Verarbeitung gemeinsam fest[legen]", wodurch im Umkehrschluss unilaterale Entscheidungen eines Verantwortlichen,[2151] die der Kontrolle, Kenntnis oder Duldung des/der anderen beteiligten Verantwortlichen entzogen sind, zu einer alleinigen Verantwortung des exzessiv Handelnden führt.[2152] Operativ abgrenzbar wird ein solcher Exzess in beiden Situationen insbesondere

---

2148 *Wedde*, in: Däubler et al., DSGVO BDSG, 2020, Art. 28, Rn. 115; *Gabel/Lutz*, in: Taeger/Gabel, DSGVO BDSG TTDSG, 2022, Art. 28, Rn. 75; *Kramer*, in: Auernhammer, DSGVO BDSG, 2020, Art. 28, Rn. 69; *Kremer*, in: Schwartmann et al., DSGVO BDSG, 2020, Art. 28, Rn. 186; *Poll*, Datenschutz in und durch Unternehmensgruppen, 2018, 112; a. A. wohl *Martini*, in: Paal/Pauly, DSGVO BDSG, 2021, Art. 28, Rn. 76, der von einer juristischen Fiktion ausgeht, was nach hier vertretener Ansicht dann stets für die Einordnung als Verantwortlicher gem. Art. 4 Nr. 7 DSGVO gelten müsste.

2149 In diesem Sinne *Kramer*, in: Auernhammer, DSGVO BDSG, 2020, Art. 28, Rn. 69.

2150 Für einen Funktionsexzess *Martini*, in: Paal/Pauly, DSGVO BDSG, 2021, Art. 28, Rn. 76; *Kremer*, in: Schwartmann et al., DSGVO BDSG, 2020, Art. 28, Rn. 185; *Hartung*, in: Kühling/Buchner, DSGVO BDSG, 2020, Art. 28, Rn. 103; für einen Aufgabenexzess *Plath*, in: Plath, DSGVO BDSG, 2018, Art. 28, Rn. 32.

2151 Hierunter fallen sowohl im Ausgangspunkt bereits verantwortliche i. S. v. Art. 4 Nr. 7 DSGVO als auch im Exzess agierende, sich zum Verantwortlichen gem. Art. 28 Abs. 10 DSGVO aufschwingende Auftragsverarbeiter.

2152 Ganz h. M. *Wedde*, in: Däubler et al., DSGVO BDSG, 2020, Art. 28, Rn. 115; *Gabel/Lutz*, in: Taeger/Gabel, DSGVO BDSG TTDSG, 2022, Art. 28, Rn. 75; *Kramer*, in: Auernhammer, DSGVO BDSG, 2020, Art. 28, Rn. 69; *Kremer*, in: Schwartmann et al., DSGVO BDSG, 2020, Art. 28, Rn. 186; unklar dagegen *Plath*, in: Plath, DSGVO BDSG, 2018, Art. 28, Rn. 32, der den übergriffigen Auftragsverarbeiter als „(weiterer) Verantwortlicher" bezeichnet.

II. Zurechnung als Rechtsfolge datenschutzrechtlicher Verantwortung

anhand der gem. Art. 26 bzw. Art. 28 DSGVO abzuschließenden vertraglichen Vereinbarung, aus der sich die jeweiligen Datenverarbeitungen und ihre Berechtigung hierzu ergeben. Geht eine Partei eigenmächtig über diese Verarbeitung hinaus, befindet sie sich grundsätzlich rechtswidrig im Exzess, sofern sie nicht durch Unionsrecht oder das Recht der Mitgliedstaaten dazu verpflichtet war. Im Falle einer entsprechenden Verpflichtung entsteht aufgrund der Zweckbindung (Art. 5 Abs. 1 lit. c DSGVO) und ihrer Konkretisierung in Art. 6 Abs. 1 lit. c DSGVO, welche die Rechtsgrundlage für die entsprechende Verarbeitung bildet, keine Schutzlücke für Betroffene, so dass grundsätzlich nicht von einem rechtswidrigen Exzess auszugehen ist.

Neben Situationen einer unilateralen Zweck- und Mittelbestimmung kann der (gemeinsam) Verantwortliche aus kautelarpraktischen Gründen bewusst Bereiche schaffen, die seiner Einflussnahmemöglichkeit entzogen sind. Diese insbesondere im Bankensektor verbreiteten sog. Vertraulichkeitsbereiche werden durch Maßnahmen gebildet, die verschiedene Ausprägungen annehmen können und als *Chinese Walls* oder *Information Barriers* bezeichnet werden,[2153] die dem Zweck dienen, dass in einem Bereich des – potenziell funktional verstandenen – Unternehmens vorhandene Informationen weder direkt noch indirekt in einen anderen Bereich gelangen (Segmentierung) und dort gegebenenfalls zu Interessenskonflikten führen.[2154] Als mögliche Formen der entsprechenden, sowohl dauerhaft als auch temporär konstruierbaren[2155] technischen und organisatorischen Maßnahmen kommen eine räumliche, organisatorische, technische und/oder geschäftliche Trennung in Betracht, die also sowohl physische Barrieren darstellen können, als auch verpflichtende Selbstbindungsinstrumente[2156] und als Teil einer übergeordneten Compliance-Organisation eingebettet werden können.[2157] Funktionale Chinese Walls bewirken eine Durchbrechung der Wissenszurechnung, sofern und soweit sie ein wirksames Verbot zur bzw. Unterlassung der Weitergabe von Informationen von einem Bereich in einen anderen erzeugen.[2158] Da ein solches im Datenschutzrecht aufgrund des Rechtfertigungsvorbehalts *qua*

2153 *Armbrüster/Tremurici*, ZIP 2020, 2305 (2306); *Seidel*, Wertende Wissenszurechnung, 2021, 179; *Spindler*, Unternehmensorganisationspflichten, 2001, 227 ff.

2154 *BVerfG*, Beschl. v. 3.7.2003 – 1 BvR 238/01, Rn. 47 = NJW 2003, 2520 (2521); *Faust*, in: Ellenberger/Bunte, Bankrechts-Handbuch, 2022, § 89, Rn. 141 und 141b; *Kilian*, WM 2000, 1366 (1372); *Seidel*, Wertende Wissenszurechnung, 2021, 179 f.

2155 Vgl. zum kritischen Merkmal der „organisatorischen Verfestigung" der Chinese Wall zum Zeitpunkt des Interessenskonflikts *Kilian*, WM 2000, 1366 (1374 f.).

2156 *Faust*, in: Ellenberger/Bunte, Bankrechts-Handbuch, 2022, § 89, Rn. 142 ff.; *Armbrüster/Tremurici*, ZIP 2020, 2305 (2308).

2157 *Spindler*, Unternehmensorganisationspflichten, 2001, 228.

2158 A.A. *Armbrüster/Tremurici*, ZIP 2020, 2305 (2310), die argumentieren, das Verbot der Informationsweitergabe müsse sich aus etwaigen gesetzlichen Vorgaben ergeben, zu deren Umsetzung die Chinese Wall dann nur ein Mittel sei.

definitionem besteht und die insofern im gesellschaftsrechtlichen Schrifttum umstrittene Frage bezüglich einer erforderlichen gesetzlichen Verbotsnorm dahinstehen kann,[2159] sind Chinese Walls mithin grundsätzlich geeignet, durch organisatorisch, technisch und rechtlich strikt getrennte Bereiche eine begrenzte Einfluss- und Leitungsmöglichkeiten herzustellen, wodurch einer gemeinsamen Verantwortung durch Zurechnung i. S. v. Art. 26 i. V. m. mit der Akzo-Vermutung entgegengewirkt werden kann.[2160] Freilich kommt diese Trennung nicht ohne erhebliche Transaktionskosten aus: eine entsprechend strikte Trennung der jeweiligen Verarbeitungssphären, einschließlich der eingesetzten sowohl technischen als auch personellen Mittel, führt dazu, dass konzern- bzw. unternehmensgruppentypische Synergieeffekte nicht länger gehoben werden können. Normalerweise zentral erbrachte interne Dienstleistungen und Organisationsformen sind nun durch den abgeschotteten Bereich selbstständig zu erbringen, um keine (Re-)Kontaminierung zu bewirken. Dies ist insofern nur folgerichtig, als die so getrennten Bereiche bzw. Unternehmen ab diesem Zeitpunkt ihr Marktverhalten wieder wie unabhängig agierende Akteure bestimmen können und spiegelbildlich korrespondierende wirtschaftlichen Risiken tragen müssen.[2161]

Das datenschutzrechtlich tradierte Instrument sog. *Trusted Third Parties* (TTP) oder des – aktuell vielbeachteten – Datentreuhänders[2162] bietet ähnliche Gestaltungsmöglichkeiten. Dabei werden personenbezogene Daten an eine dritte, in Bezug auf die Daten gerade nicht weisungsgebundene Partei übertragen, die beispielsweise einen Pseudonymisierungsschlüssel verwendet, um den Personenbezug zu ersetzen und die Daten zurück oder an eine bezeichnete Stelle, etwa einen (amerikanischen) Auftragsverarbeiter zu

---

2159 Vgl. dazu *Seidel*, Wertende Wissenszurechnung, 2021, 179; *Armbrüster/Tremurici*, ZIP 2020, 2305 (2310); *Buck*, Wissen und juristische Person, 2000, 499.

2160 Im Gesellschaftsrecht können indes wegen der Gesamtverantwortung der Geschäftsleitung gem. § 78 Abs. 1 AktG Bereiche bestehen, in denen Chinese Walls kein probates Mittel sind, da sämtliche Mitglieder des Gremiums über die entscheidungsrelevanten Informationen verfügen müssen, vgl. *Faust*, in: Ellenberger/Bunte, Bankrechts-Handbuch, 2022, § 89, Rn. 148 f.; *Armbrüster/Tremurici*, ZIP 2020, 2305 (2310 f.).

2161 Vgl. zu diesem Kriterium im Kartellrecht EuGH, Urt. v. 16.12.1975 – verb. Rs. 40–48, 50, 54–56, 111, 113 und 114–73 (Suiker Unie), Rn. 26 und 28; *Säcker/Steffens*, in: MüKo Wettbewerbsrecht, AEUV, 2020, Art. 101, Rn. 49; *Fischer/Zickgraf*, ZHR 2022, 125 (131); vgl. auch *Armbrüster/Tremurici*, ZIP 2020, 2305 (2314), zum öffentlichen Vergabeverfahren, an dem durch effektive Chinese Walls getrennte Unternehmen deswegen auch teilnehmen dürfen.

2162 *Kempny/Krüger/Spindler*, NJW 2022, 1646 (1648 f.), weisen zutreffend darauf hin, dass Datentreuhänder kein homogen verwendeter Begriff und auch nicht mit Data Trust identisch ist.

transferieren.[2163] Der Datentreuhänder arbeiten in diesem Umfang fremdnützig im Interesse des Datengebers.[2164] Sofern für Parteien außerhalb des Datentreuhänders keine rechtliche oder (wirtschaftlich vertretbare) tatsächliche Möglichkeit besteht, diesen Zustand zu revidieren, sind die Daten als anonym anzusehen,[2165] wodurch eine Zurechnung zum Verarbeiter unterbunden werden kann, da der Anwendungsbereich gem. Art. 2 DSGVO nicht länger eröffnet ist. Auch hier sind jedoch die bei den Chinese Walls anerkannten[2166] strengen Maßstäbe an die Effektivität der angewendeten Maßnahmen zu beachten; schalten mehrere, im Verhältnis zueinander im Ausgangspunkt als Dritte anzusehende Parteien, den Datentreuhänder zwischen ihnen („in der Mitte") nur ein, um Daten austauschen zu können, welche sie in ihrem jeweiligen Verantwortungsbereich auf gegebenenfalls dieselben natürlichen Personen rückbeziehen bzw. anwenden können,[2167] kann dies auch lediglich ein gemeinsam determiniertes Mittel ihrer Datenverarbeitung darstellen, so dass die Voraussetzung gem. Art. 4 Nr. 7 i. V. m. Art. 26 DSGVO regelmäßig gegeben sein dürften. Die im Zielbild eigentlich zu vermeidende Zurechnung kann durch eine solche abgestimmte Gestaltung gerade aufleben, und eine Haftung als an der Verarbeitung Beteiligter kommt gem. Art. 82 Abs. 4 DSGVO gegenüber allen Parteien in Betracht. Eine Beteiligung muss dabei jedoch nicht in einer tatsächlichen Beeinflussung bestehen, sondern sie kann in Form einer rechtlichen Einflussnahmemöglichkeit vorliegen,[2168] einschließlich eines Veto-Rechts der Muttergesellschaft bei strategischen Entscheidungen.[2169] In Übertragung der *Eni*-Rechtsprechung des EuGH[2170] kommt eine zurechnungs- und haftungsbegründende gemeinsame Verantwortung i. S. v. Art. 26 DSGVO folglich zwischen allen beteiligten Tochterunternehmen und der Konzernobergesellschaft zustande, wenn und soweit letztere in ihrer koordinierenden Funktion ein entsprechendes Datentreuhändermodell befördert.

2163 Zum Datentreuhänder vgl. *Wieczorek*, in: Specht/Mantz, Handbuch Europäisches und deutsches Datenschutzrecht, 2019, Teil A, § 7, III 6, Rn. 101.

2164 *Kempny/Krüger/Spindler*, NJW 2022, 1646 (1648).

2165 *Arning/Rothkegel*, in: Taeger/Gabel, DSGVO BDSG TTDSG, 2022, Art. 4, Rn. 148.

2166 Vgl. ausführlich zu den umfangreichen Anforderungen, die von der englischen und amerikanischen Rechtsprechung zur Anerkennung von Chinese Walls gestellt werden, *Kilian*, WM 2000, 1366 (1373 f.).

2167 Ob zutreffend oder nicht, ist dabei irrelevant, denn auch inhaltlich falsche personenbezogene Informationen bleiben datenschutzrechtlich relevant, vgl. *Eßer*, in: Auernhammer, DSGVO BDSG, 2020, Art. 4, Rn. 11; *Klar/Kühling*, in: Kühling/Buchner, DSGVO BDSG, 2020, Art. 4, Rn. 8; *Ziebarth*, in: Sydow/Marsch, DSGVO BDSG, 2022, Art. 4, Rn. 41; *Klabunde*, in: Ehmann/Selmayr, DSGVO, 2018, Art. 4, Rn. 9.

2168 *Bergt*, in: Kühling//Buchner, DSGVO BDSG, 2020, Art. 82, Rn. 52.

2169 *Grünwald/Hackl*, ZD 2017, 556 (558) mit Verweis auf EuGH, Urt. v. 18.1.2017 – C-623/15 P (Toshiba), ECLI:EU:C:2017:21, Rn. 66.

2170 Vgl. dazu C.II.4.d.(1) oben.

C. Adressaten der Accountability-Pflichten

Auch hinsichtlich der tatsächlich handelnden Personen, den Mitarbeiten-den, bestehen Parallelen zwischen Kartell- und Datenschutzrecht. In bei-den Situationen werden Mitarbeiter, unabhängig davon, ob es sich dabei um leitende oder nicht-leitende Angestellte handelt, solange die jeweilige Tätigkeit nur im Rahmen ihrer beruflichen Aufgaben erfolgt,[2171] als Teil des Unternehmens gesehen, wofür letzteres entsprechend auch als taugli-ches Zurechnungs- und Haftungsobjekt in Betracht kommt.[2172] Das Handeln der Mitarbeiter muss dabei jedoch auch im Rahmen ihrer arbeitsvertraglich geschuldeten Leistungserbringung erfolgen, sodass ein unilateraler Exzess eines Mitarbeitenden, unter Verstoß gegen die Arbeitsanweisungen grund-sätzlich nicht als zurechenbares Handeln der juristischen Person beurteilt werden[2173] und schadenersatzbegründend sein kann.[2174] Eine Möglichkeit zur Exkulpation besteht allerdings nur sofern und soweit dieser Exzess nicht gleichzeitig Ausdruck einer Verletzung von Aufsichts- und Kontrollpflichten darstellt, die aufgrund der einzurichtenden Compliance-Struktur eine Wis-senszurechnung naturgemäß befördern.[2175]

(5) Stellungnahme

Wie die Ausführungen zur praktischen Umsetzung bereits gezeigt haben,[2176] erfordert die DSGVO regelmäßig ein initiales und dann in angemessenen, vom Risiko für Betroffene der in Rede stehenden Datenverarbeitungen ab-hängiges, wiederholtes Handeln auf höchster und allen nachgelagerten Ma-nagement-Ebene, wie dies bei allen Compliance-relevanten Fragen der Fall ist. Diese Anforderung korrespondiert insofern mit der praktischen Reali-tät in Unternehmensgruppen hinsichtlich strategischer, kommerzieller Ent-scheidungs- und organisatorischer Freigabeprozesse durch übergeordnete Managementebenen hinsichtlich Investitionssummen oder ähnlicher Struk-turausgaben. Bereits vor diesem Hintergrund scheint ein strikt gesellschafts-

---

2171 *Ambrock*, ZD 2020, 492 (493); *Schönefeld/Thomé*, PinG 2017, 126 (127 f.); *Schantz*, in: Schantz/Wolff, Das neue Datenschutzrecht, 2017, S. 119, Rn. 359.
2172 Für das Datenschutzrecht *Schönefeld/Thomé*, PinG 2017, 126 (128); *Spiecker gen. Döhmann*, CR 2016, 697 (703), hält die Gesamtschuldnerschaft für ein Mittel um technisch bedingter Verantwortungsdiffusion zu begegnen; für das Kartellrecht *Zimmer*, in: Immenga/ Mestmäcker, Wettbewerbsrecht, AEUV, 2019, Art. 101, Rn. 20; *Stockenhuber*, in: Grabitz/ Hilf/Nettesheim, AEUV, 2021, Art. 101, Rn. 75 f.
2173 *Jung/Hansch*, ZD 2019, 143; *Arning/Rothkegel*, in: Taeger/Gabel, DSGVO BDSG TTDSG, 2022, Art. 4, Rn. 177; *Kühling/Klar/Sackmann*, Datenschutzrecht, 2021, Rn. 794.
2174 *Moos/Schefzig*, in: Taeger/Gabel, DSGVO BDSG TTDSG, 2022, Art. 82, Rn. 24.
2175 Ähnlich *Bergt*, in: Kühling/Buchner, DSGVO BDSG, 2020, Art. 83, Rn. 37.
2176 Vgl. B.II.4.e oben.

rechtlich geprägtes Verantwortlichkeitsverständnis verkürzend.[2177] Accountability für die Verarbeitung personenbezogener Daten begründet, wie gezeigt wurde,[2178] eine gefährdungshaftungsähnliche Pflicht zum Schutz der Rechtsgüter der Betroffenen durch Ausfüllung ihrer verschiedenen Ausprägungen wie *Responsibility*, *Responsiveness*, *Legitimacy* und *Liability*. Das Rechtskonzept Account-*ability*, sprich, die passivlegitimierende Fähigkeit (ability) zum Zurechnungsobjekt zu werden, legt damit bereits auf basaler terminologischer Ebene einen Anknüpfungspunkt für die Anwendung von Zurechnungsprinzipien. Während diese Funktionsweise im Datenschutzrecht noch eher fremd ist und erst durch die DSGVO mit der nominellen Bezeichnung in der Legaldefinition des Art. 5 Abs. 2 DSGVO sowie dem praktisch bedeutsameren Art. 24 Abs. 1 S. 1 DSGVO, eingeführt wurde, werden entsprechende Zurechnungsmechanismen in anderen Rechtsgebieten bereits in gefestigter Weise praktiziert. Von besonderer Bedeutung ist hierbei das im Gesetzgebungsverfahren zur DSGVO und den ErwG explizit referenzierte, europäische Kartellrecht und die darin durch den EuGH ausgeformte widerlegliche Vermutung eines beherrschenden Einflusses der Konzernmutter bei einem hohen Anteilsbesitz durch diese, die sog. Akzo-Vermutung.[2179] Beim Vorliegen der entsprechenden Tatbestandsvoraussetzungen stützt der EuGH auf diesen Einfluss eine Zurechnung zur Konzernobergesellschaft von wettbewerbswidrigem Verhalten, das durch eine oder mehrere Tochtergesellschaft begangen wurde und überwindet so das gesellschaftsrechtliche Trennungsprinzip in Unternehmensgruppen. Dieses Trennungsprinzip, im Datenschutzrecht gerne in der Sentenz zusammengefasst, dass es kein Konzernprivileg kenne,[2180] gerät mit der jüngeren EuGH-Rechtsprechungslinie

---

2177 So auch *Ambrock*, ZD 2020, 492 (495 f.): „Auch eine organisatorische und koordinierende Hoheit kann eine Verantwortlichkeit indizieren"; ähnlich *Zelger*, EuR 2021, 478 (489); *Schüler*, Wissenszurechnung im Konzern, 2000, 85 und 97 ff.

2178 B.II.4.b. oben.

2179 Unzutreffend insofern *Zelger*, EuR 2021, 478 (482), die ausschließlich bei 100 % Anteilsbesitz die Vermutungswirkung bejaht; es genügen nach gefestigter Rspr. bereits „nahezu" 100 % (vgl. Nachw. bei *Grave/Nyberg*, in: Loewenheim/Meessen/Riesenkampff/Kersting/Meyer-Lindemann, Kartellrecht, AEUV, 2020, Art. 101, Rn. 142, Fn. 312; *Weiß*, in: Calliess/Ruffert, EUV/AEUV, 2022, Art. 101, Rn. 35; *Biermann*, in: Immenga/Mestmäcker, WettbewerbsR, VO 1/2003, Vorb. zu Art. 23 f., Rn. 95, Fn. 337), und im Übrigen ist nicht der Anteilsbesitz, sondern der bestimmende Einfluss maßgeblich, wenn der Mehrheitsgesellschafter weder bei strategischen Entscheidungen noch im Tagesgeschäft die Interessen anderer Anteilseigner zu berücksichtigen braucht, vgl. EuG, Urt. v. 12.7.2018 – T-419/14 (Goldmann Sachs), ECLI:EU:T:2018:445, Rn. 51.

2180 Stellvertretend in verschiedenen Abwandlungen *Ernst*, in: Paal/Pauly, DSGVO BDSG, 2021, Art. 4, Rn. 127; *Baumgartner/Gausling*, in: Moos/Schefzig/Arning, Praxishandbuch DSGVO, 2021, Kap. 15, Rn. 52 und 64 f.; *Kühling/Klar/Sackmann*, Datenschutzrecht, 2021, Rn. 315; *Nietsch/Osmanovic*, BB 2021, 1858 (1864); *Al-

zur gemeinsamen Verantwortung i. S. v. Art. 26 DSGVO auch in diesem Rechtsgebiet zunehmend unter Druck. Eine haftungsbegründende Verklammerung sowohl im Schadenersatz- als auch im Bußgeld- bzw. Ordnungswidrigkeitenrecht sollen eine effektive Rechtsdurchsetzung auch in Situationen kollaborativen Zusammenwirkens sicherstellen, wie sie insbesondere für Unternehmensgruppen prägend ist. Dieses Schutzziel korreliert eng mit der Verkehrs(sicherungs)pflicht des unechten Unterlassungs- und Sonderdelikts des § 130 OWiG, wonach bereits das abstrakt gefährdende Unterlassen der entsprechenden Aufsichtspflichten als Bedingung der Ahndbarkeit sanktionsfähig ist.[2181] Das spezielle Unrecht besteht darin, dass die Organisations- und Aufsichtspflichtverletzung als Verstoß gegen die Legalitätskontrollpflicht eine abstrakte Gefahr für betriebsbedingte Verwirklichungen von Risiken erzeugt,[2182] wobei als Risiken – wie oben dargestellt – sowohl ungeplante als auch planvolle Normverstöße in Betracht kommen. Diese sind dem Akteur, bei dem es sich sowohl um einen in gemeinsamer Verantwortung verklammerten Verbund mehrerer juristischer Personen als auch um Auftragsverarbeiter gem. Art. 28 DSGVO handeln kann, zuzurechnen. Eine Exkulpation ist zum Schutz der von einer Datenverarbeitung Betroffenen und zu Lasten der von einem Betriebsrisiko profitierenden Partei grundsätzlich nur in Exzess-Konstellationen und atypischen Kausalverläufen möglich.

Damit folgt aus dem Vorgesagten, dass sich eine allumfassende, zwingende Verpflichtung zu einem institutionalisierten Compliance-Management-System zwar weder *expressis verbis* aus der DSGVO noch aus nationalen Gesetzen wie dem Ordnungswidrigkeiten- oder dem Gesellschaftsrecht ergibt. Sie kann jedoch aufgrund der zurechnungsbegründenden Haftungskomponente, wie sie aus einer Gesamtschau der jeweiligen materiellen Pflichten des gemeinsam Verantwortlichen gem. der DSGVO sowie den Legalitäts- und Legalitätskontrollpflichten der Leitungsorgane gem. AktG resp. GmbHG entstehen[2183] und insofern präventive und selbststeuernde

---

bers/*Veit*, in: BeckOK Datenschutzrecht, 2022, Art. 6, Rn. 49; *Gola*, in: Gola/Heckmann, DSGVO BDSG, 2022, Art. 83, Rn. 24.

2181 GA *Campos Sánchez-Bordona*, Schlussanträge v. 27.4.2023, Rs. C-807/21 (Deutsche Wohnen), Rn. 59; *Ziegler/Gassler*, in: Gassner/Seith, OWiG, 2020, § 130, Rn. 2 f.; *Beck*, in: BeckOK OWiG, 2022, § 130, Rn. 13; a.A. bzgl. der Deliktsqualität wohl *Krenberger/Krumm*, in: Krenberger/Krum, OWiG, 2022, § 130, Rn. 2, die ein konkretes Gefährdungsdelikt annehmen.

2182 *Beck*, in: BeckOK OWiG, 2022, § 130, Rn. 14.

2183 Statt vieler *Fleischer*, in Spindler/Stitz, AktG, 2019, § 91, Rn. 47 ff.; *Schefzig*, in: Moos/Schefzig/Arning, Praxishandbuch DSGVO, 2021, Kap. 11, Rn. 30 f.; *Moos/Schefzig*, in: Taeger/Gabel, DSGVO BDSG TTDSG, 2022, Art. 83, Rn. 79, nach denen sich aus der unterlassenen Schaffung von risikoadäquaten Strukturen im – interessanterweise verwenden die Autoren in dieser Textstelle nicht den Begriff des Verantwortlichen i. S. v. Art. 4 Nr. 7 DSGVO – Unternehmen ein Organisationsverschulden i. S. v. § 130 OWiG ergeben kann.

Wirkung entfalten, da der sowohl Konzernober- wie auch die Konzernuntergesellschaften zur Haftungsbeschränkung auf operativer Ebene, also auf Ebene der Datenverarbeitung, bestrebt sein werden.[2184] Inhaltlich umfasst diese Pflicht jedoch nicht nur die Anforderung, dass der Vorstand sich seinerseits an die gesetzlichen Vorgaben hält, sondern dass er durch die Implementierung (einschließlich einer Kontrolle) präventiver Maßnahmen innerhalb seines Zuständigkeitsbereichs (*Responsibility*) allgemein für eine entsprechende Gesetzeskonformität der Unternehmensprozesse sorgt.[2185] Punktuelle Maßnahmen sind dabei grundsätzlich nicht ausreichend, sondern vielmehr ist das als Dauerpflicht auf Permanenz angelegte Überwachungssystem durch eine Gesamtheit von Einzelmaßnahmen zu denen auch bewusst trennende Schritte wie sog. *Chinese Walls* zählen,[2186] die sich am Risikopotenzial aus der unternehmerischen Betätigung des Akteurs orientieren, umzusetzen.[2187] Letztinstanzlicher Beurteilungsmaßstab der organisatorisch vorzunehmenden Anstrengungen ist dabei das Risiko, das eine bestimmte Organisationsgestaltung und -funktionsweise für betroffene natürliche Personen darstellt.[2188] Es handelt sich folglich um einen variablen Maßstab,[2189] der sowohl den Grad eines möglichen Schadeneintritts – und hierbei insbesondere die möglichen Schadensursachen[2190] – als auch das denkbare Schadensmaß berücksichtigt und nicht an pauschalen Kennzahlen wie Unternehmensgröße, Branche und ähnlichem allein festgemacht werden kann. Für Leitungsorgane in der Praxis zwar (und wohl auch überwiegend) relevant, vom Maßstab des Datenschutzes her jedoch nicht berücksichtigungsfähig bzw. entscheidungserheblich sind dagegen Bußgelder und ver-

---

2184 Zu dieser Wirkung der Gefährdungshaftung *Taeger*, Außervertragliche Haftung, 1995, 75.

2185 GA *Campos Sánchez-Bordona*, Schlussanträge v. 27.4.2023, Rs. C-807/21 (Deutsche Wohnen), Rn. 57 ff.; *Spindler*, in: MüKo AktG, 2019, § 91, Rn. 52; zum datenschutzrechtlichen Anforderungskatalog *Poll*, Datenschutz in und durch Unternehmensgruppen, 2018, 255 ff.; zur Relevanz entsprechender Maßnahmen im Schadenersatzprozess *Laoutoumai*, K&R 2022, 25 (28).

2186 Vgl. zu *Chinese Walls* als Compliance-Maßnahme *Spindler*, Unternehmensorganisationspflichten, 2001, 228; zur Definition von Compliance als Gesamtheit aller (Einzel-)Maßnahmen *Renz/Frankenberger*, ZD 2015, 158; *Paefgen*, WM 2016, 433 (435).

2187 Das „normale" Compliance-Schrifttum stellt demgegenüber stets auf das (finanzielle) Risiko für das Unternehmen ab, vgl. *Schulz*, BB 2019, 579 (580); *Koch*, WM 2009, 1013 (1014).

2188 *Hauschka/Moosmayer/Lösler*, in: Hauschka/Moosmayer/Lösler, Corporate Compliance, 2016, 1. Abschn., 1. Kap., § 1, Rn. 31; für diese Pflichten bei der Umsetzung des BImSchG *Spindler*, Unternehmensorganisationspflichten, 2001, 70.

2189 *Schefzig*, in: Moos/Schefzig/Arning, Praxishandbuch DSGVO, 2021, Kap. 11, Rn. 14; *Plath*, in: Plath, DSGVO BDSG, 2018, Art. 24, Rn. 3.

2190 Vgl. C.II.1 und C.II.2. zu den möglichen Ursachen einer versehentlichen und denen einer planvollen Schadensursache.

gleichbare wirtschaftliche Risiken auf Seiten des Akteurs; der entscheidende Zurechnungsgrund bleibt stets die Gefährdung des Schutzgutes und mithin die Selbstbestimmungsfähigkeit von Betroffenen.

III. Zwischenergebnis

Auf die eingangs aufgeworfene Frage, wer Adressat der Accountability-Pflichten ist, lässt sich mithin nur in differenzierender Weise antworten. In den seltenen Fällen, in denen eine Datenverarbeitung in singulärer Verantwortung ohne die Einschaltung von Dienstleistern erfolgt, liegen sämtliche aus den Accountability-Dimensionen und ihren Entsprechungen in der DSGVO folgenden Handlungspflichten beim datenschutzrechtlich Verantwortlichen i. S. v. Art. 4 Nr. 7 DSGVO. Der Wille zur Verarbeitung macht diesen Akteur für den eingetretenen Verarbeitungserfolg verantwortlich im ursprünglichen Wortsinn.[2191] Der Anwendung eines Zurechnungsmechanismus bedarf es in diesen Fällen grundsätzlich nur hinsichtlich des Wissens von Mitarbeitenden zur juristischen Person, ohne dass sich hierbei Besonderheiten aus dem datenschutzrechtlich geprägten Pflichtenkatalog ergäben. Leitungsorgane des Verantwortlichen haben im Rahmen ihrer Legalitäts- und Legalitätskontrollpflicht, in der eine unmittelbare Ausprägung der Dimension der Legitimacy zu sehen ist,[2192] für eine umfassende Datenschutz-Compliance innerhalb ihrer Organisation zu sorgen und hierzu insbesondere eine strukturierte, den Betriebsumständen wie Größe, Sachkunde der Mitarbeiter oder Komplexität der anzuwendenden Vorschrift angemessene Zuständigkeitsdelegation vorzunehmen.[2193] Erfolgt dies nicht, kann hierin sowohl ein Verstoß gegen die eigene Legalitätspflicht, als auch gegen die Legalitätskontrollpflicht gesehen und gem. §§ 30, 130 Abs. 1 OWiG mit einem Bußgeldbescheid gegen das Unternehmen geahndet werden.[2194] Dies entspricht dem definitionsgemäß adaptiven Konzept der Accountability als

---

2191 *Bayertz*, in: Bayertz, Verantwortung – Prinzip oder Problem?, 1995, 3 (10).

2192 Vgl. insb. zu den Bestandteilen der *Legality* und der *Legitimacy* B.III.1.e oben und *Moore*, in: Bovens/Goodin/Schillemans, Handbook of Public Accountability, 2016, 632 (640 ff.).

2193 Statt aller *Behling*, ZIP 2017, 697 (699); *Schefzig*, in: Moos/Schefzig/Arning, Praxishandbuch DSGVO, 2021, Kap. 11, Rn. 34 f.; *Sajnovits*, WM 2016, 765 (767); abl. *Spindler*, Unternehmensorganisationspflichten, 2001, 953.

2194 *Gürtler/Thoma*, in: Göhler, OWiG, 2021, § 30, Rn. 17; vgl. auch *Beck*, in: BeckOK OWiG, 2022, § 130, Rn. 102, zur OWiG-Besonderheit der Einheitstäterschaft; *Becker*, in: Plath, DSGVO BDSG TTDSG, 2023, Art. 83, Rn. 6, geht sogar davon aus, dass die DSGVO Un-ternehmen als Regeladressaten von Bußgeldern ansieht.

flexiblem Wertungsmaßstab eines bestimmten Unternehmensverhaltens.[2195] Daraus folgt jedoch auch, dass ein Akteur – der datenschutzrechtlich sowohl die Position von (gemeinsam) Verantwortlichen als auch eines Auftragsverarbeiters einnehmen kann – als nicht-*accountable* wahrgenommen werden kann, obwohl er streng genommen keiner gesellschaftsrechtlichen Organisationspflicht im Außenverhältnis unterlag; hierin manifestiert sich die dargestellte Diskrepanz zwischen Legitimacy und Legality.[2196] Aufgrund daraus potenziell folgender Image- oder Reputationsschäden ist diese Unterscheidung im Rahmen der Compliance-Organisation zu berücksichtigen.[2197]

Naturgemäß komplexer wird die Frage der Verantwortung bei einem kollaborativen Zusammenwirken mehrerer Akteure. Die datenschutzrechtlich tradierte Ausgangslage einer binären Verantwortlichkeitszuschreibung gerät wegen einer zunehmend arbeitsteilig organisierten Wirklichkeit, in der konkrete Tatbeiträge immer schwerer und teilweise gar nicht zu identifizieren sind,[2198] unter Druck.[2199] Um dem Risiko einer offenen oder verdeckten Fremdbestimmung, das dem Datenschutzrecht zu Grunde liegt und das insbesondere bei der Verarbeitung durch Unternehmensgruppen und -kollaborationen besteht, die von Betroffenen nicht überblickt werden (können), dennoch effektiv zu begegnen, hat der EuGH wirkmächtig die Rechtsfigur der gemeinsamen Verantwortlichkeit in Situationen angenommen, in denen sie – vor allem das deutschsprachige – Schrifttum nicht vorausgesehen hatte. Diese ist im Sinne des Betroffenenschutzes weit auszulegen und mithin auch in Konstellationen anzunehmen, die bislang als Auftragsverarbeitung oder getrennte Verantwortlichkeit beurteilt wurden.

Was trotz der expliziten Referenz auf das Vorbild des EU-Kartellrechts in den Erwägungsgründen der DSGVO und den Beratungen der EU-Institutionen bislang nicht erfolgte, war eine konsequente Übertragung der darin üblichen Zurechnungsmaßstäbe von Rechtsverstößen auf Ebene von Konzernuntergesellschaften zu der leitungs- und aufsichtsbefugten Konzernobergesellschaft. Wie die vorstehenden Ausführungen indes zeigen, bietet der erstmals in Art. 5 Abs. 2 DSGVO festgeschriebene und in Art. 24 Abs. 1 S. 1 DSGVO ausgedehnte Topos der gesamtverantwortlichen Accountability in Verbindung mit der Rechtsfigur der gemeinsamen Verantwortung gem.

2195 *Mulgan*, AJPA 2000, 88 (89): „Accountability arrangements differ according to the type of company."

2196 Ausführlich dazu B.III.1.f.(2) oben.

2197 *Schulz*, BB 2017, 1475 (1477).

2198 Vgl. nur *Spiecker gen. Döhmann*, CR 2016, 697 (701 ff.).

2199 Vgl. dazu auch die Erwägungen zur rechtsdogmatischen Begründung von § 130 OWiG bei *Beck*, in: BeckOK OWiG, 2022, § 130, Rn. 11.1, m. w. N. wonach es wegen der hohen Komplexität und Entwicklungsgeschwindigkeit weniger um einzelne Rechtsgüter, als vielmehr um „den Schutz von Funktionen in komplexen Wirkungszusammenhängen" geht.

Art. 26 DSGVO und gesellschaftsrechtlichen Unternehmensorganisationspflichten das regelungstechnisch erforderliche Zurechnungsinstrument, sofern im konkreten Einzelfall die Voraussetzungen gegeben sind. Entsprechend lassen sich für das Datenschutzrecht sowohl ein Zurechnungsgrund als auch eine zur Zurechnung geeignete Normkette herleiten. Den Zurechnungsgrund bildet dabei das speziell aus einer Verarbeitung von Daten durch Unternehmen ausgehende Risiko einer Fremdbestimmung bzw. einer Beschränkung der Selbstbestimmungsfähigkeit für betroffene Personen,[2200] sowie die Gefahrbeherrschungsmöglichkeit auf Seiten des – funktional verstandenen – Akteurs und der wirtschaftliche Nutzen, den er aus der Verarbeitung und den konkreten Verarbeitungsumständen zieht. Dass es einer entsprechenden Zurechnung bedarf, folgt auch aus der Kontrollüberlegung, welche Schutzlücke entstünde, sofern es dem Akteur allein obläge, durch Gesellschaftsstrukturen und Risikostreuung eine Haftung zu vermeiden, die Inhalte der ihn treffenden Pflichten zu seinen Gunsten zu verschieben und seine real bestehende Marktmacht (und das korrespondierende Risiko) zu verschleiern,[2201] während es dadurch für Betroffene zunehmend erschwert würde, die eigenen Rechte auszuüben. Dies stünde dem Regelungsziel der DSGVO und den grundrechtlich verbürgten Positionen der Betroffenen diametral entgegen, so dass es schlimmstenfalls zu einer völligen Wirkungslosigkeit kommen könnte.

Ein Sanktionsregime kann sich mithin nicht schablonenartig an gesellschaftsrechtlichen Grenzen orientieren, sondern muss analog zum Kartellrecht anhand der faktischen Verarbeitungsumstände und des generalpräventiven Sanktionsziels angewendet werden.[2202] Mit den Rechtsfiguren der Auftragsverarbeitung und der gemeinsamen Verantwortung überwindet die DSGVO entsprechend folgerichtig die singuläre Betrachtung eines datenverarbeitenden Akteurs und verklammert diese im Wege eines einheitlichen Pflichten- und Haftungsregimes, das dort seine Grenzen findet, wo durch spezielle Instrumente i. S. d. kartellrechtlichen Chinese Walls, *Trusted Third Parties* (TTP) oder atypischer Kausalverläufe oder Exzesse kein ausreichender Konnex zur Ausgangssituation gebildet werden kann. Die Accountability eines solchen Akteurs kann entsprechend sowohl in inhaltlicher als auch in personeller Hinsicht deutlich mehr umfassen, als aus dem üblichen Sprachgebrauch hervorgeht. Dabei kommt den beiden Aspekten dennoch gerade in ihrer Verbindung eine gesteigerte Wirkung zu. In inhaltlicher Hinsicht enthält Accountability mehr als nur verpflichtende Zuständigkeits- (*Responsi-*

2200 Vgl. C.II.1. oben.

2201 Wie hier auch *Bayertz*, in: Bayertz, Verantwortung – Prinzip oder Problem?, 1995, 3 (20).

2202 Vgl. zum kartellrechtlichen Maßstab insb. die dargestellten Ausführungen der GAin Kokott in der EuGH Rs. Schindler, C.II.4.d. oben.

bility), Transparenz- (*Transparency* oder *Openess*) und Rechtstreuekomponenten (*Legitimacy* und *Legality*). Vielmehr beinhaltet Accountability auch das intrinsisch motivierte und bewusst die Interessen des Forums berücksichtigende Element der Verhaltenssteuerung. In personeller Hinsicht kann Accountability dazu dienen, Verantwortlichkeit für die Erfüllung materieller Pflichten bzw. deren Verletzung einem nur mittelbar beteiligten Akteur zuzurechnen. Aus der Verbindung von inhaltlichen Pflichten, die einen verantwortungsvoll (*accountable*) handelnden Akteur kennzeichnen, und der Zurechnung zu einer Partei, die nicht selbst gegen diese Pflichten verstoßen oder ihre Erfüllung zumindest nicht bewirkt hat, wird die umgangssprachlich wohl geläufigste Dimension von Accountability deutlich: die Erzeugung einer Haftung (*Liability*), sei es in Form von Kompensationsmechanismen für Betroffene[2203] oder in Form von Bußgeldern. Das folgende, die vorliegende Arbeit abschließende Kapitel D, untersucht mithin die zweite konstitutive Voraussetzung einer Accountability-Beziehung und die das Wortverständnis prägende Konnotation als Sanktionierung für ein nicht der Forenerwartung entsprechendes Verhalten des Akteurs.

2203 Vgl. etwa das sog. „Accountability and Remedy Project (ARP)" des UN Hochkommissariats für Menschenrechte, Jahresbericht v. 10.5.2016 für die 32. Sitzung des Menschenrechtsrats mit dem Titel „Improving accountability and access to remedy for victims of business-related human rights abuse"; ähnlich auch *Julie Brill* auf dem Datenschutzkongress 2022 im Rahmen ihrer Keynote zum Themenfeld des internationalen Datentransfers: „Accountability includes redress for peoples suffering".

D. Sanktion eines Forums als konstitutives Merkmal von Accountability

Die Sanktion stellt neben der im Rahmen der Informationsphase erfolgenden Rechenschafts- und Rechtfertigungspflicht die zweite konstitutive Eigenschaft von Accountability dar. Sie wird im Originalschrifttum indes nur selten dediziert untersucht, sondern häufig implizit angenommen. Eine mögliche Erklärung hierfür ist, dass die jeweils verfügbare Sanktion abhängig vom Forum ist;[2204] ein Wähler kann einen Politiker, der gegen ein Gesetz oder eine Satzung verstoßen hat, anders sanktionieren als es dessen Partei kann. In beiden Fällen jedoch wird dem Akteur etwas entzogen; vom Wähler die Gunst, von der Partei ein Amt, eine Funktion oder gar die Parteimitgliedschaft. Ähnlich verhält es sich mit der Verarbeitung personenbezogener Daten durch Unternehmen. Auch wenn dem Akteur verbindliche Auflagen für zukünftiges Verhalten gemacht werden, kann darin eine Sanktion zu sehen sein, sofern es dadurch zur Einschränkung von Handlungsfreiräumen kommt. Entsprechend wird das Merkmal der Sanktion im Rahmen der vorliegenden Arbeit ausgehend von ihrem verhaltensteuernden Zweck beurteilt und wie folgt definiert: Sanktion bezeichnet die einseitig festlegbare Entscheidung des Forums, dem Akteur gegen oder zumindest ohne dessen Willen etwas – ein Gut, eine (Rechts-)Position, eine (Handlungs- oder Geschäfts)Option, usw. – zu entziehen, einzuschränken oder zu gewähren[2205] und die das Forum allein oder ggf. gemeinsam mit anderen durchsetzen kann.[2206] Die Funktion der Sanktion ist sowohl in Fällen einer negativen i. S. e. Entzugs als auch positiven i. S. e. Gewährung von Optionen dieselbe: das Verhalten des Akteurs aufgrund der generalpräventiven Wirkung in durch das Forum erwünschte Bahnen zu lenken.[2207]

2204 Ähnlich auch *Pohl*, PinG 2017, 85 (86 f.): „Die Durchsetzung steht dabei auf mehreren Standbeinen.".

2205 *Bovens*, WP 2010, 946 (952), plädiert wegen der pönalisierenden Konnotation von „Sanktion" für den Begriff der Konsequenz, um so auch positive Incentivierung einzuschließen; ähnlich *Lindberg*, IRAS 2013, 202 (203); der Begriff der Sanktion in einem ahndenden Verständnis ist indes im Schrifttum deutlich gebräuchlicher (statt aller *Mulgan*, PA 2000, 555 f.; *Brandsma/Schillemans*, JPART 2013, 953 (955 und passim)), und i. R. d. Datenschutzrechts auch grundsätzlich treffender, wenn es um die Eignung von Accountability als verhaltenssteuerndes Instrument geht.

2206 Ähnlich werden Sanktionen formuliert in VG Wiesbaden, Beschl. v. 27.1.2022 – 6 K 2132/19.WI.A, ZD 2022, 526 = BeckRS 58431, Rn. 20 f., in dem als Anreiz zum rechtmäßigen Verhalten die Möglichkeit einer Datenverarbeitung angesehen wird und als Sanktion der Entzug dieser Option (wegen fehlender Bußgeldfähigkeit durch § 43 Abs. 3 BDSG) aufgrund einer eintretenden Löschpflicht bei Wegfall der Rechtmäßigkeit gilt.

2207 *Bayertz*, in: Bayertz, Verantwortung – Prinzip oder Problem?, 1995, 3 (22); vgl. zur Möglichkeit der positiven Konsequenzen *Bovens*, WP 2010, 946 (951 f.); *Paal*, K&R

D. Sanktion eines Forums als konstitutives Merkmal von Accountability

Entsprechend dieser Definition sieht sich ein Akteur als Adressat einer Vielzahl an Accountability-Pflichten auch einer spiegelbildlichen Vielzahl möglicher Sanktionen ausgesetzt, die hier nur ausschnittartig betrachtet werden können. Dazu sollen zunächst nachfolgend die wesentlichen Sanktionen skizziert werden, um deren Wirkung als Risiken für die jeweiligen Akteure nachfolgend auf ihre Tauglichkeit zur Verhaltenssteuerung zu untersuchen. Die Art. 29-Gruppe schien 2009/2010 noch davon auszugehen, dass neben den Aufsichtsbehörden Accountability auch Nachweispflichten gegenüber anderen „interessierten Parteien" begründet, wie die Formulierung „einschließlich" indiziert.[2208] Dabei wird nachfolgend grundsätzlich der vom EuGH im Kartellrecht vertretenen Unterscheidung in eine behördliche Durchsetzung („*public enforcement*") und eine private („*private enforcement*") gefolgt,[2209] wobei sich letzteres im Falle des Datenschutzrechts noch in Betroffene einer Datenverarbeitung und weitere horizontale bzw. diagonale Foren untergliedert. In beiden Fällen gilt, dass es sich beim Datenschutzrecht um ein dienendes Recht handelt, das Betroffene bei der Wahrung und Ausübung ihres Persönlichkeitsrechts unterstützen soll.[2210] Daraus folgt insbesondere, dass das Datenschutzrecht keinem Selbstzweck dient und auch kein abstraktes Schutzgut verteidigt wie etwa das Kartellrecht, sondern dass den Ausgangs- und den Fluchtpunkt stets die natürlichen, von einer Datenverarbeitung betroffenen Personen bilden.

Wer als Forum in Frage kommt und wem entsprechend welche Sanktionen zur Verfügung stehen, ist eine im Schrifttum selten diskutierte Frage.[2211] Dabei kommen grundsätzlich verschiedene Situationen in Betracht, die sich aus den normativen und faktischen Ursprüngen der jeweiligen Accountability ableiten lassen. So kann die Foreneigenschaft durch explizite und ggf. gesetzliche Zuweisung entstehen (z. B. im Falle der Datenschutzaufsichtsbehörden gem. Art. 55 Abs. 1 DSGVO), durch Mandatierung für eine stellvertretende Wahrnehmung,[2212] individuelle Betroffenheit oder implizit durch faktische Kompetenz. Gerade die letzte Möglichkeit böte insofern

---

2020, 8 (9); *Zech*, JZ 2013, 21 (23); *Schönefeld/Thomé*, PinG 2017, 126 (127); verkürzend daher *Körffer*, in: Paal/Pauly, DSGVO BDSG, 2021, Art. 83, Rn. 26, wenn sie ausschließlich Bußgelder als Sanktion qualifiziert.

2208 Vgl. etwa *Art. 29-Gruppe*, WP 168, S. 24, Rn. 79, und *Art. 29-Gruppe*, WP 173, S. 3, Fn. 1; *Albrecht/Jotzo*, Das neue Datenschutzrecht, 2017, 56, Rn. 19 schienen auch für die DSGVO weiterhin davon auszugehen.

2209 Vgl. EuGH, Urt. v. 6.10.2021 – C-882/19 (Sumal), ECLI:EU:C:2021:800, Rn. 37.

2210 *Gallwas*, in: Conrad/Grützmacher, FS Schneider, 2014, 347 (359), Rn. 55.

2211 *Bennett*, PLBI 2010, 21: "But nowhere the 'to whom' question is specified"; mit einer rudimentären Thematisierung: *Werner*, in: Seibert-Fohr, Entgrenzte Verantwortung, 2020, 31 (32 ff.).

2212 Hierzu zählen auch NGOs, die in ihren Gründungsstatuten eine entsprechende Verpflichtung enthalten, wie bspw. NOYB oder die Digital Rights Ireland.

das Potenzial einer erheblichen Steigerung des Datenschutzniveaus, sollten sich marktmächtige Unternehmen gegenüber ihren Geschäftspartnern mit entsprechenden Mindeststandards positionieren. Als horizontale Foren kommen insofern insbesondere Mitbewerber aber auch Verbraucherschutzinstitutionen einschließlich NGOs, und als diagonale Foren Privat- und Einzelpersonen[2213] sowie Medien in Betracht.[2214] Nachfolgend soll daher der Frage nachgegangen werden, ob und welche Sanktionen den jeweiligen Foren zur Förderung des Regelungsziels zur Verfügung stehen.

I. Wahrgenommene Risiken als Handlungsmotivation

Innerhalb der Accountability-Beziehung zwischen Akteur und Forum ist das Risiko einer Sanktionierung bzw. die Möglichkeit einer Konsequenz[2215] eine entscheidende Triebfeder für das Vorhandensein sowie die inhaltliche Ausformung der Handlungsbereitschaft bei der Erfüllung der Informations- und Diskussionspflichten.[2216] Von eminenter Bedeutung ist mithin die Frage, welche Sanktion vom Akteur subjektiv als einschränkend empfunden wird, da er sich nur in diesen Fällen um Vermeidungsstrategien bemühen wird. Wird eine Geldbuße von € 50 oder auch von € 225 Mio. als so einschränkend wahrgenommen, dass sie zu einer geänderten Verhaltensweise führt oder zumindest führen kann, wenn die profitierenden (Mutter-)Konzerne regelmäßig *Quartals*gewinne (!) in zweistelliger Milliardenhöhe einnehmen?[2217]

Risiken stellen aus Sicht des Akteurs in der Accountability-Gleichung die Stufe der Sanktion dar und sind mithin anhand der berechtigten bzw. möglichen Foren zu ermitteln, die diese verhängen können. Wie dargestellt wurde, kommen bezüglich der DSGVO-Accountability denkbare horizontale, vertikale sowie (eingeschränkt) diagonale Sanktionsmuster in unterschiedlich starker Ausprägung in Betracht.[2218] In horizontaler Hinsicht, also durch

---

2213 *Bovens*, WP 2010, 946 (951).

2214 *Bennett*, PLBI 2010, 21 (22), betont die wichtige Funktion entsprechender Foren neben der zuständigen Aufsichtsbehörde.

2215 *Bovens*, WP 2010, 946 (951), mit dieser Wortwahl.

2216 Nur *Jung/Hansch*, ZD 2019, 143.

2217 Vgl. das Bußgeld der CNIL i.H.v. € 50 Mio. gegen Google, die zeitgleich (2019) einen Gewinn von € 34,29 Mrd. erwirtschaftete oder das Bußgeld der DPC i.H.v. € 225 Mio. gegen WhatsApp, während Facebook 2021 € 39,24 Mrd. Gewinn verzeichnete; ob das bislang höchste Bußgeld i.H.v. € 1,2 Mrd. gegen Meta, das von der DPC am 22.5.2023 erst nach einem verbindlichen Beschluss des EDPB gem. Art. 65 DSGVO verhängt wurde, substantielle Verhaltensänderungen bringt, bleibt abzuwarten.

2218 Vgl. hierzu B.III.1.c.

Betroffene bzw. deren Interessenverbände[2219] oder Mitbewerber, stehen datenverarbeitende Unternehmen dem Risiko einer zivilprozessualen Inanspruchnahme gegenüber. So könnten Betroffene ihre Rechte gem. Kap. III, insbesondere Art. 20 DSGVO, oder gem. Art. 82 Abs. 1 DSGVO Schadenersatzforderungen geltend machen und Mitbewerber wettbewerbswidriges Verhalten gem. §§ 3a, 8 UWG rügen.[2220] Die diagonale Forenbeziehung muss hinsichtlich ihrer Sanktionswirkung insgesamt in Frage gestellt werden. Einerseits entfaltet sie hinsichtlich datenverarbeitender Unternehmen in aller Regel ohnehin nur indirekte Wirkung, denn selten haben Medien selbst die Möglichkeit zu sanktionieren, sondern sie initiieren bzw. beeinflussen lediglich den Sanktionsprozess durch ein anderes Forum.[2221] Andererseits bleibt die Sanktionswirkung bis auf wenige Ausnahmen aus,[2222] worüber vorliegend jedoch keine Ursachenforschung betrieben werden muss,[2223] da in diesen Situationen unstreitig ist, dass keine Rechenschafts- und Rechtfertigungseffekte erzeugt werden. Der Akteur sieht sich keinem Handlungsdruck ausgesetzt, und es findet keine verhaltenssteuernde Wirkung statt, wie sie für Accountability kennzeichnend ist. In diesen Fällen kann der Akteur *„unaccountable"* handeln, ohne sich dabei eingeschränkt zu sehen. Ob neuere Entwicklungen wie die Verbandsklagerichtlinie[2224] oder gem. Art. 80 Abs. 1 DSGVO abgetretene oder gem. Art. 80 Abs. 2 DSGVO stellvertretend geltend gemachte Ansprüche, die in Form der sog. Streuschäden, also Schäden mit einem individuell als gering eingeschätzten Streitwert, dafür aber einer hohen Anzahl Betroffener potenziell erheblich ausfallen können,[2225]

2219 Vgl. *Grewe/Stegemann*, ZD 2021, 183 ff., und *Heinzke/Storkenmaier*, CR 2021, 299 (303 ff.), zu Möglichkeiten der kollektiven Rechtsdurchsetzung.

2220 A.A. *Heckmann/Gierschmann/Selk*, CR 2018, 728 ff., die Datenschutznormen nicht als abmahnfähige Marktverhaltensregeln sehen; wie hier *Wolff*, ZD 2018, 248 (252); wohl auch *v. Walter*, WRP 2022, 938 (940), Rn. 12 ff.

2221 Vgl. oben B.III.1.c. und sogleich unter D.III.2 und D.IV.

2222 Nur so ist der fortgesetzte Erfolg von Unternehmen wie Facebook oder TikTok zu erklären, deren Geschäftsverhalten bekanntermaßen gesundheitsschädliche und diskriminierende Tendenzen fördert.

2223 Vgl. zum sog. Privacy Paradox *Kühling/Martini*, EuZW 2016, 448 (450); *Körber*, NZKart, 2019, 187 (192); *Schantz*, in: Simitis et al., Datenschutzrecht, 2019, Art. 6, Rn. 4.

2224 RL 2020/1828/EU des Europäischen Parlaments und des Rates v. 25.11.2020 über Verbandsklagen zum Schutz der Kollektivinteressen der Verbraucher und zur Aufhebung der RL 2009/22/EG (Verbandsklagerichtlinie).

2225 Vgl. zu diesen sog. „Streuschäden" *Bergt*, in: Kühling/Buchner, DSGVO BDSG, 2020, Art. 80, Rn. 1 und 12; *Buchner*, in: Tinnefeld/Buchner/Petri/Hof, Datenschutzrecht, 2020, 327, Rn. 309; *Pohl*, PinG 2017, 85 (87), Fn. 35 m. w. N.; zum Effekt der summierten Schadenersatzansprüche *Schürmann/Baier*, DuD 2022 103 ff.; ähnlich auch *Dickmann*, r+s 2018, 345 (346); zur Abtretung von Schadenersatzansprüchen *Schefzig/Arning/Rothkegel*, in: Moos/ Schefzig/Arning, Praxishandbuch DSGVO, 2021, Kap. 16, Rn. 196.

zu einem Umdenken von Akteuren führen werden, bleibt abzuwarten, ist jedoch als denkbare Sanktion im Folgenden zu berücksichtigen. Für den entsprechenden Effekt bedarf es jedoch zunächst einer geänderten Klage- und Durchsetzungspraxis, was sowohl der nationale als auch der europäische Gesetzgeber zunehmend durch kollektive Rechtsschutzmöglichkeiten zu realisieren versucht.[2226] Der Hintergrund dieser legislativen Notwendigkeit liegt in der geringen Aktivität von Betroffenen, die teilweise Züge von Resignation, Indifferenz und Lethargie trägt, wenn es um die konsequente Wahrnehmung ihrer Rechte geht.[2227]

Damit kommt als einziges echtes, verhaltensbeeinflussendes Risiko für Unternehmen bis dato die Sanktion durch ein vertikal positioniertes Forum in Frage und hierbei in der Regel durch die Aufsichtsbehörde mit ihren Abhilfebefugnissen gem. Art. 58 Abs. 2 DSGVO (insbesondere lit. i und lit. j) i. V. m. Art. 83 Abs. 4 und 5 DSGVO verhängte Bußgelder. Entscheidungsleitend soll bei der Bemessung von Bußgeldern gem. Art. 83 Abs. 1 DSGVO[2228] sein, dass die Höhe sowohl in general- als auch in spezialpräventiver Hinsicht „in jedem Einzelfall wirksam, verhältnismäßig und abschreckend" ist. Hierzu können sie gem. Art. 83 Abs. 2 S. 1 DSGVO anstelle von jedoch auch zusätzlich zu weiteren Maßnahmen gem. Art. 58 DSGVO wie beispielsweise einer Unterlassungsanordnung gem. lit. j verhängt werden, was die nachfolgend noch zu erörternde Frage nach dem intrinsischen System der Aufsichtsbefugnisse aufwirft. Für die konkrete Kalkulation der Bußgeldhöhe enthält die DSGVO in Art. 83 Abs. 2 S. 2 eine Reihe von Kriterien, die sich im Einzelfall bußgeldsteigernd oder -mindernd zum angesetzten Grundbetrag[2229] auswirken können.[2230]

Allerdings lassen sich materiell-rechtliche Verhaltensnormen und deren Befolgung nicht vollständig zweckrational auf die Sanktionsgefahr reduziert erklären. Sie ergeben sich viel eher aus im Außenverhältnis des Rechts entstandenen Ordnungsmustern rechtstreuen Verhaltens der handelnden

---

2226 Siehe die Anm. *Hense* zu EuGH, Urt. v. 28.4.2022 – C-319/20 (Meta Platforms Ireland Ltd. ./. Verbraucherzentrale Bundesverband e. V.), ECLI:EU:C:2022:322 = ZD 2022, 384 (388): „Der Worte sind genug gewechselt, die Zeit ist reif für Taten."

2227 So auch *Halfmeier*, NJW 2016, 1126; in der Regel wird in diesem Zusammenhang von „rationaler Apathie" gesprochen, vgl. *Schantz*, in: Schantz/Wolff, Das neue Datenschutzrecht, 2017, S. 385, Rn. 1270; *Pohl*, PinG 2017, 85 (87).

2228 Die Forderung wird – überflüssiger Weise, da die Anforderung nach Abs. 1 die Mitgliedstaaten ohnehin bindet – in Art. 83 Abs. 9 S. 2 DSGVO, aus Gründen der Lesbarkeit jedoch nicht hier im Folgenden bei der Zitation wiederholt.

2229 Vgl. dazu die *EDPB*, Guidelines 04/2022 on the calculation of administrative fines under the GDPR v. 12.5.2022, S. 36, Rn. 128 ff.

2230 Vgl. *Boehm*, in: Simitis et al., Datenschutzrecht, 2019, Art. 83, Rn. 22 f.; *Frenzel*, in: Paal/Pauly, DSGVO BDSG, 2021, Art. 83, Rn. 14.

Personen,[2231] was allerdings gerade bezüglich juristischer Personen dergestalt zu Problemen führt,[2232] weilderen eigene entsprechende Prägung von den Personen in Entscheiderpositionen sowie dem grundlegenden Geschäftsmodell abhängig ist. In abstrakter Hinsicht sind hierbei zwei Arten von Unternehmen zu identifizieren, die mit dem Risiko einer Sanktion unterschiedlich umgehen. Die erste Kategorie bilden solche Unternehmen, die Datenschutz als eine weitere Compliance-Pflicht sehen und diese Pflicht hinsichtlich der von ihnen verarbeiteten personenbezogenen Daten mehr oder weniger strukturiert umzusetzen versuchen.[2233] Diese Unternehmen sind für eine zusätzlich verpflichtende ebenso wie für eine freiwillige „Daten-Ethik" wohl relativ wenig empfänglich, weil die Datenverarbeitung nicht unmittelbar kerngeschäftsfördernd ist. Sanktionierend wird in diesen Unternehmen ein Einfluss wahrgenommen, der entsprechend als „relevant" eingestufte Geschäftätigkeiten behindert oder deren finanzielle Erfolge, bspw. durch verhängte Bußgelder oder zu zahlenden Schadenersatz, negiert. Die zweite Kategorie bilden Unternehmen, deren Geschäftsmodell gerade personenbezogene Daten und deren kommerzielle Verarbeitung bzw. Verwertung sind und die entsprechend genau um die Unternehmensbestände dieser Ressource i. S. e. „Daten-Hygiene" wissen. Diese Unternehmen waren der primäre Adressat der DSGVO, sind weiterhin Anlass von EU-Regulierungsinitiativen,[2234] und diese Unternehmen sind es auch, die den ökonomischen Nutzen einer (rechtmäßigen ebenso wie von einer rechtswidrigen) Datenverarbeitung nüchtern gegen die möglichen finanziellen und betriebsökonomischen Risiken für sich selbst abwägen. Diese Akteure, bei denen es sich regelmäßig um Unternehmensgruppen handelt, haben nur ein beschränktes Eigeninteresse an einer datenschutzfreundlichen Datenverarbeitung,[2235] obwohl sie formell häufig datenschutzkonformer agieren als Unternehmen der ersten Kategorie.[2236] Selbst eine eventuell vorhandene intrinsische Motivation zu einem daten-ethischen Verhalten von Personen in Entscheiderpositionen, kann sich aufgrund des Geschäftsmodells, das gerade auf der möglichst umfangreichen Verarbeitung personen-

---

2231 *Klement*, in: Heidbrink/Langbehn/Loh, Handbuch Verantwortung, 2017, 559 (567 f.).

2232 *Wagner*, ZHR 2017, 203, leitet etwa seine Abhandlung zur Zurechnung von Wissen in Unternehmensgruppen mit folgendem Drittzitat von Edward, First Baron Thurlow ein: „Did you ever expect a corporation to have a conscience, when it has no soul to be damned, and no body to be kicked?".

2233 Ähnlich schon *Pohl*, PinG 2017, 85 (87), bzgl. als lästiger Pflicht empfundener Informationspflichten.

2234 Vgl. etwa die Definition von „Gatekeepern" in Art. 2, Nr. 1, Art. 3 des Digital Market Acts.

2235 *Pohl*, PinG 2017, 85 (88).

2236 *Waldmann*, PinG 2022, 1 (2), kritisiert diesen Vorgang bei großen Tech-Konzernen als „Kooptierung der DSGVO", die zu keiner Verbesserung des Schutzes Betroffener geführt habe.

bezogener Daten beruht, nicht entfalten. Ethik, mit der Konnotation des BVerfG definiert als Bündel von Sitten, Bräuchen und Gewohnheiten,[2237] erscheint letztlich als Maßstab schon verfehlt, sind doch die wirtschaftlichen Profiteure der Sitten, Bräuche und Gewohnheiten nicht selten diejenigen, die sie erst gebräuchlich machen.[2238] Obwohl in verschiedenen Gremien Ausprägungen und Entwicklungen einer „Daten-Ethik" diskutiert werden,[2239] und diese auch grundsätzlich als wünschens- und erstrebenswert angesehen werden können, muss für die aktuell gelebte Praxis dennoch ein anderes Bild statuiert werden, das die Abwesenheit entsprechender Einstellungen zur Kenntnis nimmt.

Gegenüber der zweiten Kategorie Unternehmen kommen jedoch gerade wegen ihrer Fixierung auf die „Ressource Daten" weitere Sanktionen im Sinne der hier vertretenen Definition als Entzug von Optionen in Betracht. Anleihen finden sich bereits in der DSGVO und den Befugnissen der Aufsichtsbehörden in Art. 58 Abs. 2 DSGVO. So können beispielsweise lenkende Eingriffe in das Datenverarbeitungsverhalten nach Art. 58 Abs. 2 lit. d DSGVO und natürlich auch Untersagungen gem. Art. 58 Abs. 2 lit. f DSGVO erhebliche Sanktionswirkung bei gleichzeitig unmittelbaren Effekten auf den Schutz der Betroffenen entfalten. Auch die legislativ noch nicht gediehen und wissenschaftlich noch nicht hinreichend ausgeformten Initiativen zur Offenlegung von (nicht personenbezogenen[2240]) Daten, sodass auch andere Unternehmen sie nutzen können, haben das Potenzial einer möglichen Sanktion, denn sie untergraben das gewinnbringende Exklusivitätspotenzial, das gerade die großen Plattformen besitzen. Eines ähnlichen Funktionsmusters bedient sich auch die nachfolgend zu untersuchende Möglichkeit von Aufsichtsbehörden, die Adressaten entsprechender Verwaltungsmaßnahmen namentlich zu nennen, denn sie eröffnet gerade weiteren Foren die Mög-

---

2237 So v. *Maltzan/Vettermann*, in: Taeger, Im Fokus der Rechtsentwicklung, 2021, mit Verweis auf BVerfGE 7, 198 (205), wo von „Normen- und Werteordnung" gesprochen wird.

2238 Vgl. bspw. zur Praktik von Dark Patterns oder des Nudgings *Ettig*, in: Taeger/Gabel, DSGVO BDSG TTDSG, 2022, Art. 25, Rn. 30; *Stoll*, in: Taeger, Im Fokus der Rechtsentwicklung, 2021, 1, wodurch Personen unter Ausnutzung von biologisch evolutionärer Prozesse menschlicher Wahrnehmung zu einer bestimmten Verhaltensweise gedrängt (engl. „*to nudge*") werden; schon früh auch *Kirchhof*, ZRP 2015, 135.

2239 So etwa auf Ebene der UN (vgl. *United Nations*, Data Privacy, Ethics and Protection: Guidance note on big data for achievement of 2030 agenda, S. 2 ff.) oder der EU (vgl. *EU Commission*, Ethics and Data Protection, S. 3 ff.); ähnlich auch zur Prämisse „Code is Law" *Schneider*, in: Forgó/Helfrich/Schneider, Betrieblicher Datenschutz, 2019, Teil III, Kap. 5, A., Rn. 6 f.

2240 Da eine entsprechende Offenlegung personenbezogener Daten ihrerseits einen Eingriff in das Persönlichkeitsrecht darstellen würde, ist das regulatorische Gestaltungspotenzial in dieser Hinsicht begrenzt.

lichkeit, ihre Sanktionsoptionen gegen den Akteur zu prüfen, woraus sich gegenseitig verstärkende Wechselwirkungen entstehen können.

II. Sanktionierung durch eine Aufsichtsbehörde

Das primäre Forum eines Akteurs im Datenschutzrecht ist die gem. Art. 57 DSGVO zuständige Aufsichtsbehörde.[2241] Diese Stellung erwächst einerseits aus der gesetzlich zugewiesenen Kontroll- und Überwachungsfunktion, insbesondere jedoch aus dem oben identifizierten Unternehmensrisiko eines Bußgeldes und ggf. weiterer Maßnahmen. Neben diesem kompetenziellen Instrumentarium kommt der zuständigen bzw. den Aufsichtsbehörden allgemein wegen ihres institutionalisierten Charakters ein gesteigerter Stellenwert innerhalb der Foren zu. Verglichen mit anderen in Frage kommenden Foren, verfügen die Aufsichtsbehörden jedenfalls sowohl technisch als auch rechtlich über die umfassendsten Ressourcen zur Beurteilung datenschutzrelevanter Sachverhalte.[2242] Mit der europarechtlich anerkannten Klagebefugnis der Verbraucherzentralen[2243] und einem zunehmenden *„private enforcement"*[2244] mag sich dies mittelfristig zu einem gewissen Grad ändern.

Das nachfolgend zunächst zu untersuchende *„public enforcement"* stellt die Frage, ob und wie eine Sanktionierung und damit ein effektiver Vollzug des Konzeptes der Accountability möglich ist. Kompetenzieller Anknüpfungspunkt von Sanktionen sind dabei nicht die in Kap. 8 DSGVO, konkret Art. 83 f., genannten Geldbußen, sondern die in Art. 58 Abs. 1 und Abs. 2 DSGVO enumerierten Handlungsoptionen der zuständigen Aufsicht, wonach insbesondere auch eine Reihe eher informeller Handlungsformen in Betracht kommen. Nicht unmittelbar in den verfügenden Teil der DSGVO aufgenommen wurde die in ErwG 149 S. 2 genannte und aus dem Kartellrecht entlehnte Möglichkeit einer Gewinnabschöpfung. Entscheidender Maßstab, welche Handlungsform in einer gegebenen Situation angemessen

---

2241 So schon früh *Härting*, BB 2012, 459, 460; *Heckmann/Gierschmann/Selk*, CR 2018, 728 (729), Rn. 13; a. A. wohl *Poll*, Datenschutz in und durch Unternehmensgruppen, 2018, 27.

2242 Dass die Aufsichtsbehörden ihren entsprechenden Gegenspielern in der Privatwirtschaft indes wohl dennoch weit unterlegen sind, ist entsprechend ein regelmäßiger Kritikpunkt in den Jahresberichten der Aufsichtsbehörden, etwa *HambBfDI*, Tätigkeitsbericht 2019, S. 10; m. w. N. auch *Schwartmann/Keppeler*, in: Schwartmann et al., DSGVO BDSG, 2020, Art. 77, Rn. 28 ff.

2243 EuGH, Urt. v. 28.4.2022 – C-319/20 (Meta Platforms Ireland Ltd. ./. Verbraucherzentrale Bundesverband e. V.), ECLI:EU:C:2022:322.

2244 *Schürmann/Baier*, DuD 2022, 103 (104 f.); *Grewe/Stegemann*, ZD 2021, 183; *Schneider*, ZD 2022, 321 (322 ff.), zur Aktivlegitimation i. R. d. sog. „Privacy Litigation"; *Schantz*, in: Schantz/Wolff, Das neue Datenschutzrecht, 2017, S. 378, Rn. 1246.

sein kann, ist das verwaltungsrechtliche Opportunitätsprinzip.[2245] In konzeptioneller Hinsicht erfüllt die Sanktion im Rahmen von (*public*) Accountability die Funktion, das oben beschriebene Risiko eines *Agency Drift*, also die unkontrollierte und möglicherweise unzulässige Verselbstständigung eines Akteurs, zu verhindern.[2246] Zu beachten ist in diesem Zusammenhang auch der ggf. informelle Austausch zwischen mehreren Betroffenen, unabhängig davon, ob diese gemeinsam ein Forum bilden oder jeder für sich,[2247] da durch diese Art Austausch und Selbstreflektion die Erwartungshaltung gegenüber dem Akteur gebildet wird. Hierzu kommt jedoch auch und insbesondere den staatlichen Aufsichtsbehörden eine herausgehobene Stellung zu, denn allein sie sind gem. Art. 58 Abs. 1 DSGVO befugt, Informationen durch den Akteur anzufordern und diese ggf. selbstständig durch Audits und Einsichtnahmen auf Richtigkeit zu überprüfen, wohingegen Betroffene hierzu stets der Unterstützung bedürfen und zu einigen Informationen generell keinen Zugang erlangen können. Den Aufsichtsbehörden kommt mithin eine signifikante Stellvertreterposition zu, wenn es um die Effektuierung des Accountability-Mechanismus geht.[2248]

1. Untersuchungs- und Abhilfebefugnisse gem. Art. 58 DSGVO

Gem. Art. 58 DSGVO hat die zuständige Aufsichtsbehörde eine Reihe von Befugnissen, die sich hinsichtlich ihrer Accountability-Funktionen grundsätzlich in den zwei Phasen der Informationserteilung einerseits und der Sanktion – finanzieller sowie sachlicher – andererseits zuordnen lassen. Diese sind im Zusammenhang mit dem sehr ausführlichen und doch nicht abschließenden[2249] Katalog der aufsichtsbehördlichen Aufgaben in Art. 57 Abs. 1 DSGVO zu sehen, dessen Darstellung sich an dieser Stelle auf den Umstand beschränken kann, dass der Verordnungsgeber durch die imperative Wortwahl und die Aufgabengestaltung den zuständigen Aufsichtsbehörden eine klare proaktive und anlassunabhängige Rolle zuge-

---

2245 Ausführlich sogleich unter D.II.; vgl. auch *v. Lewinski*, in: Auernhammer, DSGVO BDSG, 2020, Art. 57, Rn. 3; *Ehmann*, ZD 2014, 493; *Pohl*, PinG 2017, 85 (89).

2246 *Brandsma/Schillemans*, JPART 2013, 953 (956), m. w. N..

2247 *O'Kelly/Dubnick*, Accountability and its Metaphors, 2015, S. 9, bezeichnen dies als "Agora" in An- bzw. viel eher Ablehnung der „Forums"-Metapher von Bovens.

2248 *Raab*, in: Guagnin, et al., Managing Privacy through Accountability, 2012, 15 (29): „[…] authorities have to stand proxy for the general public […]".

2249 *Kugelmann/Buchmann*, in: Schwartmann et al., DSGVO BDSG, 2020, Art. 57, Rn. 20; *Boehm*, in: Kühling/Buchner, DSGVO BDSG, 2020, Art. 57, Rn. 8; *Selmayr*, in: Ehmann/Selmayr, DSGVO, 2018, Art. 58, Rn. 3; *Weichert*, in: Däubler et al., DSGVO BDSG, 2020, Art. 58, Rn. 1.

dacht hat,[2250] die ein engmaschiges und regelmäßiges Einfordern entsprechender Informationen durch die zuständige Aufsichtsbehörde erforderlich macht.[2251] Gleichzeitig hat er die in Art. 57 Abs. 1 lit. a DSGVO normierte „Gesamtaufgabe"[2252] – Überwachung und Durchsetzung des Datenschutzrechts – um eine Auffangklausel in Art. 57 Abs. 1 lit. v DSGVO ergänzt, um eine größtmögliche Handlungsfähigkeit sicherzustellen. Allerdings ergeben sich aus diesen Aufgaben selbst keine Eingriffs- bzw. Durchsetzungsbefugnisse.[2253] Stattdessen bedarf es hierzu nach dem Vorbild des deutschen und österreichischen Verwaltungsrechts vielmehr einer dedizierten gesetzlichen Grundlage,[2254] die der Verordnungsgeber in Art. 58 Abs. 1–3 DSGVO festgelegt hat.[2255] Das Ziel dieses konkretisierten Kompetenzkatalogs ist eine Harmonisierung der Durchsetzungspraxis innerhalb der EU,[2256] was insbesondere durch die gewählte Rechtsform einer Verordnung als gem. Art. 288 Abs. 2 AEUV unmittelbar geltendem Recht befördert wird, da die nationalen Aufsichtsbehörden entsprechend unmittelbar berechtigt werden.[2257]

2250 Dies wird entsprechend in der Kommentarliteratur hinsichtlich mehrerer litteras angesprochen etwa zu lit. d, h und i bei *Körffer*, in: Paal/Pauly, DSGVO BDSG, 2021, Art. 57, Rn. 6, 10 ff.; teilweise wird stattdessen eine Bezeichnung als präventive und repressive Aufgaben vertreten, etwa *Boehm*, in: Kühling/Buchner, DSGVO BDSG, 2020, Art. 57, Rn. 2 und 7; *Nguyen*, in: Gola/Heckmann, DSGVO BDSG, 2022, Art. 57, Rn. 4 ff. und 9 ff.; *v. Lewinski*, in: Auernhammer, DSGVO BDSG, 2020, Art. 57, Rn. 6; *Brink*, ZD 2020, 59.

2251 Zutreffend *Kreul*, in: Gierschmann et al., DSGVO BDSG, 2018, Art. 58, Rn. 12.

2252 *Hullen*, in: Plath, DSGVO BDSG, 2018, Art. 57, Rn. 3; *Körffer*, in: Paal/Pauly, DSGVO BDSG, 2021, Art. 57, Rn. 2; inhaltlich gleich allerdings ohne die Wortwahl der Gesamtaufgabe *v. Lewinski*, in: Auernhammer, DSGVO BDSG, 2020, Art. 57, Rn. 6 f.; auch *Böhm*, in: Kühling/Buchner, DSGVO BDSG, 2020, Art. 57, Rn. 9: „Leitmotiv" für die nachfolgenden Aufgaben.

2253 *Kugelmann/Buchmann*, in: Schwartmann et al., DSGVO BDSG, 2020, Art. 57, Rn. 17; *Nguyen*, in: Gola/Heckmann, DSGVO BDSG, 2022, Art. 57, Rn. 3; *Hullen*, in: Plath, DSGVO BDSG, 2018, Art. 58, Rn. 1.

2254 *Selmayr*, in: Ehmann/Selmayr, DSGVO, 2018, Art. 57, Rn. 2; *Polenz*, in: Simitis et al., Datenschutzrecht, 2019, Art. 57, Rn. 4; *Grittmann*, in: Taeger/Gabel, DSGVO BDSG TTDSG, 2022, Art. 57, Rn. 3.

2255 *Brink*, ZD 2020, 59 (61), vertritt jedoch hinsichtlich der Beratungsbefugnis, dass diese sich auch aus dem systematischen Zusammenhang ableiten ließe, wobei eine Beratungsbereitschaft wohl eher nicht unter den Eingriffsbegriff fällt; *Polenz*, in: Simitis et al., Datenschutzrecht, 2019, Art. 57, Rn. 4.

2256 *Brink*, ZD 2020, 59; *Nguyen*, in: Gola/Heckmann, DSGVO BDSG, 2022, Art. 58, Rn. 1; *Eichler*, in: BeckOK Datenschutzrecht, 2022, Art. 58, Rn. 1; *Pohl*, PinG 2017, 85; zum Problem der uneinheitlichen Durchsetzung unter der DSRL *Kugelmann/Buchmann*, in: Schwartmann et al., DSGVO BDSG, 2020, Art. 58, Rn. 24 f., und *Weichert*, in: Däubler et al., DSGVO BDSG, 2020, Art. 58, Rn. 1.

2257 *Selmayr*, in: Ehmann/Selmayr, DSGVO, 2018, Art. 57, Rn. 1; *Körffer*, in: Paal/Pauly, DSGVO BDSG, 2021, Art. 58, Rn. 1; *Kugelmann/Buchmann*, in: Schwartmann et al., DSGVO BDSG, 2020, Art. 58, Rn. 23; *Nguyen*, ZD 2015, 265 und 269.

Fraglich ist jedoch, ob es innerhalb dieser Eingriffs- bzw. Durchsetzungsbefugnisse ein intrinsisches System gibt, an das sich die zuständige Aufsichtsbehörde halten muss, und wenn dem so ist, wie es angewendet wird.

a. Rangverhältnisse der Behördenbefugnisse

Der Frage eines etwaigen Hierarchieverhältnisses der aufsichtsbehördlichen Befugnisse kann sich mangels einer Festlegung in der DSGVO nur mittels Auslegung genähert werden. Die DSGVO selbst trifft keine Regelungen darüber, ob zwischen den Befugnissen – wie auch hinsichtlich der Aufgaben in Art. 57 Abs. 1 DSGVO – ein Vorrang- oder Spezialitätsverhältnis besteht. Daher wird vertreten, dass grundsätzlich das allgemeine verwaltungsrechtliche Opportunitätsprinzip zu verfolgen ist,[2258] wonach die entsprechende Behörde selbstständig eine Priorisierung der Aufgaben und eine Entscheidung über die Angemessenheit von Maßnahmen vornehmen kann.

In systematischer Hinsicht ist zunächst festzustellen, dass die ersten drei Absätze des Art. 58 DSGVO mindestens drei Kategorien von Befugnissen enthalten. Ob der DSGVO über die expressis verbis genannten Kompetenzen der Untersuchung (Abs. 1), Abhilfe (Abs. 2) und Genehmigung (Abs. 3) hinaus auch allgemeine, d. h. nicht im Zusammenhang mit einem genehmigungspflichtigen Vorgang oder einer Datenschutzfolgenabschätzung stehende Beratungsbefugnisse entnommen werden können, ist zumindest nicht ausdrücklich geregelt, wird jedoch von der wohl h. M. angenommen.[2259] Angesichts der hohen Dichte an unbestimmten Rechtsbegriffen der DSGVO und einem sehr unterschiedlichen, teilweise rudimentären Grad der Professionalisierung datenverarbeitender Akteure ist dies auch uneingeschränkt zu befürworten.[2260] Allerdings wirft die etwaige Beratungspflicht Fragen hinsichtlich der weiteren, im Gegensatz zu ihr ausdrücklich normierten Befugnissen auf.

Innerhalb des Art. 58 DSGVO stehen in Abs. 1 zunächst die Untersuchungsbefugnisse an erster Stelle. Diese geben der zuständigen Aufsichtsbehörde die Möglichkeit, von Akteuren „alle Informationen" anzufordern, die für die Erfüllung ihrer – in Art. 57 DSGVO genannten – Aufgaben erforderlich sind. Die Untersuchungsbefugnisse stehen in enger Verbindung zu der Ko-

---

2258 Zur Anwendung des Opportunitätsprinzips bei Art. 57 *v. Lewinski*, in: Auernhammer, DSGVO BDSG, 2020, Art. 57, Rn. 3; *Ehmann*, ZD 2014, 493; *Pohl*, PinG 2017, 85 (89).

2259 *Brink*, ZD 2020, 59 (62); *Polenz*, in: Simitis et al., Datenschutzrecht, 2019, Art. 58, Rn. 4; en passant auch *v. Lewinski*, in: Auernhammer, DSGVO BDSG, 2020, Art. 58, Rn. 3; nach *Nguyen*, ZD 2015, 265 (269), sei eine etwaige Beratung jedoch subsidiär zum „eigentlichen Auftrag", also der Überwachung und Durchsetzung.

2260 Deutlich *Brink*, ZD 2020, 59 (61): „[...] denn von ihr [Anm.: gemeint ist die Aufsicht] wird von Rechts wegen ja nicht Abstinenz, sondern Konsistenz verlangt [...]".

D. Sanktion eines Forums als konstitutives Merkmal von Accountability

operationspflicht des Akteurs in Art. 31 DSGVO.[2261] Adressierte Akteure sind danach spiegelbildlich zur Kooperation verpflichtet. Die so angeforderten Informationen können (digitale und gegenständliche) Dokumente, Beschreibungen über Datenquellen, Empfänger oder technische Abläufe sowie Kopien, Akten und potenziell auch Datenträger einschließen.[2262] Darüber hinaus steht der Aufsichtsbehörde gem. Art. 58 Abs. 1 lit. e und lit. f DSGVO ein Zugangsrecht zu, bei dem sie sich von der Richtigkeit der übermittelten Informationen eigenständig überzeugen kann. Ein Anfangsverdacht ist zwar grundsätzlich für die auch unangemeldet mögliche Vor-Ort-Prüfung durch eine Aufsichtsbehörde nicht erforderlich.[2263] Ein solcher kann jedoch insbesondere dort vorliegen, wo Zweifel an der Richtigkeit der bereitgestellten Informationen bestehen, etwa weil die Aufsichtsbehörde aufgrund einer Beschwerde gem. Art. 77 DSGVO tätig wird und ihr in dem Zusammenhang anderslautende Details und Auskünfte zugespielt wurden.[2264] In diesen Fällen gilt zwar weiterhin das verwaltungsrechtliche Opportunitätsprinzip, daneben jedoch auch der Grundsatz der Amtsermittlungspflicht. Allerdings stellt die Ausübung der Befugnisse des Art. 58 Abs. 1–3 DSGVO unterschiedlich starke Eingriffe in die grundrechtlich geschützten Positionen des Unternehmens dar. Dies gilt einerseits für die Art und die Umstände des begehrten Zugangs[2265] als auch für die Tatsache der (Vor-Ort-)Prüfung an sich, die im Falle öffentlichen Bekanntwerdens mit einem schwer zu kalkulierenden Stigma belegt wäre.[2266] Entsprechend hat die zuständige Aufsichtsbehörde trotz ihres grundsätzlich anlasslos gewährten Überprüfungsrechts[2267] im Rahmen ihrer Befugnisausübung den Verhältnismäßigkeitsgrundsatz zu wahren[2268] und nach Maßgabe des Einzelfalls zunächst Rückgriff auf die

---

2261 *Nguyen*, in: Gola/Heckmann, DSGVO BDSG, 2022, Art. 57, Rn. 3; *Brink*, ZD 2020, 59; *Eichler*, in: BeckOK Datenschutzrecht, 2022, Art. 57, Rn. 3; *v. Lewinski*, in: Auernhammer, DSGVO BDSG, 2020, Art. 58, Rn. 10; *Wenzel/Wybitul*, ZD 2019, 290 (291); vgl. zur Mechanik von Art. 31 B.II.4.d oben.

2262 *Körffer*, in: Paal/Pauly, DSGVO BDSG, 2021, Art. 58, Rn. 7; *Nguyen*, in: Gola/Heckmann, DSGVO BDSG, 2022, Art. 58, Rn. 4 und 7; *Hullen*, in: Plath, DSGVO BDSG, 2018, Art. 58, Rn. 9; *Grittmann*, in: Taeger/Gabel, DSGVO BDSG TTDSG, 2022, Art. 58, Rn. 12.

2263 *Nguyen*, ZD 2015, 265 (269).

2264 Eine Alternative wäre, dass Informationen durch investigative Pressearbeit an die Aufsichtsbehörden gelangen, vgl. dazu *Weichert*, DuD 2015, 323 (327).

2265 *Grittmann*, in: Taeger/Gabel, DSGVO BDSG TTDSG, 2022, Art. 58, Rn. 21, weist auf Prüfungen zur „Unzeit" hin; *Körffer*, in: Paal/Pauly, DSGVO BDSG, 2021, Art. 58, Rn. 15.

2266 Zum Äußerungsrecht der Aufsichtsbehörden sogleich unter D.I.2.c.

2267 *Eichler*, in: BeckOK Datenschutzrecht, 2022, Art. 58, Rn. 2; *Körffer*, in: Paal/Pauly, DSGVO BDSG, 2021, Art. 58, Rn. 5; *Kugelmann/Buchmann*, in: Schwartmann et al., DSGVO BDSG, 2020, Art. 58, Rn. 51.

2268 *Körffer*, in: Paal/Pauly, DSGVO BDSG, 2021, Art. 58, Rn. 2 und 15; *Grittmann*, in:

jeweils milderen Mittel wie beispielsweise Hinweise gem. Art. 58 Abs. 1 lit. d DSGVO[2269] oder Warnungen bzw. Verwarnungen gem. Art. 58 Abs. 2 DSGVO, denen keine unmittelbare Rechtspflicht zukommt,[2270] zu nehmen. Einer expliziten Aufnahme in Art. 58 Abs. 4 DSGVO hätte es insofern nicht bedurft.

Damit wird deutlich, dass Art. 58 DSGVO im Rahmen des Gesetzgebungsprozesses Änderungen erfahren hat und die ursprünglich beabsichtigte Steigerung innerhalb des Normzusammenhangs nicht durchgehalten wurde.[2271] Auch aus Accountability-Sicht birgt Art. 58 DSGVO eine nur bedingte Stringenz und stützt insofern die vorgenannte Einschätzung.[2272] So behandelt Abs. 1 insgesamt und insbesondere die Generalnorm des lit. a den Prozessschritt der Informationsaufforderung, das „*calling to account*" eines entsprechenden Verantwortlichen oder Auftragsverarbeiters. Hiermit fordert das vertikale Forum der Aufsichtsbehörde den Akteur auf, Rechenschaft über seine Handlungen abzulegen, konkret sich hinsichtlich der adressierten Verarbeitung personenbezogener Daten zu erklären. Innerhalb des Accountability-Prozesses folgt auf die Informationsphase in der Praxis die Diskussionsphase, wohingegen Art. 58 Abs. 2 DSGVO direkt die möglichen Sanktionen,[2273] die zweite konstitutive Voraussetzung einer Accountability-Beziehung, folgen lässt. Diese systematische Stellung könnte als Argument gewertet werden, dass Aufsichtsbehörden im Falle eines im Rahmen der Untersuchungsbefugnisse festgestellten Verstoßes kein Entschließungsermessen zukommen soll, sondern dass daraufhin stets eine der Abhilfemaßnahmen gem. Art. 58 Abs. 2 DSGVO ergriffen werden muss. Angesichts der darin verfügbaren, teilweise sehr eingriffsarmen Mittel wie beispielsweise der Warnung oder der Verwarnung, überzeugt dies grundsätzlich, da ein festgestellter Verstoß damit in keinem Fall sanktionslos bliebe.[2274] Dem

---

Taeger/Gabel, DSGVO BDSG TTDSG, 2022, Art. 58, Rn. 21; *Kugelmann/Buchmann*, in: Schwartmann et al., DSGVO BDSG, 2020, Art. 58, Rn. 22.

2269 Mit diesem Beispiel *Hullen*, in: Plath, DSGVO BDSG, 2018, Art. 58, Rn. 9.

2270 *Körffer*, in: Paal/Pauly, DSGVO BDSG, 2021, Art. 58, Rn. 18; *Hullen*, in: Plath, DSGVO BDSG, 2018, Art. 58, Rn. 12.

2271 *Kreul*, in: Gierschmann et al., DSGVO BDSG, 2018, Art. 58, Rn. 8, bezeichnet ihn deshalb als „Kompromissnorm" und die Beratungsbefugnisse in Abs. 3 als „Fremdkörper", die besser gesondert aufgenommen worden wären; von einer generellen Gleichrangigkeit gehen dagegen *Kugelmann/Buchmann*, in: Schwartmann et al., DSGVO BDSG, 2020, Art. 58, Rn. 21 und 39, aus; für die Abhilfebefugnisse a. A. *Polenz*, in: Simitis et al., Datenschutzrecht, 2019, Art. 58, Rn. 6.

2272 Vgl. *Pohl*, PinG 2017, 85 (86), mit weiteren Beispielen zur gesetzgeberisch suboptimalen Gestaltung von DSGVO-Normen.

2273 Hierzu sogleich D. I. 2.

2274 Dies scheint auch ErwG 148 anzudeuten, der in S. 1 die Verhängung eines Bußgeldes als Regelfall konstituiert, von dem gem. S. 2 bei geringfügigen Verstößen abgewichen werden könne, jedoch in diesen Fällen weiterhin die Sanktion durch

steht auch nicht entgegen, dass die zuständige Aufsichtsbehörde verpflichtet ist, vor der Verhängung jedweder Sanktion eine sorgfältige und vollständige Sachverhaltsaufklärung zu betreiben,[2275] da eine solche im Rahmen der Untersuchungsmaßnahmen des Art. 58 Abs. 1 DSGVO bewegt. Nach einer solchen Anhörung des Adressaten und der Einräumung einer Rechtfertigungsmöglichkeit stehen der zuständigen Aufsichtsbehörde sodann die allgemeingültigen Abhilfebefugnisse des Art. 58 Abs. 2 DSGVO und die speziellen Sanktionsbefugnisse des Art. 58 Abs. 3 DSGVO zur Verfügung. Letztere sind insofern in ihrem Anwendungsbereich beschränkt, weil beispielsweise die Versagung der Genehmigung von BCRs gem. Art. 58 Abs. 3 lit. j DSGVO nur in Fällen einer entsprechenden Beantragung vorliegt. Die dialogorientierten Beratungsbefugnisse wären entsprechend auch aus der Systematik des Accountability-Mechanismus heraus besser in Abs. 1 oder einem eigenen Absatz angesiedelt gewesen.[2276] Neben Fragen der strukturellen Stellung der Befugnisse zueinander erlaubt die DSGVO unterschiedliche Ansichten zu der Frage, wie Verstöße finanziell zu ahnden sind.

b. Entschließungsermessen statt Bußgeldzwang

Eine der sowohl in Massenmedien als auch in der Fachpresse am stärksten thematisierte Neuerung der DSGVO sind die Bußgelder gem. Art. 83 DSGVO, zu deren Verhängung die zuständige Aufsichtsbehörde gem. Art. 58 Abs. 2 lit. i DSGVO befähigt wird. Allerdings besteht in der Literatur ein Streit darüber, ob eine Behörde bezüglich dieser Verhängung ein Entschließungsermessen hat,[2277] oder bei Feststellung eines Verstoßes zwingend auch ein Bußgeld verhängen muss und lediglich im Rahmen der Bußgeldhö-

---

eine Verwarnung zu erfolgen habe; ähnlich zum Schadenersatzanspruch nach Art. 82 DSGVO *Laoutoumai*, K&R 2022, 25 (27).

2275 *Kugelmann/Buchmann*, in: Schwartmann et al., DSGVO BDSG, 2020, Art. 58, Rn. 52; für eine allgemeine verwaltungsrechtliche Anhörungspflicht *Hessel/Schneider*, K&R 2022, 82 (86); bzgl. Anweisungen gem. Art. 58 Abs. 2 *Grittmann*, in: Taeger/Gabel, DSGVO TTDSG, 2022, Art. 58, Rn. 27 und passim.

2276 So auch *Kreul*, in: Gierschmann et al., DSGVO BDSG, 2018, Art. 58, Rn. 8, der auf die Entwurfsversion des Rates verweist, die eine entsprechende Trennung vorsah.

2277 So die wohl h. M. *Moos/Schefzig*, in: Taeger/Gabel, DSGVO BDSG TTDSG, 2022, Art. 83, Rn. 36; *Grünwald/Hackl*, ZD 2017, 556 (557); *Becker*, in: Plath, DSGVO BDSG, 2018, Art. 83, Rn. 2; *Frenzel*, in: Paal/Pauly, DSGVO BDSG, 2021, Art. 83, Rn. 10 f.; *Schreiber*, ZD 2019, 55 (59); *Körffer*, in: Paal/Pauly, DSGVO BDSG, 2021, Art. 58, Rn. 31; *Holländer*, in: BeckOK Datenschutzrecht, 2022, Art. 83, Rn. 26; *Golla*, in: Auernhammer, DSGVO BDSG, 2020, Art. 83, Rn. 4; *Feldmann*, in: Gierschmann et al., DSGVO BDSG, 2018, Art. 83, Rn. 29.

he eine Ermessensentscheidung (das sog. Auswahlermessen[2278]) anhand der Abwägungskriterien des Art. 83 DSGVO treffen kann.[2279] Der Streit entzündet sich in erster Linie an dem insoweit identischen Wortlaut des Art. 58 Abs. 2 lit. i und Art. 83 Abs. 2 DSGVO. Danach wird eine Behörde zunächst formell ermächtigt, Bußgelder „anstelle von oder zusätzlich zu" einer der weiteren Sanktionen zu verhängen. Die Apologeten eines Entschließungsermessens argumentieren neben dem offenen Wortlaut des Art. 58 Abs. 2 DSGVO („gestatten") mit ErwG 148 S. 2, wonach insbesondere unter Berücksichtigung des in Art. 83 Abs. 1 DSGVO als leitendes Prinzip vorgesehenen und auch grundrechtlich normierten (Art. 49 Abs. 3 GRCh) Verhältnismäßigkeitsgrundsatzes ein Bußgeld eine übermäßige Belastung für den Akteur, beispielsweise Klein(st)unternehmen oder gar Privatpersonen, darstellen könne.[2280] Dagegen wird in vermeintlich wörtlicher Auslegung der Art. 58 Abs. 2 lit. i und Art. 83 Abs. 2 DSGVO vertreten, dass „zusätzlich zu oder anstelle von" stets die Verhängung eines Bußgeldes bedeute,[2281] den lediglich die Verhängung zusätzlicher Maßnahmen nach Art. 58 Abs. 2 lits. a–h und j DSGVO sei danach optional. Diese Lesart lässt sowohl Art. 83 Abs. 1 DSGVO zu, wonach „Geldbußen […] für Verstöße gegen diese Verordnung […] in jedem Einzelfall wirksam, verhältnismäßig und abrechend" sein müssten,[2282] als auch Art. 83 Abs. 2 DSGVO, der zwar bei der Bußgeldbemessung zu berücksichtigende Faktoren enthält, das Bußgeld selbst mit der identischen Formulierung wie und dem Verweis auf Art. 58 Abs. 2 DSGVO jedoch nicht zur Disposition zu stellen scheint.

Die Ansicht gegen ein Entschließungsermessen überzeugt bei Lichte besehen allerdings nicht. Einerseits leitet Art. 58 Abs. 2 DSGVO eindeutig mit einer fakultativen und nicht mit einer obligatorischen Formulierung ein, wonach es jeder Aufsichtsbehörde *gestattet* ist, eine oder mehrere der dort nachfolgend aufgelisteten Sanktionen zu verhängen. Sie ist danach nicht *verpflichtet*. Für eine solche Verpflichtung hätte es regelungstechnisch einer deutlicheren Formulierung bedurft. Illustrativ kann hier auf die Vorschriften

---

2278 *Holländer*, in: BeckOK Datenschutzrecht, 2022, Art. 83, Rn. 27; *Moos/Schefzig*, in: Taeger/Gabel, DSGVO BDSG TTDSG, 2022, Art. 83, Rn. 37; *Schreiber*, ZD 2019, 55 (59).

2279 Soweit ersichtlich nur vertreten durch politisch bzw. persönlich (*Albrecht*, CR 2016, 88 (96)) oder beruflich vorgeprägte (*Sommer*, in: Däubler et al., DSGVO BDSG, 2020, Art. 83, Rn. 5 und 7; *Bergt*, in: Kühling/Buchner, DSGVO BDSG, 2020, Art. 83, Rn. 30 f.) Kommentatoren.

2280 Statt aller *Moos/Schefzig*, in: Taeger/Gabel, DSGVO BDSG TTDSG, 2022, Art. 83, Rn. 36.

2281 *Sommer*, in: Däubler et al., DSGVO BDSG, 2020, Art. 83, Rn. 7; *Boehm*, in: Simitis et al., Datenschutzrecht, 2019, Art. 83, Rn. 15.

2282 Art. 84 S. 2 DSGVO reicht diese Anforderung darüber hinaus an mitgliedstaatliche Straf- und Bußgeldumsetzungen durch.

des StGB verwiesen werden. Danach *wird* mit Geld- oder Freiheitsstrafe bestraft, wer den objektiven und subjektiven Tatbestand verwirklicht. Dies gilt darüber hinaus unabhängig davon, ob es sich um ein Verbrechen oder ein Vergehen i. S. v. § 12 StGB handelt, sodass grundsätzlich auch Geldstrafen einbezogen sind.[2283] Allein die Höhe des Strafmaßes unterfällt danach dem Urteilsermessen. Andererseits sollte das primäre Anliegen einer Aufsichtsbehörde analog zum Schadenersatz nach Art. 82 DSGVO die Herstellung eines gesetzeskonformen Datenverarbeitungszustands sein,[2284] was mit einer Bußgeldverhängung allein nicht erreicht wäre.[2285] Hierfür stehen der Aufsichtsbehörde die Anordnungsbefugnisse bis hin zu einer Löschverfügung gem. Art. 58 Abs. 2 lit. f DSGVO[2286] oder dem Verbot einer Datenverarbeitung (Art. 58 Abs. 2 lit. g DSGVO) offen.[2287] In diese Auslegung fügt sich auch ErwG 150 S. 1, wonach Geldbußen als Mittel zu verstehen sind, die den verwaltungsrechtlichen Sanktionen mehr Wirkung verleihen sollen, sie jedoch nicht verdrängen. Die Formulierung „anstelle von" in Art. 58 Abs. 2 lit. i DSGVO bezieht sich mithin lediglich auf Situationen, in denen die Datenverarbeitung bereits eingestellt oder auf eine datenschutzkonforme Weise umgestellt wurde. Nur in diesen Fällen verbleibt eine Geldbuße als generalpräventives Mittel zur Verhinderung zukünftiger Verstöße.[2288]

Es ist mithin festzustellen, dass Aufsichtsbehörden grundsätzlich ein Auswahl- und Entschließungsermessen bei der Anwendung der Abhilfekompetenzen gem. Art. 58 Abs. 2 DSGVO zukommt.[2289]

2. Ausgewählte Instrumente zur Förderung und Durchsetzung der DSGVO

Die Eingriffs- und Durchsetzungsbefugnisse des Art. 58 Abs. 2 und Abs. 3 DSGVO folgen keinem streng dogmatischen Muster gegenseitiger Ausschließlich- oder Abgrenzbarkeit. Vielmehr sind sie dem europarechtlichen Gedanken des *effet utile* verpflichtet, wodurch eine Auslegung und Anwen-

---

2283 Die DSGVO kennt anders als viele nationale Datenschutzgesetze wie Indien, Südafrika oder auch das BDSG (vgl. § 42 BDSG n. F.) nur Geld- und keine Freiheitsstrafen.

2284 So auch *Pohl*, PinG 2017, 85 (91).

2285 *Ehmann*, ZD 2014, 493, weist allerdings darauf hin, dass schon die Einleitung des Bußgeldverfahrens häufig eine konformitätsfördernde Wirkung entfaltet.

2286 Vgl. bspw. die vom Europäischen Datenschutzbeauftragten am 3.1.2022 geforderte Löschung mehrerer Terabyte Daten durch Europol, *EDPS* cases 2019-0370 und 2021-0699.

2287 *Kreul*, in: Gierschmann et al., DSGVO BDSG, 2018, Art. 58, Rn. 16.

2288 Vgl. zu diesem generalpräventiven Gedanken durch exemplarische Wirkung von Bußgeldern *LfDI RP*, Tätigkeitsbericht 2013, S. 98.

2289 Statt aller *Eckhardt/Menz*, DuD 2018, 139 (141); a. A. bzgl. Datenübermittlungen bei Abwesenheit eines Angemessenheitsbeschlusses *Botta*, CR 2020, 505 (510), Rn. 35.

dung dergestalt geboten ist, dass die höchstmögliche praktische Wirksamkeit erreicht wird. Entsprechend können sie, wie schon vorstehend bezüglich möglicher Bußgelder gem. Art. 58 Abs. 2 lit. i DSGVO vertreten, beliebig kombiniert werden, sofern dies zur effektiven Erreichung eines datenschutzkonformen Zustands erforderlich ist.

Die in der DSGVO enthaltenen Untersuchungs- und Abhilfebefugnisse müssen hier nicht in Gänze untersucht werden. Stattdessen wird eine Eingrenzung auf diejenigen Instrumente getroffen, die im Rahmen der Accountability – auch mit Hinblick auf deren horizontale, vertikale und diagonale Wechselwirkung – besondere Bedeutung haben. Gemäß der oben getroffenen Definition von Sanktion für die vorliegende Arbeit sollen mit dem Wortlaut von Art. 83 Abs. 2 DSGVO auch solche Optionen untersucht werden, die „zusätzlich zu oder anstelle von" Bußgeldern zur Verfügung stehen.

a. Einflussnahme gem. Art. 58 Abs. 2 DSGVO

Wie bereits dargestellt wurde, sollte das primäre Bestreben der Datenschutzaufsichtsbehörden in der Herstellung eines gesetzeskonformen Datenverarbeitungszustands sein, wodurch die informationelle Selbstbestimmungsfähigkeit der Betroffenen bestmöglich gewahrt wird. Hierzu sieht die DSGVO eine Reihe von Kompetenzen vor, durch welche die jeweils zuständige Aufsichtsbehörde i. S. v. Art. 56 DSGVO Einfluss auf die fragliche Datenverarbeitung nehmen kann. Aus einer strukturellen Accountability-Perspektive betrachtet, handelt es sich dabei um eine unmittelbare Ausprägung des konstitutiven Bestandteils der Sanktion als Ausfluss der Dimension der Kontrolle, deren Objekt die Legitimität (*Legitimacy*) des Akteurshandelns ist. Allerdings enthält Art. 58 Abs. 2 DSGVO Sanktionsmöglichkeiten unterschiedlicher[2290] Eingriffsintensität, die von einer Rüge über eine Aufforderung zur Änderung von Prozessen bis hin zur befristeten oder vollständigen Untersagungsverfügung reichen.[2291] In wirkungs- und strukturanalytischer Hinsicht können dabei hinsichtlich der Einflussnahmemöglichkeiten indirekte und direkte Sanktionen unterschieden werden.

Als indirekte Sanktionen kommen die Warnung und Verwarnung gem. Art. 58 Abs. 2 lit. a und lit. b DSGVO in Betracht, da aus ihnen keine un-

---

2290 Teilweise wird vertreten, dass sie in aufsteigender Reihenfolge angeordnet sind (*Dieterich*, ZD 2016, 260 (263); *Hullen*, in: Plath, DSGVO BDSG, 2018, Art. 58, Rn. 12; wohl auch *Selmayr*, in: Ehmann/Selmayr, DSGVO, 2018, Art. 58, Rn. 18; *Kugelmann/Buchmann*, in: Schwartmann et al., DSGVO BDSG, 2020, Art. 58, Rn. 39), was mangels Stringenz nicht für den gesamten Katalog gelten kann (so auch *Kreul*, in: Gierschmann et al., DSGVO BDSG, 2018, Art. 58, Rn. 8, und v. *Lewinski*, in: Auernhammer, DSGVO BDSG, 2020, Art. 58, Rn. 22), praktisch jedoch ohne Relevanz sein dürfte.

2291 *Faust/Spittka/Wybitul*, ZD 2016, 120 (123).

mittelbare Handlungs- oder Unterlassungspflicht zukommt,[2292] sie jedoch gleichwohl geeignet sind, das Verhalten des Akteurs zu beeinflussen. Nach Art. 58 Abs. 2 lit. a DSGVO kann die zuständige Aufsichtsbehörde den Akteur warnen, dass eine beabsichtigte Verarbeitung voraussichtlich gegen materielle Anforderungen der DSGVO darstellen wird. Der Anwendungsbereich des Art. 58 Abs. 2 lit. a DSGVO setzt mithin voraus, dass die in Rede stehende Datenverarbeitung noch nicht begonnen wurde.[2293] Fraglich ist das Verhältnis von Art. 58 Abs. 2 lit. a DSGVO (Warnung) zu Art. 58 Abs. 1 lit. d DSGVO (Hinweis). Teilweise wird vertreten, dass der Unterschied zwischen der Warnung und dem Hinweis darin liege, dass im Falle des Art. 58 Abs. 2 lit. a DSGVO der Verstoß bereits feststehe, sofern die beabsichtigte Verarbeitung begonnen würde, während einem Hinweis nur die Vermutung eines Verstoßes zu Grunde läge.[2294] Dem könnte grundsätzlich die systematische Stellung des Art. 58 Abs. 1 lit. d DSGVO innerhalb der Investigationsbefugnisse und der englische Wortlaut beider Normen entgegen gehalten werden. Gem. Art. 58 Abs. 1 lit. d DSGVO erfolgt ein Hinweis („*notification*") in Fällen einer behaupteten („*alleged*") Verletzung. Es liegt mithin ein anderer Impetus als bei der Warnung gem. Art. 58 Abs. 2 lit. a DSGVO vor.[2295] Erstere kann ihren Ausgangspunkt nicht in der zuständigen Aufsichtsbehörde haben, sondern muss an sie herangetragen werden, da sie sich ansonsten durch eine entsprechende Behauptung einen Zugang zu weiteren aufsichtsrechtlichen Schritten selbst eröffnen könnte.[2296] Die Warnung andererseits kann aus unterschiedlichen Situationen, etwa im Zuge eines Genehmigungs- und Beratungsverfahrens gem. Art. 58 Abs. 3 DSGVO entstehen.[2297] Beide Normen sind damit dem „Vorfeldschutz" zuzuordnen;[2298] Art. 58 Abs. 2 lit. a DSGVO findet ausweislich des Wortlauts auf „beabsichtigte" („*inten-*

[2292] *Körffer*, in: Paal/Pauly, DSGVO BDSG, 2021, Art. 58, Rn. 18; *Weichert*, in: Däubler et al., DSGVO BDSG, 2020, Art. 58, Rn. 26; *Polenz*, in: Simitis et al., Datenschutzrecht, 2019, Art. 58, Rn. 7.

[2293] *Kugelmann/Buchmann*, in: Schwartmann et al., DSGVO BDSG, 2020, Art. 58, Rn. 80; *Grittmann*, in: Taeger/Gabel, DSGVO BDSG TTDSG, 2022, Art. 58, Rn. 23 f.; *Hullen*, in: Plath, DSGVO BDSG, 2018, Art. 58, Rn. 12.

[2294] So *Körffer*, in: Paal/Pauly, DSGVO BDSG, 2021, Art. 58, Rn. 17; *Martini/Wenzel*, PinG 2017, 92 f.

[2295] In der Sache so auch bei *Grittmann*, in: Taeger/Gabel, DSGVO BDSG TTDSG, 2022, Art. 58, Rn. 17.

[2296] Insb. im Rahmen der Bußgeldbemessung gem. Art. 83 Abs. 2 DSGVO berücksichtigungsfähige Umstände wie etwa die Vorsätzlichkeit, Fahrlässigkeit oder etwaige frühere Verstöße.

[2297] *Polenz*, in: Simitis et al., Datenschutzrecht, 2019, Art. 58, Rn. 26, sieht sie in Verbindung mit den Befugnissen des Art. 57 Abs. 1 lit. v DSGVO; *Grittmann*, in: Taeger/ Gabel, DSGVO BDSG TTDSG, 2022, Art. 58, Rn. 17, der sie in Kombination mit den Investigationsbefugnissen des Abs. 1 sieht.

[2298] A.A. v. *Lewinski*, in: Auernhammer, DSGVO BDSG, 2020, Art. 58, Rn. 17.

ded") Verarbeitungen Anwendung und insinuiert insofern, dass noch nicht damit begonnen wurde. Demgegenüber kann sich die für die Anwendung eines Hinweises gem. Art. 58 Abs. 1 lit. d DSGVO erforderliche Behauptung von Verstößen auch auf erst geplante Verarbeitungsvorgänge beziehen und setzt nicht notwendigerweise voraus, dass diese bereits erfolgt sind bzw. noch erfolgen. Es ist entsprechend auch unzutreffend, dass eine Warnung gem. Art. 58 Abs. 2 lit. a DSGVO eine vorweggenommene Beurteilung des Sachverhalts darstellt, wonach ein Verstoß bei Vornahme der Verarbeitung feststehe.[2299] Dies wäre mit dem Wortlaut, wonach eine beabsichtigte Verarbeitung wahrscheinlich („*likely*") eine Verletzung darstellt, nur schwerlich zu vereinbaren, da eine Wahrscheinlichkeit gerade keine rechtssichere Feststellung impliziert, sondern vielmehr den Bedarf einer genaueren Prüfung zum Ausdruck bringt und den Akteur insofern auf etwaige Risiken hinweist, die es zu vermeiden gilt.[2300] Daraus ergeben sich bezüglich Art. 58 Abs. 1 lit. d DSGVO und Art. 58 Abs. 2 lit. a DSGVO dreierlei Erkenntnisse; erstens, dass die deutsche Übersetzung in beiden Fällen dürftig ist und eine Normauslegung allein auf Basis der deutschen Sprachfassung die Gefahr normverkürzender Anwendungen birgt und zweitens, dass der europäische Verordnungsgeber bei der Schaffung der Behördenbefugnisse handwerklich professioneller und strukturierter hätte sein können. Dieses Problem ist im Wege einer wirkungsorientierten *effet utile*-Auslegung zu überwinden,[2301] wonach die Kompetenzen der Art. 58 Abs. 1 lit. d und Abs. 2 lits. a und b DSGVO in sich ergänzender Weise angewendet und als zweiteilige Eingriffsbefugnis verstanden werden sollten, um einen möglichst umfassenden Schutz für Betroffene unter gleichzeitig belastbarem Verwaltungshandeln zu gewährleisten. Diese Belastbarkeit ist mithin sowohl für Warnungen und Hinweise erforderlich, als auch für Verwarnungen gem. Art. 58 Abs. 2 lit. b DSGVO, da allen drei Handlungsformen eine belastende Wirkung zukommen kann, indem sie in Fällen tatsächlich festgestellter Verstöße strafverschärfende Berücksichtigung gem. Art. 83 Abs. 2 DSGVO finden können.[2302] Nach deutschem Recht kommt damit insbesondere der Verwarnung gem. Art. 58 Abs. 2 lit. b DSGVO Verwaltungsaktsqualität zu, wodurch entspre-

---

[2299] So jedoch *Körffer*, in: Paal/Pauly, DSGVO BDSG, 2021, Art. 58, Rn. 17; *Eichler*, in: BeckOK Datenschutzrecht, 2022, Art. 58, Rn. 19; *Hullen*, in: Plath, DSGVO BDSG, 2018, Art. 58, Rn. 12.

[2300] *Weichert*, in: Däubler et al., DSGVO BDSG, 2020, Art. 58, Rn. 26; *Boehm*, in: Kühling/Buchner, DSGVO BDSG, 2020, Art. 58, Rn. 21.

[2301] Für die Anwendung des *effet utile* im Rahmen der Befugnisse auch *Nguyen*, in: Gola/Heckmann, DSGVO BDSG, 2022, Art. 58, Rn. 2.

[2302] *Kugelmann/Buchmann*, in: Schwartmann et al., DSGVO BDSG, 2020, Art. 58, Rn. 80; *Körffer*, in: Paal/Pauly, DSGVO BDSG, 2021, Art. 58, Rn. 18; *Weichert*, in: Däubler et al., DSGVO BDSG, 2020, Art. 58, Rn. 26 und 28.

chende Rechtsschutzmöglichkeiten entstehen.[2303] Aus Accountability-Sicht stellen alle drei Handlungsformen ex ante-Vorbereitungsmaßnahmen für den Fall einer nachgelagerten Informations- und Rechtfertigungsaufforderung durch das primäre Forum dar und sind insofern insbesondere hinsichtlich ihrer zeitlichen Wirkungsweise interessant.[2304] Sie sind jedoch auch geeignet, das Verhalten des Akteurs zu beeinflussen, ohne dass es einer zwangsweisen Durchsetzung bedarf, weswegen auch die vergleichsweise niederschwelligen Maßnahmen nach Art. 58 Abs. 2 lit. a und lit. b DSGVO nach der hier vertretenen Definition als Sanktion zu werten sind und folgerichtig im Katalog des Art. 58 Abs. 2 DSGVO niedergelegt wurden.

Direkter Sanktionscharakter geht von den Möglichkeiten der Aufsichtsbehörden gem. Art. 58 Abs. 2 lits. c–j DSGVO aus. Diese enthalten die Befugnis, Anweisungen und Anordnungen zu treffen (Art. 58 Abs. 2 lit. c, d, e, g, j DSGVO), Beschränkungen oder Verbote zu verhängen (Art. 58 Abs. 2 lit. f DSGVO) sowie einmal erteilte Privilegien zu widerrufen bzw. einen Widerruf zu bewirken (Art. 58 Abs. 2 lit. h DSGVO). Durch diese Befugnisse kann die zuständige Aufsicht durch Verwaltungszwang (z. B. Zwangsgeld) unmittelbar Einfluss auf die jeweilige Datenverarbeitung bzw. deren Umstände nehmen, allgemein Druck ausüben und somit die Handlungsoptionen des Akteurs i. S. d. hier vertretenen Verständnisses von Sanktionen einschränken. Die insofern in einem Einzelfall konkret gewählten Sanktionen stehen jedoch nicht nur unter der Maßgabe der Verhältnismäßigkeit (Art. 58 Abs. 4 i. V. m. Art. 49 Abs. 3 GRCh),[2305] sondern verfolgen in erster Linie Effektivitäts- und Opportunitätszwecke, denn ihr Ziel ist der real bewirkte Schutz der Betroffenen.[2306] Konsequenterweise sind einzelne Sanktionsbefugnisse daher nicht nur gegenüber Verantwortlichen durchsetzbar, sondern auch gegen deren Auftragsverarbeiter,[2307] und einzelfallabhängig staffel- oder

---

2303 *Martini/Wenzel*, PinG 2017, 92 (96); *Weichert*, in: Däubler et al., DSGVO BDSG, 2020, Art. 58, Rn. 26; *Körffer*, in: Paal/Pauly, DSGVO BDSG, 2021, Art. 58, Rn. 18; auf die konkrete Wirkung abstellend *Kugelmann/Buchmann*, in: Schwartmann et al., DSGVO BDSG, 2020, Art. 58, Rn. 80; abl. ggü. der Verwaltungsaktsqualität von Warnungen *Grittmann*, in: Taeger/Gabel, DSGVO BDSG TTDSG, 2022, Art. 58, Rn. 23; wohl auch *Polenz*, in: Simitis et al., Datenschutzrecht, 2019, Art. 58, Rn. 7.

2304 *Heidbrink*, in: Heidbrink/Langbehn/Loh, Handbuch Verantwortung, 2017, 3 (13 ff.); ausführlich C.III.1.h oben.

2305 *Kugelmann/Buchmann*, in: Schwartmann et al., DSGVO BDSG, 2020, Art. 58, Rn. 39.

2306 *Polenz*, in: Simitis et al., Datenschutzrecht, 2019, Art. 58, Rn. 6.

2307 *Kugelmann/Buchmann*, in: Schwartmann et al., DSGVO BDSG, 2020, Art. 58, Rn. 43, nehmen wohl an, Auftragsverarbeiter könnten nur dort Adressat einer entsprechenden Maßnahme werden, wenn sie sich im Exzess befänden oder gegen eine genuine Auftragsverarbeiterpflicht verstoßen, was sich freilich aus dem Wortlaut des Art. 58 Abs. 2 DSGVO nicht ergibt.

kombinierbar.[2308] Hierbei lässt Art. 58 Abs. 2 DSGVO jedoch eine konsequente Struktur vermissen.[2309] So hat die zuständige Aufsichtsbehörde gem. Art. 58 Abs. 2 lit. c DSGVO die Berechtigung, Verantwortliche und auch Auftragsverarbeiter, die ihrerseits kein originärer Adressat des Kap. III DSGVO sind,[2310] anzuweisen, etwa geltend gemachten Betroffenenrechten zu entsprechen. Demgegenüber enthält Art. 58 Abs. 2 lit. g DSGVO weder eine Nennung potenzieller Adressaten, noch das Erfordernis einer vorausgegangenen Betroffenenbeschwerde, insbesondere in der formalisierten Weise gem. Art. 77 DSGVO. Während dieses Normpaar möglicherweise noch mit der Funktion der Aufsichtsbehörden als sprichwörtlicher „Anwalt der Betroffenen",[2311] die entsprechend sowohl stellvertretend und auf einen Antrag durch mindestens einen Betroffenen als auch in ihrer hoheitlich übertragenen Aufgabenerfüllung tätig werden, erklärt werden kann,[2312] lassen sich insbesondere für die Befugnisse der Art. 58 Abs. 2 lit. f und lit. j DSGVO keine solchen Erklärungen finden. Stattdessen werfen diese Befugnisse eine Reihe von Fragen bezüglich ihrer Strahlkraft auf organisatorisch und/oder vertraglich verbundene Unternehmen und deren Datenverarbeitungen auf. So kann das Verbot gem. Art. 58 Abs. 2 lit. f DSGVO, eine Datenverarbeitung durchzuführen, einen Auftragsverarbeiter vertragsbrüchig gegenüber seinem Auftraggeber werden lassen, der seinerseits sowohl Verantwortlicher als auch Auftraggeber sein kann, sodass sich das Problem ggf. potenziert und fortsetzt. Unklar ist ebenfalls, wie sich ein gegen einen Angehörigen einer Unternehmensgruppe oder Gruppe von Unternehmen gerichtetes Verbot einer Datenübermittlung gem. Art. 58 Abs. 2 lit. j DSGVO auswirkt, wenn deren Grundlage eine Zertifizierung gem. Art. 42 DSGVO oder verbindli-

---

2308 *Boehm*, in: Kühling/Buchner, DSGVO BDSG, 2020, Art. 58, Rn. 20; *Polenz*, in: Simitis et al., Datenschutzrecht, 2019, Art. 58, Rn. 8.

2309 Ähnlich *Kugelmann/Buchmann*, in: Schwartmann et al., DSGVO BDSG, 2020, Art. 58, Rn. 49, die von Überschneidungen sprechen.

2310 *Martini*, in: Paal/Pauly, DSGVO BDSG, 2021, Art. 28, Rn. 47; *Dix*, in: Simitis et al., Datenschutzrecht, 2019, Vor. Art. 12, Rn. 2.

2311 *Weichert*, DuD 2015, 323 (324); zu ihrer Rolle als Gegengewicht bei institutionalisierter Marktmacht *Bock*, PinG 2022, 49 (51); diese Stellung kommt auch dem gem. Art. 37 ff. DSGVO bestellten Datenschutzbeauftragten nicht zu, vgl. *Scheja*, in: Taeger/Gabel, DSGVO BDSG TTDSG, 2022, Art. 38, Rn. 72; *Helfrich*, in: Sydow/Marsch, DSGVO BDSG, 2022, Art. 38, Rn. 68; a. A. *Jaspers/Reif*, in: Schwartmann et al., DSGVO BDSG, 2020, Art. 38, Rn. 25, und wohl auch *Paal*, in: Paal/Pauly, DSGVO BDSG, 2021, Art. 38, Rn. 12; *Drewes*, in: Simitis et al., Datenschutzrecht, 2019, Art. 38, Rn. 44, bezeichnet die Stellung stattdessen als Ombudsmann.

2312 Unstr. für die Antragsbedürftigkeit i. R. v. Art. 58 Abs. 2 lit. c DSGVO *Körffer*, in: Paal/Pauly, DSGVO BDSG, 2021, Art. 58, Rn. 19; und für die antragslose Kompetenz der zuständigen Aufsicht gem. Art. 58 Abs. 2 lit. g DSGVO *Polenz*, in: Simitis et al., Datenschutzrecht, 2019, Art. 58, Rn. 42; *Kugelmann/Buchmann*, in: Schwartmann et al., DSGVO BDSG, 2020, Art. 58, Rn. 106 ff.; *Grittmann*, in: Taeger/Gabel, DSGVO BDSG TTDSG, 2022, Art. 58, Rn. 30.

D. Sanktion eines Forums als konstitutives Merkmal von Accountability

che interne Verhaltensregeln gem. Art. 40 DSGVO war. Damit ist indirekt die Frage verbunden, ob gem. Art. 58 Abs. 2 DSGVO Maßnahmen gegen Unternehmensgruppen i. S. v. Art. 4 Nr. 19 DSGVO gerichtet werden können oder ob in diesen Fällen im Wege des Konsistenzmechanismus ein Vorgehen koordiniert werden muss, wonach jede Aufsichtsbehörde einen entsprechenden Verwaltungsakt an die in ihrem Zuständigkeitsbereich belegenen Verantwortlichen und Auftragsverarbeiter erlässt. Eine strukturierte, über die Wiedergabe des gesetzlichen Wortlauts und Handlungsumfangs hinausgehende Auseinandersetzung mit den Abhilfebefugnissen erfolgt in der Kommentarliteratur soweit ersichtlich selten. Sie muss auch an dieser Stelle nicht vertieft werden, da der Sanktionscharakter aufsichtsbehördlichen Handelns gem. der Abhilfebefugnisse und teilweise auch der Genehmigungsbefugnisse ebenso feststeht, wie ein am Betroffenenschutz orientiertes Auswahl- und Entschließungsermessen.

Zusätzlich zu oder anstelle von Abhilfe- und Genehmigungsmaßnahmen steht der zuständigen Behörde in freiem Ermessen das Recht zu, ein Bußgeld nach Maßgabe des Art. 83 DSGVO zu verhängen (Art. 58 Abs. 2 lit. i DSGVO).

b. Bußgeldberechnung und -verhängung gem. Art. 58 Abs. 2 lit. i DSGVO

Die wohl deutlichste Inkarnation einer Sanktion ist die Verhängung einer Geldbuße, denn sie entzieht dem Akteur nicht nur gem. der hier angewendeten Definition zukünftige Handlungsoptionen, sondern sie pönalisiert in besonderer Weise dessen Verhalten, indem sie dieses aus dem Marktverhalten vergleichbarer Akteure, insb. von Mitbewerbern, herausgreift und zum Vorwurf macht. Ausweislich des Wortlauts von Art. 58 Abs. 2 lit. i DSGVO als auch Art. 83 DSGVO können Bußgelder grundsätzlich sowohl an Verantwortliche als auch an Auftragsverarbeiter adressiert werden, wobei letztere nur im Rahmen genuiner Auftragsverarbeiterpflichten belangt werden können.[2313] Bußgelder sind in europarechtlicher Tradition und gem. Art. 83 Abs. 1 DSGVO in einer Weise zu gestalten, die im Einzelfall „wirksam, verhältnismäßig und abschreckend"[2314] ist.[2315] Kompetenzbegründender Aus-

---

2313 Vgl. zu Bußgeldern *Bergt*, in: Kühling/Buchner, DSGVO BDSG, 2020, Art. 83, Rn. 21 und 25; zum Schadenersatz *Quaas*, in: BeckOK Datenschutzrecht, 2022, Art. 82, Rn. 40 f.; allgemein *Gabel/Lutz*, in: Taeger/Gabel, DSGVO BDSG TTDSG, 2022, Art. 28, Rn. 75.

2314 Std. Rspr. EuGH, etwa Urt. v. 13.9.2005 – C-176/03 (Kommission ./. Parlament), ECLI:EU:C:2005:542, Rn. 31; Urt. v. 26.2.2013 – C-617/10 (Åkerberg Fransson), ECLI:EU:C:2013:105, Rn. 36, m. w. N..

2315 *Moos/Schefzig*, in: Taeger/Gabel, DSGVO BDSG TTDSG, 2022, Art. 83, Rn. 27; *Schefzig/Rothkegel/Cornelius*, in: Moos/Schefzig/Arning, Praxishandbuch DSGVO,

gangspunkt eines solchen Bußgeldes ist dabei Art. 58 Abs. 2 lit. i DSGVO. Der korrespondierende ErwG 148 S. 1 stellt zwar nicht eindeutig klar, dass zusätzlich zu geeigneten Maßnahmen, die auf die (Wieder)Herstellung eines datenschutzkonformen Zustands gerichtet sind,[2316] stets eine Geldbuße zu verhängen ist, er scheint jedoch zu indizieren, dass ein Verstoß in keinem Fall sanktionslos bleiben sollte.[2317] Aus diesem Umstand und der Nennung von Geldbußen wird bisweilen die besondere Bedeutung dieses Sanktionsinstruments geschlussfolgert.[2318] Während Art. 58 Abs. 2 lit. i DSGVO die grundsätzliche verwaltungsrechtliche Ermächtigungsgrundlage der nationalen Aufsichtsbehörden zur Verhängung von Bußgeldern und mithin zur unmittelbaren Durchführung von Europarecht enthält, finden sich die quantitativen in Art. 83 Abs. 4–6 DSGVO sowie die qualitativen Bemessungskriterien in Art. 83 Abs. 2 DSGVO. Die hinlänglich bekannten Geldbeträge des Art. 83 Abs. 4–6 DSGVO sind als Bußgeldrahmen (dessen Obergrenze die entsprechend genannten Summen darstellen) zu verstehen, nicht – wie im Kartellrecht üblich[2319] – als Kappungsgrenze.[2320] Bei einem Bußgeldrahmen ist der Betrag ausgehend von den qualitativen Kriterien und Umständen des Einzelfalls und des Täterverhaltens stets innerhalb des Rahmens anzusiedeln, wobei entsprechend schwere bzw. schwerste Verstöße maximal die Obergrenze des gesetzlich erreichen können, während leichte Verstöße am unteren Rahmen anzusiedeln sind. Bei einer Kappungsgrenze kommt als „Grundbetrag" zunächst auch ein potenziell (sehr viel) höheres Bußgeld in

---

2021, Kap. 16, Rn. 103 f.; *Golla*, in: Auernhammer, DSGVO BDSG, 2020, Art. 83, Rn. 12 f.; *Becker*, in: Plath, DSGVO BDSG TTDSG, 2023, Art. 83, Rn. 8; *Boehm*, in: Simitis et al., Datenschutzrecht, 2019, Art. 83, Rn. 18 ff.; zutreffend weist jedoch *Bergt*, in: Kühling/Buchner, DSGVO BDSG, 2020, Art. 83, Rn. 57a darauf hin, dass sich pauschal angesetzte Beträge verbieten.

2316 *Körffer*, in: Paal/Pauly, DSGVO BDSG, 2021, Art. 58, Rn. 26, bezeichnet dies sogar als „primäre Aufgabe der ASB" in Fällen noch anhaltender Verstöße; ähnlich *Schwartmann/Jacquemain*, in: Schwartmann et al., DSGVO BDSG, 2020, Art. 83, Rn. 8 und 13.

2317 Problematisch wird dies, wenn keine Geldbuße verhängt werden kann, so auch VG Wiesbaden, Beschl. v. 27.1.2022 – 6 K 2132/19.WI.A, ZD 2022, 526 = BeckRS 58431, Rn. 20 f.; aus Betroffenensicht negativ entschied der EuGH mit einem Verweis auf die Öffnungsklausel des Art. 83 Abs. 7 DSGVO EuGH, Urt. v. 4.5.2023 – C-60/22 (UZ ./. Bundesrepublik Deutschland), ECLI:EU:C:2023:373, Rn. 68, dass die wirksame Anwendung der DSGVO durch die Abhilfebefugnisse gem. Art. 58 Abs. 2 DSGVO und die Rechtsschutzmechanismen gem. Art. 77 DSGVO zu bewirken ist und es insofern nicht zwingend einer Bußgeldmöglichkeit bedürfe.

2318 *Körffer*, in: Paal/Pauly, DSGVO BDSG, 2021, Art. 58, Rn. 26.

2319 Vgl. zur Entwicklung im Europarecht *Vollmer*, in: MüKo Wettbewerbsrecht, GWB, 2022, § 81, Rn. 137 ff.; abl. zum Konzept *Raum*, GRUR 2021, 322 (324), wegen Unvereinbarkeit mit der tatrichterlichen Ermessensentscheidung.

2320 *Albrecht/Jotzo*, Das neue Datenschutzrecht, 2017, 131, Rn. 36; *Schreiber*, ZD 2019, 55 (60); *Frenzel*, in: Paal/Pauly, DSGVO BDSG, 2021, Art. 83, Rn. 18.

D. Sanktion eines Forums als konstitutives Merkmal von Accountability

Betracht, das aber bei Erreichung des Schwellenwertes entsprechend begrenzt ist. Die Formulierungen der Art. 83 Abs. 4–6 DSGVO lassen im Vergleich mit Art. 23 Abs. 2 S. 2 und S. 3 VO 1/2003[2321] eher den Schluss zu, dass es sich dabei um einen Bußgeldrahmen handelt. So verfügt die DSGVO nicht nur, dass Bußgelder „bis zu" einem Betrag von € 10 bzw. 20 Mio. resp. im Falle eines Unternehmens „bis zu" 2 % bzw. 4 % des Jahresumsatzes zu verhängen sind, und insinuiert insofern vom Wortlaut bereits eine Höchstbemessungsgrenze, sondern sie unterstreicht auch diese Grenze, indem der jeweils höhere Betrag maßgeblich sein soll. Schließlich ist mit der Entwurfsfassung des Rates eine am Kartellvollzugsrecht orientierte Formulierung („*impose a fine that shall not exceed*")[2322], die für eine Kappungsgrenze gesprochen hätte, evident nicht im finalen Wortlaut angenommen worden. Im Vergleich dazu legt Art. 23 Abs. 2 S. 2 und S. 3 VO 1/2003 fest, dass eine Geldbuße gegen ein Unternehmen oder eine Unternehmensvereinigung, die an einem wettbewerbsrechtswidrigen Verhalten beteiligt war, 10 % seines bzw. ihres Vorjahresgesamtumsatzes nicht übersteigen darf („*the fine shall not exceed 10 %*"). Diese Vorgabe wurde in den Leitlinien der Kommission zur Festsetzung von Geldbußen in Umsetzung der VO 1/2003 institutionalisiert[2323] und vom EuGH seitdem nicht grundlegend in Frage gestellt.[2324] Ob dies auch bei den Leitlinien des Europäischen Datenschutzausschusses (EDSA) vom 16.5.2022 zur Berechnung von Bußgeldern[2325] der Fall sein wird, bleibt abzuwarten.[2326] Zumindest scheint das EDPB den Standpunkt zu vertreten, dass es sich bei den in Art. 83 Abs. 4–6 DSGVO genannten Beträgen um Kappungsgrenzen handele, was sich aus dem Wortlaut, wie dargelegt, gerade nicht ergibt.[2327]

2321 ABl. EU, Nr. L 001 vom 04/01/2003 S. 0001–0025; offizieller Titel: „Verordnung (EG) Nr. 1/2003 des Rates vom 16. Dezember 2002 zur Durchführung der in den Artikeln 81 und 82 des Vertrags niedergelegten Wettbewerbsregeln".

2322 Vgl. Art. 79a DSGVO-E (Rat).

2323 Vgl. zur angewendeten – jedoch nicht als solche bezeichneten – Kappungsgrenze Abschn. D der Leitlinien für das Verfahren zur Festsetzung von Geldbußen gemäß Art. 23 Abs. 2 Buchstabe a) der Verordnung (EG) Nr. 1/2003 vom 1.9.2006, 2006/C 210/02).

2324 Vgl. bspw. EuGH, Urt. v. 29.9.2021 – T-344/18 (Rubycon), ECLI:EU:T:2021:637, ab Rn. 150; EuGH, Urt. v. 6.10.2021 – C-882/19 (Sumal), ECLI:EU:C:2021:800, Rn. 62 = CB 2022, 33 (36).

2325 Guidelines 04/2022 on the calculation of administratives fines under the GDPR.

2326 Vgl. die anhängige EuGH Rs. 807/21 und die Nichtigkeitsklage gegen den angewandten funktionalen Unternehmensbegriff des EDSA EuG Rs. T-709/21 – WhatsApp Ireland/EDSA.

2327 Unzutreffend insofern der Verweis auf eben jene kartellrechtliche Vollzugspraxis in *EDPB*, Guidelines 04/2022, on the calculation of administratives fines under the GDPR, Rn. 112.

II. Sanktionierung durch eine Aufsichtsbehörde

Innerhalb dieses Bußgeldrahmens hat die zuständige Aufsichtsbehörde jedoch einen erheblichen Ermessensspielraum. Hierzu sieht Art. 83 Abs. 2 DSGVO einen – verglichen mit dem Kartellrecht – ungewöhnlich detaillierten Katalog an Bewertungskriterien vor,[2328] die sowohl in erschwerender wie auch in mildernder Weise Berücksichtigung finden und die im Falle des Art. 83 Abs. 6 DSGVO einen eigenen Bußgeldtatbestand begründen können. Grundsätzlich ist der Katalog der Bemessungskriterien mit Blick auf den strafrechtlichen Bestimmtheitsgrundsatz (Art. 49 GRCh) als abschließend anzusehen, obwohl insbesondere mit Blick auf Art. 83 Abs. 2 lit k DSGVO („jegliche anderen […] Umstände im jeweiligen Fall") eine gewisse inhaltliche Offenheit besteht.[2329] Welche Höhe das Bußgeld insofern annehmen kann, hängt von den Zumessungskriterien des Art. 83 Abs. 2 DSGVO ab und wie diese die einzelfallbezogenen Verarbeitungsumstände, in deren Rahmen es zu einem Verstoß gekommen ist, erfüllt sind.[2330]

Im Sinne der vorliegenden Arbeit sind einige der litteras von hervorgehobenem Interesse, wobei sich die fehlende Systematik der einzelnen Kriterien[2331] zwar als hinderlich erweist, aber auch die bei der Bußgeldbemessung anzuwendende wertende Gesamtbetrachtung unterstreicht. Ausgangspunkt und wohl auch zentraler Gradmesser für die Frage, ob überhaupt ein Bußgeld verhängt wird,[2332] ist gem. Art. 83 Abs. 2 lit. a DSGVO „die Art, Schwere und Dauer des Verstoßes unter Berücksichtigung der Art, des Umfangs oder des Zwecks der betreffenden Verarbeitung […]". Auch diese Kriterien sind nicht trennscharf voneinander abgrenzbar.[2333] Entsprechend seiner sys-

---

2328 *Golla*, in: Auernhammer, DSGVO BDSG, 2020, Art. 83, Rn. 14: „Die Detailliertheit […] ist für eine EU-Verordnung beispiellos.".

2329 So auch *Becker*, in: Plath, DSGVO BDSG TTDSG, 2023, Art. 83, Rn. 10, der insofern jedoch nicht ganz schlüssig eine nicht-abschließende Aufzählung annimmt; ähnlich auch *Moos/Schefzig*, in: Taeger/Gabel, DSGVO BDSG TTDSG, 2022, Art. 83, Rn. 62, die zwar von einem nicht abschließenden Katalog ausgehen, ohne allerdings Kriterien zu erkennen, die fehlten; *Frenzel*, in: Paal/Pauly, DSGVO BDSG, 2021, Art. 83, Rn. 13, spricht daher – recht untechnisch – von „nahezu abschließend"; a. A. *Boehm*, in: Simitis et al., Datenschutzrecht, 2019, Art. 83, Rn. 23.

2330 *Becker*, in: Plath, DSGVO BDSG TTDSG, 2023, Art. 83, Rn. 10 und 12 ff.; *Moos/Schefzig*, in: Taeger/Gabel, DSGVO BDSG TTDSG, 2022, Art. 83, Rn. 35 ff.; *Bergt*, in: Kühling/Buchner, DSGVO BDSG, 2020, Art. 83, Rn. 52 ff.; EDPB, Guidelines 04/2022 on the calculation of administrative fines under the GDPR, Rn. 52 ff.

2331 Zutreffend *Moos/Schefzig*, in: Taeger/Gabel, DSGVO BDSG TTDSG, 2022, Art. 83, Rn. 63; ähnlich *Becker*, in: Plath, DSGVO BDSG TTDSG, 2023, Art. 83, Rn. 10: „keineswegs gleichartig oder mit gleichem Gewicht zu berücksichtigen".

2332 Zutreffend *Frenzel*, in: Paal/Pauly, DSGVO BDSG, 2021, Art. 83, Rn. 9 ‚mit dem Verweis auf die Formulierung „bei der Entscheidung *über* die Verhängung" (Herv. d. d. Verfasser); a. A. *Boehm*, in: Simitis et al., Datenschutzrecht, 2019, Art. 83, Rn. 15 und 22.

2333 *Boehm*, in: Simitis et al., Datenschutzrecht, 2019, Art. 83, Rn. 24, stellt lapidar fest, „[d]ie Differenzierung […] ist auch für die Bemessung der Höhe nicht entschei-

tematischen Stellung innerhalb des Katalogs ist Art. 83 Abs. 2 lit. a DSGVO als „übergeordnetes Merkmal"[2334] zu sehen, das die Gesamtumstände eines Verstoßes zum Objekt der Betrachtung erhebt. Aus der hier untersuchten Accountability-Perspektive kann darin insbesondere eine Übertragung der oben dargestellten[2335] Unterscheidung zwischen der „*general accountability*" und der „*particular accountability*" angewendet werden, aus der unterschiedliche Pflichtenzuweisungen folgen. Denn berücksichtigungsfähig wird insofern, wie – ggf. fahrlässig (Art. 83 Abs. 2 lit. b DSGVO) – der Verstoß begangen wurde bzw. zustande kam – ggf. kausal atypisch – und ob er Ausdruck eines grundsätzlichen Mangels an technischen und organisatorischen Maßnahmen zur Sicherstellung der DSGVO-Konformität i. S. v. Art. 24 Abs. 1 S. 1 DSGVO ist, oder ob diese lediglich in einem Einzelfall versagt haben.[2336] Diesen Umständen wächst in Verarbeitungs- bzw. Verstoßsituationen ein besonderes Gewicht zu, die im *modus operandi* einer gesellschaftsrechtlich determinierten gemeinsamen Verantwortung in Übertragung der Akzo Vermutung erfolgen. So kann grundsätzlich bereits aus dem Wortlaut der DSGVO in Art. 24 Abs. 1 S. 1 i. V. m. Art. 26 DSGVO konstatiert werden, dass aus der gemeinsamen Verantwortung eine Zurechnung von Verhalten zueinander und eine Pflicht zur Überwachung und Sorgfalt zwischen den beteiligten Parteien erwächst. Dass diese jedoch auch unmittelbare Handlungspflichten auslösen, ergibt sich deutlich aus Art. 83 Abs. 2 lit. d DSGVO. Danach ist der „Grad der Verantwortung" beim Entstehen des in Rede stehenden Verstoßes maßgeblich. Die englische Sprachfassung ist insofern jedoch aufschlussreicher, wenn sie von „*degree of responsibility*" spricht. *Responsibility* impliziert jedoch, wie oben dargestellt, nicht nur die Fähigkeit, auf einen Sachverhalt einzuwirken, sondern auch die Pflicht, es zu tun.[2337] Die Fähigkeit der Einwirkung ergibt sich im Bereich der in das Datenschutzrecht übertragenen Akzo Vermutung gerade aus der gesellschaftsrechtlichen Weisungsmöglichkeit der Konzernobergesellschaft. Ein Versäumnis, auf eine datenschutzwidrige Verarbeitung einzuwirken bzw. die Implementierung von Maßnahmen, die sie entsprechend verhindern sollen, stellt dementsprechend ein Organisationsversäumnis gem. § 130 OWiG dar.[2338] Die Konzernobergesellschaft soll sich nicht aufgrund eines formal-

---

dend.", es komme auf den Gesamtschaden an; ähnlich *Moos/Schefzig*, in: Taeger/Gabel, DSGVO BDSG TTDSG, 2022, Art. 83, Rn. 66; noch knapper *Bergt*, in: Kühling/Buchner, DSGVO BDSG, 2020, Art. 83, Rn. 55: „versteht sich von selbst".

2334 *Moos/Schefzig*, in: Taeger/Gabel, DSGVO BDSG TTDSG, 2022, Art. 83, Rn. 66.
2335 Vgl. C.II.4.d.(3).
2336 Nur *Becker*, in: Plath, DSGVO BDSG TTDSG, 2023, Art. 83, Rn. 10 und 13.
2337 Vgl. B.III.1.a.(1) oben.
2338 *Bergt*, in: Kühling/Buchner, DSGVO BDSG, 2020, Art. 83, Rn. 37; *Frenzel*, in: Paal/Pauly, DSGVO BDSG, 2021, Art. 83, Rn. 14; *Schefzig*, in: Moos/Schefzig/Arning, Praxishandbuch DSGVO, 2021, Kap. 11, Rn. 33 ff.

juristischen gesellschaftsrechtlichen Trennungsprinzips „aus der Verantwortung stehlen" können.[2339]

In qualitativer Hinsicht soll es nach Art. 83 Abs. 2 lit. a DSGVO eine bußgeldsteigernde Wirkung haben können, wenn Effekte auf Betroffene schwerwiegend oder gar irreversibel sind.[2340] Darin ist jedoch nicht die einzige Ausprägung der Accountability-Dimension der *Responsiveness*, also der Orientierung an den Erwartungshaltungen des Forums, zu sehen, denn das zu Bußgeldern berechtigte Forum sind nicht die Betroffenen, sondern die Aufsichtsbehörde, bei der jedoch der Schaden nicht eingetreten ist. Stattdessen verkörpert speziell Art. 83 Abs. 2 lit. h DSGVO, wonach berücksichtigungsfähig ist, wie der Aufsichtsbehörde der Verstoß bekannt wurde, das einer Accountability-Beziehung innewohnende Wesen eines Dialoges zwischen dem Akteur und dem bzw. den Foren.[2341] Denn neben der Beschwerde eines Betroffenen oder sog. Whistleblowers kommt grundsätzlich – wenn auch wegen fehlender Personalausstattung der Aufsichtsbehörden wohl eher nicht praktisch – eine Feststellung im Rahmen einer proaktiven oder anlasslosen Informationsanfrage gem. Art. 58 Abs. 1 DSGVO in Betracht. Hier ist es viel eher im Sinne der Betroffenen und des Datenschutzes an sich, wenn die Aufsichtsbehörde als sanktionsberechtigtes Forum und der informationsverpflichtete Akteur eine rechtskonforme Verarbeitungsgestaltung herstellen.[2342] Die Möglichkeit eines Bußgeldes ist in diesen Fällen eher zweitrangig. Nach hier vertretener Ansicht und in Übertragung der Akzo-Vermutung kann eine Aufsichtsbehörde entsprechende Anfragen grundsätzlich an beide bzw. alle an einer gemeinsamen Verarbeitung beteiligten Stellen richten. Hierzu ist durch die Aufsicht jedoch zunächst zu ermitteln, welche Gesellschaften eines Konzerns beteiligt sind. Dies entspricht letztlich nur der konsequenten Übertragung der kartellrechtlichen Durchsetzungspraxis der Kommission und der Rechtsprechung des EuGH. Danach kann eine Konzernobergesellschaft „Teil mehrerer wirtschaftlicher Einheiten sein, die nach Maßgabe der fraglichen wirtschaftlichen Tätigkeit aus ihr selbst und aus verschiedenen Kombinationen ihrer Tochtergesellschaften bestehen, die

---

2339 *Nemitz*, in: Ehmann/Selmayr, DSGVO, 2018, Art. 83, Rn. 43; ähnlich zum OWiG *Raum*, GRUR 2021, 322 (323 und 325); ablehnend dazu *Gola*, in: Gola/Heckmann, DSGVO BDSG, 2022, Art. 83, Rn. 23 f.

2340 *Sommer*, in: Däubler et al., DSGVO BDSG, 2020, Art. 83, Rn. 11; *Moos/Schefzig*, in: Taeger/Gabel, DSGVO BDSG TTDSG, 2022, Art. 83, Rn. 68; *Nemitz*, in: Ehmann/Selmayr, DSGVO, 2018, Art. 83, Rn. 16; *Golla*, in: Auernhammer, DSGVO BDSG, 2020, Art. 83, Rn. 17.

2341 Ganz ähnlich *Frenzel*, in: Paal/Pauly, DSGVO BDSG, 2021, Art. 83, Rn. 14; *Bayertz*, in: Bayertz, Verantwortung – Prinzip oder Problem?, 1995, 3 (16 und 19 f.), sieht dies auch als Bestandteil des sozialwissenschaftlichen Verantwortungsbegriffs.

2342 So auch *Schwartmann/Jacquemein*, in: Schwartmann et al., DSGVO BDSG, 2020, Art. 83, Rn. 8; *Körffer*, in: Paal/Pauly, DSGVO BDSG, 2021, Art. 58, Rn. 26.

alle zur selben Unternehmensgruppe gehören."[2343] Gleiches gilt für eine datenschutzrechtlich relevante gemeinsame Verantwortung, die nur insoweit bejaht werden kann, wie zwischen den Parteien, in Anlehnung an die kartellrechtliche Terminologie, „abgestimmte Verhaltensweisen" bezüglich Zwecken und (wesentlichen) Mitteln einer Datenverarbeitung bestehen.

In quantitativer Hinsicht führt dies im Rahmen der Bußgeldbemessung bei festgestellten Verstößen dazu, dass als relevanter Grundbetrag nicht wie vom EDPB in seinen Leitlinien 04/2022[2344] und weiten Teilen des Schrifttums[2345] angenommen der weltweite Vorjahres-Gesamtumsatz eines Konzerns, sondern derjenige der konkret zusammenwirkenden gemeinsam Verantwortlichen juristischen Personen zu Grunde gelegt werden müsste.[2346] Alles andere würde sogar den Bezugsmaßstab des Kartellrechts übersteigen, der sich seinerseits stets an den konkret als Wirtschaftseinheit zusammenwirkenden Unternehmensteilen orientiert,[2347] woran der Verordnungsgeber angesichts der mit 2–4 % deutlich niedriger angesiedelten Bußgeldrahmen wohl kein Interesse gehabt haben dürfte. Allerdings können auch gegen dieses Vorgehen grundlegende Bedenken vorgebracht werden, denn während der Umsatz als Bezugsgröße im Kartellrecht – zumindest bei einfach aufgebauten Ein-Produkt-Unternehmen – noch damit erklärt werden kann, dass pönalisierte Handlungen i. S. v. Art. 101, 102 AEUV eine mittelbar ökonomisch, betriebswirtschaftliche Veranlassung haben, gilt dies für Umstände von Datenverarbeitungen nicht zwingend. So hat die unzulässige, großflächige Verarbeitung von Mitarbeiterdaten zu Überwachungszwecken bei H&M, die zum bislang höchsten in Deutschland rechtskräftig verhängten Bußgeld geführt hat,[2348] keinen unmittelbaren wirtschaftlichen Zweck befördert. Ein entsprechend fehlender unmittelbarer Konnex zum umsatzrelevanten Geschäft haftet indes wohl allen administrativ veranlassten Datenverarbeitungen an. Es erschiene insofern plausibler, einen vom Betroffenenschaden ausgehenden

---

2343 EuGH, Urt. v. 6.10.2021 – C-882/19 (Sumal), ECLI:EU:C:2021:800, Rn. 47 = CB 2022, 33 (34).

2344 *EDPB*, Guidelines 04/2022 on the calculation of administrative fines under the GDPR, S. 22 f.; Rn. 64 ff.

2345 *Albrecht/Jotzo*, Das neue Datenschutzrecht, 2017, 130, Rn. 35; *Laue*, in: Laue/Kremer, Datenschutzrecht, S. 378, Rn. 28; *Frenzel*, in: Paal/Pauly, DSGVO BDSG, 2021, Art. 83, Rn. 20; wohl auch *Golla*, in: Auernhammer, DSGVO BDSG, 2020, Art. 83, Rn. 37; *Gola*, in: Gola/Heckmann, DSGVO BDSG, 2022, Art. 83, Rn. 23.

2346 Ähnlich *Becker*, in: Plath, DSGVO BDSG, 2018, Art. 83, Rn. 10, der argumentiert, der Konzernumsatz könne nur bei einem „konzernbezogenen, unternehmensübergreifenden Missstand" herangezogen werden.

2347 *Stockenhuber*, in: Grabitz/Hilf/Nettesheim, AEUV, 2021, Art. 101, Rn. 77 f.; für das Datenschutzrecht *Sommer*, in: Däubler et al., DSGVO BDSG, 2020, Art. 83, Rn. 25.

2348 Vgl. *HBfDI*, Pressemitteilung v. 1.10.2020; mit einer nach Bußgeldsummen sortierten Übersicht *Moos/Schefzig*, in: Taeger/Gabel, DSGVO BDSG TTDSG, 2022, Art. 83, Rn. 3.

Ansatz zu wählen und gegebenenfalls mit einem Multiplikator zu arbeiten, der abhängig vom Einzelfall und anhand der Bemessungskriterien in Art. 83 Abs. 2 DSGVO steigernd oder senkend berücksichtigt werden könnte. Ein pauschales Ausgehen von einer Finanzkennzahl wie dem Umsatz, aufgrund des Umstands, dass diese einfach zu ermitteln ist, lässt indes eine innere Systematik vermissen.[2349] Dies gilt umso mehr, bezieht man die weiteren gem. Art. 58 Abs. 2 DSGVO zur Verfügung stehenden Sanktionsmittel in die Betrachtung mit ein, insbesondere die Information der Öffentlichkeit, denn dies ermöglicht den direkten Ausgleich zwischen den Grundrechtsparteien, wodurch ein hoheitliches Tätigwerden gegebenenfalls entfallen kann.

c. Information von Betroffenen und Öffentlichkeit durch die Aufsichtsbehörden gem. Art. 58 Abs. 3 lit. b DSGVO

Das Recht der Aufsichtsbehörden, Adressaten aufsichtsbehördlicher Maßnahmen und insbesondere von Bußgeldbescheiden gem. Art. 58 Abs. 2 lit. i DSGVO unter der Nennung des Namens zu veröffentlichen, wird indes in der einschlägigen Fachliteratur besonders kontrovers diskutiert, wohl eben aus jenem Grund, weil dieser namentlichen Nennung ein erhebliches Sanktions- und Druckpotenzial zukommen kann. Dabei stehen sich mit Wirtschaftsanwälten auf der einen und Behördenvertretern auf der anderen Seite zwei wenig überraschende Lager wohl gegensätzlich gegenüber.

Gegen eine entsprechende Öffentlichkeitsarbeit wird zunächst argumentiert, es fehle an einer entsprechend gesetzlichen Norm für diese Art staatlichen Handelns.[2350] Art. 58 Abs. 3 lit. b DSGVO böte mit der Referenz auf das Recht der Mitgliedstaaten zwar eine mögliche Öffnungsklausel, die in Deutschland im Gegensatz zu Frankreich nicht genutzt worden sei. Art. 58 Abs. 3 lit. b DSGVO enthielte jedoch selbst gerade keine entsprechende Berechtigung.[2351] Stellungnahmen der Aufsichtsbehörde unterlägen danach unabhängig davon, an welchen Adressaten sie gerichtet sind, dem nationalen Recht der Mitgliedstaaten und in Deutschland konkret den vom BVerfG entwickelten Maßgaben für staatliche Äußerungen[2352] sowie dem Bestimmt-

---

2349 GA *Campos Sánchez-Bordona*, Schlussanträge v. 27.4.2023, Rs. C-807/21 (Deutsche Wohnen), Rn. 80, stellt insofern zutreffend fest, dass „die Frage, ob [die DSGVO] eingehalten wurde, einen komplexen Bewertungs- und Beurteilungsprozess" voraussetzt, was entsprechend auch für die Bußgeldberechnung gelten muss.

2350 *Born*, in: Taeger, Den Wandel begleiten, 2020, 405 (412 f.); LG Hamburg, Beschl., v. 28.10.2021 – 625 Qs 21/21 OWi = ZD 2022, 625 (627), Rn. 36.

2351 v. *Lewinski*, in: Auernhammer, DSGVO BDSG, 2020, Art. 58, Rn. 42; *Born*, in: Taeger, Den Wandel begleiten, 2020, 405 (413); *Grittmann*, in: Taeger/Gabel, DSGVO BDSG TTDSG, 2022, Art. 58, Rn. 37.

2352 *Polenz*, in: Simitis et al., Datenschutzrecht, 2019, Art. 58, Rn. 54; *Grittmann*, in: Taeger/Gabel, DSGVO BDSG TTDSG, 2022, Art. 58, Rn. 37; *Born*, in: Taeger,

heitsgebot.[2353] Ein in der Literatur, soweit ersichtlich, bislang nicht schlüssig vorgebrachtes Argument wäre ferner die systematische Positionierung des Äußerungsrechts innerhalb des Art. 58 DSGVO. Dieser enumeriert die Sanktions- und Abhilfebefugnisse in Abs. 2, wo entsprechend eine „funktional äquivalente"[2354] Öffentlichkeitsarbeit, so der Verordnungsgeber sie zu den Sanktionen hätte zählen wollen, zutreffender angesiedelt gewesen wäre als in Abs. 3.[2355]

Dagegen wird vertreten, dass den Aufsichtsbehörden grundsätzlich ein weites Äußerungsrecht zukommt.[2356] Dieses umfasse Stellungnahmen zu allgemeinen Themen mit Bezug zur Verarbeitung personenbezogener Daten, Hinweise, Empfehlungen, sogar Warnungen einschließlich der Möglichkeit zur namentlichen Nennung einzelner oder mehrerer Unternehmen.[2357] Diese Befugnis gem. Art. 58 Abs. 3 lit. b DSGVO korrespondiere mit den Aufgaben der Anwendung und Durchsetzung des Datenschutzrechts (Art. 57 Abs. 1 lit. a DSGVO), der (ausdrücklich) an die Öffentlichkeit adressierten Aufklärungs- und Sensibilisierungspflicht hinsichtlich Risiken (Art. 57 Abs. 1 lit. b DSGVO) und subsidiär auch mit der Auffangklausel des Art. 57 Abs. 1 lit. v DSGVO, wonach sie jede sonstige Aufgabe im Zusammenhang mit dem Schutz personenbezogener Daten erfüllen kann.[2358] Äußerungen und Stellungnahmen dienten „im Interesse der Wahrung und Förderung des digitalen Grundrechtsschutzes" der demokratischen Gemeinwohlorientierung.[2359] Auch die Verfechter dieser Meinung erkennen indes an, dass entsprechende

---

Den Wandel begleiten (DSRITB 2020), 405 (415); *v. Lewinski*, in: Auernhammer, DSGVO BDSG, 2020, Art. 58, Rn. 42.

2353 *Born*, in: Taeger, Den Wandel begleiten, 2020, 405 (419).

2354 Dieser Maßstab wurde vom BVerfG bei der Beurteilung der Eingriffsintensität entwickelt, bei deren Erreichung eine Rechtsgrundlage erforderlich sei, vgl. *Hessel/ Schneider*, K&R 2022, 82 (84); *Paal*, K&R 2020, 8 (10).

2355 Dass Öffentlichkeitsarbeit auch einen (gezielt) sanktionierenden Charakter haben kann, wird folglich auch nirgends bestritten, vgl. etwa *Paal*, K&R 2020, 8 f., der allerdings den unzutreffenden Schluss zieht, es läge für diese Art Sanktion keine Ermächtigungsgrundlage vor (12) und Abs. 3 von Art. 58 DSGVO vollkommen unbeachtet lässt.

2356 Bezogen auf die deutsche Situation *Nguyen*, in: Gola/Heckmann, DSGVO BDSG, 2022, Art. 57, Rn. 9 und Art. 58, Rn. 20.

2357 *Körffer*, in: Paal/Pauly, DSGVO BDSG, 2021, Art. 58, Rn. 29; *Nguyen*, in: Gola/ Heckmann, DSGVO BDSG, 2022, Art. 58, Rn. 20; *Weichert*, DuD 2015, 397 (398).

2358 *Grittmann*, in: Taeger/Gabel, DSGVO BDSG TTDSG, 2022, Art. 58, Rn. 37; *Körffer*, in: Paal/Pauly, DSGVO BDSG, 2021, Art. 58, Rn. 29; *Kreul*, in: Gierschmann et al., DSGVO BDSG, 2018, Art. 58, Rn. 18.

2359 Vgl. grundlegend zum Äußerungsrecht und dessen Begründung den zweiteiligen Aufsatz von *Weichert*, DuD 2015, 323 ff. und 397 ff.

Äußerungen insbesondere an die Voraussetzungen der Sachlichkeit und Verhältnismäßigkeit geknüpft sind.[2360] In der Sache ist wohl eine differenzierte Ansicht unter Abwägung der den jeweiligen Einzelfall prägenden Grundrechtsinteressen geboten;[2361] dass entsprechend namentliche Äußerungen einen Eingriff in grundrechtlich geschützte Positionen darstellen (können), obwohl sie als Realhandeln nicht dem klassischen Eingriffsbegriff des Verwaltungsrechts entsprechen, ist unbestritten.[2362] Mithin sind die Aufsichtsbehörden bei etwaigen öffentlichen Stellungnahmen an die staatliche Neutralitäts- bzw. Sachlichkeitspflicht, die sich auf inhaltliche Richtigkeit einer Äußerung bezieht,[2363] und den Verhältnismäßigkeitsgrundsatz gebunden.[2364] Allerdings sind entsprechende Äußerungen dadurch nicht per se unzulässig, sondern vielmehr ist ihre Rechtmäßigkeit im Wege der Grundrechtsabwägung zu ermitteln. Die grundlegend kritische bzw. ein namentliches Äußerungsrecht ablehnende Ansicht, wonach es für dieses Handeln an einer Rechtsgrundlage fehle, interpretiert sowohl den Wortlaut des Art. 58 Abs. 3 lit. b DSGVO als auch die nationale Rechtsprechung in Deutschland bewusst restriktiv und verkennt die vom Verordnungsgeber beabsichtigte Erweiterung der aufsichtsbehördlichen Aufgaben und Befugnisse zum Zweck einer wirksamen Rechtsdurchsetzung sowie einer effektiven Gefahrenabwehr.[2365] So bedarf selbst im deutschen Recht nicht jede Stellungnahme oder Äußerung einer Aufsichtsbehörde in Ausübung ihrer Aufgaben einer ausdrücklichen Ermächtigungsgrundlage.[2366] Darüber hinaus ist es zwar zutreffend, dass Art. 58 Abs. 3 lit. b

---

2360 *Polenz*, in: Simitis et al., Datenschutzrecht, 2019, Art. 58, Rn. 54; *Weichert*, DuD 2015, 397 (398 f.); *Kugelmann/Buchmann*, in: Schwartmann et al., DSGVO BDSG, 2020, Art. 58, Rn. 131 ff.

2361 So auch OLG Düsseldorf, Beschl. v. 9.10.2014 – VI – Kart 5/14, Rn. 31 ff.; vgl. zu dieser Abwägungspflicht in Äußerungen des BKartA *Quellmalz*, in: Loewenheim/Meessen/Riesenkampff/Kersting/Meyer-Lindemann, Kartellrecht, GWB, 2020, § 53, Rn. 6.

2362 *Hessel/Schneider*, K&R 2022, 82; *Born*, in: Taeger, Den Wandel begleiten, 2020, 405 (409 f.).

2363 *Weichert*, DuD 2015, 397 (400).

2364 *Polenz*, in: Simitis et al., Datenschutzrecht, 2019, Art. 58, Rn. 54; *Kugelmann/Buchmann*, in: Schwartmann et al., DSGVO BDSG, 2020, Art. 58, Rn. 131 und 133; *Körfer*, in: Paal/Pauly, DSGVO BDSG, 2021, Art. 58, Rn. 29.

2365 Die Verbindung mit den Aufgaben gem. Art. 57 DSGVO betont *Kreul*, in: Gierschmann et al., DSGVO BDSG, 2018, Art. 58, Rn. 18; auch *Polenz*, in: Simitis et al., Datenschutzrecht, 2019, Art. 58, Rn. 51; nicht ausreichend differenziert dagegen *Kropp*, PinG 2017, 220 (222).

2366 *Paal*, K&R 2020, 8 (10) m. w. N.; zur Möglichkeit einer nach hier vertretener Auffassung gar nicht notwendigen Bemühung einer Annex-Kompetenz *Kropp*, PinG 2017, 220 (222); zu den Äußerungen des BKartA *Quellmalz*, in: Loewenheim/Meessen/Riesenkampff/Kersting/ Meyer-Lindemann, Kartellrecht, GWB, 2020, § 53, Rn. 6.

DSGVO eine Öffnungsklausel enthält, jedoch folgt daraus nicht zwingend im Umkehrschluss, dass die Norm bis zur Ausfüllung durch die Mitgliedstaaten keinen eigenständigen Regelungsgehalt hätte. Vielmehr bietet die Öffnungs- und Spezifizierungsklausel[2367] den Mitgliedstaaten Raum zur Konkretisierung,[2368] enthält jedoch keinen obligatorischen Regelungsauftrag, sondern schafft bereits einen Minimalstandard an unmittelbar vollzieh- und aus der DSGVO ableitbaren Befugnissen und legt die mindestens möglichen Adressaten entsprechender Stellungnahmen fest.[2369] Eine andere Auslegung hätte erhebliche Nachteile für die einheitliche Durchsetzungspraxis zwischen den Mitgliedstaaten zur Folge und wäre entsprechend europarechtlich problematisch. Die Bezugnahme auf das Recht der Mitgliedstaaten ist viel eher als Zugeständnis an die unterschiedlichen, verwaltungsrechtlichen Handlungsformen und -pflichten[2370] zu sehen, die in den Einzelstaaten bestehen und die zu harmonisieren die DSGVO – zu Recht – keinen Versuch unternimmt,[2371] sowie dem Umstand, dass Kompetenzen zur Regelung strafrechtlicher Sachverhalte nicht an die EU übertragen wurden.[2372] Daher verfängt auch nicht der Verweis auf eine vorgeblich eindeutigere Ermächtigungsgrundlage wie etwa § 53 Abs. 5 GWB, der als solche anerkannt wird,[2373] seinerseits jedoch expressis verbis auch lediglich „Anga-

---

2367 Vgl. zu diesem Begriff differenzierend *Selmayr/Ehmann*, in: Ehmann/Selmayr, DSGVO, 2018, Einf. Rn. 89, die für eine Bezeichnung als Spezifizierungs-, Verstärkungs- und Abschwächungsklauseln plädieren, da der Begriff „Öffnungsklausel" den vollharmonisierenden Charakter der Rechtsform Verordnung im Europarecht verkennen würde; allerdings benutzt selbst der EuGH die Bezeichnung als „Öffnungsklauseln", vgl. EuGH, Urt. v. 28.4.2022 – C-319/20 (Meta Platforms Ireland ./. Verbraucherzentrale Bundesverband e. V.), ECLI:EU:C:2022:322, Rn. 57; EuGH, Urt. v. 30.3.2023 – C-34/21 (Hauptpersonalrat), ECLI:EU:C:2023:270, Rn. 51, sodass der Begriff wohl keinen fundamentalen Konflikt mit dem Harmonisierungsgedanken erzeugt.

2368 So *Grittmann*, in: Taeger/Gabel, DSGVO BDSG TTDSG, 2022, Art. 58, Rn. 37.

2369 *Boehm*, in: Kühling/Buchner, DSGVO BDSG, 2020, Art. 58, Rn. 34; *Kugelmann/Buchmann*, in: Schwartmann et al., DSGVO BDSG, 2020, Art. 58, Rn. 130 f.; *Körffer*, in: Paal/Pauly, DSGVO BDSG, 2021, Art. 58, Rn. 29; *Paal*, K&R 2020, 8 (10 f.); abl. ggü. Art. 58 Abs. 3 lit. b DSGVO als Ermächtigungsgrundlage *Hessel/Schneider*, K&R 2022, 82 (85).

2370 Etwa eine Effizienzpflicht gem. § 10 VwVfG (dazu *Paal*, K&R 2020, 8 (9), m. w. N. Fn. 16) oder einer (potenziell denkbaren) Anhörungspflicht des Betroffenen gem. § 28 VwVfG (so *Hessel/Schneider*, K&R 2022, 82 (86).

2371 Vgl. *Körffer*, in: Paal/Pauly, DSGVO BDSG, 2021, Art. 58, Rn. 1 zur Genese, die eine bewusste Ablehnung des Vorschlag des Rates ergibt, die Befugnisse den Mitgliedstaaten zu überlassen.

2372 *Boehm*, in: Simitis et al., Datenschutzrecht, 2019, Art. 83, Rn. 5; *Neun/Lubitzsch*, BB 2017, 1538 (1541), Fn. 38 sehen darin einen Grund, warum die Bußgelder als „verwaltungsrechtliche" Sanktion bezeichnet werden.

2373 LG Hamburg, Beschl., v. 28.10.2021 – 625 Qs 21/21 OWi = ZD 2022, 625 (627),

ben zu den Unternehmen" als eine Sollvorgabe vorsieht und nicht stets eine namentliche Nennung erzwingt. Eine effektive Durchführung des Kap. VII sowie Anwendung der Befugnisse der Aufsichtsbehörden darf durch mitgliedsstaatliche Rechtsvorschriften jedoch nicht beeinträchtigt werden, Art. 58 Abs. 6 S. 2 DSGVO. Hierin ist ein Ausdruck des primärrechtlichen Grundsatzes europarechtichen Handelns durch innerstaatliches Recht gem. Art. 291 Abs. 1 AEUV zu sehen. Eine Einschränkung der Äußerungsbefugnis lässt sich folglich nicht in zwingender Form aus dem Gesetzeswortlaut ableiten und wurde auch schon unter der alten Rechtslage in Deutschland sogar für Fälle abgelehnt, in denen keine räumliche Zuständigkeit vorlag.[2374] Dies überzeugt insofern, als eine Mehrzahl national potenziell zuständiger Aufsichtsbehörden eine deutsche Sonderrolle im europäischen Vergleich darstellt und entsprechend auch nur eingeschränkt für die Beurteilung europarechtlicher Normen geeignet ist. Auf europäischer Ebene urteilte ebenfalls der EuGH in der Rs. Wirtschaftsakademie bzw. Facebook Fanpages, dass es einer Aufsichtsbehörde freistehe, auf einen in ihrem Hoheitsgebiet belegenen Verantwortlichen zuzugreifen, selbst wenn ein Datenschutzverstoß durch einen gem. Art. 26 DSGVO gemeinsam Verantwortlichen in einem anderen Mitgliedsstaat erfolgt ist.[2375] Sachlich ist es jedoch als unangemessen zu beurteilen, würden Aufsichtsbehörden jeden Adressaten entsprechender Abhilfemaßnahmen namentlich veröffentlichen, wie beispielsweise die britische ICO es praktiziert. Stattdessen ist ein grundrechtssensibles Vorgehen der Aufsichtsbehörde geboten,[2376] das mindestens einen gewichtigen sowohl retrospektiv als auch prospektiv denkbaren Gefährdungsverdacht für das grundrechtlich verbürgte Recht auf den Schutz personenbezogener Daten voraussetzt.[2377]

Datenschutzverstöße im niedrigschwelligen oder gar Bagatellbereich mit einer begrenzten Anzahl an Betroffenen oder unkritischen Daten sollten, sofern es in solchen Fällen überhaupt zu einem Bußgeld kommt, mit Rück-

---

Rn. 36; *Quellmalz*, in: Loewenheim/Meessen/Riesenkampff/Kersting/Meyer-Lindemann, Kartellrecht, GWB, 2020, § 53, Rn. 8.

2374 *Ziebarth*, in: Sydow/Marsch, DSGVO BDSG, 2022, Art. 58, Rn. 88; *Kreul*, in: Gierschmann et al., DSGVO BDSG, 2018, Art. 58, Rn. 18; *Körffer*, in: Paal/Pauly, DSGVO BDSG, 2021, Art. 58, Rn. 29; *Nguyen*, in: Gola/Heckmann, DSGVO BDSG, 2022, Art. 58, Rn. 20 plädiert für eine Berücksichtigungspflicht in Fällen fehlender Zuständigkeit; a. A. allerdings ohne Begründung für die Rechtslage nach der DSGVO *Kugelmann/Buchmann*, in: Schwartmann et al., DSGVO BDSG, 2020, Art. 58, Rn. 131; a. A. für die Rechtslage nach der DSGVO *Hessel/Schneider*, K&R 2022, 82 (85).

2375 EuGH, Urt. v. 5.6.2018 – C210/16, Wirtschaftsakademie Schleswig-Holstein (Facebook-Fanpages), EU:C:2018:388, Rn. 74; darauf aufbauend *Martini*, in: Paal/Pauly, DSGVO BDSG, 2021, Art. 26, Rn. 37c.

2376 So auch *Paal*, K&R 2020, 8 (9).

2377 *Nguyen*, in: Gola/Heckmann, DSGVO BDSG, 2022, Art. 58, Rn. 20.

sicht auf das Grundrecht des eingerichteten und ausgeübten Gewerbebe-triebs nicht in jedem Fall kommuniziert werden.[2378] In diesen Fällen könnte in einer namentlichen Nennung ein überwiegender und mithin unzulässiger Eingriff in die unternehmerischen Grundrechte des Art. 12 und Art. 14 GG zu sehen sein, obwohl dem grundsätzlich entgegen gehalten werden könnte, dass ein nicht bebußter, niederschwelliger Verstoß allgemein ungeeignet sei, eine Existenzgefährdung darzustellen, selbst wenn er namentlich öffentlich würde. Jedoch ist der DSGVO gerade im Hinblick auf kleine und mittlere Unternehmen (KMU) ein besonderes Augenmaß nicht fremd.[2379] Unterneh-men allerdings, deren auf Dauerhaftigkeit angelegtes Geschäftsvorgehen in Ausübung ihres Grundrechts systematisch, vorsätzlich oder großflächig gegen die Pflichten der DSGVO und damit die Rechte anderer Grundrechts-träger verstößt, sind in diesem Tun nicht überwiegend schutzwürdig und sollten auch als solches benannt werden dürfen. Publizität ist dem Wesen der Accountability gerade in gewissem Umfang immanent.[2380] In die Glei-chung der Grundrechtsabwägung sind neben den Rechten und Positionen der Betroffenen darüber hinaus auch die von Mitbewerbern einzustellen, die sich um eine entsprechend rechtskonforme Datenverarbeitung bemühen und damit verbundene Kosten tragen.[2381]

Es befremdete entsprechend, wenn sich Akteure, die im Falle eines rechts-kräftigen[2382] Bußgelds in nachweislich unrechtmäßiger Weise in die grund-rechtlich geschützten Positionen von natürlichen, d. h. in der Regel strukturell schwächeren Personen[2383] eingegriffen haben, ihrerseits und ungeachtet des Einzelfalls erfolgreich eine verhältnismäßig geringe Beeinträchtigung ihrer gem. Art. 12 Abs. 1 und Art. 14 GG verbürgten Grundrechte verbitten könn-ten. Das Tatbestandsmerkmal, das einen solchen Eingriff nach der ständigen obergerichtlichen Verwaltungsgerichtsrechtsprechung rechtswidrig machen soll – dass die verbreitete Information inhaltlich geeignet sind, die Markt- und Wettbewerbssituation mittelbar faktisch zum wirtschaftlichen Nachteil

---

2378 *Weichert*, DuD 2015, 397 (398); *Nguyen*, in: Gola/Heckmann, DSGVO BDSG, 2022, Art. 58, Rn. 20.

2379 Vgl. bspw. ErwG 13 und Art. 30 Abs. 5 DSGVO; so auch *Kugelmann/Buchmann*, in: Schwartmann et al., DSGVO BDSG, 2020, Art. 58, Rn. 47.

2380 *Bovens*, WEP 2010, 946 (956): „The public nature of the accountability process teaches others in similar positions what is expected from them".

2381 Zutreffend daher *Weichert*, DuD 2015, 323 (324), der darauf hinweist, dass eine unterlassene namentliche Nennung von Delinquenten sowohl zu Lasten von Betrof-fenen als auch datenschutzkonform agierenden Mitbewerbern geht.

2382 Auf OVG Schleswig-Holstein, Urt. v. 28.2.2014 – 4 MB 82/13 = DuD 2014, 716, ge-stützt, wird sogar vertreten, dass bereits ein begründeter Gefahrenverdacht ausreiche, was im Wege eines „erst-Recht"-Schlusses für rechtskräftige Bußgelder gelten muss.

2383 Zu dieser (informations)technisch bedingt unterlegenen Position *Bock*, PinG 2022, 49 (50).

des Unternehmens zu verändern[2384] – ist jedoch genau der Grund, warum es aus Datenschutzsicht erforderlich sein kann, rechtskräftig verhängte Bußgelder unter namentlicher Nennung zu veröffentlichen bzw. dies zu können. Nur so werden Personen in die Lage versetzt, rückwirkend prüfen, ob sie ggf. bereits von dem entsprechend rechtswidrigen Verhalten betroffen sind und künftig möglicherweise Marktteilnehmern ihre Daten anvertrauen, die einen rechtskonformen Umgang pflegen.[2385] Diesem Gedanken ist auch die Befugnis gem. Art. 58 Abs. 2 lit. e DSGVO verpflichtet, wonach Verantwortliche ggf. unter zusätzlicher Anordnung sofortiger Vollziehung gem. § 80 VwGO angewiesen werden können, Betroffene von einer Verletzung des Schutzes personenbezogener Daten i. S. v. Art. 4 Nr. 12 DSGVO in Kenntnis zu setzen.[2386] Andernfalls wären Betroffene in der Regel auf das diagonal zum Akteur positionierte Forum der Medien angewiesen,[2387] die naturgemäß jedoch auch über begrenzte Ressourcen verfügen und selbst wiederum nur aufgrund ihres nicht voraussetzungslosen presserechtlichen Auskunftsrechts an entsprechende Informationen gelangen könnten. Es ist darüber hinaus auch rechtsstaatlich bedenklich, potenziell entscheidungserhebliche Informationen für Bürgerinnen und Bürger an private Medienunternehmen mit vollständig eigenen Auswahlbefugnissen und -interessen bezüglich Zielrichtung und Schwerpunkten der Berichterstattung zu delegieren, anstatt den Anspruch auf freiheitsschützende Informationspraxis an sich selbst anzuerkennen.[2388] Dies wäre im Rahmen der Accountability-Pflichten, denen der

---

2384 Vgl. statt vieler zuletzt OVG NRW, ZD 2021, 535 (536), Rn. 20, zu einer Veröffentlichung der Bundesnetzagentur; *Paal*, K&R 2020, 8 (9); krit. dazu *Born*, in: Taeger, Den Wandel begleiten, 2020, 405 (410 f.), und *Hessel/Schneider*, K&R 2022, 82 (85).

2385 Wenig nachvollziehbar ist dabei die Argumentation des LG Hamburg (LG Hamburg, Beschl., v. 28.10.2021 – 625 Qs 21/21 OWi = ZD 2022, 625 (627), Rn. 29), worin es genau diese Umstände erkennt, daraus jedoch den Schluss zieht, diese sprächen gegen eine ungeschwärzte die Herausgabe eines Bußgeldbescheides des HambBfDI gegen ein längst öffentlich namentlich bekanntes Unternehmen; wie hier (für kartellrechtsrelevante Äußerungen) *Quellmalz*, in: Loewenheim/Meessen/Riesenkampff/Kersting/Meyer-Lindemann, Kartellrecht, GWB, 2020, § 53, Rn. 8 und RegBegr. der 9. GWB-Novelle, BT-Drs. 18/10207, S. 82.

2386 *Polenz*, in: Simitis et al., Datenschutzrecht, 2019, Art. 58, Rn. 37; ähnlich *Grittmann*, in: Taeger/Gabel, DSGVO BDSG TTDSG, 2022, Art. 58, Rn. 28, der generell von einer unmittelbaren Handlungspflicht ausgeht; vgl. zu der davon ausgehenden „Drohkulisse" *Buchner*, in: Tinnefeld/Buchner/Petri/Hof, Datenschutzrecht, 2020, 331, Rn. 319.

2387 Vgl. *Kropp*, PinG 2017, 220 (221 f.), zu den Möglichkeiten, die Betroffene nach StPO und OWiG zur Informationserlangung haben.

2388 Vgl. *Weichert*, DuD 2015, 323 (324), mit der zutreffenden Sentenz von den Aufsichtsbehörden als „Anwalt des Bürgers" und *Weichert*, DuD 2015, 397 (399), bezüglich der Accountability-Pflicht der Aufsicht, konkret der Dimensionen der Responsibility, Answerability und Responsiveness („Das Schweigen [...] bei einem massenhaften Grundrechtsverstoß [...] kann einer verantwortlich handelnden Auf-

Staat unterliegt wohl nur gefahradäquat, da abstrakt dargestellte rechtswidrige Datenverarbeitungen oder Verarbeitungsumstände wegen sachlicher, technischer und/oder rechtlicher Komplexität von Betroffenen selten in ihrer vollen Tragweite erfasst werden können.[2389] Die konkrete Benennung eines Akteurs, der die rechtskräftig festgestellten Verstöße gegen das Datenschutzrecht begangen hat, versteht dagegen jeder Durchschnittsmensch. Dieser Auffassung stehen die beispielsweise aus dem Lebensmittelrecht bekannten Maßstäbe, die gegen eine Veröffentlichung von Adressaten einer Schließung durch das Gesundheitsamt sprechen, auch nicht entgegen, da sie aufgrund einer regelmäßig fundamental verschiedenen Sachverhaltsbasis nicht per se auf das Datenschutzrecht übertragen werden können. Wäre ein Öffentlichwerden selbst eines großflächigen Datenmissbrauchs oder eines Verstoßes geeignet, die Konsumenten- und Betroffenensicht derart nachhaltig zu beeinflussen, käme eine Übertragung möglicherweise in Frage.[2390] Dies ist jedoch evident nicht der Fall,[2391] wie die Fälle zeigen, in denen Behörden die Namen von Bußgeldadressaten veröffentlicht haben. Mit Ausnahme des Unternehmens Cambridge Analytica sind, soweit ersichtlich, sämtliche öffentlich benannten Bußgeldadressaten sowohl noch wirtschaftlich aktiv als auch überwiegend lukrativ, so dass die gerne beschworenen existenzvernichtenden Effekte schlicht nicht belegbar sind.

Anstatt eines pauschal als unzulässig angenommenen Eingriffs in das geschützte Grundrecht der Berufsfreiheit durch die Verwaltungsgerichte wäre vielmehr ein risikoorientiertes Vorgehen angeraten, damit nicht zutiefst verbraucher- und datenschutzrechtswidrige Geschäftspraktiken unter dem Deckmantel der Berufsfreiheit Schutz genießen. Für eine solche Auslegung der in der DSGVO vorgesehenen Befugnisse lässt sich auch der *effet utile*-Grundsatz des Europarechts und die Rechtsprechungsrichtlinie des EuGH

---

sichtsbehörde nicht zugemutet werden"); zutreffend weist auch *Paal*, K&R 2020, 8 (9), darauf hin, dass Aufsichtsbehörden in entsprechend öffentlichem Handeln auch ihre eigene Legitimation (mit)begründen; als „etwas theatralisch" bezeichnet *Wolff*, in: Schantz/Wolff, Das neue Datenschutzrecht, 2017, S. 300, Rn. 986, die Formulierung des EuGH bezüglich der Aufsichtsbehörden als „Hüter der Grundrechte".

2389 Zutreffend weist *Weichert*, DuD 2015, 397 (400), darauf hin, dass diese selbst das Verständnis von Richtern und Gerichten übersteigt; ähnlich *Kugelmann/Buchmann*, in: Schwartmann et al., DSGVO BDSG, 2020, Art. 58, Rn. 45.

2390 So – bezeichnenderweise ohne Begründung oder Beleg – unterstellt von *Hessel/Schneider*, K&R 2022, 82 (83); wie hier dagegen *Weichert*, DuD 2015, 397 (400); vgl. auch *Wenzel/Wybitul*, ZD 2019, 290 (294), zu der enorm praxisrelevanten Frage der Deutungshoheit bei einer Veröffentlichung.

2391 Dies gilt im Übrigen nicht nur für deutsche bzw. Europäische Verbraucher, vgl. *Solove/Hartzog*, Col. LR 2014, 585 606: „[…] the general public rarely pays attention to […] privacy actions."

in ähnlichen grundrechtlichen Konfliktlagen fruchtbar machen.[2392] Die nach dem Willen des Verordnungsgebers zu stärkenden Betroffenenrechte der DSGVO sowie weitere zivilrechtliche Rechtsdurchsetzungsmöglichkeiten wären nachhaltig beeinträchtigt, würde das stärkste institutionalisierte Forum an einer Informationserteilung gehindert.[2393]

III. Inanspruchnahme durch Betroffene

Entsprechend ihrer Systematik ist hinsichtlich der Accountability-Normen der DSGVO die zuständige Aufsichtsbehörde gem. Art. 57 DSGVO sanktionsberechtigt. Daraus folgt, dass die zuständige Datenschutzaufsichtsbehörde bei ihrer Interaktion mit dem Akteur auf alle vorstehend erarbeiteten Dimensionen der Accountability zurückgreifen kann und letzterer diese bei Aufforderung zur Informationserteilung beachten muss. Sofern dies nicht erfolgt, stehen der Aufsichtsbehörde zur effektiven Durchsetzung insbesondere die vorstehend dargestellten Sanktionsmittel zur Verfügung. Diese verwaltungsrechtlichen Sanktionen stellen hoheitliches Handeln und mithin eine Form der vertikalen Accountability dar. Fraglich ist jedoch, ob das Rechtsinstrument der Accountability nicht auch weitere Parteien, etwa Betroffene, in gewissem Maße zu Sanktionen im Wege einer horizontalen Beziehung berechtigt und wenn ja, wer Anspruchsgegner werden kann. Dass Betroffene in datenschutzrechtlichen Gesetzen und Normen, in denen eine Accountability-Beziehung normiert wird, keine Erwähnung finden, ist mit wenigen Ausnahmen indes traditionell der Fall. Das „to whom" wird selten umfassend spezifiziert,[2394] sondern viel eher im Rahmen einer speziellen Ausprägung der Accountability betrachtet und aus Faktoren wie der Betroffenheit oder den verfügbaren Sanktionen implizit abgeleitet. So enthielten auch die OECD-Guidelines von 1981 in Ziffer 14 bereits die Pflicht, dass der Verantwortliche „accountable" sein sollte, ohne jedoch klarzustellen, gegenüber wem. Diese ungenaue Formulierung hat schließlich auch Eingang in die DSGVO gefunden, obwohl es auch in Europa schon 2009 Initiativen gab, die in dieser Frage Klarheit gebracht hätten: die sog. Madrid Re-

---

2392 Vgl. beispielsweise Urt. v. 2.3.2023 – C-268/21 (Norra Stockholm), ECLI:EU:C:2023:145, Rn. 40 und 52 ff. zur Beibringungspflicht von Dokumenten im Zivilverfahren undEuGH, Urt. v. 2.2.2021 – C-481/19 (DB ./. Consob), ECLI:EU:C:2021:84, Rn. 46 ff. zur Einschränkbarkeit der Selbstbelastungsfreiheit von juristischen Personen.

2393 *Kugelmann/Buchmann*, in: Schwartmann et al., DSGVO BDSG, 2020, Art. 58, Rn. 43, wonach das Informationshandeln der Aufsichtsbehörden der Befähigung der Betroffenen zum „Selbstdatenschutz" dienen soll.

2394 Vgl. *Bennett*, PLBI, 2010, 21; dies gilt auch für das Konzept der Verantwortung *Werner*, in: Seibert-Fohr, Entgrenzte Verantwortung, 2020, 31 (32 f.).

solution der Europäischen Aufsichtsbehörden enthielt in ihrem 11. Prinzip die Verpflichtung für Verantwortliche,[2395] interne Maßnahmen zu ergreifen, um die Einhaltung der Prinzipien sowohl Betroffenen als auch Aufsichtsbehörden nachzuweisen. Dabei bezeichnet die Madrid Resolution Betroffene nicht nur grundsätzlich als Accountability-Berechtigte, sondern sie nennt sie sogar noch vor den Aufsichtsbehörden.[2396]

Das ergibt grundsätzlich auch Sinn, betrachtet man die oben dargestellte, neuzeitliche Entwicklung von Accountability als etwas, das zunächst nur gegenüber öffentlichen Stellen galt. Zu der Zeit, als mit der Konvention 108 oder dem Volkszählungsurteil die grundlegenden Wertungen im europäischen Datenschutzrecht getroffen wurden, waren Staaten die größten Datenverarbeiter und mussten sich und die durch die Verarbeitung personenbezogener Daten der Bürger entstehenden Eingriffe in die Grundrechte erklären und rechtfertigen. Primär anspruchsberechtigt, etwa auf Auskunft oder Unterlassung, waren in diesen Datenverarbeitungssituationen betroffene Bürger.[2397] Heute hat sich dieses Verhältnis umgekehrt, und Private sind nicht nur hinsichtlich der Summe verarbeiteter Daten die größeren Datenverarbeiter, sondern auch hinsichtlich der Schutzgutrisiken der primäre Akteur. Insofern erscheint es nur angemessen, die für die öffentliche Hand entwickelten Kontrollmechanismen auf die Privaten zu übertragen, sofern und soweit dies vor dem Schutzgedanken sinnvoll möglich ist.[2398] Dass eine Benennung von Betroffenen im Text der DSGVO nicht entsprechend erfolgte, ist neben dieser Herleitung auch deswegen erstaunlich, da die Art. 29 Gruppe 2009 in ihrer Antwort auf die öffentliche Konsultation der Kommission in Vorbereitung auf den ersten Entwurf der DSGVO ihren in der Madrid Resolution geäußerten Ansatz wiederholte, dass aus der Accountability heraus auch, aber nicht nur Aufsichtsbehörden Rechte ableiten können sollten,[2399] und ihn damit in den regulären Gesetzgebungsprozess einbrachte.

Im Folgenden soll daher untersucht werden, ob und welche Sanktionsmöglichkeiten betroffenen Personen zur Verfügung stehen, denn grundsätzlich ist unumstritten, dass aus dem Vorhandensein mehrerer Foren ein erhebli-

---

2395 In dem gesamten Dokument werden datenschutzrechtlich Verantwortliche begrifflich unzutreffend als „Responsible Person" bezeichnet. Eine Änderung der Position oder der Pflichten ist damit jedoch nicht verbunden, vgl. die Definition der „responsible Person" in Teil I, Ziffer 2, lit. d, die der Definition von Art. 4 Nr. 7 DSGVO und Art. 2 lit. d DSRL im Wesentlich entspricht.

2396 Vgl. International Standards on the Protection of Personal Data and Privacy, Madrid 2009, Prinzip 11, lit. b.

2397 BVerfG, Urt. v. 15.12.1983 – 1 BvR 209/83 u. a., Rn. 102 f.

2398 So auch *Mulgan*, AJPA 2000, 87 (95).

2399 Vgl. *Art. 29-Gruppe*, WP 168, 02356/09/EN, 1.12.2009, S 3: "[…] it would be appropriate to introduce […] an accountability principle, so data controllers are required to […] demonstrate compliance to external stakeholders, including DPAs."

cher Mehrwert für die Durch- und Umsetzung des Datenschutzes geleistet werden könnte, insbesondere solange die Aufsichtsbehörden fachlich und personell unzureichend ausgestattet sind.[2400]

1. Schadenersatz gem. Art. 82 DSGVO

Neben den allgemeinen Betroffenenrechten des Kap. III DSGVO und dem System der Abhilfebefugnisse gem. Art. 58 Abs. 2 DSGVO intendierte der Verordnungsgeber die weitere Stärkung von Rechtsdurchsetzungsmöglichkeiten, indem er betroffenen Personen durch Art. 82 Abs. 1 DSGVO einen eigenen zivilrechtlichen Anspruch auf Schadenersatz einräumt, wenn ihnen durch die Verletzung materieller Pflichten, die einem Verantwortlichen oder Auftragsverarbeiter nach der DSGVO obliegen, ein Schaden entstanden ist.[2401] In dem so geschaffenen und durch verschiedene Komponenten sowohl öffentlich-rechtlicher wie zivilrechtlicher Durchsetzungsinstrumente zusammenwirkenden Rechtsschutzportfolio können Parallelen zum europäischen Wettbewerbsrecht erkannt werden.[2402] Materielle Pflichten sind ausweislich ErwG 146 weit zu verstehen und sollen dabei grundsätzlich alle Vorgaben der Artt. 6–49 DSGVO (exklusive Art. 23, 24 DSGVO) sowie mitgliedstaatliche Durchführungs- und Umsetzungsrechtsakte umfassen[2403] und stellen damit sowohl inhaltlich eine Erweiterung gegenüber Art. 23 Abs. 1 DSRL dar, der sich *expressis verbis* lediglich auf die Rechtmäßigkeit der Verarbeitung[2404] und mitgliedstaatliche Umsetzungsakte bezog und entsprechend in der Praxis zu heterogenen jedoch insgesamt geringen Ergebnissen führte,[2405] als auch in personeller Hinsicht bezüglich möglicher Anspruchs-

---

2400 *Thiel*, im TaylorWessing Tech & Law TV v. 25.5.2023: „Alle Aufsichtsbehörden beklagen, dass sie nicht genügend Personal haben"; *Bennett*, PLBI 2010, 21 (22).

2401 Nur *Frenzel*, in: Paal/Pauly, DSGVO BDSG, 2021, Art. 82, Rn. 1: „Die Norm ist so angelegt, dass das Datenschutzrecht auf allen Ebenen Wirklichkeit gewinnt.".

2402 *Moos/Schefzig*, in: Taeger/Gabel, DSGVO BDSG TTDSG, 2022, Art. 82, Rn. 7.

2403 *Schwartmann/Keppeler/Jacquemain*, DSGVO BDSG, 2020, Art. 82, Rn. 4 ff.; *Feldmann*, in: Gierschmann et al., DSGVO BDSG, 2018, Art. 82, Rn. 12; *Däubler*, in: Däubler et al., DSGVO BDSG, 2020, Art. 82, Rn. 10 ff.; zweifelnd dagegen ob der Reichweite ins mitgliedstaatliche Recht *Frenzel*, in: Paal/Pauly, DSGVO BDSG, 2021, Art. 82, Rn. 8 f.

2404 Dies setzte auch § 7 BDSG a. F. konsequent um, indem er auf eine „unzulässige oder unrichtige Erhebung, Verarbeitung oder Nutzung" abstellte und folglich formelle Pflichten wie einen Auftragsdatenverarbeitungsvertrag gem. § 11 oder ein Verfahrensverzeichnis gem. § 4g Abs. 2 BDSG a. F. vom Anwendungsbereich des § 7 BDSG a. F. ausschloss; dies wird regelmäßig unter Verweis auf die fehlende Kausalität auch für die DSGVO vertreten, etwa von *Wessels*, DuD 2019, 781 (783); *Frenzel*, in: Paal/Pauly, DSGVO BDSG, 2021, Art. 82, Rn. 10.

2405 *Moos/Schefzig*, in: Taeger/Gabel, DSGVO BDSG TTDSG, 2022, Art. 82, Rn. 6 f.; *Eßer*, in: Auernhammer, DSGVO BDSG, 2020, Art. 82, Rn. 3.

gegner, da Art. 82 Abs. 1 DSGVO neben dem auch in der DSRL genannten Verantwortlichen deren Auftragsverarbeiter einbezieht.[2406] Um diese Zielsetzung eines wirksamen zivilrechtlichen Rechtsschutzes weiter zu unterstreichen, hat der Verordnungsgeber in Art. 82 Abs. 1 DSGVO klargestellt, dass sowohl materielle wie auch immaterielle Schäden ersatzfähig sein sollen. Hierin liegt ebenfalls eine signifikante Steigerung zu der Maßgabe des Art. 23 Abs. 1 DSRL, wonach die Mitgliedstaaten lediglich verpflichtet wurden, einen Kompensationsmechanismus zu schaffen, jedoch ohne genauere Anforderungen aufzustellen. Art. 82 DSGVO wird mithin von der Literatur einhellig als Verschärfung gegenüber dem bisherigen Schadenersatzregime gem. §§ 7, 8 BDSG a. F. beurteilt,[2407] insbesondere da von der bisherigen deutsch-rechtlichen Praxis abgerückt werden muss, für die Begründung eines Ersatzanspruchs eine schwere Persönlichkeitsrechtsverletzung anzunehmen (sog. Bagatellschwelle), deren Verwirklichung nur in Ausnahmefällen gegeben sei.[2408]

Jedoch sind trotz der Einführung dieses europäischen „Sonderdeliktsrechts"[2409] und dessen vollharmonisierender Wirkung[2410] längst nicht alle Fragen im Zusammenhang mit der Forderung nach sowie der Gewährung von Schadenersatz aufgrund von Datenschutzverletzungen aufgearbeitet.

2406 *Feldmann*, in: Gierschmann et al., DSGVO BDSG, 2018, Art. 82, Rn. 5; *Däubler*, in: Däubler et al., DSGVO BDSG, 2020, Art. 82, Rn. 9 und 20 f.

2407 *Becker*, in: Plath, DSGVO BDSG, 2018, Art. 82, Rn. 1; *Schwartmann/Keppeler/Jacquemain*, DSGVO BDSG, 2020, Art. 82, Rn. 1 ff.; *Bergt*, in: Kühling/Buchner, DSGVO BDSG, 2020, Art. 82, Rn. 18a.

2408 Mit Urt. v. 4.5.2023 – C-300/21 (UI ./. Österreichische Post), ECLI:EU:C:2023:370, Rn. 49, hat der EuGH diese vom österreichischen OGH vorgelegte Frage verneint, im selben Urteil (Rn. 42) jedoch auch die von GA *Campos Sánchez-Bordona* in seinen Schlussanträgen v. 6.10.2022, Rn. 117 vertretene Auslegung bestätigt, dass „für die Anerkennung eines Anspruchs auf Ersatz des Schadens [...] die bloße Verletzung der Norm als solche nicht [ausreiche], wenn mit ihr keine entsprechenden materiellen oder immateriellen Schäden einhergehen"; vgl. übersichtlich zu dieser und weiteren Vorlageersuchen gem. Art. 267 AEUV im Zusammenhang mit Art. 82 DSGVO *Laoutoumai*, K&R 2022, 25 (26 ff.); ablehnend dazu *Burgenmeister*, PinG 2021, 89 (92); *Wybitul/Leibold*, ZD 2022, 207 (212); *Schrey/Copeland*, PinG 2021, 233 (240); wohl auch *Moos/Schefzig*, in: Taeger/Gabel, DSGVO BDSG TTDSG, 2022, Art. 82, Rn. 32 f.

2409 So *Moos/Schefzig*, in: Taeger/Gabel, DSGVO BDSG TTDSG, 2022, Art. 82, Rn. 3 m. w. N.; *Becker*, in: Plath, DSGVO BDSG, 2018, Art. 82, Rn. 1; begrifflich kann dies mit der Überlagerung bestehender (und tradierter) mitgliedsstaatlicher Ausgleichsansprüche erklärt werden, vgl. dazu *Frenzel*, in: Paal/Pauly, DSGVO BDSG, 2021, Art. 82, Rn. 1.

2410 Es besteht jedoch keine Anspruchskonkurrenz in der Form, dass neben dem datenschutzrechtlichen Schadenersatz weitere Ansprüche aus Unionsrecht oder mitgliedstaatlichem Recht gesperrt würden, so auch *Eßer*, in: Auernhammer, DSGVO BDSG, 2020, Art. 82, Rn. 3.

Die nachfolgende Darstellung erhebt mithin keinen Anspruch auf eine erschöpfende Untersuchung des datenschutzrechtlichen Schadenersatzrechts. Relevanter aus Sicht der vorliegenden Arbeit ist nämlich, dass ein Sanktionsinstrument generell besteht, weil nur dann von einer echten Accountability-Beziehung ausgegangen werden kann. Stünde den Betroffenen dagegen keine Sanktion zur Verfügung, die sie entweder unmittelbar selbst oder mit Hilfe eines weiteren vertikalen oder horizontalen Forums durchsetzen könnten, müsste eine Accountability von Verantwortlichen und Auftragsverarbeitern verneint werden. Die folgenden Erwägungen haben folglich das Ziel zu eruieren, ob und unter welchen generellen Umständen eine Sanktion nach der oben geschaffenen Definition als ein unilateral möglicher Entzug von (Handlungs-)Optionen auch Betroffenen zur Verfügung steht.

Der folgende Abschnitt befasst sich mit der Möglichkeit, einen Schadenersatz wegen eines Datenschutzverstoßes zivilrechtlich geltend zu machen und nimmt insofern die Betroffenenperspektive ein. Eine Inanspruchnahme der Organwalter einer Gesellschaft bzw. einer Unternehmensgruppe, wegen wirksam verhängter Bußgelder aufgrund von Datenschutzverstößen oder geltend gemachter Schadensersatzforderungen durch die Gesellschafter, Aktionäre oder der Organwalter gegeneinander,[2411] soll daher außer Betracht bleiben, da es sich dabei zwar auch um Accountability-Beziehungen handeln kann,[2412] allerdings keine datenschutzrechtlichen Ursprungs, sondern aus (arbeits-)vertraglichen und/oder gesellschaftsrechtlichen Anspruchsgrundlagen abgeleitete.

a. Voraussetzungen einer Schadensersatzpflicht

Um wirksam einen Schadenersatz gegen einen Verantwortlichen oder Auftragsverarbeiter durchsetzen zu können, müssen zunächst die Anspruchsvoraussetzungen vorliegen. Hierfür ist erforderlich, dass mindestens eine der materiellen Normen der DSGVO ein bestimmtes Verhalten erforderte (wozu auch die Unterlassung zählen kann), dieses Verhalten pflichtwidrig nicht erfolgte und sich aus daraus in kausaler Verknüpfung ein materieller oder immaterieller Schaden bei dem potenziellen Anspruchsinhaber ergeben hat. Es ist nicht erforderlich, dass die verletzte Verhaltenspflicht speziell den Schutz der Betroffenen bezweckte,[2413] jedoch muss der Schaden zur Anspruchsbe-

---

2411 Dazu bezüglich Kartellverstößen gegen den Vorstand *Habersack*, in: Bechtold/Jickeli/Rohe, FS Möschel, 2011, 1175 (1186), und gegen den Aufsichtsrat *Bezzenberger/Keul*, in: Grundmann et al., FS Schwark, 2009, 121 (131 ff.); *Blassl*, WM 2017, 992 (994 f.).

2412 Siehe dazu etwa die Rechte des Aufsichtsrats zur Informationserteilung durch den Vorstand gem. § 90 Abs. 3 AktG und die entsprechenden Sanktionsrechte.

2413 *Däubler*, in: Däubler et al., DSGVO BDSG, 2020, Art. 82, Rn. 10; *Bergt*, in: Kühling/

gründung auf ebenjenes Verhalten zurückzuführen[2414] und bei der konkret beanspruchenden Person eingetreten sein.[2415] Vom Wortlaut her vertretbar, im Schrifttum aber soweit ersichtlich bisher nur vereinzelt geäußert, könnte auch eine Aktivlegitimation weiterer Personen nach Art. 82 Abs. 1 DSGVO zum Zwecke der Durchsetzung des Anspruchs gegeben sein.[2416] An den nachfolgend untersuchten Anspruchsvoraussetzungen ändert dies freilich nichts. Eine stellvertretende Geltendmachung kommt darüber hinaus nur unter den Bedingungen des Art. 80 Abs. 1 DSGVO in Betracht.[2417]

(1) Eintritt eines Schadens

Die basalste Voraussetzung eines Anspruchs auf den Ersatz eines Schadens ist der Eintritt eines solchen.[2418] Im Sinne eines wirksamen Rechtsschutzes ist der Schadensbegriff autonom europarechtlich mit der Rechtsprechung des EuGH weit auszulegen,[2419] wodurch potenziell auch eine generalpräventive Abschreckungswirkung bejaht werden kann,[2420] die sich insbesondere aus der ökonomischen Analyse des Rechts ergibt. Ein echter Strafschadenersatz oder allgemein Strafcharakter lässt sich mangels Nennung in Art. 82

Buchner, DSGVO BDSG, 2020, Art. 82, Rn. 23; *Frenzel*, in: Paal/Pauly, DSGVO BDSG, 2021, Art. 82, Rn. 7; *Wessels*, DuD 2019, 781 (782).

2414 *Moos/Schefzig*, in: Taeger/Gabel, DSGVO BDSG TTDSG, 2022, Art. 82, Rn. 22 f.; *Frenzel*, in: Paal/Pauly, DSGVO BDSG, 2021, Art. 82, Rn. 11; *Schwartmann/Keppeler/Jacquemain*, in: Schwartmann et al., DSGVO BDSG, 2020, Art. 82, Rn. 24 ff.; *Wybitul/Neu/Strauch*, ZD 2018, 202 (206); *Paal*, MMR 2020, 14 (17).

2415 So die h. M. *Frenzel*, in: Paal/Pauly, DSGVO BDSG, 2021, Art. 82, Rn. 7 und 10; *Moos/Schefzig*, in: Taeger/Gabel, DSGVO BDSG TTDSG, 2022, Art. 82, Rn. 16 und 26; *Becker*, in: Plath, DSGVO BDSG, 2018, Art. 82, Rn. 2; *Däubler*, in: Däubler et al., DSGVO BDSG, 2020, Art. 82, Rn. 5 f.; *Wessels*, DuD 2019, 781 (782); *Spittka*, GRUR-Prax 2019, 475; unklar dagegen *Feldmann*, in: Gierschmann et al., DSGVO BDSG, 2018, Art. 82, Rn. 3 f.

2416 Nur *Schneider*, ZD 2022, 321 (322 ff.); *Paal*, MMR 2020, 14 („[...] vertretbar, den Schutz auf nicht unmittelbar betroffene Personen auszudehnen").

2417 Ausführlich *Spittka*, GRUR-Prax 2019, 47 ff.

2418 *Eichelberger*, in: Specht-Riemenschneider et al., FS Taeger, 2020, 137 (147); *Frenzel*, in: Paal/Pauly, DSGVO BDSG, 2021, Art. 82, Rn. 10; *Däubler*, in: Däubler et al., DSGVO BDSG, 2020, Art. 82, Rn. 14; *Moos/Schefzig*, in: Taeger/Gabel, DSGVO BDSG TTDSG, 2022, Art. 82, Rn. 33.

2419 Zuletzt betont hinsichtlich Art. 82 DSGVO in: EuGH, Urt. v. 4.5.2023 – C-300/21 (UI ./. Österreichische Post), ECLI:EU:C:2023:370, Rn. 29 m. w. N.; *Becker*, in: Plath, DSGVO BDSG, 2018, Art. 82, Rn. 4a; *Schwartmann/Keppeler/Jacquemain*, in: Schwartmann et al., DSGVO BDSG, 2020, Art. 82, Rn. 7; *Bergt*, in: Kühling/Buchner, DSGVO BDSG, 2020, Art. 82, Rn. 17.

2420 Vgl. zu dieser Wirkung von Schadenersatzansprüchen die Nachweise der EuGH-Rechtsprechung bei *Moos/Schefzig*, in: Taeger/Gabel, DSGVO BDSG TTDSG, 2022, Art. 82, Rn. 27, Fn. 54; *Eßer*, in: Auernhammer, DSGVO BDSG, 2020, Art. 82, Rn. 21; *Frenzel*, in: Paal/Pauly, DSGVO BDSG, 2021, Art. 82, Rn. 12a.

Abs. 1 DSGVO im Gegensatz zur Grundlage der Bußgeldbemessung in Art. 83 Abs. 1 DSGVO gerade nicht finden.[2421] Abstrakt lässt sich der Begriff des „Schadens" mit dem Wortlaut des Art. 82 Abs. 1 DSGVO als die Realisierung („entstanden") eines Risikos definieren, von denen die DSGVO in ErwG 75 eine Vielzahl – jedoch nicht mit abschließender Intention – aufzählt. Die oben herausgearbeitete Erkenntnis, wonach das überformende Schutzgut des Datenschutzrechts die Verhinderung einer Fremdbestimmung und die Bewahrung der freien Selbstbestimmungs- bzw. Selbstentfaltungsfähigkeit ist, muss jedoch hinsichtlich eines etwaigen Schadens insofern eingeschränkt werden, da nicht jede Fremdbestimmung auch einen Schaden darstellt. Es ist vielmehr zwischen einer Beeinträchtigung einerseits und einer Verletzung des Rechtsgutes andererseits zu unterscheiden,[2422] wobei nur letztere durch eine Rechtswidrigkeit gekennzeichnet und damit schadensbegründend ist. Eine Beeinträchtigung der Selbstbestimmungsfähigkeit ist dagegen auch in Fällen eines zulässigen Grundrechtseingriffs gegeben, etwa wenn auf Basis einer Interessenabwägung die Zulässigkeit einer Videoüberwachungsanlage beurteilt wird. Ein ersatzfähiger Schaden liegt in diesen Situationen jedoch nicht vor.

Ausweislich des Wortlauts sind im Rahmen der DSGVO sowohl materielle als auch immaterielle Schäden ersatzfähig. Diese gesetzgeberische Klarstellung bewirkt einerseits mehr Rechtssicherheit für datenverarbeitende Unternehmen, stellt andererseits jedoch auch klar, dass mit potenziell jeder Datenverarbeitung ein Risiko einhergeht, das die bisherige Rechtsprechungslinie und unternehmensinterne Risikokalkulation übersteigt. Denn während materielle Schäden aufgrund von Datenverarbeitungen generell vergleichsweise seltene Fallkonstellationen erfordern,[2423] wurden immaterielle Schäden von der Rechtsprechung in Deutschland bislang selten anerkannt und noch seltener in substantieller Höhe beschieden, weil im deutschen Schadenersatzrecht des BGB primär das Wert- und nur in Ausnahmefällen das Af-

---

2421 Nach dem EuGH muss ein die Höhe eines Schadenersatzes lediglich „vollumfänglich und wirksam" die erlittene Beeinträchtigung ausgleichen (vgl. Urt. v. 4.5.2023 – C-300/21 (UI ./. Österreichische Post), ECLI:EU:C:2023:370, Rn. 58); allerdings ist es auch gefestigte Rspr., dass es lediglich symbolischer Schadenersatz keine ausreichend ausgleichende Wirkung entfaltet, vgl. statt aller EuGH, Urt. v. 17.12.2015 – C-407/14 (Arjona Camacho), ECLI:EU:C:2015:831, Rn. 34 m. w. N.; *Tonikidis*, ZD 2022, 139 (141 ff.); *Wybitul/Neu/Strauch*, ZD 2018, 202 (206); *Schrey/Copeland*, PinG 2021, 233 (240); etwas überschießend daher das Bedauern bei *Wessels*, DuD 2019, 781 (785), dass bisher zugesprochene Schadenersatzsummen nicht abschreckend genug seien.

2422 *Gallwas*, in: Conrad/Grützmacher, FS Schneider, 2014, 347 (366), Rn. 86 ff.

2423 *Däubler*, in: Däubler et al., DSGVO BDSG, 2020, Art. 82, Rn. 15; ähnlich *Becker*, in: Plath, DSGVO BDSG, 2018, Art. 82, Rn. 4b; *Wybitul/Neu/Strauch*, ZD 2018, 202 (205); *Wybitul/Leibold*, ZD 2022, 207 (213).

fektionsinteresse geschützt wird.[2424] Hier zeichnet sich nach Inkrafttreten der DSGVO bereits eine Trendwende ab,[2425] wobei im Rahmen der dualistischen Funktion von Haftungsregelungen als schadensausgleichend einerseits und schadensverhütend durch Verhaltenssteuerung andererseits,[2426] letzterem immer mehr Bedeutung zukommt, obwohl weiterhin ein echter Strafschadensersatz gem. der DSGVO nach anglo-amerikanischem Vorbild weiterhin nicht besteht.[2427]

Als materielle Schäden kommen mindestens allgemein wirtschaftliche Nachteile oder finanzielle Verluste in Betracht, d. h. Vermögenseinbußen, die in Geld zu bemessen und die durch eine güterrechtliche Schlechterstellung in Form eines Vorher-Nachher-Vergleichs gekennzeichnet sind.[2428] Entsprechend definiert das deutsche Strafrecht den Vermögensschaden im objektiven Tatbestand des Betrugs gem. § 263 StGB als eine Verminderung des Gesamtwertes, „also der Unterschied zwischen dem Wert des Gesamtvermögens vor und nach der Verfügung".[2429] Kommt danach ein Vermögensschaden in Betracht, so kann in echter Anspruchskonkurrenz mit Art. 82 Abs. 1 DSGVO auch allgemein deliktsrechtlich gem. § 823 Abs. 1 BGB unter Anwendung der Differenzhypothese des §§ 249 ff. BGB ein entsprechend zu

---

2424 *Schwartmann/Keppeler/Jacquemain*, in: Schwartmann et al., DSGVO BDSG, 2020, Art. 82, Rn. 10 ff.; *Becker*, in: Plath, DSGVO BDSG, 2018, Art. 82, Rn. 4b; mit der Begründung zum Affektionsinteresse *Burgenmeister*, PinG 2021, 89 (90); ähnlich *Ernst*, BB 2020, 2164 (2165).

2425 Vgl. zur Entwicklung der gestiegenen zugesprochenen Schadenersatzsummen, die insbesondere in Beschäftigungssituationen auftreten, *Laoutoumai*, K&R 2022, 25 (26 f.); mit derselben Einschätzung bezüglich der Unterschiede zwischen ordentlicher und Arbeitsgerichtsbarkeit *Wybitul/Leibold*, ZD 2022, 207 (214); *Moos/Schefzig*, in: Taeger/Gabel, DSGVO BDSG TTDSG, 2022, Art. 82, Rn. 34 f.; *Schrey/Copeland*, PinG 2021, 233 (239 f.); krit. *Burgenmeister*, PinG 2021, 89 (92).

2426 Dies betonte auch der EuGH mit Blick auf die sich ergänzenden Normen der Art. 83, 84 einerseits und Art. 82 andererseits, vgl. Urt. v. 4.5.2023 – C-300/21 (UI ./. Österreichische Post), ECLI:EU:C:2023:370, Rn. 40; vgl. allgemein zu dieser Funktion *Zech*, JZ 2013, 21 (23) m. w. N.; *Taeger*, Außervertragliche Haftung, 1995, 75; *Habersack/Zickgraf*, ZHR 2018, 252 (255); ein „Weiterreichen" im Rahmen der Organhaftung transportiert diese Funktion auch unmittelbar in das Leitungsinteresse, vgl. dazu *Nietsch*, ZHR 2020, 60 (63).

2427 EuGH. Urt. v. 4.5.2023 – C-300/21 (UI ./. Österreichische Post), ECLI:EU:C:2023:370, Rn. 58; so auch bisher die h. M. im Schrifttum: *Tonikidis*, ZD 2022, 139 ff.; *Wybitul/Neu/Strauch*, ZD 2018, 202 (206).

2428 *Ritter/Reibach/Lee*, ZD 2019, 531 (532); *Burgenmeister*, PinG 2021, 89 (90); *Wybitul/Leibold*, ZD 2022, 207 (213) m. w. N. aus der deutschen Rspr.

2429 *Perron*, in: Lackner/Kühl, StGB, 2018, § 263, Rn. 99; zur vergleichbaren Berechnung im Zivilrecht und zur Kritik an der Differenzhypothese *Brand*, in: BeckOGK BGB, 2022, § 249, Rn. 12 ff.; *Oetker*, in: MüKo BGB, 2022, § 249, Rn. 16 ff.

ermittelndes Vermögensdelta liquidiert werden.[2430] Ob dieser auch auf Basis einer hypothetischen Betrachtung im Rahmen des Schadenersatzanspruchs gem. Art. 82 Abs. 1 DSGVO berechnet werden kann, ist dagegen nicht eindeutig geklärt. Einerseits wird mit dem Wortlaut („erlitten" i. S. v. „bereits erlitten") vertreten, dass Möglichkeiten, Vermutungen oder Befürchtungen zukünftiger Schadensereignisse grundsätzlich nicht als ausreichend anzusehen seien.[2431] Andererseits sollen auch zivilrechtlich bekannte Rechtsfiguren wie der entgangene Gewinn ersatzfähig sein.[2432]

Von höherer Bedeutung werden daneben jedoch immaterielle Schäden sein, die mit der systemgestützten Verarbeitung unkörperlicher Daten und Informationen einhergehen und mithin die Regel bilden werden.[2433] Immaterielle Schäden können bei einer Rufschädigung, Bloßstellung, Schikane, Reputationsschäden oder Verlust von Vertraulichkeit sowie daraus entstehende Folgen wie psychische Erkrankungen etwa in Form von Angstzuständen angenommen werden.[2434] Dabei ist auch die Schwere und Dauer der Rechtsgutverletzung zu berücksichtigen.[2435] Diese Schäden realisieren in besonderer Weise das Risiko einer Fremdbestimmung,[2436] da sie häufig Lebensbereiche betreffen, in denen sich Menschen verletzlich fühlen und die nicht mit dem Ersatz einer lediglich materiellen Einbuße ausgeglichen werden können. Der Verordnungsgeber unterstreicht durch die Aufnahme immaterieller Schäden damit das oben herausgearbeitete Schutzgut.

2430 LG Frankfurt a. M., Urt. v. 18.9.2020 – 2-27 O 100/20 = ZD 2020, 639 (640), Rn. 42 unter Berufung auf *Nemitz*, in: Ehmann/Selmayr, DSGVO, 2018, Art. 82, Rn. 11; umgekehrt kommt § 823 BGB nicht zur Anwendung, vgl. dazu *Wagner*, in: MüKo BGB, 2022, § 823, Rn. 615; zur Anwendung der § 249 ff. BGB bei der Schadensberechnung *Wessels*, DuD 2019, 781 (783); *Frenzel*, in: Paal/Pauly, DSGVO BDSG, 2021, Art. 82, Rn. 10.

2431 *Eichelberger*, in: Specht-Riemenschneider et al., FS Taeger, 2020, 137 (147); *Böhm*, in: Simitis et al., Datenschutzrecht, 2019, Art. 82, Rn. 11.

2432 *Moos/Schefzig*, in: Taeger/Gabel, DSGVO BDSG TTDSG, 2022, Art. 82, Rn. 29; *Wybitul/Neu/Strauch*, ZD 2018, 202 (205); *Buchner*, in: Tinnefeld/Buchner/Petri/Hof, Datenschutzrecht, 2020, 329, Rn. 313.

2433 Ähnlich *Becker*, in: Plath, DSGVO BDSG, 2018, Art. 82, Rn. 4c; *Däubler*, in: Däubler et al., DSGVO BDSG, 2020, Art. 82, Rn. 16.

2434 *Moos/Schefzig*, in: Taeger/Gabel, DSGVO BDSG TTDSG, 2022, Art. 82, Rn. 31; *Bergt*, in: Kühling/Buchner, DSGVO BDSG, 2020, Art. 82, Rn. 18b nennt darüber hinaus Stress, Zeit- oder Komforteinbußen, wobei insbesondere letzteres wohl zu weit geht.

2435 *Frenzel*, in: Paal/Pauly, DSGVO BDSG, 2021, Art. 82, Rn. 12a.

2436 Ablehnend zur Anerkennung eines etwaigen „Kontrollverlusts" als ersatzfähig *Moos/Schefzig*, in: Taeger/Gabel, DSGVO BDSG TTDSG, 2022, Art. 82, Rn. 31; wie hier dagegen (mit dem Wortlaut des ErwG 75, der einen Kontrollverlust ausdrücklich nennt) *Bergt*, in: Kühling/Buchner, DSGVO BDSG, 2020, Art. 82, Rn. 18b; *Dickmann*, r+s 2018, 345 (348).

D. Sanktion eines Forums als konstitutives Merkmal von Accountability

Im Datenschutzrecht sind folglich anstatt der Vermögenslage primär die persönlichkeitsrechtsrelevanten Ausprägungen der Grundrechte und -freiheiten der Betroffenen als Maßstab eines etwaigen Schadens anzusehen. Für die Übertragung der Wertungen aus dem materiellen Schadenersatzrecht ist also zu fragen, ob ein Betroffener nach dem Eintritt des vermeintlich schädigenden Ereignisses bestimmte Rechte nicht mehr ausüben kann (etwa in Fällen eines Hackerangriffs, bei dem Daten ohne Identifikation des Täters abhandenkommen) oder wenn er seine Rechte ausüben muss[2437] (etwa weil ein Verantwortlicher auf Auskunftsersuchen nicht reagiert und dem Betroffenen so Aufwände und Mühen entstehen). Dabei ist eine pauschale Bagatellschwelle zwar zu verneinen, ein gewisser Grad der Beeinträchtigung muss jedoch vorliegen und vom Anspruchsteller auch bewiesen werden,[2438] da sozialadäquat entstehende Mühen als allgemeines Lebensrisiko anzusehen sind. Ein schlichtes Unwohl- oder Genervtsein genügt mithin nicht.[2439] Dies ist schon vor dem Hintergrund subjektiver Empfindungen geboten, die nicht objektivierbar beziffert werden können, ohne dass es potenziell dort zu Wertungswidersprüchen käme, soweit ein sensibler Betroffener eher durch eine Datenverarbeitung als geschädigt anzusehen wäre, als ein ggf. weniger sensibler, resilienterer oder auch schlicht verständigerer Betroffener.[2440] Diese Anspruchsberechtigung müssten angerufene Gerichte dem Grunde und der Höhe nach in jedem Einzelfall prüfen, wodurch unterschiedliche Rechtsauffassungen programmiert wären.[2441] Es muss vielmehr eine rational er-

---

2437 Als solche Ausübung des Persönlichkeitsrechts würde es auch gelten, müssten die Daten nach einem Hackerangriff erneut erhoben werden und auch hierbei könnten dem Betroffenen ersatzfähige Mühen entstehen.

2438 EuGH, Urt. v. 4.5.2023 – C-300/21 (UI ./. Österreichische Post), ECLI:EU:C:2023:370, Rn. 50 f.

2439 EuGH, Urt. v. 4.5.2023 – C-300/21 (UI ./. Österreichische Post), ECLI:EU:C:2023:370, Rn. 32 ff.; so auch schon bislang die h. M. im Schrifttum: *Eichelberger*, in: Specht-Riemenschneider et al., FS Taeger, 2020, 137 (150); *Burgenmeister*, PinG 2021, 89 (91); *Frenzel*, in: Paal/Pauly, DSGVO BDSG, 2021, Art. 82, Rn. 10; *Becker*, in: Plath, DSGVO BDSG, 2018, Art. 82, Rn. 4c; *Schwartmann/Keppeler/Jacquemain*, in: Schwartmann et al., DSGVO BDSG, 2020, Art. 82, Rn. 12; a.A. LG München, Urt. v. 20.1.2022, Az. 3 – O 17493/20, in dem der Klägerseite wegen Unwohlseins ob der Übertragung seiner IP-Adresse an Google ein Schadenersatz von € 100 zugesprochen wurde; ähnlich auch *Bergt*, in: Kühling/Buchner, DSGVO BDSG, 2020, Art. 82, Rn. 18b; *Buchner/Wessels*, ZD 2022, 251 (254), die subjektive Empfindlichkeiten und Gefühle als gerade prägend für immaterielle Schäden ansehen.

2440 Zu denken wäre insbesondere an Anhänger von Verschwörungstheorien, deren irrationale, teilweise selbst geschaffene Realitätsvorstellungen sonst als Maßstab heranzuziehen wären oder an Menschen mit dem entsprechend technischen Know-How, die ihre IP-Adresse ohne Weiteres maskieren oder ändern können.

2441 Mit diesem Argument lehnt der EuGH eine Erheblichkeitsschwelle ab, vgl. Urt. v. 4.5.2023 – C-300/21 (UI ./. Österreichische Post), ECLI:EU:C:2023:370, Rn. 49;

kennbare und damit spürbare Beeinträchtigung verursacht worden sein,[2442] und diese muss sich speziell auf die datenschutzrechtlichen Ausprägungen der Grundrechte und -freiheiten[2443] der eines objektiven durchschnittlichen Betroffenen beziehen. Dies bedeutet nicht, dass mit der bisherigen Rechtsprechung zu §§ 823, 1004 BGB ausschließlich schwerwiegende Persönlichkeitsrechtsverletzungen ersatzfähig wären,[2444] aber sofern selbst ein zumindest hypothetisch anzunehmender, realistischer Schaden nicht konstruiert werden kann, reichen subjektive Empfindungen der Betroffenen nicht aus. Die mit dieser komplexen Gesamtlage verbundenen Auslegungsfragen haben bereits zu einer erheblich fragmentierten Anwendung in der Rechtsprechungspraxis[2445] und sogar einem Monitum des BVerfG wegen unzutreffender Annahme eines *Acte Clair* und einer entsprechend gem. Art. 267 AEUV verpflichtenden, jedoch unterbliebenen Vorlage an den EuGH geführt.[2446]

Für die Zwecke der vorliegenden Arbeit sind aus dem Vorgenannten indes zwei Feststellung ableitbar. Einerseits, dass eine Sanktion in Form eines Schadenersatzes Betroffenen grundsätzlich zur Verfügung steht. Dem steht auch nicht entgegen, dass diese nur dort und soweit zur Verfügung steht, wo der Akteur seine Pflichten aus der DSGVO in schadensbegründender Weise verletzt hat, da das Konzept der Accountability weder allgemein noch in der Erscheinungsform einer *Legal Accountability* eine anlasslose oder gar unbegründete Sanktion erfordert. Andererseits ist die Dimension der Responsiveness, also der Orientierung an den Erwartungshaltungen des Forums, nicht als alleiniger Maßstab zur haftungsausfüllenden Sanktion geeignet. Sie ist im Rahmen der *Legal Accountability* stets im Zusammenhang mit den, die

---

Grewe/Stegemann, ZD 2021, 183 (185), zweifeln aus diesem Grund auch an der Effektivität einer Verbandsklage nach der RL 2020/1828/EU.

2442 *Schrey/Copeland*, PinG 2021, 233 (240); *Eichelberger*, in: Specht-Riemenschneider et al., FS Taeger, 2020, 137 (150); *Burgenmeister*, PinG 2021, 89 (91); *Becker*, in: Plath, DSGVO BDSG, 2018, Art. 82, Rn. 4d; *Schwartmann/Keppeler/Jacquemain*, in: Schwartmann et al., DSGVO BDSG, 2020, Art. 82, Rn. 12.

2443 *Assion/Nolte/Veil*, in: Gierschmann et al., DSGVO BDSG, 2018, Art. 6, Rn. 131, sind allerdings der Meinung „Grundfreiheiten gibt es schlichtweg nicht", was wohl einen rein semantischen Hintergrund haben dürfte, da Berufsausübungs- oder Meinungsäußerungsfreiheit nicht ernstlich bestritten werden können, sondern von den Autoren eben dem Kanon der Grund*rechte* zugeordnet werden; zutreffend *Lang*, in: Taeger/Gabel, DSGVO BDSG TTDSG, 2022, Art. 24, Rn. 35.

2444 Vgl. zu dieser Linie *Burgenmeister*, PinG 2021, 89 ff.; *Schwartmann/Keppeler/Jacquemain*, in: Schwartmann et al., DSGVO BDSG, 2020, Art. 82, Rn. 10 ff.

2445 *Schrey/Copeland*, PinG 2021, 233 (239 f.); allgemein zur Vorlagepflicht i. R. d. acte clair-Doktrin *Kühling/Drechsler*, NJW 2017, 2950 (2951 ff.); *Wegener*, in: Callies/Ruffert, EUV/AEUV, Art. 267, Rn. 27 ff.; *Karpenstein*, in: Grabitz/Hilf/Nettesheim, AEUV, 2021, Art. 267, Rn. 57 f.

2446 BVerfG, Beschl. V. 14.1.2021 – 1 BvR 2853/19, NJW 2021, 1005 (1007), Rn. 10 und 20.

materiellen Verhaltensgrenzen bildenden Normen der *Legality*-Dimension zu sehen.[2447]

(2) Verstoß gegen datenschutzrechtliche Pflichten

Gemäß Art. 82 Abs. 1 DSGVO steht jeder (betroffenen) Person ein Schadenersatzanspruch zu, wenn und soweit ihr wegen eines Verstoßes gegen die DSGVO ein materieller oder immaterieller Schaden entstanden ist. Diese Paraphrasierung von Art. 82 Abs. 1 DSGVO impliziert ebenso wie der Wortlaut der Norm selbst die haftungsbegründenden Umstände, ohne sie konkret zu benennen. Zur Einordnung des Schadenersatzes im Rahmen der Accountability-Beziehung ist es jedoch elementar, die materiellen Normen hinsichtlich ihrer Gefahrgeneigtheit für die Betroffenen zu kategorisieren. Darüber hinaus ermöglicht die Untersuchung dieser Frage eine Antwort darauf, inwiefern „jeder Verstoß gegen diese Verordnung", also auch formelle oder lediglich administrative Pflichtverletzungen in der Sphäre des Akteurs, zu einem Schaden führen können.

Den Ausgangspunkt der Betrachtung bilden Normen, deren Missachtung unmittelbar zu einer Verletzung im Sinne eines ungerechtfertigten Eingriffs in das datenschutzrechtlich geschützte Schutzgut führt. Dabei handelt es sich um die zentralen Rechtmäßigkeitsnormen der Art. 6–10 DSGVO, die eine Ausprägung der Accountability-Dimension der *Legitimacy* bilden. Entsprechend begründen Datenverarbeitungen, die unter Missachtung dieser Anforderungen erfolgen, grundsätzlich einen ersatzfähigen immateriellen Schaden, da es sich in diesen Fällen um einen nicht gerechtfertigten Grundrechtseingriff handelte. Allerdings ist umstritten, ob auch weniger direkt mit der basalen Zulässigkeit von Datenverarbeitungen verbundene Normen einen Schadenersatzanspruch begründen. Hierzu wird einerseits vertreten, dass Art. 82 Abs. 1 DSGVO die materielle Rechtmäßigkeit der Verarbeitung adressiere und lediglich generellen bzw. klarstellenden Charakter bezüglich der Haftungsverpflichtung habe.[2448] Dem ist mit der wohl herrschenden Meinung zu widersprechen. Einerseits verkennt diese Ansicht, dass der gem. Art. 8 GRCh verbürgte Grundrechtsschutz normativ durch mehr als nur die Rechtsgrundlage gewährleistet wird, sondern auch durch Informationsrechte, Transparenzpflichten und sowohl materielle wie prozessuale Anforderun-

---

2447 Vgl. zum Unterschied von *Legality* und *Legitimacy* B.II. e.(1) oben.

2448 So möchte *Kreße*, in: Sydow/Marsch, DSGVO BDSG, 2022, Art. 82, Rn. 7, nur Schäden durch die Verarbeitung i. S. v. Art. 4 Nr. 2 DSGVO als ersatzfähig ansehen; ähnlich *Gola/Piltz*, in: Gola/Heckmann, DSGVO BDSG, 2022, Art. 82, Rn. 5; ähnlich auch *Schwartmann/Keppler/Jacquemain*, in: Schwartmann et al., DSGVO BDSG, 2020, Art. 82, Rn. 4.

gen an die Datenverarbeitungsumstände.[2449] Sie lässt außerdem außer Acht, dass eine Reihe der in ErwG 75 genannten und fürderhin denkbaren Risiken für die informationelle Selbstbestimmungsfähigkeit auch bei Vorliegen einer validen Rechtsgrundlage realisiert werden können. Hier kommen insbesondere die Normen des Kap. III DSGVO in Betracht. Diese Transparenz- und Einflussnahmemöglichkeiten sind ein zentrales Element für die effektive Selbstbestimmungsfähigkeit der Betroffenen. Werden sie verletzt, etwa dadurch keine Informationen gem. Art. 13 und/oder Art. 14 DSGVO erteilt werden oder nicht vollständig gem. Art. 15 DSGVO beauskunftet wird, wird die Rechtsausübung der Betroffenen vereitelt oder zumindest erschwert.[2450] In dieser grundrechtsrelevanten Handlung erfüllt sich der verordnungswidrige Verletzungstatbestand.

Dass daraus indes kein uferloses Haftungsrisiko für Akteure entsteht, insbesondere da gem. Art. 82 Abs. 2 S. 1 DSGVO jede Beteiligung durch (ggf. gemeinsam) Verantwortliche an einer Verarbeitung zu einer gesamtschuldnerischen Haftung führt,[2451] ergibt sich durch das im Schadenersatzrecht gängige Kausalitätserfordernis.[2452] Die konkrete Verletzungshandlung, wie soeben am Beispiel der Transparenz- und Informationspflichten illustriert, festzustellen und zu benennen, ist mithin von eminenter Bedeutung, denn das überformende Ziel des Art. 82 DSGVO ist der Schutz der Betroffenen.[2453] Dies ist, was im Schrifttum soweit ersichtlich bisher nicht adressiert wurde, insbesondere auch für die Tätigkeiten der Aufsichtsbehörden relevant, da ein im Wege des Verwaltungsverfahrens rechtskräftig festgestellter Verstoß, wenn auch zwar keine Bindungs-, so doch eine starke Indizwirkung im Rahmen der freien Beweiswürdigung gem. § 286 ZPO für zivilrechtliche Schadenersatzprozesse entfaltet.[2454] Stützt eine Aufsichtsbe-

---

2449 Richtigerweise will etwa *Eßer*, in: Auernhammer, DSGVO BDSG, 2020, Art. 82, Rn. 13, letzter Spiegelstrich auch die Informationspflichten aus Art. 12 ff. eingeschlossen sehen; *Feldmann*, in: Gierschmann et al., DSGVO BDSG, 2018, Art. 82, Rn. 12.

2450 Zutreffend daher *Boehm*, in: Simitis et al., Datenschutzrecht, 2019, Art. 82, Rn. 10, Fn. 21; *Feldmann*, in: Gierschmann et al., DSGVO BDSG, 2018, Art. 82, Rn. 12; *Bergt*, in: Kühling/Buchner, DSGVO BDSG, 2020, Art. 82, Rn. 23: „Haftung bei jedem noch so kleinen Verstoß"; *Buchner/Wessels*, ZD 2022, 251 (253).

2451 *Frenzel*, in: Paal/Pauly, DSGVO BDSG, 2021, Art. 82, Rn. 13; *Bergt*, in: Kühling/Buchner, DSGVO BDSG, 2020, Art. 82, Rn. 22; *Moos/Schefzig*, in: Taeger/Gabel, DSGVO BDSG TTDSG, 2022, Art. 82, Rn. 65.

2452 *Quaas*, in: BeckOK Datenschutzrecht, 2022, Art. 82, Rn. 14; *Frenzel*, in: Paal/Pauly, DSGVO BDSG, 2021, Art. 82, Rn. 11.

2453 *Bergt*, in: Kühling/Buchner, DSGVO BDSG, 2020, Art. 82, Rn. 23; *Feldmann*, in: Gierschmann et al., DSGVO BDSG, 2018, Art. 82, Rn. 12; *Schneider*, ZD 2022, 321 (324).

2454 Grundlegend für die Verwertbarkeit von Geständnissen aus Strafverfahren BGH, Urt. v. 15.3.2004 – II ZR 136/02 = NJW-RR 2004, 1001; OLG Hamm, Urt. v. 6.9.2016 –

hörde eine Maßnahme gem. Art. 58 Abs. 2 DSGVO ohne eine ausreichende Begründung mithin auf zu wenige oder die falschen Normen, insbesondere die Grundsätze gem. Art. 5 Abs. 1 DSGVO oder gar auf die bloße Durchsetzungsnorm des Art. 5 Abs. 2 DSGVO,[2455] so geht einerseits die mögliche und grundsätzlich günstige Indizwirkung für die sowohl hinsichtlich eines Schadens und eines Kausalzusammenhangs darlegungs- und beweisbelasteten Betroffenen[2456] verloren, da der Beweis der Schadenskausalität wegen und bezüglich einer konkreten Normverletzung nicht geführt werden könnte. Hierdurch droht ein weiterer Frustrationseffekt für Betroffene, dem im Sinne des schutzgeneigten Effektivitätsgrundsatzes durch eine verminderte Darlegungslast im Zivilprozess entgegengewirkt werden muss.[2457] Andererseits können zivilrechtlich durchsetzbare Ansprüche, etwa wegen einer falschen oder unvollständigen Auskunft und hieraus entstehende immaterielle Schäden, gehemmt werden, wenn diese nicht von der Aufsichtsbehörde auch im Bußgeldbescheid gerügt werden.

(3) Adäquate Kausalität der Handlung für den eingetretenen Schaden

Der zu ersetzende Schaden muss kausal („wegen") im Sinne einer *conditio sine qua non*-Bedingung auf eine Verletzung von Normen der DSGVO oder danach ergangenen Umsetzungsrechtsakten zurückzuführen sein.[2458] Haftungsbegründend kausal ist ein Schaden mithin, wenn er ohne das Handeln oder Unterlassen des Akteurs in der konkreten Form nicht eingetreten wäre. Es kommen folglich sowohl faktische und technische Umstände als auch rechtliche Rahmenbedingungen als Haftungsgründe in Betracht.[2459]

---

25 U 9/14 = BeckRS 2016, 134232, Rn. 49; *Foerste*, in: Musielak/Voit, ZPO, 2022, § 286, Rn. 5.

2455 LfDI BaWü, Az. 0523.1-2/3 v. 10.3.2021.

2456 *Feldmann*, in: Gierschmann et al., DSGVO BDSG, 2018, Art. 82, Rn. 17; *Eßer*, in: Auernhammer, DSGVO BDSG, 2020, Art. 82, Rn. 14; *Becker*, in: Plath, DSGVO BDSG, 2018, Art. 82, Rn. 4.

2457 *Gola/Piltz*, in: Gola/Heckmann, DSGVO BDSG, 2022, Art. 82, Rn. 21; *Laue*, in: Laue/Kremer, Datenschutzrecht, § 11, Rn. 10; *Becker*, in: Plath, DSGVO BDSG, 2018, Art. 82, Rn. 4; andeutungsweise auch *Frenzel*, in: Paal/Pauly, DSGVO BDSG, 2021, Art. 82, Rn. 11, für eine Vermutung der Kausalität im Zweifelsfall; ähnlich *Kreße*, in: Sydow/Marsch, DSGVO BDSG, 2022, Art. 82, Rn. 8 („nicht überspannt"); *Boehm*, in: Simitis et al., Datenschutzrecht, 2019, Art. 82, Rn. 14.

2458 *Feldmann*, in: Gierschmann et al., DSGVO BDSG, 2018, Art. 82, Rn. 17; *Frenzel*, in: Paal/Pauly, DSGVO BDSG, 2021, Art. 82, Rn. 11; *Boehm*, in: Simitis et al., Datenschutzrecht, 2019, Art. 82, Rn. 13; *Neun/Lubitzsch*, BB 2017, 2563 (2568); *Paal*, MMR 2020, 14 (17).

2459 *Spiecker gen. Döhmann*, CR 2016, 697 (701 ff.), thematisiert zutreffend das (nach hier vertretener Meinung durch Zurechnung zu lösende) Problem einer wechselseitigen Interdependenz, die eine Kausalitätszuschreibung erschwert oder sogar verhindert.

Erfolgt ein Schaden unmittelbar wegen eines Rechtsverstoßes, so ist dieser kausal im Sinne des Wortlauts. Unmittelbare Schäden liegen etwa in Fällen von werblicher Ansprache ohne entsprechende Rechtsgrundlage in Art. 6 Abs. 1 DSGVO oder einer Bereitstellung fehlerhafter Daten durch eine Auskunftei vor, auf deren Basis nachteilige Entscheidungen für Betroffene gefällt werden. In diesen Situationen kann die in Rede stehende Datenverarbeitung nicht hinweggedacht oder hypothetisch korrigiert werden, ohne dass der Verletzungserfolg in seiner konkreten Form entfiele. Denklogisch kommen damit Verletzungen der DSGVO nicht in Betracht, die zwar von demselben Akteur begangen werden, während er zeitgleich Daten verarbeitet, die selbst jedoch nicht schadensbegründend sind, wie etwa das Führen eines Verzeichnisses gem. Art. 30 DSGVO.[2460] Ein solcher Verstoß kann nur gem. Art. 58 Abs. 2 i. V. m. Art. 83 DSGVO durch eine Aufsichtsbehörde sanktioniert werden. Dass jedoch auch Normverletzungen der zivilrechtlichen Haftung zugänglich sein sollen ergibt sich relativ eindeutig aus der Normgenese, weil entgegen des Ratsvorschlags eine Begrenzung auf Schäden aus einer rechtswidrigen Verarbeitung nicht angenommen wurde.[2461] Allerdings sind die im Schrifttum genannten Beispiele[2462] insofern zu differenzieren bzw. klarzustellen, als die materiellen Pflichten der DSGVO nicht isoliert betrachtet werden können, sondern vielmehr als korrelierendes Gesamtkonstrukt anzuwenden sind, um einen effektiven Rechtsschutz zu gewährleisten. Kommt es mithin bei einer Datenverarbeitung zu einer schadensbegründenden Normverletzung etwa des Art. 6 DSGVO oder der Betroffenenrechte gem. Kap. III DSGVO, so müssen grundsätzlich losgelöst davon bestehende Pflichten wie die Bestellung eines Datenschutzbeauftragten (Art. 37 DSGVO) oder Dokumentationspflichten (Art. 30, 35 f. DSGVO) als mittelbar kausal in die Bewertung einbezogen werden, da eine widerlegliche Vermutung dafür streitet, dass es bei ordnungsgemäßer Erfüllung dieser abstrakten Pflichten nicht oder nicht in dieser Form zu dem schadensbegründenden Rechtsverstoß gekommen wäre.[2463] Es liegen folglich zwei zunächst zeitlich versetzte Verletzungen vor, denen jedoch bei zeitgleichem Auftreten

---

2460 Ganz h. M.: *Schwartmann/Keppeler/Jacquemain*, in: Schwartmann et al., DSGVO BDSG, 2020, Art. 82, Rn. 25; *Frenzel*, in: Paal/Pauly, DSGVO BDSG, 2021, Art. 82, Rn. 8 ff.; *Bergt*, in: Kühling/Buchner, DSGVO BDSG, 2020, Art. 82, Rn. 42 f.; undeutlich *Quaas*, in: BeckOK Datenschutzrecht, 2022, Art. 82, Rn. 26.

2461 *Feldmann*, in: Gierschmann et al., DSGVO BDSG, 2018, Art. 82, Rn. 8; *Bergt*, in: Kühling/Buchner, DSGVO BDSG, 2020, Art. 82, Rn. 6.

2462 *Bergt*, in: Kühling/Buchner, DSGVO BDSG, 2020, Art. 82, Rn. 43; *Wybitul/Neu/ Strauch*, ZD 2018, 202 (206), mit ähnlichen Beispielen, in denen eine Verletzung der Pflichten gem. Art. 32 DSGVO thematisiert wird.

2463 A. A. *Moos/Schefzig*, in: Taeger/Gabel, DSGVO BDSG TTDSG, 2022, Art. 82, Rn. 22.

D. Sanktion eines Forums als konstitutives Merkmal von Accountability

eine Korrelationswirkung zukommen kann.[2464] Es ist mithin erforderlich, aber auch ausreichend, wenn eine Mitursächlichkeit des Verstoßes für einen Schaden besteht,[2465] wodurch eine erheblich erleichterte Beweisführung für Betroffene möglich wird. Dieses Verständnis entspricht der europarechtlich gebotenen weiten Auslegung des Kausalitätserfordernisses.[2466] Danach ist mit dem EuGH in Abwesenheit europarechtlicher Vorgaben zur Kausalität zwar auch ein Rückgriff auf mitgliedstaatliches Recht möglich,[2467] jedoch darf dieser nicht zu einer Beeinträchtigung der einheitlichen Rechtsauslegung und -anwendung führen.[2468] Eine haftungsbegründende Kausalität ist entsprechend zu bejahen, wenn und soweit zwar kein naturwissenschaftlicher Verursachungszusammenhang besteht, im Handeln oder Unterlassen des Akteurs aber dennoch ein hinreichend mittelbarer Tatbeitrag zu erkennen ist.[2469] Der durch den Akteur gem. Art. 82 Abs. 3 DSGVO zu führende Entlastungsbeweis muss sich mithin auf alle als (mit)ursächlich behaupteten schadensbegründenden Normverletzungen beziehen, jedoch nicht auf alle möglicherweise anhängigen Datenschutzverletzungen.[2470] Ein Schadensersatzprozess ist kein geeignetes Vehikel für eine Generalrevision der Datenverarbeitungen und Datenverarbeitungsumstände beim beklagten Akteur. Diese ist vielmehr im Wege der aufsichtsrechtlichen Verwaltungsverfahrens zu bewirken. Dies führt zu der Erkenntnis, dass die zivilrechtliche Rechtsdurchsetzung nicht vollständig kongruent mit den aufsichtsbehördlichen Abhilfebefugnissen gem. Art. 58 Abs. 2 DSGVO ist.

Jedoch sind dem Akteur nur solche Kausalverläufe vorzuhalten, die in seiner Einflusssphäre (*Responsibility*) lagen,[2471] die er also sowohl voraussehen konnte oder hätte voraussehen müssen als auch hätte beeinflussen können,

---

2464 Zutreffend *Boehm*, in: Simitis et al., Datenschutzrecht, 2019, Art. 82, Rn. 10; ablehnend dagegen *Däubler*, in: Däubler et al., DSGVO BDSG, 2020, Art. 82, Rn. 17; zu eng auch *Moos/Schefzig*, in: Taeger/Gabel, DSGVO BDSG TTDSG, 2022, Art. 82, Rn. 22.

2465 *Moos/Schefzig*, in: Taeger/Gabel, DSGVO BDSG TTDSG, 2022, Art. 82, Rn. 41; *Bergt*, in: Kühling/Buchner, DSGVO BDSG, 2020, Art. 82, Rn. 45.

2466 Dazu *Boehm*, in: Simitis et al., Datenschutzrecht, 2019, Art. 82, Rn. 14; *Frenzel*, in: Paal/Pauly, DSGVO BDSG, 2021, Art. 82, Rn. 11; *Kreße*, in: Sydow/Marsch, DSGVO BDSG, 2022, Art. 82, Rn. 8.

2467 *Frenzel*, in: Paal/Pauly, DSGVO BDSG, 2021, Art. 82, Rn. 11; *Boehm*, in: Simitis et al., Datenschutzrecht, 2019, Art. 82, Rn. 14; *Bergt*, in: Kühling/Buchner, DSGVO BDSG, 2020, Art. 82, Rn. 44.

2468 *Moos/Schefzig*, in: Taeger/Gabel, DSGVO BDSG TTDSG, 2022, Art. 82, Rn. 42.

2469 *Bergt*, in: Kühling/Buchner, DSGVO BDSG, 2020, Art. 82, Rn. 44 f.; ablehnend dazu *Däubler*, in: Däubler et al., DSGVO BDSG, 2020, Art. 82, Rn. 18.

2470 A. A. *Eßer*, in: Auernhammer, DSGVO BDSG, 2020, Art. 82, Rn. 15.

2471 Vgl. den englischen Wortlaut von Art. 83 Abs. 3 DSGVO: „A controller or processor shall be exempt from liability […] if it proves that it is not in any way responsible for the event giving rise to the damage."

so dass lediglich völlig atypische Situationen ausgeschlossen sind.[2472] Fraglich ist, ob darin eine Verschuldenshaftung mit Vermutungswirkung oder eine Gefährdungshaftung mit Exkulpationsmöglichkeit zu sehen ist.

(4) Verschulden und Vertretenmüssen

Für eine Verschuldenshaftung wird an eine unerlaubte, rechtlich missbilligte Handlung angeknüpft, die jemand aufgrund seines vorsätzlichen oder fahrlässigen Verhaltens verursacht hat oder vertreten muss. Vertretenmüssen setzt impliziert dabei in der Regel ein Verschulden, ist jedoch nicht vollständig kongruent damit.[2473] Eine Gefährdungshaftung[2474] ist insofern dadurch abzugrenzen, dass sie an eine grundsätzlich erlaubte Handlung anknüpft, die objektiv jedoch ganz oder zum Teil in der Schaffung einer Gefahrenquelle für andere Individuen besteht bzw. eine solche darstellen kann;[2475] „sie erweist sich damit als haftungsrechtliches Korrelat des erlaubten Risikos."[2476] Den beiden Haftungsfiguren liegen mithin verschiedene Bezugsobjekte zu Grunde. Fraglich ist, worauf im Rahmen vom Datenverarbeitungen nach der DSGVO abzustellen ist. Hierzu kommt einerseits die Verarbeitung personenbezogener Daten als solche in Frage und andererseits ein schädigendes Ereignis, das rechtlich missbilligt und pönalisiert werden soll.

Wie bereits dargestellt, ist in jeder Verarbeitung personenbezogener Daten ein Eingriff in grundrechtlich geschützte Positionen zu sehen.[2477] Dieser Eingriff begründet mithin das Risiko, das grundsätzlich unabhängig von einem etwaigen Schaden besteht, insbesondere weil in einem technikdeterminierten und schnelllebigen Umfeld nicht von Beginn an stets alle Risiken bekannt sein können, ein Vorwurf des Verschuldens oder auch der Fahrlässigkeit mithin nicht in Betracht kommt.[2478] Diese als „Entwicklungsrisiko" bezeichnete Haftungsfigur ist beispielsweise im Arzneimittelrecht (§ 84 AMG) oder dem Gentechnikrecht (§ 37 Abs. 2 S. 2 GenTG i. V. m. § 1 Abs. 2 Nr. 5 ProdHG) anerkannt.[2479] Über das Stattfinden des Eingriffs in die Grundrechtspositio-

---

2472 *Bergt*, in: Kühling/Buchner, DSGVO BDSG, 2020, Art. 82, Rn. 45; *Däubler*, in: Däubler et al., DSGVO BDSG, 2020, Art. 82, Rn. 25.

2473 Zum Vertretenmüssen trotz fehlendem Verschulden *Ulber*, JA 2014, 573 f.

2474 Unter dem Begriff der Gefährdungshaftung werden verschiedene Haftungsmodelle diskutiert, was hier nicht im Einzelnen wiedergegeben werden muss, vgl. weiterführend *Borges*, NJW 2018, 977 (980), insb. Fn. 58 und 63.

2475 Grundlegend *Taeger*, Außervertragliche Haftung, 1995, 75 f.; statt vieler auch *Zech*, JZ 2013, 21 ff.

2476 *Nicklisch*, in: Jayme, et al., FS Niederländer, 341 (342); ähnlich auch *Brand*, in: BeckOGK BGB, 2022, § 249, Rn. 230.

2477 *Bieker/Bremert*, ZD 2020, 7 (8); *DSK*, Kurzpapier Nr. 18, S. 2.

2478 *Nicklisch*, in: Jayme, et al., FS Niederländer, 341 (342 f.).

2479 *Zech*, JZ 2013, 21 (23); weitere Beispiele auch bei *Sprau*, in: Grüneberg, BGB, 2023, Einf. v. § 823, Rn. 11; a. A. dagegen *Waldkirch*, Zufall und Zurechnung im Haftungs-

nen des Betroffenen entscheidet in aller Regel der Verantwortliche – gerade das kennzeichnet ihn als solchen – und nur in einem Teil der Fälle kommt Betroffenen ein gewisses Mitsprache- und Einflussnahmerecht zu. Dies ist haftungsrechtlich insofern von Bedeutung, als dadurch der Verantwortliche eine potenzielle Schadensquelle bei einem Dritten, also außerhalb seiner eigenen Rechte- und Vermögenssphäre, setzt.[2480] Sinn und Zweck einer Gefährdungshaftung ist indes gerade die „Internalisierung von Externalitäten", um so die Steuerung eines Unternehmerhandelns zu einem sozialadäquaten Aktivitäts- und Sorgfaltsniveaus zu erreichen, denn dieser wird sein Verhalten stets so ausrichten, dass sein Nutzen den zu erwartenden Schaden übersteigt.[2481] Diese Wirkung ist insbesondere für leicht verletzliche Rechtsgüter wie das Persönlichkeitsrecht relevant, bei denen ein etwaiger immaterieller Schaden – der bei Datenschutzverstößen wie dargelegt die Regel bildet – einen erhöhten Schutzbedarf erzeugt.[2482] Verantwortliche für die Verarbeitung personenbezogener Daten können durch die Bestimmung einer Rechtsgrundlage, insbesondere bei Anwendung von Art. 6 Abs. 1 lit. f DSGVO, der Wahl und Gestaltung der Verarbeitungsmittel (Art. 25, 32 DSGVO) und der allgemeinen Beurteilung der Risikogeneigtheit (Art. 35 DSGVO) in nicht unerheblichen Maße Gefährdungs- und Schadensquellen setzen. Grundsätzlich gilt dies auch für Auftragsverarbeiter, wo diese von der DSGVO unmittelbar adressiert werden und eigenen Pflichten unterliegen, so dass ihre Aufnahme als möglicher Anspruchsgegner in Art. 82 DSGVO konsequent erscheint.[2483] Auch kennt die DSGVO nur einen Haftungstatbestand für unterschiedliche materielle Anforderungen, differenziert also nicht – was wünschenswert gewesen wäre – zwischen verhaltensbezogenen Umständen, in denen es *de lege ferenda* auf ein Verschulden, also auf Vorsatz und Fahrlässigkeit angekommen wäre, und erfolgsbezogenen Pflichtverletzungen, die auf grundlegenden und möglicherweise unbekannten Schadensumständen beruhen und bei denen mittels einer Gefährdungshaftung der Risikobeherrschungsmöglichkeit angemessen begegnet wäre. Dies spricht aus Betroffe-

---

recht, 2017, 115, Fn. 66, der mangels besonderer Gefahr eine Vertrauenshaftung annimmt.

2480 So auch *Behling*, ZIP 2017, 697 (698), dazu, dass ein Unternehmen an sich eine Gefahrenquelle darstellen kann.

2481 *Ebenda*; ähnlich überlässt der EuGH in der Sache zwar einen Strafschadensersatz den Mitgliedstaaten (EuGH, Urt. v. 4.5.2023 – C-300/21 (UI ./. Österreichische Post), ECLI:EU: C:2023:370, Rn. 58), hält aber fest, dass ein symbolischer Schadenersatz der Abschreckungswirkung nicht genügt, EuGH, Urt. v. 10.4.1984 – C-14/83 (Colson und Kamann), ECLI:EU:C:1984: 153, Rn. 28; EuGH, Urt. v. 17.12.2015 – C-407/14 (Arjona Camacho), ECLI:EU:C:2015:831, Rn. 34; insgesamt eher abl. zum Präventionseffekt aber auch für die Gefährdungshaftung bejahend *Oetker*, in: MüKo BGB, 2022, § 249, Rn. 9.

2482 *Brand*, in: BeckOGK BGB, § 249, Rn. 51.

2483 Hierzu sogleich ausführlich unter D.III.1.b.(1).

nenschutzgründen für die Annahme einer generellen Gefährdungshaftung mit Exkulpationsmöglichkeit *de lege lata.*

Dem steht die Regelung des Art. 82 Abs. 3 DSGVO nicht entgegen, sondern sie ist vielmehr Ausdruck der gewählten Haftungsform, der vielfach betonten gesteigerten Eigenverantwortung[2484] und der Technikneutralität der DSGVO, indem sie lediglich auf die Entstehung des Schadens im Rahmen einer Datenverarbeitung, nicht auf dessen Umstände, rekurriert: „Besteht [...] eine Asymmetrie des Wissens über die Gefährdung (das Risiko) zwischen Staat und potenziellem Schädiger, wie es vor allem bei komplexen Technologien der Fall ist, kann der Staat durch Einführung einer Gefährdungshaftung den Schädiger dazu zwingen, selbst abzuschätzen, welches Aktivitäts- und Sorgfaltsniveau optimal ist. Er delegiert somit die Risikoabschätzung".[2485] Wissens- und Machtasymmetrien sind hinsichtlich einer Datenverarbeitung jedoch nicht nur im Verhältnis zwischen Staat und Akteur, sondern vor allem zwischen Akteur und Betroffenem ubiquitär und umfangreich.[2486] Einer Haftung kann ein Akteur dann entgehen, wenn und soweit er nachweist, dass er sämtliche an ihn gestellten und sich aus seiner besonderen Sachnähe ergebenden Sorgfaltsanforderungen erfüllt hat.[2487] Dass hierbei ein hoher Maßstab anzusetzen ist, ergibt sich aus Art. 82 Abs. 3 DSGVO, wenn gefordert ist, dass er in „keiner Weise" („*not in any way*") für die schadensbegründenden Umstände verantwortlich ist.[2488] Verantwortlichkeit ist dabei nicht im Sinne von Art. 4 Nr. 7 DSGVO zu verstehen,[2489]

2484 Bezüglich der DSGVO *Frenzel*, in: Paal/Pauly, DSGVO BDSG, 2021, Art. 5, Rn. 52; *Albrecht/Jotzo*, Das neue Datenschutzrecht, 2017, 55, Rn. 18; *Heberlein*, in: Ehmann/Selmayr, DSGVO, 2018, Art. 5, Rn. 29; prägnant zu § 280 Abs. 1 S. 2 BGB *Repgen*, in: Baumgärtel/Prütting/Laumen, Handbuch der Beweislast, 2019, Bd. 2, § 280, Rn. 46: „Letztlich resultiert diese Beweislastumkehr also aus einer Anwendung des Prinzips der Verantwortung."; *Klement*, in: Heidbrink/Langbehn/Loh, Handbuch Verantwortung, 2017, 559 (562) definiert „[...] Verantwortung oder Verantwortlichkeit [...] ist die Kehrseite der dem Individuum versprochenen Achtung seiner Selbstbestimmung.".

2485 *Zech*, JZ 2013, 21 (24).

2486 Illustrativ dazu *Schantz*, in: Schantz/Wolff, Das neue Datenschutzrecht, 2017, S. 346, Rn. 1149.

2487 *Moos/Schefzig*, in: Taeger/Gabel, DSGVO BDSG TTDSG, 2022, Art. 82, Rn. 87; ähnlich *Schwartmann/Keppeler/Jacquemain*, in: Schwartmann et al., DSGVO BDSG, 2020, Art. 82, Rn. 31 ff.; *Bergt*, in: Kühling/Buchner, DSGVO BDSG, 2020, Art. 82, Rn. 54; zum Beweisgegenstand OLG Brandenburg, Beschl. v. 11.8.2021 – 1 U 69/20, Zusammenfassung in CR 2021, 806.

2488 *Bergt*, in: Kühling/Buchner, DSGVO BDSG, 2020, Art. 82, Rn. 54: „[...] nicht die geringste Fahrlässigkeit vorzuwerfen ist."; so auch *Wessels*, DuD 2019, 781 (784); *Däubler*, in: Däubler et al., DSGVO BDSG, 2020, Art. 82, Rn. 25; *Frenzel*, in: Paal/Pauly, DSGVO BDSG, 2021, Art. 82, Rn. 15.

2489 *Moos/Schefzig*, in: Taeger/Gabel, DSGVO BDSG TTDSG, 2022, Art. 82, Rn. 74; *Bergt*, in: Kühling/Buchner, DSGVO BDSG, 2020, Art. 82, Rn. 49.

sondern mit dem englischen Wortlaut von Art. 82 Abs. 3 DSGVO im Sinne der Accountability-Dimension der *Responsibility*, einschließlich aller oben dargelegten Konnotationen dieses Begriffs, wodurch insbesondere in kollaborativen Verarbeitungssituationen wie der gemeinsamen Verantwortung gem. Art. 26 DSGVO und gruppendimensionalen, ggf. gesellschaftsrechtlich determinierten Zusammenhängen Haftungsrisiken entstehen können. Dies wird auch durch den französischen Wortlaut deutlich, der statt *„responsable"* wie in Art. 24 DSGVO davon spricht, dass eine Exkulpation nur möglich ist, wenn der Schaden dem Akteur in keiner Weise zugerechnet werden kann (*„le fait qui a provoqué le dommage ne lui est nullement imputable"*).[2490] Dies entspricht einem Vertretenmüssen ohne Verschulden und mithin einer Gefährdungshaftung nach deutschem Recht. Die Gefährdungshaftung ist der Preis für die Inbetriebnahme und das Unterhalten von wissenschaftlich-technischen und anderen Systemen, trotz verbleibender Risiken, auch wenn diese vom Stand der Wissenschaft und Technik nicht vorhersehbar waren.[2491] Zuzurechnen und damit auch nicht von ihm zu vertreten ist einem Akteur beispielsweise nach einhelliger Meinung im Schrifttum der Exzess eines Mitarbeiters oder Dienstleisters trotz sorgfältiger Auswahl, Überwachung und Anleitung.[2492]

Die besseren Argumente sprechen mithin für eine im Technikrecht nicht unbekannte Gefährdungshaftung, wobei dem Meinungsstreit im Ergebnis insgesamt nur eine begrenzte praktische Auswirkung bescheinigt wird,[2493] da auch bei einer Verschuldenshaftung mit Vermutungswirkung ein fehlender oder unzureichender Entlastungsbeweis zu Lasten des Akteurs ginge.[2494] Einem Betroffenen stünde in diesen Fällen ein Anspruch auf Ersatz des entstandenen Schadens zu. Mögliche Anspruchsgegner sind dabei der Verantwortliche, wovon gem. Art. 82 Abs. 4 DSGVO ausdrücklich auch gemeinsame Verantwortliche umfasst werden,[2495] einschließlich der oben entwickelten Figur einer Zurechnung aufgrund von gesellschaftsrechtlichen

---

2490 Auf den französischen und auch in anderen Sprachfassungen zu findenden, scheinbar stärkeren Haftungsmaßstab weist auch *Däubler*, in: Däubler et al., DSGVO BDSG, 2020, Art. 82, Rn. 23 hin.

2491 *Nicklisch*, in: Jayme, et al., FS Niederländer, 341 (344 f.); *Brand*, in: BeckOGK BGB, § 249, Rn. 230; *Spiecker gen. Döhmann*, CR 2016, 697 (702).

2492 *Moos/Schefzig*, in: Taeger/Gabel, DSGVO BDSG TTDSG, 2022, Art. 82, Rn. 24; *Schwartmann/Keppeler/Jacquemain*, in: Schwartmann et al., DSGVO BDSG, 2020, Art. 82, Rn. 34.

2493 So auch *Däubler*, in: Däubler et al., DSGVO BDSG, 2020, Art. 82, Rn. 25; *Bergt*, in: Kühling/Buchner, DSGVO BDSG, 2020, Art. 82, Rn. 12.

2494 Zu diesem Effekt bei einem vertraglichen Schadenersatzanspruch nach § 280 Abs. 1 S. 2 BGB *Ulber*, JA 2014, 573; im Übrigen *Borges*, NJW 2018, 977 (981): „[d]ie Übergänge zwischen den beiden Haftungsmodellen sind fließend.".

2495 *Däubler*, in: Däubler et al., DSGVO BDSG, 2020, Art. 82, Rn. 34 ff.; *Moos/Schefzig*, in: Taeger/Gabel, DSGVO BDSG TTDSG, 2022, Art. 82, Rn. 65.

Beherrschungs- und Einflussnahmemöglichkeiten,[2496] sowie Auftragsverarbeiter im Rahmen der ihnen von der DSGVO zugewiesenen Pflichten.[2497] Sofern die schadensbegründende Verletzung im Verantwortungsbereich des Auftragsverarbeiters lag, kann sich der singuläre bzw. können sich die gemeinsam Verantwortlichen gegenüber dem Betroffenen nicht auf Art. 83 Abs. 3 DSGVO berufen.[2498] In beiden Fällen besteht gem. Art. 82 Abs. 5 DSGVO die Möglichkeit, im Wege des Innenregresses Ausgleichsansprüche geltend zu machen, insbesondere wenn keine Verursachung zu gleichen Teilen vorlag, sondern sich die schadensbegründende Verletzungshandlung klar der Zuständigkeitssphäre eines Beteiligten zuordnen lässt.[2499]

Der Anspruch gem. Art. 82 DSGVO steht indes nicht in Idealkonkurrenz zu weiteren Haftungsansprüchen nach nationalem oder Unionsrecht, so dass einem Betroffenen ggf. weitere Ansprüche aus dem Delikts- (§§ 823, 824, 826 BGB) oder Vertragsrecht (§ 280 Abs. 1 BGB) zustehen können.[2500] Fraglich ist, welche Ansprüche gegen diejenigen in Frage kommen, die in Unternehmen letztinstanzlichen und umfassenden Einfluss auf die Anlässe und die Umstände von Datenverarbeitungen nehmen können.

b. Mögliche Anspruchsgegner

Sind die materiellen Voraussetzungen für einen Schadenersatz erfüllt, ergeben sich daraus inzident auch die möglichen Anspruchsgegner. Insbesondere dem Kausalitätserfordernis kommt in diesem Zusammenhang eine wesentliche Funktion zu. Der moderne Datenverarbeitungsalltag kann dennoch zu einer Pluralität der Anspruchsgegner führen, insbesondere da der Verordnungsgeber zur Beförderung dieses rechtspolitischen Ziels das Instrument der gesamtschuldnerischen Haftung in Art. 82 Abs. 2 und Abs. 4 DSGVO vorgesehen hat, sodass es zur Erfüllung der Ziele der DSGVO, einen umfas-

---

2496 Vgl. C.II.4.d.

2497 *Quaas*, in: BeckOK Datenschutzrecht, 2022, Art. 82, Rn. 41; zu diesen Pflichten *Bergt*, in: Kühling/Buchner, DSGVO BDSG, 2020, Art. 82, Rn. 27 ff.; *Boehm*, in: Simitis et al., Datenschutzrecht, 2019, Art. 82, Rn. 17 f.; *Moos/Schefzig*, in: Taeger/Gabel, DSGVO BDSG TTDSG, 2022, Art. 82, Rn. 68.

2498 *Däubler*, in: Däubler et al., DSGVO BDSG, 2020, Art. 82, Rn. 26; *Bergt*, in: Kühling/Buchner, DSGVO BDSG, 2020, Art. 82, Rn. 55; *Boehm*, in: Simitis et al., Datenschutzrecht, 2019, Art. 82, Rn. 24; *Moos/Schefzig*, in: Taeger/Gabel, DSGVO BDSG TTDSG, 2022, Art. 82, Rn. 83 f.

2499 *Moos/Schefzig*, in: Taeger/Gabel, DSGVO BDSG TTDSG, 2022, Art. 82, Rn. 97; zutreffend weist *Frenzel*, in: Paal/Pauly, DSGVO BDSG, 2021, Art. 82, Rn. 12, darauf hin, dass für die Zurechnung die jeweilige Verarbeitung maßgeblich ist, nicht der Schaden.

2500 *Eßer*, in: Auernhammer, DSGVO BDSG, 2020, Art. 82, Rn. 27; *Bergt*, in: Kühling/Buchner, DSGVO BDSG, 2020, Art. 82, Rn. 12 und 67; *Schantz*, in: Schantz/Wolff, Das neue Datenschutzrecht, 2017, S. 378, Rn. 1246.

senden Schutz natürlicher Personen bei gleichzeitig freiem Fluss persönlicher Daten zu gewährleisten (Art. 1 DSGVO), unerlässlich ist, zu ermitteln, wer für einen Schaden aufkommen muss.

Aus Accountability-Perspektive ist diese Rechtsfolge von eminenter Bedeutung; fehlt insgesamt eine Sanktions- und Haftungskomponente, sei sie interner oder externer Natur, blieben Versäumnisse des Akteurs bei der Erfüllung seiner Pflichten folgenlos. Es könnte mithin nicht länger von einer Accountability gesprochen werden.[2501] Doch auch bei rein intern wirkenden Accountability-Mechanismen kann es zu Einschränkungen der Durchsetzung kommen, weil zwischen Akteur und Forum Interdependenzen bestehen oder weil die zukünftige Zusammenarbeit nicht gefährdet werden soll, die im Wege einer Abwägungsentscheidung zu Lasten der Betroffenen wirken. Es ist mithin zu untersuchen, gegen wen das zivilrechtliche Komplementär aus Art. 82 DSGVO der aufsichts- und strafrechtlichen Durchsetzung des Datenschutzrechts (Art. 83, 84 DSGVO i. V. m. §§ 41 ff. BDSG)[2502] geltend gemacht werden kann.

(1) Verantwortliche und Auftragsverarbeiter

Ausweislich des Wortlauts von Art. 82 Abs. 1 DSGVO hat jede Person[2503] einen Anspruch auf Schadenersatz gegen den bzw. die an einer Verarbeitung beteiligten Verantwortlichen oder Auftragsverarbeiter, der wegen eines Verstoßes gegen die DSGVO einschließlich etwaiger nationalstaatlicher Umsetzungs- und Ausfüllungsgesetze[2504] ein materieller und/oder immaterieller Schaden entstanden ist. Diese Generalklausel ist im Sinne des eines effektiven Rechtsschutzes für Betroffene ausweislich ErwG 146 S. 6 und Art. 82

2501 *Greenleaf*, UNSW Law Research, 2019, 8; *Schedler*, in: Schedler/Diamond/Plattner, The Self-Restraining State, 1999, 13 (15 und 17).

2502 Zu dieser ergänzenden Wirkung *Feldmann*, in: Gierschmann et al., DSGVO BDSG, 2018, Art. 92, Rn. 6.

2503 Die h. M. geht davon aus, dass ausschließlich Betroffene i. S. v. Art. 4 Nr. 1 DSGVO aktivlegitimiert sein sollen (statt aller etwa *Moos/Schefzig*, in: Taeger/Gabel, DSGVO BDSG TTDSG, 2022, Art. 82, Rn. 16, Fn. 23 m. w. N.; *Boehm*, in: Simitis et al., Datenschutzrecht, 2019, Art. 82, Rn. 8 f.);a. A. jedoch ohne unüberzeugende Argumente *Schneider*, ZD 2022, 321 (322 f.); *Paal*, MMR 2020, 14; *Schantz*, in: Schantz/Wolff, Das neue Datenschutzrecht, 2017, S. 378, Rn. 1247; offengelassen bei *Wolff*, ZD 2018, 248 (251), und mit Darstellung des Meinungsstreits *Bergt*, in: Kühling/Buchner, DSGVO BDSG, 2020, Art. 82, Rn. 13 ff.

2504 *Eßer*, in: Auernhammer, DSGVO BDSG, 2020, Art. 82, Rn. 5 und 9; *Becker*, in: Plath, DSGVO BDSG, 2018, Art. 82, Rn. 3; *Schwartmann/Keppeler/Jacquemain*, in: Schwartmann et al., DSGVO BDSG, 2020, Art. 82, Rn. 5; *Bergt*, in: Kühling/Buchner, DSGVO BDSG, 2020, Art. 82, Rn. 24; einschränkend dagegen noch *v. Holleben/Knaut*, CR 2017, 299 (302).

Abs. 4 DSGVO sachlich weit zu verstehen,[2505] wofür auch die Erweiterung des personellen Anwendungsbereichs auf Auftragsverarbeiter spricht, die nach Art. 23 DSRL von einer Haftung noch ausgenommen waren. Sie folgt damit eher dem Vorbild der OECD-Guidelines, nach denen „all parties entrusted with the handling" haftungsbegründende Accountability-Pflichten zukommen sollen.[2506] Primärer Adressat der materiellen DSGVO-Pflichten bleibt jedoch der Verantwortliche i. S. v. Art. 4 Nr. 7 DSGVO.[2507] Solange es sich dabei um eine singuläre juristische Person handelt, ist die Passivlegitimation unproblematisch zuzuordnen. Die Datenverarbeitungsrealität besteht indes aus einem verschiedenartigen Zusammenwirken unterschiedlicher Akteure. Datenschutzrechtlich sind diese gemäß dem binären Verantwortungsmodell als Verantwortliche i. S. v. Art. 4 Nr. 7 DSGVO oder als Auftragsverarbeiter gem. Art. 4 Nr. 8 DSGVO einzuordnen, was jedoch nur prima facie zur Klarheit darüber führt, wer im Sinne eines effektiven Rechtsschutzes in Anspruch genommen oder aus Accountability-Sicht zur Informationserteilung aufgefordert bzw. mit einer Sanktion belegt werden sollte.

Wie dargestellt wurde, kann die datenschutzspezifische Rechtsfigur des Verantwortlichen sowohl aus einzelnen, als auch aus mehreren juristischen Personen bestehen, wenn es sich bei ihnen um gemeinsam Verantwortliche i. S. v. Art. 26 DSGVO handelt, die gemeinsam an der Entscheidung über die Zwecke und wesentlichen Verarbeitungsmittel mitwirken. Umstritten ist dabei der erforderliche Grad der Beteiligung, der sich am Wortlaut der Verantwortlichkeit in Art. 82 Abs. 3 DSGVO entzündet.[2508] Danach können sich Verantwortliche und Auftragsverarbeiter exkulpieren, wenn sie nachweisen, „in keinerlei Hinsicht für den [schädigenden] Umstand [...] verantwortlich" zu sein. Einerseits wird eng am Wortlaut und mit der Entstehungsgeschichte der Norm vertreten, dass Verschulden gerade kein vom Verordnungsgeber vorgesehenes Kriterium sei und es sich deshalb um einen gefährdungshaftungsähnlichen, verschuldensunabhängigen Tatbestand handele.[2509] Demge-

---

2505 *Feldmann*, in: Gierschmann et al., DSGVO BDSG, 2018, Art. 82, Rn. 12.

2506 Interessanterweise unter der sachlichen Beschränkung auf Vertraulichkeitsverletzungen („Breaches of confidentiality"), vgl. *Raab*, in: Guagnin, et al., Managing Privacy through Accountability, 2012, S. 15 (16).

2507 *Janicki*, in: Specht-Riemenschneider et al., FS Taeger, 2020, 197; zu dieser inhaltsgleichen Position i. R. d. der DSRL und der DSGVO *Monreal*, CR 2019, 797 (799), Rn. 14 und (801), Rn. 23; *Hartung*, in: Kühling/Buchner, DSGVO BDSG, 2020, Art. 4 Nr. 7, Rn. 6.

2508 Einigkeit besteht allerdings dahingehend, dass es sich um eine eher akademische Streitfrage handelt, vgl. *Becker*, in: Plath, DSGVO BDSG, 2018, Art. 82, Rn. 5; *Däubler*, in: Däubler et al., DSGVO BDSG, 2020, Art. 82, Rn. 25.

2509 *Kreße*, in: Sydow/Marsch, DSGVO BDSG, 2022, Art. 82, Rn. 18 ff.; *Frenzel*, in: Paal/Pauly, DSGVO BDSG, 2021, Art. 82, Rn. 6 und 12; *Däubler*, in: Däubler et al., DSGVO BDSG, 2020, Art. 82, Rn. 24.

genüber wird argumentiert, dass die Möglichkeit des Art. 82 Abs. 3 DSGVO zur haftungsausschließenden Freizeichnung dieser Auslegung entgegenstehe und es sich daher entweder um eine Gefährdungshaftung mit Exkulpationsmöglichkeit[2510] oder um eine Verschuldenshaftung mit vermutetem, also widerleglichen, Verschulden handele.[2511] Nach hier vertretenem Verständnis[2512] ist die Gefährdungshaftung mit Exkulpationsmöglichkeit vorzugswürdig. Anderslautende Lesarten im Schrifttum[2513] basieren dagegen auf einem unzutreffenden Verständnis des Verordnungswortlauts. So spricht die englische Fassung der DSGVO gemeinsam mit weiteren[2514] davon, dass der in Anspruch genommene in keiner Weise „*responsible*" für das schädigende Ereignis ist. Responsibility ist indes nicht gleichbedeutend mit Accountability, sondern impliziert insbesondere eine sachliche Zuständigkeit, persönliche Handlungspflicht (und das Bewusstsein hierzu) sowie eine grundsätzliche Einflussnahmemöglichkeit.[2515] Entsprechend konsistent verwendete der Verordnungsgeber den Begriff der *Responsibility* deklaratorisch im Titel von Art. 24 DSGVO, sowie inhaltlich in Abs. 1 S. 1, der die konkrete Verpflichtung des Verantwortlichen zur Vornahme technischer und organisatorischer Maßnahmen zur Einhaltung der Verordnung festschreibt.[2516] Es erscheint mithin nicht fernliegend, dass der Verordnungsgeber bei der Verwendung von Responsibility im Rahmen der Haftung gem. Art. 82 DSGVO durchaus die in diesem Begriff inhärente Bedeutung beabsichtigt hat. Daraus folgt, dass die in eigener Person des Verantwortlichen mit Erhebung der Daten entstehende Handlungspflicht der Responsibility ihn spiegelbildlich auch stets zum Adressaten der Haftung (Liability) werden lässt, einschließlich der

---

2510 So *Frenzel*, in: Paal/Pauly, DSGVO BDSG, 2021, Art. 82, Rn. 6 und 12.

2511 So *Moos/Schefzig*, in: Taeger/Gabel, DSGVO BDSG TTDSG, 2022, Art. 82, Rn. 44; *Buchner*, in: Tinnefeld/Buchner/Petri/Hof, Datenschutzrecht, 2020, 328, Rn. 310; wohl auch *Boehm*, in: Simitis et al., Datenschutzrecht, 2019, Art. 82, Rn. 21.

2512 Ausführlich bereits B.II.4.b. oben.

2513 *Feldmann*, in: Gierschmann et al., DSGVO BDSG, 2018, Art. 82, Rn. 17; *Buchner*, in: Tinnefeld/Buchner/Petri/Hof, Datenschutzrecht, 2020, 328, Rn. 310; *Quaas*, in: BeckOK Datenschutzrecht, 2022, Art. 82, Rn. 17.1.

2514 Vgl. *Däubler*, in: Däubler et al., DSGVO BDSG, 2020, Art. 82, Rn. 23 m. N. zu weiteren Sprachfassungen.

2515 Vgl. B.III.1.a. oben; *Schedler*, in: Schedler/Diamond/Plattner, The Self-Restraining State, 1999, 13 (19); *Office of the Auditor General of Manitoba*, Mechanisms and practices for ensuring the accountability of legislative auditors, S. 2; zur Dichotomie zwischen Accountability und Responsibility *Uhr*, TAQ 1993, 1 (3 f.); *Bayertz*, in: Bayertz, Verantwortung – Prinzip oder Problem?, 1995, 3 (55), der eine vergleichbare Handlungsmöglichkeit als Voraussetzung für Verantwortung sieht.

2516 Zirkulär erscheint insofern die Argumentation von *Däubler*, in: Däubler et al., DSGVO BDSG, 2020, Art. 82, Rn. 24, wenn er auf das „Verantwortlich-sein" gem. Art. 26 DSGVO rekurriert anstatt auf die materiellen Handlungspflichten.

Situationen, in denen die konkrete Verletzungshandlung durch einen weisungsgebundenen Auftragsverarbeiter erfolgte.

Pflichtgemäß handelnde Auftragsverarbeiter agieren auch im Regelungsgefüge der DSGVO und trotz der Schaffung genuin eigener Pflichten[2517] weiterhin als „verlängerter Arm" des Verantwortlichen.[2518] Wie für das Handeln seiner Organe i.S.v. § 31 BGB, so ist die juristische Person des Verantwortlichen bzw. in Abhängigkeit der gem. Art. 26 DSGVO getroffenen Vereinbarung die zusammenwirkenden gemeinsam Verantwortlichen auch für das Handeln des „verlängerten Armes" haftungsrechtlich einstandspflichtig.[2519] Ein Auftragsverarbeiter haftet indes gem. Art. 82 Abs. 2 S. 2 DSGVO für einen Schaden nur dann, wenn er seinen speziell in der DSGVO zugewiesenen Pflichten zuwider gehandelt hat,[2520] wozu gem. Art. 28 Abs. 3 S. 2 lit. a DSGVO auch die Weisung des bzw. der Verantwortlichen gehört. Art. 82 Abs. 2 S. 2 DSGVO enthält somit keine echten Tatbestandsalternativen.[2521] Vielmehr bekräftigt die Referenz auf rechtmäßig[2522] erteilte Weisungen in der Deliktsnorm des Art. 82 DSGVO die unbedingte Bedeutung der Weisungsgebundenheit für das Bestehen der Privilegierung sowohl des Auftragsverarbeiterhandelns, als auch der Auftragsverarbeiterhaftung.[2523] Entsprechend der Bezugnahme gem. Art. 82 Abs. 2 S. 2 DSGVO ist diese

---

2517 Vgl. mit einer Aufzählung der Auftragsverarbeiterpflichten *Gabel/Lutz*, in: Taeger/Gabel, DSGVO BDSG TTDSG, 2022, Art. 28, Rn. 76 f.; im Zusammenhang mit Bußgeldern *Bergt*, in: Kühling/Buchner, DSGVO BDSG, 2020, Art. 83, Rn. 21 und 25; zum Schadenersatz *Quaas*, in: BeckOK Datenschutzrecht, 2022, Art. 82, Rn. 40 f.; *Feldmann*, in: Gierschmann et al., DSGVO BDSG, 2018, Art. 82, Rn. 22.

2518 *Schwartmann/Keppeler/Jacquemain*, in: Schwartmann et al., DSGVO BDSG, 2020, Art. 82, Rn. 29; alternativ spricht das deutsche Schrifttum von „im Lager" stehend, so etwa *v. Holleben/Knaut*, CR 2017, 299 (301); im Ergebnis ohne entsprechende Metaphern auch *Boehm*, in: Simitis et al., Datenschutzrecht, 2019, Art. 82, Rn. 24 und *Däubler*, in: Däubler et al., DSGVO BDSG, 2020, Art. 82, Rn. 26.

2519 *Moos/Schefzig*, in: Taeger/Gabel, DSGVO BDSG TTDSG, 2022, Art. 82, Rn. 66; *Becker*, in: Plath, DSGVO BDSG, 2018, Art. 82, Rn. 6; *Boehm*, in: Simitis et al., Datenschutzrecht, 2019, Art. 82, Rn. 16; *Kramer*, in: Auernhammer, DSGVO BDSG, 2020, Art. 28, Rn. 72 f.

2520 Statt aller nur *Bergt*, in: Kühling/Buchner, DSGVO BDSG, 2020, Art. 82, Rn. 25 und 27 ff.

2521 So auch *Boehm*, in: Simitis et al., Datenschutzrecht, 2019, Art. 82, Rn. 18: „nur deklaratorischer Natur"; a.A. wohl *Gola/Piltz*, in: Gola/Heckmann, DSGVO BDSG, 2022, Art. 82, Rn. 5.

2522 Auf die Frage bezüglich etwaiger Prüfpflichten des Auftragsverarbeiters hinsichtlich der Gesetzeskonformität von Auftraggeberweisungen soll an dieser Stelle nur verwiesen werden *Bergt*, in: Kühling/Buchner, DSGVO BDSG, 2020, Art. 82, Rn. 36; *Boehm*, in: Simitis et al., Datenschutzrecht, 2019, Art. 82, Rn. 19; *Kramer*, in: Gierschmann et al., DSGVO BDSG, 2018, Art. 28, Rn. 76 f.; *Gabel/Lutz*, in: Taeger/Gabel, DSGVO BDSG TTDSG, 2022, Art. 28, Rn. 57 f.

2523 *Frenzel*, in: Paal/Pauly, DSGVO BDSG, 2021, Art. 82, Rn. 14; *Schwartmann/Keppe-*

beschränkt auf die Art. 27–32, 37–39, und das Kap. V hinsichtlich der Anforderungen an den Transfer personenbezogener Daten in Drittländer, gegebenenfalls mittels abzuschließender Standardvertragsklauseln gem. Art. 46 Abs. 2 lit. c DSGVO.[2524] Lediglich mittelbar geltende Pflichten, etwa Unterstützungspflichten bei der Umsetzung datenschutzfreundlicher Voreinstellungen (Art. 25 DSGVO), der Erstellung einer Datenschutzfolgenabschätzung (Art. 35 DSGVO) oder der Implementierung der gem. Art. 24 Abs. 1 S. 1 DSGVO erforderlichen technischen und organisatorischen Maßnahmen durch den Verantwortlichen können nicht gem. Art. 82 DSGVO haftungsbegründend verletzt werden.

Dies entspricht aus Accountability-Perspektive auch der Bedeutung von Responsibility, die, wie bereits bezüglich des Verantwortlichen betont wurde, insbesondere eine Einflussnahmemöglichkeit voraussetzt und die dem Auftragsverarbeiter außerhalb seiner Weisungen und der ihm in der DSGVO übertragenen Pflichten fehlt.[2525] Eine entsprechende Differenzierung und das Erfordernis zu einer genauen Prüfung der Verarbeitungsumstände sind insofern gegebenenfalls hinderlich für die Durchsetzung von Schadenersatzansprüchen durch Betroffene, können jedoch aus rechtsstaatlichen Gesichtspunkten nicht über diese äußere Grenze hinaus ausgedehnt werden. Dem steht auch Art. 82 Abs. 4 DSGVO nicht entgegen.[2526] So mangelt es aus Sicht des Auftragsverarbeiters eventuell bereits an einer Beteiligung als objektivem Tatbestandsmerkmal von Art. 82 Abs. 4 DSGVO. Ein Praxisbeispiel für diese Situation wäre der parallele Einsatz von zwei (oder üblicherweise mehr) Auftragsverarbeitern durch den Verantwortlichen, indem er etwa Daten in der Cloud (im Idealfall verschlüsselt) speichert, sie dort aber durch einen weiteren, spezialisierten Dienstleister analysieren lässt. Entstünde nun ein Schaden aufgrund der Verarbeitung durch den spezialisierten Dienstleister, ist der Cloud-Provider an dieser Verarbeitung nicht beteiligt i. S. v. Art. 82 Abs. 4 DSGVO, wodurch ihm die Exkulpation gem. Art. 82 Abs. 2 S. 2 DSGVO möglich wäre. Weder hat er Kenntnis von den verschlüsselt gespeicherten Daten, der erfolgenden Verarbeitungsvorgänge durch den Verantwortlichen oder den auf Analyse spezialisierten Dienst-

---

ler/Jacquemain, in: Schwartmann et al., DSGVO BDSG, 2020, Art. 82, Rn. 29; *Paal*, MMR 2020, 14 (15 f.).

2524 Vgl. ausführlich *Voigt*, Die räumliche Anwendbarkeit der DSGVO auf Auftragsverarbeiter im Drittland, 59 ff.; *EDPB*, Stellungnahme 03/2018, S. 14, zu den originären Pflichten eines Auftragsverarbeiters bei der Beauftragung durch nicht der DSGVO unterfallende Verantwortliche; *Moos/Schefzig*, in: Taeger/Gabel, DSGVO BDSG TTDSG, 2022, Art. 82, Rn. 68; *Bergt*, in: Kühling/Buchner, DSGVO BDSG, 2020, Art. 82, Rn. 27 ff.

2525 Darauf weist auch *Quaas*, in: BeckOK Datenschutzrecht, 2022, Art. 82, Rn. 40 f., ausdrücklich hin.

2526 *Boehm*, in: Simitis et al., Datenschutzrecht, 2019, Art. 82, Rn. 33.

leister, noch hätte er gegen einen von beiden eine rechtliche Möglichkeit zur Einflussnahme. Anders wäre die Situation dagegen zu beurteilen, wenn der Cloud-Provider den spezialisierten Dienstleister als Unterauftragnehmer gem. Art. 28 Abs. 2 und Abs. 4 DSGVO einsetzen würde und ihn beispielsweise dem Verantwortlichen im Rahmen eines einheitlichen Produktes anbietet. In diesem Fall hätte der Auftragsverarbeiter erster Ordnung sowohl Einflussnahmemöglichkeiten, als auch die Pflicht, sie zu gebrauchen. Er wäre *responsible*, wodurch die Exkulpation gem. Art. 82 Abs. 3 DSGVO ausgeschlossen wäre.[2527]

Führt diese Herleitung anhand der Möglichkeit zur Einflussnahme zu einer teilweise erheblichen Begrenzung der Haftung bei Auftragsverarbeitern, bewirkt sie fast spiegelbildlich eine weitreichende Passivlegitimation von gemeinsam Verantwortlichen i. S. v. Art. 26 DSGVO. Wie dargestellt wurde,[2528] impliziert eine gemeinsame Verantwortung in konsistenter Auslegung mit den Wertungen des EuGH gerade eine Beteiligung im Rahmen der Entscheidung über die Zwecke und (wesentlichen) Mittel der Datenverarbeitung i. S. e. *conditio sine qua non*-Äquivalenz,[2529] sodass hieraus auch eine gesamtschuldnerische Haftung gem. Art. 82 Abs. 4 DSGVO entstehen muss. Die äußere Haftungsgrenze bildet indes auch in diesem Zusammenhang die Einflussnahmemöglichkeit i. S. d. Responsibility. Diese bedeutet nicht, die im Rahmen der Vereinbarung gem. Art. 26 DSGVO festgelegten Grenzen gegenseitiger Zuständigkeit zu erweitern, sondern entfaltet ausschließlich Wirkung im Innenverhältnis zwischen den Parteien.[2530] Vielmehr wird die Haftung der gemeinsam Verantwortlichen anhand ihrer objektiven Kenntnis- und Einflussnahmemöglichkeit zu messen sein, die sich aus einer funktionellen Betrachtungsweise ergibt,[2531] in deren Rahmen die formale Komponente des Vertrages nur ein Kriterium darstellt. Daraus folgt, dass insbesondere in Konzernsachverhalten eine bislang wenig wahrgenommene,

---

2527 *Bergt*, in: Kühling/Buchner, DSGVO BDSG, 2020, Art. 82, Rn. 39; *Paal*, MMR 2020, 14 (15 f.); so auch für gemeinsam Verantwortliche *Lang*, in: Taeger/Gabel, DSGVO BDSG TTDSG, 2022, Art. 26, Rn. 118.

2528 Vgl. C. I. 1. b. oben.

2529 *Golland*, K&R 2019, 533 (534); *Schneider*, Gemeinsame Verantwortlichkeit, 2021, 95 f.; *Haumann/Schlewing*, in: Heinze, Daten, Plattformen und KI als Dreiklang unserer Zeit, 2022, 1 (5).

2530 *Specht-Riemenschneider/Schneider*, MMR 2019, 503 (504); *Schreibauer*, in: Auernhammer, DSGVO BDSG, 2020, Art. 26 Rn. 19; *Piltz*, in: Gola/Heckmann, DSGVO BDSG, 2022, Art. 26, Rn. 20; *Hartung*, in: Kühling/Buchner, DSGVO BDSG, 2020, Art. 26, Rn. 64; *Lang*, in: Taeger/Gabel, DSGVO BDSG TTDSG, 2022, Art. 26, Rn. 117.

2531 *Hartung*, in: Kühling/Buchner, DSGVO BDSG, 2020, Art. 26, Rn. 13; *Spoerr*, in: BeckOK Datenschutzrecht, 2022, Art. 26, Rn. 65; *Bussche v. d.*, in: Bussche v. d./ Voigt, Konzerndatenschutz, 2019, Teil 3, Kap. 5, H, Rn. 15; *Lang*, in: Taeger/Gabel, DSGVO BDSG TTDSG, 2022, Art. 26, Rn. 118.

zivilrechtliche Haftungsquelle zusätzlich zu dem Bußgeldrisiko gem. Art. 83 DSGVO bestehen dürfte. Betroffene könnten gem. Art. 82 Abs. 4 DSGVO jeden der gemeinsam Verantwortlichen auf die volle Höhe des entstandenen Schadens in Anspruch nehmen,[2532] also sowohl die Konzernunter- als auch die Konzernobergesellschaft, die im Wege einer gemeinsamen Haftungseinheit verklammert werden.[2533] Die äußere Grenze bildet jedoch in jedem Einzelfall die bestehende gemeinsame Verantwortung, sodass keine allgemeine Einstandspflicht von Konzerngesellschaften angenommen werden kann. Maßgeblich bleibt die Verantwortung i. S. v. Art. 4 Nr. 7 DSGVO.

(2) Schadenersatz von leitenden und sonstigen Angestellten

Juristische Personen bedürfen zu ihrer Handlungsfähigkeit stets der Arbeitsleistung ihrer Angestellten.[2534] Als oberstem Leitungsorgan kommt dabei dem Vorstand einer Kapitalgesellschaft bzw. der Geschäftsführung einer Personengesellschaft eine herausgehobene Bedeutung zu. Die Einhaltung gesetzlicher Normen, einschließlich derer der DSGVO durch sie selbst und die ihnen unterstehende Organisation sowie erforderlichenfalls die Einrichtung entsprechender Organisationsstrukturen, obliegt sowohl in erst- als auch in letztinstanzlicher Zuständigkeit (Responsibility) und Verantwortung (*Accountability*) diesen Leistungsorganen. In entsprechend verminderter Form kann die Pflicht zur Legalitätskontrolle auch für leitende Angestellte unter der Ebene des Vorstands oder der Geschäftsführung gelten, worunter Personen zu verstehen sind, die zur selbstständigen Einstellung oder Entlassung berechtigt sind, Generalvollmacht oder Prokura haben oder die regelmäßig Aufgaben wahrnehmen, die für den Bestand oder die Entwicklung des Betriebs von Bedeutung sind, wenn sie dabei im Wesentlichen frei von Weisungen agieren.[2535] Fraglich ist, welche Parteien berechtigt sind, die sorgfaltsgemäße Pflichterfüllung einzufordern, zu überprüfen und bei entsprechender Nicht-Erfüllung zu sanktionieren, wobei die Abwesenheit einer solchen Sanktion als Fehlen eines extrinsischen Anreizes gesehen werden, welcher die Verantwortlichkeit schwächen würde. Denn gerade wegen ihrer zentralen und einflussreichen Position sehen sich Organwalter und leitende

---

2532 *Kramer*, in: Schwartmann et al., DSGVO BDSG, 2020, Art. 26, Rn. 45; *Hartung*, in: Kühling/Buchner, DSGVO BDSG, 2020, Art. 26, Rn. 64; *Schreiber*, ZD 2019, 55 (58); *Moos/Schefzig*, in: Taeger/Gabel, DSGVO BDSG TTDSG, 2022, Art. 83, Rn. 90 ff.; *Kreße*, in: Sydow/Marsch, DSGVO BDSG, 2022, Art. 82, Rn. 21.

2533 Vgl. ausführlich C. I.2.c. und C. II.4.d.(1) oben; *Spittka*, in: Taeger, Rechtsfragen digitaler Transformation, 2018, 117 (127).

2534 *Raum*, GRUR 2021, 322 (323); *Schild*, in: BeckOK Datenschutzrecht, 2022, Art. 4, Rn. 89.

2535 So definiert in § 5 Abs. 3 S. 2 BetrVG; vgl. auch *Melot de Beauregard/Baur*, DB 2016, 1754, zur inhaltlich engeren Definition nach § 14 Abs. 2 S. 1 KSchG.

Angestellte verschiedenen, gegebenenfalls auch konfligierenden Accountability-Beziehungen gegenüber unterschiedlichen internen wie auch externen Foren ausgesetzt. In diesem Zusammenhang ist besonders die richterrechtlich entwickelte Figur der eingeschränkten Arbeitnehmerhaftung und des innerbetrieblichen Schadenausgleichs zu beachten,[2536] die allerdings nur für Arbeitnehmende, nicht für Leitungsorgane Anwendung findet,[2537] sodass zwischen diesen beiden Gruppen bezüglich der Frage nach einer potenziellen Haftung zu differenzieren ist. Dabei soll sich die nachfolgende Darstellung aus Gründen der Relevanz auf Umstände beschränken, die unmittelbar mit der Verarbeitung personenbezogener Daten in Zusammenhang stehen, denn das Recht der Managerhaftung ist komplex und von einer Reihe fallspezifischer Faktoren abhängig, insbesondere von der Organisationsform des Konzerns.[2538]

Der primäre Haftungstatbestand für Vorstandsmitglieder einer Aktiengesellschaft liegt in der Verletzung der ihnen gem. § 93 Abs. 1 S. 1 AktG zugewiesenen Legalitäts- und Legalitätskontrollpflichten.[2539] Für daraus entstehende Schäden sind die Vorstandsmitglieder als Gesamtschuldner zum Schadenersatz verpflichtet (§ 93 Abs. 2 S. 1 AktG). Allerdings berechtigt § 93 Abs. 2 S. 1 AktG ausschließlich die Gesellschaft selbst, vertreten durch den Aufsichtsrat (§ 112 AktG), Schadenersatz zu verlangen; es handelt sich um eine reine Innenhaftung.[2540] Aus Accountability-Sicht ist diese Haftungskonstellation dennoch nicht uninteressant, denn einerseits unterliegt das Forum des Aufsichtsrates seinerseits gesetzlichen Pflichten, nämlich solchen zur sorgfältigen Überwachung des Vorstandshandelns und die „Pflicht zur Neugier"[2541] (§§ 111 Abs. 1, 116 S. 1 AktG), wegen deren Verletzung sie von der Gesellschaft in Anspruch genommen werden können.[2542] Allerdings würde die Gesellschaft in dieser Konstellation durch den Vorstand vertreten werden, wodurch eine gewisse Pattsituation zwischen den Foren ausgelöst wird,[2543] die aus datenschutzrechtlicher Perspektive eine Schwächung

---

2536 Ausführlich dazu *Melot de Beauregard/Baur*, DB 2016, 1754 ff.

2537 Auch für leitende Angestellte kann sie bereits Einschränkungen erfahren, vgl. *Feuerborn*, in: BeckOGK BGB, § 619a, Rn. 14.

2538 Vgl. dazu *Habersack*, in: Bechtold/Jickeli/Rohe, FS Möschel, 2011, 1175 (1183 ff.).

2539 *Koch*, in: Koch, AktG, 2022, § 93, Rn. 9 ff.; *Grigoleit/Tomasic*, in: Grigoleit, AktG, 2020, § 93, Rn. 26; *Schmidt*, in: Specht-Riemenschneider/Werry/Werry, Datenrecht, 2020, § 2.1, Rn. 20 sieht es als Ausprägung der Pflicht zum Risikomanagement gem. § 91 Abs. 2 AktG.

2540 *Wagner*, ZfBR 2017, 546 (548); *Schockenhoff*, ZHR 2016, 197 (211 f.).

2541 So *Nietsch*, ZHR 2020, 60 (91).

2542 *Spindler*, in: MüKo AktG, 2019, Vorb. zum vierten Teil AktG, Rn. 67; *Blassl*, WM 2017, 992 (993 f.), spricht von einer „abgeleiteten Pflicht zur Legalitätskontrolle seitens des Aufsichtsrats"; *Wagner*, ZfBR 2017, 546.

2543 *Pelzer*, WM 1981, 346 (348), z. n. *Bezzenberger/Keul*, in: Grundmann et al., FS

D. Sanktion eines Forums als konstitutives Merkmal von Accountability

des übergeordneten Schutzes für betroffene Personen befürchten lässt und den Accountability-Mechanismus bezüglich dieser Parteien in Frage stellt. In Abwesenheit externer Sanktionsmechanismen besteht damit das Risiko, dass Leitungsorgane sanktionslos *„unaccountable"* handeln. Daran vermag auch die Möglichkeit der Hauptverwaltung gem. § 147 Abs. 1 AktG nichts zu ändern, wodurch Schadensersatzansprüche durch Mehrheitsbeschluss – einfache Stimmenmehrheit genügt – erzwungen werden können. Relevanter als gesellschaftsrechtliche Anspruchsgrundlagen erscheinen mithin allgemein deliktsrechtliche und gegebenenfalls sogar genuin datenschutzrechtliche.

Relativ unproblematisch können danach materielle sowie immaterielle Schäden liquidiert werden, die aus einer eigenmächtigen Verarbeitung personenbezogener Daten durch das Vorstands- oder Geschäftsführungsmitglied oder die Leitungsperson entstehen. Regressfähig ist ein solches Verhalten sowohl gem. §§ 823 Abs. 2 BGB, 826 i. V. m. den individualschützenden Normen der DSGVO als auch direkt nach Art. 82 DSGVO, bei dem es sich um einen eigenständigen deliktischen Anspruch handelt, der entsprechend auch autonom europarechtlich auszulegen ist.[2544] Der Schaden entsteht in dieser Situation aus dem in Ermangelung einer Rechtsgrundlage nicht gerechtfertigten Eingriff in das Persönlichkeitsrecht.[2545] Bei einer solchen Verarbeitung handelt es sich auch bei Führungskräften um einen Mitarbeiterexzess, der in der Sache nicht abweichend vom Handeln nicht-leitender Angestellter zu bewerten ist.[2546] Hierbei schwingt sich der Mitarbeitende zu einem eigenständigen Verantwortlichen auf, denn es erfolgt gerade eine eigenmächtige Zweck- und Mittelbestimmung, die vorsätzlich oder zumindest fahrlässig pflichtwidrig von der bindenden Zweckbestimmung des Unternehmens abweicht.[2547] Vor diesem Hintergrund scheiden sowohl eine gemeinsame Verantwortung der natürlichen Person und ihrem Arbeitgeber i. S. v. Art. 26 DSGVO[2548] als auch eine Beteiligung i. S. v. Art. 82 Abs. 2 und Abs. 4 DSGVO aus. Für eine

---

Schwark, 2009, 121, Fn. 1, spricht deswegen von einer „Bisssperre" zwischen diesen beiden Parteien.

2544 *Neun/Lubitzsch*, BB 2017, 2563 (2567); *Eßer*, in: Auernhammer, DSGVO BDSG, 2020, Art. 82, Rn. 1; *Becker*, in: Plath, DSGVO BDSG TTDSG, 2023, Art. 82, Rn. 1; *Schwartmann/Keppeler/Jacquemain*, in: Schwartmann et al., DSGVO BDSG, 2020, Art. 82, Rn. 1; *Bergt*, in: Kühling/Buchner, DSGVO BDSG, 2020, Art. 82, Rn. 12.

2545 Art. 29 i. V. m. den Rechtmäßigkeitsnormen i. e. S. (Art. 6–10) DSGVO, vgl. zu diesem Verarbeitungsverbot B.III.1.a.(2) oben.

2546 Vgl. dazu *Ambrock*, ZD 2020, 492 (493).

2547 *Moos/Schefzig*, in: Taeger/Gabel, DSGVO BDSG TTDSG, 2022, Art. 82, Rn. 20.

2548 Inkonsistent *Ambrock*, ZD 2020, 492, wenn er eine gemeinsame Verantwortung verneint (493) aber gleichzeitig eine Haftung durch Beteiligung bejaht (496); *Kramer*, in: Gierschmann et al., DSGVO BDSG, 2018, Art. 4 Nr. 7, Rn. 8; a. A. jedoch ohne jeglichen Begründungsversuch, warum für einen Geschäftsführer anderes gelten sollte OLG Dresden, Urt. v. 30.11.2021 – 4 U 1158/21, Rn. 15 = BeckRS 2021, 39660; zustimmend auch *Schild*, in: BeckOK Datenschutzrecht, 2022, Art. 4, Rn. 89;

Beteiligung fehlt es gerade an einem kausalen Tatbeitrag an „derselben" Verarbeitung „und"[2549] daran, dass der Arbeitgeber damit für den Schaden verantwortlich (engl. Wortlaut „*responsible*")[2550] ist, solange er aus *ex ante* Perspektive beurteilt[2551] angemessene Maßnahmen zur Verhinderung, insbesondere Verpflichtungen, Schulungen und Kontrollen, eingerichtet hat.[2552] Im Sinne eines möglichst einfachen und umfassenden Zugangs zu Schadensersatz (ErwG 146 S. 6) mag ein weites Verständnis von „Beteiligung" *de lege ferenda* wünschenswert erscheinen.[2553] Allerdings ließe sich mit dieser Argumentation einer basalen *conditio sine qua non* eine Beteiligung stets bis zu der initial erhebenden Stelle zurückverfolgen, obwohl diese die Zwecke und Mittel der Daten gerade nicht länger „in den Händen"[2554] hielte, was insbesondere vor dem Hintergrund des Rechts auf Datenportabilität i. S. v. Art. 20 DSGVO unbillig erschiene. Auch rechtskonform in Umsetzung von Art. 24 Abs. 1 S. 1 DSGVO ergriffene Maßnahmen, die eine entsprechende Weiterverarbeitung gerade verhindern sollen, finden in dieser Begründung nicht ausreichende Berücksichtigung.[2555] Zwar kann der persönlich handelnden Leitungsperson im Einzelfall eine oder sogar die bestimmende Rolle bei der Zweckfestlegung von Datenverarbeitungen zukommen. Solange sie dies indes zur Förderung des Gesellschaftszwecks in Ausübung ihrer arbeits- bzw. anstellungsvertragstypischen Pflichten tut, handelt sie als ein Organ der juristischen Person und nicht in ihrer Eigenschaft als passivlegitimierter

---

ablehnend zu dieser Entscheidung *Becker*, in: Plath, DSGVO BDSG TTDSG, 2023, Art. 82, Rn. 15.

2549 Auf die kumulative Tatbestandsvoraussetzung weisen auch *Schwartmann/Keppeler/ Jacquemain*, in: Schwartmann et al., DSGVO BDSG, 2020, Art. 82, Rn. 36 hin.

2550 Interessant ist die Meinung des Accountability-Schrifttums in diesen Zusammenhang, dass die Eigenschaft der *Responsibility* nur natürlichen Personen zukommen soll, vgl. *Wellman*, in: Goodin/Pettit/Pogge, Contemporary Political Philosophy, 2007, 736 (737); ähnlich auch zum soziologischen Konzept der Verantwortung *Bayertz*, in: Bayertz, Verantwortung – Prinzip oder Problem?, 1995, 3 (28 f. und 33).

2551 Vgl. zu diesem Maßstab bei Compliance-Maßnahmen *Habersack*, in: Bechtold/Jickeli/Rohe, FS Möschel, 2011, 1175 (1184).

2552 So auch *Boehm*, in: Simitis et al., Datenschutzrecht, 2019, Art. 82, Rn. 16 und 33; *Frenzel*, in: Paal/Pauly, DSGVO BDSG, 2021, Art. 82, Rn. 13; a. A. mit einem vollständig umfassenden Beteiligungs- und Haftungsverständnis *Ambrock*, ZD 2020, 492 (496 f.).

2553 Ein solches propagieren etwa *Frenzel*, in: Paal/Pauly, DSGVO BDSG, 2021, Art. 82, Rn. 13; *Ambrock*, ZD 2020, 492 (496 f.); *Däubler*, in: Däubler et al., DSGVO BDSG, 2020, Art. 82, Rn. 24; wohl auch *Laue*, in: Laue/Kremer, Datenschutzrecht, § 11, Rn. 13.

2554 Vgl. *Boehm*, in: Simitis et al., Datenschutzrecht, 2019, Art. 82, Rn. 17, mit dieser Formulierung.

2555 *Becker*, in: Plath, DSGVO BDSG TTDSG, 2023, Art. 82, Rn. 9 f.; *Däubler*, in: Däubler et al., DSGVO BDSG, 2020, Art. 82, Rn. 24 f.

Privatperson.[2556] Dies ändert sich auch nicht, wenn die Entscheidung über die Zwecke und Umstände einer Datenverarbeitung zu schädigenden Verstößen gegen die DSGVO führt (§ 31 BGB). Vielmehr greift in dieser Situation das Verhaltens- und Haftungsregime des § 93 Abs. 1 S. 2 AktG, wonach der Vorstand dann nicht haftungsbegründend pflichtwidrig handelt, sofern und soweit er „auf der Grundlage angemessener Informationen zum Wohle der Gesellschaft zu handeln" beabsichtigte und hierfür auch den gegebenenfalls erforderlichen Rechtsrat eingeholt hat.[2557] Sein Verhalten gründet in sich auf die betriebliche Veranlassung seiner Position, zu der es auch gehört, entsprechende – potenziell risikobehaftete – Entscheidungen zu treffen und bei der ihm ein weiter Handlungsspielraum zusteht (die sog. *„Business Judgement Rule"*)[2558]. Ein Handeln gilt allgemein als betrieblich veranlasst, wenn es bei objektiver Betrachtungsweise aus Sicht des Schädigers unter der Berücksichtigung der Verkehrsüblichkeit nicht untypisch war und keinen Exzess darstellte.[2559]

Damit haften leitende Angestellte sowie Leitungsorgane im Außenverhältnis als eigene Verantwortliche i. S. v. Art. 4 Nr. 7 DSGVO sofern und soweit sie durch ihren Dienstherrn zweckgebunden erhobene Daten zu eigenen Zwecken weiterverarbeiten.[2560] In Abwesenheit entsprechender Umstände kommt jedoch lediglich eine Inanspruchnahme der juristischen Person des allein oder gemeinsam mit anderen Verantwortlichen oder des Auftragsverarbeiters in Betracht, in dessen Verantwortungshoheit der schadensbegründende Verstoß erfolgte.[2561] Die Möglichkeit zum Innenregress nach dem na-

---

2556 *Melot de Beauregard/Baur*, DB 2016, 1754 (1756 f.); das Urteil des OLG Dresden erinnert insofern an die Vertretertheorie Savigny's; vgl. dazu *Buck*, Wissen und juristische Person, 2000, 214 ff.; vgl. auch *Fleischer*, in: BeckOGK AktG, § 93, Rn. 132, der darauf hinweist, dass es sich bei Weisungen um die Ausübung des Direktionsrechts des Arbeitgebers handele, nicht um eine Inanspruchnahme von Erfüllungsgehilfen i. S. v. § 278 BGB; a. A. *Schild*, in: BeckOK Datenschutzrecht, 2022, Art. 4, Rn. 89, der im Anschluss an das OLG Dresden leitende Angestellte als haftende Verantwortliche i. S. v. Art. 4 Nr. 7 DSGVO einstuft.
2557 Die Business Judgement Rule findet bei gesetzlichen Verboten keine Anwendung, sodass sich das Leitungsorgan darüber zu unterrichten hat, was zulässig ist, vgl. dazu *Grigoleit/Tomasic*, in: Grigoleit, AktG, 2020, § 93, Rn. 21 ff.; *Koch*, in: Koch, AktG, 2022, § 93, Rn. 46 f. und 79; *Fleischer*, in: BeckOGK AktG, 2022, § 93, Rn. 44 m. w. N..
2558 Diese leitet sich aus § 76 Abs. 1 AktG bzw. § 43 GmbHG ab; vgl. zu ihren Inhalten bspw. *Paefgen*, WM 2016, 433 (436 f.); *Grigoleit/Tomasic*, in: Grigoleit, AktG, 2020, § 93, Rn. 38 ff.
2559 BAG, Urt. v. 16.2.2016 – 8 AZR 493/93, Rn. 14 = NZA 2011, 345 (347).
2560 *Löschhorn/Fuhrmann*, NZG 2019, 161 (169).
2561 *Schönefeld/Thomé*, PinG 2017, 126 (127); vgl. dazu ausführlich D.III.1.b.(1) zuvor.

tionalen Gesellschaftsrecht, in Deutschland konkret § 93 Abs. 1 S. 1 und S. 2 AktG, bleibt davon unberührt.[2562]

(3) Schadensersatzpflicht des Datenschutzbeauftragten

Wie dargestellt, besteht eine Dimension von Accountability in der Kontrolle des Akteursverhaltens, wozu sowohl intern wie extern anzusiedelnde Mechanismen wirken können. Die interne Kontrolle aus Sicht des Akteurs übernimmt entsprechend seiner gesetzlich zugewiesenen Aufgabe der Datenschutzbeauftragte (Art. 39 Abs. 1 lit. b DSGVO), sofern ein solcher zu bestellen ist (Art. 37 Abs. 1 DSGVO bzw. § 38 f. BDSG).[2563] Hierzu ist der Verantwortliche bzw. Auftragsverarbeiter sowohl befugt als auch verpflichtet Zuständigkeiten (*Responsibilities*) zuzuweisen (Art. 39 Abs. 1 lit. b DSGVO), aus denen jedoch nicht *qua legem* entsprechende Handlungspflichten für die internen Adressaten entstehen und sich dabei hinsichtlich der Erfüllung der materiellen Pflichten durch den Datenschutzbeauftragten beraten zu lassen (Art. 39 Abs. 1 lit. a DSGVO). Sofern keine Pflicht zur Bestellung eines Datenschutzbeauftragten besteht, kann jedoch nicht von einem Entfallen der entsprechenden Überwachungs- und Kontrollaufgaben ausgegangen werden, sondern diese fallen vielmehr den entsprechend vertretungsberechtigten Geschäftsführungsorganen selbst zu.[2564] Besteht jedoch die Pflicht und ist ein Datenschutzbeauftragter bestellt, wird die Frage virulent, ob und wenn ja unter welchen konkreten Umständen dieser als Haftungsobjekt in Frage kommt, wenn durch den Akteur gegen die Vorschriften der DSGVO und mithin gegen Persönlichkeitsrechte verstoßen wird.

Daneben stellen sich Fragen der Haftung bezüglich Situationen, in denen der Datenschutzbeauftragte seinerseits gegen seine Pflichten aus der DSGVO verstößt. Allerdings enthält die DSGVO zu beiden Haftungskonstellationen keine nennenswerten Einlassungen,[2565] sodass sich eine Antwort nur aus einer Analyse der persönlichen und sachlichen Tatbestandsvoraussetzungen innerhalb der DSGVO und aus Haftungstatbeständen außerhalb der DSGVO, insbesondere dem Deliktsrecht, ermitteln lässt.

2562 *Moos/Schefzig*, in: Taeger/Gabel, DSGVO BDSG TTDSG, 2022, Art. 82, Rn. 20; *Quaas*, in: BeckOK Datenschutzrecht, 2022, Art. 82, Rn. 39.

2563 Vgl. zu den Voraussetzungen, wann ein Datenschutzbeauftragter zu bestellen ist *Eßer/Steffen*, CR 2018, 289 (290); *Bergt*, in: Kühling/Buchner, DSGVO BDSG, 2020, Art. 37, Rn. 15 ff.; *Moos*, in: BeckOK Datenschutzrecht, 2022, Art. 37, Rn. 11 ff.; *Schefzig*, in: Moos/Schefzig/Arning, Praxishandbuch DSGVO, 2021, Kap. 11, Rn. 55 ff.

2564 Gleiches gilt, solange der Delegatar keine Weisungsmöglichkeiten hat, vgl. für den Compliance-Officer *Drewes*, in: Simitis et al., Datenschutzrecht, 2019, Art. 39, Rn. 66.

2565 *Paal*, in: Paal/Pauly, DSGVO BDSG, 2021, Art. 39, Rn. 11.

D. Sanktion eines Forums als konstitutives Merkmal von Accountability

Haftungseinschränkend wirken im Außenverhältnis die Tatbestände selbst in Bezug zum Betroffenen Art. 82 DSGVO sowie zur Aufsichtsbehörde Art. 83 DSGVO, insofern als sie die Passivlegitimierten ausschließlich mit Verantwortlichen bzw. Auftragsverarbeitern benennen.[2566] Als Verantwortlicher kommt zunächst jede natürliche oder juristische Person in Frage, sodass vom Wortlaut her auch ein Datenschutzbeauftragter erfasst sein kann. Jedoch scheidet der Datenschutzbeauftragte deswegen bereits aus, da er keine Entscheidungen über die Zwecke und Mittel einer Datenverarbeitung trifft. Dies gilt selbst dann, wenn er gem. Art. 38 Abs. 3 DSGVO strikt weisungsfrei ist und gem. Art. 38 Abs. 2 DSGVO Zugang zu den personenbezogenen Daten des Akteurs zur Erfüllung seiner Aufgaben nimmt bzw. nehmen könnte, denn der Zweck dieser Maßnahmen besteht lediglich in der Ausführung seiner Überwachungspflichten gem. Art. 39 Abs. 1 lit. b DSGVO. Es fehlt mithin an einer zweckändernden Verarbeitung, die sachlich überhaupt eine eigene Verantwortlichkeit i. S. v. Art. 4 Nr. 7 DSGVO begründen könnte. Seinen Pflichten entsprechend kann der Datenschutzbeauftragte lediglich beratende Empfehlungen aussprechen, jedoch keine bindenden Weisungen,[2567] sodass eine etwaige Rolle an einer Entscheidungsfindung bestenfalls unterstützender Natur sein kann.

Hinsichtlich Daten, die ein Datenschutzbeauftragter in seiner Funktion als Ansprechpartner für Betroffene gem. Art. 38 Abs. 4 DSGVO erst erhebt und über die der Verantwortliche im Zweifel selbst (noch bzw. nie) nicht verfügt, ist die Position des Datenschutzbeauftragten ähnlich zu beurteilen wie die eines Betriebsrates; auch hierbei ist die juristische Person Verantwortlicher i. S. v. Art. 4 Nr. 7 DSGVO für die durch das entsprechende Gremium durchgeführten Datenverarbeitungen,[2568] die Zweck- und Mittelbestimmung reduziert sich jedoch auf die Bereitstellung der zur Aufgabenerfüllung er-

---

2566 *Scheja*, in: Taeger/Gabel, DSGVO BDSG TTDSG, 2022, Art. 38, Rn. 10; *Eßer/Steffen*, CR 2018, 289 (291); *Wolff*, in: Schantz/Wolff, Das neue Datenschutzrecht, 2017, Rn. 911; unvollständig daher *Weichert*, in: Däubler et al., DSGVO BDSG, 2020, Art. 39, Rn. 9, der eine Haftung nach Art. 82 nur für Verantwortliche annimmt.

2567 *Lantwin*, ArbRAktuell 2017, 508 (509); *Drewes*, in: Simitis et al., Datenschutzrecht, 2019, Art. 39, Rn. 62; *Jaspers/Reif*, in: Schwartmann et al., DSGVO BDSG, 2020, Art. 39, Rn. 14.

2568 Vgl. § 79a S. 2 BetrVG; vgl. zum Meinungsstreit bzgl. Betriebsräten und den zugrunde liegenden Problemfeldern statt vieler *Hartung*, in: Kühling/Buchner, DSGVO BDSG, 2020, Art. 4 Nr. 7, Rn. 11 und 11a; vgl. jedoch auch *Maschmann*, NZA 2021, 834 (836), zur möglichen Unionsrechtswidrigkeit von § 79a BetrVG mit der Begründung, dass der Arbeitgeber wegen der besonderen Stellung im BetrVG – die der europäische Verordnungsgeber wegen Art. 153 AEUV zu wahren hat, siehe dazu *Lembke*, in: Klapp et al., FS Schmidt, 2021, 277 (280)) – keine Entscheidungen hinsichtlich der Datenverarbeitungen durch den Betriebsrat treffe und entsprechend als Verantwortlicher i. S. v. Art. 4 Nr. 7 DSGVO ausscheide.

forderlichen Arbeitsmittel.[2569] Eine Zurechnung zum Arbeitgeber als datenschutzrechtlich Verantwortlichen ist insofern folgerichtig, da sowohl der Betriebsrat als auch der Datenschutzbeauftragte Daten zweckgebunden vom Betroffenen mit Blick auf dessen Beziehung zum Verantwortlichen oder Auftragsverarbeiter verarbeiten und nicht hinsichtlich Anlässen aus dessen Privatleben.[2570] Abweichend davon ist freilich die Situation zu beurteilen, wenn ein Datenschutzbeauftragter die ihm in Erfüllung seiner gesetzlichen und/oder vertraglichen Kontrollpflichten bekannt gewordenen Daten zu anderen, selbst definierten Zwecken verwendet und mithin im Aufgaben- und Funktionsexzess handelt.[2571] In dieser Situation kommen neben den noch zu untersuchenden deliktsrechtlichen Ansprüchen aus §§ 823, 1004 BGB insbesondere auch strafrechtliche Verfolgung gem. § 203 Abs. 4 S. 1 StGB, §§ 41, 42 BDSG in Betracht,[2572] der den Datenschutzbeauftragten ausdrücklich in seiner Rolle als Berufsgeheimnisträger verpflichtet. Solange ein Datenschutzbeauftragter seinen Beratungs-, Hinweis-, und Kontrollpflichten gem. Art. 38 DSGVO gegenüber dem Verantwortlichen oder Auftragsverarbeiter nachkommt, scheidet eine Haftung als Teilnehmer i. S. d. StGB bereits wegen fehlender Weisungsfähigkeit und mithin kausaler Zurechenbarkeit des Verstoßes aus.[2573]

Darüber hinaus kommt für einen Datenschutzbeauftragten die Rolle eines Auftragsverarbeiters i. S. v. Art. 4 Nr. 8 DSGVO nicht in Betracht, weil die strikte, jede Auftragsverarbeitung prägende Weisungsgebundenheit gem. Art. 28 Abs. 3 lit. a DSGVO mit der explizit vorgeschriebenen Weisungsfreiheit gem. Art. 38 Abs. 3 S. 1 DSGVO und der Vertraulichkeit gem. Art. 38

2569 Ähnlich *Bergt*, in: Kühling/Buchner, DSGVO BDSG, 2020, Art. 38, Rn. 26, mit den Beispielen der zulässigen Weisung hinsichtlich IT-Nutzungs- und Reisekostenrichtlinien; *Moos*, in: BeckOK Datenschutzrecht, 2022, Art. 38, Rn. 18, nennt zutreffend als Grenze arbeitgeberseitig zulässiger Weisungen die Aufgaben gem. Art. 39 DSGVO.

2570 Art. 38 Abs. 4 DSGVO ist insofern missverständlich weit formuliert, wenn er Betroffenen gestattet, den Datenschutzbeauftragten „zu allen mit der Verarbeitung ihrer personenbezogenen Daten [...] im Zusammenhang stehenden Fragen zu Rate ziehen", ohne dies auf die Verarbeitung durch den konkret für eine oder mehrere Verarbeitungstätigkeiten Verantwortlichen einzuschränken; *Raum*, in: Auernhammer, DSGVO BDSG, 2020, Art. 38, Rn. 42.

2571 *Raum*, in: Auernhammer, DSGVO BDSG, 2020, Art. 39, Rn. 58; *Drewes*, in: Simitis et al., Datenschutzrecht, 2019, Art. 39, Rn. 57.

2572 *Paal*, in: Paal/Pauly, DSGVO BDSG, 2021, Art. 39, Rn. 12; *Bussche v. d./Raguse*, in: Plath, DSGVO BDSG TTDSG, 2023, Art. 39, Rn. 23 ff.; *Drewes*, in: Simitis et al., Datenschutzrecht, 2019, Art. 39, Rn. 57.

2573 *Lantwin*, ArbRAktuell 2017, 508 (509 f.); *Fuhlrott*, NZA 2019, 649 (653); *Bussche v. d.*, in: Bussche v. d./Voigt, Konzerndatenschutz, 2019, Kap. 1, H, Rn. 101; *Scheja*, in: Taeger/Gabel, DSGVO BDSG TTDSG, 2022, Art. 38, Rn. 12, und etwas relativierend Rn. 16.

Abs. 5 DSGVO in nicht auflösbarer Weise konfligieren würde.[2574] Folglich scheidet eine direkte Inanspruchnahme des Datenschutzbeauftragten gem. Art. 82 oder Art. 83 DSGVO aus, sofern keine Exzesssituation gegeben ist, in welcher der Datenschutzbeauftragte sich selbst zum Verantwortlichen aufschwingt,[2575] und etwaige Ansprüche kommen einzig nach nationalem, neben der DSGVO bzw. in deren Umsetzung i. S. d. BDSG erlassenen Recht, insbesondere den allgemeinen Haftungsgrundsätzen aufgrund von Pflicht- oder Rechtsgutverletzungen in Betracht.[2576]

Zwar scheiden vertragliche Ansprüche des bzw. der Betroffenen[2577] gegen den Datenschutzbeauftragten mangels Vertrages zwischen ihm und dem Betroffenen wie auch aufgrund eines Vertrages mit Schutzwirkung zu Gunsten Dritter nach ganz h. M. aus,[2578] doch können deliktische Ansprüche unter bestimmten Umständen in Betracht kommen.[2579] Aufgrund der Anspruchsbegründung außerhalb der DSGVO gilt jedoch in diesen Fällen grundsätzlich nicht die in Art. 32 DSGVO enthaltene Beweislastumkehr,[2580] was freilich die richterliche Zuweisung einer sekundären Darlegungs- und Beweislast i. R. d. freien Beweiswürdigung gem. § 286 ZPO unberührt lässt, sodass darin nur bedingt eine verlässliche Verteidigungsstrategie gesehen werden kann.

2574 Zutreffend weist *Scheja*, in: Taeger/Gabel, DSGVO BDSG TTDSG, 2022, Art. 38, Rn. 72, darauf hin, dass sich der Datenschutzbeauftragte zur Weitergabe von ihm anvertrauten Daten zunächst von der Schweigepflicht entbinden lassen müsse.

2575 So auch *Däubler*, in: Däubler et al., DSGVO BDSG, 2020, Art. 82, Rn. 7; *Bussche v. d.*, in: Bussche v. d./Voigt, Konzerndatenschutz, 2019, Kap. 1, H, Rn. 101; für den Auftragsverarbeiter *Kramer*, in: Auernhammer, DSGVO BDSG, 2020, Art. 28, Rn. 69.

2576 Vgl. *Paal*, MMR 2020, 14 (15), m. w. N.; *Eßer/Steffen*, CR 2018, 289 (291).

2577 Vertragliche Ansprüche etwa gem. § 280 BGB kommen dagegen im Verhältnis zwischen Datenschutzbeauftragten und den bestellenden Stellen in Betracht, vgl. *Bussche v. d.*, in: Bussche v. d./Voigt, Konzerndatenschutz, 2019, Kap. 1, H, Rn. 97; *Bergt*, in: Kühling/Buchner, DSGVO BDSG, 2020, Art. 38, Rn. 53; *Fuhlrott*, NZA 2019, 649 (653); *Eßer/Steffen*, CR 2018, 289 (291 f.); zu entsprechend vorgelagerten Kontroll- und Überwachungsmöglichkeiten des Verantwortlichen ggü. dem Datenschutzbeauftragten *Scheja*, in: Taeger/Gabel, DSGVO BDSG TTDSG, 2022, Art. 38, Rn. 63; *Moos*, in: BeckOK Datenschutzrecht, 2022, Art. 38, Rn. 20.

2578 Ausführlich dazu *Bussche v. d.*, in: Bussche v. d./Voigt, Konzerndatenschutz, 2019, Kap. 1, H, Rn. 97 ff.; *Eßer/Steffen*, CR 2018, 289 (292); *Lantwin*, ArbRAktuell 2017, 508 (509); *Drewes*, in: Simitis et al., Datenschutzrecht, 2019, Art. 39, Rn. 43; *Raum*, in: Auernhammer, DSGVO BDSG, 2020, Art. 39, Rn. 57.

2579 *Raum*, in: Auernhammer, DSGVO BDSG, 2020, Art. 39, Rn. 58; *Scheja*, in: Taeger/Gabel, DSGVO BDSG TTDSG, 2022, Art. 38, Rn. 12 ff.; *Wolff*, in: Schantz/Wolff, Das neue Datenschutzrecht, 2017, Rn. 911.

2580 *Bergt*, in: Kühling/Buchner, DSGVO BDSG, 2020, Art. 38, Rn. 54 m. w. N.; *Paal*, in: Paal/Pauly, DSGVO BDSG, 2021, Art. 39, Rn. 12; *Drewes*, in: Simitis et al., Datenschutzrecht, 2019, Art. 39, Rn. 55.

In Deutschlang kommt eine deliktische Haftung insbesondere gem. § 823 BGB in Betracht. So könnten Betroffene einerseits gem. § 823 Abs. 1 BGB die Verletzung ihres als „sonstiges Recht" geschützten allgemeinen Persönlichkeitsrechts geltend machen und andererseits gem. § 823 Abs. 2 BGB die Verletzung der DSGVO als einem erfassten Schutzgesetz.[2581] In beiden Fällen wird es indes regelmäßig an der fehlenden haftungsbegründenden Kausalität im Sinne der *conditio sine qua non*-Formel fehlen, da es dem Datenschutzbeauftragten an einer für den Verantwortlichen oder Auftragsverarbeiter zwingenden Weisungsbefugnis fehlt. So ist der Datenschutzbeauftragte gem. Art. 39 Abs. 1 DSGVO zur Unterrichtung, Beratung und Überwachung bezüglich der Durchführung von Verarbeitungstätigkeiten verpflichtet.[2582] Er hat keine Weisungsrechte oder die konkrete Verarbeitung betreffende Handlungspflichten.[2583] Eine Haftung gem. § 823 Abs. 1 oder Abs. 2 BGB erfordert allerdings den Nachweis, dass gerade die Tätigkeit des Datenschutzbeauftragten maßgeblich sowohl für die Vornahme der Verarbeitungstätigkeit als auch die Art und Weise war, wie sie schadensbegründet durchgeführt wurde und dass der Verantwortliche oder Auftragsverarbeiter, bei entsprechend andersartiger Unterrichtung, Beratung und/oder Kontrolle, nicht dennoch genauso gehandelt hätte. Mithin kommt zwar in dergestalt gelagerten Fällen einer aktiven, schuldhaften Fehlberatung eine deliktische Haftung in Betracht;[2584] sie wird in der Praxis jedoch in aller Regel an der Beweisbarkeit scheitern. Diese Anforderung wird auch regelmäßig eine Inanspruchnahme wegen Unterlassens verhindern. Zwar kommt dem Datenschutzbeauftragten eine durch den Verordnungsgeber beabsichtigte, herausgehobene Bedeutung für die Wahrung der Betroffenenrechte zu,[2585] ob daraus jedoch eine (Überwachungs-)Garantenstellung entstehen könn-

---

2581 *Scheja*, in: Taeger/Gabel, DSGVO BDSG TTDSG, 2022, Art. 38, Rn. 12; *Bergt*, in: Kühling/Buchner, DSGVO BDSG, 2020, Art. 38, Rn. 54; *Drewes*, in: Simitis et al., Datenschutzrecht, 2019, Art. 39, Rn. 50 f.; *Raum*, in: Auernhammer, DSGVO BDSG, 2020, Art. 39, Rn. 58.

2582 *Wolff*, in: Schantz/Wolff, Das neue Datenschutzrecht, 2017, Rn. 907; *Schefzig*, in: Moos/Schefzig/Arning, Praxishandbuch DSGVO, 2021, Kap. 11, Rn. 153 ff.; *Scheja*, in: Taeger/Gabel, DSGVO BDSG TTDSG, 2022, Art. 38, Rn. 13 ff.

2583 *Drewes*, in: Simitis et al., Datenschutzrecht, 2019, Art. 39, Rn. 62; *Jaspers/Reif*, in: Schwartmann et al., DSGVO BDSG, 2020, Art. 39, Rn. 14.

2584 *Bussche v. d./Raguse*, in: Plath, DSGVO BDSG TTDSG, 2023, Art. 39, Rn. 24; *Scheja*, in: Taeger/Gabel, DSGVO BDSG TTDSG, 2022, Art. 38, Rn. 18.

2585 Vgl. Plenarsitzungsdokument, (COM(2012)0011 – C7-0025/2012 – 2012/0011(COD)), A7-0402/2013, S. 242: „[d]er Datenschutzbeauftragte hat eine Rolle von immenser Bedeutung inne"; dies betonen auch *Eßer/Steffen*, CR 2018, 289 (290), für Deutschland, bezweifeln es jedoch aufgrund des geringen Anwendungsbereichs gem. Art. 37 DSGVO für die europäische Ebene.

te, nach deren Maßstab die Ingerenz-Verantwortung zu bemessen wäre,[2586] ist umstritten. Gegen eine Garantenpflicht wird angeführt, dass sie den in Art. 39 Abs. 1 DSGVO zugewiesenen Aufgaben nicht entspreche. Danach hat der Datenschutzbeauftragte die Pflicht zu Unterrichtung und Beratung (lit. a und c)[2587] sowie zur Überwachung. Unter Überwachung kann die Beobachtung von Istzuständen und die Beurteilung, ob diese einem definierten Sollzustand entsprechen, verstanden werden.[2588] Bezüglich dieser Pflichten erscheint eine Garantenstellung zumindest nicht fernliegend.[2589] Eine Einflussnahmemöglichkeit hat der Datenschutzbeauftrage indes weder kraft seiner Stellung nach Art. 38, noch seiner Aufgaben gem. Art. 39 DSGVO.[2590] Ob ein Verstoß gegen die DSGVO durch eine Verarbeitung des Verantwortlichen oder Auftragsverarbeiters erfolgt, liegt damit nicht in seiner Entscheidungsfähigkeit. Er ist mithin hierfür nicht „*responsible*",[2591] so dass auch eine über die Aufgaben aus Art. 39 DSGVO hinausgehende Accountability ausgeschlossen ist,[2592] und sofern und soweit die Aufgaben nach Art. 39 DSGVO pflichtgemäß erfüllt werden, keine deliktischen Haftung wegen einer Garantenstellung gem. § 823 BGB gegeben ist.[2593]

Aus Accountability-Sicht ist die Position des Datenschutzbeauftragten darüber hinaus jedoch auch deswegen speziell, weil ihm neben fehlenden Weisungs- auch etwaige Sanktionsmöglichkeiten in interner Hinsicht feh-

---

2586 So auch der BGH, Urt. v. 17.7.2009 – 5 StR 394/08, Rn. 26 = NJW 2009, 3173 (3174 f.), zur Reichweite der Garantenpflicht eines Compliance-Officers.

2587 Vgl. zu möglichen Definitionen von Unterrichtung und Beratung *Schefzig*, in: Moos/Schefzig/Arning, Praxishandbuch DSGVO, 2021, Kap. 11, Rn. 154; *Jaspers/Reif*, in: Schwartmann et al., DSGVO BDSG, 2020, Art. 39, Rn. 9.

2588 Nur *Scheja*, in: Taeger/Gabel, DSGVO BDSG TTDSG, 2022, Art. 38, Rn. 15.

2589 *Lantwin*, ArbRAktuell 2017, 508 (510); *Bergt*, in: Kühling/Buchner, DSGVO BDSG, 2020, Art. 37, Rn. 55.

2590 *Scheja*, in: Taeger/Gabel, DSGVO BDSG TTDSG, 2022, Art. 38, Rn. 15; *Lantwin*, ArbRAktuell 2017, 508 (510 f.); *Weichert*, in: Däubler et al., DSGVO BDSG, 2020, Art. 39, Rn. 8; *Jaspers/Reif*, in: Schwartmann et al., DSGVO BDSG, 2020, Art. 39, Rn. 14; *Kirchberg-Lennartz*, in: Gierschmann et al., Art. 39, Rn. 16, argumentiert entsprechend zutreffend, dass zur Erfüllung der Aufgaben auch keine Weisungsrechte notwendig seien.

2591 Er bleibt dies auch in Fällen, in denen ihm mit *Klug*, in: Gola/Heckmann, DSGVO BDSG, 2022, Art. 39, Rn. 4, weitere Aufgaben übertragen werden, denn die Entscheidungsbefugnis hinsichtlich einer Datenverarbeitung darf ihm nicht übertragen werden, ohne seine Unabhängigkeit zu unterminieren.

2592 Vgl. *Schedler*, in: Schedler/Diamond/Plattner, The Self-Restraining State, 1999, 13 (19); *Uhr*, TAQ 1993, 1 (3 f.); zur einer ähnlichen Verbindung i. R. d. soziologischen Verantwortungsbegriffs *Bayertz*, in: Bayertz, Verantwortung – Prinzip oder Problem?, 1995, 3 (55).

2593 *Bussche v. d./Raguse*, in: Plath, DSGVO BDSG TTDSG, 2023, Art. 39, Rn. 28; *Scheja*, in: Taeger/Gabel, DSGVO BDSG TTDSG, 2022, Art. 38, Rn. 18; *Bergt*, in: Kühling/Buchner, DSGVO BDSG, 2020, Art. 39, Rn. 22.

len. Zwar kann er durch entsprechende Hinweise und „Unterrichtungen" gem. Art. 39 Abs. 1 lit. a i. V. m. Art. 38 Abs. 3 S. 3 DSGVO die Geschäftsführungsorgane bösgläubig werden lassen und sie insofern gegebenenfalls zu einer gesetzeskonformen Handlungsweise incentivieren. Darüber hinaus kann er jedoch keine Sanktionen verhängen, so dass er nicht als Forum im Rahmen einer echten Accountability-Beziehung zu dem ihn bestellenden Verantwortlichen oder Auftragsverarbeiter in Frage kommt. Gleichzeitig ist der Datenschutzbeauftragte aufgrund seiner Weisungsfreiheit (Art. 38 Abs. 3 S. 1 DSGVO) und den strukturellen Sicherheiten wie dem Diskriminierungsverbot (Art. 38 Abs. 3 S. 2 DSGVO) oder gar einem besonderen Kündigungsschutz gem. §§ 38 Abs. 2 i. V. m. 6 Abs. 4 S. 2 u. 3 BDSG seinerseits nur begrenzt informationspflichtig, sodass auch bezüglich des Datenschutzbeauftragten ein latentes Accountability-Defizit bestehen kann, wie es im Originalschrifttum zu Accountability häufig Richtern attestiert wird.[2594]

2. Kollektivrechtliche Durchsetzungsmöglichkeiten

Ein auch im englischen Originalschrifttum zu Accountability soweit ersichtlich selten beleuchtetes Thema ist das gemeinsame Zusammenwirken mehrerer Individuen, denen jeweils einzeln nur eine beschränkte Sanktionsfähigkeit zukommt, die jedoch in kollektiver Form sei es durch die tatsächliche Sanktionierung oder auch nur durch ein entsprechendes In-Aussicht-Stellen auf den Akteur Einfluss nehmen.[2595] Um in diesen Bereichen keine Rechtsschutzlücken entstehen zu lassen, ist legislativ insbesondere das Instrument einer Verbands- oder anderweitigen Kollektivklage opportun.[2596] Hinsichtlich der datenschutzrechtlichen Rechte kommen sowohl nationale wie europäische Gesetze in Betracht.

In Deutschland bildet das das Unterlassungsklagegesetz (UKlaG) das Kernstück entsprechender Kollektivklagen. Gem. § 2 Abs. 1 UKlaG kann auf Unterlassung und Beseitigung in Anspruch genommen werden,[2597] wer Vorschriften – weit zu verstehen, so dass auch Rechtsverordnungen erfasst sind[2598] – zuwiderhandelt, die dem Schutz der Verbraucher dienen. Alleini-

---

2594 Vgl. ausführlich *Lemmennicier/Wenzel*, ICLJ 2018, 239 ff.; *Lindberg*, IRAS 2013, 202 (217); *Gersen/Stephenson*, JLA 2014, 185 (205), argumentieren dass auch US-Richter ihr Spruchverhalten ändern, wenn ihre Wiederwahl in Aussicht steht.

2595 Ähnlich zur Wirkung einer gestärkten Verhandlungsposition *Moos/Schefzig*, in: Taeger/Gabel, DSGVO BDSG TTDSG, 2022, Art. 80, Rn. 1; *Schefzig/Rothkegel/Cornelius*, in: Moos/Schefzig/Arning, Praxishandbuch DSGVO, 2021, Kap. 16, Rn. 192.

2596 *Dieterich*, ZD 2016, 260 (265).

2597 *Geminn*, in: Jandt/Steidle, Datenschutz im Internet, 2018, B. VI, Rn. 106, Fn. 225, vergleicht dies in seiner Wirkung mit den Betroffenenrechten gem. Art. 16, 17 und 18 DSGVO.

2598 *Halfmeier*, NJW 2016, 1126 (1127).

ges Klageergebnis gem. UKlaG kann mithin die Einstellung einer Handlung bzw. deren Unterlassung sein, kein Ersatz etwaiger Schäden.[2599] Mit dem 2016 dergestalt reformierten § 2 Abs. 2 Nr. 11 UKlaG stellte der deutsche Gesetzgeber zwar klar, dass darunter auch Datenschutzgesetze als verbraucherschützend zu verstehen seien sollten und beendete damit einen Meinungsstreit in der bis dahin ergangenen Rechtsprechung.[2600] Das zu Grunde liegende Klageziel ließ er jedoch unberührt, so dass Kritik wohl grundsätzlich angemessen erscheint.[2601] Aus Accountability-Perspektive ist in der Entscheidung, lediglich Einstellung bzw. Unterlassen zuzulassen, auch eine Beschränkung der Sanktionsfähigkeit zu sehen. Zwar sind mit diesen Klagezielen auch der Entzug von Handlungsoptionen und somit nach hier vertretener Auffassung grundsätzlich sanktionierende Folgen verbunden. Allerdings kommt nicht-monetären Sanktions- und Ausgleichsmechanismen ganz überwiegend nicht der gleiche Stellenwert zu, da ihnen der symbolische Charakter als vergeltende Pönalisierung eines bestimmten Verhaltens fehlt und sie lediglich in tatsächlicher Hinsicht als objektive, sachlich jedoch auf den Gegenstand der Entscheidung begrenzte Beschränkung gesehen werden. Gleichzeitig tragen die Kläger das Prozess- und Kostenrisiko[2602] und sehen sich insbesondere als institutionalisierte Verbände dem Vorwurf einer rechtsmissbräuchlichen Anspruchsverfolgung gem. § 2b UKlaG ausgesetzt.[2603] Trotz dieser berechtigten Kritik kann aus den Regelungen des UKlaG eine aus Accountability-Perspektive relevante Entwicklung abgeleitet werden, denn aus der Aktivität der Verbraucherverbände und des Beseitigungsanspruchs kann die Verpflichtung eines Akteurs entstehen, die Betroffenen über eine etwaig rechtwidrige Datenverarbeitung zu informieren.[2604] Hierin kann eine nicht zu unterschätzende Wechselwirkung zwischen den verschiedenen sanktionsberechtigten Foren ihren Ausgangspunkt nehmen.

2599 *Grewe/Stegemann*, ZD 2021, 183 (186).
2600 *Micklitz/Rott*, in: MüKo ZPO, 2020, Bd. 3, UKlaG, § 2, Rn. 30; vgl. auch EuGH, Urt. v. 28.4.2022 – C-319/20 (Meta Platforms Ireland ./. Verbraucherzentrale Bundesverband e. V.), ECLI:EU:C:2022:322, Rn. 78 = ZD 2022, 384 m. Anm. *Hense* (386 f.).
2601 *Bergt*, in: Kühling/Buchner, DSGVO BDSG, 2020, Art. 82, Rn. 13, bezeichnet dies indes als „wenig effektive Umsetzung"; *Karg*, in: BeckOK Datenschutzrecht, 2022, Art. 80, Rn. 20: „zaghafte Umsetzung"; ähnlich zum Effekt wohl *Grewe/Stegemann*, ZD 2021, 183 (184), wegen eines „rationalen Desinteresses" von Verbrauchern; *Schantz*, in: Schantz/Wolff, Das neue Datenschutzrecht, 2017, S. 385, Rn. 1270: „rationale Apathie".
2602 *Schantz*, in: Schantz/Wolff, Das neue Datenschutzrecht, 2017, S. 385, Rn. 1269.
2603 Interessanterweise spricht auch *Frenzel*, in: Paal/Pauly, DSGVO BDSG, 2021, Art. 80, Rn. 1, von einer „moderaten Querulanz" von Betroffenen; *Koreng*, in: Gierschmann et al., DSGVO BDSG, 2018, Art. 77, Rn. 21, qualifiziert Art. 57 Abs. 4 S. 2 DSGVO gar als Schutznorm der Aufsichtsbehörden gegen Querulanten; ähnlich *Bergt*, in: Kühling/Buchner, DSGVO BDSG, 2020, Art. 77, Rn. 18.
2604 *Halfmeier*, NJW 2016, 1126 (1128).

Danach befördert diese Informationspflicht in Verbindung mit Art. 80 DSGVO die Rechtsdurchsetzung in zweierlei, aufgrund unterschiedlicher Anspruchsvoraussetzungen grundsätzlich voneinander zu trennenden Ausgestaltungen.[2605] Die DSGVO sieht in Art. 80 Abs. 1 vor, dass betroffene Personen berechtigt sind, Einrichtungen, Organisationen oder Vereinigungen ohne Gewinnerzielungsabsicht (nachfolgend Institution) mit der Wahrnehmung der enumerierten Rechte zu beauftragen. Als statthaft wird die Vertretung zunächst bezüglich der Rechte gem. Art. 77–79 DSGVO gesehen.[2606] Diese sind aus Accountability-Perspektive insbesondere deswegen interessant, da sie die Beziehung des Forums der Betroffenen (gegebenenfalls unterstützt und vertreten durch eine Institution) mit bzw. gegen das Forum der gesetzlich berufenen Aufsichtsbehörden zum Gegenstand haben.[2607] Bezüglich dieser Rechte enthält die DSGVO mithin einen eigenständigen Anspruch für die Betroffenen, ohne dass es zu ihrer Ausübung einer Umsetzung im nationalen Recht bedarf. Auf Grundlage der Gesetzgebungshistorie zu Art. 82 (im Entwurfsverfahren Art. 77) wird bzgl. der Vertretungsbefugnis hinsichtlich Schadenersatzklagen vertreten, dass diese nur dann statthaft sei, sofern dies im mitgliedstaatlichen Recht bestünde („soweit dieses […] vorgesehen ist").[2608] So sah der Kommissionsentwurf keine Vertretungsbefugnis für Schadenersatzklagen vor, der Parlamentsentwurf dagegen schon. Der Entwurf des Rates entfernte die Vertretungsbefugnis zwar nicht gänzlich, stellte sie jedoch zur Disposition der Mitgliedstaaten.[2609] Ursprung etwaiger Zweifel ist die sprachlich nicht gelungene Formulierung der deutschen Übersetzung. So suggeriert die Verwendung von „und", die im juristischen Bereich stets kumulative Umstände bezeichnet, zwischen den delegierbaren Rechten der Art. 77–79 DSGVO einerseits *und* Art. 82 DSGVO andererseits, dass sich der Vorbehalt mitgliedstaatlicher Regelungen auf alle vier Normen erstrecken könnte. Im Vergleich mit weiteren Sprachfassungen muss diese Auslegung wohl als unzutreffend verworfen werden, obwohl sie auch dort

---

2605 *Dieterich*, ZD 2016, 260 (265).
2606 *Bergt*, in: Kühling/Buchner, DSGVO BDSG, 2020, Art. 80, Rn. 11; *Moos/Schefzig*, in: Taeger/Gabel, DSGVO BDSG TTDSG, 2022, Art. 80, Rn. 13; *v. Lewinski*, in: Auernhammer, DSGVO BDSG, 2020, Art. 80, Rn. 13.
2607 Ausführlich dazu D.IV. sogleich.
2608 *Frenzel*, in: Paal/Pauly, DSGVO BDSG, 2021, Art. 80, Rn. 9; *v. Lewinski*, in: Auernhammer, DSGVO BDSG, 2020, Art. 80, Rn. 12; *Geminn*, in: Jandt/Steidle, Datenschutz im Internet, 2018, Kap. B, VI. Rn. 105; *Boehm*, in: Simitis et al., Datenschutzrecht, 2019, Art. 80, Rn. 6 und 11; *Keppeler*, in: Schwartmann et al., DSGVO BDSG, 2020, Art. 80, Rn. 10.
2609 *Frenzel*, in: Paal/Pauly, DSGVO BDSG, 2021, Art. 80, Rn. 3 ff.; *Koreng*, in: Gierschmann et al., DSGVO BDSG, 2018, Art. 80, Rn. 8 ff.; *Boehm*, in: Simitis et al., Datenschutzrecht, 2019, Art. 80, Rn. 5.

soweit ersichtlich nicht als vollständig zwingend fakultativ gestaltet ist.[2610] Trifft das nationale Recht mithin keine Regelung zur vertretungsweisen Geltendmachung von Schadenersatz, so ist sie – wie in Deutschland[2611] – für die Institutionen des Art. 80 Abs. 1 DSGVO entsprechend auch verstellt. Aktivlegitimierende Voraussetzungen für diese Art der nicht unmittelbar eigenständigen Rechtsdurchsetzung[2612] sind damit sowohl eine ausdrückliche (und wohl auch schriftliche[2613]) Mandatierung der entsprechenden Institution als auch eine individuelle Betroffenheit des Mandanten erforderlich. Zwar ist denkbar und auch realistisch, dass ein und dieselbe Institution von mehreren Betroffenen mandatiert wird, jedoch verbleibt es bei jeweils eigenständigen Ansprüchen. Es handelt sich mithin nicht um eine echte kollektive Rechtsdurchsetzungsmöglichkeit. Auch an den soeben diskutierten Grundvoraussetzungen für einen Schadenersatzanspruch, insbesondere der individuell-kausalen Betroffenheit durch einen Schadenseintritt, ändert sich bei einer stellvertretenden Geltendmachung indes nichts. Insbesonde-

---

2610 So enthält die englische Sprachfassung zwei grammatikalisch getrennte Rechte „The data subject shall have the right to mandate [an institution] to exercise the rights referred to in Articles 77, 78 and 79 on his or her behalf, *and* to exercise the right to receive compensation referred to in Article 82 on his or her behalf *where provided for* by Member State law." (Hervh. d. d. Verfasser); die französische Sprachfassung macht es durch die Wiederholung des Verbs „exerce" vor beiden Ansprüchen deutlich: „La personne concernée a le droit de mandater un [institution] exerce en son nom les droits visés aux articles 77, 78 et 79 et exerce en son nom le droit d'obtenir réparation visé à l'article 82 lorsque le droit d'un État membre le prévoit."; ähnlich zum deutschen Wortlaut die schwedische Sprachfassung: "Den registrerade ska ha rätt att ge ett [institution], att utöva de rättigheter som avses i artiklarna 77, 78 och 79 för hans eller hennes räkning *samt att* för hans eller hennes räkning utöva den rätt till ersättning som avses i artikel 82 *om så* föreskrivs i medlemsstatens nationella rätt." (Hervh. d. d. Verfasser).

2611 *Moos/Schefzig*, in: Taeger/Gabel, DSGVO BDSG TTDSG, 2022, Art. 80, Rn. 14; *Eßer*, in: Auernhammer, DSGVO BDSG, 2020, Art. 82, Rn. 35.

2612 Für eine Prozessstandschaft *Koreng*, in: Gierschmann et al., DSGVO BDSG, 2018, Art. 80, Rn. 6; *Schantz*, in: Schantz/Wolff, Das neue Datenschutzrecht, 2017, S. 385, Rn. 1271; *Micklitz/Rott*, in: MüKo ZPO, 2020, Bd. 3, UKlaG, § 2, Rn. 32; *Moos/Schefzig*, in: Taeger/Gabel, DSGVO BDSG TTDSG, 2022, Art. 80, Rn. 15; *Weichert*, in: Däubler et al., DSGVO BDSG, 2020, Art. 80, Rn. 6; *Ohly*, GRUR 2019, 686 (688); gegen eine Prozessstandschaft und stattdessen für eine gewöhnliche Vertretung *Boehm*, in: Simitis et al., Datenschutzrecht, 2019, Art. 80, Rn. 10; *Werkmeister*, in: Gola/Heckmann, DSGVO BDSG, 2022, Art. 80, Rn. 8; *v. Lewinski*, in: Auernhammer, DSGVO BDSG, 2020, Art. 80, Rn. 16; *Becker*, in: Plath, DSGVO BDSG TTDSG, 2023, Art. 80, Rn. 3; *Keppeler*, in: Schwartmann et al., DSGVO BDSG, 2020, Art. 80, Rn. 15; offengelassen bei *Heinzke/Storkemeier*, CR 2021, 299 (304).

2613 *Frenzel*, in: Paal/Pauly, DSGVO BDSG, 2021, Art. 80, Rn. 9; *Weichert*, in: Däubler et al., DSGVO BDSG, 2020, Art. 80, Rn. 10; a. A. *Bergt*, in: Kühling/Buchner, DSGVO BDSG, 2020, Art. 80, Rn. 10; *Keppeler*, in: Schwartmann et al., DSGVO BDSG, 2020, Art. 80, Rn. 14.

re sind Verbände ebenso wie Betroffene nicht unmittelbar aus den Accountability-Normen der Art. 5 Abs. 2 und Art. 24 Abs. 1 S. 1 DSGVO heraus informationsberechtigt,[2614] sodass nur eine Erleichterung i. R. d. sekundären Darlegungs- und Beweislast möglich wäre.[2615]

Neben diese Möglichkeit individuell stellvertretender Rechtsdurchsetzung wird von der DSGVO in Art. 80 Abs. 2 jedoch grundsätzlich auch die Möglichkeit einer echten kollektiven Rechtsdurchsetzung geschaffen, obwohl diese aufgrund der Gestaltung als Öffnungsklausel ebenfalls den Mitgliedstaaten zur Konkretisierung anheimgestellt wird.[2616] Danach kann den gem. Art. 80 Abs. 1 DSGVO qualifizierten Institutionen auch ein Klagerecht eingeräumt werden, ohne dass es hierzu der vorherigen Beauftragung durch die Betroffenen bedarf, sodass die Möglichkeit zur Betroffenheit ausreicht.[2617] Allerdings ist dieses Klagerecht ausweislich des Wortlauts auf die Rechte der Art. 77–79 DSGVO begrenzt, so dass ein Schadenersatz gerade ausgeschlossen ist (ErwG 142, S. 3) bzw. stets der Beauftragung nach Art. 80 Abs. 1 DSGVO bedarf.[2618] Hiermit sollte einer Kommerzialisierung des Persönlichkeitsrechts bzw. einer „Rechtewahrnehmung als Selbstzweck" entgegengewirkt und nur dort zugelassen werden, wo dies mit der bereits bestehenden Rechtstradition vereinbar ist.[2619] Ferner ist die Geltendmachung durch eine Institution gem. Art. 80 Abs. 2 DSGVO dennoch weiterhin von einer möglichen Verletzung der Rechte der betroffenen Person abhängig, so dass grundsätzlich nicht jeder Verstoß gegen objektives Recht anspruchsbegründend ist.[2620] Allerdings spricht einiges dafür, den Wortlaut von Art. 80 Abs. 2 DSGVO („die Rechte einer betroffenen Person gemäß dieser Verordnung") nicht ausschließlich auf die Betroffenenrechte gem. Kap. III DSGVO zu beschränken.[2621] Vielmehr ist die Formulierung analog zu der Voraussetzung eines „Verstoßes gegen diese Verordnung" gem. Art. 82 Abs. 1 DSGVO

2614 A.A. *Breyer*, DuD 2018, 311 (317), allerdings ohne Begründung; ebenso *Albrecht/Jotzo*, Das neue Datenschutzrecht, 2017, 56, Rn. 19.

2615 Ausführlich dazu B. II. 4. b. oben.

2616 EuGH, Urt. v. 28.4.2022 – C-319/20 (Meta Platforms Ireland Ltd. ./. Verbraucherzentrale Bundesverband e. V.), ECLI:EU:C:2022:322, Rn. 57 ff.

2617 *Schantz*, in: Schantz/Wolff, Das neue Datenschutzrecht, 2017, S. 385, Rn. 1273; *v. Lewinski*, in: Auernhammer, DSGVO BDSG, 2020, Art. 80, Rn. 13; vgl. *v. Walter*, WRP 2022, 937 (940), Rn. 19, zur EuGH-Rechtsprechung in C-319/20 (Meta Platforms Ireland Ltd. ./. Verbraucherzentrale Bundesverband e. V.), ECLI:EU:C:2022:322.

2618 *Specht*, in: Specht/Mantz, Handbuch Europäisches und deutsches Datenschutzrecht, 2019, Teil B, § 9, III 6, Rn. 99; *v. Lewinski*, in: Auernhammer, DSGVO BDSG, 2020, Art. 80, Rn. 13; *Neun/Lubitzsch*, BB 2017, 2563 (2565).

2619 *Becker*, in: Plath, DSGVO BDSG TTDSG, 2023, Art. 80, Rn. 2.

2620 *Frenzel*, in: Paal/Pauly, DSGVO BDSG, 2021, Art. 80, Rn. 11; *Specht*, in: Specht/Mantz, Handbuch Europäisches und deutsches Datenschutzrecht, 2019, Teil B, § 9, III 6, Rn. 100; *v. Walter*, WRP 2022, 937 (940 f.), Rn. 19.

2621 A.A. wohl *Keppeler*, in: Schwartmann et al., DSGVO BDSG, 2020, Art. 80, Rn. 9.

zu sehen, der zumindest begrifflich auch Drittschäden einschließt.[2622] Dafür streitet zuvorderst, dass die DSGVO in der Gesamtheit ihrer Normen ein Ausfluss des Grundrechts auf Datenschutz gem. Art. 8 GRCh ist und nicht lediglich das Kap. III DSGVO. Auch Normen wie das Erfordernis einer Rechtsgrundlage, der technischen Sicherheit oder der Absicherung eines Datentransfers dienen der Wahrung des grundrechtlichen Schutzbereichs. Diese Auslegung steht in Einklang mit der Auffangklausel der vergleichbaren kommerziellen Zwecke i. S. v. § 2 Abs. 2 Nr. 11 UKlaG,[2623] wonach Unterlassungs- und Beseitigungsansprüche bei Verletzungen von Vorschriften bestehen, welche „die Zulässigkeit [von Datenverarbeitungen] regeln". Wie gezeigt wurde sind davon mehr als nur die unmittelbar die Rechtmäßigkeit betreffenden Normen umfasst.[2624]

Jedoch befindet sich die allgemeine Ausgestaltung kollektiver Rechtsdurchsetzung in Deutschland ebenfalls im Umbruch.[2625] So besteht auch hierzulande allenthalben Einigkeit, dass die bisherige Umsetzung hinter den Möglichkeiten des Art. 80 DSGVO zurückbleibt, weil der Gesetzgeber keinen Gebrauch von den Öffnungsklauseln gemacht hat,[2626] und sie zu einem uneinheitlichen Rechtsschutzniveau für Betroffene im Vergleich mit europäischen Nachbarstaaten führt.[2627] Die Klagemöglichkeiten des Art. 80 wurden geschaffen, damit einerseits das Vollzugsdefizit im Datenschutzrecht reduziert wird[2628] und andererseits im Sinne der prozessualen Waffengleichheit

---

2622 Siehe *Schneider*, ZD 2022, 321 (324 f.); *v. Walter*, WRP 2022, 937 (940 f.), Rn. 19, schlägt eine Differenzierung wie in Art. 83 Abs. 4 und Abs. 5 DSGVO vor.

2623 *Köhler*, in: Köhler/Bornkamm/Feddersen, UWG, UKlaG, 2022, § 2, Rn. 26, aber auch Rn. 29g, wonach die Regelungen des UKlaG unzureichend vor dem Maßstab des Art. 80 Abs. 2 DSGVO und damit als unionsrechtswidrig unanwendbar seien.

2624 Vgl. D.III.1.a.(2) oben; zur alten Rechtslage unter dem BDSG, nach dem mindestens §§ 4a, 28 BDSG a. F. vom UKlaG erfasst sein sollten, *Micklitz/Rott*, in: MüKo ZPO, 2020, Bd. 3, UKlaG, § 2, Rn. 31; a. A. *Grewe/Stegemann*, ZD 2021, 183 (186), die nur Art. 6 und Art. 9 erfasst sehen.

2625 *v. Walter*, WRP 2022, 937, Rn. 1, spricht mit Blick auf die Verbandsklagerichtlinie bzgl. EuGH, Urt. v. 28.4.2022 – C-319/20 (Meta Platforms Ireland Ltd. ./. Verbraucherzentrale Bundesverband e. V.), ECLI:EU:C:2022:322, von einer Perspektive einer Übergangszeit.

2626 *Frenzel*, in: Paal/Pauly, DSGVO BDSG, 2021, Art. 80, Rn. 13; *Neun/Lubitzsch*, BB 2017, 2563 (2567); *Becker*, in: Plath, DSGVO BDSG TTDSG, 2023, Art. 80, Rn. 6; *Geminn*, in: Jandt/Steidle, Datenschutz im Internet, 2018, Kap. B, VI. Rn. 105.

2627 *Becker*, in: Plath, DSGVO BDSG TTDSG, 2023, Art. 80, Rn. 6, der aufgrund der Öffnung von einer „naturgemäßen Rechtszersplitterung" spricht; *Strittmatter/Treiterer/Harnos*, CR 2019, 789 (791), Rn. 12; ähnlich *v. Lewinski*, in: Auernhammer, DSGVO BDSG, 2020, Art. 80, Rn. 14; *Karg*, in; BeckOK Datenschutzrecht, 2022, Art. 80, Rn. 19; *Moos/Schefzig*, in: Taeger/Gabel, DSGVO BDSG TTDSG, 2022, Art. 80, Rn. 26; ähnlich zu Generalklauseln *Ebner/Schmidt*, CCZ 2020, 84.

2628 *Keppeler*, in: Schwartmann et al., DSGVO BDSG, 2020, Art. 80, Rn. 6; *Schantz*, in: Schantz/Wolff, Das neue Datenschutzrecht, 2017, S. 385, Rn. 1269 ff.; *Becker*, in:

insbesondere den globalen Akteuren annähernd ebenbürtige Opponenten gegenübergestellt werden.[2629] Um diesem Problem zu begegnen, wurde am 25.11.2020 auf EU-Ebene die sog. Verbandsklagerichtlinie[2630] verabschiedet. Diese bis spätestens zum 25.12.2022 Zeit in nationale Umsetzungsrechtsakte zu gießende Richtlinie i.S.v. Art. 288 Abs. 3 Nr. 2 AEUV listet in ihrem Anhang I eine erschöpfende Liste von themengemischten EU-Rechtsakten, die einer Verbandsklage zugänglich sein sollen. Die nationalen Umsetzungsgesetze müssen ab spätestens 25.6.2023 im mitgliedstaatlichen Recht verbindlich sein.[2631] In der Liste des Anhang I ist an Stelle 56 auch die DSGVO geführt, sodass die Vorgaben des Art. 80 DSGVO prozessual durch weiteres EU-Sekundärrecht flankiert werden. Um seiner Pflicht aus dem EU-Recht nachzukommen, legte das Bundesministerium für Justiz am 29. März 2023 einen Entwurf für ein Verbandsklagenrichtlinienumsetzungsgesetz (VRUG) vor. Nach dessen Artikel 9 soll die Liste des Anhang I der Verbandsklagerichtlinie in § 2 Abs. 2 des UKlaG integriert werden, wonach sich die DSGVO an Stelle 13 neben § 31 BDSG, der Scoring und Bonitätsauskünfte regelt, findet. An dem Entwurf ist beachtlich, dass die vorab geäußerte Prognose einer Anlehnung an bestehende Mindestanzahl von Betroffenen beispielsweise bei Musterfeststellungsklagen (§ 606 Abs. 2 und Abs. 3 ZPO) oder die Voraussetzungen der Zulassungals qualifizierte, unterlassungsklagebefugte Einrichtung (§ 3 Abs. 1, 4 Abs. 2 UKlaG),[2632] nicht eingetreten ist, sondern weiter herabgesetzt wurde. Zukünftig sollen nach § 4 VRUG bereits 50 Betroffene für eine Verbandsklage genügen. Darin kann ein Zeichen des Gesetzgebers gesehen werden, dass er diese Form der kollektiven Rechtsdurchsetzung weiter fördern möchte. Entsprechenden Rechtsdurchsetzungsmechanismen kommt in der heutigen, arbeitsteiligen und hochgradig interdependenten Wirtschaftswelt auch deswegen ein gesteigerter Bedarf zu, weil die individuelle zivilrechtliche Inanspruchnahme aufgrund bestehender Verflechtungen gehemmt sein kann. So ist es nicht ungewöhnlich, dass sich ein Teil eines Konzerns in einer Dienstleistungsbezie-

---

Plath, DSGVO BDSG TTDSG, 2023, Art. 80, Rn. 6, ist allerdings – etwas überraschend – der Meinung, ein Vollzugsdefizit im Datenschutzrecht gäbe es nicht; dagegen *Härting/Schneider*, CR 2015, 819 (822); *Bergt*, in: Kühling/Buchner, DSGVO BDSG, 2020, Vor Art. 77, Rn. 1 f.; *Neun/Lubitzsch*, BB 2017, 2563 (2565); für öffentliche Stellen VG Wiesbaden, Beschl. v. 27.1.2022 – 6 K 2132/19.WI.A, ZD 2022, 526 = BeckRS 58431, Rn. 20 f.

2629 *Geminn*, in: Jandt/Steidle, Datenschutz im Internet, 2018, Kap. B, VI. Rn. 105.

2630 RL 2020/1828/EU des Europäischen Parlaments und des Rates v. 25.11.2020 über Verbandsklagen zum Schutz der Kollektivinteressen der Verbraucher und zur Aufhebung der RL 2009/22/EG (Verbandsklagerichtlinie).

2631 Art. 24 Verbandsklagerichtlinie.

2632 *Grewe/Stegemann*, ZD 2021, 183 (184); krit. zu der Anlehnung an die Regelungen zur Musterfeststellungsklage *Keppeler*, in: Schwartmann et al., DSGVO BDSG, 2020, Art. 80, Rn. 12.

hung zu einem Unternehmen befindet, wohingegen andere Teile des erstgenannten Konzerns Wettbewerber mit letztgenanntem Unternehmen sind. Um die Dienstleistungsbeziehung nicht zu gefährden, wird der Wettbewerberteil auf eine Klage gem. UKlaG oder UWG verzichten, und entsprechend bliebe gesetzeswidriges Verhalten unsanktioniert, wodurch insgesamt ein Schaden für die Rechte und Freiheiten der Betroffenen entstünde. Hier könnten indirekt wirkende Mechanismen durch Wirtschaftsverbände (§ 3 Abs. 1 Nr. 2 UKlaG) oder Industrie- und Handelskammern (§ 3 Abs. 1 Nr. 3 UKlaG) den Marktteilnehmern einen pluralistischen Schutz bieten.

Zusammengefasst können qualifizierte Institutionen damit ein Forum bilden, das datenverarbeitende Akteure zur Rechenschaft und Rechtfertigung auffordert („*calling to account*"). Allerdings bestehen mit der strikten Akzessorietät zur mindestens anfänglichen Betroffenheit einer natürlichen Person,[2633] dem Ausschluss von Schadenersatzklagen und einer fehlenden Berechtigung aus den Accountability-Normen strukturelle Schwächen, die Zweifel daran begründen, dass die kollektive Rechtsdurchsetzung gem. Art. 80 DSGVO zu einer signifikant verbesserten Rechtsdurchsetzung führen wird. Welchen Effekt die Verbandsklagerichtlinie in diesem Zusammenhang haben wird, hängt auch an ihrer mitgliedstaatlichen Umsetzung. Da gem. Art. 80 DSGVO darüber hinaus nur solche Institutionen als vertretungs- und klageberechtigt in Frage kommen, die ohne Gewinnerzielungsabsicht handeln und deren satzungsmäßiges Ziel (neben potenziellen weiteren anderem) die Förderung von Datenschutzbelangen ist,[2634] sind Stiftungen, Rechtsdienstleister oder ähnliche Organisationen, die als kommerziellen Zweck Sammelklagen geltend machen, keine berechtigten Institutionen i. S. v. Art. 80 Abs. 1 DSGVO.[2635] Neben dem diagonalen Forum der Verbände besteht aus Sicht eines Akteurs jedoch eine weitere Accountability-Beziehung in horizontaler Sicht in Form einer zivilrechtlichen Inanspruchnahme durch andere Marktteilnehmer.

2633 *Frenzel*, in: Paal/Pauly, DSGVO BDSG, 2021, Art. 80, Rn. 11; *Specht*, in: Specht/Mantz, Handbuch Europäisches und deutsches Datenschutzrecht, 2019, Teil B, § 9, III 6, Rn. 100.

2634 *Moos/Schefzig*, in: Taeger/Gabel, DSGVO BDSG TTDSG, 2022, Art. 80, Rn. 8 ff.; *Frenzel*, in: Paal/Pauly, DSGVO BDSG, 2021, Art. 80, Rn. 14; *v. Lewinski*, in: Auernhammer, DSGVO BDSG, 2020, Art. 80, Rn. 6 f. fordert keine ausdrückliche Nennung im Gründungsdokument.

2635 *Moos/Schefzig*, in: Taeger/Gabel, DSGVO BDSG TTDSG, 2022, Art. 80, Rn. 6; *Keppeler*, in: Schwartmann et al., DSGVO BDSG, 2020, Art. 80, Rn. 17 f.; *Koreng*, in: Gierschmann et al., DSGVO BDSG, 2018, Art. 80, Rn. 17.

IV. Inanspruchnahme durch Marktteilnehmer und Verbände

Zunächst ist festzustellen, dass die DSGVO selbst keine Rechtsdurchsetzungsmöglichkeiten bereithält, mittels derer Unternehmen die Datenverarbeitung anderer Unternehmen hinterfragen und gegebenenfalls (durch Sanktion) beeinflussen können. Dies entspricht der Funktion der DSGVO als Schutzgesetz für die Persönlichkeitsrechte natürlicher Personen.[2636] Im Sinne eines möglichst umfassenden Schutzes der Betroffenen und aus einer ganzheitlichen Accountability-Perspektive wäre es indes verkürzt, abseits der DSGVO bestehende rechtliche, horizontal wirkende Mechanismen auszublenden, denen ebenfalls ein general-präventiver bzw. repressiver Charakter zukommen kann, insbesondere, weil die DSGVO neben dem Schutz der personenbezogenen Daten zugunsten der natürlichen Betroffenen auch den freien Datenverkehr und einen funktionierenden Binnenmarkt zum Ziel hat,[2637] wodurch ihre Regelungsinhalte auch dem real bestehenden immanenten Zusammenhang zwischen Daten(macht) und Marktverhalten Rechnung tragen. Die kartellrechtlich begründete Beförderung von (auch) datenschutzrechtlich begründeten Schutzzwecken soll vorliegend außer Betracht bleiben.[2638] Zwar handelt es sich dabei um ein wirksames Durchsetzungsinstrument, das zweifellos eine Accountability-Beziehung zwischen dem/den Akteur/en und dem BKartA (im Geltungsbereich des GWB) bzw. der Kommission (für die Anwendung von Art. 101 f. AEUV) mit Informationspflichten und Sanktionsrechten begründet, allerdings ist es in vergleichbarer Weise mit der Aufsichtszuständigkeit der Datenschutzaufsichtsbehörden eine hoheitliche Durchsetzungsform. Es stellt mithin gerade eine vertikale und keine horizontale Form der Accountability dar, die durch ein grundsätzliches Gleichordnungsverhältnis der Akteure gekennzeichnet wird.[2639]

Konkret kommen für die Wahrung dieses als eigenständig neben dem Schutz natürlicher Personen zu qualifizierenden Schutzziels lauterkeits- und verbraucherschutzrechtliche Instrumente in Betracht.[2640] Diesen ist jedoch gemeinsam, dass sie zwar Einfluss- und zu einem gewissen Grad auch Sanktionsmöglichkeiten vorsehen, jedoch keine dezidierten Informationsrechte des Klägers bzw. Informationspflichten des datenverarbeitenden Unternehmens. Dieser Umstand erzeugt aus Accountability-Sicht zwei Erkenntnis-

---

2636 A.A. wohl *Schneider*, ZD 321 (324), der auch juristische Personen gem. Art. 82 Abs. 1 DSGVO als aktivlegitimiert ansehen will.

2637 Art. 1 Abs. 1 Hs. 2 und Abs. 3 DSGVO sowie ErwG 5.

2638 Vgl. dazu *Podszun*, GRUR 2020, 1268 (1273 ff.).

2639 *Schillemans*, POR 2008, 175 (178 f.).

2640 Das UKlaG fällt grundsätzlich nicht in diese Kategorie, da es nur B2C-Konstellationen erfasst; zutreffend *Grewe/Stegemann*, ZD 2021, 183 (186).

se; einerseits unterstreicht dies die Wechselwirkung mit dem diagonalen Forum der Medien, deren Informationsansprüche und Berichterstattung horizontale Foren wie Wettbewerber und berechtigte Verbände mobilisieren kann. Andererseits können mit der Informations- und Diskussionspflicht zwei konstitutive Merkmale einer Accountability-Beziehung in horizontalen Verhältnissen grundsätzlich in Frage gestellt werden. Damit sind von einer Sanktionierung bzw. vorhergehenden Infragestellung in der Regel nur solche Verhaltensweisen erfasst, die in der Außensphäre des handelnden Akteurs sichtbar werden, wodurch insbesondere im unternehmensinternen Bereich erfolgende – gegebenenfalls unrechtmäßige – Datenverarbeitungen außer Betracht bleiben. Mit Blick auf die Zielsetzung des jeweiligen Schutzrechts ist dies indes nur folgerichtig.

So sind Datenverarbeitungen im Verbraucherschutzrecht in Deutschland durch explizit aktivlegitimierte (§ 3 f. UKlaG), horizontal zum Akteur positionierte Parteien mittels Unterlassungs- und Beseitigungsansprüchen (§§ 1, 2 Abs. 1 S. 1 UKlaG) sanktionierbar. Dass diese nur klageweise, d. h. unter Einschaltung eines weiteren, vertikal zum Akteur positionierten Forums durchgesetzt werden können, tut der Qualifikation als Accountability-Beziehung aus dem Grund keinen Abbruch, weil das vertikale Forum bei einer entsprechenden Sachlage nicht anders kann, als die angestrebte Sanktionierung zu bestätigen und gegebenenfalls mit Verwaltungszwang durchzusetzen. Entscheidend ist mithin, ob der geltend gemachte Anspruch des horizontalen Forums berechtigt ist. Gem. § 2 Abs. 2 S. 1 Nr. 11 UKlaG ist ein Verhalten dann sanktionierbar, wenn die Erhebung oder Verarbeitung oder Nutzung personenbezogener Daten von Verbrauchern, d. h. natürlichen Personen, die speziell in ihrer Position als Marktnachfrager agieren, durch einen Unternehmer zu den dort definierten Zwecken ohne eine ausreichende Rechtsgrundlage stattfindet. Damit sind bereits im Ausgangspunkt nicht alle Verstöße gegen die DSGVO über das UKlaG sanktionierbar, sondern lediglich solche unter Verletzung der Rechtmäßigkeitsnormen der Art. 6–10 DSGVO.[2641] Da gem. Art. 13 bzw. 14 jeweils Abs. 1 lit. c DSGVO die Rechtsgrundlage für die Verarbeitung stets offenzulegen ist, mithin eine publizitätswirksame Informationspflicht des Verantwortlichen besteht, sind diese grundsätzlich dennoch geeignet, einen Ausgangspunkt für die Begründung einer Accountability-Beziehung zu setzen. Jedoch schränkt § 2 Abs. 2 S. 1 Nr. 11 2. Hs. UKlaG den sachlichen Anwendungsbereich durch eine abschließende Aufzählung verbraucherschutzwidriger Verwendungszwecke weiter ein. Von herausgehobener Bedeutung aufgrund ihrer Deutungsoffenheit sind dabei die erste (Werbezwecke) und die letzte Variante

---

2641 Vgl. B.IV. oben zur hier vertretenen Definition der Rechtmäßigkeitsnormen; zum alten Recht unter dem BDSG siehe *Podszun/de Toma*, NJW 2016, 2987 (2988).

(vergleichbare kommerzielle Zwecke).[2642] Beide erzeugen jedoch diffizile Abgrenzungsfragen in Zusammenschau mit § 2 Abs. 2 S. 2 UKlaG, wonach eine gem. § 2 Abs. 2 S. 1 Nr. 11 UKlaG sanktionsfähige Verhaltensweise nicht vorliegen soll, „wenn personenbezogene Daten eines Verbrauchers von einem Unternehmer ausschließlich für die Begründung, Durchführung oder Beendigung eines […] Schuldverhältnisses mit dem Verbraucher erhoben, verarbeitet oder genutzt werden". Ob der Schritt der Begründung auch Maßnahmen der Anbahnung durch Werbemaßnahmen umfasst,[2643] lässt sich dem Gesetz nicht entnehmen, kann aber wohl mit den besseren Argumenten abgelehnt werden, denn vom Wortlaut her entspricht § 2 Abs. 2 S. 2 UKlaG der Regelung in Art. 6 Abs. 1 lit. b DSGVO, wonach eine Datenverarbeitung gerade erforderlich sein muss, um die vertraglich geschuldete Leistung zu bewirken.[2644] Anlasslose Werbemaßnahmen können zwar ein gem. Art. 6 Abs. 1 lit. f DSGVO rechtfertigendes berechtigtes Interesse darstellen, sie sind jedoch nicht zur Vertragserfüllung erforderlich.[2645] Dies entspricht einer kongruenten Auslegung des UKlaG mit den Wertungen des § 7 Abs. 3 UWG.[2646]

Nach dem UWG können neben Unterlassungs- und Beseitigungsansprüchen (§ 8) auch Schadenersatz (§ 9) und – selten genutzt[2647] – Gewinnabschöpfung (§ 10) durch qualifizierte Einrichtungen und Verbände, Industrie- und Handelskammern und insbesondere jeden Mitbewerber geltend gemacht werden (§ 8 Abs. 3). Auch hier bestehen in der Praxis Be- bzw. Nachweisschwierigkeiten eines entsprechenden Verhaltens für die horizontalen Foren, wobei die oben dargestellte flexible Verteilung der Beweis- und Darlegungslast[2648] gewisse Erleichterungen bewirken könnte, sowie die sachlich bedingte Beschränkung auf wettbewerblich relevantes Verhalten. Als solches können grundsätzlich nur Vorgehensweisen qualifiziert werden, bei denen es sich um sog. Marktverhaltensregeln i. S. v. § 3a UWG handelt.[2649] Eine gesetzliche Norm ist dann als Marktverhaltensregel anzusehen, wenn sie die

---

2642 Ausweislich der Gesetzesbegründung war eben diese Öffnungsmöglichkeit für die „zukunfts- und entwicklungsoffene" Gesetzesanwendung maßgeblich, vgl. BT-Drs. 18/4631, S. 21; *Podszun/de Toma*, NJW 2016, 2987 (2988).

2643 Abl. *Podszun/de Toma*, NJW 2016, 2987 (2988).

2644 *Taeger*, in: Taeger/Gabel, DSGVO BDSG TTDSG, 2022, Art. 6, Rn. 65; *Kramer*, in: Auernhammer, DSGVO BDSG, 2020, Art. 6, Rn. 43 ff.; *Wedde*, in: Däubler et al., DSGVO BDSG, 2020, Art. 6, Rn. 44.

2645 *Kramer*, in: Auernhammer, DSGVO BDSG, 2020, Art. 6, Rn. 36 und 41.

2646 Vgl. zur datenschutzrechtlichen Ausgangslage des § 7 Abs. 3 UWG *Mertens*, PinG 2021, 115 (117 f.).

2647 *Podszun/de Toma*, NJW 2016, 2987 (2989).

2648 Vgl. B.II.4.b.

2649 *Halfmeier*, NJW 2016, 1126; *Wolff*, ZD 2018, 248; ausführlich zu den Tatbestandsvoraussetzungen von § 3a UWG *Ohly*, GRUR 2019, 686 (690).

Steuerung des Verhaltens von Marktteilnehmern, einschließlich der Marktgegenseite wie Abnehmern und Verbrauchern, bezüglich der Umstände von Angebot, Nachfrage und Vertragsmodalitäten bezweckt.[2650] Marktverhaltensregeln schützen mithin das Kollektivinteresse an einem unverfälschten Wettbewerb, zu dem auch eine freie Entscheidungsfähigkeit der Marktakteure zählt.[2651] Es besteht insofern eine starke inhärente Ähnlichkeit zum Schutzgut des Datenschutzrechts, allerdings fokussiert auf die wirtschaftliche Perspektive der Selbstbestimmungsfähigkeit. Ob das Datenschutzrecht allgemein oder auch nur ausschnittsweise jedoch als Marktverhaltensregel verstanden werden kann oder soll, war bereits vor Inkrafttreten der DSGVO umstritten.[2652] Seit Wirksamwerden der DSGVO mit ihrem grundsätzlich vollharmonisierenden Charakter, der insbesondere auch im Bereich der Rechtsbehelfe gilt, ist jedoch ein weiteres Argument hinzugetreten. Das Hauptargument der Fürsprecher einer ablehnenden Haltung ist die Ansicht, das Datenschutzrecht schütze die informationelle Selbstbestimmung und habe, wie es für das lauterkeitsrechtlich relevante Zielbild eines unverfälschten Wettbewerbs maßgeblich sei, nicht das Ziel, kommerzielles Marktverhalten zu regeln.[2653] Diese Ansicht erstaunt in mehrfacher Hinsicht. Zunächst nehmen sowohl die Kompetenzgrundlage der Kommission in Art. 16 AEUV, die Erwägungsgründe der DSGVO (ErwG 9, insbesondere S. 2 und 3) als auch materielle Normen wie das in Art. 3 Abs. 2 lit. a DSGVO aufgenommene Marktortprinzip ausdrückliche Anleihen an der wettbewerbsrechtlichen Figur des Marktes. Darüber hinaus fällt es schwer, ebenfalls das Marktverhalten schützende, ausdrücklich Bezug auf datenschutzrechtliche Vorgaben nehmende Normen wie § 2 Abs. 2 S. 1 Nr. 11 UKlaG oder die „Abmahnbremse" in § 13 Abs. 4 Nr. 2 UWG zu erklären, wären diese grundsätzlich hierzu ungeeignet.[2654] Schließlich kann eine Ansicht jedoch vor allem nicht überzeugen, die einen, wenn nicht gar den im Zeitalter des sog. Internet of Things (IoT) mit selbstbestimmungsgefährdenden Tendenzen wie dem „*targeted advertising*" oder der Erstellung von Persönlichkeitsprofilen wesentlichsten, Umstand ausblendet, der einem Marktverhalten bzw. der Fä-

---

2650 *Wolff*, ZD 2018, 248 m. w. N.; *Köhler*, in: Köhler/Bornkamm/Feddersen, UWG, 2022, § 3a, Rn. 1.62.

2651 *Podszun/de Toma*, NJW 2016, 2987 (2990); *Ohly*, GRUR 2019, 686 (690 f.), nachdem das Schutzinteresse der Marktteilnehmer eine inhärente, wenn auch häufig nur inzident geprüfte, Tatbestandsvoraussetzung ist; so auch *Köhler*, in: Köhler/Bornkamm/Feddersen, UWG, 2022, § 3a, Rn. 1.63 ff.

2652 Vgl. *Ubele*, GRUR 2019, 694 (695) m. w. N.; *Wolff*, ZD 2018, 248 f.; *Ohly*, GRUR 2019, 686 (687).

2653 *Heckmann/Gierschmann/Selk*, CR 2018, 728 (729); *Ohly*, GRUR 2019, 686 (691).

2654 Auch die Gesetzesbegründung geht ausdrücklich von der Möglichkeit aus, dass materielles Datenschutzrecht auch marktverhaltensregelnd sein könne, vgl. BT-Drs. 18/4631, S. 13 und 20.

higkeit sich entsprechend zu verhalten zugrunde liegt. Eben dies ist jedoch die Verarbeitung personenbezogener Daten, insbesondere durch mächtige Intermediäre und Plattformanbieter wie Google, Amazon oder Facebook, aber auch durch kollusive Verhaltensweisen. Diese kontrollieren den Zugang zum „Rohstoff" im Sinne einer Markteintrittsschwelle, indem sie auch nach Einführung der technischen Funktionen die Kontrolle über diese behalten.[2655] Durch eine per se ablehnende Haltung wird der reell bestehende Zusammenhang zwischen einer kommerziell veranlassten Erhebung personenbezogener Daten und ihrer ebenfalls kommerziell bedingten (Weiter-) Verwendung durch Rückschlüsse auf natürliche Personen im Rahmen des wirtschaftlichen Erwerbsverhaltens[2656] artifiziell in Einzelteile aufgespalten, die einer unterschiedlichen juristischen Bewertung zugänglich sind, wie es der übergeordnete Gesamtprozess nicht wäre.

Dies kann auch nicht durch den Verweis auf den grundsätzlich bestehenden, abschließenden Charakter der DSGVO negiert werden. Zwar ist es zutreffend, dass sich die Zulässigkeit einer Datenverarbeitung allein nach den Anforderungen der Rechtmäßigkeitsnormen der Art. 6–10 DSGVO und ggf. bestehender Öffnungsklauseln wie Art. 88 DGVO bemisst. Ebenso zutreffend ist es jedoch, dass sich die Zulässigkeit von Marktverhalten nach den Vorgaben und Wertungen des UWG und UKlaG richten. Werden für dieses zu bewertende Marktverhalten personenbezogene Daten verarbeitet, entsteht denklogisch die Notwendigkeit, beide Regelungskreise in Kongruenz zu bringen, wobei keiner ein grundlegendes Priorat beanspruchen kann. Dies entspricht der Wertung von § 3a UWG, der die entsprechenden Rechtsdurchsetzungsmechanismen für die materiellrechtlichen Anforderungen aus anderen Rechtsgebieten eröffnet, solange sie (auch) für das Verbraucherverhalten maßgebliche Marktverhaltensregeln darstellen. Dass datenschutzrechtliche Normen wie bspw. die Informationspflichten gem. Art. 12 ff. DSGVO, die auch bei der Erteilung einer kommerziell verwertbaren – potenziell sogar drittberechtigenden – Einwilligung von eminenter Bedeutung sind,[2657] das Marktverhalten der Betroffenen entscheidend beeinflussen, kann schwerlich

---

2655 *Roßnagel*, MMR 2020, 222 bezeichnet dies als „verhaltensbestimmende Macht" durch technische Infrastrukturen.

2656 Vgl. zu diesem Maßstab der Marktverhaltensregel beim UKlaG *Podszun/de Toma*, NJW 2016, 2987 (2988).

2657 Im Einzelfall sind indes nicht stets alle Pflichtinhalte gem. Art. 13/14 DSGVO zwingende Voraussetzung für eine informierte Einwilligung, vgl. so auch *Gierschmann*, in: Gierschmann et al., DSGVO BDSG, 2018, Art. 7, Rn. 77; *Arning/Rothkegel*, in: Taeger/Gabel, DSGVO BDSG TTDSG, 2022, Art. 4, Rn. 340; ebenso für Alteinwilligungen (vgl. *Plath*, in: Plath, DSGVO BDSG TTDSG, 2023, Art. 7, Rn. 4), von denen in der Praxis heute jedoch nur noch wenige in Verwendung sein dürften.

bestritten werden.[2658] Ein besonders eindrückliches Beispiel hierfür liefert das (häufig ohne Einwilligung, sondern schlicht durch Marktmacht durchgeführte) sog. *„Dynamic Pricing"*, in dessen Rahmen aufgrund von mittelbar und unmittelbar aus personenbezogenen Daten errechnete (und teilweise auch geschätzte) Zahlungsinformationen verarbeitet werden, um die eigene *invitatio ad offerendum* möglichst erfolgsversprechend und gewinnbringend gestalten zu können.[2659] Es besteht mithin ein so proximaler Konnex zwischen den Umständen der Erhebung und Verarbeitung personenbezogener Daten einerseits und dem wirtschaftlichen Erfolg eines Unternehmens andererseits, dass die Gestattung einer Erhebung als geldwerte Gegenleistung anerkannt ist.[2660] Personenbezogene Daten können sich mithin zu einer veritablen Markteintrittsschwelle auswachsen,[2661] die darüber hinaus auch geeignet ist, bereits bestehende marktbeherrschende Stellungen weiter zu verfestigen.[2662] Entsprechend sieht eine starke Meinung in Schrifttum und Rechtsprechung Datenverarbeitungen, die im Zusammenhang mit Werbung und folglich in der Anbahnungsphase angesiedelten Datenverarbeitungen stehen, als marktverhaltensrelevant an, was die Sanktionierung nach dem UWG eröffnet.[2663] Differenziert stellt sich die Beurteilung von Situationen dar, die nicht in vergleichbar eindeutigem Maße mit der Erwirtschaftung von kommerziellen Umsätzen in Verbindung stehen. Dies ist insbesondere bei rein administrativ begründeten Datenverarbeitungen der Fall, wie etwa Nutzungsdaten, Kundenabrechnungs- oder Personalsystemen oder bei gewissen formalen Anforderungen wie dem Abschluss von Verträgen gem. Art. 26 und/oder Art. 28 DSGVO oder der Bestellung eines Datenschutzbeauftragten. Diesen Pflichten kommt grundsätzlich kein spürbarer Effekt für

---

2658 Vgl. zur „rationalen Apathie" von Betroffenen bei Datenschutzfragen *Pohl*, PinG 2017, 85 (87); *Künstner*, K&R 2019, 605 (608); abl. zur UWG-Relevanz dennoch *Ohly*, GRUR 2019, 686 (690).

2659 Vgl. zum Dynamic Pricing *Künstner*, K&R 2022, 305 oder zur Praxis des „Nudgings" *Arning/Rothkegel*, in: Taeger/Gabel, DSGVO BDSG TTDSG, 2022, Art. 4, Rn. 318; illustrativ zur Bewusstseins- und Zustimmungsrate von Verbrauchern zur Verwendung ihrer Daten zu diesem Zweck siehe *Markenartikel-Magazin*, Dynamic Pricing: Wie Verbraucher flexible Preise wahrnehmen, v. 30.12.2021.

2660 Vgl. § 327 Abs. 3 BGB; dazu *Metzger*, in: MüKo BGB, 2022, Vor. § 327, Rn. 15 ff.; umstritten ist, ob die Gegenleistung in den Daten oder der Einwilligung in die Erhebung der Daten besteht; umfassend zum Thema *Linardatos*, in: Specht-Riemenschneider/Werry/Werry, Datenrecht, 2020, § 5.3; *Kühling/Sackmann*, ZD 2020, 24.

2661 *Podszun*, GUR 2020, 1268 (1274).

2662 BKartA, Verf. v. 28.9.2019 – B6-22/16, Rn. 885; *Härting/Schneider*, CR 2015, 819 (824), weisen zutreffend auf die Wechselwirkung zwischen Güterabsatz einerseits und Datenproliferation andererseits hin.

2663 Obergerichtlich bspw. entschieden von OLG Karlsruhe, Urt. v. 9.5.2012 – 6 U 38/11 = NJW 2012, 3312 (3314); OLG Köln, Urt. v. 17.1.2014 – 6 U 167/13 = NJW 2014, 1820 (1821); OLG Hamburg, Urt. v. 27.6.2013 – 3 U 26/12 = ZD 2013, 511 m. Anm. *Schröder*, Rn. 58; *Podszun/de Toma*, NJW 2016, 2987 (2990 f.).

das verbraucherschützende Ziel von Marktverhaltensregeln zu, frei über ihr Nachfrage- und Konsumverhalten entscheiden zu können.

Richtigerweise kann mithin eine in Rede stehende Verhaltensweise in Tateinheit mehrere Schutzmechanismen auslösen. Dies widerspricht weder dem abschließenden Charakter der DSGVO noch ihrem Telos. Nach überwiegender Ansicht weist Art. 82 Abs. 1 DSGVO die Aktivlegitimation für Schadensersatzforderungen jedenfalls dem Betroffenen zu.[2664] Rügt ein Mitbewerber indes im Rahmen seiner horizontalen Account-ability-Stellung zum Akteur dessen Marktverhalten bzw. dessen Verletzung von Marktverhaltensregeln, liegt darin gerade keine Berufung auf Persönlichkeitsrechte, sondern auf das Wettbewerbsrecht.[2665] Die DSGVO hat richtigerweise nicht den Anspruch, wettbewerbs- oder allgemeine, bereits bestehende zivilrechtliche Haftungsgrundsätze zu schaffen oder zu verdrängen.[2666] Unzutreffend wäre daher der vom (vertikal positionierten Forum) Bundeskartellamt in seiner Verfügung gegen Facebook vorgenommene Umkehrschluss, dass die Ausnutzung einer marktbeherrschenden Stellung jeden Rückgriff auf die Zulässigkeitsnormen des Art. 6 Abs. 1 DSGVO verstellt[2667] – auch ein dominantes Unternehmen kann valide Verträge eingehen (Art. 6 Abs. 1 lit. b DSGVO), gesetzlichen Pflichten, etwa aus dem Strafrecht oder dem NetzDG, unterliegen (Art. 6 Abs. 1 lit. c DSGVO) oder im Ausgangspunkt berechtigte Interessen i. S. v. Art. 6 Abs. 1 lit. f DSGVO haben. Nicht einmal jeder Rechtsverstoß eines marktbeherrschenden Unternehmens kann nach Rspr. des BGH automatisch als rechtsmissbräuchliches Verhalten i. S. v. § 19 GWB gewertet werden.[2668] Es bedarf vielmehr einer konkreten Prüfung im Einzelfall. Unklar ist jedoch, ob dies auch vollständig auf § 3a UWG übertragen werden kann, denn grundsätzlich gilt unumstritten, dass es keinen „Vorsprung durch Rechtsbruch" geben dürfe.[2669] Ausgehend vom Telos der DSGVO, den Betroffenen einen möglichst umfassenden und effektiven Rechtsschutz zu bieten, ist hierbei eine weite Lesart vorzugswürdig, denn ein „Übermaß" an Schutz, ein „Zuviel" an freier (auch wirtschaftlicher) Selbstbestimmungsfähigkeit, erscheint auch bei Einbeziehung etwaiger Unternehmensinteressen an der Rechtssicherheit abwegig. Sofern das Schutzniveau durch gesetzesfremde Mechanismen wie das UWG, GWB oder das UKlaG, die von anderen Akteuren als dem Betroffenen ausgeführt werden, als Nebeneffekt erreicht

---

2664 Vgl. aber auch *Schneider*, ZD 2022, 321 (322 ff.), mit einer durchaus überzeugenden Argumentation, dass der Wortlaut selbst auch „jede [andere] Person" berechtigen kann.

2665 *Wolff*, ZD 2018, 248 (251).

2666 So auch zur Haftung des Datenschutzbeauftragten nach den allgemeinen Haftungsgrundsätzen *Eßer/Steffen*, CR 2018, 289 (291) und ausführlich D.III. b.(3) oben.

2667 BKartA, Verf. v. 28.9.2019 – B6-22/16, Rn. 629 ff.

2668 BGH, Urt. v. 24.1.2017 – KZR 47/14, Rn. 35 = NZKart 2017, 242 (243 f.).

2669 *Halfmeier*, NJW 2016, 1126; sinngemäß auch *Ohly*, GRUR 2019, 686 (690).

bzw. befördert wird, kann es mithin weder im Sinne der DSGVO noch des Verordnungsgebers sein, dies zu unterbinden und stattdessen die alleinige Regelungshoheit zu beanspruchen.[2670] Konsequent urteilte der EuGH in der Rs. Fashion ID, dass es „keineswegs den Zielen dieser Regelung [Anm.: der DSGVO] abträglich [...] ist, sondern [...] im Gegenteil zu deren Erreichung [beiträgt]",[2671] wenn ein Mitgliedstaat in seinem nationalen Recht weitergehende Klagebefugnisse etwa für Verbände vorsieht. Mangels Relevanz im Ausgangsverfahren ließ der EuGH, trotz Formulierung durch den vorlegenden BGH, die Frage offen, ob auch das UWG neben der DSGVO anwendbar sei,[2672] deutet dies jedoch hinsichtlich verschiedener Rechtsbereiche relativ deutlich an.[2673]

Zusammenfassend ist entsprechend festzustellen, dass die DSGVO selbst keine unmittelbar horizontalen Accountability-Mechanismen vorsieht, die über die Beziehung zwischen Aufsichtsbehörde und Betroffenem gegenüber dem Verantwortlichen bzw. Auftragsverarbeiter hinausgehen. Jedoch können Marktteilnehmer aus angrenzenden Gesetzen, die sich teilweise für die Normen der DSGVO öffnen (§§ 2 Abs. 2 Nr. 11 UKlaG, 3a UWG), aktivlegitimiert sein. Hierbei kommt ein gesteigertes Datenschutzniveau als Reflex- oder Nebeneffekt in Betracht.

V. Beziehung von Foren zueinander

Wie bereits hinsichtlich der *Liability* herausgearbeitet, bestehen Wechselwirkungen zwischen den verschiedenen Formen von Accountability, die auch abhängig davon sind, welche Sanktionsmöglichkeiten dem jeweiligen Forum zur Verfügung stehen.[2674] Fraglich ist jedoch, wie die Foren zueinander stehen, ob etwa das vertikale Forum der gesetzlichen Aufsichtsbehörden oder das diagonale Forum der Medien zu einer strengeren Sanktionierung neigt bzw. sogar gehalten ist, wenn das Forum der Betroffenen aufgrund von Lock-In-Effekten o. ä. nicht zu einer effektiven Sanktion in der Lage ist oder

---

2670 So jedoch *Werkmeister*, in: Gola/Heckmann, DSGVO BDSG, 2022, Art. 80, Rn. 14 und 17 f.; *Kreße*, in: Sydow/Marsch, DSGVO BDSG, 2022, Art. 80, Rn. 17; *Schwartmann/Keppeler*, in: Schwartmann et al., DSGVO BDSG, 2020, Art. 80, Rn. 22; wie hier dagegen *Frenzel*, in: Paal/Pauly, DSGVO BDSG, 2021, Art. 80, Rn. 13; wie hier *Becker*, in: Plath, DSGVO BDSG TTDSG, 2023, Art. 81, Rn. 7.

2671 EuGH, Urt. v. 29.7.2019 – C-40/17 (Fashion ID), ECLI:EU:C:2019:629, Rn. 51.

2672 EuGH, Urt. v. 28.4.2022 – C-319/20 (Meta Platforms Ireland Ltd. ./. Verbraucherzentrale Bundesverband e. V.), ECLI:EU:C:2022:322, Rn. 50.

2673 EuGH, Urt. v. 28.4.2022 – C-319/20 (Meta Platforms Ireland Ltd. ./. Verbraucherzentrale Bundesverband e. V.), ECLI:EU:C:2022:322, Rn. 78–81; v. *Walter*, WRP 2022, 937 (941), Rn. 20 bezeichnet dies als „Koinzidenz statt Kausalität".

2674 Siehe hierzu ausführlich B.III.1.c.

eine Rechtsverfolgung aus individueller Perspektive mit zu hohem Aufwand verbunden ist.[2675] Dabei handelt es sich um eine im englischen Original-Schrifttum zu Accountability relativ unbeleuchtete, eher inzident behandelte Fragestellung. Abstrakt betrachtet wird festgestellt, dass Accountability-Mechanismen umso effektiver sind, desto mehr Foren (*„account-holders"*) vorhanden sind, den Akteur also zur Information über das eigene Handeln auffordern und gegebenenfalls Sanktionen verhängen.[2676] Proximal lässt sich dieser Zusammenhang relativ einfach damit erklären, dass es sich summarische Zunahme von Parteien handelt, welche einen Akteur zur Rechenschaft und Rechtfertigung auffordern. Jedoch kann von einer solchen zusätzlichen Rechtsdurchsetzungsinstanz auch eine qualitative Steigerungswirkung einzelner Accountability-Mechanismen ausgehen, weil zwischen den Foren ein Wettbewerb entsteht,[2677] indem ihre Leistung durch Außenstehende wie Betroffene aber auch seinerseits diagonale Foren wie die Medien miteinander verglichen wird.[2678]

Dieser Wettbewerb wurde auch im datenschutzrechtlichen Schrifttum gesehen, wo durch die nachfolgend dargestellten Mittel der Beschwerde, des Rechtsbehelfs und der Vertretung durch eine qualifizierte Einrichtung die Möglichkeit geschaffen wurde, auf die tradierte, primäre Durchsetzungsinstanz der Aufsichtsbehörden Druck auszuüben.[2679] Richtigerweise müssen dabei die Rechte und Freiheiten der Betroffenen den Ausgangspunkt der Betrachtung bilden, was insofern konsequent erscheint, weil es sich bei dieser Personengruppe um das primäre Schutzsubjekt des Datenschutzrechts handelt (Art. 1 Abs. 1 Hs. 1 DSGVO). Darüber hinaus ergibt eine Betroffenenzentrierung Sinn, da es sich bei diesen um den gemeinsamen Fluchtpunkt auch komplexer, mehrstufiger Verarbeitungssituationen handelt, die insbesondere häufig durch eine asymmetrische Informations- und Ressourcenallokation zugunsten der beteiligten datenverarbeitenden Akteure geprägt sind und strukturell schwächere Wege der Rechtsdurchsetzung bieten, etwa weil

---

2675 Letzteres ist für die sog. „Streuschäden" kennzeichnend, vgl. *Bergt*, in: Kühling/Buchner, DSGVO BDSG, 2020, Art. 83, Rn. 1; *Buchner*, in: Tinnefeld/Buchner/Petri/Hof, Datenschutzrecht, 2020, 327, Rn. 309.

2676 Vgl. *Willems/v.Dooren*, PMR 2012, 1011 (1030).

2677 *Black*, Regulation&Government 2008, 137 (149): "Those who dispute the legitimacy claims of others will contest the associated accountability relationships.".

2678 Vgl. bspw. die Aussage von *Geminn*, in: Jandt/Steidle, Datenschutz im Internet, 2018, Kap. B, VI. Rn. 105 (der *Nemitz*, in: Selmayr, DSGVO, Art. 80, Rn. 1 zitiert, wo sich eine entsprechende Aussage indes nicht findet), wonach Art. 80 DSGVO dem Zweck diene, „global agierenden Unternehmen schlagkräftige, mit hinreichenden Ressourcen ausgestattete Organisationen gegenüberzustellen", was implizit die Schlagkraft und Ressourcenausstattung der bisherigen Institutionen in Frage stellt.

2679 Krit. *Gerhard*, CR 2015, 338 (343); *v. Lewinski*, in: Auernhammer, DSGVO BDSG, 2020, Art. 80, Rn. 2 bezeichnet die qualifizierten Einrichtungen als „zweite Geige".

es sich um grenzüberschreitende Sachverhalte handelt. Um dieses Defizit im Einzelfall auszugleichen, sieht die DSGVO in den Art. 77 ein Beschwerderecht der Betroffenen und in Art. 78 einen ausweislich des zugehörigen ErwG 141 eng miteinander verbundenen Beschwerde- und Rechtsbehelfsmechanismus bezüglich des Handelns der zuständigen Aufsichtsbehörde vor.

Aus Accountability-Perspektive ist zunächst die Regelung des Art. 77 DSGVO bemerkenswert. Danach haben betroffene Personen[2680] das Recht, sowohl bei der Aufsichtsbehörde an ihrem gewöhnlichen Wohn-, Arbeits-, oder Aufenthaltsort oder bei der gem. Art. 55 DSGVO für den Beschwerdegegner zuständigen Aufsichtsbehörde Beschwerde gegen die Verarbeitung sie betreffender personenbezogener Daten durch diesen Akteur zu erheben. Der angerufenen und dadurch betroffenen Aufsichtsbehörde i. S. v. Art. 4 Nr. 22 lit. c DSGVO kommen aufgrund dieser Position Einflussnahme- und Mitbestimmungsrechte im Rahmen des Konsistenzmechanismus zu.[2681] Ob Betroffenen damit das Recht zukommt, sich bei einer beliebigen Aufsichtsbehörde zu beschweren,[2682] etwa weil diese für Rechtsauslegungen in ihrem Sinne bekannt oder personell erfolgsversprechend ausgestaltet ist, kann vorliegend dahinstehen, denn die Wirkung einer solchen Beschwerde ist stets die Pflicht zur Befassung der adressierten Aufsichtsbehörde.[2683] Als Anspruchsvoraussetzung nennt Art. 77 Abs. 1 DSGVO in bewusst nieder-

---

2680 *Laue*, in: Laue/Kremer, Datenschutzrecht, S. 381, Rn. 37 ‚sieht hierin einen Ausdruck, des Individualrechtsschutzes; vgl. auch *Bergt*, in: Kühling/Buchner, DSGVO BDSG, 2020, Art. 77, Rn. 8 und 10; *Sommer*, in: Däubler et al., DSGVO BDSG, 2020, Art. 77, Rn. 3; zum Unterschied zu Art. 82 Abs. 1 DSGVO *Schneider*, ZD 2022, 321 (322 ff.), der vom Wortlaut her auch juristische Personen und Dritte erfassen kann, ohne dass unmittelbar deren Daten kausal schadensbegründend verarbeitet wurden.

2681 Vgl. Art. 60 Abs. 1 DSGVO; vgl. zu diesen Befugnissen *Schwartmann/Keppeler*, in: Schwartmann et al., DSGVO BDSG, 2020, Art. 77, Rn. 8 m. w. N.; *Neun/Lubitzsch*, BB 2017, 1538 (1539 f.).

2682 So *Moos/Schefzig*, in: Taeger/Gabel, DSGVO BDSG TTDSG, 2022, Art. 77, Rn. 13; *Sommer*, in: Däubler et al., DSGVO BDSG, 2020, Art. 77, Rn. 1 und 4; *Körffer*, in: Paal/Pauly, DSGVO BDSG, 2021, Art. 77, Rn. 4; *Schefzig/Rothkegel/Cornelius*, in: Moos/Schefzig/Arning, Praxishandbuch DSGVO, 2021, Kap. 10, Rn. 10; einschränkend *v. Lewinski*, in: Auernhammer, DSGVO BDSG, 2020, Art. 77, Rn. 11, der im Auseinanderfallen von Beschwerde- und Aufsichtszuständigkeit annimmt, wobei nur ersteres vom Antrag der Betroffenen tangiert wird; vgl. auch *Becker*, in: Plath, DSGVO BDSG TTDSG, 2023, Art. 77, Rn. 2, zu den Möglichkeiten der innerstaatlichen Zuständigkeitsverteilung.

2683 *Härting/Flisek/Thiess*, CR 2018, 296 (297); *Mundil*, in: BeckOK Datenschutzrecht, 2022, Art. 77, Rn. 14; *Sydow*, in: Sydow/Marsch, DSGVO BDSG, 2022, Art. 77, Rn. 24; *Sommer*, in: Däubler et al., DSGVO BDSG, 2020, Art. 77, Rn. 5 f.; einschränkend *Moos/Schefzig*, in: Taeger/Gabel, DSGVO BDSG TTDSG, 2022, Art. 77, Rn. 8 und 15, wonach diese Pflicht nur bei ausreichend substantiiertem Vortrag bestehe.

schwelliger Form,[2684] dass der Betroffene lediglich der Ansicht sein müsse, dass die Verarbeitung durch den Akteur nicht DSGVO-konform erfolge. Teilweise wird vertreten, dass Betroffene zwecks Substantiierung zunächst verpflichtet seien, aus eigenem Recht verfügbare Ansprüche wie Auskunft gem. Art. 15 DSGVO geltend zu machen.[2685] Dies ist zwar mit Blick auf die sehr begrenzten Ressourcen der Aufsichtsbehörden nachvollziehbar, kann jedoch mit dem grundrechtsverwirklichenden Schutzzweck, der gerade auch Art. 15 DSGVO einschließt,[2686] und der Schutznormtheorie[2687] nur bedingt in Einklang gebracht werden.[2688] Vielmehr genügt es zur Begründung der Befassungspflicht, dass die behauptete Rechtsverletzung nicht ganz abwegig ist.[2689] Durch die Beschwerde werden zwei zu unterscheidende Accountability-Beziehungen begründet. Einerseits durch den Betroffenen gegen die angerufene Aufsichtsbehörde und andererseits von der Aufsichtsbehörde gegen den Beschwerdegegner bzw. im Falle einer örtlichen Unzuständigkeit gegenüber die gem. Art. 55 DSGVO zuständige Aufsichtsbehörde. In der Hinsicht auf die Accountability-Relation zum Betroffenen entsteht durch die Beschwerde nicht nur die Handlungspflicht i. S. e. Responsibility der Aufsichtsbehörde, sondern sie wird gem. Art. 77 Abs. 2 DSGVO auch informationspflichtig gegenüber dem Petenten. Diese, im deutschen Wortlaut der DSGVO als „Unterrichtung" (engl. „to inform") bezeichnete Pflicht muss inhaltlich den Stand der Befassung und, sofern vorhanden, Ergebnisse enthalten.[2690] Sie ist ausgehend von der Fristsetzung gem. Art. 78 Abs. 2

2684 Vgl. *Körffer*, in: Paal/Pauly, DSGVO BDSG, 2021, Art. 77, Rn. 3; *Neun/Lubitzsch*, BB 2017, 2563 f.

2685 So *Becker*, in: Plath, DSGVO BDSG TTDSG, 2023, Art. 77, Rn. 5; wohl auch *Moos/ Schefzig*, in: Taeger/Gabel, DSGVO BDSG TTDSG, 2022, Art. 82, Rn. 53; widersprüchlich insofern *Koreng*, in: Gierschmann et al., DSGVO BDSG, 2018, Art. 77, Rn. 2, („keinen Vorrang eine[s] der beiden Wege") und Rn. 10 („muss [der Betroffene] zunächst […] nach Art. 15 um Auskunft ersuchen").

2686 Nur *Nemitz*, in: Ehmann/Selmayr, DSGVO BDSG, 2018, Art. 77, Rn. 7.

2687 *Schmidt-Aßmann/Schenk*, in: Schoch/Schneider, VwGO, Einl. Rn. 20; *Wahl*, in: Schoch/Schneider, VwGO, EL 2022, § 42, Rn. 94 ff.; *Will*, ZD 2020, 97 (98).

2688 Prägnant *Bergt*, in: Kühling/Buchner, DSGVO BDSG, 2020, Art. 77, Rn. 22: „Allgemeine Arbeitsüberlastung […] rechtfertigt keine verzögerte Bearbeitung."; in diesem Sinne auch sehr deutlich EuGH, Urt. v. 1.8.2022 – C-184/20 (OT/ Vyriausioji tarnybinės etikos komisija), ECLI:EU:C:2022:601, Rn. 89.

2689 *Sommer*, in: Däubler et al., DSGVO BDSG, 2020, Art. 77, Rn. 3; *Nemitz*, in: Ehmann/Selmayr, DSGVO BDSG, 2018, Art. 77, Rn. 8; *Becker*, in: Plath, DSGVO BDSG TTDSG, 2023, Atz. 77, Rn. 5.

2690 *Härting/Flisek/Thiess*, CR 2018, 296 (297); *Bergt*, in: Kühling/Buchner, DSGVO BDSG, 2020, Art. 77, Rn. 22; *Sommer*, in: Däubler et al., DSGVO BDSG, 2020, Art. 78, Rn. 6, plädiert für eine Information über den Verfahrensstand an die Betroffenen alle drei Monate; überzeugender auf die Relevanz des aktuellen Stands abstellend *Becker*, in: Plath, DSGVO BDSG TTDSG, 2023, Art. 77, Rn. 10; ähnlich *Neun/ Lubitzsch*, BB 2017, 2563 (2564).

DSGVO innerhalb von drei Monaten zu erteilen, auch wenn im Rahmen komplexer Anfragen noch keine abschließende Bewertung erfolgt ist.[2691] Darüber hinaus ist der Beschwerdeführer über die Möglichkeit eines gerichtlichen Rechtsbehelfs zu informieren (Art. 77 Abs. 2 DSGVO), sodass bei Verletzung der Aufsichts-Accountability in der Form ihrer Transparenzpflichten[2692] dem Betroffenen der Verwaltungsrechtsweg durch Verpflichtungsklage auf Erlass eines Verwaltungsaktes oder Leistungsklage auf Vornahme eines bestimmten Verwaltungshandelns als Realakt nach Art. 78 Abs. 2 DSGVO, § 42 i. V. m. § 75 VwGO offensteht.[2693] In prozessualer Hinsicht können die Beschwerderechte gem. Art. 77 und Klagerechte gem. Art. 78 Abs. 2 DSGVO durch die Betroffenen gem. Art. 80 DSGVO auf qualifizierte Einrichtungen übertragen werden. Hierin ist ein starkes Instrument zur Steigerung der Effektivität der Durchsetzungs- und Rechtsschutzmöglichkeiten zu sehen, denn diese bestehen in materieller Hinsicht nicht bezüglich sämtlicher denkbarer Umstände, über die Betroffene gegebenenfalls Beschwerde erheben.

So ist in Situationen, in denen Betroffene oder ihre beauftragten Vertreter einen tatsächlichen Verstoß substantiiert darlegen können, unabhängig davon, ob sie eine rechtlich zutreffende Subsumtion erbracht haben,[2694] das Entscheidungsermessen der Aufsichtsbehörde auf Null zu reduzieren. Beispiele hierfür wären eine Datenverarbeitung ohne Erteilung der Informationspflichten gem. Art. 12 ff. DSGVO oder das Unterlassen einer Auskunftserteilung gem. Art. 15 DSGVO durch den Verantwortlichen. Hierbei kann der Betroffene ein subjektiv-öffentliches Recht in Anspruch nehmen, dass die Aufsichtsbehörde ihre gem. Art. 58 Abs. 2 lit. c DSGVO bestehenden Weisungsbefugnisse gegen den Beschwerdegegner auch ausübt.[2695] Das grö-

---

2691 Vgl. zur Berechnung *Moos/Schefzig*, in: Taeger/Gabel, DSGVO BDSG TTDSG, 2022, Art. 77, Rn. 16; *Bergt*, in: Kühling/Buchner, DSGVO BDSG, 2020, Art. 78, Rn. 19; *Schwartmann/Keppeler*, in: Schwartmann et al., DSGVO BDSG, 2020, Art. 77, Rn. 20.

2692 Vgl. B. III. b. zu den von *Transparency* umfassten Aspekten, die grundsätzlich auch für die Kommunikation der Aufsichtsbehörden gelten müssen.

2693 *Moos/Schefzig*, in: Taeger/Gabel, DSGVO BDSG TTDSG, 2022, Art. 77, Rn. 17 und Art. 78, Rn. 12; *Mundil*, in: BeckOK Datenschutzrecht, 2022, Art. 78, Rn. 6; *Härting/ Flisek/Thiess*, CR 2018, 296 (297); *Will*, ZD 2020, 97 f.; *Körffer*, in: Paal/Pauly, DSGVO BDSG, 2021, Art. 78, Rn. 5.

2694 Diese ist mit der ganz h. M. keine Anspruchsvoraussetzung, vgl. *Körffer*, in: Paal/ Pauly, DSGVO BDSG, 2021, Art. 77, Rn. 3; *Bergt*, in: Kühling/Buchner, DSGVO BDSG, 2020, Art. 77, Rn. 10; *Moos/Schefzig*, in: Taeger/Gabel, DSGVO BDSG TTDSG, 2022, Art. 77, Rn. 9; *Nemitz*, in: Ehmann/Selmayr, DSGVO BDSG, 2018, Art. 77, Rn. 7.

2695 So auch EuGH, Urt. v. 6.10.2015 – C-362/14 (Schrems), ECLI:EU:C:2015:650, Rn. 65 = NJW 2015, 3151 (3154); *Härting/Flisek/Thiess*, CR 2018, 296 (299); *Mundil*, in: BeckOK Datenschutzrecht, 2022, Art. 77, Rn. 15; a. A. wohl *Schwartmann/*

ßere Potenzial zur Steigerung des Schutzniveaus für Betroffene durch die Benennung eines Vertreters besteht indes in Situationen, in denen die Kenntnis der Verarbeiterpflichten und die Identifikation von etwaigen Verstößen seinerseits Vor- bzw. Fachkenntnisse erfordert. So kann ein unmittelbarer subjektiver Anspruch auf eine bestimmte Entscheidung durch die zuständige Aufsichtsbehörde in komplexen Abwägungs- und Auslegungsfragen etwa bezüglich der zahlreichen unbestimmten Rechtsbegriffe der DSGVO wie der Erforderlichkeit (Art. 6 Abs. 1 lit. b), dem risikobasierten Ansatz (Art. 25) oder der Sicherheit der Verarbeitung gemäß des Stands der Technik (Art. 32) durch natürliche Personen kaum substantiiert geprüft und ggf. angeprangert werden. Zwar besteht auch hier die originäre Handlungspflicht der Aufsichtsbehörde, festgestellte Verstöße abzustellen (Art. 58 Abs. 2 lit. d DSGVO).[2696] Die Feststellung, ob ein Verstoß vorliegt, liegt dabei allerdings im Ermessen der Aufsichtsbehörde.[2697] Dies begründet die inhaltlich umfangreiche Erklärungs- und Begründungspflicht hinsichtlich des eigenen Vorgehens, um ihre Entscheidung rechtssicher zu gestalten, denn grundsätzlich ist dieses vollständig gerichtlich überprüfbar,[2698] und insbesondere in Fällen einer stellvertretenden Geltendmachung durch eine qualifizierte Einrichtung besteht aus Sicht der Aufsicht das Risiko, dass das Überprüfungs- und Kommunikationsverhalten als unzureichend bewertet wird. Dabei stellt die sorgfältige Ermessensausübung bei der Sachverhaltsprüfung den Beurteilungsmaßstab dar,[2699] in deren Rahmen jedoch auch die gesetzlich normierte Unabhängigkeit der Aufsichtsbehörden bei der Untersuchung zu berücksichtigen ist.[2700] Die Klagemöglichkeit besteht dann nur gegen rechtsverbindliche Entscheidungen (engl.: „*legally binding decisions*"), im deut-

---

Keppeler, in: Schwartmann et al., DSGVO BDSG, 2020, Art. 77, Rn. 13; *Neun/Lubitzsch*, BB 2017, 2563 (2564).

2696 Nur bedingt schlüssig ist es, wenn im Schrifttum auf die Aufgabe zur Befassung (Art. 57 Abs. 1 lit. f) und nicht auf die Befugnis zur Abhilfe abgestellt wird; so jedoch *v. Lewinski*, in: Auernhammer, DSGVO BDSG, 2020, Art. 78, Rn. 10; *Will*, ZD 2020, 97 (98); *Schwartmann/Keppeler*, in: Schwartmann et al., DSGVO BDSG, 2020, Art. 77, Rn. 13; wie hier dagegen *Härting/Flisek/Thiess*, CR 2018, 296 (299 f.); *Bergt*, in: Kühling/Buchner, DSGVO BDSG, 2020, Art. 77, Rn. 17 und aus Sicht des Akteurs im Rechtsmittelverfahren gem. Art. 78, vgl. Art. 78, Rn. 13.

2697 *Moos/Schefzig*, in: Taeger/Gabel, DSGVO BDSG TTDSG, 2022, Art. 78, Rn. 12: „Das Gericht trifft keine Entscheidung in der Sache.".

2698 *Will*, ZD 2020, 97 (98 f.).

2699 *Mundil*, in: BeckOK Datenschutzrecht, 2022, Art. 77, Rn. 15; vgl. bzgl. des Unterschieds zum Petitionsrecht a. F. *Boehm*, in: Simitis et al., Datenschutzrecht, 2019, Art. 77, Rn. 16; *Will*, ZD 2020, 97 (98), befürwortet in einem weiten Verständnis von Art. 57 Abs. 1 lit. f DSGVO, dass eine umfassende Prüfung des materiellen Anspruchs und Ergebnisbegründung verpflichtend ist.

2700 *Sommer*, in: Däubler et al., DSGVO BDSG, 2020, Art. 77, Rn. 5a; *Boehm*, in: Simitis et al., Datenschutzrecht, 2019, Art. 77, Rn. 16.

schen Verwaltungsrecht also formelle Verwaltungsakte belastender Natur, und nicht auf sämtliche oder bestimmte verfahrensleitende Maßnahmen.[2701] Aus Accountability-Sicht ist dies entsprechend der oben dargestellten Dimension der Kontrolle folgerichtig; das Forum, in diesem Zusammenhang das Gericht, überprüft die pflichtgemäße Ausübung der vorhandenen Fachkompetenz und Zuständigkeit (Responsibility) durch den Akteur, zieht diese jedoch im Falle von Fehlern nicht an sich, sondern belässt die Umsetzung weiterhin beim Normadressaten.[2702]

Leicht unterschiedlich handhabt das der europäische Verordnungsgeber die äußerst praxisrelevante Problematik der Abstimmung zwischen national gem. Art. 55 DSGVO zuständigen Aufsichtsbehörden in grenzüberschreitenden Sachverhalten i. S. v. Art. 4 Nr. 23 DSGVO. Hierzu sieht die DSGVO in Kapitel VII grundsätzlich ein detailliertes Verfahren der Entscheidungsfindung vor, auf das vorliegend nicht umfänglich eingegangen werden kann und muss. Aus Accountability-Perspektive sind vielmehr zwei Umstände relevant. Zunächst wird die gem. Art. 55, 56 DSGVO zuständige federführende Aufsichtsbehörde nach Art. 60 Abs. 1 und Abs. 3 DSGVO informationspflichtig gegenüber allen weiteren betroffenen Aufsichtsbehörden i. S. v. Art. 4 Nr. 22 DSGVO.[2703] Soweit ersichtlich, ist das Verhältnis zwischen Abs. 1 und Abs. 3 dabei nicht Gegenstand intensiver Diskussionen im Schrifttum. Art. 60 Abs. 3 S. 1 DSGVO spricht im Unterschied zu Abs. 1 von Informationen bezüglich „der Angelegenheit", weshalb letzterer eine grundsätzlich weitere Lesart zulässt.[2704] Auf Basis dieser sowie gem. Art. 58 Abs. 1 lit. a DSGVO selbst beschaffter Informationen wird von der federführenden Aufsichtsbehörde das Ermittlungsverfahren durchgeführt, um dann im ersten Schritt des Beschlussverfahrens den beteiligten Aufsichtsbehörden einen Entwurf zur Kenntnisnahme (Art. 60 Abs. 3 DSGVO) oder ggf. einer gem. Art. 4 Nr. 24 DSGVO maßgeblichen und begründeten Einspruch-

---

2701 *Sydow*, in: Sydow/Marsch, DSGVO BDSG, 2022, Art. 78, Rn. 18 ff.; *Bergt*, in: Kühling/Buchner, DSGVO BDSG, 2020, Art. 78, Rn. 6; *Moos/Schefzig*, in: Taeger/Gabel, DSGVO BDSG TTDSG, 2022, Art. 78, Rn. 6; *Mundil*, in: BeckOK Datenschutzrecht, 2022, Art. 78, Rn. 4 ff.; *Schneider*, in: Schwartmann et al., DSGVO BDSG, 2020, Art. 78, Rn. 27 ff.; vgl. auch *Becker*, in: Plath, DSGVO BDSG TTDSG, 2023, Art. 78, Rn. 3, zu Fällen in denen Dritte durch den VA belastet und damit klagebefugt werden können.

2702 Vgl. B.III.1.f.

2703 *Thiel*, in: Taeger/Gabel, DSGVO BDSG TTDSG, 2022, Art. 60, Rn. 22 und 25; *Körffer*, in: Paal/Pauly, DSGVO BDSG, 2021, Art. 60, Rn. 4 und 7; *Polenz*, in: Simitis et al., Datenschutzrecht, 2019, Art. 60, Rn. 10.

2704 Ähnlich *Gramlich*, in: Gierschmann et al., DSGVO BDSG, 2018, Art. 60, Rn. 14; *Sommer*, in: Däubler et al., DSGVO BDSG, 2020, Art. 60, Rn. 19, bezeichnet indes die zeitliche Komponente aufgrund der Verpflichtung zur „unverzüglichen" Informationserteilung als wesentlich für Abs. 3 DSGVO.

serhebung (Art. 60 Abs. 4 DSGVO) zugeleitet.[2705] Konsequenterweise muss die federführende Aufsichtsbehörde die Eingaben der ebenfalls betroffenen Aufsichtsbehörden entgegennehmen, sich inhaltlich mit ihnen befassen und eine Ablehnung im Einzelfall begründen.[2706] Damit wird zwischen der federführenden und den beteiligten Aufsichtsbehörden eine auch im Rahmen anderer Accountability-Relationen zentrale Diskussionsphase eröffnet. Ob die DSGVO auch eine wirksame Sanktionsmaßnahme, als konstitutives Merkmal jeder Accountability, im Rahmen des Konsistenzmechanismus vorsieht, erscheint indes fraglich. Kann zwischen der federführenden und den i. S. v. Art. 22 DSGVO betroffenen Aufsichtsbehörden kein Konsens erzielt werden, wie ein Sachverhalt zu beurteilen ist, so ist gem. Art. 65 Abs. 1 lit. a DSGVO der Europäische Datenschutzausschuss (EDSA bzw. EDPB) anzurufen.[2707] Der sog. endgültige Beschluss des EDSA muss begründet werden und ist für die beteiligten Aufsichtsbehörden verbindlich (Art. 65 Abs. 2 S. 3 DSGVO).[2708] Die Entscheidung des Kollektivgremiums EDSA ersetzt aufgrund ihres verbindlichen Charakters dabei den streitgegenständlichen Beschluss, welchen die federführende Aufsichtsbehörde erlassen hatte, in der Sache,[2709] obwohl zur Wirksamkeit nach nationalem Recht gegebenenfalls ein weiterer Verwaltungsakt erforderlich werden kann.[2710] Im Gegensatz zu angerufenen Gerichten zieht der EDSA mithin die Zuständigkeit (Responsibility) in der Sachbeurteilung als berechtigtes, übergeordnetes Forum an sich und entzieht mindestens einer der am zugrunde liegenden Dissens beteiligten Aufsichtsbehörden damit Handlungsoptionen. Darin kann nach der hier entwickelten Definition zwar grundsätzlich eine Sanktion zu sehen sein, sie ist jedoch auf einem sehr niederschwelligen Niveau anzusiedeln. Die gem. Art. 52 Abs. 1 DSGVO verbürgte Unabhängigkeit der Aufsichtsbehörden birgt hierbei das Risiko, dass eine grundsätzlich denkbare horizontale

---

2705 *Roggenkamp*, in: Plath, DSGVO BDSG TTDSG, 2023, Art. 60, Rn. 9; *Körffer*, in: Paal/Pauly, DSGVO BDSG, 2021, Art. 60, Rn. 8; *Thiel*, in: Taeger/Gabel, DSGVO BDSG TTDSG, 2022, Art. 60, Rn. 31; ausführlich zu den Anforderungen an die Begründung *Spiecker, gen. Döhmann*, in: Simitis et al., Datenschutzrecht, 2019, Art. 4, Nr. 24, Rn 3 ff.

2706 *Thiel*, in: Taeger/Gabel, DSGVO BDSG TTDSG, 2022, Art. 60, Rn. 25 f.; *Polenz*, in: Simitis et al., Datenschutzrecht, 2019, Art. 60, Rn. 12.

2707 *Rossi*, in: Auernhammer, DSGVO BDSG, 2020, Art. 65, Rn. 4; *Sommer*, in: Däubler et al., DSGVO BDSG, 2020, Art. 60, Rn. 4.

2708 *Hullen*, in: Plath, DSGVO BDSG TTDSG, 2023, Art. 65, Rn. 15; *Marsch*, in: BeckOK Datenschutzrecht, 2022, Art. 65, Rn. 14 f.

2709 *Sommer*, in: Däubler et al., DSGVO BDSG, 2020, Art. 60, Rn. 4; a.A. wohl *Caspar*, in: Kühling/Buchner, DSGVO BDSG, 2020, Art. 65, Rn. 28, der einen rein internen Charakter annimmt.

2710 *Eichler*, in: Gola/Heckmann, DSGVO BDSG, 2022, Art. 65, Rn. 13; *Caspar*, in: Kühling/Buchner, DSGVO BDSG, 2020, Art. 65, Rn. 28; *Spiecker gen. Döhmann*, in: Simitis et al., Datenschutzrecht, 2019, Art. 65, Rn. 35.

Accountability-Beziehung umgangen wird und sich die federführende Aufsichtsbehörde ihrerseits *„unaccountable"* verhalten kann.[2711] Gegen den Beschluss der federführenden Aufsicht kann indes nach Art. 78 DSGVO i. V. m. dem nationalen Verwaltungsrecht sowie gegen den Beschluss des EDSA nach Art. 263 AEUV Rechtsschutz anstreben,[2712] sodass auch in dieser Hinsicht den Gerichten die wesentliche Rolle als Forum bei der Anwendung und Durchsetzung des Datenschutzrechts zukommen wird. Eine Rückkopplung der Entscheidungspraxis der Gerichte erfolgt in Deutschland durch die – mit Ausnahme des einstweiligen Verfahrens – gem. § 12a UKlaG verpflichtende Anhörung der zuständigen Aufsichtsbehörde,[2713] wobei sowohl Gericht als auch Aufsichtsbehörde nicht der Rechtsauffassung des jeweils anderen Forums folgen müssen.

Zusammenfassend ist festzustellen, dass die DSGVO im außergerichtlichen Verfahren eine kaskadierende Einschaltung weiterer Parteien durch die Betroffenen vorsieht, sofern von ihnen selbstständig zur Informationserteilung aufgeforderte (*„called to account"*) Akteure ihren Pflichten nicht nachkommen. Implizit unterstreicht sie durch die Beistandspflichten jedoch gleichzeitig die strukturell schwache Position der Betroffenen innerhalb einer konkreten Verarbeitungssituation und Accountability-Gleichung. Welche Schlussfolgerungen für die real bestehende informationelle Selbstbestimmung(sfähigkeit) gezogen werden müssen bzw. müssten, soll an dieser Stelle nicht vertieft werden.

VI. Zwischenergebnis

Die Voraussetzung für das Vorliegen einer Accountability-Relation ist, wie gezeigt wurde, die Möglichkeit einer Sanktion im Sinne einer einseitig oktroyierten Konsequenz, welche auf den handelnden Akteur entweder einschränkend wirkt oder ihm gerade bestimmte Optionen eröffnet und somit in beiden Fällen grundsätzlich geeignet ist, sein Handeln zu beeinflussen.[2714]

2711 Auf die unklaren Konsequenzen bei Missachtung weist auch *Eichler*, in: Gola/Heckmann, DSGVO BDSG, 2022, Art. 65, Rn. 2 hin; vgl. auch *Caspar*, in: Kühling/Buchner, DSGVO BDSG, 2020, Art. 65, Rn. 2a mit praktischen Gründen für diese Erscheinung.

2712 *Rossi*, in: Auernhammer, DSGVO BDSG, 2020, Art. 65, Rn. 16; *Caspar*, in: Kühling/Buchner, DSGVO BDSG, 2020, Art. 65, Rn. 29; *Eichler*, in: Gola/Heckmann, DSGVO BDSG, 2022, Art. 65, Rn. 13 f.; ähnlich *Marsch*, in: BeckOK Datenschutzrecht, 2022, Art. 65, Rn. 16 ff.

2713 Vgl. dazu nur *Köhler*, in: Köhler/Bornkamm/Feddersen, UWG, UKlaG, 2022, § 12a, Rn. 2 f.

2714 Theoretisch kommt auch eine positive Incentivierung in Frage, vgl. dazu *Bovens*, WEP 2010, 946 (952); der Principal-Agent-Theorie wird aber eine grundsätzlich

Nicht erforderlich ist dagegen, dass alle denkbaren Sanktionen allen Foren in gleichem Maße zur Verfügung stehen. Die DSGVO enthält verschiedene Instrumente, denen grundsätzlich eine entsprechend sanktionierende Wirkung zukommen kann, die jedoch bislang aufgrund zurückhaltender und eher isolierter Anwendung nicht ihr gerade in einer Wechselwirkung liegendes Potenzial entfalten konnten.

Der wohl deutlichste Ausdruck einer Sanktion sind Bußgelder, die gem. Art. 83 DSGVO durch die zuständige Aufsichtsbehörde in der Regel zusätzlich zu einer materiellen Untersagungsverfügung erlassen werden. Dem handelnden Verantwortlichen oder Auftragsverarbeiter wird damit neben dem Entzug der realen Handlungsoption durch eine verwaltungsrechtliche Untersagung noch eine finanzielle Einbuße auferlegt, die seine betriebliche Entfaltung weiter einschränkt und ihn potenziell gegenüber Wettbewerbern schlechterstellt. Dem Bußgeldregime kam konsequenterweise im Vorfeld und auch noch in der Frühphase der DSGVO eine enorme mediale Aufmerksamkeit zu.[2715] Allerdings stellen Bußgelder nicht die einzigen und wohl auch nicht in allen Fällen effektivsten Sanktionen im Sinne des Grundrechtsschutzes dar, die einer Aufsichtsbehörde zur Verfügung stehen. Als effektiv sind Maßnahmen einzustufen, wenn durch sie das Schutzgut der Selbstbestimmungsfähigkeit gewahrt oder wiederhergestellt wird.[2716] Grundsätzlich frei in ihrer Entscheidung darüber, ob Bußgelder zusätzlich zu oder anstelle von weiteren Sanktionen verhängt werden,[2717] verfügt die zuständige Aufsichtsbehörde gem. Art. 58 Abs. 2 DSGVO über eine Reihe dort sog. „Abhilfebefugnisse", die ihr erlauben, in unterschiedlich druckvollem Maße auf das Handeln des Akteurs einzuwirken. Unmittelbar faktische Wirkung entfalten dabei Anweisungen, Datenverarbeitungen auf eine bestimmte Weise zu gestalten (Art. 58 Abs. 2 lit. d DSGVO) oder auch, sie zu untersagen (Art. 58 Abs. 2 lit. f und lit. j DSGVO). Eher indirekt wirkt dagegen die Information der Öffentlichkeit über bestimmte Maßnahmen gem. Art. 58 Abs. 3 lit. b DSGVO unter namentlicher Nennung der juristischen Person des Adressaten. Diese außerhalb Deutschlands durchaus übliche Praxis ist hierzulande verfassungsrechtlich umstritten.[2718] Nach hier vertretener Auffassung kann sie bei Anwendung des verwaltungsrechtlichen Neutralitätsge-

---

pönalisierende Tendenz zugeschrieben, siehe *O'Kelly/Dubnick*, Accountability and its Metaphors, 2015, S. 8.

2715 So widmete die Tagesschau am 25.5.2018 dem Inkrafttreten der Datenschutz-Grundverordnung mit rund 4 Minuten fast doppelt so viel Zeit wie dem Auftaktbeitrag über Donald Trump; aus der Literatur statt aller *Faust/Spittka/Wybitul*, ZD 2016, 120.

2716 Vgl. zu dieser Zielsetzung *Körffer*, in: Paal/Pauly, DSGVO BDSG, 2021, Art. 58, Rn. 26; ähnlich auch *Schwartmann/Jacquemain*, in: Schwartmann et al., DSGVO BDSG, 2020, Art. 83, Rn. 8 und 13.

2717 Siehe ausführlich D.II.1. oben.

2718 Vgl. D.II.2.c. oben.

botes und unter Wahrung der Verhältnismäßigkeit[2719] ein zulässiges Sanktionsinstrument sein, denn einerseits ist mit ihr keine unmittelbare finanzielle Einbuße verbunden, was insbesondere bei KMU zu berücksichtigen ist. Andererseits werden durch eine entsprechende Information diejenigen, deren Schutz die DSGVO konkret dienen soll, in die – theoretische – Lage versetzt, ihre Rechte auch auszuüben, so sie dies für angemessen halten. Auch diese Erwägung kann gerade KMU oder Vereinen dienen, da unterstellt werden kann, dass gegen diese weniger Betroffene klagen würden als gegen datenbasierte Konzerne wie Meta (Facebook) oder Google, ein festgestellter Datenschutzverstoß jedoch nicht unsanktioniert bliebe.

Allgemein birgt die Konzentration auf eine aufsichtsrechtliche Durchsetzung, die gerade in Deutschland von der Praxis befördert wird, Adressaten entsprechender Maßnahmen nicht namentlich zu nennen, das Risiko, von den grundsätzlich vorhandenen dezentralen Wirkungsweisen von Accountability abzulenken und diese zu schwächen. Das liegt nicht strukturell darin begründet, dass die Aufsichtsbehörden nicht das fachlich richtige Forum für die Aufgabe der Durchsetzung seien, sondern daran, dass sie schlicht nicht auf Augenhöhe mit denjenigen operieren, deren Kerngeschäft die kreative, technikgetriebene und sich ständig wandelnde Verarbeitung personenbezogener Daten ist. Die Untersuchung der möglichen Sanktionen hat gezeigt, dass der Verordnungsgeber die Durchsetzung datenschutzrechtlicher Normen zwar weiterhin in erster Linie bei den primärrechtlich vorgesehenen (Art. 8 Abs. 3 GRCh sowie Art. 16 Abs. S. 2 AEUV) unabhängigen Aufsichtsbehörden sieht.[2720] Mit der ausdrücklichen Anerkennung der Ersatzfähigkeit immaterieller Schäden (Art. 82 Abs. 1 DSGVO), der Möglichkeit einer stellvertretenden Geltendmachung (Art. 80 Abs. 1 DSGVO), und der Verbandsklage aus eigenem Recht (Art. 80 Abs. 2 DSGVO), wovon insbesondere letztere Erleichterungen bezüglich des Prozesskostenrisikos für Betroffene bringen könnten,[2721] hat er die Handlungsmöglichkeiten weiterer Foren jedoch unmittelbar im Datenschutzrecht selbst erheblich gestärkt. Diese neben Mechanismen des Wettbewerbs- und Lauterkeitsrecht tretenden

---

2719 *Weichert*, DuD 2015, 397 (400); *Polenz*, in: Simitis et al., Datenschutzrecht, 2019, Art. 58, Rn. 54.

2720 *Bretthauer*, in: Specht/Mantz, Handbuch Europäisches und deutsches Datenschutzrecht, 2019, Teil A, § 2, II, 2, Rn. 34, weist insofern auf den etwas missverständlichen Singular in der GRCh hin.

2721 *Laumen*, in: Baumgärtel/Laumen/Prütting, Handbuch der Beweislast, 2019, Bd. 1, 150, Rn. 4 zur Wirkung der Beweislast im vorprozessualen Umfeld; vgl. auch *Ramsauer*, in: Mehde/Ramsauer/Seckelmann, FS Bull, 2011, 1029 (1031), der darauf hinweist, dass dieses Risiko zu Resignation und damit zu einer unterbleibenden Rechtsausübung führt; ähnlich *Pohle*, PinG 2017, 85 (87).

Durchsetzungsmöglichkeiten[2722] befördern zumindest in der Ausgangslage horizontale und diagonale Accountability-Relationen und scheinen damit auch grundsätzlich geeignet, das Vollzugsdefizit der DSRL zu reduzieren, wie es ein erklärtes Ziel der Kommission bei der Neugestaltung des europäischen Datenschutzrechts war.[2723] Sie können jedoch nicht darüber hinwegtäuschen, dass Betroffene aufgrund der Informationsasymmetrie weiterhin die strukturell schwächste Partei darstellen, wenn es um den Schutz personenbezogener Daten geht, die kaum über eigene wirksame Sanktionsmechanismen verfügen.

2722 Zur parallelen Anwendung siehe EuGH, Urt. v. 28.4.2022 – C-319/20 (Meta Platforms Ireland Ltd. ./. Verbraucherzentrale Bundesverband e. V.), ECLI:EU:C:2022:322 = ZD 2022, m.Anm. *Hense*, 384 (388); *v. Walter*, WRP 2022, 937 (940), Rn. 14 und 20, der die Parallelität auf die Formulierung des EuGH zurückführt, dass ein Verstoß gegen Verbraucherschutzvorschriften mit einem Datenschutzverstoß „einhergehen kann", aber nicht gleichgesetzt wird.

2723 Siehe Mitteilung der Kommission an das Europäische Parlament, den Rat, den Europäischen Wirtschafts- und Sozialausschuss und den Ausschuss der Regionen über das „Gesamtkonzept für den Datenschutz in der Europäischen Union", 4.11.2010, KOM(2010) 609 endgültig, Ziffern 2.1.7. und 2.5.

E. Wertung normativer Accountability als entwicklungsoffener Durchsetzungsmechanismus materieller Anforderungen

Im Ergebnis kann damit zusammenfassend festgestellt werden, dass unter Accountability ein universelles, im Ausgangspunkt nicht auf juristische Sachverhalte beschränktes Konzept zu verstehen ist, dessen als Rechte und Pflichten ausgestaltete Inhalte situationsabhängig und entwicklungsoffen die von ihr im Einzelfall umfassten Parteien bestimmen, formen und verändern können. Es ist ein schillernder, ein „ever-expanding",[2724] und selbst im englischen Sprachgebrauch nicht homogen und umfänglich verständig benutzter Terminus. Inhaltliche wie auch kontextuelle Ambivalenz sind dabei gerade eine inhärente Stärke des funktionalen Accountability-Konzepts,[2725] denn sie erlaubt eine Übertragung von bestimmten Erwartungshaltungen auf bislang nicht erfasste bzw. nicht geregelte Sachverhalte. Nüchtern betrachtet bezeichnet der Begriff der und die Berufung auf Accountability eine der Mode entsprechend aus dem amerikanischen Wortschatz entlehnte verschlagwortete Beschreibung eines Funktionsmechanismus,[2726] der indes auch dem kontinentaleuropäischen (Rechts)denken nicht fremd ist und der insbesondere in der deutschen Literatur zum soziologischen und ethischen Verantwortungsbegriff überraschende Parallelen gezeigt hat.[2727] Danach besteht Accountability im Ursprung aus gesellschaftlich determinierten Informationspflichten eines handelnden Akteurs bezüglich seines vergangenen oder geplanten Verhaltens gegenüber mindestens einer, häufig jedoch mehreren von ihm getrennten Parteien, die bestimmte Erwartungshaltungen an den Akteur richten. Letztere bilden allein oder gemeinsam das im angelsächsischen Herkunftsschrifttum als solches bezeichnete Forum, das einseitig ohne oder auch gegen den Willen des Akteurs nachteilige Sanktionen bei unbefriedigender Informationserteilung oder sachlicher Unzulänglichkeit des Berichteten oder positive Konsequenzen zur Honorierung des Akteurs und seines Verhaltens in unterschiedlicher Art erlassen kann, weswegen ge-

---

2724 So der Titel und die Kritik von *Mulgan*, PA 2000, 555.
2725 *Charlesworth/Pearson*, Innovation 2013, 7 (14); *Alhadeff/v. Alsenoy/Dumortier*, in: Guagnin, et al., Managing Privacy through Accountability, 2012, 49 (51); eine ähnliche Ambivalenz oder „nachbarwissenschaftliche" Offenheit wohnt auch dem rechtlichen Verantwortungsbegriff inne, vgl. dazu *Klement*, in: Heidbrink/Langbehn/Loh, Handbuch Verantwortung, 2017, 559 (565 f. und 570 f.); *Bayertz*, in: Bayertz, Verantwortung – Prinzip oder Problem?, 1995, 3 (34).
2726 *Bovens*, WEP 2010, 946 (947 ff.).
2727 Vgl. zum sog. modernen in Abgrenzung zum klassischen Verantwortungsbegriff nur *Bayertz*, in: Bayertz, Verantwortung – Prinzip oder Problem?, 1995, 3 (36 f.).

rade die Externalität des Forums eine zwingende Voraussetzung für das Bestehen einer wirksamen Accountability-Relation ist.[2728]

Accountability umfasst damit in struktureller Hinsicht die Phase der Information (durch den Akteur), die optionale Phase der Diskussion (zwischen den Parteien), sofern die Informationen nicht zur Zufriedenheit des Forums sind, und die Möglichkeit einer Sanktion respektive Konsequenz, also der gegen oder zumindest ohne den Willen des Akteurs einseitig durchsetzbaren Entziehung oder Verleihung von (Handlungs-)Optionen (durch das Forum). Die deutsche Legaldefinition von Accountability in Art. 5 Abs. 2 DSGVO wäre entsprechend treffender mit Rechenschafts- und Rechtfertigungspflicht bezeichnet gewesen, um gerade den Charakter eines Dialogs zwischen Akteur und Forum zu unterstreichen, wobei auch dann noch wesentliche Merkmale und Konnotationen des ursprünglichen Begriffs verloren gingen.[2729] Es ist jedoch das letzte, der drei konstituierenden Merkmale – Information, Diskussion, Sanktion[2730] – einer Accountability-Beziehung, welches das Konzept in die unmittelbare Nähe gesetzlich normierter Verhaltenssteuerung rückt und das, als *Liability* bezeichnet, im angelsächsischen Sprachraum vor allem prägend für das sowohl fach- wie auch umgangssprachliche Verständnis des Begriffs der Accountability ist. Jemanden zur Verantwortung zu ziehen („*to hold someone accountable*") bezeichnet üblicherweise, ähnlich wie im Deutschen Idiom, eine Situation, in der dem Akteur retrospektiv ein Umstand als von ihm verursacht zugerechnet wird[2731] und womit in der Regel ein Unwertvorwurf verbunden ist.[2732] Im untersuchten Herkunftsschrifttum ist dieser Vorwurf in mannigfacher Weise inhaltlich aufgeladen. Es zeigte sich jedoch, dass eine Reihe der abstrakt in der englischsprachigen Literatur diskutierten Dimensionen von Accountability, neben jener der *Liability*, auch jeweils eigene Entsprechungen in der DSGVO gefunden haben.

So muss zunächst zwischen den auch in der DSGVO trennscharf verwendeten Begriffen der Accountability und der Responsibility differenziert werden. Ersteres beschreibt den insbesondere durch das Sanktionselement gekennzeichneten Funktionsmechanismus, während letzteres eine konkre-

---

2728 *Uhr*, TAQ 1993, 1 (4 f.); *Raab*, in: Guagnin, et al., Managing Privacy through Accountability, 2012, 15 (17); *Mulgan*, PA 2000, 555 (570).

2729 Zutreffend schätzt die Art. 29-Gruppe, Accountability als nicht ohne Abstriche übersetzbaren Begriff ein, geht gleichzeitig jedoch – unzutreffend – davon aus, dass im englischen Idiom Einigkeit über dessen Bedeutung bestünde; vgl. *Art. 29-Gruppe*, WP 173, S. 8, Rn. 21 f.

2730 Vgl. zu diesem Dreiklang statt aller *Brandsma/Schillemans*, JPART 2013, 953 (955) m. w. N.

2731 *Buddeberg*, in: Heidbrink/Langbehn/Loh, Handbuch Verantwortung, 2017, 417 (421); *Bovens*, ELJ 2007, 447 (453); zu prospektiven und retrospektiven Accountability-Mechanismen *Charlesworth/Pearson*, Innovation 2013, 7 (22).

2732 *Bayertz*, in: Bayertz, Verantwortung – Prinzip oder Problem?, 1995, 3 (13 f.).

te Handlungspflicht bedeutet, die aus unterschiedlichen Quellen entstehen kann und deren primäre Voraussetzung eine Einflussnahmemöglichkeit darstellt. Responsibility findet sich in der DSGVO entsprechend sowohl in den Kernnormen der Accountability-Pflichten (Art. 5 Abs. 2 („*the controller shall be responsible*") und Art. 24 DSGVO („*Responsibility of the controller*")), als auch in der Datenschutzdeliktsnorm des Art. 82 DSGVO, in der gerade eine fehlende Responsibility, also die Möglichkeit den Erfolgseintritt zu verhindern, den Weg der Exkulpation eröffnet (Art. 82 Abs. 3 DSGVO). Handlungspflichtig ist der Akteur in einer Accountability-Relation in erster Linie für die Informationserteilung, jedoch notwendigerweise vorgelagert auch für die inhaltliche Gestaltung des Berichteten, d. h. im Kontext der DSGVO für die materielle Gesetzeskonformität. Weil die Information die Grundlage für die Entscheidung des Forums bildet, ob gegebenenfalls eine Sanktion verhängt werden soll, liegt es im Interesse des Akteurs selbst, sie in einer Weise aufzubereiten, die sowohl dem inhaltlichen als auch dem sprachlichen Horizont des Forums entspricht. Diese Dimension der Orientierung an der Erwartungshaltung des jeweiligen Adressaten bezeichnet das Herkunftsschrifttum als *Answerability* bzw. *Responsiveness*, mit jeweils leicht unterschiedlichen Bedeutungsnuancen. Beides findet mit den Informationspflichten der Art. 12 ff. DSGVO, der Scharniernorm des Art. 31 DSGVO oder den Informationsrechten der Aufsichtsbehörde gem. Art. 58 Abs. 1 DSGVO ihren Niederschlag auch im Datenschutzrecht. Das Ziel dieser Information ist die (Er-)Kenntnis des Forums über die Rechtmäßigkeit des Handelns des Akteurs. Dabei kann grundsätzlich zwischen dem Verständnis als *Legitimacy* einerseits, als Ausdruck eines als ethisch, sozial oder allgemein wertebasiert akzeptierten Handelns, und *Legality* andererseits, als rechtlich (noch) zulässigem Verhalten, unterschieden werden.[2733] Letzteres insinuiert freilich, dass es einen Unterschied gibt, ob etwas streng an gesetzlichen Vorgaben orientiert legal ist oder ob es gleichzeitig vom Forum als legitim angesehen wird, obwohl dies im Idealfall zusammenfällt. Diese doppelte Funktion der Infragestellung liefert der Mechanismus der Accountability, indem er ein Forum berechtigt, den Akteur zu einer sein Verhalten erklärenden Informationspreisgabe aufzufordern („*calling to account*") und sein Verhalten so einer externen Kontrolle zu unterstellen (*Controllability*). Die DSGVO enthält hierzu Anleihen insbesondere im Auskunftsrecht gem. Art. 15 DSGVO, das den Betroffenen die Möglichkeit geben soll, die Rechtmäßigkeit der Datenverarbeitung durch den Akteur zu überprüfen.[2734] Strukturell kraftvoller sind indes die Untersuchungsbefugnisse, insbesonde-

---

2733 *Moore*, in: Bovens/Goodin/Schillemans, Handbook of Public Accountability, 2016, 632 (640 ff.).

2734 ErwG 63 S. 1; *Schantz*, in: Schantz/Wolff, Das neue Datenschutzrecht, 2017, S. 360, Rn. 1190; *Albrecht/Jotzo*, Das neue Datenschutzrecht, 2017, 85, Rn. 9; *Stollhoff*, in: Auernhammer, DSGVO BDSG, 2020, Art. 15, Rn. 1.

re das Einsichtsrecht gem. Art. 58 Abs. 1 lit. e DSGVO der zuständigen Aufsichtsbehörde. Auch die in den Art. 77 ff. DSGVO geschaffene Möglichkeit für Betroffene, ihre Ansprüche unter Einschaltung unterstützender Parteien geltend zu machen, sind der Dimension der Kontrolle und der effektiven Durchsetzung zuzuordnen. Diese Kontrolle kann sowohl in retrospektiver als auch in prospektiver Weise erfolgen, da sie einerseits an die Verwirklichung von Tatbeständen in der Vergangenheit anknüpft und andererseits mit prozessualen Mitteln wie einer Unterlassungs- oder negativen Feststellungsklage Einfluss nimmt auf die Entstehung zukünftiger Umstände.[2735] Unterstrichen wird dies durch die Kombination von proaktiven Informations- und vorbeugenden Handlungspflichten einerseits und reziproken Einflussnahmerechten, etwa Art. 20 DSGVO für Betroffene und Art. 58 Abs. 2 DSGVO für Aufsichtsbehörden andererseits. Accountability wohnt damit auch ein sowohl spezial- wie auch ein generalpräventives Element inne.[2736]

Die Accountability-Normen der DSGVO enthalten mithin in ihrem spezifischen Wirkungszusammenhang[2737] keine neuen materiell-rechtlichen Anforderungen, sondern sie dienen dem Ursprungskonzept von Accountability entsprechend dazu, die betroffenenschützende Wirkung der übrigen Normen zu steigern. Daraus folgt zweierlei. Zunächst stellt sich Accountability als eine Daueraufgabe dar und muss viel eher als Prozess, denn als singulärer oder isoliert zu betrachtender Umstand verstanden werden. Dieser Ausgangslage müssen datenverarbeitende Unternehmen in angemessenem Maße (Art. 24 Abs. 1 S. 1 DSGVO) gerecht werden, wonach insbesondere jene Verarbeitungsumstände relevant sind, aus denen sich Risiken für das datenschutzrechtliche Schutzgut der (informationellen) Selbstbestimmungsfähigkeit ergeben. Accountability erfordert daher von einem Großkonzern grundlegend unterschiedliche Anstrengungen als von dem zur angeblichen Illustration überbordender Bürokratie durch die DSGVO gern Schrifttum bemühten „Bäcker um die Ecke",[2738] von beiden jedoch die Annahme ihrer Verantwortung und die Befassung mit den durch sie begründeten Risiken.[2739]

2735 *Klement*, in: Heidbrink/Langbehn/Loh, Handbuch Verantwortung, 2017, 559 (560) zu dieser Wirkung von Verantwortung.

2736 *Bayertz*, in: Bayertz, Verantwortung – Prinzip oder Problem?, 1995, 3 (22); *Bovens*, WP 2010, 946 (951 f.); zur verhaltenssteuernden Wirkung von Sanktionen *Zech*, JZ 2013, 21 (23).

2737 Vgl. zu der hier entwickelten subsidiären Anwendungstheorie von Art. 5 Abs. 2 und Art. 24 Abs. 1 S. 1 DSGVO B.II.4.a. oben.

2738 Etwa von *Veil*, ZD 2018, 9 (16); *Giesen*, NVwZ 2019, 1711 (1716); *Golland*, NJW 2021, 2238 (2243); *Härting/Schneider*, CR 2015, 819; *Voigt*, in: Bussche v. d./Voigt, Konzerndatenschutz, 2019, Kap. 2, C, Rn. 14; *Buchner/Petri*, in: Kühling/Buchner, DSGVO BDSG, 2020, Art. 6, Rn. 14, Fn. 38 m. w. N.

2739 *Office of the Privacy Commissioner*, Getting Accountability Right with a Privacy Management Program: "Accountability in relation to privacy is the acceptance of

Darüber hinaus allerdings ergibt sich aus dem vorliegend anhand des englischen Original-Schrifttums entwickelten Verständnis, insbesondere in einem juristischen Gepräge wie der DSGVO, dass Accountability kein Allheilmittel sein kann, mit dem sich faktische oder materiell- und prozessrechtliche Schwächen überspielen oder kurieren lassen. So impliziert das konstitutive Merkmal der Sanktion innerhalb von Accountability, dass sich das Forum in einer Position der Stärke im Verhältnis zum informationspflichtigen Akteur befindet.[2740] Dies ist hinsichtlich der Verarbeitung personenbezogener Daten indes fern der Realität. Aus Betroffensicht besteht sowohl gegenüber öffentlichen wie nicht-öffentlichen Stellen ein erhebliches Informations- und Kompetenzgefälle zuungunsten der betroffenen Personen und damit eine erhebliche Machtasymmetrie, was gleichzeitig den Bedarf an institutionalisierten Foren unterstreicht. Aufgrund einer weiterhin bestehenden unzureichenden Ausstattung der Aufsichtsbehörden in personeller und auch in kompetenzieller Hinsicht, denen gleichzeitig zunehmend professionalisierte Unternehmen gegenüberstehen, kann selbst im Verhältnis zu der primären Kontroll- und Durchsetzungsinstanz nicht immer von einer Position auf Augenhöhe gesprochen werden, die für eine funktionale Accountability existenziell wichtig ist.[2741] Auch wirtschaftspolitische Interessen, wie sie die Anwendungspraxis der irischen Datenschutzaufsichtsbehörde zeigt, dürfen in diesem Zusammenhang nicht außer Acht gelassen werden, denn sie bewirken im Endeffekt, dass es Akteuren weiterhin möglich bleibt, sanktionslos *„unaccountable"* zu handeln und damit zu ihrem eigenen wirtschaftlichen Gewinn europäische Grundrechte zu verletzen.

Ob Accountability insofern geeignet sein wird, das grundrechtlich problematische Vollzugsdefizit im Bereich des Datenschutzes zu reduzieren, worin der Anlass für die Aufnahme des Accountability-Prinzips lag,[2742] bleibt abzuwarten. Es wird auch davon abhängen, wie sich weitere Foren neben den Aufsichtsbehörden positionieren und ob sich Betroffene mittelfristig

---

responsibility for personal information protection."; ähnlich für die korrespondierenden Management-Pflichten *Schild*, in: BeckOK Datenschutzrecht, 2022, Art. 4, Rn. 89.

2740 Dies ist Ausdruck des sog. Principal-Agent-Modells, vgl. dazu etwa *Gailmard*, in: Bovens/Goodin/Schillemans, Handbook of Public Accountability, 2016, 90 (91); *Lindberg*, IRAS 2013, 202 (206); *O'Kelly/Dubnick*, Accountability and its Metaphors, 2015, S. 8.

2741 So weist etwa das VG Wiesbaden, Beschl. v. 27.1.2022 – 6 K 2132/19.WI.A, ZD 2022, 526 = BeckRS 58431, Rn. 20 darauf hin, dass Behörden aufgrund der Regelung in § 43 Abs. 3 BDSG öffentliche Stellen in Deutschland sanktionslos gegen die DSGVO verstoßen könnten, sollte nicht wenigstens die Pflicht zur Löschung der Daten drohen.

2742 Siehe die Befürwortung durch die *Art. 29-Gruppe*, WP 173, Rn. 25 ff.

ihrer Rolle als Marktakteur bewusst werden[2743] und der Wahrung ihrer Datenschutzgrundrechte einen höheren Stellenwert beimessen als bisher. Als diagonal bzw. horizontal angesiedelte Foren kommen insbesondere Medien als auch Wettbewerber in Betracht. Ihnen räumt die DSGVO jedoch bestenfalls durch Öffnungsklauseln die Möglichkeit ein, sich eigene Kompetenzen außerhalb ihres Anwendungsbereichs zu schaffen.[2744] Die Folge daraus ist, dass diese Foren nur mittelbar bzw. eingeschränkt vom Accountability-Prinzip der DSGVO profitieren. Ein kurzfristiger Hoffnungsträger aus Sicht der Betroffenen könnten entsprechend gem. Art. 80 DSGVO qualifizierte Verbände sein, denen der EuGH in begrüßenswerter Klarheit die Klagebefugnis nach dem UKlaG bestätigt hat, da diese wirksamer sei als die Rechtsdurchsetzung durch einzelne Betroffene.[2745] Bis dahin muss jedoch insbesondere bezüglich der amerikanischen Internetunternehmen ein anhaltendes, aus Betroffenenperspektive empfundenes Accountability-Defizit konstatiert werden, das neben einem fundamental anderen Verständnis von Privatheit wohl auch darin begründet liegt, dass ihre skalierbaren Geschäftsmodelle gerade auf der Verarbeitung personenbezogener Daten beruhen.[2746] Eine nüchterne Kalkulation zwischen möglichen Risiken durch Rechtsdurchsetzung mit möglichen Einnahmen durch unveränderte Fortsetzung ist mithin in ihrer Firmen-DNA verankert.

2743 *Podszun*, GRUR 2020, 1268.

2744 Vgl. für den Bereich der Medien etwa in Art. 85 DSGVO i. V. m. Landespressegesetzen oder die Durchsetzung mittels UWG und UKlaG als Instrumente des Wettbewerbs- und Lauterkeitsrechts.

2745 EuGH, Urt. v. 28.4.2022 – C-319/20 (Meta Platforms Ireland Ltd. ./. Verbraucherzentrale Bundesverband e. V.), ECLI:EU:C:2022:322, Rn. 75 und 83.

2746 *Engeler*, NJW 2022, 3398 (3399) bezeichnet dies als den Zielkonflikt des Datenschutzes mit dem Datenmarkt, da letzterer stets auf die Mehrung kommerziellen Erfolges ausgerichtet sei, erforderlichenfalls auch auf Kosten des Datenschutzes.

Quellenverzeichnisse

Literaturverzeichnis

Albers, Marion, Informationelle Selbstbestimmung als vielschichtiges Bündel von Rechtsbindungen und Rechtspositionen, in: Michael Friedewald/Jörn Lamla/Alexander Roßnagel (Hrsg.): Informationelle Selbstbestimmung im digitalen Wandel, Wiesbaden 2017, S. 11–35.

Albrecht, Jan-Philip, Daten sind das neue Öl – deshalb braucht es einen starken EU-Datenschutz, ZD 2013, S. 49–50.

Albrecht, Jan-Phillip, Das neue Datenschutzrecht – von der Richtlinie zur Verordnung, CR 2016, S. 88–98.

Albrecht, Jan-Phillip/Jotzo, Florian (Hrsg.), Das neue Datenschutzrecht, Baden-Baden 2017.

Alexander, Christian, Werbeblocker und Medienfinanzierung, NJW 2018, S. 3620–3622.

Alhadeff, Joseph/v. Alsenoy, Brendan/Dumortier, Jos, The Accountability Principle in Data Protection Regulation: Origin, Development and Future Directions, in: Daniel Guagnin/Leon Hempel/Carla Ilten/Inga Kroener/Daniel Neyland/Hector Postigo (Hrsg.): Managing Privacy through Accountability, New York 2012, S. 49–82.

Allen, Anita, Privacy isn't everything: Accountability is a personal and social good, AlaLR 2003, Vol. 54, Issue 4, S. 1375–1391.

Alsenoy, Brendan van, Regulating Data Protection: the allocation of responsibility and risk among actors involved in personal data processing, Leuven 2016.

Alt, Ulrich, Datensicherheit, Datenschutz und Technik – ein risikoorientierter Ansatz, DS 2020, S. 169–172.

Ambrock, Jens, Mitarbeiterexzess im Datenschutzrecht, ZD 2020, S. 492–457.

Arnold, Michael/Geiger, Jan-David, Haftung für Compliance-Verstöße im Konzern, BB 2018, S. 2306–2312.

Arndt-Lappe, Sabine, Analogy in suffix rivalry: the case of English -ity and -ness, ELL 2014, Vol. 18, Issue 3, S. 497–548.

Arning, Marian/Moos, Flemming, Big Data bei verhaltensbezogener Online-Werbung – Programmatic Buying und Real Time Advertising, ZD 2014, S. 242–248.

Auer-Reinsdorff, Astrid/Conrad, Isabell (Hrsg.), Handbuch IT- und Datenschutzrecht, 3. Auflage, München 2019.

Bader, Johann/Ronellenfitsch, Michael (Hrsg.), Verwaltungs- und Verfahrensgesetz, Kommentar, 40. Edition, München 2018.

Batman, Ayse Necibe, Die Datenschutzzertifizierung von Cloud-Diensten nach der EU-DSGVO, in: Jürgen Taeger (Hrsg.): Rechtsfragen digitaler Transformationen – Gestaltung digitaler Veränderungsprozesse durch Recht, DSRI Tagungsband 2018, Edewecht 2018, S. 87–102.

Baue, Bill/Murninghan, Marcy, The Accountability Web: Weaving Corporate Accountability and Interactive Technology, JCC, No. 41, Spring 2011, S. 27–49.

Bauer, Hartmut, Grundrechtsdogmatische Eckpunkte des Schutzes informationeller Selbstbestimmung im innerbundesstaatlichen Vergleich, in: Veith Mehde/Ulrich Ramsauer/Margrit Seckelmann (Hrsg.): Staat, Verwaltung, Information, FS für Hans Peter Bull zum 75. Geburtstag, Berlin 2011, S. 945–964.

Bauermeister, Tabea, Das Unternehmen im europäischen Wettbewerbsrecht – Zur Rechtsfigur der wirtschaftlichen Einheit auf Rechtsverletzungs- und Haftungsebene, NZG 2022, S. 59–69.

Baumgärtel, Gottfried/Laumen, Hans-Willi/Prütting, Hanns (Hrsg.), Handbuch der Beweislast, 2019,, Bd. 1 Grundlagen, 4. Auflage, Köln 2019 (zit.: „*Bearbeiter*, in: Baumgärtel/Laumen/Prütting, Handbuch der Beweislast, 2019, Bd. 1, S. …, Rn. …“).

Baumgartner, Ulrich/Hansch, Guido, Onlinewerbung und Real-Time-Bidding – Datenschutzrechtliche Fragen im Lichte der BGH-Entscheidung Cookie-Einwilligung II, ZD 2020, S. 435–439.

Baxter, Jamie, From Integrity Agency to Accountability Network: The Political Economy of Public Sector Oversight, OttLR 2015, Vol. 46, no. 2, S. 231–274.

Bayertz, Kurt, Eine kurze Geschichte der Herkunft der Verantwortung, in: *Kurt Bayertz* (Hrsg.): Verantwortung: Prinzip oder Problem?, Darmstadt 1995, S. 3–71.

Behling, Thorsten B., Die datenschutzrechtliche Compliance-Verantwortung der Geschäftsleitung, ZIP 2017, S. 679–706.

Beisenherz, Maja, Im toten Winkel der Kartellbehörden – Personenbezogene Daten und Datenschutz in der Fusionskontrolle, DuD 2015, S. 600–605.

Bennett, Colin J., International Privacy Standards: Can Accountability be Adequate?, Privacy Laws and Business International, Vol. 106, August 2010, S. 21–23.

Bennett, Colin J., The European General Data Protection Regulation: An instrument for the globalization of privacy standards?, Information Polity, Vol. 23, 2018, S. 239–246.

Bennett, Colin J./Raab, Charles D., the governance of privacy, Policy instruments in a global perspective, 2. Auflage, Cambridge/London 2006.

Bennett, Colin J., The Accountability Approach to Privacy and Data Protection: Assumptions and Caveats, in: Daniel Guagnin/Leon Hempel/Carla Ilten/Inga Kroener/Daniel Neyland/Hector Postigo (Hrsg.): Managing Privacy through Accountability, 2012, New York, S. 33–48.

Bergt, Matthias, Verhaltensregeln als Mittel zur Beseitigung der Rechtsunsicherheit in der Datenschutz-Grundverordnung, CR 2016, 670–678.

Berning, Wilhelm, Erfüllung der Nachweispflichten in Unternehmen, Überlegungen zur Organisation entsprechender Vorkehrungen, ZD 2018, S. 348–352.

Beswick, Samuel/Fotherby, William, The Divergent Paths of Commonwealth Privacy Torts, S.C.L.R. 2018, Vol. 84, Issue 2d, S. 225–267.

Bezzenberger, Gerold/Keul, Thomas, Die Aufgaben und Sorgfaltspflichten von Aufsichtsratsmitgliedern – Eine Übersicht –, in: Stefan Grundmann/Christian Kirchner/Thomas Raiser/Martin Weber/Christine Windbichler (Hrsg.): Unternehmensrecht zu Beginn des 21. Jahrhunderts, Festschrift für Eberhard Schwark zum 70. Geburtstag, München 2009, S. 121–136.

Bieker, Felix, Die Risikoanalyse nach dem neuen EU-Datenschutzrecht und dem Standard-Datenschutzmodell, DuD 2018, S. 27–31.

Bieker, Felix/Bremert, Benjamin, Identifizierung von Risiken für die Grundrechte von Individuen – Auslegung und Anwendung des Risikobegriffs der DSGVO, ZD 2020, S. 7–14.

Black, Julia, Decentring Regulation: Understanding the Role of Regulation and Self-Regulation in a 'Post-Regulatory'-World, CLP, Volume 54, No. 1, 2001, S. 103–146.

Black, Julia, Constructing and contesting legitimacy and accountability in polycentric regulatory regimes, Regulation & Governance 2008, S. 137–164.

Blassl, Johannes S., Compliance-Aufgaben des Aufsichtsrats – Ein Beitrag zur akzessorischen Legalitätskontrolle durch den Aufsichtsrat, WM 2017, S. 992–999.

Brandsma, Gijs Jan/Schillemans, Thomas, The Accountability Cube: Measuring Accountability, JPART, Vol. 23, No. 4, 2013, S. 953–975.

Brandsma, Gijs Jan, Transparency of EU informal trilogues through public feedback in the European Parliament: promise unfulfilled, JEPP 2018, S. 1–20.

Bretthauer, Sebastian, Datenschutzrechtliche Bußgelder – Unternehmerisches Risiko und behördliches Governance-Instrument, CR 2023, S. 22–29.

Brennan-Marquez, Kiel, Beware of giant tech companies bearing jurisprudential gifts, HLR 2021, 434–445.

Breyer, Jonas, Verarbeitungsgrundsätze und Rechenschaftspflicht nach Art. 5 DSGVO, DuD 2018, S. 311–317.

Brink, Stefan, Bußgeldrahmen nach der DS-GVO: „Mit Zuckerbrot und Peitsche", ZD 2019, S. 141–142.

Brink, Stefan/Joos, Daniel, Reichweite und Grenzen des Auskunftsanspruchs und des Rechts auf Kopie – Tatbestandlicher Umfang und Einschränkungen des Art. 15 DSGVO, ZD 2019, S. 483–488.

Brink, Stefan, Der Beratungsauftrag der Datenschutzaufsichtsbehörden – Aufgabe, Befugnis oder Pflicht?, ZD 2020, S. 59–62.

Bock, Kirsten, Es geht um Macht – Eine Replik auf Ari Ezra Waldmann im Gespräch mit Niko Härting, PinG 2022, S. 49–54.

Böhm, Monika, Döner und Finanzdienstleistungen – Informationsansprüche als Allheilmittel?, in: Veith Mehde/Ulrich Ramsauer/Margrit Seckelmann (Hrsg.): Staat, Verwaltung, Information, Festschrift für Hans Peter Bull zum 75. Geburtstag, Berlin 2011, S. 965–978.

Borges, Georg, Rechtliche Rahmenbedingungen für autonome Systeme, NJW 2018, S. 977–982.

Quellenverzeichnisse

Born, Tobias, Unternehmen am Pranger?! – Öffentliche Äußerungen von Datenschutzbehörden im Zusammenhang mit Bußgeldverfahren, in: Jürgen Taeger (Hrsg.): Den Wandel begleiten – IT-rechtliche Herausforderungen der Digitalisierung, DSRI Tagungsband 2020, Edewecht 2020, S. 405–424.

Botta, Jonas, Zwischen Rechtsvereinheitlichung und Verantwortungsdiffusion: Die Prüfung grenzüberschreitender Datenübermittlungen nach „Schrems II", CR 2020, S. 505–513.

Botta, Jonas, Delegierte Selbstbestimmung? PIMS als Chance und Risiko für einen effektiven Datenschutz, MMR 2021, S. 946–951.

Bovens, Mark, Analysing and Assessing Accountability: A Conceptual Framework, ELJ, Vol. 13, No. 4, July 2007, S. 447–468.

Bovens, Mark, Two Concepts of Accountability: Accountability as a Virtue and as a Mechanism, WEP 2010, Vol. 33, No. 5, S. 946–967.

Bovens, Mark/Goodin, Robert E./Schillemans, Thomas (Hrsg.), The Oxford Handbook of Public Accountability, Oxford 2016 (zit.: "*Bearbeiter*, in: Bovens/Goodin/Schillemans, Handbook of Public Accountability, S. ...").

Buchner, Benedikt, Grundsätze und Rechtmäßigkeit der Datenverarbeitung unter der DSGVO, DuD 2016, S. 155–161.

Buchner, Benedikt/Wessels, Michael, Art. 82 DS-GVO – scharfes Schwert oder zahnloser Tiger? Auslegung des Art. 82 DS-GVO in Rechtsprechung und Literatur, ZD 2022, S. 251–255.

Buck, Petra, Wissen und juristische Person, Wissenszurechnung und Herausbildung zivilrechtlicher Organisationspflichten, Habilitation, Tübingen 2000.

Buck-Heeb, Petra/Dieckmann, Andreas, Selbstregulierung im Privatrecht, Tübingen 2010.

Buddeberg, Eva, Verantwortung, Macht und Anerkennung, in: Ludger Heidbrink/Claus Langbehn/Janina Loh (Hrsg.): Handbuch Verantwortung, Wiesbaden 2017, S. 417–428.

Bull, Hans Peter, Die "völlig unabhängige" Aufsichtsbehörde, Zum Urteil des EuGH vom 9.3.2010 in Sachen Datenschutzaufsicht, EuZW 2010, S. 488–494.

Bull, Hans Peter, Persönlichkeitsschutz im Internet: Reformeifer mit neuen Ansätzen, NVwZ 2011, S. 257–263.

Büllesbach, Alfred, Selbstregulierung im Datenschutz und verbindliche Unternehmensregelungen (BCR), in: *Isabell Conrad/Malte Grützmacher* (Hrsg.): Recht der Daten und Datenbanken in Unternehmen, Festschrift für Jochen Schneider, Köln 2014, S. 713–733.

Bundt, Julie, Strategic Stewards: Managing Accountability, Building Trust, JPART 2000, Vol. 10, Issue 4, S. 757–777.

Burgenmeister, Clemens, BVerfG beseitigt die Bagatellschwelle und öffnet DS-GVO-Schadensersatzklagen die Tür, PinG 2021, S. 89–92.

Bussche, Axel Freiherr v. d./Voigt, Paul (Hrsg.), Konzerndatenschutz, 2. Auflage, München 2019 (zit.: „*Bearbeiter*, in: Bussche v. d./Voigt, Konzerndatenschutz, 2019, Teil ..., Kap. ..., Rn. ...").

Busuioc, Madalina, Accountability, Control and Independence: The Case of European Agencies, ELJ 2009, Vol. 15, no. 5, S. 599–615.

Calliess, Christian/Ruffert, Matthias (Hrsg.), EUV/AEUV, Das Verfassungsrecht der Europäischen Union mit Europäischer Grundrechtecharta, Kommentar, 6. Auflage 2022, München (zit.: „*Bearbeiter*, in: Calliess/Ruffert, EUV/AEUV, Art. ..., Rn. ...").

Carey, Peter, Data Protection – A Practical Guide to UK and EU Law, 5th Edition, 2018, Oxford University Press.

Charlesworth, Andrew/Pearson, Siani, Developing accountability-based solutions for data privacy in the cloud, Innovation: The European Journal of Social Science Research, Volume 26, 2013, issue 1-2, S. 7–35.

Conrad, Conrad Sebastian/Seitner, Stefan R., Inhaltliche Herausforderungen bei der Auftragsverarbeitung nach Art. 28 DSGVO, RDV 2021, S. 186–193.

Conrad, Isabell/Schneider, Jochen, Datenschutzprinzipien für eine neue Datenschutzgrundverordnung, in: Isabell Conrad/Malte Grützmacher (Hrsg.): Recht der Daten und Datenbanken in Unternehmen, Festschrift für Jochen. Schneider, Köln 2014, S. 1119–1149.

Considine, Mark, The End of the Line? Accountable Governance in the Age of Networks, Partnerships, and Joint-Up Services, Governance 2002, Volume 15, No. 1, S. 21–40.

Cornelius, Kai, Die "datenschutzrechtliche Einheit" als Grundlage des bußgeldrechtlichen Unternehmensbegriffs nach der EU-DSGVO, NZWiSt 2016, S. 421–426.

Dalton, Paul, The Acta of William the Conqueror, Domesday Book, the Oath of Salisbury, and the Legitimacy and Stability of the Norman Regime in England, J. Brit. Stud. 2021, Vol. 60, S. 29–65.

Dauner-Lieb, Barbara/Langen, Werner (Hrsg.), BGB Schuldrecht, Kommentar, 4. Auflage, Baden-Baden 2021 (zit.: „*Bearbeiter*, in: Dauner-Lieb/Langen, BGB Schuldrecht, § ..., Rn. ...").

Däubler, Wolfgang/Wedde, Peter/Weichert, Thilo/Sommer, Imke (Hrsg.), EU-DSGVO und BDSG, Kommentar, 2. Auflage, Frankfurt/M. 2020 (zit. als: „*Bearbeiter*, in: Däubler et al., DSGVO BDSG, 2020, Art. .../§ ..., Rn. ...").

Davies, Paul, The UK Stewardship Code 2010–2020, in: Stefan Grundmann/Christian Kirchner/Thomas Raiser/Martin Weber/Christine Windbichler (Hrsg.): Festschrift für Klaus J. Hopt zum 80. Geburtstag am 24. August 2020, Berlin/Boston 2020, S. 131–149.

Denga, Michael, Zurechnung im Unternehmensrecht, Europäische Systembildung und Autonomiebezug statt Prinzipienchaos und Rechtspolitik?, ZIP 2020, S. 945–953.

Determann, Lothar, Datenschutz in den USA – Dichtung und Wahrheit, NVwZ 2016, S. 561–567.

Dicke, Lisa, Ensuring Accountability in Human Services Contracting, ARPA 2002, Vol. 32, no. 4, S. 455–470.

Dickmann, Roman, Nach dem Datenabfluss: Schadenersatz nach Art. 82 der Datenschutzgrundverordnung und die Rechte des Betroffenen an seinen personenbezogenen Daten, r+s 2018, S. 345–355.

Dieterich, Thomas, Rechtsdurchsetzungsmöglichkeiten der DSGVO – Einheitlicher Rechtsrahmen führt nicht zwangsläufig zu einheitlicher Rechtsanwendung, ZD 2016, S. 260–266.

Di Fabio, Udo, Grundrechtsgeltung in digitalen Systemen, München 2016.

Di Fabio, Udo, Herrschaft und Gesellschaft (Studienausgabe), Tübingen 2019.

Danninger, Nadja, Organhaftung und Beweislast, Hamburg 2020.

Dowdle, Michael, Public Accountability: Conceptual, historical and epistemic mappings, in: Dowdle, Michael (Hrsg.), Public Accountability: Designs, Dilemmas and Experiences, Cambridge 2006, S. 1–32.

Drackert, Stefan, Die Risiken der Verarbeitung personenbezogener Daten, Berlin 2014.

Dubnick, Melvin J., Sarbanes-Oxley and the Search for Accountable Corporate Governance, in: Justin O'Brien (Hrsg.): Private Equity, Corporate Governance and the Dynamics of Capital Market Regulation, London 2007, S. 266–254.

Dubnick, Melvin J./Frederickson, George, Accountable Agents: Federal Performance Measurement and Third-Party Government, JPART 2010, S. 143–159.

Duda, Daniela, Das Verfahrensverzeichnis und die DSGVO – Ohne geht es nicht!, PinG 2016, S. 248–252.

Dunn, Delmer D./Legge, Jerome S. Jr., U. S. Local Government Managers and the Complexity of Responsibility and Accountability in Democratic Governance, JPART 2001, Vol. 11, Issue 1, S. 73–88.

Ebers, Martin, Dynamic Algorithmic Princing: Abgestimmte Verhaltensweise oder rechtmäßiges Parallelverhalten?, NZKart 2016, S. 554–555.

Ebner, Stephan/Schmidt, Alexander, Verhängung von Bußgeldern nach Art. 83 DSGVO gegen deutsche Muttergesellschaften – Eine Praxisbetrachtung, CCZ 2020, S. 84–88.

Eckhardt, Jens/Menz, Konrad, Bußgeldsanktionen der DSGVO, DuD 2018, 139–144.

Ehmann, Eugen, Bußgelder, behördliche Anordnungen, Verbandsklagen – wie lässt sich Datenschutz am besten durchsetzen?, ZD 2014, S. 493–494.

Ehmann, Eugen/Selmayr, Martin (Hrsg.), Datenschutz-Grundverordnung, Kommentar, 2. Auflage, München 2018 (zit.: „*Bearbeiter*, in: Ehmann/Selmayr, DSGVO, 2018, Art. …, Rn. …").

Eichelberger, Jan, Ersatz immaterieller Schäden bei Datenschutzverstößen, in: Louisa Specht-Riemenschneider/Benedikt Buchner/Christian Heinze/Oliver Thomsen (Hrsg.): IT-Recht in Wissenschaft und Praxis, Festschrift für Jürgen Taeger, Frankfurt a. M. 2020, S. 137–156.

Eichendorfer, Johannes, Privatheitsgefährdungen durch Private, DuD 2016, S. 84–88.

Ellenberger, Jürgen/Bunte, Hermann-Josef (Hrsg.), Bankrechts-Handbuch, Kommentar, 6. Auflage, München 2022 (zit.: „*Bearbeiter*, in: Ellenberger/Bunte, Bankrechts-Handbuch, § ..., Rn. ...").

Emmerich, Volker/Habersack, Mathias (Hrsg.), Aktien- und Konzernrecht, Kommentar, 9. Auflage, München 2019 (zit.: „*Bearbeiter*, in: Emmerich/Habersack, AktG, § ..., Rn. ...").

Engeler, Malte, Das überschätzte Kopplungsverbot – Die Bedeutung des Art. 7 Abs. 4 DSGVO, ZD 2018, S. 55–62.

Engeler, Malte, Der Konflikt zwischen Datenmarkt und Datenschutz – Eine ökonomische Kritik der Einwilligung, NJW 2022, S. 3398–3405.

Erdmannsdorff, Leonie v., Daten – Person – Würde: Ein Bogen, den man (über-) spannen kann?, MMR 2021, S. 700–704.

Eßer, Stefan/Steffen, Nils, Zivilrechtliche Haftung des betrieblichen Datenschutzbeauftragten, CR 2018, S. 289–295.

Eßer, Martin/Kramer, Philipp/von Lewinski, Kai (Hrsg.), Datenschutz-Grundverordnung/Bundesdatenschutzgesetz, Kommentar, 7. Auflage, Köln 2020 (zit.: „*Bearbeiter*, in: Auernhammer, DSGVO BDSG, 2019, Art./§ ..., Rn. ...").

Falkhofen, Benedikt, Infrastrukturrecht des digitalen Raums – Data Governance Act, Data Act und Gaia X, EuZW 2021, S. 787–794.

Faust, Sebastian/Spittka, Jan/Wybitul, Tim, Milliardenbußgelder nach der DS-GVO?, Ein Überblick über die neuen Sanktionen bei Verstößen gegen den Datenschutz, ZD 2016, S. 120–125.

Fischer, Eva/Zickgraf, Peter, Zur Reichweite der wirtschaftlichen Einheit im Kartellrecht, ZHR 2022, S. 125–189.

Fleischer, Holger, Aktuelle Entwicklungen der Managerhaftung, NJW 2009, S. 2337–2343.

Fox, Jonathan, The uncertain relationship between transparency and accountability, DiP 2007, Vol. 17, Issue 4-5, S. 263–271.

Forgó, Nikolaus/Helfrich, Marcus/Schneider, Jochen (Hrsg.), Betrieblicher Datenschutz, Rechtshandbuch, 3. Auflage, München 2019 (zit.: „*Bearbeiter*, in: Forgó/Helfrich/Schneider, Betrieblicher Datenschutz, Kap. ..., Buchst. ..., Rn. ...").

Franzius, Claudio, Das Recht auf informationelle Selbstbestimmung, ZJS 2015, S. 259–270.

Führ, Martin, Macht, Technik und innovationsorientiertes Recht, in: Anja Hentschel/Gerrit Hornung/Silke Jandt (Hrsg.): Mensch – Technik – Verantwortung: Verantwortung für eine sozialverträgliche Zukunft, Festschrift für Alexander Roßnagel zum 70. Geburtstag, Baden-Baden 2020, S. 21–40.

Fuhlrott, Michael, Data Incident Management: Rechtlicher Umgang mit „Datenpannen", NZA 2019, S. 649–653.

Quellenverzeichnisse

Gallwas, Hans-Ullrich, Schranken der Informationsfreiheit durch informationelle „Rechte anderer" oder das „informationelle Drittverhältnis", in: Isabell Conrad/Malte Grützmacher (Hrsg.): Recht der Daten und Datenbanken in Unternehmen, Festschrift für Jochen Schneider, Köln 2014, S. 347–367.

Gardyan-Eisenlohr, Eva/Knöpfle, Kornel, Accountability für Datenschutz in einem globalen Unternehmen, DuD 2017, S. 69–73.

Gassner, Kathi/Seith, Sebastian (Hrsg.), Ordnungswidrigkeitengesetz, 2. Auflage, Baden-Baden 2020 (zit: „*Bearbeiter,* in: Gassner/Seith, OWiG, § …, Rn. …").

Geminn, Christian, Datenschutz bei Sprachassistenten, DuD 2021, S. 509–514.

Gerhard, Torsten, Vereinbarkeit der Verbandsklage im Datenschutzrecht mit Unionsrecht, CR 2015, S. 338–344.

Gersen, Jacob E./Stephenson, Matthew C., Over-Accountability, JLA 2014, Volume 6, no. 2, S. 185–233.

Gesell, Beate/Krüger, Wolfgang/Lorenz, Stephan/Reymann, Christoph (Hrsg.), beck-online.Großkommentar BGB, Stand 2021, (zit.: „*Bearbeiter,* in: BeckOGK BGB, § …, Rn. …").

Gierschmann, Sibylle/Schlender. Katharina/Stentzel, Rainer/Veil, Winfried (Hrsg.), Datenschutz-Grundverordnung, Kommentar, Köln 2018 (zit.: „*Bearbeiter,* in: Gierschmann et al., DSGVO BDSG, 2018, Art./§ …, Rn. …").

Göcke, Katja, in: Christoph Herrmann/Marian Niestedt (Hrsg.), EU-Außenwirtschafts- und Zollrecht, Kommentar, Loseblatt, Ergänzungslieferung 17, April 2021, Art. 38–41 VO (EU) Nr. 952/2013, Abschnitt E, Rn. 26–38.

Göhler, Erich (Begr.), Gesetz über Ordnungswidrigkeiten, Kommentar, 18. Auflage, München 2021 (zit.: „*Bearbeiter,* in: Göhler, OWiG, § …, Rn. …").

Goette, Wulf/Habersack, Mathias/Kalss, Susanne (Hrsg.), Münchener Kommentar zum Aktiengesetz, Kommentar, 5. Auflage, München 2019 (zit.: „*Bearbeiter,* in: Müko AktG, § …, Rn. …").

Gola, Peter/Heckmann, Dirk (Hrsg.), Datenschutzgrundverordnung Bundesdatenschutzgesetz, Kommentar, 3. Auflage, München 2022 (zit.: „*Bearbeiter,* in: *Gola/Heckmann,* DSGVO BDSG, 2022, Art./§ …, Rn. …").

Golland, Alexander, Gemeinsame Verantwortlichkeit in mehrstufigen Verarbeitungsszenarien, K&R 2018, S. 433–438.

Golland, Alexander, Das Kopplungsverbot in der Datenschutzgrundverordnung – Anwendungsbereich, ökonomische Auswirkungen auf Web 2.0-Dienste und Lösungsvorschlag, MMR 2018, S. 130–135.

Golland, Alexander, Dynamic Pricing: Algorithmen zwischen Ökonomie und Datenschutz, in: Jürgen Taeger (Hrsg.): Die Macht der Daten und Algorithmen: Regulierung von IT, IoT und KI, 2019, S. 61–76.

Golland, Alexander, Reichweite des „Joint Controllership": Neue Fragen der gemeinsamen Verantwortlichkeit, K&R 2019, S. 533–537.

Golland, Alexander, Die „private" Datenverarbeitung im Internet – Verantwortlichkeiten und Rechtmäßigkeit bei Nutzung von Plattformdiensten durch natürliche Personen, ZD 2020, S. 397–403.

Golland, Alexander, Das Telekommunikations-Telemedien-Datenschutzgesetz – Cookies und PIMS als Herausforderung für Website-Betreiber, NJW 2021, S. 2238–2243.

Goodin, Robert E./Pettit, Philip/Pogge, Thomas (Hrsg.), A Companion to Contemporary Political Philosophy, Band I, 2. Auflage, Oxford 2007 (zit.: „*Autor*, in: Goodin/Pettit/Pogge, Contemporary Political Philosophy, S. ...").

Grabitz, Eberhard (Begr.)/*Hilf, Meinhard/Nettesheim, Martin* (Hrsg.), Das Recht der Europäischen Union, Band I, EUV/AEUV, 74. Ergänzungslieferung, München 2021 (zit.:

Gräfe, Hans-Christian, Webtracking und Microtargeting als Gefahr für die Demokratie, in: Taeger, Jürgen (Hrsg.): Rechtsfragen digitaler Transformation – Gestaltung digitaler Veränderungsprozesse durch Recht, DSRI Tagungsband 2018, Edewecht 2018, S. 27–44.

Grewe, Max/Stegemann, Lea, EU-Verbandsklagerichtlinie – Bekommt das Private Enforcement im Datenschutz jetzt Zähne?, ZD 2021, S. 183–187.

Grigoleit, Hans Christoph, Zivilrechtliche Grundlagen der Zurechnung, ZHR 2017, S. 160–202.

Grigoleit, Hans Christoph (Hrsg.), Aktiengesetz, Kommentar, 2. Auflage, München 2020 (zit.: „*Bearbeiter*, in: Grigoleit, AktG, 2020, § ..., Rn. ...").

Grimm, Dieter, Regulierte Selbstregulierung in der Tradition des Verfassungsstaates, in: Wilfried Berg/Stefan Fisch/Walter Schmitt-Glaeser/Friedrich Schoch/Helmuth Schulze-Fielitz (Hrsg.): Regulierte Selbstregulierung als Steuerungskonzept des Gewährleistungsstaates, Ergebnisse des Symposiums aus Anlass des 60. Geburtstages von Wolfgang Hoffmann-Riem, DV Beiheft 4, Berlin 2001, S. 9–20.

Groeben, Hans v. d./Schwarze, Jürgen/Hatje, Armin (Hrsg.), Europäisches Unionsrecht, Bd. 1, Charta der Grundrechte der Europäischen Union, 7. Auflage, Baden-Baden 2015 (zit.: „*Bearbeiter*, in: v. d.Groeben/Schwarze/Hatje, GRCh, Art. ..., Rn. ...").

Grüneberg, Christian (Hrsg.), Bürgerliches Gesetzbuch, Kommentar, 82. Auflage, München 2023 (zit.: „*Bearbeiter*, in: Grüneberg, BGB, 2023, § ..., Rn. ...")

Gühr, Alisha/Karper, Irene/Maseberg, Sönke, Der lange Weg zur Akkreditierung nach Art. 42 DSGVO, DuD 2020, S. 649–653.

Habersack, Mathias, Gedanken zur konzernweiten Compliance-Verantwortung des Geschäftsleiters eines herrschenden Unternehmens, in: Stefan Bechtold/Joachim Jickeli/Mathias Rohe (Hrsg.): Recht, Ordnung und Wettbewerb, Festschrift zum 70. Geburtstag für Wernhard Möschel, Baden-Baden 2011, S. 1175–1192.

Habersack, Mathias/Zickgraf, Peter, Deliktsrechtliche Verkehrs- und Organisationspflichten im Konzern, ZHR 2018, S. 252–295.

Hale, Thomas N., Transparency, Accountability and Global Governance, Global Governance 2008, Vol. 14, No. 1, S. 73–94.

Halfmeier, Axel, Die neue Datenschutzverbandsklage, NJW 2016, S. 1126–1129.

Hanloser, Stefan, Keine gemeinsame Verantwortlichkeit für Datenspeicherung durch Facebook – Fashion ID, Anmerkung zum Schlussantrag in der Rs. C-40/17, ZD 2019, S. 122–124.

Harte-Bavendamm, Henning/Henning-Bodewig, Frauke, Gesetz gegen unlauteren Wettbewerb (UWG), Kommentar, 4. Auflage, München 2016 (zit.: *"Bearbeiter*, in: Harte-Bavendamm/Henning-Bodewig, UWG, § …, Rn. …").

Härting, Niko, Starke Behörden, schwaches Recht – der neue EU-Datenschutzentwurf, BB 2012, S. 459–466.

Härting, Niko/Schneider, Jochen, Das Ende des Datenschutzes – es lebe die Privatsphäre, Eine Rückbesinnung auf das Kern-Anliegen des Privatsphärenschutzes, CR 2015, S. 819–827.

Härting, Niko/Flisek, Christian/Thiess, Lars, DSGVO: Der Verwaltungsakt wird zum Normalfall, CR 2018, S. 296–300.

Hartzog, Woodrow, The Case Against Idealising Control, EDPL 4|2018, S. 423–431.

Hatch, Thomas, Beneath the surface of accountability: Answerability, responsibility and capacity-building in recent education reforms in Norway, JEduChange 2013, S. 113–138.

Haug, Thomas, Accountability: Die Rechenschaftspflicht im Europäischen Datenschutzrecht, JurPC Web-Dok. 160/2011, Abs. 1–21.

Haumann, Ulf, Zulässigkeit von Haftungsbeschränkungen im Innenverhältnis in Auftragsverarbeitungsverträgen (AVV), in: Jürgen Taeger (Hrsg.): Den Wandel begleiten – IT-rechtliche Herausforderungen der Digitalisierung, DSRI Tagungsband 2020, Edewecht 2020, S. 101–110.

Haumann, Ulf/Schlewing, Inken, Der datenschutzrechtliche Verantwortliche im Sinne der DSGVO im Spannungsfeld zur Verantwortlichkeit und Haftung nach nationalem Recht, in: Christian Heinze (Hrsg.): Daten, Plattformen und KI als Dreiklang unserer Zeit, DSRI Tagungsband 2022, S. 1–15.

Hauschka, Christoph/Moosmeyer, Klaus/Lösler, Thomas (Hrsg.), Handbuch der Haftungsvermeidung in Unternehmen, 3. Auflage, München 2016 (zit.: „*Bearbeiter*, in: Hauschka/Moosmeyer/Lösler, Corporate Compliance, § …, Rn. …").

Heidbrink, Ludger, Definitionen und Voraussetzungen der Verantwortung, in: Verantwortung, Macht und Anerkennung, in: Ludger Heidbrink/Claus Langbehn/Janina Loh (Hrsg.): Handbuch Verantwortung, Wiesbaden 2017, S. 3–34.

Heinzke, Philippe/Storkenmaier, Julia, Die kollektive Rechtsdurchsetzung bei Verletzungen des Datenschutzrechts, CR 2021, S. 299–307.

Hense, Peter, Beweislast by Default, ZD 2022, S. 413–414.

Herdegen, Matthias, Völkerrecht, 20. Auflage, München 2021.

Hessel, Stefan/Potel, Karin, Catch me if you can – Die Widersprüche der DSGVO bei Verantwortlichkeit und Bußgeldbemessung i Konzernkontext, KR 2020, S. 654–658.

Hessel, Stefan/Schneider, Moritz, Inspector Gadget ermittelt? – Zur Unzulässigkeit von Produktwarnungen durch die Datenschutzaufsichtsbehörden, K&R 2022, S. 82–86.

Hilbert, Martin/Lopez, Priscila, The World's Technological Capacity to store, Communicate and Compute Information, Science 2011, Vol. 332, Issue 60, S. 60–65.

Hoeren, Thomas, Fake News? – Art. 5 DS-GVO und die Beweislastumkehr, Editorial MMR 2018, 637–638.

Hoffmann, Andreas C./ Schieffer, Anita, Pflichten des Vorstands bei der Ausgestaltung einer ordnungsgemäßen Compliance-Organisation, NZG 2017, S. 401–407.

Hoffmann-Riem, Wolfgang, Selbstregelung, Selbstregulierung und regulierte Selbstregulierung im digitalen Kontext, in: Michael Fehling/Utz Schliesky (Hrsg.): Neue Macht- und Verantwortungsstrukturen in der digitalen Welt, Baden-Baden 2016, S. 27–51.

Hoffmann-Riem, Wolfgang, Re:claim Autonomy – Die Macht digitaler Konzerne, in: Rudolf-Augstein-Stiftung (Hrsg.), Reclaim Autonomy – Selbstermächtigung in der digitalen Weltordnung, Frankfurt a. M. 2017, S. 121–139.

Hoffmann-Riem, Wolfgang, Die digitale Transformation als Herausforderung für die Legitimation rechtlicher Entscheidungen, in: von Antje Ungern-Sternberg/ Sebastian Unger (Hrsg.): Demokratie und künstliche Intelligenz, Tübingen 2019, S. 129–159.

Holleben, Kevin Max von/Knaut, Johannes, Die Zukunft der Auftragsverarbeitung – Privilegierung, Haftung, Sanktionen und Datenübermittlungen mit Auslandsbezug unter der DSGVO, CR 2017, S. 299–310.

Hoofnagle, Chris Jay, Federal Trade Commission, Law and Policy, New York/ Cambridge 2016.

Hornung, Gerrit, Regulating Privacy Enhancing Technologies: seizing the opportunity of the future European Data Protection Framework, Innovation: The European Journal of Social Science Research, Volume 26, 2013, issue 1-2, S. 181–196.

Hüffer, Uwe, Informationen zwischen Tochtergesellschaften und herrschendem Unternehmen im vertragslosen Konzern, in: Stefan Grundmann/Christian Kirchner/Thomas Raiser/Martin Weber/Christine Windbichler (Hrsg.): Unternehmensrecht zu Beginn des 21. Jahrhunderts, Festschrift für Eberhard Schwark zum 70. Geburtstag, München 2009, S. 185–198.

Immenga, Ulrich/Mestmäcker, Ernst-Joachim (Begr.), Wettbewerbsrecht, Kommentar, 6. Auflage, München 2019 (zit.: „*Bearbeiter,* in: Immenga/Mestmäcker, Wettbewerbsrecht, AEUV, Art. ..., Rn. ...").

Jandt, Silke, Über Marktmacht zur Datenmacht – Ist eine Machbeschränkung möglich?, ZD 2021, S. 341–342.

Quellenverzeichnisse

Jandt, Silke/Steidle, Roland (Hrsg.), Datenschutz im Internet – Rechtshandbuch zu DSGVO und BDSG, Baden-Baden 2018 (zit.: „*Bearbeiter*, in: Jandt/Steidle, Datenschutz im Internet, 2018, Kap...., Rn....").

Janicki, Thomas, Unzulänglichkeiten im Konzept der datenschutzrechtlichen Verantwortlichkeit, in: Louisa Specht-Riemenschneider/Benedikt Buchner/ Christian Heinze/Oliver Thomsen (Hrsg.): IT-Recht in Wissenschaft und Praxis, Festschrift für Jürgen Taeger, Frankfurt a. M. 2020, S. 197–217.

Jarass, Hans D. (Hrsg.), Charta der Grundrechte der Europäischen Union, Kommentar, 3. Auflage, München 2016 (zit.: „*Jarass*, in: Jarass, GRCh., 2016, Art. 8, Rn....").

Jarass, Hans D./Pieroth, Bodo (Hrsg.), Grundgesetz für die Bundesrepublik Deutschland, Kommentar, 16. Auflage, München 2020 (zit.: „*Bearbeiter*, in: Jarass/Pieroth, GG, 2020, Art...., Rn....").

Jung, Alexander, Datenschutz-(Compliance-)Management-Systeme – Nachweis- und Rechenschaftspflichten nach der DSGVO, ZD 2018, S. 208–213.

Katko, Peter/Babai-Beigi, Ayda, Accountability statt Einwilligung – Führt Big Data zum Paradigmenwechsel im Datenschutz?, MMR 2014, S. 360–364.

Kaye, Robert, Regulated (Self-) Regulation: A New Paradigm for Controlling the Professions, Public Policy and Administration, Vol. 21, Nr. 3, 2006, S. 105–119.

Kempny, Simon/Krüger, Heike/Spindler, Gerald, Rechtliche Gestaltung von Datentreuhändern – Ein interdisziplinärer Blick auf „Data Trusts", NJW 2022, S. 1646–1650.

Kersting, Christian, Haftung von Schwester- und Tochtergesellschaften im europäischen Kartellrecht, ZHR 2018, S. 8–31.

Kieck, Annika, Zum Verhältnis von Datenschutz- und Kartellaufsicht, PinG 2017, S. 67–72.

Kilian, Matthias, Die Globalisierung der Rechtsberatung – Interessenskonflikte und Chinese Walls, WM 2000, S. 1366–1379.

Kirchhof, Gregor, Nudging – zu den rechtlichen Grenzen informalen Verwaltens, ZRP 2015, S. 135–137.

Klar, Manuel/Kühling, Jürgen, Privatheit und Datenschutz in der EU und den USA – Kollision zweier Welten?, AöR 2016, 165–224.

Klement, Jan Henrik, Rechtliche Verantwortung, in: Ludger Heidbrink/Claus Langbehn/Janina Loh (Hrsg.): Handbuch Verantwortung, Wiesbaden 2017, S. 559–584.

Klink-Straub, Do ut des data – Bezahlen mit Daten im digitalen Vertragsrecht, NJW 2021, S. 3217–3222.

Kluvers, Ron/Tippett, John, Mechanisms of Accountability in Local Government: An Exploratory Study, IJBM 2010, Vol. 5, Issue 7, S. 46–53.

Koch, Jens, Compliance-Pflichten im Unternehmensverbund?, WM 2009, S. 1013–1020.

Koenig-Archibugi, Mathias, Transnational Corporations and Public Accountability, Government and Opposition 2004, S. 234–259.

Köhler, Helmut/Bornkamm, Joachim/Feddersen, Jörn (Hrsg.), Gesetz gegen den unlauteren Wettbewerb, Kommentar, 40. Auflage, München 2022 (zit.: „*Bearbeiter*, in: Köhler/Bornkamm/Feddersen, UWG, 2022, § …, Rn. …").

Kölbel, Ralf, Wirksamkeit und Funktionsbedingungen von Compliance aus wirtschaftskriminologischer Sicht, in: Thomas Rotsch (Hrsg.): Criminal Compliance, Handbuch, Baden-Baden 2015, 6. Teil, § 37.

Körber, Torsten, Die Facebook-Entscheidung des Bundeskartellamtes – Marktmissbrauch durch Verletzung des Datenschutzrechts?, NZKart 2019, S. 187–195.

Koppell, Jonathan, Pathologies of Accountability: ICANN and the challenge of "Multiple Accountabilities Disorder", Public Administration Review 2005, Vol. 65, no. 1, S. 94–108.

Kranig, Thomas/Peintinger, Stefan, Selbstregulierung im Datenschutzrecht – Rechtslage in Deutschland, Europa und den USA unter Berücksichtigung des Vorschlags zur DSGVO, ZD 2014, 3–9.

Krawietz, Werner, Theorie der Verantwortung – neu oder alt? Zur normativen Verantwortungsattribution mit Mitteln des Rechts, in: Kurt Bayertz (Hrsg.): Verantwortung: Prinzip oder Problem?, Darmstadt 1995, S. 184–216.

Kremer, Michael/Conrady, Jan/Penners, Anja, Data Privacy Litigation – Prozessuale Implikationen des datenschutzrechtlichen Schadenersatzanspruchs nach Art. 82 DSGVO, ZD 2021, S. 128–134.

Krenberger, Benjamin/Krumm, Carsten (Hrsg.), Ordnungswidrigkeitengesetz, Kommentar, 7. Auflage, München 2022.

Krohm, Niclas, Anreize für Selbstregulierung nach der DSGVO, PinG 2016, S. 205–210.

Kropp, Alexander, Datenschutzsünder an den Pranger? – Die Veröffentlichung von Bußgeld-Adressaten durch die Landesdatenschutzbeauftragten, PinG 2019, S. 220–226.

Krusche, Jan, Kumulation von Rechtsgrundlagen, Verhältnis der Einwilligung zu anderen Erlaubnistatbeständen, ZD 2020, S. 232–237.

Kühl, Kristian, Das Unterlassungsdelikt, JA 2014, S. 507–512.

Kühling, Jürgen/Buchner, Benedikt (Hrsg.), Datenschutz-Grundverordnung Bundesdatenschutzgesetz, Kommentar, 3. Aufl., München 2020 (zit.: „*Bearbeiter*, in: Kühling/Buchner, DSGVO BDSG, 2020, Art./§ …, Rn. …").

Kühling, Jürgen/Drechsler, Stefan, Alles „act eclair"? – Die Vorlage an den EuGH als Chance, NJW 2017, S. 2950–2955.

Kühling, Jürgen/Sackmann, Florian, Irrweg „Dateneigentum", Neue Großkonzepte als Hemmnis für die Nutzung und Kommerzialisierung von Daten, ZD 2020, S. 24–30.

Kühling, Jürgen/Sauerborn, Cornelius, „Cookie-Banner", „Cookie-Walls" und das „PUR"-Modell – Konformität der gängigen Telemedienpraxis mit dem Datenschutz?, ZfDR 2022, S. 339–366.

Kühn, Philipp M./*Sembritzki,* Haftung der Muttergesellschaft für Datenschutzverstöße von Tochtergesellschaften, Darstellung der aktuellen Diskussion mit Handlungsempfehlungen für die Unternehmenspraxis, ZD 2021, S. 193–197.

Künstner, Michael, Facebook und die kartellrechtliche Regulierung der Datennutzungen, K&R 2019, S. 605–612.

Künstner, Michael, Kartellrechtliche Compliance-Risiken bei der Nutzung von Dynamic Pricing, K&R 2022, S. 305–311.

Lackner, Karl/Kühl, Kristian (Hrsg.), Strafgesetzbuch, Kommentar, 29. Auflage, München 2018 (zit.: *„Bearbeiter,* in: Lackner/Kühl, StGB, 2018, § …, Rn. …“).

Langhe, Bart de/v. Osselaer, Stijn M. J./Wierenga, Berend, The effects of process and outcome accountability on judgment process and performance, OBHDP 2011, Vol. 115, S. 238–252.

Lantwin, Tobias, Risikoberuf Datenschutzbeauftragter? Die Haftung nach der neuen DS-GVO, ArbRAktuell 2017, S. 508–511 = 2017, S. 411 ff.

Laoutoumai, Sebastian, Schadensersatzbemessung bei Datenschutzverstößen, K&R 2022, S. 25–29.

Laue, Philip/Kremer, Sascha, Das neue Datenschutzrecht in der betrieblichen Praxis, 2. Auflage, Baden-Baden 2018 (zit.: "*Bearbeiter,* in: Laue/Kremer, Datenschutzrecht, 2018, S. …, Rn. …").

Lembke, Mark, Der Betriebsrat – Verantwortlicher im Sinne der DSGVO?, in: Micha Klapp/Rüdiger Linck/Ulrich Preis/Barbara Reinhard/Roland Wolf (Hrsg.): Die Sicherung der kollektiven Ordnung, Festschrift für Ingrid Schmidt, München 2021, S. 277–295.

Lemennicier, Bertrand/Wenzel, Nikolai, The Judge and His Hangman: Judicial Selection and the Accountability of Judges in the US, ICLJ 2018, Vol. 12, Issue 3, S. 239–256.

Lindberg, Staffan I., Mapping Accountability: core concept and subtypes, IRAS 2013, Vol. 79, Issue 2, S. 202–226.

Loewenheim, Ulrich/Meessen, Karl/Riesenkampff, Alexander/Kersting, Christian/Meyer-Lindemann, Jürgen (Hrsg.), Kartellrecht, Kommentar, 4 Auflage, München 2020 (zit.: "*Bearbeiter,* in: Loewenheim/Meessen/Riesenkampff/Kersting/Meyer-Lindemann, AEUV, 2020, Art. …, Rn. …").

Loof, Ariane, Datenschutz in Matrixstrukturen nach Schrems II, CCZ 2021, S. 42–45.

Löschhorn, Alexander/Fuhrmann, Lambertus, „Neubürger" und die Datenschutz-Grundverordnung: Welche Organisations- und Handlungspflichten treffen die Geschäftsleitung in Bezug auf Datenschutz und Datensicherheit?, NZG 2019, S. 161–170.

Louven, Sebastian, Auslegung des Unternehmensbegriffs im datenschutzrechtlichen Sanktionsregime, in: Louisa Specht-Riemenschneider/Benedikt Buchner/Christian Heinze/Oliver Thomsen (Hrsg.): IT-Recht in Wissenschaft und Praxis, Festschrift für Jürgen Taeger, Frankfurt a. M. 2020, S. 725–747.

Lukas, Arnold J. F., Privacy Enhancing Technologies im Zusammenspiel mit der DS-GVO – Beispiele aus der Praxis und rechtliche Auswirkungen, ZD 2023, S. 321–325.

Lutter, Marcus, Konzernrecht: Schutzrecht oder Organisationsrecht?, in: Klaus Reichert/Manfred Schiedermair/Albrecht Stockburger/Dolf Weber (Hrsg.): Recht, Geist und Kultur, liber amicorum für Rüdiger Volhard, S. 105–113.

Lutterbeck, Bernd, Komplexe Kontexte – einfache Regeln. Zwischen Liberalität und Paternalismus – Wo fördert, wo beschränkt der Datenschutz Bürgerrechte, in: Veith Mehde/Ulrich Ramsauer/Margit Seckelmann (Hrsg.): Staat, Verwaltung, Information, Festschrift für Hans Peter Bull zum 75. Geburtstag, Berlin 2011, S. 1017–1028.

Lutz, Angelika, Celtic influence on Old English and West Germanic, ELL 2009, Vol. 13, Issue 2, S. 227–249.

Lührmann, Anna/Marquardt, Kyle L./Mechkova, Valeryia, Constraining Governments: new Indices of Vertical, Horizontal and Diagonal Accountability, APSR 2020, Vol. 114, Issue 3, S. 811–820.

MacIntyre, Everette/Volhard, Joachim, The Federal Trade Commission, Bost. Coll. LR 1970, Vol. 11, Issue 4, S. 724–780.

Maier, Natalie/Bile, Tamer, Die Zertifizierung nach der DSGVO, DuD 2019, S. 478–482.

Maitland, F. W., Materials for English Legal History II, PSQ Vol. 4, No. 4, 1889, S. 628–647.

v. Maltzan, Stephanie/Vettermann, Oliver, in: Jürgen Taeger (Hrsg.): Im Fokus der Rechtsentwicklung – Die Digitalisierung der Welt (DSRI Tagungsband 2021), S. 111–128.

Marsch, Nikolaus, Das europäische Datenschutzgrundrecht, Tübingen 2018.

Martin, Nicholas/Friedewald, Michael, Warum Unternehmen sich (nicht) an Recht und Gesetz halten, DuD 2019, S. 493–496.

Maschmann, Frank, Der Arbeitgeber als Verantwortlicher für den Datenschutz im Betriebsratsbüro (§ 79a BetrVG)?, NZA 2021, S. 834–839.

Masig, Johannes, Herausforderungen des Datenschutzes, NJW 2012, S. 2305–2311.

McAdams, Tony/Tower, Burk, Personal Accountability in the corporate sector, ABLJ 1978, S. 67–82.

Mechkova, Valeriya/Lührmann, Anna/Lindberg, Staffan, The Accountability Sequence: from de-jure to de-facto Constraints on Governments, StCompIntDev 2019, Vol. 54, S. 40–70.

Melot de Beauregard, Paul/Baur, Maximilian, Die Haftung des leitenden Angestellten, DB 2016, S. 1754–1760.

Menke, Simon, Wann müssen Betroffenenrechte im Bereich der "Online-Datenverarbeitung" nicht umgesetzt werden?, K&R 2020, S. 650–654.

Mertens, Timon, Der Newslettervertrag, PinG 2021, S. 115–122.

Mester, Britta Alexandra/Öztürk, Ebru, Joint Controllerschip im Unternehmensverbund – Datenschutzkonforme Umsetzung der gemeinsamen Verantwortlichkeit i. S. d. DS-GVO, DuD 2023, S. 73–80.

Meyer, Jürgen, Charta der Europäischen Grundrechte, Kommentar, 4. Auflage, Baden-Baden 2014 (zit.: *„Bearbeiter*, in: Meyer, GRCh, 2014, Art. ..., Rn. ...").

Meyer-Schönfelder, Viktor/Cukier, Kenneth, Big Data – Die Revolution, die unser Leben verändern wird, 3. Auflage, München 2017.

Michl, Walther, Das Verhältnis zwischen Art. 7 und Art. 8 GRCh – zur Bestimmung der Grundlage des Datenschutzgrundrechts im EU-Recht, DuD 2017, S. 349–353.

Mitsch, Wolfgang (Hrsg.), Karlsruher Kommentar zum Gesetz über Ordnungswidrigkeiten, 5. Auflage, München 2018 (zit.: *„Bearbeiter*, in: KK-OWiG, 2018, § ..., Rn. ...").

Monreal, Manfred, Der Rahmen der Verantwortung und die klare Linie in der Rechtsprechung des EuGH zu gemeinsam Verantwortlichen, CR 2019, S. 797–808.

Moos, Flemming/Schefzig, Jens/Arning, Marian (Hrsg.), Praxishandbuch DSGVO einschließlich BDSG und spezifischer Anwendungsfälle, 2. Auflage, Frankfurt/M 2022 (zit.: *„Bearbeiter*, in: Moos/Schefzig/Arning, Praxishandbuch DSGVO, 2022, Kap. ..., Rn. ...").

Morgan, Philip, Vicarious liability for group companies: the final frontier of vicarious liability?, Journal of Professional Negligence 2015, Volume 31, Issue 4, S. 276–299.

Mulgan, Richard, Comparing Accountability in the Public and Private Sectors, AJPA 2000, Vol. 59 Abs. 1, S. 87–97.

Mulgan, Richard, 'Accountability': an ever-expanding concept?, PA 2000, S. 555–573.

Musielak, Hans-Joachim/Voit, Wolfgang (Hrsg.), Zivilprozessordnung, Kommentar, 19. Auflage, München 2021 (zit.: *„Bearbeiter*, in: Musielak/Voit, ZPO, 2022, § ..., Rn. ...").

Nebel, Maxi, Datenschutzrechtliche Verantwortlichkeit in Zeiten von Social Media, in: Anja Hentschel/Gerrit Hornung/Silke Jandt (Hrsg.): Mensch – Technik – Verantwortung: Verantwortung für eine sozialverträgliche Zukunft, Festschrift für Alexander Roßnagel zum 70. Geburtstag, S. 341–360.

Neun, Andreas/Lubitzsch, Katharina, EU-Datenschutz-Grundverordnung – Behördenvollzug und Sanktionen, BB 2017, 1538–1544.

Neun, Andreas/Lubitzsch, Katharina, Die neue Datenschutz-Grundverordnung – Rechtsschutz und Schadenersatz, BB 2017, S. 2563–2569.

Nguyen, Alexander M., Die zukünftige Datenschutzaufsicht in Europa – Anregungen für den Trilog zu Kap. VI bis VII der DS-GVO, ZD 2015, S. 265–270.

Nickel, Christian, Alternativen der konzerninternen Auftragsverarbeitung, ZD 2021, S. 140–145.

Nicklisch, Fritz, Die Haftung des Ungewissen in der jüngsten Gesetzgebung zur Produkt-, Gentechnik-, und Umwelthaftung, in: Jayme, Erik/Laufs, Adolf/ Misera, Karlheinz/Reinhart, Gert/Serick, Rolf (Hrsg.), Festschrift für Hubert Niederländer, Heidelberg 1991, S. 341–352.

Nietsch, Michael, Grundsatzfragen der Organhaftung bei Kartellverstößen, ZHR 2020, S. 60–110.

Nietsch, Michael/Osmanovic, Daniel, Zurechnung von DSGVO-Verstößen im Unternehmensbereich, BB 2021, S. 1858–1865.

O'Donnell, Guillermo, Horizontal Accountability in New Democracies, in: Andreas Schedler/Larry Diamond/Marc F.Plattner (Hrsg.): The Self-Restraining State – Power and Accountability in New Democracies, Boulder/London 1999, S. 29–52.

Ohly, Ansgar, UWG-Rechtsschutz bei Verstößen gegen die Datenschutz-Grundverordnung?, GRUR 2019, S. 686–693.

O'Loughlin, Michael E., What is bureaucratic Accountability and how can we measure it?, A&S 1990, 275–301.

Ohm, Paul, Broken Promises of Privacy: Responding to the surprising failure of anonymization, UCLA LR 2010, S. 1703–1777.

Paal, Boris/Hennemann, Moritz, Big Data im Recht – Wettbewerbs- und daten(schutz)rechtliche Herausforderungen, NJW 2017, 1697–1701.

Paal, Boris, Schadensersatzansprüche bei Datenschutzverstößen, MMR 2020, S. 14–19.

Paal, Boris, Sanktion durch behördliche Öffentlichkeitsinformation – eine datenschutzrechtliche Betrachtung, K&R 2020, S. 8–13.

Paal, Boris/Pauly, Daniel, Datenschutz-Grundverordnung/Bundesdatenschutzgesetz, Kommentar, 3. Auflage, München 2021 (zit.: „*Bearbeiter*, in: Paal/ Pauly, DSGVO BDSG, 2021, Art./§ …, Rn. ….").

Paal, Boris/Cornelius, Malte, Interessenkonflikte bei externen Datenschutzbeauftragten – Rechtsfragen bei der Auswahl und Benennung von Rechtsanwälten als externe Datenschutzbeauftragte, ZD 2022, S. 193–198.

Pachinger, Michael, Datenschutz-Audit jetzt!, PinG 2022, S. 45–47.

Palmer, Chris C., Measuring productivity diachronically: nominal suffixes in English letters, 1400–1600, ELL 2014, Vol. 19, Issue 1, S. 107–129.

Paschke, Marian/Berlit, Wolfgang/Meyer, Claus/Kröner, Lars (Hrsg.), Hamburger Kommentar Gesamtes Medienrecht, 4. Auflage, Baden-Baden 2021 (zit.: „*Bearbeiter*, in: Paschke/Berlit/Meyer/Kröner, Gesamtes Medienrecht, … Teil, … Abschnitt, Rn. …").

Pauly, Daniel/Mende, Luisa, Der Bundesgerichtshof zur Reichweite des Auskunftsanspruchs nach Art. 15 DSGVO, CCZ 2022, S. 28–31.

Petrin, Martin/Choudhury, Bernali, Group Company Liability, Eur. BusOrg LR 2018, Volume 20, Issue 1, S. 1–26.

Piltz, Carlo/Quiel, Philipp, Bestimmt unbestimmt – Vorschläge zur Auslegung und Anwendung unklarer Formulierungen in der Datenschutz-Grundverordnung, in: Jürgen Taeger (Hrsg.): Den Wandel begleiten – IT-rechtliche Herausforderungen der Digitalisierung, DSRI Tagungsband 2020, Edewecht 2020, S. 1–22.

Plath, Kai-Uwe (Hrsg.), Datenschutzgrundverordnung/Bundesdatenschutzgesetz Telekommunikation-Telemedien-Datenschutz-Gesetz, Kommentar, 4. Auflage, Köln 2023 (zit.: „*Bearbeiter,* in: Plath, 2023, Art./§ …, Rn. …“).

Plescia, Joseph, Judicial Accountability and Immunity in Roman Law, AJLH 2001, Vol. 45, issue 1, S. 51–70.

Podszun, Rupprecht/de Toma, Michael, Die Durchsetzung des Datenschutzes durch Verbraucherrecht, Lauterkeitsrecht und Kartellrecht, NJW 2016, S. 2987–2994.

Podszun, Rupprecht, Der Verbraucher als Marktakteur: Kartellrecht und Datenschutz in der „Facebook"-Entscheidung des BGH, GRUR 2020, S. 1268–1276.

Pohl, Dirk, Durchsetzungsdefizite in der DSGVO? – Der schmale Grad zwischen Flexibilität und Unbestimmtheit, PinG 2017, S. 85–91.

Pohle, Jörg, Zur Zeitdimension der Schutzziele, DuD 2018, S. 19–22.

Poll, Jens, Datenschutz in und durch Unternehmensgruppen im europäischen Datenschutzrecht, Baden-Baden 2018.

Power, Michael (Hrsg.), The Law of Privacy, 3. Auflage, Toronto 2021.

Raab, Charles, The Meaning of Accountability in the Information Privacy Context, in: Daniel Guagnin/Leon Hempel/Carla Ilten/Inga Kroener/Daniel Neyland/Hector Postigo (Hrsg.): Managing Privacy through Accountability, 2012, New York, S. 15–32.

Raue, Benjamin, Haftung für unsichere Software, NJW 2017, S. 1841–1846.

Raji, Berang, Auskunftsanspruch in der Praxis – Ausgewählte Fragen zum Auskunftsrecht nach Art. 15, ZD 2020, S. 279–284.

Ramsauer, Ulrich, Data Mediation: Ein Weg zu Transparenz und Akzeptanz im Verwaltungsverfahren, in: Veith Mehde/Ulrich Ramsauer/Margit Seckelmann (Hrsg.): Staat, Verwaltung, Information, Festschrift für Hans Peter Bull zum 75. Geburtstag, Berlin 2011, S. 1029–1040.

Raum, Rolf, Kartellbußen zwischen Strafrecht und Europarecht – eine Rückbetrachtung auf ein schwieriges Terrain, GRUR 2021, S. 322–326.

Rauscher, Thomas/Krüger, Wolfgang (Hrsg.), Münchener Kommentar zur Zivilprozessordnung, Kommentar, Band 1, §§ 1–354 ZPO, 6. Auflage, München 2020 (zit.: *Bearbeiter,* in: MüKo ZPO, § …, Rn. …“).

Renz, Hartmut T./Frankenberger, Melanie, Compliance und Datenschutz – Ein Vergleich der Funktionen unter Berücksichtigung des risikobasierten Ansatzes, ZD 2015, S. 158–161.

Richardson, Megan, The Battle for Rights – Getting Data Protection Cases to Court, Oslo LR 2015, Issue 1, S. 23–35.

Riesenhuber, Karl (Hrsg.), Europäische Methodenlehre, 4. Auflage, Berlin 2021 (zit.: *„Bearbeiter*, in: Riesenhuber, Europäische Methodenlehre, § ..., Rn....").

Risse, Jörg, Wissenszurechnung beim Unternehmenskauf: Notwendigkeit einer Neuorientierung, NZG 2020, S. 856–864.

Ritter, Franziska/Reibach, Boris/Lee, Morris, Lösungsvorschlag für eine praxisgerechte Risikobeurteilung von Verarbeitungen, Ansatz zur Bestimmung von Eintrittswahrscheinlichkeit und Schadensausmaß bei der Bewertung datenschutzrechtlicher Risiken, ZD 2019, S. 531–535.

Romzek, Barbara S./Dubnick, Melvin J., Accountability in the Public Sector: Lessons from the Challenger Tragedy, PAR 1987, Vol. 47, No. 3, S. 227–238.

Roßnagel, Alexander, Kein „Verbotsprinzip" und kein „Verbot mit Erlaubnisvorbehalt" im Datenschutzrecht, NJW 2019, S. 1–5.

Roßnagel, Alexander, Datenschutzgrundsätze – unverbindliches Programm oder verbindliches Recht, ZD 2018, S. 339–344.

Roth, Phillip H., Zur Bedeutung sozialer Macht nach Friedrich Nietzsche und Niklas Luhmann, in: Phillip H. Roth (Hrsg.): Macht – Aktuelle Perspektiven aus Philosophie und Sozialwissenschaft, Frankfurt/New York 2016, S. 201–230.

Saenger, Ingo (Hrsg.), Zivilprozessordnung, Kommentar, 18. Auflage, München 2021 (zit.: *„Bearbeiter*, in: Saenger, ZPO, 2021, § ..., Rn....").

Sajnovits, Alexander, Ad-hoc-Publizität und Wissenszurechnung, WM 2016, S. 765–774.

Schantz, Peter, Die Datenschutz-Grundverordnung – Beginn einer neuen Zeitrechnung im Datenschutzrecht, NJW 2016, S. 1841–1847.

Schantz, Peter/Wolff, Heinrich Amadeus, Das neue Datenschutzrecht, München 2017 (zit.: *„Bearbeiter*, in: Schantz/Wolff, 2017, Rn....").

Schedler, Andreas, Conceptualizing Accountability, in: Andreas Schedler/Larry Diamond/Marc F. Plattner (Hrsg.): The Self-Restraining State – Power and Accountability in New Democracies, Boulder/London 1999, S. 13–29.

Schefzig, Jens, Big Data = Personal Data? Der Personenbezug von Daten bei Big Data-Analysen, K&R 2014, S. 772–778.

Scheja, Gregor, Grenzen der gemeinsamen Verantwortlichkeit nach Art. 26 DSGVO – Erkenntnisse aus einem Vergleich zur strafrechtlichen Mittäterschaft sowie zum öffentlich-rechtlichen und zivilrechtlichen Störerbegriff nach deutschem Recht, in: Louisa Specht-Riemenschneider/Benedikt Buchner/Christian Heinze/Oliver Thomsen (Hrsg.): IT-Recht in Wissenschaft und Praxis, Festschrift für Jürgen Taeger, Frankfurt a. M. 2020, S. 413–429.

Schemmel, Frank, Bußgeldentscheidungen gegen Meta – ein Datenschutzdrama in mehreren Akten, CB 2023, S. 109–111.

Schiedermair, Stephanie, Der Schutz des Privaten als internationales Grundrecht, (Habilitation), Tübingen 2012.

Quellenverzeichnisse

Schillemans, Thomas, Accountability in the Shadow of Hierarchy: The Horizontal Accountability of Agencies, POR 2008, S. 175–194.

Schillemans, Thomas/Busuioc, Madalina, Predicting Public Sector Accountability: From Agency Drift to Forum Drift, JPART 2014, S. 191–215.

Schneider, Jochen, Datenschutzeignung bei digitalen Produkten und Mangelbegriff, ZD 2021, S. 458–462.

Schneider, Ruben, Gemeinsame Verantwortlichkeit – Entstehung, Ausgestaltung und Rechtsfolgen des Innenverhältnisses gem. Art. 26 DSGVO, Bonn 2021.

Schneider, Ruben, Aktivlegitimation im Datenschutzrecht – Herleitung einer umfassenden Anspruchsberechtigung für Art. 82 Abs. 1 DS-GVO, ZD 2022, S. 321–326.

Schneider, Uwe H., Compliance als Aufgabe der Unternehmensleitung, ZIP 2003, S. 645–650.

Schnitzler, Winfried, Implementierung der Anforderungen des Sarbanes-Oxley Acts in einem deutschen Großunternehmen, in: Carl-Christian Freidank/Peter Altes (Hrsg.): Rechnungslegung und Corporate Governance, Berlin 2009, S. 225–246.

Schmidt, Jan-Hinrik/Weichert, Thilo (Hrsg.), Datenschutz – Grundlagen, Entwicklungen und Kontroversen, Bonn 2012 (zit.: *„Autor,* in: Schmidt/Weichert, Datenschutz, 2012, S. …“).

Schoch, Friedrich/Schneider, Jens-Peter (Hrsg.), Verwaltungsrecht, Kommentar, Band III, 41. Ergänzungslieferung, München 2021 (zit.: *„Bearbeiter,* in: Schoch/Schneider, Verwaltungsrecht, VwGO/VwVfG, 2021, § …, Rn. …“).

Schockenhoff, Martin, Haftung und Enthaftung von Geschäftsleitern bei Compliance-Verstößen in Konzernen mit Matrix-Strukturen, ZHR 2016, S. 197–232.

Schönefeld, Jana/Thomé, Sarah, Auswirkungen der Datenschutz-Grundverordnung auf die Sanktionierungspraxis der Aufsichtsbehörden, PinG 2017, S. 126–128.

Schönke, Adolf/Schröder, Horst (Begr.), Strafgesetzbuch, Kommentar, 30. Auflage, München 2019 (zit.: *„Bearbeiter,* in: Schönke/Schröder, StGB, 2019, § …, Rn. …“).

Schreiber, Kristina, Gemeinsame Verantwortlichkeit gegenüber Betroffenen und Aufsichtsbehörden – Anwendungsbereiche, Vertragsgestaltung und Folgen nicht gleichwertiger Verantwortung, ZD 2019, S. 55–60.

Schreitter, Florian von, Die kartellordnungswidrigkeitenrechtliche Haftung nach § 130 OWiG – ein Risiko für Konzernobergesellschaften?, NZKart 2016, S. 253–264.

Schrey, Joachim/Copeland, Victoria, Der Anspruch auf immateriellen Schadenersatz gemäß Art. 82 DSGVO – es bleibt spannend, PinG 2021, S. 233–241.

Schröder, Markus, Datenschutz als Wettbewerbsvorteil, ZD 2012, S. 193–194.

Schröder, Markus, Der risikobasierte Ansatz in der DSGVO – Risiko oder Chance für den Datenschutz, ZD 2019, 503–506.

Schüler, Wolfgang, Die Wissenszurechnung im Konzern, Berlin 2000.

Schulz, Martin, Compliance-Management im Unternehmen – Grundfragen, Herausforderungen und Orientierungshilfen, BB 2017, S. 1475–1483.

Schulz, Martin, Compliance-Management im Unternehmen – Compliance-Strategie als (Dauer)Aufgabe der Unternehmensleitung, BB 2019, S. 579–584.

Schulz, Sönke, Dateneigentum in der deutschen Rechtsordnung, PinG 2018, S. 72–79.

Schulz, Wolfgang, Regulierte Selbstregulierung im Telekommunikationsrecht. Die informationale Beteiligung Dritter bei der Regelsetzung des Regulierers in Deutschland und den Vereinigten Staaten, in: Wilfried Berg/Stefan Fisch/Walter Schmitt-Glaeser/Friedrich Schoch/Helmuth Schulze-Fielitz (Hrsg.): Regulierte Selbstregulierung als Steuerungskonzept des Gewährleistungsstaates, Ergebnisse des Symposiums aus Anlass des 60. Geburtstages von Wolfgang Hoffmann-Riem, DV Beiheft 4, Berlin 2001, S. 101–122.

Schürmann, Kathrin, Das datenschutzrechtliche Bußgeldverfahren nach Art. 83 DSGVO – eine Bestandsaufnahme, ZD-Aktuell 2021, 05546.

Schwartmann, Rolf/Jaspers, Andreas/Thüsing, Gregor/Kugelmann, Dieter (Hrsg.), Datenschutz-Grundverordnung Bundesdatenschutzgesetz, Kommentar, 2. Auflage, Heidelberg 2020 (zit.: „*Bearbeiter,* in: Schwartmann et al., DSGVO BDSG, 2020, Art. …, Rn. …“).

Schwartz, Paul M., Property, Privacy, and Personal Data, HLR 2004, Vol. 117, Issue 7, S. 2056–2125.

Schwintowski, Hans-Peter, Die Zurechnung des Wissens von Mitgliedern des Aufsichtsrats in einem oder mehreren Unternehmen, ZIP 2015, S. 617–623.

Scott, Colin, Accountability in the Regulatory State, JLaS 2000, Vol. 27, no. 1, S. 38–60.

Seibert-Fohr, Anja in: Anja Seibert-Fohr (Hrsg.), Entgrenzte Verantwortung, Zur Reichweite und Regulierung von Verantwortung in Wirtschaft, Medien, Technik und Umwelt, Berlin 2020, Einleitung: Die Regulierung von Verantwortung in entgrenzten Räumen, 1–30.

Seidel, Andreas, Die wertende Wissenszurechnung, Göttingen 2021.

Shoemaker, David, Attributability, Answerability, and Accountability: Toward a Wider Theory of Moral Responsibility, Ethics 2011, Vol. 121, Issue 3, S. 602–632.

Simitis, Spiros, Bundesdatenschutzgesetz, Kommentar, Baden-Baden, 8. Auflage 2011 (zit. als: „*Bearbeiter,* in: Simitis, BDSG, 2014, § …, Rn. …“).

Simitis, Spiros/Hornung, Gerrit/Spiecker gen. Döhmann, Indra (Hrsg.), Datenschutzrecht, Kommentar, Baden-Baden 2019 (zit.: „*Bearbeiter,* in: Simitis et al., Datenschutzrecht, 2019, Art./§ …, Rn. …“).

Simonson, Itamar/Nye, Peter, The Effect of Accountability on Susceptibility to Decision Errors, OBHDP 1992, Vol. 51, S. 416–446.

Sinclair, Amanda, The chameleon of accountability: Forms and discourses, Accounting, Organizations and Society, Volume 20, Issue 2-3, S. 219–237.

Quellenverzeichnisse

Siriwardhane, Pavithra/Taylor, Dennis, Perceived accountability for local government infrastructure assets: the influence of stakeholders, Pac.AR 2017, Volume 29, No. 4, S. 551–569.

Smith, Angela, Attributability, Answerability, and Accountability: In Defense of a Unified Account, Ethics 2012, Vol. 122, Issue 3, S. 575–589.

Solove, Daniel J, A Taxonomy of Privacy, UPenn LR 2006, Vol. 154, S. 477–560.

Solove, Daniel/Hartzog, Woodrow, The FTC and the new common law of privacy, Col. LR 2014, Issue 114, Vol. 4, S. 583–676.

Sørensen, Karsten Engsig, The Legal Position of Parent Companies: A Top-Down Focus on Group Governance, Eur. BusOrg LR 2021, Vol, 22, S. 433–474.

Soppe, Martin, Datenverarbeitung zu journalistischen Zwecken – das datenschutzrechtliche Medienprivileg in der Verlagspraxis, ZUM 2019, S. 467–476.

Specht, Louisa/Mantz, Reto, Handbuch Europäisches und deutsches Datenschutzrecht, München 2019 (zit.: „*Bearbeiter,* in: Specht/Mantz, Europäisches und deutsches Datenschutzrecht, Teil …, §…, Ziffer …").

Specht-Riemenschneider, Louisa/Schneider, Ruben, Die gemeinsame Verantwortlichkeit im Datenschutzrecht – Rechtsfragen des Art. 26 DSGVO am Beispiel „Facebook Fanpages", MMR 2019, S. 503–509.

Specht-Riemenschneier, Louisa/Werry, Nikola/Werry, Susanne, Datenrecht in der Digitalisierung, Berlin 2020 (zit.: „*Bearbeiter,* in: Specht-Riemenschneider/Werry/Werry, Datenrecht, §…, Rn. …").

Specht-Riemenschneider, Louisa, Herstellerhaftung für nicht-datenschutzkonform nutzbare Produkte – Und er haftet doch!, MMR 2020, S. 73–78.

Spiecker, gen. Döhmann, Indra, Zur Zukunft systemischer Digitalisierung – Erste Gedanken zur Haftungs- und Verantwortungszuschreibung bei informationstechnischen Systemen, CR 2016, S. 698–704.

Spies, Axel, USA: Neue Datenschutzvorschriften auf dem Prüfstand – Mehr Schutz für die Privacy der Bürger per Gesetz oder durch Selbstverpflichtung der Industrie?, ZD 2011, S. 12–16.

Spindler, Gerald, Unternehmensorganisationspflichten, Zivilrechtliche und öffentlich-rechtliche Regelungskonzepte, Frankfurt 2001.

Spindler, Gerald, Selbstregulierung und Zertifizierungsverfahren nach der DSGVO – Reichweite und Rechtsfolgen der genehmigten Verhaltensregeln, ZD 2016, S. 407–414.

Spindler, Gerald, Wissenszurechnung in der GmbH, der AG und im Konzern, ZHR 2017, S. 311–356.

Spindler, Gerald, Umsetzung der Richtlinie über digitale Inhalte in das BGB, MMR 2021, S. 451–457.

Spittka, Jan, Der Unternehmensbegriff in der DSGVO, in: Jürgen Taeger (Hrsg.): Rechtsfragen digitaler Transformation – Gestaltung digitaler Veränderungsprozesse durch Recht, DSRI Tagungsband 2018, Edewecht 2018, S. 117–130.

Spittka, Jan, Die Kommerzialisierung von Schadenersatz unter der DSGVO, GRUR-Prax 2019, S. 475–477.

Spittka, Jan/Bunnenberg, Jan Niklas, Die aufsichtsbehördliche Klagebefugnis unter der DSGVO, K&R 2021, S. 560–563.

Stentzel, Rainer, Das Grundrecht auf… ?, PinG 2015, S. 185–190.

Stitzlein, Sarah M., American Public Education and the Responsibility of its Citizens: Supporting Democracy in the Age of Accountability, Oxford 2017.

Stone, Bruce, Administrative Accountability in the "Westminster" Democracies: Towards a New Conceptual Framework, Governance 1995, Vol. 8, no. 4, S. 505–526.

Streinz, Rudolf, EUV/AEUV, Kommentar, 3. Auflage, München 2018 (zit.: „*Bearbeiter,* in: Streinz, GRCh, 2018, Art. …, Rn. …").

Streinz, Rudolf, Europarecht, 9. Auflage, Hamburg 2012.

Sydow, Gernot/Marsch, Nikolaus (Hrsg.), DSGVO BDSG, Kommentar, 3. Auflage, Baden-Baden 2022 (zit: „*Bearbeiter,* in: Sydow/Marsch, DSGVO BDSG, 2022, Art. …, Rn. …").

Taeger, Jürgen, Außervertragliche Haftung für fehlerhafte Computerprogramme, Tübingen 1995.

Taeger, Jürgen/Gabel, Detlev (Hrsg.), Datenschutzgrundverordnung/Bundesdatenschutzgesetz Telekommunikation-Telemedien-Datenschutz-Gesetz, Kommentar, 4. Auflage, Frankfurt/M 2022 (zit.: „*Bearbeiter,* in: Taeger/Gabel, DSGVO BDSG TTDSG, 2022, Art./§ …, Rn. …").

Taeger, Jürgen/Schweda, Sebastian, Die gemeinsam mit anderen Erklärungen erteilte Einwilligung – Eine kritische Auseinandersetzung mit dem Urteil des EuGH und den Schlussanträgen zur Rs. Planet49, ZD 2020, S. 124–129.

Taeger, Jürgen, Data Breach Notification – Melde- und Benachrichtigungspflicht bei Datenpannen, RDV 2020, S. 3–11.

Tene, Omer/Polonetsky, Big Data for All: Privacy and User Control in the Age of Analytics, Northw. J. TaIP 2013, Volume 11, Issue 5, S. 239–273.

Thode, Jan-Christoph, Die neuen Compliance-Pflichten nach der Datenschutz-Grundverordnung, CR 2016, 714–721.

Thüsing, Gregor/Rombey, Sebastian, Anonymisierung an sich ist keine rechtfertigungsbedürftige Datenverarbeitung – eine Auslegung von Art. 4 Nr. 2 DS-GVO nach den Methoden des EuGH, ZD 2021, S. 548–553.

Tiedemann, Klaus, Rechtsnatur und strafrechtliche Bedeutung von technischem Know-how, in: Hans Claudius Ficker/Detlef König/Karl F. Kreuzer/Hans G. Leser/Wolfgang Frhr. v. Bieberstein/Peter Schlechtriem (Hrsg.): Festschrift für Ernst v. Caemmerer zum 70. Geburtstag, Tübingen 1978, S. 643–655.

Tinnefeld, Marie-Theres/Buchner, Benedikt/Petri, Thomas/Hof, Hans-Joachim, Einführung in das Datenschutzrecht, 7. Auflage, Berlin 2020 (zit. als: "*Bearbeiter,* in: Tinnefeld/Buchner/Petri/Hof, Datenschutzrecht, 2020, S. …, Rn. …").

Quellenverzeichnisse

Tonikidis, Stelios, Kein Strafschadenersatz nach Art. 82 Abs. 1 DSGVO – Parameter zur Bemessung des zu ersetzenden Schadens, ZD 2022, S. 139–143.

Uebele, Fabian, Datenschutz vor Zivilgerichten – Die Durchsetzung des Datenschutzrechts über UWG und UKlagG auf dem Prüfstand von Rechtsprechung und Gesetzgeber, GRUR 2019, S. 694–703.
Uebele, Fabian, Das "Unternehmen" im europäischen Datenschutzrecht, EuZW 2018, S. 440–446.
Uhr, John, Redesigning Accountability: From Muddles to Maps, TAQ Winter 1993, S. 1–16.
Ulber, Daniel, Vertretenmüssen und Verschulden, JA 2014, S. 573–574.

Vedder, Christoph/Heintschel v. Heinegg, Wolff (Hrsg.), Europäisches Unionsrecht, Kommentar, 2. Auflage, Baden-Baden 2018 (zit.: *„Bearbeiter,* in: Vedder/Heintschel v. Heinegg, Europäisches Unionsrecht, AEUV, 2018, Art. ..., Rn. ...").
Veil, Winfried, Accountability – Wie weit reicht die Rechenschaftspflicht der DSGVO? – Praktische Relevanz und Auslegung eines unbestimmten Begriffs, ZD 2018, S. 9–18.
Veil, Winfried, Einwilligung oder berechtigtes Interesse? – Datenverarbeitung zwischen Skylla und Charybdis, NJW 2018, S. 3337–3344.
Veil, Winfried, DS-GVO: Risikobasierter Ansatz statt rigides Verbotsprinzip – Eine erste Bestandsaufnahme, ZD 2015, S. 347–353.
Venn, Nikolai/Wybitul, Tim, Die bußgeldrechtliche Haftung von Unternehmen nach Art. 83 DSGVO, NStZ 2021, S. 204–209.
Vesting, Thomas, Subjektive Freiheitsrechte als Elemente von Selbstorganisations- und Selbstregulierungsprozessen in der liberalen Gesellschaft., in: Wilfried Berg/Stefan Fisch/Walter Schmitt-Glaeser/Friedrich Schoch/Helmuth Schulze-Fielitz (Hrsg.): Regulierte Selbstregulierung als Steuerungskonzept des Gewährleistungsstaates, Ergebnisse des Symposiums aus Anlass des 60. Geburtstages von Wolfgang Hoffmann-Riem, DV Beiheft 4, Berlin 2001, S. 21–58.
Voigt, Paul, Die räumliche Anwendbarkeit der EU Datenschutz-Grundverordnung auf Auftragsverarbeiter im Drittland, Edewecht 2020.
Voskamp, Friederike/Kipker, Dennis-Kenji/Yamamoto, Richard, Das Cross Border Privacy Rules-System der APEC – ein Vergleich mit den Binding Corporate Rules der EU, DuD 2013, S. 452–456.
Voßkuhle, Andreas, „Regulierte Selbstregulierung" – Zur Karriere eines Schlüsselbegriffs, in: Wilfried Berg/Stefan Fisch/Walter Schmitt-Glaeser/Friedrich Schoch/Helmuth Schulze-Fielitz (Hrsg.): Regulierte Selbstregulierung als Steuerungskonzept des Gewährleistungsstaates, Ergebnisse des Symposiums aus Anlass des 60. Geburtstages von Wolfgang Hoffmann-Riem, DV Beiheft 4, Berlin 2001, S. 97–200.

Wachter, Sandra/Mittelstadt, Brent/Russel, Chris, Counterfactual Explanations without opening the Black Box: Automated Decisions and the GDPR, HJLT 2018, Issue 2, S. 841–861.

Wagner, Gerhard, Wissenszurechnung: Rechtsvergleichende und ökonomische Grundlagen, ZHR 2017, Ausgabe 181, S. 203–272.

Wagner, Jennifer, The Federal Trade Commission and Consumer Protections for Mobile Health Apps, J. Law, Medicine & Ethics 2020, Vol. 48, Issue 1, S. 103–114.

Wagner, Klaus-R., Strafrechtliche und haftungsrechtliche Folgen für Organe der AG und GmbH bei Verstößen gegen § 93 Abs. 1 S. 1 AktG, ZfBR 2017, S. 546–550.

Waldkirch, Conrad, Zufall und Zurechnung im Haftungsrecht, Tübingen 2018.

Walter, Axel v., Die Verbandsklage im Datenschutz nach Meta Platforms Ireland/ Verbraucherzentrale Bundesverband, WRP 2022, S. 937–941.

Weber, Michael, Der Anspruch auf immateriellen Schadenersatz nach Art. 82 DSGVO in der gerichtlichen Praxis, CR 2021, S. 379–382.

Weichert, Thilo, Das Äußerungsrecht der Datenschutzaufsichtsbehörden – Teil 1, DuD 2015, S. 323–327.

Weichert, Thilo, Das Äußerungsrecht der Datenschutzaufsichtsbehörden – Teil 2, DuD 2015, S. 397–401.

Wenzel, Michael/Wybitul, Tim, Vermeidung hoher DSGVO-Bußgelder und Kooperation mit Datenschutzbehörden – Strategische Möglichkeit zur Vermeidung von Sanktionen, ZD 2019, S. 290–295.

Werner, Micha H., Minimalgehalte und Grenzen der Verantwortungszuschreibung, in: Anja Seibert-Fohr (Hrsg.): Entgrenzte Verantwortung, Zur Reichweite und Regulierung von Verantwortung in Wirtschaft, Medien, Technik und Umwelt, Berlin 2020, S. 31–48.

Wessels, Michael, Schmerzensgeld bei Verstößen gegen die DSGVO, DuD 2018, S. 781–785.

Whitman, James, Q., The Two Western Cultures of Privacy: Dignity Versus Liberty, Yale LJ, 2004, Vol. 113, S. 1151–1221.

Wiedemann, Gerhard (Hrsg.), Handbuch des Kartellrechts, 4. Auflage, München 2020 (zit.: „*Bearbeiter*, in: Wiedemann, Handbuch Kartellrecht, Kap. ..., § ..., Rn. ...").

Will, Michael, Vermittelt die DS-GVO einen Anspruch auf aufsichtsbehördliches Einschreiten? (Noch) ungeklärte Fragen aus dem Alltag einer Datenschutzaufsichtsbehörde, ZD 2020, S. 97–99.

Willems, Tom/v. Dooren, Wouter, Lost in diffusion? How collaborative arrangements lead to an accountability paradox, IRAS 2011, Vol. 77, Issue 3, S. 505–530.

Willems, Tom/v. Dooren, Wouter, Coming to Terms with Accountability, PMR 2012, Vol. 14, Issue 7, S. 1011–1036.

Wittmann, Philipp, Nobody Watches the Watchmen – Rechtliche Rahmenbedingungen und zunehmende Ausweitung der öffentlichen Videoüberwachung in den USA, ZaöRV 2013, S. 373–426.

Wolff, Heinricht Amadeus, Die „völlig unabhängige" Aufsichtsbehörde. Zum Urteil des EuGH vom 09.03.2010 – C-518/07, in: Mehde, Veith/Ramsauer, Ulrich/Seckelmann, Margit (Hrsg.): Staat, Verwaltung, Information, Festschrift für Hans Peter Bull zum 75. Geburtstag, Berlin 2011, S. 1071–1086.

Wolff, Heinrich Amadeus, Die überforderte Aufsichtsbehörde, PinG 2017, S. 109–111.

Wolff, Heinrich Amadeus, UWG und DS-GVO: Zwei separate Kreise? – Qualifizierung von Datenschutzbestimmungen der DS-GVO als Martverhaltensregeln i. S. v. § 3a UWG, ZD 2018, S. 248–252.

Wolff, Heinrich Amadeus/Brink, Stefan (Hrsg.), Beck'scher Online-Kommentar, 41. Edition, München 2022 (zit.: „*Bearbeiter,* in: BeckOK Datenschutzrecht, 2022,, Art./§ …, Rn. …").

Wybitul, Tim/Neu, Leonie/Strauch, Martin, Schadenersatzrisiken für Unternehmen bei Datenschutzverstößen – Verteidigung gegen Schadenersatzforderungen nach Art. 82 DSGVO, ZD 2018, S. 202–207.

Wybitul, Tim/Brams, Isabelle, Welche Reichweite hat das Recht auf Auskunft und auf eine Kopie nach Art. 15 I DSGVO, NZA 2019, S. 672–677.

Wybitul, Tim/König Hendric, Haftung und maßgeblicher Umsatz bei DS-GVO Geldbußen – Der funktionale Unternehmensbegriff im Datenschutzrecht, ZD 2022, S. 591–595.

Wybitul, Tim/Leibold, Kevin, Risiken für Unternehmen durch neue Rechtsprechung zum DS-GVO-Schadenersatz – Ein Überblick über die Voraussetzungen und die aktuelle Rechtsprechung zu Art. 82 DS-GVO, ZD 2022, S. 207–215.

Ylinen, Johannes, Digital Pricing und Kartellrecht, NZKart 2018, S. 19–22.

Zech, Herbert, Daten als Wirtschaftsgut – Überlegungen zu einem „Recht des Datenerzeugers", CR 2015, S. 137–146.

Zech, Herbert, Gefährdungshaftung und neue Technologien, JZ 2013, S. 21–29.

Zelger, Bernadette, Der Begriff des „Unternehmens" im europäischen Datenschutzrecht – Vorbild europäisches Kartellrecht?, EuR 2021, S. 478–493.

Ziegenhorn, Gero/von Heckel, Datenverarbeitung durch Private nach der europäischen Datenschutzreform, NVwZ 2016, S. 1585–1591.

Stellungnahmen der Art. 29 Gruppe bzw. des European Data Protection Board (EDPB)

Opinion 1/2010 on the concepts of "controller" and "processor" (WP Nr. 169), 16.2.2010; revisioniert am 7.7.2021 in Guidelines 07/2020 on the concepts of controller and processor in the GDPR;
Opinion 3/2010 on the principle of accountability (WP 173), 13.7.2010;
Stellungnahme 06/2014 zum Begriff des berechtigten Interesses des für die Verarbeitung Verantwortlichen gem. Art. 7 der Richtlinie 95/46/EG (WP 217), 9.4.2014;
Opinion 07/2020 on the concepts of controller and processor in the GDPR, 2.9.2020.

Webquellen

Alle Webquellen wurden zuletzt überprüft am 26.6.2023.

Apple Inc., Ergebnisbericht des ersten Quartals des Geschäftsjahres 2021, v. 28.4.2021, https://www.apple.com/newsroom/2021/04/apple-reports-second-quarter-results/;

ARD, Tagesschau v. 25.5.2018, bei Minuten 2:30–6:35,https://www.tagesschau.de/multimedia/sendung/ts-25749.html;

Bendell, Jem: Barricades and Boardrooms – A Contemporary History of the Corporate Accountability Movement, Technology, Business and Society Programme Paper Number 13, United Nations Research Institute for Social Development, Genf 2004, https://www.unrisd.org/80256B3C005BCCF9%2F(htpAuxPages)%2F504AF359BB33967FC1256EA9003CE20A%2F%24file%2Fbendell3.pdf;

Bentham, Jeremy: Principles of Legislation, Boston 1830:https://books.google.de/books?id=E4NGAAAAYAAJ;

Bundesnetzagentur: Wettbewerbsverhältnisse auf den Transit- und Peeringmärkten – Auswirkungen für die digitale Souveränität Europas, WIK-Consult, Schlussbericht, 28.02.2022: https://www.bundesnetzagentur.de/DE/Fachthemen/Digitalisierung/Netzneutralitaet/WIK-Studie_IP-IC.pdf?__blob=publicationFile&v=3;

Centre for Information Policy:
– Data Protection Accountability: The Essential Elements, A Document fpr Discussion, Oktober 2009: https://www.ftc.gov/sites/default/files/documents/public_comments/privacy-roundtables-comment-project-no.p095416-544506-00059/544506-00059.pdf, zit. als "Galway Paper";

Quellenverzeichnisse

– Demonstrating and Measuring Accountability – A Discussion Document, Oktober 2010: https://www.informationpolicycentre.com/uploads/5/7/1/0/57104281/demonstrating_and_measuring_accountability_a_discussion_document__accountability_phase_ii-the_paris_project_october_2010_.pdf; zit als "Paris Paper";
– Implementing Accountability in the Marketplace – A Discussion Document, November 2011: https://www.informationpolicycentre.com/uploads/5/7/1/0/57104281/implementing_accountability_in_the_marketplace__accounrtability_phase_iii-the_madrid_project_november_2011_.pdf; zit. als "Madrid Paper";
– White Paper v. 3.6.2019: The Concept of "Organizational Accountability" – Existence in US Regulatory Compliance and its Relevance for a Federal Data Privacy Law: https://www.informationpolicycentre.com/uploads/5/7/1/0/57104281/cipl_white_paper_on_organizational_accountability_-_existence_in_us_regulatory_compliance_and_its_relevance_for_a_federal_data_privacy_law__3_july_2019_.pdf;
– Discussion Paper (1/2) v. 23.6.2019: The Case for Accountability: How it Enables Effective Data Protection and Trust in the Digital Society: https://www.informationpolicycentre.com/uploads/5/7/1/0/57104281/cipl_accountability_paper_1_-_the_case_for_accountability_-_how_it_enables_effective_data_protection_and_trust_in_the_digital_society.pdf;
– Discussion Paper (2/2) v. 23.6.2019: Incentivising Accountability: How Data Protection Authorities and Law Makers Can Encourage Accountability: https://www.informationpolicycentre.com/uploads/5/7/1/0/57104281/cipl_accountability_paper_2_-_incentivising_accountability_-_how_data_protection_authorities_and_law_makers_can_encourage_accountability.pdf;

Deutscher Bundestag, Ausschuss Digitale Agenda, Kurzmitteilung v. 5.3.2015: Datenschutz als Wettbewerbsvorteil: https://www.bundestag.de/webarchiv/presse/hib/2015_03/363820-363820;
DIE ZEIT: AfD droht mit Klage gegen ARD und ZDF, v. 14.7.2017: https://www.zeit.de/politik/deutschland/2017-07/afd-ard-zdf-talkshows-klage?utm_referrer=https%3A%2F%2Fwww.google.com%2F;
Dixon, Helen: Briefe an den Ausschuss für bürgerliche Freiheiten (LIBE) des EU Parlaments:
– Brief vom 09.02.2021, https://noyb.eu/sites/default/files/2021-03/LibeCtte09.02.pdf;
– Brief vom 12.3.2021, https://noyb.eu/sites/default/files/2021-03/DPCtoLibe12.03.21.pdf;

Ernert, Monika: Mutter der Datenschutzrichtlinie: Die „108" wird 40, heise online, 23.1.2021: https://www.heise.de/news/Mutter-der-Datenschutzrichtlinie-Die-108-wird-40-5039601.html;

Europarat: Ad hoc Committee on Data Protection (CAHDATA), Protocol amending the Convention for the Protection of Individuals with regard to Automated Processing of Personal Data (ETS No. 108), https://search.coe.int/cm/pages/result_details.aspx?objectid=09000016808a08a6;

European Commission: Ethics and Data Protection, 05.07.2021: https://ec.europa.eu/info/funding-tenders/opportunities/docs/2021-2027/horizon/guidance/ethics-and-data-protection_he_en.pdf.

European Data Protection Supervisor: Entscheidung über die Löschung von Daten durch Europol bezüglich Betroffener außerhalb der Kategorisierung, Cases 2019-0370 & 2021-0699, 03.01.2022: https://edps.europa.eu/system/files/2022-01/22-01-10-edps-decision-europol_en.pdf;

FAT ML (Fairness, Accountability and Transparency in Machine Learning, Principles for Accountable Algorithms and a Social Impact Statement for Algorithms: https://www.fatml.org/resources/principles-for-accountable-algorithms;

Greenleaf, Graham: Accountability Without Liability: 'To Whom' and 'With What Consequences'?, UNSW Law Research Paper No. 19–67, 2019: https://papers.ssrn.com/sol3/papers.cfm?abstract_id=3384427;

Hamburger Beauftragter für Datenschutz und Informationssicherheit: 28. Tätigkeitsbericht, 2020: https://datenschutz-hamburg.de/assets/pdf/28._Taetigkeitsbericht_Datenschutz_2019_HmbBfDI.pdf, (zit. „*HBfDI*, Tätigkeitsbericht 2019, S. […]");

Hamburger Beauftragter für Datenschutz und Informationssicherheit: 29. Tätigkeitsbericht, 2021: https://datenschutz-hamburg.de/assets/pdf/29._taetigkeitsbericht_datenschutz_2020.PDF, (zit. „*HBfDI*, Tätigkeitsbericht 2020, S. […]");

Hamburger Beauftragter für Datenschutz und Informationssicherheit: 35,3 Millionen Euro Bußgeld wegen Datenschutzverstößen im Servicecenter von H&M, Pressemitteilung v. 1.10.2020: https://datenschutz-hamburg.de/pressemitteilungen/2020/10/2020-10-01-h-m-verfahren;

Handelsblatt, v. 20.11.2020, Apple setzt Maßnahmen für mehr Privatsphäre wie geplant um: https://www.handelsblatt.com/unternehmen/dienstleister/datenschutz-apple-setzt-massnahmen-fuer-mehr-privatsphaere-wie-geplant-um/26642042.html?ticket=ST-14546185-yIMRoiZpzriclVwAbeqG-ap1;

Hansard, T.C.: The Parliamentary Debates from the Year 108 to the Present Time, Vol. XXXVI, London 1817: https://books.google.de/books?id=B6w9AAAAcAAJ&vq;

Hunt, Chris D. L./Shirazian, Nikta: Canda's Statutory Privacy Torts in Commonwealth Perspective, Oxf. U. Comp. L. Forum 3, 2016: https://ouclf.law.ox.ac.uk/canadas-statutory-privacy-torts-in-commonwealth-perspective/;

Quellenverzeichnisse

Hurd, Ian: Legitimacy, in: Encyclopedia Princetoniensis: https://pesd.princeton.edu/node/516;

Information Commissioners Office (ICO):
– v. 17.1.2020, Adtech – the reform of real time bidding has started and will continue: *https://ico.org.uk/about-the-ico/news-and-events/blog-adtech-the-reform-of-real-time-bidding-has-started/;*
– v. 16.10.2020, ICO fines British Airways £20m for data breach affecting more than 400,000 customers: https://ico.org.uk/about-the-ico/news-and-events/news-and-blogs/2020/10/ico-fines-british-airways-20m-for-data-breach-affecting-more-than-400-000-customers;
– v. 06.10.2021, Response to DCMS consultation "Data: a new direction": *https://ico.org.uk/media/about-the-ico/consultation-responses/4018588/dcms-consultation-response-20211006.pdf;*
International Data Corporation (IDC): The Digitization of the World, From Edge to Core, November 2018: https://www.seagate.com/files/www-content/our-story/trends/files/dataage-idc-report-final.pdf;

Krischke, Ben: ProSieben: Imagewandel ja – aber bitte ohne Haltungsschäden, MEEDIA, Webseiten-Post v. 28.4.2021: https://meedia.de/2021/04/28/prosieben-imagewandel-ja-aber-bitte ohne-haltungsschaeden/;

Markenartikel-Magazin: Dynamic Pricing: Wie Verbraucher flexible Preise wahrnehmen, 30.12.2021: https://www.markenartikel-magazin.de/_rubric/detail.php?rubric=marke-marketing&nr=44747;

None of your Business (NOYB): noyb setzt dem Cookie-Banner-Wahnsinn ein Ende, Pressemitteilung v. 31.5.2021: https://noyb.eu/de/noyb-setzt-dem-cookie-banner-wahnsinn-ein-ende;

Office of the Auditor General of Manitoba: Mechanisms and practices for ensuring accountability of legislative auditors: https://www.google.com/url?sa=t&rct=j&q=&esrc=s&source=web&cd=&ved=2ahUKEwjJ9q70_ujtAhUC0uAKHR4uD1gQFjAAegQIBBAC&url=https%3A%2F%2Fwww.oag.mb.ca%2Fwp-content%2Fuploads%2F2019%2F10%2FMechanisms-and-Practices.pdf&usg=AOvVaw24dpMnif62V0EYG3ZT0wYa;
Office of the Privacy Commissioner of Canada:
– Commercial Activity, Stand 2017: https://www.priv.gc.ca/en/privacy-topics/privacy-laws-in-canada/the-personal-information-protection-and-electronic-documents-act-pipeda/pipeda-compliance-help/pipeda-interpretation-bulletins/interpretations_03_ca/;
– Getting Accountability Right with a Privacy Management Program, April 2012: https://www.priv.gc.ca/en/privacy-topics/privacy-laws-in-canada/the-

personal-information-protection-and-electronic-documents-act-pipeda/pipe-da-compliance-help/pipeda-compliance-and-training-tools/gl_acc_201204/;

Organization for Economic Cooperation and Development (OECD): Guidelines on the Protection of Privacy and Transborder Flows of Personal Data,
– in der Originalversion vom 23. September 1980: https://www.oecd.org/digital/ieconomy/oecdguidelinesontheprotectionofprivacyandtransborderflowsofpersonaldata.htm;
– in der aktuellen Version vom 11. Juli 2013: https://www.oecd.org/sti/ieconomy/oecd_privacy_framework.pdf;
– Begleitmemorandum zu den Guidelines on the Protection of Privacy and Transborder Flows of Personal Data: https://www.oecd.org/digital/ieconomy/oecdguidelinesontheprotectionofprivacyandtransborderflowsofpersonaldata.htm#memorandum;

Office of the Privacy Commissioner of Canada: PIPEDA – Processing Personal Data Across Borders Guidelines, 2009: https://www.priv.gc.ca/media/1992/gl_dab_090127_e.pdf;

O'Kelly, Ciaran/Dubnick, Melvin: Accountability and its Metaphors – From Forum to Agora and Bazaar, Paper prepared for PSG VII: Quality and Integrity of Governance, The European Group of Public Administration, 2014: http://mjdubnick.dubnick.net/papersrw/2014/OKellyDub2014.html;

Rat der Europäischen Union: Vorschlag für VERORDNUNG DES EUROPÄISCHEN PARLAMENTS UND DES RATES zum Schutz natürlicher Personen bei der Verarbeitung personenbezogener Daten und zum freien Datenverkehr (Datenschutz-Grundverordnung)/* KOM/2012/011 endgültig – 2012/0011 (COD): https://eur-lex.europa.eu/legal-content/EN/TXT/?qid=1423126173724&uri=CELEX:52012PC0011;

Schulz, Wolfgang/Held, Thorsten: Regulierte Selbstregulierung als Form modernen Regierens. Im Auftrag des Bundesbeauftragten für Angelegenheiten der Kultur und der Medien. Endbericht. Hamburg 2002: https://epub.sub.uni-hamburg.de/epub/volltexte/2010/5054/pdf/10Selbstregulierungneu.PDF;

Stanbury, William T.: Accountability to Citizens in the Westminster Model of Government: More Myth Than Reality, The Fraser Institute, Vancouver, Canada 12.02.2003: https://www.fraserinstitute.org/studies/accountability-citizens-westminster-model-government-more-myth-reality;

UN Hochkommissar für Menschenrechte: OHCHR Accountability and Remedy Project: Improving accountability and access to remedy in cases of business involvement in human rights abuses, ARP I Main Report v. 10.5.2016: https://undocs.org/A/HRC/32/19;

United Nations: Data Privacy, Ethics and Protection: Guidance on Big Data for Achievement of the 2030 Agenda: https://unsdg.un.org/sites/default/files/UNDG_BigData_final_web.pdf.

Quellenverzeichnisse

Veil, Winfried: CR-online.de Blog, Datenschutz, das zügellose Recht:
– Teil I: Die umgekehrten "chilling effects", v. 20.5.2019, https://www.cr-on-line.de/blog/2019/05/20/datenschutz-das-zuegellose-recht-teil-i-die-umge-kehrten-chilling-effects/;
– Teil III: Die totale Drittwirkung, v. 22.5.2019, https://www.cr-online.de/blog/2019/05/22/datenschutz-das-zuegellose-recht-teil-iii-die-totale-drittwir-kung/;
– Teil V: Die schrankenlose Aufsichtsbehörde, v. 24.5.2019, https://www.cr-on-line.de/blog/2019/05/24/datenschutz-das-zuegellose-recht-teil-v-die-schran-kenlose-behoerde/.

Vincent, Mabillard/Zumofen, Raphael: The uncertain relationship between transparency and accountability revisited through four Swiss cases, Paper prepared for the 2015 Lien Conference on Good Governance: Global Issues, Local Context: https://www.researchgate.net/publication/322807855_The_uncertain_relationship_between_transparency_and_accountability_revisited_through_four_Swiss_cases, zitiert als "*Vincent/Zumofen*, Lien Paper 2015, S. [...]");

Vosshoff, Andrea: Unternehmen müssen mit hohen Bußgeldern rechnen, Wirt-schaftsWoche, Interview 29.1.2016: https://www.wiwo.de/politik/euro-pa/andrea-vosshoff-unternehmen-muessen-mit-hohen-bussgeldern-rech-nen/12897388.html;

Weitzner, Daniel J./Abelson, Harold/Berners-Lee, Tim/Feigenbaum, Joan/Hend-ler, James/Sussmann, Gerald Jay: Information Accountability, Communica-tions to the ACM, Juni 2008, Vol. 51, No. 6, S. 82–87, https://www.researchga-te.net/publication/220420308_Information_Accountability;

Zech, Herbert: Information als Schutzgut, Bayreuth 2012 (Habilitationsschrift): https://viewer.content-select.com/pdf/viewer?ip=87.168.57.133&id_type=isb n&identifiers=9783161521621&signature=641a6d8fceea26e32fbfd5bced670 85b99369b1f&frontend=1&language=deu.